Die Vereinbarkeit der vom Sicherheitsrat nach Kapitel VII der UN-Charta verhängten Wirtschaftssanktionen mit den Menschenrechten und dem humanitären Völkerrecht

Europäische Hochschulschriften
Publications Universitaires Européennes
European University Studies

Reihe II
Rechtswissenschaft

Série II Series II
Droit
Law

Bd./Vol. 3689

PETER LANG
Frankfurt am Main · Berlin · Bern · Bruxelles · New York · Oxford · Wien

Lutz Oette

Die Vereinbarkeit der vom Sicherheitsrat nach Kapitel VII der UN-Charta verhängten Wirtschaftssanktionen mit den Menschenrechten und dem humanitären Völkerrecht

PETER LANG
Europäischer Verlag der Wissenschaften

Bibliografische Information Der Deutschen Bibliothek
Die Deutsche Bibliothek verzeichnet diese Publikation in der Deutschen Nationalbibliografie; detaillierte bibliografische Daten sind im Internet über <http://dnb.ddb.de> abrufbar.

Zugl.: Köln, Univ., Diss., 2002

D 38
ISSN 0531-7312
ISBN 3-631-50851-4

www.peterlang.de

Meinen Eltern

Vorwort

Dank zu sagen gilt es allen, die zum Gelingen dieser Arbeit beigetragen haben.
Danken möchte ich insbesondere
Herrn Prof. Dr. Schiedermair für die Annahme der Arbeit;
Herrn Dr. Rest für seine Unterstützung;
Herrn Prof. Dr. Frowein für wertvolle Anregungen;
Dr. Roland Bank, Nico Krisch, Monica Feria-Tinta und Thomas Stemmler für ihre kritischen Anmerkungen und ihre Mithilfe;
Frau Petra Weiler und Frau Zatopkova für ihre unermüdliche Hilfe bei der Materialsuche;
Hans von Sponeck, dem ehemaligen Koordinator für das UN-Hilfsprogramm im Irak, für das Ermöglichen der Forschungsreise im Februar 2000 und die großzügige Hilfe und Anteilnahme in für ihn persönlich turbulenten Zeiten und allen anderen, die mir im Irak mit Rat und Tat zur Seite gestanden haben, insbesondere Srini,
sowie des weiteren
Herrn Prof. Dr. Löwer für das Erstellen des Gutachtens und der Studienstiftung des Deutsches Volkes für die großzügige Förderung dieser Arbeit.
Besonders danken möchte ich meiner Familie, ohne die diese Arbeit in vielerlei Hinsicht nicht möglich gewesen wäre, für die kleinen und großen Hilfen auf dem Weg zur Fertigstellung und meiner Frau Krishanthi für ihre unerschöpfliche Liebe.

Abkürzungsverzeichnis

A	Series A, Publications of the European Court of Human Rights
AA	Andere Auffassung
Add	Addendum
AdG	Archiv der Gegenwart
AdV	Archiv des Völkerrechts
AEMR	Allgemeine Erklärung der Menschenrechte
AFDI	Annuaire Français de Droit International
AFRC	Armed Forces Revolutionary Council
AfrCHPR	African Charter on Human and Peoples' Rights
AJIL	American Journal of International Law
AJPIL	Austrian Journal of Public International Law
All ER	All England Law Reports
AMRK	Amerikanische Menschenrechtskonvention
Anm.	Anmerkung
A/RES	General Assembly Resolution
ASEAN	Association of South East Asia Nations
ASIL/NVIR Proc.	Proceedings of the joint conference of the American Society of International Law and the Nederlandsche Vereeniging voor Internationaal Recht
Bd.	Band
BDGVR	Berichte der deutschen Gesellschaft für Völkerrecht
BGBl.	Bundesgesetzblatt
BGE	Entscheidungen des Schweizerischen Bundesgerichts
BICC	Bonn International Center for Conversion
BR	Bundesrepublik
BverfGE	Entscheidungen des Bundesverfassungsgerichts
bzw.	beziehungsweise
CEDAW	Convention on the Elimination of all Forms of Discrimination against Women
CESCR	Committee on Economic, Social and Cultural Rights
Charta	Charta der Vereinten Nationen
CP/RES	Resolution of the Permanent Council of the OAS
CSSR	Tschechoslowakische Sozialistische Republik

ders.	derselbe
d.h.	das heißt
DHA	Department for Humanitarian Affairs
D.O.	Dissenting Opinion
Doc.	Document
Dok.	Dokument
ebd.	ebenda
ECOMOG	ECOWAS Military Observer Group
ECOSOC	Economic and Social Council
ECOWAS	Economic Community of West African States
EG	Europäische Gemeinschaft
EGHMR	Europäischer Gerichtshof für Menschenrechte
EHA	Division of Emergency and Humanitarian Action
EIU	Economist Intelligence Unit
EJIL	European Journal of International Law
EMRK	Europäische Menschenrechtskonvention
EPIL	Encyclopedia of Public International Law
etc.	et cetera
EU	Europäische Union
FAO	Food and Agriculture Organization
ff.	folgende
Fn.	Fußnote
GAOR	General Assembly Official Records
GJICL	Georgia Journal of International and Comparative Law
GK	Genfer Konvention (Genfer Abkommen vom 12. August 1949)
HRC	Human Rights Committee
Hrsg.	Herausgeber
HuV	Humanitäres Völkerrecht
HuV-I	Humanitäres Völkerrecht- Informationsschriften
IAEO	Internationale Atomenergie Organisation
IASC	Inter Agency Standing Committee
ICJ	International Court of Justice
ICTY	International Criminal Tribunal for Yugoslavia
IGH	Internationaler Gerichtshof
IKRK	Internationales Komitee des Roten Kreuzes
ILC	International Law Commission
ILM	International Legal Materials

ILO	International Labor Organization
IP	Die Internationale Politik
IPBPR	Internationaler Pakt für bürgerliche und politische Rechte
IPWSKR	Internationaler Pakt für wirtschaftliche, soziale und kulturelle Rechte
IStGH	Internationaler Strafgerichtshof
i.V.m.	in Verbindung mit
Kap.	Kapitel
KSZE	Konferenz für Sicherheit und Zusammenarbeit in Europa
MRE/RES.	Resolutions of the Ad Hoc Meeting of Ministers of Foreign Affairs, convened pursuant to AG/RES. 1080 (XXI-0/91), adopted by the General Assembly of OAS, 5. Juni 1991
Mtg.	Meeting
m.w.N.	mit weiteren Nachweisen
NATO	North Atlantic Treaty Organization
NILR	Netherlands International Law Review
No.	Number
Nr.	Nummer
NRO	Nichtregierungsorganisation
NZZ	Neue Zürcher Zeitung
OAS	Organization of American States
OAU	Organization of African Unity
OCHA	Office for the Coordination of Humanitarian Affairs
ODI	Overseas Development Institute
OSZE	Organisation für Sicherheit und Zusammenarbeit in Europa
PASIL	Proceedings of the American Society of International Law
PCIL	Permanent Court of International Law
Res.	Resolution
Rn.	Randnummer
RUF	Revolutionary United Front
S.	Satz
S/AC	Security Council Ad hoc Committee
SCOR	Security Council Official Records
SFR	Sozialistische Föderative Republik
s.o.	siehe oben

S.O.	Separate Opinion
S/PRST	Security Council Presidential Statement
S/PV.	Provisional Verbatim Record
S/RES	Security Council Resolution
StIGH	Ständiger Internationaler Gerichtshof
s.u.	siehe unten
Supp.	Supplement
u.a.	unter anderem
UDSSR	Union der Sozialistischen Sowjetrepubliken
UN	United Nations
UNCIO	Documents of the United Nations Conference on International Organization, San Francisco, 1945
UNDP	United Nations Development Programme
UNESCO	United Nations Educational, Scientific and Cultural Organization
UNHCR	United Nations High Commissioner for Refugees
UNICEF	United Nations International Children's Emergency Fund
UNITA	União Nacional para a Independência Total de Angola
UNMOVIC	United Nations Monitoring, Verification and Inspection Commission
UNSCOM	United Nations Special Commission on Iraq
UNTS	United Nations Treaty Series
US	United States
USA	United States of America
USAID	United States Agency for International Development
v.	versus
Vereinigtes Königreich	Vereinigtes Königreich von Großbritannien und Nordirland
Vereinigte Staaten	Vereinigte Staaten von Amerika
VN	Vereinte Nationen
Vol.	Volume
WEU	Westeuropäische Union
WFP	World Food Programme
WHO	World Health Organization
WÜV	Wiener Übereinkommen über das Recht der Verträge
WÜVIO	Wiener Übereinkommen über das Recht der Verträge zwischen Staaten und Internationalen Organisationen oder zwischen Internationalen Organisationen

YBILC	Yearbook of the International Law Commission
z.B.	zum Beispiel
Ziff.	Ziffer
ZP	Zusatzprotokoll zu den Genfer Abkommen vom 12. August 1949

Gliederung

Einleitung

Im Gefolge der nach dem Ende des Kalten Krieges erstarkten Handlungsfähigkeit des Sicherheitsrats sind Wirtschaftssanktionen binnen kurzer Zeit zu dem am häufigsten eingesetzten kollektiven Zwangsmittel avanciert. Die anfängliche Euphorie über die Belebung dieses wichtigen Instruments im Arsenal des Kapitels VII der Charta und die dadurch begründeten Erwartungen, daß Sanktionen zum Eckpfeiler eines wirksamen Systems der internationalen Friedenssicherung werden, sind zwischenzeitlich einer Ernüchterung und mittlerweile einer differenzierten Neuorientierung gewichen. Einer der maßgeblichen Auslöser dieser Entwicklung sind die nachteiligen Auswirkungen von umfassenden Wirtschaftssanktionen auf die Bevölkerung des Sanktionsadressaten gewesen, die vor allem im Fall des Irak zu Tage getreten sind. Galten Wirtschaftssanktionen zuvor generell als das mildere Mittel gegenüber dem Einsatz von Waffengewalt, so wurde nun zunehmend deutlicher, daß Sanktionen in weitaus stärkerem Maße die nicht für die Friedensbedrohung verantwortliche Bevölkerung treffen können als den Sanktionsadressaten selbst. Die den umfassenden Wirtschaftssanktionen eigene Zweischneidigkeit hat daher geradezu zwangsläufig die Frage aufgeworfen, inwieweit diese mit den Menschenrechten und dem humanitären Völkerrecht vereinbar sind. Ihrem Kern nach betrifft diese Frage die rechtlichen Grenzen, denen der Sicherheitsrat beim Ergreifen von Zwangsmaßnahmen nach Artikel 39 i.V.m. Artikel 41 der Charta unterliegt. Die Feststellung derartiger Grenzen erweist sich auf dem rechtlich weitgehend unbestimmten Terrain des Kapitels VII der Charta als ungemein schwierig, manch einer wird ein solches Unterfangen auch angesichts der de facto fehlenden Rechtskontrolle des Sicherheitsrats für sinnlos oder sogar als für das System der Friedenssicherung gefährlich halten[1]. Auch wenn derartige Einwände durchaus ihre Berechtigung haben, so ist zumindest der Versuch, solche Grenzen zu bestimmen, zur Klärung der Konturen des rechtlichen Rahmens im Bereich des Kapitels VII der Charta unerläßlich und erscheint auch aufgrund der mitunter verheerenden Auswirkungen, die Wirtschaftssanktionen auf eine Vielzahl von Menschen gehabt haben, geboten. Dieser Versuch zielt nicht vorrangig darauf ab, dem Sicherheitsrat Fesseln anzulegen, die seine Handlungsfähigkeit übermäßig einschränken. Vielmehr gilt es auszuloten, wie der Schutz grundlegender Werte, die im Völkerrecht in den Menschenrechten und dem humanitären Völkerrecht Anerkennung gefunden haben, im Rahmen der vom Sicherheitsrat verhängten Wirtschaftssanktionen sowohl rechtlich als auch tatsächlich

[1] Faßbender, Quis Judicabit?, 220.

gewährleistet werden kann. Diese Zielsetzung muß letztlich im Interesse aller Beteiligten, auch und gerade des Sicherheitsrats, liegen. So reflektiert denn auch die Sanktionspraxis des Sicherheitsrats in eindringlicher Weise das Spannungsverhältnis zwischen dem Ziel der Friedenssicherung und dem Schutz der Menschenrechte.

Die Frage der Vereinbarkeit von Wirtschaftssanktionen mit den Menschenrechten und dem humanitären Völkerrecht war in der völkerrechtlichen Literatur vor 1995 nur vereinzelt Gegenstand von Abhandlungen[2]. Seit diesem Zeitpunkt, als die nachteiligen Auswirkungen von umfassenden Wirtschaftssanktionen bei den gegenüber dem Irak, der BR Jugoslawien und Haiti verhängten Sanktionen deutlich geworden waren, sind eine Reihe von Beiträgen zur Sanktionsproblematik erschienen. Zu nennen sind hier die Veröffentlichungen, die sich mit der Vereinbarkeit der Wirtschaftssanktionen mit den Menschenrechten[3] und dem humanitären Völkerrecht[4] befassen sowie verschiedene Beiträge zu der Praxis des Sicherheitsrats[5] einschließlich der Sanktionsausschüsse[6] und der Zukunft des Sanktionssystems[7]. Zum Zeitpunkt der Fertigstellung des Manuskripts dieser Arbeit[8] erschien zum vorliegenden Thema eine Dissertation von Dorothee Starck, die sich unter anderem durch eine umfassende Behandlung der rechtlichen Fragestellungen, die dieses Thema aufwirft, auszeichnet. Auch wenn aus Zeitgründen keine erschöpfende Auseinandersetzung mit dieser Dissertation möglich war, so sind relevante Übereinstimmungen und Abweichungen noch im Ergebnis eingearbeitet und gekennzeichnet worden. Inhaltliche Überschneidungen und gleichlautende Ergebnisse sind dabei aufgrund der Natur der Sache unvermeidbar. Die vorliegende Arbeit weicht von der genannten Dissertation aber nicht nur in einigen ihrer Schlußfolgerungen, sondern vor allem im Aufbau ab. So ist sie in weitaus stärkerem Maße an der Sanktionspraxis des Sicherheitsrats orientiert, der maßgebliches Gewicht bei der Auslegung der relevanten

---

[2] Siehe die Beiträge von Köchler, Fausey, Vradenburgh und Gasser, Economic Sanctions.

[3] Zu nennen sind hier insbesondere die Arbeiten von Conlon, Rechtliche Problematik; Cortright/Lopez; Köchler; Kulessa; Reisman/Stevick und Starck, sowie die Beiträge in dem von Genugten zu den Sanktionen der Vereinten Nationen herausgegebenen Sammelband und die verschiedenen Fallstudien zum Irak, zur BR Jugoslawien und zu Haiti, insbesondere von Hoskins, Devin/Dashti-Gibson, Gibbons und Swindells.

[4] Vor allem Gasser, Economic Sanctions, Segall und Starck.

[5] Siehe Cortright/Lopez, Sanctions Decade, 256, m.w.N. zu den umfangreichen Veröffentlichungen der beiden Autoren zur Sanktionsproblematik.

[6] Insbesondere die Beiträge von Conlon sowie von Kaul; Koskenniemi und Scharf/Dorosin.

[7] So vor allem die Arbeiten von Brabandt, Genugten und Cortright/Lopez, Sanctions Decade, die alle Stellungnahmen und Empfehlungen zur zukünftigen Ausgestaltung der Sanktionspraxis des Sicherheitsrats enthalten.

[8] Im Februar 2001. Nachfolgende Entwicklungen sind, soweit dies möglich war, in den Anmerkungen berücksichtigt worden.

Chartabestimmungen beigemessen wird. Diese Praxis wird nicht nur eingehend dargestellt, sondern es wird auch ein besonderes Augenmerk auf gegenwärtige Entwicklungen mit Blick auf die Weiterentwicklung des Sanktionsrechts geworfen. Ziel der Arbeit ist dabei, auf der Grundlage einer Fallprüfung etwaige Schwachstellen der bisherigen Sanktionspraxis des Sicherheitsrats aus Sicht der Menschenrechte und des humanitären Völkerrechts zu identifizieren und Wege aufzuzeigen, wie diese Schwachstellen in der zukünftigen Sanktionspraxis des Sicherheitsrats vermieden werden können.

Eine Reihe von Fragestellungen, die im Rahmen einer umfassenden Abhandlung des Sanktionsrechts nicht fehlen dürften, sind nicht Gegenstand der vorliegenden Arbeit. Aus der Sanktionspraxis werden einzig wirtschaftliche Sanktionsmaßnahmen, einschließlich Reisesanktionen[9], nicht jedoch Waffenembargos behandelt, da diese weder ihrem Inhalt noch ihren Auswirkungen nach die Frage der Vereinbarkeit mit den Menschenrechten und dem humanitären Völkerrecht aufwerfen. Außer Betracht bleiben auch diejenigen Fälle, in denen der Sicherheitsrat den Mitgliedstaaten der Vereinten Nationen das Ergreifen von Wirtschaftssanktionen lediglich empfohlen hat und denen daher für die Mitgliedstaaten keine Verbindlichkeit nach Artikel 25 der Charta zukam[10]. Die Entscheidung über die Verhängung von Wirtschaftssanktionen obliegt insofern letztendlich den einzelnen Mitgliedstaaten. Bei nicht-bindenden Resolutionen war und wird überdies für gewöhnlich der Grad der Befolgung und Durchsetzung der Sanktionsmaßnahmen und damit die durch diese hervorgerufenen Auswirkungen auf die Bevölkerung des Sanktionsadressaten erheblich geringer sein als im Falle mandatorischer Wirtschaftssanktionen. Aus diesen Gründen scheint es nicht geboten, bloße Sanktionsempfehlungen, die nicht auf der Grundlage von Kapitel VII der Charta beschlossen worden sind, in die Untersuchung einzubeziehen.

Ebenfalls nicht behandelt werden die Auswirkungen der Wirtschaftssanktionen auf die Bevölkerung von Drittstaaten. Wirtschaftssanktionen haben zwar in vielen Fällen zu erheblichen wirtschaftlichen Schäden für Drittstaaten, bei denen es sich zumeist um Nachbarstaaten des Sanktionsadressaten handelt, geführt.

---

[9] Unter Reisesanktionen werden Einreiseverbote und Flugverkehrsverbote verstanden. Diese Maßnahmen sind vornehmlich auf die Isolation des Sanktionsadressaten gerichtet, wobei Flugverkehrsverbote in der Regel aber auch erhebliche wirtschaftliche Auswirkungen haben. Die Einbeziehung von Einreiseverboten erscheint aber aus der Natur der Sache gerechtfertigt, da sie zum festen Bestandteil der vom Sicherheitsrat eingesetzten Sanktionsmaßnahmen gehören und die Frage nach ihrer Vereinbarkeit mit dem Recht auf Freizügigkeit aufwerfen.

[10] Beispielsweise im Falle Südafrika (S/RES 569, 20. Juli 1985), Südrhodesien S/RES 217, 20. November 1965) und Kambodscha (S/RES 792, 30. November 1992). Siehe zur Rechtsnatur dieser Empfehlungen Frowein, in: Simma, Chartakommentar, Artikel 39, Rn.31 ff.

In den Vereinten Nationen und in der völkerrechtlichen Literatur werden diese Begleitschäden zumeist unter dem Gesichtspunkt der angemessenen Entschädigung dieser Drittstaaten nach Artikel 50 der Charta[11] behandelt[12]. Wirtschaftssanktionen können dabei auch die Bevölkerung von Drittstaaten in Mitleidenschaft ziehen[13]. Da die vom Sicherheitsrat getroffenen Maßnahmen sich aber nicht gegen die Drittstaaten selbst richten und die mittelbaren Auswirkungen für deren Bevölkerung für gewöhnlich hinter den Auswirkungen zurückbleiben, die die Wirtschaftssanktionen für die Bevölkerung des Sanktionsadressaten haben, erscheint eine Einbeziehung der Folgen von Wirtschaftssanktionen für Drittstaaten und deren Bevölkerung in die Fallstudie nicht angezeigt[14].

Ferner wird im Rahmen der Ermittlung der rechtlichen Grenzen des Sicherheitsrats weder die formelle Rechtmäßigkeit der Sicherheitsratsbeschlüsse noch die Rechtmäßigkeit der Feststellung des Vorliegens eines Bruchs bzw. einer Gefährdung des Friedens nach Artikel 39 der Charta erörtert. Diese Feststellung nach Artikel 39 der Charta betrifft die Tatbestandsseite, auf deren Grundlage der Sicherheitsrat kollektive Zwangsmaßnahmen beschließen darf[15]. Die Entscheidung nach Artikel 41 der Charta bezieht sich hingegen auf der Rechtsfolgenseite auf die Wahl des Mittels, mit dessen Einsatz der festgestellten Friedensbedrohung begegnet werden soll. Es ist der Einsatz und die inhaltliche Ausgestaltung dieses Mittels sowie dessen unmittelbare und mittelbare Auswirkungen auf die Bevölkerung des Sanktionsadressaten, welche die Frage der Vereinbarkeit von Wirtschaftssanktionen mit den Menschenrechten und dem humanitären

---

[11] Artikel 50 der Charta räumt den betroffenen Staaten ein Konsultationsrecht ein: „Ergreift der Sicherheitsrat gegen einen Staat Vorbeugungs- oder Zwangsmaßnahmen, so kann jeder andere Staat, ob Mitglied der Vereinten Nationen oder nicht, den die Durchführung dieser Maßnahmen vor besondere wirtschaftliche Probleme stellt, den Sicherheitsrat zwecks Lösung dieser Probleme konsultieren."

[12] Hierzu Doxey, International Sanctions, 70 ff.; Ress, 393, m.w.N. Siehe zu den Initiativen im Rahmen der Vereinten Nationen 6. Kap., Anm. 11.

[13] So haben zum Beispiel die gegenüber der BR Jugoslawien verhängten Wirtschaftssanktionen erhebliche Nachteile für Bulgarien zur Folge gehabt. Siehe hierzu die Fallstudie von Butchkov, Petar/Kovatcheva, Nadejda und Raytcheva, Rossitza, The Economic and Political Effects of the "Yugo-Sanctions" on Neighbouring Bulgaria, in: Genugten, Willem J.M.van/Groot, Gerard A.de (Hrsg.), United Nations Sanctions: Effectiveness and Effects, Especially in the Field of Human Rights, A Multi-Disciplinary Approach, Antwerpen, Groningen, Oxford, 1999, 35-47.

[14] Soweit sich die Wirtschaftssanktionen jedoch nachteilig auf die Lage der Bevölkerung in Drittstaaten auswirken, haben für deren rechtliche Beurteilung diejenigen rechtlichen Maßstäbe zum Schutz der Menschenrechte und des humanitären Völkerrechts zu gelten, nach denen sich die Rechtmäßigkeit der gegenüber dem Sanktionsadressaten verhängten Wirtschaftssanktionen richtet.

[15] Siehe zu Artikel 39 als Rechtmäßigkeitsvoraussetzung die Nachweise im 1. Kap., Anm. 33.

Völkerrecht aufwerfen. Die Feststellung der Rechtmäßigkeit nach Artikel 39 der Charta weist hingegen keinen sanktionsspezifischen Bezug auf und ist in Hinblick auf die Vereinbarkeit von Wirtschaftssanktionen mit den Menschenrechten und dem humanitären Völkerrecht neutral. Ferner bedürfte es keiner Prüfung der Rechtmäßigkeit der nach Artikel 41 der Charta getroffenen Maßnahmen, wenn schon die formelle Rechtmäßigkeit oder die Rechtmäßigkeit der Feststellung nach Artikel 39 der Charta verneint würde, weil in einem solchen Fall die Verhängung von Wirtschaftssanktionen bereits aus diesem Grund rechtswidrig wäre, ungeachtet der Vereinbarkeit der getroffenen Maßnahmen mit den Menschenrechten und dem humanitären Völkerrecht. Die vorliegende Untersuchung setzt daher stillschweigend voraus, daß die jeweiligen Wirtschaftssanktionen formell ordnungsgemäß zustandegekommen sind und auf einer rechtmäßigen Grundlage im Sinne von Artikel 39 der Charta beruhen. Dabei soll keineswegs übersehen werden, daß die Frage der Rechtmäßigkeitsanforderungen, die an die vom Sicherheitsrat vorgenommene Feststellung nach Artikel 39 der Charta zu stellen sind, nicht nur seit längerem Gegenstand intensiver Auseinandersetzung in der Literatur[16], sondern auch für die Legitimität von Wirtschaftssanktionen von eminenter Bedeutung ist. Dieser Punkt berührt zwar einen wichtigen Aspekt in der Debatte über die Rechtmäßigkeit von Wirtschaftssanktionen und ihre zukünftige Ausgestaltung, sie betrifft aber die Problematik der Grenzen der dem Sicherheitsrat nach Artikel 39 der Charta zukommenden Feststellungsbefugnis, insbesondere in Fällen, in denen ein politisch motivierter Mißbrauch des Sicherheitsrats durch eines oder mehrere der ständigen Mitglieder zur Debatte steht, nicht jedoch die Frage, welchen Grenzen der Sicherheitsrat nach Artikel 41 der Charta in bezug auf die von ihm getroffenen Maßnahmen und deren Folgewirkungen unterworfen ist. Die Auseinandersetzung mit der äußerst kontroversen Problematik der für die Feststellung einer Friedensbedrohung nach Artikel 39 der Charta geltenden Rechtmäßigkeitsvoraussetzungen würde daher zu einer Schwerpunktverlagerung dieser Arbeit führen, die aus den genannten Gründen nicht geboten ist.

Der Aufbau der Arbeit stellt sich wie folgt dar: Im Anschluß an eine kurze Einführung in das Sanktionsrecht im ersten Kapitel, die im wesentlichen der Klärung der Begrifflichkeit und der Schaffung eines Überblicks über die wichtigsten Bestandteile eines Sanktionsfalls dient, wird die bisherige Sanktionspraxis des Sicherheitsrats im zweiten Kapitel ausführlich dargestellt. Die Darstellung der Praxis ist zugleich als Sachverhalt Grundlage der nachfolgenden Fallprüfung. Sie beschränkt sich dabei auf diejenigen Fälle, in denen der

---

[16] Ebd.

Sicherheitsrat Sanktionsmaßnahmen wirtschaftlichen Inhalts auf der Grundlage von Artikel 41 der Charta beschlossen hat[17]. Die Darstellung der Praxis umfaßt für den jeweiligen Sanktionsfall die zu dessen Verständnis erforderliche Vorgeschichte, den Verlauf der Sanktionen sowie die Auswirkungen der Sanktionsmaßnahmen auf den Zielstaat. Zur Feststellung dieser Auswirkungen wird zuerst die Entwicklung der Volkswirtschaft sowie der humanitären Lage vor und während der Dauer der Sanktionen dargestellt und anschließend die Kausalität der Wirtschaftssanktionen für diese Entwicklung ermittelt. Zum Abschluß dieses Kapitels werden auf der Grundlage der festgestellten Praxis die typischen Auswirkungen der vom Sicherheitsrat verhängten Sanktionsmaßnahmen zusammengefaßt.

Im ersten Teil des dritten Kapitels werden die materiellen Grenzen, die sich in Bezug auf das Rechtsfolgeermessen des Sicherheitsrats aus den Menschenrechten und dem humanitären Völkerrecht ergeben, ermittelt. Hierbei gilt es als Vorfrage zu klären, ob dem Sicherheitsrat die Auswirkungen der Wirtschaftssanktionen zuzurechnen sind, dieser also als Organ einer internationalen Organisation die völkerrechtliche Verantwortlichkeit trägt. Im nächsten Schritt wird die Frage der Bindung des Sicherheitsrats, d.h. die Pflicht zur Beachtung, an die Menschenrechte und das humanitäre Völkerrecht behandelt. Eine derartige Bindung kann sich sowohl aus der Charta selbst als auch aus dem Völkerrecht ergeben. Zur Feststellung des Bestehens und des Umfangs einer etwaigen Bindung wird maßgeblich auf die Sanktionspraxis des Sicherheitsrats zurückgegriffen, wobei die Parallelen in der Entwicklung im Recht der Staatenverantwortlichkeit, das zwar nicht unmittelbar auf den Sicherheitsrat anwendbar ist, aber die wichtigste derzeitige Kodifikationsbemühung im Bereich des Sanktionsrechts darstellt, aufgezeigt werden. In Hinblick auf die Bindung an die Menschenrechte liegt dabei der Schwerpunkt auf der Lösung des Konflikts zwischen dem Ziel der Friedenssicherung und dem Ziel des Menschenrechtsschutzes, in Hinblick auf die Bindung an das humanitäre Völkerrecht auf der Frage der Anwendbarkeit des humanitären Völkerrechts auf Wirtschaftssanktionen. Im zweiten Teil des dritten Kapitels wird die Frage der konkreten Bindung, die sich aus den jeweiligen Rechte für den Sicherheitsrat ergibt, behandelt. Hierbei gilt es zu klären, inwieweit die einzelnen Rechte ihrer Natur nach auf den Sicherheitsrat und die von ihm getroffenen Maßnahmen anwendbar sind und

[17] Die vom Völkerbund gegenüber Italien im Jahr 1935 beschlossenen Sanktionsmaßnahmen bleiben aufgrund ihrer nach Artikel 16 Absatz 1 der Völkerbundsatzung fehlenden Verbindlichkeit für die Mitgliedstaaten und ihrer unzureichenden Durchsetzung außer Betracht. Siehe dazu Doxey, Sanctions, 45 ff.; Lindemeyer, 302 ff. Ebenfalls außer Betracht bleiben die gegen Liberia mit der Resolution 1343 vom 7. März 2001 verhängten Sanktionen, da diese erst nach Fertigstellung des Manuskripts in Kraft getreten sind.

welche Verpflichtungen des Sicherheitsrats sich aus den einzelnen Menschenrechten und Normen des humanitären Völkerrechts erschließen lassen.

Im vierten Kapitel wird der dermaßen entwickelte Rechtmäßigkeitsmaßstab im Wege der Fallprüfung auf die bisherige Sanktionspraxis des Sicherheitsrats angewendet. Der Schwerpunkt liegt hierbei auf dem Fall der gegenüber dem Irak verhängten Wirtschaftssanktionen, in dessen Rahmen die gesamten Rechte, die es für den Sicherheitsrat zu beachten gilt, einer exemplarischen Prüfung unterzogen werden. Im Anschluß daran werden die Ergebnisse der Fallprüfung systematisch zusammengefaßt.

Im fünften Kapitel wird die Frage erörtert, ob und inwieweit den von Wirtschaftssanktionen betroffenen Rechtssubjekten und Dritten die Möglichkeit eröffnet ist, sich gegen die vom Sicherheitsrat beschlossenen Sanktionsmaßnahmen zur Wehr zu setzen. Hierbei sind die Rechtsschutzmöglichkeiten von Individuen und Gruppen, die eine Verletzung ihrer Rechte geltend machen, des Sanktionsadressaten, insbesondere in Form der Rechtskontrolle des Sicherheitsrats vor dem IGH, sowie die Befugnis von Drittstaaten, die Befolgung der Sanktionsmaßnahmen unter Berufung auf deren Rechtswidrigkeit zu verweigern, Gegenstand der Betrachtung.

Im Anschluß hieran werden im sechsten Kapitel unter Berücksichtigung der gegenwärtigen Entwicklungen im Sanktionsrecht die Möglichkeiten und Aussichten eines wirksamen Schutzes der Menschenrechte und des humanitären Völkerrechts in der Sanktionspraxis des Sicherheitsrats beleuchtet. Hierzu werden die maßgeblichen Aspekte der inhaltlichen Ausgestaltung und Durchführung von Sanktionen behandelt, d.h. die Frage der gezielten Sanktionen, der humanitären Ausnahmeregelungen, der Befristung von Sanktionen, der Einschätzung und Berücksichtigung der Auswirkungen von Sanktionen sowie der Durchsetzung von Sanktionsmaßnahmen. Dabei wird der Rahmen für ein Sanktionssystem entworfen, dessen Umsetzung den optimalen Schutz der Menschenrechte und des humanitären Völkerrechts unter gleichzeitiger Beibehaltung von Sanktionen als wirksamen Zwangsmittel ermöglicht.

Im Wege des Fazits wird abschließend nicht nur eine Bilanz der ersten Sanktionsdekade des Sicherheitsrats gezogen, sondern auch ein Ausblick auf die zukünftige Entwicklung der Sanktionspraxis des Sicherheitsrats geworfen.

1. Kapitel: Die rechtlichen Grundlagen des UN-Sanktionssystems

1. Der Begriff der Wirtschaftssanktionen

In der Charta wird für die vom Sicherheitsrat nach Artikel 41 beschlossenen Zwangsmaßnahmen wirtschaftlichen Inhalts nicht der Begriff der Sanktionen verwendet[1]. Da auch im Völkerrecht weder der Begriff der Sanktionen noch der Wirtschaftssanktionen eindeutig bestimmt ist[2], gilt es nachfolgend zu klären, ob die vom Sicherheitsrat verhängten wirtschaftlichen Zwangsmaßnahmen zutreffend als Wirtschaftssanktionen bezeichnet werden können.

Der rechtstheoretische Begriff der Sanktion bezeichnet eine nachteilige Rechtsfolge zur Sicherung der Rechtsgeltung. Sanktionen sind demnach Maßnahmen, durch deren Androhen und gegebenenfalls Ergreifen die handlungswirksame Anerkennung einer Rechtsnorm garantiert werden soll[3]. Im Völkerrecht werden unter Sanktionen Maßnahmen verstanden, mit denen auf eine Völkerrechtsverletzung reagiert wird und die darauf gerichtet sind, den verantwortlichen Staat mittels Zufügung von Nachteilen zur Einstellung seines völkerrechtswidrigen Verhaltens zu bewegen[4]. Unter den weiten völkerrechtlichen Sanktionsbegriff fallen alle Arten von Retorsionen, Repressalien und sonstige Zwangsmaßnahmen eines oder mehrerer Völkerrechtssubjekte[5]. Ein erweiterter, der Soziologie entnommener Sanktionsbegriff bestimmt diesen entsprechend grundlegender menschlicher Verhaltensmuster. Danach stellen die Reaktionen der internationalen Gemeinschaft, die auf das Handeln eines Staates erfolgen, das

---

[1] In der Praxis der Vereinten Nationen wird der Begriff der Sanktionen hingegen, auch vom Sicherheitsrat, gemeinhin für die auf der Grundlage von Kapitel VII der Charta verhängten wirtschaftlichen Zwangsmaßnahmen verwendet. Siehe beispielhaft S/PV.4128; S/2000/319; A/RES 51/242, Annex II; S/1995/1, Ziff. 66.

[2] Hierzu Beyerlin, Sanktionen, in: Wolfrum, Handbuch VN, 721, Rn.1; Combacau, Sanctions, 311, 312; Gowlland-Debbas, Security Council Enforcement, 59; Schneider, 27; Schröder, 571.

[3] Kindhäuser, 999.

[4] Schröder, 571, 572. Siehe zum Begriff der Sanktionen im Völkerrecht Combacau, Sanctions, 311 ff.; Fukatsu, 1187 ff.; Gowlland-Debbas, Collective Responses, 462 ff.; Kunz, 324 ff.

[5] Petersmann,10. Siehe zu den Mitteln, die im Völkerrecht zur Verfügung stehen, um auf unrechtmäßiges Handeln zu reagieren, den Überblick im 3. Bericht zur Staatenverantwortlichkeit von Arangio-Ruiz, A/CN. 440, Ziff. 1 ff.

nicht den gemeinsamen legitimen Erwartungen entspricht, Sanktionen dar[6]. Gegen die Verwendung des Sanktionsbegriffs im Völkerrecht ist der Einwand vorgebracht worden, daß dieser nicht mit der Gleichordnung der Völkerrechtssubjekte vereinbar sei. Aus der fehlenden zentralen Durchsetzung des Völkerrechts, welche die Reaktion auf Rechtsverletzungen von den Entscheidungen der Staaten als Richter in eigener Sache abhängig machen, ist dabei sogar auf das Fehlen echter Sanktionen im Völkerrecht geschlossen worden[7]. Zur Unterscheidung zwischen dezentralisierten, unmittelbar vom verletzten Völkerrechtssubjekt selbst getroffenen Maßnahmen und von zentralisierten Kollektivmaßnahmen wird, den Kodifikationsarbeiten der ILC zum Recht der Staatenverantwortlichkeit folgend, zunehmend der Begriff der Gegenmaßnahmen anstelle des Sanktionsbegriffs verwendet[8].

---

[6] Fukatsu, 1188. Siehe zum sozialwissenschaftlichen Sanktionsbegriff Kindhäuser, 999 m.w.N.

[7] Leben, 21. Siehe auch Zoller, 106. Diese Auffassung beruht nicht zuletzt auf einer fragwürdigen Übertragung des innerstaatlichen Sanktionsbegriffs auf das Völkerrecht. Wenn ein Völkerrechtssubjekt auf einen Rechtsbruch hin eine Maßnahme zur Durchsetzung des Rechts ergreift, so liegt darin, auch wenn es im dezentralisierten Rechtssystem des Völkerrechts an einer zentralen Zwangsgewalt fehlt, eine Sanktion, wenngleich mit gegenüber innerstaatlichen Sanktionen eigenen Charakteristika. So im Ergebnis auch Beyerlin, Sanktionen, in: Wolfrum, Handbuch VN, 721, Rn.1; Chemillier-Gendreau, Monique, La notion de sanction en droit international, in: Galabert, Jean-Michael (Hrsg.), Mélange en l'honneur du professeur Gustave Peiser, Grenoble, 1995, 115-126, 116; Damrosch, Lori Fisler, Enforcing International Law Through Non-Forcible Means, in: Recueil des Cours, Collected Courses of the Hague Academy of International Law, 1997, Tome 269 de la collection, 13-250, 19 ff.; Delbrück, Sanctions, 89; Kelsen, 706, 707; Kunz, 324, 325.

[8] Siehe den 3. Bericht zur Staatenverantwortlichkeit von Arangio-Ruiz, A/CN.440, Ziff. 27. Zur Definition des Begriffs der Gegenmaßnahme siehe Artikel 47 des Entwurfs der ILC zur Staatenverantwortlichkeit: "Countermeasures by an injured State: 1. For the purposes of the present articles, the taking of countermeasures means that an injured State does not comply with one or more of its obligations towards a State which has committed an internationally wrongful act in order to induce it to comply with its obligations under articles 41 to 46, as long as it has not complied with those obligations and as necessary in the light of its response to the demands of the injured State that it do so", in: 37 I.L.M. 440 (1998), 456, 457. Zur Entwicklung des Begriffs der Gegenmaßnahmen Elagab, Omar Yousif, The place of non-forcible counter-measures in contemporary law, in: Goodwin-Gill, Guy S. (Hrsg.), The reality of International Law, Essays in honour of Ian Brownlie, Oxford, 1999, 125-151 m.w.N.; Gowlland-Debbas, Collective Responses, 473 ff.; Leben, 39. In der völkerrechtlichen Literatur wird aber auch für unilaterale Maßnahmen oftmals weiterhin der Begriff der Wirtschaftssanktionen verwendet, so von Delbrück, Sanctions, 90; Meng, 273, 274; Petersmann, 10. Siehe hierzu auch Schneider, 30 m.w.N.

Kollektive Zwangsmaßnahmen werden hingegen sowohl von der ILC als auch in der völkerrechtlichen Literatur überwiegend als Sanktionen bezeichnet[9]. Auch wenn Zweifel an der gleichmäßigen Handhabung und effektiven Durchsetzung der kollektiven Zwangsmaßnahmen durch den Sicherheitsrat bestehen, kann der Sanktionscharakter der von ihm auf der Grundlage von Kapitel VII gemäß Artikel 41 der Charta beschlossenen, die Mitgliedstaaten bindenden Zwangsmaßnahmen schwerlich geleugnet werden[10]. Die vom Sicherheitsrat nach Artikel 41 der Charta beschlossenen wirtschaftlichen Maßnahmen sind jedoch nicht notwendigerweise Sanktionen im engeren Sinne[11]. Der Sicherheitsrat beschließt kollektive Zwangsmaßnahmen nach Kapitel VII der Charta als Reaktion auf eine Bedrohung bzw. Bruch des Weltfriedens oder der internationalen Sicherheit, nicht als Reaktion auf einen Rechtsbruch. Im Regelfall wird die festgestellte Bedrohung bzw. der Bruch des Weltfriedens aber zugleich auf einem völkerrechtswidrigen Verhalten des betreffenden Völkerrechtssubjekts beruhen[12]. Ziel der Maßnahmen ist überdies die Wahrung bzw. Wiederherstellung des Weltfriedens und der internationalen Sicherheit, nicht die Einstellung des völkerrechtswidrigen Verhaltens[13]. Die Maßnahmen sollen den Adressaten zwar durch Zufügung von Nachteilen zur Einstellung seines den Frieden bedrohenden Verhaltens veranlassen[14]. Ein strafendes Element ist den vom Sicherheitsrat auf der Grundlage von Kapitel VII verhängten Maßnahmen jedoch fremd[15].

---

[9] 3. Bericht zur Staatenverantwortlichkeit von Arangio-Ruiz, A/CN.440, Ziff. 15. Siehe zum Stand der Literatur Gowlland-Debbas, Security Council Enforcement, 59, 77; Schröder, 578 m.w.N.

[10] Dies entspricht wohl der herrschenden Literaturmeinung. Siehe Delbrück, Sanctions, 90; Gowlland-Debbas, Security Council Enforcement, 59. Zoller, 106, 107, spricht den vom Sicherheitsrat beschlossenen Maßnahmen Sanktionscharakter ab, weil diese kein strafendes Element haben. Diese Ansicht ist unzutreffend, weil dieses Element für das Vorliegen einer Sanktion nicht konstitutiv ist.

[11] Arangio-Ruiz, Security Council, 694, 695; Beyerlin, Sanktionen, in: Wolfrum, Handbuch VN, 721, Rn.1.

[12] Siehe hierzu Combacau, Povouir de sanction, 12 ff.; Gowlland-Debbas, Security Council Enforcement, 77 ff. sowie den Überblick zur Praxis des Sicherheitsrats von Fink, Friedenssicherung, 866 ff. und Herbst, 332 ff.

[13] Auch wenn in der Regel mit der Einstellung des völkerrechtswidrigen Verhaltens zugleich der Frieden gewahrt bzw. wiederhergestellt sein dürfte.

[14] Nach der überkommenen Vorstellung richten sich die im Rahmen von umfassenden Wirtschaftssanktionen ergriffenen Maßnahmen gegen die Regierung und das Volk, die als Einheit aufgefaßt werden. Siehe Strupp, Karl/Schlochauer, Hans-Jürgen, Wörterbuch des Völkerrechts, Dritter Band, R-Z, Berlin 1962, 161: „Diese Sanktionen richten sich gegen das im Staate vereinigte Volk, das somit für das völkerrechtswidrige Verhalten der staatlichen Organe und Organwalter (-träger) haftbar gemacht wird." Zur Ausrichtung von Sanktionen als kollektiver Haftung Galtung, 389, 390.

[15] Es ist umstritten, ob die Zufügung von Nachteilen in Form von wirtschaftlichen oder anderweitigen Zwangsmaßnahmen auch die Bestrafung des Sanktionsadressaten zum Ziel hat.

Trotz der aufgezeigten Eigenheiten der vom Sicherheitsrat auf der Grundlage von Kapitel VII der Charta verhängten nichtmilitärischen Zwangsmaßnahmen erscheint es nicht zuletzt in Anbetracht der einhelligen Praxis der Vereinten Nationen geboten, für diese Maßnahmen den Begriff der Wirtschaftssanktionen zu verwenden.

Wirtschaftssanktionen werden somit im Rahmen dieser Arbeit als vom Sicherheitsrat gemäß Artikel 41 der Charta verhängte Maßnahmen im Bereich der Wirtschaftsbeziehungen zu Friedens- oder Kriegszeiten[16] verstanden, die als Reaktion auf ein friedensbedrohendes Verhalten eines Völkerrechtssubjekts erfolgen, um dieses durch Zufügung von Nachteilen zur Einstellung seines friedensbedrohenden Verhaltens zu veranlassen[17].

So Ago, Robert, Special Rapporteur, Eight Report on State Responsibility, UN Dok. A/CN.4/318, Ziff. 79, in: YBILC, 1979, Vol.II, Part One; Doxey, International Sanctions, 12; Schneider, 33; Schrijver, 156. Sanktionen bezwecken eine zukünftige Verhaltensänderung des Sanktionsadressaten. Sie sind vornehmlich ein zur Erreichung dieses Ziels eingesetztes Druckmittel. Den vom Sicherheitsrat nach Artikel 41 der Charta verhängten Wirtschaftssanktionen ist ein strafendes Element daher fremd. Zutreffend Beyerlin, Sanktionen, in: Wolfrum, Handbuch VN, 722, Rn.3; Combacau, Sanctions, 314; Lapidoth, Ruth, Some Reflections on the Law and Practice Concerning the Imposition of Sanctions by the Security Council, in: AdV 30 (1992), 114. Dies hat der Generalsekretär in seinem Positionspapier "Supplement to an Agenda for Peace", S/1995/1, Ziff. 66 ausdrücklich betont: "Under Article 41 of the Charter, the Security Council may call upon Member States to apply measures not involving the use of armed force in order to maintain or restore international peace and security. Such measures are commonly referred to as sanctions. This legal basis is recalled in order to underline that the purpose of sanctions is to modify the behaviour of a party that is threatening international peace and security and not to punish or otherwise exact retribution." In seiner Stellungnahme zum Positionspapier des Generalsekretärs hat der Sicherheitsrat dessen Ausführungen zugestimmt. S/PRST/1995/9: "It (the Security Council) agrees that the object of economic sanctions is not to punish but to modify the behaviour of the country or party which represents a threat to international peace and security."

[16] Siehe hierzu, insbesondere zur Abgrenzung von Sanktionen gegenüber dem Begriff des Wirtschaftskriegs, Schneider, 30, 31 m.w.N.

[17] Siehe die Definition von Schneider, 34. In der völkerrechtlichen Literatur wird statt des Begriffs der Wirtschaftssanktionen inhaltlich deckungsgleich mitunter der Begriff des Handelsembargos für die hoheitlich angeordnete Unterbrechung der Außenhandelsbeziehungen gebraucht, so etwa von Gornig,G., Die völkerrechtliche Zulässigkeit eines Handelsembargos, in, JZ 1990, 113-123; Kausch, Hans G./Langenfeld, Christine (Addendum), Embargo, in: Bernhardt, R. (Hrsg.), EPIL, Vol.2 (1995), 58-67; Lindemeyer, 181 ff.; Robert, Eric, L'Embargo En Droit International, in: L'Embargo-Het Embargo, Actes de la journée d'études du 1 er décembre 1995 organisée par l'Association Européenne pour le Droit Bancaire et Financier-Belgium, Brüssel, 1996, 13-43. Ein Überblick zu den Erscheinungsformen wirtschaftlicher Maßnahmen und deren unterschiedlichen Zweckrichtungen gibt Schneider, 35 ff. m.w.N.

2. Die Verhängung, inhaltliche Ausgestaltung und Aufhebung von Wirtschaftssanktionen durch den Sicherheitsrat nach Kapitel VII der Charta

Dem Sicherheitsrat, gemäß Artikel 7 Absatz 1 der Charta eines der Hauptorgane der Vereinten Nationen, ist in Artikel 24 Absatz 1 der Charta die Hauptverantwortung für die Wahrung des Weltfriedens und der internationalen Sicherheit übertragen worden. Zur Erfüllung dieser Aufgabe hat er unter anderem gemäß Artikel 24 Absatz 2, Satz 2 der Charta die Befugnis, Zwangsmaßnahmen nach Kapitel VII der Charta zu beschließen. Als eine dieser Zwangsmaßnahmen sieht Artikel 41 der Charta die Verhängung von Wirtschaftssanktionen vor. Der Sicherheitsrat hat bisher in fünfzehn Fällen nichtmilitärische Zwangsmaßnahmen nach Artikel 41 des Kapitels VII der Charta, darunter in acht Fällen Wirtschaftssanktionen, verhängt: Südrhodesien (1966-1979)[18], Südafrika (1977-1994)[19], Irak (1990-)[20], ehemaliges Jugoslawien (1991-1996)[21], Somalia (1992-)[22], Libyen (1992-1999 suspendiert)[23], Liberia (1992-)[24]; Haiti (1993-1994)[25], Angola (1993-)[26], Ruanda (1994-)[27], Sudan (1996-2001)[28], Sierra Leone (1997-)[29], BR Jugoslawien (Kosovo) (1998-2001)[30], Afghanistan (1999-)[31] und Äthiopien/Eritrea (2000-)[32].

---

18 Siehe 2. Kap., 2.1.2.

19 Waffenembargo, S/RES 418, 4. November 1977, aufgehoben durch S/RES 919, 26. Mai 1994.

20 Siehe 2. Kap., 2.2.2.

21 Siehe 2. Kap., 2.4.2.

22 Waffenembargo, S/RES 733, 23. Januar 1992.

23 Siehe 2. Kap., 2.3.2.

24 Waffenembargo, S/RES 788, 19. November 1992. Am 7. März 2001 hat der Sicherheitsrat mit S/RES 1343 partielle Wirtschaftssanktionen, d.h. ein Waffenembargo, ein Diamanteneinfuhrverbot und Einreiseverbote für hochrangige Politiker und Militärs, gegen Liberia verhängt.

25 Siehe 2. Kap., 2.5.2.

26 Siehe 2. Kap., 2.6.2.

27 Waffenembargo, S/RES 918, 17. Mai 1994, geändert mit S/RES 1011, 16. August 1995 (Nichtanwendung des Waffenembargos auf die Regierung Ruandas).

28 Diplomatische Sanktionen und Einreiseverbote, S/RES 1054, 26. April 1996; Flugverkehrsverbot, S/RES 1070, 16. August 1996, nachfolgend nicht in Kraft getreten, aufgehoben durch S/RES 1372, 28. September 2001.

29 Siehe 2. Kap., 2.7.2.

30 Waffenembargo, S/RES 1160, 31. März 1998, aufgehoben durch S/RES 1367, 10. September 2001.

31 Siehe 2. Kap., 2.8.2.

32 Waffenembargo, S/RES 1298, 17. Mai 2000.

Die Verhängung von Wirtschaftssanktionen setzt voraus, daß der Sicherheitsrat nach Artikel 39 der Charta feststellt, daß eine Bedrohung oder ein Bruch des Friedens oder eine Angriffshandlung vorliegt[33]. Diese Feststellung betrifft die Tatbestandsseite. Hat der Sicherheitsrat eine solche Feststellung getroffen, so stehen ihm auf der Rechtsfolgenseite eine Vielzahl von Vorgehensweisen offen. So kann er völlig untätig bleiben, lediglich Empfehlungen abgeben, vorläufige Maßnahmen nach Artikel 40 der Charta ergreifen, nichtmilitärische Maßnahmen nach Artikel 41 der Charta beschließen oder den Einsatz militärischer Gewalt gemäß Artikel 42 der Charta autorisieren[34]. Der Sicherheitsrat hat dabei einen weiten Ermessensspielraum in Bezug auf die Maßnahmen, die er zur Wahrung bzw. Wiederherstellung des Weltfriedens und der internationalen Sicherheit einsetzt[35]. Artikel 41 der Charta enthält eine beispielhafte, nicht abschließende Aufzählung der Maßnahmen, die der Sicherheitsrat in beliebiger Reihenfolge

---

[33] Der Sicherheitsrat hat in seiner ständigen Praxis bei der Verhängung von Wirtschaftssanktionen Kapitel VII der Charta als Rechtsgrundlage angegeben und eine Feststellung nach Artikel 39 der Charta getroffen. Hierzu Schrijver, 144. Zur Feststellung der Friedensbedrohung nach Artikel 39 der Charta siehe beispielhaft Arntz, Joachim, Der Begriff der Friedensbedrohung in Satzung und Praxis der Vereinten Nationen, Schriften zum Völkerrecht, Bd. 46, Berlin, 1975; Blanke, 278 ff.; Freudenschuß, Helmut, Article 39 of the UN Charter Revisited: Threats to the Peace and the Recent Practice of the UN Security Council, in: AJPIL 46 (1993), 1-39; Gading, Heike, Der Schutz grundlegender Menschenrechte durch militärische Maßnahmen des Sicherheitsrats - das Ende staatlicher Souveränität?, Veröffentlichungen des Walther Schücking Instituts für Internationales Recht an der Universität Kiel, Bd. 118, Berlin, 1996, 67 ff.; Herdegen, Matthias, Der Sicherheitsrat und die autoritative Konkretisierung des VII. Kapitels der UN-Charta, in: Beyerlin, Ulrich/Bothe, Michael/Hofmann, Rainer/ Petersmann, Ernst-Ulrich (Hrsg.), Recht zwischen Umbruch und Bewahrung, Festschrift für Rudolf Bernhardt, Beiträge zum ausländischen öffentlichen Recht und Völkerrecht, Bd. 120, Berlin (u.a.) 1995, 103-119, 113 ff.; Lailach, 49 ff.; Martenczuk, 223 ff.; Neuhold, Hans-Peter, Threat to Peace, in: Bernhardt, R. (Hrsg.), EPIL, Vol.3 (1997), 935-938; Sorel, Marc-Jean, L'Enlargissement de la Notion de Menace contre la Paix, in: Société Française pour le Droit International, Le Chapitre VII de la Charte des Nations Unies: colloque de Rennes, 50e anniversaire des Nations Unies, Paris, 1995, 4-57.

[34] Gowlland-Debbas, Security Council Enforcement, 62. International Criminal Tribunal for the Former Yugoslavia: Decision in Prosecutor v. Dûsko Tadic71, in: 35 I.L.M. 32 (1996), Ziff. 29.

[35] ICTY, Prosecutor v. Tadic, ebd., Ziff. 32: "As with the determination of the existence of a threat to the peace or an act of aggression, the Security Council has a very wide margin of discretion under Article 39 to choose the appropriate course of action and to evaluate the suitability of the measures chosen, as well as their potential contribution to the restoration or maintenance of peace. But here again, this discretion is not unfettered; moreover, it is limited to the measures provided for in Articles 41 and 42." Zum Rechtsfolgeermessen des Sicherheitsrats Martenczuk, 254 ff. m.w.N. Die Frage, inwiefern dieses Ermessen des Sicherheitsrats auf der Rechtsfolgenseite rechtlichen Grenzen unterliegt, wird im 3. Kap., 3. behandelt.

verhängen kann[36]. Als Maßnahmen wirtschaftlicher Natur sind die vollständige oder teilweise Unterbrechung der Wirtschaftsbeziehungen genannt. Die Unterbrechung des Eisenbahn-, See- und Luftverkehrs, der Post-, Telegraphen- und Funkverbindungen sowie sonstiger Verkehrsmöglichkeiten sind zwar vorrangig auf die Isolation des Sanktionsadressaten gerichtet, haben aber mitunter erhebliche wirtschaftliche Auswirkungen, so daß sie im weiteren Sinne zu den Maßnahmen wirtschaftlicher Natur zu rechnen sind. Die Beschränkungen bzw. der Abbruch von Austauschbeziehungen im Bereich von Sport, Kultur und Wissenschaftszusammenarbeit und der Abbruch diplomatischer Beziehungen sind nicht als Maßnahmen wirtschaftlicher Natur zu qualifizieren, da sie zwar Auswirkungen wirtschaftlicher Natur haben können, diese aber gegenüber der Zielrichtung der jeweiligen Maßnahmen fast gänzlich zurücktreten. Dies gilt auch für Waffenembargos, die überdies in erster Linie Präventivmaßnahmen und keine Sanktionen sind[37].

Der Sicherheitsrat kann dem Umfang und der Zielrichtung nach umfassende, partielle oder gezielte Wirtschaftssanktionen verhängen. Umfassende Wirtschaftssanktionen sind durch den Abbruch sämtlicher Handelsbeziehungen gegenüber dem Sanktionsadressaten gekennzeichnet[38]. Hierbei wird die Ein- und Ausfuhr von Waren, Rohstoffen, Technologie, Kapital oder Dienstleistungen aus bzw. in das Land des Sanktionsadressaten verboten. Diesbezüglich wird gewöhnlich zwischen Maßnahmen, die den Handel und Maßnahmen, die den monetären Bereich betreffen, den sogenannten finanziellen Sanktionen, unterschieden[39]. Weitere Verbote betreffen Transport- und Verkehrsmittel, insbesondere das Verbot des Flug- und Schiffsverkehrs in und aus einem Staat sowie die Unterbrechung von Fernmeldeverbindungen[40].

---

[36] Frowein, in: Simma, Chartakommentar, Artikel 41, Rn.9. ICTY, Prosecutor v. Tadic (s.o. Anm. 34), Ziff., 31, 35.

[37] Conlon, Rechtliche Problematik, 6. Dem Adressaten eines Waffenembargos sollen vorrangig die Mittel zur Begehung der Friedensbedrohung vorenthalten werden, während bei Wirtschaftssanktionen mittelbarer Druck auf den Adressaten ausgeübt wird, der ihn zur Änderung seines friedengefährdenden Verhaltens bewegen soll. Siehe zur Waffenembargopraxis des Sicherheitsrats in den 90-er Jahren Cortright/Lopez, Sanctions Decade, 181 ff.

[38] Als Sanktionsadressat wird im folgenden das Völkerrechtssubjekt bezeichnet, gegen das die Wirtschaftssanktionen gerichtet sind. Dies wird im Regelfall ein Mitgliedstaat der Vereinten Nationen sein (Irak, Libyen). In den bisherigen Sanktionsfällen sind aber auch Nicht-Mitgliedstaaten (BR Jugoslawien), als unrechtmäßig bezeichnete Regierungen (Südrhodesien, Haiti, Sierra Leone), de facto Regierungen (Taliban/Afghanistan) und Rebellengruppen (UNITA/Angola, RUF/Sierra Leone) mit Wirtschaftssanktionen belegt worden. Siehe hierzu die jeweilige Sachverhaltsdarstellung im 2. Kap.

[39] Siehe Bossuyt, Economic Sanctions, Ziff. 12, 13.

[40] Siehe zur Wirkung dieser Maßnahmen Lindemeyer, 234 ff.

Partielle Wirtschaftssanktionen sind solche, bei denen die wirtschaftlichen Beziehungen zum Sanktionsadressaten nur teilweise unterbrochen werden. Der Sicherheitsrat hat partielle Wirtschaftssanktionen insbesondere in Form von Erdölembargos sowie in Form von Ein- bzw. Ausfuhrverboten wichtiger Export- bzw. Importgüter des Sanktionsadressaten verhängt[41].

Gezielte Sanktionen (smart bzw. targeted sanctions) zeichnen sich durch ihre Zielgruppenorientierung aus. Die Maßnahmen sind gegen diejenigen gerichtet, die für die Friedensbedrohung verantwortlich sind und deren Verhaltensänderung bezweckt wird. Damit sollen zugleich die umfassenden und partiellen Sanktionen eigenen nachteiligen Auswirkungen auf die Bevölkerung des Sanktionsadressaten weitgehend vermieden werden[42]. Gezielte Sanktionen sind somit, soweit sie wirtschaftlicher Natur sind, notwendig partielle Sanktionen, mit diesen aber nicht identisch[43]. Unter den weiten Begriff der gezielten Sanktionen werden zuweilen alle Maßnahmen gefaßt, die der Vermeidung nachteiliger Folgen von Wirtschaftssanktionen auf die Bevölkerung des Sanktionsadressaten dienen, worunter neben den gegen die Verantwortlichen gerichteten Maßnahmen auch humanitäre Ausnahmeregelungen[44] fallen sollen[45]. Der Begriff der gezielten Sanktionen ist aber auf zielgerichtete Maßnahmen zu beschränken, da diese von vornherein die nachteiligen Folgen umfassender Sanktionen vermeiden sollen, während humanitäre Ausnahmebestimmungen der Minimierung von unvermeidlichen Nebenfolgen derjenigen wirtschaftlichen Maßnahmen dienen, die unterschiedslos den Sanktionsadressaten und die Bevölkerung treffen. Im Gefolge der gegenwärtigen Debatte über einen verstärkten Einsatz gezielter Sanktionen sind eine Reihe von Maßnahmen genannt worden, die als zielgerichtet angesehen werden. Zwar bestehen Unklarheiten darüber, welche Maßnahmen im einzelnen als gezielt bezeichnet werden können. Gleichwohl läßt sich eine weitgehende Einigkeit über den Kernbestand gezielter Sanktionen konstatieren. Dieser umfaßt finanzielle Sanktionen,

---

[41] So etwa bei den anfänglich gegenüber Südrhodesien und Haiti sowie den gegen Libyen, die UNITA in Angola und gegen Sierra Leone verhängten Wirtschaftssanktionen. Siehe hierzu die jeweilige Sachverhaltsdarstellung im 2. Kap.

[42] Bossuyt, Economic Sanctions, Ziff. 54; Secretary-General, Annual Report 2000, A/55/1, Ziff. 100.

[43] In der Praxis des Sicherheitsrats werden mitunter auch solche partiellen Maßnahmen als gezielt bezeichnet, die spiegelbildlich den Bereich betreffen, aus dem die Friedensbedrohung herrührt, so z. B. das wegen der mutmaßlichen Beteiligung Libyens an dem Lockerbie-Attentat verhängte Flugverkehrsverbot sowie weitere Maßnahmen gegen die libysche Luftfahrtindustrie. Zur Frage, ob diese Maßnahmen als gezielt zu bezeichnen sind, siehe 6. Kap., 3.2.1.2. a).

[44] S.u. 4.2.

[45] IDSC, Future of Sanctions, Ziff. 61.

insbesondere das Einfrieren von Vermögenswerten der verantwortlichen Elite sowie Reisebeschränkungen, die gegen die verantwortlichen Mitglieder der Elite gerichtet sind[46]. Des weiteren können auch Waffenembargos[47], Ausfuhrverbote für Luxusgüter sowie diplomatische Sanktionen als Maßnahmen gelten, die als gezielte Sanktionen zu qualifizieren sind[48]. Als gezielte Maßnahmen sind auch diejenigen Ein- und Ausfuhrverbote einzustufen, die sich ausschließlich gegen die vorrangig der militärischen Finanzierung von Rebellengruppen dienenden Quellen, insbesondere den Handel mit Diamanten, richten[49]. Diesen Maßnahmen ist gemeinsam, daß sie sich ausschließlich gegen die Verantwortlichen richten und keine bzw. allenfalls geringfügige nachteilige Auswirkungen auf die Bevölkerung haben. Darüber hinaus sind eine Reihe von weiteren Maßnahmen genannt worden, bei denen allerdings zweifelhaft ist, ob diese das Merkmal der gezielten Sanktionen erfüllen[50].

Maßnahmen, die unter Einsatz von Waffengewalt der gewaltsamen Durchsetzung der verhängten wirtschaftlichen Maßnahmen dienen, worunter das Anhalten und die Inspektion des Verkehrs, insbesondere des Schiffsverkehrs sowie die Kontrolle des Flugverkehrs fallen, sind keine eigenständigen Sanktionsmaßnahmen, da durch diese kein eigenständiger Druck auf den Sanktionsadressaten ausgeübt, sondern die wirksame Durchsetzung der angewandten Druckmittel sichergestellt werden soll[51].

---

[46] Bossuyt, Economic Sanctions, Ziff. 56; Kulessa, Friedensinstrument, 37. Cortright/Lopez, Sanctions Decade, 209, 210, 223, weisen darauf hin, daß die Vorsitzenden der Sanktionsausschüsse in einem internen Arbeitspapier im Oktober 1998 Waffenembargos, Flugverkehrsverbote, Einreiseverbote und das Einfrieren von Vermögenswerten als gezielte Maßnahmen bezeichnet haben.

[47] Auch wenn diese keine Sanktionen im eigentlichen Sinne sind (s.o. Anm. 37). Siehe zu Waffenembargos als gezielten Sanktionsmaßnahmen, Bonn International Center for Conversion in cooperation with Auswärtiges Amt (Foreign Office, Federal Republic of Germany), First Expert Seminar, Smart Sanctions, The Next Step: Arms Embargoes and Travel Sanctions, Practical Suggestions for Improving the Effectiveness of United Nations Arms Embargoes and Travel Sanctions Resulting from a Consultation Process Including an Expert Seminar, a Series of Workshops and a Concluding Seminar, Bonn, 21-23. November 1999 sowie Cortright/Lopez, Sanctions Decade, 209 ff.; IDSC, Future of Sanctions, Ziff. 62, 63.

[48] Bossuyt, Economic Sanctions, Ziff. 15, 16, 56.

[49] So etwa die gegen die UNITA/Angola, S/RES 1173 (1998) und die gegen die RUF/Sierra Leone, S/RES 1306 (2000) gerichteten Maßnahmen. Siehe die jeweilige Sachverhaltsdarstellung im 2. Kap.

[50] Siehe hierzu im einzelnen 6. Kap., 3.2.1.2. a).

[51] Siehe zur Praxis des Sicherheitsrats S/RES 221 (1966); S/RES 665 (1990); S/RES 787 (1992); S/RES 875 (1993); S/RES 1132 (1997). Zur umstrittenen Frage, ob die Durchsetzungsmaßnahmen unter Artikel 41 der Charta fallen, siehe Scholz, Oliver, Die Durchsetzung von Zwangsmaßnahmen nach Art. 41 der Satzung der Vereinten Nationen, insbesondere mit militärischen Mitteln, Europäische Hochschulschriften, Reihe 2, Rechtswissenschaft, 2462,

In den Resolutionen, mit denen Wirtschaftssanktionen verhängt werden, sind zugleich die Bedingungen für deren Aufhebung festgelegt[52]. Wirtschaftssanktionen sind grundsätzlich aufzuheben, wenn der Sanktionsadressat sämtliche an ihn gerichteten Bedingungen erfüllt hat, da in einem solchen Fall die Bedrohung bzw. der Bruch des Weltfriedens oder der internationalen Sicherheit wegfällt[53]. Eine Aussetzung der Sanktionsbestimmungen kommt in Betracht, wenn der Sanktionsadressat die Bereitschaft zur Erfüllung der an ihn gestellten Bedingungen gezeigt hat, seinen Pflichten aber noch nicht vollständig nachgekommen ist bzw. der Frieden nach Auffassung des Sicherheitsrats noch nicht endgültig wiederhergestellt ist[54]. Der rechtliche Unterschied zwischen der Aufhebung und der Aussetzung von Wirtschaftssanktionen besteht darin, daß die Wirtschaftssanktionen im Falle der Aufhebung ihre rechtliche Wirksamkeit verlieren, während sie im Falle der Aussetzung noch in Kraft sind und lediglich ihre Umsetzung, sei es zeitlich begrenzt oder für einen unbestimmten Zeitraum, ausgesetzt wird. Der Suspensiveffekt entfällt, wenn der Sicherheitsrat eine entsprechende Entscheidung trifft oder wenn der vom Sicherheitsrat beauftragte Generalsekretär zu dem Schluß gelangt, daß der Sanktionsadressat den an ihn gestellten Bedingungen nicht nachgekommen ist[55]. Die Aussetzung beläßt dem Sicherheitsrat somit ein erhebliches Maß an Kontrolle und kann von diesem als Druckmittel benutzt werden[56].
Die Charta enthält jedoch keine Bestimmungen über die Voraussetzungen zur Aufhebung von Wirtschaftssanktionen. Als maßgeblich ist insofern die Praxis des Sicherheitsrats anzusehen, mit der dieser eine konkretisierende Auslegung seiner im Rahmen des Kapitel VII der Charta bestehenden Befugnisse vornimmt[57]. Ein Blick auf die Praxis zeigt, daß die Aufhebung der Sanktionsbestimmungen nicht automatisch erfolgt. Nach anfänglichen Zweifeln über die Modalitäten der Aufhebung im Falle der gegenüber Südrhodesien verhängten

---

Frankfurt am Main, 1998, 108, 228, der anhand der Untersuchung der Sicherheitsratspraxis zum Ergebnis gelangt, daß die Maßnahmen auf der Grundlage von Artikel 41 der Charta erfolgen. Zur Gegenansicht, welche die Durchsetzungsmaßnahmen auf Artikel 42 stützt, siehe Frowein, in: Simma, Chartakommentar, Artikel 41, Rn.7; Ress, 86.

[52] Siehe zur Praxis des Sicherheitsrats beispielhaft die kontroverse Resolution 687 (1991), in der in Ziff. 22 die Bedingungen für die Aufhebung der gegenüber dem Irak verhängten Sanktionen festgelegt sind.

[53] Combacau, Pouvoir de sanction, 219.

[54] Der Sicherheitsrat hat in seiner bisherigen Praxis Wirtschaftssanktionen gegenüber Haiti (S/RES 861 (1993), gegenüber der BR Jugoslawien (S/RES 1022 (1995)) und gegenüber Libyen (Entscheidung vom 5. April 1999) ausgesetzt. Siehe die jeweilige Sachverhaltsdarstellung im 2. Kap.

[55] So beispielsweise im Fall der Aufhebung der Aussetzung der gegenüber Haiti verhängten Sanktionen mit der Resolution 873 (1993) (siehe 2. Kap., 2.5.2.2.).

[56] Cortright/Lopez, Sanctions Decade, 216.

[57] Siehe zur Praxis des Sicherheitsrats als Mittel zur Auslegung der Charta 3. Kap. 2.2.4.

Wirtschaftssanktionen[58] besteht unter den Mitgliedern des Sicherheitsrats inzwischen weitgehend Einigkeit darüber, daß Wirtschaftssanktionen nur durch einen entsprechenden Beschluß des Sicherheitsrats aufgehoben werden können[59]. Eine Ausnahme stellen jedoch diejenigen Fälle dar, in denen der Sicherheitsrat die Sanktionsmaßnahmen zeitlich befristet, da in diesen Fällen die Bindungswirkung der Sanktionsmaßnahmen nach Zeitablauf automatisch entfällt[60].

3. Die Rechtsverhältnisse bei der Um- und Durchsetzung von Wirtschaftssanktionen

Die Wirtschaftssanktionen werden vom Sicherheitsrat in Form von Resolutionen beschlossen, die an die Mitgliedstaaten gerichtet sind[61]. In diesen erläßt der Sicherheitsrat gegenüber den Mitgliedstaaten entweder ein Verbot, die im einzelnen aufgeführten Maßnahmen wirtschaftlicher Natur im Verhältnis zu dem Sanktionsadressaten vorzunehmen[62] oder verfügt ein Gebot, bestimmte Maßnahmen zu treffen[63]. Der Sicherheitsrat kann dabei auch Wirtschaftssanktionen, die zuvor von Regionalorganisationen verhängt worden sind, als für alle

---

[58] Siehe Suy, Legal Questions, 684 ff., der auf der Grundlage der Reaktionen der Mitgliedstaaten auf die einseitige Aufhebung der gegenüber Südrhodesien verhängten, zum damaligen Zeitpunkt noch in Kraft befindlichen Wirtschaftssanktionen durch das Vereinigte Königreich im Dezember 1979 ebenso wie das "Office of Legal Affairs" der Generalversammlung in einer von ihm zitierten rechtlichen Stellungnahme zu dem Schluß kommt, daß Sanktionsmaßnahmen nur durch das zuständige Organ als actus contrarius aufgehoben werden dürfen. Zustimmend Ress, 85, 86. Hierzu auch Gowlland-Debbas, Collective Responses, 640 ff. und Caron, 578 ff.

[59] Siehe Caron, 582.

[60] Siehe hierzu im einzelnen 6. Kap., 3.2.3.

[61] Eine Resolution des Sicherheitsrats ist ein formeller Rechtsakt, d.h. eine formelle Willensbekundung eines Organs einer zwischenstaatlichen Organisation. Sie stellt eine besondere Form eines Beschlusses dar, wobei die Beschlüsse des Sicherheitsrats nach Artikel 25 der Charta regelmäßig als Resolutionen ergehen. Siehe Lagoni, Rainer/Núñez-Müller, Marco, Erklärung, Beschluß, Resolution, in: Wolfrum, Handbuch VN, 693, 694, Rn.1, 2, 6.

[62] Die Verbote beziehen sich somit auf die Mitgliedstaaten. So beinhaltet ein Einfuhrverbot das Verbot, Waren aus dem Land des Sanktionsadressaten einzuführen, während ein Ausfuhrverbot die Ausfuhr von Waren in das Land des Sanktionsadressaten verbietet. Ein Einfuhrverbot soll daher den Export seitens des Sanktionsadressaten, ein Ausfuhrverbot den Import durch den Sanktionsadressaten verhindern.

[63] Insbesondere das Einfrieren von Auslandsguthaben.

Mitgliedstaaten der Vereinten Nationen verbindlich erklären[64]. In den bisherigen Sanktionsfällen hat der Sicherheitsrat in den jeweiligen Resolutionen zwar häufig dem Wortlaut nach identische oder zumindest ähnliche Maßnahmen verhängt, eine sowohl inhaltlich als auch terminologisch einheitliche Form der Maßnahmen wirtschaftlicher Natur hat sich aber noch nicht herauskristallisiert[65].

Die Resolutionen begründen eine rechtliche Beziehung zwischen den Mitgliedstaaten und den Vereinten Nationen[66]. Die Mitgliedstaaten sind grundsätzlich gemäß Artikel 25 und 48 der Charta verpflichtet, die vom Sicherheitsrat gemäß Artikel 41 der Charta beschlossenen Maßnahmen auszuführen[67]. Hierzu haben die Mitgliedstaaten durch geeignete Maßnahmen sicherzustellen, daß die vom Sicherheitsrat beschlossenen wirtschaftlichen Maßnahmen in ihrer jeweiligen nationalen Rechtsordnung umgesetzt werden[68]. Über diese Umsetzung haben sie den Sanktionsausschüssen des Sicherheitsrats[69] Bericht zu erstatten[70].

Die Durchsetzung der Sanktionen, d.h. die Überwachung der Einhaltung der Sanktionsmaßnahmen erfolgt durch die einzelnen Mitgliedstaaten sowie durch regionale Institutionen, die vom Sicherheitsrat zur Wahrnehmung dieser Aufgabe ermächtigt werden[71]. Zur zwangsweisen Durchsetzung der Sanktionsbestimmungen können die Mitgliedstaaten vom Sicherheitsrat zum Einsatz von Waffengewalt ermächtigt werden. Der Sicherheitsrat hat eine solche Ermächtigung

---

64 So hat der Sicherheitsrat im Falle Haitis das zuvor von der OAS beschlossene Handelsembargo mit der Resolution 841 (1993) als für sämtliche Mitgliedstaaten verbindlich erklärt (siehe 2. Kap., 2.5.2.1.).

65 Siehe hierzu den Wortlaut der einschlägigen Resolutionen, die im 2. Kap. in der deutschen Übersetzung, soweit nicht anders vermerkt, durch den Übersetzungsdienst der Vereinten Nationen (die allerdings wegen Artikel 111 der Charta nicht authentisch ist) aufgeführt werden.

66 Gowlland-Debbas, Security Council Enforcement, 84.

67 Hierzu Conlon, Humanitarian Mitigation, 274 ff.; Schrijver, 147 ff. Siehe 5. Kap., 4. zur Frage, ob dieses auch dann gilt, wenn die Resolution rechtswidrig sind.

68 Kulessa, Märchen, 95. Zur Umsetzung von Sicherheitsratsresolutionen im deutschen Recht Frowein, Jochen A., Implementation of Security Council Resolutions taken under Chapter VII in Germany, in: Riedel, Eibe, H. (Hrsg.), German reports on public law, Baden-Baden, 1998, 9-17. Zur Umsetzung durch EU-Entscheidungen Bohr, Sebastian, Sanctions by the United Nations Security Council and the European Community, in: EJIL 4 (1993), 256-268 und Brandl, Ulrike, Die Umsetzung der Sanktionsresolutionen des Sicherheitsrats in der EU, in: AdV 38 (2000), 376-396.

69 Siehe zu diesen unten 4.

70 Hierzu Conlon, Fragwürdige Sanktionspraxis, 330.

71 Zur Durchsetzung der Sanktionsmaßnahmen Kaul, Sanktionsausschüsse, 97; Cortright/Lopez, Sanctions Decade, 216 ff. Insbesondere die Durchsetzung der gegenüber der BR Jugoslawien und gegenüber Sierra Leone verhängten Sanktionsmaßnahmen erfolgte unter Beteiligung regionaler Einrichtungen (siehe hierzu im einzelnen 2. Kap., 2.4.2.2. und 2.7.2.1.).

in einigen Sanktionsfällen insbesondere zur wirksamen Kontrolle des Schiffsverkehrs zum und vom Sanktionsadressaten ausgesprochen. Die entsprechenden Resolutionen beinhalten im Regelfall die Befugnis, Frachtschiffe zwecks Überprüfung, ob die Ladung nicht unter Umgehung der Sanktionsbestimmungen zum Sanktionsadressaten geliefert wird oder von diesem stammt, anzuhalten und zu durchsuchen[72]. Diese Maßnahmen stellen keine Seeblockade dar, da sie nicht die Absperrung der Küsten des Sanktionsadressaten durch die See- oder Luftstreitkräfte des sanktionierenden Völkerrechtssubjekts[73] bezwecken[74]. Vielmehr kann sie als besondere Form der Ausübung des Rechts auf Anhalten und Durchsuchen angesehen werden[75].

Der Sanktionsadressat ist, soweit er Mitgliedstaat der Vereinten Nationen ist, gleichfalls gemäß Artikel 25, 48 der Charta zur Ausführung der Sanktionsbestimmungen, soweit auf ihn anwendbar, verpflichtet[76]. Viele Resolutionen enthalten Bestimmungen, die unmittelbar an den Sanktionsadressaten gerichtet sind, insbesondere in bezug auf dessen Pflicht zur Gestattung humanitärer Hilfslieferungen[77]. Dem Sanktionsadressaten, in der Regel also der jeweiligen Regierung, obliegt die Verteilung der zur Deckung ziviler Grundbedürfnisse importierten Güter. Diese Güter können auch unmittelbar von den in dem jeweiligen Land tätigen Hilfsorganisationen an die Bevölkerung verteilt werden. Diese Hilfsorganisationen sind bei der Bereitstellung der von ihrer Seite gelieferten humanitären Hilfe auf die Kooperationsbereitschaft des Sanktionsadressaten angewiesen[78]. Ein Verteilungsmechanismus besonderer Art ist im Öl für Lebensmittel Programm für den Irak vorgesehen, das seit Ende 1996 durchgeführt wird[79].

---

[72] Siehe beispielhaft S/RES 665 (1990).

[73] Dabei erfolgt die Durchsetzung nicht durch den Sicherheitsrat als Organ der Vereinten Nationen, sondern durch die mit dessen Ermächtigung handelnden Mitgliedstaaten.

[74] Fielding, 93 zu S/RES 665 (1990). Zum Begriff der Seeblockade Lindemeyer, 228; Schneider, 39.

[75] Fielding, 93.

[76] Dies gilt allerdings nur mit Einschränkungen, da nicht davon ausgegangen wird, daß sich der Sanktionsadressat an die Sanktionsbestimmungen hält. So ist es ihm unter anderem verwehrt, Anträge auf humanitäre Ausnahmen als importierender Staat an die Sanktionsausschüsse zu stellen. Hierzu Conlon, Humanitarian Mitigation, 254, 255.

[77] Siehe beispielhaft S/RES 688 (1991), Ziff. 3, S/RES 1284 (2000), Ziff. 27 (zum Irak); S/RES 757 (1992), Ziff. 17 (zur BR Jugoslawien); S/RES 1333 (2000), Ziff. 13 (zu Afghanistan/Taliban).

[78] Hierzu Schotten, 220 ff.

[79] Siehe im einzelnen 2. Kap., 2.2.2.3.

Für die Nicht-Mitgliedstaaten ergibt sich aus der Charta keine unmittelbare Verpflichtung zur Befolgung der Resolutionen des Sicherheitsrats[80]. In seiner Sanktionspraxis hat der Sicherheitsrat aber die Nicht-Mitgliedstaaten gemäß Artikel 2 Ziff. 6 der Charta mit Erfolg zur Befolgung der Sanktionsbestimmungen angehalten[81]. Aus Artikel 48 Absatz 2 der Charta folgt darüber hinaus, daß auch andere Organe sowie die Sonderorganisationen der Vereinten Nationen zur Befolgung der Sanktionsbestimmungen verpflichtet sind[82].

4. Die Verwaltung von Wirtschaftssanktionen durch die Sanktionsausschüsse

4.1. Die rechtliche Natur und Arbeitsweise der Sanktionsausschüsse[83]

Der Sicherheitsrat hat in den bisherigen Sanktionsfällen, mit Ausnahme der gegenüber dem Sudan verhängten Sanktionen, jeweils einen Sanktionsausschuß als Nebenorgan nach Artikel 29 der Charta[84] zur Verwaltung der Sanktionen eingesetzt[85]. Die Sanktionsausschüsse setzen sich aus den ständigen und den

---

[80] Zutreffend Fink, Friedenssicherung, 578 ff., 907 ff.; Graf Vitzthum, in: Simma, Chartakommentar, Artikel 2, Ziff. 6, Rn.20 ff., jeweils m.w.N. zum Meinungsstand.

[81] So etwa in S/RES 661 (1990), S/RES 670 (1990), S/RES 687 (1991), S/RES 733 (1992), S/RES 748 (1992), S/RES 757 (1992), S/RES 841 (1993), S/RES 883 (1993), S/RES 917 (1994), S/RES 918 (1994), S/RES 942 (1994), S/RES 1054 (1996), S/RES 1127 (1997), S/RES 1132 (1997), S/RES 1160 (1998), S/RES 1173 (1998), S/RES 1267 (1999), S/RES 1298 (2000) und S/RES 1333 (2000). Die Nicht-Mitgliedstaaten haben sich in der Praxis, allerdings ohne Anerkennung einer entsprechenden Rechtspflicht, bereit gezeigt, die Sanktionsbestimmungen zu befolgen. Dies gilt insbesondere für die Schweiz. Siehe Bericht des schweizerischen Bundesrates über die Aussenpolitik der Schweiz in den 90er Jahren, Anhang: Bericht zur Neutralität, Vereinbarkeit von Neutralität und UNO-Sanktionensystem, 29. November 1993, 77 ff.

[82] Schrijver, 148, der als Beispiele aus der Praxis des Sicherheitsrats S/RES 670, Ziff. 11 sowie die Sanktionen gegen die BR Jugoslawien, Libyen, Haiti und Angola nennt.

[83] Der Begriff des Sanktionsausschusses (sanctions committee) findet sich nicht in der Charta, wird aber in der ständigen Praxis des Sicherheitsrats verwendet. Siehe beispielhaft UN Dok. S/1999/92.

[84] Siehe zu Artikel 29 der Charter Torres Bernádez, 109 ff. und Hilf, in: Simma, Chartakommentar, Artikel 29, Rn.1 ff.

[85] Siehe zur Tätigkeit der Sanktionsausschüsse Kaul, Sanktionsausschüsse; zur Praxis des Irak-Sanktionsausschusses Conlon, Lessons from Iraq und von demselben Autor United Nations Sanctions Management, A Case Study of the Iraq Sanctions Committee, 1990-1994, New York, 2000 (dieses Buch konnte aufgrund des Zeitpunkts seiner Veröffentlichung nicht

jeweiligen nichtständigen Mitgliedern des Sicherheitsrats zusammen[86]. Bei der Wahrnehmung ihrer Aufgabe werden die Sanktionsausschüsse von der für Sanktionen zuständigen Einheit des UN-Sekretariats unterstützt[87]. Die Zuständigkeit der jeweiligen Sanktionsausschüsse wird in den Ermächtigungsnormen der Nebenorgane festgelegt, die in den Gründungsbeschlüssen, d.h. den entsprechenden Resolutionen des Sicherheitsrats, enthalten sind[88]. Die Sanktionsausschüsse haben die Befugnis, die betreffenden Resolutionen des Sicherheitsrats im Rahmen ihrer Entscheidungen, denen gemäß Artikel 25 der Charta bindende Wirkung zukommt, auszulegen, wobei im Zweifel das für den Sicherheitsrat geltende Recht auch für die Sanktionsausschüsse gilt. Die Befugnis zur Änderung der Sanktionsmaßnahmen bleibt jedoch dem Sicherheitsrat vorbehalten. Die Entscheidungen der Sanktionsausschüsse sind dem Sicherheitsrat zuzurechnen, da dieser deren rechtlichen Rahmen festlegt, die übertragenen Befugnisse jederzeit zurücknehmen und begrenzen kann und somit auch die Kontrolle über ihre Tätigkeit ausübt[89].

Die Sanktionsausschüsse bestimmen ihre eigenen Verfahrensregeln[90]. Als wichtigste Regeln sind das Konsensprinzip, das Prinzip der Einzelfallentscheidung sowie die Vertraulichkeitsregel zu nennen. Das Konsensprinzip bedeutet, daß jedem Ausschußmitglied faktisch ein Vetorecht zukommt[91]. Aus dem Grundsatz der Einzelfallentscheidung folgt, daß die Sanktionsausschüsse weder an die eigenen Entscheidungen noch an die Entscheidungen anderer Sanktionsausschüsse gebunden sind, diese also keine Präzedenzwirkung entfalten[92]. Die Vertraulichkeitsregel bewirkt, daß die Sanktionsausschüsse in camera tagen. Die

---

mehr im Rahmen dieser Arbeit berücksichtigt werden); Koskenniemi, Le Comité des Sanctions und zur Praxis des Jugoslawien-Sanktionsausschusses Scharf/Dorosin.

86 Einzige Ausnahme hiervon war der Südrhodesien-Sanktionsausschuß, der anfangs lediglich aus sieben Mitgliedern bestand. Ab September 1970 waren auch in diesem Ausschuß sämtliche Mitglieder des Sicherheitsrats vertreten. Hierzu Kuyper, 179.

87 Es handelt sich hierbei um eine aus UN-Beamten oder ehemaligen Diplomaten bestehende kleinere Sekretariatseinheit, welche die Sanktionsausschüsse technisch und administrativ unterstützt. Hierzu Conlon, Fragwürdige Sanktionspraxis, 33; Kaul, Sanktionsausschüsse, 97.

88 Hilf, in: Simma, Chartakommentar, Artikel 29, Rn.29; Lagoni/ Núñez-Müller, Resolution, Erklärung, Beschluß in: Wolfrum, Handbuch VN, 696, Rn.12. Siehe zu den Aufgaben im einzelnen unten 4.2.

89 Siehe zum Verhältnis des Sicherheitsrats zu den Sanktionsausschüssen Kaul, Sanktionsausschüsse, 97; Conlon, Lessons from Iraq, 650 ff.; Koskenniemi, Le Comité des Sanctions, 123 und Scharf/Dorosin, 812 ff. und zu dem auf die Nebenorgane des Sicherheitsrats anwendbaren Recht Hilf, in: Simma, Chartakommentar, Artikel 29, Rn.29 ff.; Torres Bernádez, 134 ff.

90 Conlon, Legal Problems,77.

91 Ebd., 85; Kaul, Sanktionsausschüsse, 98.

92 Conlon, Humanitarian Mitigation, 280; Kaul, Sanktionsausschüsse, 99; Scharf/Dorosin, 823 ff.

Sanktionsausschüsse veröffentlichen keine Protokolle ihrer Sitzungen, so daß einzelne Entscheidungen der Öffentlichkeit nicht zugänglich sind. Dies hat zur Kritik an der Arbeitsweise der Sanktionsausschüsse geführt, die den Sicherheitsrat seit 1995 dazu bewegt hat, diese zu größerer Transparenz anzuhalten[93]. Seitdem haben die Sanktionsausschüsse dem Sicherheitsrat in regelmäßigen Abständen Berichte über ihre Tätigkeit vorgelegt[94]. Sie haben zudem eine Vielzahl von Maßnahmen ergriffen, um den Forderungen des Sicherheitsrats nachzukommen[95]. 1999 hat der Präsident des Sanktionsausschusses die Sanktionsausschüsse erneut angewiesen, eine Reihe von Maßnahmen zu ergreifen, um sowohl die Transparenz der Ausschußarbeit als auch die Effizienz der Bearbeitung von Anträgen zu verbessern[96].

4.2. Die Aufgaben der Sanktionsausschüsse, insbesondere das Verfahren zur Gewährleistung humanitärer Mindeststandards

Die Sanktionsausschüsse haben im wesentlichen zwei Aufgaben: Die Entscheidung über humanitäre Ausnahmegenehmigungen und die Überwachung der Durchführung der Sanktionsmaßnahmen durch die Staaten[97].
Der Sicherheitsrat hat in seiner bisherigen Sanktionspraxis in allen Fällen Ausnahmen von den verhängten Ausfuhrverboten bzw. sonstigen Verboten zugelassen, um die Versorgung der Zivilbevölkerung des Sanktionsadressaten mit lebenswichtigen Gütern oder die Erfüllung sonstiger humanitärer Zwecke zu gewährleisten[98]. In der Sanktionspraxis sind bestimmte Kategorien von Gütern festgelegt worden, deren Ausfuhr jeweils unterschiedlichen Verfahren vor den

[93] S/1995/234, 29. März 1995; S/1995/438, 31. März 1995; S/1996/54, 24. Januar 1996; S/1998/1016, Ziff. 4, 30. Oktober 1998, jeweils als Note by the President of the Security Council zur Arbeit der Sanktionsausschüsse. Siehe hierzu auch die parallele Entwicklung, die Transparenz der Arbeitsweise des Sicherheitsrats zu steigern, Wood, 155 ff.

[94] Diese Praxis geht auf S/1995/234 zurück. Seit 1998 werden die Berichte der Sanktionsausschüsse über ihre Arbeit gemäß S/1998/1016, Ziff. 4 a) als Anhang den Jahresberichten des Sicherheitsrats beigefügt.

[95] Siehe hierzu Kaul, Sanktionsausschüsse, 98 sowie im einzelnen auch die jeweilige Sachverhaltsdarstellung im 2. Kap.

[96] S/1999/92.

[97] Siehe den Text der einschlägigen Resolutionsbestimmungen in der jeweiligen Sachverhaltsdarstellung im 2. Kap. und den Überblick von Kaul, Sanktionsausschüsse, 97, der als weitere Aufgaben der Ausschüsse die Befugnis zur Prüfung und Empfehlung im Hinblick auf „besondere wirtschaftliche Probleme" von Drittstaaten, die durch die Umsetzung von Sanktionsmaßnahmen (gemäß Artikel 50 der Charta) entstehen sowie die allgemeine Beratungs- und Empfehlungskompetenz für alle sonstigen Fragen und Probleme, die sich bei der Umsetzung von UN-Sanktionen ergeben, anführt.

[98] Siehe Überblick im 3. Kap., 3.4.2.2.1. b).

Sanktionsausschüssen unterliegt[99]. Die Ausfuhr von Arzneimitteln und Gütern für den rein medizinischen Gebrauch in das Land des Sanktionsadressaten ist entweder vorbehaltlos zulässig, d.h. die Sanktionsausschüsse sind nicht von entsprechenden Lieferungen zu benachrichtigen, oder unterliegt einem Meldeverfahren (notification). Nahrungsmittellieferungen sind den Sanktionsausschüssen von den betreffenden Staaten[100] bzw. den UN-Sonderorganisationen und humanitären Hilfsorganisationen[101] zu melden. Das Meldeverfahren soll ein Minimum an Kontrolle über die ordnungsgemäße Einstufung der gelieferten Güter als medizinische Güter oder Nahrungsmittel ermöglichen[102]. Die von dem Staat des Exporteurs einzureichende Meldung über die beabsichtigte Lieferung wird, soweit diese nach Auffassung der Mitglieder des betreffenden Sanktionsausschusses in die Kategorie der medizinischen Güter oder Nahrungsmittel fällt, vom zuständigen Sanktionsausschuß offiziell bestätigt, welches eine Form der passiven Handelskontrolle darstellt. Das Bestätigungsschreiben dient als Unbedenklichkeitsbescheinigung, die der anzeigende Staat bei der Verschiffung jedem anderen Staat oder den zur Durchsetzung der jeweiligen Sanktionsbestimmungen eingesetzten Seepatrouillen vorzeigen kann[103].

Eine terminologisch in den einzelnen Sanktionsfällen nicht einheitlich verwendete Kategorie ist die der Güter des grundlegenden humanitären Bedarfs. Diese beinhaltet ein weites Spektrum an Gütern, die humanitären Zwecken dienen. Die Bestimmung der humanitären Natur der jeweiligen Güter erfolgt entweder anhand einer Liste von durch den Sanktionsausschuß festgelegten Gütern, die lediglich zu notifizieren sind, oder im Wege der Einzelfallentscheidung[104]. Im letzteren Fall bedarf die Lieferung der Güter der Genehmigung. Über die Genehmigung wird im Kein-Einwand Verfahren (no-objection procedure) entschieden[105]. Im Verfahren der Einzelfallentscheidung reichen die Staaten bzw. die Sonderorganisationen der Vereinten Nationen einen Antrag auf Genehmigung der betreffenden Güterlieferung beim zuständigen Sanktionsausschuß

[99] Die nachfolgende Darstellung spiegelt die gegenwärtige Praxis wider. Siehe zur Entwicklung der Praxis des Sicherheitsrats 3. Kap., 3.4.2.2.1. b).

[100] Nur Staaten haben ein Antragsrecht, nicht jedoch Unternehmen, Privatpersonen oder NROs.

[101] Diese unterliegen im Regelfall ebenfalls den Verfahren vor Sanktionsausschüssen, allerdings bestehen insoweit Besonderheiten. Siehe hierzu im einzelnen 6. Kap., 3.2.2.2. d).

[102] Conlon, Humanitarian Mitigation, 257.

[103] Conlon, Lessons from Iraq, 640.

[104] Siehe zur diesbezüglichen Praxis des Sicherheitsrats 3. Kap., 3.4.2.2.1. b).

[105] Zum Kein-Einwand Verfahren Conlon, Humanitarian Mitigation, 257 ff.; Kaul, Sanktionsausschüsse, 100.

ein[106]. Der Antrag wird vom Vorsitzenden des jeweiligen Sanktionsausschusses an dessen Mitglieder übermittelt. Falls keines der Mitglieder innerhalb einer vom jeweiligen Sanktionsausschuß festgelegten Ausschlußfrist einen Einwand gegen die Lieferung erhebt, gilt diese als genehmigt. Legt ein Mitglied des Sanktionsausschusses fristgemäß Einspruch ein, so hängt das Schicksal des betreffenden Antrags von der Art des Einspruchs ab. Dieser kann entweder endgültig (blocked) oder vorläufig (hold) sein, wobei im letzteren Fall vom Antragsteller regelmäßig nähere Informationen verlangt werden[107]. Ein Einspruch wird in der Regel zwar begründet[108]. Es gibt in der Praxis der Sanktionsausschüsse jedoch keine verbindlichen Kriterien, welche die Begründetheit eines Einspruchs regeln. Als Kriterien für die Entscheidung über einen Antrag werden im wesentlichen die Natur der betreffenden Waren als Güter zur Deckung ziviler Grundbedürfnisse, der Verwendungszweck, der bzw. die Endverbraucher sowie die Mißbrauchsgefahr bei "dual use" Gütern[109] zugrunde gelegt[110]. Die Entscheidung über Ausnahmen vom Flugverbot bzw. Einreiseverbot zu humanitären Zwecken wird von den Sanktionsausschüssen, von Ausnahmen abgesehen, im einfachen Genehmigungsverfahren getroffen, wozu es der Zustimmung aller Mitglieder des Sanktionsausschusses bedarf.

Die Sanktionsausschüsse überwachen überdies die Befolgung der Sanktionen, indem sie von den Staaten Berichte über die Umsetzung der Sanktionsmaßnahmen anfordern und bekannt gewordene Sanktionsverstöße veröffentlichen. Die Überwachung des Handelsverkehrs obliegt dabei dem exportierenden Staat, den Transitstaaten, den Nachbarstaaten des Sanktionsadressaten und den zu diesem Zweck eingesetzten Kontrollinstitutionen oder tätig werdenden Staaten. In den bisherigen Sanktionsfällen ist dieses Überwachungssystem zumeist nur lückenhaft gewesen. Der Schmuggel von Gütern aller Art ist somit in unterschiedlichem Maße fester Bestandteil eines jeden Sanktionsfalls gewesen[111].

[106] Die Lieferung der genehmigten humanitären Güter erfolgt im wesentlichen durch kommerzielle Anbieter, wobei die Lieferungen der humanitären Hilfsorganisationen nur einen geringen Teil des Gesamtvolumens ausmachen. So sind im Fall des Irak 95 % der Anträge kommerzieller Natur gewesen. Schätzungen zufolge werden weniger als 10 % der zu humanitären Zwecken genehmigten Anträge tatsächlich im Sinne der Resolutionen des Sicherheitsrats verwendet. Hierzu Conlon, Humanitarian Mitigation, 255 ff.

[107] Kaul, Sanktionsausschüsse, 100.

[108] Conlon, Humanitarian Mitigation, 257.

[109] Unter "dual use" Gütern werden solche Güter verstanden, die sowohl zu zivilen als auch zu militärischen Zwecken genutzt werden können.

[110] Conlon, Humanitarian Mitigation, 258; Kaul, Sanktionsausschüsse, 101.

[111] Siehe die Sachverhaltsdarstellung zu den einzelnen Sanktionsfällen im 2. Kap.

2. Kapitel:
Die Sanktionspraxis des Sicherheitsrats von der Verabschiedung der Charta bis zum Ende des Jahres 2000

1. Die Feststellung der Auswirkungen von Wirtschaftssanktionen im Rahmen der Sachverhaltsdarstellung

1.1. Die Darstellung der Entwicklung der wirtschaftlichen und der humanitären Lage

Die an die Schilderung des Verlaufs des jeweiligen Sanktionsfalls anschließende Darstellung der Entwicklung der wirtschaftlichen Lage sowie der Lebensverhältnisse der Bevölkerung während der Dauer der jeweiligen Sanktionsmaßnahme dient der Einschätzung der Auswirkungen von Wirtschaftssanktionen, um in der nachfolgenden Fallprüfung feststellen zu können, inwieweit diese zu einer Verletzung der Menschenrechte oder der Normen des humanitären Völkerrechts geführt haben. In diese Darstellung werden diejenigen Faktoren einbezogen, deren Vorliegen entweder allein oder im Zusammenwirken mit den Wirtschaftssanktionen dazu beigetragen haben, daß es zu der festgestellten Entwicklung der Volkswirtschaft sowie der Lebensverhältnisse der Bevölkerung gekommen ist. Als derartige Faktoren kommen insbesondere Kriege, wirtschaftspolitische Entwicklungen und vom Sanktionsadressaten getroffene Maßnahmen in Betracht. Die Feststellung des Anteils, den die jeweiligen Faktoren an dieser Entwicklung im jeweiligen Sanktionsfall haben, wird im Rahmen der Prüfung der Kausalität vorgenommen.

In einer ausführlichen Studie zur Einschätzung der Auswirkungen von Wirtschaftssanktionen auf die Lebensverhältnisse der Bevölkerung sind als methodische Herausforderungen die Schwierigkeit der Sammlung relevanter Daten, der Festlegung geeigneter Indikatoren sowie der Feststellung der Kausalität identifiziert worden[1]. In dieser Studie werden Indikatoren vorgeschlagen, deren Verwendung eine Einschätzung der Auswirkungen von Wirtschaftssanktionen sowohl vor deren Verhängung als auch während deren Dauer ermöglichen soll. Die Indikatoren sind nach Maßgabe des Kriteriums der schnellen und zuverlässigen Erfassung der zur Feststellung benötigten Daten ausgewählt, deren Verfügbarkeit um so eher gewährleistet erscheint, je geringer die Zahl der

[1] Minear/Cortright/Wagler/Lopez/Weiss, 23 ff.

Indikatoren und je schneller der Zugriff möglich ist. Die Indikatoren sind in fünf Kategorien aufgeteilt: Öffentliche Gesundheit, Wirtschaft, Flüchtlingsströme, Regierung und zivile Gesellschaft sowie humanitäre Tätigkeiten (Hilfsmaßnahmen)[2]. Zur Einschätzung der langfristigen Auswirkungen von Wirtschaftssanktionen wird ein Modell entwickelt, das für jede Kategorie bestimmte grundlegende einzelne Indikatoren auswählt, deren Entwicklung anhand von Indikatoren, die sanktionsbedingte Veränderungen aufzeigen, beobachtet wird[3]. Das vorgelegte Modell erscheint grundsätzlich geeignet, eine zuverlässige Einschätzung der Auswirkungen von Wirtschaftssanktionen zu gewährleisten. Dies gilt insbesondere für die Bereiche der Wirtschaft und der öffentlichen Gesundheit, die, soweit das benötigte Datenmaterial zur Verfügung steht, unmittelbare Rückschlüsse auf sanktionsbedingte Veränderungen der Indikatoren zulassen. Die übrigen Indikatoren haben hingegen eher den Charakter von Indizien, die als typische Begleiterscheinung von Krisensituationen allenfalls einen mittelbaren Schluß auf die Auswirkungen von Wirtschaftssanktionen auf die Lage der Bevölkerung des Sanktionsadressaten zulassen.

In Hinblick auf eine nachträgliche Einschätzung der Auswirkungen von Wirtschaftssanktionen zwecks Feststellung der Vereinbarkeit mit den Menschenrechten und dem humanitären Völkerrecht erscheint jedoch eine an den geschützten Menschenrechten, dies sind neben dem Recht auf Leben insbesondere wirtschaftliche und soziale Rechte, vor allem das Recht auf einen angemessenen Lebensstandard, auf Nahrung, auf Gesundheit, auf Bildung und auf Arbeit, ausgerichtete methodische Vorgehensweise angemessener. Dazu werden im Rahmen dieser Arbeit die folgenden Bereiche herangezogen: Wirtschaft, Öffentliche Gesundheit und Bildungswesen. Zur Darstellung der einzelnen Kategorien wird insofern auf die in der Studie entwickelten Indikatoren zurückgegriffen.

Zur Feststellung der Entwicklung der wirtschaftlichen Lage und der Lebensverhältnisse der Bevölkerung in den jeweiligen von Sanktionen betroffenen Ländern werden vorrangig die von den Organen und Sonderorganisationen der Vereinten Nationen gesammelten Daten und Informationen herangezogen.

---

[2] Ebd., 27 ff. Diese Indikatoren sind vom UN-Generalsekretär in seinen jüngsten Berichten zu den humanitären Implikationen der gegenüber den Taliban in Afghanistan verhängten Sanktionen weitgehend übernommen worden. Siehe Report of the Secretary-General on the humanitarian implications of the measures imposed by Security Council resolutions 1267 (1999) and 1333 (2000) on Afghanistan, UN Doc. S/2001/241, 20. März 2001, insbesondere Ziff. 12 ff. und S/2001/695, 13. Juli 2001.

[3] So wird beispielsweise für die Kategorie der öffentlichen Gesundheit als Basisindikator der Gesundheitszustand von Säuglingen und Kleinkindern vor der Verhängung von Sanktionen festgestellt. Als Änderungsindikator wird die Entwicklung der Säuglingssterblichkeit, der Unterernährung und nahrungsbedingter Wachstumsstörungen herangezogen. Siehe ebd., 37 ff.

Außerdem wird auf die Berichte unabhängiger Organisationen zurückgegriffen, die in vielen Fällen wertvolle Beiträge zur Einschätzung der Lebensverhältnisse der Bevölkerung liefern. Allerdings sind sowohl die Vereinten Nationen als auch andere Organisationen in erheblichem Maße von Angaben der jeweiligen Regierung abhängig, die zum Teil veraltet, unvollständig oder manipuliert[4] sind, und müssen aus diesem Grund oftmals auf Schätzungen zurückgreifen. Die dementsprechend verwendeten Daten und Informationen geben daher in vielen Fällen lediglich ein eingeschränktes bzw. ungenaues Bild der Entwicklung der Lage in dem jeweiligen Land wieder. Soweit das vorhandene Datenmaterial oder die Ergebnisse von durchgeführten statistischen Erhebungen umstritten sind, wird diese Kontroverse dargestellt und daraufhin bewertet, inwieweit anhand der erhobenen Einwände gegen die vorgelegten Daten von ihrer Richtigkeit ausgegangen werden kann. Hinsichtlich der Auswirkungen von Wirtschaftssanktionen ist außerdem zu berücksichtigen, daß diese nicht systematisch von den Vereinten Nationen erfaßt worden sind und es daher erhebliche Unterschiede in der Informationsdichte zwischen den dargestellten Fällen gibt. Dieser Umstand bestimmt insofern auch den Umfang der Darstellung des jeweiligen Falles.

1.2. Die Bestimmung der Kausalität von Wirtschaftssanktionen

Die Feststellung der Auswirkungen von Wirtschaftssanktionen auf die Bevölkerung setzt voraus, daß diese ursächlich zu der festgestellten Entwicklung beigetragen haben. Die Bestimmung der Kausalität ist zur Beurteilung der Rechtmäßigkeit von Wirtschaftssanktionen unerläßlich, da nur im Falle der Ursächlichkeit eine etwaige Pflicht des Sicherheitsrats zur Beachtung der Menschenrechte bestehen kann. Diese Bestimmung gestaltet sich bei Wirtschaftssanktionen insofern schwierig, als eine Vielzahl von Faktoren die Entwicklung der wirtschaftlichen und humanitären Lage beeinflussen können[5]. Die Entwicklung und der Zustand der Volkswirtschaft eines Landes, die für die Lebensverhältnisse der Bevölkerung von erheblicher Bedeutung sind, können im wesentlichen durch wirtschaftliche Gründe bedingt sein, seien diese auf das jeweilige Land beschränkt oder auf weltwirtschaftliche Entwicklungen zurückzuführen. Darüber hinaus kommen als nicht-wirtschaftliche Faktoren Kriege, politische Repression sowie Naturkatastrophen und, zumeist während der Zeit, in der Wirtschaftssanktionen bereits verhängt sind, politisch bedingte Manipulationen der Versorgungslage der Bevölkerung durch den Sanktionsadressaten in

[4] In der Praxis hat es sich als ungemein schwierig erwiesen, zuverlässige Informationen zu sammeln. Siehe zu der mitunter manipulativen Informationspolitik der irakischen Regierung Baram, 195 ff.; Garfield, 35, 36 sowie allgemein zu dieser Problematik Minear/Cortright/Wagler/Lopez/Weiss, 24 ff.

[5] Siehe hierzu bereits Doxey, Economic Sanctions, 8.

Betracht. Diese Faktoren können den Wirtschaftssanktionen entweder vorangehen oder zeitgleich vorhanden sein. Insofern können die Auswirkungen insbesondere von umfassenden Wirtschaftssanktionen nicht durch einen einfachen Vergleich der Lage vor und nach der Verhängung der jeweiligen Wirtschaftssanktionen bestimmt werden. Aufgrund des komplexen, sich in vielen Fällen gegenseitig bedingenden Bündels von Ursachen, die sich auf die Lebensverhältnisse der Bevölkerung auswirken, ist eine Unterscheidung, der zufolge eine bestimmte Ursache einen im einzelnen quantifizierbaren Anteil an der humanitären Lage hat, nicht möglich[6]. Aus diesem Grund ist geltend gemacht geworden, daß eine Unterscheidung und Zuordnung der kausalen Faktoren unmöglich und ein dahingehender Versuch zwecklos sei[7]. Es erscheint allerdings durchaus möglich, im Wege einer Verlaufsanlayse, die das Zusammenwirken der verschiedenen Faktoren berücksichtigt, eine Einschätzung zu treffen, ob die Wirtschaftssanktionen überhaupt für die festgestellte Lage kausal geworden sind[8]. Dies gilt insbesondere dann, wenn sich spezifische Folgen bestimmter Maßnahmen mit hinreichender Eindeutigkeit feststellen lassen. Das Vorliegen weiterer kausaler Faktoren, die neben den Wirtschaftssanktionen zu einer Verschlechterung der Lebensverhältnisse der Bevölkerung beitragen, bewirkt nur dann eine fehlende Ursächlichkeit der vom Sicherheitsrat verhängten Maßnahmen, wenn deren Beitrag sich bei einer wertenden Betrachtung gegenüber den anderen Faktoren als vollkommen untergeordnet erweist.

---

[6] Cortright/Lopez, Economic Sanctions, 13, 14; Minear/Cortright/Wagler/Lopez/Weiss, 23.

[7] Braunmühl/Kulessa, 31 ff., 32.

[8] Lopez/Cortright, Economic Sanctions, 13, 14; Minear/Cortright/Wagler/Lopez/Weiss, 23, 24. Siehe auch S/2001/241 (s.o. Fn.2), Ziff. 14.

2. Die Darstellung der einzelnen Sanktionsfälle

2.1. Südrhodesien

2.1.1. Vorgeschichte[9]

Aus den im Dezember 1962 in Südrhodesien, dem heutigen Simbabwe, auf der Grundlage der Verfassung von 1961 durchgeführten Wahlen, die von der schwarzafrikanischen Bevölkerung mehrheitlich boykottiert worden waren[10], ging die Rhodesische Front als Wahlsieger hervor. Die Rhodesische Front verfolgte das Ziel der Unabhängigkeit Südrhodesiens bei gleichzeitiger Beibehaltung der Vorherrschaft der weißen Minderheit, die lediglich 5 % der gesamten Bevölkerung Südrhodesiens ausmachte[11]. Südrhodesien war zu diesem Zeitpunkt eine Kolonie des Vereinigten Königreichs mit dem Recht zur Selbstverwaltung[12].

Im selben Zeitraum beschäftigte sich auch die UN-Generalversammlung mit der südrhodesischen Frage. So hatte die Generalversammlung am 23. Februar 1962 einen von ihr eingesetzten Ausschuß, dessen Aufgabe in der Berichterstattung über die Situation in den Treuhandgebieten und die Verwirklichung der Unabhängigkeit entsprechend der Resolution 1514[13] bestand, mit der Prüfung beauftragt, ob Südrhodesien bereits die völlige Selbstregierung erlangt habe. Der Ausschuß traf die Feststellung, daß Südrhodesien immer noch ein Hoheitsgebiet ohne Selbstregierung im Sinne von Artikel 73 der Charta sei. Diese Schlußfolgerung wurde von der Generalversammlung in der Resolution 1747 vom 28. Juni 1962 bestätigt. Dieser Rechtsauffassung der Generalversammlung zufolge hatte das Vereinigte Königreich als für Südrhodesien verantwortliche Verwaltungsmacht weiterhin die in Artikel 73 der Charta aufgelisteten Verpflichtungen. Das Vereinigte Königreich sah hingegen in der Befassung der Generalversammlung

---

9 Siehe zur Geschichte Südrhodesiens Fink, Friedenssicherung, 308 ff.; Gowlland-Debbas, Collective Responses, 39 ff.; Hasse, 27 ff.; Losman, 80 ff.

10 AdG 1962, 10319, 10320.

11 Fink, Friedenssicherung, 313.

12 Diesen Status hatte Südrhodesien seit 1923, nachdem zuvor die British South Africa Company aufgrund einer Royal Charter seit 1889 Hoheitsrechte ausgeübt hatte. Mit der Verfassung von 1961 wurden Südrhodesien Zuständigkeiten zur Wahrnehmung der äußeren Angelegenheiten übertragen, das Vereinigte Königreich behielt sich jedoch Kontrollrechte durch einen Gouverneur vor. Hierzu Gowlland-Debbas, Collective Responses, 47 ff. m.w.N.

13 A/RES 1514, 14. Dezember 1960, "Declaration on Granting Independence to Colonial Countries and Peoples."

mit der südrhodesischen Entwicklung eine unzulässige Einmischung in seine inneren Angelegenheiten und bezeichnete die einschlägigen Resolutionen der Generalversammlung aufgrund der darin liegenden Kompetenzüberschreitung als unwirksam[14].

Nachdem 1963 die Zentralafrikanische Föderation aufgelöst worden war und Nyasiland als Malawi und Nordrhodesien als die Republik Sambia 1964 ihre Unabhängigkeit erlangt hatten, spitzte sich die Situation in Südrhodesien weiter zu[15]. Der Premierminister Smith verschärfte die Politik der Repression gegenüber der schwarz afrikanischen Opposition und kündigte gegen den Widerstand der Regierung des Vereinigten Königreichs, die einen solchen Schritt strikt ablehnte und als Bedingung für die Unabhängigkeit eine neue, der schwarzafrikanischen Bevölkerung gleiche Rechte einräumende Verfassung forderte, eine einseitige Unabhängigkeitserklärung durch Südrhodesien an[16]. Der Sicherheitsrat verabschiedete daraufhin am 6. Mai 1965 die Resolution 202, mit der die Regierung des Vereinigten Königreichs und alle Mitgliedstaaten aufgefordert wurden, eine einseitige Unabhängigkeitserklärung der Minderheitsregierung nicht anzuerkennen. Des weiteren wurde das Vereinigte Königreich dazu angehalten, alle erforderlichen Schritte zu unternehmen, um eine einseitige Unabhängigkeitserklärung zu verhindern[17]. Die Generalversammlung verurteilte unter Berufung auf die Resolution 1514 in zwei Resolutionen am 12. Oktober 1965[18] und am 5. November 1965[19] die bevorstehende Ausrufung der Unabhängigkeit. Gleichwohl erklärte Smith am 11. November 1965 einseitig die Unabhängigkeit Rhodesiens[20].

Sowohl die UN-Generalversammlung[21] als auch der Sicherheitsrat[22] verurteilten umgehend die einseitige Unabhängigkeitserklärung und riefen alle Staaten dazu

---

[14] Zum ganzen Fawcett, 108 ff.; Fink, Friedenssicherung, 316. Das Vereinigte Königreich machte außerdem geltend, daß Südrhodesien nicht als Gebiet ohne Selbstregierung nach Artikel 73 der Charta angesehen werden könne, da es seit 1923 rechtlich und faktisch seine inneren Angelegenheiten selbst regele.

[15] Die zentralafrikanische Union war 1953 auf der Grundlage des "Rhodesia and Nyasiland (Federation) Act" geschaffen worden und bestand aus Südrhodesien, Nordrhodesien und Nyasiland. Hierzu Gowlland-Debbas, Collective Responses, 46 m.w.N.

[16] Fink, Friedenssicherung, 314.

[17] S/RES 202 (1965), Abstimmungsergebnis: 7-0-4 (Frankreich, UDSSR, Vereinigtes Königreich und Vereinigte Staaten).

[18] A/RES 2012, Abstimmungsergebnis: 107-2 (Südafrika und Portugal)-1 (Frankreich).

[19] A/RES 2022, Abstimmungsergebnis: 79-8-17.

[20] Unilateral Declaration of Independence, abgedruckt in ILM 1966, 230, 231, in deutscher Übersetzung in: Europa Archiv, 21. Jahrgang, 1966, Dokumente, Folge 3, D 67.

[21] A/RES 2024 (XX), 11. November 1965, Abstimmungsergebnis: 101-2 (Portugal, Südafrika) -1 (Frankreich).

auf, das als illegal und rassistisch bezeichnete Minderheitenregime nicht anzuerkennen. Das Vereinigte Königreich reagierte auf die Erklärung der Unabhängigkeit Südrhodesiens noch am selben Tag mit dem Abbruch der Beziehungen zu der als Rebellenregime bezeichneten Regierung Smith, deren Schritt als unrechtmäßig und rechtlich unwirksam bezeichnet wurde. Außerdem wurde neben einem Ausfuhrverbot von Waffen nach Südrhodesien die gesamte Wirtschaftshilfe eingestellt sowie eine Reihe von Maßnahmen im Finanz- und Handelsverkehr, darunter ein Einfuhrverbot für Tabak und Zucker aus Südrhodesien, die nahezu 75 % der Ausfuhren Südrhodesiens in das Vereinigte Königreich ausmachten, getroffen[23].

In den anschließenden Debatten im Sicherheitsrat brachte sowohl das Vereinigte Königreich am 13. November 1965 als auch die Elfenbeinküste am selben Tag Resolutionsentwürfe ein. Während das Vereinigte Königreich in seinem Entwurf alle Staaten lediglich dazu aufrief, keine Waffen und Kriegsmaterialien an Südrhodesien zu liefern und es bei den getroffenen finanziellen und wirtschaftlichen Maßnahmen zu unterstützen, sah der auf Kapitel VII der Charta gestützte Entwurf der Elfenbeinküste neben dem Einsatz militärischer Mittel nach Artikel 42 der Charta umfassende, dem Inhalt nach an dem Wortlaut des Artikel 41 der Charta ausgerichtete Wirtschaftssanktionen vor[24]. Da keiner dieser Vorschläge die erforderliche Unterstützung fand, nahm der Sicherheitsrat am 20. November 1965 die auf einem von Uruguay und Bolivien eingebrachten Entwurf beruhende Resolution 217 (1965) an[25]. Darin wurde die Regierung des Vereinigten Königreichs aufgefordert, die aus der unrechtmäßigen Erklärung der Unabhängigkeit resultierende Situation, deren Fortdauer eine Bedrohung des internationalen Friedens und der internationalen Sicherheit darstellen würde, zu beenden und Maßnahmen zu ergreifen, um die Selbstregierung der Bevölkerung Südrhodesiens in Übereinstimmung mit A/RES 1514 (XV) zu ermöglichen. Alle Staaten wurden dazu aufgerufen, keine Maßnahmen zu ergreifen, die das

---

[22] S/RES 216 vom 12. November 1965, Abstimmungsergebnis: 14-0-1(Frankreich). Die Resolution ging auf die Initiative des Vereinigten Königreichs zurück, das damit einen Kurswechsel in seiner Haltung zur Zuständigkeit des Sicherheitsrats vollzog. Während der Debatte über die Verabschiedung der Resolution 216 forderten mehrere Delegierte, so der Delegierte Malis und der UDSSR, die Verhängung mandatorischer Wirtschaftssanktionen, konnten sich aber nicht durchsetzen. Siehe SCOR, Twentieth Year, 1258th Mtg., 8 ff., 22 ff.

[23] Siehe die Rede des britischen Premiers Wilson vor dem Unterhaus am 11.November 1965, auszugsweise abgedruckt in AdG 1965, 12165. Hierzu im einzelnen Hasse, 78 ff. sowie Strack, 16 ff.

[24] UN Dok. S/6929, 13. November 1965. Der Resolutionsentwurf wurde von den Delegierten Äthiopiens, Guineas, Jamaikas, Jordaniens, Malaysias, Somalias, Tansanias sowie Sambias unterstützt. Siehe die Stellungnahmen der Delegierten, in: SCOR, Twentieth Year, 1260th Mtg., 13. November 1965.

[25] Abstimmungsergebnis: 14-0-1 (Frankreich).

unrechtmäßige Regime unterstützen und fördern würden, insbesondere keine Waffen und militärisches Material zu liefern sowie die größten Anstrengungen zu unternehmen, um die wirtschaftlichen Beziehungen zu Südrhodesien abzubrechen, einschließlich der Verhängung eines Erdölembargos[26]. Im Winter des Jahres 1965 und im Laufe des Jahres 1966 unterbrachen eine Vielzahl von Staaten einseitig entweder vollständig oder zumindest partiell ihre wirtschaftlichen Beziehungen zu Südrhodesien. Vor allem das Vereinigte Königreich, der wichtigste Handelspartner Südrhodesiens, hatte schrittweise Maßnahmen ergriffen, so daß am 2. Februar 1966 ein umfassendes Einfuhrverbot für aus Südrhodesien stammende Güter in Kraft war[27]. Die OAU verabschiedete auf einem Ministertreffen am 5. Dezember 1965 eine Resolution, mit der sie alle ihre Mitglieder zu einer umfassenden Wirtschaftsblockade aufrief[28]. Eine nicht unerhebliche Zahl von Staaten, allen voran die Nachbarstaaten Südrhodesiens, Südafrika und Portugal-Mozambik, setzte jedoch den Handel mit Südrhodesien fort[29].

Am 5. April 1966 hielten Marineeinheiten des Vereinigten Königreichs im Kanal von Mosambik den unter griechischer Flagge laufenden Öltanker Joanna V an. Dieser transportierte eine für Südrhodesien bestimmteÖlladung, die im Hafen von Beira, von dem aus Pipelines nach Südrhodesien verliefen, gelöscht werden sollte. Am selben Tag nahm ein weiterer unter griechischer Flagge fahrender Öltanker namens Manuela Kurs auf Beira[30]. Daraufhin trat der

[26] Aus dem Wortlaut der Resolution geht nicht hervor, auf welcher Rechtsgrundlage der Sicherheitsrat die Maßnahmen beschlossen hat. Aus der Formulierung "that its (the situation in Southern Rhodesia) continuance in time constitutes a threat to international peace and security" und "calls upon all States ... to do their utmost in order to break all economic relations with Southern Rhodesia, including an embargo on oil and petroleum products" kann angesichts der Vorbehalte des Vereinigten Königreichs geschlossen werden, daß die Resolution nicht auf der Grundlage von Kapitel VII der Charta ergangen ist. Siehe dazu Frowein, in: Simma, Chartakommentar, Artikel 41, Rn.10. m.w.N.

[27] Am 1. Dezember 1965 hatte die Regierung des Vereinigten Königreichs ein Verbot der Einfuhr von Kupfer, Eisen, Stahl und anderen Erzen, Mineralprodukten, Mais, Fleisch und sonstigen Nahrungsmitteln aus Südrhodesien verhängt, die insgesamt 95 % der Gütereinfuhr vor der Unabhängigkeitserklärung ausmachten. Am 3. Dezember 1965 wurden die fünf Direktoren der "Reserve Bank of Rhodesia" abgesetzt und durch britische Staatsangehörige ersetzt, so daß die außerhalb Rhodesiens angelegten Guthaben der rhodesischen Bank gesperrt werden konnten. Am 17. Dezember 1965 wurde schließlich ein Erdölembargo verhängt. Siehe hierzu AdG 1966, 12299; Strack, 17 ff. und Hasse, 79, mit Nachweis der Rechtsgrundlagen im Recht des Vereinigten Königreichs.

[28] Hierzu Hasse, 87; Strack, 18.

[29] Siehe Losman, 96.

[30] Hierzu Hasse, 90. Siehe auch die Erklärung des Delegierten des Vereinigten Königreichs, in: SCOR, Twenty-First Year, 1276th Mtg., 9. April 1966, 2 ff.

Sicherheitsrat am 7. April 1966 auf Drängen der Regierung des Vereinigten Königreichs zusammen und verabschiedete die Resolution 221 (1966)[31]. Darin stellte der Sicherheitsrat fest, daß diese Situation, in Anbetracht der Unterstützung, die derartige Öllieferungen für das unrechtmäßige Regime und dessen Fortbestand bedeuteten, eine Bedrohung des Weltfriedens darstelle und ermächtigte die Regierung des Vereinigten Königreichs, die Ankunft von Öltankern mit für Südrhodesien bestimmtenÖlladungen notfalls unter Anwendung militärischer Gewalt zu verhindern[32].

Ein im Mai 1966 von Nigeria, Mali und Uganda eingebrachter Resolutionsantrag, in dem die Verhängung umfassender Wirtschaftssanktionen nach Artikel 41 der Charta vorgesehen war und in dem das Vereinigte Königreich dazu aufgefordert wurde, alle erforderlichen Maßnahmen, notfalls militärische Gewalt, einzusetzen, um das Minderheitenregime in Südrhodesien zu stürzen, erlangte nicht die erforderliche Mehrheit[33].

2.1.2. Der Verlauf der Wirtschaftssanktionen[34]

2.1.2.1. Die Verhängung partieller Wirtschaftssanktionen (S/RES 232 (1966))

Erst nachdem die Regierung des Vereinigten Königreichs aufgrund des Scheiterns der Verhandlungen mit dem weißen Minderheitenregime über eine neue Verfassung, die eine Stärkung der politischen Mitwirkungsrechte der

---

[31] Abstimmungsergebnis: 10-0-5 (Bulgarien, Frankreich, Mali, UDSSR, Uruguay).

[32] Die Resolution ist insofern bemerkenswert, als in der Verletzung einer nicht-bindenden Resolution eine Gefährdung des Weltfriedens gesehen wurde, auf die mit gemäß Kapitel VII der Charta verhängten Maßnahmen reagiert wurde. Zur Frage, auf welcher Rechtsgrundlage das Vereinigte Königreich zur Anwendung von Gewalt durch den Sicherheitsrat ermächtigt wurde Gowlland-Debbas, Collective Responses, 416 ff.; Fawcett, 118 ff.

[33] UN Dok. S/7285/Add.1 and 2, 10. Mai 1966. Neuseeland stimmte gegen den Antrag, Argentinien, China (Taiwan), Frankreich, Japan, Niederlande, Uruguay, das Vereinigte Königreich und die Vereinigten Staaten enthielten sich der Stimme. SCOR, Twenty-First Year, 1285th Mtg., 23. Mai 1966, 8.

[34] Die Wirtschaftssanktionen sind nicht gegen Südrhodesien verhängt worden, da Südrhodesien vom Sicherheitsrat nicht als unabhängiger Staat anerkannt, sondern als Teil des Vereinigten Königreichs angesehen wurde. Das Vereinigte Königreich war seinerseits als Verfasser der entsprechenden Resolutionen nicht Adressat der Sanktionen. Die Resolutionsbestimmungen begründeten daher lediglich die Verpflichtung der Mitgliedstaaten, die von ihnen im einzelnen geforderten Ge- bzw. Verbote zu befolgen. Hierzu im einzelnen Fink, Friedenssicherung, 913. Soweit im folgenden von den gegen Südrhodesien verhängten Wirtschaftssanktionen gesprochen wird, ist dies im soeben aufgezeigten Sinne zu verstehen.

schwarz-afrikanischen Bevölkerung beinhalten sollte[35], im Sicherheitsrat am 8. Dezember 1966 einen Resolutionsentwurf eingebracht hatte, der die Verhängung verbindlicher Sanktionen vorsah, wurden mit der Resolution 232 (1966) erstmals in der Geschichte der Vereinten Nationen Wirtschaftssanktionen auf der Grundlage von Kapitel VII der Charta verhängt[36]. Auf die Feststellung des Sicherheitsrats, daß die gegenwärtige Situation in Südrhodesien eine Bedrohung für den internationalen Frieden und die internationale Sicherheit darstelle, beschloß der Sicherheitsrat die folgenden Maßnahmen[37]:

> Der Sicherheitsrat,
> Ziff. 2: beschließt, daß jeder Mitgliedstaat der Vereinten Nationen verhindert:
> a) (Partielles Einfuhrverbot)[38] die Einfuhr in sein Hoheitsgebiet von Asbest, Eisenerz, Chrom, Roheisen, Zucker, Tabak, Kupfer, Fleisch, Fleischprodukte, Häute, Felle und Leder, die aus Südrhodesien stammen und von dort nach dem Datum dieser Entschließung ausgeführt wurden;
> b) (Ausfuhrförderungs- und Handelsverbot) jede Tätigkeit seiner Staatsangehörigen und auf seinem Hoheitsgebiet, die die Ausfuhr dieser Güter aus Südrhodesien fördert oder fördern soll, sowie jeden Handel seiner Staatsangehörigen und auf seinem Hoheitsgebiet mit irgendeiner dieser Waren, die aus Südrhodesien stammen und von dort nach dem Datum dieser Entschließung ausgeführt wurden, einschließlich insbesondere jede Überweisung von Geldern nach Südrhodesien zum Zweck solcher Tätigkeiten oder solchen Handels;
> c) (Beförderungsverbot) die Beförderung irgendeines dieser Güter, die aus Südrhodesien stammen und von dort nach dem Datum dieser Entschließung ausgeführt wurden, mit durch ihn zugelassenen Schiffen oder Flugzeugen;
> d) (Waffenembargo) jede Tätigkeit seiner Staatsangehörigen oder auf seinem Hoheitsgebiet, die den Verkauf oder die Beförderung nach Südrhodesien von Waffen, Munition jeder Art, Militärflugzeugen, Militärfahrzeugen sowie Ausrüstung und Material für die Herstellung und Instandhaltung von Waffen und Munition in Südrhodesien selbst fördert oder fördern soll;
> e) (Ausfuhrverbot für Flug- und Fahrzeuge) jede Tätigkeit seiner Staatsangehörigen oder auf seinem Hoheitsgebiet, die die Belieferung Südrhodesiens mit Flugzeugen und Fahrzeugen jeder anderer Art sowie mit Ausrüstung und Material für die Herstellung, Montage oder Instandhaltung von Flug- und Fahrzeugen in Südrhodesien selbst fördert oder fördern soll; die Beförderung von solchen für Südrhodesien bestimmten Gütern mit durch ihn zugelassenen Schiffen oder Flugzeugen, ferner jede Tätigkeit seiner

---

[35] AdG 1967, 12924 ff.

[36] Abstimmungsergebnis: 11-0-4 (Bulgarien, Frankreich, Mali, UDSSR). Der Gegenentwurf von Mali, Nigeria und Uganda, UN Dok. S/7630, 12. Dezember 1966, der die Verhängung eines Einfuhrverbots für alle Industriegüter Südrhodesiens sowie ein Ausfuhrverbot von Öl, Ölprodukten und Kohle nach Südrhodesien vorsah, konnte sich, abgesehen von der Erweiterung des Vorschlags des Vereinigten Königreichs um Öl und Ölprodukte, nicht durchsetzen. Siehe SCOR 1966, Twenty-First Year, 1335th Mtg. Dazu im einzelnen Hasse, 93.

[37] Übersetzung in VN 1/67, 32.

[38] In Klammern gesetzte Bezeichnung des Tatbestands ist vom Autor eingefügt.

Staatsangehörigen oder auf seinem Hoheitsgebiet, die die Herstellung oder Montage von Flug- oder Fahrzeugen in Südrhodesien selbst fördert oder fördern soll;
f) (Öllieferungsverbot) die Beteiligung seines Hoheitsgebietes und seiner Verwaltungsgebiete, seiner Einrichtungen für Land- und Lufttransporte, seiner Staatsangehörigen und Schiffe unter seiner Flagge an der Belieferung Südrhodesiens mit Öl oder Ölprodukten, ungeachtet aller vor dem Datum dieser Entschließung abgeschlossenen Verträge und erteilten Lizenzen.

In der Sicherheitsratssitzung anläßlich der Verabschiedung der Resolution 232 setzte sich keiner der anwesenden Delegierten mit den möglichen Auswirkungen der Wirtschaftssanktionen auf die Menschenrechte der südrhodesischen Bevölkerung auseinander. Im Mittelpunkt der Debatte stand vielmehr die Frage, ob die Wirtschaftssanktionen ein wirksames Mittel darstellen, um die Rebellion des Minderheitenregimes zu beenden[39].

2.1.2.2. Die Verhängung umfassender Wirtschaftssanktionen (S/RES 253 (1968))

Die am 6. März 1968 vollzogene Hinrichtung von drei Afrikanern, die vor der Unabhängigkeitserklärung zum Tode verurteilt, danach aber von der britischen Königin am 2. März 1968 begnadigt worden waren, löste vor allem bei afrikanischen Staaten, aber auch im Vereinigten Königreich eine Welle der Empörung aus[40]. Unter dem Eindruck dieser Ereignisse und der zunehmenden politischen Repression der schwarzafrikanischen Opposition durch das Minderheitenregime brachten Algerien, Äthiopien, Indien, Pakistan und Senegal am 16. April 1968 einen gemeinsamen[41] und das Vereinigte Königreich am 22. April 1968 einen

---

[39] Siehe die Protokolle der Sitzungen 1331-1333 und 1335-1340 des Sicherheitsrats, in: SCOR 1966, Twenty-First Year, Mtg. 1301-1340. Vor allem die Vereinigten Staaten, 1333, 4 und das Vereinigte Königreich,1331, 6 ff. hielten die verbindlichen, partiellen Wirtschaftssanktionen für ein geeignetes Mittel. Das Vereinigte Königreich begründete den begrenzten Umfang der Maßnahmen in seiner Stellungnahme damit, daß die Einfuhr der wichtigsten südrhodesischen Exportgüter verboten worden sei, um den größtmöglichen wirtschaftlichen Nachteil herbeizuführen, während zugleich eine wirksame Kontrolle über die Durchsetzung der Maßnahmen erfolgen und der wirtschaftliche Schaden für die Nachbarstaaten gering gehalten werden könnte. Die Delegierten verschiedener afrikanischer, asiatischer und sozialistischer Staaten waren hingegen der Auffassung, daß die vorgeschlagenen Maßnahmen angesichts der Erfahrungen mit dem freiwilligen Embargo ohne Aussicht auf Erfolg seien und drängten auf die Verhängung umfassender Wirtschaftssanktionen bzw. das Ergreifen militärischer Maßnahmen. So in den Stellungnahmen der Delegierten Sambias, SCOR 1966, 21th Year, Mtg. 1332, 5; Senegals, 1333, 8; Pakistans, 1335, 19; Indiens, 1336, 5; Algeriens, 1337, 3; der UDSSR, 1337, 9 ff. und Bulgariens, 1339, 7.
[40] Hasse, 95; Kapungu, 127.
[41] UN Dok. S/8545.

eigenen Resolutionsentwurf ein[42]. Während der gemeinsame Entwurf, der neben der Verhängung von umfassenden Wirtschaftssanktionen das Vereinigte Königreich zum Einsatz von Waffengewalt zur Beendigung des Minderheitenregimes aufforderte, erfolglos blieb, nahm der Sicherheitsrat am 29. Mai 1968 eine geänderte Fassung des Entwurfs des Vereinigten Königreichs einstimmig als Resolution 253 an. Der Sicherheitsrat verurteilte darin alle Maßnahmen der politischen Repression, welche die fundamentalen Freiheiten und Rechte der südrhodesischen Bevölkerung verletzten und rief das Vereinigte Königreich dazu auf, alle wirksamen Maßnahmen zu ergreifen, um die Rebellion in Südrhodesien zu beenden und dem Volk die Möglichkeit zu verschaffen, seine in der A/RES 1514 (XV) verbürgten Rechte zu verwirklichen. Zu diesem Zweck verhängte er nahezu umfassende Wirtschaftssanktionen folgenden Inhalts[43]:

> Der Sicherheitsrat,
> Ziff. 3: beschließt, daß in Verfolgung des Ziels der Beendigung der Rebellion alle Mitgliedsstaaten der Vereinten Nationen folgendes zu verhindern haben:
> a) (Einfuhrverbot) die Einfuhr aller aus Südrhodesien stammenden und von dort nach dem Datum dieser Entschließung ausgeführten Waren und Erzeugnissen in ihr Hoheitsgebiet (gleichviel ob die Waren oder Erzeugnisse für den Verbrauch oder die Weiterverarbeitung in ihrem Hoheitsgebiet bestimmt sind oder nicht und ob sie unter Zollverschluß eingeführt werden oder nicht und ob der Hafen oder sonstige Platz, wo sie eingeführt oder gelagert werden, eine besondere Rechtsstellung hinsichtlich der Einfuhr von Waren genießt oder nicht);
> b) (Ausfuhrförderungs- und Handelsverbot) alle Tätigkeiten ihrer Staatsangehörigen – oder in ihrem Hoheitsgebiet, – welche die Ausfuhr von Waren oder Erzeugnissen aus Südrhodesien fördern würden oder fördern sollen, sowie alle Handelsgeschäfte ihrer Staatsangehörigen – oder in ihrem Hoheitsgebiet – mit aus Südrhodesien stammenden und von dort nach dem Datum dieser Entschließung ausgeführten Waren oder Erzeugnissen, unter Einschluß insbesondere der Transferierung von Geldmitteln nach Südrhodesien für diese Tätigkeiten oder Handelsgeschäfte;
> c) (Beförderungsverbot) die Beförderung aller aus Südrhodesien stammenden und von dort nach dem Datum dieser Entschließung ausgeführten Waren oder Erzeugnissen mit bei ihnen eingetragenen oder an ihre Staatsangehörigen vercharterten Schiffen oder Luftfahrzeugen sowie die Beförderung solcher Waren oder Erzeugnisse durch ihr Hoheitsgebiet auf dem Landweg (gleichviel ob unter Zollverschluß oder nicht);
> d) (Ausfuhrverbot) den Verkauf oder die Lieferung von Waren oder Erzeugnissen (gleichviel ob aus ihrem Hoheitsgebiet stammend oder nicht) durch ihre Staatsangehörigen oder aus ihrem Hoheitsgebiet an Personen oder andere Rechtsträger in Südrhodesien, sowie derartige Verkäufe oder Lieferungen an sonstige Personen oder andere Rechtsträger für die Zwecke von Geschäften, die in Südrhodesien oder von dort aus betrieben werden, sowie alle Tätigkeiten ihrer Staatsangehörigen- oder in ihrem Hoheitsgebiet-, die derartige Verkäufe oder Lieferungen fördern oder fördern sollen; dies gilt jedoch nicht für ausschließlich medizinische Versorgungsgüter, Lehr- oder

[42] UN Dok. S/8554.
[43] Übersetzung in VN 4/68, 130 ff.

Lernmittel und Ausrüstungen zur Verwendung in Schulen und anderen Bildungsanstalten, für Veröffentlichungen, Nachrichtenmaterial und bei Vorliegen besonderer Umstände für Nahrungsmittel;
e) (Beförderungsverbot) die Beförderung derartiger Waren oder Erzeugnisse, die an Personen oder andere Rechtsträger in Südrhodesien adressiert sind oder die an sonstige Personen oder andere Rechtsträger für die Zwecke von Geschäften adressiert sind, die in Südrhodesien oder von dort aus betrieben werden, mit bei ihnen eingetragenen oder an ihre Staatsangehörigen vercharterten Schiffen oder Luftfahrzeugen, sowie die Beförderung derartiger Waren oder Erzeugnisse durch ihr Hoheitsgebiet auf dem Landweg (gleichviel ob unter Zollverschluß oder nicht);
Ziff. 4 (Investitionsverbot): beschließt ferner, daß alle Mitgliedsstaaten der Vereinten Nationen dem illegalen Regime in Südrhodesien oder einem Handels- oder Industrie- oder Fremdenverkehrsunternehmen oder einem öffentlichen Versorgungsbetrieb in Südrhodesien weder Geldmittel zu Anlagezwecken zur Verfügung stellen noch sonstige finanzielle oder wirtschaftliche Hilfsquellen erschließen dürfen und zu verhindern haben, daß ihre Staatsangehörigen und sonstige in ihrem Hoheitsgebiet befindliche Personen dem Regime oder einem derartigen Unternehmen oder Betrieb solche Geldmittel oder Hilfsquellen erschließen oder sonstige Mittel an Personen oder andere Rechtsträger in Südrhodesien überweisen; ausgenommen sind Zahlungen, die ausschließlich für Rentenleistungen oder für ausschließlich medizinische, humanitäre oder erzieherische Zwecke oder für die Versorgung mit Nachrichtenmaterial und – bei Vorliegen besonderer Umstände – mit Nahrungsmitteln bestimmt sind;
Ziff. 5 (Einreiseverbot): beschließt ferner, daß alle Mitgliedstaaten der Vereinten Nationen
a) wenn nicht außergewöhnliche humanitäre Gründe vorliegen- die Einreise von Personen in ihr Hoheitsgebiet zu verhindern haben, die mit einem südrhodesischen Paß, gleichviel mit welchem Ausstellungsdatum, oder mit einem von dem illegalen Regime in Südrhodesien oder in seinem Namen ausgestellten angeblichen Paß reisen;
b) alle ihnen möglichen Maßnahmen zu treffen haben, um die Einreise von Personen in ihr Hoheitsgebiet zu verhindern, bei denen die begründete Annahme besteht, daß sie ihren gewöhnlichen Aufenthalt in Südrhodesien haben und die rechtswidrigen Handlungen des illegalen Regimes in Südrhodesien oder Tätigkeiten gefördert oder unterstützt haben oder vielleicht noch fördern oder unterstützen, die dazu bestimmt sind, eine in dieser Entschließung oder in der Entschließung 232 (1966) vom 16. Dezember 1966 beschlossene Maßnahme zu umgehen;
Ziff. 6 (Flugverkehrsverbot): beschließt ferner, daß alle Mitgliedsstaaten der Vereinten Nationen die in ihrem Hoheitsgebiet errichteten Luftverkehrsgesellschaften und die bei ihnen eingetragenen oder an ihre Staatsangehörigen vercharterten Luftfahrzeuge daran zu hindern haben, Luftverkehr von oder nach Südrhodesien zu betreiben oder mit einer in Südrhodesien errichteten Luftverkehrsgesellschaft oder mit dort eingetragenen Luftfahrzeugen Verbindungen herzustellen;
Ziff. 7 (Unbeachtlichkeit bestehender Verträge): beschließt, daß alle Mitgliedsstaaten der Vereinten Nationen den in den Absätzen 3, 4, 5 und 6 dieser Entschließung enthaltenen Beschlüssen Wirksamkeit zu verleihen haben, und zwar ungeachtet irgendwelcher vor dem Datum dieser Entschließung geschlossenen Verträge oder gewährten Lizenzen.

Gemäß Ziff. 20 der Resolution wurde ein Sanktionsausschuß eingesetzt, der die folgenden Aufgaben hatte:

> a) die vom Generalsekretär erstatteten Berichte über die Durchführung dieser Entschließung zu prüfen;
> b) von jedem Mitgliedstaat der Vereinten Nationen oder der Sonderorganisationen weitere Auskünfte über den Handel dieses Staates (einschließlich Auskünfte über die Waren und Erzeugnisse, die von dem Verbot in Absatz 3 Buchstabe d ausgenommen sind) oder über Handlungen von Angehörigen dieses Staates – oder über Handlungen in seinem Hoheitsgebiet – zu erbitten, die vielleicht eine Umgehung der in dieser Entschließung beschlossenen Maßnahmen darstellen, soweit dies nach seiner Auffassung für die ordnungsgemäße Erfüllung seiner Pflicht zur Berichterstattung an den Sicherheitsrat erforderlich ist[44].

Die Stellungnahmen anläßlich der Verabschiedung der Resolution 253 waren wiederum von dem Gegensatz zwischen denjenigen Staaten, die sich auf das Mittel der Wirtschaftssanktionen beschränken wollten und umfassende Sanktionen als angemessene Reaktion auf das Verhalten des Minderheitenregimes erachteten, und den Staaten, die den Einsatz darüber hinausgehender Maßnahmen, insbesondere militärischer Natur, forderten, geprägt, ohne daß die Auswirkungen der beschlossenen Maßnahmen auf die Menschenrechte der Bevölkerung Südrhodesiens thematisiert wurden[45].

2.1.2.3. Die Verschärfung der Sanktionsmaßnahmen ab 1970

In der Folgezeit beschloß der Sicherheitsrat eine Reihe von zusätzlichen Maßnahmen, die den Druck auf das Minderheitenregime erhöhen und eine wirksamere Umsetzung der Wirtschaftssanktionen gewährleisten sollten. So erweiterte

---

[44] Das Mandat des Sanktionsausschusses wurde in der Folgezeit mehrmals erweitert. Seine Aufgabe bestand vor allem darin, durch das Einholen von Informationen und mittels Empfehlungen an den Sicherheitsrat zu einer wirksameren Umsetzung der Wirtschaftssanktionen beizutragen. Hierzu Gowlland-Debbas, Collective Responses, 609 ff., unter Hinweis auf S/RES 277 (1970), Ziff. 21 c); S/RES 314 (1972), Ziff. 6; S/RES 320 (1972), Ziff. 4, 5; S/RES 409 (1977), Ziff. 3; S/RES 411 (1977), Ziff. 12; S/RES 445 (1979), Ziff. 8. Siehe hierzu auch Kuyper, 180 ff.

[45] Vergleiche hierzu exemplarisch die Stellungnahme des Vertreters des Vereinigten Königreichs, SCOR, Twenty-Third Year, 1428th Mtg., 5, mit der Stellungnahme des Vertreters der UDSSR, ebd., 2 ff. Einzig der Vertreter der Vereinigten Staaten wies in seiner Stellungnahme darauf hin, daß die Vereinigten Staaten besonderen Wert auf den freien Kommunikationsfluß legten und merkte an, daß die diesbezüglichen, in Ziff. 9 und 10 der Resolution enthaltenen Regelungen nicht bindend seien. Ebd., 15.

der Sicherheitsrat am 18. März 1970 mit der Resolution 277 die Wirtschaftssanktionen um die folgenden Maßnahmen[46]:

> Der Sicherheitsrat,
> Ziff. 9: beschließt in Übereinstimmung mit Artikel 41 der Charta und in Verfolgung des Ziels einer Beendigung der Rebellion, daß die Mitgliedstaaten,
> a) unverzüglich alle diplomatischen, konsularischen, Handels-, militärischen und anderen Beziehungen, die sie möglicherweise mit dem illegalen Regime in Südrhodesien haben, abbrechen und jede Vertretung auflösen, die sie in dem Gebiet haben sollten;
> b) unverzüglich alle bestehenden Transportmöglichkeiten von und nach Südrhodesien unterbrechen.

Mit der Resolution 333 vom 22. Mai 1973[47], die allerdings nicht auf der Grundlage von Kapitel VII der Charta verabschiedet wurde, forderte der Sicherheitsrat die Staaten auf, unverzüglich diejenigen Gesetze aufzuheben, welche die Einfuhr von Bodenschätzen aus Südrhodesien erlaubten[48]. Außerdem sollten Staaten legislative Maßnahmen, unter anderem die Einführung der Strafbarkeit des Handeltreibens mit Südrhodesien, ergreifen, um eine wirksamere Durchsetzung der Wirtschaftssanktionen zu erreichen.

Mit der Resolution 388 (1976) vom 6. April 1976 beschloß der Sicherheitsrat ein Versicherungs- und Markenzeichenverbot in bezug auf südrhodesische Güter mit folgenden Inhalt[49]:

> Der Sicherheitsrat,
> Ziff. 1: beschließt, daß von allen Mitgliedstaaten geeignete Maßnahmen zu ergreifen sind, um zu gewährleisten, daß von ihren Staatsangehörigen und von auf ihrem Hoheitsgebiet befindlichen Personen keine Versicherungen abgeschlossen werden für:

---

[46] Abstimmungsergebnis: 14-0-1 (Spanien). Übersetzung: VN 2/70, 69.

[47] Abstimmungsergebnis: 12-0-3 (Frankreich, Vereinigte Staaten, Vereinigtes Königreich).

[48] Diese Aufforderung richtete sich insbesondere an die Vereinigten Staaten. Am 17. November 1971 hatte Präsident Nixon dem sogenannten Byrd Amendment, als Section 503 des Defense Procurement Bill, nach dessen Verabschiedung im Kongreß und Senat Gesetzeskraft verliehen. Auf dieser Grundlage erteilte das "Department of Treasury" am 25. Januar 1972 eine allgemeine Genehmigung, mit der die Einfuhr von aus Südrhodesien stammenden Chromerzen und von Eisenerzen, die mit aus Südrhodesien stammenden Chromerzen hergestellt worden waren sowie von jedem anderen aus Südrhodesien stammenden Material, das als strategisch und kritisch eingestuft wurde, erlaubt wurde. Senator Byrd rechtfertigte die für Chromerze vorgesehene Ausnahme damit, daß es sich bei diesem um Bodenschätze handele, die für die nationale Sicherheit der Vereinigten Staaten lebenswichtig seien. Hierzu Strack, 146 ff.

[49] Abstimmungsergebnis: Einstimmige Annahme. Übersetzung: VN3/76, 92, 93.

a) von Südrhodesien nach dem Zeitpunkt der Annahme dieser Entschließung unter Verletzung der Entschließung des Sicherheitsrats 253 (1968) ausgeführte Waren oder Erzeugnisse jedweder Art, von denen sie wissen oder bei denen sie ausreichenden Grund zu der Annahme haben, daß die genannten Bedingungen bei der Ausfuhr zutreffen;
b) Waren oder Erzeugnisse jedweder Art, von denen sie wissen oder bei denen sie ausreichenden Grund zu der Annahme haben, daß sie nach dem Zeitpunkt der Annahme dieser Entschließung unter Verletzung der Entschließung des Sicherheitsrats 253 (1968) zur Einfuhr durch Südrhodesien bestimmt oder vorgesehen sind;
c) Waren, Erzeugnisse oder anderes Eigentum von Handels- und Industrieunternehmen oder öffentlichen Versorgungsbetrieben in Südrhodesien, die sich unter Verletzung der Entschließung 253 (1968) in Südrhodesien befinden;
Ziff. 2. beschließt, daß von allen Mitgliedstaaten geeignete Maßnahmen zu ergreifen sind, um zu verhindern, daß ihre Staatsangehörigen oder in ihrem Hoheitsgebiet befindliche Personen Handels- und Industrieunternehmen oder öffentlichen Versorgungsbetrieben in Südrhodesien das Recht zur Nutzung von Handelsbezeichnungen gewähren oder Lizenzabkommen abschließen, die im Zusammenhang mit dem Verkauf oder Vertrieb von Erzeugnissen, Waren oder Dienstleistungen eines solchen Unternehmens die Nutzung von Handelsbezeichnungen, Warenzeichen oder Gebrauchsmustern einschließen.

Am 27. Mai 1977 erweiterte der Sicherheitsrat mit der Resolution 409 (1977) die Wirtschaftssanktionen um ein Verbot des Gebrauchs bzw. Transfers von Finanzmitteln[50]:

Der Sicherheitsrat,
Ziff. 1. beschließt, daß alle Mitgliedstaaten der Vereinten Nationen verbieten, daß das illegale Regime in Südrhodesien einschließlich aller seiner Stellen oder Vertretungen, oder daß andere Personen oder Körperschaften in Südrhodesien irgendwelche Finanzmittel für die Zwecke irgendeiner in ihren Hoheitsgebieten errichteten Stelle oder Vertretung des illegalen Regimes verwenden oder in diese transferieren, es sei denn, daß diese Stelle oder Vertretung ausschließlich für Rentenzwecke errichtet ist.

2.1.2.4. Gescheiterte Versuche der Erweiterung der Sanktionsmaßnahmen

Mehrere Resolutionsentwürfe und Vorschläge, die ab 1970 mit dem Ziel der Ausweitung der Wirtschaftssanktionen eingebracht wurden, fanden hingegen nicht die erforderliche Mehrheit. So scheiterte 1970 ein Versuch seitens afrikanischer und kommunistischer Staaten, die Wirtschaftssanktionen um ein Verbot der Aufrechterhaltung von Post- und Telekommunikationsverbindung zu erweitern, am Veto der Vereinigten Staaten und des Vereinigten Königreichs[51].

[50] Abstimmungsergebnis: Einstimmige Annahme. Übersetzung: VN 3/77, 98.
[51] Siehe hierzu Gowlland-Debbas, Collective Responses, 429, 430 m.w.N.

Die Vereinigten Staaten erklärten in ihrer Stellungnahme im Sicherheitsrat, daß sie unter anderem aufgrund der Bedeutung, welche sie dem Recht auf Kommunikationsfreiheit beimessen, den Resolutionsentwurf nicht unterstützen könnten[52]. Erneute Vorstöße zur Verhängung eines Kommunikationsverbots, so ein von Tansania im Jahr 1975 im Sanktionsausschuß eingebrachter Vorschlag[53], fanden ebenfalls nicht die erforderliche Zustimmung[54]. Die Befürworter des Vorschlags wiesen auf die bedeutende psychologische Wirkung einer derartigen Maßnahme auf potentielle Einwanderer nach Südrhodesien, auf die Bevölkerung im Hoheitsgebiet sowie auf die nationale Befreiungsbewegung hin[55]. Der Vorschlag vermochte sich aber aufgrund der mit verfassungsrechtlichen und humanitären Argumenten begründeten Vorbehalte bzw. Ablehnung seitens Frankreichs[56], Japans[57], des Vereinigten Königreichs[58] und der Vereinigten

---

[52] Siehe die Stellungnahme des Delegierten der Vereinigten Staaten, SCOR Twenty-Fifth Year, 1533th Mtg., 4: "My delegation also doubts the wisdom and effectiveness of imposing a communication ban as envisaged in the draft resolution. We in the United States have consistently attached the greatest importance to the maintenance of communications with other States, even those with which our relations where greatly strained, and in some cases even when hostilities were in progress between us. The United States has a long history and tradition of freedom of movement and speech, and would view most seriously the prospect of leaving United States citizens anywhere in the world without the means to travel or communicate. Furthermore, we do not believe that cutting of communication and stemming a free flow of information would contribute to a solution of these difficulties with which we are faced. Rather, it might tend to harden further the attitude of the white minority. In our view, such measures tear at the very fabric of international relations and would tend to foreclose the free exchange of information and ideas upon which progress in this unfortunate situation in part depends."

[53] Siehe Special Report of the Security Council Committee established in pursuance of resolution 253 (1968) concerning the question of Southern Rhodesia on the expansion of sanctions against Southern Rhodesia, UN Dok. S/11913, 15. Dezember 1975, Ziff. 6.

[54] Ebd., Ziff. 12 b). Tansania brachte 1976 im Sanktionsausschuß erneut erfolglos einen Vorschlag ein, dem Sicherheitsrat die Verhängung eines Kommunikationsverbots zu empfehlen. Die Positionen der Staaten zu diesem Vorschlag entsprachen im wesentlichen den bereits anläßlich des ersten Vorschlags von Tansania geäußerten Standpunkten. Siehe Second special report of the Security Council Committee established in pursuance of resolution 253 (1968) concerning the question of Southern Rhodesia on the expansion of sanctions against Southern Rhodesia, UN Dok. S/12296, 31. Dezember 1976.

[55] Der Vorschlag wurde von der weißrussischen sozialistischen Sowjetrepublik, China, Costa Rica, Guyana, dem Irak, Mauritanien, Schweden, der UDSSR und Kamerun unterstützt. Ebd., Annex: Summary of Discussions, Ziff. 2.

[56] Ebd., Annex, Ziff. 11: "Furthermore, the representative of France pointed out that such sanctions would infringe upon public freedoms within the meaning of article 34 of the French Constitution. The adoption of such measures was therefore a legislative matter involving the consent of Parliament. Accordingly, his delegation had no alternative but to reserve its position on that proposal."

Staaten[59] nicht durchzusetzen. Ein Vorschlag des Irak, dem Sicherheitsrat die Verhängung von Maßnahmen zur Einschränkung der Reisefreiheit von Staatsangehörigen der Mitgliedstaaten zu empfehlen[60], fand ebenfalls nicht die erforderliche Mehrheit[61]. Während eine Vielzahl von Staaten diese Maßnahmen aufgrund des mit ihnen verbundenen Drucks auf das Regime in Südrhodesien und den von ihnen ausgehenden Abschreckungseffekt begrüßten[62], lehnten mehrere Staaten die vorgesehenen Maßnahmen als mit ihren Verfassungen unvereinbare Einschränkung der Reisefreiheit ihrer Staatsangehörigen[63] oder aufgrund der mit

[57] Ebd., Annex, Ziff. 20: "Regarding the specific measures proposed, the representative of Japan stated that his delegation found it difficult to support the proposal concerning the severance of communications with Southern Rhodesia for a number of reasons. First, means of communication, including postal, telegraph and telephone services, constituted essential human needs and played a peaceful and humanitarian role, and their total severance would adversely affect the life of the people in the area. The maintenance of communication services also seemed to be indispensable for the political solution of the Southern Rhodesian question, which relied on the maintenance of dialogue. In the view of his delegation, total severance of communications would not help to create conditions more conducive to a positive settlement and, on the contrary, might hamper and delay an early solution of that question. Secondly, in order to implement the proposed severance of communications, Member states would be obliged to censor letters suspected of being in violation of sanctions. Such action would be contrary to the Constitution of Japan, thereby making it impossible for the Japanese Government to support the proposal."

[58] Ebd., Annex, Ziff. 25: "Concerning the specific proposals, he stated that his Government had the strongest objection to the institution of a ban on communications, which it took to mean postal, telephonic and telegraphic communications. Such a ban would require complex monitoring procedures, and his Government was not prepared to apply censorship measures which would be required to make it successful. Anything but a truly effective ban would surely be a useless publicity device, which would undermine serious efforts to apply sanctions. Furthermore, those who suffered most from a ban on communications to and from Southern Rhodesia were the indigenous inhabitants of the Territory, since numerous health and educational facilities established for their benefit depended on communications with the sources outside Southern Rhodesia that funded them."

[59] Ebd., Annex, Ziff. 30. Siehe zur Position der Vereinigten Staaten oben Anm. 52.

[60] Ebd., Ziff. 8. Der erste Vorschlag sah vor, daß Mitgliedstaaten, außer in Ausnahmesituationen oder unter besonderen Umständen, durch ihre Konsulate im südlichen Afrika keine Reisepässe an ihre Staatsangehörigen, von denen sie annahmen, daß sie in Südrhodesien ihren Wohnsitz hatten, ausstellen oder erneuern sollten. Dem zweiten Vorschlag zufolge sollten die Mitgliedstaaten Rechtsakte erlassen, denen zufolge Reisen ihrer Staatsangehörigen nach Südrhodesien rechtswidrig und sanktionsbewehrt sein würden.

[61] Ebd., Ziff. 12 d).

[62] Ebd., Annex, Ziff. 2. Es handelt sich hierbei, mit Ausnahme von Schweden, um diejenigen Staaten, die auch die Verhängung eines Kommunikationsverbots befürwortet hatten (s.o. Anm. 55).

[63] Schweden, ebd., Annex, Ziff. 9; Frankreich, ebd., Ziff. 15; Japan, ebd., Ziff. 24.

ihnen verbundenen Behinderung der Reisefreiheit der schwarzafrikanischen Bevölkerung Südrhodesiens ab[64].

2.1.2.5. Die Aufhebung der Wirtschaftssanktionen

Der politische und wirtschaftliche Druck auf das weiße Minderheitenregime war unterdessen immer stärker geworden, nachdem Portugal-Mosambik nach der Unabhängigkeit Mosambiks im Jahr 1974 als Handelspartner fortgefallen war, und die Haltung Südafrikas, das selbst befürchten mußte, Adressat von Wirtschaftssanktionen zu werden, zunehmend zurückhaltender wurde[65]. Zugleich erstarkte die innenpolitische bewaffnete Opposition in Gestalt der ZAPU (Zimbabwe African People's Union) von Joshua Nkomo und der ZANU (Zimbabwe African National Union) von Robert Mugabe zusehends[66]. Die Versuche des Smith Regimes, durch eine neue Verfassung vom 1. Juni 1979 die Macht bzw. den Einfluß der weißen Minderheit zu wahren, scheiterten an der Verurteilung durch den Sicherheitsrat[67], der die gemäß dieser Verfassung durchgeführten Wahlen nicht als Ausdruck der Selbstbestimmung des südrhodesischen Volkes anerkannte. Auf der Grundlage der auf der Lancaster-House Konferenz im August 1979 erzielten Einigung zwischen dem Smith Regime, der Opposition und dem Vereinigten Königreich[68] erlangte Simbabwe schließlich am 18. April 1980 die Unabhängigkeit[69], nachdem die Wirtschaftssanktionen am 21. Dezember 1979 mit der Resolution 460[70] beendet worden waren.

[64] Vereinigtes Königreich, ebd., Annex, Ziff. 29: "In connexion with the two proposals concerning passports, the representative of the United Kingdom pointed out that his Government issued passports to a large number of African inhabitants of Southern Rhodesia wishing to study abroad. The first measure proposed by Iraq might prevent the continuation of that policy."

[65] Siehe hierzu Strack, 31.

[66] Die Befreiungskämpfe hatten gegen Ende des Jahres 1972 begonnen. Die Befreiungsbewegung gewann an Stärke, als die ZAPU und die ZANU im Oktober 1976 gemeinsam eine Patriotische Front bildeten. Siehe AdG 1977, 20701, 21272; Renwick, 50 ff.

[67] S/RES 445, 8. März 1979 und S/RES 448, 30. April 1979.

[68] AdG 1980, 23300 ff.

[69] Ebd., 23476.

[70] Abstimmungsergebnis: 13-0-2 (CSSR,UDSSR).

2.1.3. Die Auswirkungen der Wirtschaftssanktionen

2.1.3.1. Die Entwicklung der wirtschaftlichen Lage

Die Volkswirtschaft Südrhodesiens befand sich zum Zeitpunkt der einseitigen Unabhängigkeitserklärung in einer Phase des Aufschwungs, der durch eine steigende innere Nachfrage in einer diversifizierten Volkswirtschaft sowie einen starken Außenhandel[71] gekennzeichnet war[72]. Die südrhodesische Wirtschaft erlitt insbesondere durch die von dem Vereinigten Königreich und anderen Staaten in den Jahren 1965 und 1966 verhängten unilateralen Wirtschaftssanktionen erhebliche Einbußen[73]. Die Wirtschaftssanktionen führten zu einem erheblichen Handelsdefizit, dem Rückgang von Deviseneinnahmen sowie beträchtlichen Schäden für einzelne Wirtschaftssektoren[74]. Vornehmlich betroffen war die verarbeitende Industrie sowie die Landwirtschaft, in der es bei der Tabakproduktion zu besonders schweren Einbußen kam[75]. Der Rückgang der Ausfuhren führte zu einem Anstieg der Arbeitslosigkeit. Während die weiße Bevölkerung, nicht zuletzt durch Schutzmaßnahmen der Regierung, nur unwesentlich von erhöhter Arbeitslosigkeit betroffen war, nahm die Arbeitslosigkeit

---

[71] Siehe hierzu Losman, 90 ff. und Report of the Secretary-General in pursuance of resolution 232 (1966) adopted by the Security Council at its 1340th meeting on 16 December 1966, UN Dok. S/7781 and Add.1&2, 21. Februar 1967.

[72] Siehe zur Entwicklung der südrhodesischen Wirtschaft von 1900 bis 1965 mit entsprechenden Statistiken Losman, 84 ff. Wie sich aus dem Bruttosozialprodukt der Jahre 1954-64 ergibt, war die Landwirtschaft der führende Wirtschaftssektor, gefolgt von industrieller Herstellung, Transport, Kommunikation und Bergbau. Dabei war Tabak das bei weitem bedeutendste landwirtschaftliche Erzeugnis. Das bestimmende Merkmal der südrhodesischen Volkswirtschaft war der Reichtum an Bodenschätzen, insbesondere an Asbest und Chromerzen, ein Sektor, in dem Südrhodesien zu den weltweit führenden Produzenten gehörte.

[73] S/7781, Add.1 (s.o. Anm. 71) und Second report of the Committee established in pursuance of Security Council resolution 253 (1968) of 29 May 1968, UN Dok. S/9252, Annex I, 12. Juni 1969. Verschiedene Statistiken zeigen, daß das Gesamtvolumen der Im- und Exporte nach bzw. aus Südrhodesien von 1965 bis 1969 um über 30 % abnahm. Nach 1969 stieg das Volumen der Im- und Exporte stetig an und übertraf 1972 sogar das Volumen des Jahres 1965. Hierzu Kapungu, 124; Losman, 101; Sutcliffe, R.B., Rhodesian trade since UDI, in: The World Today, October 1967, 418-422.

[74] Siehe hierzu Losman, 101 ff.; Strack, 124; Harris, Collin, Political and economic effects of sanctions on Rhodesia, in: The World Today, January 1967, 1-4.

[75] Letter dated 24 May 1969 from the representative of the United Kingdom addressed to the Chairman enclosing an assessment of the effects of sanctions on the Rhodesian economy and the outlook for 1969, UN Dok. S/9252, Annex II, 12. Juni 1969. Siehe hierzu auch Rowe, David M., Economic Sanctions, Domestic Politics and the Decline of Rhodesian Tobacco, 1965-1979, in: Chan/Drury, Sanctions as Economic Statescraft: theory and practice, Basingstoke, 2000, 131-157.

der afrikanischen Bevölkerung, insbesondere 1966 und 1967, beträchtlich zu, konnte sich aber in der Folgezeit stabilisieren[76]. Das Realeinkommen der afrikanischen Bevölkerung verringerte sich ab 1966 ebenfalls[77]. Die schwarzafrikanische Bevölkerung trug daher die Hauptlast der Auswirkungen der Wirtschaftssanktionen[78].

Dem südrhodesischen Regime gelang es aber bis zum Jahr 1968 durch verschiedene Maßnahmen, die negativen Auswirkungen der Wirtschaftssanktionen abzumildern[79]. Ein wesentlicher Grund für die schnelle Erholung der südrhodesischen Wirtschaft war überdies der Umstand, daß Südafrika und Portugal-Mosambik unter Verletzung ihrer nach Artikel 25 der Charta aus den Resolutionen 232 (1966) und 253 (1968) bestehenden Verpflichtungen verstärkt Handel mit dem südrhodesischen Regime betrieben und dieses, im Falle Südafrikas, mit Erdöl versorgten[80]. Auch die Nachbarstaaten Südhodesiens, insbesondere Sambia und Botswana, sowie Malawi trieben weiter Handel mit Südrhodesien, wozu sie sich aufgrund der Abhängigkeit von Importen aus Südrhodesien sowie der Nutzung von Transportwegen gezwungen sahen. Auch andere Staaten befolgten die Wirtschaftssanktionen nicht gänzlich, unter ihnen die Bundesrepublik Deutschland, die Schweiz und die Vereinigten Staaten, die gemäß dem sogenannten Byrd Amendment im Jahr 1971 die Einfuhr von Chromerzen, Eisenerzen und Materialien von strategischer Bedeutung aus

---

[76] In der Landwirtschaft fielen die Beschäftigungszahlen von November 1965 bis 1968 um 15 %, im Handel um 2 %. Im selben Zeitraum stieg die Zahl der Beschäftigten im Bergbau um 9 %, in der verarbeitenden Industrie um 9 % sowie in der staatlichen Verwaltung um 15 % an. Die Zahl der in der Landwirtschaft beschäftigten schwarzafrikanischen Arbeitnehmer nahm von November 1965 bis 1968 um 34.000 ab. Im selben Zeitraum kam es allerdings zu einem Anstieg der Beschäftigung in anderen Wirtschaftssektoren um 30.000. Die Arbeitslosigkeit stieg gleichwohl an, da die Bevölkerungszahl der Schwarzafrikaner in diesem Zeitraum um 10 % gestiegen war. 30.000 Schwarzafrikaner hatten überdies Südrhodesien nach der einseitigen Erklärung der Unabhängigkeit verlassen. Siehe S/9252, Annex II (s.o. Anm. 75). Losman, 114 ff., zufolge war die Arbeitslosigkeit der schwarzafrikanischen Bevölkerung bereits vor der Verhängung der Sanktionen ein strukturelles Problem, verschärfte sich durch diese aber erheblich. Ab 1968 stieg die Zahl der beschäftigten Schwarzafrikaner deutlich an, von 644.000 im Jahr 1966 auf 788.000 im Jahr 1970 und 945.000 im Jahr 1975.

[77] Losman, 116. So sank das Realeinkommen der schwarzafrikanischen Farmer einer Studie zufolge von 1963 bis 1971 um 16 %. Zugleich wuchsen die Einkommensunterschiede zwischen Weißen und Schwarzen in der Zeit von 1965 bis 1972 um 40 %.

[78] Doxey, Economic Sanctions, 73; Losman, 116; Renwick, 33; Willaert, 231.

[79] Hierzu im einzelnen Hasse, 183 ff., 226 ff. sowie Losman, 111 ff. Einen ausführlichen Überblick über die Entwicklung der südrhodesischen Wirtschaft ab November 1965 enthält der Brief des Vertreters des Vereinigten Königreichs an den Vorsitzenden des Sanktionsausschusses vom 24. Mai 1969, S/9252, Annex II (s.o. Anm. 75).

[80] Ebd., Ziff. 46 ff. Hierzu auch Doxey, Economic Sanctions, 76 ff.; Hasse, 159 ff.; Willaert, 231.

Südrhodesien im offenkundigen Widerspruch zu den bestehenden Sanktionen genehmigten[81]. Die genannten Faktoren hatten zur Folge, daß die südrhodesische Wirtschaft zu Anfang der 1970er Jahre sogar einen Aufschwung erlebte, sich also weitgehend auf die Wirtschaftssanktionen eingestellt hatte[82]. Erst aufgrund der allgemeinen Weltwirtschaftskrise in den Jahren 1974 und 1975, des Wegfalls der wichtigen Handelspartner Portugal-Mosambik und Südafrika und erhöhter Ausgaben zur Finanzierung der militärischen Operationen gegen die Befreiungsbewegung geriet die Wirtschaft Südrhodesiens in erhebliche Schwierigkeiten, die zu einer Verschlechterung der Handels- und Zahlungsbilanz sowie einem Anstieg der Arbeitslosigkeit und sinkendem Realeinkommen führte[83].

2.1.3.2. Die Auswirkungen auf die Bevölkerung

Über den vorübergehenden Anstieg der Arbeitslosigkeit der schwarzafrikanischen Bevölkerung, vor allem in der Landwirtschaft, hinaus konnten keine nachteiligen Auswirkungen der Wirtschaftssanktionen auf die südrhodesische Bevölkerung, auch bedingt durch das Fehlen dahingehender spezifischer Erhebungen, festgestellt werden. Weder in den Beratungen im Sicherheitsrat noch im Sanktionsausschuß waren etwaige nachteilige Auswirkungen der Wirtschaftssanktionen auf die Lebensverhältnisse der Bevölkerung Gegenstand ausführlicher Debatten. Diese fehlende Thematisierung kann angesichts der relativ schwachen Folgen der Wirtschaftssanktionen für die südrhodesische Wirtschaft als Indiz dafür gesehen werden, daß die Wirtschaftssanktionen sich tatsächlich lediglich geringfügig auf die Lebensverhältnisse der Bevölkerung ausgewirkt haben.

Ein weiterer Grund für die fehlende Beschäftigung mit der Frage der Auswirkungen der Sanktionsmaßnahmen kann in der seitens der Befürworter der Selbstregierung des südrhodesischen Volkes geäußerten Befürchtung gesehen werden, daß diese als Vorwand für eine Lockerung der Wirtschaftssanktionen instrumentalisiert werden würden. Bezeichnend dafür ist eine Stellungnahme von Bischof Abel Muzorewa, dem Vorsitzenden des African National Council of Zimbabwe, vor dem Sicherheitsrat am 16. Februar 1972 anläßlich der Beratungen über den Vorschlag einer Einigung zwischen dem Vereinigten

---

[81] S.o. Anm. 48. Bis zum 15. Dezember 1979 hatte der Sanktionsausschuß insgesamt 421 Fälle von mutmaßlichen Verletzungen der Wirtschaftssanktionen untersucht. Siehe Twelfth Report of the Security Council Committee established in pursuance of resolution 253 (1968) concerning the question of Southern Rhodesia, UN Dok. S/13750, 15. Januar 1980, SCOR, Thirty-Fifth Year, Special Supp. No.2, Vol.2, 1980.

[82] Siehe hierzu Strack, 237 ff.

[83] Siehe zu dieser Entwicklung Losman, 103; Renwick, 47 ff.; Strack, 238.

Königreich und dem Smith Regime, der ohne afrikanische Beteiligung zustandegekommen war. In dieser erklärte er, daß die Afrikaner die Sanktionen als den Preis der Freiheit akzeptierten. Niemand solle in ihrem Namen eine Lockerung der Sanktionen unter dem Vorwand verlangen, daß diese die Afrikaner treffen würden[84].

2.2. Irak

2.2.1. Vorgeschichte

Das Verhältnis zwischen dem Irak und seinem südlichen Nachbarn Kuwait war seit der Unabhängigkeit Kuwaits im Jahre 1961 wiederholt von Spannungen geprägt, die vor allem Fragen des Grenzverlaufs und der Erdölförderung betrafen[85]. Diese eskalierten, als die irakische Regierung im Mai und mit zunehmender Schärfe ab Juli 1990 Kuwait und den Vereinigten Arabischen Emiraten vorwarf, daß diese mehr Erdöl produzierten, als aufgrund der von der OPEC (Organisation Erdölexportierender Länder) festgelegten Förderquote erlaubt sei. Dadurch sei dem Irak ein Schaden von $ 14 Milliarden ($ steht nachfolgend für US Dollar) entstanden. Kuwait habe zudem während des Krieges zwischen dem Irak und dem Iran irakisches Gebiet im Norden des Ölfeldes von Rumaila besetzt und dort irakisches Erdöl entzogen, wodurch dem Irak ein zusätzlicher Schaden von $ 2.4 Milliarden entstanden sei[86]. Zur Bekräftigung der gegenüber Kuwait erhobenen Forderungen zog die irakische Regierung am 24. Juli 1990 zwei Panzerdivisionen an der Grenze zu Kuwait zusammen. Zwei Tage später forderte der irakische Präsident Saddam Hussein Kuwait dazu auf, seine Erdölforderung zu drosseln und den Irak für die Ausbeutung des Rumaila Ölfeldes zu entschädigen[87]. Nachdem Verhandlungen zwischen Delegationen des Irak und Kuwaits über die geltend gemachten Forderungen am 31. Juli 1990 gescheitert waren, marschierten irakische Truppen am 2. August 1990 in Kuwait ein und

[84] Yearbook of the United Nations, Vol. 26, 1972, 113.

[85] Siehe zum historischen Hintergrund die umfangreichen Dokumentensammelbände von Schofield, Richard (Hrsg.), The Iraq-Kuwait Dispute (1830-1994), Slough, 1994; Weller, Marc (Hrsg.), Iraq and Kuwait: The Hostilities and their Aftermath, Cambridge international documents series, Vol. 3, Cambridge, 1993 sowie Fink, Konflikt, 452 ff.; Heinz, Ursula/ Philipp, Christiane/Wolfrum, Rüdiger, Zweiter Golfkrieg: Anwendungsfall von Kapitel VII der Charta, in: VN 4/1991, 121-128 und Tripp, Charles, A History of Iraq, Cambridge, 2000, 165 ff.

[86] AdG 1990, 34762.

[87] Ebd., 34763.

besetzten das Land ohne nennenswerte Gegenwehr[88]. Der Sicherheitsrat reagierte hierauf noch am selben Tag mit der Verabschiedung der Resolution 660 (1990)[89]. Darin wurde die Invasion Kuwaits als Bruch des Friedens bezeichnet und Irak dazu aufgefordert, seine Truppen aus Kuwait zurückzuziehen. Einzelne Staaten und Regionalorganisationen beschlossen als Reaktion auf die Invasion Kuwaits durch den Irak eine Reihe von Maßnahmen. Die EG-Außenminister verhängten am 4. August 1990 ein umfassendes Einfuhrverbot für irakisches und kuwaitisches Erdöl, verfügten die Beschlagnahme irakischer Vermögenswerte, suspendierten jegliche mit dem Irak bestehende militärische, wirtschaftliche und technische Zusammenarbeit und froren die Handelspräferenzen ein[90]. Ebenso wie die Sowjetunion und die Vereinigten Staaten verhängten sie zudem ein Verbot der Lieferung von Rüstungsgütern in den Irak. Auch Japan verbot die Ein- und Ausfuhr von Erdöl aus dem bzw. in den Irak und Kuwait, sperrte Exportkredite, fror die Konten des Irak ein und untersagte Investitionen in den Irak[91].

2.2.2. Der Verlauf der Wirtschaftssanktionen

2.2.2.1. Die Verhängung umfassender Wirtschaftssanktionen (S/RES 661(1991))

Nachdem der Irak der in der Resolution 660 (1990) enthaltenen Forderung nicht nachgekommen war, verhängte der Sicherheitsrat am 6. August 1990 mit der Resolution 661 (1990), welche die Wiederherstellung der Souveränität, Unabhängigkeit und territorialen Integrität Kuwaits bezweckte, ein umfassendes Ein- und Ausfuhr- sowie ein Investitionsverbot[92]. Der Sicherheitsrat beschloß, daß alle Staaten folgendes verhindern werden:

---

[88] Ebd., 34765. Am 8. August 1990 erklärte die irakische Regierung, daß Kuwait annektiert worden sei, ebd., 34833. Der Sicherheitsrat reagierte auf diese Erklärung am 9. August 1990 mit der einstimmig verabschiedeten Resolution 662 (1990), in welcher er die Annexion Kuwaits durch den Irak für null und nichtig erklärte. Zum weiteren Verlauf des Konflikts Fleischhauer, Carl-August, Wirtschaftliche Zwangsmaßnahmen in Recht und Praxis der Weltorganisation. Die Anwendung von Sanktionen durch die Vereinten Nationen in der Golfkrise, in: VN 2/1991, 41 ff.; Lauterpacht, E./Greenwood, C.J./Weller, M./Bethlehem, D. (Hrsg.), The Kuwait Crisis, 2 Bde., Cambridge, 1991; The United Nations and the Iraq-Kuwait Conflict, 1990-1996, The United Nations, Blue Book Series, Vol. IX, New York, 1996.

[89] Abstimmungsergebnis: 14-0-0 (Jemen hatte an der Abstimmung nicht teilgenommen).

[90] EEC Declaration concerning the Iraqi invasion of Kuwait, in: Simons, Appendix 2, 217, 218.

[91] AdG 1990, 34831.

[92] Abstimmungsergebnis: 13-0-2 (Jemen, Kuba).

Ziff. 3 a) (Einfuhrverbot): die Einfuhr aller aus Irak oder Kuwait stammenden Rohstoffe und Erzeugnisse, die nach dem Datum dieser Resolution von dort ausgeführt werden, in ihr Hoheitsgebiet[93];
b) (Ausfuhrförderungs- und Handelsverbot): alle Aktivitäten ihrer Staatsangehörigen oder auf ihrem Hoheitsgebiet, welche die Ausfuhr oder den Umschlag irgendwelcher Rohstoffe oder Erzeugnisse aus Irak oder Kuwait fördern würden oder zu fördern gedacht sind; und alle Geschäfte ihrer Staatsangehörigen oder ihre Flagge führenden Schiffe oder aus ihrem Hoheitsgebiet mit aus Irak oder Kuwait stammenden Rohstoffen oder Erzeugnissen, die nach dem Datum dieser Resolution von dort ausgeführt werden, einschließlich insbesondere sämtlicher Geldtransfers an Irak oder Kuwait zum Zweck solcher Aktivitäten oder Geschäfte;
c) (Ausfuhrverbot): den Verkauf oder die Lieferung, durch ihre Staatsangehörigen oder aus ihrem Hoheitsgebiet oder unter Benutzung von ihre Flagge führenden Schiffen, irgendwelcher Rohstoffe oder Erzeugnisse, einschließlich Waffen oder sonstigen militärischen Geräts, gleich ob diese aus ihrem Hoheitsgebiet stammen oder nicht, jedoch ausgenommen Lieferungen, die für rein medizinische Zwecke vorgesehen sind, und – in humanitären Fällen – Nahrungsmittel, an eine natürliche oder juristische Person in Irak oder Kuwait oder an irgendeine natürliche oder juristische Person zum Zweck einer in Irak oder Kuwait oder von Irak oder Kuwait aus durchgeführten Geschäftstätigkeit sowie alle Aktivitäten ihrer Staatsangehörigen oder auf ihrem Hoheitsgebiet, die den Verkauf oder die Lieferung dieser Rohstoffe oder Erzeugnisse fördern oder zu fördern gedacht sind;
Ziff. 4 (Investitionsverbot): beschließt, daß alle Staaten es unterlassen werden, der Regierung Iraks oder irgendeinem Handels-, Industrie- oder öffentlichen Versorgungsunternehmen in Irak oder Kuwait Gelder oder andere finanzielle oder wirtschaftliche Mittel zur Verfügung zu stellen, und ihre Staatsangehörigen und alle sich auf ihrem Hoheitsgebiet befindlichen Personen daran hindern werden, solche Gelder oder Mittel aus ihrem Hoheitsgebiet zu verbringen oder der Regierung Iraks oder einem solchen Unternehmen auf andere Weise zur Verfügung zu stellen oder irgendwelche anderen Gelder an natürliche oder juristische Personen in Irak oder Kuwait zu überweisen, ausgenommen Zahlungen, die ausschließlich für rein medizinische oder humanitäre Zwekke bestimmt sind, und – in humanitären Fällen – Nahrungsmittel.
Ferner wurde gemäß Ziff. 3, Nr.6 der Resolution ein Sanktionsausschuß eingesetzt[94].

---

[93] Das umfassende Handelsverbot führte zu erheblichen wirtschaftlichen Verlusten bei Drittstaaten, die von diesen Staaten auf über $ 30 Milliarden beziffert wurden. Hiervon war insbesondere Jordanien betroffen. Jordanien teilte dem Sanktionsausschuß im Mai 1991 mit, daß es die begrenzte Einfuhr von Erdöl, welches für den jordanischen Bedarf essentiell sei, wiederaufgenommen habe. Die Bezahlung der Einfuhren erfolge durch die Verrechnung irakischer Schulden. Der Sanktionsausschuß nahm hiervon in einer Sitzung vom 21. Mai 1991 unter Hinweis auf die besonderen Umstände im Falle Jordaniens Kenntnis, ohne weitere Schritte zu ergreifen. S/1996/700, Ziff. 101 ff.

[94] Der Sanktionsausschuß hatte hiernach lediglich die Aufgabe, die Berichte des Generalsekretärs über die Fortschritte bei der Umsetzung der Resolution zu prüfen und die Mitgliedstaaten um Informationen über die von diesen zur wirksamen Umsetzung der Resolutionsbestimmungen ergriffenen Maßnahmen zu ersuchen. Das Mandat des Sanktionsausschusses

In der Sicherheitsratssitzung anläßlich der Verabschiedung der Resolution 661 (1991) äußerten sich lediglich zwei der siebzehn anwesenden Delegierten[95] zu den möglichen Folgen der beschlossenen Maßnahmen für die irakische und kuwaitische Bevölkerung. Die Vertreter Malaysias und Kanadas erklärten, daß sich alle Beteiligten der Härten, welche die Sanktionen den Regierungen sowie den hilflosen Individuen und Opfern als Folge dieser Tragödie auferlege, bewußt seien. Der Delegierte Malaysias erklärte hierzu, er sei der Hoffnung, daß die vorgesehenen umfassenden Sanktionen nur von kurzer Dauer sein werden[96]. Dem kanadischen Delegierten zufolge sei das Erbringen von Opfern für die Wahrung des Friedens sowie der Sicherheit von Staaten und der Integrität des internationalen Systems notwendig[97]. Eine Vielzahl von Delegierten erklärte, daß das Ergreifen umfassender Maßnahmen aufgrund der Schwere der Friedensbedrohung erforderlich und gerechtfertigt sei[98].

Mit der Resolution 665 vom 25. August 1990 forderte der Sicherheitsrat diejenigen Mitgliedsstaaten, die mit der Regierung Kuwaits zusammenarbeiten und Seestreitkräfte in das Gebiet verlegen, auf, unter der Weisungsbefugnis des Sicherheitsrats die erforderlichen, den Umständen angemessenen Maßnahmen anzuwenden, um alle ein- und auslaufenden Seetransporte zur Kontrolle und Überprüfung ihrer Fracht und ihres Bestimmungsortes anzuhalten und die strikte Anwendung der auf derartige Transporte bezogenen Bestimmungen der Resolution 661 (1990) sicherzustellen[99].

---

wurde in der Folgezeit insbesondere mit den Resolutionen 666 (1990), 670 (1990), 687 (1991) und 986 (1995) erheblich ausgeweitet. Siehe zur Praxis des Sanktionsausschusses S/1996/700, Ziff. 25 ff.; Conlon, Lessons from Iraq und Koskenniemi, Le Comité des Sanctions.

[95] Die 15 Mitglieder des Sicherheitsrats sowie auf Einladung des Präsidenten des Sicherheitsrats Vertreter des Iraks und Kuwaits.

[96] S/PV.2933, 21-22: "We are only too aware of the hardship that the broad sanctions called for in the draft situation will impose on Governments and on the helpless individuals and victims of the consequences of this tragedy, including the peoples of Kuwait and Iraq. Our hope is that the broad sanctions envisaged in the draft resolution will be of short duration, given prompt compliance by Iraq with resolution 660 (1990)."

[97] S/PV.2933, 24-25: "We recognize, as other collegues have mentioned, that these sanctions will impose hardships on many countries, on public and private organizations, and indeed on individuals throughout the world. But sacrifices are necessary to maintain the peace and security of States and the integrity of the international system."

[98] Siehe die Stellungnahme des Delegierten Frankreichs, S/PV.2933, 21: "The magnitude of these measures is justified... because of the unacceptable nature of Iraq's military aggression, which is a major violation of international law and a serious threat to international peace and security." In diese Richtung auch die Stellungnahmen der Delegierten der Vereinigten Staaten, ebd., 18; Finnlands, ebd., 19-20; Kanadas, ebd., 23, 24; Äthiopiens, ebd., 36, 37 und Kolumbiens, ebd., 49-50.

[99] Abstimmungsergebnis: 13-0-2 (Jemen, Kuba).

Unterdessen hatte sich die Versorgungslage der vornehmlich aus Indien, Sri Lanka und den Philippinen stammenden Migranten in Kuwait drastisch verschlechtert[100]. Daraufhin beschloß der Sicherheitsrat mit der Resolution 666 (1990) am 13. September 1990[101] auf der Grundlage von Kapitel VII der Charta u.a. folgende Maßnahmen:

> Der Sicherheitsrat,
> Ziff. 1: beschließt, daß der Ausschuß, um die erforderliche Feststellung treffen zu können, ob humanitäre Fälle im Sinne von Ziffer 3 Buchstabe c und Ziffer 4 der Resolution 661 (1990) vorliegen, die Nahrungsmittelsituation im Irak und Kuwait laufend verfolgen wird;
> Ziff. 2: erwartet, daß Irak seinen Verpflichtungen auf Grund der Resolution 664 (1990) des Sicherheitsrats in bezug auf die Staatsangehörigen von Drittländern nachkommt, und erklärt erneut, daß Irak nach wie vor die volle Verantwortung für ihre Sicherheit und ihr Wohlergehen trägt, im Einklang mit dem humanitären Völkerrecht, einschließlich, soweit anwendbar, des Vierten Genfer Abkommens;
> Ziff. 3: ersucht für die Zwecke der Ziffern 1 und 2 dieser Resolution darum, daß der Generalsekretär von den zuständigen Organisationen der Vereinten Nationen und anderen geeigneten humanitären Organisationen sowie allen anderen Quellen dringend und kontinuierlich Informationen über die Verfügbarkeit von Nahrungsmitteln in Irak und Kuwait einholt und diese Informationen regelmäßig an den Ausschuß weiterleitet;
> Ziff. 4: ersucht ferner darum, daß bei der Einholung und bei der Erteilung dieser Informationen besonders leidgefährdeten Personengruppen, wie Kindern unter 15 Jahren, schwangeren Frauen, Frauen, die gerade entbunden haben, Kranken und älteren Menschen, besondere Aufmerksamkeit gewidmet wird;
> Ziff. 5: beschließt, daß der Ausschuß, sofern er nach Erhalt der Berichte des Generalsekretärs feststellt, daß Fälle vorliegen, in denen eine dringende humanitäre Notwendigkeit besteht, Nahrungsmittel an Irak oder Kuwait zu liefern, um menschliches Leid zu mildern, den Rat umgehend von seinem Beschluß berichten wird, wie dieser Notwendigkeit zu entsprechen ist[102].

---

[100] Siehe zur Reaktion des Sicherheitsrats die einstimmig verabschiedete Resolution 664 vom 18. August 1990.

[101] Abstimmungsergebnis: 13-2 (Kuba, Jemen)-0.

[102] Der Sanktionsausschuß traf am 22. März 1991 eine Feststellung nach Ziff. 5 der Resolution in bezug auf den gesamten Irak. Der Sanktionsausschuß entschied auf dieser Grundlage, daß die Ausfuhr von Nahrungsmitteln in den Irak fortan einem Notifikationsverfahren unterliege und daß auf die Ausfuhr der in dem Bericht des Unter-Generalsekretärs M.Ahtisaari vom 20.März 1991 identifizierten Güter in den Irak ein Kein-Einwand Verfahren Anwendung finde. Siehe Note by the Secretary-General, Annex: Letter dated 22 March 1991 from the President of the Security-Council addressed to the Secretary-General, UN Dok. S/22400, 22. März 1991.

In der Sitzung im Sicherheitsrat anläßlich der Verabschiedung der Resolution 666 (1990) erklärten die Delegierten Jemens[103] und Kubas[104], daß das Mittel des Aushungerns der Bevölkerung gegen internationale humanitäre Konventionen bzw. gegen das fundamentale Recht jedes Menschen auf angemessene Nahrung und medizinische Betreuung verstoße. Eine Vielzahl der Delegierten der Staaten, welche die Resolution unterstützten[105], wiesen dagegen auf die Verantwortung der irakischen Regierung für die bestehende Notlage hin, die trotz der Verfügbarkeit von Nahrungsmitteln eine Politik des Aushungerns gegenüber den Angehörigen von Drittstaaten in Kuwait betreibe. Es sei daher notwendig, einen angemessenen Verteilungs- und Kontrollmechanismus für die Lieferung von Lebensmitteln nach Kuwait und in den Irak zu schaffen, so daß die Nahrungs-

---

[103] S/PV.2939, 11, 16-17: "As the council is about to vote on this draft resolution, we call attention to the great danger to which it will expose millions of inncocent persons. We call upon the Security Council, even if this draft resolution is adopted, to consider at an appropriate time ways for bringing food to these people. Surely the Council does not wish to take responsibility of exposing these persons to disease and starvation. For if that were to happen we should not blame the Government of Iraq; we would have to bear part of the responsibility. (...) Therefore, our understanding of the provisions of resolution 661 (1990) is that we refuse to starve the weak and innocent in Iraq and Kuwait, including those of third countries, as a way to achieve political ends, since the use of such methods is in contradiction to many international humanitarian agreements prohibiting them, for such inhumane actions make victims of innocent civilians who have no part in conflict. The implementation of such policies would have a deleterious effect on the civilian population, which would be directly affected by them, not to mention the fact that they might not have the effect of bringing Iraq to implement the resolutions of the Security Council but, on the contrary, only bring harm to innocent civilians."

[104] S/PV.2939, 18-20: "Cuba regards as completely inadmissible the very idea of claiming that hunger can be used to deprive peoples of what is an absolutely fundamental right of every single human being in every part of the world and in any circumstances- that is, the right to receive adequate food and appropriate medical care. We do not believe that anyone has the political, juridical or moral authority to apply any inhuman measures such as those whose sole and exclusive victims would be innocent civilians." Kuba hatte überdies am 12. September 1990 den Resolutionsentwurf UN Dok. S/21742/Rev.1 vorgelegt, der allerdings nicht die erforderliche Mehrheit fand, da außer Kuba lediglich China und Jemen für den Entwurf stimmten. Der Entwurf enthielt unter anderem die folgenden operativen Bestimmungen: "Ziff. 1 (The Security Council): Declares that the access to basic foodstuffs and to adequate medical assistance is a fundamental right to be protected under all circumstances; Ziff. 2 (The Security Council): Decides that, in accordance with the above principle, under no circumstances shall actions be taken, including those resulting from the implementation of Security Council decisions such as resolutions 661 (1990) and 665 (1990), that may hinder access of the civilian population and the foreign nationals in Iraq and Kuwait to basic foodstuffs, medical supplies and medical assistance."

[105] Siehe die Erklärungen der Delegierten der Vereinigten Staaten, S/PV.2939, 37-42; Zaires, ebd., 43-47; Frankreichs, ebd., 49-53; Kanadas, ebd. 53-55; des Vereinigten Königreichs, ebd., 56-59 und Kolumbiens, ebd., 67-70.

mittellieferungen tatsächlich die intendierten Empfänger erreiche[106]. Ferner erklärten mehrere Delegierte[107], daß der Sicherheitsrat nicht die Absicht habe, die Bevölkerung auszuhungern, sondern einzig die in den Resolutionen im einzelnen festgelegten Ziele zu verwirklichen[108].

Am 25. September 1990 erweiterte der Sicherheitsrat die Wirtschaftssanktionen mit der Resolution 670 um ein Flugverkehrsverbot[109]:

> Der Sicherheitsrat,
> Ziff. 1: bestätigt, daß die Resolution 661 (1990) auf alle Verkehrsmittel, einschließlich Luftfahrzeuge, Anwendung findet;
> Ziff. 2 (Verweigerung der Starterlaubnis): beschließt, daß alle Staaten, ungeachtet etwaiger Rechte oder Pflichten aus einem vor dem Datum dieser Resolution geschlossenen internationalen Übereinkommen, Vertrag oder einer vor diesem Datum gewährten Lizenz oder Bewilligung, einem Luftfahrzeug die Starterlaubnis von ihrem Hoheitsgebiet verweigern werden, wenn das Luftfahrzeug eine andere Fracht nach oder aus Irak oder Kuwait befördern sollte als Nahrungsmittel in humanitären Fällen, vorbehaltlich der Genehmigung durch den Rat oder durch den Ausschuß nach Resolution 661 (1990) und im Einklang mit der Resolution 666 (1990), oder Lieferungen, die für rein medizinische Zwecke oder ausschließlich für die UNIIMOG[110] bestimmt sind;

---

[106] Siehe beispielhaft die Stellungnahme des Delegierten der Vereinigten Staaten, S/PV.2939, 41: "To speak clearly, the Council cannot count on the good faith of the Iraqi Government. Furthermore, the Iraqi Government has stated that in allocating food resources it intends to give first priority not to the needy but to the greedy, the looting army it has sent to Kuwait. Iraq has so far refused co-operation with humanitarian agencies. For these reasons it became incumbent upon the members of the Council, in promoting the effectiveness of its sanctions against Iraq, to lay down procedures to ensure that food supplies reach those for whom they are intended. The resolution just adopted meets those needs. It gives a strong role to the sanctions Committee in implementing the policies of the Security Council. It ensures that the international community is prepared to response to cases of genuine human need in a way that meets those needs without destroying the strength of the sanctions. In short, the mechanisms established in the resolution affirm both the genuine humanitarian concern of the members of the Council for the condition of civilians, whether Iraqi or Kuwaiti or third-country nationals, and the determination of the Council to stand firmly behind the sanctions designed to secure Iraq's withdrawal from Kuwait."

[107] Siehe die Stellungnahmen der Delegierten Äthiopiens, S/PV.2939, 47; Finnlands, ebd., 61; der Elfenbeinküste, ebd., 66 und der UDSSR, ebd., 72.

[108] Siehe beispielhaft die Stellungnahme des finnischen Delegierten, S/PV.2939, 61: "The objectives of the sanctions are only those specified in the Council resolutions. The sanctions are by no means intended to bring Kuwaitis, Iraquis or third-country nationals under the threat of starvation. Interpreting resolution 661 (1990), the resolution just adopted -resolution 666 (1990)- establishes practical ways and means to prevent human suffering."

[109] Abstimmungsergebnis: 14-1 (Kuba)-0.

[110] United Nations Iran-Iraq Military Observer Group.

Ziff. 3 (Verweigerung der Erlaubnis zum Überfliegen): beschließt ferner, daß alle Staaten einem Luftfahrzeug mit Zielort in Irak oder Kuwait, in welchem Staat es auch immer registriert ist, die Erlaubnis zum Überfliegen ihres Hoheitsgebietes verweigern werden, es sei denn,
a) das Luftfahrzeug landet auf einem von diesem Staat bestimmten Flugplatz außerhalb Iraks oder Kuwaits, damit durch eine Inspektion sichergestellt werden kann, daß sich keine Fracht an Bord befindet, die gegen die Resolution 661(1990) oder diese Resolution verstößt; zu diesem Zweck kann das Luftfahrzeug so lange festgehalten werden wie nötig; oder
b) der betreffende Flug ist von dem Ausschuß nach Resolution 661 (1990) genehmigt worden[111];
c) oder die Vereinten Nationen haben bestätigt, daß der Flug ausschließlich für die Zwecke der UNIIMOG bestimmt ist.

Die Stellungnahmen der Delegierten anläßlich der Verabschiedung der Resolution 670 (1990) waren, mit der Ausnahme Kubas, das seinen bereits in den vorherigen Sitzungen geäußerten Standpunkt wiederholte[112], von dem gemeinsamen Willen bestimmt, durch das Flugverkehrsverbot die Effektivität der bestehenden Wirtschaftssanktionen zu steigern[113]. Lediglich der Vertreter der Vereinigten Staaten, der darauf hinwies, daß die Wirtschaftssanktionen nicht gegen die irakische Bevölkerung gerichtet seien[114] und der Vertreter Kolumbiens, der anmerkte, daß sich Kolumbien des durch das Embargo hervorgerufenen Leidens bewußt sei, dieses aber einem Krieg vorziehe[115], nahmen in knapper Form zu den negativen Auswirkungen der Wirtschaftssanktionen Stellung. Ferner erklärte der Vertreter Kuwaits, daß das Embargo trotz seiner nachteiligen Folgen für die kuwaitische und irakische Bevölkerung notwendig sei, da die Welt es nicht

111 Gemäß Ziff. 5 der Entscheidung des Sanktionsausschusses vom 22. März 1991 gelten Flüge, die einzig Nahrungsmittel, Güter für rein medizinische Zwecke oder die in dem Bericht von M.Ahtisaari identifizierten Güter befördern, vorbehaltlich einer vorhergehenden Notifizierung des Sanktionsausschusses grundsätzlich als genehmigt. UN Dok. S/22400 (s.o. Anm. 102).

112 S/PV.2943, 18 ff. Siehe die Stellungnahme Kubas zur Verabschiedung der Resolution 666 (1990) (s.o. Anm. 104).

113 Siehe die Stellungnahmen der Delegierten der Vereinigten Staaten, S/PV.2943, 28-30; Frankreichs, ebd., 33; Kanadas, ebd., 38; des Vereinigten Königreichs, ebd., 41; Finnlands, ebd., 43; Zaires, ebd., 47; Chinas, ebd., 49-50; der Elfenbeinküste, ebd., 59-60; Malaysias, ebd., 61; Äthiopiens, ebd., 67; Rumäniens, ebd., 68 und der UdSSR, ebd., 76.

114 S/PV.2943, 31: "It is important, I think, to emphasize that the sanctions we have adopted are aimed at reversing the aggressive policies of the Iraqi Government. They are not aimed at the Iraqi people, people who are being forced to live with the consequences of an extraordinarily misguided policy."

115 S/PV.2943, 57: "We are aware of the price of, and the suffering brought about by, an embargo but we prefer that to the price of war."

zulasse, daß ein Aggressor Vorteile aus seiner Aggression ziehe[116]. Hingegen finden sich keine Stellungnahmen, in denen auf die potentiellen, spezifisch durch das Flugverkehrsverbot hervorgerufen Auswirkungen auf die irakische Bevölkerung eingegangen wird.

Mit der Resolution 678 vom 29. November 1990 ermächtigte der Sicherheitsrat die Mitgliedstaaten, alle erforderlichen Mittel einzusetzen, um der Resolution 660 (1990) sowie allen nachfolgend verabschiedeten Resolutionen Geltung zu verschaffen und den Weltfrieden in dem Gebiet wiederherzustellen, sollte der Irak den in den vorangegangenen Resolutionen enthaltenen Bedingungen nicht bis zum 15. Januar 1991 nachgekommen sein. Nachdem ein an den Irak gestelltes Ultimatum zum Rückzug seiner Truppen aus dem Kuwait erfolglos verstrichen war, begann am 17. Januar 1991 eine alliierte Streitkraft, an der 28 Staaten unter Führung der Vereinigten Staaten beteiligt waren, mit massiven Bombenangriffen auf militärische und strategische Ziele im Irak und im besetzten Kuwait[117]. Am 24. Februar 1991 erfolgte die Bodenoffensive der alliierten Streitkräfte gegenüber dem Irak, die bereits am 25. Februar 1991 zum Rückzug der irakischen Truppen aus Kuwait und am 27. Februar 1991 zum Ende der Kampfhandlungen führte[118]. Daraufhin wurden die gegenüber Kuwait bestehenden Sanktionen mit der Resolution 686 (1991) am 2. März 1992 aufgehoben[119].

2.2.2.2. Die modifizierte Beibehaltung der Wirtschaftssanktionen (S/RES 687 (1991))

Die gegenüber dem Irak verhängten Wirtschaftssanktionen wurden mit der am 3. April 1991 beschlossenen Resolution 687 (1991)[120] beibehalten, in welcher der Sicherheitsrat die Bedingungen einer förmlichen Feuereinstellung zwischen Irak und Kuwait und den mit Kuwait kooperierenden Mitgliedstaaten festlegte. Der Waffenstillstand trat nach der Annahme der Resolution durch den Irak am

[116] S/PV.2943, 81: "The economic embargo imposed upon Iraq is certainly not an end in itself. It is a peaceful means to attain an objective: implementation by Iraq of the binding resolutions of the Council. Thus, despite its negative effects for the peoples of Kuwait and Iraq, and indeed for some other peoples and States, the embargo is necessary to ensure full implementation of the Security Council's resolutions, because the world is determined to ensure that the aggressor does not reap any benefit from its aggression."

[117] AdG 1991, 35255.

[118] Ebd., 35402.

[119] Abstimmungsergebnis: 11-1 (Kuba)-3 (China, Indien, Jemen).

[120] Abstimmungsergebnis: 12-1 (Kuba)-2 (Ecuador, Jemen).

11. April 1991 in Kraft[121]. Die Resolution 687 (1991) enthält keine ausdrückliche Feststellung, worin die Friedensbedrohung besteht[122]. Die vom Irak gemäß den aufgeführten Buchstaben der Resolution 687 (1991) zu erfüllenden Bedingungen lassen jedoch einen Rückschluß darauf zu, unter welchen Umständen der Frieden nach Auffassung des Sicherheitsrats vollständig wiederhergestellt ist[123]:

> 1. A, Ziff. 2: Anerkennung der Unverletzlichkeit der Grenze zwischen Irak und Kuwait[124];
> 2. B, Ziff. 5: Einrichtung und Akzeptanz einer entmilitarisierten Zone[125];
> 3. C, Ziff. 8, 9,10: Bedingungslose Akzeptanz der Vernichtung, Beseitigung oder Unschädlichmachung aller chemischen und biologischen Waffen und aller Kampfstoffbestände sowie aller ballistischen Flugkörper mit einer Reichweite von mehr als 150 Kilometern unter internationaler Aufsicht[126]. Bedingungslose Verpflichtung, keinen der in Ziff. 8 und 9 aufgeführten Gegenstände einzusetzen, zu entwickeln, zu bauen oder zu erwerben[127];
> 4. C, Ziff. 11,12,13: Bedingungslose Bekräftigung der Verpflichtung des Irak aus dem Vertrag über die Nichtverbreitung von Kernwaffen vom 1. Juli 1968; Bedingungslose Zustimmung, Kernwaffen oder kernwaffenfähiges Material weder zu erwerben noch zu

---

[121] Siehe Letter dated 10 April 1991 from the Permanent Representative of Iraq to the United Nations addressed to the President of the Security Council, Annex: Decision: "The National Assembly has decided at its session held on 6 April 1991 to agree to United Nations Security Council resolution 687 (1991)", UN Dok. S/22480, 11. April 1991. Der Präsident des Sicherheitsrats erklärte am 11. April 1991, daß er diesen Beschluß als unwiderrufliche und uneingeschränkte Annahme der Resolution 687 durch den Irak zur Kenntnis nehme. Damit seien gemäß Ziff. 33 der Resolution 687 die Voraussetzungen für eine formelle Waffenruhe erfüllt. Letter dated 11 April 1991 from the President of the Security Council addressed to the Permanent Representative of Iraq to the United Nations, UN Dok. S/22485, 11. April 1991.

[122] Siehe hierzu Baroni, 188 ff.

[123] Von der Wiedergabe des Wortlauts der Resolution wird aufgrund ihres Umfangs abgesehen.

[124] Der Irak erkannte im November 1994 die Grenze auf der Grundlage des zwischen dem Irak und Kuwait am 4. Oktober 1963 geschlossenen Protokolls an. Letter dated 13 November 1994 from the Permanent Representative of Iraq transmitting the declaration of the National Assembly (10 November 1994) and decree of the Revolutionary Command Council No.200 (10 November 1994) affirming Iraq's recognition of the sovereignty, territorial integrity and political independence of Kuwait and of its international boundaries as endorsed by the Security Council in its resolution 883 (1993), UN Dok. S/1994/1288, 14. November 1994.

[125] Diese Zone wurde am 9. April 1991 mit S/RES 689 errichtet und wird seitdem durch Beobachter der Vereinten Nationen überwacht.

[126] Ziff. 8. In Ziff. 9 sind die zur Umsetzung der in Ziff. 8 enthaltenen Verpflichtung erforderlichen Maßnahmen, insbesondere die Kooperationspflichten des Irak bei der Inspektion der Waffenbestände durch eine Sonderkommission, aufgeführt.

[127] Siehe zur Erfüllung dieser Verpflichtung durch den Irak im einzelnen 4. Kap., 2.1.2. c).

entwickeln sowie mit der Internationalen Atomenergieorganisation zu kooperieren[128]; Inspektion der Nuklearkapazitäten Iraks durch die IAEO auf der Grundlage einer Offenlegung der Standorte, Mengen und Arten sämtlicher aufgeführter Gegenstände durch den Irak[129];
5. D, Ziff. 15: Rückgabe des vom Irak entwendeten kuwaitischen Eigentums[130];
6. E, Ziff. 16: Haftung nach dem Völkerrecht für alle unmittelbaren Verluste, Schäden, einschließlich Umweltschäden und der Erschöpfung der natürlichen Ressourcen sowie Schäden, die ausländischen Regierungen, Staatsangehörigen und Unternehmen als Folge der unrechtmäßigen Invasion und Besetzung Kuwaits entstanden sind[131];
7. G, Ziff. 30: Verpflichtung, die Repatriierung aller kuwaitischen Staatsangehörigen und aller Staatsangehörigen dritter Staaten zu erleichtern[132];
8. H, Ziff. 32: Verurteilung und Abstandnahme von Handlungen des internationalen Terrorismus[133].

Die Erfüllung sämtlicher Bedingungen war jedoch der Resolution zufolge nicht Voraussetzung für die Aufhebung der Wirtschaftssanktionen. Vielmehr sind die

[128] Die Kooperationspflichten sind in Ziff. 12 im einzelnen festgelegt.

[129] Die in Buchstabe C, Ziff. 8 bis 13 enthaltenen Verpflichtungen sind nachfolgend in S/RES 707, 15. August 1991, S/RES 715, 11. Oktober 1991 und S/RES 1051, 27. März 1996 konkretisiert worden.

[130] Diese Forderung ist vom Irak in der Folgezeit lediglich teilweise erfüllt worden. Siehe Report of the third panel established pursuant to the Note by the President of the Security Council (S/1999/100) of 30 January 1999, on prisoners of war and Kuwaiti property, 12 ff., UN Dok. S/1999/356, Annex III, 30. März 1999; Second and Third Report of the Secretary-General Pursuant to Paragraph 14 of Resolution 1284 (1999), S/2000/575, 14. Juni 2000, Ziff. 17 ff. und S/2000/1197, 15. Dezember 2000, Ziff. 38 ff.

[131] Die in Ziff. 16 enthaltene Formulierung ist deklaratorisch, da der Sicherheitsrat erkennbar das Bestehen einer entsprechenden Verpflichtung des Irak zugrundelegte, die er bereits in der Resolution 674 vom 29. Oktober 1990 festgestellt hatte. Gemäß Ziff. 18,19 der Resolution wurde auf der Grundlage der Resolution 692 vom 20. Mai 1991 die UN Entschädigungskommission (United Nations Compensation Commission) eingerichtet. Bis zum Juli 2000 erhielt die Kommission insgesamt $ 11 Milliarden, die überwiegend aus den Erlösen des Öl für Lebensmittel Programms stammten. Im Jahr 2000 waren von den insgesamt 2,6 Millionen Anträgen 2,5 Millionen Anträge bearbeitet, wobei 1,5 Millionen Antragsteller einen positiven Bescheid über eine Gesamtsumme von $ 13 Milliarden erhielten. Die Gesamtforderungen an den Irak beliefen sich auf $ 320 Milliarden. Siehe zur Einrichtung und Funktion der Entschädigungskommission Graefrath, 37 ff. und Ress, 427 ff. sowie zur Entwicklung der Kommissionsarbeit, Gresh, Alain, Der Irak wird zahlen! Die UNO lässt nicht locker, in: Le Monde Diplomatique, Beilage der Tageszeitung vom 13. Oktober 2000, 1, 6 ff.

[132] Dieser Verpflichtung ist der Irak bis zum Jahr 2000 nur teilweise nachgekommen. Report of the third panel established pursuant to the Note by the President of the Security Council (S/1999/100) of 30 January 1999, on prisoners of war and Kuwaiti property, 8 ff., UN Dok. S/1999/356, Annex III, 30. März 1999.

[133] Der Irak hat weder förmlich vom Terrorismus Abstand genommen noch gibt es Anzeichen, mit Ausnahme der Förderung von militanten Gruppen, die gegen den Iran agieren, daß der Irak den internationalen Terrorismus fördert. Siehe Cortright/Lopez, Sanctions Decade, 55.

in Resolution 661 (1990) enthaltenen Verbote gemäß Ziff. 22 der Resolution 687 (1991) nicht mehr gültig, sobald der Sicherheitsrat das in Ziff. 19 geforderte Programm gebilligt hat und übereingekommen ist, daß Irak alle in Ziff. 8,9,10,11,12 und 13 vorgesehenen Maßnahmen abgeschlossen hat[134].

Mit der Resolution wurden überdies Ausnahmen vom Ein- und Ausfuhrverbot zugelassen:

> Buchstabe F: Der Sicherheitsrat,
> Ziff. 20 (Ausnahmen vom Ausfuhrverbot): beschließt mit sofortiger Wirkung, daß das in Resolution 661 (1990) enthaltene Verbot des Verkaufs und der Lieferung von Rohstoffen und Erzeugnissen an Irak, mit Ausnahme von Medikamenten und medizinischen Lieferungen, und das Verbot diesbezüglicher Finanztransaktionen weder Anwendung findet auf Nahrungsmittel, die dem Sicherheitsratsausschuß gemäß Resolution 661 (1990) zur Situation zwischen Irak und Kuwait notifiziert werden, noch, vorbehaltlich der Zustimmung des Ausschusses nach dem vereinfachten und beschleunigten „Kein-Einwand" Verfahren, auf Güter und Versorgungsgegenstände zur Deckung ziviler Grundbedürfnisse, wie sie im Bericht des Generalsekretärs vom 20. März 1991[135] und in weiteren Ermittlungen des humanitären Bedarfs durch den Ausschuß festgestellt werden;
> Ziff. 21 (Periodische Überprüfung des Ausfuhrverbots): beschließt, daß der Sicherheitsrat die Bestimmungen von Ziffer 20 in Abständen von sechzig Tagen unter Berücksichtigung der Politik und Praktiken der Regierung Iraks, insbesondere auch der Durchführung aller einschlägigen Resolutionen des Sicherheitsrats, überprüfen wird, um festzustellen, ob die darin vorgesehenen Verbote gemildert oder aufgehoben werden sollen;
> Ziff. 23 (Ausnahmen vom Einfuhrverbot): beschließt, daß der Sicherheitsratsausschuß gemäß Resolution 661 (1990) bis zu einer Beschlußfassung durch den Sicherheitsrat nach Ziffer 22 bevollmächtigt ist, Ausnahmen von dem Verbot der Einfuhr aus Irak stammender Rohstoffe und Erzeugnisse zu genehmigen, soweit dies notwendig ist, um sicherzustellen, daß auf irakischer Seite ausreichende Finanzmittel zur Durchführung der in Ziffer 20 genannten Aktivitäten vorhanden sind.

In Hinblick auf die möglichen Auswirkungen der mit der Resolution 687 (1991) verhängten Maßnahmen lassen sich die Standpunkte der Delegierten bei den

[134] Hierzu bedarf es einer entsprechenden Feststellung des Sicherheitsrats. Die Entscheidung über die Aufhebung der Wirtschaftssanktionen ist dabei dem eindeutigen Wortlaut der Ziff. 22 nach einzig von der Erfüllung der in den Ziff. 8, 9, 10, 11, 12 und 13 enthaltenen Bedingungen abhängig. Die Erfüllung der sonstigen in der Resolution 687 aufgeführten Verpflichtungen durch den Irak darf somit nicht zur Bedingung der Aufhebung der Wirtschaftssanktionen gemacht werden. Siehe zu diesem Punkt die zutreffenden Ausführungen von Zedalis, 254 ff.

[135] S/22366.

Beratungen im Sicherheitsrat in drei Gruppen aufteilen. Der Irak[136], Kuba[137] und Jemen[138] lehnten den Resolutionsentwurf unter anderem wegen der nachteiligen Auswirkungen der Wirtschaftssanktionen auf die Bevölkerung ab. Die Delegierten Indiens[139] und Chinas[140] hatten zwar Bedenken wegen der zu erwartenden Folgen der Maßnahmen und empfanden die Resolution 687 (1991) insoweit als unzureichend, stimmten ihr aber gleichwohl zu. Die übrigen Delegierten der Mitgliedstaaten vertraten die Auffassung, daß die in bezug auf Lebensmittel in der Resolution beschlossenen Ausnahmen sowie die bereits vorhandenen Ausnahmen und Verfahren ausreichten, um den humanitären Bedenken gerecht zu werden[141].

---

136 S/PV.2981, 33: "Fourthly, as to the economic blockade, my Government believes that maintaining the land, sea and air blockade and the freeze of assets - in spite of all that was mentioned in the report of the United Nations Mission to Iraq and of the fact that Iraq has accepted the implementation of all 13 Security Courncil resolutions on the issue and removed all the reasons that prompted the Security Council to adopt resolutions 661 (1990), 665 (1990), 669 (1990) and 670 (1990) - would be in contravention of the Charter of the United Nations and could be viewed as economic aggression and a clear violation of the Charter of Economic Rights and Duties of States and human rights covenants, foremost among which are the rights to life, dignity and freedom."

137 S/PV.2981, 66: "The Council tries to ignore the fact that the continuation of those sanctions, imposed rightly or wrongly, is doing great harm to the people of Iraq."

138 S/PV.2981, 47-50: "Fourthly and lastly, the draft resolution ignores, and is not really sensitive to, the needs and requirements of the Iraqi people. The insistence of the sponsors of the draft resolution that the embargo be continued with regard to the needs of the Iraqi civilians would hurt only the Iraqi people. Why should the Iraqi people be prevented from importing books, clothes, cooking utensils, construction materials, spare parts for cars and bicycles, refrigerators and air conditioners, toys for children, sporting goods and electrical and other similar equipment? What effect would the importation of these items have on Iraq as far as the military situation is concerned? And why this cruelty to the Iraqi people, who suffered from the aerial bombardement for a whole month, who suffered from the intensified destruction, and who had already suffered the embargo for seven months? Is it not unjust that the Iraqi people- women, children and the elderly- should suffer from both the embargo and the war?"

139 S/PV.2981, 72 ff.

140 S/PV.2981, 97: "Furthermore, the resolution includes some unnecessary restrictions on the lifting of economic sanctions against Iraq. The Iraqi people are innocent. Thc Security Council should, in light of the development of the situation, ease and lift economic sanctions as soon as possible, so as to bring the economy of all the countries in the region back to normality at an early date."

141 Siehe die Stellungnahmen der Delegierten Zaires, S/PV.2981, 52, 53; Simbabwes, ebd., 57; der Vereinigten Staaten, ebd., 88; Frankreichs, ebd., 94; Österreichs, ebd., 117, 118; Belgiens, ebd., 129-130 und der UDSSR, ebd., 103: "The resolution, we believe, properly reflects the need for a solution to be found to Kuwait's and Iraq's humanitarian problems. Its adoption will make it possible immediately to proceed to supply foodstuffs and medicine, as well as goods and materials intended to meet the fundamental needs of the civilian population.

Unterdessen hatte sich die Lage im gesamten Land aufgrund der Zerstörung der Infrastruktur durch die Bombenangriffe und deren unzureichenden Wiederaufbau dramatisch verschlechtert. Zur Verbesserung dieser angespannten Lage sollte auf irakische Finanzierungsquellen zurückgegriffen werden, da sich die von den Vereinten Nationen, ihren Sonderorganisationen und NROs geleisteten humanitären Hilfslieferungen als unzureichend erwiesen hatten[142]. Zu diesem Zweck wurde mit den Resolutionen 706 (1991) vom 15. August 1991 und 712 (1991) vom 19. September 1991 das sogenannte Öl für Lebensmittel Programm vorgeschlagen[143]. Das Programm sah den von der UN kontrollierten Verkauf irakischen Erdöls vor, um von den dadurch erzielten Erlösen unter anderem Güter für den Grundbedarf der Bevölkerung einzukaufen[144].

This is of vital importance to the people of Iraq, which is on the brink of starvation and an epidemiological catastrophe." Ecuador enthielt sich wegen des fehlenden Einverständnisses zur Regelung der Grenzfrage der Stimme, ebd., 109-110.

[142] Siehe zu dieser Entwicklung unten 2.2.3.2. b).

[143] Abstimmungsergebnis S/RES 706 und 712 jeweils 13-1 (Kuba)-1 (Jemen). Der Vorschlag, den Verkauf irakischen Erdöls zu gestatten, um mit den daraus erzielten Einnahmen humanitäre Güter einzukaufen, wurde erstmals in der Resolution 687, Ziff. 23 und in der Folgezeit in den Berichten des damaligen Generalsekretärs Pérez de Cuéllar vom 15. Juli 1991 (Report of the Secretary-General recommending the sale of some Iraqi petroleum and petroleum products to finance the destruction or removal of weapons systems stipulated in Security Council resolution 687 (1991)), UN Dok. S/22792, Annex) und der UN Inter-Agency Mission vom 17. Juli 1991 (UN Dok. S/22799) formuliert.

[144] Der Irak sollte die Erlaubnis erhalten, Erdöl im Wert von $ 1.6 Milliarden in einem jeweiligen Zeitraum von sechs Monaten zu verkaufen. Von den aus dem Verkauf erzielten Erlösen, die von einem Treuhandkonto verwaltet werden sollten, sollte die Einfuhr humanitärer Güter im Sinne von Ziff. 20 der Resolution 687 (1991) finanziert und die bei der Durchführung des Programms anfallenden Verwaltungskosten der Vereinten Nationen bestritten werden. 30 % des Exporterlöses sollte dem UN-Wiedergutmachungsfond zufließen. (Gemäß Ziff. 9 der Resolution 692 (1991) behielt sich der Sicherheitsrat vor, die unter dem Programm vorgesehenen Ausnahmen vom Einfuhrverbot für irakisches Erdöl rückgängig zu machen, falls der Verwaltungsrat der Entschädigungskommission ihm mitteilt, daß der Irak seinen Verpflichtungen aus Ziff. 5 der Resolution nicht nachkommt.) Des weiteren sollten die Kosten für die Waffeninspektionen, für die Rückführung des vom Irak an sich genommenen kuwaitischen Eigentums sowie die Hälfte der Kosten für die Grenzkommission übernommen werden. Für den Kauf humanitärer Güter standen dabei insgesamt $ 933.7 Millionen für jeweils sechs Monate zur Verfügung. Die zur Verfügung gestellte Summe war etwa $ 800 Millionen niedriger als die von Sadruddin Aga Khan zur Deckung des humanitären Bedarfs für erforderlich gehaltenen $ 1.73 Milliarden. Zur Umsetzung des Programms sollte der Exekutivdelegierte des Generalsekretärs auf Vorschlag der irakischen Regierung eine Liste von benötigten Gütern erstellen, die dem Sanktionsausschuß zur Genehmigung vorzulegen sind. Die Ankunft und Verteilung der Güter im Irak sollte durch einen von den Vereinten Nationen ernannten "Director of Operations" überwacht werden. Siehe Report by the Secretary-General Pursuant to paragraph 5 of Security Council Resolution 706 (1991), Ziff. 42 ff., UN Dok. S/23006, 4. September 1991.

Bei den Beratungen im Sicherheitsrat anläßlich der Verabschiedung der beiden Resolutionen lehnte der irakische Delegierte den Vorschlag als unzulässigen Eingriff in die irakische Souveränität ab[145]. Die vom Irak geltend gemachten Bedenken wurden von mehreren Delegierten geteilt[146]. Der Vertreter Jemens wies überdies darauf hin, daß der Sicherheitsrat unter den gegebenen Umständen, wobei er auf die Ablehnung des Programms durch den Irak bezug nahm, nicht seine eigene Verantwortung für die humanitäre Notlage leugnen könne. Der Sicherheitsrat sei für den Erhalt des Lebens und der Sicherheit von Menschen verantwortlich. Deswegen müßten die Wirtschaftssanktionen aufgehoben werden[147]. Der kubanische Delegierte sprach sich gegen die Instrumentalisierung von lebenswichtigen Gütern zu politischen Zwecken aus[148]. Die Vertreter der ständigen Mitglieder Frankreichs[149], Chinas[150] und des Vereinigten

---

[145] S/PV.3004, 15. August 1991, 22-50; S/PV.3008, 19. September 1991, 3-11. Der irakische Delegierte machte geltend, daß das Programm nicht auf eine Verbesserung der humanitären Lage ziele, sondern allein der Beibehaltung der Wirtschaftssanktionen diene. Der Irak würde einer ausländischen Treuhandkontrolle unterworfen. Weder könne das Land über seine Ölreichtümer selbstbestimmt verfügen noch würde dessen Souveränität bei der Umsetzung des Programms hinreichend beachtet. Dies sehe ein kompliziertes System der Überwachung vor, das überflüssige Kosten verursache. Ferner sei das Volumen des Programms schon nach den Einschätzungen der Vereinten Nationen unzureichend, so daß es nur eine minimale Erste-Hilfe leisten könnte, um das Verhungern der Menschen zu verhindern, nicht aber die erforderliche Hilfe zum Wiederaufbau des Landes biete.

[146] Siehe die Stellungnahmen der Delegierten Zimbabwes, S/PV.3004, 62; Kubas, ebd., 69-70; Indiens, ebd., 98 und Ekuadors, ebd., 102.

[147] S/PV.3004, 57: "It is expected that, given the Security Council's procrastination, the complications of the draft resolution submitted to us and Iraq's rejection, the blame for the starvation of the Iraqi people will be apportioned here and there. At that time, will it be possible for the Security Council to deny its share of responsiblility? The famine that will afflict the children of the Iraqi people will not have been created by nature, and it will not be the result of the scarcity of resources; the continuation of the sanctions will be one of its main reasons. The Security Council, which is mandated to serve peace and security the world over, should not allow the spread of famine which might lead to massive migrations accross international borders, in addition to the possibility of instability and the break-down of internal security. This would ultimately lead to jeopardizing peace and security in the area. Furthermore, the Security Council is responsible for the preservation of the lives and safety of human beings."

[148] S/PV.3004, 68: "It is quite unacceptable to try to use foodstuffs, medicines and medical supplies, which are vital to the health of human beings, as an instrument to attain certain political objectives. We believe that the sanctions against Iraq should have been eliminated at the moment when the causes which were argued in justification of it disappeared, and we feel that the sanctions regime should never have included elements which, from a moral point of view and from the point of view of civilization, cannot be imposed by anyone on anyone else."

[149] S/PV.3004, 73.

[150] S/PV.3004, 81 ff. China äußerte aber die Besorgnis, daß das Finanzvolumen des Programms zu gering sei, um den humanitären Bedürfnissen der Bevölkerung gerecht zu werden.

Königreichs[151] betonten hingegen, daß das Programm helfen würde, das Leiden der Zivilbevölkerung zu lindern. Dem Vertreter der Vereinigten Staaten zufolge würde die internationale Gemeinschaft durch das Programm den Bedenken über die humanitäre Lage gerecht werden, indem sie der irakischen Zivilbevölkerung humanitäre Hilfe zukommen lasse[152]. Der Vertreter der Sowjetunion erklärte, daß die Resolution 712 (1991) in vollem Umfang den elementaren Bedürfnissen der irakischen Bevölkerung gerecht werde und daher von der irakischen Regierung angenommen werden müsse[153].

Der Sicherheitsrat mißbilligte die Ablehnung der Resolutionen 706 (1991) und 712 (1991) durch den Irak in einer Erklärung seines Präsidenten vom 5. Februar 1992. Darin betonte er, daß die irakische Regierung aufgrund ihres Verhaltens die volle Verantwortung für die Lage der Zivilbevölkerung trage[154]. Mit der Resolution 778 vom 2. Oktober 1992[155] beschloß der Sicherheitsrat, daß alle Staaten die Überweisung der eingefrorenen bzw. einzufrierenden finanziellen Mittel der irakischen Regierung, die den Verkaufserlös von irakischem Erdöl oder Erdölprodukten darstellen, auf das gemäß den Resolutionen 706 (1991) und 712 (1991) eingerichtete Treuhandkonto veranlassen. Der durch diese Maßnahmen erlangte Betrag sollte entsprechend den in den Resolutionen 706 und 712 vorgesehenen Zwecken, also auch zum Kauf von Gütern für den Grundbedarf der Bevölkerung verwendet werden. Die Resolution bewirkte, daß die Mitgliedsstaaten die mit der Resolution 661 (1990) eingefrorenen Finanzmittel, deren Verwendung gemäß der Resolution 687 (1991) zum Kauf von Gütern für den Grundbedarf der Bevölkerung erlaubt worden war, nur noch unmittelbar an das von den Vereinten Nationen geführte Treuhandkonto freigeben durften[156].

---

[151] S/PV.3004, 84; S/PV.3008, 21.

[152] S/PV.3008, 18.

[153] S/PV.3008, 19.

[154] UN-Dok. S/23517, Übersetzung in: VN 2/1992, 69: „Die Ratsmitglieder mißbilligen entschieden, daß die irakischen Behörden beschlossen und dem Sekretariat mitgeteilt haben, daß sie die Kontakte mit dem Sekretariat über die Durchführung der Resolutionen 706 (1991) und 712 (1991) beenden, die Irak die Möglichkeit einräumen, Erdöl zu verkaufen, um den Kauf von Nahrungsmitteln, Medikamenten sowie Gütern und Versorgungsgegenständen für den Grundbedarf der Zivilbevölkerung zwecks Gewährung von humanitärer Soforthilfe zu finanzieren. Sie unterstreichen, daß die Regierung Iraks durch ihr Verhalten die Möglichkeit vergibt, den Grundbedarf der Zivilbevölkerung zu decken, und somit die volle Verantwortung für deren humanitäre Probleme trägt."

[155] Abstimmungsergebnis 14-0-1(China).

[156] Siehe hierzu die Stellungnahme des "Legal Counsel of the United Nations" zu einer Anfrage des Sanktionsausschusses vom 5. Mai 1993, ob und unter welchen Bedingungen die eingefrorenen irakischen Vermögenswerte als Zahlungsmittel für den Verkauf oder die Lieferung von Arzneimitteln, Nahrungsmitteln und Güter und Versorgungsgegenstände zur Deckung ziviler Grundbedürfnisse verwendet werden dürfen, in: S/1996/700, Ziff. 64 ff.

2.2.2.3. Die Einführung des Öl für Lebensmittel Programms (S/RES 986 (1995))

Am 14. April 1995 verabschiedete der Sicherheitsrat die Resolution 986[157], mit der er eine überarbeitete Öl für Lebensmittel Formel vorlegte. Diese unterschied sich insbesondere dadurch von dem ursprünglichen Öl für Lebensmittel Vorschlag, als sie die vorübergehende Natur des Programms betonte und der Achtung der irakischen Souveränität stärkeres Gewicht einräumte. Nachdem der Irak sich anfangs geweigert hatte[158], den in der Resolution 986 vorgesehenen Bedingungen nachzukommen, einigten sich das UN-Sekretariat und die Regierung des Irak nach längeren Verhandlungen im Mai 1996 über die Umsetzung der Resolution 986 in einem "Memorandum of Understanding"[159].

Die Resolution 986 (1995)[160] erlaubt es den Mitgliedstaaten, abweichend von den in der Resolution 661 (1990) und den Folgeresolutionen enthaltenen Bestimmungen, aus dem Irak stammendes Erdöl und stammende Erdölprodukte einzuführen sowie die dazu notwendigen finanziellen Transaktionen vorzunehmen. Diese Einfuhren dürfen die Summe von $ 1 Milliarde in einem jeweiligen 90-Tage Zeitraum nicht überschreiten[161]. Der Erlös aus dem Verkauf des irakischen Erdöls fließt auf ein von den Vereinten Nationen unterhaltenes Treuhandkonto, das "United Nations Iraq Account". Die erzielten Einnahmen werden wie folgt verwendet: 53 % für Lebensmittel sowie für die Lieferung medizinischer und humanitärer Güter in den Zentral- und Südirak, 13 % für Lebensmittel sowie für die Lieferung medizinischer und humanitärer Güter in die drei kurdischen Provinzen im Norden des Irak, 30 % für den Entschädigungsfond, 2,2 % für die Verwaltungskosten, die den Vereinten Nationen bei der Durchführung des Programms entstehen, 0,8 % für die Verwaltungskosten der UN Special Commission und 1 % für die Führung des Treuhandkontos[162].

---

[157] Abstimmungsergebnis: Einstimmige Annahme.

[158] Der Irak war nicht mit dem proportionalen Anteil des Öls, der durch die Kirkuk-Yumurtalik Pipeline fließen sollte, einverstanden. Außerdem hatte er Vorbehalte hinsichtlich der Modalitäten für die Verteilung der Güter in den drei nördlichen kurdischen Regionen. Siehe dazu sowie zum Verlauf der Verhandlungen S/1999/481, Ziff. 4 ff.

[159] Memorandum of Understanding between the Secretariat of the United Nations and the Government of Iraq on the Implementation of Security Council Resolution 986 (1995), UN Dok. S/1996/356, 20. Mai 1996.

[160] Der Inhalt der Resolution 986 (1995) und des Memorandum of Understanding werden zusammenfassend dargestellt, da der Text zur Wiedergabe zu umfangreich und detailliert ist.

[161] Die Wertgrenze wurde in der Folgezeit in S/RES 1153, 20. Februar 1998, Ziff. 2 auf $ 5.256 Milliarden angehoben und ist mit S/RES 1284 (1999), 17. Dezember 1999, Ziff. 15, endgültig aufgehoben worden.

[162] Siehe Report of the Secretary-General to the Security Council, UN Dok. S/1996/978, 25. November 1996. Mit S/RES 1330 (2000) (s.u. 2.2.2.5.) ist der Anteil für den

In der Sitzung im Sicherheitsrat anläßlich der Verabschiedung der Resolution 986 (1995) drückten eine Vielzahl von Delegierten ihre Sorge um die humanitäre Lage im Irak aus und betonten die sich daraus ergebende Verantwortlichkeit des Sicherheitsrats, diese Lage zu verbessern[163]. Mehrere Delegierte wiesen darauf hin, daß das Öl für Lebensmittel Programm ein Kompromiß[164] und lediglich eine Maßnahme vorübergehender Natur zur Verbesserung der humanitären Lage im Irak sei[165], die nicht die Verpflichtung des Irak ersetze, die Bedingungen der Resolution 687 (1991) zu erfüllen.

Entschädigungsfond von 30 % auf 25 % gekürzt worden, wobei der Differenzbetrag für humanitäre Zwecke verwendet werden soll.

[163] Honduras, S/PV.3519, 4: "My delegation is of the view that a sanctions regime, when effectively applied, is an important tool for restoring international peace and security and is preferable to the use of force for the achievement of the desired effect. But we also feel that when sanctions are imposed one should consider specific measures to mitigate their impact on an innocent civilian population; the longer the sanctions take to achieve their intended effect, the more serious that impact becomes. If there must always be a humanitarian price to pay when sanctions are imposed, one should discuss measures to minimize the harm done to vulnerable sectors of the affected society, such as women, children, the disabled and the elderly. The decision to impose economic sanctions is taken within the framework of the international legal order. Therefore, account should be taken of humanitarian law, which, as we know, includes norms relating to humanitarian assistance applied to different categories of protected persons"; Argentinien, ebd., 9: "Previously, in the cases of the sanctions regimes established against Haiti and the former Yugoslavia, efforts were made, and are still being made in the second of these cases, to lessen the humanitarian impact of the sanctions. The accumulated experience is thus being taken into account and this important instrument provided by the United Nations Charter within the framework of collective security is being strengthened"; Tschechische Republik, ebd., 15: "In addition to its importance for Iraq, however, this resolution has a far broader significance. Doubts are sometimes cast on the entire philosophy of sanctions, precisely because many observers feel that their burden falls unjustly and preponderantly on weaker strata of the targeted country's population. This resolution, if its provisions turn out in practice to have the effect we expect, may show a way of refining the generally blunt instrument of sanctions for other situations around the world."

[164] Vereinigte Staaten, S/PV.3519, 11: "Our work on this new resolution is based on our humanitarian concern that the people of Iraq are suffering as a result of the policies of their government. We believe sanctions are a valuable tool for the Security Council to use when dealing with rogue States that refuse to live peaceably with their neighbours. But we have always shared the concern expressed by so many here that sanctions not strike an unintended target. We believe we have found exactly the right compromise here- not a lifting of sanctions on the Iraqi regime, but a humanitarian exception to the sanctions for the benefit of the Iraqi people."

[165] Deutschland, S/PV.3519, 13: "It must be understood that the provisions of this resolution constitute only temporary measures, as stated in its third preambular paragraph. The resolution aims at improving the living conditions of the entire population of Iraq. The action taken by the Council by adopting this resolution cannot, however, replace in any way what is necessary on the part of the Government of Iraq, namely, strict and complete compliance with

Das Öl für Lebensmittel Programm funktioniert gemäß der Resolution 986 (1995) i.V.m. dem Memorandum of Understanding sowie den entsprechenden Folgeresolutionen wie folgt[166]:

Die Durchführung des Programms erfolgt in Phasen, die einen Zeitraum von 180 Tagen umfassen. In den fünfzehn Provinzen im Zentral- und Südirak obliegt die Umsetzung der irakischen Regierung[167]. Diese erstellt vor Beginn einer Phase einen Verteilungsplan, der eine Liste von Gütern für den humanitären Bedarf, welche die irakische Regierung für den gesamten Irak zu kaufen und einzuführen beabsichtigt, als auch die vorgesehenen Schritte zu deren gleichmäßiger Verteilung enthält. Dieser Plan ist vom Generalsekretär zu genehmigen, der ihn im Falle der Genehmigung dem Sanktionsausschuß zur Information vorlegt. An der auf die Genehmigung hin erfolgenden Ausführung des Plans ist der Sanktionsausschuß in zweifacher Weise beteiligt. Jede Einfuhr von aus dem Irak stammenden Erdöl bzw. stammender Erdölprodukte ist vom Sanktionsausschuß zu genehmigen. Dieses soll die Transparenz der Geschäftsabwicklung gewährleisten. Zu diesem Zweck stellt der betreffende importierende Staat einen von der irakischen Regierung oder der "Iraqi State Oil Marketing Organization" im Namen der Regierung gebilligten Antrag an den Sanktionsausschuß, der Details über den geplanten Ankauf des Erdöls und dessen Durchführung enthält. Die Ausfuhr selbst wird von unabhängigen Ölexperten, die mit dem Sanktionsausschuß zusammenarbeiten, überwacht. Die Zahlungen für die Erdöllieferungen erfolgen auf das Treuhandkonto. Der Einkauf von Medikamenten und Gütern für den medizinischen Bereich, Lebensmitteln und Gütern für den Grundbedarf der Bevölkerung erfolgt auf Anfrage durch die irakische Regierung, die unmittelbar die Verträge mit den Verkäufern abschließt. Die vom Staat des Exporteurs eingereichten Anträge durchlaufen das für die betreffenden Güter in der Resolution 687 (1991) vorgesehene und durch Folgeresolutionen[168] geänderte Verfahren. Außerdem überprüft der Sanktionsausschuß die Vereinbarkeit der

---

the relevant Security Council resolutions, including resolution 687 (1991) of 8 April 1991. While we hope that through our action today we are making a contribution towards alleviating the hardship faced by the innocent people of Iraq, we urge the Iraqi leadership to do its part so that the Council will be able to finally lift the sanctions." Siehe auch die Stellungnahmen der Delegierten Chinas, ebd., 3; Ruandas, ebd., 4; Honduras, ebd., 4; Nigerias, ebd., 6; Botswanas, ebd., 6; Argentiniens, ebd., 9; des Vereinigten Königreichs, ebd., 12; der Russischen Föderation, ebd., 14 und der Tschechischen Republik, ebd., 15.

[166] Stand Februar 2001. Siehe zur Durchführung des Programms das Interview mit dem ehemaligen Koordinator für die humanitären Programme der Vereinten Nationen im Irak Hans von Sponeck, 930 ff.

[167] Der Irak ist in insgesamt 18 Provinzen aufgeteilt. 15 dieser Provinzen liegen im Zentral- und Südirak, 3 Provinzen in den kurdischen Gebieten.

[168] Insbesondere durch S/RES 1284 (1999), 1302 (2000) und 1330 (2000), siehe im einzelnen unten 2.2.2.4. und 2.2.2.5.

einzukaufenden Güter mit der im Verteilungsplan enthaltenen Liste. Die Ankunft der Güter, die von dem Irak entsprechend dem Verteilungsplan gekauft worden sind, wird von unabhängigen Inspektoren, die vom Generalsekretär ernannt werden, überwacht. Im Falle von Unregelmäßigkeiten wird die Ladung von den Inspektoren angehalten und der Sanktionsausschuß informiert, welcher daraufhin über das weitere Vorgehen entscheidet. Erst nach der Genehmigung des Einkaufs der jeweiligen Güter und der Bestätigung der Ankunft im Irak erfolgt die Zahlung an den Verkäufer aus dem Treuhandkonto. Die anschließende Verteilung der humanitären Lieferungen durch die irakischen Behörden wird von dem "Geographical Oberservation Unit" innerhalb des "UN Office of the Humanitarian Coordinator Iraq", dem "Multidisciplinary Observation Unit" und den im Irak tätigen UN-Sonderorganisationen überwacht[169]. In den drei autonomen kurdischen Provinzen im Norden des Landes[170] wird das Programm unmittelbar von den Vereinten Nationen in Form der Zusammenarbeit verschiedener UN-Sonderorganisationen unter Beteiligung von NROs mit den kurdischen de facto Behörden umgesetzt[171].

Das Öl für Lebensmittel Programm begann am 10. Dezember 1996 mit der Phase 1. Das erste Erdöl wurde am 15. Dezember 1996 exportiert, die ersten Verträge, die durch den Erdölverkauf finanziert wurden, sind im Januar 1997 genehmigt worden. Die ersten Schiffslieferungen von Lebensmitteln und medizinischen Gütern trafen am 20. März 1997 im Irak ein[172]. Das Programm läuft seitdem, wie in der Resolution 986, Ziff. 4 vorgesehen, auf der Grundlage der bisher durch den Sicherheitsrat jeweils in Form einer Resolution bewilligten Verlängerung, in Zeiträumen von 180 Tagen[173].

---

[169] Siehe zur Durchführung des Programms S/1999/481.

[170] Der Autonomiestatus der kurdischen Gebiete beruht auf Revolutionary Command Council Decision No.247, 248, Law for Autonomy in the Area of Kurdistan, 11. März 1974, abgedruckt in: Weller, Iraq and Kuwait (s.o. Anm. 85), 586 ff.

[171] Zur Umsetzung des Programms in den drei nördlichen Provinzen (so die Bezeichnung für diese Gebiete in den UN-Dokumenten), S/1999/481, Ziff. 75, 76, 81-83, 88-90, 95, 96, 101-103, 108, 109-113. Siehe auch Majid, 18 ff.

[172] Siehe zur Anfangsphase des Öl für Lebensmittel Programms Report of the Secretary-General Pursuant to Paragraph 14 of Resolution 986 (1995), UN Dok. S/1997/419, 2. Juni 1997.

[173] Mit Ausnahme der Phase IV, die auf der Grundlage des Enhanced Distribution Plan wegen der besonderen Umstände vorzeitig begann. Die einzelnen Phasen beruhen auf den folgenden Resolutionen: Phase I (S/RES 986, 14. April 1995); Phase II (S/RES 1111, 4. Juni 1997); Phase III (S/RES 1143, 4. Dezember 1997); Phase IV (S/RES 1153, 20. Februar 1998); Phase V (S/RES 1210, 24. November 1998); Phase VI (S/RES 1242, 25. Mai 1999); Phase VII (S/RES 1281, 10. Dezember 1999); Phase VIII (S/RES 1302, 8. Juni 2000); Phase IX (S/RES 1330, 5. Dezember 2000, verlängert durch S/RES 1352, 1. Juni 2001); Phase X (S/RES 1360, 3. Juli 2001).

2.2.2.4. Die Waffeninspektionskrise (1997-1999)

Seit Juni 1997 verschärften sich die Unstimmigkeiten zwischen der irakischen Regierung und den Vereinten Nationen über die Art und Weise der Durchführung der in der Resolution 687 vorgesehenen Waffeninspektionen[174]. Der Sicherheitsrat kündigte daraufhin in den Resolutionen 1115 vom 21. Juni 1997 und 1134 vom 23. Oktober 1997 an, daß zusätzliche Maßnahmen gegen diejenigen irakischen Amtsträger und Angehörige der Streitkräfte verhängt werden würden, die für die Nichtbefolgung der in Ziff. 2 und 3 der Resolution festgelegten Kooperationspflichten verantwortlich sind. Nachdem der Irak nach Auffassung des Sicherheitsrats in der Zeit vom 29. Oktober bis zum 7. November 1997 fortgesetzt gegen seine Verpflichtungen aus den einschlägigen Resolutionen verstoßen hatte, beschloß der Sicherheitsrat mit der Resolution 1137 vom 12. November 1997[175] das angekündigte Ein- und Durchreiseverbot mit folgendem Inhalt:

> Der Sicherheitsrat,
> Ziff. 4: beschließt gemäß Ziffer 6 der Resolution 1134 (1997), daß die Staaten allen irakischen Amtsträgern und Angehörigen der irakischen Streitkräfte, die für die in Ziffer 1 aufgeführten Fälle der Nichtbefolgung verantwortlich oder daran beteiligt sind, unverzüglich die Einreise in ihr Hoheitsgebiet oder die Durchreise verbieten werden, mit der Maßgabe, daß der Ausschuß nach Resolution 661 (1990) vom 6. August 1990 die Einreise einer Person in einen bestimmten Staat zu einem bestimmten Datum genehmigen kann, und mit der Maßgabe, daß kein Staat durch diese Bestimmungen verpflichtet wird, seinen eigenen Staatsangehörigen oder Personen, die legitime diplomatische Aufträge oder von dem Ausschuß nach Resolution 661 (1990) gebilligte Missionen durchführen, die Einreise in sein Hoheitsgebiet zu verweigern;
> Ziff. 5: beschließt außerdem gemäß Ziffer 7 der Resolution 1134 (1997), im Benehmen mit der Sonderkommission eine Liste der Einzelpersonen zu erstellen, deren Ein- oder Durchreise nach Ziffer 4 verboten wird, und ersucht den Ausschuß nach Resolution 661 (1990), nach Bedarf Richtlinien und Verfahren für die Umsetzung der in Ziffer 4 genannten Maßnahmen auszuarbeiten und allen Mitgliedstaaten Ausfertigungen dieser Richtlinien und Verfahren sowie eine Liste der benannten Einzelpersonen zu übermitteln.

Die irakische Regierung weigerte sich in der Folgezeit weiterhin, die an sie gestellten Bedingungen zu erfüllen und schränkte am 6. August 1998 den Zugang der Waffeninspektoren zu den Inspektionsorten ein. Am 31. Oktober 1998 verbot der Irak der UNSCOM, weitere Inspektionen durchzuführen[176].

---

[174] Siehe hierzu Cordesman, 222 ff. und Zedalis, 250 ff. m.w.N.
[175] Abstimmungsergebnis: Einstimmige Annahme.
[176] Diese Maßnahmen des Irak wurden vom Sicherheitsrat in den Resolutionen 1194 vom 9. September 1998 und 1205 vom 5. November 1998 verurteilt.

Als die irakische Regierung, nachdem sie zwischenzeitlich in Anbetracht der seitens der Vereinigten Staaten und des Vereinigten Königreichs angedrohten Luftangriffe einer Wiederaufnahme der Inspektionen zugestimmt hatte, im Dezember erneut den Zugang zu den Inspektionsorten einschränkte und der Leiter von UNSCOM dem Sicherheitsrat einen Bericht vorlegte, in dem die mangelnde Kooperation des Irak bei den Inspektionen gerügt wurde, stellten die Waffeninspektoren der UNSCOM und der IAEO ihre Überwachungstätigkeit ein und verließen den Irak. Am 16. Dezember 1998 begannen die Vereinigten Staaten und das Vereinigte Königreich ohne ausdrückliche Ermächtigung durch den Sicherheitsrat[177] Luftangriffe auf verschiedene Ziele im Irak, die bis zum 20. Dezember 1998 andauerten[178].

Die Entwicklung im Laufe des Jahres 1999 war von einer zunehmenden Spaltung im Sicherheitsrat über die zukünftige Sanktionspolitik gegenüber dem Irak geprägt. Während die Vereinigten Staaten und das Vereinigte Königreich die irakische Regierung für das Scheitern der Waffeninspektionen verantwortlich machten und eine Lockerung bzw. Aufhebung der Sanktionen nur im Falle der Durchführung eines neuen Waffeninspektionsprogramms in Betracht ziehen wollten, forderten die Russische Föderation, Frankreich und China entschiedenere Schritte in Richtung einer raschen Lockerung bzw. Aufhebung der Sanktionen[179]. Diese Kluft erreichte ihren vorläufigen Höhepunkt in der Stimmenthaltung der drei letztgenannten Staaten bei der Abstimmung über die Resolution 1284 (1999) am 17. Dezember 1999[180], mit welcher der Sicherheitsrat eine Aussetzung bzw. Aufhebung der Wirtschaftssanktionen im Gegenzug zur Wiederaufnahme der Waffeninspektionen bei entsprechender Kooperationsbereitschaft der irakischen Regierung in Aussicht stellte. Neben den Modalitäten über

[177] Die Vereinigten Staaten und das Vereinigte Königreich beriefen sich als Rechtsgrundlage für ihren Militärschlag auf die Bestimmungen der Resolutionen 678 (1990), 687 (1991), 1154 (1998) und 1205 (1998). In der Literatur werden diese Resolutionen überwiegend nicht als ausreichende Rechtsgrundlage für das US-amerikanische und britische Vorgehen angesehen. Dazu Krisch, 66 ff., 73 m.w.N.

[178] Siehe zum faktischen Hintergrund ebd., 64 m.w.N. Die Luftangriffe im Dezember 1998 sind von den Luftangriffen der Vereinigten Staaten und des Vereinigten Königreichs in den von ihnen errichteten Flugverbotszonen zu unterscheiden, die seit Ende 1998 bis zum Anfang des Jahres 2001 kontinuierlich fortgesetzt worden sind. Zu letzteren Zedalis, Rex J., The Quiet, Continuing Air War Against Iraq: An Interpretative Analysis of the Controlling Security Council Resolutions, in: ZÖR 55 (2000), 181-210.

[179] Siehe exemplarisch die Stellungnahmen der Vertreter dieser Staaten bei den Beratungen anläßlich der Verabschiedung der Resolution 1242 (1999) am 21. Mai 1999. Russische Föderation, S/PV.4008, 2; Vereinigtes Königreich, ebd., 3; Vereinigte Staaten, ebd., 3; China, ebd., 4; Frankreich, ebd., 4.

[180] Abstimmungsergebnis 11-0-4. Außer China, Frankreich und Rußland enthielt sich auch Malaysia der Stimme.

die Einsetzung einer neuen Überwachungs-, Verifikations- und Inspektionskommission der Vereinten Nationen (UNMOVIC) und den Verpflichtungen der irakischen Regierung zur Kooperation mit den UNMOVIC-Teams[181] enthält die Resolution eine Reihe von Maßnahmen zur Verbesserung der Lage im Irak:

> Der Sicherheitsrat,
> Ziff. 15 (Aufhebung der Erlösgrenze für Erdölexporte): ermächtigt die Staaten, unbeschadet der Bestimmungen der Ziffern 3 a), 3 b) und 4 der Resolution 661 (1990) und der danach verabschiedeten einschlägigen Resolutionen die Einfuhr von Erdöl und Erdölprodukten aus Irak, einschließlich der unmittelbar damit zusammenhängenden finanziellen und sonstigen unabdingbaren Transaktionen, in dem Umfang zu gestatten, der für die Zwecke erforderlich ist und zu den Bedingungen erfolgt, die in Ziffer 1 a) und b) und den nachfolgenden Bestimmungen der Resolution 986 (1995) und damit zusammenhängenden Resolutionen festgelegt sind;
> Ziff. 17 (Vereinfachte Genehmigung für bestimmte humanitäre Güter): weist den Ausschuß nach Resolution 661 (1990) an, auf der Grundlage der Vorschläge des Generalsekretärs Listen humanitärer Hilfsgüter zu genehmigen, einschließlich Nahrungsmittel, pharmazeutischer und medizinischer Versorgungsgüter sowie grundlegender oder standardmäßiger medizinischer und landwirtschaftlicher Ausrüstungsgegenstände und grundlegender oder standardmäßiger Lehrmaterialien, beschließt unbeschadet Ziffer 3 der Resolution 661 (1990) und Ziffer 20 der Resolution 687 (1991), daß die Lieferungen dieser Güter dem Ausschuß nicht zur Genehmigung vorzulegen sind, mit Ausnahme der Güter, die den Bestimmungen der Resolution 1051 (1996) unterliegen, und daß sie dem Generalsekretär notifiziert und im Einklang mit Ziffer 8 a) und b) der Resolution 986 (1995) finanziert werden, und ersucht den Generalsekretär, den Ausschuß rechtzeitig von allen eingegangenen Notifikationen und den ergriffenen Maßnahmen in Kenntnis zu setzen;
> Ziff. 26 (Flüge zu religiösen Zwecken): beschließt, daß Flüge für Haddsch-Pilgerfahrten, die keine Fracht nach Irak oder von Irak befördern, von den Bestimmungen der Ziffer 3 der Resolution 661 (1990) und der Resolution 670 (1990) ausgenommen sind, vorausgesetzt, daß jeder Flug dem Ausschuß nach Resolution 661 (1990) rechtzeitig notifiziert wird, und ersucht den Generalsekretär, die erforderlichen Regelungen zur Genehmigung durch den Sicherheitsrat zu treffen, damit angemessene Ausgaben im Zusammenhang mit der Haddsch-Pilgerfahrt aus dem mit Resolution 986 (1995) eingerichteten Treuhandkonto bestritten werden können.

[181] Gemäß Ziff. 4 gelten alle dem Irak in den Resolutionen 687 (1991), 699 (1991), 707 (1991), 715 (1991), 1051 (1996) und 1154 (1998) auferlegten Verpflichtungen fort. Insbesondere hat der Irak allen UNMOVIC-Teams sofortigen, bedingungslosen und uneingeschränkten Zugang zu sämtlichen Bereichen, Einrichtungen, Ausrüstungsgegenständen, Unterlagen und Transportmitteln zu gestatten, die sie gemäß dem Mandat der UNMOVIC zu inspizieren wünschen, sowie zu allen Amtsträgern und sonstigen der irakischen Regierung unterstehenden Personen, die die UNMOVIC zu befragen wünscht, damit diese ihr Mandat umfassend wahrnehmen kann.

In Hinblick auf die Aussetzung enthält die Resolution die folgende Bestimmung:

> Ziff. 33: (Der Sicherheitsrat) bekundet seine Absicht, nach Eingang der Berichte des Exekutivvorsitzenden der UNMOVIC und des Generaldirektors der IAEO, aus denen hervorgeht, daß Irak in jeder Hinsicht mit der UNMOVIC und dem IAEO zusammengearbeitet hat, insbesondere bei der Durchführung der Arbeitsprogramme in allen in Ziffer 7 genannten Aspekten, für einen Zeitraum von 120 Tagen nach dem Tag, an dem der Rat sowohl von der UNMOVIC als auch von der IAEO Berichte erhält, wonach das verstärkte System der laufenden Überwachung und Verifikation voll einsatzfähig ist, mit dem grundlegenden Ziel der Verbesserung der humanitären Lage in Irak und der Gewährleistung der Durchführung der Resolutionen des Rates für einen vom Rat verlängerbaren Zeitraum von 120 Tagen und vorbehaltlich der Ausarbeitung wirksamer finanzieller und operativer Maßnahmen, die sicherstellen, daß Irak keine verbotenen Gegenstände erwirbt, die Verbote der Einfuhr aus Irak stammender Güter und Produkte und die Verbote des Verkaufs und der Lieferung der für die Zivilbevölkerung bestimmten Güter und Produkte, die nicht in Ziffer 24 der Resolution 687 (1991) genannt werden oder auf die der mit Resolution 1051 (1996) geschaffene Mechanismus Anwendung findet, auszusetzen.

In der Sicherheitsratssitzung anläßlich der Verabschiedung der Resolution sahen die Delegierten der Staaten, die sich der Stimme enthielten, aufgrund der hohen Anforderungen an die Kooperation durch die irakische Regierung und der fehlenden Eindeutigkeit des Wortlauts in Hinblick auf die Aussetzung bzw. Aufhebung der Sanktionen in der Resolution keine tragfähige Grundlage zur Verwirklichung des Ziels der baldigen Beendigung der Sanktionen[182]. Außerdem würden die Vereinigten Staaten und das Vereinigte Königreich unilaterale Ziele verfolgen, die nicht mit den Zielen des Sicherheitsrats vereinbar seien[183]. Insbesondere

---

182 Siehe die Stellungnahmen der Delegierten der Russischen Föderation S/PV.4084, 5, 17; Malaysias ebd., 7: "... it (the resolution) is less clear, indeed vague and full of conditionalities, in respect of the triggering of the suspensions; nor does it establish a definite benchmark or time-frame for the lifting of the sanctions, which ought to be as much the objective of the entire exercise as are the accounting for and disposing of Iraq's alleged remaining weapons of mass destruction." und Frankreichs, ebd., 16: "But above all, and herein lies the ambiguity, the criteria for the suspension and then the lifting of sanctions give rise to difficulties of interpretation. It is self-evident that one can not make the suspension – a partial and interim measure – contingent on conditions imposed for the lifting of sanctions."

183 So die Russische Föderation S/PV.4084, 4 ff.: "The initiative was blocked by those who wanted to do things in the old way and to continue using the burden of anti-Iraq sanctions in order to attain their own unilateral goals, going beyond the scope of United Nations decisions on post-crisis settlement in the Gulf region. (...) Our position remains unchanged. Baghdad must meet the demands of the United Nations that it eliminate its weapons of mass destruction programmes. In response, the Security Council must lift sanctions. Judging from objective assessments, Iraq is already no threat to international and regional peace and security." Kritik an den mit der Resolution verfolgten unilateralen Zielen findet sich auch in der Stellungnahme des Vertreters Malaysias, ebd., 8.

die Delegierten Malaysias, Chinas und Frankreich wiesen auf die schwerwiegenden Folgen der Sanktionen für die irakische Bevölkerung und die entsprechende Verantwortung des Sicherheitsrats hin[184], wobei sie jedoch die in der Resolution zur Verbesserung der humanitären Lage der Bevölkerung vorgesehenen Maßnahmen begrüßten[185]. Die Befürworter der Resolution verwiesen auf die geplanten Maßnahmen, die zu einer spürbaren Verbesserung der humanitären Lage beitragen würden[186]. Darüber hinaus wurde die irakische Regierung von einigen Delegierten wegen ihrer Verweigerungshaltung kritisiert und für die fehlende Aussetzung der Sanktionen verantwortlich gemacht[187].

---

[184] Malaysia, S/PV.4084, 7: "The Council has the responsibility to assess the enormity of the effects of the sanctions on the Iraq people and must begin the process of dismantling them as soon as possible, predicated, of course, on Iraq's compliance with all relevant resolutions of the Council. It cannot be denied that the sanctions have had debilitating effects on the Iraqi population as a whole, especially the most vulnerable groups, such as the elderly, the infirm and children, who are deprived of many of the most basic amenities which are taken for granted elsewhere. The indefinite continuation of the sanctions violates the very spirit and purposes of the United Nations enshrined in its Charter, which, inter alia, seeks "to reaffirm faith in fundamental human rights, in the dignity and worth of the human person" and to "promote higher standards of living, full employment, and conditions of economic and social progress and development". These are the very words of the Charter "; China, ebd., 11: "Last, but not least, there is an urgent need to relieve the Iraqi people of their tremendous, inhumane suffering, which has lasted for nine years. No one in the Council has ever believed or agreed that the original intention of the Security Council in imposing sanctions against Iraq was to hurt those innocent civilians. Therefore, the Council has no justification whatsoever to prolong the humanitarian suffering of the Iraqi people"; Frankreich, ebd., 16: "The impact of those sanctions, which have been of dubious effectiveness, falls first on the people of Iraq. It is they who daily pay the price for them. The Security Council which has a choice of means to impose its policies, cannot completely shirk ist responsibility in the face of what has been called a genuine humanitarian disaster. Hence the fact that members of the Council have finally agreed on the simple and realistic idea that if cooperation with Iraq were to resume in a manner that we all hope would be satisfactory, the sanctions would be suspended. That means relief for the Iraqi people and an incentive for the Iraqi authorities to cooperate."

[185] China, S/PV.4084, 11; Frankreich, ebd., 15. Malaysia, ebd., 7 hielt die beschlossenen Maßnahmen für unzureichend, solange die irakische Wirtschaft und Infrastruktur nicht wiederaufgebaut werde.

[186] Argentinien, S/PV.4084, 10; Gambia, ebd., 14; Vereinigte Staaten, ebd., 18; Slowenien, ebd., 23; Kanada, ebd., 24; Niederlande, ebd., 27 sowie das Vereinigte Königreich, ebd., 27.

[187] Vereinigte Staaten, S/PV.4084, 2: "In addressing the Iraqi situation, the Security Council must continue to be guided by the facts, however unpopular they might be with some- for example: the fact that the Security Council sets a reasonable standard for the lifting of sanctions in resolution 687 (1991), and the fact that Iraq has manifestly failed to meet that standard; (...) and the fact that the Government of Iraq has demonstrated that it would rather manipulate the suffering of innocent civilians for propaganda purposes than take full advantage of available assistance under the oil-for-food programme"; Niederlande, ebd., 26: "In the statements made by the Iraqi authorities, we have found no indication at all that they would be

Die irakische Regierung hat keine offizielle Stellungnahme zur Resolution 1284 (1999) abgegeben. Eine Reihe von Erklärungen von Regierungsvertretern zeigen jedoch, daß der Irak die in der Resolution vorgesehene Wiederaufnahme der Waffeninspektionen nicht akzeptiert hat[188].

2.2.2.5. Maßnahmen zur Verbesserung der humanitären Lage (S/RES 1302 und 1330 (2000))

Mit der Resolution 1302 vom 8. Juni 2000[189] beschloß der Sicherheitsrat weitere Maßnahmen zur Verbesserung der humanitären Lage, die vor allem den Umfang der im Sanktionsausschuß blockierten Güter reduzieren sollten:

> Der Sicherheitsrat,
> Ziff. 8 (Listenverfahren für Ausrüstungsgegenstände im Wassersektor): ersucht den Ausschuß nach Resolution 661 (1990), nach 30 Tagen auf der Grundlage der Vorschläge des Generalsekretärs Listen grundlegender Ausrüstungsgegenstände für Wasserver- und Abwasserentsorgung zu genehmigen, beschließt unbeschadet Ziffer 3 der Resolution 661 (1990) und Ziffer 20 der Resolution 687 (1991), daß die Lieferungen dieser Güter dem Ausschuß nicht zur Genehmigung vorzulegen sind, mit Ausnahme der Güter, die den Bestimmungen der Resolution 1051 (1996) unterliegen, und daß dem Generalsekretär notifiziert und im Einklang mit Ziffer 8 a) und 8 b) der Resolution 986 (1995) finanziert werden, und ersucht den Generalsekretär, den Ausschuß rechtzeitig von allen eingegangenen Notifikationen und den ergriffenen Maßnahmen in Kenntnis zu setzen;
> Ziff. 18 (Bericht zur humanitären Lage): bittet den Generalsekretär unabhängige Sachverständige zu ernennen mit dem Auftrag, bis 26. November 2000 einen umfassenden Bericht mit einer Analyse der humanitären Lage im Irak und insbesondere des auf Grund dieser Lage bestehenden humanitären Hilfsbedarfs zu erstellen, und Empfehlungen zur Deckung des Bedarfs, im Rahmen der geltenden Resolutionen, vorzulegen.

Bei den Beratungen zur Resolution 1302 (2000) stand vor allem der Inhalt des in Ziff. 18 vorgesehenen Berichts im Mittelpunkt, der von mehreren Delegierten

---

prepared to cooperate with the Security Council other than on the basis of an unconditional lifting of the sanctions, and no member of the Council has shown any readiness to meet that condition."

[188] Die irakische Regierung machte geltend, daß Irak den an ihn gestellten Forderungen nachgekommen sei. Außerdem fehle es der Resolution an eindeutigen Bestimmungen, unter welchen Bedingungen die Sanktionen aufzuheben seien. Die Einführung der Kategorie der Suspension, die der Aufhebung vorgeschaltet ist, stelle zudem eine Verschärfung gegenüber den vorherigen Resolutionen dar. Agence-France Press (AFP), 17. Dezember 1999, Bagdad, "Iraq "categorically" rejects UN resolution 1284"; Reuters, 23. August 2000, Bagdad, "Iraq will not accept new U.N. weapons team."

[189] Abstimmungsergebnis: Einstimmige Annahme.

als zu vage und nicht weitgehend genug bezeichnet wurde[190]. Die Delegierten Tunesiens[191] und Chinas[192] erklärten, daß die Wirtschaftssanktionen der wesentliche Grund für das Leiden der irakischen Bevölkerung seien, sie aber der Resolution zustimmten, da diese zu einer weiteren Verbesserung der Lage beitrage. Dem Vertreter der russischen Föderation zufolge seien die beschlossenen Maßnahmen nicht ausreichend, um eine wesentliche Verbesserung der Lage zu erreichen, hierfür bedürfe es vielmehr der baldigen Aufhebung der Wirtschaftssanktionen[193]. Der Vertreter der Niederlande unterstrich hingegen in seiner Stellungnahme die Verantwortung der irakischen Regierung für die humanitäre Lage im Irak[194].

Am 5. Dezember 2000 beschloß der Sicherheitsrat mit der Resolution 1330[195] eine Reihe von Maßnahmen, die eine wirksamere Umsetzung des Programms zum Ziel hatten. Neben Anweisungen an den Sanktionsausschuß, die Anträge auf humanitäre Ausnahmegenehmigungen so zügig wie möglich zu bearbeiten und die Zahl der angehaltenen Anträge zu reduzieren sowie einem Aufruf an die Mitgliedstaaten, bei der zügigen Umsetzung durch geeignete Maßnahmen mitzuwirken[196], enthielt die Resolution die folgenden relevanten Bestimmungen:

---

[190] Von den Delegierten Tunesiens, S/PV.4152, 2; der Russischen Föderation, ebd., 3 und Chinas, ebd., 3, 6.

[191] S/PV.4152, 2: "En effet, ces souffrances n`ont que trop duré et elles résultent directement des sanctions imposées à l'Iraq depuis 10 ans."

[192] S/PV.4152, 3: "Nous estimons que les souffrances de la population civile iraquienne sont principalement imputables à ces 10 années de sanctions contre l'Iraq."

[193] S/PV.4152, 4: "Enfin, nous tenons à noter que la crise humanitaire en Iraq ne sera pas surmontée du fait de l`adoption de cette résolution. Les mesures prises dans le cadre du programme humanitaire, malgré toute leur importance et leur nécessité, ne peuvent pas changer radicalement la situation. Pour une amélioration en profondeur il n`y a qu`une solution: la levée rapide des sanctions économiques."

[194] S/PV.4152, 4 : "Nous ne nous attendons pas à ce que cette analyse (gemäß Ziff. 18 der Resolution) nous surprenne beaucoup parce que nous savons que les sanctions ont un effet négatif sur la situation humanitaire en Iraq. Mais une analyse réalisée par des experts indépendants fera également la lumière sur certaines des actions inexplicables des autorités iraquiennes. Ma délégation ne comprend toujours pas pourquoi le Gouvernement iraquien continue à adopter des mesures qui font du tort à son propre peuple. À première vue, ces mesures peuvent sembler totalement irrationnelles mais elles prennent peut-être un sens si on les considère à la lumière des tentatives que fait le Gouvernement iraquien pour convaincre la communauté internationale que le seule manière d` améliorer la situation humanitaire en Iraq est de lever complètement les sanctions."

[195] Abstimmungsergebnis: Einstimmige Annahme.

[196] Siehe Ziff. 13 ff.

Der Sicherheitsrat,
Ziff. 10 (Erstellung von Listen für grundlegende Versorgungsgüter): weist den Ausschuß nach Resolution 661 (1990) an, auf der Grundlage der Vorschläge des Generalsekretärs, Listen von grundlegenden Versorgungsgütern für Elektrizität und Wohnungsbau gemäß der den hilfsbedürftigsten Gruppen in Irak gewährten Priorität zu genehmigen, beschließt unbeschadet Ziffer 3 der Resolution 661 (1990) und Ziffer 20 der Resolution 687 (1991), daß die Lieferungen dieser Güter dem Ausschuß nicht zur Genehmigung vorzulegen sind, mit Ausnahme der Güter, die den Bestimmungen der Resolution 1051 (1996) unterliegen, und daß sie dem Generalsekretär notifiziert und im Einklang mit Ziffer 8 Buchstaben a und b der Resolution 986 (1995) finanziert werden, ersucht den Generalsekretär, den Ausschuß von allen eingegangenen Notifikationen und den ergriffenen Maßnahmen in Kenntnis zu setzen, und erklärt sich bereit, solche Maßnahmen im Hinblick auf Listen zusätzlicher Güter, insbesondere im Verkehrs- und Fernemeldesektor, in Erwägung zu ziehen;
Ziff. 11 (Erweiterung der bestehenden Listen für grundlegende Versorgungsgüter): ersucht den Generalsekretär, innerhalb von 30 Tagen nach Verabschiedung dieser Resolution die im Einklang mit Ziffer 17 der Resolution 1284 (1999) und Ziffer 8 der Resolution 1302 (2000) vorgelegten Listen humanitärer Hilfsgüter zu erweitern und auf den neuesten Stand zu bringen, weist den Ausschuß nach Resolution 661 (1990) an, die erweiterten Listen rasch zu genehmigen, beschließt, daß die Lieferungen dieser Güter dem Ausschuß nach Resolution 661 (1990) nicht zur Genehmigung vorzulegen sind, mit Ausnahme der Güter, die den Bestimmungen der Resolution 1051 (1996) unterliegen, und daß sie dem Generalsekretär notifiziert und im Einklang mit Ziffer 8 Buchstaben a und b der Resolution 986 (1995) finanziert werden, und ersucht den Generalsekretär, den Ausschuß von allen eingegangenen Notifikationen und den ergriffenen Maßnahmen in Kenntnis zu setzen;
Ziff. 12 (Kürzung Anteil für Entschädigungsfond): beschließt, daß die effektive Abzugsquote der auf das Treuhandkonto nach Resolution 986 (1995) eingezahlten Mittel, die in dem 180-Tage-Zeitraum an den Entschädigungsfond zu überweisen sind, 25 Prozent beträgt …

In der Sicherheitsratssitzung anläßlich der Verabschiedung der Resolution 1330 (2000) betonten insbesondere die Delegierten des Vereinigten Königreichs[197] und der Vereinigten Staaten[198], daß die ergriffenen Maßnahmen wichtige Schritte zur Verbesserung der humanitären Lage seien[199]. Die übrigen Sprecher

---

[197] S/PV.4241, 2.

[198] S/PV.4241, 4: "The United States is pleased to support this latest expression of the Council's efforts to improve the humanitarian situation of the Iraqi people. We continue to believe that the oil-for-food programme is meeting the needs of the Iraqi people while denying the Baghdad regime access to funds it would use to further threaten its neighbours. The oil-for-food programme can be improved, and the changes which we have agreed today reflect our interest in making those improvements. But the most effective change would be for the regime to stop obstruction and implement the relevant humanitarian sections of resolution 1284 (1999), which are intended to improve the operation of the oil-for-food programme."

[199] Siehe außerdem die Stellungnahmen der Delegierten Argentiniens, S/PV.4124, 5 und Kanadas, ebd., 6.

unterstützten die Resolution zwar aus diesem Grund, kritisierten aber die hohe Zahl der im Sanktionsausschuß angehaltenen Anträge und merkten an, daß das Hilfsprogramm seiner Natur nach nicht ausreichend sein könne, um eine grundlegende Verbesserung der humanitären Lage im Irak zu erreichen[200].

Eine Initiative des Vereinigten Königreichs, die Sanktionen gezielter zu fassen, scheiterte im Sommer 2001 an Unstimmigkeiten im Sicherheitsrat[201].

2.2.3. Die Auswirkungen der Wirtschaftssanktionen

2.2.3.1. Die Entwicklung der wirtschaftlichen Lage

Die irakische Volkswirtschaft befand sich seit den 1960er Jahren in einer durch einen wirtschaftlichen Aufschwung bedingten Modernisierungsphase, die dazu führte, daß der Irak im Jahr 1990 im regionalen Vergleich gute Wirtschaftsindikatoren hatte[202]. Allerdings hatte der Krieg mit dem Iran, der von 1982 bis 1988 dauerte, die Wirtschaftskraft erheblich geschwächt[203]. Neben der Kriegswirtschaft waren es die niedrigen Erdölpreise in den Jahren 1983 bis 1986, wirtschaftspolitische Fehlentwicklungen[204] sowie schwindende Devisenreserven, die

[200] Siehe die Stellungnahmen der Delegierten Malaysias, S/PV.4124, 3: "The humanitarian programme, however well-intentioned and executed, cannot be a substitute for the lifting of sanctions, which alone can deliver the Iraqi people out of their present sorry state of affairs"; Chinas, ebd., 6: "The comprehensive sanctions regime lasting more than 10 years is the major reason for the humanitarian sufferings of the Iraqi people. This is an undeniable fact. The oil-for-food programme cannot, and will never, completely address those humanitarian sufferings. Only early lifting of the sanctions can achieve this objective. Therefore, China calls for the early lifting of the comprehensive sanctions against Iraq"; Frankreichs, ebd., 7 und der Russischen Föderation, ebd., 7, 8: "Russia continues to view the humanitarian programme as a transition measure which cannot be an alternative to the stable social and economic development of Iraq. We are convinced that a fundamental resolution of the problem of the humanitarian crisis will be impossible as long as sanctions are maintained. Consequently, we are in favour of suspending and lifting the sanctions in the context of the implementation of the Security Council's resolutions."

[201] Insbesondere an Vorbehalten seitens der Russischen Föderation. Siehe in diesem Zusammenhang S/RES 1352, 1. Juni 2001 und S/RES 1360, 3. Juli 2001.

[202] S/1999/356, Annex II, 4. Siehe zur wirtschaftlichen Entwicklung im Irak Alnasrawi, 1 ff.

[203] Hoskins, 92; Mahdi, 42; EIU, Country Profile, Iraq, 1999-2000, London, 1999, 19. Der Krieg hatte nicht nur zum Verlust einer hohen Zahl von über 100.000 Menschenleben geführt, sondern auch zu mitunter schweren Schäden der Infrastruktur, vor allem in den Grenzgebieten und im Süden des Landes. Außerdem wurden über ein Viertel des Haushalts für militärische Zwecke verwendet.

[204] Hierzu Mahdi, 43.

den Irak zwangen, sich gegenüber dem Ausland, insbesondere gegenüber Frankreich und der Sowjetunion, hoch zu verschulden[205]. Nach 1988 konnte die beschädigte Infrastruktur jedoch in beträchtlichem Umfang wiederaufgebaut werden[206].

Zum Zeitpunkt der Verhängung der Wirtschaftssanktionen war die irakische Wirtschaft in hohem Maße vom Export seines Erdöls, des bei weitem wichtigsten Rohstoffs, abhängig, der 60 % des Bruttosozialprodukts und 95 % der Deviseneinnahmen ausmachte[207]. Der Irak war zugleich auf die Einfuhr von Technologie, Maschinen, Ersatzteilen und Rohstoffen angewiesen, die zum Unterhalt der Infrastruktur und zum Betrieb der Industrie, die in den 1970er und 1980er Jahren umfassend zumeist durch ausländische Firmen modernisiert worden waren, benötigt wurden. Darüber hinaus waren vor allem im Dienstleistungs- und Handwerkssektor eine große Zahl ausländischer Gastarbeiter tätig[208]. Der Irak war außerdem in hohem Maße von der Einfuhr von Lebensmitteln abhängig, da mit der Produktion seiner eigenen Landwirtschaft nur ein Drittel des Gesamtbedarfs der Bevölkerung abgedeckt werden konnte[209]. Im pharmazeutischen Sektor produzierte der Irak lediglich ein Viertel seines Bedarfs, so daß auch hier die Einfuhr von großen Mengen an Medikamenten erforderlich war[210].

Die politische Krise um Kuwait ab August 1990 führte dazu, daß ausländische Firmen und Facharbeiter zum Anfang des Jahres 1991 den Irak fast vollständig verlassen hatten[211]. Die dreiundvierzig Tage währende Bombardierung einer Vielzahl von Zielen im Irak führte zu schweren wirtschaftlichen Schäden, deren Gesamtumfang auf über $ 100 Milliarden geschätzt worden ist[212]. Insbesondere die Infrastruktur wurde weitgehend zerstört. Dies betraf vor allem Kraftwerke[213], Ölraffinerien, Industrieanlagen, Anlagen im Wasser- und Abwassersektor, Telekommunikationsanlagen sowie Straßen, Eisenbahnen und Brücken[214].

---

205 Hoskins, 92.
206 UNICEF, Children & Women in Iraq, 1992, 25.
207 S/1999/356, Annex II, 4; EIU, Country Profile, Iraq, 1999-2000, 29.
208 Hoskins, 107.
209 Der Irak führte im Jahr 1989 Lebensmittel im Wert von $ 2 Milliarden ein. Siehe FAO, 1995, 11; WHO/EHA/96.1, 2; UNICEF, Children & Women in Iraq, 1992, 23.
210 Hoskins, 107 m.w.N.
211 Cordesman, 146. Siehe zu den wirtschaftlichen Folgen der Sanktionen in der Anfangszeit Bethlehem, D.L (Hrsg.), The Kuwait Crisis: Sanctions and Their Economic Consequences, Cambridge International Documents Series, 2, Cambridge, 1991.
212 Siehe zur Einschätzung der Kriegsschäden Alnasrawi, 121,122; Cordesman, 137 m.w.N.
213 Von 20 Kraftwerken waren unmittelbar nach dem Krieg 18 nicht mehr in Betrieb. Insgesamt konnte im Vergleich zur Vorkriegszeit lediglich 4 % der gesamten Kapazität an Elektrizität erzeugt werden. Hoskins, 106.
214 S/22366, Ziff. 32 ff.

Nach dem Krieg verringerte sich die Wirtschaftsproduktion um 50 %[215]. Das Bruttosozialprodukt sank 1991 um 2/3 aufgrund eines Rückgangs der Ölproduktion um 85 % und dem Einbruch des industriellen sowie des Dienstleistungssektors[216]. Die landwirtschaftliche Produktion erlitt bereits 1991 erhebliche Einbußen. Neben kriegsbedingten Faktoren waren dafür insbesondere der sanktionsbedingte Mangel an Samen, Düngemitteln, Pestiziden, Maschinen und Ersatzteilen verantwortlich. Die Produktionsverluste in der Landwirtschaft konnten jedoch teilweise ausgeglichen werden, wobei die Steigerung der landwirtschaftlichen Produktion zu einem wesentlichen Ziel der irakischen Wirtschaftspolitik unter den Wirtschaftssanktionen wurde[217]. Nach 1991 gelang es der Regierung, die Infrastruktur notdürftig wiederherzustellen[218]. Gleichwohl konnten diese Maßnahmen die Verschlechterung der Wirtschaftslage, die vor allem durch den Zusammenbruch des Außenwirtschaftshandels und den daraus resultierenden Mangel an Finanzmitteln bedingt war, nicht verhindern[219]. Erst nach der Einführung des Öl für Lebensmittel Programms erfolgte ein leichter wirtschaftlicher Aufschwung als Folge der begrenzten Handelstätigkeit[220]. Als wichtiger Wirtschaftsfaktor hat sich zudem eine Schmuggelwirtschaft etabliert. So hat der Schmuggel sowohl von Erdöl aus dem Irak als auch von Gütern aller Art in den Irak stetig zugenommen, nicht zuletzt wegen der unzureichenden Grenzkontrollen[221].

---

215 UNICEF, Children & Women in Iraq,1992, 26. Zur Entwicklung des industriellen Sektors Mahdi, 54 ff.

216 EIU, Country Profile, Iraq, 1999-2000, 20.

217 Siehe zur Entwicklung der Lage in der Landwirtschaft den Bericht der FAO, 1995, 3 ff. sowie Mahdi, 56 ff. Gleichwohl konnte die irakische Regierung aufgrund der aufgezeigten Hemmfaktoren nicht verhindern, daß die landwirtschaftliche Produktion im Jahr 1994/1995 um 27 % geringer als im Jahr 1989/1990 ausfiel.

218 S/22799, Ziff. 20. Die umfassende Wiederherstellung der Infrastruktur erwies sich mit zunehmender Dauer, vor allem ab 1993, bedingt durch den Mangel an Finanzmitteln, Fachpersonal und Ersatzteilen als unmöglich. Siehe hierzu Cordesman, 139. Der Irak verwendete jedoch Berichten zufolge in den Jahren 1991 und 1992 einen erheblichen Teil seiner Mittel zum Wiederaufbau der militärischen Zwecken dienenden Infrastruktur. Dazu Leitenberg/ Mallmann, 487.

219 Die irakische Regierung hat hierbei überdies trotz der Wirtschaftskrise einen erheblichen Teil der ihr zur Verfügung stehenden Gelder zum Unterhalt des Polizei- und Militärapparats sowie zum Bau von Palästen verwendet. EIU, Country Profile, Iraq, 1999-2000, 28.

220 Siehe zur Entwicklung der Volkswirtschaft, die vor der Annahme des Programms vor dem Zusammenbruch stand, und zu den unmittelbaren Folgen der Einführung des Programms, vor allem der Stabilisierung des Dinars, Cordesman, 150 ff.; Mahdi, 64 ff. und EIU, Country Profile, Iraq, 1999-2000, 19 ff.

221 von Sponeck, 940, 941.

Die Arbeitslosigkeit stieg nach dem Krieg rapide an und hat seitdem Schätzungen zufolge 50 % betragen[222]. Das Pro-Kopf-Einkommen der Bevölkerung ist von $ 3.416 im Jahr 1984 und $ 1.500 im Jahr 1991 Schätzungen zufolge auf weniger als $ 1.036 im Jahr 1999 gesunken[223]. Zwar stiegen die nominellen Löhne, das reale Einkommen fiel aber aufgrund der fortschreitenden Hyperinflation bei gleichzeitigem Preisanstieg rapide ab[224]. Die Gehälter von Beamten und Angestellten der Regierung, des größten Arbeitgebers, sowie die Renten reichten nicht aus, um das Existenzminimum zu decken. Diese Umstände führten dazu, daß viele Iraker ihr persönliches Vermögen zum Teil erheblich unter Wert verkaufen mußten, um an Finanzmittel zu gelangen[225]. Hochqualifizierte Arbeitnehmer haben entweder das Land verlassen oder verrichten unqualifizierte Arbeiten mit höheren Verdienstmöglichkeiten[226]. Zugleich ist die vor 1990 nahezu unbekannte Kinderarbeit rapide angestiegen[227]. Während die Mehrheit der Bevölkerung erhebliche wirtschaftliche Einbußen hinnehmen mußte, hat ein kleiner Prozentsatz von den Wirtschaftssanktionen profitiert. Dazu gehören vor allem zumeist der Regierung nahestehende Personen, die entweder für die Loyalität zum Regime belohnt werden oder durch Schmuggel auf dem Schwarzmarkt erhebliche Gewinne erzielen[228].

---

[222] UNDP, Annual Report 1998, 6.

[223] S/1999/356, Annex II, Ziff. 17. Die Schätzungen weichen zum Teil erheblich voneinander ab. Anderen Schätzungen zufolge betrug das Pro-Kopf-Einkommen 1998 $ 700, UNDP, Annual Report 1998, 6. Schätzungen des EIU, Country Profile, Iraq, 1999-2000, 18, bemessen das Pro-Kopf-Einkommen 1998 auf $ 203. Unter dem Öl für Lebensmittel Programm stand der Bevölkerung in der 6. und 7. Phase, in denen jeweils $ 2.9 Milliarden für humanitäre Zwecke eingesetzt werden konnten, pro Kopf $ 252 pro Phase zur Verfügung. Siehe hierzu Press Briefing by outgoing Humanitarian Coordinator for Iraq, Hans von Sponeck, 1. März 2000.

[224] Schätzungen zufolge ist die jährliche Inflationsrate im Irak von 45 % Mitte 1990 auf 500 % im Jahr 1991 gestiegen. Nach der Einführung des Öl für Lebensmittel Programms fiel die Inflationsrate 1997 auf 200 % und 1998 auf 140 %. EIU, Country Profile, Iraq, 1999-2000, 21; Mahdi, 47 ff. Der Dinar, dessen Umtauschkurs vor dem Krieg bei 0.311 Dinar für $ 1 stand, verlor bereits im ersten Jahr nach August 1990 um 50 % an Wert. Der Schwarzmarktwert betrug 1999 etwa 2000 Dinar für $ 1. EIU, Country Report, Iraq, 4th quarter 1999, 10.

[225] Cordesman, 146.

[226] UNDP, Annual Report 1998, 7. Hoskins, 111.

[227] UNICEF/IRAQ, Situation Analysis 1998, 89, 90. Offizielle Statistiken oder Schätzungen liegen nicht vor.

[228] Cordesman, 146; Hoskins, 108, 109.

2.2.3.2. Die Entwicklung der humanitären Lage

a) Die Entwicklung von der Verhängung der Sanktionen bis zum Ende des Golfkriegs

Der irakischen Bevölkerung standen 1990 pro Kopf 3.150 Kilokalorien zur Verfügung[229]. 97 % der urbanen und 78 % der Landbevölkerung hatten Zugang zu einem Gesundheitssystem, das über eine gut ausgebildete Ärzteschaft, ein extensives Netz von Kliniken, die mit Kommunikationsmitteln, Rettungsfahrzeugen und Ambulanzen ausgestattet waren, verfügte[230]. Von 1960-1990 war es zudem zu einem erheblichen Rückgang der Kindersterblichkeit auf 65 pro 1000 Lebendgeburten gekommen. Die Unterernährung unter Säuglingen und Kleinkindern war gering. Epidemische Krankheiten waren weitgehend unter Kontrolle. 1989 besuchten 75 % der Kinder entweder die Grund- oder eine weiterführende Schule, das Analphabetentum betrug 1987 20 %. Der Irak verfügte außerdem über ein gut entwickeltes System der Wasserversorgung mit über 1400 Trinkwasseraufbereitungsanlagen, wodurch 90 % der Bevölkerung Zugang zu sauberem Trinkwasser hatten und an die Abwasserentsorgung sowie die Müllbeseitigung angeschlossen waren [231].

Nach der Verhängung der Wirtschaftssanktionen führte die irakische Regierung mit Wirkung zum 1. September 1990 ein System der Lebensmittelrationierung ein. Danach hat jeder irakische Haushalt Anspruch auf eine bestimmte Menge elementarer Nahrungsmittel, die zu einem äußerst geringfügigen Preis von staatlich autorisierten Stellen abgegeben werden[232]. Unterdessen verschärfte sich die Versorgungslage, insbesondere für die Angehörigen von Drittstaaten in Kuwait im August und Anfang September 1990 dramatisch, wobei aufgrund der fehlenden Zulassung ausländischer Beobachter durch die irakische Regierung keinerlei zuverlässige Zahlen bzw. Informationen über das Ausmaß der Versorgungskrise vorliegen[233]. Zu diesem Zeitpunkt waren aller Wahrscheinlichkeit

---

229 FAO, 1997, iii.

230 WHO/EHA 96.1, 10.

231 UN Dok. S/1999/356, Annex II, Ziff. 13 ff.

232 Hierzu FAO, 1995, 7. Die Zusammensetzung des Nahrungsmittelkorbs wurde mehrmals geändert. Die Nahrungsmittelrationen sind jedoch durchgängig von ihrem Umfang her unzureichend und in ihrer Zusammensetzung aufgrund des Mangels an tierischem Eiweiß und wichtigen Vitaminen mangelhaft gewesen.

233 Koskenniemi, Sanctions, 127, 128. Die irakische Regierung verweigerte anfänglich neutralen Beobachtern, einschließlich des Personals der Vereinten Nationen, die Erlaubnis, die Versorgungslage vor Ort einzuschätzen, da sie das in der Resolution 666 (1990) vorgesehene Kontrollsystem ablehnte. Siehe Letter dated 19 September 1990 from the Permanent Representative of Iraq to the United Nations addressed to the Secretary-General, UN Dok. S/21790,

nach zwar noch in ausreichendem Maße Nahrungsmittel vorhanden, diese wurden aber vorrangig zur Versorgung der irakischen Streitkräfte verwendet und den Angehörigen von Drittstaaten vorenthalten[234]. Indien, die Philippinen und Sri Lanka machten am 10. September 1990 den Sanktionsausschuß auf diese Situation aufmerksam und verlangten die Erlaubnis zur Durchführung von Hilfslieferungen an ihre Staatsangehörigen. Da sich die Umsetzung der Regelungen der am 13. September 1990 beschlossenen Resolution 666 aufgrund der Weigerung des Irak, Angehörigen der Vereinten Nationen die Anwesenheit auf seinem Territorium zu gestatten, als unmöglich erwies, genehmigte der Sanktionsausschuß am 14. September eine Hilfslieferung durch ein indisches Schiff, wobei die Endverteilung durch das indische Rote Kreuz überwacht wurde. Anträge anderer Drittstaaten auf Durchführung von Hilfslieferungen zugunsten ihrer Staatsangehörigen wurden vom Sanktionsausschuß nicht genehmigt, weil die Lieferung und Verteilung nicht durch eine unabhängige Stelle überwacht werden konnte. Am 12. Dezember 1990 genehmigte der Sanktionsausschuß die Lieferung von Hilfsgütern an alle Angehörigen von Drittstaaten durch indische Schiffe[235]. Einer Studie zufolge ist es bereits in der Zeit von August bis Dezember 1990 zu einem leichten Anstieg der Säuglings- und Kleinkindersterblichkeit im gesamten Irak gekommen[236].

Im Golfkrieg starben im Frühjahr 1991 Schätzungen zufolge nicht nur weitaus über 30.000 Menschen[237], es kam auch zu Umweltschäden, deren gesundheitliche Folgen sich nur schwer einschätzen lassen[238]. Die schwerwiegendsten

---

19. September 1990. Erst im Februar 1991 wurde einem gemeinsamen Team von WHO und UNICEF die Einreise zu einem mehrtägigen Besuch zwecks Einschätzung der humanitären Lage in Bagdad erlaubt. Die Delegation hatte laut einer Presseerklärung des Generalsekretärs vom 6. Februar 1991 die Aufgabe "to deliver a shipment of emergency medical supplies to assist in the care of children and mothers, and to ascertain essential health needs." S/22328, 6.

[234] Cordesman, 140; Koskenniemi, Sanctions, 129. Siehe hierzu auch die Stellungnahme des Delegierten der Vereinigten Staaten, in S/PV.2939 (s.o. Anm. 105), 38.

[235] Siehe Koskenniemi, Sanctions, 129, 130 m.w.N.

[236] Garfield, 9, dem zufolge in diesem Zeitraum im Vergleich zu dem Verlauf der Sterblichkeitsraten vor der Verhängung der Sanktionen ein Anstieg der Sterblichkeit von Kleinkindern um 17 % (von 36 auf 42 Todesfälle pro 1000 Kinder unter einem Jahr) und von Kindern unter fünf Jahren um 11 % (von 44 auf 49 pro 1000) zu verzeichnen gewesen ist.

[237] Schätzungen reichen von 30.000 bis 120.000 Todesopfern unter den Streitkräften und 2.500 bis 3.000 unter der Zivilbevölkerung. Hierzu Hoskins, 93 m.w.N. Garfield, 10, 11, zufolge ist eine Zahl von 3.663 getöteten Zivilisten und 56. 000 getöteten Soldaten am wahrscheinlichsten.

[238] Hoskins, 127 ff. Ein Überblick über die Folgen der irakischen Besetzung für die Wirtschaft, die Bevölkerung und die Umwelt Kuwaits gibt Letter dated 28 March 1991 from the Secretary-General Addressed to the President of the Security Council, Report of the Secretary-General on humanitarian needs in Kuwait in the immediate post-crisis environment by a

Folgen hatte aber die weitgehende Zerstörung der Infrastruktur. Dies führte im Zusammenwirken mit den Wirtschaftssanktionen bereits im Frühjahr und Sommer 1991, wie aus den Berichten von drei unabhängig voneinander durchgeführten Missionen der Vereinten Nationen[239] hervorgeht, zu einer dramatischen Verschlechterung der Lage im Irak[240]. Die Versorgung der Bevölkerung mit Nahrungsmitteln war bereits während des Krieges gefährdet, als die irakische Regierung aufgrund der Nahrungsmittelknappheit die Lebensmittelrationen kürzte. Die Nahrungsmittelknappheit war vor allem auf den Wegfall der Nahrungsmitteleinfuhren, den Rückgang der landwirtschaftlichen Produktion sowie auf den Zusammenbruch des Verteilungssystems zurückzuführen. Dies führte im Zusammenwirken mit der hohen Inflation zu einem derartigen Anstieg der Lebensmittelpreise, daß Nahrungsmittel für ärmere Bevölkerungsschichten unbezahlbar wurden[241]. Insbesondere schwangere und stillende Frauen, Kinder und Witwen waren daher von Unterernährung betroffen[242]. Die Beschädigung von Wasseraufbereitungsanlagen sowie das Fehlen der zum Wiederaufbau benötigten Ersatzteile bewirkten, daß bei einer damaligen Gesamtbevölkerung von

---

mission to the area led by Mr. Martti Ahtisaari, Under-Secretary-General for Administration and Management, dated 28 March 1991, UN Dok. S/22409, 28. März 1991. Die alliierten Streitkräfte haben überdies abgereichertes Uran eingesetzt, das aufgrund seiner Langzeitwirkung auch nachträglich zu schweren Gesundheitsschäden führen kann. Es ist wiederholt die Vermutung vorgebracht worden, daß abgereichertes Uran für das gehäufte Auftreten von Krebs und Leukämie im Irak verantwortlich ist. Wissenschaftlich gesicherte Belege liegen jedoch nicht vor. Siehe hierzu Flottau, Heiko, Frische Wunden eines alten Kriegs, Zehn Jahre nach dem Golfkrieg kämpfen die Iraker gegen die hohe Zahl der Todesfälle-ihre Ursache ist jedoch strittig, in: Süddeutsche Zeitung, 13. Januar 2001.

239 S/22328; S/22366; S/22799.

240 Dies zeigen die Anmerkungen im Bericht von M.Ahtisaari, UN Dok. S/22366, 5, die nicht nur den Schock der Besucher über die humanitäre Lage im Irak greifbar werden läßt, sondern auch eine bemerkenswert zutreffende Einschätzung der nahen Zukunft für den Irak enthält: "I and the members of my mission were fully conversant with media reports regarding the situation in Iraq and, of course, with the recent WHO/UNICEF report on water, sanitary and health conditions in the Greater Baghdad area. It should, however, be said at once that nothing that we had seen or read had quite prepared us for the particular form of devastation which has now befallen the country. The recent conflict has wrought near-apocalyptic results upon the economic infrastructure of what had been, until January 1991, a rather highly urbanized and mechanized society. Now, most means of modern life support have been destroyed or rendered tenuous. Iraq has, for some time to come, been relegated to a pre-industrial age, but with all the disabilities of post-industrial dependency on an intensive use of energy and technology."

241 S/22366, 6.

242 S/22328, 11, zufolge waren im Großraum Bagdad erste Anzeichen von Unterernährung festzustellen. S/27799, 13, berichtete über die bedenkliche Ernährungssituation von Kindern, schwangeren und stillenden Frauen sowie Witwen. So bestehe eine Nahrungsmittelkrise, die ohne ausreichende Gegenmaßnahmen zur Hungersnot führen werde.

18.4 Millionen 2.5 Millionen Iraker von der öffentlichen Wasserversorgung abgeschnitten wurden, während 14.5 Millionen Iraker lediglich eine geringe Menge an Wasser von schlechter Qualität erhielten[243]. Die Abfallbeseitigung und insbesondere die Abwasserentsorgung konnten, auch bedingt durch den Zusammenbruch der Stromversorgung, nicht mehr in erforderlichem Maße durchgeführt werden, so daß es zu erheblichen Mißständen kam[244]. Diese Zustände führten zu einem sprunghaften Anstieg von Durchfallerkrankungen sowie durch verunreinigtes Wasser übertragenen Krankheiten wie Cholera und Typhus, deren Ausbreitung auch durch die aufgrund des Zusammenbruchs der Impfprogramme fehlenden Impfungen begünstigt wurde[245]. Das Gesundheitssystem war nicht mehr in der Lage, die medizinische Versorgung zu gewährleisten. Die Funktionsfähigkeit der Krankenhäuser war durch den Mangel an Stromversorgung, Wasser und medizinischen Ausrüstungsgegenständen stark eingeschränkt[246]. Viele Krankenhäuser mußten ganz geschlossen werden[247]. Die Versorgung der Patienten bereitete wegen akuten Personalmangels Schwierigkeiten[248]. Zudem bewirkte der Treibstoffmangel, daß die medizinischen Fachkräfte in vielen Fällen ihren Arbeitsplatz nicht erreichen und daß die erforderlichen Transporte von Patienten und Medikamenten sowie sonstiger Materialien nicht durchgeführt werden konnten[249]. Die Versorgung mit Arzneimitteln war auf 1/6 der Vorkriegszeit geschrumpft, wobei wichtige Medikamente überhaupt nicht mehr zur Verfügung standen[250]. Außerdem wurden durch den Golfkrieg 3.103 Schulen zerstört und während der nachfolgenden Unruhen eine Vielzahl

---

243 S/22799, 12. Es standen lediglich ein Viertel der Vorkriegswassermenge zur Verfügung, wobei das Wasser aufgrund defekter Wasseraufbereitungsanlagen und von Stromausfällen nicht mehr ausreichend geklärt werden konnte.

244 S/22366, 8, 9.

245 Ebd., 9, zufolge kam es zu einem vierfachen Anstieg an Durchfallkrankheiten. Siehe auch UNICEF, Children & Women in Iraq, 1992, 35 ff.

246 S/22799, 12.

247 Hoskins, 119. UNICEF, Children & Women in Iraq, 1992, 34, weist auf die Zerstörung der Krankenhäuser während des Golfkrieges und im nachfolgenden Bürgerkrieg hin.

248 S/22328,13. Viele ausländische Arbeitnehmer, insbesondere Krankenschwestern, aber auch irakische Ärzte hatten entweder das Land oder aufgrund der geringen Bezahlung den Gesundheitssektor verlassen.

249 Ebd.; S/22799, 12.

250 S/22328, 15, zufolge war die Ursache dieser Knappheit der Zusammenbruch der industriellen Produktion, unter anderem bedingt durch einen Mangel an Rohstoffen und die unzureichende Energieversorgung. Die Versorgung mit Arzneimitteln war bereits vor dem Krieg unzureichend gewesen, da aufgrund der ungewissen politischen Lage im Gefolge der Sanktionen sowie Zweifeln an der irakischen Zahlungsfähigkeit viele Exporteure keine Medikamente mehr in den Irak lieferten. Siehe dazu auch Hoskins, 119.

von Schulen geplündert, so daß das Bildungswesen, auch aufgrund der sanktionsbedingt fehleden Unterrichtsmaterialien, erheblich beeinträchtigt wurde[251].

b) Die Entwicklung in den kurdischen Gebieten und im Südirak nach dem Ende des Golfkriegs

Im Frühjahr 1991 kam es sowohl in den autonomen kurdischen Regionen im Norden des Landes als auch im Süden des Landes zu Aufständen der kurdischen bzw. schiitischen Bevölkerung gegen die irakische Regierung. Die irakische Regierung reagierte auf diese Aufstände mit dem Einsatz massiver militärischer Gewaltanwendung. Die militärischen Maßnahmen der irakischen Streitkräfte, die auch gegen die Zivilbevölkerung gerichtet waren, führten in den kurdischen Gebieten zu schweren Zerstörungen der Infrastruktur sowie der weiteren Verminung und lösten eine Flüchtlingswelle aus[252]. Schätzungen zufolge flohen etwa 2 Millionen Kurden in die Gebiete an der türkischen und iranischen Grenze, von denen über 10.000 an Unterernährung und Krankheiten in den notdürftig hergerichteten Flüchtlingslagern starben[253]. Der Sicherheitsrat reagierte auf diese humanitäre Notlage am 5. April 1991 mit der Resolution 688 (1991). In dieser wurden die Konsequenzen der Unterdrückung der Bevölkerung als Bedrohung für den regionalen Frieden bezeichnet und der Irak aufgefordert, die Unterdrükkung unverzüglich zu beenden, die Menschenrechte aller irakischen Bürger zu wahren und humanitären Hilfsorganisationen Zugang zu den Hilfsbedürftigen zu gewähren[254]. Die kurdischen Gebiete wurden von den Vereinigten Staaten unter Berufung auf die Sicherheitsratsresolution 688 zum sogenannten sicheren Hafen erklärt, wobei die Sicherheit der Bevölkerung durch die am 10. April 1991 erfolgte Einrichtung einer Flugverbotszone nördlich des 36. Breitengrades gewährleistet werden sollte[255]. Die Aufstände und nachfolgenden Kämpfe zwischen den kurdischen Parteien[256] auf der einen und der irakischen Regierung auf der anderen Seite hatten nach dem Rückzug der irakischen Streitkräfte dazu

[251] UNICEF, Children & Women in Iraq, 1992, 65.
[252] Hottinger, Arnold, Das Kurdenproblem im Länderdreieck Irak-Iran-Türkei, in: IP, 1991-1992, 232-241, 232 ff.
[253] Hoskins, 96 m.w.N.
[254] Siche zur umstrittenen Resolution 688 Fink, Friedenssicherung, 599 ff., sowie als Beispielsfall einer humanitären Intervention durch den Sicherheitsrat Pape, 168 ff. und Malanczuk, Peter, The Kurdish Crisis and Allied Intervention in the Aftermath of the Second Gulf War, in: EJIL 2 (1991), 114-132, 127 ff.
[255] AdG 1991, 35566.
[256] Die Kurdische Demokratische Partei (KDP) unter Führung von Massoud Barzani und die Patriotische Union Kurdistans (PUK) unter Führung von Jalal Talabani sowie sonstige kleinere Parteien. Siehe zur Entwicklung in den kurdischen Gebieten in den Jahren 1991 und 1992, E/CN.4/1993/45, Ziff. 79 ff.

geführt, daß der Großteil der autonomen kurdischen Gebiete von den kurdischen Parteien kontrolliert wurde[257]. Nachdem Verhandlungen zwischen den kurdischen Parteien und der irakischen Regierung über die Ausgestaltung der Verwaltung der kurdischen Gebiete erfolglos geblieben waren, zog die irakische Regierung im Oktober 1991 alle Regierungsbeamten zurück, stoppte die staatliche Unterstützung und verhängte ein umfassendes internes Wirtschaftsembargo gegen die kurdischen Regionen[258]. Die Verwaltung der Gebiete wurde von der kurdischen Front, einem Zusammenschluß mehrerer kurdischer Parteien übernommen, die aber im Verlauf des Jahres 1994 endgültig auseinanderbrach[259].

Auch die mehrheitlich von Schiiten bewohnten Gebiete im Süden des Landes waren das Ziel von militärischen, teilweise gegen die Zivilbevölkerung gerichteten Angriffen der irakischen Regierung. Diese verhängte 1992 gegenüber diesen Gebieten ein internes Embargo[260]. Außerdem wurde die Trockenlegung der Sümpfe intensiviert[261]. Zur Verhinderung von weiteren Angriffen der irakischen Streitkräfte auf die Zivilbevölkerung erklärten die Vereinigten Staaten und ihre Koalitionspartner das Territorium südlich des 32. Breitengrades mit Wirkung vom 27. August 1992 zur Flugverbotszone[262].

Die Vereinten Nationen reagierten im April 1991 auf die Notlage, insbesondere in den kurdischen Gebieten, mit der Einrichtung des United Nations

---

[257] Ebd., Ziff. 81.

[258] Ebd. Zum internen Embargo, UN Dok. A/48/600, Ziff. 69 ff. Die irakische Regierung stellte grundlegende Sozialdienstleistungen ein und blockierte den Handel mit nahezu sämtlichen Gütern. Die Lebensmittelrationen wurden auf 10 % des Bedarfs gekürzt sowie der Zugang zu den Gesundheitsdiensten eingeschränkt. Außerdem wurde die Lieferung von Brennstoffen reduziert und im August 1993 die Stromversorgung in der Region Dohuk unterbrochen.

[259] Seit 1994 werden die Gebiete von den kurdischen Parteien in ihren jeweiligen Einflußzonen verwaltet. Siehe zur Entwicklung in den kurdischen Gebieten, Gunter, Michael M., The Kurdish Predicament in Iraq, A Political Analysis, Basingstoke, London, 1999, 67, 68, 79 ff. und Hottinger, Arnold, Regionale Rivalitäten und Innere Kämpfe im Mittleren Osten, in: IP, 1993/1994, 26-42, 34 ff.

[260] E/CN.4/1993/45, Ziff. 114 ff., 127. Berichten zufolge verbrachte die irakische Regierung zusätzlich zur Blockade Nahrungsmittel- und Arzneimittelvorräte aus den Gebieten nördlich des 32. Breitengrades und verlagerte die Bargeldreserven der örtlichen Banken nach Bagdad.

[261] Ebd., Ziff. 122 ff.; UN Dok. A/48/600, Ziff. 39 ff., 46 ff. sowie die Stellungnahme der irakischen Regierung in UN Dok. A/48/600/Add.1, 19. November 1993. Während dem Bericht des Rapporteurs zufolge die Trockenlegung der Sümpfe, der Lebensader der Region, in erster Linie eine repressive Maßnahme gegen die Schiiten darstellte, ist sie der irakischen Regierung zufolge zum einen durch den niedrigen Wasserstand bedingt, zum anderen zur optimalen Nutzung der Wasserressourcen erforderlich gewesen.

[262] UN Dok. E/CN.4/1993/45, Ziff. 117. AdG 1992, 37110.

Inter-Agency Programms. Dieses Programm, dessen Koordination dem Repräsentanten des DHA oblag, sollte der Bündelung der humanitären Aktivitäten im Irak dienen. Humanitäre Hilfe wurde 1991 sowohl von verschiedenen Sonderorganisationen der Vereinten Nationen als auch von mehreren NROs, die überwiegend in den kurdischen Gebieten tätig waren, geleistet. Als Rechtsgrundlage diente das zwischen den Vereinten Nationen und der irakischen Regierung im April 1991 vereinbarte "Memorandum of Understanding", in welchem die Art der internationalen Hilfe und die Bedingungen der Zusammenarbeit festlegt waren[263]. Trotz steigenden Bedarfs nahm der Umfang der von der internationalen Gemeinschaft geleisteten humanitären Hilfe, der sich schon 1991 als unzureichend erwiesen hatte, weiter ab. Als Gründe für diesen Rückgang sind die politische Natur der Sanktionen, der Verweis auf die Haltung der irakischen Regierung, insbesondere deren Ablehnung des urprünglichen Öl für Lebensmittel Programms sowie anderweitige Prioritäten der Geber angeführt worden[264].

c) Die Entwicklung von 1991 bis zur Einführung des Öl für Lebensmittel Programms

In der Zeit von 1991 bis zur Einführung des Öl für Lebensmittel Programms im Dezember 1996 konnte die irakische Regierung zwar die unmittelbaren Kriegsschäden an der Infrastruktur durch Wiederaufbaumaßnahmen zumindest behelfsweise beseitigen und Produktionseinbußen in der Landwirtschaft durch wirtschaftspolitische Maßnahmen auffangen, die Lage verschlechterte sich gleichwohl zunehmend. Es bestand weiterhin ein erheblicher Mangel an Nahrungsmitteln[265]. Dies führte ab Mitte 1991 zu einem merklichen Anstieg der Zahl von akut oder chronisch unterernährten Kindern[266]. Dies war nicht zuletzt bedingt durch die Unterernährung der Mütter[267]. 1995 war das Lebensmittel-

---

263 Iraq-U.N. Memorandum of Understanding regarding the civilian population and the establishment of U.N. sub offices and Humanitarian Centres (UNHUCs) in Iraq, signed April 18, 1991, and its Annex regarding the deployment in Iraq of a U.N. Guard contingent, agreed to on May 25, 1991, UN Dok. S/22663, 31. Mai 1991, abgedruckt in: 30 I.L.M (1991), 860.

264 Hoskins, 130 ff.

265 FAO 1995, 3 ff., 7, zufolge reichte die nationale Produktion in keiner Weise aus, um den Nahrungsmittelbedarf zu decken.

266 Ebd., 47. Die Zahl der unterernährten Kinder in Bagdad stieg gegenüber 7 % im Jahr 1991 auf 29 % im Jahr 1995 an. Im gleichen Zeitraum ist ein Anstieg der Zahl der chronisch unterernährten Kinder von 12 % auf 28 % sowie der Zahl der akut unterernährten Kinder von 3 % auf 12 % zu verzeichnen gewesen.

267 WHO/EHA 96.1, 8. Als zuverlässiger Indikator, der auf die Unterernährung der Mütter schließen läßt, kann die Zahl der Geburten mit zu geringem Gewicht herangezogen werden. Von 1990 bis 1994 nahm die Zahl der untergewichtigen Säuglinge stetig zu, von 4.5 % im Jahr 1990 auf 10.8 % im Jahr 1991, 17.6 % im Jahr 1992, 19.7 % im Jahr 1993 und 21.1 % im Jahr 1994. Siehe zur gesundheitlichen Lage der irakischen Frauen UNICEF, Children &

rationssystem, in dem es bereits im September 1994 aufgrund von Nachschubschwierigkeiten zu erheblichen Kürzungen gekommen war, aufgrund des Verfalls des Dinars und der hohen Kosten, die es verursachte, kaum mehr aufrechtzuerhalten[268]. Zur gleichen Zeit war die Kaufkraft der Bevölkerung aufgrund des Rückgangs der Wirtschaftstätigkeit und des schwindenden persönlichen Vermögens weiterhin gesunken, so daß die auf dem offenen Markt angebotenen Nahrungsmittel für die Mehrheit der Bevölkerung unbezahlbar wurden[269]. Die Auswirkungen der mangelhaften Ernährung wurden durch den Ausbruch von Krankheitsepidemien noch verstärkt[270]. So kam es von 1992 bis 1994 zu einer schweren Malariaepidemie[271]. Der Ausbruch dieser Krankheiten wurde durch die schlechten hygienischen Zustände, die durch die weiterhin ungenügende Strom- und Wasserversorgung sowie die unzureichende Abwasser- und Müllentsorgung bedingt waren, gefördert. Er war aber auch Folge mangelhafter medizinischer Betreuung, vor allem der unzureichenden Impfprogramme. So verschlechterte sich die Lage im Gesundheitswesen weiter, da weder die erforderlichen Arzneimittel zur Verfügung standen noch die

---

Women in Iraq, 1992, 52 ff. Die Frauen haben die Hauptlast der Wirtschaftssanktionen tragen müssen. Dazu Buck, L./Gallant, N./Nossal, K.R., Sanctions as a Gendered Instrument of Statecraft: The case of Iraq, in: Review of International Studies 24 (1998), 69-84. In dem Beitrag zitieren die Autorinnen auf Seite 81 das Ergebnis einer im August und September 1991 unter irakischen Frauen durchgeführten Umfrage, in der die folgende Beobachtung zum Eßverhalten der Frauen gemacht wurde: "women were unanimous in the view that the children would be fed first. Often mothers reported that they went hungry and gave their share ... to the children. Priority to pregnant women was given in very few cases."

[268] FAO 1995, 7,8.

[269] Ebd., 9 ff. Während mehr als 70 % der Bevölkerung über ein vollkommen unzureichendes Haushaltseinkommen verfügten, stiegen die Preise einer Vielzahl von elementaren Nahrungsmitteln von 1990 bis 1995 um das 4-5000 fache und der Preis von Weizenmehl um das 11.667 fache an. Ebd., ii. und Tabelle auf Seite 38.

[270] WHO/EHA 96.1, 12 ff. Vor 1990 waren keine Fälle von Cholera bekannt. 1991 und 1994 betrug die Zahl der Cholerafälle jeweils 7.8 pro 100 000. Die Zahl der Typhusfälle stieg 1991 mit 112.8 Fällen gegenüber 11.3 Fällen im Jahr 1990 rapide an. 1994 betrug die Zahl der Fälle 142.1. Ein ähnlicher Anstieg war auch bei den neu auftretenden Fällen von Tetanus, Poliomyelitits, Diphterie, Pertussis, Masern und Meningitis zu verzeichnen. Der explosionsartige Anstieg dieser Krankheiten im Jahr 1992 konnte durch Programme des irakischen Gesundheitsministeriums in Zusammenarbeit mit UN-Sonderorganisationen ab 1994 gestoppt werden.

[271] Ebd., 9,10. Die Zahl der Malariafälle pro 100 000 Menschen stieg im Zentral- und Südirak, nachdem sie 1990 bei 11.7 % gelegen hatte, im Jahr 1993 auf 27.6 % und 1994 auf 28.7 % an. Weitaus schlimmer betroffen waren die kurdischen Provinzen, wo es gegenüber 95 Fällen im Jahr 1990 zu einem Anstieg auf 530.2 Fälle im Jahr 1992, 1 466 Fällen im Jahr 1993 und 2 585 Fällen im Jahr 1994 kam. Die WHO konnte 1995 in Zusammenarbeit mit der Europäischen Union die Malariaepidemie unter Kontrolle bringen.

medizinische Betreuung gewährleistet werden konnte[272]. Diese Lage führte in der Zeit von 1990 bis 1994 zu einem dramatischen Anstieg der Sterblichkeitsrate von Säuglingen und Kindern. So verdoppelte sich die Säuglingssterblichkeit in Bagdad[273], während die Kindersterblichkeit in den fünfzehn Provinzen im Zentral- und Südirak um das sechsfache anstieg[274]. Diese Umstände führten in ihrer Gesamtheit zu einer Situation, die gravierende Auswirkungen auf die Lebensbedingungen im Irak hatte[275].

d) Die Entwicklung von der Einführung des Öl für Lebensmittel Programms bis zum Ende des Jahres 2000

Die Einführung des Öl für Lebensmittel Programms führte zu einer teilweisen Verbesserung der anhaltend schlechten Lage. So bewirkte das Programm eine Aufwertung des Dinars und eine Erhöhung der Finanzmittel, die für die Einfuhr von Nahrungsmitteln, Medikamenten und sonstiger Güter für den Grundbedarf der Bevölkerung zur Verfügung standen[276]. Hierdurch konnte insbesondere die Versorgung mit Nahrungsmitteln, die den wesentlichen Teil des Programms ausmacht[277], verbessert sowie die Preise für Nahrungsmittel auf dem offenen Markt stabilisiert bzw. verringert werden[278].

Diese Umstände resultierten in einer Stabilisierung der Rate der Unterernährung im Zentral- und Südirak[279] und einer erheblichen Senkung dieser Rate in den drei

[272] Ebd., 11. So ging unter anderem die Zahl der chirurgischen Eingriffe von 100 pro 100 000 Menschen im Jahr 1990 auf 62 Eingriffe im Jahr 1994 zurück. 1994 wurden im Vergleich zu 1990 nur 54 % der damaligen Zahl an Laboruntersuchungen durchgeführt. Grund dieser Entwicklung war vor allem der Mangel an medizinischen Geräten.
[273] FAO 1995, 49.
[274] WHO/EHA 96.1, 7. Die Zahl der Todesfälle pro 100000 Lebendgeburten ist dabei Statistiken des irakischen Gesundheitsministeriums zufolge wie folgt: 1990 = 257; 1991 = 884; 1992 = 1460; 1993 = 1495; 1994 = 1536.
[275] Ebd., 17: "Very rarely has the impact of sanctions on millions of people been documented. Severe economic hardship, a semi-starvation diet, high levels of disease, scarcity of essential drugs and, above all, the psycho-social trauma and anguish of a bleak future, have led to numerous families being broken up leading to distortions in social norms."
[276] Hierzu Normand, 21 und Shehabaldin/Laughlin, 12.
[277] Siehe zum Beginn des Programms FAO,1997, 18 ff.
[278] Ebd., 29.
[279] Zwischen den einzelnen Provinzen im Zentral- und Südirak bestanden teilweise erhebliche Unterschiede in der Versorgungslage. Während in der Hauptstadt Bagdad die humanitäre Lage aufgrund deren privilegierter Stellung vergleichsweise gut war, wiesen die schiitischen Gebiete im Süden des Landes die schlechtesten humanitären Indikatoren auf. Diese Unterschiede sind zum einen strukturell, zum anderen durch eine gezielte Verteilungspolitik der irakischen Regierung, mit der Machtbastionen gefördert und Gebiete mit starker,

nördlichen Regionen. Die von dem Programm vorgesehene Versorgung der Bevölkerung mit einer Kalorienzahl von 2.200 Kalorien pro Person ist einem Bericht des Generalsekretärs über die Umsetzung des Öl für Lebensmittel Programms in den ersten beiden Jahren zufolge zu 93 % erreicht worden, was eine Steigerung um 60 % gegenüber dem Beginn des Programms bedeutete. Die Versorgung mit Medikamenten konnte gleichfalls erheblich verbessert werden. So waren Medikamente in Kliniken nicht mehr rationiert, während die medizinische Versorgung der Patienten verbessert werden konnte. Als Ergebnis einer Vielzahl von Projekten und Wiederaufbaumaßnahmen stand auch eine größere Menge an sauberem Trinkwasser als vor Einführung des Programms zur Verfügung. Außerdem sind Erfolge beim Wiederaufbau von Siedlungen und bei der Minenräumung in den nördlichen Provinzen erzielt worden[280].

Im Jahr 2000 war die Lage im Zentral- und Südirak trotz des Öl für Lebensmittel Programms und der Arbeit internationaler Hilfsorganisationen jedoch weiterhin desolat[281]. Insbesondere die Kindersterblichkeit war unvermindert hoch[282]. Seit 1989 hat sich die Rate nach den von UNICEF vorgelegten Statistiken innerhalb von zehn Jahren verdoppelt[283]. Die Einschätzungen der Zahl der Kinder, die infolge der Auswirkungen der Wirtschaftssanktionen gestorben sind, weichen

insbesondere schiitischer Opposition geschwächt werden sollten, bedingt gewesen. Siehe dazu Baram, 207 ff.

280 S/1999/481, Ziff. 52 ff. Siehe dazu auch die Kritik von Baram, 215 ff., an der irakischen Regierung, die in den Verteilungsplänen humanitäre Güter, insbesondere Nahrungsmittel und Medikamente, nicht nach offensichtlichen Prioritäten bestellt sowie trotz vorhandener Möglichkeiten nicht die notwendigen Investitionen im Bildungsbereich vorgenommen habe.

281 Report of the Secretary-General pursuant to paragraph 5 of resolution 1302, Ziff. 3, UN Dok. S/2000/1132, 29. November 2000.

282 Das leichte Sinken der Rate der Unterernährung (s.u. Anm. 286) hat bis 2001 nicht zu einem merklichen Rückgang der Sterblichkeitsrate geführt.

283 UNICEF, Child and Maternal Mortality Survey, July 1999. Hinsichtlich der Sterblichkeit von Kleinkindern bis zum ersten Lebensjahr in den Provinzen im Zentral- und Südirak kam die Studie zu dem Ergebnis, daß diese von 54.1 Todesfällen pro 1000 Geburten (Totgeburten ausgenommen, nachfolgende Zahlen jeweils pro 1000 Geburten) im Zeitraum von 1979-1984 auf 47.1 Todesfälle in den Jahren 1984-1989 gesunken, danach aber im Zeitraum von 1989-1994 auf 78.9 Todesfälle und im Zeitraum von 1994-1999 auf 107.9 Todesfälle angestiegen sei. Bei der Sterblichkeit von unter fünf Jahre alten Kindern hat sich die Zahl der Todesfälle im Vergleich der Zahlen für den Zeitraum 1984-1989 und 1994-1999 gleichfalls mehr als verdoppelt. Nachdem die Sterblichkeitsrate von 67.1 in den Jahren 1979-1984 auf 56.0 in dem Zeitraum 1984-1989 gefallen war, nahm sie im Zeitraum 1989-1994 auf 78.9 und im Zeitraum 1994-1999 auf 107.9 zu. Die UNICEF Exekutivdirektorin Carol Bellamy kam zu dem Schluß, daß eine halbe Millionen weniger Kinder im gesamten Irak gestorben wären, wenn die erhebliche Senkung der Sterblichkeit von Kindern unter 5 Jahren, die in den 1980er Jahren im gesamten Irak erreicht worden ist, hätte beibehalten werden können.

zum Teil erheblich voneinander ab[284]. Der umfassendsten Studie über die Entwicklung der Kindersterblichkeit in der Zeit von 1990 bis 1998 zufolge sind in diesem Zeitraum zumindest 100.000, wahrscheinlich aber 227.000 Kinder an den Folgen des Krieges und der Wirtschaftssanktionen, die als wesentliche Ursache des Anstiegs der Todesfälle genannt werden, gestorben[285]. Die erhöhte Sterblichkeit beruht auf einem Bündel von Ursachen, vor allem dem sozioökonomischen Status der Familie, der dadurch bedingten Unter[286]- bzw. Mangelernährung, der durch die Verschlechterung der Wasserversorgung bzw. Abwasserentsorgung gestiegenen Zahl von Krankheiten sowie dem geschwächten Gesundheitswesen[287]. In den kurdischen Provinzen konnte hingegen seit der Einführung des Öl für Lebensmittel Programms ein deutlicher Rückgang der Kindersterblichkeit erreicht werden[288]. Als mögliche Ursachen für diese unterschiedliche Entwicklung kommt die höhere anteilige Finanzzuteilung unter dem Programm, die hohe Zahl an NROs, die in den kurdischen Provinzen tätig sind, verstärkter Schmuggel sowie eine bessere administrative Umsetzung des Programms durch die Vereinten Nationen in Betracht[289].

---

[284] Garfield, 5 ff.,33 ff.

[285] Ebd., 32,36.

[286] Unicef Iraq, Annual Report 1999, 7, 8, zufolge ist die Rate der Unterernährung im Zentral- und Südirak mit 21.3 % im April 1999 erstmalig gegenüber den Vorjahresraten von 22.8 % im März 1998 und 21.3 % im April 1997 leicht rückläufig gewesen. Dies gilt auch für die chronische Unterernährung, die im April 1999 20.4 % gegenüber 26.7 % im März 1998 und 27.5 % im April 1997 betrug. Die akute Unterernährung stieg hingegen von 8.9 % im April 1997 und 9.1 % im März 1998 auf 9.3 % im April 1999 an. Dem Bericht des Generalsekretärs, S/2001/186, 2. März 2001, Ziff. 5, 74 ff. zufolge standen der Bevölkerung um den Jahreswechsel 2000/2001 unter dem Programm durchschnittlich 2.270 Kilokalorien zur Verfügung, wobei die Vorgaben unter der Phase VIII bezüglich der Kalorienversorgung zu 92 % und bezüglich der Proteinversorgung zu 74 % erfüllt worden seien. Die den einkommensschwachen Bevölkerungsgruppen angehörenden Menschen seien jedoch gezwungen, die Nahrungsmittel aus dem Lebensmittelkorb gegen andere Güter des humanitären Bedarfs zu tauschen.

[287] ICRC, A Decade of Sanctions, 5 ff.

[288] UNICEF, Child and Maternal Mortality Survey, In Dohouk, Erbil and Al-Suleimaniyah Governorates, August 1999. Dort ist die Zahl der Todesfälle von Kleinkindern von 75.5 im Zeitraum von 1979-1984 auf 65.7 im Zeitraum 1984-1989 gesunken, um in der Folgezeit nach einem Anstieg auf 70.4 im Zeitraum 1989-1994 auf 56.7 im Zeitraum 1994-1999 zu fallen. In ähnlicher Weise entwickelte sich für den jeweiligen Zeitraum die Sterblichkeitsrate von unter fünf Jahre alten Kindern, die von 104.9 auf 82.4 gesunken ist, um nach einem zwischenzeitlichen Anstieg auf 88.3 eine Zahl von 69 Todesfällen für den Zeitraum 1994-1999 aufzuweisen. Ebenfalls verbessert hat sich die Ernährungssituation. Im November 1998 waren 19 %, im Juni 1999 15 % der Kinder unterernährt. Die Zahlen für chronische Unterernährung betrugen im Juni 1999 19 % gegenüber 24 % im November 1998. Zur Ernährungssituation UNICEF, Annual Report 1999, 8.

[289] Von Sponeck, 934.

Wesentlicher Grund für die am Ende des Jahres 2000 anhaltend schlechte Lage im Zentral- und Südirak sind der fortschreitende Zerfall der Infrastruktur des Landes sowie der Zusammenbruch des Gesundheitswesens[290]. Die unzureichende Stromversorgung[291] hat sich nachteilig auf den Betrieb von Krankenhäusern sowie von Wasseraufbereitungs- und Kläranlagen ausgewirkt. Zum Betrieb und zur Instandhaltung dieser Anlagen fehlt es überdies aufgrund der unzureichenden Bezahlung an qualifiziertem Personal. Ersatzteile und andere Materialien, die zum Betrieb der alternden Anlagen benötigt werden, werden entweder vom Sanktionsausschuß blockiert oder treffen oftmals erst mit erheblicher Verspätung ein[292]. Eine Dürreperiode im Jahr 1998 und 1999 hat die bestehenden Probleme in diesem Bereich noch verstärkt und sich zudem nachteilig auf die landwirtschaftliche Produktion ausgewirkt[293]. Diese Zustände haben dazu geführt, daß in den ländlichen Gebieten die Hälfte der Bevölkerung nicht im erforderlichen Umfang über sauberes Trinkwasser verfügt und weniger als ein Drittel der Bevölkerung an das Abwassernetz angeschlossen ist[294]. Die Abfallentsorgung ist nahezu zusammengebrochen[295]. Diese Entwicklung hat zur Folge gehabt, daß

[290] ICRC, A Decade of Sanctions, 6, 7.

[291] UNDP, Annual Report 1998, 6. Die Stromversorgung verschlechterte sich aufgrund unzureichender Instandhaltung und Reparaturen zusehends. Während im Jahr 2000 die Haushalte in Bagdad im Durchschnitt täglich in über 15 Stunden mit Strom versorgt werden, beträgt die Dauer der Stromversorgung in anderen Städten und auf dem Land oftmals weniger als 3 Stunden. Die kurdischen Provinzen sind überhaupt nicht mehr an das nationale Stromnetz angeschlossen (s.o. Anm. 258). Die Summe, die unter dem Öl für Lebensmittel Programm zum Wiederaufbau der Stromindustrie zur Verfügung steht, entspricht bei weitem nicht dem festgestellten Bedarf. S/1999/481, Ziff. 100, 101.

[292] Dem Generalsekretär zufolge war die Zahl der angehaltenen Anträge inakzeptabel hoch. So waren etwa Anfang des Jahres 2001 über 1.500 Anträge im Wert von nahezu $ 3.5 Milliarden angehalten, dem Wert von 14 % aller Anträge. Siehe zur Entwicklung der Zahl der angehaltenen Anträge in den einzelnen Kategorien des Verteilungsplans die Berichte des Generalsekretärs UN Dok. S/2000/208, 10. März 2000, Ziff. 205; S/2000/520, 1. Juni 2000, Ziff. 21 ff., 100; S/2000/857, 8. September 2000, Ziff. 46; S/2000/1132, 29. November 2000, Ziff. 38 ff.; S/2001/186, 2. März 2001, Ziff. 36 ff.; S/2001/505, 18. Mai 2001, Ziff. 18 ff. und S/2001/919, 28. September 2001, Ziff. 15 ff.

[293] UNICEF, Annual Report 1999, 22.

[294] Ebd., 1. 1999 hatten im Zentral- und Südirak 94 % der Stadtbevölkerung Zugang zu Trinkwasser und waren an das Abwassernetz angeschlossen. Von der ländlichen Bevölkerung hatten 41 % Zugang zu Trinkwasser, 33.7 % waren an das Abwassernetz angeschlossen. In den kurdischen Provinzen hatten 95 % der städtischen und 82 % der ländlichen Bevölkerung Zugang zu Trinkwasser, während 75.1 % der städtischen und 16.2 % der ländlichen Bevölkerung an das Abwassernetz angeschlossen waren. Die Erhebung bezog sich nicht auf die Qualität und Quantität des Wassers.

[295] Nur 10 % der Fahrzeuge waren einsatzbereit. Lediglich ein Drittel des gesamten Abfalls wurde entsorgt. UNICEF, Annual Report, 1999, 8.

die Zahl der durch verunreinigtes Wasser oder schlechte hygienische Zustände übertragenen Krankheiten, insbesondere Cholera, Typhus und Gastroenteritis, vor allem unter jungen Kindern weiterhin unvermindert hoch ist[296].

Im Gesundheitswesen ist die Mehrzahl der zumeist in der Zeit von 1960 bis 1990 errichteten Krankenhäuser stark reparaturbedürftig. Die sanitären und hygienischen Verhältnisse entsprechen in vielen Krankenhäusern nicht dem gebotenen Mindeststandard. Oftmals fehlen die medizinischen Geräte, auch einfachster Art, sowie die richtigen Medikamente, um die erforderliche medizinische Behandlung fachgerecht ausführen zu können. Die Ausbildung der Mediziner hat sich rapide verschlechtert, da Fachzeitschriften dem Einfuhrverbot mit Genehmigungsmöglichkeit unterliegen und der Austausch mit ausländischen Kollegen nur in geringem Maß stattfinden kann. Aufgrund der schlechten Bezahlung haben viele Mediziner den Gesundheitsbereich verlassen und sind entweder ausgewandert oder arbeiteten in anderen Berufen. Außerdem fehlt es an Krankenschwestern, so daß deren Aufgaben durch Familienangehörige wahrgenommen werden müssen[297]. Der Bildungssektor befindet sich gleichfalls in einem bedenklichen Zustand[298]. Der Schulbesuch von Kindern und Jugendlichen ist gegenüber 1990 um 53 % zurückgegangen, während die Zahl der Straßenkinder und Kinderarbeiter sprunghaft gestiegen ist. Ein Großteil der Schulen im Zentral- und Südirak sind reparaturbedürftig. Gleichzeitig mangelt es an ausreichend qualifiziertem Lehrpersonal. In den weiterführenden Schulen und Universitäten fehlen darüber hinaus insbesondere das erforderliche Lehrmaterial und Lehrgegenstände, z.B. Computer, sowie Fachzeitschriften, da diese in vielen Fällen vom Sanktionsausschuß blockiert worden sind[299].

Die wirtschaftlichen Probleme haben im Zusammenwirken mit der Isolation gegenüber der Außenwelt und der internen politischen Repression[300] dazu geführt,

---

[296] Ebd., 7.

[297] Siehe zu diesem Abschnitt ICRC, A Decade of Sanctions, 6, 7.

[298] Für den Bildungssektor standen lediglich 4 % der Mittel unter dem Öl für Lebensmittel Programm zur Verfügung. So standen während der ersten vier Phasen $ 23 Millionen pro Jahr zur Verfügung, während in den 1980er Jahren die jährliche Mittelzuteilung durch die Regierung $ 230 Millionen betrug. UNICEF, Annual Report 1999, 9.

[299] Ebd. Siehe auch S/1999/356, Annex II, Ziff. 22.

[300] Die Menschenrechtsverletzungen seitens der irakischen Regierung haben verschiedenen Berichten zufolge seit 1990 zugenommen, wobei die Einschätzung der tatsächlichen Lage aufgrund der Abgeschlossenheit des Systems nur schwer möglich ist. Dem Bericht des Sonderberichterstatters Max van der Stoel zufolge sei es in dem gesamten Zeitraum zu systematischen, schwerwiegenden Menschenrechtsverletzungen durch die irakische Regierung gekommen. Siehe E/CN.4/1999/37, 26. Februar 1999, Ziff. 88 sowie Amnesty International, Jahresbericht 2000, Frankfurt am Main, 2000, 237 ff.

daß familiäre und gesellschaftliche Probleme stark zugenommen haben[301]. In der Bevölkerung herrscht eine frustrierte und niedergeschlagene Stimmung, die sich unter anderem in einem Anstieg der Zahl der psychischen Erkrankungen um 157 % seit 1990 ausdrückte[302].

Nach fast zehn Jahren Wirtschaftssanktionen stellt sich die Lage im Vergleich zu 1990 wie folgt dar[303]:

Die Säuglingssterblichkeit ist von 47 (pro 1000 Lebendgeburten) auf 108 im Zentral- und Südirak und 59 in den kurdischen Provinzen gestiegen; die Sterblichkeit von Kindern unter fünf Jahren ist von 56 auf 131 im Zentral- und Südirak und 72 in den kurdischen Provinzen gestiegen; die Müttersterblichkeit ist von 117 auf 294 im Zentral- und Südirak gestiegen[304]; bei den unter 5 Jahre alten Kindern ist die Unterernährung (General underweight) von 9 % auf 21.3 % im Zentral- und Südirak und 14.7 % in den kurdischen Provinzen gestiegen; die chronische Unterernährung (Stunting) hat von 18 % auf 20.4 % im Zentral- und Südirak und auf 18.9 % in den kurdischen Provinzen zugenommen; die akute Unterernährung (Wasting) ist von 3 % auf 9.3 % im Zentral- und Südirak und auf 3.4 % in den kurdischen Provinzen angestiegen; von der ländlichen Bevölkerung haben gegenüber 75 % im Jahr 1990 lediglich 41 % im Zentral- und Südirak, aber 82 % in den kurdischen Provinzen Zugang zu sauberem Trinkwasser; von der städtischen Bevölkerung haben gegenüber 100 % im Jahr 1990 94 % im Zentral- und Südirak und 95 % in den kurdischen Provinzen Zugang zu sauberem Trinkwasser; von den Kindern besuchen gegenüber 87.8 % der Mädchen im Jahr 1990 lediglich 80 % im Zentral- und Südirak und 76 % in den kurdischen Provinzen die Schule. Bei den Jungen ist die Rate von 99.8 % auf 88 % bzw. 86 % gesunken; die Zahl der Schulanfänger im Alter von 6 Jahren ist bei den Mädchen von 87 % auf 66.6 % im Zentral- und Südirak und auf 72 % in den kurdischen Provinzen gesunken. Bei den Jungen ist die Zahl von 88 % auf 66.8 % bzw. 78 % gesunken.

---

301 S/1999/356, Annex II, Ziff. 25. UNDP, Annual Report 1998, 7. Die Berichte vermerken insbesondere einen starken Anstieg der Kriminalität und Bettelei.

302 S/1999/356, Annex II, Ziff. 25. UNICEF, Annual Report 1999, 6. Insbesondere Frauen litten verstärkt an Depression, Angstzuständen, Schlaflosigkeit, Gewichtsverlust und anderen psychisch bedingten Krankheiten. Die Zahl der Patienten an Kliniken für psychische Krankheiten ist von 200.000 im Jahr 1990 auf 220.000 im Jahr 1994 und 510.000 im Jahr 1995 gestiegen.

303 Die Vergleichszahlen beziehen sich auf die Jahre 1991 bzw. 1999 aus UNICEF, Annual Report 1999, 10.

304 Für die kurdischen Provinzen liegen keine Daten vor.

2.2.3.3. Die Kausalität der Wirtschaftssanktionen

Als Ursachen für die Entwicklung der Wirtschaft und der Lebensverhältnisse im Irak im Zeitraum von August 1990 bis 2000 kommen neben den Wirtschaftssanktionen der Iran-Irak Krieg, die Wirtschaftspolitik der irakischen Regierung vor und während der Sanktionen, die durch den zweiten Golfkrieg im Frühjahr 1991 verursachten Schäden, die interne Unterdrückungspolitik durch den Irak ab 1991 sowie Umweltfaktoren, insbesondere die Dürreperiode, in Betracht.

Der Krieg mit dem Iran hatte dem Irak schwere Schäden zugefügt, die 1990 noch nicht restlos beseitigt waren. Außerdem war die irakische Wirtschaft seit den 1980er Jahren durch strukturelle Fehlentwicklungen, die sich in einer Überbetonung des militärisch-industriellen Komplexes auf Kosten anderer Wirtschaftsbereiche ausdrückten, gekennzeichnet[305]. Die Zerstörung der Infrastruktur durch die im Januar und Februar 1991 erfolgten Luftangriffe der alliierten Streitkräfte fügten der irakischen Wirtschaft und den öffentlichen Versorgungseinrichtungen gravierende Schäden zu. Sie waren die wesentliche Ursache für die katastrophale Lage im Frühjahr und Sommer 1991. Diese Lage wurde im Norden und Süden des Landes im Laufe des Jahres noch durch die internen Konflikte und die militärischen Unterdrückungsmaßnahmen seitens der irakischen Regierung verstärkt. Dies führte nicht nur zu einer weiteren Zerstörung der Infrastruktur in den betroffenen Gebieten, sondern auch zu einer hohen Zahl an Binnenflüchtlingen.

Als wesentliche Ursache für die festgestellte Entwicklung sind jedoch die von den Vereinten Nationen verhängten Wirtschaftssanktionen anzusehen[306]. Bereits kurze Zeit nach der Verhängung der Wirtschaftssanktionen erfolgte ein schwerer wirtschaftlicher Einbruch, der durch sinkende Produktivität, hohe Inflationsraten und massive Arbeitslosigkeit gekennzeichnet war. Außerdem kam es aufgrund der fehlenden Einfuhr von Nahrungsmitteln und einem im wesentlichen auf die fehlende Einfuhr der erforderlichen Produktionsmittel zurückzuführenden Produktionsrückgang in der Landwirtschaft zur Nahrungsmittelknappheit. Nach der durch die Bombardierung im Frühjahr 1991 herbeigeführten Zerstörung der Infrastruktur waren die Sanktionen dafür verantwortlich, daß die Infrastruktur aufgrund fehlender Gelder und Materialien sowie einem Mangel an qualifiziertem Personal nicht umgehend wiederaufgebaut, sondern nur notdürftig repariert werden konnte. Die Kombination aus zerstörter bzw. unzureichend

[305] Mahdi, 43.

[306] Bossuyt, Economic Sanctions, Ziff. 63; Cordesman, 137; Cortright/Lopez, Sanctions Decade, 37, 48; Hoskins, 137; Mahdi, 45; Mueller/Mueller, 51; Normand, 19; Reisman/Stevick, 103; ICRC, A Decade of Sanctions, 3, 4.

wiederaufgebauter Infrastruktur, dem Niedergang der öffentlichen Dienste sowie der starken wirtschaftlichen Verelendung hatten gravierende Auswirkungen auf die Lebensverhältnisse der Bevölkerung, insbesondere deren Gesundheit, die durch die Hilfe von internationalen Hilfsorganisation und durch das Öl für Lebensmittel Programm nur unzureichend ausgeglichen werden konnten[307]. In Hinblick auf die Ursächlichkeit läßt sich feststellen, daß es auch im Jahre 1991, selbst wenn keine Wirtschaftssanktionen verhängt worden wären, aller Wahrscheinlichkeit nach zu einer durch die Zerstörung der Infrastruktur bedingten prekären Lage der Bevölkerung gekommen wäre, die jedoch zumindest in den ersten Monaten des Jahres aufgrund der ungehinderten Möglichkeit der Nahrungsmitteleinfuhr weniger schlimm ausgefallen wäre. Auf der Grundlage der wirtschaftlichen Lage des Irak vor der Verhängung der Wirtschaftssanktionen ist anzunehmen, daß es dem Irak ohne diese innerhalb weniger Jahre möglich gewesen wäre, mit den Erlösen aus dem Erdölexport, die zwar aufgrund der zu Anfang der 1990er Jahre niedrigen Weltmarktpreise geringer als in den 1980er Jahren, aber immer noch beträchtlich gewesen wären, die Infrastruktur weitgehend wiederherzustellen[308]. Der Irak wäre gleichfalls binnen relativ kurzer Zeit in der Lage gewesen, die erforderliche Menge an Nahrungsmitteln einzuführen, um eine Unterernährung bei weiten Teilen der Bevölkerung zu vermeiden. Auch die Bereiche des Gesundheits- und Bildungswesens hätten nach einer Gesundung der Wirtschaftslage nachhaltig verbessert werden können. Dies wäre wahrscheinlich selbst angesichts der hohen Verschuldung des Irak und bei einem relativ hohen Militärhaushalt zu erreichen gewesen[309]. Allerdings ist bei dieser Prognose zu berücksichtigen, daß die irakische Regierung im Norden und Süden des Landes 1991 sowie in der Folgezeit selbst zu einer Verschlechterung der Lage beigetragen hat und insofern bezweifelt werden muß, daß die irakische Regierung in der Folgezeit die Versorgungslage der betroffenen Bevölkerungsgruppe durch die erforderlichen Maßnahmen verbessert hätte. Die irakische Regierung hat auch durch die fehlende Annahme des Öl für Lebensmittel

---

307 Ebenso Cortright/Lopez, Sanctions Decade, 51. Shehabaldin/Laughlin, 5 ff., nennen sieben Faktoren, die im Zusammenwirken zu den schwerwiegenden Folgen der Wirtschaftssanktionen geführt haben: 1. Anfälligkeit der irakischen Wirtschaft für Sanktionen, 2. Hohe Abhängigkeit von Einfuhren in Hinblick auf einheimischen Verbrauch und Investitionen, 3. Geringe Anzahl von Handelspartnern, 4. Leichte Überwachung und Kontrolle der Sanktionen, 5. Schnelle und entschlossene Verhängung der Sanktionen, 6. Minimale Kosten der Sanktionen für die sanktionierenden Staaten, 7. Langjährige Dauer der Sanktionen.

308 Hoskins, 136.

309 AA. Baram, 222, unter Hinweis auf die massive Auslandsverschuldung des Irak und die hohen Reparationsforderungen gegen den Irak. Außerdem sei zu erwarten, daß die irakische Regierung die vorhandenen finanziellen Mittel eher zur Wiederaufrüstung als zu humanitären Zwecken einsetzen würde. Selbst wenn all diese Hemmfaktoren berücksichtigt werden, erscheint der Schluß doch zu weitgehend, daß es bei einer Aufhebung der Sanktionen nicht zu einer merklichen Verbesserung der humanitären Lage gekommen wäre bzw. kommen würde.

Programms im Jahr 1991 dazu beigetragen, daß die nachteiligen Auswirkungen der Sanktionen nicht durch Gegenmaßnahmen gelindert werden konnten. Gleichwohl wäre die Lage im Irak ohne die verhängten Sanktionen nicht über einen längeren Zeitraum hinweg in einem mit der gegenwärtigen Lage vergleichbaren Zustand gewesen[310]. Die Wirtschaftssanktionen haben somit als wesentlicher Faktor für die gegenwärtige humanitäre Lage zu gelten, wobei deren nachteilige Auswirkungen durch die Politik der irakischen Regierung in beträchtlichem Maße verschärft worden sind.

2.3. Libyen

2.3.1. Vorgeschichte[311]

Am 21. Dezember 1988 explodierte über der Ortschaft Lockerbie in Schottland ein Flugzeug des Typs Boeing 747 der Fluggesellschaft Pan American World Airways auf dem Flug PA 103 von London nach New York. Durch die Explosion wurden alle 259 Passagiere und Besatzungsmitglieder sowie 11 Menschen am Boden in ihren von Trümmern des Flugzeuges getroffenen Häusern und Autos getötet. Auslöser der Explosion war eine an Bord der Maschine geschmuggelte Bombe[312]. Die Urheberschaft des Anschlags blieb zunächst unklar[313]. Im Laufe des Jahres 1991 verdächtigten die Vereinigten Staaten und das Vereinigte Königreich in zunehmendem Maße Libyen der Beteiligung an dem Attentat[314]. Daraufhin wurden am 14. November 1991 die beiden libyschen Staatsangehörigen Abdel Basset Ali Mohammed Al Megrahi und Al Amin Khalifa Fhimah vor der "Grand Jury des United States District Court for the

---

310 Hoskins, 136.

311 Siehe zur Beteiligung Libyens am internationalen Terrorismus und dem Verhältnis zwischen Libyen und den Vereinigten Staaten Pasha, 120 ff. Zur politischen Entwicklung Libyens Simons, Geoff, Libya, The Struggle for Survival, 2. Auflage, Basingstoke, London, 1996.

312 AdG 1989, 32874.

313 Anfangs wurden vor allem Syrien und der Iran der Beteiligung an dem Attentat verdächtigt. Siehe hierzu AdG 1988, 32874 und Pasha, 127, 128.

314 Die Vereinigten Staaten hatten bereits 1981,1982 und 1986 wegen der libyschen Beteiligung am internationalen Terrorismus einseitige Wirtschaftssanktionen gegenüber Libyen verhängt. Hierzu Pasha, 122 ff. Libyen ist überdies von den Vereinigten Staaten als Förderer des internationalen Terrorismus klassifiziert worden, eine Klassifizierung, die erhebliche rechtliche Folgewirkungen gemäß den US-amerikanischen Anti-Terrorismus Gesetzen hat. Hierzu Damrosch, Sanctions, 64 ff.

District of Columbia" unter anderem wegen Verschwörung und Mordes angeklagt. Die Anklage beschuldigte sie, eine in einem Kassettenrecorder versteckte Bombe von Malta nach Frankfurt geschickt, dort an Bord des Fluges der PanAm verbracht, über Lockerbie gezündet und so den Absturz des Flugzeuges bewirkt zu haben[315]. Am selben Tag erklärte der Lord Advocate of Scotland, daß genügend Beweismaterial vorliege, um Haftbefehle gegen die beiden libyschen Staatsangehörigen wegen Verschwörung, Mord und einer Verletzung des Gesetzes zum Schutz der Luftfahrt von 1982 zu erlassen[316].

Am 27. November 1991 gaben die Vereinigten Staaten und das Vereinigte Königreich die folgende gemeinsame Erklärung ab:

> "The British and American Governments today declare that the Government of Libya must:
> surrender for trial all those charged with the crime; and accept responsibility for the actions of Libyan officials; disclose all it knows of this crime, including the names of all those responsible, and allow full access to all witnesses, documents and other material evidence, including all the remaining timers; pay appropriate compensation.
> We expect Libya to comply promptly and in full"[317].

Am 19. September 1989 explodierte über der Sahara in Niger an Bord der aus Brazzaville im Kongo kommenden DL-10 Maschine der französischen Fluggesellschaft UTA (Union des Transports Aériens) eine Bombe und tötete alle 170 an Bord befindlichen Passagiere und Besatzungsmitglieder. Im September 1991 gelangte der zuständige französiche Untersuchungsrichter zu dem Schluß, daß die Bombenexplosion auf eine Anweisung des libyschen Geheimdienstes zurückzuführen sei. Der Untersuchungsrichter stellte daraufhin am 30. Oktober 1991 internationale Haftbefehle gegen die der Tat verdächtigten Personen, den stellvertretenden libyschen Außenminister Musa Kusa, den stellvertretenden Leiter des libyschen Geheimdienstes Abdallah Sanusi sowie zwei weitere libysche Staatsangehörige aus[318]. Außerdem verlangte Frankreich die sofortige, umfassende und effektive Zusammenarbeit der libyschen Behörden mit der

---

[315] Die Anklageschrift ist enthalten in Letter dated 23 December 1991 from the Acting Permanent Representative of the United States of America to the United Nations addressed to the Secretary-General, Annex, UN Dok. A/46/831, S/23317, 23. Dezember 1991.
[316] Letter dated 20 December 1991 from the Permanent Representative of the United Kingdom of Great Britain and Northern Ireland to the United Nations Addressed to the Secretary-General, Annex, UN Dok. A/46/826, S/23307, 31. Dezember 1991.
[317] Letter dated 20 December 1991 from the Permanent Representative of the United States of America to the United Nations Addressed to the Secretary-General, Annex: Statement issued by the Government of the United States of 27 November 1991 regarding the bombing of Pan Am 103, UN Dok. A/46/827, S/23308, 31. Dezember 1991.
[318] Siehe zu diesem Abschnitt AdG 1991, 36221.

französischen Justiz, um bei der Feststellung der für Tat Verantwortlichen zu helfen. Libyen wurde dazu aufgefordert:

> "a) to produce all the material evidence in its possession and to facilitate access to all documents that might be useful for establishing the truth; b) to facilitate the necessary contacts and meetings, inter alia, for the assembly of witnesses; and c) to authorize the responsible Libyan officials to respond to any request made by the examining magistrate responsible for judicial information"[319].

Das libysche Außenministerium bestritt kategorisch jede Verbindung mit dem Anschlag von Lockerbie und forderte die Vereinigten Staaten und das Vereinigte Königreich auf, ihre Anschuldigungen durch eine neutrale Schiedskommission oder den IGH überprüfen zu lassen. Libyen erklärte sich zur Kooperation mit schottischen bzw. US-amerikanischen Anklägern und unabhängigen ausländischen Richtern bereit, weigerte sich aber, die beiden des Lokkerbie Attentats angeklagten Libyer auszuliefern, da ein solcher Schritt nicht mit der libyschen Souveränität vereinbar sei. Zugleich bekundete Libyen gegenüber Frankreich seine grundsätzliche Bereitschaft zur Zusammenarbeit bei der Aufklärung des UTA Attentats[320]. Die Vereinigten Staaten, das Vereinigte Königreich und Frankreich hielten diese Schritte Libyens für unzureichend und brachten die Angelegenheit vor den Sicherheitsrat. Daraufhin verabschiedete der Sicherheitsrat am 20. Januar 1992 einstimmig die Resolution 731 (1992)[321]. Darin wurde die libysche Regierung unter Hinweis auf das Ergebnis von Untersuchungen des Lockerbie Attentats, welche die libysche Regierung belasten, wegen ihrer fehlenden Kooperation verurteilt und gedrängt, vollständig und wirksam auf diejenigen Forderungen zu reagieren, die von ihr die Auslieferung der des Attentats verdächtigten Personen sowie eine Abkehr vom internationalen Terrorismus verlangen[322]. Libyen reagierte auf die in der Resolution 731 (1992) enthaltene Androhung von Wirtschaftssanktionen im Februar 1992, indem es seine grundsätzliche Bereitschaft zur Übergabe der verdächtigten Personen

---

[319] Letter dated 20 December from the Permanent Representative of France to the United Nations Addressed to the Secretary-General, Annex, Communiqué from the President of the French Republic and the Ministry of Foreign Affairs, UN Dok. A/46/825, S/23306, 20. Dezember 1991.

[320] Siehe die Briefe des libyschen Vertreters an den Präsidenten des Sicherheitsrats, UN Dok. S/23221, 16. November 1991, Annex; S/23226, 20. November 1991; S/23396, 9. Januar 1992; S/23416, 13. Januar 1992, Annex; S/23417, 13. Januar 1992 sowie zu den libyschen Reaktionen Weller, Lockerbie Case, 309, 310.

[321] Die Resolution erging nicht auf der Grundlage von Kapitel VII der Charta.

[322] Dies sind die in den Dokumenten S/23306, S/23308 und S/23309 enthaltenen Forderungen.

bekundete[323]. Das Angebot Libyens wurde vom Sicherheitsrat als ungenügend abgelehnt, da die Vereinigten Staaten und das Vereinigte Königreich darauf bestanden, daß der Prozeß gegen die Angeklagten vor einem US-amerikanischen bzw. britischen Gericht stattfindet[324].

Am 3. März 1992 beantragte Libyen vor dem IGH eine einstweilige Verfügung gegen die Vereinigten Staaten und das Vereinigte Königreich[325]. Dabei machte es geltend, daß sich der zwischen den Parteien bestehende Streit über die Auslieferung der beiden Angeklagten einzig nach den Bestimmungen des Übereinkommens zur Bekämpfung widerrechtlicher Handlungen gegen die Sicherheit der Zivilluftfahrt vom 23. September 1971 (Montreal Convention) richte, wobei Libyen seinen daraus resultierenden Verpflichtungen vollständig nachgekommen sei, während die Vereinigten Staaten und das Vereinigte Königreich ihre Verpflichtungen aus den Artikeln 5 (2), 5 (3), 7, 8 (2) und 11 der Montreal Convention verletzt hätten. Libyen ersuchte den IGH folgende einstweilige Verfügung zu erlassen:

> "a) to enjoin the United States of America/the United Kindom from taking any action against Libya calculated to coerce or compel Libya to surrender the accused individuals to any jurisdiction outside of Libya; and b) to ensure that no steps are taken that would prejudice in any way the rights of Libya with respect to the legal proceedings that are the subject of Libya's Application"[326].

---

[323] Voraussetzung hierfür sollte sein, daß ein von dem Generalsekretär ernanntes, aus anerkannten Juristen bestehendes Gremium auf der Grundlage einer Ermittlung zu dem Ergebnis gelange, daß die Vorwürfe gegen die Beschuldigten begründet seien. Daraufhin wäre Libyen bereit, die verdächtigen Personen an eine unbeteiligte Partei auszuliefern, wobei der Generalsekretär ein faires Verfahren garantieren sollte. In Hinblick auf die französische Anfrage erklärte sich Libyen bereit, daß ein französischer Ermittlungsrichter nach Libyen komme, um dort die für erforderlich gehaltenen Ermittlungen durchzuführen. Further Report by the Secretary-General Pursuant to Paragraph 4 of Security Council Resolution 731 (1992), Annex I, Letter from the Secretary of the People's Committee for External Liaison and International Cooperation, dated 27 February 1992, UN Dok. S/23672, 5. März 1992.

[324] Cortright/Lopez, Sanctions Decade, 111.

[325] Questions of Interpretation and Application of the 1971 Montreal Convention arising from the Aerial Incident at Lockerbie (Libyan Arab Jamahiriya v. United Kingdom), Provisional Measures, Order of 14 April 1992, ICJ Reports 1992, 3; Questions of Interpretation and Application of the 1971 Montreal Convention arising from the Aerial Incident at Lockerbie (Libyan Arab Jamahiriya v. United States of America), Provisional Measures, Order of 14 April 1992, ICJ Reports 1992, 114.

[326] ICJ Reports 1992, 3, 8, Ziff. 11; 1992, 114, 119, Ziff. 11.

2.3.2. Der Verlauf der Wirtschaftssanktionen

2.3.2.1. Die Verhängung partieller Wirtschaftssanktionen (S/RES 748 (1992))

Nach der mündlichen Verhandlung vor dem IGH vom 28. März 1992, aber noch bevor über den Antrag Libyens entschieden worden war, verabschiedete der Sicherheitsrat, jetzt nach Kapitel VII der Charta tätig werdend, am 31. März 1992 die Resolution 748[327]. Darin wurde festgestellt, daß das Versäumnis Libyens, durch konkrete Maßnahmen seine Abkehr vom Terrorismus unter Beweis zu stellen, insbesondere in Form der umfassenden und wirksamen Erfüllung der in der Resolution 731 enthaltenen Forderungen, eine Bedrohung des internationalen Friedens und der internationalen Sicherheit darstelle. Angesichts dieser Resolution hielt es der IGH im Verfahren des einstweiligen Rechtsschutz nicht für angemessen, die von Libyen beantragte einstweilige Verfügung zu erlassen[328].

Mit der Resolution 748 (1992) wurde mit Wirkung vom 15. April 1992 ein Waffen- und Luftverkehrsembargo gegen Libyen verhängt. Im einzelnen[329] wurden die folgenden Maßnahmen beschlossen:

> Der Sicherheitsrat beschließt außerdem, daß alle Staaten
> Ziff. 4 (Flugverkehrsverbot und damit zusammenhängende Maßnahmen):
> a) einem Luftfahrzeug die Start- oder Landeerlaubnis in ihrem Hoheitsgebiet und die Erlaubnis zum Überfliegen ihres Hoheitsgebiets versagen werden, sofern es zur Landung im Hoheitsgebiet Libyens vorgesehen oder dort gestartet ist, es sei denn, der betreffende Flug ist von dem Ausschuß nach Ziffer 9 aus erheblichen humanitären Beweggründen genehmigt worden[330];
> b) die Lieferung von Luftfahrzeugen oder von Luftfahrzeugbauteilen an Libyen, die Erbringung technischer Betreuungs- und Wartungsdienste für libysche Luftfahrzeuge oder Luftfahrzeugbauteile, die Bestätigung der Lufttüchtigkeit für libysche Luftfahrzeuge,

---

[327] Abstimmungsergebnis: 10-0-5 (China, Indien, Kap Verde, Marokko, Simbabwe).

[328] Die Entscheidung erging mit elf zu fünf Stimmen, ICJ Reports 1992, 3, 15, Ziff. 43; 1992, 114, 127, Ziff. 46.

[329] Der Wortlaut des in Ziff. 5 verhängten Waffenembargos ist nicht aufgeführt.

[330] Der Sanktionsausschuß, der gemäß Ziff. 9 der Resolution eingesetzt wurde, hatte nach Ziff. 9 e) die Aufgabe, über die Genehmigung von Anträgen auf Ausnahmen vom Flugverkehrsverbot zu entscheiden. Dabei hat er die Haddsch-Flüge nach Mekka als humanitären Beweggrund im Sinne der Ziff. 4 a) anerkannt. Aufgrund der restriktiven Handhabung dieser Ausnahmegenehmigung kam es jedoch wiederholt zu nicht genehmigten Flügen nach Mekka. Diese Verletzung der Sanktionsbestimmungen wurde zwar vom Sicherheitsrat offiziell verurteilt, aufgrund der besonderen Bedeutung, die die islamischen Staaten der Pilgerreise beimessen aber weitgehend stillschweigend geduldet. Siehe hierzu Cortright/Lopez, Sanctions Decade, 116, 117 m.w.N.

die Begleichung neuer Forderungen aus bestehenden Versicherungsverträgen und neue Direktversicherungen für libysche Luftfahrzeuge durch ihre Staatsangehörigen oder von ihrem Hoheitsgebiet aus verbieten werden;

Ziff. 6: beschließt, daß alle Staaten

a) (Diplomatische Maßnahmen) das Personal in den libyschen diplomatischen Vertretungen und Konsulaten zahlen- und rangmäßig beträchtlich reduzieren und die Freizügigkeit des verbleibenden Personals auf ihrem Hoheitsgebiet einschränken oder überwachen werden; was die libyschen Vertretungen bei internationalen Organisationen betrifft, kann der Gaststaat, soweit er dies für erforderlich hält, die jeweilige Organisation hinsichtlich der zur Durchführung dieser Bestimmungen erforderlichen Maßnahmen konsultieren;

b) (Maßnahmen gegen die libysche Luftfahrt) die Funktion aller Büros der Libyan Arab Airlines verhindern werden;

c) (Einreiseverbot bzw. Ausweisung) alle geeigneten Maßnahmen ergreifen werden, um libyschen Staatsangehörigen, denen auf Grund ihrer Beteiligung an terroristischen Handlungen von anderen Staaten die Einreise verweigert worden ist beziehungsweise die von diesen ausgewiesen worden sind, die Einreise zu verweigern beziehungsweise sie auszuweisen.

In der Sitzung des Sicherheitsrats zur Resolution 748 (1992) äußerten lediglich der Delegierte des Irak[331] und der Delegierte Simbabwes[332] Bedenken über die möglichen Auswirkungen der beschlossenen Sanktionsmaßnahmen. Der Delegierte der Vereinigten Staaten[333] bezeichnete die Sanktionen als verhältnismäßiges, dem Grad der Friedensbedrohung angemessenes Mittel, während die Delegierten des Vereinigten Königreichs[334] und Frankreichs[335] überdies

---

[331] S/PV.3063, 36: "Did the Council take into account the humanitarian needs of the Libyan civilians when it considered and opted for these enforcement measures? In this regard, we warn against rushing to adopt a resolution under Chapter VII against another Arab State with the aim of terrorizing its people."

[332] S/PV.3063, 52: "It is Zimbabwe's view that, in a case such as the one before us, recourse to the sanctions provisions of Chapter VII of the Charter should be considered only as a last resort, especially in view of their devastating effects not only on the targeted country's innocent civilian population but also on the region as a whole and beyond."

[333] S/PV.3063, 67: "The means chosen in this resolution are appropriate; these sanctions are measured, precise and limited. They are a multilateral, non-violent and peaceful response to violent and brutal acts. They are the response prescribed in the Charter as the appropriate next step for dealing with a threat to international peace and security. They are tailored to fit the offence- Libya's wanton and criminal destruction of civilian aviation- and designed to penalize the Government of Libya, not its neighbours or any other State."

[334] S/PV.3063, 70: "The resolution we have adopted today is in our view a proportionate and carefully measured response to the threat posed by the Libyan Government's actions in support of terrorism and its failure to respond positively to resolution 731 (1992). The sole objective of the sanctions imposed by this resolution is to secure compliance with paragraphs 1 and 2 thereof. The sanctions themselves are tailored precisely to this objective. They are limited to three precise areas: aviation, arms and Libyan Government overseas offices and

humanitäre Bedenken erwähnten, denen ihrer Auffassung nach aber in der Resolution ausreichend Rechnung getragen worden sei.

2.3.2.2. Die Ausweitung der Wirtschaftssanktionen (S/RES 883 (1993))

Die im Laufe des Jahres 1992 von Libyen abgegebenen Erklärungen, in denen es seine Bereitschaft bekundete, die beiden des Lockerbie Attentats angeklagten Männer zu übergeben, damit diese sich einem Prozeß vor einem Gericht in einem neutralen Land stellen[336], wurden von den Vereinigten Staaten, dem Vereinigten Königreich und Frankreich nicht als hinreichende Erfüllung der in den vorhergehenden Resolutionen gestellten Forderungen angesehen[337]. Am 11. November 1993 verschärfte der Sicherheitsrat daraufhin mit der Resolution 883 (1993) die gegenüber Libyen verhängten Maßnahmen[338]. Dazu erließ der Sicherheitsrat die nachstehenden Bestimmungen:

> Der Sicherheitsrat,
> Ziff. 3 (Einfrieren von Geldern): beschließt, daß alle Staaten, in denen sich Gelder oder andere Finanzmittel (einschließlich aus Vermögenswerten stammende oder durch sie erzeugte Gelder) befinden, die
> a) der Regierung oder öffentlichen Behörden Libyens oder
> b) einem libyschen Unternehmen
> gehören oder direkt oder indirekt ihrer Verfügungsgewalt unterstehen, diese einfrieren und sicherstellen werden, daß weder diese noch andere Gelder und Finanzmittel durch ihre Staatsangehörigen oder durch auf ihrem Hoheitsgebiet befindliche Personen direkt oder indirekt der Regierung oder öffentlichen Behörden Libyens oder einem libyschen Unternehmen verfügbar gemacht werden oder zu deren Gunsten verwendet werden,

---

officials. (...) We have held extensive consultations with all the members of the Council, and the resolution takes account of a number of concerns that have been raised. For example, the exception of humanitarian flights has been designed so as to cover flights connected with the hadj."

[335] S/PV.3603, 74: "These are therefore selective and fitting sanctions. They are not aimed at the Libyan people, who are not responsible for the actions of their leaders. Proof of this is the fact that, mindful of the importance of the religious pilgrimage to Mecca, the Council will provide the necessary authorizations for pilgrims wishing to go to Mecca to be able to do so."

[336] Siehe die libyschen Erklärungen in Letter dated 14 May 1992 from the Permanent Representative of the Libyan Arab Jamahiriya to the United Nations Addressed to the Secretary-General, Annex, UN Dok. S/23918, 14. Mai 1992 und Letter dated 9 December 1992 from the Permanent Representative of the Libyan Arab Jamahiriya to the United Nations Addressed to the Secretary-General, Annex, UN Dok. S/24961, 16. Dezember 1992.

[337] Siehe die Stellungnahmen der Delegierten der Vereinigten Staaten, S/PV.3312, 40; Frankreichs, ebd., 43 und des Vereinigten Königreichs, ebd., 44.

[338] Abstimmungsergebnis: 11-0-4 (China, Djibouti, Marokko, Pakistan). Die Resolution trat gemäß Ziff. 2 am 1. Dezember 1993 in Kraft.

wobei unter einem libyschen Unternehmen für die Zwecke dieser Ziffer jedes Handels-, Industrie- oder öffentliche Versorgungsunternehmen zu verstehen ist, das direkt oder indirekt im Eigentum oder unter der Kontrolle
i) der Regierung oder öffentlicher Behörden Libyens,
ii) einer Körperschaft im Eigentum oder unter der Kontrolle von i), wo immer sie sich befindet oder gegründet worden ist, oder
iii) einer Person, von der die Staaten bestimmen, daß sie für die Zwecke dieser Resolution im Namen von i) oder ii) tätig ist, steht;
Ziff. 4 (Ausnahmen zu Ziff. 3): beschließt ferner, daß die mit Ziffer 3 verhängten Maßnahmen nicht auf Gelder oder andere Finanzmittel Anwendung finden, die aus dem Verkauf oder der Lieferung von Erdöl oder Erdölprodukten, einschließlich Erdgas und Erdgasprodukten, oder landwirtschaftlichen Produkten oder Rohstoffen stammen, die ihren Ursprung in Libyen haben und nach dem in Ziffer 2 festgelegten Zeitpunkt von dort ausgeführt werden, sofern diese Gelder auf gesonderte, ausschließlich für diese Gelder vorgesehene Bankkonten eingezahlt werden;
Ziff. 5 (Partielles Ausfuhrverbot): beschließt, daß alle Staaten die Lieferung der in der Anlage zu dieser Resolution aufgeführten Gegenstände[339] nach Libyen oder durch ihre Staatsangehörigen oder von ihrem Hoheitsgebiet aus verbieten werden, ebenso wie die Lieferung aller Arten von Ausrüstungs- und Versorgungsgegenständen und die Gewährung von Lizenzen für die Herstellung oder die Wartung solcher Gegenstände;
Ziff. 6 (Maßnahmen in bezug auf Flugverkehrsverbot): beschließt ferner, daß alle Staaten, um den Bestimmungen der Resolution 748 (1992) volle Wirksamkeit zu verleihen,
a) die sofortige und völlige Schließung aller Büros der Libyan Arab Airlines auf ihrem Hoheitsgebiet verlangen werden;
b) jeden Geschäftsverkehr mit den Libyan Arab Airlines durch ihre Staatsangehörigen oder von ihrem Hoheitsgebiet aus verbieten werden, einschließlich der Annahme oder Bestätigung von Flugscheinen oder anderen von dieser Fluglinie ausgestellten Dokumenten;
c) den Abschluß beziehungsweise die Erneuerung von Vereinbarungen durch ihre Staatsangehörigen oder von ihrem Hoheitsgebiet aus verbieten werden, die folgendes vorsehen:
i) die Bereitstellung von Luftfahrzeugen oder Luftfahrzeugteilen für den Betrieb innerhalb Libyens oder
ii) die Bereitstellung von technischen Diensten oder Wartungsdiensten für Luftfahrzeuge oder Luftfahrzeugteile innerhalb Libyens;
d) die Lieferung von Material zum Bau, zur Verbesserung oder zur Instandhaltung von zivilen und militärischen libyschen Flugplätzen und damit zusammenhängenden Einrichtungen und Ausrüstungsgegenständen und die Leistung aller technischen und sonstigen Dienste sowie die Lieferung von Bauteilen für die Instandhaltung von zivilen oder militärischen libyschen Flugplätzen oder damit zusammenhängenden Einrichtungen und Ausrüstungsgegenständen, ausgenommen Notausrüstung sowie Ausrüstung und Dienste, die unmittelbar mit der zivilen Flugsicherung in Zusammenhang stehen, durch ihre Staatsangehörigen oder von ihrem Hoheitsgebiet aus verbieten werden;

[339] Hierbei handelte es sich um Pumpen und Antriebe für den Transport von Rohöl und Erdgas sowie um Geräte, die zum Betrieb und der Instandhaltung der dem Rohölexport dienenden Verladestationen gebraucht werden.

e) jegliche Beratung, Unterstützung oder Ausbildung von libyschen Piloten, Flugingenieuren oder Flugzeug- oder Bodenwartungspersonal im Zusammenhang mit dem Betrieb von Luftfahrzeugen und Flugplätzen in Libyen durch ihre Staatsangehörigen oder von ihrem Hoheitsgebiet aus verbieten werden;
f) die Erneuerung jeder Direktversicherung für libysche Fahrzeuge durch ihre Staatsangehörigen oder von ihrem Hoheitsgebiet aus verbieten werden.

In den Beratungen im Sicherheitsrat über die Verabschiedung der Resolution 883 (1993) wies insbesondere der libysche Delegierte auf die nachteiligen Folgen der Sanktionen hin und kritisierte die Weigerung des Sanktionsausschusses, Flüge von libyschen Zivilisten mit libyschen Fluggesellschaften zum Zweck der medizinischen Behandlung im Ausland zu genehmigen[340]. Der ägyptische Delegierte erklärte, daß er angesichts der nachteiligen Folgen, welche die schärferen Sanktionen für die unschuldige Bevölkerung haben werden, weitere diplomatische Bemühungen um die Umsetzung der bisherigen Resolutionen des Sicherheitsrats bevorzugt hätte[341]. Der sudanesische Delegierte kritisierte die Sanktionen aufgrund ihrer negativen Folgen für Libyen und die libysche Bevölkerung[342]. Der chinesische Delegierte verwies darauf, daß China schon die Verhängung der

---

340 S/PV.3312, 20, 21: "The sanctions, which have been imposed because of a legal dispute, into which the question of terrorism was deftly inserted have severely hurt our people in all aspects of their lives and have had a negative impact on our development plans. We have submitted to the Security Council 14 documents detailing the harm caused to various sectors. I shall not repeat the contents of those documents, but I should like to refer specially to the adverse effects of the prohibition on the exports to Libya of spare parts, engineering services and maintenance required for Libyan aircraft and their components. These adverse effects impact on a vital sector that is indispensable to a vast country that depends largely on air transport. ... It (the efforts of the United States of America and the United Kingdom to widen the scope of the sanctions) includes also the Committee's refusal, without explanation, of the humanitarian request concerning the transport of Libyan citizens to locations abroad- using Libyan aircraft- for medical treatment. These patients included cases of coma, quadruple paralysis, brain concussion resulting from traffic accidents and sudden health deterioration necessitating advanced medical treatment."

341 S/PV.3312, 29: "Egypt would have preferred further efforts and further contacts in an attempt to implement the resolutions adopted by the Council, for the intensification of sanctions will surely have a negative impact on the innocent and not necessarily lead to the truth regarding those two incidents."

342 S/PV.3312, 37: "The Non-Aligned Movement and regional groupings including the Organization of the Islamic Conference and the Organization of African Unity have expressed their concern with respect to the difficulties faced by the Libyan people as a result of the implementation of resolutions 731(1992) of 21 January 1992 and 748 (1992). The people of Libya have been subjected to actions that have crippled its economic growth; these have assailed vulnerable groups such as children, the ill and the aged. They have deprived the Libyan Arab Jamahiriya of its legitimate right to contact the outside world by means of available communication channels; this has hurled it back to a time when communications were extremely difficult."

Sanktionen mit der Resolution 748 (1992) nicht unterstützt habe, da diese keine geeignetes Mittel zur Konfliktlösung seien. Zudem würden die verschärften Sanktionen nur dazu führen, daß das libysche Volk noch mehr leiden müsse[343]. Die Sponsoren der Resolution betonten hingegen, daß die Verschärfung der Sanktionen eine angemessene und gezielte Reaktion auf die Verweigerungshaltung Libyens im Lichte der vom internationalen Terrorismus ausgehenden Gefahr sei[344]. Darüber hinaus wiesen mehrere Delegierte darauf hin, daß die Resolution erst nach einer Frist von drei Wochen in Kraft trete, innerhalb derer Libyen die Bedingungen erfüllen könne und in Ziff. 16 eine Regelung enthalte, welche die Suspendierung der Sanktionen erlaube, falls Libyen die des Attentats beschuldigten Personen den zuständigen Gerichten übergebe[345].

2.3.2.3. Die Aussetzung der Wirtschaftssanktionen (April 1999)

In der Folgezeit wurde insbesondere durch den UN-Generalsekretär, die Arabische Liga, die OAU, die Islamische Konferenz und die Blockfreienbewegung eine Reihe von diplomatischen Vorstößen unternommen, die eine friedliche Lösung des Konflikts bezweckten[346]. Die Vereinigten Staaten verschärften jedoch ihre Haltung mit der unilateralen Verhängung zusätzlicher Sanktionsmaßnahmen, weil Libyen sich weiterhin weigerte, den gestellten Forderungen nachzukommen[347]. Die unnachgiebige Haltung der Vereinigten Staaten und des

---

[343] S/PV.3312, 53: "We made our position clear, when resolution 748 (1992) was adopted by the Council, that in principle China was not in favour of maintaining, let alone intensifying, sanctions against Libya. In our view, the only effective means that can lead to a solution of this question is negotiation and consultation. To intensify sanctions against Libya will not help to settle the question; on the contrary, it may further complicate the matter, make the Libyan people suffer more, and create even greater economic difficulties for the neighbouring and other countries concerned."

[344] Insbesondere der Delegierte der Vereinigten Staaten, S/PV.3312, 40: "The resolution is balanced and precisely targeted." Ähnlich die Delegierten Frankreichs, ebd., 43 und des Vereinigten Königreichs, ebd., 44, 45.

[345] Siehe die Stellungnahmen der Delegierten Frankreichs, S/PV.3312, 44; des Vereinigten Königreichs, ebd., 45; Brasiliens, ebd., 49, 50; Spaniens, ebd., 56, 57 und Ungarns, ebd., 60.

[346] Siehe etwa Letter dated 26 June 1997 from the Permanent Observers of the League of Arab States and of the Organization of African Unity to the United Nations addressed to the President of the Council, Annex, UN Dok. S/1997/497, 27. Juni 1997. Siehe zur Position Libyens Letter dated 15 July 1997 from the Chargé d'Affaires of the Libyan Arab Jamahiriya to the United Nations Addressed to the President of the Security Council, Annex, UN Dok. S/1997/549, 15. Juli 1997.

[347] Iran and Libya Sanctions Act of 1996, abgedruckt in: ILM 35 (1996), 1274 ff. Das Gesetz sah Sanktionen gegen inländische und ausländische Unternehmen vor, die in Libyen über $ 40 Millionen in die Entwicklung der Ölindustrie investierten oder die gegen die von den

Vereinigten Königreichs führte in Anbetracht des zumindest teilweisen Entgegenkommens der libyschen Regierung dazu, daß arabische und afrikanische Staaten zunehmend die Befolgung der Wirtschaftssanktionen in Frage stellten. Im September 1997 beschloß die Arabische Liga, die Befolgung des Flugverkehrsverbots zu lockern, um vermehrt Flüge aus Libyen zur medizinischen Behandlung im Ausland zu ermöglichen, setzte diese Ankündigung nachfolgend jedoch nicht um[348]. Im Juni 1998 kündigte die OAU an, daß ihre Mitglieder ab September 1998 die Wirtschaftssanktionen nicht mehr befolgen würden, falls sich die Vereinigten Staaten und das Vereinigte Königreich weiterhin weigern würden, einem Prozeß gegen die beiden Angeklagten in einem neutralen Land zuzustimmen[349].

Angesichts dieses Ultimatums signalisierten die Vereinigten Staaten und das Vereinigte Königreich am 24. August 1998 ihre Bereitschaft, daß der Prozeß gegen die beiden Angeklagten in den Niederlanden vor einem schottischen Gericht, das schottisches Recht anwendet, stattfinden solle. Nachdem unter anderem die Arabische Liga, Ägypten, Sudan, und Südafrika ihre Zustimmung zu diesem Vorschlag bekundet hatten, verabschiedete der Sicherheitsrat am 27. August 1998 die Resolution 1192 (1998)[350]. Darin wurde die Aussetzung der in den Resolutionen 748 (1992) und 883 (1993) enthaltenen Bestimmungen davon abhängig gemacht, daß der Generalsekretär in einem dem Sicherheitsrat

---

Vereinten Nationen gegenüber Libyen verhängten Wirtschaftssanktionen verstießen. Die von dem Gesetz betroffenen Staaten, vor allem die EU, legten wegen dessen extraterritorialer Wirkung umgehend Protest gegen diesen Schritt der Vereinigten Staaten ein. Siehe hierzu Meng, 286 ff.

348 Siehe Cortright/Lopez, Sanctions Decade, 118.

349 In der auf dem 34. Treffen der Regierungshäupter der OAU in Ouagadougou, Burkina Faso, am 8.-10. Juni 1998 verabschiedeten Resolution AHG/ Dec.127 (XXXIV): "The Crisis between the Great Socialist People's Libyan Arab Jamahiriya and the United States of America and the United Kingdom," A/53/179: "1. CALLS UPON the Security Council to adopt a resolution on suspending the sanctions imposed on Libya under Resolutions 748 (1992) and 883 (1993) until the International Court of Justice pronounces its verdict on the issue; 2. DECIDES not to comply any longer with Security Council Resolution 748 (1992) and 883 (1993) on sanctions, with effect from September 1998, if the United States of America and the United Kingdom refuse that the two suspects be tried in a third neutral country pursuant to the verdict of the International Court of Justice by July 1998, date on which the sanctions will be due for review, owing to the fact that the said resolution violate Article 27 paragraph 3, Article 33 and Article 36 paragraph 3 of the United Nations Charter, and the considerable human and economic losses suffered by Libya and a number of other African peoples as a result of the sanctions; 3. DECIDES on moral and religious grounds and with immediate effect that the OAU and its members will not comply from now on with the sanctions imposed against Libya related to religious obligations, providing humanitarian emergencies or fulfilling OAU statutory obligations."

350 Abstimmungsergebnis: Einstimmige Annahme.

vorzulegenden Bericht feststellt, daß die beiden Angeklagten in den Niederlanden angekommen sind, um sich vor dem in den Niederlanden tagenden schottischen Gericht dem Prozeß zu stellen. Außerdem sollten die französischen Justizbehörden bekunden, daß die libysche Regierung den Forderungen in Hinblick auf die Bombardierung des UTA Flugs 772 nachgekommen ist[351].

In der Sitzung im Sicherheitsrat anläßlich der Verabschiedung der Resolution 1192 (1998) begrüßten die Delegierten Portugals[352], Gambias[353], Gabuns[354] und Sloweniens[355] die erzielte Einigung im Hinblick darauf, daß sie das Leiden der libyschen Bevölkerung beende. Der Delegierte Bahrains erklärte, daß Sanktionen nicht unbegrenzt sein dürften. Sie müßten ein klares Ziel und eine festgesetzte Frist für ihren Anfang und ihr Ende haben, da anderenfalls die Bürger des betroffenen Landes mit zunehmender Dauer der Sanktionen verstärkt leiden

[351] Frankreich verlangte nicht die Auslieferung der verdächtigten libyschen Staatsangehörigen. Stattdessen sollte gegen diese in ihrer Abwesenheit ein Strafprozeß durchgeführt werden. Im Falle ihrer Verurteilung sollte Libyen die entsprechenden Schritte zur Strafverfolgung und Strafvollstreckung einleiten. Am 10. März 1999 verurteilte ein französisches Gericht die dem Prozeß ferngebliebenen Angeklagten Abdallah Senoussi, Abdesslam Issa Shibani, Abdesslam Hamouda, Abdallah Elazrag, Ibrahim Naeli und Musbah Arbas wegen des Bombenanschlags auf den UTA Flug 772 im Jahr 1989. Am 11. März 1999 erklärte der französiche Außenminister, daß er davon ausgehe, daß die libysche Regierung die gegenüber den sechs libyschen Staatsangehörigen verhängten lebenslänglichen Freiheitsstrafen aufrechterhalten werde, insbesondere angesichts der in einem Brief vom 26. März 1996 an Staatspräsident Chirac enthaltenen Erklärung des libyschen Regierungschefs, Colonel Muammar Quaddafi, die Verurteilten zu bestrafen und die Opfer zu entschädigen. Am 12. April 1999 bestätigte der libysche Premierminister Mohammed al-Mangush, daß sein Land die gegenüber Frankreich abgegebene Verpflichtung einhalten werde. Siehe Report of the Secretary-General submitted pursuant to paragraph 16 of Security Council Resolution 883 (1993) and paragraph 8 of resolution 1192 (1998), Ziff. 18 ff., UN Dok. S/1999/726, 30. Juni 1999.

[352] S/PV.3920, 6.

[353] S/PV.3920, 10: "Libya has been under excruciating sanctions for seven years. These sanctions have brought untold suffering to the Libyan people-especially to women and children and have virtually crippled its aviation infrastructure. The Petrovsky report attests to this fact. On numerous occasions in the Security Council, we have advocated a speedy resolution to the impasse that was created by the imposition of sanctions. We have always emphasised that a solution agreeable to both parties would be mutually beneficial, as justice would be done for the bereaved persons and Libya would be relieved of the bite of sanctions."

[354] S/PV.3920, 12: "Similarly, it (the agreed upon proposal) gives hope to the families of victims, who have waited for so long for justice to be done, and to the Libyan people, who have suffered so much from the negative effects of sanctions."

[355] S/PV.3920, 13: "We strongly call upon the Libyan Government to ensure promptly the appearance of the two accused in the Netherlands for the purpose of trial. In so doing, Libya would fulfil its own promises. Moreover, this is the way for Libya to achieve suspension and the lifting of sanctions, which would bring an end to the unnecessary suffering of its people."

würden[356]. Der Delegierte Costa Ricas äußerte sich dahingehend, daß das einzig legitime Ziel von Sanktionen die Änderung eines rechtswidrigen Verhaltens der jeweiligen Regierung sei. Daher müßten Sanktionen immer vorübergehende Maßnahmen sein. Unter keinen Umständen dürften sie zu einer Form der Bestrafung der unschuldigen Zivilbevölkerung werden[357].

In einem Brief an den Generalsekretär vom 19. März 1999 erklärte Libyen, daß es mit dem Prozeß gegen die beiden Angeklagten vor dem schottischen Gericht in den Niederlanden einverstanden sei, bekräftigte seine Absage an alle Formen des internationalen Terrorismus und merkte an, daß die Zahlung einer Entschädigung vom Ausgang des Prozesses abhängig gemacht werde[358]. Nach der Ankunft der beiden Angeklagten in den Niederlanden[359] teilte der Generalsekretär dem Sicherheitsrat in einem Brief vom 5. April 1999[360] mit, daß die in der Resolution 1192 (1998) festgelegten Bedingungen eingetreten sind. Der Sicherheitsrat setzte noch am selben Tag die in den Resolutionen 748 und 883 verhängten Maßnahmen aus[361].

---

[356] S/PV.3920, 11: "The imposition of sanctions cannot be unlimited, without a clear objective and a set deadline with a beginning and an end, because that would cause the citizens of the country on which sanctions are imposed to suffer increasingly with the passage of time. Thus sanctions, to have an effect, must have an objective and a set deadline."

[357] S/PV.3920, 11: "Costa Rica also sees this draft as the logical yet overdue result of a sanctions regime and the process of dialogue that it must stimulate. My delegation has stated on several occasions that although we accept sanctions as a means of legitimate collective defence for the international community, recognized and established in the Charter of the United Nations, any sanctions regime must be carefully designed to comply with its prime objective of modifying illegal policies of a given Government. That is the sole valid objective of sanctions. From that standpoint, sanctions must always be a temporary regime; in no circumstances can they become a form of punishment for the innocent civilian population. For that reason and in order to assist the State subject to sanctions in modifying its illegal policies, any sanctions regime must be accompanied by active and ongoing dialogue between the parties. Only in this way can that State be reintegrated into the international community."

[358] UN Dok. S/1999/311, Annex, 23. März 1999.

[359] Die beiden Angeklagten reisten am 5. April 1999 in die Niederlande ein, um sich dem Prozeß zu stellen. Am 3. Mai 2000 begann im niederländischen Camp Zeist der Prozeß gegen die beiden Angeklagten vor einem schottischen Gericht. Siehe Ulrich, Stefan, Prozeß gegen mutmaßliche Lockerbie-Attentäter, Süddeutsche Zeitung, 4. Mai 2000. Am 31. Januar 2001 wurde Abdel Basset Ali el Megrahi zu lebenslanger Haftstraße verurteilt, Lamen Chalia Fhima wurde freigesprochen. Hierzu ebenfalls Ulrich, Stefan, Lebenslange Haft für einen Angeklagten im Lockerbie-Prozeß, Süddeutsche Zeitung, 1. Februar 2001. Die Sanktionen wurden daraufhin jedoch nicht aufgehoben, da nach Auffassung der Vereinigten Staaten und des Vereinigten Königreichs Libyen zuerst sämtliche Forderungen aus den Sicherheitsratsresolutionen erfüllen müsse.

[360] UN Dok. S/1999/378, 5. April 1999.

[361] UN Dok. S/1999/726, 30. Juni 1999.

2.3.3. Die Auswirkungen der Wirtschaftssanktionen

2.3.3.1. Die Entwicklung der wirtschaftlichen Lage

Die Entwicklung der libyschen Volkswirtschaft in der Zeit von 1992 bis 1999 läßt sich aufgrund des nur spärlich vorhandenen Datenmaterials und den kaum verifizierbaren, mitunter erheblich voneinander abweichenden Angaben der libyschen Regierung und Einschätzungen unabhängiger Beobachter nur bedingt beurteilen. Die libysche Regierung hat in einer Vielzahl von Berichten geltend gemacht, daß die Wirtschaftssanktionen eine erhebliche Verschlechterung der volkswirtschaftlichen Lage bewirkt haben[362].
Die Sanktionsmaßnahmen haben demnach zu teils erheblichen Einbußen in der Landwirtschaft[363], dem Transport- und Kommunikationssektor[364], dem Industriesektor[365], im finanziellen und kommerziellen Sektor[366] sowie im Energiesektor, insbesondere der Erdölindustrie[367], geführt[368]. Insgesamt sei Libyen während der

---

[362] Libyen hat während der gesamten Dauer der Sanktionen periodisch Berichte über die Auswirkungen der Sanktionen auf die Wirtschaft Libyens und die Lebensverhältnisse der Bevölkerung veröffentlicht. Siehe beispielhaft UN Dok. S/1994/921 und S/1997/404. Nach der Aussetzung der Sanktionen veröffentlichte Libyen einen abschließenden Bericht über den Schaden, der Libyen durch die Wirtschaftssanktionen entstanden ist: UN Dok. S/2000/243.

[363] Libyen bezifferte den Schaden in der Landwirtschaft auf $ 1.494.648.712. Als Ursachen für die Verluste in der Tierhaltung wird die Unterbrechung der Lieferung von Impfstoffen für Tiere, der Zusammenarbeit mit internationalen Organisationen sowie die erschwerte Einfuhr von Geflügel und Legeeiern genannt. Die landwirtschaftliche Produktion sei insbesondere von Schwierigkeiten bei der Einfuhr ausreichender Mengen von Samen und von landwirtschaftlichen Geräten, Insektiziden und Pestiziden sowie der fehlenden Möglichkeit der Ausfuhr von Früchten und Gemüse betroffen gewesen. Siehe S/2000/243, 8 ff.; S/1997/404, 5 und S/1994/921, 4 ff.

[364] Der Schaden in diesem Wirtschaftsbereich belief sich libyschen Schätzungen zufolge auf $ 3.712.649.585. Insbesondere die Libyan Arab Airlines habe einen Verlust von über $ 2 Milliarden erlitten. Siehe S/2000/243, 11 ff.; S/1997/404, 7 und S/1994/921, 9 ff.

[365] Libyen bezifferte den Schaden im Industriesektor auf $ 5.850.895.332. Als wesentliche Gründe werden Schwierigkeiten bei der Einfuhr von Rohstoffen, Maschinen und Ersatzteilen für die Industrie, der Finanzierung und beim Austausch mit ausländischen Geschäftsleuten und Fachkräften genannt. Siehe S/2000/243, 14 ff.; S/1997/404, 9 ff.; S/1994/921, 12.

[366] Libyschen Schätzungen zufolge betrug der Schaden in diesem Sektor $ 8.628.000.000. Die Einbußen werden vor allem auf die gesunkene Produktivität im Industrie-, Landwirtschafts- und Fischereisektor, den damit verbundenen Rückgang an Exporten, gestiegene Transportkosten, Verlust an Geschäftsabschlüssen mit ausländischen Geschäftsleuten und das Einfrieren der libyschen Vermögenswerte zurückgeführt. S/2000/243, 16 ff.; S/1997/404, 11, 12 und S/1994/921, 14 ff.

[367] Der Schaden in diesem Sektor wurde von Libyen auf $ 5.876.285.000 geschätzt. Als Gründe werden ein Mangel an Ersatzteilen für den Betrieb und die Instandhaltung, fehlender

Dauer der Sanktionen im Zeitraum von Mai 1992 bis April 1999 ein Schaden von $ 33.602.409.163 entstanden[369]. Außerdem sei die Arbeitslosigkeit von 1 % auf 12 % im Jahr 1996 angestiegen. Die Inflationsrate sei ebenfalls von 1.3 % im Jahr 1989 auf 15.7 % im Jahr 1994 und 48 % im Jahr 1997 gestiegen[370]. Die Preise der meisten Güter und Dienstleistungen hätten sich um 170-800 % erhöht. Der Lebensstandard der libyschen Bevölkerung sei 1997 im Vergleich zu 1992/1993 um 40 % gefallen[371]. Diese Angaben sind nicht durch unabhängige Beobachter bestätigt worden. An der Richtigkeit dieser Angaben bestehen schon deswegen erhebliche Bedenken, weil die libysche Regierung sämtliche wirtschaftlichen Verluste ohne Berücksichtigung anderer Faktoren auf die Wirtschaftssanktionen zurückzuführen scheint[372].

Gleichwohl steht außer Zweifel, daß die Volkswirtschaft Libyens im Zeitraum von 1992 bis 1999 in einigen Teilsektoren beträchtliche Einbußen erlitten hat. Dies gilt vor allem für die Luftfahrtindustrie sowie die Erdölraffinerie und petrochemische Industrie[373]. Einschätzungen der Weltbank zufolge haben die Wirtschaftssanktionen für Libyen infolge der fehlenden Auslandsinvestitionen in die Erdölindustrie zu einem Einnahmeverlust in Höhe von $ 18 Milliarden geführt[374]. Auch im Tourismussektor gab es beträchtliche Einnahmeverluste[375]. Die Angaben über die Einnahmeverluste im landwirtschaftlichen Sektor sind von der FAO hingegen nicht bestätigt worden[376]. Die aufgezeigte Entwicklung

---

Zugang zu moderner Technologie sowie ein Anstieg von Reisekosten angeführt. S/2000/243, 18 ff.; S/1997/404, 12.

368 Einem Bericht aus dem Jahre 1998 zufolge, S/1998/201, Ziff. 6 ff., waren die Landwirtschaft und der Transportsektor besonders von den Sanktionsmaßnahmen betroffen. Statistiken über den Außenhandel Libyens für den Zeitraum von 1992 bis 1998 liegen nicht vor. Siehe UN Department of Economic and Social Affairs Statistics Division, Monthly Bulletin of Statistics, Vol. LIII, No.7, July 1999, Tabelle 45, 104.

369 S/2000/243, 2, 20, Tabelle 5.

370 S/2000/243, 16. Die Angaben der libyschen Regierung über die Entwicklung der Inflationsrate widersprechen sich allerdings. So wird in S/2000/243, 18 für das Jahr 1994 eine Inflationsrate von 28 % genannt.

371 Siehe zu diesem Abschnitt S/2000/243, 16 ff.; S/1998/201, Ziff. 6; S/1997/404, 11.

372 Cortright/Lopez, Sanctions Decade, 113 ff., Reisman/Stevick, 110 ff.

373 Cortright/Lopez, Sanctions Decade, 115; Reisman/Stevick, 110 m.w.N.

374 Cortright/Lopez, Sanctions Decade, 115 m.w.N. Gurney, Judith, Libya, The Political Economy of Oil, Oxford, 1996, 220 ff., zufolge war die Erdölindustrie vor allem von der fehlenden Modernisierung der Raffinerien aufgrund des Mangels an Investitionen und Geräten betroffen.

375 Die Zahl der Touristen sank von 96.000 im Jahr 1990 auf 88.000 im Jahr 1996. UN Department of Economic and Social Affairs, Statistics Division, Series V No.19, World Statistics Pocketbook, Containing data available as of 31 August 1998, United Nations, New York, 1999, 110.

376 Hierzu Cortright/Lopez, Sanctions Decade, 114 m.w.N.

hat dazu geführt, daß die gesamtvolkswirtschaftliche Lage durch ein sinkendes Bruttosozialprodukt gekennzeichnet gewesen ist[377]. Das Pro-Kopf-Einkommen ist in der Zeit von 1992 bis 1999 von ca. $ 7.000 auf etwa $ 4.500 gefallen[378]. Unbestritten ist auch, daß nach 1992 die Arbeitslosigkeit und die Preise für importierte Güter und Nahrungsmittel, die nicht der Preisbindung unterliegen, stark angestiegen sind und zugleich das Realeinkommen der Bevölkerung aufgrund der hohen Inflationsrate erheblich gesunken ist[379]. Das Einfrieren der libyschen Gelder hat hingegen lediglich zu geringfügigen Nachteilen für die libysche Wirtschaft geführt, da die libysche Regierung zum einen aufgrund der Zeitspanne, in der über die Verabschiedung der Resolution 883 (1993) im Sicherheitsrat verhandelt wurde, ausreichend Gelegenheit hatte, um seine Vermögenswerte zu sichern, und zum anderen eine Vielzahl von Staaten, mit Ausnahme der Vereinigten Staaten[380], die beschlossenen Maßnahmen nicht wirksam umgesetzt haben[381].

2.3.3.2. Die Entwicklung der humanitären Lage

Libyen machte geltend, daß es infolge der Wirtschaftssanktionen zu einem Anstieg der Kleinkinder- und Müttersterblichkeit gekommen sei[382]. Diese Angaben sind weder durch eine von der Arabischen Liga durchgeführten Studie noch durch die Daten der WHO bestätigt worden[383].

---

377 Das Bruttosozialprodukt ist von $ 30.194 Millionen im Jahr 1990 auf $ 20.925 Millionen im Jahr 1996 gesunken. UN World Statistics Pocketbook, 1999 (s.o. Anm. 375) 110.

378 EIU, Country Profile, Libya, 1999-2000.

379 Reisman/Stevick, 110, 111 m.w.N, aus diplomatischen oder wirtschaftspolitischen Quellen zur Entwicklung in Libyen.

380 Diese hatten bis zum Januar 1998 libysche Vermögenswerte im Gesamtwert von $ 966.1 Millionen eingefroren. Siehe United States, Department of the Treasury, Office of Foreign Assets Control, Terrorist Assets Report, Washington D.C., Department of the Treasury, January 1998, 5, zitiert in Cortright/Lopez, Sanctions Decade, 131, Fn. 25.

381 Brabandt, 19; Reisman/Stevick, 110.

382 So sei die Säuglingssterblichkeit von 26 pro 1.000 Lebendgeburten vor den Sanktionen auf 31 pro 1.000 gestiegen. Grund hierfür sei die Knappheit an grundlegenden medizinischen Geräten und der Mangel der zur Instandhaltung erforderlichen Materialien und Ersatzteile gewesen. S/2000/243, 3.

383 Dem Bericht der Arabischen Liga League of Arab States, Arab Libyan Maternal and Child Health Survey, 1996, Pan Arab Project for Child Development, zufolge ist die Säuglingssterblichkeit von 36.9 pro 1000 Lebendgeburten im Zeitraum 1987 bis 1992 auf 24.4 pro 1000 Lebendgeburten im Zeitraum 1992 bis 1996 gesunken.

Libyen führte des weiteren an, daß das Gesundheitswesen schwerwiegend von dem gegen Libyen verhängten Flugverkehrsverbot betroffen worden ist[384]. So sei der Notfalltransport innerhalb und aus Libyen hinaus erschwert worden, wodurch mehrere Patienten gestorben seien, während auf die Genehmigung des Fluges durch den Sanktionsausschuß hätte gewartet werden müssen[385]. Das Flugverkehrsverbot habe ferner zu erheblichen Verzögerungen bei der Einfuhr von dringend benötigten Impfstoffen, Seren und Medikamenten geführt. Programme zur Immunisierung hätten nicht durchgeführt werden können[386]. Außerdem sei der Austausch mit ausländischen Medizinern sowie die Durchführung von regionalen und internationalen Gesundheitsprogrammen beeinträchtigt worden[387]. Diese Angaben sind nur unzureichend durch unabhängige Stellen überprüft worden und konnten dabei oftmals nicht bestätigt werden. So hat insbesondere der Sanktionsausschuß eine Vielzahl von Flügen zur medizinischen Behandlung im Ausland genehmigt[388]. Darüber hinaus besteht in einigen Fällen Unklarheit, inwieweit die von Libyen geltend gemachten nachteiligen Entwicklungen nicht auf das Verhalten der libyschen Regierung zurückzuführen sind. So hatte Libyen beispielsweise 1998 noch nicht auf ein Angebot der WHO aus dem Jahr 1996 reagiert, die Einfuhr von zwei Ladungen von Impfstoffen und Medikamenten über den Luft- und Seeweg durchzuführen[389].

---

[384] S/2000/243, 2 ff. Der Gesamtschaden im Gesundheits- und Sozialwesen wird auf $ 1.429.593.234 beziffert. Siehe auch S/1998/201, Ziff. 8 ff.

[385] So seien 850 Patienten während der Überführung auf dem Landweg in ein Nachbarland, von dem aus sie zur Behandlung in Übersee fliegen sollten, gestorben. Aufgrund des Mangels an den benötigten Medikamenten sei es zu 1.245 Fehlgeburten gekommen, 605 Mütter seien bei der Geburt gestorben. S/1997/404, 3. Libyen machte die Dauer des Genehmigungsverfahrens für den Tod von Notfallpatienten, die nicht rechtzeitig evakuiert werden konnten oder über den Landweg ins Ausland reisen mußten, verantwortlich. Die Verspätungen und fehlenden Genehmigungen seien weder medizinisch noch rechtlich gerechtfertigt gewesen. Außerdem habe der Sanktionsausschuß den Einsatz von lediglich zwei der sechs vorhandenen Rettungsflügzeuge genehmigt, die aber aufgrund der verweigerten Einfuhr der zum Unterhalt der Flugzeuge erforderlichen Ersatzteile nicht hätten benutzt werden können. Siehe S/2000/243, 7; S/1994/921, 2,4. Siehe auch S/1998/201, Ziff. 10.

[386] S/2000/243, 2 ff.; S/1997/404, 3,4; S/1994/921, 3. 1995 sind 91.3 % der Kinder immunisiert gewesen, welches den Immunisierungsraten im regionalen Vergleich entspricht. Siehe hierzu auch WHO Health Report 2000, Statistical Annex, Nr. 92: Libyan Arab Jamahiriya, dem zufolge die Immunisierungsrate 1997 bei 92 % gegenüber 56 % im Jahr 1987 lag.

[387] S/2000/243, 4; S/1997/404, 4; S/1994/921, 3.

[388] Der Sanktionsausschuß hat im Zeitraum von 1994 bis 1999 insgesamt 312 Rettungsflüge genehmigt. Siehe die Berichte des Sanktionsausschusses UN Dok. S/1996/2, 2. Januar 1996, Ziff. 22; S/1996/1079, 31. Dezember 1996, Ziff. 7; S/1997/1030, 31. Dezember 1997, Ziff. 5; S/1998/1237, 31. Dezember 1998, Ziff. 5 sowie S/1999/1299, 31. Dezember 1999, Ziff. 5.

[389] Libysche Regierungsvertreter erklärten dazu, daß die rechtzeitige Ankunft der Arzneimittel nicht gesichert gewesen und das vorgeschlagene Flugzeug für den beabsichtigten Transport zu klein gewesen sei. S/1998/201, Ziff. 11.

Libyen machte zudem geltend, daß das Flugverkehrsverbot zu einem starken Anstieg des Straßenverkehrs und der Zahl von Unfällen und Todesopfern geführt habe[390]. Allerdings liegen keine Vergleichsdaten vor, die einen Rückschluß darauf zuließen, ob tatsächlich eine Zunahme des Straßenverkehrs mit den aufgezeigten Folgen eingetreten ist und ob eine etwaige Zunahme des Straßenverkehrs im wesentlichen auf das Flugverkehrsverbot zurückzuführen ist. Ein gewisser Anstieg des Straßenverkehrs mit den geltend gemachten Auswirkungen erscheint aber als eine naheliegende Folge des Flugverkehrsverbots[391].

In dem Bericht der UN Mission wurde des weiteren auf die Schwierigkeiten bei der Repatriierung von Flüchtlingen und Wanderarbeitern, die im Gefolge der Sanktionen arbeitslos geworden waren, aufgrund des Flugverkehrsverbots hingewiesen. Libysche Vertreter betonten überdies, daß die Wirtschaftssanktionen einen nicht zu unterschätzenden psychologischen Effekt auf die libysche Regierung und Bevölkerung hätten, die sich ihrer Ansicht nach zu Unrecht der Stigmatisierung und kollektiven Bestrafung ausgesetzt sahen, was auch dazu geführt habe, daß andere Staaten selbst in Bereichen, die nicht von den Sanktionen betroffen waren, ihren wirtschaftlichen Beziehungen mit Libyen eingeschränkt hätten[392]. Die Entwicklung im Zeitraum 1992 bis 1999 hat keinem der vorliegenden Berichte zufolge nachteilige Folgen für das Bildungswesen gehabt[393].

2.3.3.3. Die Kausalität der Wirtschaftssanktionen

Neben den Wirtschaftssanktionen kommen als weitere Faktoren für die aufgezeigte Entwicklung die unilateralen Wirtschaftssanktionen der Vereinigten Staaten, die Wirtschaftspolitik der libyschen Regierung sowie die Entwicklung der Weltwirtschaft in Betracht. Diese Faktoren, insbesondere die weltweit niedrigen Erdölpreise in der Zeit von 1990 bis 1999 haben wesentlich zu einer Schwächung der libyschen Volkswirtschaft beigetragen, die auch ohne die Sanktionen eingetreten wäre[394]. Allerdings hätten sich die spezifischen, durch

---

[390] So habe es während der Dauer der Sanktionen 8774 Verkehrstote und eine Vielzahl von Verletzten gegeben. S/2000/243, 2; S/1997/404, 3; S/1994/921, 4.

[391] Dies ist insofern wahrscheinlich, als es den vorhandenen Informationen nach aufgrund des Flugverkehrsverbots zu einem leichten Rückgang des innerstaatlichen Flugverkehrs, der selbst nicht von dem Verbot erfaßt war, gekommen ist. Hierzu Cortright/Lopez, Sanctions Decade, 113, 114.

[392] S/1998/201, Ziff. 15, 16.

[393] 1998 waren insgesamt 92 % der schulpflichtigen Bevölkerung in den verschiedenen Schultypen eingeschrieben. Human Development Report, 2000, 158.

[394] Cortright/Lopez, Sanctions Decade, 115.

den Ausfall des internationalen Flugverkehrs bedingten Auswirkungen des Flugverkehrsverbots ohne die Verhängung der Wirtschaftssanktionen nicht eingestellt. Diesbezüglich läßt sich zwar nicht mit hinreichender Bestimmtheit klären, wie schwerwiegend die Folgen im einzelnen gewesen sind, da kein objektives Datenmaterial vorliegt. Außer Zweifel steht jedoch, daß ohne die Wirtschaftssanktionen die dargestellten wirtschaftlichen Einbußen zumindest geringer ausgefallen wären sowie die Beeinträchtigung des Gesundheitswesens aller Wahrscheinlichkeit nach nicht in dem dargestellten Umfang erfolgt wäre. Die Wirtschaftssanktionen sind daher eine der wesentlichen Ursachen für die aufgezeigte Entwicklung.

2.4. Bundesrepublik Jugoslawien/Bosnische Serben

2.4.1. Vorgeschichte[395]

Die am 25. Juni 1991 durch das slowenische und das kroatische Parlament mit jeweils großer Mehrheit erklärte Unabhängigkeit der Republiken Slowenien bzw. Kroatien[396] war der vorläufige Höhepunkt einer Entwicklung, bei der seit dem Ende der 1980er Jahre ein zunehmender serbischer Nationalismus auf offene Sezessionsbestrebungen der einzelnen Teilrepubliken im jugoslawischen Staatenverbund traf[397]. Während im Falle Sloweniens die beteiligten Parteien am 7. Juli 1991 nach kurzen Gefechten einen Waffenstillstand schlossen, eskalierten die Kämpfe in Kroatien[398]. Dabei waren die ab Juli 1991 einsetzenden Angriffe der serbischen Freischärler, die von der jugoslawischen Bundesarmee unterstützt

[395] Siehe dazu Fink, Friedenssicherung, 605 ff. m.w.N.

[396] AdG 1991, 35798.

[397] Die SFR Jugoslawien war gemäß der Verfassung von 1974 ein Bundesstaat, der sich aus den Sozialistischen Republiken Bosnien-Herzegowina, Kroatien, Mazedonien, Montenegro, Serbien, den autonomen Provinzen Vojvodina und Kosovo als Teil der Sozialistischen Republik Serbien und aus Slowenien zusammensetzte. Siehe zur Entwicklung in Jugoslawien bis 1990 Fink, Friedenssicherung, 612 ff.

[398] AdG 1991, 35798 ff., 35858 ff. Siehe hierzu auch Cviic, Christopher, Das Ende Jugoslawiens, in: Europa-Archiv, Folge 14 (1991), 409 ff. und zur nachfolgenden Entwicklung des Konflikts in den Jahren 1991 und 1992 Türk, Danielo, Remarks Concerning the Breakup of the Former Yugoslavia; Hannum, Hurst, Self-Determination, Yugoslavia and Europe: Old Wine in New Bottles?, jeweils in: Transnational Law & Contemporary Problems 3 (1993), 48 ff. bzw. 57 ff. und Weller, Marc, Current Developments, The International Response to the Dissolution of the Socialist Federal Republic of Yugoslavia, in: AJIL 86 (1992), 569-607 sowie des weiteren die umfangreiche Dokumentensammlung von Bethlehem, David (Hrsg.), The "Yugoslav" Crisis in international law, Cambridge international documents series 5, Cambridge, 1997.

wurden, von gezielter Tötung und Vertreibung der kroatischen Bevölkerung in großem Ausmaß gekennzeichnet[399]. Angesichts der trotz eines vereinbarten Waffenstillstands fortgeführten Kämpfe in Kroatien verhängte der Sicherheitsrat mit der am 25. September 1991 verabschiedeten Resolution 713 (1991) ein umfassendes Verbot der Lieferung von Waffen nach Jugoslawien[400]. Aufgrund der andauernden serbischen Angriffe ergriffen im November und Dezember 1991 sowohl die EG[401] als auch die Vereinigten Staaten[402] eine Reihe von wirtschaftlichen Maßnahmen gegen die BR Jugoslawien.

In der Folgezeit setzte sich der Zerfall Jugoslawiens durch die internationale Anerkennung Sloweniens, Kroatiens[403] und Bosnien-Herzegowinas fort, wobei sich der Schwerpunkt des Konflikts zusehends auf Bosnien-Herzegowina verlagerte[404]. In der Teilrepublik Bosnien-Herzegowina, die sich zum damaligen Zeitpunkt zu 44 % aus bosnischen Muslimen, zu 32 % aus bosnischen Serben und zu 17 % aus bosnischen Kroaten zusammensetzte, wurde am 29. Februar und am 1. März 1992 eine von der serbischen Bevölkerung boykottierte Volksabstimmung durchgeführt, in der 99,4 % der Abstimmenden für die Unabhängigkeit Bosnien-Herzegowinas votierten[405]. Daraufhin griffen am 6. März 1992 serbische Freischärler, nachdem es bereits am 1. März 1992 zu gewalttätigen Auseinandersetzungen zwischen der serbischen und moslemischen Bevölkerung in Bosnien-Herzegowina gekommen war[406], gemeinsam mit der jugoslawischen Volksarmee die bosnischen Muslime, insbesondere die Zivilbevölkerung, an. Nach anfänglichen Eroberungen riefen Vertreter der bosnischen Serben am 6. April 1992 die serbische Republik Bosnien-Herzegowina aus, die jedoch international nicht anerkannt wurde[407]. Am Tag darauf erkannten die Vereinigten Staaten und die Mitgliedstaaten der EG Bosnien-Herzegowina als unabhängigen Staat an[408]. Unterdessen hatten sich die Kämpfe in Bosnien-Herzegowina noch

---

[399] AdG 1991, 35922 ff., 36021. Schönfeld, Roland, Der Kriegerische Zerfall Jugoslawiens, in: IP, 1991/92, 65-82, 71 ff.

[400] Abstimmungsergebnis: Einstimmige Annahme. Zur Überwachung des Waffenembargos wurde am 15. Dezember 1991 mit S/RES 724, Ziff. 5 ein Sanktionsausschuß eingesetzt.

[401] So wurde unter anderem am 8. November 1991 das Handels- und Kooperationsübereinkommen mit Jugoslawien suspendiert. Siehe zu den Maßnahmen im einzelnen AdG 1991, 36204.

[402] Der U.S. Kongreß stoppte am 6. Dezember 1991 Handelspräferenzen und die Wirtschaftshilfe für Jugoslawien. Siehe hierzu Devin/Dashti-Gibson, 157.

[403] Am 15. Januar 1992 durch die EG und ihre Mitgliedstaaten, AdG 1992, 36387.

[404] Siehe zu dieser Entwicklung Fink, Friedenssicherung, 626 ff.

[405] AdG 1992, 36543.

[406] Ebd., 36543.

[407] Ebd., 36743.

[408] Ebd., 36650, 36652.

verschärft[409]. Die bosnischen Serben betrieben, allem Anschein nach mit Unterstützung Jugoslawiens, obwohl sich die jugoslawische Volksarmee im Mai 1992 offiziell aus Bosnien-Herzegowina zurückzogen hatte, eine Politik der sogenannten ethnischen Säuberung, bei der die angegriffenen bosnischen Muslime gefoltert und getötet und Frauen massenhaft vergewaltigt wurden[410].

Angesichts der sich zuspitzenden Lage in Bosnien-Herzegowina rief der Sicherheitsrat mit der Resolution 752 (1992) am 15. Mai 1992 alle Streitparteien, insbesondere die BR Jugoslawien und Kroatien, dazu auf, die Kampfhandlungen sofort einzustellen, jegliche Einmischung in Bosnien-Herzegowina zu unterbinden und dessen territoriale Integrität zu respektieren[411]. Am 22. Mai 1992 nahm die UN-Generalversammlung auf Empfehlung des Sicherheitsrats[412] die Republiken Slowenien, Kroatien und Bosnien-Herzegowina als Mitglieder der Vereinten Nationen auf [413]. Gleichwohl gingen die Kämpfe weiter. Ende Mai 1992 kontrollierten die serbischen Verbände etwa 70 % des Gebiets von Bosnien-Herzegowina[414]. Die EG reagierte auf diese Entwicklung am 27. Mai 1992 mit der Verhängung eines Erdölembargos gegen die BR Jugoslawien sowie dem Einfrieren von jugoslawischen Auslandsguthaben und der Unterbrechung von Finanztransfers[415]. Am 30. Mai 1992 trat der Sicherheitsrat erneut zusammen. Angesichts der Mitgliedschaft Bosnien-Herzegowinas in den Vereinten Nationen wurde das Vorgehen der jugoslawischen Armee jetzt von mehreren Mitgliedern als Aggression gegenüber einem Mitgliedstaat der Vereinten Nationen gewertet[416].

---

409 Ab dem 11. Mai 1992 fanden zudem Kämpfe zwischen den bosnischen Muslimen und bosnischen Kroaten statt, siehe AdG 1992, 36717. Diese Kämpfe wurden am 18. März 1994 durch das Washingtoner Abkommen zur Bildung einer gemeinsamen muslimisch-kroatischen Föderation beendet, siehe AdG 1994, 38762.

410 AdG 1992, 36747.

411 Abstimmungsergebnis: Einstimmige Annahme. Die Resolution wurde nicht auf der Grundlage von Kapitel VII der Charta verabschiedet.

412 S/RES 753, 18. Mai 1992, S/RES 754, 18. Mai 1992 und S/RES 755, 20. Mai 1992.

413 A/RES 46/236, A/RES 46/237 und A/RES 46/238, 22. Mai 1992.

414 AdG 1992, 36651 ff.

415 Ebd., 36856. Ebenfalls im Mai wurde von den Vereinigten Staaten das gesamte in ihrem Hoheitsbereich befindliche serbische Vermögen eingefroren. Siehe Devin/Dashti-Gibson, 157.

416 Siehe die Stellungnahmen der Vertreter Ungarns, S/PV.3082, 16; Indiens, ebd., 21; Marokkos, ebd., 25; Venezuelas, ebd., 28; Belgiens, ebd., 31 und der Vereinigten Staaten, ebd., 33.

2.4.2. Der Verlauf der Wirtschaftssanktionen

2.4.2.1. Die Verhängung umfassender Wirtschaftssanktionen (S/RES 757 (1992))

Nach der allgemein gehaltenen Feststellung, daß die Situation in Bosnien-Herzegowina und in anderen Teilen des ehemaligen Jugoslawiens eine Friedensbedrohung darstelle, verhängte der Sicherheitsrat mit der Resolution 757 (1992)[417] weitreichende Wirtschaftssanktionen gegen die BR Jugoslawien[418], die solange in Kraft bleiben sollten, bis die verantwortlichen jugoslawischen Stellen die in der Resolution 752 (1992) festgelegten Bedingungen erfüllt haben. Mit der Resolution 757 (1992) wurden die nachstehend aufgeführten Maßnahmen getroffen:

Der Sicherheitsrat beschließt, daß alle Staaten folgendes verhindern werden:

> Ziff. 4 a) (Einfuhrverbot): die Einfuhr aller Rohstoffe und Erzeugnisse in ihr Hoheitsgebiet, die in der Föderativen Republik Jugoslawien (Serbien und Montenegro) ihren Ursprung haben und nach dem Datum dieser Resolution von dort ausgeführt werden;
> b) (Ausfuhrförderungs- und Handelsverbot): alle von ihren Staatsangehörigen oder in ihrem Hoheitsgebiet durchgeführten Tätigkeiten, welche die Ausfuhr oder Weiterbeförderung von Rohstoffen oder Erzeugnissen aus der Föderativen Republik Jugoslawien (Serbien und Montenegro) fördern würden oder zu fördern gedacht sind; sowie alle Geschäfte, die von ihren Staatsangehörigen oder von unter ihrer Flagge registrierten Wasser- oder Luftfahrzeugen oder in ihrem Hoheitsgebiet mit allen Rohstoffen oder Erzeugnissen getätigt werden, die ihren Ursprung in der Föderativen Republik Jugoslawien (Serbien und Montenegro) haben und die nach dem Datum dieser Resolution von dort ausgeführt werden, darunter insbesondere jede Überweisung von Geldern in die Föderative Republik Jugoslawien (Serbien und Montenegro) für die Zwecke solcher Tätigkeiten und Geschäfte;
> c) (Ausfuhrverbot): den Verkauf oder die Lieferung aller Rohstoffe und Erzeugnisse durch ihre Staatsangehörigen oder von ihrem Hoheitsgebiet aus oder unter Benutzung von unter ihrer Flagge registrierten Wasser- und Luftfahrzeugen, gleichviel, ob diese Rohstoffe und Erzeugnisse ihren Ursprung in ihrem Hoheitsgebiet haben oder nicht, mit Ausnahme von dem Ausschuß nach Resolution 724 (1991) gemeldeten Lieferungen für rein medizinische Zwecke und von Nahrungsmitteln, an jede natürliche oder juristische

[417] Abstimmungsergebnis:13-0-2 (China, Simbabwe).

[418] Siehe zum Status der BR Jugoslawien S/RES 757 (1992) und S/RES 777 (1992) vom 13. September 1992. Darin wird der Anspruch der BR Jugoslawien zurückgewiesen, als Nachfolgestaat der SFR Jugoslawien automatisch die Nachfolge in der Mitgliedschaft der Vereinten Nationen anzutreten. Da die BR Jugoslawien nicht um Aufnahme in die Vereinten Nationen ersuchte, wurden die Wirtschaftssanktionen daher gegen einen Nichtmitgliedstaat verhängt. Hierzu Fink, Friedenssicherung, 679, 680.

Person in der Föderativen Republik Jugoslawien (Serbien und Montenegro) oder an jede natürliche oder juristische Person zur Durchführung einer geschäftlichen Tätigkeit in der oder von der Föderativen Republik Jugoslawien (Serbien und Montenegro) aus, sowie alle von ihrem Hoheitsgebiet durchgeführten Tätigkeiten, die den Verkauf oder die Lieferung solcher Rohstoffe oder Erzeugnisse fördern oder zu fördern gedacht sind;
Ziff. 5 (Investitionsverbot): beschließt, daß kein Staat den Behörden in der Föderativen Republik Jugoslawien (Serbien und Montenegro) oder von einem gewerblichen, industriellen oder der öffentlichen Versorgung dienenden Unternehmen in der Föderativen Republik Jugoslawien (Serbien und Montenegro) Gelder oder andere finanzielle oder wirtschaftliche Mittel zur Verfügung stellen wird und daß die Staaten ihre Staatsangehörigen und alle auf ihrem Hoheitsgebiet befindlichen Personen daran hindern werden, solche Gelder oder Mittel aus ihrem Hoheitsgebiet zu verbringen oder solchen Behörden oder Unternehmen auf andere Weise zur Verfügung zu stellen und sonstige Gelder an natürliche oder juristische Personen in der Föderativen Republik Jugoslawien (Serbien und Montenegro) zu überweisen, ausgenommen Zahlungen, die ausschließlich für rein medizinische oder humanitäre Zwecke und Nahrungsmittel bestimmt sind;
Ziff. 6 (Ausnahmeregelung für Transit): beschließt, daß im Einklang mit den von dem Ausschuß nach Resolution 724 (1991) genehmigten Richtlinien die Verbote nach den Ziffern 4 und 5 nicht für die Durchfuhr von Rohstoffen und Erzeugnissen durch die Föderative Republik Jugoslawien (Serbien und Montenegro) gelten, die außerhalb der Föderativen Republik Jugoslawien (Serbien und Montenegro) ihren Ursprung haben und sich vorübergehend nur zum Zweck der Durchfuhr im Hoheitsgebiet der Föderativen Republik Jugoslawien (Serbien und Montenegro) befinden;
Ziff. 7 (Flugverkehrsverbot): beschließt, daß alle Staaten
a) jedem Luftfahrzeug die Genehmigung zum Start oder zur Landung in ihrem Hoheitsgebiet beziehungsweise zum Überflug ihres Hoheitsgebiets verweigern werden, wenn es im Hoheitsgebiet der Föderativen Republik Jugoslawien (Serbien und Montenegro) landen soll oder dort gestartet ist, es sei denn, der fragliche Flug ist von dem Ausschuß nach Resolution 724 (1991) zu humanitären oder anderen Zwecken, die im Einklang mit den einschlägigen Resolutionen des Rates stehen, genehmigt worden;
b) die Durchführung technischer Dienste und Wartungsarbeiten durch ihre Staatsangehörigen oder von ihrem Hoheitsgebiet aus an Luftfahrzeugen, die in der Föderativen Republik Jugoslawien (Serbien und Montenegro) registriert sind oder von Körperschaften in der Föderativen Republik Jugoslawien (Serbien und Montenegro) oder in deren Namen betrieben werden, sowie die Bereitstellung von Teilen für solche Luftfahrzeuge, die Bescheinigung der Lufttüchtigkeit für solche Luftfahrzeuge und die Zahlung von neuen Forderungen aus bestehenden Versicherungsverträgen und die Gewährung neuer Direktversicherungen für solche Luftfahrzeuge verbieten werden;
Ziff. 8 (Maßnahmen im diplomatischen, sportlichen, kulturellen, wissenschaftlichen und technischen Bereich): beschließt, daß alle Staaten,
a) die Zahl des Personals an diplomatischen Missionen und konsularischen Vertretungen der Föderativen Republik Jugoslawien (Serbien und Montenegro) verringern werden;
b) die erforderlichen Schritte unternehmen werden, um die Teilnahme von Personen oder Gruppen, welche die Föderative Republik Jugoslawien (Serbien und Montenegro) vertreten, an Sportveranstaltungen in ihrem Hoheitsgebiet zu verhindern;

c) die wissenschaftliche und technische Zusammenarbeit sowie den Kulturaustausch und Besuche von Personen oder Gruppen aussetzen werden, die von der Föderativen Republik Jugoslawien (Serbien und Montenegro) offiziell gefördert werden oder sie vertreten;
Ziff. 9 (Geltendmachung von Forderungen): beschließt, daß alle Staaten und die Behörden in der Föderativen Republik Jugoslawien (Serbien und Montenegro) die erforderlichen Maßnahmen treffen werden, um sicherzustellen, daß im Zusammenhang mit einem Vertrag oder einem anderen Rechtsgeschäft, soweit deren Durchführung von den durch diese Resolution und die damit zusammenhängenden Maßnahmen berührt wurde, keine Forderung der Behörden der Föderativen Republik Jugoslawien (Serbien und Montenegro) oder einer natürlichen oder juristischen Person in der Föderativen Republik Jugoslawien (Serbien und Montenegro) oder einer Person, die durch eine solche natürliche oder juristische Person oder zu deren Gunsten eine Forderung geltend macht, zulässig ist;
Ziff. 10 (Ausnahmeregelung für UNPROFOR und andere): beschließt, daß die durch diese Resolution verhängten Maßnahmen nicht auf Tätigkeiten in bezug auf UNPROFOR[419], die Konferenz über Jugoslawien oder die Beobachtermission der Europäischen Gemeinschaft Anwendung finden.

In der Sicherheitsratssitzung zur Verabschiedung der Resolution 757 (1992) beherrschte die Aggression der BR Jugoslawien gegenüber Bosnien-Herzegowina und die Praxis der „ethnischen Säuberungen" die Stellungnahmen der Delegierten[420]. Der Delegierte des Kap Verde betonte, daß die beschlossenen Sanktionsmaßnahmen nicht in der Absicht beschlossen worden seien, die Bevölkerung Serbiens und Montenegros zu treffen[421]. China äußerte sich besorgt darüber, daß die Wirtschaftssanktionen zu einer weiteren Verschlechterung der Lage führen und schwerwiegende Folgen für das Leben der Menschen in der Region haben könnten[422]. Die Vereinigten Staaten drückten ihr Bedauern über die unvermeidlichen Folgen der Sanktionsmaßnahmen für die Menschen in Serbien und Montenegro aus[423]. Frankreich bekräftigte seine Entschlossenheit,

---

[419] United Nations Protection Force, geschaffen durch S/RES 743.
[420] Siehe die Erklärungen der Delegierten Ungarns, S/PV.3082, 14 ff.; Indiens, ebd., 21 ff.; Marokkos, ebd., 24 ff.; Venezuelas, ebd., 26 ff. sowie der Russischen Föderation, ebd., 36 ff.
[421] S/PV.3082, 7: "We believe that the sanctions contemplated ... are warranted and are a response commensurate with the tragedy unfolding before our eyes in Bosnia and Herzegovina. In voting for this draft resolution, it is not our intention to endorse action against Serbia and Montenegro, nor to impose hardship on their people."
[422] S/PV.3082, 9-10: "We are concerned that sanctions will probably lead to further deterioration of the situation and create serious consequences affecting the life of the people in the region and the economy of the neighbouring States. This is something none of us wishes to see. In our view, there still exist opportunities to resolve the crisis with means other than sanctions."
[423] S/PV.3082, 34, 35: "We regret the inevitable impact that the measures we are taking today will have on the people of Serbia and Montenegro. The American and Serbian peoples have a long tradition of friendship. The Serbian people have a long and proud history as fighters for

die vollständige Isolation sowie nachteilige Folgen für die betroffene Bevölkerung zu vermeiden bzw. durch entsprechende Ausnahmen gering zu halten[424].

Nachdem im Sanktionsausschuß Unstimmigkeiten darüber entstanden waren, ob das mit der Resolution 757 (1992) verhängte Ausfuhrverbot auch für die von dem UNHCR, der WHO, dem IKRK, dem UNDP und von UNICEF geleisteten Soforthilfsmaßnahmen gelte oder ob diese unter die in der Resolution 757 (1992) vorgesehenen Ausnahmen für bestimmte internationale Organisationen fielen[425], erklärte der Sicherheitsrat in der Resolution 760 vom 18. Juni 1992[426] seine volle Unterstützung für die Bemühungen um die Lieferung der dringend benötigten humanitären Hilfe an alle Opfer des Konflikts und erweiterte die bestehenden Regelungen der Ausnahmen vom Ausfuhrverbot in die BR Jugoslawien:

> Der Sicherheitsrat,
> beschließt, daß die Verbote in Ziffer 4 c) der Resolution 757 (1992) betreffend den Verkauf oder die Lieferung von Rohstoffen oder Erzeugnissen, ausgenommen Güter für medizinische Zwecke und Nahrungsmittel, an die Föderative Republik Jugoslawien (Serbien und Montenegro) sowie die in Resolution 757 (1992) enthaltenen Verbote diesbezüglicher Finanztransaktionen auf Rohstoffe und Erzeugnisse zur Deckung unabweisbarer humanitärer Bedürfnisse nicht Anwendung finden, soweit der Ausschuß nach Resolution 724 (1991) gemäß dem vereinfachten und beschleunigten Kein-Einwand Verfahren seine Zustimmung erteilt hat.

2.4.2.2. Maßnahmen zur wirksameren Durchsetzung der Wirtschaftssanktionen (S/RES 787 (1992) und 820 (1993))

Während der Krieg trotz aller Bemühungen um eine Beendigung der Kämpfe mit unverminderter Grausamkeit fortgeführt wurde[427], häuften sich Berichten

---

freedom- not as aggressors. We doubt very much that the Serbian people, whether in Serbia or in Bosnia and Herzegovina or Croatia, favour the brutally aggressive and repressive policies of the Serbian regime and the Serbian leaders it has sponsored in Bosnia and Croatia."

424 S/PV.3082, 40: "These measures are very broad in scope, precisely because they are designed to respond to an extremely grave situation. Therefore, we are determined to avoid their leading to total isolation of the populations concerned, and to limit their impact on those populations. Thus, the trade embargo established in this resolution provides for exceptions in regard to medical supplies and foodstuffs."

425 Hierzu Scharf/Dorosin, 781, 782.

426 Abstimmungsergebnis: Einstimmige Annahme.

427 Siehe beispielhaft S/RES 771 (1992) vom 13. August 1992: "Expressing grave alarm at continuing reports of widespread violations of international humanitarian law occurring within the territory of the former Yugoslavia and especially in Bosnia and Herzegovina including reports of mass forcible expulsion and deportation of civilians, imprisonment and

zufolge die Fälle der Umgehung der Sanktionsbestimmungen, vor allem über die Nachbarstaaten der BR Jugoslawien auf der Donau[428]. Am 16. November 1992 verabschiedete der Sicherheitsrat daraufhin die Resolution 787 (1992) zur wirksamen Durchsetzung der Wirtschaftssanktionen[429]. Zu diesem Zweck beschloß der Sicherheitsrat unter anderem die folgenden Maßnahmen:

> Der Sicherheitsrat,
> Ziff. 9 (Durchfuhrverbot): beschließt, tätig werdend nach Kapitel VII der Charta der Vereinten Nationen und um sicherzustellen, daß Rohstoffe und Erzeugnisse bei der Durchfuhr durch die Föderative Republik Jugoslawien (Serbien und Montenegro) nicht unter Verstoß gegen die Resolution 757 (1992) umgeleitet werden, die Durchfuhr von Rohöl, Erdölprodukten, Kohle, Ausrüstung im Zusammenhang mit Energie, Eisen, Stahl, sonstigen Metallen, Chemikalien, Gummi, Reifen, Fahrzeugen, Luftfahrzeugen und Motoren jeder Art zu verbieten, sofern die Durchfuhr nicht im Einzelfall von dem nach Resolution 724 (1992) eingerichteten Ausschuß nach seinem Kein-Einwand Verfahren ausdrücklich genehmigt wird;
> Ziff. 12 (Kontrolle und Prüfung von Seetransporten): tätig werdend nach Kapitel VII und VIII der Charta der Vereinten Nationen, fordert die Staaten, die einzelstaatlich oder über regionale Einrichtungen oder Abmachungen tätig werden, auf, unter der Aufsicht des Sicherheitsrats die erforderlichen, den Umständen angemessenen Maßnahmen anzuwenden, um alle einlaufenden und auslaufenden Seetransporte zur Kontrolle und Überprüfung ihrer Fracht und ihres Bestimmungsorts anzuhalten und die strikte Anwendung der Bestimmungen der Resolutionen 713 (1991) und 757 (1992) sicherzustellen.

In den Beratungen im Sicherheitsrat über die Verabschiedung der Resolution 787 (1992), die von der sich zunehmend verschlechternden Lage in

---

abuse of civilians in detention centres, deliberate attacks on non-combatants, hospitals and ambulances, impeding the delivery of food and medical supplies to the civilian population, and wanton devastation and destruction of property."

[428] Second Report of the Security Council Committee established pursuant to Resolution 724 (1991) concerning Yugoslavia, UN Dok. S/25027, 30. Dezember 1992, 10, 11. In der Zwischenzeit waren mehrere Maßnahmen ergriffen worden, um die bestehenden Wirtschaftssanktionen wirksamer umzusetzen. So hatte die EU in Zusammenarbeit mit der KSZE (später OSZE) am 4. Februar den Posten eines Sanktionskoordinators geschaffen, dessen Aufgabe in der Koordination der Tätigkeiten der an der Durchsetzung der Wirtschaftssanktionen beteiligten Staaten und Organisationen bestand. Am 18. und 28. September 1992 einigten sich die KSZE und die EU darauf, daß die KSZE-Staaten den Nachbarstaaten der BR Jugoslawien Grenzbeamte zur besseren Überwachung der Sanktionsbestimmungen in Form von sogenannten SAMs (Sanctions Assistance Missions) zur Verfügung stellen. Dieses Vorhaben wurde im Oktober 1992 durch die Einrichtung der ersten drei SAMs in Bulgarien, Ungarn und Rumänien umgesetzt und von SAMCOMM (Sanctions Assistance Missions Communication Centre), das von der Europäischen Kommission betrieben wurde, unterstützt. Siehe hierzu S/1996/776, 7, 8.

[429] Abstimmungsergebnis: 13-0-2 (China, Simbabwe).

Bosnien-Herzegowina[430] und der Forderung nach der Aufhebung des Waffenembargos gegenüber Bosnien-Herzegowina[431] geprägt waren, befaßten sich außer dem Delegierten der BR Jugoslawien[432] lediglich der chinesische[433] und der österreichische Delegierte[434] mit den Auswirkungen der Wirtschaftssanktionen auf die Bevölkerung der BR Jugoslawien.

Unter Hinweis darauf, daß die bosnischen Serben dem von den Vermittlern Vance und Owen im Januar vorgelegten Friedensplan für Bosnien-Herzegowina[435] nicht zugestimmt haben und unter Verurteilung der andauernden Verletzung des humanitären Völkerrechts, insbesondere der Praxis der ethnischen Säuberungen und systematischen Vergewaltigungen, für deren Begehung die Täter persönlich strafrechtlich verantwortlich gemacht werden sollen[436], verschärfte der Sicherheitsrat mit der Resolution 820 (1993) vom 17. April 1993[437] die bereits in Kraft befindlichen Wirtschaftssanktionen gegen die

---

430 Siehe die Stellungnahmen der Delegierten Indiens, S/PV.3137, 4 ff.; Ungarns, ebd., 8 ff.; Italiens, ebd. 14 ff.; Norwegens, ebd., 31 ff.; Aserbeidschans, ebd., 44 ff.; Tunesiens, ebd., 60 ff.; der Ukraine, ebd., 82 ff.; Griechenlands, ebd., 93 ff.; Maltas, ebd., 99 ff. sowie Algeriens, ebd., 104 ff.

431 Siehe die Stellungnahmen der Delegierten Katars, S/PV.3137, 17 ff.; der Komoren, ebd., 21 ff.; Litauens, ebd., 34 ff.; Kroatiens, ebd., 36 ff.; Kuwaits, ebd., 47 ff.; Afghanistan, ebd., 52 ff.; der Vereinigten Arabischen Emirate, ebd., 87 ff.; Bangladeschs, ebd., 107 ff. und Senegals, ebd., 113 ff.

432 S/PV.3137, 76: "The Federal Republic of Yugoslavia has been subjected to harsh sanctions, which we believe to be one-sided and unjust. Sanctions have never been known to solve problems. They can hardly stop the war in Bosnia and Herzegovina. Sanctions are hitting the most vulnerable strata of the population. In such circumstances, about half a million refugees accepted in the Federal Republic of Yugoslavia have also been punished, including 300,000 refugees from Bosnia and Herzegovina."

433 Der chinesische Delegierte, S/PV.3137, 121, verwies auf den schon in den Beratungen zum Erlaß der Resolution 757 (1992) (s.o. Anm. 422) geltend gemachten Standpunkt.

434 S/PV.3137, 124: "Sanctions are not aimed at the population of Serbia and Montenegro; they are designed to bring about a change of policy in Belgrade."

435 UN Dok. S/25221, 2. Februar 1993.

436 Die schweren Verletzungen der Menschenrechte und des humanitären Völkerrechts während des Krieges sind in zahlreichen Dokumenten der Vereinten Nationen dokumentiert worden (siehe für das Jahr 1993 exemplarisch die Berichte des von der Menschenrechtskommission eingesetzten Sonderberichterstatters Tadeusz Mazowiecki, UN Dok. E/CN.4/1994/3, 5. Mai 1993; E/CN.4/1994/4, 19. Mai 1993; E/CN.4/6, 23. August 1993, E/CN.4/1994/8, 6. September 1993; E/CN.4/1994/47, 17. November 1993). Sie führten schließlich zur Errichtung eines Strafgerichtshofs durch den Sicherheitsrat zur Verfolgung der im ehemaligen Jugoslawien seit 1991 begangenen Verbrechen auf der Grundlage der Resolutionen 808 (1993) und 827 (1993). Hierzu Fink, Friedenssicherung, 648 ff. m.w.N.

437 Abstimmungsergebnis: 13-0-2 (China, Russische Föderation).

Bundesrepublik Jugoslawien[438]. Die Resolution enthielt neben einer Reihe von Maßnahmen, die vorrangig der verbesserten Durchsetzung der Sanktionsbestimmungen dienen sollten, eine Ausweitung der bereits bestehenden Wirtschaftssanktionen um die folgenden Maßnahmen:

> Der Sicherheitsrat,
> Ziff. 21 (Einfrieren von Geldern): beschließt, daß Staaten, in denen sich Gelder befinden, einschließlich aller aus Eigentum stammender Gelder, die a) den Behörden in der Föderativen Republik Jugoslawien (Serbien und Montenegro) oder b) einem Handels-, Industrie- oder öffentlichen Versorgungsunternehmen in der Föderativen Republik Jugoslawien (Serbien und Montenegro) gehören oder c) direkt oder indirekt von diesen Behörden oder Unternehmen oder von juristischen Personen kontrolliert werden, die, ungeachtet dessen, wo sie sich befinden oder gegründet worden sind, Eigentum dieser Behörden oder Unternehmen sind oder von ihnen beherrscht werden, verlangen werden, daß alle natürlichen oder juristischen Personen in ihrem eigenen Hoheitsgebiet, in deren Besitz sich solche Gelder befinden, diese einfrieren, um sicherzustellen, daß sie weder direkt noch indirekt den Behörden der Föderativen Republik Jugoslawien (Serbien und Montenegro) beziehungsweise zu deren Gunsten zur Verfügung gestellt werden, und fordert alle Staaten auf, dem Ausschuß nach Resolution 724 (1991) über die gemäß dieser Ziffer getroffenen Maßnahmen Bericht zu erstatten;
> Ziff. 22 (Beförderungsverbot): beschließt, die Beförderung aller Rohstoffe und Erzeugnisse über die Landgrenzen oder in die Häfen der Föderativen Republik Jugoslawien (Serbien und Montenegro) oder aus denselben zu verbieten, mit alleiniger Ausnahme
> a) der Ausfuhr medizinischer Hilfsgüter und Nahrungsmittel in die Föderative Republik Jugoslawien (Serbien und Montenegro) gemäß Resolution 757 (1992); in diesem Zusammenhang wird der Ausschuß nach Resolution 724 (1991) Kontrollregeln aufstellen, um die vollinhaltliche Einhaltung dieser und anderer einschlägiger Resolutionen sicherzustellen;
> b) der Einfuhr anderer unverzichtbarer humanitärer Hilfsgüter in die Föderative Republik Jugoslawien (Serbien und Montenegro), die von dem Ausschuß nach Resolution 724 (1991) im Einzelfall nach dem Kein-Einwand Verfahren genehmigt wird;
> c) der streng begrenzten Durchfuhr durch das Hoheitsgebiet der Föderativen Republik Jugoslawien (Serbien und Montenegro), soweit der Ausschuß nach Resolution 724 (1991) diese im Ausnahmefall genehmigt, mit der Maßgabe, daß dieser Absatz die Durchfuhr auf der Donau gemäß Ziffer 15 unberührt läßt;
> Ziff. 27 (Dienstleistungsverbot): beschließt, die Bereitstellung von finanziellen und nichtfinanziellen Dienstleistungen an jede natürliche oder juristische Person zur Durchführung einer geschäftlichen Tätigkeit in der Föderativen Republik Jugoslawien (Serbien und Montenegro) zu verbieten, mit der alleinigen Ausnahme von Dienstleistungen im Einklang mit Resolution 757 (1992) und Dienstleistungen, die von dem Ausschuß nach Resolution 724 (1991) im Einzelfall genehmigt worden sind und deren

[438] Gemäß Ziff. 10 war das Inkrafttreten der Resolution um neun Tage verschoben worden. Als die Bedingung für ein Absehen vom Inkrafttreten der Resolution, die Unterzeichnung des Vance-Owen Plans und die Beendigung militärischer Angriffe durch die bosnischen Serben, im vorgegebenen Zeitraum nicht erfüllt wurden, traten die Bestimmungen der Resolution am 26. April 1993 in Kraft. AdG 1993, 37801.

Bereitstellung aus humanitären oder anderen außergewöhnlichen Gründen notwendig werden könnte;
Ziff. 28 (Zugang zum Küstenmeer): beschließt, der gesamten Seehandelsschiffahrt den Zugang zum Küstenmeer der Föderativen Republik Jugoslawien (Serbien und Montenegro) zu verbieten, es sei denn, daß der Ausschuß nach Resolution 724 (1991) diesen im Einzelfall genehmigt hat, oder bei höherer Gewalt;
Ziff. 29 (Durchsetzung): bekräftigt, daß die Staaten, die nach Ziffer 12 der Resolution 787 (1992) tätig werden, ermächtigt sind, unter Aufsicht des Sicherheitsrats die erforderlichen, den Umständen angemessenen Maßnahmen anzuwenden, um diese Resolution und die anderen einschlägigen Resolutionen des Sicherheitsrats durchzusetzen, namentlich auch im Küstenmeer der Föderativen Republik Jugoslawien (Serbien und Montenegro)[439].

In der Sitzung im Sicherheitsrat anläßlich der Verabschiedung der Resolution 820 (1993) gingen außer China[440] einzig Japan[441] sowie Ungarn[442] auf die möglichen Auswirkungen der beschlossenen Maßnahmen ein.

2.4.2.3. Die Lockerung der Wirtschaftssanktionen gegenüber der BR Jugoslawien bei gleichzeitiger Verhängung von Wirtschaftssanktionen gegenüber den bosnischen Serben (S/RES 942 (1994) und 943 (1994))

Nachdem in der Folgezeit verschiedene Friedensbemühungen gescheitert waren und die Kämpfe unvermindert anhielten[443], legte die Kontaktgruppe für das

---

[439] Die NATO und die WEU hatten seit Juli 1992 Seepatrouillen im adriatischen Meer stationiert, welche die Einhaltung der Sanktionsbestimmungen durch den Schiffsverkehr überwachten. Nach Erlaß der Resolution 820 unternahmen die NATO und die WEU gemeinsame Operationen und Seepatrouillen. Vom 1992 bis 1996 wurden, ohne daß es zum Einsatz militärischer Gewalt kam, 74.332 Handelsschiffe angehalten, von denen 5.975 auf dem Meer geprüft und 1.416 in Häfen umgeleitet wurden. Auf der Donau kontrollierte die WEU zusammen mit den Anrainerstaaten seit dem 19. Juni 1993 die Einhaltung der Sanktionsbestimmungen. Siehe S/1996/946, 32 und S/1996/776, 9.

[440] S/PV.3200, 32. China wiederholte seinen aus vorhergehenden Beratungen bekannten Standpunkt (s.o. Anm. 433).

[441] S/PV.3200, 33: "My Government does not treat economic sanctions lightly; many innocent parties in and outside the former Yugoslavia will suffer as a result of this resolution, but this is a necessary price we have to pay for peace and justice in the Republic of Bosnia and Herzegovina."

[442] S/PV.3200, 41: "Hungary's vote in favour of today's resolution is further explained by the fact that the sanctions measures, despite their comprehensive nature, will not lead in the final analysis to building a new Berlin wall between the civilian population living on the two sides of the border between the Federal Republic of Yugoslavia ... and its neighbours. Telecommunications, postal services and humanitarian services will not become more difficult. It will be unnecessary to reduce the number of border crossings serving passenger traffic, and funds belonging to individuals will not be affected by the new measures either."

ehemalige Jugoslawien[444] am 5. Juli 1994 einen Friedensplan vor, der die Teilung Bosnien-Herzegowinas vorsah, und stellte die Aufhebung der Wirtschaftssanktionen gegen Rest-Jugoslawien im Falle einer Annahme des Plans in Aussicht[445]. Der jugoslawische Präsident Milosevic und die Regierung der Republik Serbien forderten daraufhin die Führung der Serbischen Republik in Pale dazu auf, den Friedensplan anzunehmen[446]. Das Parlament der bosnischen Serben wies diese Aufforderung am 4. August 1994 zurück[447]. Die BR Jugoslawien reagierte noch am selben Tag auf diesen Schritt mit dem Abbruch der politischen und wirtschaftlichen Beziehungen zu den Vertretern der bosnischen Serben in Pale. Außerdem wurde die Grenze nach Bosnien-Herzegowina für den Warenverkehr, mit Ausnahme von Nahrungsmitteln, Arzneimitteln sowie Bekleidung, geschlossen[448]. Angesichts dieser Entwicklung änderte der Sicherheitsrat seine Sanktionspolitik. Mit der Resolution 942 (1994)[449] vom 23. September 1994 verurteilte der Sicherheitsrat die Weigerung der bosnischen Serben, der vorgeschlagenen Regelung einer territorialen Einigung zuzustimmen und verhängte gegen die bosnischen Serben gerichtete Wirtschaftssanktionen folgenden Inhalts:

> Der Sicherheitsrat beschließt, daß die Staaten folgendes verhindern werden:
> Ziff. 7 (Verbot Wirtschaftstätigkeit bosnischer Serben):
> i) Wirtschaftstätigkeiten[450], die nach dem Tag der Verabschiedung dieser Resolution in ihrem Hoheitsgebiet von Körperschaften durchgeführt werden, gleichviel, wo diese eingetragen oder gegründet worden sein mögen, die direkt oder indirekt im Eigentum oder unter der Kontrolle folgender Stellen stehen:

---

[443] Siehe zu den Ereignissen in den Jahren 1993 und 1994 Fink, Friedenssicherung, 654 ff. und Schönfeld, Roland, Der fortdauernde Konflikt auf dem Balkan, in: IP 1993/94, 53-68.

[444] Diese setzte sich aus den Vereinigten Staaten, dem Vereinigten Königreich, der Russischen Föderation, Frankreich und Deutschland zusammen. UN Dok. S/1994/1074, 19. September 1994, Ziff. 2.

[445] AdG 1994, 39146 ff.

[446] Die BR Jugoslawien hatte sich ihrerseits bereit erklärt, den Friedensplan anzunehmen. UN Dok. S/1994/1081, 21. September 1994.

[447] AdG 1994, 39250 ff. In einer am 27/28. August 1994 durchgeführten Volksabstimmung lehnten 96,7 % der bosnischen Serben die Annahme des Friedensplans ab.

[448] UN Dok. S/1994/1074, 19. September 1994, Ziff. 5. AdG 1994, 39252 ff.

[449] Abstimmungsergebnis: 14-0-1 (China).

[450] Der Begriff der Wirtschaftstätigkeiten ist nach Ziff. 9 der Resolution von den Staaten so auszulegen, daß er folgendes bezeichnet: a) alle Tätigkeiten wirtschaftlicher Art, einschließlich kommerzieller, finanzieller und industrieller Tätigkeiten und Transaktionen, insbesondere alle Tätigkeiten wirtschaftlicher Art, bei denen es um die Nutzung von Eigentum oder Rechten an Eigentum oder um Geschäfte damit oder im Zusammenhang damit geht; b) die Ausübung von Rechten im Zusammenhang mit Eigentum oder Rechten an Eigentum und; c) die Errichtung neuer Körperschaften oder Veränderungen in der Führung bestehender Körperschaften.

a) einer Person, die sich in den von den Streitkräften der bosnischen Serben kontrollierten Gebieten der Republik Bosnien und Herzegowina befindet oder dort ansässig ist, oder einer Körperschaft, einschließlich Handels-, Industrie- oder öffentlichen Versorgungsunternehmen in diesen Gebieten, oder
b) einer Körperschaft, die nach dem Recht der von den Streitkräften der bosnischen Serben kontrollierten Gebiete der Republik Bosnien und Herzegowina eingetragen ist oder gegründet wurde, sowie
ii) Wirtschaftstätigkeiten, die nach dem Tag der Verabschiedung dieser Resolution in ihrem Hoheitsgebiet von einer Person oder Körperschaft durchgeführt werden, einschließlich einer Person oder Körperschaft, die von Staaten für die Zwecke dieser Resolution namhaft gemacht wird, und von der festgestellt wird, daß sie für oder im Namen oder zugunsten einer Körperschaft, einschließlich Handels-, Industrie- oder öffentlichen Versorgungsunternehmen, in den von den Streitkräften der bosnischen Serben kontrollierten Gebieten der Republik Bosnien und Herzegowina tätig ist, oder von einer in Ziffer 7 i) aufgeführten Körperschaft:
dabei gilt,
a) daß die Staaten derartige Tätigkeiten in ihrem Hoheitsgebiet genehmigen können, nachdem sie sich in jedem Einzelfall vergewissert haben, daß diese Tätigkeiten nicht zur Übertragung von Eigentum oder Rechten an Eigentum[451] an eine in Ziffer 7 i) a) oder b) aufgeführte Person oder Körperschaft führen, und
b) daß Ziffer 7 der Lieferung von Hilfsgütern für rein medizinische Zwecke und Nahrungsmitteln, die dem Ausschuß nach Resolution 724 (1991) gemeldet wurden, oder der vom Ausschuß genehmigten Lieferung von Rohstoffen und Erzeugnissen zur Deckung unabweisbarer humanitärer Bedürfnisse nicht entgegensteht;
Ziff. 8: beschließt, daß die Staaten alle bestehenden Genehmigungen nach Ziffer 7 zurückziehen und keine neuen solchen Genehmigungen erteilen werden in bezug auf jede Person oder Körperschaft, die nach dem Tag der Verabschiedung dieser Resolution gegen die mit dieser oder mit früheren einschlägigen Resolutionen verhängten Maßnahmen verstößt;
Ziff. 11 (Einfrieren von Geldern): beschließt, daß Staaten, in denen sich Gelder oder andere finanzielle Vermögenswerte oder Ressourcen folgender Stellen befinden:
i) einer Körperschaft, einschließlich Handels-, Industrie- oder öffentlichen Versorgungsunternehmen, in den von den Streitkräften der bosnischen Serben kontrollierten Gebieten der Republik Bosnien und Herzegowina, oder
ii) einer in Ziffer 7 i) aufgeführten Körperschaft oder einer in Ziffer ii) aufgeführten Person oder Körperschaft, von allen Personen und Körperschaften in ihrem Hoheitsgebiet, die solche Gelder oder andere finanzielle Vermögenswerte oder Ressourcen besitzen, verlangen werden, diese einzufrieren, um sicherzustellen, daß weder diese noch andere Gelder oder andere finanzielle Vermögenswerte oder Ressourcen direkt oder

[451] Der in den Ziff. 7 und 9 verwendete Ausdruck „Eigentum oder Rechte an Eigentum" ist gemäß Ziff. 10 von den Staaten so auszulegen, daß er folgendes bezeichnet: Gelder, finanzielle, materielle und immaterielle Vermögenswerte, Eigentumsrechte, öffentlich und privat gehandelte Wertpapiere und Schuldtitel sowie alle sonstigen finanziellen und wirtschaftlichen Ressourcen.

indirekt irgendeiner der genannten Personen oder Körperschaften verfügbar gemacht oder zu deren Gunsten verwendet werden, mit Ausnahme von

a) Zahlungen im Zusammenhang mit Tätigkeiten, die im Einklang mit Ziffer 7 genehmigt wurden, oder

b) Zahlungen im Zusammenhang mit Transaktionen, die von der Regierung der Republik Bosnien und Herzegowina im Hinblick auf Personen oder Körperschaften in ihrem Hoheitsgebiet genehmigt wurden, vorausgesetzt, daß sich die Staaten vergewissert haben, daß Zahlungen an Personen außerhalb ihres Hoheitsgebiets für oder Genehmigung eingeholt wird; und daß im Falle von Zahlungen im Rahmen der Ausnahme a) die Staaten diese Zahlungen erst genehmigen dürfen, nachdem sie sich in jedem Einzelfall vergewissert haben, daß diese Zahlungen nicht zur Übertragung von Geldern oder anderen finanziellen Vermögenswerten oder Ressourcen an eine in Ziffer 7 i) a) oder b) beschriebene Person oder Körperschaft führen;

Ziff. 12: beschließt, daß die Staaten sicherstellen werden, daß folgende Einzahlungen ausschließlich auf eingefrorene Konten erfolgen: alle Zahlungen von Dividenden, Zinsen und sonstigen Einnahmen aus Aktien, Beteiligungen, Obligationen oder Schuldverschreibungen und alle Erträge aus einer Beteiligung an materiellen und immateriellen Vermögenswerten und Eigentumsrechten oder aus deren Verkauf oder sonstiger Disposition oder einer anderen diesbezüglichen Transaktion, wenn diese folgenden Stellen zugute kommen:

i) einer Körperschaft, einschließlich Handels-, Industrie- oder öffentlichen Versorgungsunternehmen, in den von den Streitkräften der bosnischen Serben kontrollierten Gebieten der Republik Bosnien und Herzegowina oder

ii) einer in Ziffer 7 i) aufgeführten Körperschaft oder einer in Ziffer 7 ii) aufgeführten Person oder Körperschaft;

Ziff. 13 (Dienstleistungsverbot): beschließt, daß die Bereitstellung von Dienstleistungen sowohl finanzieller als auch nichtfinanzieller Art für natürliche oder juristische Personen für die Zwecke einer Geschäftstätigkeit in den von den Streitkräften der bosnischen Serben kontrollierten Gebieten verboten ist; davon ausgenommen sind lediglich: a) Telekommunikations- und Postdienste und juristische Dienstleistungen, die mit dieser Resolution und früheren Resolutionen im Einklang stehen, b) Dienstleistungen, die für humanitäre oder sonstige Ausnahmezwecke erforderlich sind und von dem Ausschuß nach Resolution 724 (1991) in jedem Einzelfall zu billigen sind, und c) von der Regierung der Republik Bosnien und Herzegowina genehmigte Dienstleistungen;

Ziff. 14 (Einreiseverbot): beschließt, daß die Staaten folgende Personen an der Einreise in ihr Hoheitsgebiet hindern werden:

a) Mitglieder der Behörden, einschließlich der gesetzgebenden Behörden, in den von den Streitkräften der bosnischen Serben kontrollierten Gebieten der Republik Bosnien und Herzegowina sowie Offiziere der militärischen und paramilitärischen Kräfte der bosnischen Serben sowie Personen, die im Namen dieser Behörde oder Kräfte tätig sind;

b) Personen, von denen festgestellt wird, daß sie nach Verabschiedung dieser Resolution von den Streitkräften der bosnischen Serben unter Verstoß gegen die einschlägigen Ratsresolutionen finanzielle, materielle, logistische, militärische oder sonstige greifbare Unterstützung geleistet haben;

c) Personen, die sich in den von den Streitkräften der bosnischen Serben kontrollierten Gebieten der Republik Bosnien und Herzegowina befinden oder dort ansässig sind und

von denen festgestellt wird, daß sie gegen die in Resolution 820 (1993) und in der vorliegenden Resolution beschriebenen Maßnahmen verstoßen haben oder zum Verstoß dagegen beigetragen haben;
und ersucht den Ausschuß nach Resolution 724 (1991), unter Zugrundelegung der von den Staaten und den zuständigen Regionalorganisationen zur Verfügung gestellten Informationen eine Liste der unter Ziffer 14 fallenden Personen zu erstellen und laufend auf dem neuesten Stand zu halten, wobei die vorstehenden Bestimmungen von Ziffer 14 einen Staat nicht dazu zwingen, seinen eigenen Staatsangehörigen die Einreise in sein Hoheitsgebiet zu verweigern, und wobei die Einreise von der auf der Liste stehenden Personen in einen bestimmten Staat zu einem bestimmten Datum für Zwecke, die mit der Verfolgung des Friedensprozesses und mit dieser und früheren einschlägigen Resolutionen im Einklang stehen, von dem Ausschuß oder, im Falle von Uneinigkeit unter den Ausschußmitgliedern, vom Rat genehmigt werden kann.

Der Sicherheitsrat begrüßte zugleich in der ebenfalls am 23. September 1994 verabschiedeten Resolution 943 (1994)[452] das kooperatives Verhalten sowie die Zustimmung der BR Jugoslawien zum Friedensplan und lockerte die bestehenden Wirtschaftssanktionen geringfügig[453]. Die jeweils zeitlich befristete Suspension dieser Maßnahmen wurde in der Folgezeit von dem Sicherheitsrat, nachdem dieser sich von der Aufrechterhaltung der Schließung der Grenze zu Bosnien-Herzegowina vergewissert hatte, in regelmäßigen Abständen verlängert[454].

Bei den Beratungen im Sicherheitsrat über die Verabschiedung der Resolutionen 942 (1994) und 943 (1994) sprach einzig der jugoslawische Delegierte die negativen Folgen der Sanktionen an[455]. In der Debatte um die Lockerung der

[452] Abstimmungsergebnis: 11-2 (Djibouti, Pakistan)-2 (Nigeria, Ruanda).

[453] Der Sicherheitsrat suspendierte das mit der Resolution 757 (1992) und Resolution 820 (1993) verhängte Flugverkehrsverbot für einen anfänglichen Zeitraum von hundert Tagen dahingehend, daß Passagierflüge von und nach Belgrad von dem Verbot ausgenommen waren. Frachtflüge waren von dem Verbot nur ausgenommen, wenn sie von dem Sanktionsausschuß genehmigt wurden. Außerdem wurden die in der Resolution 820 (1993) enthaltenen Verkehrs- und Dienstleistungsverbote insoweit suspendiert, als sie den Passagierfährverkehr zwischen Bar in der BR Jugoslawien und Bari in Italien betrafen. Der entsprechende Frachtverkehr zwischen Bar und Bari bedurfte hingegen einer Genehmigung durch den Sanktionsausschuß. Des weiteren wurden die in der Resolution 757 (1992) beschlossenen Maßnahmen zur Unterbrechung des Sport- und Kulturaustauschs suspendiert. Die Aussetzung dieser Maßnahmen wurde dabei von der Aufrechterhaltung der Schließung der Grenze zu Bosnien-Herzegowina abhängig gemacht.

[454] S/RES 970 vom 12. Januar 1995; S/RES 988 vom 21. April 1995; S/RES 1003 vom 5. Juli 1995; S/RES 1015 vom 15. September 1995.

[455] S/PV.3428, 14: "On 30 May 1992, by resolution 757 (1992), the Security Council imposed sanctions against the citizens of the Federal Republic of Yugoslavia, unjustly singling them out as the sole culprits for the civil war in Bosnia and Herzegovina. One hundred and twenty weeks have gone by since this unprecedented verdict was passed on an entire nation, without

Sanktionen spielten humanitäre Erwägungen dagegen keine Rolle, vielmehr gab es zwischen den Delegierten im wesentlichen zwei Standpunkte. Die eine Gruppe stand der Lockerung der Sanktionen gegenüber der BR Jugoslawien ablehnend gegenüber, da deren Friedenswille angesichts von Berichten über die Verletzung des Flugverbots durch serbische Hubschrauber sowie der fehlenden Überwachung der Schließung der Grenze zu den bosnischen Serben in Zweifel gezogen wurde[456]. Die andere Gruppe vertrat dagegen die Auffassung, daß die Kooperationsbereitschaft der BR Jugoslawien zumindest durch einen ersten, weitgehend symbolischen Schritt der Lockerung der Sanktionen anerkannt werden solle[457].

2.4.2.4. Die Aussetzung und Aufhebung der Wirtschaftssanktionen (S/RES 1022 (1995)- S/RES 1074 (1996))

Im August und September 1995 erfuhr das Kriegsgeschehen eine entscheidende Wendung, als kroatische und bosnische Verbände gemeinsam mit Unterstützung der NATO eine militärische Offensive unternahmen, mit der sie die Streitkräfte der bosnischen Serben aus der Krajina und aus Gebieten im westlichen Bosnien

---

even a right to appeal. The peoples of the Federal Republic of Yugoslavia were condemned to total isolation from the contemporary world and thus became victims of collective punishment, which is in contravention of international humanitarian law."

456 Siehe die Stellungnahmen des Delegierten Malaysias, S/PV.3428, 6; des Iran, ebd., 8; des Senegals, ebd., 10; Albaniens, ebd., 10; Ägyptens, ebd., 13; der Türkei, ebd., 14; Jordaniens, ebd., 19; Bangladeschs, ebd., 21; Tunesiens, ebd., 22; Djiboutis, ebd., 23; Pakistans, ebd., 27 und Nigerias, ebd., 35.

457 Exemplarisch hierfür die Erklärung des Delegierten Neuseelands, S/PV.3428, 37: "The third resolution which the Security Council considered today demonstrates that the United Nations will respond to those who are willing to change their policy and opt for peace. President Milosevic has accepted the Contact Group peace plan as a fair settlement. He has urged the Bosnian Serbs to come to their senses and do the same. To this end, he has closed the international border between Serbia and Montenegro and Bosnia and Herzegovina and cut off all but humanitarian supplies to the Bosnian Serbs. New Zealand has welcomed this change of policy, and we supported the resolution adopted today. Provided independent monitors verify the ongoing closure of the border, we believe that it is appropriate to suspend a very limited set of sanctions imposed by the Council against the Federal Republic of Yugoslavia (Serbia and Montenegro). But let us be clear: all that this suspension involves is the restoration of sporting and cultural links and of two communication routes; the full weight of economic sanctions remains. But tonight's resolution is a signal that the Council will respond positively to positive actions." In diese Richtung auch die entsprechenden Stellungnahmen der Delegierten Deutschlands, ebd., 11; Kanadas, ebd., 18; Chinas, ebd., 24; der Tschechischen Republik, ebd., 25; Frankreichs, ebd., 28; Argentiniens, ebd., 29; der Russischen Föderation, ebd., 30; Brasiliens, ebd., 31; des Vereinigten Königreichs, ebd., 32; der Vereinigten Staaten, ebd. , 33 und Spaniens, ebd., 40.

vertrieben, woraufhin das von den bosnischen Serben beherrschte Gebiet auf etwa 49 % von vormals 70 % des Territoriums von Bosnien-Herzegowina zusammenschrumpfte[458]. Daraufhin wurde am 21. November 1995 in Dayton, Ohio, ein Friedensabkommen zwischen den Republiken Bosnien-Herzegowina, Kroatien und der BR Jugoslawien unter Beteiligung der bosnischen Serben geschlossen[459]. Am Tag darauf hob der Sicherheitsrat mit der Resolution 1021 (1995) das Waffenembargo auf[460] und suspendierte mit der Resolution 1022 (1995)[461] die in den vorhergehenden Resolutionen gegen die BR Jugoslawien verhängten Wirtschaftssanktionen mit sofortiger Wirkung auf unbestimmte Zeit[462]. Am 27. Februar 1996, einen Tag nachdem der Sicherheitsrat darüber informiert worden war, daß sich nach der Einschätzung des Kommandanten der Implementationstruppen in Bosnien und Herzegowina die Truppen der bosnischen Serben hinter die Waffenstillstandslinie zurückgezogen haben, wurden die gegenüber den bosnischen Serben verhängten Wirtschaftssanktionen auf unbestimmte Dauer suspendiert[463]. Die im Friedensabkommen vorgesehenen Wahlen für das Präsidium und das Parlament in Bosnien-Herzegowina wurden am 14. September 1996 durchgeführt[464]. Entsprechend den Bestimmungen der Resolution 1022 (1995) hob der Sicherheitsrat am 1. Oktober 1996 mit der Resolution 1074 (1996)[465] die gegen die BR Jugoslawien und die bosnischen Serben verhängten Wirtschaftssanktionen mit sofortiger Wirkung auf.

---

[458] Siehe zu den Ereignissen in den Jahren 1995 und 1996 Schönfeld, Roland, Die Kriegsentscheidung im ehemaligen Jugoslawien und das Abkommen von Dayton, in: IP 1995/96, 162-176.

[459] UN Dok. S/1995/999, Annex, 30. November 1995.

[460] Abstimmungsergebnis: 14-0-1 (Russische Föderation).

[461] Abstimmungsergebnis: Einstimmige Annahme.

[462] Die Maßnahmen sollten jedoch automatisch wieder verhängt werden, falls der Generalsekretär dem Sicherheitsrat berichten sollte, daß die BR Jugoslawien das Friedensabkommen nicht unterzeichnet habe. Den bosnischen Serben gegenüber wurde die Suspendierung der Maßnahmen von einem Bericht des Kommandanten der internationalen Friedenstruppen abhängig gemacht, in dem er den Sicherheitsrat davon unterrichten sollte, daß sich die Truppen der bosnischen Serben hinter die im Friedensabkommen festgelegten Teilungsgrenzen zurückgezogen haben. Der Sicherheitsrat behielt sich ferner vor, im Falle des Vorliegens von Berichten, denen zufolge die BR Jugoslawien und die bosnischen Serben ihren Verpflichtungen aus dem Friedensabkommen in erheblichem Maße nicht nachkommen, die Suspendierung der Sanktionen aufzuheben. Die Maßnahmen sollten endgültig am 10. Tag nach der Abhaltung von freien und fairen Wahlen in Bosnien-Herzegowina gemäß dem Friedensabkommen und dem Rückzug der Truppen der bosnischen Serben aufgehoben werden.

[463] UN Dok. S/1996/776, 12.

[464] AdG 1996, 41396 ff.

[465] Abstimmungsergebnis: Einstimmige Annahme.

2.4.3. Die Auswirkungen der Wirtschaftssanktionen[466]

2.4.3.1. Die Entwicklung der wirtschaftlichen Lage

Die Volkswirtschaft Jugoslawiens befand sich gegen Ende der achtziger Jahre in einer Phase der Stagnation, die vorrangig auf strukturelle Fehlentwicklungen in der sozialistischen Wirtschaftspolitik zurückgeführt worden ist[467]. Diese schlechte wirtschaftliche Lage drückte sich in einer negativen Wachstumsrate in der ersten Hälfte des Jahres 1989, einer Arbeitslosigkeit von fast 20 % in Serbien-Montenegro, einer hohen Inflationsrate und hoher Auslandsverschuldung aus[468]. Die Spannungen zwischen den Teilrepubliken führten in der Folgezeit zur gegenseitigen Wirtschaftsembargos, die schließlich zu einer vollständigen Unterbrechung der Wirtschaftsbeziehungen führten, als Slowenien und Kroatien 1992 ihre Unabhängigkeit erklärten[469]. Der teilweise Wegfall des Binnenmarktes, der nahezu die Hälfte des serbischen Handelsvolumens ausgemacht hatte, belastete die Wirtschaft Serbiens und Montenegros schwer[470]. Darüber hinaus verursachten die anhaltenden militärischen Auseinandersetzungen in der Zeit von 1990 bis 1995 erhebliche Schäden und Kosten für die Wirtschaft der BR Jugoslawien, die vor allem durch die Finanzierung des Krieges entstanden[471]. Die BR Jugoslawien war andererseits auf dem Nahrungsmittel- und Elektrizitätssektor unabhängig und in verhältnismäßig geringem Umfang vom Außenhandel abhängig, welches auf eine im Vergleich zu anderen Staaten

---

[466] Die Entwicklung in den von den bosnischen Serben besetzten Gebieten im Zeitraum September 1994 bis Februar 1996 bleibt mangels zur Verfügung stehender Statistiken außer Betracht.

[467] Delević Djilas, 190 ff.; UNICEF, Situation Analysis 1995, 12, 13.

[468] Delević Djilas, 192; Kühnberger, 258.

[469] Delević Djilas, 192. Die gesamten Einfuhren der BR Jugoslawien sanken von Gütern im Wert von $ 18.890 Millionen (nachfolgende Zahlen in $ Millionen) im Jahr 1990 auf Güter im Wert von 11.804 im Jahr 1991 und 3.630 im Jahr 1992. Die Ausfuhren sanken im selben Zeitraum von Gütern im Wert von 14.312 im Jahr 1990 auf Güter im Wert von 11.804 im Jahr 1991 und 3.630 im Jahr 1992. UN Department of Economic and Social Affairs Statistics Division, Doc. ST/ESA/STAT/SER.Q/319, Monthly Bulletin of Statistics, Vol. LIII, No.7, July 1999, 102.

[470] Devin/Dashti-Gibson, 162; Delević Djilas, 192. Berichten zufolge stand die Volkswirtschaft der BR Jugoslawien 1991 vor dem Zusammenbruch, da die Industrieproduktion um 25 % gesunken war, Ernten wegen der anhaltenden Kämpfe in vielen Fällen nicht eingefahren werden konnten, Deviseneinnahmen aus dem Tourismusbereich zurückgingen und das Außenhandelsdefizit wegen Handelsausfällen auf $ 2.2 Milliarden angestiegen war. AdG 1991, 36020. Siehe auch FRY, Effect of Sanctions, 3 ff.

[471] Dimitrijevic/Pejic, 143.

geringere Verwundbarkeit gegenüber Wirtschaftssanktionen hindeutete[472]. Allerdings war die BR Jugoslawien in erheblichem Maße auf die Einfuhr von Rohöl angewiesen, das zur Industrieproduktion, zum Transport und als Heizmaterial verwendet wurde[473].

Die weitgehende Unterbrechung des Außenhandels durch die Wirtschaftssanktionen im Mai 1992 führte dazu, daß die industrielle Produktion in der BR Jugoslawien innerhalb von drei Monaten Schätzungen zufolge um 30 % bis 40 % zurückging[474]. Das Bruttosozialprodukt fiel zwischen 1992 und 1993 von $ 13.60 auf $ 9.52 Milliarden[475]. Offizielle Statistiken über den Außenhandel der BR Jugoslawien liegen zwar für die Zeit von 1993 bis 1995 nicht vor[476], Schätzungen zufolge hat der Rückgang des Außenhandels aber in den ersten zwei Jahren zu einem Schaden von $ 20 Milliarden für die BR Jugoslawien geführt[477]. Den gesamten durch die Wirtschaftssanktionen entstandenen volkswirtschaftlichen Schaden hat die jugoslawische Regierung auf $ 64.893 Milliarden beziffert[478].

Die Mehrheit der Bevölkerung war entweder von Arbeitslosigkeit oder von sinkendem Realeinkommen betroffen. Die offizielle Zahl der Arbeitslosen stieg dabei von etwa 750.000 vor der Einführung der Sanktionen auf 820.000 im Jahr 1996[479]. Dazu kamen etwa 800.000 Menschen, die in Betrieben ohne Aufträge auf Arbeitszeit Null gesetzt wurden, so daß im März 1996 etwa 50 % der

---

472 Devin/Dashti-Gibson, 152; Kühnberger, 259.
473 Devin/Dashti-Gibson, 166; Reisman/Stevick, 114.
474 UNICEF, Situation Analysis 1995, 13; Delevic′ Djilas, 193. Die industrielle Produktion war seit 1990 stetig gesunken, und zwar um 14.3 % im Jahr 1991, 22.9 % im Jahr 1992 und 38 % im Jahr 1993. Siehe FRY, Effect of Sanctions, 3.
475 Delevič Djilas, 196.
476 Siehe UN Monthly Bulletin of Statistics, 102 (s.o. Anm. 368).
477 UNICEF, A Situation Analysis of Women and Children in the Federal Republic of Yugoslavia 1994, 7, 8. Unveröffentlichtes Dokument des Belgrader UNICEF Büros, zitiert in Devin/Dashti-Gibson, 166, Fn. 37.
478 Die jugoslawische Regierung hat den von ihr geltend gemachten Schaden in dem Bericht über die wirtschaftlichen Auswirkungen der Sanktionsmaßnahmen näher dargelegt. Allerdings wird nicht hinreichend deutlich, welche Wirtschaftssanktionen zu diesem Schaden geführt haben sollen, da für die Schätzung des Schadens der Zeitraum von 1991 bis 1997 zugrunde gelegt wird. In der Berechnung sind daher allem Anschein nach auch die von der EG im Jahr 1991 verhängten Wirtschaftssanktionen enthalten. Siehe FRY, Effect of Sanctions, 5,10 ff.
479 FRY, Effect of Sanctions, 21.

Bevölkerung arbeitslos waren[480]. Die Schätzungen über die Entwicklungen des Pro-Kopf-Einkommens weichen zwar zum Teil erheblich voneinander ab, stimmen aber insofern überein, als alle einen deutlichen Rückgang des Pro-Kopf-Einkommens feststellen[481]. Das Realeinkommen verringerte sich allein im Jahr 1993 um 61 %[482]. Die Einkommenslage der Bevölkerung wurde durch eine Hyperinflation verschlechtert, die Mitte 1993 mit einer monatlichen Inflationsrate von 466.7 % die höchste auf der Welt war[483]. Die Preise für die Güter des täglichen Bedarfs stiegen erheblich an[484]. Diese Güter wurden dabei zumeist auf dem Schwarzmarkt angeboten, der von der wachsenden Schmuggel- und Schattenwirtschaft mit Gütern versorgt wurde[485]. Schätzungen zufolge lebten 1993 von den 10.5 Millionen Einwohnern der BR Jugoslawien zwischen 5 und 9.4 Millionen der Bevölkerung unter der Armutsgrenze[486]. Eine Anfang 1994

---

480 AdG 1996, 40869. Der am 11. März 1996 vorgelegten amtlichen Statistik der Beschäftigungslage zufolge betrug die Zahl der registrierten Arbeitslosen 28 %, die Zahl der tatsächlichen Arbeitslosigkeit insgesamt 50 %.

481 Das Pro-Kopf-Einkommen sank von etwa $ 3.000 im Jahr 1990 auf $ 1,000 gegen Ende des Jahres 1993 und stieg im Jahr 1994 wieder leicht auf $ 1,250 an . UNICEF, Situation Analysis 1995, 9; FRY, Effect of Sanctions, 3. Dem UN World Statistics Pocketbook 1999 (s.o. Anm. 375) zufolge betrug das jährliche Pro-Kopf-Einkommen 1990 $ 3.141 und 1996 $ 1.018.

482 Kühnberger, 258. FRY, Effect of Sanctions, 4, zufolge sank das durchschnittliche Monatseinkommen von $ 277 im Jahr 1990 auf $ 237 im Jahr 1991 und $ 102 im Jahr 1992, während es 1993 fast vollständig an Wert verloren hatte. Schätzungen zufolge betrug das Monatseinkommen Ende 1993 $ 15. Delević Djilas, 196.

483 Ebd., 194 ff. und Kühnberger, 258, weisen darauf hin, daß die Hyperinflation maßgeblich auf die Wirtschaftspolitik der Regierung zurückzuführen war. Die steigenden Ausgaben, unter anderem an Arbeitslose, Arbeiter im Zwangsurlaub und Rentner zur Wahrung des sozialen Friedens, resultierten bei den zugleich sinkenden Steuereinnahmen in einem hohen Haushaltsdefizit, das 50 % des Bruttosozialprodukts betrug. Zur Abdeckung dieses Haushaltsdefizits vergab die jugoslawische Zentralbank immer höhere Kredite, so daß es schließlich durch die stetige Steigerung des Geldvolumens bei fehlender entsprechender wirtschaftlicher Produktivität zur Hyperinflation kam.

484 Zwischen Dezember 1992 und Oktober 1993 stiegen die Lebenshaltungskosten um das 166 fache bei einem gleichzeitigen Anstieg der Löhne um das 56fache. Allein im August 1993 stiegen die Preise gegenüber dem Vormonat um das 20fache. Heizöl und Benzin kosteten 114 bzw. 72 mal mehr als im Vormonat. Devin/Dashti-Gibson, 166, 167. Regierungsangaben zufolge stiegen die Verkaufspreise um das 2.2fache im Jahr 1991, das 93.4fache im Jahr 1992 und um das 1.165 Milliardenfache im Jahr 1993. FRY, Effect of Sanctions, 4.

485 Kühnberger, 261, zufolge kam es allein 1993 an der serbisch-kroatischen Grenze zu illegalen Handelsgeschäften, die nach Schätzungen ein Ausmaß von $ 50 Millionen erreichten. Die Schattenwirtschaft machte 1993 schätzungsweise 40-75 % der Gesamtwirtschaft aus. Berichten zufolge sind etwa 2-4 % der Bevölkerung in Südserbien durch den Schmuggel reich geworden. Siehe hierzu UNICEF, Situation Analysis 1998, 19.

486 Letter from the Chargé d'Affaires A.I. of the Permanent Mission of Yugoslavia to the United Nations Addressed to the President of the Security Council, UN Dok. S/26673,

durchgeführte Studie kam zu dem Ergebnis, daß die Haushalte von Frauen[487], Familien mit Kindern, älteren Menschen, Arbeitslosen und Flüchtlingen besonders von Armut betroffen waren, während die politische Führungsschicht von der schlechten wirtschaftlichen Lage weitgehend unbehelligt blieb[488]. Die wirtschaftliche Notlage wurde durch den Umstand verschärft, daß sich etwa 700.000 Flüchtlinge in der BR Jugoslawien aufhielten, für deren Versorgung und Unterbringung die Regierung in der Zeit von 1991 bis 1997 etwa 6 % des Bruttosozialprodukts bzw. $ 7.5 Milliarden ausgab[489].

Anfang 1994 gelang es, die wirtschaftliche Lage durch eine von dem Direktor der Zentralbank, Dragoslav Avramovic' initiierte Wirtschafts- und Währungsreform vorübergehend zu verbessern[490]. So konnte durch die Kopplung des neu eingeführten Dinars an die Deutsche Mark die Stabilität der Preise erreicht werden. Die Wirtschaftsproduktion stieg in den ersten drei Monaten nach der Einführung des Programms um 41 %, ebenso wie die Reallöhne, die zwischen Februar 1994 und 1995 um 255.7 % anstiegen[491]. Seit Ende 1994 geriet das Programm jedoch ins Stocken. Hierdurch wurde der wirtschaftliche Aufschwung zwar gebremst, die wirtschaftliche Lage war aber gleichwohl 1995 und 1996 besser als in den Jahren 1993 und 1994[492].

---

3. November 1993. UNICEF, Situation Analysis 1995, 15, zufolge lebten 1994 vier Millionen oder 38 % Bevölkerung unter der Armutsgrenze, welches einen sechsfachen Anstieg gegenüber 1990 bedeutete.

[487] Frauen litten in besonderem Maße unter der wirtschaftlichen Notlage. Siehe hierzu im einzelnen UNICEF, Situation Analysis 1995, 26, 27.

[488] Devin/Dashti-Gibson, 169.

[489] FRY, Effect of Sanctions, 4. Die Zahlen für 1996 betrugen 570.000 gemeldete und 130.000 ungemeldete Flüchtlinge. UNICEF Situation Analysis 1998, 21, zufolge flohen von 1991 bis 1995 insgesamt 646.000 Personen in die BR Jugoslawien.

[490] Dimitrijevic/Pejic, 146, 147; Kühnberger, 258; UNICEF, Situation Analysis 1995, 13.

[491] Delević Djilas, 197.

[492] Ebd.; Kühnberger, 258. Devin/Dashti-Gibson, 163, zufolge haben die mit den Wirtschaftsreformen vorgenommenen Kürzungen der Unterstützung für die Serben in Bosnien und in der Krajna ebenfalls zum wirtschaftlichen Aufschwung beigetragen. FRY, Effect of Sanctions, 10, zufolge konnte in der Zeit von 1994 bis 1997 jährlich ein durchschnittlicher Anstieg des Bruttosozialprodukts um 6 % sowie eine Steigerung der industriellen Produktion um 4.4 %, der Landwirtschaft um 2.8 % und des Handelsvolumens um 20.6 % erreicht werden. Zugleich konnte eine Preis- und Währungsstabilität gewahrt werden, wodurch der Lebensstandard der Bevölkerung verbessert werden konnte. Diesbezüglich werden jedoch in dem Bericht keine konkreten Zahlen genannt.

2.4.3.2. Die Entwicklung der humanitären Lage

Die BR Jugoslawien verfügte 1992 über eine landwirtschaftliche Produktion, die die Selbstversorgung der Bevölkerung gewährleisten konnte[493], über einen von Außenbeziehungen unabhängigen Elektrizitätssektor sowie über reichhaltige Wasservorräte[494]. Das Gesundheitssystem befand sich in einem intakten Zustand. Die Bürger des Landes hatten Anspruch auf kostenlose und umfassende Behandlung in einem Gesundheitswesen, das einen hohen Entwicklungsstand erreicht hatte. Die Säuglingssterblichkeit war von 51.4 pro 1000 Lebendgeburten im Jahr 1971 stetig auf 20.9 pro 1000 Lebendgeburten im Jahr 1991 gefallen. Bedingt durch die wirtschaftliche Krise in den 1980er Jahren und den Krieg war es allerdings bereits vor der Verhängung der Wirtschaftssanktionen zu erheblichen Kürzungen des Gesundheitsetats gekommen[495]. In der BR Jugoslawien existierte überdies ein gut entwickeltes System von staatlichen Hilfen, das neben der so-zialen Fürsorge insbesondere die kostenlose Schulausbildung ermöglichte, das aber bereits 1992 nur auf Kosten eines starken Anstiegs der Inflation aufrechterhalten werden konnte[496].

Nach der Verhängung der Wirtschaftssanktionen verschlechterte sich die Versorgungslage der Bevölkerung. Angesichts der Inflationsrate weigerten sich die meisten Landwirte, ihre Güter an die Regierung zu verkaufen, welches vorübergehend zu einer Lebensmittelknappheit und schließlich zur Einführung einer Lebensmittelrationierung durch die Regierung zu Anfang des Jahres 1994 führte[497]. Diese Entwicklung, gepaart mit dem Zusammenbruch des Systems der staatlichen Hilfen, traf diejenigen Bevölkerungsgruppen am härtesten, die aufgrund ihres geringen Einkommens oder ihrer besonderen Bedürfnisse in höherem Maße als andere Schichten von äußerer Hilfe abhängig waren, vor allem

---

493 1991 standen pro Person täglich 3.160 Kilokalorien zur Verfügung. UNICEF, Siuation Analysis, 1995, 40.

494 1989 hatten 91 % der städtischen und 53 % der ländlichen Bevölkerung in Serbien-Montenegro Zugang zu Leitungswasser, während 79 % der städtischen und 36 % der ländlichen Bevölkerung an das zentrale Abwassersystem angeschlossen waren. UNICEF, Situation Analysis 1995, 25.

495 Ebd., 20, 32 ff.

496 Devin/Dashti-Gibson, 177. UNICEF, Situation Analysis, 1995, 6.

497 Im Juli 1993 übernahm die Regierung die Kontrolle über die Preise für Lebensmittel, im August 1993 wurden die Lebensmittel als Maßnahme zur Krisenbewältigung rationiert. AdG 1993, 38506. Im November 1993 kapitulierte die Regierung vor der Hyperinflation und dem Schwarzmarkt und gab die Preise für Lebensmittel wieder frei. Trotz der zunehmenden Verarmung der Bevölkerung kam es aufgrund der Autarkie der BR Jugoslawien in der Nahrungsmittelversorgung nicht zu Hungersnöten. Ebd., 38299. Siehe zu dieser Entwicklung Devin/Dashti-Gibson, 176, 177.

ärmere Bevölkerungsschichten, kranke und ältere Menschen und Flüchtlinge[498]. Insbesondere Kinder aus ärmeren Bevölkerungsschichten waren zunehmend unterernährt[499]. Ab 1994 konnte allerdings eine leichte Verbesserung der Versorgungslage der Bevölkerung aufgrund der Stabilisierung der Wirtschaft erreicht werden[500].

Die Versorgung der Bevölkerung mit sauberen Trinkwasser konnte nicht mehr in vollem Umfang gewährleistet werden. So ließen sich viele Wasseraufbereitungsanlagen nicht mehr ordnungsgemäß betreiben, da vor allem die zur Reinigung des Wassers notwendigen Chemikalien, die unter das Ausfuhrverbot in die BR Jugoslawien fielen, nicht in ausreichenden Mengen zur Verfügung standen[501]. Außerdem mangelte es an Ersatzteilen, Ausrüstungsgegenständen und Treibstoff zum Betrieb der Anlangen[502]. Die aus diesem Grund abnehmende Qualität des Trinkwassers resultierte in einer Verdoppelung der durch unsauberes Wasser hervorgerufenen Krankheiten[503].

---

[498] Besonders betroffen war die ärmere städtische Bevölkerung, die nicht ihre eigenen Nahrungsmittel anbauen konnte und aufgrund ihrer Verarmung nicht über die finanziellen Mittel zum Kauf der benötigten Nahrungsmittel verfügte. Von 1990 bis 1994 stieg der Anteil des Einkommens, der für den Kauf von Nahrungsmitteln verwendet wurde, im Durchschnitt von 35.5 % auf 49.5 %, bei den ärmeren Bevölkerungsschichten von 43 % auf 60 %. UNICEF, Situation Analysis 1995, 15. 1996 wurden im Durchschnitt 50 % für Nahrungsmittel ausgegeben, während die ärmeren Bevölkerungsschichten 61 % und Flüchtlinge 75 % ihres Einkommens für Nahrungsmittel verwendeten. UNICEF, Situation Analysis 1998, 62.

[499] UNICEF, Situation Analysis 1995, 39. FRY, Impact, 98, zufolge liegen für den Zeitraum von 1992 bis 1994 keine verläßlichen Daten über die Ernährungslage der Bevölkerung vor. Infolge des Absinkens der Kaufkraft habe diese sich aber in der zweiten Hälfte des Jahres 1993 spürbar verschlechtert. Die Kalorienzufuhr sei bei den ein bis drei Jahre alten Kinder um 25 %, bei den älteren Kindern um 40 % hinter den empfohlenen Mengen zurückgeblieben. Dabei sei es zu einem erheblichen Rückgang des Verzehrs von Eiweißprodukten, vor allem Fleisch und Milch, sowie Früchten und Gemüse gekommen. Gemäß der anderen Studie der BR Jugoslawien FRY, Effect of Sanctions, 27, betrug die pro-Kopf zur Verfügung stehende Kilokalorienzahl 1993 2.434.

[500] Ebd.

[501] Devin/Dashti-Gibson, 176 und FRY, Impact, 98.

[502] Letter dated 26 April 1994 from the Chargé d'affaires a.i. of the Permanent Mission of Yugoslavia to the United Nations addressed to the Secretary-General, Annex: Effects of the Security Council sanctions on the health situation of the population of the Federal Republic of Yugoslavia, UN Dok. A/49/134- S/1994/506, 27. April 1994, 3.

[503] Laut Angaben der jugoslawischen Regierung für den Zeitraum 1991 bis 1996. So kam es zu 15.065 Fällen von Dysenterie, Hepatitis und Typhus. Allerdings ist für diese Zahl weder ein Zeitpunkt bzw. Zeitraum spezifiziert noch werden Vergleichszahlen genannt. Hierzu FRY, Effect of Sanctions, 3, 27. In der Vojvodina war die Zahl dieser Krankheiten seit 1991 um das Zehnfache gestiegen. Im Oktober 1993 kam es zum Ausbruch von Bakterienruhr, von der 1.5000 Menschen, darunter 70.4 % Kinder, betroffen waren. Devin/Dashti-Gibson, 176.

Das Gesundheitssystem geriet ab 1992 in eine schwere Krise. Die Haushaltskürzungen führten dazu, daß die Regierung der BR Jugoslawien immer weniger in der Lage war, die Funktionsfähigkeit der Gesundheitseinrichtungen zu gewährleisten. Darüber hinaus mangelte es an Arzneimitteln[504], medizinischen Materialien, diagnostischen Geräten, Hygienemitteln sowie Heizöl[505]. Aufgrund der unzureichenden Bezahlung wechselte ein erheblicher Anteil des medizinischen Personals in andere Tätigkeitsbereiche oder wanderte ins Ausland ab[506]. Diese Umstände führten dazu, daß in mehreren Fällen die erforderliche Behandlung bzw. die erforderlichen Operationen sowie Rettungsmaßnahmen nicht durchgeführt werden konnten[507]. Nach der Einführung der Wirtschaftsreform im Jahr 1994 verbesserte sich die Lage im Gesundheitswesen geringfügig, insbesondere in Hinblick auf die Versorgung der Apotheken und Krankenhäuser mit Arzneimitteln bzw. medizinischem Gerät[508]. Die Zahl der Infektionskrankheiten nahm Angaben der jugoslawischen Regierung zufolge erheblich zu[509]. 1992 und 1993 brachen Krankheitsepidemien, insbesondere Poliomyelitis, aus, die zuvor bereits ausgerottet worden waren[510]. Ein Grund für diesen Anstieg war der Rückgang in der Zahl der geimpften Kinder, bedingt durch einen Mangel an Impfstoffen, sowie Schwierigkeiten bei der Durchführung von Impfprogrammen aufgrund des Mangels an Fahrzeugen, Ersatzteilen und Treibstoff[511]. Die Säuglingssterblichkeit stieg jugoslawischen Statistiken zufolge von 20.9 im Jahr 1991, nachdem sie 1990 22.8 betragen hatte, auf 21.7 pro 1.000 Lebendgeburten im Jahr 1992 und 21.9 im Jahr 1993 an. Von 1994 an nahm die Säuglingssterblichkeit wieder ab und betrug im Jahr 1994 18.4, im Jahr 1995 16.8 sowie im Jahr 1996 15.0 pro 1.000 Lebendgeburten. Die Sterblichkeit der unter fünf Jahre alten Kinder stieg von 24.1 pro 1.000 Lebendgeburten im Jahr 1991 und 24.6 im Jahr 1992 auf 24.9 im Jahr 1993 an. Ab 1994 ist wiederum ein Rückgang der Sterblichkeitszahlen von 21.4 im Jahr 1994 auf 19.4 im Jahr 1995 sowie 17.3 im Jahr 1996 zu

[504] Die Einfuhr von Arzneimitteln war zwar vom Ausfuhrverbot ausgenommen. Angaben der jugoslawischen Regierung zufolge habe es aber erhebliche Schwierigkeiten bereitet, die erforderlichen Genehmigungen zu erlangen und die zum Einkauf der Arzneimittel benötigten Finanzmittel aufzubringen. FRY, Effect of Sanctions, 27. Außerdem waren die Rohstoffe zur Herstellung von Arzneimitteln nicht vom Ausfuhrverbot ausgenommen, wodurch die jugoslawische Produktion von Arzneimitteln behindert wurde. FRY, Impact, 99, 103. Zur diesbezüglichen Praxis des Sanktionsausschusses Scharf/Dorosin, 784 ff.

[505] FRY, Impact, 99; UNICEF, Situation Analysis 1995, 32.

[506] Ebd., 33.

[507] Siehe im einzelnen, FRY, Effect of Sanctions, 28.

[508] UNICEF, Situation Analysis 1995, 33.

[509] 1993 starben jugoslawischen Angaben FRY, Impact, 100, zufolge 271 Menschen an Infektionskrankheiten gegenüber 80 Fällen im Jahr 1989.

[510] UNICEF, Situation Analysis 1995, 5.

[511] Ebd., 5, 34 ff.

verzeichnen[512]. Die Müttersterblichkeit stieg 1991 und 1993 an, sank in der Folgezeit aber kontinuierlich[513]. Die mangelhafte Betreuung im Gesundheitswesen in Verbindung mit erhöhten externen Risikofaktoren wie Streß resultierte jugoslawischen Angaben zufolge zwischen 1991 und 1993 außerdem in einem Anstieg der Sterblichkeit von psychisch kranken und älteren Menschen, bei diesen insbesondere wegen Selbstmorden, Herzinfarkten und Krebskrankheiten[514].

Der Bildungsbereich war in erheblichem Maße von den Kürzungen der Staatsausgaben für den sozialen Bereich betroffen. Für den vormals kostenlosen Besuch der höheren und weiterführenden Schulen wurden ab 1994 Studiengebühren eingeführt, welches zur Folge hatte, daß eine Vielzahl von Kindern aus finanziellen Gründen diese Schulen nicht mehr besuchen konnte. Auch die Zahl der eingeschriebenen Schulkinder nahm in der Zeit von 1988/89 bis 1994/1995 kontinuierlich ab[515]. 1994 befanden sich nur 39 % der Schulen in einem guten Zustand, während die anderen erheblich reparaturbedürftig waren. Der Mangel an Heizöl führte dazu, daß viele Schulen im Winter aufgrund der Kälte schließen mußten[516]. Ferner gab es einen erheblichen Mangel an Ausrüstungsgegenständen und Unterrichtsmaterialien, nicht zuletzt weil die benötigten Materialien, um Schulbücher und Lernhilfen herzustellen, unter das Ausfuhrverbot fielen[517]. Die Universitäten konnten wegen der Kürzungen ihres Haushalts, unzureichender Bezahlung des Lehrpersonals sowie der aufgrund der Wirtschaftssanktionen nicht zur Verfügung stehenden Lehrmaterialien, unter anderem Chemikalien, das Lernangebot nicht in allen Bereichen aufrechterhalten[518]. Aufgrund der fehlenden Kommunikation mit dem Ausland, der Einstellung der internationalen Kooperation bei einer Vielzahl von Projekten, der verlangsamten Modernisierung der Ausrüstung und der Abwanderung von

---

[512] Ebd., 21, 38, 39 sowie UNICEF, Situation Analysis, 1998, 59. Die wesentlichen Todesursachen waren bei Säuglingen und Kindern unter fünf Jahren Lungenwegserkrankungen (10.7 % bzw. 20 %) und Darminfektionen (10.1 % bzw. 15.6 %).

[513] Die Müttersterblichkeit pro 100.000 Lebendgeburten betrug 1990 10.9, 1991 13.1, 1992 8.5, 1993 17.3, 1994 13.0, 1995 12.1 und 1996 7.3. UNICEF, Situation Analysis 1998, 56.

[514] S/1994/506 (s.o. Anm. 502), 3,4. Siehe auch FRY, Impact, 99, 107.

[515] UNICEF, Situation Analysis 1998, 11, 69. In den Grundschulen waren 1994/1995 3.1 % weniger Kinder als im Jahr 1991/1992 eingeschrieben. Trotz Schulpflicht waren 1995 5-10 % der Kinder nicht in der Grundschule eingeschrieben, 10-15 % legten nicht erfolgreich den Grundschulabschluß ab und 30 % brachen ihre Schulbildung nach dem Grundschulbesuch ab.

[516] Zu diesem Abschnitt UNICEF, Situation Analysis 1995, 7, 41 ff.

[517] FRY, Effect of Sanctions, 24 ff.; UNICEF, Situation Analysis 1995, 42.

[518] Siehe hierzu Devin/Dashti-Gibson, 179.

Forschern kam es zu einem erheblichen Rückgang der Forschung und zu einer Verschlechterung der Forschungsbedingungen[519].

Die im Laufe der Jahre 1992 und 1993 bemerkbare Verschlechterung der humanitären Lage konnte nicht durch die humanitäre Hilfe der internationalen Gemeinschaft ausgeglichen werden. Die Hilfe konzentrierte sich auf die Versorgung der über 700.000 Flüchtlinge, die aus Bosnien und Kroatien nach Serbien gekommen waren. Dabei war die Hilfe schon ihrem begrenzten Volumen nach nicht ausreichend, um die bestehenden Grundbedürfnisse der jugoslawischen Bevölkerung zu decken[520].

Die Wirtschaftssanktionen führten außerdem zu einer erheblichen Zunahme von Korruption, Schmuggelwirtschaft und Kriminalität in der BR Jugoslawien, die in einer Umverteilung zugunsten der politischen Elite und von dieser protegierten Schmugglerbanden resultierte[521]. Darüber hinaus bewirkte die politische und wirtschaftliche Krise, daß die Mittelschicht in großem Umfang ins Ausland abwanderte. Überdies führte der Mangel an zur Nachrichtenverbreitung notwendigem Material sowie die zunehmende Repression durch die jugoslawische Regierung dazu, daß die Meinungsäußerungsfreiheit eingeschränkt wurde, welches zugleich die innenpolitische Opposition schwächte[522].

2.4.3.3. Die Kausalität der Wirtschaftssanktionen

Die wirtschaftliche Krise sowie die schlechte Versorgungslage in den Jahren 1992 bis 1996 sind auf eine Reihe von Faktoren zurückzuführen. Als solche sind neben den Wirtschaftssanktionen die Wirtschaftspolitik der BR Jugoslawien seit den 1980er Jahren, der Abbruch der wirtschaftlichen Beziehungen zu den ehemaligen Gliedstaaten in den Jahren 1991 und 1992, der Krieg, der zu beträchtlichen Schäden, erhöhten Militärausgaben und einer hohen Zahl von Flüchtlingen führte, und die einseitig vor allem von der EG und den Vereinigten Staaten im Jahr 1991 verhängten Sanktionsmaßnahmen zu nennen.

---

519 FRY, Effect of Sanctions, 26. Schätzungen zufolge emigrierten während der Dauer der Wirtschaftssanktionen etwa 1000 Wissenschaftler, d.h. etwa 15-20 % aller in der BR Jugoslawien tätigen Wissenschaftler.

520 Jugoslawischen Angaben zufolge deckte die internationale humanitäre Hilfe 15 % des gesamten humanitären Bedarfs ab. FRY, Effect of Sanctions, 30.

521 Devin/Dashti-Gibson, 167; Licht, 158; MacKay, 224; Reisman/Stevick, 116.

522 Cortright/Lopez, Sanctions Decade, 75, 76; Dimitrijevic/Pejic, 124 ff.; Woodward, Susan, The Use of Sanctions in Former Yugoslavia: Misunderstanding Political Realities, in: Cortright/Lopez, Panacea or Peacebuilding, 141-151, 148, 149.

Die Volkswirtschaft des ehemaligen Jugoslawiens befand sich schon vor der Verhängung der Wirtschaftssanktionen in einer schweren Krise. Die Wirtschaftssanktionen verstärkten diese Entwicklung. Das Ausfuhrverbot bzw. die Genehmigungspraxis des Sanktionsausschusses führten insbesondere dazu, daß die im Gesundheits- und Bildungswesen sowie zur Aufrechterhaltung der Wasserversorgung benötigten Materialien in vielen Fällen nicht oder nicht rechtzeitig zur Verfügung standen. Die Verschlechterung im Gesundheitswesen und im Wassersektor resultierte in einem Anstieg von Krankheiten und Todesfällen, die bei Vorhandensein der zum Betrieb der Einrichtungen erforderlichen Geräte und Materialien aller Wahrscheinlichkeit nach geringer ausgefallen wäre. Der Bildungsbereich war zwar vornehmlich von der wirtschaftlichen Krise betroffen. Die fehlende Genehmigung der benötigten Materialien bewirkte aber auch hier eine Verschlechterung der Ausbildungsqualität. Allerdings ist zu berücksichtigen, daß das als ineffektiv geltende jugoslawische Wirtschaftssystem und die jugoslawische Wirtschaftspolitik, insbesondere durch die Herbeiführung der Hyperinflation, in erheblichem Maß dazu beitrugen, daß sich die wirtschaftliche Lage im Jahr 1993 drastisch verschlechterte. Die im Jahr 1994 getroffenen Maßnahmen haben gezeigt, daß die Art und Weise, wie wirtschaftspolitisch auf die Auswirkungen der Wirtschaftssanktionen reagiert wird, nicht ohne Einfluß auf die Schwere der durch Wirtschaftssanktionen bedingten Auswirkungen ist[523]. Der begrenzte Erfolg der Maßnahmen verdeutlicht jedoch, daß der Handlungsspielraum der Regierung angesichts der durch die Wirtschaftssanktionen eingeschränkten wirtschaftlichen Bewegungsfreiheit begrenzt war.

Nachträglich ist es aufgrund der Vielzahl an auch aufeinander wirkenden Faktoren nur schwer möglich, die Entwicklung der wirtschaftlichen und humanitären Lage, die in der BR Jugoslawien ohne die Verhängung der Wirtschaftssanktionen erfolgt wäre, einzuschätzen. Dies gilt insbesondere hinsichtlich der Kriegsfolgen. Insofern verdeutlicht der Fall der BR Jugoslawien die Schwierigkeiten der Bestimmung der Kausalität von Wirtschaftssanktionen, die während der Zeit einer wirtschaftlichen Krise und eines Krieges gegen ein Land verhängt werden. Die Wirtschaftssanktionen sind unter diesen Umständen als zusätzlicher Faktor zu bewerten, der die bereits bestehende Krisensituation weiter verschärfte[524]. Die Ursächlichkeit der Wirtschaftssanktionen kann dabei desto deutlicher bestimmt werden, je eher konkrete Entwicklungen, vor allem im Gesundheits-, Wasserversorgungs- und Bildungssektor, auf sanktionsspezifische Ursachen, hier der Mangel an benötigten Gütern und Materialien, zurückzuführen sind. Die Wirtschaftssanktionen haben insofern zu der Verschärfung der humanitäre Lage von 1992 bis 1996 beigetragen, können aber angesichts des Zusammenwirkens der verschiedenen Faktoren nicht als wesentliche Ursache für die schlechte humanitäre Lage angesehen werden.

---

[523] Reisman/Stevick, 116.
[524] Devin/Dashti-Gibson, 182.

2.5. Haiti

2.5.1. Vorgeschichte[525]

In den am 16. Dezember 1990 durchgeführten Wahlen wurde Jean-Bertrand Aristide nach über dreißig Jahren Herrschaft verschiedener diktatorischer Regime in Haiti zum Präsidenten gewählt[526]. Am 7. Februar 1991 wurde Aristide als neuer Staatspräsident vereidigt, nachdem zuvor ein von den Anhängern des ehemaligen Diktators Jean-Claude Duvalier unter der Führung von Ex-Innenminister Roger Lafontant unternommener Umsturzversuch, der den Amtsantritt von Aristide verhindern sollte, gescheitert war[527]. Die nachfolgenden Monate waren von innenpolitischen Spannungen, insbesondere zwischen dem Präsidenten und der Armee, geprägt. Diese Spannungen kulminierten am 29. September 1991 in einem erfolgreichen Militärputsch gegen die Regierung Aristide. Aristide wurde am 1. Oktober 1991 in das Armeehauptquartier gebracht und erhielt aufgrund einer diplomatischen Intervention westlicher Staaten die Erlaubnis, das Land zu verlassen, woraufhin er in die Vereinigten Staaten floh[528]. Die Regierungsmacht wurde von den Putschisten, einer Militärjunta unter Leitung des Armeeoberbefehlshabers Raoul Cedras sowie unter Beteiligung der Obristen Robert Marc Charles und Alix Silva, übernommen[529].

Die internationale Gemeinschaft reagierte umgehend auf den Putsch[530]. Dabei nahm die OAS eine führende Rolle ein. Der ständige Rat der OAS verurteilte den Putsch noch am selben Tag und rief zur Wiedereinsetzung des Präsidenten auf, damit dieser sein verfassungsgemäßes Amt ausüben könne[531]. Am 3. Oktober 1991 verabschiedeten die Außenminister der OAS eine Resolution, in der sie den Mitgliedstaaten die diplomatische, wirtschaftliche und finanzielle Isolation des de facto Regimes sowie die Suspendierung von Wirtschaftshilfe, mit Ausnahme derjenigen Hilfen, die ausschließlich humanitären Zwecken

---

[525] Siehe Fink, Friedenssicherung, 800 ff.; Pierce, 479 ff.; Malone, 34 ff.; Swindells, 1907; Zaidi, 191 jeweils m.w.N.

[526] AdG 1990, 35159. Siehe hierzu auch A/47/599, Ziff. 2.

[527] AdG 1991, 35320.

[528] Ebd., 36079.

[529] Ebd., 36080.

[530] Siehe zu den Reaktionen der internationalen Gemeinschaft auf den Putsch, A/47/599, Ziff. 3 ff. sowie zum Verlauf der nachfolgenden Krise Malone, 58 ff. und Weller, Marc (Hrsg.), The Haiti Crisis in International Law, Cambridge international documents series, Vol. 10, Cambridge, 1995.

[531] CP/RES.567 (870/91).

dienen, empfahlen[532]. Die Einsetzung eines Übergangspräsidenten durch die Putschisten am 7. Oktober 1991 wurde am Tag darauf von den Außenministern der OAS verurteilt. Diese hielten die Mitgliedsstaaten dazu an, Vermögenswerte Haitis einzufrieren sowie ein Handelsembargo gegen Haiti zu verhängen, wovon humanitäre Hilfe ausgenommen sein sollte[533]. Die EG[534] und eine Reihe von Staaten, insbesondere die Vereinigten Staaten[535], reagierten auf den Putsch mit der Verhängung wirtschaftlicher Maßnahmen gegen Haiti[536]. Unterdessen befaßten sich auch der Sicherheitsrat und die UN-Generalversammlung mit der Entwicklung in Haiti. Am 3. Oktober 1991 gab Aristide vor dem Sicherheitsrat eine Erklärung ab, woraufhin der Präsident des Sicherheitsrats in einer Stellungnahme den Putsch verurteilte, die Wiedereinsetzung der legitimen Regierung verlangte und die Bemühungen der OAS unterstützte[537]. Die Generalversammlung verurteilte am 11. Oktober 1991 den Putsch und die von den Machthabern seit dem Putsch begangenen Menschenrechtsverletzungen, forderte die unmittelbare Wiedereinsetzung der legitimen Regierung und rief die Mitgliedsstaaten dazu auf, Maßnahmen zur Unterstützung der OAS Resolutionen zu treffen[538].

---

532 MRE/RES. 1/91.

533 MRE/RES. 2/91.

534 Die EG Kommission setzte unmittelbar nach dem Putsch die Programmierung der Lomé IV-Mittel und der STABEX- (System zur Stabilisierung der Export-Erlöse) Gelder gegenüber Haiti aus. Am 3. Oktober 1991 wurde von der EPZ (Europäische Politische Zusammenarbeit) erklärt, daß die Wirtschaftshilfe mit Ausnahme der humanitären- und der Notfallhilfe bis zur Wiederkehr der Regierung Aristide ausgesetzt werde. Siehe hierzu Hoffmeister, 476 ff.

535 AdG 1992, 36429. Das im Oktober 1991 von den Vereinigten Staaten, dem bei weitem wichtigsten Handelspartner, gegenüber Haiti verhängte Embargo umfaßte die folgenden Maßnahmen: Einfrieren der Vermögenswerte der haitianischen Regierung; Investitionsverbot; Einzahlung aller der Regierung Haitis gegenüber geschuldeten Gelder in ein Treuhandkonto; Einfuhrverbot mit Ausnahmen von Publikationen; Ausfuhrverbot mit Ausnahme von Publikationen, Informationsmaterialien und humanitären Hilfslieferungen. Außerdem wurde die Wirtschaftshilfe und die militärische Unterstützung eingestellt. Des weiteren wurde aus Haiti kommenden Schiffen das Einfahren in US-amerikanische Häfen verboten. Zugleich wurde die humanitäre Hilfe auf $ 70 Millionen für das Haushaltsjahr 1992 erhöht. Siehe A/47/599/Add.1, 7 ff. Swindells, 1914, zufolge wurde das Embargo aber im Februar 1992 teilweise wieder aufgehoben.

536 AdG 1991, 36080. Siehe die Antworten der Mitgliedstaaten Brasiliens, Kanadas, El Salvadors, Frankreichs, Japans, Mexikos, der Niederlande, Spaniens und der Vereinigten Staaten auf die Anfrage des Generalsekretärs, inwieweit sie entsprechend der Ziff. 4 der A/RES 46/7 vom 11. Oktober 1991, in welcher die Mitgliedstaaten ersucht wurden, Maßnahmen zur Unterstützung der OAS Resolutionen MRE/RES.1/91 und MRE/RES.2/91 zu ergreifen, tätig geworden sind. UN Dok. A/47/599, Add.1, 2 ff.

537 A/47/599, Ziff. 6.

538 A/RES 46/7. Die Generalversammlung verabschiedete in der Folgezeit mehrere Resolutionen zur Situation in Haiti, A/RES.46/138 (1991), A/RES 47/143 (1992) sowie A/RES 47/20A

Nachdem ein Abkommen vom 23. Februar 1992 zwischen Aristide und den Präsidenten der Abgeordnetenkammer Medard und des Senats Blizaire über die Wiedereinsetzung Aristides am 27. März 1992 von dem obersten Gerichtshof Haitis für verfassungswidrig erklärt worden war[539] und die Putschisten ihre Regierung durch eine Vereinbarung vom 8. Mai 1992 über die Bildung einer Regierung der nationalen Übereinstimmung zu konsolidieren versucht hatten[540], wiederholte die OAS am 18. Mai 1992 ihre Aufrufe zur Verhängung von Wirtschaftssanktionen. So sollten die Privatvermögen der Putschisten eingefroren sowie das Embargo besser umgesetzt werden, indem zum einen Schiffen, deren Inhaber mit Haiti Handel betrieben, der Zugang zu den Häfen verweigert wird und zum anderen Maßnahmen ergriffen werden, die eine Verletzung des Embargos auf dem Luftweg verhindern. Außerdem sollte den Putschisten sowie deren Anhängern Einreisevisa verweigert werden[541]. Das von der OAS empfohlene Embargo wurde jedoch von deren Mitgliedstaaten nur unzureichend umgesetzt und vermochte sein Ziel, die Rückkehr des Präsidenten Aristide, nicht zu erreichen[542]. Vielmehr hatten die Putschisten durch Gewaltakte und schwere Menschenrechtsverletzungen, die im Zusammenwirken mit der bestehenden wirtschaftlichen Krise eine Massenflucht aus Haiti, vor allem in die Vereinigten Staaten, auslösten, ihre Macht zumindest vorübergehend festigen können[543]. Nachdem von der OAS und den Vereinten Nationen unternommene Versuche, das de facto Regime zur Einwilligung in die Rückkehr Aristides und der Einhaltung der Menschenrechte zu bewegen, erfolglos geblieben waren, empfahlen die Außenminister der OAS am 6. Juni 1993 ihren Mitgliedstaaten die Verhängung eines Ölembargos gegen Haiti sowie die Einstellung der Flugverbindungen[544].

(1992). In der letztgenannten Resolution wurden die einzelnen Güter aufgeführt, deren Ein- und Ausfuhr die Mitgliedstaaten verhindern sollten. Außerdem sollte im Falle der Wiederherstellung der verfassungsgemäßen Ordnung die humanitäre Hilfe erhöht werden. Die Generalversammlung machte den Sicherheitsrat im Juli 1993 gemäß Artikel 11 Absatz 3 der Charta auf die Krise in Haiti aufmerksam. Hierzu Swindells, 1915 ff.

539 AdG 1992, 36683.

540 Ebd., 30881; A/47/599, Ziff. 18, 25 ff.

541 MRE/RES.3/92.

542 Der Generalsekretär der OAS gestand am 27. August 1992 ein, daß das Embargo weitgehend ignoriert werde und nicht die gewünschte Wirkung erzielt habe. A/47/599, Ziff. 35. Zur Umsetzung des OAS Embargos Gibbons, 10; Swindells, 1914; Werleigh, 164; Zaidi, 194.

543 Hierzu A/47/599, Ziff. 42 ff.; AdG 1992, 37196 und 37487.

544 MRE/RES. 5/93.

2.5.2. Der Verlauf der Wirtschaftssanktionen

2.5.2.1 Die Verhängung partieller Wirtschaftssanktionen gegen das Putschregime[545] (S/RES 841 (1993))

Nach Erhalt eines Schreibens des Ständigen Vertreters Haitis vom 7. Juni 1993[546], in dem dieser den Sicherheitsrat im Namen der Regierung Aristide ersuchte, das von der OAS empfohlene Handelsembargo gegen Haiti für allgemein verbindlich zu erklären, beschloß der Sicherheitsrat am 16. Juni 1993 die Resolution 841 (1993)[547]. Darin verwies der Sicherheitsrat auf die humanitäre Krisensituation sowie die hohe Zahl der Flüchtlinge und bekundete seine Mißbilligung darüber, daß die rechtmäßige Regierung des Präsidenten Aristide nicht wieder eingesetzt worden sei. Die Aufforderung des ständigen Vertreters Haitis begründe eine einzigartige Ausnahmelage, die außerordentliche Maßnahmen des Sicherheitsrats zur Unterstützung der im Rahmen der OAS getroffenen Bemühungen rechtfertige. Unter diesen einzigartigen und außergewöhnlichen Umständen bedrohe die Fortdauer dieser Situation den internationalen Frieden und die internationale Sicherheit in der Region. Zur Verwirklichung des Ziels der Wiedereinsetzung der rechtmäßigen Regierung Aristide verhängte der Sicherheitsrat ein Waffen- und Erdölembargo, einschließlich eines entsprechenden Transportverbots, und beschloß das Einfrieren der Gelder der Regierung Haitis bzw. der de facto Behörden:

> Der Sicherheitsrat,
> Ziff. 3 (Inkrafttreten/Bezugnahme auf OAS Embargo): beschließt, daß die in den Ziffern 5-14 enthaltenen Bestimmungen, die mit dem von der Organisation der Amerikanischen Staaten empfohlenen Handelsembargo in Einklang stehen, am 23. Juni 1993 um 00.01 New Yorker Ortszeit in Kraft treten werden, es sei denn, daß der Generalsekretär, unter Berücksichtigung der Auffassungen des Generalsekretärs der Organisation der Amerikanischen Staaten, dem Rat mitteilt, daß im Lichte der Ergebnisse der Verhandlungen, die von dem Sonderabgesandten für Haiti des Generalsekretärs der Vereinten Nationen und des Generalsekretärs der Organisation der Amerikanischen Staaten geführt werden, die Verhängung solcher Maßnahmen zum gegebenen Zeitpunkt nicht gerechtfertigt ist;
> Ziff. 5 (Erdöl- und Waffenembargo): beschließt, daß alle Staaten folgendes verhindern werden: den Verkauf oder die Lieferung, durch ihre Staatsangehörigen oder von ihrem Hoheitsgebiet aus oder unter Benutzung von ihre Flagge führenden Schiffen oder

---

[545] Die nachfolgend aufgeführten Sanktionsmaßnahmen des Sicherheitsrats beziehen sich zwar auf das Hoheitsgebiet Haitis, Sanktionsadressat ist jedoch das nicht anerkannte Putschregime gewesen.
[546] UN Dok. S/25958, 16. Juni 1998.
[547] Abstimmungsergebnis: Einstimmige Annahme.

Luftfahrzeugen, von Erdöl oder Erdölprodukten oder Rüstungsgütern und sonstigem Wehrmaterial jeder Art, einschließlich Waffen und Munition, Militärfahrzeugen und -ausrüstung, Polizeiausrüstung und der entsprechenden Ersatzteile, gleichviel ob sie ihren Ursprung in ihrem Hoheitsgebiet haben oder nicht, an irgendeine natürliche oder juristische Person zum Zweck einer in Haiti oder von Haiti aus durchgeführten Geschäftstätigkeit, sowie alle Aktivitäten ihrer Staatsangehörigen oder auf ihrem Hoheitsgebiet, die einen solchen Verkauf oder eine solche Lieferung fördern oder zu fördern gedacht sind;

Ziff. 6 (Transportverbot): beschließt, jeglichen unter Verstoß gegen Ziffer 5 erfolgenden Transport von Erdöl oder Erdölprodukten oder Rüstungsgütern und sonstigem Wehrmaterial jeder Art, einschließlich Waffen und Munition, Militärfahrzeugen und -ausrüstung, Polizeiausrüstung und der entsprechenden Ersatzteile, in das Hoheitsgebiet oder in die Hoheitsgewässer Haitis zu verbieten;

Ziff. 7 (Ausnahmen von Erdölembargo): beschließt, daß der durch nachstehende Ziffer 10 eingerichtete Ausschuß von Fall zu Fall nach dem Kein-Einwand Verfahren Ausnahmegenehmigungen für die Einfuhr von Erdöl und Erdölprodukten, einschließlich Propangas zum Kochen, in nichthandelsüblichen Mengen und nur in Fässern oder Flaschen, für unabweisbare humanitäre Bedürfnisse erteilen kann, vorbehaltlich akzeptabler Regelungen zur effektiven Überwachung der Auslieferung und Verwendung;

Ziff. 8 (Einfrieren von Geldern): beschließt, daß Staaten, in denen sich Gelder, einschließlich aus Vermögenswerten stammende Gelder, befinden, die a) der Regierung Haitis oder den De-facto-Behörden in Haiti gehören oder die b) dirkekt oder indirekt der Verfügungsgewalt dieser Regierung oder dieser Behörden oder der Verfügungsgewalt von im Eigentum oder unter der Kontrolle dieser Regierung oder dieser Behörden stehender Rechtsträger, wo immer diese sich befinden oder tätig sind, unterstehen, von allen in ihrem Hoheitsgebiet befindlichen und solche Gelder besitzenden natürlichen oder juristischen Personen verlangen werden, daß sie diese Gelder einfrieren, um sicherzustellen, daß sie weder direkt noch indirekt den De-facto Behörden in Haiti verfügbar gemacht oder zu deren Gunsten verwendet werden.

Keiner der anwesenden Delegierten setzte sich bei den Beratungen anläßlich der Verabschiedung der Resolution 841(1993) mit den möglichen humanitären Folgen der beschlossenen Sanktionsmaßnahmen auseinander[548].

2.5.2.2. Die Aussetzung der Wirtschaftssanktionen und deren Rückgängigmachen (S/RES 861 (1993)- S/RES 873 (1993))

Bereits am 21. Juni 1993, also noch vor Inkrafttreten der Wirtschaftssanktionen, bekundete General Cedras seine Bereitschaft zu Verhandlungen über die Rückkehr von Präsident Arisitide[549]. Am 3. Juli 1993 vereinbarten Präsident Aristide

[548] Siehe S/PV.3238.

[549] General Cedras erklärte dem Sondergesandten der Vereinten Nationen Caputo am 21. Juni 1993, daß er zu einem Treffen mit Aristide in einem neutralen Land bereit sei und den

und General Cedras auf Governors Island ein Abkommen, das unter anderem die Rückkehr Aristides in seiner Funktion als Präsident nach Haiti vorsah[550]. Nachdem Robert Malval, dessen Ernennung zum Ministerpräsidenten durch Präsident Aristide am 30. Juli 1993 bestätigt worden war, am 24. und 25. August 1993 das Vertrauen des Senates und des Abgeordnetenhauses ausgesprochen worden war, suspendierte der Sicherheitsrat am 27. August 1993 mit der Resolution 861 (1993) einstimmig die in der Resolution 841 (1993) verhängten Maßnahmen. Die endgültige Aufhebung der in der Resolution 841 (1993) verhängten Maßnahmen sollte in Erwägung gezogen werden, sobald der Generalsekretär den Sicherheitsrat über die vollständige Umsetzung des Governors Island Abkommen informiert hatte. Am 11. Oktober 1993, einen Tag nach der Zustimmung des Ministerpräsidenten Malval und Caputos zur Stationierung der United Nations Mission in Haiti (UNMIH), deren Errichtung der Sicherheitsrat in der Resolution 867 am 23. August 1993 beschlossen hatte[551], verhinderten mehrere hundert Demonstranten und Militärattachés mit Gewalt das Einlaufen des mit 175 amerikanischen und 25 kanadischen Blauhelmsoldaten besetzten US-Schiffes "Harlan Country" in den Hafen von Port-au-Prince[552]. General Cedras erklärte zu diesem Vorfall, daß der Schutz von UN-Mitarbeitern nicht die Aufgabe der Streitkräfte sei[553]. Der Sicherheitsrat reagierte auf diesen Zwischenfall, indem er am 13. Oktober 1993, der Einschätzung des Generalsekretärs[554] folgend, die in der Resolution 861(1993) verfügte Suspendierung der Wirtschaftssanktionen wegen der mangelnden Umsetzung der Vereinbarung von Governors Island mit der Resolution 873 (1993) aufhob[555]. Außerdem sah die Resolution 873 (1993) Ausnahmen von den in der Resolution 841 (1993) beschlossenen Verboten für den Fall vor, daß Präsident Aristide oder Premierminister Malval ein entsprechendes Ersuchen an den Sicherheitsrat bzw. den Sanktionsausschuß richteten[556].

Sicherheitsrat erfolglos darum gebeten habe, das Ölembargo nicht wirksam werden zu lassen, da die Erdölvorräte in Haiti nur noch bis Anfang August 1993 reichten. AdG 1993, 38029.

[550] UN Dok. S/26063, 12. Juli 1993.

[551] Die UNMIH sollte sich aus 567 Polizei- und Militärausbildern, 640 Blauhelmsoldaten, 271 einheimischen Zivilbediensteten und 99 internationalen Beobachtern zusammensetzen. Die UNMIH hatte die Aufgabe, in Umsetzung des Abkommens von Governors Island die haitianische Armee zu modernisieren, die Polizei zu erneuern sowie die Infrastruktur einschließlich der Krankenhäuser und Schulen zu verbessern. Zu diesem Zweck sollte sie nach Haiti entsandt werden und dort ihre Tätigkeit zunächst für die Dauer von sechs Monaten aufnehmen.

[552] Hierzu UN Dok. S/21573, 13. Oktober 1993, Report of the Secretary-General on the Question concerning Haiti, Ziff. 2 ff.; Malone, 92 und Matthews, 290.

[553] AdG 1993, 38345.

[554] S/26573, 13. Oktober 1993, Ziff. 9, 10.

[555] Abstimmungsergebnis: Einstimmige Annahme.

[556] In Ziff. 2 und 3.

In den Beratungen anläßlich der Verabschiedung der Resolution 873 gab keiner der anwesenden Delegierten eine Stellungnahme zu den möglichen Auswirkungen der erneut verhängten Maßnahmen auf die Bevölkerung Haitis ab[557].

Nachdem am 14. Oktober 1993 der Justizminister Haitis Guy Malari, der die Trennung von Polizei und Armee plante und die Polizei dem Justizministerium unterstellen wollte, von unbekannten Tätern erschossen worden war[558] und Präsident Aristide am Tag darauf den Sicherheitsrat dazu aufgerufen hatte, die Bestimmungen der Resolution 873 (1993) durch die notwendigen Maßnahmen zu verstärken, verabschiedete der Sicherheitsrat am 16. Oktober 1993 die Resolution 875 (1993)[559]. Mit dieser forderte der Sicherheitsrat die Mitgliedstaaten dazu auf, unter seiner Aufsicht die erforderlichen, den Umständen angemessenen Maßnahmen zu ergreifen, um die strikte Anwendung der Bestimmungen der Resolutionen 841 (1993) und 873 (1993) in bezug auf die Lieferung von Erdöl und Erdölprodukten oder Rüstungsgütern und sonstigem Wehrmaterial jeder Art sicherzustellen und insbesondere den Seeverkehr nach Haiti anzuhalten, wenn dies zur Kontrolle und Überprüfung der Fracht und des Bestimmungsorts erforderlich sei[560].

In der Sitzung des Sicherheitsrats zur Resolution 875 (1993) finden sich erstmals seit der Verhängung der Wirtschaftssanktionen gegen Haiti vereinzelte Erklärungen seitens der Vereinigten Staaten, Djiboutis und Spaniens, die ihr Bedauern über die möglichen humanitären Folgen für die haitianische Bevölkerung ausdrückten[561] bzw. klarstellten, daß die Maßnahmen nicht gegen die haitianische Bevölkerung gerichtet seien[562].

---

557 Siehe S/PV.3293.

558 AdG 1993, 38346.

559 Abstimmungsergebnis: Einstimmige Annahme.

560 Siehe zu den nachfolgenden, in Umsetzung der Resolution vorgenommenen militärischen Operationen Malone, 93.

561 Stellungnahme des Vertreters der Vereinigten Staaten, S/PV.3293, 8: "We understand with sorrow that this course, chosen not by us but by Haiti's military leaders, may cause additional suffering to the vast majority of Haitian citizens who desire only peace, freedom and economic opportunity. It is contrary to our every desire that such hardships should be imposed. But we take solace in our knowledge that the purpose of these sanctions is ultimately to relieve hardship and to liberate Haiti from the stranglehold now inflicted by a small group of wilful, misguided man" und Djiboutis, ebd., 8: "In the end, though, we are saddened by the necessity for such measures, for undoubtedly they will most heavily affect the Haitian people who can least bear it."

562 Spanien, S/PV.3293, 12: "We wish to emphasize that those measures are not aimed at the people or the lawful Government of Haiti, whose President, Mr. Jean-Bertrand Aristide, has requested the Council to ask States Members of the United Nations to take the necessary actions to implement those measures. Indeed, given the exceptional present circumstances,

Am 15. November 1993 brachte der Sicherheitsrat in einer Erklärung seines Präsidenten seine Sorge über die Not des haitianischen Volkes zum Ausdruck. Zwar wurden die militärischen Machthaber in Haiti unmittelbar für dieses Leiden verantwortlich gemacht, der Sicherheitsrat drückte jedoch seine Entschlossenheit aus, die Auswirkungen der gegenwärtigen Lage auf die schwächsten Gruppen so gering wie möglich zu halten[563].

2.5.2.3. Die Verhängung umfassender Wirtschaftssanktionen (S/RES 917 (1994))

Mit der Resolution 917 vom 6. Mai 1994 verschärfte der Sicherheitsrat seinen Kurs und verhängte umfassende Wirtschaftssanktionen gegen Haiti[564]. Dabei stellte der Sicherheitsrat unter Hinweis auf die fehlende Umsetzung der Vereinbarung von Governors Island durch die Militärmachthaber, die schweren Menschenrechtsverletzungen und die Behinderung der Aktivitäten der Mission der Vereinten Nationen in Haiti (UNMIH) fest, daß unter diesen einmaligen und außerordentlichen Umständen auf Grund der Nichterfüllung der Verpflichtungen aus der Vereinbarung von Governors Island und der Nichtbefolgung der einschlägigen Resolutionen des Sicherheitsrats durch die Militärbehörden in Haiti eine Situation entstanden sei, die eine Bedrohung des Friedens und der Sicherheit in der Region darstelle. Der Sicherheitsrat forderte die Parteien zur vollen Umsetzung der Vereinbarung von Governors Island, zur Verwirklichung des Ziels der Wiederherstellung der Demokratie in Haiti und der Rückkehr des rechtmäßig gewählten Präsidenten Aristides auf und beschloß zu diesem Zweck die folgenden Maßnahmen:

> Der Sicherheitsrat, Ziff. 2 (Flugverkehrsverbot): beschließt, daß alle Staaten unverzüglich jedem Luftfahrzeug die Erlaubnis zum Start oder zur Landung in ihrem Hoheitsgebiet beziehungsweise zum Überfliegen ihres Hoheitsgebiets verweigern

---

this draft resolution is aimed at a minority that are oppressing the people of Haiti and cynically standing in the way of compliance with the Agreements to which, just a few short months ago, they lent their assent. In so doing, that minority is showing contempt not only for the majority will of the people of Haiti itself, but for the international community as well."

[563] UN Dok. S/26747, 15. November 1993, Note by the President of the Security Council: "The Security Council is deeply concerned by the plight of the Haitian people. It reaffirms that the military authorities in Haiti are fully responsible for this suffering which directly results from their non-compliance with their public commitments to the Governors Island Agreement. The Council expresses its determination to minimize the impact of the present situation on the most vulnerable groups and calls upon Member States to continue, and to intensify, their humanitarian assistance to the people of Haiti."

[564] Abstimmungsergebnis: Einstimmige Annahme. Gemäß Ziff. 5 trat die Resolution am 21. Mai 1994 in Kraft.

werden, wenn es im Hoheitsgebiet von Haiti landen soll oder dort gestartet ist, mit Ausnahme des planmäßigen gewerblichen Passagierflugverkehrs, es sei denn, der betreffende Flug ist von dem Ausschuß nach Resolution 841(1993) zu humanitären oder anderen Zwecken, die mit der vorliegenden Resolution und anderen einschlägigen Resolutionen im Einklang stehen, genehmigt worden;

Ziff. 3 (Einreiseverbot): beschließt, daß alle Staaten unverzüglich den folgenden Personen die Einreise in ihr Hoheitsgebiet verweigern werden:

a) allen Offizieren des haitianischen Militärs, einschließlich der Polizei, und deren unmittelbaren Familienangehörigen;

b) den Hauptteilnehmern an dem Staatsstreich von 1991 und den Hauptbeteiligten der unrechtmäßigen Regierungen seit dem Staatsstreich und deren unmittelbaren Familienangehörigen;

c) für das haitianische Militär tätigen oder in seinem Namen handelnden Personen sowie deren unmittelbaren Familienangehörigen;

es sei denn, ihre Einreise ist von dem Ausschuß nach Resolution 841 (1993) zu Zwekken, die mit der vorliegenden Resolution und anderen einschlägigen Resolutionen im Einklang stehen, genehmigt worden, und ersucht den Ausschuß, unter Zugrundelegung der von den Staaten und regionalen Organisationen beigebrachten Informationen ein auf dem neuesten Stand zu haltendes Verzeichnis der unter die Bestimmungen dieser Ziffer fallenden Personen anzulegen;

Ziff. 4 (Einfrieren von Geldern): fordert alle Staaten nachdrücklich auf, die Gelder und Finanzmittel des in Ziffer 3 genannten Personenkreises unverzüglich einzufrieren, um sicherzustellen, daß weder diese noch andere Gelder und Finanzmittel von ihren Staatsangehörigen oder von anderen in ihrem Hoheitsgebiet befindlichen Personen den besagten Personen oder dem haitianischen Militär, einschließlich der Polizei, direkt oder indirekt verfügbar gemacht oder zu deren Gunsten verwendet werden;

Ziff. 6 (Einfuhrverbot): beschließt, daß alle Staaten folgendes verhindern werden:

a) die Einfuhr aller Rohstoffe und Erzeugnisse in ihr Hoheitsgebiet, die in Haiti ihren Ursprung haben und die nach dem genannten Datum von dort ausgeführt werden;

b) alle von ihren Staatsangehörigen oder in ihrem Hoheitsgebiet durchgeführten Tätigkeiten, welche die Ausfuhr oder Weiterbeförderung von Rohstoffen oder Erzeugnissen fördern würden, die in Haiti ihren Ursprung haben, sowie alle Geschäfte, die von ihren Staatsangehörigen oder von ihre Flagge führenden Schiffen oder Luftfahrzeugen oder in ihrem Hoheitsgebiet mit Rohstoffen oder Erzeugnissen getätigt werden, die in Haiti ihren Ursprung haben und die nach dem genannten Datum von dort ausgeführt werden;

Ziff. 7 (Ausfuhrverbot): beschließt, daß alle Staaten folgendes verhindern werden:

Den Verkauf oder die Lieferung aller Rohstoffe oder Erzeugnisse durch ihre Staatsangehörigen oder von ihrem Hoheitsgebiet aus oder unter Benutzung von ihre Flagge führenden Schiffen oder Luftfahrzeugen, gleichviel, ob diese Rohstoffe und Erzeugnisse ihren Ursprung in ihrem Hoheitsgebiet haben oder nicht, an jede natürliche oder juristische Person in Haiti und an jede natürliche oder juristische Person zum Zweck einer geschäftlichen Tätigkeit in Haiti oder von Haiti aus, sowie alle von ihren Staatsangehörigen oder in ihrem Hoheitsgebiet durchgeführten Tätigkeiten, die den Verkauf oder die Lieferung solcher Rohstoffe oder Erzeugnisse fördern, mit der Maßgabe, daß die in dieser Ziffer enthaltenen Verbote keine Anwendung finden auf:

a) Hilfsgüter für rein medizinische Zwecke und Nahrungsmittel;

b) andere Rohstoffe und Erzeugnisse zur Deckung von unabweisbaren humanitären Bedürfnissen, vorbehaltlich der Zustimmung des Ausschusses nach Resolution 841 (1993) nach dem Kein-Einwand Verfahren;
c) Erdöl und Erdölprodukte, einschließlich Propangas zum Kochen, für die eine Genehmigung nach Ziffer 7 der Resolution 841 (1993) erteilt worden ist;
d) andere nach Ziffer 3 der Resolution 873 (1993) genehmigten Rohstoffe und Erzeugnisse;
Ziff. 8 (Ausnahmen vom Ein- und Ausfuhrverbot): beschließt, daß die in den Ziffern 6 und 7 enthaltenen Verbote nicht auf den Handel mit Informationsmaterial, namentlich auch mit Büchern und anderen Veröffentlichungen, Anwendung finden, das für die freie Verbreitung von Informationen erforderlich ist, und beschließt ferner, daß Journalisten vorbehaltlich der von dem Ausschuß nach Resolution 841 (1993) festgelegten Bedingungen ihre Ausrüstung in das Land bringen und wieder daraus verbringen können;
Ziff. 11 (Geltendmachung von Forderungen): beschließt, daß alle Staaten, einschließlich der Behörden in Haiti, die erforderlichen Maßnahmen treffen werden, um sicherzustellen, daß im Zusammenhang mit einer Kaution, finanziellen Garantie, Entschädigung oder Zahlungsverpflichtung in Verbindung oder im Zusammenhang mit der Erfüllung eines Vertrages oder eines anderen Rechtsgeschäfts, dessen Erfüllung von den mit oder gemäß dieser Resolution oder den Resolutionen 841 (1993), 873 (1993) und 875 (1993) verhängten Maßnahmen berührt wurde, keine Forderung der Behörden in Haiti oder einer natürlichen oder juristischen Person in Haiti oder einer Person, die durch eine solche natürliche oder juristische Person oder zu deren Gunsten eine Forderung geltend macht, zulässig ist.

Bei den Beratungen im Sicherheitsrat anläßlich der Verabschiedung der Resolution 917 (1994) brachten Kanada, Spanien[565], die Vereinigten Staaten, Frankreich, Brasilien und China ihre Besorgnis über die humanitären Folgen der beschlossenen Sanktionsmaßnahmen zum Ausdruck. Während der kanadische Delegierte darauf hinwies, daß Präsident Aristide den Sicherheitsrat seit November 1993 zur Verhängung umfassender Sanktionen aufgefordert habe, diese also der notwendige Preis seien, um Haiti von der Quelle des Leidens zu befreien[566], betonten die Delegierten der Vereinigten Staaten[567], Frankreichs[568] und

[565] S/PV.3376, 6: "The measures are not directed against the Haitian people, whose situation, from the humanitarian standpoint, is a matter of constant concern to the authorities in my country."
[566] S/PV.3376, 4: "Some have argued that tougher sanctions now would only aggravate the abysmal humanitarian situation in Haiti. Let there be no mistake. It is the failure of the military authorities to fulfil their commitments which is solely responsible for the plight of the Haitian population. As long as they remain, there is little hope that the humanitarian situation will improve. Since last November President Aristide has called for comprehensive sanctions. They are the necessary price to pay to rid Haiti once and for all of the source of its suffering."
[567] S/PV.3376, 7: "We know that sanctions are a blunt instrument. And we are acutely conscious of the suffering of the Haitian people and of the potential of these sanctions to aggravate that suffering. That is why the United States and the international community are also undertaking humanitarian assistance measures in Haiti on a massive scale. Sanctions are one

Brasiliens[569] die Notwendigkeit, die beschlossenen Sanktionen aufgrund des fehlenden Einlenkens des de facto Regimes so effektiv wie möglich auszugestalten, damit diese in kürzester Zeit ihr Ziel erreichen und das Leiden der Bevölkerung gering gehalten werden könne. Ferner unterstrichen die Delegierten der genannten Staaten, daß sowohl humanitäre Hilfslieferungen als auch die sorgfältige Beobachtung der humanitären Lage in Haiti erforderlich seien, damit auf eine Verschlechterung der Lage entsprechend reagiert werden könne[570]. Der Vertreter Chinas erklärte, daß das Leiden der Bevölkerung Haitis zumindest teilweise auf die Wirtschaftssanktionen zurückzuführen sei und der Sicherheitsrat deshalb die Auswirkungen der nun beschlossenen Maßnahmen auf die Bevölkerung beobachten solle, um diese gegebenenfalls anzupassen, wozu er moralisch verpflichtet sei[571].

---

of the most potent weapons the international community has. Our step imposes upon us a significant moral obligation- to persevere and enforce these sanctions fully so they achieve their objective in the shortest possible time."

568 S/PV.3376, 8: "The Council has seen to it that that objective (to ensure that democracy regains its course in Haiti and to foster the return of President Aristide to his own country) will not be achieved at the cost of the infliction of intolerable suffering on the Haitian people, which has suffered too much already. The Council intends to censure a minority, including through the use of measures that are exceptional in that they are aimed at individuals. In so doing, the Council has also made sure that the poorest people will not be crushed even more. It is in this spirit that the Security Council will conduct a regular review of the implementation of the sanctions, especially in regard to the humanitarian situation in the country."

569 S/PV.3376, 9: "The option pursued- the broadening of the current sanctions regime- raises, however, a number of issues of concern on the possible deterioration of the humanitarian situation in that country. It is our fear that a comprehensive embargo might create additional suffering for the Haitian people. Thus it is important to keep under constant review any adverse consequences that the extremely serious measures taken by the Council might entail; indeed, this is provided for in the resolution we have adopted."

570 Siehe die Stellungnahmen der Vertreter Frankreichs, S/PV.3376, 8; Brasiliens, ebd., 9 und Chinas, ebd., 10.

571 S/PV.3376, 10: "Ironically, this suffering (inflicted upon the Haitian people) is at least partly attributable to the sanctions already applied to Haiti by the Security Council and by other bodies. The question is then whether the newly introduced sanctions regime, if applied, could possibly increase the suffering of the ordinary people in Haiti; and we cannot but express our concern about this. In this connection, the Council, the Secretary-General and the Organization of American States should, as they are bound to do by their moral duty, monitor closely the humanitarian situation in Haiti and take the necessary measures to alleviate the adverse effects of sanctions should our expressed concern translate into reality."

2.5.2.4. Die Aufhebung der Wirtschaftssanktionen (S/RES 944 (1994))

In der Folgezeit verschlechterte sich die Lage in Haiti, die insbesondere durch schwere, von der Polizei und der Armee begangene Menschenrechtsverletzungen geprägt war, zusehends, welches zur erneuten Massenflucht aus Haiti führte[572]. Der Sicherheitsrat ermächtigte daraufhin am 31. Juli 1994 mit der Resolution 940 (1994) die Mitgliedstaaten, eine multinationale Streitkraft unter einer vereinten Einsatzführung zu bilden und in diesem Rahmen alle erforderlichen Mittel einzusetzen, um die Ausreise der militärischen Führungsspitze aus Haiti in Übereinstimmung mit der Vereinbarung von Governors Island, die umgehende Rückkehr des rechtmäßig gewählten Präsidenten und die Wiederherstellung der rechtmäßigen Behörden der Regierung von Haiti zu erleichtern sowie ein sicheres und stabiles Umfeld zu schaffen und aufrechtzuerhalten, das die Durchführung der Vereinbarung von Governors Island ermöglicht.

Bei den Beratungen über die Verabschiedung der Resolution 940 (1994) betonten mehrere Delegierte die Notwendigkeit, das Leiden der haitianischen Bevölkerung, zu dem auch die Wirtschaftssanktionen beigetragen hätten, zu beenden, ohne dieses aber ausdrücklich als Grund für ein militärisches Eingreifen zu nennen[573]. Lediglich Argentinien[574] und Neuseeland[575] deuteten in ihren Stellungnahmen darauf hin, daß auch die durch das militärische Eingreifen erhoffte Beendigung des durch die Sanktionen mitverursachten Leidens der haitianischen Bevölkerung ein Grund für ihre Zustimmung zu der Resolution gewesen sei.
Unter dem Eindruck der Ankündigung des US-amerikanischen Präsidenten Clinton vom 16. September 1994, daß eine Invasion der multinationalen Streitkräfte unmittelbar bevorstehe, willigte der damalige Interimspräsident Haitis Jonassant in einem am 18. September 1994 mit dem ehemaligen US-Präsidenten Jimmy Carter geschlossenen und von der US-Regierung und Aristide gebilligten

[572] S/1994/742, Ziff. 14.
[573] So die Delegierten Haitis, S/PV.3413, 3; Chinas, ebd., 10; Nigerias, ebd., 11 und Frankreichs, ebd., 14.
[574] S/PV.3413, 19: "It (the sanctions regime) has also contributed to the prolongation of the suffering of the Haitian people, which was not the intention of the international community. In these circumstances it became necessary for the Council to consider the best way to achieve, with the desired speed and effectiveness, the objectives set by the international community. Those objectives, within the framework of the Governors Island Agreement and the New York Pact, signed more than a year ago and yet to be fully implemented, are none other than the restoration of democracy in Haiti and the return of its legitimate President, Mr. Jean-Bertrand Aristide."
[575] S/PV.3413, 21: "We accept that time has been given for sanctions to work, and the answer is clear: they are not going to produce a quick departure by the illegal military regime. And we are very conscious that in the meantime, the economic impact is being felt most acutely by the truly innocent: the long-suffering people of Haiti."

Abkommen darin ein, daß die Führung der Armee und der Polizei im Gegenzug zu einer vom Parlament Haitis zu erlassenden Generalamnestie am 15. Oktober 1994 zurücktreten werde[576]. Nach der am 19. September 1994 erfolgten Landung von 3000 US-Soldaten in Haiti und der nachfolgenden ungehinderten Durchführung des Auftrages durch die eingesetzten Streitkräfte[577] verabschiedete der Sicherheitsrat am 29. September 1994 die Resolution 944 (1994), der zufolge die in den Resolutionen 841 (1993), 873 (1993) und 917 (1994) aufgeführten Maßnahmen betreffend Haiti um 0.01 Uhr New Yorker Ortszeit am Tag nach der Rückkehr von Präsident Aristide beendet werden. Nach dem Rücktritt der Militärjunta und der Rückkehr von Präsident Aristide nach Haiti am 15. Oktober 1994[578] wurden die gegen Haiti verhängten Wirtschaftssanktionen, worauf in der am selben Tag vom Sicherheitsrat erlassenen Resolution 948 (1994) hingewiesen wurde, entsprechend der Resolution 944 (1994) aufgehoben.

2.5.3. Die Auswirkungen der Wirtschaftssanktionen

2.5.3.1. Die Entwicklung der wirtschaftlichen Lage

Haiti gehörte bereits vor dem Putsch zu den ärmsten Ländern in der Region. Politische Instabilität, der Mangel an einheimischem Kapital sowie die fehlenden Reinvestitionen ausländischer Investoren hatten dazu geführt, daß Haiti ab 1980 negative Wachstumsraten zu verzeichnen hatte[579]. Diese Entwicklung bewirkte, daß das Pro-Kopf-Einkommen in Haiti 1990 $ 370 und die Arbeitslosigkeit, die von 1986 bis 1991 um 7.5 % zugenommen hatte, 50 % betrug[580]. Die Mehrheit der Bevölkerung lebte daher zum Zeitpunkt des Putsches am Rande des Existenzminimums. Haiti befand sich somit nach langjähriger Diktatur 1991 in einer schweren wirtschaftlichen Krise[581].

Zum Zeitpunkt des Putsches stellten die Landwirtschaft und die verarbeitende Industrie die wichtigsten Wirtschaftssektoren dar, wobei die verarbeitende Industrie in den 1970er und 1980er Jahren zum bedeutendsten Exportsektor Haitis

[576] S/1994/1143, Ziff. 2 ff. Siehe auch Malone, 111 ff.
[577] AdG 1994, 39333.
[578] Ebd., 39394.
[579] Das Bruttosozialprodukt, das von 1965-1980 um 2.9 % gestiegen war, sank zwischen 1980 und 1990 um jährlich 0.6 %. Matthews, 294.
[580] Gibbons, 13, 18; Matthews, 295.
[581] Siehe zur Entwicklung der Volkswirtschaft Haitis bis 1991 Swindells, 1907 ff., Matthews, 294 ff., jeweils m.w. N.

geworden war[582]. Haiti war allerdings in hohem Maße auf Nahrungsmitteleinfuhren, die 27 % des Kalorienbedarfs der Bevölkerung ausmachten, sowie Erdöleinfuhren angewiesen[583]. Der Außenhandel war dabei in hohem Maße auf die Vereinigten Staaten ausgerichtet[584].

Die durch den Militärputsch ausgelöste politische Instabilität sowie die von den Mitgliedstaaten auf die Aufforderung der OAS hin verhängten wirtschaftlichen Maßnahmen bewirkten eine weitere Verschärfung der Wirtschaftskrise[585]. Der Rückgang der Exporte führte zu Massenentlassungen im Industrie- und Dienstleistungssektor[586]. Die landwirtschaftliche Produktion erlitt erhebliche Einbußen, bedingt durch eine zwei Jahre anhaltende Dürreperiode, fehlende Investitionen sowie einen Mangel an Düngemitteln und landwirtschaftlichem Gerät, die aufgrund der Wirtschaftssanktionen nicht eingeführt werden konnten. Hierdurch wurden insbesondere Landwirte mit geringem Einkommen in ihrer Existenz gefährdet[587]. Zugleich sank die Ausfuhr von Nahrungsmitteln nach Haiti, obwohl von keinem Mitgliedstaat verboten, aufgrund von Unklarheiten auf Seiten der Exporteure über den Umfang der jeweils geltenden Verbote sowie der unsicheren wirtschaftlichen und politischen Lage. Der durch das Erdölembargo herbeigeführte Mangel an Treibstoff bewirkte, daß die Nahrungsmittel entweder nicht an die Endverbraucher geliefert werden konnten oder die Preise aufgrund der hohen Transportkosten stark anstiegen. Dies traf die Mehrheit der Bevölkerung, deren Kaufkraft aufgrund von Arbeitslosigkeit und sinkendem Realeinkommen geschwunden war[588]. Als alternativer Brennstoff wurde zwar die Produktion von Holzkohle um 40 % gesteigert. Diese Produktionssteigerung war jedoch nur auf Kosten erheblicher Umweltschäden möglich[589].

Nach der Verhängung der Wirtschaftssanktionen durch den Sicherheitsrat, insbesondere nach der Aufhebung der Suspendierung im Oktober 1993, verschlechterte sich die wirtschaftliche Lage zusehends. Diese war durch einen

[582] Hierzu Matthews, 295, 296 und Swindells, 1909.
[583] Gibbons, 11.
[584] 75 % des Außenhandels wurde mit den Vereinigten Staaten abgewickelt. EIU, Country Profile, Haiti, 1994-1995, 46.
[585] Dies brachte der Generalsekretär in seiner Lageeinschätzung im November 1992 drastisch zum Ausdruck, A/47/599, Ziff. 45: "The country's economy is in a state of free fall."
[586] A/47/599, Ziff. 45; Gibbons, 10, 11.
[587] A/47/599, Ziff. 45 ff.
[588] Ebd., Ziff. 45, 46. Die Preise für Grundnahrungsmittel stiegen allein zwischen September und November 1991 im Gefolge des Putsches um 20-30 %. Gibbons, 12.
[589] A/47/599, Ziff. 45. Siehe hierzu auch Gibbons, 12, 13; Swindells, 1939.

weiteren Rückgang des Außenhandels[590] sowie eine verringerte wirtschaftliche Produktivität, insbesondere in der Landwirtschaft[591], gekennzeichnet. Der Produktionsrückgang sowie der Stillstand der Wirtschaftstätigkeit aufgrund fehlender Finanzmittel führte zu einem nochmaligen Anstieg der Arbeitslosigkeit, von der 1994 die enorme Zahl von geschätzten 80 % der werktätigen Bevölkerung betroffen war[592]. Die de facto Regierung trug mit ihrer inflationären Geldpolitik ab März 1993 beträchtlich zu dem Anstieg der Inflation bei, die 1994 um 52 % zunahm, was eine Steigerung von 138 % gegenüber 1992 darstellte. Im Zusammenwirken mit den anderen Faktoren bewirkte dieser Schritt, daß sich die wirtschaftliche Notlage weiter verschärfte[593]. Die Preise für Konsumgüter stiegen allein 1993 um 50 % an, die Realeinkommen sanken um ein Drittel[594]. Der Preisanstieg setzte sich 1994 unaufhaltsam fort[595]. Das Pro-Kopf-Einkommen von $ 370 im Jahr 1991 sank auf $ 250 im Jahr 1994[596]. Die wirtschaftliche Krise erreichte im August 1994 ihren Höhepunkt, als die nationale Währung gegenüber dem Vormonat 40 % ihres Werts verloren hatte, die Inflationsrate weiter anstieg und die Güter zunehmend knapper wurden, während sich die Preise von Nahrungsmitteln gegenüber dem Vormonat verdoppelt hatten[597].

Im Jahr 1994 war die ehemalige Mittelschicht als Folge der aufgezeigten Entwicklung völlig verarmt und der Großteil der Bevölkerung lebte am Rande des Existenzminimums[598]. Die Mehrheit der Bevölkerung erzielte das lebensnotwendige Einkommen entweder durch den Verkauf von persönlichem Vermögen, welches in der Landwirtschaft sogar die Arbeitsmittel umfaßte, oder war von Überweisungen ihrer im Ausland lebenden Angehörigen abhängig.

---

590 Dies betraf vor allem die Einfuhr von Waren. Die Entwicklung der Importe stellte sich wie folgt dar: 1990= $ 332 Millionen (nachfolgend jeweils Wert der Güter in $ Millionen); 1991=464; 1992=278; 1993=359; 1994=259. Die Entwicklung der Exporte nahm folgenden Verlauf: 1990=160 ; 1991=190; 1992=72; 1993=80; 1994=87. Siehe UN Monthly Bulletin of Statistics (s.o. Anm. 368), 96.

591 Die landwirtschaftliche Produktion, die von 1986 bis 1991 jährlich um 1.3 % gesunken war, sank zwischen 1991 und 1994 um 20 %, Gibbons, 13. Der Schaden, der durch den Rückgang der Exporte von landwirtschaftlichen Produkten entstanden ist, lag Schätzungen der UN und der EU zufolge bei $ 41 Millionen, Swindells, 1940.

592 S/1994/1012, Ziff. 8.

593 Gibbons, 13.

594 Swindells, 1941; Zaidi, 202.

595 UN Dok. S/1994/871, Ziff. 11. Die Preise für Lebensmittel stiegen in der Hauptstadt Port-au-Prince von 1991 bis 1994 um 130-180 %, fielen jedoch auf dem Land etwas geringer aus. Die Unterschiede in der Preisentwicklung zwischen Stadt und Land waren vor allem auf die erhöhten Transportkosten aufgrund des Erdölembargos zurückzuführen. Gibbons, 12.

596 Ebd., 13.

597 S/1994/1012, Ziff. 8.

598 Gibbons, 13 ff.; Swindells, 1939, 1944.

Darüber hinaus wichen viele Haitianer in den informellen Sektor aus, um zusätzliches Einkommen zu verdienen. Dies traf insbesondere auf Regierungsangestellte zu, deren Gehälter zum Teil über Monate hinweg nicht mehr gezahlt wurden, da die de facto Regierung von jeglicher Hilfe abgeschnitten war[599]. Die wirtschaftliche Notlage führte auch zu einer Verdoppelung der Zahl der Straßenkinder und einem Anstieg der Kinderarbeit. Von dieser Entwicklung ausgenommen waren lediglich diejenigen Gruppen, die von der Schmuggelwirtschaft profitierten. Der vornehmlich über die Dominikanische Republik erfolgende Schmuggel von Waren sowie der Schwarzmarkt für Treibstoff wurde dabei von den de facto Machthabern kontrolliert, die zum Teil erhebliche Gewinne erzielen konnten[600].

2.5.3.2. Die Entwicklung der humanitären Lage

Haiti hatte bereits 1991 im regionalen Vergleich schlechte humanitäre Indikatoren aufzuweisen. So waren 27 % der unter fünf Jahre alten Kinder generell und 3.4 % akut unterernährt[601]. Die Säuglingssterblichkeit lag bei 101 pro 1000 Lebendgeburten, während die Sterblichkeit der unter fünf Jahre alten Kinder bei 56 pro 1000 Lebendgeburten lag. Die Müttersterblichkeit betrug 350 pro 100000 Lebendgeburten. Lediglich 35 % der Bevölkerung hatte Zugang zu Trinkwasser. Das Gesundheitswesen war schlecht entwickelt und konnte keine flächendeckende Versorgung gewährleisten. Zwar hatten etwa zwei Drittel der Bevölkerung Zugang zu Gesundheitsdiensten, diese wurden jedoch nur zu 25 % vom Staat angeboten. Der Staat bot außerdem für lediglich 25 % der Kinder eine staatliche Grundschulausbildung an, während die restlichen 75 % auf eine kostenpflichtige private Ausbildung angewiesen waren. Gleichwohl waren 85 % der Kinder in der Grundschule eingeschrieben[602].

Der Putsch[603] und die durch eine Vielzahl von Staaten auf die Empfehlung der OAS hin ergriffenen wirtschaftlichen Maßnahmen führten binnen kurzer Zeit zu einer erheblichen Verschlechterung der Lage in Haiti. So verschärfte sich die Ernährungslage erheblich, welches insbesondere bei jüngeren Kindern zur Unterernährung führte. Dadurch bestand 1992 die Gefahr einer Hungersnot, der

---

599 Siehe hierzu Gibbons, 29.

600 Siehe Reisman/Stevick, 120; Swindells, 1942; Werleigh, 168; Zaidi, 198, 199.

601 Die in diesem Abschnitt genannten Daten stammen von WHO und UNICEF, abgedruckt in: Gibbons, 90, Tabelle 1 (Gibbons war in Haiti als UNICEF Vertreterin für humanitäre Aufgaben zuständig).

602 Siehe zu diesem Abschnitt ebd., 19 ff.

603 Während der ersten Monate nach dem Putsch sind den Schätzungen haitianischer Menschenrechtsorganisationen zufolge etwa 3000 Personen getötet wurden. Zaidi, 199.

nur durch die internationale humanitäre Hilfe begegnet werden konnte[604]. Die prekäre Finanzlage der de facto Regierung, die Knappheit an Treibstoff, die unzureichende Stromversorgung sowie die gesunkene Kaufkraft resultierten auch in einer Verschlechterung der gesundheitlichen Lage. So kam es zu Schwierigkeiten bei der Versorgung mit Medikamenten sowie bei der Durchführung von Impfprogrammen[605]. 1993 konnten nur noch etwa 12 % gegenüber 40 % der Kinder im Jahr 1991 geimpft werden. Die mangelnde Impfung ist, in Verbindung mit der gestiegenen Unterernährung, als wesentlicher Grund dafür angesehen worden, daß eine Masernepidemie, die zwischen Juli 1991 und November 1993 in Haiti grassierte, eine hohe Zahl an Todesopfern unter Kindern forderte[606]. Allerdings ist umstritten, ob die Epidemie auf die Folgen der auf Empfehlung der OAU und der UN-Generalversammlung hin verhängten Wirtschaftssanktionen zurückzuführen ist[607]. Zudem kam es zu erhöhten Gesundheitsgefahren wegen des zunehmenden Mangels an sauberem Trinkwasser[608]. Schätzungen zufolge sank die Menge des zur Verfügung stehenden Trinkwassers in den ersten 18 Monaten nach dem Putsch um 30-50 %[609]. Auch die Schulausbildung war von der wirtschaftlichen Krise und der politischen Gewalt betroffen, so daß viele Schulen schließen mußten und Lehrer aufgrund der schlechten Bezahlung ihre Arbeit aufgaben. Schätzungen zufolge mußten etwa 135.000 Kinder wegen der anhaltenden Krise die Schule verlassen[610]. Überdies waren die Schulen von September 1991 bis Anfang 1993 wiederholt aufgrund der politischen Unruhen über längere Zeiträume geschlossen[611]. Neben der politischen Repression waren es vor allem die wirtschaftliche und humanitäre Notlage, welche über 35.000 Haitianer dazu bewegte, aus ihrem Land zu fliehen, vornehmlich um in die USA zu gelangen[612].

Nach der Verhängung der Wirtschaftssanktionen durch den Sicherheitsrat verschlechterte sich die Lage weiter. Vor allem das Erdölembargo und das mit der Resolution 917 (1994) verhängte umfassende Verbot der Warenausfuhr nach Haiti hatte weitreichende Konsequenzen. Die bereits bestehenden

604 A/47/599, Ziff. 46 ff.

605 Ebd., Ziff. 47.

606 Gibbons, 25; Swindells, 1938 (Swindells war in Haiti als Repräsentantin des UNFPA (United Nations Population Fund) tätig).

607 Zaidi, 205, zufolge, die sich auf Aussagen der NRO US/Save the Children beruft, waren Impfstoffe vorhanden, die Impfmaßnahmen konnten aber wegen des schlechten Straßenzustandes nur unzureichend durchgeführt werden.

608 A/47/599, Ziff. 47.

609 Gibbons, 26.

610 A/47/599, Ziff. 48.

611 Gibbons, 19.

612 A/47/599, Ziff. 50.

Transportschwierigkeiten verschärften sich erheblich. Die Nahrungsmittelversorgung der Bevölkerung konnte in vielen Fällen nicht gewährleistet werden, weil die in Haiti selbst produzierten oder von humanitären Hilfsorganisationen eingeführten Nahrungsmittel mangels Transportmöglichkeit nicht die Endverbraucher erreichten. Die Transportschwierigkeiten wirkten sich gleichfalls nachteilig auf die Medikamentenversorgung, die Versorgung der Landbevölkerung mit Trinkwasser sowie den Zugang zu Krankenhäusern und Schulen aus[613]. Diese Situation führte in Zusammenwirken mit der wirtschaftlichen Krise dazu, daß die Versorgung weiter Teile der Bevölkerung, insbesondere der ärmeren Einkommensschichten, mit Nahrungsmitteln noch unzureichender wurde. Weiterhin sinkendes Einkommen bei steigenden Preisen führte in vielen Fällen dazu, daß Mütter auf der Suche nach Gelderwerb ihre Kinder vernachlässigen mußten.

Die Unterernährung bei Kindern stieg von 1993 bis Ende 1994 leicht an, als sie Schätzungen zufolge etwa 50 % aller Kinder betraf[614]. Dabei hatte sich die akute Unterernährung im Vergleich zu 1990 verdoppelt. Oftmals waren die Mütter selbst mangelernährt, was zur Geburt untergewichtiger Kinder führte[615]. Genaue Zahlen über die Entwicklung der Kinder- und Müttersterblichkeit von 1993 bis 1994 liegen nicht vor[616]. Während die Säuglingssterblichkeit von 101 pro 1.000 Lebendgeburten im Jahr 1990-91 auf 74 im Jahr 1994 gesunken war, erhöhte sich die Sterblichkeit der unter fünf Jahre alten Kinder im selben Zeitraum von 56 auf 61 pro 1.000 Lebendgeburten. 1994 betrug die Müttersterblichkeit 450 pro 100.000 Lebendgeburten gegenüber 350 im Jahr 1990/1991[617]. Die medizinische Versorgung verschlechterte sich weiter. Aufgrund des Finanzmangels mußte eine Vielzahl von Gesundheitsprogrammen eingestellt werden. Das medizinische Personal war zunehmend demoralisiert, so daß es zu zahlreichen Kündigungen kam[618]. Obwohl Medikamente von den Wirtschaftssanktionen ausgenommen waren, kam es zu erheblichen Engpässen. Als wesentliche Ursachen hierfür sind der Rückgang der Einfuhr von Medikamenten und Schwierigkeiten

---

613 S/1994/742, Ziff. 17; S/1994/871, Ziff. 11.

614 Gibbons, 18,23; Zaidi, 204, Tabelle 6.3, zitiert die folgenden, von USAID stammenden Vergleichszahlen zum Anstieg der in drei Kategorien unterteilten Unterernährung von Vorschulkindern: "Leicht": 1992=33.25 %, 1993=32.04 %, 1994=34.03 %; "Moderat": 1992=23.56 %, 1993=13.71 %, 1994=17,01 %; "Schwer": 1992=3.51 %, 1993=3.55 %, 1994=4.70 %.

615 Gibbons, 23, zufolge hatten 1994 18 % der Frauen Eiweiß und Kalorienmalnutrition, welches zu einem Anstieg der Geburt von untergewichtigen Säuglingen auf 15 % aller Neugeborenen führte.

616 Sieh hierzu Zaidi, 200.

617 Gibbons, 90, Tabelle 1.

618 Zaidi, 201.

beim Transport aufgrund des Treibstoffmangels zu nennen. Diese Faktoren führten zu einem Preisanstieg von Medikamenten auf dem offenen Markt, die für ein Großteil der Bevölkerung unerschwinglich wurden. Der Zugang zu Gesundheitseinrichtungen war aufgrund des durch den Treibstoffmangel bedingten Fehlens von Verkehrsmitteln vor allem für die ländliche Bevölkerung in vielen Fällen nicht möglich, da die Kliniken mitunter weit entfernt lagen[619]. Dies führte dazu, daß die Zahl der Patienten abnahm, bei den behandelten Patienten aber eine Zunahme des Anteils schwerer Krankheiten oder Verletzungen zu verzeichnen war[620].

Die Versorgung mit Trinkwasser wurde ebenfalls zunehmend kritischer. So hatten in Port-au-Prince 1994 lediglich 35 % gegenüber 53 % der Bevölkerung im Jahr 1990 Zugang zu Trinkwasser. Die Versorgung der auf die Lieferung von Wasser in Tankwagen angewiesenen Landbevölkerung konnte in vielen Fällen nicht mehr gewährleistet werden. Während das System der Wasserversorgung schon vor der Verhängung der Wirtschaftssanktionen mangelhaft gewesen war, so bewirkten diese eine zusätzliche Verschärfung der Lage, bedingt durch die Aussetzung von Entwicklungshilfe in diesem Sektor, der fehlenden Genehmigung der Einfuhr von Ersatzteilen zur Reparatur von Pumpen, von zur Reinigung des Wassers erforderlichen Chemikalien sowie von zum Betrieb von Anlagen erforderlichen Treibstoffs. Die schlechte Trinkwasserqualität bewirkte eine Zunahme der durch verseuchtes Wasser übertragenen Krankheiten. Ein weiteres Problem stellte die Abwasser- und Müllentsorgung dar. Diese war schon Mitte 1993 zusammengebrochen, so daß sich in der Hauptstadt Müllberge häuften. Diese Situation hielt während der Wirtschaftssanktionen unvermindert an. Grund dafür war wiederum ein Mangel an Finanzen und ein Mangel an Treibstoff zum Betrieb der Müllentsorgung[621].

Das Bildungswesen litt ebenfalls unter den Wirtschaftssanktionen[622]. Der Mangel an Treibstoff bzw. die hohen Kosten für Verkehrsmittel führten dazu, daß viele Lehrer und Schüler die Schulen nicht oder nicht durchgehend besuchen konnten, so daß viele Schulen nur an drei Tagen in der Woche in Betrieb waren. Viele Eltern, insbesondere aus ärmeren Einkommensschichten, konnten zudem die Schulgebühren nicht mehr bezahlen. Im Jahr 1993 besuchten 42 % der Kinder zwischen 5 und 14 Jahre keine Schule, welches gegenüber 1986 einen Rückgang um ein Drittel der Schulbesucher darstellte. In den neun Monaten von Januar bis September 1994 waren die Schulen nur für fünf Monate geöffnet. Im Jahr 1994

[619] Gibbons, 24 ff.
[620] Zaidi, 201.
[621] Siehe zu diesem Abschnitt Gibbons, 26, 27; Zaidi, 200.
[622] Siehe zu diesem Abschnitt Gibbons, 19 ff. und Swindells, 1944.

war daher die Zahl der eingeschriebenen Grundschüler von 85 % im Jahr 1990-1991 auf 57 % gesunken[623].

Die internationale Gemeinschaft reagierte auf die Notlage mit umfassender humanitärer Hilfe. So liefen bereits unmittelbar nach dem Putsch 1991 Hilfsprogramme an. Nach der Verhängung der Sanktionsmaßnahmen wurden allerdings nahezu alle Entwicklungshilfeprogramme ausgesetzt[624]. 1992 wurde ein gemeinsamer humanitärer Aktionsplan von der UN und der OAS vereinbart[625]. Es gelang aber bei weitem nicht, die angeforderte finanzielle Unterstützung zu erhalten[626]. Dennoch konnten verschiedene Programme in die Wege geleitet werden, um die elementare Versorgung zu gewährleisten. Diesbezüglich sind insbesondere die Nahrungsmittelhilfe[627], PROMESS (Programme de Medicaments Essentiel) von PAHO (Pan American Health Organization)/WHO[628] sowie das von den Vereinten Nationen in Zusammenarbeit mit der OAS autorisierte humanitäre Treibstoffprogramm zu nennen[629]. Die koordinierte humanitäre Hilfe bewirkte, daß im August 1994 täglich 940.000 Menschen Nahrungsmittelhilfe erhielten und Programme im Gesundheitsbereich, im Wasser- und Abwassersektor sowie in der Landwirtschaft durchgeführt wurden[630]. Die Bereitstellung der Hilfe war jedoch vielfältigen Hindernissen ausgesetzt[631]. So bedingte die fehlende Anerkennung der de facto Regierung, daß die humanitäre Hilfe unter Umgehung der staatlichen Institutionen geleistet werden mußte. Hilfslieferungen

---

623 Gibbons, 90, Tabelle 1.

624 Swindells, 1931; Zaidi, 206.

625 A/47/599, Ziff. 49.

626 Einem Appell der Vereinten Nationen und der OAS im März 1993 zufolge wurden für die Umsetzung eines humanitären Aktionsplans $ 62.7 Millionen benötigt. Im April 1994 waren von der internationalen Gemeinschaft erst $ 9.6 Millionen bzw. 15 % der erforderlichen Summe zur Verfügung gestellt worden. A/48/931, Ziff. 20.

627 USAID stellte in den Jahren 1991 und 1992 jährlich $ 50 Millionen sowie in den Jahren 1993 und 1994 jährlich $ 74 Millionen zur Verfügung. Gibbons, 71.

628 PROMESS wurde im Jahr 1992 geschaffen. Das Programm sah die Verteilung essentieller Medikamente an die Gesundheitseinrichtungen in Haiti von einer zentralen Lagerhalle aus vor. Hierzu Gibbons, 68 ff.

629 Das Programm wurde seit Ende 1993 von PAHO/WHO umgesetzt. Siehe hierzu ebd., 69 ff.

630 S/1994/1012, Ziff. 9.

631 UN Dok. S/1994/742, Ziff. 17: "Obstacles have been encountered in the provision of humanitarian assistance. Although exempted from the trade embargo imposed by resolution 917 (1994), imports of essential health products and foodstuffs have decreased considerably and this has affected the stocks available to the humanitarian agencies. There is a scarcity of local currency to pay for local goods. Problems are being encountered with respect to the shipment and internal distribution of relief supplies. The unstable security situation described above also affects humanitarian relief operations."

wurden außerdem vielfach von der de facto Regierung behindert, die dadurch ihre Anerkennung erreichen wollte[632]. Außerdem wurde die Arbeit der humanitären Hilfsorganisationen durch den Mangel an Treibstoff erschwert, der die Kosten für die Auslieferung von Hilfslieferungen erhöhte bzw. diese unmöglich machte[633].

2.5.3.3. Die Kausalität der Wirtschaftssanktionen

In Haiti kommen als Ursachen für die festgestellte Entwicklung neben den Wirtschaftssanktionen die Fortsetzung eines negativen Trends in der Entwicklung der Volkswirtschaft, der Putsch und dessen Folgewirkungen sowie die von einer Vielzahl von Staaten auf Empfehlung der OAS hin verhängten Wirtschaftssanktionen in Betracht[634]. Haiti zählte schon vor dem Militärputsch zu einem der ärmsten Länder, in dem große Teile der Bevölkerung am Rande des Existenzminimums lebten. Der Militärputsch, der darauf folgende Zusammenbruch einer Vielzahl von öffentlichen Einrichtungen, die zunehmende politische Repression und die als Reaktion auf den Putsch ab Oktober 1991 insbesondere seitens der Vereinigten Staaten verhängten Wirtschaftssanktionen hatten zur Folge, daß sich die strukturell bedingte unzureichende Versorgung der Bevölkerung mit Nahrungsmitteln, Medikamenten und Trinkwasser sowie der Zugang zu Gesundheits- und Bildungseinrichtungen noch weiter verschlechterte[635]. Die vom Sicherheitsrat verhängten Wirtschaftssanktionen führten dazu, daß die nachteiligen Entwicklungen verschärft wurden. Während das vorhandene Datenmaterial aufgrund der gewählten Zeiträume, die sowohl die Zeit der von der OAS als auch der vom Sicherheitsrat verhängten Wirtschaftssanktionen einbeziehen, oftmals keine Differenzierung zwischen den Folgen der jeweils getroffenen Sanktionsmaßnahmen zuläßt, kann nicht bezweifelt werden, daß die vom Sicherheitsrat beschlossenen Wirtschaftssanktionen trotz der umfangreichen humanitären Hilfe der internationalen Gemeinschaft ein zusätzlicher Faktor waren, der sich nachteilig auf die wirtschaftliche Entwicklung und die Versorgungslage ausgewirkt hat. Dies gilt insbesondere für das Erdölembargo. Zwar wäre eine weitere Verschlechterung der Lage auch ohne die Verhängung der Wirtschaftssanktionen durch den Sicherheitsrat wahrscheinlich gewesen, diese hätte jedoch nicht die dargestellten Ausmaße gehabt, da sich an den von der OAS empfohlenen Wirtschaftssanktionen wesentlich weniger Staaten beteiligten

---

632 Hierzu S/1994/1012, Ziff. 9. Siehe hierzu auch Gibbons, 70 ff.

633 Swindells, 1934.

634 Siehe Cortright/Lopez, Sanctions Decade, 95; Gibbons, 10; Werleigh, 165, 166.

635 Werleigh, 165, 166 ff., zufolge sind der Putsch und dessen Folgen die wesentliche Ursache für die Verschlechterung der Lage ab 1991 gewesen. In diese Richtung auch Zaidi, 199, 208 ff.

und diese nicht so wirksam wie die vom Sicherheitsrat beschlossenen Maßnahmen überwacht wurden[636]. Die vom Sicherheitsrat verhängten Wirtschaftssanktionen haben daher zu einer weiteren Verschärfung der wirtschaftlichen Krise sowie der schlechten Versorgungslage beigetragen. Eine genauere Bestimmung des Verursachungsanteils der Wirtschaftssanktionen an der humanitären Krisensituation erscheint aufgrund des Zusammenwirkens einer Vielzahl von Faktoren nicht möglich.

2.6. Angola/UNITA

2.6.1. Vorgeschichte[637]

Seit der Erlangung der Unabhängigkeit am 11. November 1975 herrscht in Angola, von kurzzeitigen Unterbrechungen abgesehen, ein blutiger Bürgerkrieg[638]. Als Protagonisten dieses Krieges stehen sich inzwischen einzig die MPLA (Moviemento Popular de Libertação de Angola) und die UNITA (União Nacional para a Independência Total de Angola)[639] gegenüber[640]. Am 1. Mai 1991 vereinbarten die beiden Konfliktparteien mehrere Friedensabkommen, die einen Waffenstillstand, die Demobilisierung der UNITA und ihre Anerkennung als politische Partei durch die Regierung sowie von den Vereinten Nationen überwachte Wahlen im Jahr 1992 vorsahen[641]. Am 29. und 30. September 1992 wurden dem Friedensabkommen gemäß Wahlen durchgeführt, aus denen die MPLA als siegreiche Partei hervorging. Das Wahlergebnis wurde von der UNITA, die die Kampfhandlungen wiederaufnahm, nicht akzeptiert[642]. Nachdem

---

[636] Ebenso Gibbons, 10; Reisman/Stevick, 119; Swindells, 1931.

[637] Zur Geschichte Angolas Martin, James W., A political history of the Civil War in Angola 1974-1990, New Brunswick, London, 1992.

[638] Der Bürgerkrieg hat bis zum Jahr 1999 schätzungsweise 1.5 Millionen Menschenleben gefordert. Siehe hierzu Cortright/Lopez, Sanctions Decade, 149.

[639] Siehe zur Selbstdarstellung der UNITA ihre Internet-Homepage, aufgerufen am 20.Dezember 2000: www.unita.org.

[640] Die MPLA, die bis zu Anfang der 1990er Jahre vor allem von der UDSSR und Kuba unterstützt wurde, ist als legitime Regierung von der Mehrzahl der Staaten und den Vereinten Nationen anerkannt worden und übt die Kontrolle über die Hauptstadt Luanda sowie die Gebiete aus, in denen sich die Erdölvorkommen befinden. Die UNITA, die bis zum Ende des Apartheidregimes im wesentlichen von Südafrika Unterstützung erhielt, beherrscht weitgehend die Gebiete, in denen sich der Diamantenbergbau konzentriert. Der Verkauf der Diamanten stellt die wichtigste Einnahmequelle für die UNITA dar. Siehe UN Dok. S/2000/203, Ziff. 77 ff.

[641] Die Friedensabkommen finden sich in UN Dok. S/22609, 17. Mai 1991.

[642] AdG 1992, 37244, 37245.

die Friedensgespräche zwischen den beiden Parteien in der Folgezeit erfolglos abgebrochen worden waren und auch ein Waffenstillstand nicht vereinbart werden konnte, forderte der Sicherheitsrat die UNITA mehrfach auf, das Wahlergebnis zu respektieren und das Friedensabkommen umzusetzen[643]. In der Resolution 851 vom 15. Juli 1993 erklärte der Sicherheitsrat seine Bereitschaft zur Verhängung von Maßnahmen, um die UNITA an der Fortführung militärischer Maßnahmen zu hindern, sollte ihm der Generalsekretär nicht bis zum 15. September desselben Jahres einen Bericht vorlegen, aus dem hervorgehe, daß eine Vereinbarung über den Frieden sowie ein Waffenstillstand getroffen worden seien[644].

2.6.2. Der Verlauf der Wirtschaftssanktionen

Als die UNITA zum Ablauf der mit der Resolution 851 (1993) gesetzten Frist den Aufforderungen des Sicherheitsrats nicht nachgekommen war, verhängte dieser mit der ausdrücklichen Zustimmung der Regierung Angolas[645] am 15. September 1993 in der Resolution 864 Sanktionen gegen die UNITA[646]. Dabei stellte der Sicherheitsrat fest, daß die Situation in Angola aufgrund der militärischen Maßnahmen der UNITA eine Friedensbedrohung darstellte. Der Sicherheitsrat beschloß sodann ein Waffen- und Erdölembargo, um die UNITA zur Befolgung ihrer Verpflichtungen zu bewegen, das am 25. September 1993 gemäß Ziff. 17 der Resolution in Kraft trat:

> Der Sicherheitsrat,
> Ziff. 19: beschließt, im Hinblick auf das Verbot jedweden Verkaufs und jedweder Lieferung von Rüstungsgütern und sonstigem Wehrmaterial, von militärischer Hilfe sowie von Erdöl und Erdölprodukten an die UNITA, daß alle Staaten folgendes verhindern werden: den Verkauf oder die Lieferung, durch ihre Staatsangehörigen oder von ihrem Hoheitsgebiet aus oder unter Benutzung von unter ihrer Flagge führenden Schiffen oder Luftfahrzeugen, von Rüstungsgütern und sonstigem Wehrmaterial jeder Art, einschließlich Waffen und Munition, Militärfahrzeugen und -ausrüstung und Ersatzteilen für dieselben, sowie von Erdöl und Erdölprodukten, gleichviel, ob sie ihren Ursprung in ihrem Hoheitsgebiet haben oder nicht, in das Hoheitsgebiet Angolas, ausgenommen über genau benannte Grenzübergangsstellen, die in einer Liste enthalten sind, welche

---

[643] S/RES 811, 12. März 1993; S/RES 834, 1. Juni 1993 sowie S/RES 851, 15. Juli 1993.
[644] Der Bericht des Generalsekretärs ist enthalten in UN Dok. S/26434 and Add.1, 13. September 1993.
[645] Der Vertreter Angolas forderte den Sicherheit außerdem dazu auf, die auf den Namen der UNITA oder ihrer führenden Mitglieder unterhaltenen Bankkonten einzufrieren. Siehe S/PV.3277, 2 ff.
[646] Abstimmungsergebnis: Einstimmige Annahme.

die Regierung Angolas dem Generalsekretär übermittelt, der umgehend die Mitgliedstaaten der Vereinten Nationen notifiziert[647].

Bei den Beratungen anläßlich der Verabschiedung der Resolution 864 (1993) nahm keiner der Delegierten zu den möglichen Auswirkungen der verhängten Maßnahmen auf die Bevölkerung in den von der UNITA beherrschten Gebieten Stellung[648].

Der Bürgerkrieg setzte sich in den Jahren 1993 und 1994 mit unverminderter Härte fort[649]. Erst in Anbetracht der hohen Kosten und Verluste auf beiden Seiten schlossen die beiden Kriegsparteien im November 1994 das Protokoll von Lusaka, in dem eine umfassende Friedensregelung getroffen wurde[650]. Die UNITA kam in den nachfolgenden Jahren ihren Verpflichtungen aus dem Protokoll von Lusaka jedoch nur unzureichend nach. Daraufhin beschloß der Sicherheitsrat am 28. August 1997 unter Mißbilligung des Umstands, daß die UNITA ihren Verpflichtungen nicht nachgekommen war, die Resolution 1127[651]. In dieser verlangte er von der UNITA, daß diese durch konkrete und irreversible Maßnahmen unverzüglich ihren Verpflichtungen aus dem Protokoll von Lusaka erfüllt sowie genaue und vollständige Informationen über die Stärke des gesamten unter ihrer Kontrolle stehenden bewaffneten Personals zur Verfügung stellt. Zu diesem Zweck verschärfte der Sicherheitsrat die Wirtschaftssanktionen um die folgenden Maßnahmen, die am 30. September 1997 bzw. 30. Oktober 1997 in Kraft traten[652]:

---

[647] Gemäß Ziff. 22 der Resolution wurde ein Sanktionsausschuß eingesetzt.

[648] Siehe S/PV.3277.

[649] Der Sicherheitsrat hatte in der Zwischenzeit mit der Resolution 890 vom 15. Dezember 1993 weitere Sanktionsmaßnahmen angekündigt, falls die Kampfhandlungen nicht eingestellt werden, blieb aber in der Folgezeit untätig. Auch nachdem die mit der Resolution 864 (1993) gesetzte "deadline" vom 1. November 1993, die zusätzliche Sanktionsmaßnahmen für den Fall der Verletzung des Waffenstillstands bzw. einer fehlenden Umsetzung des Friedensabkommens vorsah, ergebnislos verstrichen war, verhängte der Sicherheitsrat nicht die von ihm angedrohten Maßnahmen. Siehe zum Kriegsverlauf im Jahr 1994 beispielhaft die Berichte des Generalsekretärs, UN Dok. S/1994/100, 29. Januar 1994, Ziff. 15 ff.; S/1994/611, 24. Mai 1994, Ziff. 10 ff. sowie S/1994/1197, 20. Oktober 1994, Ziff. 11 ff.

[650] Das Protokoll findet sich in UN Dok. S/1994/1441, 22. Dezember 1994.

[651] Abstimmungsergebnis: Einstimmige Annahme.

[652] Die Resolution sollte gemäß Ziff. 7 am 30. September 1997 in Kraft treten. Da der Generalsekretär dem Sicherheitsrat aber vor diesem Datum einen Bericht über die von der UNITA zur Befolgung ihrer Verpflichtungen unternommenen Maßnahmen vorlegte, setzte der Sicherheitsrat das Flugverkehrsverbot gemäß Ziff. 2 der Resolution 1130 vom 29. September 1997 bis zum 30. Oktober 1997 aus. Mit der Resolution 1135 vom 29. Oktober 1997 wurde auch das Flugverkehrsverbot mit Wirkung zum 30. Oktober 1997 in Kraft gesetzt.

Der Sicherheitsrat,
Ziff. 4: beschließt, daß alle Staaten die erforderlichen Maßnahmen ergreifen werden,
a) (Einreiseverbot) um allen hochrangigen Amtsträgern der UNITA und ihren erwachsenen unmittelbaren Familienangehörigen nach Ziffer 11 a) die Einreise in ihr Hoheitsgebiet oder die Durchreise zu verweigern, mit Ausnahme der Amtsträger, die für die volle Funktionsfähigkeit der Regierung der Einheit und nationalen Aussöhnung, der Nationalversammlung oder der Gemeinsamen Kommission erforderlich sind, mit der Maßgabe, daß kein Staat durch diese Bestimmungen verpflichtet wird, seinen eigenen Staatsangehörigen die Einreise in sein Hoheitsgebiet zu verweigern;
b) um alle Reisedokumente, Sichtvermerke oder Aufenthaltsgenehmigungen, die hochrangigen Amtsträgern der UNITA und ihren erwachsenen unmittelbaren Familienangehörigen nach Ziffer 11 a), mit Ausnahme der unter Buchstabe a) bezeichneten Personen, gewährt wurden, vorübergehend oder auf Dauer für ungültig zu erklären;
c) um die sofortige und vollständige Schließung aller UNITA-Büros in ihrem Hoheitsgebiet zu verlangen;
d) (Flugverkehrsverbot) um mit dem Ziel des Verbots der Flüge von Luftfahrzeugen der oder für die UNITA, des Verbots der Lieferung von Luftfahrzeugen oder Teilen derselben an die UNITA sowie des Verbots der Versicherung und der Erbringung von technischen Diensten und Wartungsarbeiten für Luftfahrzeuge der UNITA
i) allen Luftfahrzeugen die Erlaubnis zum Start oder zur Landung in ihrem Hoheitsgebiet beziehungsweise zum Überfliegen ihres Hoheitsgebiets zu verweigern, die von einem Ort im Hoheitsgebiet Angolas gestartet sind oder dort landen sollen, der nicht in einer Liste enthalten ist, welche die Regierung Angolas dem Ausschuß nach Resolution 864 (1993) übermittelt, der wiederum die Mitgliedstaaten notifiziert;
ii) die Lieferung oder Bereitstellung, gleichviel auf welche Weise, von Luftfahrzeugen oder Luftfahrzeugteilen durch ihre Staatsangehörigen oder von ihrem Hoheitsgebiet aus oder unter Benutzung von ihre Flagge führenden Schiffen oder Luftfahrzeugen in das Hoheitsgebiet Angolas zu verbieten, außer über festgelegte Einreisepunkte, die in einer Liste enthalten sind, welche die Regierung Angolas dem Ausschuß nach Resolution 864 (1993) übermittelt, der wiederum die Mitgliedstaaten notifiziert;
iii) die Erbringung von technischen Diensten und Wartungsarbeiten, die Bescheinigung der Lufttüchtigkeit, die Befriedigung neuer Ansprüche aus bestehenden Versicherungsverträgen sowie den Abschluß und die Erneuerung von Direktversicherungen durch ihre Staatsangehörigen oder von ihrem Hoheitsgebiet aus für alle in Angola registrierten Luftfahrzeuge zu verbieten, mit Ausnahme von Luftfahrzeugen, die in einer Liste enthalten sind, welche die Regierung Angolas dem Ausschuß nach Resolution 864 (1993) übermittelt, der wiederum die Mitgliedstaaten notifiziert, wie auch für alle Luftfahrzeuge, die über einen Einreisepunkt in das Hoheitsgebiet Angolas gelangt sind, der nicht in der unter Buchstabe d) i) genannten Liste enthalten ist;
Ziff. 5 (Ausnahmeregelung): beschließt ferner, daß die in Ziffer 4 festgelegten Maßnahmen auf medizinische Notfälle sowie auf Flüge, mit denen Nahrungsmittel, Medikamente und Güter für unabweisbare humanitäre Bedürfnisse transportiert werden und vorab von dem Ausschuß nach Resolution 864 (1993) genehmigt wurden, keine Anwendung finden.

In der Sicherheitsratssitzung anläßlich der Verabschiedung der Resolution wiesen mehrere Delegierte auf die nachteiligen humanitären Auswirkungen von

Sanktionen und die aus diesem Grund gebotene Zurückhaltung bei deren Einsatz als kollektives Zwangsmittel hin[653]. Die gegen die UNITA verhängten Maßnahmen seien aber gezielt und enthielten überdies die gebotenen humanitären Ausnahmen[654]. Allerdings kritisierten die Delegierten Ägyptens[655] und Costa Ricas[656], daß die Angehörigen von UNITA Mitgliedern in den Anwendungsbereich der Einreiseverbote einbezogen worden seien. Der Delegierte Frankreichs wies ferner auf den Standpunkt Frankreichs hin, daß Sanktionen grundsätzlich zeitlich zu befristen seien[657].

Nachdem die UNITA den Plan zur Erfüllung der noch unerledigten Verpflichtungen aus dem Protokoll von Lusaka bis zum 30. Mai 1998 nicht befolgt hatte, beschloß der Sicherheitsrat mit der Resolution 1173 vom 12. Juni 1998 erneut eine Verschärfung der gegen die UNITA verhängten Wirtschaftssanktionen. Diese sollen erst aufgehoben werden, wenn die UNITA all ihren Verpflichtungen, die im einzelnen in Buchstabe A aufgelistet werden, einem

---

[653] So der Vertreter Brasiliens, S/PV.3814, 7 und Polens, ebd., 18.

[654] So der Delegierte Schwedens, S/PV.3814, 17: "Les mesures qui entreront en vigueur si l'UNITA ne se plie pas aux exigences du Conseil visent les dirigeants de l'UNITA. Elles n'affecteraient pas le commun des hommes en Angola. Toutes les précautions sont prises à des fins humanitaires." Ebenso der Delegierte Polens, ebd., 18: "Nous sommes satisfaits que les aspects humanitaires de ce régime particulier aient été dûment pris en compte." In diese Richtung auch die Stellungnahme des Delegierten Costa Ricas, ebd., 24: "De même, les sanctions sont destinées à agir contre les dirigeants de l'UNITA et son fonctionnement en tant qu'entité politique, de façon à éviter que la population civile n'ait à souffrir des conséquences de sanctions économiques. En outre, le projet souligne la nécessité de faire des exceptions sur la base de considérations d'ordre humanitaire et établit le principe que les demandes de cette nature doivent être examinées favorablement."

[655] S/PV.3814, 23: "... je voudrais exprimer les réserves de l'Égypte sur le fait d'étendre ces mesures (das Einreiseverbot) aux familles des dirigeants de l'UNITA, car cela constitue une violation d'un principe juridique: *nulla poena sine crimine,* en d'autres termes pas de châtiment sans crime. Il est inadmissible de punir des familles dont le seul crime est leur lien de parenté avec ces dirigeants. En outre, cette mesure pourrait constituer une forme de châtiment collectif, notion que l'Égypte rejette fermement par principe."

[656] S/PV.3814, 24: "(Das Einreiseverbot gegenüber Angehörigen) ... Imputer une responsabilité à un individu simplement parce qu'il est membre de la famille. Ceci est contraire à la tradition juridique sur laquelle se fonde l'ordre démocratique légal. La résolution que nous allons adopter, une fois tous les amendements apportés, tient dûment compte de cette réserve de principe et établit les mécanismes appropriés pour que les droits fondamentaux des personnes innocentes en Angola ne soient pas violés."

[657] S/PV.3814, 27: "Je ne crois pas nécessaire de revenir ici une fois encore sur la position constante de la France qui veut que les sanctions s'inscrivent dans un cadre temporel, aient une durée déterminée et que leur prorogation fasse l'objet d'une décision du Conseil de sécurité."

Bericht des Generalsekretärs zufolge vollinhaltlich befolgt hat[658]. Der Sicherheitsrat beschloß das Einfrieren von Geldern, ein Einfuhrverbot für Diamanten sowie ein partielles Ausfuhrverbot gegen die UNITA, die am 1. Juli 1998 in Kraft traten[659] und inhaltlich wie folgt gefaßt waren:

> Der Sicherheitsrat,
> Ziff. 11 (Einfrieren von Geldern): beschließt, daß mit Ausnahme Angolas alle Staaten, in denen sich Gelder oder andere Finanzmittel der UNITA als Organisation oder von hochrangigen Amtsträgern der UNITA und ihren erwachsenen unmittelbaren Familienangehörigen nach Ziffer 11 der Resolution 1127 (1997) befinden, einschließlich aus Vermögenswerten stammende oder durch sie erzeugte Gelder, von allen Personen und Körperschaften in ihrem Hoheitsgebiet, die solche Gelder und Finanzmittel besitzen, verlangen werden, diese einzufrieren und sicherzustellen, daß sie der UNITA als Organisation oder hochrangigen Amtsträgern der UNITA und ihren erwachsenen unmittelbaren Familienangehörigen nach Ziffer 11 der Resolution 1127 (1997) weder direkt noch indirekt noch zu ihrem Nutzen verfügbar gemacht werden;
> Ziff. 12: beschließt außerdem, daß alle Staaten die erforderlichen Maßnahmen ergreifen werden,
> a) (Unterbindung offizieller Kontakte) um alle offiziellen Kontakte mit der UNITA-Führung in den Gebieten Angolas zu unterbinden, auf die die Staatsverwaltung noch nicht ausgeweitet worden ist, mit Ausnahme von Kontakten der Vertreter der Regierung der Einheit und Nationalen Aussöhnung, der Vereinten Nationen und der Beobachterstaaten des Protokolls von Lusaka;
> b) (Diamanteneinfuhrverbot) um die direkte oder indirekte Einfuhr aller Diamanten aus Angola in ihre Hoheitsgebiet zu verbieten, die nicht der Kontrolle durch die Ursprungszeugnisregelungen der Regierung der Einheit und Nationalen Aussöhnung unterliegen;
> c) (Ausfuhrverbot betreffend Bergbau) um, sobald der Vorsitzende des Ausschusses nach Resolution 864 (1993) allen Mitgliedstaaten die von diesem Ausschuß gebilligten Richtlinien bekanntgegeben hat, den Verkauf oder die Lieferung von Ausrüstungen für den Bergbau oder Dienstleistungen auf dem Gebiet des Bergbaus an Personen oder Körperschaften in den Gebieten Angolas, auf die die Staatsverwaltung noch nicht ausgeweitet worden ist, durch ihre Staatsangehörigen oder von ihrem Hoheitsgebiet aus oder unter Benutzung von ihre Flagge führenden Schiffen oder Luftfahrzeugen zu verbieten;
> d) (Ausfuhrverbot für bestimmte Fahrzeuge) um, sobald der Vorsitzende des Ausschusses nach Resolution 864 (1993) allen Mitgliedstaaten die von diesem Ausschuß gebilligten Richtlinien bekanntgegeben hat, den Verkauf oder die Lieferung von Kraftfahrzeugen oder motorisierten Wasserfahrzeugen oder Ersatzteilen für dieselben oder von Land- oder Wassertransportdiensten an Personen oder Körperschaften in den Gebieten Angolas, auf die die Staatsverwaltung noch nicht ausgeweitet worden ist, durch ihre Staatsangehörigen oder von ihrem Hoheitsgebiet aus oder unter Benutzung von ihre Flagge führenden Schiffen oder Luftfahrzeugen zu verbieten;
> Ziff. 13 (Ausnahmeregelung): beschließt ferner, daß der Ausschuß nach Resolution 864 (1993) von Fall zu Fall und nach einem Kein-Einwand Verfahren Ausnahmen von den

[658] Abstimmungsergebnis: Einstimmige Annahme.
[659] Gemäß Ziff. 2 der Resolution 1176 vom 24. Juni 1998.

in den Ziffern 11 und 12 genannten Maßnahmen für nachweislich medizinische oder humanitäre Zwecke genehmigen kann.

In den Sicherheitsratsdebatten anläßlich der Verabschiedung der Resolution betonten mehrere Delegierte, daß die Sanktionen gezielt seien, ohne jedoch zugleich auf tatsächliche oder potentielle humanitäre Auswirkungen der bis zu diesem Zeitpunkt gegen die UNITA verhängten bzw. mit der Resolution beschlossenen Sanktionsmaßnahmen einzugehen[660].

In der Folgezeit erwies sich die fehlende Durchsetzung der beschlossenen Maßnahmen, die sich in der massiven Umgehung der Sanktionsbestimmungen manifestierte, als wesentlicher Schwachpunkt der gegen die UNITA gerichteten Wirtschaftssanktionen[661]. Der Sicherheitsrat beschloß daher eine Reihe von Maßnahmen, die der wirksameren Durchsetzung der Wirtschaftssanktionen dienten, ohne diese jedoch inhaltlich zu erweitern[662].

2.6.3. Die Auswirkungen der Wirtschaftssanktionen

2.6.3.1. Die Auswirkungen auf die wirtschaftlichen Lage

Im Falle Angolas liegen keine spezifischen Studien über die Auswirkungen der Wirtschaftssanktionen auf die Volkswirtschaft Angolas bzw. in den von der UNITA beherrschten Gebieten vor[663]. Ein einfacher Vergleich der Entwicklung der volkswirtschaftlichen Lage in Angola vor und während der Dauer der Wirtschaftssanktionen verbietet sich insofern, als diese lediglich gegen die UNITA gerichtet sind. Zum einen handelt es sich bei deren Aktivitäten um illegale Wirtschaftstätigkeiten, die von der Regierung weder anerkannt sind noch statistisch erfaßt werden können. Zum anderen lassen sich aus der Entwicklung der

---

660 Siehe die Stellungnahmen der Vertreter Brasiliens, S/PV.3891, 4; Costa Ricas, ebd., 5; der Russischen Föderation, ebd., 5; der Vereinigten Staaten, ebd., 9 und Sloweniens, ebd., 8: "The draft resolution also draws on the experience from previous months which has shown that targeted sanctions can have a positive effect. Targeted sanctions bite, they can modify the behaviour of UNITA and the options of sanctions must be available to ensure the implementation by UNITA of the remaining tasks of the Lusaka protocol."

661 Eine ausführliche Dokumentation über das "Sanctions Busting" der UNITA findet sich in UN Dok. S/2000/203.

662 So in S/RES 1295 vom 18. April 2000.

663 Der Generalsekretär hat dem Sicherheitsrat zwar regelmäßig Berichte über die Entwicklung in Angola vorgelegt (s.u. Anm. 665). Diese enthielten aber keine Ausführungen zu den spezifischen Auswirkungen der Sanktionen auf die Wirtschaft Angolas bzw. die Wirtschaft in den von der UNITA besetzten Gebieten.

gesamtwirtschaftlichen Lage in Angola keine zuverlässigen Rückschlüsse auf die Folgen der gegen die UNITA gerichteten Maßnahmen ziehen. Die Ermittlung der Auswirkungen der Wirtschaftssanktionen ist daher zum gegenwärtigen Zeitpunkt nicht möglich. Allerdings läßt sich aus dem Umstand, daß die vom Sicherheitsrat beschlossenen Maßnahmen zumindest bis zum April 2000 nicht wirksam durchgesetzt worden sind und somit die Wirtschaftstätigkeit der UNITA, außer einer Steigerung der mit der Umgehung der Sanktionsbestimmungen verbundenen Transaktionskosten, kaum beeinträchtigt zu haben scheinen[664], der Schluß ziehen, daß die etwaigen Auswirkungen der Wirtschaftssanktionen geringfügig gewesen sind.

2.6.3.2. Die Auswirkungen auf die humanitäre Lage

Der Bürgerkrieg hat in Angola zu einer schwerwiegenden humanitären Krise geführt, die im Jahr 2000 von einer Hungersnot, einer enorm hohen Säuglings- und Kleinkindersterblichkeit und einer großen Zahl von Binnenflüchtlingen in Angola gekennzeichnet war[665]. Eine eingehende Erörterung der Entwicklung der Lebensverhältnisse in Angola bzw. in den von der UNITA besetzten Gebieten im Zeitraum von 1993 bis 2000 erübrigt sich, weil die aufgezeigte Krise im wesentlichen auf den Bürgerkrieg zurückzuführen ist[666]. So hat vor allem die UNITA in den von ihr besetzten Gebieten in großem Umfang die Zivilbevölkerung unmittelbar angegriffen oder vertrieben, Nahrungsmittelvorräte geplündert und die Funktion staatlicher Einrichtungen behindert[667]. Spezifische Studien zu den Auswirkungen der Wirtschaftssanktionen liegen nicht vor. Als einzige mögliche Nachteile kommen anhand der Erfahrungen in anderen Sanktionsfällen ein Anstieg der Nahrungsmittelpreise und Transportschwierigkeiten aufgrund des Erdölembargos in Betracht[668]. Eine derartige Entwicklung als Folge des Erdölembargos ist in den Berichten des UN-Generalsekretärs über die humanitäre Lage in Angola nicht gesondert aufgeführt und kann daher, falls sie tatsächlich eingetreten sein sollte, was aufgrund der mangelhaften Durchsetzung der Sanktionsbestimmungen ohnehin fragwürdig erscheint, allenfalls

---

664 Siehe zum Stand der Durchsetzung umfassend S/2000/203.

665 Siehe Report of the Secretary-General on the United Nations Office in Angola, UN Dok. S/2000/23, 14. Januar 2000, Ziff. 19 ff.; S/2000/304, 11. April 2000, Ziff. 30 ff. und S/2000/678, 12. Juli 2000, Ziff. 24 ff. sowie die Übersicht bei Cortright/Lopez, Sanctions Decade, 157.

666 In den genannten Berichten des Generalsekretärs werden die geschilderten Lebensverhältnisse der Bevölkerung Angolas ausschließlich auf den Bürgerkrieg zurückgeführt. Siehe S/2000/23, Ziff. 19; S/2000/678, Ziff. 33.

667 Siehe beispielsweise S/2000/23, Ziff. 15.

668 Cortright/Lopez, Sanctions Decade, 158.

geringfügig gewesen sein. Inwieweit die ab 1999 mit dem Ziel der verbesserten Durchsetzung der Sanktionsbestimmungen ergriffenen Maßnahmen zu einer Erdölknappheit in den von der UNITA besetzten Gebieten und damit zusammenhängenden Preissteigerungen und Versorgungsengpässen führen wird, läßt sich zum Zeitpunkt der Fertigstellung dieser Arbeit nicht mit hinreichender Eindeutigkeit feststellen.

2.7. Sierra Leone

2.7.1. Vorgeschichte[669]

Bei den am 26. und 27. Februar 1996 durchgeführten ersten freien Parlaments- und Präsidentschaftswahlen in Sierra Leone seit 30 Jahren errang die von Alhaji Ahmad Tejan Kabbah geführte Sierra Leone People's Party (SLPP) mit 36,1 % den höchsten Stimmenanteil[670]. Kabbah selbst trat, nachdem er am 15. März 1996 gegen den Kandidaten der United National People's Party (UNPP) eine Stichwahl gewonnen hatte, am 29. März 1996 sein Amt als Präsident an[671]. Damit endete zwar die vierjährige Militärherrschaft, die mit dem Putsch des Hauptmanns Valentine Strasser im Jahre 1992 begonnen hatte, der seit 1991 zwischen der Zentralregierung und der Revolutionary United Front (RUF) geführte Bürgerkrieg setzte sich aber weiterhin fort. Unter internationaler Vermittlung gelang es der neuen Regierung am 30. November 1996 durch das mit der RUF getroffene Abkommen von Abidjan, den Bürgerkrieg vorerst zu beenden[672]. Im Frühjahr 1997 stiegen jedoch die Spannungen zwischen der Regierung und der RUF, die ihr Ziel der Regierungsbeteiligung nicht erreicht hatte, erneut an, als deren Kämpfer der vereinbarten Entwaffnung nicht nachkamen, und gipfelten nach vorangegangenen Kämpfen am 25. Mai 1997 in der Machtübernahme durch das Armed Forces Revolutionary Council (ARFC) unter Vorsitz von Major Johnny Paul Koromah, der sich am Tag darauf zum neuen

[669] Siehe zu den Hintergründen und der Entwicklung des Konflikts Koroma, Abdul K., Sierra Leone, The Agony of a Nation, Freetown, 1996, 137 ff.
[670] AdG 1996, 40831. Zur Entwicklung in Sierra Leone seit den Wahlen im Februar 1996 bis Ende 1996, S/1997/80.
[671] AdG 1996, 40890, 40969.
[672] UN Dok. S/1996/1034, 11. Dezember 1996. Das Abkommen sah unter anderem die Entwaffnung und Demobilisierung der RUF und deren Umwandlung in eine und Anerkennung als politische Partei vor.

Präsidenten erklärte[673]. Präsident Kabbah, der nach Guinea ins Exil geflohen war, rief die Regierungen Guineas und Nigerias unmittelbar nach seinem Sturz auf, die demokratische Regierung durch militärisches Eingreifen wiederherzustellen[674]. Daraufhin kam es ab dem 2. Juni 1997 zu schweren Kämpfen zwischen Streitkräften aus Nigeria, Ghana sowie Guinea auf der einen und den Putschisten auf der anderen Seite. Nigerianische Kriegsschiffe belegten die Hauptstadt Freetown mit Artilleriebeschuß, lösten damit aber hartnäckigen Widerstand der Putschisten und der mit ihnen verbündeter RUF-Rebellen aus, so daß am 3. Juni 1997 vorerst ein Waffenstillstand bei unveränderten Machtverhältnissen geschlossen wurde[675]. Der Militärputsch war unterdessen umgehend vom Sicherheitsrat[676], der OAU[677] und der ECOWAS[678] verurteilt worden. Am 29. August 1997 beschlossen die Staatschefs der Mitglieder der westafrikanischen Wirtschaftsgemeinschaft ECOWAS umfassende Wirtschaftssanktionen gegen die Republik Sierra Leone[679]. Diese beinhalteten auch ein Verbot der Lieferung humanitärer Güter an Sierra Leone, vorbehaltlich der vorherigen Genehmigung durch die ECOWAS[680].

---

[673] AdG 1997, 42052. Nowrot/Schabacker, 326, 327. Das AFRC war von der RUF unabhängig, verbündete sich mit dieser aber in der Folgezeit. Siehe hierzu Cortright/Lopez, Sanctions Decade, 171.

[674] AdG 1997, 42053.

[675] Ebd., 42219. Nowrot/Schabacker, 327.

[676] S/PRST/1997/29, 27. Mai 1997; S/PRST/1997/36, 11. Juli 1997 und S/PRST/1997/42, 6. August 1997.

[677] Auf dem 32. Gipfeltreffen vom 2.- 4. Juni 1997. Siehe hierzu Nowrot/Schabacker, 328.

[678] Letter dated 27 June from the Permanent Representative of Nigeria to the United Nations addressed to the President of the Security Council, Annex, Final Communiqué, UN Dok. S/1997/499, 27. Juni 1997 und Letter dated 15 August 1997 from the Chargé d'Affaires A.I. of the Permanent Mission of Nigeria to the United Nations addressed to the President of the Security Council, Annex, Declaration of the Economic Community of West African States Committee of Four on Sierra Leone issued at Abidjan on 30 July 1997, UN Dok. S/1997/646, 15. August 1997.

[679] Letter dated 27 June from the Permanent Representative of Nigeria to the United Nations addressed to the President of the Security Council, Annex II, Economic Community of West African States, Twentieth Session of the Authority of Heads of State and Government, held at Abuja, on 28 and 29 August 1997, Decision on Sanctions against the Junta in Sierra Leone, UN Dok. S/1997/695, 8. September 1997.

[680] Ebd., Artikel 5 (Decision on Sanctions against the Junta in Sierra Leone): "Member States shall abstain from shipping and delivering humanitarian goods to the illegal regime, except with the prior approval of the Authority of Heads of State and Government of ECOWAS."

2.7.2. Der Verlauf der Wirtschaftssanktionen

2.7.2.1. Die Verhängung partieller Wirtschaftssanktionen gegen das Putschregime (S/RES 1132 (1997))

Am 8. Oktober 1997 verabschiedete der Sicherheitsrat die Resolution 1132 (1997)[681]. Darin äußerte der Sicherheitsrat sich tief besorgt über die fortdauernde Gewalt und die Verluste an Menschenleben in Sierra Leone nach dem Militärputsch vom 25. Mai 1997, über die Verschlechterung der humanitären Lage sowie die Folgen für die Nachbarländer. Zugleich stellte der Sicherheitsrat fest, daß die Situation in Sierra Leone eine Bedrohung des Weltfriedens und der internationalen Sicherheit in der Region darstellt. Er verlangte von der Militärjunta, daß diese Schritte ergreift, um die Macht in Sierra Leone abzutreten und den Weg für die Wiedereinsetzung der demokratisch gewählten Regierung sowie die Rückkehr zur verfassungsmäßigen Ordnung freizugeben. Zur Verwirklichung dieses Ziels beschloß der Sicherheitsrat ein Waffen- und Erdölembargo sowie ein Einreiseverbot mit folgendem Inhalt:

> Der Sicherheitsrat,
> Ziff. 5 (Einreiseverbot): beschließt, daß alle Staaten die Einreise von Mitgliedern der Militärjunta und ihren erwachsenen Familienangehörigen nach Ziffer 10 f)[682] in ihr Hoheitsgebiet sowie deren Durchreise durch ihr Hoheitsgebiet verhindern werden, mit der Maßgabe, daß die Ein- oder Durchreise solcher Personen durch beziehungsweise in einen bestimmten Staat von dem nach Ziffer 10 eingesetzten Ausschuß für nachweislich humanitäre Zwecke oder für mit Ziffer 1[683] vereinbare Zwecke genehmigt werden kann, sowie mit der Maßgabe, daß kein Staat durch diese Bestimmungen verpflichtet wird, seinen eigenen Staatsangehörigen die Einreise in sein Hoheitsgebiet zu verweigern;
> Ziff. 6 (Erdöl- und Waffenembargo): beschließt, daß alle Staaten den Verkauf oder die Lieferung von Erdöl und Erdölprodukten sowie von Rüstungsgütern und sonstigem Wehrmaterial jeder Art, einschließlich Waffen und Munition, Militärfahrzeugen und -ausrüstung, paramilitärische Ausrüstung und Ersatzteilen für dieselben, gleichviel, ob sie ihren Ursprung in ihrem Hoheitsgebiet haben oder nicht, durch ihre Staatsangehörigen oder von ihrem Hoheitsgebiet aus oder unter Benutzung von ihre Flagge führenden Schiffen oder Luftfahrzeugen verhindern werden;
> Ziff. 7 (Ausnahmen vom Erdölembargo): beschließt, daß der Ausschuß nach Ziffer 10 von Fall zu Fall und nach einem Kein-Einwand Verfahren folgendes genehmigen kann:

---

681 Abstimmungsergebnis: Einstimmige Annahme.

682 Gemäß Ziff. 10 f) soll der nach Ziff. 10 eingesetzte Sanktionsausschuß rasch die Mitglieder der Militärjunta und ihrer erwachsenen Familienangehörigen, deren Ein- oder Durchreise in Einklang mit Ziff. 5 zu verhindern ist, benennen.

683 Die Wiedereinsetzung der demokratisch gewählten Regierung und die Rückkehr zur verfassungsmäßigen Ordnung.

a) Anträge der demokratisch gewählten Regierung Sierra Leones auf Einfuhr von Erdöl oder Erdölprodukten nach Sierra Leone;
b) Anträge jeder anderen Regierung oder von Organen der Vereinten Nationen auf Einfuhr von Erdöl oder Erdölprodukten nach Sierra Leone für nachweislich humanitäre Zwecke oder für den Bedarf der ECOWAS-Militärbeobachtergruppe (ECOMOG), vorbehaltlich akzeptabler Regelungen zur wirksamen Überwachung der Auslieferung;
Ziff. 8 (Ermächtigung zur Durchsetzung): außerdem tätig werdend nach Kapitel VIII der Charta der Vereinten Nationen, ermächtigt die ECOWAS, in Zusammenarbeit mit der demokratisch gewählten Regierung Sierra Leones die strikte Anwendung der Bestimmungen dieser Resolution in bezug auf die Lieferung von Erdöl und Erdölprodukten sowie von Rüstungsgütern und sonstigem Wehrmaterial jeder Art sicherzustellen, indem sie namentlich auch, wo erforderlich und in Übereinstimmung mit den anwendbaren internationalen Normen, den Seeverkehr nach Sierra Leone zur Kontrolle und Überprüfung der Fracht und des Bestimmungsorts anhält, und fordert alle Staaten auf, mit der ECOWAS in dieser Hinsicht zusammenzuarbeiten.

In der Sicherheitsratssitzung anläßlich der Verabschiedung der Resolution 1132 (1997) hoben Kenia[684], die Russische Föderation[685], Costa Rica[686], Portugal[687], die Vereinigten Staaten[688] und Chile[689] hervor, daß die verhängten Maßnahmen so

[684] S/PV.3822, 5: "They (the sanctions) are targeted and, in our view, well calibrated, taking into important account the humanitarian considerations of the innocent civilians of Sierra Leone. We are obviously concerned about the added impact of these sanctions, but we believe that this is a necessary and well thought-out push by the international community to dislodge the illegal junta in Freetown."

[685] S/PV.3822, 10: "The powerful means of pressure on the junta brought into play by the Council- the embargo on the delivery of arms, military equipment, petroleum and petroleum products and visa restrictions on the leaders of the coup have been fine-tuned and are aimed at specific targets. We are pleased in this case the Security Council has taken additional precautionary measures to try to minimize any unintended side effects of the sanctions, in particular, any negative impact on the humanitarian situation."

[686] S/PV.3822, 10: "The draft resolution we will soon be adopting also reflects an important conceptual development in the Security Council on the adoption of sanctions. In the case of Sierra Leone, the Council, in the opinion of Costa Rica, has taken the right course of action in defining a model of "intelligent" sanctions to penalize and exert pressure on the authorities of the junta and avoid greater humanitarian difficulties for the civilian population."

[687] S/PV.3822, 13: "These sanctions are tailored to penalize those who have consistently refused to abide by the rules of democracy. They are not addressed against the people of Sierra Leone, the very people we want to protect by adopting the draft resolution."

[688] S/PV.3822, 16: "The draft resolution does not limit shipments of food or medicines or other basic necessities. It contains provisions for regular review of the implementation and impact of the sanctions. The sanctions are designed to have maximum impact against the illegal junta of Sierra Leone, while imposing a minimum burden on the civilian population."

[689] S/PV.3822, 17: "It is important to emphasize that the Security Council is increasingly moving towards imposing sanctions on leaders, not on innocent populations. At the same time, this draft resolution contains the concept of periodic review of the humanitarian situation in Sierra Leone, including the impact of sanctions."

ausgestaltet seien, daß sie die maximale Wirkung gegenüber der Militärjunta haben und zugleich die Bevölkerung so wenig wie möglich belasten würden. Zahlreiche Delegierte anderer Staaten wiesen zudem auf die in dem Maßnahmenkatalog enthaltenen Ausnahmen sowie auf die Notwendigkeit der Bereitstellung humanitärer Hilfe für die Bevölkerung Sierra Leones hin[690].

Nur fünfzehn Tage nach der Verabschiedung der Resolution 1132 (1997) einigten sich am 23. Oktober 1997 der Fünfer-Ausschuß der ECOWAS und eine für Major Koroma auftretende Delegation der AFRC in Conakry, Guinea, auf einen Friedensplan für Sierra Leone[691]. Die AFRC hielt sich jedoch nicht an die Vereinbarung. Entgegen den eingegangenen Verpflichtungen wurden die Kämpfe Ende 1997 fortgesetzt, da sich die RUF-Kämpfer einer Entwaffnung widersetzten. Unter dem Eindruck des sich abzeichnenden Scheiterns der Umsetzung des Abkommens von Conakry griffen die Truppen der ECOMOG am 5. Februar 1998 die Militärjunta an, welches nach schweren Kämpfen am 13. Februar 1998 zur Einnahme Freetowns durch die ECOMOG und zur Absetzung der Militärjunta führte[692]. Daraufhin kehrte am 10. März 1998 Präsident Kabbah nach Freetown zurück, um sein Amt als Präsident Sierra Leones wieder aufzunehmen[693]. Der Sicherheitsrat begrüßte die Rückkehr Kabbahs nach Sierra Leone in der Resolution 1156 (1998) vom 16. März 1998, in der er mit sofortiger Wirkung das in der Resolution 1132 verhängte Erdölembargo aufhob[694].

---

690 So die Delegierten Frankreichs, S/PV.3822, 6; Polens, ebd., 8; Schwedens, ebd., 11; Ägyptens, ebd., 13 und von Guinea-Bissau, ebd., 15, 16: "It is of course with some reluctance that we adopt the draft resolution that imposes sanctions on Sierra Leone. We too, like some other members of the Council, are concerned about the possible humanitarian impact on an innocent population, which, as I have said, is already experiencing the horrors of a power that has no respect for the most elementary humanitarian principles. I believe, however, that the people of Sierra Leone will agree with us as we try once again, through these sanctions, to lend assistance to them and that they will be prepared to accept these additional sacrifices, to the extent that the sanctions will, we hope, help to bring about a speedy return of peace and democracy."

691 Siehe hierzu den Bericht des Generalsekretärs UN Dok. S/1997/958, 23. Oktober 1997. Die Vereinbarung sah unter anderem eine von der ECOWAS zu überwachende Einstellung der Feindseligkeiten am 23. Oktober 1997, die Entwaffnung, Demobilisierung und Wiedereingliederung der Kämpfer, die Wiederaufnahme humanitärer Hilfe, die Rückkehr der Flüchtlinge, eine Amnestie für die Putschisten und die Wiedereinsetzung der verfassungsmäßigen Regierung von Präsident Kabbah bis zum 22. April 1998 vor.

692 S/1998/249, Ziff. 6; Nowrot/Schabacker, 330. Zur Rechtmäßigkeit der Intervention, ebd., 334 ff.

693 S/1998/249, Ziff. 17.

694 Abstimmungsergebnis: Einstimmige Annahme.

2.7.2.2. Die Beibehaltung und Verschärfung der Sanktionen gegen die RUF (S/RES 1171 (1998)- S/RES 1306 (2000))

Mit der Resolution 1171 (1998) vom 5. Juni 1998[695] beschloß der Sicherheitsrat, die in Ziff. 5 und 6 der Resolution 1132 (1998) verhängten Verbote, d.h. das Waffenembargo und das Einreiseverbot, aufzuheben. Zugleich verhängte der Sicherheitsrat ein Verbot der Ausfuhr von Waffen nach Sierra Leone, soweit diese nicht für die Regierung Sierra Leones oder die militärische Beobachtergruppe von ECOMOG bestimmt sind sowie ein Ein- und Durchreiseverbot für führende Mitglieder der ehemaligen Militärjunta sowie der RUF:

> Der Sicherheitsrat,
> Ziff. 5: beschließt, daß alle Staaten die Einreise der von dem Ausschuß nach Resolution 1132 (1997) benannten führenden Mitglieder der ehemaligen Militärjunta und der Revolutionären Einheitsfront (RUF) in ihr Hoheitsgebiet sowie deren Durchreise durch ihr Hoheitsgebiet verhindern werden, mit der Maßgabe, daß die Ein- oder Durchreise solcher Personen durch beziehungsweise in einen bestimmten Staat von diesem Ausschuß genehmigt werden kann, sowie mit der Maßgabe, daß kein Staat durch diese Bestimmungen verpflichtet wird, seinen eigenen Staatsangehörigen die Einreise in sein Hoheitsgebiet zu verweigern.

Trotz dieser Maßnahmen konnte in der Folgezeit eine dauerhafte Beendigung des Bürgerkriegs nicht erreicht werden. Dabei gelang es der RUF, von Oktober 1998 bis Februar 1999 einen Großteil des Landes unter ihre Kontrolle zu bringen[696]. Zwar unterzeichneten die Konfliktparteien am 7. Juli 1999 das Friedensabkommen von Lomé[697], bei dessen Umsetzung im Laufe der zweiten Hälfte des Jahres 1999 jedoch nur geringe Fortschritte erzielt werden konnten. Gegen Ende des Jahres 1999 und zu Anfang des Jahres 2000 verschlechterte sich die Sicherheitslage zusehends, wobei es zu vereinzelten Kämpfen zwischen den Kriegsparteien kam. Diese Entwicklung war zudem von schwersten Menschenrechtsverletzungen, vor allem seitens der RUF, geprägt. Die Lage verschärfte sich weiter, als im Mai 2000 die von den Vereinten Nationen zur Friedenswahrung in Sierra Leone stationierten Soldaten von RUF-Kämpfern angegriffen

---

[695] Abstimmungsergebnis: Einstimmige Annahme.

[696] Siehe Third Progress Report of the Secretary-General on the United Nations Observer Mission in Sierra Leone, Ziff. 18 ff., UN Dok. S/1998/1176, 16. Dezember 1998; Special Report of the Secretary-General on the United Nations Observer Mission in Sierra Leone, Ziff. 2, UN Dok. S/1999/20, 7. Januar 1999; Fifth Report of the Secretary-General on the United Nations Observer Mission in Sierra Leone, Ziff. 2 ff., UN Dok. S/1999/237, 4. März 1999.

[697] S/1999/777, Annex, 12. Juli 1999. Das Abkommen sah eine Beteiligung der RUF an der Regierung, die Anerkennung als politische Partei, eine Amnestie sowie den Posten des Vorsitzenden der Kommission für die Verwaltung der strategischen Ressourcen für den Führer der RUF, Sankoh, vor.

wurden[698]. Daraufhin verhängte der Sicherheitsrat am 5. Juli 2000 mit der Resolution 1306 (2000)[699] für eine anfängliche Dauer von achtzehn Monaten ein Verbot der direkten oder indirekten Einfuhr von Rohdiamanten aus Sierra Leone, wovon solche Einfuhren ausgenommen sind, die nachweislich aus den von der Regierung kontrollierten Minen stammen[700]:

> Der Sicherheitsrat,
> Ziff. 1 (Einfuhrverbot für Rohdiamanten): beschließt, daß alle Staaten die erforderlichen Maßnahmen ergreifen werden, um die direkte oder indirekte Einfuhr aller Rohdiamanten aus Sierra Leone in ihr Hoheitsgebiet zu verbieten;
> Ziff. 2 (Herkunftszeugnis für Diamantenhandel): ersucht die Regierung Sierra Leones, umgehend sicherzustellen, daß in Sierra Leone eine wirksame Herkunftszeugnisregelung für den Diamantenhandel in Kraft gesetzt wird;
> Ziff. 5 (Ausnahme von Einfuhrverbot): beschließt, daß die von der Regierung Sierra Leones durch die Herkunftszeugnisregelung kontrollierten Rohdiamanten von den mit Ziffer 1 verhängten Maßnahmen ausgenommen sein werden, wenn der Ausschuß dem Sicherheitsrat unter Berücksichtigung sachverständigen Rates, der auf Ersuchen des Ausschusses durch den Generalsekretär eingeholt wird, berichtet, daß eine wirksame Regelung voll in Kraft ist;
> Ziff. 6 (Befristung): beschließt, daß die in Ziffer 1 genannten Maßnahmen für einen Anfangszeitraum von 18 Monaten ergriffen werden, und bekräftigt, daß er nach Ablauf dieses Zeitraums die Lage in Sierra Leone überprüfen wird, namentlich die Reichweite der Autorität der Regierung über die Diamantenproduktionsgebiete, um zu beschließen, ob er diese Maßnahmen um einen weiteren Zeitraum verlängern wird, und sie gegebenenfalls abzuändern oder weitere Maßnahmen zu ergreifen.

Bei den Beratungen anläßlich der Verabschiedung der Resolution 1306 (2000) nahm keiner der anwesenden Delegierten Stellung zu möglichen nachteiligen Auswirkungen der beschlossenen Maßnahmen auf die Bevölkerung von Sierra Leone. Allerdings löste die Frage der Befristung eine heftige Kontroverse aus. Die Delegierte der Vereinten Staaten erklärte, daß die Vereinigten Staaten gegen eine Befristung seien und die Einfügung klarer Kriterien für die Aufhebung von

---

[698] Siehe zur Entwicklung in dem genannten Zeitraum die Berichte des Generalsekretärs, UN Dok. S/2000/13, 11. Januar 2000; S/2000/186, 7. März 2000; S/2000/455, 19. Mai 2000; S/2000/751, 31. Juli 2000; S/2000/832, 24. August 2000; S/2000/1055, 31. Oktober 2000; S/2000/1199, 15. Dezember 2000.

[699] Abstimmungsergebnis: 14-0-1 (Mali).

[700] Der Handel mit Diamanten, der von der RUF im wesentlichen über Liberia als wichtigstem Transitland abgewickelt wird, stellte zu diesem Zeitpunkt die maßgebliche Finanzierungsquelle der RUF dar, die Schätzungen zufolge 90 % der Diamantenschürfgebiete in Sierra Leone unter ihrer Kontrolle hatten. Reuters, Import sierra-leonischer Diamanten verboten, in: NZZ-Internetausgabe (www.nzz.ch), 7. Juli 2000.

Sanktionsmaßnahmen bevorzugen würden[701]. Als Argumente gegen eine befristete Geltungsdauer von Sanktionsmaßnahmen führte sie an, daß das Zeitelement willkürlich sei, die Durchsetzung der Maßnahmen erschwere und dem Sanktionsadressaten den Anreiz nehme, die an ihn gestellten Bedingungen zu erfüllen[702]. Der Delegierte der Niederlande sprach sich ebenfalls gegen eine Befristung von Sanktionen aus[703]. Die Vertreter der Russischen Föderation[704], Chinas[705] und Argentiniens[706] betonten hingegen, daß Sanktionen grundsätzlich eine Befristung enthalten sollten.

---

[701] S/PV.4168, 5: "We favour the establishment of benchmark criteria to be met before sanctions can be lifted. This draft resolution links the removal of sanctions to the arbitrary passage of time, rather than to fair and reasonable compliance with requirements established by the Council."

[702] Ebd.: "The use of time limits in this resolution or in any others undermines the incentive for sanctioned States or entities to comply with the demands of the Security Council, unhelpfully encouraging them to believe that if they can simply outlast the patience of the Security Council or somehow divide its members, sanctions will be lifted without compliance or will simply expire. ... We should target sanctions to protect civilian populations, but not to give rogues and criminals time off for bad behaviour when sanctions run out. By placing time limits on Sierra Leone's sanctions we are undermining the effectiveness of this important resolution and damaging the Council's ability to impose credible sanctions in the future. The only permissible criteria for ending sanctions must be compliance with Security Council resolutions."

[703] S/PV.4168, 8: "The first problem concerned the initial duration and subsequent extension of the measures. Our debate on this matter reflected the general unease about the phenomenon of sanctions that last much longer than originally intended and then stay in place only because there is no effective majority in favour of their abolition. My delegation appreciates this unease and is strongly in favour of periodic review, but we continue to be opposed to time limits that lead to an automatic discontinuation of sanctions in the absence of a resolution leading to their extension."

[704] S/PV.4168, 6: "It is of fundamental importance that the duration of the sanctions regime, in relation to the illegitimate export of diamonds from Sierra Leone, is limited to 18 months from the time of adoption of the draft resolution. ... with the adoption of this resolution, a further step will be taken towards making the mechanism of the imposition of sanctions more effective and equitable, including a further confirmation in practice of the principle of time limitations on the imposition of sanctions."

[705] S/PV.4168, 7: "... my delegation believes that any sanctions imposed by the Security Council should not be indefinite. A periodic review of such measures should be conducted and adjustments made as the situation warrants. We are satisfied with the element of time-bound sanctions contained in the text of the draft resolution."

[706] S/PV.4168, 7: "Argentina supports the principle of clear limitations on sanctions régimes and the need for periodic review of sanctions régimes."

2.7.3. Die Auswirkungen der Wirtschaftssanktionen[707]

2.7.3.1. Die Entwicklung der wirtschaftlichen Lage

Zum Zeitpunkt der Verhängung der Wirtschaftssanktionen befand sich Sierra Leone nach dem langjährigen Bürgerkrieg in einer schweren wirtschaftlichen Krise[708]. Diese war durch eine geringe Produktivitätsrate, hohe Arbeitslosigkeit, eine starke Inflation sowie durch ein extrem niedriges Pro-Kopf-Einkommen gekennzeichnet. Das Land verfügt zwar über einen Reichtum an Rohstoffen, insbesondere Diamanten, Bauxite, Titan, Erzen und Rutil. Die Kriegsparteien haben diese Rohstoffe aber überwiegend verkauft, um aus den Erlösen ihren Kriegsapparat zu finanzieren. Die Bevölkerung, unter ihr mehr als eine Millionen Binnenflüchtlinge, verarmte hingegen im Laufe des Bürgerkrieges zunehmend[709]. Der Putsch bewirkte eine zusätzliche Verschlechterung der Lage, da die instabile Sicherheitslage sowie die anschließenden Kämpfe zu einer starken Behinderung der Wirtschaftstätigkeit im Inland[710] und einer Störung der Außenhandelsbeziehungen führten, die bereits kurze Zeit nach dem Putsch von mehreren Nachbarstaaten abgebrochen worden waren[711]. Über die Entwicklung der Volkswirtschaft Sierra Leones während der fünfmonatigen Dauer der Wirtschaftssanktionen liegen keine spezifischen Statistiken vor. Hinreichend gesichert erscheint jedoch, daß die von der ECOWAS verhängten Wirtschaftssanktionen den Außenhandel Sierra Leones weitgehend zum Erliegen brachten und entsprechende Rückwirkungen auf die wirtschaftliche Lage im Inland hatten. Das vom Sicherheitsrat verhängte Erdölembargo rief Versorgungsengpässe hervor und führte zu einem allgemeinen Preisanstieg, der insbesondere durch die

[707] Die Darstellung beschränkt sich auf die Auswirkungen der Resolutionen 1132 (1997), da zum Zeitpunkt der Fertigstellung dieser Arbeit keine hinreichenden Informationen zu den Auswirkungen der Resolution 1306 (2000) zur Verfügung standen.

[708] Siehe zu diesem Abschnitt S/1997/80, Ziff. 28.

[709] So betrug das Pro-Kopf-Einkommen 1997 $ 160. Siehe S/1998/155, Ziff. 3. Dieser Bericht über die humanitäre Lage in Sierra Leone, der eine Einschätzung der Auswirkungen der Sanktionsmaßnahmen enthielt, ist von einer Mission, die aus Mitarbeitern von verschiedenen Sonderorganisationen bestand, unter Leitung des OCHA erstellt worden, wobei auf die von den UN-Sonderorganisationen, dem IKRK sowie von NROs zur Verfügung gestellten Informationen zurückgegriffen wurde. Die Mission erreichte am 5. Februar 1995 Conakry, Guinea und mußte sich auf die von den in Sierra Leone tätigen Organisationen bereitgestellten Informationen verlassen, da sich die Durchführung des geplanten Besuchs von Sierra Leone aufgrund der instabilen Sicherheitslage als unmöglich erwies. Siehe S/1998/155, Ziff. 1.

[710] S/1998/103, 26,27; S/1998/249, Ziff. 28.

[711] S.o. Anm. 679.

erhöhten Transportkosten bedingt war[712]. Sonstige Auswirkungen der Wirtschaftssanktionen lassen sich mangels vorliegender Daten nicht feststellen.

2.7.3.2. Die Entwicklung der humanitären Lage

Im Vergleich zu anderen Ländern hatte Sierra Leone 1996 weltweit die schlechtesten humanitären Indikatoren[713]. Diese waren durch eine extrem niedrige Lebenserwartung[714] und eine überaus hohe Säuglings- und Kindersterblichkeit[715] sowie Unterernährung[716] gekennzeichnet. Über zwei Drittel der Bevölkerung hatte keinen Zugang zu sauberem Wasser, Gesundheitseinrichtungen oder sanitären Anlagen. Etwa zwei Drittel der Bevölkerung waren Analphabeten, nur 30 % der Kinder besuchten die Grund- oder eine weiterführende Schule. Obwohl das Land zu 85 % fruchtbar ist, hatte Sierra Leone eine der geringsten Produktivitätsraten in der Landwirtschaft, so daß über die Hälfte der benötigten Lebensmittel eingeführt werden mußten. Etwa die Hälfte dieser Einfuhren bestanden aus Nahrungsmittellieferungen, die von den Sonderorganisationen der Vereinten Nationen und NROs zur Verfügung gestellt wurden[717]. Der fünf Jahre währende Bürgerkrieg hatte zu Anfang des Jahres 1997 nicht nur bewirkt, daß die bereits zuvor schwache wirtschaftliche Produktivität Sierra Leones noch weiter gesunken war, sondern vor allem in den ländlichen Gebieten auch zur Zerstörung von Schulen, Gesundheitseinrichtungen, Wasserversorgungsanlagen sowie der Verkehrsinfrastruktur geführt. Ferner waren über eine Million der viereinhalb Millionen Einwohner Binnenflüchtlinge[718].

Nach dem Militärputsch im Mai 1997 verschlechterte sich die Lage weiter[719]. Der Putsch löste die Flucht von über 100.000 Menschen aus. Die Versorgung mit Nahrungsmitteln war nicht mehr in ausreichendem Maße gewährleistet. Zum einen waren durch den Putsch die seitens internationaler Hilfsorganisationen erfolgte Lieferung von Nahrungsmitteln stark eingeschränkt worden. Zum

---

[712] S/1998/103, Ziff. 26.

[713] In den vom United Nations Development Programme erstellten Tabellen belegte Sierra Leone für die Jahre 1995 und 1997 jeweils den letzten Platz. Siehe Human Development Report 1998 und 1999.

[714] Schätzungen zufolge zwischen 37 und 43 Jahre.

[715] 1996 starben 164 Säuglinge und 284 unter fünf Jahre alte Kinder pro 1000 Lebendgeburten.

[716] 1996 waren 11 % der Kleinkinder und 29 % der unter fünf Jahre alten Kinder unterernährt.

[717] Siehe zu diesem Abschnitt S/1998/155, Ziff. 7.

[718] S/1997/80, Ziff. 28.

[719] Siehe zu diesem Abschnitt UN Dok. S/1997/811, 21. Oktober 1997, Report of the Secretary-General on the Situation in Sierra Leone.

anderen waren die Nahrungsmittelpreise in den Städten um das Dreifache gestiegen. In verschiedenen ländlichen Gebieten herrschte akute Unterernährung, vor allem bei Kindern. Das Gesundheitssystem stand vor dem Zusammenbruch. So kam es zum Anstieg von Infektionskrankheiten, insbesondere Masern, wobei eine Masernepidemie für 30 % der Todesfälle unter Kindern verantwortlich war. Die Sicherheitslage, der Zusammenbruch der öffentlichen Dienste sowie die begrenzten Lieferungen elementarer Arzneimittel und Impfstoffe wirkten sich besonders nachteilig auf die Gesundheit der Bevölkerung aus[720]. Das öffentliche Bildungssystem brach als Folge des Putsches zusammen. Seit dem Putsch waren alle Schulen bis März 1998 geschlossen[721].

Nachdem die ECOWAS Ende August 1997 umfassende und der Sicherheitsrat Anfang Oktober 1997 partielle Wirtschaftssanktionen verhängt hatten, verschlechterte sich die Versorgungslage der Bevölkerung zusehends. Der Zugang der Bevölkerung zu Nahrungsmitteln wurde durch eine Reihe von Faktoren erschwert[722]. Die durch das vom Sicherheitsrat verhängte Erdölembargo herbeigeführte Benzinknappheit führte dazu, daß die Versorgung der Städte mit Lebensmitteln aus den ländlichen Gebieten sowie den Küstenregionen erheblich eingeschränkt werden mußte. In der Hauptstadt Freetown schrumpften die Bestände an vorhandenen Nahrungsmitteln, so daß die Preise weiter anstiegen. Von diesem Preisanstieg waren vor allem die ärmeren Bevölkerungsschichten mit geringer Kaufkraft betroffen. Versuche der Putschisten, den Preis für das wichtigste Grundnahrungsmittel Reis durch Festsetzung von künstlich niedrigen Preisen zu senken, blieben erfolglos, da die Händler ihre Vorräte zurückhielten und stattdessen ihre Güter auf dem Schwarzmarkt verkauften. In den umkämpften Gebieten war die Versorgungslage trotz einer guten Reisernte besonders schlecht, da Vorräte geplündert wurden und sich die Fälle häuften, in denen bewaffnete Kämpfer von den Bauern Nahrungsmittelsteuern verlangten. Dies führte dazu, daß die Bauern ihre Ernte horteten anstatt sie auf den Märkten anzubieten. Außerdem gelangten vom 25. August 1997 bis Mitte 1998 keine größeren Lieferungen an Nahrungsmittelhilfen nach Sierra Leone, da die Behörden Guineas aufgrund der von der ECOWAS verhängten Wirtschaftssanktionen trotz vorhandener Ausnahmemechanismen und entsprechender Angebote zur Zusammenarbeit seitens der Vereinten Nationen keine Ausfuhrerlaubnis nach Sierra Leone erteilten. Zum Ende des Jahres 1997 waren infolgedessen die Vorräte, die unter den Hilfsprogrammen der Vereinten Nationen geliefert worden waren, erschöpft. Im Februar 1998 drohte daher eine Hungersnot größeren

[720] S/1997/958, Ziff. 19.
[721] S/1998/249, Ziff. 29.
[722] Siehe zu diesem Abschnitt S/1998/103, Ziff. 26 und S/1997/958, Ziff. 19.

Ausmaßes[723]. Die Ernährungslage insbesondere der ärmeren Bevölkerungsschichten hatte sich seit dem Putsch stetig verschlechtert. Ein Vergleich der Ernährungslage von unter fünf Jahre alten Kindern in Freetown zwischen Dezember 1996 und Dezember 1997 ergab, daß sich die Zahl der unter akuter Unterernährung leidenden Kinder um 53 % und die Zahl der unter schwerer Unterernährung leidenden Kinder um 100 % im Vergleichszeitraum erhöht hatte[724].

Die Vernachlässigung der Anlagen im Wasser- und Abwassersektor resultierten in einer verschlechterten Versorgung mit Trinkwasser und einem Anstieg von Infektionskrankheiten[725]. Zwar konnten humanitäre Hilfsorganisationen durch ein Programm der Chlorifizierung den Ausbruch einer Choleraepidemie verhindern. Aufgrund der niedrigen Impfrate und durch den Zusammenbruch der Kältekette kam es aber zu einem Anstieg von vermeidbaren Krankheiten, vor allem Poliomyelitis und Meningitis.

Das Gesundheitssystem war insbesondere von der fehlenden Lieferung von Arzneimitteln, Plünderungen und dem Ausscheiden von medizinischen Fachkräften betroffen[726]. Elementare Medikamente, vor dem Putsch noch in etwa 70 % der Kliniken vorrätig, waren kaum noch erhältlich oder so teuer, daß sie für die Mehrheit der Bevölkerung unerschwinglich wurden. Ein Grund für diesen Mangel an Medikamenten war die restriktive Sanktionspolitik der ECOWAS, die im Januar 1998, obwohl medizinische Güter nicht unter die von der ECOWAS verhängten Wirtschaftssanktionen fielen, die Ausfuhr von Medikamenten und medizinischen Vorräten nach Sierra Leone durch das IKRK und die Organisation Medicines sans frontieres verweigerte. Im Gesundheitswesen waren Anfang 1998 von den 600 Kliniken, die vor dem Putsch in Betrieb waren, nur noch 120 geöffnet, so daß lediglich 1/15 der Bevölkerung Zugang zu einem Minimum an medizinischer Behandlung hatten. Diese wurde ausschließlich von den in Sierra Leone tätigen humanitären Hilfsorganisationen angeboten. Infolge der unzureichenden Behandlung stieg die Todesrate unter den Krankenhauspatienten stetig an.

---

[723] Siehe zu diesem Abschnitt S/1998/155, Ziff. 7 ff. und S/1998/103, Ziff. 26-28.

[724] Die Studie wurde von der Organisation Action Contre la Faim durchgeführt. Einem Lagebericht von Medicines Sans Frontieres-Holland zufolge kam es in seinen therapeutischen Versorgungszentren für Kinder unter fünf Jahren aufgrund der von der ECOWAS verhängten Wirtschaftssanktionen im Dezember 1997 zu einer gegenüber den vorherigen beiden Monaten um 10 % erhöhten Sterblichkeit. Hierzu S/1998/155, Ziff. 13, 14.

[725] Siehe zu diesem Abschnitt S/1998/155, Ziff. 15 und S/1998/249, Ziff. 28.

[726] Siehe zu diesem Abschnitt S/1998/155, Ziff. 16 ff. und S/1998/249, Ziff. 28.

2.7.3.3. Die Kausalität der Wirtschaftssanktionen

In Sierra Leone haben eine Vielzahl von Ursachen die verheerende Lage in den Jahren 1997 und 1998 herbeigeführt. Das Land war zu Anfang des Jahres 1997 aufgrund des langjährigen Bürgerkrieges in einem derart katastrophalen wirtschaftlichen Zustand, daß es die weltweit schlechtesten humanitären Indikatoren aufwies. Die mangelhafte Versorgung der Bevölkerung mit elementaren Gütern wurde im Mai 1997 durch den Militärputsch noch verschärft, der nicht nur zu einem teilweisen Erliegen der Wirtschaftstätigkeit führte, sondern aufgrund der Kämpfe und Plünderungen sowohl die Bereitstellung humanitärer Hilfe durch das Ausland als auch die Produktion und Verteilung von Nahrungsmitteln im Inland beträchtlich erschwerte bzw. unmöglich machte. Die von der ECOWAS verhängten Wirtschaftssanktionen führten zu einer weiteren Verschlechterung. Insbesondere Lebensmittel und Medikamente, obwohl von den Sanktionen ausgenommen, gelangten aufgrund der Genehmigungs- und Überwachungspolitik der ECOWAS fast überhaupt nicht mehr in das Land, welches zu einem weiteren Anstieg der Unterernährung und zur Ausbreitung von Krankheiten aufgrund fehlender Behandlungsmöglichkeiten führte. Die Berichte des Generalsekretärs bezeugen zwar eine Verschlechterung der Lebensverhältnisse während der Dauer der Sanktionen, lassen aber keinen Rückschluß auf die Ursächlichkeit zu. So kann nicht ausgeschlossen werden, daß sich die Lebensverhältnisse auch ohne die vom Sicherheitsrat verhängten Sanktionen aufgrund der inneren Verhältnisse in Sierra Leone und den von der ECOWAS verhängten Sanktionen weiter verschlechtert hätten. Einzig der Anstieg der Nahrungsmittelpreise aufgrund der gestiegenen Transportkosten sowie die erschwerte Versorgung der Städte mit Nahrungsmitteln lassen sich unmittelbar auf die vom Sicherheitsrat verhängten Wirtschaftssanktionen, d.h. das Erdölembargo, zurückführen. Darüber hinaus lassen sich keine weiteren Auswirkungen feststellen, die unmittelbar oder zumindest im wesentlichen auf das vom Sicherheitsrat verhängte Erdölembargo zurückzuführen sind. Aufgrund des Umstandes, daß sich seit dem Militärputsch und der Verhängung der Sanktionen durch die ECOWAS die Lebensverhältnisse kontinuierlich verschlechtert hatten, sind die vom Sicherheitsrat verhängten Wirtschaftssanktionen daher nur in dem aufgezeigten begrenzten Rahmen ein zusätzlicher Faktor für die Verschärfung der Lage gewesen.

2.8. Afghanistan/Taliban

2.8.1 Vorgeschichte

Am 7. August 1998 wurden beinahe zeitgleich zwei Sprengstoffattentate gegen die Botschaften der Vereinigten Staaten in Nairobi, Kenia, und Daressalam, Tansania, verübt, bei denen insgesamt 257 Menschen getötet und über 5000 verletzt wurden[727]. Die ersten Ermittlungen des FBI sowie der Behörden Kenias und Tansanias lenkten den Verdacht für die Urheberschaft der Anschläge auf Osama Bin Laden[728]. Dieser war 1996 als Gast einer unter Führung von Hekmatyar stehenden afghanischen Bürgerkriegspartei nach Afghanistan gekommen und hielt sich zum Zeitpunkt der Anschläge im afghanischen Exil auf[729], wo sein Gaststatus von den Taliban[730] anerkannt wurde. Der Sicherheitsrat verurteilte die Bombenanschläge am 13. August 1998[731]. Als die Taliban die von den Vereinigten Staaten verlangte Auslieferung Osama Bin Ladens ablehnten, bombardierte die US-amerikanische Luftwaffe am 19. August 1998 ein Lager nahe der Stadt Khost in Afghanistan, das nach Angaben der Vereinigten Staaten zur Ausbildung von Terroristen diente, sowie eine Chemiefabrik im Sudan, in

---

727 AdG 1998, 42976.

728 Osama Bin Laden ist ein Staatsbürger Saudi Arabiens, der als Kopf und Finanzier mehrerer radikalislamischer Gruppen gilt, die für eine Reihe von Terroranschlägen verantwortlich gemacht worden sind. Hierzu Einisman, Alan, Ineffectiveness at Its Best: Fighting Terrorism with Economic Sanctions, in: Houston Journal of International Law 22 (1999) 1, 299-326, 300 m.w.N. Osama Bin Laden wurde im August 1998 von den Vereinigten Staaten gemäß dem "Antiterrorism and Effective Death Penalty Act" von 1996 als individueller Förderer terroristischer Aktivitäten klassifiziert. Siehe hierzu Damrosch, Sanctions, 67.

729 AdG 1998, 42979.

730 Die Taliban sind eine islamische Gruppierung im afghanischen Bürgerkrieg, die mit pakistanischer Unterstützung von 1994 bis 1998 die faktische Gewalt über den Großteil Afghanistans gewinnen konnte und in den Jahren 1999 und 2000 etwa 90 % des afghanischen Territoriums unter ihre Herrschaftsgewalt gebracht hatten. Der von den Taliban ausgerufene Staat, das Islamische Emirat Afghanistan, wurde bis September 2001 international lediglich von Saudi-Arabien, Pakistan und den Vereinigten Arabischen Emiraten anerkannt. Siehe hierzu Magnus, Ralph H./Naby, Eden, Afghanistan, Mullah, Marx and Mujahid, Boulder, Oxford, 2000, 179 ff. Zur Bewegung der Taliban Maley, William (Hrsg.), Fundamentalism Reborn? Afghanistan and the Taliban, New York, 1998; Marsden, Peter, The Taliban: War, Religion and the New Order in Afghanistan (Politics in Contemporary Asia), London, 1998; Rashid, Ahmed, Taliban, Yale, 2000 sowie die Selbstdarstellung der Taliban auf ihrer Homepage, aufgerufen am 20. Dezember 2000: www.taliban.com. Die politische Entwicklung in Afghanistan im Gefolge der Terroranschläge auf US-amerikanische Ziele am 11. September 2001 konnte im Rahmen dieser Arbeit nicht mehr berücksichtigt werden.

731 S/RES 1189 (1998).

der laut der Vereinigten Staaten Material für chemische Waffen produziert wurde[732]. Am 4. November 1998 wurde gegen Osama Bin Laden und Muhammad Atef Anklage wegen der an den US-Staatsangehörigen durch die Bombenanschläge in Nairobi und Daressalam am 7. August 1998 begangenen Morde vor dem Bundesgericht in Manhattan erhoben[733]. Die Vereinigten Staaten ersuchten daraufhin die Taliban erneut um die Überstellung von Osama Bin Laden und seiner Mithelfer. Diese lehnten eine Auslieferung Bin Ladens unter Hinweis darauf ab, daß mehrwöchige, vom Obersten Gericht Afghanistans durchgeführte Ermittlungen gegen Bin Laden keine Beweise für dessen Schuld ergeben hätten. Der Sicherheitsrat verlangte in der Folgezeit wiederholt von den Taliban, keinerlei terroristische Aktivitäten auf ihrem Hoheitsgebiet zu dulden oder zu fördern[734]. Am 5. Juli 1999 erließ der US-amerikanische Präsident Clinton daraufhin eine Verfügung, mit der Wirtschaftssanktionen gegen die Taliban verhängt wurden, weil diese eine Bedrohung der nationalen Sicherheit darstellten[735].

2.8.2. Der Verlauf der Wirtschaftssanktionen

2.8.2.1. Die Verhängung partieller Wirtschaftssanktionen (S/RES 1267 (1999))

Am 15. Oktober 1999 beschloß der Sicherheitsrat die Resolution 1267[736]. Die Friedensbedrohung wurde in der Nichtbefolgung der Ziff. 13 der Resolution 1214 (1998) durch die Taliban gesehen[737]. Der Sicherheitsrat verlangte von den Taliban, Osama Bin Laden ohne weitere Verzögerung an die zuständigen

---

[732] AdG 1998, 42979. Hierzu Lobel, Jules, The use of force to respond to terrorist attacks: the bombing of Sudan and Afghanistan, in: The Yale journal of International Law 24 (1999) 2, 537-557.

[733] Letter dated 1 October 1999 from the Deputy Permanent Representative of the United States of America to the United Nations addressed to the Secretary-General, Annex, Indictment summary, UN Dok. S/1999/1021, 4. Oktober 1999.

[734] S/RES 1193 (1998) vom 28. August 1998 und S/RES 1214 (1998) vom 8. Dezember 1998, Ziff. 13: „(Der Sicherheitsrat) verlangt außerdem, daß die Taliban aufhören, internationalen Terroristen und ihren Organisationen Zuflucht und Ausbildung zu gewähren, und daß alle afghanischen Bürgerkriegsparteien bei den Anstrengungen, angeklagte Terroristen vor Gericht zu stellen, kooperieren."

[735] Damrosch, Sanctions, 68 m.w.N. Siehe auch die Stellungnahme des Delegierten der Vereinigten Staaten, in S/PV.4051, 15. Oktober 1999, 3. Die Maßnahmen sahen unter anderen das Verbot der Unterhaltung von Wirtschaftsbeziehungen mit den Taliban sowie das Einfrieren von Vermögenswerten der Taliban vor.

[736] Abstimmungsergebnis: Einstimmige Annahme.

[737] S.o. Anm. 734.

Behörden eines Landes zu übergeben, in dem gegen ihn Anklage erhoben worden ist[738]. Ferner beschloß der Sicherheitsrat, daß mit Wirkung vom 14. November 1999 alle Staaten die in der Resolution vorgesehenen Maßnahmen, d.h. das Flugverkehrsverbot gegenüber den Taliban sowie das Einfrieren von Vermögenswerten der Taliban, zu ergreifen haben, sofern die Taliban ihren in dieser Resolution genannten Verpflichtungen bis zu diesem Zeitpunkt nicht in vollem Umfang nachgekommen sind[739]. Mit der Resolution 1267 wurden gegen die Taliban die folgenden Maßnahmen verhängt:

> Der Sicherheitsrat, ... beschließt ferner, daß zur Durchsetzung von Ziffer 2 alle Staaten Ziff. 4 a) (Flugverkehrsverbot): allen von dem Ausschuß nach Ziffer 6 bezeichneten Luftfahrzeugen, die sich im Eigentum der Taliban befinden oder von diesen oder in deren Namen angemietet oder betrieben werden, die Erlaubnis zum Start oder zur Landung in ihrem Hoheitsgebiet verweigern werden, es sei denn, der betreffende Flug wurde aufgrund von humanitären Erwägungen, einschließlich religiöser Verpflichtungen wie der Durchführung des Haddsch, von dem Ausschuß vorab genehmigt[740];
> b) (Einfrieren von Geldern und Investitionsverbot): Gelder und andere Finanzmittel, einschließlich Gelder, die aus Vermögenswerten stammen oder erzeugt wurden, die den Taliban gehören oder direkt oder indirekt ihrer Verfügungsgewalt oder der eines Unternehmens im Eigentum oder unter der Kontrolle der Taliban unterstehen, soweit von dem Ausschuß nach Ziffer 6 bezeichnet, einfrieren und sicherstellen werden, daß weder diese noch andere so bezeichnete Gelder oder Finanzmittel von ihren Staatsangehörigen oder von auf ihrem Hoheitsgebiet befindlichen Personen den Taliban oder einem Unternehmen im Eigentum der Taliban oder zu deren Gunsten zur Verfügung gestellt werden, es sei denn, der Ausschuß genehmigt dies von Fall zu Fall aus humanitären Erwägungen.

In der Sicherheitsratssitzung anläßlich der Verabschiedung der Resolution 1267 (1999) sprach sich der Vertreter der von den Vereinten Nationen anerkannten Regierung Afghanistans[741] für die Verhängung der Wirtschaftssanktionen aus. Diese seien ausschließlich gegen die Taliban gerichtet und hätten keine Auswir-

---

[738] S/RES 1267 (1999), Ziff. 2. Die Taliban können Osama Bin Laden gemäß dieser Regelung auch an die zuständige Behörde eines Landes übergeben, das ihn an das Land übergibt, in dem gegen ihn Anklage erhoben worden ist, oder an die zuständigen Behörden eines Landes, in dem er festgenommen und gerichtlich belangt wird. Gemäß Ziff. 14 der Resolution sind die mit Ziff. 4 verhängten Maßnahmen zu beenden, sobald der Generalsekretär dem Sicherheitsrat berichtet, daß die Taliban der in Ziff. 2 genannten Verpflichtung nachgekommen sind.

[739] Ziff. 3 der Resolution. Die Resolution trat entsprechend dieser Bestimmung am 15. November 1999 in Kraft. Siehe Press Release SC/6756, 15. November 1999.

[740] Gemäß Ziff. 6 wurde ein Sanktionsausschuß eingesetzt.

[741] Hierbei handelt es sich um die Regierung Rabbani, die 1996 von den Taliban gestürzt worden war. Rabbani kontrollierte im Jahr 2000 mit der Nördlichen Allianz, einem Zusammenschluß unter militärischen Führung von Ma'sud, etwa 10 % des afghanischen Territoriums im Norden des Landes. Hierzu Magnus/Naby (s.o. Anm. 730), 201 ff.

kungen auf Afghanistan als Nation. Die Regelung über humanitäre Ausnahmen sichere die Lieferung humanitärer Hilfe an die Menschen Afghanistans, da in Ziff. 6, Buchstabe f die Möglichkeit der Befreiung von den beschlossenen Maßnahmen vorgesehen sei[742]. Der Vertreter der Vereinigten Staaten betonte, daß die Sanktionen begrenzt und gezielt gegen die Ressourcen der Taliban gerichtet seien und in keiner Weise die Menschen Afghanistans treffen würden[743]. Auch der Vertreter Bahrains bekräftigte, daß die Resolution inhaltlich so gefaßt worden sei, daß sie der afghanischen Bevölkerung kein weiteres Leiden zufüge und sich überdies nicht nachteilig auf die Ausübung religiöser Pflichten und Rituale auswirke[744]. Der Delegierte Malaysias äußerte sich hingegen besorgt über die möglichen Auswirkungen der Wirtschaftssanktionen auf die Bevölkerung Afghanistans, die seiner Auffassung nach vor der Verhängung der Maßnahmen sorgfältiger hätten geprüft werden sollen[745]. Der Delegierte Chinas stellte fest,

---

[742] S/PV.4051, 2.

[743] S/PV.4051, 3: "It is important to remember that these sanctions are limited and that they are targeted very specifically to limit the resources of the Taliban authorities. These sanctions in no way harm the people of Afghanistan, and we will work with the sanctions review Committee to implement them in a way that does not hinder the provision of humanitarian assistance to the Afghan people."

[744] S/PV.4051, 4, 5: "One of the repercussions of the continuing war in Afghanistan is the deterioration of the humanitarian situation, which has been worsened by recent natural disasters in that country. This is why we have to examine the draft resolution before us very carefully due to certain apprehensions regarding its possible negative effects on the humanitarian situation in Afghanistan, at a time when we certainly need to alleviate the suffering of the Afghan people. We have therefore worked together with other delegations to ensure that this would not be the case in the future. In this regard, we would like to thank the sponsors of the draft resolution for having taking (sic) into account the amendments submitted by Bahrain. Furthermore, we would like to make sure that sanctions do not work to the detriment of religious duties and rituals such as the Hajj and the umra."

[745] S/PV.4051, 3, 4: "We are concerned about the effects and impact of the draft resolution on the ordinary, innocent people of Afghanistan. It is our conviction that sanctions against a country and a people should be resorted to only when all other peaceful measures have been utilized and have failed. As an instrument of coercion they should be used with great caution because of their unintended grave consequences to the innocent population. Their effectiveness and likely humanitarian impact should be assessed at all stages- both prior to their adoption and periodically during the implementation phase. My delegation has reservations on the use of sanctions to effect the desired changes on a targeted regime. Experience has shown that they rarely work on the intended target or targets. Instead, they have brought unmitigated suffering to ordinary people. The imposition of sanctions on the Taliban is tantamount to imposing sanctions on the people of Afghanistan as a whole, as much of that country is under the effective control of the Taliban, which, in effect, is the de facto Government of Afghanistan despite its non-recognition by the United Nations and most Members of the Organization. Therefore, sanctions directed at the Taliban will have a direct and indirect effect on the general population in virtually every aspect of their lives, be it air travel, trade and commerce or other economic activities covered by the sanctions. In the end it is the ordinary people that

daß China prinzipiell gegen den ständigen Einsatz von Wirtschaftssanktionen sei und die vorliegende Resolution nur aufgrund seiner Unterstützung im Kampf gegen den Terrorismus mitgetragen habe. Die Sanktionsmaßnahmen würden das Leiden der afghanischen Bevölkerung weiter verschlimmern und dürften nur als letztes Mittel eingesetzt werden, wobei sie zielgerichtet sein müßten[746].

2.8.2.2. Die Verschärfung der Sanktionen (S/RES 1333 (2000))

In der Folgezeit weigerten sich die Taliban weiterhin Usama Bin Laden auszuliefern[747]. Der Sicherheitsrat verurteilte diese Weigerung im April 2000 und erklärte seine Bereitschaft, weitere gezielte Maßnahmen zu ergreifen, um allen bereits verhängten einschlägigen Resolutionen zum Erfolg zu verhelfen[748]. Am 20. Dezember 2000 verschärfte der Sicherheitsrat unter Hinweis auf die Weigerung der Taliban, die von ihm verlangten Handlungen vorzunehmen, mit der Resolution 1333[749], die am 19. Januar 2001 für die Geltungsdauer von zwölf Monaten in Kraft trat[750], die bestehenden Sanktionen um ein Waffenembargo und diplomatische Sanktionen, forderte die Mitgliedstaaten zum Erlaß von Ein- und Durchreisebeschränkungen gegenüber hohen Amtsträgern der Taliban auf, und beschloß das Einfrieren von Geldern, das Verbot der Ausfuhr von Essigsäu-

bear the price, not the intended target or targets. There should have been a more careful and exhaustive analysis of the likely impact of the proposed sanctions. Among the pertinent questions that should have been considered in some depth are the extent and location of the assets of the targeted elites and the kinds of sanctions that are likely to have the greatest impact on the intended targets, as well as positive elements that can be built into the sanctions regime to motivate compliance by the targeted individuals or entities."

746 S/PV.4051, 5: "China does not approve of the frequent use of sanctions. We entirely endorse the views expressed by the representative of Malaysia. We believe that sanctions will only exacerbate the suffering and hardships of the Afghan people, who have been the victims of perennial warfare. In our view, sanctions can be used only as a means of last resort and must be well targeted."

747 Die Taliban machten geltend, daß Osama Bin Laden sich als ein von der ehemaligen Regierung eingeladener Gast im Lande aufhalte. Zugleich betonten sie ihre Opposition zu jeder Form von Terrorismus und erklärten sich bereit, Osama Bin Laden, der ihren Aussagen zufolge zukünftig keine terroristischen Aktivitäten von afghanischemTerritorium aus vornehmen könne, vor ein afghanisches Gericht zu stellen, falls ausreichende Beweise gegen ihn vorliegen würden. Siehe hierzu die Berichte des Generalsekretärs zu Afghanistan, UN Dok. A/54/918- S/2000/581, 16. Juni 2000, Ziff. 5 und A/55/393- S/2000/875, 18. September 2000, Ziff. 16.

748 S/PRST/2000/12, 7. April 2000.

749 Abstimmungsergebnis: 13-0-2 (China, Malaysia).

750 Press Release SC/6994, 19. Januar 2001.

reanhydrid zur Drogenherstellung und weitere auf den Flugverkehr bezogene Maßnahmen:

Der Sicherheitsrat,

Ziff. 8 (Vermischtes, insbesondere Einfrieren von Geldern): beschließt, daß alle Staaten weitere Maßnahmen ergreifen werden,

a) um alle Büros der Taliban in ihren Hoheitsgebieten sofort und vollständig zu schließen;

b) um alle Büros der Fluggesellschaft Ariana Afghan Airlines in ihrem Hoheitsgebiet sofort zu schließen;

c) um die Gelder und sonstigen finanziellen Vermögenswerte Osama bin Ladens und der mit ihm assoziierten Personen und Körperschaften, wie vom Ausschuß bezeichnet, namentlich derjenigen in der Organisation Al-Qaida, unverzüglich einzufrieren ...;

Ziff. 10 (Partielles Ausfuhrverbot): beschließt, daß alle Staaten den Verkauf, die Lieferung oder die Weitergabe von Essigsäureanhydrid durch ihre Staatsangehörigen oder von ihrem Staatsgebiet aus an Personen in dem Hoheitsgebiet Afghanistans unter der Kontrolle der Taliban, wie vom Ausschuß bezeichnet, oder an jede andere Person zum Zwecke von Tätigkeiten, die in dem Hoheitsgebiet unter der Kontrolle der Taliban, wie von dem Ausschuß bezeichnet, durchgeführt oder von dort aus unternommen werden, verhindern werden;

Ziff. 11 (Flugverkehrsverbot): beschließt außerdem, daß alle Staaten jedem Luftfahrzeug die Erlaubnis zum Start oder zur Landung in ihrem Hoheitsgebiet beziehungsweise zum Überfliegen ihrer Hoheitsgebiets verweigern müssen, wenn dieses Luftfahrzeug von einem Ort in dem Hoheitsgebiet Afghanistans, das der Ausschuß als unter der Kontrolle der Taliban befindlich bezeichnet hat, gestartet ist oder an einem solchen Ort landen soll, es sei denn, der betreffende Flug wurde auf Grund von humanitären Erwägungen, einschließlich religiöser Verpflichtungen wie der Durchführung des Haddsch, oder aus der Erwägung, daß der Flug die Erörterung einer friedlichen Regelung des Konflikts in Afghanistan fördert oder geeignet ist, die Befolgung dieser Resolution oder der Resolution 1267 (1999) durch die Taliban zu fördern, von dem Ausschuß vorab genehmigt;

Ziff. 12 (Ausnahmen vom Flugverkehrsverbot für Hilfsorganisationen): beschließt ferner, daß der Ausschuß eine Liste genehmigter Organisationen und staatlicher Hilfseinrichtungen führen wird, die Afghanistan humanitäre Hilfe gewähren, einschließlich der Vereinten Nationen und ihrer Organisationen, des Internationalen Komitees vom Roten Kreuz und gegebenenfalls nichtstaatlicher Organisationen, daß das mit Ziffer 11 verhängte Verbot keine Anwendung auf humanitäre Flüge findet, die von den Organisationen und staatlichen Hilfseinrichtungen, die in der von dem Ausschuß genehmigten Liste enthalten sind, oder in deren Namen durchgeführt werden, daß der Ausschuß die Liste regelmäßig überprüfen und gegebenenfalls weitere Organisationen und staatliche Hilfseinrichtungen darin aufnehmen wird und daß der Ausschuß Organisationen und staatliche Einrichtungen aus der Liste streichen wird, wenn er feststellt, daß sie Flüge für andere als humanitäre Zwecke durchführen oder voraussichtlich durchführen werden, und daß er diese Organisationen und staatlichen Einrichtungen sofort davon in Kenntnis setzen wird, daß somit jeder von ihnen oder in ihrem Namen durchgeführte Flug den Bestimmungen der Ziffer 11 unterliegt;

Ziff. 14 (Einreiseverbot): fordert die Staaten nachdrücklich auf, Maßnahmen zu treffen, um die Einreise aller hohen Amtsträger der Taliban im Range eines Stellvertretenden

Ministers oder darüber, von der Kontrolle der Taliban unterstehenden bewaffneten Personals vergleichbaren Rangs sowie von allen anderen hochrangigen Beratern und Würdenträgern der Taliban in ihr Hoheitsgebiet zu beschränken, es sei denn, diese Amtsträger reisen zu humanitären Zwecken, einschließlich religiöser Verpflichtungen wie der Durchführung des Haddsch, oder ihre Reise fördert die Erörterung einer friedlichen Regelung des Konflikts in Afghanistan oder betrifft die Befolgung dieser Resolution oder der Resolution 1267 (1999);
Ziff. 15 (Berücksichtigung der humanitären Auswirkungen): ersucht den Generalsekretär, im Benehmen mit dem Ausschuß
d) die humanitären Auswirkungen der mit dieser Resolution und der Resolution 1267 (1999) verhängten Maßnahmen zu überprüfen und dem Rat innerhalb von neunzig Tagen nach Verabschiedung dieser Resolution einen Bericht samt einer Bewertung und Empfehlungen vorzulegen, danach in regelmäßigen Abständen über jegliche humanitären Auswirkungen Bericht zu erstatten und spätestens dreißig Tage vor Ablauf dieser Maßnahmen einen umfassenden Bericht zu dieser Frage sowie etwaige Empfehlungen vorzulegen;
Ziff. 23 (Befristung): beschließt ferner, daß die mit den Ziffern 5,8,10 und 11 verhängten Maßnahmen zwölf Monate lang gelten werden und daß der Rat am Ende dieses Zeitraums einen Beschluß darüber fassen wird, ob die Taliban die Ziffern 1,2 und 3 befolgt haben, und demgemäß beschließen wird, ob diese Maßnahmen um einen weiteren Zeitraum mit den gleichen Bedingungen zu verlängern sind.

In der Sicherheitsratssitzung zur Resolution 1333 enthielt jeder Redebeitrag einen Hinweis auf die Notwendigkeit, die Bevölkerung Afghanistans vor den negativen Auswirkungen der Sanktionen zu schützen. Insbesondere der Vertreter Malaysias betonte, daß Sanktionen gezielt und befristet sein müßten und nur minimale nachteilige Auswirkungen auf die Bevölkerung haben dürften. Dies gelte in Afghanistan insbesondere deswegen, weil die Bevölkerung aufgrund der bereits bestehenden humanitären Krise höchst anfällig für Sanktionen sei[751]. Überdies kritisierte der Vertreter Malaysias, daß entgegen den Bestimmungen der Resolution 1267 (1999) vom Sanktionsausschuß keine periodischen Einschätzungen der Auswirkungen der Sanktionsmaßnahmen auf die Bevölkerung vorgenommen worden seien[752]. Auch Chinas Vertreter brachte seine Besorgnis über die negativen Folgen der Sanktionen für die Bevölkerung Afghanistans

[751] S/PV.4251, 2: "Malaysia ... does not reject the use of sanctions ... as long as the sanctions ... are targeted, have minimal humanitarian impact on the population at large and have a specific time frame. (...) The design of any sanctions regime should be a careful and well-thought-out process, with emphasis on its effectiveness and, more importantly, on minimization of its humanitarian impact...The high levels of vulnerability of the people of Afghanistan are likely to exacerbate the impact of what would otherwise be fairly insignificant effects of the sanctions regime."
[752] S/PV.4251, 2.

zum Ausdruck[753]. Der Vertreter der Niederlande begrüßte, daß die Sanktionen gezielt seien, um die Auswirkungen auf die Bevölkerung gering zu halten, betonte aber zugleich seine Besorgnis über die Folgen der zusätzlichen Sanktionsmaßnahmen für die Bevölkerung. Der Sicherheitsrat müsse daher die möglichen humanitären und politischen Auswirkungen der Sanktionen gegen die politischen Ziele abwägen[754]. Der Vertreter des Vereinigten Königreichs betonte, daß die Sanktionen gezielt seien und zu keinem zusätzlichen Leiden der afghanischen Bevölkerung führen würden[755]. Sowohl der Vertreter der Vereinigten Staaten[756] als auch der Vertreter der Russischen Föderation[757] betonten ebenfalls

---

[753] S/PV.4251, 8: "Sanctions ... are a double-edged sword, especially in cases when they are being strengthened. Even though their effects may be limited, they can also easily harm innocent people. Therefore, sanctions should be adopted or strengthened only when circumstances make it absolutely necessary. (...) According to the report of the Office for the Coordination of Humanitarian Assistance, the direct impact of the current sanctions on the humanitarian situation in Afghanistan is obvious, and substantial indirect effects as well. A new round of sanctions would undoubtedly make the situation even worse. The innocent Afghan people are increasingly feeling abandoned by the international community, isolated and in an extremely vulnerable state. They cannot cope with the effects of any measures that could lead to the further deterioration of the situation. We deeply sympathize with them and feel strong concern at their situation."

[754] S/PV.4251, 5, 6: "We appreciate that the authors of the draft resolution (Indien, Kirgisistan, die Russische Föderation, Tadschikistan und die Vereinigten Staaten) have made a serious effort to target the new sanctions in order to limit as much as possible their impact on the civilian population of Afghanistan. However, we wish to put on record that the Netherlands continues to be seriously worried about the humanitarian impact of additional sanctions. The way in which the authors of the draft resolution before us have tended to dismiss the serious concerns voiced in the briefing of the Office for the Coordination of Humanitarian Affairs has done nothing to allay our worries about this aspect of the draft resolution. Against this background, we would call on the Security Council to continue to weigh the possible humanitarian impact of its sanctions against the Council's wider political objectives."

[755] S/PV.4251, 6: "The draft resolution ... is carefully targeted to ensure that it will exert pressure exclusively on the Taliban and on Osama bin Laden and his associates. The Council has taken great care in designing the draft resolution to ensure that the measures imposed will not have an adverse impact on ordinary Afghans, who have suffered for far too long already."

[756] S/PV.4251, 7: "These sanctions are tough, but they are targeted. They do not cut off trade with Afghanistan. We have taken care to ensure that trade in food and medicine is not affected. These sanctions are targeted at the leadership of the Taliban, and not at the Afghan people. We all share a deep concern over the deplorable plight of the Afghan people, but it is important to remember that the cause of the misery is war, drought and the draconian policies of the leadership, not a ban on Taliban aircraft and assets."

[757] S/PV.4251, 10: "... the resolution ... contains all of the necessary humanitarian exemptions. The sanctions are, in fact, targeted. They are targeted exclusively at the leaders of the Taliban and not at the Afghan people. They contain humanitarian exemptions: humanitarian assistance can be provided without constraint and automatically. And the sanctions have time limits, at the end of which they will have to be renewed."

die gezielte Natur der Maßnahmen. Auch der Vertreter Kanadas betonte, daß Sanktionen gezielt sein müssen und ihre Auswirkungen auf die Bevölkerung ständig überwacht und die Sanktionen gegebenenfalls angepaßt werden müssen, um überflüssiges Leiden zu verhindern[758]. Der Vertreter Frankreichs begrüßte die Ausnahmeregelung für die von humanitären Hilfsorganisationen durchgeführten Flüge und die Einfügung der zeitlichen Begrenzung, die Ausdruck eines neuen Grundsatzes sei[759]. Der letztgenannte Punkt wurde auch vom Vertreter der Ukraine begrüßt, der überdies darauf hinwies, daß die Sanktionen gezielt und so ausgestaltet seien, daß negative humanitäre Auswirkungen vermieden werden würden[760].

---

758 S/PV.4251, 9: "With the inclusion of a number of important provisions in this resolution, the Council is also responding to the growing international consensus on the need to ensure that measures imposed by the Council are both carefully targeted and sensitive to humanitarian considerations. ... As Canada leaves the Security Council, we remind those that will remain, and those that will join them, that they have a heavy responsibility to vigorously and objectively monitor the humanitarian situation in Afghanistan, and to respond as necessary to ensure that the civilian population does not suffer needlessly as a result of these new sanctions. Failure to do so could call into question the Council's commitment to a smart, targeted sanctions policy and could have grave human costs."

759 S/PV.4251, 6: "France is particularly concerned about the humanitarian situation in Afghanistan and the continuation of its operations of assistance to the Afghan people, to which this draft resolution should not be an obstacle. To that end, the draft resolution provides an exception for flights organized by humanitarian organizations that are duly registered. (…) … the sanctions are established for a limited time period, although they are renewable if the Council so decides. This will be the third time this year that the Council has issued a time-bound sanctions regime. Thus, we see in practice the formation of a new Council doctrine that is conducive to avoiding the perpetuation of sanctions for indefinite time periods."

760 S/PV.4251, 6, 7: "The humanitarian situation in the country is drastic. (…) This deplorable humanitarian situation has required a very careful approach in drafting these draft resolutions in order to avoid negative impacts of additional measures. The sponsors of the draft resolution, and the Council in general, attach particular importance to this issue. We are satisfied that these concerns have been taken into account and properly reflected in the text of the draft resolution. (…) The draft resolution, in our view, is well balanced and structured. It is targeted and has clear and well-defined goals."

2.8.3. Die Auswirkungen der Wirtschaftssanktionen[761]

2.8.3.1. Die Auswirkungen auf die wirtschaftlichen Lage

Zum Zeitpunkt der Verhängung der Wirtschaftssanktionen befand sich Afghanistan in einer seit längerer Zeit andauernden schweren wirtschaftlichen Krise. Diese hatte ihre Ursache in dem seit 21 Jahren nahezu ununterbrochen andauerndem Kriegszustand, der unter anderem zum Zusammenbruch der Infrastruktur und zum Wegfall der Staatsstrukturen, die nur unzureichend von den Bürgerkriegsparteien wahrgenommen worden sind, geführt hat. Zudem bestand zwischen den von den Kriegsparteien beherrschten Gebieten ein internes Handelsembargo, das im wesentlichen Maße zu einer Unterbrechung der innerafghanischen Handelsströme beigetragen und das Entstehen einer Schmuggelwirtschaft bewirkt hat. Die Aufrechterhaltung der Wirtschaftstätigkeit im Inland sowie mit dem Ausland erwies sich unter diesen Umständen als äußerst schwierig. Diese Entwicklung resultierte in einem schwachen Außenhandel, geringen Produktivitätsraten, hoher Arbeitslosigkeit sowie einer wachsenden Verarmung der Bevölkerung[762].

Die Wirtschaftssanktionen haben die Unterbrechung des Flugverkehrs der afghanischen Fluggesellschaft Ariana Airlines mit den Vereinigten Arabischen Emiraten (VAE) zur Folge gehabt, dem einzigen Linienverkehr, der zum Zeitpunkt der Verhängung des Flugverkehrsverbots noch in Operation war. Vor der Verhängung des Flugverkehrsverbots flog Ariana Airlines täglich Frachtflüge nach Dubai, VAE, und Amritsar, Indien. Dabei wurden Früchte ausgeflogen und elektronische Güter, Arzneimittel sowie medizinische Ausrüstungsgegenstände nach Afghanistan eingeflogen. Die Unterbrechung dieser Flüge hat zu Einkommens- und Arbeitsplatzverlusten in der Exportwirtschaft von Früchten geführt, die zu einem niedrigeren Preis auf den örtlichen Märkten verkauft werden müssen. Der Wegfall der Einfuhr von Arzneimitteln aus Indien auf dem Luftweg hatte zur Folge, daß teurere Arzneimittel aus Iran und Pakistan eingeführt werden müssen.
Die Verteuerung von elementaren Gütern und der Verlust von Einkommensmöglichkeiten hat insbesondere bei besonders verwundbaren Bevölkerungsschichten zu einer weiteren Verschlechterung ihrer ohnehin prekären Lage geführt. Die Mehrheit der Bevölkerung lebt am Rande des Existenzminimums.

---

[761] Die weitgehende Kontrolle Afghanistans durch die Taliban bedeutet, daß von den gegen die Taliban gerichteten Sanktionen nahezu die gesamte Wirtschaft und die gesamte Bevölkerung Afghanistans betroffen waren. Darauf hat der Delegierte Malaysias in seiner Stellungnahme in der Sicherheitsratssitzung, S/PV.4051 (s.o. Anm. 745), 3, 4, zutreffend hingewiesen.
[762] Siehe zu diesem Abschnitt OCHA, Impact of sanctions, Ziff. 1.

Schätzungen zufolge verfügen 50 % der Bewohner Kabuls, der Hauptstadt Afghanistans, nicht über das erforderliche Einkommen, um das vom Welternährungsprogramm für erforderlich gehaltene Minimum an Nahrungsmitteln zu erwerben. Insbesondere Frauen, die keine Unterstützung von erwerbstätigen Männern erfahren, sind gefährdet und zum Überleben auf Nahrungsmittelhilfe, die Arbeit ihrer Kinder und Bettelei angewiesen. Darüber hinaus haben sich die Einkommensverluste der Fluggesellschaft Ariana nachteilig auf die Sicherheit des Inlandflugverkehrs ausgewirkt, da keine ausreichenden Finanzmittel zur Wartung der Flugzeuge zur Verfügung stehen. Des weiteren hat das Flugverkehrsverbot die Tätigkeit der afghanischen Postdienste beeinträchtigt. Das Einfrieren der Gelder hat hingegen minimale Auswirkungen gehabt, da die Gelder zumeist nicht auf Konten, sondern in einem informellen Zahlungssystem gehalten werden[763].

2.8.3.2. Die Auswirkungen auf die humanitäre Lage

Im Bereich des Gesundheitswesens gehörte Afghanistan zum Zeitpunkt der Verhängung der Sanktionen zu den Ländern, die weltweit die schlechtesten Indikatoren aufwiesen. Die Säuglingssterblichkeit lag 1998 bei 152 pro 1000 Lebendgeburten. Die Sterblichkeit der unter fünf Jahre alten Kinder betrug 25 %. Die Müttersterblichkeit war 1999 mit 16.000 jährlichen Todesfällen die zweithöchste in der gesamten Welt. Verschiedenen Studien zufolge waren 1998 bzw. 1999 16 % der Kleinkinder akut und fast 50 % chronisch unterernährt. Lediglich 58 % der Kinder wurden 1998 gegen Masern geimpft. Die gesundheitlichen Dienste waren minimal und in hohem Maße von Leistungen der Hilfsorganisationen abhängig[764]. In den Jahren 1999 und 2000 herrschte in Afghanistan eine schwere Versorgungsnotlage, die vor allem auf den anhaltenden Bürgerkrieg und auf die verheerendste Dürreperiode seit über dreißig Jahren zurückzuführen war[765]. In einigen ländlichen Gebieten hat der Krieg gemeinsam mit der Dürreperiode zu einem erheblichen Verlust an Ernteerträgen und

---

[763] Siehe zu diesem Abschnitt ebd., Ziff. 2. Siehe auch die Berichte des Generalsekretärs (s.o. Anm. 2) UN Doc. S/2000/241, 20. März 2001, Ziff. 16 ff. und S/2001/695, 13. Juli 2001, Ziff. 14 ff.

[764] OCHA, Impact of Sanctions, Ziff. 1 und WHO Health Report 2000, Statistical Annex, Nr.82: Afghanistan.

[765] Diese Krise hielt auch in den Jahren 2000 und 2001 unvermindert an. Siehe hierzu die Berichte des Generalsekretärs zur Situation in Afghanistan UN Dok. A/54/791-S/2000/205, 10. März 2000, Ziff. 28 ff.; A/54/918-S/2000/581, 16. Juni 2000, Ziff. 41 ff.; A/55/393-S/2000/875, 18. September 2000, Ziff. 32 ff.; A/55/633-S/2000/1106, 20. November 2000, Ziff. 56 ff.; A/55/907-S/2001/384, 19. April 2001, Ziff. 30 ff. und A/55/1028-S/2001/789, 17. August 2001, Ziff. 37 ff.

Viehbeständen geführt und in mehreren Gebieten Hungersnöte ausgelöst. Diese Anfälligkeit ist durch den Umstand verstärkt worden, daß eine enorm hohe Zahl der afghanischen Bevölkerung Binnenflüchtlinge bzw. aus dem Iran oder Pakistan repatriierte Flüchtlinge sind[766]. Die internationalen Hilfsorganisationen leisten in Afghanistan in einem beträchtlichen Ausmaß humanitäre Hilfe. Diese Hilfe hat sich jedoch in Anbetracht der Folgen des Krieges und der Dürreperiode als nicht ausreichend erwiesen, um die aufgezeigten Entwicklungen zu verhindern, konnte aber zumindest zu einer Linderung der schlimmsten Folgen der andauernden Krise beitragen[767].

Die Behinderung der Arbeit der humanitären Hilfsorganisationen stellt eine der gravierendsten Auswirkungen des vom Sicherheitsrat verhängten Flugverkehrsverbots dar. Das Flugverkehrsverbot hat dazu geführt, daß verschiedene Hilfsorganisationen die benötigen Arzneimittel bzw. medizinischen Gegenstände nicht mehr unmittelbar auf dem Luftweg einführen konnten. Die Einfuhr dieser Gegenstände auf dem Landweg ist dabei mit Verzögerungen und zusätzlichen Kosten verbunden. Die Kosten für Arzneimittel und medizinische Gegenstände sind aufgrund des Flugverkehrsverbots ebenfalls angestiegen[768]. Der Sicherheitsrat hat mit der in Ziff. 12 der Resolution 1333 (2000) getroffenen Regelung, wonach Flüge von anerkannten humanitären Hilfsorganisationen vom Flugverkehrsverbot ausgenommen sind, auf diese zu Tage getretenen nachteiligen Folgen des Flugverkehrsverbots reagiert.

3. Zusammenfassung: Die Auswirkungen der vom Sicherheitsrat verhängten Wirtschaftssanktionen

3.1. Die bisherige Sanktionspraxis des Sicherheitsrats

Der Sicherheitsrat hat von 1945 bis 2000 in acht Fällen Wirtschaftssanktionen verhängt. Von den vier umfassenden Wirtschaftssanktionen waren die gegenüber Südrhodesien und dem Irak beschlossenen Maßnahmen für einen längeren Zeitraum von über zehn Jahren, die gegenüber der BR Jugoslawien für einen Zeitraum mittlerer Dauer von vier Jahren und die gegenüber Haiti für einen kurzen Zeitraum von insgesamt etwa einem Jahr in Kraft. Im Gegensatz zum Irak,

[766] OCHA, Impact of sanctions, Ziff. 1.

[767] Siehe hierzu die Berichte des Generalsekretärs (s.o. Anm. 765).

[768] Siehe zu diesem Abschnitt OCHA, Impact of sanctions, Ziff. 1, 2.

in dem sofort umfassende Wirtschaftssanktionen verhängt worden sind, hat der Sicherheitsrat in den anderen drei Fällen den Umfang der beschlossenen Maßnahmen schrittweise gesteigert, so daß die anfangs jeweils in unterschiedlichem Maße partiellen Wirtschaftssanktionen schließlich umfassend ausgestaltet worden sind. In den übrigen vier Fällen hat der Sicherheitsrat partielle Wirtschaftssanktionen verhängt, die im Falle Libyens und Afghanistans maßgeblich durch ein Flugverkehrsverbot sowie im Falle Sierra Leones und Angolas durch ein Erdölembargo geprägt waren. Der Sicherheitsrat hat in keinem Fall ausschließlich gezielte Sanktionen beschlossen. Allerdings sind in allen Fällen als Bestandteil der Sanktionen zielgerichtete Maßnahmen gegen den jeweiligen Sanktionsadressaten in Form des Einfrierens von staatlichen oder persönlichen Vermögenswerten und Einreiseverboten verhängt worden. Ein Sonderfall stellen die Sanktionen gegenüber dem Sudan dar, weil ein bereits beschlossenes Flugverkehrsverbot auch aus humanitären Erwägungen vom Sicherheitsrat nicht in Kraft gesetzt worden ist[769].

3.2. Die Auswirkungen von Wirtschaftssanktionen

3.2.1. Umfassende Wirtschaftssanktionen

Die vier umfassenden Wirtschaftssanktionen haben unterschiedlich schwere Auswirkungen auf die Lebensverhältnisse der jeweiligen Bevölkerung gehabt. Die gravierendsten Auswirkungen sind im Fall des Irak zu verzeichnen gewesen. Schwerwiegende Folgen der verhängten Wirtschaftssanktionen sind auch im Fall Haitis festgestellt worden. Die gegenüber der BR Jugoslawien beschlossenen Maßnahmen haben gleichfalls erhebliche Auswirkungen gehabt, die aber dem Grad der Schwere nach hinter denen im Falle des Irak und Haitis zurückgeblieben sind. Im Falle Südrhodesiens hatten die Wirtschaftssanktionen dagegen lediglich geringfügige Auswirkungen. Die Auswirkungen umfassender, zumindest über einen nicht unerheblichen Zeitraum in Kraft befindlichen und vergleichsweise strikt durchgesetzten Sanktionen läßt sich anhand der bisherigen Erfahrungen wie folgt zusammenfassen:

Umfassende Ausfuhrverbote haben unmittelbar zur Folge, daß der Bevölkerung keine importierten Güter zur Verfügung stehen. Darunter fallen theoretisch auch elementare Versorgungsgüter, insbesondere Nahrungsmittel, Arzneimittel, Unterrichts- und Informationsmaterialien. Der Sicherheitsrat hat aber inzwischen

[769] S/RES 1070, 16. August 1996. Siehe hierzu auch Cortright/Lopez, Sanctions Decade, 121 ff.

seine Praxis dahin geändert, daß zumindest Nahrungs- und Arzneimittel von den jeweiligen Ausfuhrverboten grundsätzlich ausgenommen sind. Unterrichts- und Informationsmaterialien werden auch zunehmend vom Ausfuhrverbot ausgenommen. Außerdem haben die Ausfuhrverbote dazu geführt, daß die Güter, die zur Gewährleistung der Versorgung oder der Aufrechterhaltung der elementaren Infrastruktur und der Gesundheitsdienste erforderlich sind, nicht oder nur nach vorheriger Genehmigung durch den jeweiligen Sanktionsausschuß zur Verfügung standen. Auch in diesem Bereich ist aber eine Lockerung der Praxis des Sicherheitsrats zu erkennen. Auf der anderen Seite verknappen umfassende Sanktionen die dem Sanktionsadressaten zur Verfügung stehenden Finanzmittel. So wird durch Einfuhrverbote der Export verhindert, welches zum Ausfall von Exporterlösen führt. Hinzu kommt, daß der Sanktionsadressat keinen Zugriff auf die im Ausland eingefrorenen staatlichen Gelder hat. Darüber hinaus verhindern umfassende Investitionsverbote den Zufluß ausländischen staatlichen und privaten Kapitals. In Bezug auf die mittelbaren Auswirkungen, die als Folge der Unterbrechung der Handelsbeziehungen eintreten, hat sich die Feststellung des Sachverhalts, der Kausalität der Wirtschaftssanktionen sowie des Anteils, den sie an einer bestimmten, für die Beurteilung ihrer Vereinbarkeit mit den Menschenrechten relevanten Entwicklung tragen, als überaus schwierig erwiesen[770]. Als allgemeines Ergebnis läßt sich lediglich festhalten, daß die jeweiligen Feststellungen um so einfacher zu treffen sind, desto weniger Faktoren zusammenwirken. Dies gilt vor allem für partielle Wirtschaftssanktionen, so etwa ein Flugverkehrsverbot oder ein Erdölembargo, dessen spezifische Auswirkungen besser als die von umfassenden Sanktionsmaßnahmen ermittelt werden können[771]. Auch im Falle von umfassenden Wirtschaftssanktionen konnte aber die Kausalität und der Verursachungsanteil zumindest in groben Zügen festgestellt werden, wobei deren Grad von dem Vorhandensein anderer Faktoren, die ebenfalls auf die humanitäre Lage einwirken, abhängig ist[772].

Als gemeinsames Merkmal der Folgen von Wirtschaftssanktionen ist die zumeist drastische Verschlechterung der volkswirtschaftlichen Lage des Sanktionsadressaten festgestellt worden. Die Unterbrechung des Außenhandels führt zum Einbruch des Exportsektors, in dem es zu einem erheblichen Rückgang der Produktion sowie einem Anstieg der Arbeitslosigkeit kommt. Das dadurch bewirkte Sinken der Deviseneinnahmen wird durch ausbleibende Auslandsinvestitionen sowie den im Falle des Einfrierens von Geldern fehlenden Zugriff

[770] Dies gilt insbesondere für die gegenüber dem Irak, der BR Jugoslawien und Haiti verhängten Wirtschaftssanktionen.

[771] So etwa bei den gegenüber Libyen und Afghanistan verhängten Sanktionen.

[772] Als bedeutendste Faktoren haben hierbei Kriege bzw. die Kriegsfolgen zu gelten, die vor allem im Fall des Irak, der BR Jugoslawien sowie in Angola, Sierra Leone und Afghanistan schwere humanitäre Krisen ausgelöst haben.

auf im Ausland befindliche Vermögenswerte verstärkt. Die Einfuhrbeschränkungen haben unter Umständen ebenfalls schwerwiegende Produktionseinbußen zur Folge. So fehlen die zur Produktion benötigten Grundstoffe sowie Maschinen und Ersatzteile zum Betrieb und Unterhalt der betreffenden Produktionsanlagen. Hiervon sind in besonderem Maße die für die Versorgung der Bevölkerung wichtigen Industriezweige der Landwirtschaft und die pharmazeutische Industrie betroffen. Außerdem wird die Infrastruktur eines Landes in Mitleidenschaft gezogen, wodurch es oftmals zu einer Verschlechterung in der Strom- und Wasserversorgung sowie der Abwasserentsorgung kommt, welches in erheblichem Maße zu einer Verschlechterung der gesundheitlichen Lage der Bevölkerung beitragen kann.
Die durch Sanktionen hervorgerufene wirtschaftliche Krise bewirkt außerdem, daß dem Sanktionsadressaten weniger Finanzmittel zur Finanzierung öffentlicher Aufgaben zur Verfügung stehen, wodurch es zu einer Kürzung der Finanzleistungen für den Unterhalt der Infrastruktur, des Gesundheits- und Bildungswesens sowie für soziale Einrichtungen kommt. Der Rückgang staatlicher Leistungen führt zu einer Verschlechterung der Qualität der Infrastruktur und der angebotenen Dienste, vor allem im Personalbereich, der durch die Abwanderung von qualifiziertem Fachpersonal, dessen Bezahlung oftmals nicht einmal ausreicht, um den Lebensunterhalt zu bestreiten, in andere Wirtschaftssektoren oder das Ausland gekennzeichnet ist.

Bei den bisherigen Wirtschaftssanktionen ist zwar die Versorgung der Bevölkerung mit Nahrungsmitteln und Medikamenten weitgehend gewährleistet gewesen. Die Bevölkerung hat gleichwohl erhebliche Nachteile als Folge der schlechten wirtschaftlichen Lage zu tragen gehabt. So tragen umfassende Wirtschaftssanktionen zu einer Verarmung weiter Schichten der Bevölkerung bei. Hiervon sind vor allem die in den von den Sanktionsmaßnahmen besonders beeinträchtigten Sektoren beschäftigten Arbeitnehmer sowie die im Staatsdienst tätigen Personen und Rentner betroffen. Zugleich profitiert eine kleine Schicht der Bevölkerung, zumeist der Regierung nahestehende Personen, vom Schmuggel und Schwarzmarkthandel, der in allen Sanktionsfällen einen wichtigen Ersatzmarkt darstellt. Der Rückgang staatlicher Leistungen bei gleichzeitig erheblicher Verteuerung elementarer Versorgungsgüter, bedingt durch die aufgrund des Rückgangs des Außenhandels und der Industrieproduktion ausgelöste oder verstärkte rapide Inflation, führt dazu, daß insbesondere Menschen aus ärmeren Bevölkerungsschichten nicht in der Lage sind, sich ausreichend und ausgewogen zu ernähren, da sie die unzureichenden staatlichen Lebensmittelrationen oder humanitäre Hilfe nicht durch den Einkauf sonstiger Nahrungsmittel ergänzen können. Die Abhängigkeit vom mangelhaften staatlichen Gesundheitswesen bedeutet, daß einkommensschwache Gruppen die auf dem offenen Markt erhältlichen Medikamente oder ärztliche Behandlung nicht in Anspruch nehmen können. Außerdem haben sie insbesondere in den ländlichen Gebieten unzureichenden Zugang zu Trinkwasser. Die Hauptlast dieser Auswirkungen haben diejenigen Gruppen zu tragen, die aufgrund ihrer Abhängigkeit besonders anfällig sind. Dies sind vor allem Kinder, die in besonders hohem Maß von Unterernährung und den Folgen des fehlenden Zugangs zu Trinkwasser sowie der mangelhaften medizinischen Versorgung betroffen sind. Diese Umstände und die wirtschaftliche Krise, die zu vermehrter Kinderarbeit und sinkendem Schulbesuch bzw. einer verschlechterten Schulausbildung führen, beeinträchtigen die Entwicklung der Kinder nachhaltig. Neben Kindern sind insbesondere Frauen, vor allem Schwangere[773], kranke und ältere Menschen sowie Flüchtlinge[774] von den negativen Auswirkungen der Wirtschaftssanktionen betroffen.

Umfassende Wirtschaftssanktionen, die gegenüber einem vor allem infolge von Krieg geschwächten Sanktionsadressaten verhängt werden, können schon nach kurzer Zeit eine wirtschaftliche Krise mit den beschriebenen Folgen auslösen. Je länger die Wirtschaftssanktionen andauern, desto schwerwiegender und nachhaltiger sind die Schäden. Dies betrifft die Infrastruktur, vor allem die Energieversorgung und den Wasser- und Abwassersektor, aber auch das Gesundheits- und Bildungswesen, die mit zunehmender Dauer in ihrer Substanz beeinträchtigt werden. Noch schwerwiegender als die materiellen Schäden sind dabei oftmals die Folgen, die sich aus einer Abwanderung des Fachpersonals sowie einer fehlenden Ausbildung der Bevölkerung auf allen Ebenen sowohl unmittelbar für den Betrieb und Erhalt der Einrichtungen als auch langfristig für den benötigten Wiederaufbau der Wirtschaft und die Entwicklung eines Landes ergeben.

Die negativen Auswirkungen von umfassenden Wirtschaftssanktionen konnten nur in einem eingeschränkten Maß durch humanitäre Hilfslieferungen der internationalen Gemeinschaft ausgeglichen werden. Trotz des mitunter beträchtlichen Umfangs der Hilfsmaßnahmen haben diese zwar zu einer verbesserten Grundversorgung der Bevölkerung mit Nahrungsmitteln und Medikamenten und in bescheidenem Maße auch zur Erhaltung von essentiellen Einrichtungen sowie der Versorgungsinfrastruktur beigetragen. Gleichwohl hat sich die humanitäre

[773] Siehe hierzu auch die Untersuchung zu den Auswirkungen der bisherigen Sanktionen auf die Gesundheitslage von Frauen und Kindern von Garfield, Richard/Brown, Lori/Langone, John L./Brinton, Louise A., The Impact of Economic Embargoes on the Health of Women and Children, in: Journal of the American Medical Women's Association 52 (1997) 4, 181-184.

[774] Siehe zum gesteigerten Schutzbedürfnis von Flüchtlingen vor den Auswirkungen von Wirtschaftssanktionen Kourala, Pirkko, International Protection of Refugees and Sanctions: Humanizing the Blunt Instrument, in: International Journal of Refugee Law 9 (1997) 2, 255-265.

Hilfe allein als unzureichend erwiesen, um insbesondere im Irak den bestehenden Bedarf der Bevölkerung an lebenswichtigen Gütern zu decken und den Betrieb von essentiellen Einrichtungen zu gewährleisten. Dies ist bedingt durch die Knappheit der Mittel, die internationalen Hilfsorganisationen zur Verfügung stehen, und durch die fehlende Bereitschaft, der Bevölkerung des Sanktionsadressaten in größerem Umfang humanitäre Hilfe zu leisten, sei es weil deren Zweckentfremdung befürchtet wird oder andere Prioritäten gesetzt werden. Dieser Umstand hat im Irak zu der in ihrer Form bisher einmaligen Einführung eines Hilfsprogramms geführt, durch welches die Versorgung der Bevölkerung mit elementaren Gütern gewährleistet werden soll. Ein derartiges Hilfsprogramm kann zwar eine gewisse Verbesserung der Versorgungslage herbeiführen, wird aber im Regelfall bei länger andauernden Wirtschaftssanktionen aufgrund der Größenordnung des Wiederaufbaubedarfs, und dies läßt sich wohl für alle Fälle langfristiger Wirtschaftssanktionen prognostizieren, unzureichend sein, um eine nachhaltige Verbesserung der Lage bei gleichzeitiger Beibehaltung der Wirtschaftssanktionen zu erreichen. Darüber hinaus haben umfassende Wirtschaftssanktionen eine Situation herbeigeführt, die in allen Fällen durch eine verstärkte staatliche Repression und die Verletzung von Menschenrechten gekennzeichnet gewesen ist. Diese Entwicklung ist durch die Isolation des Sanktionsadressaten gefördert worden, dem gegenüber in Zeiten von Wirtschaftssanktionen die Möglichkeit der internationalen Gemeinschaft, die Einhaltung der Menschenrechte einzufordern, eingeschränkt ist. Des weiteren ist aufgrund des allgemeinen Versorgungsnotstands eine starke Abhängigkeit der Bevölkerung von staatlichen Leistungen zu beobachten gewesen, die von den Sanktionsadressaten benutzt worden ist, um die Ausübung politischer Rechte einzuschränken.

3.2.2. Partielle Wirtschaftssanktionen

Partielle Wirtschaftssanktionen sind durch ihre spezifischen Auswirkungen gekennzeichnet. Insbesondere Erdölembargos und Flugverkehrsverbote haben mitunter weitreichende nachteilige Auswirkungen auf die Lebensverhältnisse der Bevölkerung gehabt, die sich aufgrund der bisherigen Sanktionspraxis wie folgt darstellen:

Erdölembargos können je nach Grad der bestehenden Abhängigkeit des Sanktionsadressaten einschneidende Folgen haben. So führen sie dazu, daß die Verteilung lebenswichtiger Güter erschwert und die Funktionsfähigkeit von Einrichtungen aufgrund fehlender Transport- und Verkehrsmöglichkeiten beeinträchtigt wird. Außerdem resultieren Erdölembargos aufgrund der erhöhten Transportkosten in einem generellen Preisanstieg, besonders für elementare humanitäre Güter. Flugverkehrsverbote können dadurch zum Tod von Patienten führen, daß diese nicht bzw. nicht rechtzeitig zur erforderlichen Behandlung ins Ausland geflogen werden können. Außerdem wird durch diese Verbote die Einfuhr essentieller humanitärer Güter erschwert. Hierbei ist insbesondere die Einfuhr von Arzneimitteln sowie der Transport von Impfstoffen und verderblichen Medikamenten zu nennen. Darüber hinaus führen Flugverkehrsverbote nicht nur zu erheblichen Verlusten für die betroffenen Luftfahrtsgesellschaften, sondern auch für die Exportwirtschaft eines Landes, da sich zum einen die Transportkosten erhöhen und zum anderen verderbliche Güter unter Umständen nicht über den Landweg ausgeführt werden können. Dies hat wiederum einen Rückgang der Produktion sowie erhöhte Arbeitslosigkeit zur Folge. Flugverkehrsverbote können sich des weiteren nachteilig auf den Inlandsflugverkehr und damit auch auf den Transport elementarer Güter auswirken. Sowohl Erdölembargos als auch Flugverkehrsverbote wirken sich zudem nachteilig auf die Arbeit von humanitären Hilfsorganisationen aus, da die mit ihnen verbundenen Behinderungen des Verkehrs und Transports zu erhöhten Kosten und Verteilungsschwierigkeiten führen.

Finanzielle Maßnahmen, insbesondere das Einfrieren von offiziellen oder privaten Konten der Machthaber, können sich zwar mittelbar nachteilig für die Bevölkerung auswirken, weil der Regierung des Sanktionsadressaten die zur Wahrnehmung öffentlicher Aufgaben erforderlichen Mittel nicht zur Verfügung stehen. In den bisherigen Fällen sind diese Maßnahmen jedoch zumeist unzureichend umgesetzt worden, so daß sie nicht ihre intendierte Wirkung entfalten konnten. Infolgedessen haben diese Maßnahmen sich nicht nachteilig auf die Lebensverhältnisse der Bevölkerung ausgewirkt.

3.2.3. Faktoren, welche die Schwere der Auswirkungen beeinflussen

Das Ausmaß der Auswirkungen von Wirtschaftssanktionen auf die Volkswirtschaft des Sanktionsadressaten und die Lebensverhältnisse der Bevölkerung ist von mehreren Faktoren abhängig.
Als wichtiger Umstand hat sich der Grad der Durchsetzung der Wirtschaftssanktionen erwiesen. Hierbei ist maßgeblich, inwieweit diese Durchsetzung tatsächlich zu einer Unterbrechung der Wirtschaftsbeziehungen führt. Ist dies nicht der Fall, weil die Sanktionen von einer beträchtlichen Zahl von Staaten nicht umgesetzt werden oder der Sanktionsadressat die Handelspartner, welche die Sanktionen befolgen, durch andere, die Sanktionen mißachtende Handelspartner ersetzen kann, wie dies in Südrhodesien der Fall war, sind die Folgen der Wirtschaftssanktionen gering. Wenn die überwiegende Zahl der Staaten die Sanktionen befolgen und es zu keiner offenen Umgehung der Sanktionsbestimmungen

kommt, kann der Sanktionsadressat die Wirtschaftstätigkeit nur durch eine Schmuggelwirtschaft aufrechterhalten. Das Maß dieser Ersatzwirtschaft, die in allen bisherigen Sanktionsfällen zu beobachten gewesen ist, hängt wiederum vom Grad der effektiven Durchsetzung der Sanktionsbestimmungen ab. Ein weiterer Faktor ist der Grad der Anfälligkeit des Sanktionsadressaten für die negativen Folgen der Wirtschaftssanktionen gewesen[775]. Eine derartige Anfälligkeit ist um so eher gegeben, je weniger der Sanktionsadressat aufgrund seiner Wirtschaftsstruktur oder einer bestehenden Krisensituation in der Lage ist, den durch die Wirtschaftssanktionen herbeigeführten Wegfall im Auslandshandel und dessen Folgen durch angemessene Gegenmaßnahmen gering zu halten. Als Faktor, der auf eine Anfälligkeit des Sanktionsadressaten für Wirtschaftssanktionen schließen läßt, ist vor allem eine hohe Abhängigkeit vom Außenhandel zu nennen. Diese besteht dann, wenn zum einen die Volkswirtschaft eines Landes in starkem Maße auf den Export ausgerichtet ist und zum anderen die Funktionsfähigkeit der Volkswirtschaft maßgeblich von Importen und ausländischen Arbeitskräften abhängt. Diese Abhängigkeit hat insbesondere dann schwerwiegende Auswirkungen auf die humanitäre Lage der Bevölkerung, wenn sie den Bereich der Nahrungsmittel und der medizinischen Güter, vor allem Arzneimittel, betrifft. Ein weiterer kritischer Faktor ist die Energieversorgung eines Landes. Dagegen können diejenigen Länder, in denen eine geringe Abhängigkeit vom Außenhandel besteht und die Selbstversorgung des Landes mit elementaren Gütern, insbesondere Nahrungsmitteln, sowie die Aufrechterhaltung des Gesundheitswesens trotz Wirtschaftssanktionen gewährleistet werden kann, die Auswirkungen von Wirtschaftssanktionen gering halten. Ferner besteht eine gesteigerte Anfälligkeit des Sanktionsadressaten in denjenigen Fällen, in denen zum Zeitpunkt der Verhängung der Wirtschaftssanktionen bereits eine wirtschaftliche oder humanitäre Krise vorherrscht. Solche Krisen schränken im Regelfall die Fähigkeit des Sanktionsadressaten ein, auf Wirtschaftssanktionen mit Gegenmaßnahmen zu reagieren. Außerdem verschärfen diese Krisen typischerweise im Zusammenwirken mit Wirtschaftssanktionen deren negative Auswirkungen.

Als weiterer Faktor hat sich die Reaktion des Sanktionsadressaten auf die durch die Wirtschaftssanktionen geänderte volkswirtschaftliche Lage erwiesen. In sämtlichen Sanktionsfällen haben die Sanktionsadressaten Strategien entwickelt, um die negativen Folgen von Wirtschaftssanktionen gering zu halten, z.B. in Form einer Importsubstitutionspolitik, einer Steigerung der landwirtschaftlichen Produktivität oder Rationierungen[776]. Die Tauglichkeit einer derartigen Politik

[775] Siehe hierzu Galtung, 385.

[776] Siehe zu den dem Sanktionsadressaten zur Verfügung stehenden Gegenstrategien Doxey, Economic Sanctions, 106 ff.; Doxey, International Sanctions, 97 ff.; Galtung, 387 ff.

bestimmt in gewichtiger Weise das Maß der Auswirkungen von Wirtschaftssanktionen. Dies ist besonders im Falle der BR Jugoslawien deutlich geworden.

Die Dauer der Wirtschaftssanktionen ist ebenfalls von erheblichem Einfluß auf die Schwere ihrer Auswirkungen. Zwar kann der Sanktionsadressat mit zunehmender Dauer erfolgreiche Anpassungsstrategien entwickeln und so die negativen Folgen minimieren. Im Regelfall verstärken sich aber nach längerer Dauer die negativen Auswirkungen von Wirtschaftssanktionen, weil sich der Zustand der Volkswirtschaft, der Infrastruktur sowie elementarer Versorgungseinrichtungen aufgrund eines Mangels an Finanzmitteln, Personal und Materialien stetig verschlechtert.

3. Kapitel:
Die rechtlichen Grenzen des Sicherheitsrats aus den Menschenrechten und dem humanitären Völkerrecht im Rahmen von Wirtschaftssanktionen

1. Die Verantwortlichkeit des Sicherheitsrats für die Auswirkungen von Wirtschaftssanktionen

Die Feststellung der Bindung des Sicherheitsrats, d.h. der Pflicht zur Beachtung der Menschenrechte und des humanitären Völkerrechts, wäre müßig, wenn von vornherein nicht der Sicherheitsrat, sondern die Mitgliedstaaten für die Auswirkungen der Wirtschaftssanktionen verantwortlich wären. Unter Verantwortlichkeit ist nicht nur das Einstehenmüssen für die Folgen aus einem pflichtwidrigen Verhalten, sondern auch das Bestehen der Pflicht selbst zu verstehen[1]. Die Verantwortlichkeit internationaler Organisationen folgt aus ihrer Völkerrechtssubjektivität[2] und entspricht zumindest grundsätzlich der Verantwortlichkeit der Staaten[3]. Dies ist auch von den Vereinten Nationen im Zusammenhang mit friedenserhaltenden Missionen anerkannt worden[4]. Die Verantwortlichkeit bestimmt sich nach der Handlungsfähigkeit der internationalen Organisation. Soweit die Organisation bzw. eines ihrer Organe, dessen rechtserhebliche Handlungen der Organisation als Rechtssubjekt zugeordnet werden[5], hiernach die autoritative Kontrolle über ein Geschehen innehat, sind ihr auch die daraus entstehenden Folgen zuzurechnen[6]. Vor diesem Hintergrund begründet der Umstand, daß

[1] Hartwig,10, m.w.N.

[2] Hierzu ebd., 31 ff.; Seidl-Hohenveldern/Loibl, Rn.0303 ff. Der IGH hat in seiner Rechtsprechung die Völkerrechtssubjektivität der Vereinten Nationen anerkannt. Grundlegend Reparations for injuries suffered in the service of the United Nations, Advisory Opinion, ICJ Reports 1949, 174, 178, 179. Bestätigt in Interpretation of the Agreement of the 25 March 1951 between the WHO and Egypt, Advisory Opinion, ICJ Reports 1980, 73, 89, 90, Ziff. 37 und in Legality of the Use by a State of Nuclear Weapons in Armed Conflict, Advisory Opinion, ICJ Reports 1996, 66, 78, Ziff. 25.

[3] Brownlie, PIL, 686; Nguyen Quoc Dinh/Daillier/Pellet, Ziff. 489; Scobbie, 886.

[4] United Nations, General Assembly, Report of the Secretary-General, Administrative and Budgetary Aspects of the Financing of UN Peacekeeping Operations, Ziff. 6, UN Dok. A/51/389, 20. September 1996, abgedruckt in: 37 I.L.M. (1998), 700, 702.

[5] Seidl-Hohenveldern/Loibl, Rn.0320. Siehe in bezug auf die Vereinten Nationen Mosler, in: Simma, Chartakommentar, Artikel 92, Rn.20.

[6] Scobbie, 888 ff. m.w.N. zu den Entwürfen der ILC zur Staatenverantwortlichkeit und Terwiesche, 84. Dies entspricht dem allgemein anerkannten Grundsatz, daß das Handeln der Organisation dieser und nicht den Mitgliedstaaten zuzurechnen ist, Seidl-Hohenveldern/Loibl, Rn. 0307.

nicht der Sicherheitsrat selbst, sondern die Mitgliedstaaten die Sanktionsmaßnahmen um- und durchsetzen, keinen Ausschluß der Zurechenbarkeit. Einzig der Sicherheitsrat entscheidet nach Kapitel VII der Charta mit verbindlicher Wirkung für die Mitgliedstaaten über das Ob und Wie der Sanktionen, wozu er sich in bezug auf die Durchführung der Sanktionsausschüsse bedient, und übt dadurch die alleinige und umfassende Kontrolle aus. Die Folgen der Sanktionsmaßnahmen sind dem Sicherheitsrat daher als eigene Maßnahmen zuzurechnen, die im Falle ihrer Rechtswidrigkeit die Verantwortlichkeit des Sicherheitsrats begründen[7].

2. Die Auslegung der Charta

Die Anforderungen an die Rechtmäßigkeit des Handelns des Sicherheitsrats ergeben sich zuvorderst aus der Charta. Diese ist als völkerrechtlicher Vertrag grundsätzlich nach den allgemeinen Prinzipien und Regeln, die für das Völkervertragsrecht gelten, auszulegen[8]. Das WÜV findet zwar wegen Artikel 4 WÜV keine unmittelbare Anwendung auf die Charta der Vereinten Nationen[9]. Die in dem WÜV in den Artikeln 31 bis 33 enthaltenen Auslegungsregeln sind aber auf die Charta vermittels ihrer Geltung als Völkergewohnheitsrecht anwendbar[10]. Die Auslegung der Charta obliegt dabei in erster Linie, wenn auch nicht ausschließlich, dem Organ, in dessen Kompetenzbereich die betreffenden Bestimmungen fallen[11].

---

[7] Zutreffend Starck, 127.

[8] Certain Expenses of the United Nations (Article 17, paragraph 2 of the Charter), Advisory Opinion of July 20, ICJ Reports 1962, 151, 157: "On the previous occasions when the Court has had to interpret the Charter of the United Nations, it has followed the principles and rules applicable in general to the interpretation of treaties, since it has recognized that the Charter is a multilateral treaty, albeit a treaty having certain special characteristics."

[9] Das WÜV (BGBl. 1985 II 926) würde zwar grundsätzlich wegen Artikel 5 WÜV, nach der die Konvention auf jeden Vertrag Anwendung findet, der die Gründungsurkunde einer internationalen Organisation bildet, auch auf die Charta der Vereinten Nationen anwendbar sein. Aufgrund der fehlenden Rückwirkung des WÜV ist diese jedoch nicht auf die 1945 beschlossene Charta anwendbar, da die Konvention gemäß Artikel 4 WÜV nur auf Verträge Anwendung findet, die nach deren Inkrafttreten, d.h. nach dem 27. Januar 1980, geschlossen worden sind.

[10] Dies entspricht der ständigen Rechtsprechung des IGH, siehe Nachweise bei Ress, in: Simma, Chartakommentar, Auslegung, Rn.9, Fn. 38.

[11] Siehe die entsprechenden Ausführungen des IGH im Certain Expenses Fall, ICJ Reports 1962, 151, 168. Siehe auch die Ausführungen von Richter Castro im Namibia Fall (5. Kap., Anm.129).

2.1. Der Grundsatz der objektiven Auslegung

Das Ziel der Auslegung ist die Feststellung der Tragweite und des normativen Gehalts des Vertrages. Diese Feststellung kann entweder anhand einer objektiven, vorrangig am Vertragstext ausgerichteten oder mittels einer subjektiven, maßgeblich am tatsächlichen Parteiwillen orientierten Auslegung erfolgen[12].
Die Natur der Charta, die zugleich multilateraler Vertrag und Satzung einer internationalen Organisation ist, legt eine objektive gegenüber einer subjektiven Auslegung nahe[13]. Der konstitutionelle Charakter der Charta spricht für eine dynamische Auslegung, bei der maßgeblich die Ziele der Charta, ihre Ausgestaltung als Grundordnung der internationalen Gemeinschaft sowie die Eigendynamik der Organisation zu berücksichtigen sind[14]. Eine an Ziel und Zweck orientierte Auslegung der Charta, bei welcher der ursprüngliche Parteiwille in den Hintergrund tritt, wird der Natur der Charta auch deswegen eher gerecht, weil die Zahl der derzeitigen Parteien die Zahl der ursprünglichen Gründungsmitglieder bei weitem übertrifft, das Abstellen auf den oftmals schwer zu ermittelnden gemeinsamen Parteiwillen der Gründungsmitglieder daher nicht dem gegenwärtigen gemeinsamen Willen aller Parteien entsprechen würde[15]. Ferner entspricht die subjektive Auslegung wegen ihres statischen Charakters nicht der Konzeption der Charta, die von ihren Zielen und Zwecken her offen angelegt ist und insbesondere von der Vertragswirklichkeit bestimmt wird, so daß der Praxis der Mitgliedstaaten bzw. der Organisation ein höherer Stellenwert zuzumessen ist als den Vorarbeiten, mittels derer der ursprüngliche Parteiwillen festgestellt

---

[12] Siehe hierzu Bernhardt, 32, 40; Karl, 124; Köck, Interpretation, 224 ff.

[13] Bernhardt, 22, 23; Ress, in: Simma, Chartakommentar, Auslegung, Rn. 1; Skubiszewki, Interpretation, 893, 894.

[14] Karl, 182; Ress, in: Simma, Chartakommentar, Auslegung, Rn.1,2. Hierzu auch markant Richter Alvarez, D.O., in: Competence of the General Assembly for the Admission of a State to the United Nations, ICJ Reports 1950, 12, 18: "A treaty or text that has once been established acquires a life of its own. Consequently, in interpreting it we must have regard to the exigencies of contemporary life, rather than to the intentions of those who framed it." Der IGH hat in seiner Rechtsprechung, ausgehend vom Certain Expenses Fall (ICJ Reports 1962, 151, 157), in ständiger Rechtsprechung anerkannt, daß die Charta zwar ein Vertrag sei, bei ihrer Auslegung aber die verfassungsrechtlichen Elemente in besonderem Maße zu berücksichtigen sind. Siehe zur Rechtsprechung des IGH Lauterpacht, Development, 414 ff.

[15] Richter Spender, S.O., Certain Expenses, ICJ Reports, 1962, 182, 184, 185: "In particular in the case of a multilateral treaty such as the Charter the intention of its original Members, except such as may be gathered from its terms alone, is beset with evident difficulties. Moreover, since from its inception it was contemplated that other States would be admitted to membership ... (...) ... the intention of the framers of the Charter appears less important than intention in many other treaties where the parties are fixed and constant and where the subject-matter of the treaty is different." Ebenso Bernhardt, 120; Lauterpacht, Development, 440; Skubiszewski, Interpretation, 895.

werden kann[16]. Der Vorrang der objektiven gegenüber der subjektiven Auslegung kommt überdies in der allgemeinen Auslegungsregel des Artikel 31 Absatz 1 WÜV sowie in Artikel 32 WÜV zum Ausdruck, in welchem die Vorarbeiten lediglich als ergänzendes Auslegungsmittel aufgeführt werden[17].

2.2. Die Auslegung im einzelnen

2.2.1. Der Wortlaut

Am Anfang der Auslegung steht der Wortlaut der Norm, der in seiner gewöhnlichen, ihm in seinem Zusammenhang zukommenden Bedeutung auszulegen ist[18]. Ist dieser eindeutig, so bedarf es keiner weiteren Auslegung[19]. Ist der Wortlaut mehrdeutig, so ist dessen Bedeutung im Wege der systematischen sowie der teleologischen Auslegung, die gleichrangig in einem einheitlichen Auslegungsvorgang anzuwenden sind, zu ermitteln[20].

---

[16] Karl, 165 ff.; Ress, in: Simma, Chartakommentar, Auslegung, Rn.21 sowie Richter Alvarez, D.O., ICJ Reports 1950, 12, 18 und Richter Lauterpacht, S.O., South West Africa, Voting Procedure, Advisory Opinion of June 7th 1955, ICJ Reports 1955, 90, 106: "A proper interpretation of a constitutional instrument must take into account not only the formal letter of the original instrument, but also its operation in actual practice and in the light of the revealed tendencies in the life of the Organization."

[17] Heintschel v. Heinegg, in Ipsen: Völkerrecht, § 11, Rn.4, 5.

[18] Bernhardt, 58 ff., insbesondere 79; Lauterpacht, Development, 417.

[19] So der IGH im Admission Fall, ICJ Reports 1950, 4, 8: "The Court considers it necessary to say that the first duty of a tribunal which is called upon to interpret and apply the provisions of a treaty, is to endeavour to give effect to them in their natural and ordinary meaning in the context in which they occur. If the relevant words in their natural and ordinary meaning make sense in their context, that is an end of the matter." Siehe hierzu auch Bernhard, 62 ff.; Ress, in: Simma, Chartakommentar, Auslegung, Rn.23. Problematisch ist hierbei vor allem die Feststellung, daß ein Wortlaut als klar und nicht mehr auslegungsbedürftig anzusehen ist.

[20] ICJ Reports 1950, 4, 8: (Unmittelbare Fortsetzung vorhergehender Fußnote): "If, on the other hand, the words in their natural and ordinary meaning are ambiguous or lead to an unreasonable result, then, and then only, must the Court, by resort to other methods of interpretation, seek to ascertain what the parties really did mean when they used these words." South West Africa Cases (Ethiopia v. South Africa; Liberia v. South Africa) Preliminary Objections, Judgement of 21 December 1962, ICJ Reports 1962, 319, 336: "The rule ... (Auslegung des Wortlauts) is not an absolute one. Where such a method of interpretation results in a meaning incompatible with the spirit, purpose and context of the clause or instrument in which the words are contained, no reliance can be validly placed on it."

2.2.2. Die systematische Auslegung

Bei der systematischen Auslegung erschließt sich die Bedeutung eines Begriffs aus dem Zusammenhang, in dem er gebraucht wird[21]. Die systematische Auslegung eines Begriffs erfolgt, indem die Stellung der betreffenden Norm im Gefüge des Vertragstexts festgestellt und die sich aus der Gesamtheit der vertraglichen Regelung ergebenden Rückschlüsse für die eine oder andere Lesart des fraglichen Begriffs getroffen werden[22].

2.2.3. Die teleologische Auslegung

Die teleologische Auslegung ist am Ziel des Vertrages orientiert. Das Ziel und der Zweck eines Vertrages sind aus dem Vertragstext sowie der Präambel und den Anhängen zu ermitteln[23]. Der Vertragstext stellt somit zugleich die Grenze einer extensiven teleologischen Auslegung dar, die nicht mehr mit dem Vertrag vereinbar wäre[24]. In der Charta sind die Artikel 1 und 2 von maßgeblicher Bedeutung zur Bestimmung des Vertragsziels[25]. Auch der Präambel kommt im Rahmen der Auslegung trotz ihres fehlenden normativen Charakters rechtliche Bedeutung zu[26]. Die Präambel ist nicht nur in Artikel 31 Absatz 2 WÜV als

---

[21] Der Zusammenhang umfaßt gemäß Artikel 31 Absatz 2 WÜV den Vertragswortlaut samt Präambel und Anlagen sowie jede sich auf den Vertrag beziehende Übereinkunft oder Urkunde, die von den Vertragsparteien anläßlich des Vertragsabschlusses vereinbart oder abgefaßt wurde.

[22] Zur systematischen Auslegung Bernhardt, 81 ff.; Ress, in: Simma, Chartakommentar, Auslegung, Rn. 37 ff., jeweils m.w.N. zur Rechtsprechung des IGH. Siehe beispielhaft die Auslegung des Artikel 17 der Charta durch den IGH im Certain Expenses Fall, ICJ Reports 1962, 151, 162 ff.

[23] Zur teleologischen Auslegung Bernhardt, 88 ff.; Ress, in: Simma, Chartakommentar, Auslegung, Rn.34 ff. Siehe aus der jüngsten Rechtsprechung beispielhaft die Auslegung der WHO-Satzung, in: Legality of the Use by a State of Nuclear Weapons in Armed Conflict, Advisory Opinion, ICJ Reports 1996, 66, 75, Ziff. 20 ff.

[24] Interpretation of Peace Treaties (Second Phase), Advisory Opinion, ICJ Reports 1950, 221, 229: "The principle of interpretation ... often referred to as the rule of effectiveness, cannot justify the Court in attributing to the provisions of the settlement of disputes in the Peace Treaties a meaning which ... would be contrary to their letter and spirit."

[25] Richter Spender, S.O., in Certain Expenses , ICJ Reports 1962, 182, 185 : "... the stated purposes of the Charter should be the prime consideration in interpreting its text." Skubiszewski, Interpretation, 894, weist aber zutreffend darauf hin, daß die Ziele und Grundsätze der Charta selbst auslegungsbedürftig sind und somit selbst zum Gegenstand von Auslegungsdifferenzen werden können.

[26] Bernhardt, 89; Hobe, 60. Die Ausführungen des IGH in South West Africa, Second Phase, Judgement, ICJ Reports 1966, 6, 34, Ziff. 50, tendieren zwar in diese Richtung, lassen aber nicht eindeutig erkennen, inwieweit die Präambel zur teleologischen Auslegung der

Auslegungsquelle zur Bestimmung des systematischen Zusammenhangs eines Begriffs genannt, sondern sollte nach dem Willen der Gründungsmitglieder der Vereinten Nationen die allgemeinen Absichten der Vereinten Nationen, die in Artikel 1 und 2 der Charta im einzelnen niedergelegt sind, zum Ausdruck bringen[27]. Die teleologische Auslegung von Satzungen internationaler Organisationen ist maßgeblich von dem in der Rechtsprechung des IGH anerkannten Grundsatz der Effektivität bestimmt[28]. Der Grundsatz der Effektivität hat zwei Ausprägungen erfahren. Dem Effektivitätsgrundsatz im engeren Sinne (effet utile) zufolge wird bei der Auslegung der Zwecke und Ziele der Organisation derjenigen Auslegung der Vorrang eingeräumt, die in größtmöglicher Weise zur Erreichung dieser Ziele beiträgt[29]. Der Grundsatz der Implied Powers bedeutet, daß einer Organisation auch solche Kompetenzen und Befugnisse zukommen, die, obwohl nicht ausdrücklich im Vertragstext aufgeführt, zur Wahrnehmung ihrer Aufgaben notwendig sind[30]. Die beiden Auslegungsgrundsätze haben weitreichende Konsequenzen, da sie auf den ersten Blick zu dem Grundsatz, daß eine Einschränkung der Souveränität der Staaten durch einen Vertrag nicht vermutet werden kann, in Widerspruch stehen[31]. Letztendlich dienen sie aber der Verwirklichung des Willens der Vertragsparteien, da sie zur Verwirklichung und wirksamen Aufgabenerfüllung der von diesen geschaffenen internationalen

---

Chartabestimmungen herangezogen werden kann: "the preambular parts of the UN-Charter constitute the moral and political basis for the specific legal provisions thereafter set out. Such considerations do not, however, in themselves amount to a rule of law."

[27] Hobe, 60; Meyn, Karl-Ulrich, Funktion und Bedeutung der Präambel der UN-Charta: Programm des Friedens als Rechtsordnung, in: Hobe, Stephan (Hrsg.), Die Präambel der UN, 25-33, 28 und Wofrum, in: Simma, Chartakommentar, Präambel, Rn.13, demzufolge die Präambel als Interpretationsrichtlinie herangezogen werden kann.

[28] Siehe den Reparations Fall, ICJ Reports 1949, 174, 179, 182, und Application for Review of Judgement No.158 of the United Nations Administrative Tribunal, Advisory Opinion, ICJ Reports 1973, 166, 172, Ziff. 16.

[29] Hierzu Bernhardt, 97 ff.; Lauterpacht, Development, 420 ff.; Seidl-Hohenveldern/Loibl, Rn.1601 b, jeweils m.w.N. zur Rechtsprechung des IGH. Siehe zur Grenze dieses Grundsatzes das Urteil des IGH im Südwestafrika Fall, ICJ Reports 1966, 6, 48 und Richter Fitzmaurice, ICJ Reports 1962, 465, 468: "The principle of interpretation directed to giving provisions their maximum effect cannot legitimately be employed in order to introduce what would amount to a revision of those provisions."

[30] Grundlegend der IGH im Reparation Fall, ICJ Reports 1949, 174, 182: "Under international law, the Organization must be deemed to have those powers which, though not expressly provided in the Charter, are conferred upon it by necessary implication as being essential to the performance of its duties." Die Implied Powers werden nicht nur von den ausdrücklich im Text aufgeführten Kompetenzen, sondern auch von den Zwecken und Aufgaben der Organisation hergeleitet. Zum Grundsatz der Implied Powers Bernhardt, 102 ff.; Lauterpacht, Development, 423 ff.; Skubiszewski, Implied Powers, 856 ff.

[31] Siehe hierzu Köck, Interpretation, 231 ff.; Seidl-Hohenveldern/Loibl, Rn.1609, 1610; Skubiszewski, Implied Powers, 858.

Organisation beitragen[32]. Dennoch ist die Gefahr einer gegen den Willen der Vertragsparteien erfolgenden Erweiterung der Befugnisse der Organisation unverkennbar. Ihr kann aber dadurch begegnet werden, daß der Organisation nur in solchen Fällen nicht ausdrücklich eingeräumte Befugnisse zugestanden werden, in denen der Vertragstext offen ist und die fraglichen Befugnisse zur wirksamen Erfüllung der Aufgaben der Organisation tatsächlich notwendig sind[33]. Ein Rückgriff auf den Auslegungsgrundsatz der Implied Powers ist darüber hinaus ausgeschlossen, soweit die Mitgliedstaaten der Organisation bestimmte Kompetenzen erkennbar nicht einräumen wollten[34].

2.2.4. Die spätere Praxis, insbesondere die Organpraxis, als selbständiger Auslegungsfaktor

Als spätere Praxis[35] kommt sowohl die Praxis der Mitgliedstaaten als auch die Organpraxis in Betracht. Der Vertragspraxis der Mitgliedstaaten kommt eine erhebliche Bedeutung als Mittel der gegenwärtigen Auslegung der Bestimmungen der Charta zu, da sie den übereinstimmenden Willen der Vertragsparteien ausdrückt[36]. Unter der späteren Praxis der Mitgliedstaaten wird ein Brauch, eine Übung oder ein herrschender Standpunkt verstanden, der in Akten, Entscheidungen und Äußerungen zu einem bestimmten Vertrag zutage tritt[37]. Die spätere Praxis ist dabei nicht nur ergänzendes, sondern insoweit auch selbständiges Auslegungsmittel, als sie die aktuellen Erwartungen der Parteien widerspiegelt[38]. Die rechtliche Relevanz der Praxis bestimmt sich dabei nach

---

[32] Ress, in: Simma, Chartakommentar, Auslegung, Rn.1; Skubiszewski, Implied Powers, 858.

[33] Siehe zum Begriff der Notwendigkeit Lauterpacht, Development, 428 ff.; Skubiszewski, Implied Powers, 861. Einen überaus restriktiven Standpunkt vertritt Richter Hackworth, D.O., im Reparation Fall, ICJ Reports 1949, 196, 198: "There can be no gainsaying the fact that the Organization is one of delegated and enumerated powers. It is to be presumed that such powers as the Member States desired to confer upon it are stated either in the Charter or in complementary agreements concluded by them. Powers not expressed cannot freely be implied. Implied powers flow from a grant of expressed powers, and are limited to those that are "necessary" to the exercise of powers expressly granted."

[34] Skubiszewski, Implied Powers, 868.

[35] Gemäß Artikel 31 Absatz 3 b) WÜV ist jede spätere Übung bei der Anwendung des Vertrages, aus der die Übereinstimmung der Vertragsparteien über seine Auslegung hervorgeht, in gleicher Weise wie die in Artikel 31 Absatz 2 WÜV genannten Umstände bei der Auslegung zu berücksichtigen.

[36] Karl,163; Ress, in: Simma, Chartakommentar, Auslegung, Rn. 27. Siehe zur IGH-Rechtsprechung Lauterpacht, Development, 448 ff. sowie aus der jüngsten Rechtsprechung des IGH den Nuclear Weapons Fall, ICJ Reports, 1996, 66, 75, Ziff. 19.

[37] So Karl, 112.

[38] Bernhardt, 132; Karl, 143, 163.

ihrer Qualität, d.h. der Art des Verhaltens, ihres Ursprungs, ihrer Dauer und Dichte, Schlüssigkeit usw. sowie ihrem inhaltlichen Verhältnis zur Charta[39]. Eine von allen Mitgliedstaaten anerkannte, uniforme und unumstrittene Praxis kann bei Auslegungsschwierigkeiten als verbindlicher Auslegungsmaßstab herangezogen werden[40].

Auch der Praxis eines Organs einer internationalen Organisation kann eine eigenständige Bedeutung zukommen[41]. Die Berücksichtigung der Organpraxis ist Ausdruck einer dynamischen, an der Vertragswirklichkeit orientierten Auslegung[42]. Sind die Organe in ihrem ausschließlichen Zuständigkeitsbereich zur Auslegung der Charta berufen, so stellt ihr Handeln spätere Praxis im Sinne von Artikel 31 III WÜV dar, weil eine solche allein durch die Organe der Organisation vorgenommen werden kann[43]. Dies gilt auch für die Verhängung kollektiver Zwangsmaßnahmen durch den Sicherheitsrat auf der Grundlage von Kapitel VII der Charta. Die Praxis des Sicherheitsrats setzt sich dabei aus den von ihm beschlossenen Resolutionen[44], den Erklärungen des Präsidenten des Sicherheitsrats[45] und den Stellungnahmen seiner Mitglieder, insbesondere der ständigen Mitglieder, zusammen[46].

---

[39] So Karl, 123. Als Beispiel sei auf die Auslegung des Artikel 4 durch den IGH hingewiesen, in Certain Expenses, ICJ Reports 1962, 151, 157: "The Court sustained its interpretation of Article 4 by considering the manner in which the organs concerned "have consistently interpreted the text" in their practice."

[40] In einem solchen Fall läge eine authentische, d.h. bindende Auslegung der Charta vor. Siehe hierzu Bernhardt, 44; Karl, 206.

[41] Siehe insbesondere den Admission Fall, ICJ Reports 1950, 8, 9 und den Certain Expenses Fall, ICJ Reports 1962, 151, 160 ff. Hierzu auch Karl, 116 und Ress, in: Simma, Chartakommentar, Auslegung, Rn. 28 ff.

[42] Bernhardt, 173; Lauterpacht, Development, 447.

[43] Stein, 90 m.w.N.

[44] Zur Auslegung von Sicherheitsratsresolutionen Wood, Michael C., The Interpretation of Security Council Resolutions, in: Max Planck Yearbook of United Nations Law, Vol.2 (1998), 73-95.

[45] Die Erklärungen des Präsidenten des Sicherheitsrats (Presidential statements) sind förmliche Erklärungen des Sicherheitsrats, die vom Präsidenten verlesen werden und den Konsens sämtlicher Mitglieder verlangen. Siehe Kaul, Arbeitsweise, 10; Wood, Security Council Working Methods, 154.

[46] Legal Consequences for States of the Continued Presence of South Africa in Namibia (South West Africa) notwithstanding Security Council Resolution 276 (1970), Advisory Opinion, ICJ Reports, 1971, 6, 22, Ziff. 22: "... the proceedings of the Security Council extending over a long period supply abundant evidence that presidental rulings and the positions taken by members of the Council, in particular its permanent members, have consistently and uniformly interpreted the practice of voluntary abstention by a permanent member as not constituting a bar to the adoption of a resolution."

Auch wenn die Berücksichtigung der Praxis des Sicherheitsrats in hohem Maße zur Ermittlung des Gehalts der maßgeblichen Vorschriften im Lichte der Vertragswirklichkeit beitragen kann, so wird sie doch als Organpraxis nicht als ausschließliches Kriterium der Auslegung herangezogen werden können. Andernfalls käme ihr eine absolute Wirkung zu, wodurch jegliche Praxis, also auch eine solche, die bei Anwendung der anerkannten Auslegungsmaßstäbe nicht mehr mit der Charta übereinstimmt, zum alleinigen Maßstab der Rechtmäßigkeit werden würde[47]. Eine derart weitreichende Wirkung der Organpraxis als Auslegungsfaktor ist weder anerkannt noch erscheint sie aufgrund der darin liegenden Gefahr des Rechtsabsolutismus wünschenswert[48].

Die Organpraxis kann gleichwohl als Auslegungsfaktor berücksichtigt werden. So kann die Praxis eines Organs, auch wenn in diesem nur eine begrenzte Zahl der Mitgliedstaaten vertreten sind, anerkanntermaßen insoweit als Auslegungsfaktor zur Ermittlung des übereinstimmenden Parteiwillens herangezogen werden, als sie eine allgemeine Übereinstimmung der Mitgliedstaaten zum Ausdruck bringt[49]. Dies gilt auch für ein Organ, das Entscheidungen auf der Grundlage von Mehrheitsbeschlüssen trifft[50], sofern die betreffende Praxis konsistent, dauerhaft und von allen Mitgliedern der Organisation getragen ist[51]. Soweit die Praxis des Organs nicht von allen Mitgliedstaaten getragen wird, hat diese Praxis einer Auffassung zufolge keinen größeren Aussagewert als die Praxis der Mehrheit der Mitgliedstaaten außerhalb des Organs, weil die in einem Organ getroffene Mehrheitsentscheidung lediglich einen Mechanismus innerhalb der internationalen Organisation darstelle[52]. Hiergegen wird unter Berufung

[47] Koskenniemi, Order, 327; Stein, 90. Selbst Lauterpacht, Development, 465, ein Verfechter der stärkeren Berücksichtigung der Organpraxis, sieht hier die Grenze einer derartigen Berücksichtigung.

[48] Zutreffend Stein, 90. Koskenniemi, Martti, From Apology to Utopia, The Structure of International Legal Argument, Helsinki, 1989, 2, zufolge stellt ein Recht, das sich einzig an der Praxis des Völkerrechtssubjekts orientiert, eine bloße soziologische Beschreibung und somit eine nicht normativ begründete Rechtfertigung dieser Praxis dar.

[49] Siehe zur Berücksichtigung der Organpraxis als Auslegungsfaktor Bernhardt, 168 ff.

[50] Wie der Sicherheitsrat gemäß Artikel 27 Absatz 2 der Charta.

[51] Karl, 151 ff.; Ress, in: Simma, Chartakommentar, Auslegung, Rn. 30. Siehe den Namibia Fall, ICJ Reports 1971, 6, 22, Ziff. 22.

[52] Richter Spender, S.O., Certain Expenses, ICJ Reports 1962, 182, 192: "It is not possible to equate subsequent conduct with the practice of an organ of the United Nations. Not only is such an organ not a party to the Charter but the inescapable reality is that both the General Assembly and the Security Council are but mechanisms through which the Members of the United Nations express their views and act. The fact that they act through such an organ, where a majority rule prevails and so determines the procedure, cannot, it seems to me, give any greater probative value to the practice established within that organ than it would have as conduct of the members that comprise the majority if pursued outside of that organ."

auf die Rechtsprechung des IGH eingewandt, daß die Berücksichtigung der Organpraxis auf einer unabhängigen rechtlichen Grundlage beruhe, die sich aus der gewohnheitsrechtlichen Fortentwicklung einer konstitutionellen, von den Mitgliedstaaten anerkannten Auslegung der Bestimmungen internationaler Organisationen ergebe[53]. Die IGH-Rechtsprechung, die in den betreffenden Fällen eine übereinstimmende Praxis der Generalversammlung[54] bzw. des Sicherheitsrats[55] betraf, läßt jedoch schwerlich den Schluß zu, daß bloßen Mehrheitsentscheidungen eine der späteren Praxis gleichzusetzende, verbindliche Wirkung als Auslegungsregel zukommen soll[56].

Trotz der in Hinblick auf das Konsenserfordernis der Mitgliedstaaten berechtigten dogmatischen Bedenken gegen eine Berücksichtigung der auf Mehrheitsentscheidungen beruhenden Praxis eines Organs[57] erscheint es, sofern nicht eine erhebliche Minderheit widerspricht, in Anbetracht der Praxis der Vereinten Nationen sowie den in der Rechtsprechung des IGH vorhandenen Ansätzen gerechtfertigt, auch eine solche Praxis zumindest als selbständigen Auslegungsfaktor heranzuziehen[58]. Die Mitgliedstaaten der Charta haben dem Sicherheitsrat im Rahmen von Kapitel VII der Charta einen weiten Auslegungsspielraum eingeräumt, der formell das Vorliegen einer Mehrheitsentscheidung voraussetzt. Soweit der Sicherheitsrat dabei die Bestimmungen konsistent einheitlich auslegt, bringt eine solche Praxis die Vertragswirklichkeit zum Ausdruck, wobei ihre Heranziehung dem Grundsatz der dynamischen Interpretation von Satzungen internationaler Organisationen gerecht wird. Die Berücksichtigung der Organpraxis erscheint auch insofern gerechtfertigt, als ihr durch den Wortlaut und die anerkannten Ziele und Grundsätze der Charta sowie durch eine Beschränkung auf eine Praxis, die sich durch ihre Dauer und Uniformität bewährt hat, relativ enge Grenzen gesetzt sind[59]. In diesem Umfang kommt der Organpraxis, insbesondere in Anbetracht der inhaltlichen Konkretisierung, welche die betreffenden Chartabestimmungen durch ihre Auslegung seitens der zu ihrer Anwendung berufenen Organe erfahren, eine maßgebliche Rolle bei der Bestimmung des Vertragsinhalts zu.

Zustimmend Skubiszewski, Interpretation, 897, grundsätzlich auch Ress, in: Simma, Chartakommentar, Auslegung, Rn. 32.

[53] Lauterpacht, Development, 447 ff., 460, 464, der insbesondere auf den Certain Expenses und Namibia Fall verweist.

[54] Im Certain Expenses und im Namibia Fall.

[55] Im Namibia Fall.

[56] Stein, 96 ff.

[57] Siehe Skubiszewski, Interpretation, 896.

[58] Zutreffend Bernhardt, 173; Ress, in: Simma, Chartakommentar, Auslegung, Rn.32.

[59] Bernhardt, 173; Lauterpacht, Development, 465.

2.2.5. Die vorbereitenden Arbeiten

Der Rückgriff auf die vorbereitenden Arbeiten (Travaux préparatoires)[60] begegnet bei der Auslegung der Charta der Vereinten Nationen insofern Bedenken, als nur eine Minderheit der derzeitigen Mitgliedstaaten an ihnen überhaupt beteiligt waren, so daß der Wille der nachfolgend beigetretenen Mitgliedstaaten in diesen keinen Ausdruck gefunden hat[61]. Des weiteren sind die Vorarbeiten oft lückenhaft oder zweideutig und lassen keine eindeutigen Rückschlüsse auf die Intentionen der Parteien zu[62]. Die oben angeführten Argumente für eine dynamische Auslegung der Charta legen für die Verwendung der Vorarbeiten Zurückhaltung nahe, die auch in der Rechtsprechung des IGH erkennbar ist[63]. Trotz dieser berechtigten Vorbehalte gegenüber einer übermäßigen Heranziehung der Vorarbeiten bieten diese doch eine wertvolle Erkenntnisquelle[64]. So ist zurecht darauf hingewiesen worden, daß die Feststellung des Sinn und Zwecks der Charta in vielen Fällen kaum möglich sein wird, ohne die Absichten der ursprünglichen Vertragsparteien zu ergründen. Darüber hinaus können die Vorarbeiten Anhaltspunkte für die Grundentscheidungen, die in der Charta ihren Ausdruck gefunden haben, liefern und somit zu einem besseren Verständnis der tragenden Erwägungen, die den Normen der Charta zugrundeliegen, beitragen[65].

---

[60] Gemäß Artikel 32 WÜV können die vorbereitenden Arbeiten und die Umstände des Vertragsabschlusses als ergänzende Auslegungsmittel herangezogen werden, um die sich unter Anwendung des Artikel 31 WÜV ergebende Bedeutung eines Begriffs zu bestätigen oder die Bedeutung zu bestimmen, wenn die Auslegung nach Artikel 31 entweder die Bedeutung mehrdeutig oder dunkel läßt oder zu einem offensichtlich sinnwidrigen oder unvernünftigen Ergebnis führt. Im Falle der Charta stellen die Materialien der Gründungskonferenz von San Francisco die Vorarbeiten dar. Diese finden sich in der Sammlung Documents of the United Nations Conference on International Organization (UNCIO), San Francisco, 1945, United Nations Information Organizations, London, New York, 1945.

[61] Bernhardt, 117 ff.; Ress, in: Simma, Chartakommentar, Auslegung, Rn.24.

[62] Lauterpacht, Development, 440. Richter Alvarez, D.O., im Admission Fall, ICJ Reports 1950, 12, 18.

[63] Siehe zur Verwendung der vorbereitenden Arbeiten in der Rechtsprechung des IGH Lauterpacht, 440 ff. Der IGH hat aber auch gegenüber Prozeßparteien, die der Charta erst später beigetreten sind, die zugänglichen Vorarbeiten bei der Auslegung berücksichtigt. Dazu Bernhardt, 119; Ress, in: Simma, Chartakommentar, Auslegung, Rn.25 m.w.N.

[64] Richter Jessup, D.O., South West Africa, Second Phase, ICJ Reports, 1966, 323, 352: "In many instances the historical record is valuable evidence to be taken into account in interpreting a treaty."

[65] Überzeugend Martenczuk, 54.

3. Die Bindung des Sicherheitsrats an die Menschenrechte und das humanitäre Völkerrecht

3.1. Die Bindung des Sicherheitsrats an die Charta

Unter Berufung auf die politische Natur und das unbegrenzte Ermessen des Sicherheitsrats im Rahmen seiner Entscheidungen nach Kapitel VII der Charta ist insbesondere in der Frühzeit der Vereinten Nationen die Auffassung vertreten worden, der Sicherheitsrat unterliege keinerlei rechtlichen Bindungen[66]. Diese Schlußfolgerung mutet nicht nur kurios an[67], sondern erscheint auf den ersten Blick widersinnig[68]. Die Existenz des Sicherheitsrats als Organ der Vereinten Nationen beruht auf der Charta der Vereinten Nationen, dem diese konstituierenden völkerrechtlichen Vertrag. Die Vereinten Nationen sind eine internationale Organisation und als solche Subjekt des Völkerrechts[69]. Im Recht der internationalen Organisationen ist als Grundsatz anerkannt, daß die Befugnisse, die einer internationalen Organisation und deren Organen zur Erfüllung ihrer Aufgaben durch den sie konstituierenden völkerrechtlichen Vertrag übertragen werden, von den jeweiligen Mitgliedstaaten delegiert sind und somit zugleich ermächtigende und begrenzende Wirkung entfalten[70]. Dies gilt auch für den Sicherheitsrat, dessen rechtliche Bindung sich aus einer Reihe von Normen der Charta erschließen läßt. In Artikel 24 Absatz 1 der Charta, in welchem die Mitgliedstaaten dem Sicherheitsrat die Hauptverantwortung für die Wahrung des Weltfriedens und der internationalen Sicherheit übertragen und darin übereinstimmen, daß der Sicherheitsrat bei der Erfüllung seiner Pflichten im Namen der

---

[66] So etwa der damalige US-amerikanische Außenminister John Foster Dulles in dem von ihm verfaßten Buch, War or Peace, New York, 1950, 194, 195: "The Security Council is not a body that merely enforces agreed law. It is a law unto itself. If it considers any situation as a threat to the peace, it may decide what measures shall be taken. No principles of law are laid down to guide it; it can decide in accordance with what it thinks is expedient. It could be a tool enabling certain powers to advance their selfish interests at the expense of another power" (zitiert in Bedjaoui, New World, 5).

[67] Richter Shahabbuden, S.O., im Lockerbie Fall, ICJ Reports 1992, 28, 32; 140, 142: "If the answers to these delicate and complex questions (ob der Sicherheitsrat rechtlichen Grenzen unterliegt) are all in the negative, the position is potentially curious. It would not, on that account, be necessarily unsustainable in law."

[68] Akande, 314; Bedjaoui, New World Order, 9; Caflisch, 644.

[69] S.o. Anm. 2.

[70] Bedjaoui, New World Order, 28; Menon, 76; Nguyen Quoc Dinh/Daillier/Pellet, Ziff. 396; Schermers/Blokker, § 209; Seidl-Hohenveldern/Loibl, §1, Rn.0107.

Mitgliedstaaten handelt[71], findet sich der eingangs erwähnte Grundsatz der spezifischen Kompetenzübertragung ebenso wie in Artikel 24 Absatz 2, S.2 der Charta[72]. Eine rechtliche Bindung des Sicherheitsrats an die Charta bzw. an deren Ziele und Grundsätze besteht ferner aufgrund des eindeutigen Wortlauts des Artikel 24 Absatz 2, S. 1 der Charta[73]. Dieser unterscheidet sich zwar nicht unerheblich von einem von Norwegen auf der Gründungskonferenz in San Francisco eingebrachten Änderungsantrag, der über die allgemeine Bindung an die Ziele und Grundsätze der Charta hinaus eine Bindung des Sicherheitsrats an sämtliche Bestimmungen der Charta vorsah[74]. Die grundsätzliche Bindung des Sicherheitsrats an die Charta, zumindest soweit sie die Ziele und Grundsätze konkretisiert, besteht jedoch schon nach dem derzeitigen Wortlaut des Artikel 24 Absatz 2, S. 1 der Charta, so daß sich an dieser Stelle die Frage erübrigt, inwieweit der Sicherheitsrat an die einzelnen Vorschriften der Charta gebunden ist[75]. Darüber hinaus enthalten Artikel 2[76] und Artikel 25[77] der Charta

---

[71] "In order to ensure prompt and effective action by the United Nations, its Members confer on the Security Council primary responsibility for the maintenance of international peace and security, and agree that in carrying out its duties under this responsibility the Security Council acts on their behalf."

[72] "The specific powers granted to the Security Council for the discharge of these duties are laid down in Chapters VI, VII, VIII and XII." Siehe zu Artikel 24 der Charta die Ausführungen von Herbst, 298 ff. m.w.N.

[73] "In discharging these duties the Security Council shall act in accordance with the Purposes and Principles of the United Nations."

[74] Doc. 2 G 7 (n) (1), 4. Mai 1945, 3 UNCIO, 365, 368: "In discharging these duties the Security Council shall act in accordance with the provisions of the Charter and the consideration that no solution should be imposted upon a State of a nature to impair its confidence in its future security or welfare". Der Antrag wurde mit 10 zu 1 Stimmen abgelehnt. Gegenstand der Erörterungen war allerdings nicht der Unterschied zwischen der grundsätzlichen Bindung an die Charta und der Bindung an die einzelnen Vorschriften der Charta, sondern der zweite Teil des Änderungsantrags, der auf eine Pflicht des Sicherheitsrats zur Wahrung des Vertrauens der Staaten in die zukünftige Sicherheit abzielte und die systematische Stellung der vorgeschlagenen Bestimmung im Textgefüge der zu beschließenden Charta betraf. Siehe Doc. 555, III/1/27, 24. Mai 1945, Summary Report of Thirteenth Meeting of Commission III, Committee 1, 11 UNCIO, 378 ff.

[75] Die Mehrzahl der Autoren, die eine Bindung des Sicherheitsrats an die Charta annehmen, leiten diese aus Artikel 24 Absatz 2 ab. S.u. Anm. 89.

[76] "The Organization and its Members, in pursuit of the Purposes stated in Article 1, shall act in accordance with the following Principles." Siehe hierzu Brownlie, Rule of Law, 95.

[77] "The Members of the United Nations agree to accept and carry out the decisions of the Security Council in accordance with the present Charter." Artikel 25 kann als Beleg für eine Bindung des Sicherheitsrats angeführt werden, sofern die Formulierung "in accordance with the present Charter" dahin verstanden wird, daß sie sich nicht nur auf die Mitgliedstaaten, sondern auch auf die Entscheidungen des Sicherheitsrats bezieht. Siehe Angelet, 77; Bowett,

Formulierungen, welche ebenfalls Anhaltspunkte für die rechtliche Bindung des Sicherheitsrats bei der Erfüllung seiner Aufgaben an die Charta liefern.

Aus der politischen Natur des Sicherheitsrats, die in seiner Zusammensetzung, dem Vetorecht der ständigen Mitglieder, der fehlenden Pflicht zur Durchführung eines justizförmigen Verfahrens sowie dem weitreichenden Ermessen, das ihm zur Ausübung seiner Befugnisse eingeräumt worden ist, zum Ausdruck kommt[78], folgt nicht zwingend, daß der Sicherheitsrat von jeglicher rechtlichen Bindung befreit ist. Als Organ einer internationalen Organisation unterliegt er vielmehr grundsätzlich den Schranken, die ihm durch die Charta als Gründungsvertrag gesetzt sind. Sofern dieser Gründungsvertrag keine Hinweise auf eine Freistellung eines Organs von einer Rechtsbindung enthält, kann nicht vermutet werden, daß die Gründungsstaaten ihre Souveränität derart aufgegeben haben, daß ein von ihnen geschaffenes Organ nicht einmal an den Gründungsvertrag selbst gebunden sein soll[79]. Die politische Natur des Sicherheitsrats vermag daher eine rechtliche Bindung des Sicherheitsrats nicht auszuschließen[80], wenn sie auch für die Reichweite des Ermessens und der für den Sicherheitsrat bestehenden Rechtsgrenzen von erheblicher Bedeutung ist[81].

Die Freistellung des Sicherheitsrats von der Bindung an die Charta ist auch nicht zur Verwirklichung des Ziels der Friedenswahrung erforderlich. Es kann im Gegenteil nicht bezweifelt werden, daß die Vereinten Nationen sich, wie insbesondere aus der Präambel hervorgeht, als Rechtsgemeinschaft verstehen, die sich bestimmten Zielen und Grundsätzen verpflichtet sieht[82]. Es entspricht aus diesem Grund dem Zweck der Charta, wenn in dieser das zur Wahrung des Weltfriedens und der internationalen Sicherheit zuständige Organ auch selbst einer rechtlichen Bindung unterworfen ist, um dadurch die Beachtung der Ziele und Grundsätze der Vereinten Nationen als zwingenden Mindestbestand an

---

92; Gowlland-Debbas, Security Council Enforcement, 90; Herbst, 295 und zur Auslegung des Artikel 25 der Charta im einzelnen 5. Kap., 4.

[78] Siehe zur politischen Natur des Sicherheitsrats Fraas, 73; Gowlland-Debbas, Security Council Enforcement, 61 ff., 71; Kelsen, 733 ff.; Koskenniemi, Order, 327, 338 und den 5. Bericht zur Staatenverantwortlichkeit von Arangio-Ruiz, A/CN.4/453, Ziff. 112.

[79] Ebenso Bedjaoui, New World Order, 7; Bothe, 69; Bowett, 92, 93; Pellet, 233; Stein, 16.

[80] Admission of a State to the United Nations (Charter,Art.4), Advisory Opinion, ICJ Reports 1948, 57, 64: "The political character of an organ cannot release it from the observance of the treaty provisions established by the Charter when they constitute limitations on its powers or criteria for its judgement."

[81] Brownlie, Rule of Law, 95: "At least part of the answer to this conundrum is that there is no dichotomy involving discretionary power and the Rule of Law. A discretion can only exist within the law and the real question relates to the ambit of and conditions attaching to the discretionary power."

[82] Hobe, 68 ff.

Normen, die jedes UN-Organ bei der Erfüllung seiner Aufgabe zu beachten hat, zu gewährleisten.

Schon während den Vorarbeiten wurde, gerade angesichts der Besorgnis, die viele Delegierte in Hinblick auf die Machtfülle des Sicherheitsrats äußerten, die Bindung des Sicherheitsrats an die Charta ausdrücklich betont[83]. Eine grundsätzliche Bindung des Sicherheitsrats an die Charta ist auch durch den Sicherheitsrat bzw. die Mitglieder des Sicherheitsrats, wie die wiederholte Berufung auf die Ziele und Grundsätze der Charta als Maßstab rechtmäßigen Handelns verdeutlicht, in der Praxis des Sicherheitsrats anerkannt worden[84]. Dies wird durch die Erklärungen anläßlich der Debatten über die Verhängung von Wirtschaftssanktionen bestätigt[85]. Der IGH hat in seiner Rechtsprechung zumindest implizit anerkannt, daß der Sicherheitsrat rechtlichen Grenzen aus der Charta unterliegt[86]. Eine Vielzahl von Richtern des IGH haben ausdrücklich eine Bindung des Sicherheitsrats an die Charta bekräftigt bzw. diese in ihrer Argumentation zugrundegelegt[87]. In jüngster Zeit haben die beiden vom Sicherheitsrat errichteten Tribunale für Jugoslawien und Ruanda in ihrer Rechtsprechung das Bestehen einer Bindung des Sicherheitsrats an die Charta ausdrücklich

[83] Siehe beispielhaft die Äußerungen des Vertreters der Vereinigten Staaten in Doc. 555 (s.o. Anm. 74) 11 UNCIO, 379: "Furthermore, the Charter had to be considered in its entirety and if the Security Council violated its principles and purposes it would be acting *ultra vires*."

[84] So in S/RES 1318, 7. September 2000, "The Security Council pledges to uphold the Purposes and Principles of the United Charter". Ebenso in S/RES 1296, 19. April 2000: "Reaffirming its commitment to the Purposes of the Charter of the United Nations as set out in Article 1 (1-4) of the Charter, and to the Principles of the Charter as set out in Article 2 (1-7) of the Charter". Siehe auch die grundsätzliche Erklärung zur Dekade des Völkerrechts, UN Dok. S/23500, 31. Januar 1992: „Die Ratsmitglieder bekunden feierlich ihre Verpflichtung auf das Völkerrecht und die Charta der Vereinten Nationen". Zur früheren Praxis des Sicherheitsrats, in der die Chartabindung zum Ausdruck kommt, Herbst, 303, 141 ff.

[85] Siehe die Stellungnahmen der Delegierten Jemens, S/PV.3004, 57 (2. Kap., Anm. 147): "... the Security Council should not be used to achieve ends other than those which conform with the Charter and are based on the Charter in letter and spirit" sowie Malaysias, S/PV 4084, 7 (2. Kap., Anm. 184).

[86] So im Certain Expenses Fall, ICJ Reports 1962, 151, 168.

[87] Siehe beispielhaft Richter Fitzmaurice, D.O, im Namibia Fall, ICJ Reports 1971, 208, 279, 280, Ziff. 90 und im Lockerbie Fall Richter Bedjaoui, D.O, ICJ Reports 1992, 33, 45; 143, 155, jeweils Ziff. 25; Richter Weeramantry, D.O, ICJ Reports 1992, 50, 61; 160, 171 sowie des weiteren Richter Schwebel, D.O., in: Case concerning Questions of Interpretation and Application of the 1971 Montreal Convention arising from the Aerial Incident at Lockerbie (Libyan Arab Jamahiriya v. United States of America), Preliminary Objections, in: 37 I.L.M. (1998), 587, 627.

festgestellt[88]. Aufgrund dieses eindeutigen Befunds ist die Annahme einer Bindung des Sicherheitsrats an die Charta mittlerweile in der völkerrechtlichen Literatur einhellig anerkannt[89].

3.2. Die Bindung des Sicherheitsrats an das Völkerrecht

3.2.1. Möglicher Vorrang der Charta als Verfassung der internationalen Gemeinschaft vor dem Völkerrecht

Internationale Organisationen und ihre Organe sind grundsätzlich an das Völkerrecht gebunden[90]. Dieser Grundsatz gilt auch für den Sicherheitsrat als Organ der Vereinten Nationen[91], sofern sich nicht aus der Auslegung der Bestimmungen der Charta als lex specialis ergibt, daß der Sicherheitsrat nicht dem Völkerrecht unterliegen soll. Eine Bindung des Sicherheitsrats an das Völkerrecht könnte schon deswegen ausgeschlossen sein, weil die Charta das Völkerrecht inkorporiert hat und somit eine eigenständige Anwendung des Völkerrechts auf das Handeln der Organe der Vereinten Nationen nicht in Betracht kommt. Ein derartiger Vorrang der Charta vor entgegenstehendem Völkerrecht ist aus der Natur der Charta als internationaler Grundordnung, welcher der Status einer Weltverfassung zukomme, abgeleitet worden[92]. Dieser Vorrang komme insbesondere in Artikel 103 und Artikel 2 Ziff. 6 der Charta zum Ausdruck[93]. Aus Artikel 103 der Charta lasse sich der Schluß ziehen, daß die Normen, welche die

[88] ICTY, Prosecutor v. Tadic (1. Kap., Anm. 34), Ziff. 28; Prosecutor v.Kanyabashi, Decision on Jurisdiction, Case No. ICTR-96-15-T, International Criminal Tribunal for Rwanda, 18. Juni 1997, 6.

[89] Akande, 315 ff.; Angelet, 77; Bedjaoui, New World Order, 14; Bowett, 97; Bothe, 69; Brownlie, Rule of Law, 9; Bruha/Krajewski, 16; Delbrück, in: Simma, Chartakommentar, Art.24, Rn.4, 11; Gill, 73; Gowlland-Debbas, Security Council Enforcement, 90; Hendl, Kurt, Legal Parameters for Security Council Action: Some Preliminary Remarks, in: "Action by the Security Council: Evolving Practice beyond traditional peacekeeping", in: ASIL/NVIR Proc., 1995, 282; Herbst 304; Higgins, Rosalyn, The Place of International Law in the Settlement of Disputes by the Security Council in: AJIL 64 (1970), 1; Kelsen, 283 ff.; Lamb, 365; Martenczuk, 163; Palley, 12; Reinisch, 189; Skubiszewski, ICJ and SC, 627.

[90] WHO-Egypt Fall, ICJ Reports 1980, 90; Menon, 76; Schermers/Blokker, §1335, 1572 ff.; Seidl-Hohenveldern/Loibl, §3, Rn. 0303.

[91] Akande, 320; Doehring, Unlawful Resolutions, 92; Gowlland-Debbas, Relationship, 662 sowie Richter Fitzmaurice, D.O., im Namibia Fall, ICJ Reports 1971, 220, 294, Ziff. 115.

[92] Verdross/Simma, §374. Ebenso Faßbender, Veto, 89 ff., besonders nachdrücklich, 117: "... no room for category of general international law independently existing besides the Charter".

[93] Ebd., 98.

dort in Bezug genommenen Pflichten der Mitgliedstaaten regeln, das nicht durch Verträge eines engeren Kreises von Staaten derogierbare Jus Cogens der Charta bilden. Der Vorrang der Normen der Charta habe seinen Grund darin, daß sie im Interesse der ganzen Staatengemeinschaft erlassen worden seien und daher absolute völkerrechtliche Pflichten begründen würden[94].

Artikel 103 der Charta begründet eine, wenn auch eingeschränkte, Normenhierarchie[95]. Der Charta kommt darüber hinaus auch aus ihrer Natur als lex specialis gegenüber entgegenstehendem Völkergewohnheitsrecht Vorrang zu[96]. Die Charta weist auch sowohl der Intention der Mitgliedstaaten als auch ihrem Inhalt nach Züge einer Verfassung der internationalen Gemeinschaft auf[97]. Allerdings erscheint es im Lichte der Auslegung der Charta und der Staatenpraxis zu weitgehend, dem Völkerrecht jegliche unabhängige Existenz im Verhältnis zur Charta abzuerkennen. Die Charta ist als multilateraler Vertrag Bestandteil des Völkerrechts[98]. Aus Artikel 103 der Charta läßt sich hierbei kein Geltungsvorrang der Charta bzw. von Beschlüssen des Sicherheitsrats ableiten[99], der das gesamte entgegenstehende Völkerrecht verdrängen würde[100]. Ihrem Wortlaut nach regelt die Vorschrift lediglich einen Vorrang der Anwendung in bezug auf die sich aus der Charta ergebenden Verpflichtungen der Mitgliedstaaten gegenüber entgegenstehenden Verpflichtungen aus völkerrechtlichen Verträgen. Darüber hinaus enthält sie keine Regelung über das Verhältnis

---

[94] Verdross/Simma, § 94. Siehe zum Status der Charta als Jus Cogens auch Martenczuk, 273, 274 und den Beitrag von Flory,T., Article 103, in: Cot/Pellet, 1382 ff., der die verschiedenen Sichtweisen aufwirft, die Frage aber im Ergebnis offen läßt.

[95] In Bezug auf die Rangordnung der Verpflichtungen der Mitgliedstaaten. Siehe Bernhardt, in: Simma, Chartakommentar, Artikel 103, Rn. 6. Siehe hierzu auch Dupuy, 12 ff.

[96] Dazu Köck, UN-Satzung, 90. Danach kann der Charta gegenüber entgegenstehendem Völkergewohnheitsrecht sowohl aus dem Grundsatz des lex posterior derogat legi priori als auch aus dem Grundsatz des lex specialis derogat legi generali Vorrang zukommen. Die Charta selbst kann wiederum durch verfassungsänderndes Gewohnheitsrecht geändert werden.

[97] Siehe Faßbender, Veto, 37 ff. m.w.N. zu den Auffassungen, denen zufolge die Charta die Verfassung der internationalen Gemeinschaft darstellt oder dieser nahekommt. Zur Gegenmeinung Arangio-Ruiz, Security Council, 683 ff.

[98] Richter Ranjeva, D.O., im Lockerbie Fall, ICJ Reports 1992, 72, 73, Ziff. 6: "It is from the standpoint of international law, of which the Charter and the law of the United Nations form an integral part, that the scope of resolution 731 (1992) must be considered with respect to the request for the indication of provisional measures."

[99] Artikel 103 ist nach überwiegender Auffassung auf die vom Sicherheitsrat gemäß Artikel 25 der Charta getroffenen Beschlüsse anwendbar. So der IGH im Lockerbie Fall, ICJ Reports 1992, 3, 15, Ziff. 39; 114, 126, Ziff. 42. Ebenso Flory, T., Article 103, in: Cot/Pellet, 1383; Bernhardt, in: Simma, Chartakommentar, Artikel 103, Rn.10.

[100] So aber Köck, UN-Satzung, 92; Reisman, 407, 413. Zutreffend dagegen Kadelbach, Zwingendes Völkerrecht, 78.

zwischen den sich aus der Charta ergebenden Verpflichtungen und entgegenstehendem Völkergewohnheitsrecht[101]. Der lediglich begrenzte Anwendungsvorrang des Artikel 103 der Charta zeigt, daß die in dieser Norm zum Ausdruck kommende Hierarchie funktioneller Natur ist, um die wirksame Aufgabenwahrnehmung der Vereinten Nationen zu ermöglichen. Zugleich läßt sich aus der Zurückhaltung der Mitgliedstaaten in Hinblick auf einen umfassenden Vorrang der Chartaverpflichtungen gegenüber dem gesamten Völkerrecht bei den Vorarbeiten[102] der Schluß ziehen, daß diesem weiterhin eine eigenständige Bedeutung zukommen sollte[103]. Hieraus folgt, daß sich die Maßnahmen des Sicherheitsrats als Organ der Vereinten Nationen grundsätzlich am Völkerrecht messen lassen müssen. Hierbei verkörpert die Charta in ihrem Anwendungsbereich in erheblichem Maße geltendes Völkerrecht, so daß der Sicherheitsrat schon nach den Bestimmungen der Charta zu dessen Einhaltung verpflichtet ist[104]. Allerdings gebührt im konkreten Fall dem Recht der Charta insoweit ein das Völkerrecht verdrängender Vorrang, als sich ein solcher aus ihren Normen, entweder ausdrücklich oder aus dem Grundsatz des lex specialis, ergibt[105].

3.2.2. Bestehen und Umfang der Bindung des Sicherheitsrats an das Völkerrecht

Normativer Anknüpfungspunkt für das Bestehen und den Umfang einer Bindung des Sicherheitsrats an das Völkerrecht ist Artikel 24 Absatz 2, S. 1 der Charta, der auf Artikel 1 und 2 der Charta verweist.

a) Wortlaut

In Artikel 1 Absatz 1 der Charta wird als eines der Ziele der Vereinten Nationen die Wahrung des Weltfriedens und der internationalen Sicherheit genannt. Zu diesem Zweck sind sowohl wirksame kollektive Zwangsmaßnahmen als auch

[101] Siehe Herbst, 373 m.w.N.; Dominice, 178; Dupuy, 13; Gowlland-Debbas, Security Council Enforcement, 88; Watson, 25, 36 ff.

[102] Siehe hierzu Bernhardt, in: Simma, Chartakommentar, Artikel 103, Rn. 2.

[103] In diese Richtung tendiert auch die Entscheidung des IGH im WHO-Egypt Fall, ICJ Reports 1980, 73, 89-90, Ziff. 37: "... there is nothing in the character of international organizations to justify their being considered as some form of "super-state". International organizations are subjects of international law and, as such, are bound by any obligations incumbent upon them under general rules of international law, under their constitutions or under international agreements to which they are parties." Siehe zum Verhältnis von Chartarecht und Völkergewohnheitsrecht auch Military and Paramilitary Activities in and against Nicaragua (Nicaragua v. United States of America), Merits, Judgement, ICJ Reports 1986, 14, 94, Ziff. 178.

[104] Zutreffend Faßbender, Quis Judicabit?, 227.

[105] Dominice, 180.

friedliche Mittel der Streiterledigung einzusetzen. Während die friedlichen Mittel der Streiterledigung nach Kapitel VI der Charta in Übereinstimmung mit den Grundsätzen der Gerechtigkeit und des Völkerrechts ergriffen werden sollen, fehlt eine entsprechende Klausel in bezug auf die nach Kapitel VII der Charta zu ergreifenden kollektiven Zwangsmaßnahmen. Aus dieser unterschiedlichen Formulierung im Wortlaut des Artikel 1 Ziff. 1 der Charta ist geschlossen worden, daß der Sicherheitsrat beim Ergreifen kollektiver Zwangsmaßnahmen nicht an das Völkerrecht gebunden sei[106]. Der Zweck kollektiver Zwangsmaßnahmen bestehe nicht in der Wahrung oder Wiederherstellung des Rechts, sondern in der Wahrung bzw. Wiederherstellung des Weltfriedens, welches nicht unbedingt mit dem Recht übereinstimmen müsse. Selbst wenn die Formulierung "in conformity with the principles of justice and international law" für kollektive Zwangsmaßnahmen gelten würde, hätte der Sicherheitsrat die Wahl zwischen Gerechtigkeit und Recht, die nicht identisch seien[107].
Artikel 1 Ziff. 1 der Charta schließt eine Bindung des Sicherheitsrats an das Völkerrecht jedoch nicht ausdrücklich aus. Der Umkehrschluß aus Artikel 1 Ziff. 1 der Charta auf die fehlende Bindung des Sicherheitsrats an das Völkerrecht kann vielmehr nur dann als zulässig erachtet werden, wenn sich aus der Aufgabenstellung des Sicherheitsrats und dem Normgefüge der Charta hinreichende Anhaltspunkte für eine umfassende Ausnahme von der oben aufgezeigten Regel der grundsätzlichen Bindung an das Völkerrecht bieten[108].

b) Systematik

Eine Bindung des Sicherheitsrats an das Völkerrecht besteht zumindest insoweit, als auf dies in Artikel 1 und 2 der Charta bezug genommen wird[109]. Die fehlende Bindung des Sicherheitsrats an das Gewalt- und Interventionsverbot läßt

[106] Kelsen, 16, 294, 295; Conforti, 54, 55; Oosthuizen, 552, 553. In diese Richtung auch Gill, 73:" Thus the Council has a general duty to respect the principles and purposes stated in Articles 1 and 2 of the Charter, but not international law as such in the exercise of its enforcement powers."

[107] Kelsen, 730. Kelsen, 295, macht überdies geltend, daß der Sicherheitsrat dazu berechtigt sei, Gerechtigkeit zu schaffen, wenn er das geltende Recht für unbefriedigend halte und daher eine Entscheidung durchsetzen könne, die er für gerecht halte, auch wenn diese nicht im Einklang mit geltendem Recht steht. Die Entscheidung des Sicherheitsrats könne neues Recht für den konkreten Fall schaffen. Siehe hierzu auch die Ausführungen von Dulles (s.o. Anm. 66).

[108] Dies kann aus der Auslegungsregel gefolgert werden, daß eine Bestimmung in Einklang mit dem geltenden Recht zu lesen ist, und anderenfalls eine eindeutige Ausnahmeregelung erwartet werden kann. Case concerning the right of passage over Indian territory, ICJ Reports 1957, 125, 142: "It is a rule of interpretation that a text emanating from a Government must, in principle, be interpreted to produce effects in accordance with existing law and not in violation of it." Siehe dazu Reinisch, 190; Scott u.a., 120.

[109] Gardam, 301.

hingegen nicht den Schluß auf eine fehlende Bindung des Sicherheitsrats an das gesamte Völkerrecht zu[110]. Die Bestimmungen des Artikel 2 Ziff. 4 und 7 der Charta stellen vielmehr Ausnahmen von den im Völkerrecht geltenden Grundsätzen dar, die zur Wahrnehmung der Aufgabe der kollektiven Sicherheit durch den Sicherheitsrat erforderlich sind[111]. Aus diesen Normen ließe sich daher eher der Umkehrschluß ziehen, daß der Sicherheitsrat vorbehaltlich einer Ausnahmebestimmung grundsätzlich an das Völkerrecht gebunden ist[112]. Auch aus Artikel 25 und Artikel 103 der Charta kann die fehlende Bindung des Sicherheitsrats an das Völkerrecht nicht abgeleitet werden[113]. Artikel 25 und 103 der Charta betreffen lediglich die Rechtsfolgen einer nach Kapitel VII der Charta getroffenen Entscheidung des Sicherheitsrates, lassen also die Frage nach den Rechtmäßigkeitsvoraussetzungen für eine solche Entscheidung des Sicherheitsrats unberührt[114]. Darüber hinaus trifft Artikel 103 der Charta gerade keine Regelung zum Verhältnis der sich aus der Charta ergebenden Verpflichtungen gegenüber entgegenstehendem Völkerrecht[115].

c) Teleologische Auslegung

Aus teleologischer Sicht ist die Friedenssicherung zwar das bedeutendste Ziel der Charta[116]. Die Freistellung des Sicherheitsrats von jeglicher Bindung an das Völkerrecht ist jedoch zur Verwirklichung dieses Ziels nicht zwingend erforderlich[117]. Gegen eine derartige Freistellung ist nicht nur das in der Präambel zum

---

[110] So aber Martenczuk, 273 in bezug auf das Auswahlermessen des Sicherheitsrats, gegen welche Partei eines Konflikts einzuschreiten sei. In diese Richtung auch Tomuschat, Lockerbie-Case, 46.

[111] Akande, 320. Siehe zur Rechtsnatur von Artikel 2 Ziff. 4 und 7 Randelzhofer, in: Simma, Chartakommentar, Artikel 2 Ziff. 4, Rn.38 ff. und Ermacora, in: ebd., Artikel 2 Ziff. 7, Rn.30.

[112] So Herbst, 378.

[113] So aber Oosthuizen, 557, 558; Reisman, 413.

[114] Zutreffend Bowett, 92.

[115] S.o. Anm. 101.

[116] Certain-Expenses, ICJ Reports 1962, 151, 168. Ebenso Bedjaoui, M., Article 1, Commentaire général, in: Cot/Pellet, 24; Cede, Franz, Die Grundsätze und Ziele der Vereinten Nationen, in: Cede, Franz/Sucharipa-Behrmann, Die Vereinten Nationen. Recht und Praxis, Wien, München, 1999, 11-24, 14; Dahm, 151; Randelzhofer, Ziele und Grundsätze der UN, in: Wolfrum, Handbuch VN, 1154, Rn.11; Wolfrum, in: Simma, Chartakommentar, Artikel 1, Rn.3.

[117] Brownlie, Rule of Law, 101: "In the case of the Security Council there is no reason to assume a tension between effectiveness and legality. Common sense would suggest that the authority of a political organ must depend on respect for the Rule of Law and that there is an essential link between operational efficacy and legality."

Ausdruck gekommene Rechtsverständnis der Vereinten Nationen anzuführen[118], sondern auch der Umstand, daß Frieden schwerlich unter Mißachtung des Völkerrechts geschaffen werden kann[119]. Es läßt sich im Gegenteil wohl kaum daran zweifeln, daß der Sicherheitsrat als Organ der Vereinten Nationen, die sich sowohl gemäß der Charta als auch in ihrer Praxis der Achtung und Förderung des Rechts verpflichtet haben, auch die Aufgabe hat, im Rahmen seiner Zuständigkeit das Völkerrecht zumindest grundsätzlich zu achten[120]. Zudem ist es schwer vorstellbar, daß mit der hohen Eingriffsintensität des Sicherheitsrats im Rahmen von Kapitel VII der Charta keine Bindung an das Völkerrecht einhergehen sollte[121]. Allein aus dem Wortlaut des Artikel 1 Ziff. 1 der Charta eine fehlende Bindung des Sicherheitsrats an das Völkerrecht und darüber hinaus die Kompetenz zur Schaffung neuen Rechts für den konkreten Fall abzuleiten, erscheint daher auch unter Berücksichtigung der Bedeutung des Ziels der Friedenswahrung als zu weitgehend[122]. Im Ergebnis besteht daher zumindest eine grundsätzliche Bindung des Sicherheitsrats an das Völkerrecht[123].

d) Reichweite der Bindung an das Völkerrecht

Eine Reihe von Autoren nimmt eine strikte Bindung des Sicherheitsrats an das Völkerrecht an[124]. Der Sicherheitsrat sei grundsätzlich an das Völkerrecht gebunden und dürfe von diesem nur abweichen, soweit dies ausdrücklich in der Charta angeordnet sei[125]. Die Annahme einer strikten Bindung des Sicherheitsrats an das Völkerrecht, vorbehaltlich einer ausdrücklich angeordneten Abweichungsbefugnis, wird der Systematik der Charta und ihrem Verhältnis zum Völkerrecht nicht gerecht. Die Auslegung des Artikel 24 Absatz 2, S. 1 der

---

118 "WE THE PEOPLE OF THE UNITED NATIONS DETERMINED to establish conditions under which justice and respect for the obligations arising from treaties and other sources of international law can be maintained." Siehe hierzu Bedjaoui, New World Order, 31; Bruha/Krajewski, 16.

119 So nachdrücklich Bedjaoui, New World Order, 35. Dies entspricht auch dem positiven Friedensbegriff, der in der Praxis des Sicherheitsrats zugrundegelegt wird. Siehe dazu Hobe, 67 m.w.N.; Lailach, 161 ff.; Lachs, M., Article 1, Paragraph 1, in: Cot/Pellet, 31 ff.; Wolfrum, in: Simma, Chartakommentar, Artikel 1, Rn.5.

120 Bedjaoui, New World Order, 130.

121 Stein, 24 m.w.N. Siehe auch Arangio-Ruiz, Charter Interpretation, 26, der vor der darin liegenden Gefahr warnt, daß der Sicherheitsrat zum Instrument von Hegemonialmächten wird.

122 Bedjaoui, New World Order, 32. Gegen den Rechtsabsolutismus Kelsens wendet sich auch Herdegen, 156.

123 Angelet, 74; Bennouna, 559; Dominice, 181; Fraas, 246; Herbst, 377; Köchler, 21; Reinisch, 193, Skubiszewski, ICJ and SC, 627; Stein,19.

124 Bedjaoui, New World Order, 29 ff.; Gasser, Economic Sanctions, 881; Lamb, 370.

125 Akande, 320.

Charta zeigt, daß der Sicherheitsrat nur in dem in Artikel 1 und 2 der Charta festgelegten Umfang an das Völkerrecht gebunden sein sollte. Die Formulierung im Wortlaut des Artikel 1 Ziff. 1 der Charta deutet überdies darauf hin, daß eine uneingeschränkte Bindung des Sicherheitsrats an das Völkerrecht zumindest dann nicht bestehen sollte, wenn die Pflicht zur Beachtung des Völkerrechts für den Sicherheitsrat zu einer unzumutbaren Beeinträchtigung in der Wahrnehmung seiner Aufgabe führen würde[126]. Nicht nur aus Artikel 1 Absatz 1 der Charta, sondern auch aus der in der Charta in Artikel 25, 48 und 103 zum Ausdruck kommenden Übernahme der Verpflichtung der Mitgliedstaaten, den Sicherheitsrat bei der Wahrnehmung seiner Aufgabe zu unterstützen, läßt sich des weiteren ein Wille der Mitgliedstaaten ableiten, dem Sicherheitsrat die Befugnis zur Abweichung von Normen des dispositiven Rechts einzuräumen, soweit dies zur Erfüllung des Ziels der Friedenssicherung erforderlich ist[127]. Es wäre mit Blick auf Artikel 1 Ziff. 1 der Charta kaum verständlich, wenn es dem Sicherheitsrat verwehrt wäre, Maßnahmen zu ergreifen, die auch Staaten untereinander vertraglich regeln könnten, sofern ihm dies zur Friedenswahrung geboten erscheint. Der Sicherheitsrat unterliegt insoweit den gleichen Bindungen, die auch für Staaten gelten[128]. Er ist daher grundsätzlich an das Völkerrecht gebunden, kann aber von Normen des dispositiven Völkerrechts abweichen, soweit dies zur effektiven Wahrnehmung seiner Aufgabe der Friedenssicherung erforderlich ist und die Entscheidung im übrigen mit der Charta vereinbar ist[129]. Inwieweit diese grundsätzliche Befugnis des Sicherheitsrats zum Abweichen von den dispositiven Normen des Völkerrechts auch für diejenigen Menschenrechte und Normen des humanitären Völkerrechts, denen der Status von Völkergewohnheitsrecht zukommt, gilt, ist aus dem Verhältnis von Artikel 1 Ziff. 1 und Artikel 1 Ziff. 3 der Charta zu bestimmen[130].

e) Vorarbeiten

Ein Rückblick auf die Vorarbeiten bestätigt den vorläufigen Befund der grundsätzlichen, aber eingeschränkten Bindung des Sicherheitsrats an das Völkerecht[131]. Die Frage, inwieweit der Sicherheitsrat beim Ergreifen von

---

[126] Hierauf verweist Pellet, 235. Siehe auch Reisman, 407, 413 ff., dessen Schlußfolgerung, es seien keine materiellen Rechtsgrenzen des Sicherheitsrats bei der Verhängung von Zwangsmaßnahmen nach Kapitel VII der Charta auszumachen, allerdings nicht zugestimmt werden kann.

[127] Doehring, Unlawful Resolutions, 99, 104.

[128] De Hoogh, 263.

[129] Im Ergebnis ebenso Arangio-Ruiz, Security Council, 693, 694; Gardam, 297; Gowlland-Debbas, Relationship, 662; Klein, 481.

[130] Siehe hierzu unten 3.4.2.

[131] Zum besseren Verständnis der nachfolgenden Praxis werden die Vorarbeiten ausnahmsweise der Darstellung der Praxis vorgezogen.

Maßnahmen auf der Grundlage von Kapitel VII der Charta das Völkerrecht zu beachten hat, war schon während der Vorarbeiten zur Charta Gegenstand kontroverser Debatten. Es wurde eine Vielzahl von Vorschlägen eingebracht, die in unterschiedlicher Formulierung eine Bindung des Sicherheitsrats an Recht und Völkerrecht vorsahen[132]. Dabei wurde über zwei Änderungsanträge entschieden, ohne daß einer von ihnen die erforderliche Mehrheit der Stimmen gewinnen konnte[133]. Die Debatte anläßlich der Abstimmung über den ägyptischen Antrag, Artikel 1, Absatz 1 wie folgt zu fassen: "To maintain international peace and security, *in conformity with the principles of justice and international law*", gibt ein instruktives Bild über die von den beteiligten Staaten vertretenen Auffassungen[134]. Die Befürworter wiesen darauf hin, daß der Begriff des Friedens Gerechtigkeit voraussetze[135]. Es dürfe keinen Frieden auf Kosten der Gerechtigkeit, welche die Achtung des Völkerrechts umfasse, geben[136]. Die Gegner des Antrags verglichen den Sicherheitsrat mit einem Polizisten. Dessen Aufgabe sei es, Streitigkeiten ohne Rücksicht auf das Recht zu beenden. Eine Bindung an das Völkerrecht würde zu einer unzumutbaren Verzögerung beim Ergreifen der erforderlichen Maßnahmen führen[137]. Die dadurch eröffnete Möglichkeit, daß eine Konfliktpartei unter Berufung auf das Völkerrecht die vom Sicherheitsrat geplanten Maßnahmen zur Beendigung der Friedensbedrohung in Frage stellen könnte, würde Unklarheiten hervorrufen und die Durchschlagskraft der Resolutionen schwächen[138]. Erst nach der Beendigung der Friedensbedrohung habe der Sicherheitsrat, einer Jury vergleichbar, im Rahmen der friedlichen Streitbeilegung das Völkerrecht zu berücksichtigen[139]. Wie seitens des Berichterstatters klargestellt wurde, waren sich aber alle Beteiligten einig, daß ein Frieden, um wahrhaftig und dauerhaft zu sein, stets auf Recht und Gerechtigkeit beruhen müsse[140].

Die Erörterungen während der Vorarbeiten zeigen, daß der Sicherheitsrat keiner strikten Bindung an das Völkerrecht unterliegen sollte. Es erscheint aber zu weitgehend, aus diesem Umstand auf das Fehlen jeglicher Bindung an das

---

[132] Siehe Doc. 1006, I/6, 15. Juni 1945, 16, 6 UNCIO, 12, 27.
[133] Die Anträge Ägyptens und Uruguays. Siehe zum Wortlaut der Anträge sowie den diesbezüglichen Debatten, Doc.1006 (s.o. Anm. 132), 12 ff.
[134] Ebd., 12.
[135] Stellungnahme des ägyptischen Vertreters, ebd., 12, 13.
[136] Stellungnahme des Vertreters Panamas, ebd., 15 ff., 17; Stellungnahme des Vertreters Uruguays, ebd., 20 ff., 21.
[137] Stellungnahme des Vertreters des Vereinigten Königreichs, ebd., 14; Stellungnahme des Vertreters der Vereinigten Staaten, ebd., 18, 19.
[138] Stellungnahme des Vertreters der Vereinigten Staaten, ebd., 18.
[139] Ebd., 19.
[140] Doc. 885, I/1/34, 9. Juni 1945, 6 UNCIO, 387, 394.

Völkerrecht zu schließen[141]. Die grundsätzliche Bindung wurde auch von den Vertretern der Vereinigten Staaten und des Vereinigten Königreichs nicht bestritten. Ihre Argumente waren vielmehr funktionaler Natur. Es sollte vor allem vermieden werden, daß sich eine der beteiligten Parteien auf ein Recht auf Gewaltanwendung mit dem Zweck berufen konnte, ein schnelles und effektives Handeln des Sicherheitsrats zu verhindern. Die Frage der Rechtsbindung wurde daher nur in Hinsicht auf die Rechtslage innerhalb des jeweiligen Konflikts behandelt. Nicht hingegen sollte der Sicherheitsrat gänzlich von der Beachtung des Völkerrechts freigestellt werden, sondern nur soweit, als dies zur wirksamen Aufgabenerfüllung erforderlich ist[142].

f) Praxis

Die Praxis der Organe der Vereinten Nationen, einschließlich des Sicherheitsrats, zeigt, daß diese sich als Rechtsgemeinschaft verstehen, die an das Völkerrecht gebunden ist[143]. Der Sicherheitsrat hat selbst eine grundsätzliche Bindung an das Völkerrecht anerkannt, wie insbesondere aus der Erklärung des Präsidenten des Sicherheitsrates am 31. Januar 1992 anläßlich der Sitzung zu dem Thema „Die Verantwortung des Sicherheitsrats im Hinblick auf die Wahrung des Weltfriedens und der internationalen Sicherheit", hervorgeht[144]. In der Praxis des Sicherheitsrats zur Verhängung kollektiver Zwangsmaßnahmen ist wiederholt geltend gemacht worden, daß die Maßnahmen im Einklang mit dem Völkerrecht erfolgen müssen[145]. Im Rahmen von Wirtschaftssanktionen haben

---

[141] Aus dem bloßen Umstand, daß ein Antrag abgelehnt wird, läßt sich nicht ohne weiteres das Fehlen einer Bindung folgern. So der IGH im Namibia Fall ICJ Reports 1971, 16, 36, Ziff. 69: "The fact that a particular proposal is not adopted by an international organ does not necessarily carry with it the interference that a collective pronouncement is made in a sense opposite to that proposed. There can be many reasons determining rejection or non-approval."

[142] Akande, 320; Stein, 19.

[143] So wurden die Zeit von 1990 bis 1999 zur Dekade des Völkerrechts erklärt, deren Ziel unter anderen in der Förderung der Anerkennung und der Achtung der Grundsätze des Völkerrechts bestand. Siehe A/RES/44/23, 17. November 1989 und A/RES/54/28, 21. Januar 2000.

[144] S.o. Anm. 84. Siehe auch S/RES 1318, 7. September 2000, "The Security Council ... reaffirms its commitment to the principles of sovereign equality, national sovereignty, territorial integrity and political independence of all States, and underlines the need for respect for human rights and the rule of law."

[145] So insbesondere bezüglich der Auslieferungsbegehren gegenüber dem Sudan und Libyen. Siehe dazu die Stellungnahmen Frankreichs und Chinas zu S/RES 1054, 26. April 1996 (Nachweise im Überblick bei Herbst, 257 ff.) und im Libyen Fall insbesondere die Stellungnahme des brasilianischen Delegierten zu S/RES 883 (1993) in S/PV. 3312, 11. November 1993, 49.

nicht nur Delegierte der betroffenen Staaten selbst[146], sondern auch anderer Staaten Bedenken gegen die Vereinbarkeit der beschlossenen Maßnahmen mit dem Völkerrecht vorgetragen[147]. Einige Staaten haben ausdrücklich eine Bindung des Sicherheitsrats an das Völkerrecht postuliert[148]. Andererseits finden sich in den Beratungen zur Verhängung von Wirtschaftssanktionen auch Erklärungen, welche darauf hindeuten, daß dem Sicherheitsrat zur Wahrung des Weltfriedens und der internationalen Sicherheit ein gewisser Spielraum zustehen soll, der auch ein Abweichen vom Völkergewohnheitsrecht umfassen kann[149]. Der Sicherheitsrat hat zudem seit 1990 in mehreren Fällen die Verletzung des Völkerrechts als Friedensbedrohung bewertet[150]. In diesem Zusammenhang ist zu Recht darauf hingewiesen worden, daß ein Wertungswiderspruch entstünde, wenn der Sicherheitsrat zwar eine solche Feststellung treffe, selbst aber in keiner Weise verpflichtet wäre, das Völkerrecht zu beachten[151].

Die aufgezeigte Praxis verdeutlicht ein gegenüber den Vorarbeiten gewandeltes Verständnis der Rolle des Sicherheitsrats. So läßt die verstärkte Berücksichtigung des Völkerrechts bei den Debatten über die zu ergreifenden Maßnahmen erkennen, daß die strikte, sich aus den verschiedenen Aufgaben des Sicherheitsrats ergebende Trennung zwischen den nach Kapitel VII und Kapitel VI der Charta zu ergreifenden Maßnahmen, die zum damaligen Zeitpunkt vom Vereinten Königreich und den Vereinigten Staaten angeführt wurde, nicht mehr in Form eines einfachen Dualismus wahrgenommen wird. Vielmehr wird zunehmend deutlich, daß die Beachtung des Völkerrechts zur Wahrung des

---

[146] Siehe die Stellungnahmen der Delegierten des Irak, S/PV. 2981, 33 (2. Kap., Anm. 136); Libyens, S/PV.4128 (17.April 2000), 30 und der BR Jugoslawien S/PV. 3428, 14 (2. Kap., Anm. 455).

[147] Siehe die Stellungnahmen der Delegierten Jemens, S/PV. 2939, 11 (2. Kap., Anm. 103); Kubas, S/PV 2939, 18-20 (2. Kap., Anm. 104) und Honduras, S/PV 3519, 4 (2. Kap., Anm. 163).

[148] Indien, in: S/PV. 3046 (31. Januar 1992), 97 sowie die Russische Föderation in ihrem Arbeitspapier zu Sanktionen A/AC.182/L.100, I, Ziff. 3.

[149] Siehe die Stellungnahmen der Delegierten Kanadas S/PV.2933, 24, 25 (2. Kap., Anm. 97); S/PV.3376, 4 (2. Kap., Anm. 566) sowie Japans S/PV.3200, 33 (2. Kap., Anm. 441).

[150] Siehe im Überblick bei Herbst, 332 ff.

[151] Bedjaoui, New World Order, 35: "And if, since the crisis and war of the Gulf, the Council has recommended to cite chapter and verse for its decisions, grounding them in law, if it has now taken expressly to citing the "principles of international law", it is difficult to see how anyone could continue to maintain its entitlement to stray from those principles, which it invokes as the basis for its own action." Dies gilt besonders für den Schutz der Menschenrechte. In diese Richtung auch Köchler, 17: „Ein eigenartiger Widerspruch in der derzeitigen Sanktionspolitik der Vereinten Nationen besteht gerade darin, daß die Menschenrechtslage zwar Anlaß für die Verhängung von Sanktionen sein kann, daß bei der Anwendung jedoch nicht auf die menschenrechtlichen Auswirkungen Bedacht genommen wird."

Weltfriedens und der internationalen Sicherheit auch bezüglich der vom Sicherheitsrat beschlossenen Maßnahmen als Voraussetzung zur Schaffung und Wahrung eines dauerhaften Friedens verstanden wird. Insofern spiegelt sich die These, daß es keinen Frieden ohne Recht und Gerechtigkeit geben kann, auch in der Praxis des Sicherheitsrats wider.

Eine grundsätzliche Bindung des Sicherheitsrats an das Völkerrecht ist auch von mehreren Richtern des IGH anerkannt worden[152]. Bemerkenswert ist in diesem Zusammenhang die Tadic Entscheidung des Jugoslawien-Tribunals, in der dieses die Rechtmäßigkeit der Errichtung des Tribunals durch den Sicherheitsrat mit den Resolutionen 808 (1993) und 827 (1993) am Maßstab der "Rule of Law" überprüfte[153].

g) Ergebnis

Anhand der an der Praxis orientierten Auslegung kann nur der Schluß gezogen werden, daß der Sicherheitsrat grundsätzlich an das Völkergewohnheitsrecht gebunden ist. Diese grundsätzliche Bindung kommt aber aufgrund der aufgezeigten Bestimmungen des Kapitel VII der Charta und des Artikel 24 Absatz 2, S. 1 i.V.m. Artikel 1 Ziff. 1 der Charta, die dem Sicherheitsrat die Befugnis zum Abweichen vom dispositiven Völkerrecht einräumen, nicht einer uneingeschränkten Bindung an das Völkerrecht gleich. Der konkrete Umfang und Inhalt der Verpflichtungen des Sicherheitsrats ist dabei zuvorderst aus der Charta selbst, gegebenenfalls unter Rückgriff auf das Völkerrecht, zu ermitteln.

---

152 Fitzmaurice, D.O, im Namibia Fall, ICJ Reports 1971, 220, 294, Ziff. 115 und im Libyen Fall Bedjaoui, D.O., ICJ Reports 1992, 33, 45, 46; 143, 155, 156; Weeramanty, D.O., ICJ Reports 1992, 50, 65; 160, 175 sowie ad hoc Richter El-Kosheri, D.O., ICJ Reports 1992, 94, 104; 199, 209.

153 Auf den Einwand des Berufungsklägers, die Errichtung des Gerichtshofes habe gegen den anerkannten Grundsatz verstoßen, wonach Gerichte durch Gesetz geschaffen sein müssen ("established by law") befand das Gericht, daß dieser Grundsatz ein allgemeines Rechtsprinzip sei. Der Begriff sei aber nicht im Sinne von Gesetz zu verstehen, sondern dahin, daß das Gericht im Einklang mit der "Rule of Law" zu errichten sei. Auch das Jugoslawien-Tribunal müsse daher in Übereinstimmung mit anerkannten internationalen Standards errichtet worden sein. ICTY, Prosecutor v. Tadic (1. Kap., Anm. 34), Ziff. 26 ff.

3.3. Die Bindung des Sicherheitsrats an die Normen des zwingenden Völkerrechts (Jus Cogens)

3.3.1 Der Status der Normen des Jus Cogens

Eine Norm des zwingenden Völkerrechts ist eine solche, die von der internationalen Staatengemeinschaft in ihrer Gesamtheit angenommen und als eine Norm anerkannt wird, von der nicht abgewichen werden darf und die nur durch eine spätere Norm des allgemeinen Völkerrechts derselben Rechtsnatur geändert werden darf[154]. Das Prinzip des Jus Cogens kann mittlerweile als allgemeiner Grundsatz des Völkerrechts angesehen werden[155]. Es ist sowohl im Völkergewohnheitsrecht[156] als auch im völkerrechtlichen Vertragsrecht[157] verankert, und hat in der Rechtsprechung des IGH zumindest implizit Anerkennung gefunden[158]. Der Grundsatz des Jus Cogens findet, wie die WÜVIO zeigt, grundsätzlich nicht nur auf Staaten, sondern auch auf internationale Organisationen Anwendung[159]. Rechtsfolge einer Norm des zwingenden Völkerrechts ist, daß gegen dieses verstoßende völkerrechtliche Verträge bzw. daraus resultierende Verpflichtungen nichtig sind[160]. Die Rechtsfolge der Nichtigkeit gilt auch für einseitige Akte, die gegen zwingendes Völkerrecht verstoßen[161].

---

[154] Übereinstimmende Artikel 35 S. 2 des Wiener Übereinkommen über das Recht der Verträge sowie des Wiener Übereinkommen über das Recht der Verträge zwischen Staaten und Internationalen Organisationen oder zwischen Internationalen Organisationen.
[155] Hierzu Mosler, 19, 20.
[156] Byers, 220 ff.; Kadelbach, Zwingendes Völkerrecht, 128; Frowein, Jus Cogens, 66; Scott u.a., 118.
[157] In den beiden Wiener Vertragsrechtskonventionen (s.o. Anm. 154).
[158] Der IGH hat in seiner bisherigen Rechtsprechung das Prinzip des Jus Cogens nicht ausdrücklich anerkannt. Die Rechtsprechung läßt gleichwohl den Schluß zu, daß der IGH das Prinzip des Jus Cogens grundsätzlich anerkennt. Siehe hierzu die ausführliche Analyse der IGH Rechtsprechung zum Jus Cogens bei Kadelbach, Zwingendes Völkerrecht, 114 ff. und Frowein, Jus Cogens, 66, 68.
[159] Dominice, 180; Scott u.a., 112 m.w.N.
[160] Artikel 53 und 64 des WÜV.
[161] Mosler, 18; Scott u.a., 114. Differenzierend Meron, Hierarchy, 21, dem zufolge einseitige Akte, die gegen zwingendes Völkerrecht verstoßen, nicht automatisch nichtig sind, sondern ihnen die Anerkennung zu versagen ist.

3.3.2. Die Bindung des Sicherheitsrats an das Jus Cogens

a) Wortlaut

Der Text der Charta enthält keinerlei Hinweise auf die Anwendbarkeit des Grundsatzes des Jus Cogens auf die vom Sicherheitsrat nach Kapitel VII der Charta ergriffenen Zwangsmaßnahmen. Aus den Bestimmungen der Charta läßt sich jedoch ebenso wenig entnehmen, daß der Sicherheitsrat nicht an Normen des zwingenden Völkerrechts gebunden sein sollte. Vielmehr hüllt sich, wie auch die fehlende Erörterung des Jus Cogens während der Vorarbeiten zeigt, die Charta in Schweigen, was die Rolle des Jus Cogens im Recht der Charta anbelangt[162].

b) Systematik

Aus der grundsätzlichen Bindung des Sicherheitsrats an das Völkerrecht folgt, daß er als Minimalbestand das zwingende Völkerrecht zu beachten hat, das die fundamentalen Regeln des Rechts und der Ordnung der internationalen Gemeinschaft umfaßt[163]. Die Ausübung der auf einem völkerrechtlichen Vertrag beruhenden Befugnisse des Sicherheitsrats ist dabei unüberwindlich durch die Normen des zwingenden Völkerrechts begrenzt[164]. Die implizit in Artikel 1 Ziff. 1 der Charta zum Ausdruck kommende Ermächtigung des Sicherheitsrats zum Abweichen von Normen des Völkergewohnheitsrechts umfaßt insoweit nicht die Normen des zwingenden Völkerrechts, da diese der Dispositionsbefugnis der Mitgliedstaaten entzogen sind. Hiervon ausgenommen sind diejenigen zwingenden Normen, von deren Beachtung der Sicherheitsrat ausdrücklich befreit ist, wie von dem in Artikel 2 Absatz 4 der Charta normierten Gewaltverbot. Die Anerkennung des Grundsatzes des Jus Cogens im Völkerrecht hat daher dazu geführt, daß nach der Gründung der Vereinten Nationen eine zu jenem Zeitpunkt

---

[162] Die fehlende Bezugnahme auf das Prinzip des Jus Cogens ist vor dem Hintergrund verständlich, daß sich erst nach dem 2.Weltkrieg das Bewußtsein der Notwendigkeit durchsetzte, eine internationale, auf fundamentalen, nicht zur Disposition stehenden Rechtssätzen beruhende Ordnung zu schaffen. Die Charta hat zwar wesentlich zur Schaffung einer solchen Ordnung beigetragen, zum Zeitpunkt ihrer Verabschiedung war der Grundsatz des Jus Cogens jedoch noch nicht als Völkergewohnheitsrecht anerkannt. Zutreffend Dominice, 180. Siehe zur Entstehungsgeschichte des Jus Cogens Hannikainen, 25 ff. und Ragazzi, 44 ff.

[163] Ebenso Bedjaoui, New World Order, 34; Dominice, 180, 187; Herbst, 373; Lamb, 372; Pellet, 236; Schermers/Blokker, §1335; Scott u.a., 120.

[164] Herdegen, 156. Siehe auch Köck, UN-Satzung, 90, zum Verhältnis von UN-Satzungsrecht und dem von Mitgliedstaaten erzeugten Völkergewohnheitsrecht, insbesondere zum Jus Cogens.

noch nicht vorhergesehene Einschränkung der Befugnisse des Sicherheitsrates eingetreten ist[165].

Diese Auslegung findet eine systematische Stütze in Artikel 25 und 103 der Charta in Hinblick auf die Folgen einer Resolution, mit welcher der Sicherheitsrat die Mitgliedstaaten verpflichten würde, gegen eine Norm des zwingenden Völkerrechts zu verstoßen. Selbst wenn der in Artikel 103 geregelte Vorrang der Charta sich auf Verpflichtungen aus Artikel 25 der Charta, denen eine unter Verletzung des Völkerrechts ergangene Entscheidung zugrundeliegt, beziehen sollte, kann dieser Vorrang nicht so weit reichen, daß er die Mitgliedstaaten zu etwas verpflichtet, dessen Befolgung aufgrund des entgegenstehenden Jus Cogens rechtlich unmöglich ist[166].

c) Teleologische Auslegung

Das Ziel der Friedenssicherung läßt sich nicht mittels der Verletzung von Normen, die von der internationalen Gemeinschaft als fundamental anerkannt worden sind, verwirklichen[167]. Die für eine grundsätzliche Bindung des Sicherheitsrats an das Völkerrecht angeführten Argumente gelten insofern erst recht für eine Bindung an Normen des zwingenden Völkerrechts[168].

d) Praxis

In der Praxis des Sicherheitsrats finden sich keine ausdrücklichen Hinweise auf eine Bindung an das zwingende Völkerrecht. Der Sicherheitsrat und seine ständigen Mitglieder haben aber in ihrer Praxis anerkannt, daß die Befugnis zur Verhängung von Wirtschaftssanktionen unabdingbaren Grenzen unterliegt[169]. Diese Grenzen sind auch mit Blick auf die im Rahmen von Wirtschaftssanktionen potentiell betroffenen zwingenden Rechte von Bedeutung[170]. Der IGH hat sich bisher nicht mit der Frage befaßt, inwieweit der Sicherheitsrat an die Normen des zwingenden Völkerrechts gebunden ist. Einzig der Richter Hersch Lauterpacht hat in seinem Sondervotum im Bosnien Fall darauf hingewiesen, daß eine Zwangsmaßnahme des Sicherheitsrats, hier die Anwendung des gegen

---

165 Gowlland-Debbas, Relationship, 667.

166 Doehring, Unlawful Resolutions, 98, 99; Dominice, 180; Klein, 488; Palley, 12; Scott u.a., 129.

167 Bedjoui, New World Order, 35.

168 S.o. 3.2.2. c).

169 So dürfen Wirtschaftssanktionen nicht so ausgestaltet werden, daß die Lieferung von Arznei- und Nahrungsmitteln in das Land des Sanktionsadressaten verboten ist. Siehe zur Praxis des Sicherheitsrats unten 3.4.2.2.1. b).

170 Siehe zu diesen Rechten im einzelnen unten 4.2.2.

die BR Jugoslawien verhängten Waffenembargos auf Bosnien-Herzegowina, nicht dazu beitragen dürfe, daß ein zwingendes Recht, hier das Verbot des Völkermordes, verletzt wird[171]. In der völkerrechtlichen Literatur wird mit großer Mehrheit eine strikte Bindung des Sicherheitsrats an das zwingende Völkerrecht als Grenze seines Rechtsfolgeermessens angenommen[172]. Dieses Ergebnis stimmt mit dem Entwurf der ILC zur Staatenverantwortlichkeit überein, wonach Gegenmaßnahmen verboten sind, die unter Verletzung einer Norm des zwingenden Völkerrechts erfolgen[173].

e) Befugnis zum Abweichen von Normen des zwingenden Völkerrechts

Das Verbot der Verletzung zwingenden Rechts hält trotz diesbezüglich geäußerter Bedenken[174] auch dann stand, wenn es um die Gefahr der Massenvernichtung von Menschenleben geht, welches bei einer vom Sicherheitsrat festgestellten Friedensbedrohung oftmals der Fall ist[175]. Es liegt im

---

[171] Application of the Convention on the Prevention and Punishment of the Crime of Genocide, ICJ Reports 1993, 407, 440, Ziff. 100: "... the prohibition of genocide, unlike the matters covered by the Montreal Convention in the Lockerbie case to which the terms of Article 103 could be directly applied, has generally been accepted as having the status not of an ordinary rule of international law but of *jus cogens*. ... The concept of *jus cogens* operates as a concept superior to both customary international law and treaty. The relief which Article 103 of the Charter may give the Security Council in case of conflict between one of its decisions and an operative treaty obligation cannot- as a matter of simple hierarchy of norms- extend to a conflict between a Security Council resolution and *jus cogens*. Indeed, one only has to state the opposite proposition thus- that a Security Council resolution may even require participation in genocide- for its unacceptability to be apparent."

[172] Akande, 322; Fraas, 84; Gasser, Economic Sanctions, 881; Gill, 79; Herdegen, 156; Köchler, 20, 21; Lamb, 372; Scott u.a., 128. AA. Oosthuizen, 559, dem zufolge auch das Jus Cogens keine rechtliche Grenze für den Sicherheitsrat bilde, da es in der Praxis keine Rolle spiele und sein Inhalt weitgehend ungeklärt sei.

[173] Article 50 (Prohibited Countermeasures): "An injured State shall not resort by way of countermeasures to: (e), any other conduct in contravention of a peremptory norm of general international law", in: 37 I.L.M. (1998) 440, 457, 458.

[174] Byers, 217, Fn.21; Doehring, Völkerrecht, Rn. 992.

[175] So beispielsweise in den Fällen des Kriegs im ehemaligen Jugoslawien (siehe 2. Kap., 2.4) und zwischen Äthiopien und Eritrea (S/RES 1298 (2000)) sowie im Falle des Völkermords in Ruanda (S/RES 918 (1994)). Hier finden sich Parallelen zu der durch die Entscheidung des IGH im Nuclear Weapons Fall ICJ Reports 1996, 66, entfachten Debatte, ob der Einsatz von Atomwaffen und die damit verbundene Verletzung zwingender Rechte gerechtfertigt sein kann, wenn davon das Überleben des betroffenen Staates abhängt. Dazu Kohen, Marcelo G., The Notion of "State Survival" in International Law, in: Chazournes, Boisson de, Laurence/Sands Philippe (Hrsg.), International Law, The International Court of Justice and Nuclear Weapons, Cambridge, 1999, 293-314, der zutreffend zu dem Schluß kommt, daß zur Beantwortung dieser Frage einzig die im Recht zur Staatenverantwortlichkeit und im Recht

Wesen des absoluten Charakters der zwingenden Rechte, daß diese notstandsfest sind und ihre Verletzung unter keinen Umständen als Mittel zum Zweck gerechtfertigt ist[176]. Selbst in denjenigen Fällen, in denen der Sicherheitsrat ein kollektives Zwangsmittel einsetzt, um eine vom Adressaten ausgehende Verletzung von Normen des zwingenden Rechts zu verhindern, dürfen durch den Einsatz des Mittels zum Zweck der Friedenssicherung keine Normen des zwingenden Rechts verletzt werden[177]. Eine Abwägung zwischen den Normen des Jus Cogens dahingehend, daß die Verletzung eines zwingenden Rechts zur Wahrung eines durch eine zwingende Norm geschützten Rechtsguts zulässig sein könnte, kommt deswegen von vornherein nicht in Betracht[178]. Dieser Umstand schränkt den Sicherheitsrat auch nicht übermäßig in der Wahrnehmung seiner Aufgabe ein, da es keinen Frieden um jeden Preis gibt[179].

Darüber hinaus erscheint es abwegig, die Pflicht zur Beachtung zwingender Normen, die dem Schutz der Menschenrechte dienen, davon abhängig zu machen, ob die betroffenen Rechtssubjekte an der Friedensbedrohung mitschuldig oder unschuldig sind. Als mitschuldig wird dabei die erwachsene Bevölkerung angesehen, die sich nicht gegen die Quelle der Friedensbedrohung, im Regelfall also die jeweilige Regierung, erhebt und dadurch stillschweigend ihre

---

der Menschenrechte anerkannten Ausnahmen bzw. Rechtfertigungsgründe heranzuziehen sind.

176 Siehe Artikel 33, Ziff. 2 a) des ILC-Entwurfs zur Staatenverantwortlichkeit: "In any case, a state of necessity may not be invoked by a State as a ground for precluding wrongfulness: if the international obligation with which the act of the State is not in conformity arises out of a peremptory norm of general international law", in: 37 I.L.M. (1998), 440, 452.

177 Diese Frage wirft Byers, 217, Fn.21, in Hinblick darauf auf, ob der Verstoß gegen eine Norm des zwingenden Völkerrechts auch dann zur Unzulässigkeit einer Maßnahme des Sicherheitsrats führen würde, wenn dieser deswegen gegen die Norm verstoße, um die Verletzung derselben oder einer anderen Norm des zwingenden Völkerrechts zu verhindern. Als Kriterium für die Beurteilung der Zulässigkeit schlägt er das Merkmal der Effektivität der Maßnahmen des Sicherheitsrats vor, mit der dieser Maßnahmen zur Durchsetzung einer Norm des Jus Cogens auf Kosten einer anderen Norm des Jus Cogens vornimmt.

178 So aber Vradenburgh, 204. Hierbei gilt es zu beachten, daß einige derjenigen Rechte, die gemeinhin zu den zwingenden Rechten gezählt werden, so gefaßt sind, daß ein Eingriff in das Recht in notstandsähnlichen Situationen zulässig ist. Diesbezüglich sind in Hinblick auf das Gewaltverbot das Selbstverteidigungsrecht nach Artikel 51 der Charta und in Hinblick auf das Recht auf Leben die Ausnahmen, unter denen eine Tötung nicht als willkürlich gilt, zu nennen. Soweit derartige Abweichungen vom absoluten Charakter eines zwingenden Rechts nicht vorgesehen sind, ist eine Verletzung einer Norm des zwingenden Völkerrechts als Mittel zum Zweck nicht gerechtfertigt.

179 In diese Richtung aber Vradenburgh, 204, welche die Außerkraftsetzung elementarer Menschenrechte durch den Sicherheitsrat bei der Verhängung von Wirtschaftssanktionen nach Kapitel VII für gerechtfertigt hält, um der potentiell schwerwiegenderen Beeinträchtigung der Menschenrechte durch den Sanktionsadressaten zu begegnen.

Zustimmung zu deren Verhalten erteile[180]. Ein solches Kriterium erscheint angesichts der real existierenden politischen Verhältnisse, denen die in einer Diktatur lebende Bevölkerung ausgesetzt ist und die eine wirksame Opposition oftmals kaum ermöglichen[181], bestenfalls naiv, auf jeden Fall aber in Bezug auf kollektive Zwangsmaßnahmen unbrauchbar[182]. Zwingende Rechte zeichnen sich überdies dadurch aus, daß sie nicht verwirkt werden können[183]. Insofern kann selbst die erkennbare Zustimmung der Bevölkerung zu einer Politik der jeweiligen Regierung, die eine Friedensbedrohung darstellt, nicht dazu führen, daß die zwingenden Menschenrechte der Bevölkerung vom Sicherheitsrat mißachtet werden dürfen[184].

Eine Beeinträchtigung zwingender Rechte durch die vom Sicherheitsrat verhängten Zwangsmaßnahmen ist andererseits auch dann nicht zulässig, wenn die Bevölkerung des Sanktionsadressaten in diese Beeinträchtigung einwilligt. Eine solche Einwilligung der Bevölkerung kommt in denjenigen Fällen in Betracht, in denen demokratisch legitimierte Sprecher den Sicherheitsrat im Namen ihres Landes zur Verhängung umfassender Wirtschaftssanktionen aufrufen[185]. Die rechtfertigende Wirkung einer derartigen Einwilligung findet ihre Grenze jedenfalls dort, wo zwingende Menschenrechte durch die Zwangsmaßnahmen des Sicherheitsrechts verletzt werden. Diese Rechte sind weitgehend der Dispositionsbefugnis der Rechtssubjekte, deren Schutz sie dienen, entzogen, da es sich

[180] So Clawson, Patrick, Sanctions as Punishment, Enforcement, and Prelude to Further Action, in: Ethics & International Affairs, 7 (1993), 17-37, 20, 21; Vradenburgh, 200. Vradenburgh stützt diese Unterscheidung auf die Gedanken Henry David Thoreaus, die dieser in seinem aus dem Jahr 1849 stammenden Buch Civil Disobedience formulierte. H.D. Thoreau war ein prominenter, liberal-anarchistisch gesinnter Schriftsteller, der sich gegen die Einschränkungen seiner Freiheiten durch den aufkommenden modernen Staat wehrte, u.a. dadurch, daß er aus Protest gegen die Steuerzahlungspflicht eine gewisse Zeit in den Wäldern lebte, um so dem „Fluch der Zivilisation" zu entkommen. Die Übertragung der Gedanken H.D. Thoreaus, die vor dem Hintergrund der gesellschaftlichen und politischen Verhältnisse im Amerika des 19. Jahrhunderts entstanden sind, auf das ausgehende 20. Jahrhundert scheint mehr als gewagt.

[181] Siehe zu den vielfältigen Formen der Repression, der sich Oppositionsbewegungen weltweit ausgesetzt sehen, den Jahresbericht 2000 von Amnesty International.

[182] Ablehnend auch Fausey, 215, 216; Winkler, 148.

[183] Kadelbach, Zwingendes Völkerrecht, 64.

[184] Siehe in diesem Zusammenhang Gibbons, 110, die den Umfang der zu beschließenden Maßnahmen von der Haltung der Bevölkerung abhängig machen will: "Comprehensive economic sanctions like those imposed on Iraq and Haiti should be reserved exclusively for countries, such as Nazi Germany, whose leadership is *both* a menace to international peace and security *and* enjoys widespread popular support". Mit der Frage, ob dies auch für Fälle gelten sollen, in denen diese Maßnahmen zur Verletzung zwingenden Völkerrechts führen, setzt sich Gibbons allerdings nicht auseinander.

[185] Siehe hierzu unten 3.4.2.2.3. bba).

um Normen handelt, von denen unter keinen Umständen abgewichen werden darf[186].

f) Ergebnis

Der Sicherheitsrat ist beim Ergreifen von kollektiven Zwangsmaßnahmen nach Kapitel VII der Charta an das zwingende Völkerrecht gebunden, ohne daß ihm zum Zweck der Friedenssicherung eine Abweichungsbefugnis von diesen Rechten zusteht. Die sich hieraus in Hinblick auf die im Rahmen von Wirtschaftssanktionen einschlägigen zwingenden Rechte ergebenden Verpflichtungen werden im einzelnen weiter unten behandelt[187].

3.4. Die Bindung des Sicherheitsrats an die Menschenrechte aus Artikel 1 Ziffer 3 der Charta

Eine Bindung des Sicherheitsrats an die Menschenrechte kommt vor allem aus Artikel 24 Absatz 2 in Verbindung mit Artikel 1 Ziff. 2 und 3 der Charta in Betracht[188].

3.4.1. Grundsätzliche Bindung aus Artikel 1 Ziffer 3 der Charta

Artikel 1 Ziff. 3 der Charta bestimmt als Ziel der Vereinten Nationen, die Beachtung der Menschenrechte und fundamentalen Freiheiten zu fördern und zu festigen. Dieses Ziel ist gemäß Artikel 55 der Charta, insbesondere Buchstabe c, zu fördern, wozu sich alle Mitgliedstaaten nach Artikel 56 der Charta verpflichtet haben. Die Förderung der Achtung und Verwirklichung der Menschenrechte fällt zwar nicht in den Aufgabenbereich des Sicherheitsrats, sondern obliegt dem der Autorität der Generalversammlung unterstehenden Wirtschafts- und Sozialrat[189]. Artikel 1 Ziff. 3 der Charta erklärt die Förderung und Festigung der Achtung der Menschenrechte jedoch zu einem für die gesamten Vereinten

---

[186] Dies gilt zumindest insoweit, als ein zwingendes Recht, wie etwa das Selbstbestimmungsrecht, nicht die Entscheidungsfreiheit selbst betrifft, die auch dadurch ausgeübt werden kann, daß auf ein Recht verzichtet wird. Siehe Doehring, in: Simma, Chartakommentar, nach Artikel 1, Selbstbestimmungsrecht der Völker, Rn.59.

[187] S.u. 4.2.2.

[188] Artikel 1 Ziff. 2 und 3 der Charta werden nachfolgend einheitlich behandelt. Die Ausführungen zu Artikel 1 Ziff. 3 der Charta gelten insofern in gleichem Maße für Artikel 1 Ziff. 2 der Charta.

[189] Artikel 60 der Charta. Siehe zur Umsetzung dieser Ziele durch den Wirtschafts- und Sozialrat O'Donovan, Declan, The Economic and Social Council, in Alston, Philip (Hrsg.): The United Nations and Human Rights: A Critical Appraisal, Oxford, New York, 1992, 107-125.

Nationen, einschließlich des Sicherheitsrats, verbindlichen Ziel[190]. Der Wortlaut des Artikel 1 Ziff. 3 der Charta statuiert lediglich eine Förderungspflicht, nicht aber eine unmittelbare Pflicht zur Achtung der Menschenrechte. Diese Pflicht ist aber nicht rein programmatischer Natur[191]. Der dem Wortlaut nach mit Ausnahme des Diskriminierungsverbots unbestimmte Inhalt der Verpflichtung bedurfte der nachfolgenden Konkretisierung[192]. Der Grund hierfür war, daß die auf der Konferenz von San Francisco gestellten Anträge zur Einbeziehung einer Menschenrechtserklärung in die Charta erfolglos geblieben waren[193]. Der Inhalt der Artikel 1, Ziff. 3, Artikel 55 und 56 der Charta ist durch die spätere Praxis im Rahmen der Vereinten Nationen rechtlich konkretisiert worden, vor allem durch die sogenannte Bill of Rights[194], aber auch durch eine Vielzahl weiterer, unter der Ägide der Vereinten Nationen entstandenen Menschenrechtskonventionen[195]. Der Menschenrechtsschutz hat damit in der Praxis der Vereinten Nationen eine substantielle inhaltliche Ausgestaltung erfahren, der auch für den Sicherheitsrat rechtliche Verbindlichkeit zukommt[196]. Dies gilt nicht zuletzt deshalb, weil es einen kaum verständlichen Widerspruch darstellen würde, wenn der Sicherheitsrat beim Ergreifen von Maßnahmen nach Kapitel VII den im Rahmen der Vereinten Nationen erzielten Menschenrechtsschutz völlig außer Acht lassen dürfte[197]. Der Sicherheitsrat ist deshalb grundsätzlich an diejenigen Menschenrechte gebunden, die in den internationalen Menschenrechtskonventionen, die im Rahmen der Vereinten Nationen verabschiedet und von der bei

---

[190] Akande, 323; De Hoogh, 263; Gardam, 300, 301; Gill, 77; Gowlland-Debbas, Security Council Enforcement, 91.

[191] Siehe Doehring, Völkerrecht, Rn.428, zur Rechtsnatur der in Artikel 1 der Charta statuierten Ziele.

[192] Kelsen, 29.

[193] Artikel 1, Ziff. 3 der Charta sollte in Verbindung mit Artikel 55 und 56 der Charta den Schutz der Menschenrechte fördern, indem für die einzelnen Staaten verbindliche Rechtsnormen geschaffen werden. Dieser strategisch- programmatische Ansatz beruhte auf der Überlegung, daß der Schutz der Menschenrechte zuvorderst eine Angelegenheit des jeweiligen Staates ist. So wurde ein Vorschlag Panamas, eine Erklärung der Menschenrechte in die Charta einzufügen, nicht aus grundsätzlichen, sondern aus strategischen Erwägungen abgelehnt. Die Ausarbeitung der "bill of rights" sollte der Generalversammlung und dem ECOSOC übertragen werden, welche die Bestimmungen inhaltlich konkretisieren sollten. Siehe hierzu Jhabvala, 10 ff. m.w. N.

[194] Darunter wird die allgemeine Erklärung der Menschenrechte, der Internationale Pakt über bürgerliche und politische Rechte, BGBl. 1973 II, 1534 sowie der Internationale Pakt über wirtschaftliche, soziale und kulturelle Rechte, BGBl. 1973 II, 1570 verstanden.

[195] Das Übereinkommen zur Beseitigung jeder Form von Diskriminierung der Frau, BGBl. 1985 II, 648; das Übereinkommen über die Rechte des Kindes, BGBl. 1992 II, 122; das Übereinkommen gegen die Rassendiskriminierung, BGBl. 1969 II, 961 und das Übereinkommen gegen Folter und andere grausame, unmenschliche oder erniedrigende Behandlung oder Strafe, BGBl. 1990 II, 246.

[196] Normand, 25; Pape, 140.

[197] Akande, 323.

weitem überwiegenden Zahl der Mitgliedstaaten ratifiziert[198] und zugleich oder darüber hinaus als Völkergewohnheitsrecht anerkannt worden sind[199]. Die dermaßen anerkannten Menschenrechte bilden den Kernbestand, zu deren Förderung und Festigung sämtliche Organe der Vereinten Nationen im Rahmen ihrer Zuständigkeit, also auch der Sicherheitsrat, verpflichtet sind[200].

Der IGH hat in seiner Rechtsprechung bekräftigt, daß aus der Charta eine Pflicht zur Beachtung der Menschenrechte folgt[201]. Im Namibia Gutachten hat der IGH zumindest implizit eine Bindung des Sicherheitsrats an die Menschenrechte anerkannt. In dem genannten Fall hat der IGH, allerdings ohne ausdrücklich auf Artikel 1 Ziff. 2 und 3 der Charta bezug zu nehmen, eine menschenrechtskonforme Auslegung der Resolution 276 (1970) des Sicherheitsrats vorgenommen[202]. So sei die sich aus dieser Resolution ergebende Pflicht der Mitgliedstaaten, keine völkerrechtlichen Bindungen zu Südafrika einzugehen, nicht auf multilaterale Abkommen humanitärer Natur anwendbar, deren fehlende Beachtung die Bevölkerung Namibias nachteilig treffen könnte[203]. Diese vom IGH vorgenommene Einschränkung der Bindungswirkung der Resolution 276 (1970) läßt den Schluß zu, daß eine Resolution des Sicherheitsrats grundsätzlich so auszulegen ist, daß sie nicht zu einer Beeinträchtigung der Menschenrechte und der

---

198 Dies sind die beiden Menschenrechtspakte, das Abkommen gegen Rassendiskriminierung, die Folterkonvention, die Frauenkonvention und die Kinderkonvention.

199 Normand, 25. Dies folgt schon aus der grundsätzlichen Bindung des Sicherheitsrats an das Völkerrecht. Überdies konkretisieren die als Völkergewohnheitsrecht anerkannten Menschenrechte den Inhalt des Artikel 1 Ziff. 3 der Charta, weil insofern von einer allgemeinen Anerkennung der Rechte auszugehen ist.

200 Akande, 323; Angelet, 78, demzufolge eine Bindung an die fundamentalen Rechte der AEMR besteht; Normand, 25. Die Förderungspflicht umfaßt zumindest die Pflicht, den im Rahmen der Vereinten Nationen anerkannten Menschenrechten nicht zuwiderzuhandeln. Siehe hierzu Sohn, 129 ff.

201 Namibia, A.O., ICJ Reports 1971, 16, 57, Ziff. 131: "To establish distinctions ... exclusively based on grounds of race, colour, descent or natural or ethnic origin which constitute a denial of fundamental human rights is a flagrant violation of the purposes and principles of the Charter." United States Diplomatic and Consular Staff in Tehran, Judgement, ICJ Reports 1980, 3, 42, Ziff. 91: "Wrongfully to deprive human beings of their freedom and to subject them to physical constraint in conditions of hardship is in itself manifestly incompatible with the principles of the Charter of the United Nations, as well as with the fundamental principles enunciated in the Universal Declaration of Human Rights."

202 Herbst, 381.

203 ICJ Reports 1971, 16, 55, Ziff. 122: "... member States are under obligation to abstain from entering into treaty relations with South Africa in all cases in which the Government of South Africa purports to act on behalf of or concerning Namibia. ... With respect to multilateral treaties, however, the same rule cannot be applied to certain general conventions such as those of a humanitarian character, the non-performance of which may adversely affect the people of Namibia."

dem Schutz der Bevölkerung dienenden Normen des humanitären Völkerrechts führt. Eine derartige Annahme setzt notwendigerweise eine Pflicht des Sicherheitsrats zur Beachtung der Menschenrechte voraus, die sich vor allem aus Artikel 1 Ziff. 3 der Charta erschließen läßt. Der Richter Lauterpacht hat ferner in seinem bereits erwähnten Sondervotum die Bedeutung der sich aus Artikel 24 Absatz 2 der Charta ergebenden Bindung des Sicherheitsrats an Artikel 1 Ziff. 3 der Charta nachhaltig betont[204].

In der Praxis des Sicherheitsrats findet sich die wohl eindeutigste Bezugnahme auf die Menschenrechte in den Statuten der vom Sicherheitsrat auf der Grundlage von Kapitel VII der Charta geschaffenen Tribunale für Jugoslawien und Ruanda[205]. Darin hat der Sicherheitsrat, weitgehend den Empfehlungen des Generalsekretärs folgend[206], die Rechte der beschuldigten Personen, die sich insbesondere aus Artikel 14 IPBPR ergeben, gewährleistet[207]. In diesem Zusammenhang sind auch die Urteile des Jugoslawien- und Ruanda-Tribunals zur Frage der Rechtmäßigkeit ihrer Errichtung zu nennen[208].

3.4.2. Der Zielkonflikt zwischen Friedenssicherung und Menschenrechtsschutz

Aus Artikel 24 Absatz 2, S. 1 der Charta folgt, daß der Sicherheitsrat bei seiner Aufgabenwahrnehmung sämtliche der in Artikel 1 und 2 der Charta aufgeführten Ziele und Grundsätze zu berücksichtigen hat. Im Falle einer kausal auf die vom Sicherheitsrat verhängten Wirtschaftssanktionen zurückzuführende Beeinträchtigung von Menschenrechten besteht ein Zielkonflikt zwischen dem Ziel der Friedenssicherung und dem Ziel des Menschenrechtsschutzes. Im Vorfeld

---

[204] ICJ Reports 1993, 407, 440, Ziff. 101.

[205] S/RES/827, 25. Mai 1993, Annex, Statute of the International Tribunal for the Prosecution of Persons Responsible for Serious Violations of International Humanitarian Law Committed in the Territory of the Former Yugoslavia since 1991 (Report of the Secretary General Pursuant to Paragraph 2 of Security Council Resolution 808 (1993), Doc. S/25704 of 3 May 1993), Artikel 10 und 21; S/RES/1955, 8. November 1994, Annex, Statute of the International Tribunal for Rwanda, Artikel 9 und 20.

[206] Siehe in bezug auf das Statut des Jugoslawien-Tribunals UN Dok. S/25704 (s.o. Anm. 205), Ziff. 106: "It is axiomatic that the International Tribunal must fully respect internationally recognized standards regarding the rights of the accused at all stages of the proceedings. In the view of the Secretary General such internationally recognized standards are, in particular, contained in Article 14 of the International Covenant on Civil and Political Rights."

[207] ICTY, Prosecutor v. Tadic (1. Kap., Anm. 34), 24. Hierzu auch Akande, 323, 324. Siehe aber Reinisch, 209, demzufolge Defizite in bezug auf die Vereinbarkeit der Statuten mit Artikel 9, 14 und 15 des IPBPR bestehen.

[208] S.o. Anm. 88.

der Verhängung von Wirtschaftssanktionen reicht dabei bereits die naheliegende Möglichkeit, daß die Wirtschaftssanktionen zu einer Beeinträchtigung von Menschenrechten führen werden, zur Begründung eines solchen Zielkonflikts aus[209].

Die Charta enthält keine Normen für die Regelung eines derartigen Zielkonflikts. Es sind auch in der bisherigen Praxis der Vereinten Nationen keine Kriterien entwickelt worden, die zur Lösung eines solchen Zielkonflikts zugrundezulegen sind[210]. Es bleibt daher nur der Rückgriff auf allgemeine Auslegungsgrundsätze. Grundsätzlich sind die Bestimmungen der Charta so auszulegen, daß die Ziele der Charta im größtmöglichen Umfang verwirklicht werden[211]. Kollidierende Ziele sind im Wege der harmonischen Auslegung soweit wie möglich in Einklang zu bringen[212]. Den Sicherheitsrat trifft somit die Pflicht, zwischen dem Ziel der Friedenssicherung und dem Ziel des Menschenrechtsschutzes eine Abwägung vorzunehmen, die dem Gebot der harmonischen Auslegung gerecht wird[213]. Eine Abwägung könnte allerdings von vornherein insoweit ausgeschlossen sein, als entweder das Ziel der Friedenssicherung oder des Schutzes der bzw. einzelner Menschenrechte absoluten Vorrang vor dem jeweils anderen Ziel genießt.

3.4.2.1. Mögliche Auflösung des Zielkonflikts zugunsten eines der beiden Ziele

a) Der Vorrang der Friedenssicherung

Aus Artikel 1 Ziff. 1 der Charta könnte sich ein Vorrang des Ziels der Friedenssicherung ableiten lassen. Die Reihenfolge, in der die Ziele im Text der Charta

---

209 Es ist daher in jedem Fall zu ermitteln, ob die festgestellte Verschlechterung der Lebensverhältnisse der Bevölkerung, sofern sie eine Beeinträchtigung der Menschenrechte darstellt, auch ohne die Wirtschaftssanktionen eingetreten wäre. Siehe zur Kausalität 2. Kap., 1.2.

210 Conlon, Rechtliche Problematik, 21; Palley, 7, Ziff. 16.

211 Fausey, 208. Dieses Gebot folgt aus der teleologischen Auslegung, wonach die Charta so auszulegen ist, daß deren Ziele im konkreten Fall so weit wie möglich verwirklicht werden können. S.o. 2.2.3.

212 Richter Charles de Visscher, D.O., International Status of South West Africa, ICJ Reports 1950, 186, 187: "It is an acknowledged rule of interpretation that treaty clauses must not only be considered as a whole, but must also be interpreted so as to avoid as much as possible depriving one of them of practical effect for the benefit of the others. This rule is particularly applicable to the interpretation of a text of a treaty of a constitutional character like the United Nations Charter ..." In diese Richtung auch Bruha/Krajewski, 17; Kulessa, Märchen, 92; Randelzhofer, Ziele und Grundsätze der UN, in: Wolfrum, Handbuch VN, 1153, Rn.8; Vradenburgh, 185.

213 Bruha/Krajewski, 17; Fausey, 209 ff.; Vradenburgh, 201.

aufgelistet sind, bringt eine Hierarchie der Ziele zum Ausdruck[214]. In dieser Hierarchie ist das in Artikel 1 Ziff. 3 der Charta statuierte Ziel dem in Artikel 1 Ziff. 1 der Charta festgelegten Ziel nachgeordnet[215]. Das Ziel der Friedenssicherung ist zweifelsohne das wesentliche Ziel der Vereinten Nationen[216]. Dem Sicherheitsrat sind erst aufgrund der überragenden Bedeutung, die der Wahrung des Weltfriedens beigemessen wurde, die außerordentlich weitreichenden Befugnisse nach Kapitel VII der Charta zur Verwirklichung dieses Ziels eingeräumt worden. Während der Vorarbeiten bestand weitgehend Einigkeit darüber, daß die Vereinten Nationen zwar als Organisation mit einer Vielzahl von Zielen verfaßt worden sind, daß diese Ziele aber nur dann erreicht werden können, wenn das wesentliche Ziel der Wahrung bzw. Wiederherstellung des Weltfriedens verwirklicht wird[217]. Auch in der nachfolgenden Praxis der Vereinten Nationen ist der Vorrang des Ziels der Friedenswahrung wiederholt bekräftigt worden[218]. Diese Vorrangstellung darf jedoch nicht dazu führen, daß das Ziel des Menschenrechtsschutzes völlig verdrängt wird, da ein absoluter Vorrang der Friedenssicherung nicht mit dem Gebot der harmonischen Auslegung vereinbar wäre[219]. Sie verdeutlicht aber, daß dem Sicherheitsrat zum Zweck der Friedenssicherung weitreichende Befugnisse eingeräumt worden sind, die es ihm im Konfliktfall dem ersten Anschein nach ermöglichen, von anderen, nachgeordneten Zielen abzuweichen[220]. Inwieweit eine solche Befugnis bei der Verhängung von Wirtschaftssanktionen reicht, gilt es nachfolgend zu klären.

---

[214] Gowlland-Debbas, Relationship, 677; Rumpf, Helmut, UNO-Prinzipien im Widerspruch, Zur Dialektik von Gewaltverbot, souveräner Gleichheit, Nichteinmischung und Selbstbestimmung in den politischen Organen der Vereinten Nationen, in: Münch, Ingo von (Hrsg.): Staatsrecht-Völkerrecht-Europarecht, Festschrift für Hans-Jürgen Schlochauer, Berlin, New York, 1981, 577-601, 581, 582. Randelzhofer, Ziele und Grundsätze der UN, in: Wolfrum, Handbuch VN, 1152, Rn.6, zufolge ist unklar, inwieweit die Priorität einzelner Ziele aus der systematischen Stellung in der Charta entnommen werden kann.

[215] Dahm, 151; Dégni-Ségui, R., Article 24, in: Cot/Pellet, 463; Köchler, 19, Fn. 46; Vradenbrugh, 184.

[216] S.o. 3.2.2. c).

[217] Goodrich, Leland M., The United Nations, New York, 1959, 41.

[218] Siehe hierzu Wolfrum, in: Simma, Chartakommentar, Artikel 1, Rn.16 ff.

[219] Ebenso Angelet, 75; Fausey, 206. AA. Oosthuizen, 562, dem zufolge der Charta kein Abwägungsgebot entnommen werden kann.

[220] Insoweit besteht eine Parallele zur Befugnis zum Abweichen von Völkerrecht (s.o. 3.2.2. d). Damrosch, Civilian Impact, 306 und Vradenburgh, 204, räumen dem Ziel der Friedenssicherung im Konfliktfall Priorität ein.

b) Der Vorrang des Menschenrechtsschutzes

ba) Zwingende Menschenrechte

Eine Abwägung ist von vornherein ausgeschlossen, soweit eine strikte Bindung des Sicherheitsrats an Menschenrechte, denen der Status von Jus Cogens zukommt, besteht[221].

bb) Verbot des Abweichens von grundlegenden Menschenrechten im Lichte der Kodifiktationsarbeiten der ILC zum Recht der Staatenverantwortlichkeit

Das Verbot der Beeinträchtigung grundlegender Menschenrechte (basic rights) könnte eine weitere absolute Grenze der Befugnisse des Sicherheitsrats im Rahmen der Abwägung markieren. Nach dem Entwurf der ILC zum Recht der Staatenverantwortlichkeit findet das Recht zum Ergreifen von Gegenmaßnahmen dort seine Grenze, wo diese Maßnahmen zur Verletzung von grundlegenden Menschenrechten führen[222]. Der Begriff der grundlegenden Menschenrechte hat jedoch in der Arbeit des ILC keine Definition erfahren, weil seine inhaltliche Bestimmung der Entwicklung des Rechts der Menschenrechte überlassen werden sollte[223]. Die Natur der Kategorie der grundlegenden Rechte, insbesondere ihr Verhältnis zu „gewöhnlichen" Menschenrechten sowie zu Menschenrechten zwingender Natur, hat bisher noch keine eindeutige Klärung gefunden[224]. Ausgehend von der Entscheidung des IGH im Barcelona Traction

---

[221] S.o. 3.3.

[222] Artikel 50 *(Prohibited Countermeasures):* "An injured State shall not resort by way of countermeasures to: d) any conduct which derogates from basic human rights", in: 37 I.L.M. 440 (1998), 457, 458. In den jüngsten Entwürfen ist der Begriff der "basic human rights" erstmals durch den Begriff der fundamentalen Menschenrechte ersetzt worden in ILC Report 2000, A/55/10, Chapter IV, Appendix, 128 ff.: Draft articles provisionally adopted by the Drafting Committee on second reading, Article 51: "Obligations not subject to countermeasures ... b) obligations for the protection of fundamental human rights." Darüber hinaus wird als Grenze von Gegenmaßnahmen die Beachtung der Verpflichtungen humanitärer Natur genannt. Artikel 51 c) "obligations of a humanitarian character precluding any form of reprisals against persons protected thereby."

[223] Siehe den 4. Bericht zur Staatenverantwortlichkeit von Arangio-Ruiz, A/CN.4/444, Ziff. 81. Der Begriff der "basic human rights" bezieht sich dem Kommentar des ILC, ILC Report 1995, A/50/10, 162 ff., 171, zufolge auf den Kern von Menschenrechten, von denen keine Abweichung erlaubt ist. Der Begriff sei in Anlehnung an die Formulierung des IGH im Barcelona Traction Fall gewählt (s.u. Anm. 225) und gegenüber der in Artikel 1 Ziff. 3 der Charta gebrauchten Wendung der fundamentalen Menschenrechte bevorzugt worden, um zu vermeiden, daß dessen Auslegung durch die eigenen Arbeiten beeinflußt wird.

[224] Hierzu Meron, Hierarchy, 6, 7 und De Hoogh, 262. Siehe auch A/CN.4/444, Ziff. 80 (s.o. Anm. 223). Während der jüngsten Sitzung des ILC sind Bedenken an der unterschiedlichen

Fall werden darunter zumeist diejenigen Rechte verstanden, deren Schutz im Interesse der internationalen Gemeinschaft liegt[225]. Die Rechte, die als grundlegend angeführt werden, sind dabei weitgehend mit den Rechten, denen zwingender Charakter zuerkannt wird, identisch[226].

Die vom Sicherheitsrat verhängten Wirtschaftssanktionen sind nicht Gegenstand der Kodifikationsarbeiten des ILC[227]. Gleichwohl ist die Auffassung vertreten worden, den Sicherheitsrat treffe eine Pflicht zur Berücksichtigung der vom ILC entwickelten Grundsätze. Die Vereinten Nationen dürften von der Entwicklung im Recht der Gegenmaßnahmen nicht völlig unberührt bleiben. Insbesondere die ständigen Mitglieder des Sicherheitsrats dürften sich den für Gegenmaßnahmen geltenden Bedingungen nicht dadurch entziehen können, daß sie sich hinter dem „korporativen Schleier" verstecken[228]. Es spricht in der Tat einiges dafür, für

---

Auslegung des Begriffs der grundlegenden Menschenrechte geäußert worden. Siehe ILC-Report A/55/10, Chapter IV, Ziff. 326. Es lassen sich zunehmend Anzeichen dafür erkennen, daß auf den Begriff der grundlegenden Menschenrechte in den Vertragsentwürfen gänzlich verzichtet werden wird (s.u. Anm. 231).

[225] ICJ Reports 1970, 4, 32: "In particular, an essential distinction should be drawn between obligations of a State towards the international community as a whole, and those arising vis-à-vis another State in the field of diplomatic protection. By their very nature the former are the concern of all States. In view of the importance of the rights involved, all States can be held to have a legal interest in their protection; they are obligations *erga omnes* ... Such obligations derive, for example, in contemporary international law, from the outlawing of acts of aggression, and of genocide, as also from the principles and rules concerning the basic rights of the human person, including protection from slavery and racial discrimination."

[226] Siehe den 3. Bericht zur Staatenverantwortlichkeit von Arangio-Ruiz, A/CN.4/440, Ziff. 104, in bezug auf die frühzeitig anerkannten Grenzen von Gegenmaßnahmen: "Whatever the seriousness of violation involved, the injured State's measures could not be such as to tread upon certain fundamental principles of humanity to the detriment of the offending State's nationals in the injured State's territory: by violating, for example, their right to life, their right not to be subjected to physical or moral violence, notably to torture, slavery or any other indignity." Darüber hinaus könne eine Grenze aus Artikel 4 IPBR und Artikel 60 Absatz 5 WÜV abgeleitet werden, während in bezug auf sonstige Rechte, insbesondere wirtschaftliche, soziale und kulturelle Rechte, eine Grenze nur schwer festzustellen sei. Ebd. Ziff. 107 ff.

[227] Dies folgt bereits aus dem Umstand, daß die Arbeiten allein die Staatenverantwortlichkeit und nicht die Frage der Verantwortlichkeit internationaler Organisationen betreffen. Dies wird in Artikel 57 der jüngsten Vertragsentwürfe (in A/55/10, s.o. Anm. 222) ausdrücklich bestätigt. Dazu auch der 7. Bericht zur Staatenverantwortlichkeit von Arangio-Ruiz, A/CN.4/469, Ziff. 57. Arangio-Ruiz nannte als einen der ausschlaggebenden Gründe für seinen Rücktritt vom Posten als Berichterstatter die von ihm konstatierte Weigerung der Mehrheit der ILC Mitglieder, über die von ihm vorgetragenen Bedenken zur Trennung des Rechts der Staatenverantwortlichkeit vom Recht der kollektiven Sicherheit in ernsthafter Weise zu diskutieren. Arangio-Ruiz, Charter Interpretation, 24, Fn.37.

[228] Gowlland-Debbas, Security Council Enforcement, 91; zustimmend Bauer, 223. In diese Richtung auch De Hoogh, 263.

sämtliche Gegenmaßnahmen einen gemeinsamen Maßstab zugrundezulegen. Für die Anwendung der im Recht der Gegenmaßnahmen entwickelten Grenzen auf kollektive Zwangsmaßnahmen läßt sich das Gebot der Rechtseinheitlichkeit, des effektiven Menschenrechtsschutzes sowie die Vermeidung von Widersprüchen zwischen dem einzelstaatlichen Handeln und dem Handeln im Rahmen eines kollektiven Organs anführen. Es liegt andererseits im Wesen des Sicherheitsrats, daß dieser eine kollektive Entscheidung trifft, bei der aufgrund der besonderen Aufgabenstellung des Sicherheitsrats die Grenzen, die für andere Völkerrechtssubjekte gelten, insoweit gelockert sind, als dies in der Charta zum Ausdruck kommt. In diesem Maße kommt daher auch den einzelnen Staaten, die Mitglieder des Sicherheitsrats sind, im Rahmen der kollektiven Entscheidung die Befugnis zu, zumindest von denjenigen dispositiven Menschenrechten abzuweichen, zu deren Beachtung sie sich vertraglich verpflichtet haben[229]. Auch vor dem Hintergrund, daß die vom Sicherheitsrat verhängten kollektiven Zwangsmaßnahmen aufgrund ihrer gegenüber sonstigen Gegenmaßnahmen bestehenden besonderen Natur nicht Gegenstand der Kodifikationsarbeiten des ILC zur Staatenverantwortlichkeit sind, erscheint es angemessener, die Reichweite der Bindung des Sicherheitsrats an die Menschenrechte zuvorderst aus der Charta selbst zu bestimmen.

Die mit dem Bildnis des korporativen Schleiers heraufbeschworene Gefahr ist zudem weniger bedrohlich, als es auf den ersten Blick erscheinen mag. Der Sicherheitsrat ist bereits aus der Charta an die Beachtung der Menschenrechte gebunden, die, zumindest soweit sie zwingender Natur sind, absolute Grenzen der Befugnis des Sicherheitsrats in bezug auf das Ergreifen, die Ausgestaltung und die Durchführung von kollektiven Zwangsmaßnahmen darstellen. Aber auch in Hinblick auf die sonstigen Menschenrechte ist, wie nachfolgend noch aufgezeigt werden wird, die Befugnis des Sicherheitsrats zum Ergreifen beeinträchtigender Maßnahmen nicht unbegrenzt[230]. Überdies ist gegenwärtig unklar, inwieweit die in Artikel 50 d) des ILC-Entwurfs genannte Kategorie der grundlegenden Rechte, soweit dieser Entwurf überhaupt beibehalten wird, über den Bestand an Rechten, der gemeinhin dem Jus Cogens zugeordnet wird, hinausreicht[231]. Im Ergebnis läßt sich daher schon zum gegenwärtigen Zeitpunkt

[229] Diese Befugnis läßt sich aus Artikel 103 der Charta ableiten.
[230] Siehe dazu unten 3.4.2.2.4.
[231] Dies gilt vor allem angesichts des Umstands, daß durch den gegenwärtigen Sonderberichterstatter James Crawford die Verwendung des Begriffs der grundlegenden Menschenrechte als Grenze von Gegenmaßnahmen grundsätzlich in Frage gestellt worden ist. Ihm zufolge komme es nicht auf die Unterscheidung zwischen grundlegenden und sonstigen Menschenrechten an. Vielmehr sei das Recht der Gegenmaßnahmen mit dem Recht der Menschenrechte in Einklang zu bringen. Die Zulässigkeit einer Gegenmaßnahme richte sich daher maßgeblich nach dem Inhalt der betroffenen Rechte. ILC-Report A/55/10, Chapter IV, Ziff. 327. Die

kein wesentlicher Unterschied zwischen den Grenzen, die im Recht der Staatenverantwortlichkeit für Gegenmaßnahmen gelten sollen, und den Grenzen, die für den Sicherheitsrat bei der Verhängung von Wirtschaftssanktionen gelten, erkennen.

bc) Bindung an die in den Stellungnahmen verschiedener Organe der Vereinten Nationen als Grenze von Wirtschaftssanktionen genannten Menschenrechte

Der Sicherheitsrat könnte des weiteren an den Bestand von Menschenrechten gebunden sein, der in den von der Generalversammlung verabschiedeten Resolutionen als Grenze der Verhängung von Wirtschaftssanktionen bezeichnet worden ist[232]. Ungeachtet der, von vorliegend nicht einschlägigen Ausnahmen abgesehen, fehlenden völkerrechtlichen Verbindlichkeit von Resolutionen der Generalversammlung[233] ergibt sich aus den genannten Resolutionen schon deswegen keine Bindung des Sicherheitsrats, weil diese die vom Sicherheitsrat verhängten Wirtschaftssanktionen ausdrücklich von ihrem Regelungsbereich ausnehmen. Dieser beschränkt sich vielmehr auf unilaterale Wirtschaftssanktionen, auch wenn die Resolutionen ihrem Regelungsgegenstand nach auch auf die

---

jüngsten Vertragsentwürfe (in A/55/10, s.o. Anm. 222) zeugen ebenfalls von einer Neuorientierung in der ILC, so daß sich zum gegenwärtigen Zeitpunkt eine Übereinstimmung lediglich dahingehend feststellen läßt, daß die Zulässigkeit von Gegenmaßnahmen durch die Verpflichtung zur Beachtung von Menschenrechten begrenzt ist, nicht jedoch, welche Menschenrechte im einzelnen diese Grenze bilden.

232 Siehe die Resolutionen mit dem Titel "Human Rights and unilateral coercive measures", A/RES 51/103, 12. Dezember 1996; A/RES 52/120, 12. Dezember 1997; A/RES 53/141, 9. Dezember 1998; A/RES 54/172, 17. Dezember 1999. In der jeweiligen Ziff. 2 der Resolutionen heißt es: "(The General Assembly) Rejects unilateral coercive measures with all their extraterritorial effects as tools for political or economic pressure against any country, in particular against developing countries, because of their negative effects on the realization of all the human rights of vast sectors of their populations, in particular children, women and the elderly." Die Resolution der Menschenrechtskommission vom 4. März 1994, Res. 1994/47, mit dem gleichlautenden Titel konkretisiert diese Rechte in Ziff. 3 dahingehend, daß Sanktionsmaßnahmen zu unterlassen sind, die das Recht auf einen angemessenen Lebensstandard, insbesondere auf Nahrung, Gesundheitsdienste, Unterkunft und soziale Leistungen beeinträchtigen.

233 Siehe zur Rechtsnatur von Resolutionen der Generalversammlung den Nuclear Weapons Fall, ICJ Reports 1996, 226, 254, Ziff. 70; Mendelson, 356 m.w.N. und Porotsky, Richard R., Economic Coercion and the General Assembly: a Post-Cold War Assessment of the Legality and Utility of the Thirty-Five Year Old Embargo Against Cuba, in: Vanderbilt Journal of Transnational Law 28 (1995), 901-958, 922 ff. Die Resolution der Generalversammlung können zwar zur Entwicklung von Völkergewohnheitsrecht beitragen. Selbst wenn dies in bezug auf die genannten Resolutionen der Fall wäre, woran aufgrund der beträchtlichen Zahl an Gegenstimmungen und Enthaltungen bei der Abstimmung Zweifel bestehen, würde sich aber hieraus keine absolute Grenze für den Sicherheitsrat ergeben, da dieser grundsätzlich zum Abweichen von dispositivem Recht befugt ist.

vom Sicherheitsrat verhängten Wirtschaftssanktionen Anwendung finden könnten[234].

Darüber hinaus haben verschiedene Organe bzw. Ausschüsse der Vereinten Nationen eine Pflicht des Sicherheitsrats zur Achtung der Menschenrechte postuliert bzw. den Sicherheitsrat zur Einhaltung der Menschenrechte bei der Verhängung von Wirtschaftssanktionen angehalten und ihre Rechtsauffassung mit entsprechenden Empfehlungen an den Sicherheitsrat dargelegt[235]. Der Sicherheitsrat hat diese Stellungnahmen zwar als Rechtsauffassung des betreffenden Organs bzw. Ausschusses zur Kenntnis zu nehmen. Eine irgendwie geartete Bindungswirkung für den Sicherheitsrat kommt diesen Stellungnahmen jedoch erkennbar nicht zu, da die betreffenden Organe bzw. Ausschüsse keine Befugnis zu einer den Sicherheitsrat bindenden Auslegung derjenigen Bestimmungen der Charta haben, welche die Befugnisse des Sicherheitsrats regeln[236]. Aus den aufgeführten Resolutionen und Stellungnahmen ergibt sich daher keine den Abwägungsspielraum einschränkende Begrenzung der Befugnisse des Sicherheitsrats.

[234] Kritisch Köchler, 30, der den Vereinten Nationen in Hinblick auf die Resolution der Menschenrechtskommission vom 4. März 1994, Res. 1994/47, die sich formal nur auf unilaterale Zwangsmaßnahmen bezieht, eine normative Bewußtseinsspaltung vorwirft, da kollektive Zwangsmaßnahmen in noch viel stärkerem Maße als unilaterale Sanktionen menschenrechtliche Auswirkungen hätten.

[235] Siehe insbesondere Res. 1997/35 der Sub-Commission on Prevention of Discrimination and Protection of Minorities, "Adverse consequences of economic sanctions on the enjoyment of human rights" und CESCR, General Comment 8, "The relationship between economic sanctions and respect for economic, social and cultural rights."

[236] Dies folgt bereits aus der vorrangigen Befugnis des Sicherheitsrats, die seine Kompetenzen festlegenden Bestimmungen der Charter auszulegen. Siehe diesbezüglich auch die Bedenken, die im Rahmen der Beratungen des Sonderausschusses der Generalversammlung in Hinblick auf ein von der Russischen Föderation vorgelegtes Arbeitspapier, das grundlegende Bedingungen und Kriterien für die vom Sicherheitsrat verhängten Wirtschaftssanktionen enthielt (A/AC.182/L.94), geltend gemacht worden sind. Report of the Special Committee on the Charter of the United Nations and on the Strengthening of the Role of the Organization, UN Dok. A/53/33, Ziff. 55: "... Doubts were also expressed regarding the propriety of the General Assembly instructing the Security Council on how it should implement the sanctions regime"; Ziff. 58: "... A further point was made that the proposed text could impinge on the accepted authority of the Security Council to interpret those provisions of the Charter applicable to it on its own."

3.4.2.2. Die Abwägung zwischen dem Ziel der Friedenssicherung und des Menschenrechtsschutzes

Da abgesehen von der Bindung an zwingende Rechte kein absoluter Vorrang eines der beiden Ziele festgestellt werden konnte, ist der Zielkonflikt mittels einer Abwägung im Wege der harmonischen Auslegung unter Berücksichtigung des Verhältnisses von Artikel 1 Ziff. 1 und Artikel 1 Ziff. 3 der Charta zu lösen, wobei der Praxis des Sicherheitsrats als konkretisierender Auslegung maßgebliches Gewicht zukommt.

3.4.2.2.1. Die Praxis des Sicherheitsrats

In der Praxis des Sicherheitsrats lassen sich Anhaltspunkte für eine Abwägung zwischen dem Ziel der Friedenssicherung und dem Ziel der Beachtung der Menschenrechte sowohl aus der Korrelation zwischen dem Grad der Friedensbedrohung sowie den humanitären Auswirkungen von Sanktionen und dem Umfang der getroffenen Maßnahmen als auch aus den vom Sicherheitsrat getroffenen humanitären Ausnahmeregelungen zur Minimierung der Auswirkungen der Sanktionsmaßnahmen auf die Bevölkerung erkennen.

a) Korrelation zwischen dem Grad der Friedensbedrohung sowie dem Grad der humanitären Auswirkungen von Sanktionen und dem Umfang der beschlossenen Maßnahmen

Der Grad der Friedensbedrohung war bei den gegenüber dem Irak und der BR Jugoslawien verhängten nahezu umfassenden Wirtschaftssanktionen von maßgeblicher Bedeutung für den Umfang der beschlossenen Maßnahmen[237]. So begründete die Invasion Kuwaits durch den Irak eine Aggression, die eine Verletzung des in Artikel 2 Absatz 4 der Charta normierten Gewaltverbots darstellte, während das Vorgehen der BR Jugoslawien gegenüber Bosnien-Herzegowina nicht nur einen schwerwiegenden Verstoß gegen das Interventionsverbot darstellte, sondern auch von zahlreichen Menschenrechtsverletzungen und der Mißachtung von Normen des humanitären Völkerrechts begleitet war[238]. Der Grad der Friedensbedrohung war zwar in den beiden anderen Fällen, in denen umfassende Wirtschaftssanktionen vom Sicherheitsrat verhängt worden

[237] Siehe die entsprechenden Stellungnahmen der Delegierten Frankreichs, der Vereinigten Staaten, Finnlands, Kanadas, Kolumbiens und Äthiopiens im Fall des Irak (2. Kap., Anm. 98) und der Delegierten Frankreichs und Kap Verdes im Fall der BR Jugoslawien (2. Kap., Anm. 424, 421).

[238] Zur Friedensbedrohung bei den gegenüber dem Irak und der BR Jugoslawien verhängten Zwangsmaßnahmen, Fink, Friedenssicherung, 668 ff.; Geusau, 4 ff.

sind, vergleichsweise weniger schwerwiegend. Der Sicherheitsrat hat aber gegenüber Südrhodesien und Haiti umfassende Wirtschaftssanktionen erst zu dem Zeitpunkt beschlossen, in dem die anfänglich beschlossenen partiellen Maßnahmen sich als nicht ausreichend erwiesen, um den Frieden zu wahren bzw. wiederherzustellen[239]. Neben dem Grad der Friedensbedrohung hat der Sicherheitsrat daher auch die Effektivität des gewählten Mittels als maßgeblichen Faktor zur Bestimmung des Umfangs der verhängten Wirtschaftssanktionen herangezogen.

Der Sicherheitsrat hat in den vier genannten Fällen die Auswirkungen der Wirtschaftssanktionen auf die Menschenrechte der Bevölkerung des Sanktionsadressaten nicht ausdrücklich, aber in unterschiedlichem Maße unter dem Begriff der humanitären Auswirkungen im Rahmen seiner Entscheidungen berücksichtigt. Vor allem bei den gegenüber Haiti verhängten Wirtschaftssanktionen hat der Sicherheitsrat anfangs lediglich partielle Wirtschaftssanktionen verhängt, um eine Verschlechterung der in Haiti herrschenden humanitären Krise durch die Wirtschaftssanktionen zu vermeiden. Erst unter dem Eindruck der zunehmenden Menschenrechtsverletzungen in Haiti und der dadurch verschärften Krisensituation entschloß sich der Sicherheitsrat, vor allem auf Drängen des Präsidenten Aristide, umfassende Wirtschaftssanktionen zu verhängen[240]. Bei den gegenüber dem Irak und der BR Jugoslawien verhängten Wirtschaftssanktionen hat der Sicherheitsrat auf die nachteiligen Auswirkungen der Wirtschaftssanktionen auf die Bevölkerung nicht durch deren teilweise Aufhebung, sondern durch das Ergreifen von Gegenmaßnahmen reagiert[241]. Während die Beibehaltung der Wirtschaftssanktionen zum Erreichen des Ziels der Friedenssicherung daher für notwendig erachtet wurde, erkannte der Sicherheitsrat bzw. dessen Mitglieder hierdurch zugleich an, daß die Auswirkungen der beschlossenen Maßnahmen auf die Bevölkerung auf ein Minimum zu reduzieren sind[242].

[239] Im Falle der gegenüber Südrhodesien verhängten Wirtschaftssanktionen hat der Sicherheitsrat aufgrund des unzureichenden Erfolgs der mit der Resolution 217 (1965) empfohlenen Maßnahmen partielle Wirtschaftssanktionen (S/RES 232 (1966) und schließlich in Anbetracht der hartnäckigen Verweigerungshaltung des Smith Regimes umfassende Wirtschaftssanktionen (S/RES 253 (1968)) verhängt (siehe 2. Kap., 2.1.2.). Im Falle Haitis verhängte der Sicherheitsrat anfänglich partielle Wirtschaftssanktionen (S/RES 841 (1993)), die nach der zwischenzeitlichen Aussetzung aufgrund der Blockadehaltung der Putschisten und der Verschärfung der Repression umfassend ausgestaltet wurden (S/RES 917 (1994). Siehe hierzu die Stellungnahmen der Delegierten im 2. Kap., Anm. 566-569.

[240] Siehe 2. Kap., 2.5.2.3.

[241] Im Irak insbesondere durch die Einführung des Öl für Lebensmittel Programms, in der BR Jugoslawien vor allem durch die humanitären Ausnahmeregelungen und deren Handhabung im Sanktionsausschuß (siehe 2. Kap., 2.2.2.3. und 2.4.2.1.).

[242] Siehe insbesondere S/RES 986 (1995) und die Stellungnahmen der Delegierten anläßlich der Verabschiedung des Öl für Lebensmittel Programms (2. Kap., Anm. 162).

Im Falle Südrhodesiens bestand zwar aufgrund der mangelnden Effektivität der Sanktionen und den lediglich geringfügigen Folgen nicht die Notwendigkeit der Minimierung der humanitären Auswirkungen, der Sicherheitsrat hat aber gleichwohl humanitäre Ausnahmebestimmungen in die Sanktionsresolutionen eingefügt.

Der Sicherheitsrat hat gegenüber Libyen, der UNITA in Angola, Sierra Leone und den Taliban in Afghanistan von vornherein lediglich partielle Wirtschaftssanktionen beschlossen. Wie sich aus den Stellungnahmen im Sicherheitsrat ergibt, sollten die gegenüber Libyen und den Taliban verhängten Sanktionen eine angemessene, gezielte Reaktion auf die terroristischen Akte darstellen[243]. Die Sanktionen gegen die UNITA und gegen die RUF in Sierra Leone wurden ebenfalls als gezielte Maßnahmen verstanden, die sich maßgeblich gegen die Mittel bzw. Finanzierungsquellen, die diesen Gruppen zur Fortsetzung des Bürgerkriegs dienen, richteten[244]. Während bei den gegenüber Libyen verhängten Sanktionen keine Anzeichen für eine Abwägung im Sicherheitsrat in Hinblick auf die möglichen bzw. tatsächlichen Auswirkungen der Sanktionen auf die Bevölkerung auszumachen sind, hat der Sicherheitsrat gegenüber Sierra Leone, der UNITA und den Taliban auch deswegen lediglich Maßnahmen begrenzten Umfangs beschlossen, um nicht zu einer übermäßigen Verschlechterung der in diesen Fällen bestehenden politischen, wirtschaftlichen und humanitären Krisensituation beizutragen[245].

Instruktiv sind auch die Fälle, in denen der Sicherheitsrat keine Wirtschaftssanktionen verhängt hat. Im Falle Südrhodesiens hat der Sicherheitsrat die von einer Vielzahl von Staaten angeregte Verhängung eines Kommunikationsverbots und von Einreisebeschränkungen aufgrund der damit verbundenen Beeinträchtigung der Meinungs- und der Reisefreiheit abgelehnt[246]. Im Falle des gegenüber dem Sudan bereits beschlossenen Flugverkehrsverbots[247] waren die negativen Auswirkungen, die infolge der Umsetzung dieser Maßnahme einem Bericht des DHA zufolge auf die sudanesische Bevölkerung zu erwarten gewesen wären, ein wesentlicher Grund dafür, daß der Sicherheitsrat von dem Inkraftsetzen des

[243] Siehe zu Libyen 2. Kap., Anm. 333-335 und zu den Taliban/Afghanistan, 2. Kap., Anm. 743, 744 und 751 ff.
[244] Siehe 2. Kap., Anm. 654, 660, 684 ff.
[245] Dies geht aus den Stellungnahmen im Sicherheitsrat hervor (siehe Nachweise oben in Anm. 243, 244).
[246] Siehe 2. Kap., 2.1.2.4.
[247] S/RES 1070, 16. August 1996. Abstimmungsergebnis: 13-0-2 (Russische Föderation, China).

Flugverkehrsverbots Abstand nahm[248]. Obwohl diesem Entschluß auch politische Gründe zugrundelagen, kann er doch als Fall bewertet werden, in dem humanitären Bedenken Vorrang vor dem Ziel der Friedenssicherung eingeräumt worden ist.

Der Entscheidung des Sicherheitsrats, in den übrigen Fällen der nach Artikel 41 der Charta ergriffenen Sanktionsmaßnahmen lediglich Waffenembargos zu verhängen, lagen nicht vorrangig humanitäre Erwägungen, sondern vor allem Zweckmäßigkeitsgesichtspunkte zugrunde. In allen dieser Fälle, mit der Ausnahme Südafrikas, herrschte in den betreffenden Ländern eine schwere bzw. akute humanitäre Krise, die oftmals von der Auflösung staatlicher Strukturen begleitet war. Unter diesen Umständen erschienen Wirtschaftssanktionen von vornherein als ein untaugliches Mittel, um der Friedensbedrohung wirksam und effektiv zu begegnen[249].

b) Humanitäre Ausnahmeregelungen als konkrete Ausformung der Abwägung

Der Sicherheitsrat hat in sämtlichen der von ihm beschlossenen Sanktionen Ausnahmeregelungen eingefügt, die gewährleisten sollen, daß das Überleben der Bevölkerung und die Wahrung eines humanitären Mindeststandards gesichert wird. Schon bei den gegen Südrhodesien verhängten Wirtschaftssanktionen waren ausschließlich medizinische Versorgungsgüter und Nahrungsmittel, diese allerdings nur unter besonderen humanitären Umständen, vom Ausfuhrverbot ausgenommen. Die in den nachfolgenden Sanktionsfällen beibehaltene Befreiung von ausschließlich medizinischen Versorgungsgütern vom Ausfuhrverbot beruhte nicht zuletzt auf der vom Sicherheitsrat zugrunde gelegten Annahme, daß es keine rechtliche Grundlage für ein diese Güter umfassendes Embargo gibt, da diese nach den Genfer Konventionen[250] von Blockaden auszunehmen sind[251]. Die Praxis der Befreiung von Nahrungsmitteln vom Ausfuhrverbot hat

---

[248] Note from the Department of Humanitarian Affairs concerning the possible humanitarian impact of the international flight ban decided in Security Council Resolution 1070 (1996), 20. Februar 1997. Siehe auch die in der Sicherheitsratssitzung anläßlich der Verabschiedung der Resolution 1070 abgegebenen Stellungnahmen verschiedener Delegierter, in denen bereits im Vorfeld Bedenken wegen der möglichen nachteiligen Auswirkungen des Flugverkehrsverbots auf die sudanesische Bevölkerung geltend gemacht wurden, so von der Russischen Föderation, S/PV.3690, 10; Indonesien, ebd., 11 und Frankreich, ebd., 16.

[249] Siehe zu dieser Praxis Cortright/Lopez, Sanctions Decade, 181 ff.

[250] Artikel 23 der IV.GK. Artikel 69, 70 des 1. ZP.

[251] Conlon, Humanitarian Mitigation, 251, weist darauf hin, daß die inhaltliche Fassung der Ausnahmeregelungen an den Bestimmungen der Genfer Konventionen orientiert war. Doxey, International Sanctions, 107, zufolge war schon im Völkerbund anerkannt, daß Medikamente und Nahrungsmittel von Wirtschaftssanktionen auszunehmen seien.

nach der kontroversen Regelung der Nahrungsmittelausfuhren in den Resolutionen 661 (1990) und 666 (1990) im Fall des Irak mit der Resolution 687 (1991) einen grundlegenden Wandel erfahren, der in der Folgezeit zu einer weitgehend einheitlichen Praxis in allen Sanktionsfällen geführt hat[252].

Die sonstigen Tatbestände der Ausnahmegenehmigungen zu humanitären Zwecken hat der Sicherheitsrat im wesentlichen im Gefolge der gegen den Irak verhängten Wirtschaftssanktionen entwickelt und daraufhin in den nachfolgenden Sanktionsfällen übernommen. So wurde mit der Resolution 687 (1991) erstmals die Kategorie der Güter des grundlegenden zivilen Bedarfs als Ausnahmetatbestand von Wirtschaftssanktionen eingefügt, nachdem aufgrund des alarmierenden Berichts von M. Ahtissari deutlich geworden war, daß die bis dahin vorgesehenen Ausnahmen bezüglich der Lieferung von medizinischen Versorgungsgütern und Nahrungsmitteln allein nicht ausreichend waren, um die elementare Grundversorgung der Bevölkerung zu gewährleisten[253]. Diese Kategorie ist in der Folgezeit mit unterschiedlicher Bezeichnung zu einem festen Bestandteil der Ausnahmebestimmungen im Rahmen von umfassenden Wirtschaftssanktionen geworden.

Darüber hinaus hat der Sicherheitsrat im Fall des Irak anerkannt, daß zu humanitären Zwecken nicht nur Ausnahmen vom Ausfuhrverbot, sondern auch vom Einfuhrverbot erforderlich sein können. Das Öl für Lebensmittel Programm beruhte im wesentlichen auf der Einsicht, daß die vorhandenen humanitären Ausnahmebestimmungen ihren Zweck, die Grundversorgung der Zivilbevölkerung zu gewährleisten, nicht erreichen können, solange nicht die entsprechenden Ressourcen zur Verfügung stehen, um die benötigten Güter zu erwerben[254]. Eine derartige Sonderregelung ist bis dato auf die gegen den Irak verhängten Wirtschaftssanktionen beschränkt geblieben. Es bleibt abzuwarten, inwieweit sich eine entsprechende gleichförmige Praxis in vergleichbaren Sanktionsfällen herausbilden wird oder ob das Programm als einmaliger Sonderfall in die Sanktionsgeschichte eingehen wird.

Der Sicherheitsrat hat ferner in Hinblick auf einzelne Verbote in den jeweiligen Sanktionsfällen die Möglichkeit von Ausnahmegenehmigungen aus humanitären Gründen vorgesehen. Nach Kategorien geordnet stellen sich die Ausnahmebe-

---

[252] Siehe zur Kritik an der in der Resolution 661 (1990) erfolgten Einbeziehung von Nahrungsmitteln in das Ausfuhrverbot die Stellungnahmen der Delegierten Jemens und Kubas im Sicherheitsrat (2. Kap., Anm. 103, 104) sowie in der Literatur Meron, Prisoners of War, 108; Provost, 638.
[253] Siehe 2. Kap., 2.2.2.2.
[254] Siehe 2. Kap., 2.2.2.3.

stimmungen auf der Grundlage der Praxis des Sicherheitsrats zum gegenwärtigen Zeitpunkt inhaltlich wie folgt dar[255]:

1. Die Lieferung von Arzneimitteln und elementaren medizinischen Gütern sind grundsätzlich von den jeweiligen Ausfuhr- sowie Investitionsverboten ausgenommen und unterliegen entweder keinerlei Verfahren[256] oder einem Meldeverfahren[257].
2. Die Lieferung von Nahrungsmitteln ist grundsätzlich vom Ausfuhrverbot ausgenommen, unterliegt jedoch einem Meldeverfahren[258].
3. Die Lieferung von Gütern für den grundlegenden zivilen Bedarf ist vom Ausfuhrverbot ausgenommen, sofern sie im Listenverfahren oder im Kein-Einwand Verfahren genehmigt wird[259]. Die Kategorie der Güter für den grundlegenden zivilen Bedarf ist weitgehend unbestimmt und wird von den Sanktionsausschüssen im Rahmen ihrer Entscheidungspraxis konkretisiert. Sie hat insbesondere im Rahmen des Öl für Lebensmittel Programms eine erhebliche Ausweitung erfahren. Die mit der Resolution 1284 (1999), Ziff. 17 getroffene Neuerung geht auf eine Stellungnahme des Präsidenten des Sicherheitsrats zur Arbeit der Sanktionsausschüsse zurück[260]. Die in den Resolutionen 1302 (2000) und 1330 (2000) beschlossenen Regelungen zielen auf die Befreiung der darin aufgeführten Güter vom Genehmigungsverfahren ab, vornehmlich um die damit verbundene Verzögerung, sei es durch das Verfahren selbst oder durch ein etwaiges Anhalten der Anträge durch Mitglieder des Sanktionsausschusses, zu

[255] Beachte jedoch den unterschiedlichen Wortlaut der jeweiligen Ausnahmeregelungen in den aufgeführten Resolutionen. Siehe im einzelnen im 2. Kap.

[256] Südrhodesien, S/RES 253 (1968), Ziff. 3 d); Haiti, S/RES 917, (1994), Ziff. 7.

[257] Irak, S/RES 661(1990), Ziff. 3 c); Jugoslawien, S/RES 757 (1992), Ziff. 4 c), S/RES 942 (1994), Ziff. 7 d).

[258] Südrhodesien, S/RES 253 (1968), Ziff. 3 d) (Kein Verfahren, Auslegung war Mitgliedstaaten überlassen); Irak, S/RES 661 (1990), Ziff. 3 c) (Genehmigungspflicht, Ausnahmen gemäß S/RES 666 (1990) möglich, Notifikationsverfahren gemäß Entscheidung des Sanktionsausschusses vom 22. März 1991, siehe 2. Kap., Anm. 102) und S/RES 687 (1991), Abschnitt F, Ziff. 20; BR Jugoslawien, S/RES 757 (1992), Ziff. 4 c) und S/RES 942 (1994), Ziff. 7 ii) b); Haiti, S/RES 917 (1994), Ziff. 7.

[259] Irak, S/RES 687 (1991), Abschnitt F, Ziff. 20; BR Jugoslawien, S/RES 760 (1992) und S/RES 942 (1994), Ziff. 7 d); Haiti, S/RES 917 (1994), Ziff. 7.

[260] S/1999/92, Ziff. 16: "Foodstuffs, pharmaceuticals and medical supplies should be exempted from United Nations sanctions regimes. Basic or standard medical and agricultural equipment and basic or standard educational items should also be exempted. Consideration should be given to the drawing up of lists for that purpose. Other essential humanitarian goods should be considered for exemption. In this regard, it is recognised that efforts should be made to allow the population of the targeted countries to have access to appropriate resources and procedures for financing humanitarian imports." Dieser Vorschlag beruht seinerseits auf A/RES 51/242, Annex II, Ziff. 18.

verhindern[261]. Es ist daher zu erwarten, daß die in diesen Resolutionen aufgeführten Güter in der zukünftigen Sanktionspraxis des Sicherheitsrats als eigenständige Kategorie, die lediglich einem Meldeverfahren unterworfen ist, anerkannt werden und somit nicht mehr als Güter des grundlegenden zivilen Bedarfs dem Kein-Einwand Verfahren unterliegen.

4. Die Ausfuhr von Lehrmaterialien, Informationsmaterialien und Kommunikationsmitteln hat in der Sanktionspraxis des Sicherheitsrats, der diese Güter zuweilen zu einem Ausnahmetatbestand zusammengefaßt hat, keine einheitliche Handhabung gefunden. Im Falle Südrhodesiens waren Unterrichtsmaterialien sowie Gegenstände für den Schulgebrauch, Veröffentlichungen und Nachrichtenunterlagen vom Ausfuhrverbot ausgenommen[262]. Im Falle Haitis galt das Ein- und Ausfuhrverbot nicht für Handel mit Informationsmaterialien, einschließlich Büchern und anderen Veröffentlichungen, die für den freien Austausch von Informationen verwendet werden. Auch journalistisches Ausrüstungsmaterial durfte ein- und ausgeführt werden[263]. Bei den gegenüber dem Irak und der BR Jugoslawien verhängten Sanktionen waren die aufgeführten Güter hingegen nicht durchweg vom Ausfuhrverbot ausgenommen[264], wurden aber insbesondere in der Praxis des für die BR Jugoslawien zuständigen Sanktionsausschusses als Güter des grundlegenden zivilen Bedarf qualifiziert, die vorbehaltlich eines Einspruchs genehmigt werden können[265]. Als einzige Kategorie der genannten Güter, deren Handhabung im Rahmen von Sanktionsfällen hinreichend eindeutig ist, können daher einzig grundlegende Unterrichtsmaterialien gelten.

5. Die Ausfuhr von Erdöl und Erdölprodukten konnte bei den Wirtschaftssanktionen gegen Haiti und Sierra Leone für nachweislich humanitäre Zwecke von den jeweiligen Sanktionsausschüssen im Wege der Einzelfallentscheidung nach dem Kein-Einwand Verfahren genehmigt werden[266]. Obwohl der Sicherheitsrat hiermit anerkannt hat, daß eine derartige Ausnahmegenehmigung im konkreten Fall geboten sein kann, erscheint es doch zweifelhaft, diese Kategorie als festen Bestandteil der Ausnahmebestimmungen zu bezeichnen, da der Sicherheitsrat in anderen Fällen keine derartige Ausnahme zugelassen hat[267].

6. Flüge können zu humanitären Zwecken, worunter insbesondere medizinisch veranlaßte Flüge fallen, im Wege des einfachen Genehmigungsverfahrens als

---

[261] Siehe 2. Kap., 2.2.2.5.
[262] S/RES 253 (1968), Ziff. 3 d).
[263] Haiti, S/RES 917 (1994), Ziff. 8.
[264] Inzwischen sind Unterrichtsmaterialien mit der Resolution 1284 (1999) vom Ausfuhrverbot in den Irak ausgenommen worden.
[265] Siehe hierzu S/1996/946, Ziff. 55 und Scharf/Dorosin, 791 ff.
[266] Haiti, S/RES 841 (1993), Ziff. 7; Sierra Leone, S/RES 1132 (1997), Ziff. 7.
[267] So bei den gegenüber Südrhodesien, dem Irak, der BR Jugoslawien und der UNITA/Angola verhängten Erdölembargos.

Ausnahme vom Flugverkehrsverbot genehmigt werden[268]. Inzwischen kann darüber hinaus als anerkannte Praxis gelten, daß Flüge, die der An- und Abreise zu religiösen Stätten im Rahmen von Pilgerfahrten, vor allem der islamischen Haddsch, dienen, entweder im einfachen Verfahren genehmigt werden können[269] oder dem jeweiligen Sanktionsausschuß lediglich zu notifizieren sind[270].

7. Für eine Reihe von sonstigen Verboten ist in den jeweiligen Sanktionsfällen ebenfalls die Möglichkeit der ausnahmsweisen Genehmigung für humanitäre Zwecke vorgesehen gewesen. So waren von den im Falle der BR Jugoslawien verhängten Dienstleistungsverboten diejenigen Dienstleistungen ausgenommen, die vom Sanktionsausschuß aus humanitären Gründen genehmigt wurden. Während die diesbezügliche Bestimmung bei den gegenüber den bosnischen Serben verhängten Maßnahmen auch Ausnahmen für Dienstleistungen im Bereich der Telekommunikation und Post sowie für rechtliche Dienste vorsah[271], fehlte eine entsprechende Regelung bei dem gegen die BR Jugoslawien verhängten Dienstleistungsverbot[272]. Eine konsistente Praxis ist insoweit nicht zu erkennen. Dabei gehört das Verbot der grenzüberschreitenden Kommunikation nicht zum Sanktionsrepertoire des Sicherheitsrats. Entsprechende Vorbehalte gegen das Ergreifen dahingehender Maßnahmen im Rahmen der gegenüber Südrhodesien verhängten Sanktionen können daher als für die nachfolgende Praxis indikativ gelten[273]. Auch bezüglich der Einreiseverbote[274] sind Ausnahmen aus humanitären Gründen anerkannt. Überdies enthalten die einschlägigen Regelungen, mit Ausnahme des im Falle Haitis verhängten Einreiseverbots, den Zusatz, daß kein

[268] Diese Praxis begann im Rahmen der gegenüber dem Irak verhängten Sanktionen mit S/RES 670 (1990), Ziff. 2, da zuvor im Falle Südrhodesiens von dem mit S/RES 253 (1968) verhängten Flugverkehrsverbot keine Ausnahmen vorgesehen waren. Gemäß der Entscheidung des Sanktionsausschusses vom 22. März 1991 (2. Kap., Anm. 111) unterlagen Flüge, mit denen Nahrungsmittel, Medikamente und Güter des grundlegenden Bedarfs transportiert wurden, einem Notifikationsverfahren; Libyen, S/RES 748 (1992), Ziff. 4; BR Jugoslawien, S/RES 757 (1992), Ziff. 7 a; Haiti, S/RES 917 (1994), Ziff. 2; Angola/UNITA S/RES (1997), Ziff. 4 d), 5; Afghanistan, S/RES 1267 (1999), Ziff. 4 a) und S/RES 1333 (2000), Ziff. 11. Gemäß Ziff. 12 der letztgenannten Resolution sind vom Sanktionsausschuß genehmigte Hilfsorganisationen vom Flugverbot ausgenommen.

[269] Afghanistan, S/RES 1267 (1999), Ziff. 4 a) und S/RES 1333 (2000), Ziff. 11.

[270] Irak, S/RES 1284 (1999), Abschnitt C, Ziff. 17; Libyen, S/RES 748 (1992), Ziff. 4. Hierzu auch S/1999/92, Ziff. 17: "Sanctions committees should consider ways to ensure that exemptions to sanctions regimes on religious grounds be made more effective."

[271] Bosnische Serben, S/RES 942 (1994), Abschnitt B, Ziff. 13 b).

[272] BR Jugoslawien, S/RES 820 (1993), Ziff. 27.

[273] Siehe 2. Kap., 2.1.2.2.; 2.1.2.4.

[274] Haiti, S/RES 917 (1994), Ziff. 3; Angola, S/RES 1127 (1997), Ziff. 4, 5; Sierra Leone, S/RES 1132 (1997), Ziff. 5.

Staat durch das Verbot verpflichtet wird, eigenen Staatsangehörigen die Einreise zu verweigern[275].

c) Stellungnahmen des Sicherheitsrats bzw. seiner Mitglieder

Der Sicherheitsrat bzw. seine ständigen Mitglieder haben in der bisherigen Praxis nicht ausdrücklich eine Pflicht zur Beachtung der bzw. bestimmter Menschenrechte anerkannt. In der Praxis finden sich jedoch zahlreiche Stellungnahmen, die eine Pflicht des Sicherheitsrats nahelegen, die Auswirkungen von Wirtschaftssanktionen auf die Bevölkerung zu berücksichtigen und zu minimieren.

So hat der Sicherheitsrat bereits 1991 mit dem Öl für Lebensmittel Programm eine Maßnahme vorgeschlagen und nachfolgend umgesetzt, die auch den Zweck hatte, die Auswirkungen der Sanktionen auf die irakische Bevölkerung zu lindern, indem die Grundversorgung mit Medikamenten und Nahrungsmitteln gewährleistet wird. Der Präsident des Sicherheitsrats hat 1993 in bezug auf die gegen Haiti verhängten Wirtschaftssanktionen erklärt, daß der Sicherheitsrat entschlossen sei, die Auswirkungen der gegenwärtigen Situation auf besonders verwundbare Gruppen zu minimieren[276]. Die fünf ständigen Mitglieder des Sicherheitsrats haben 1995 in einer gemeinsamen Stellungnahme anerkannt, daß Wirtschaftssanktionen zukünftig so ausgestaltet werden sollen, daß die nachteiligen Nebenwirkungen[277] auf besonders verwundbare Bevölkerungsgruppen im Zielstaat minimiert werden sollen[278]. Dazu sollen die humanitären Folgen der jeweiligen Sanktionen objektiv eingeschätzt und bei den Beratungen über die

[275] Siehe ebd.

[276] Note by the President of the Security Council: "The Council expresses its determination to minimize the impact of the present situation on the most vulnerable groups and calls upon Member States to continue, and to intensify, their humanitarian assistance to the people of Haiti", UN Dok. S/26747, 15. November 1993.

[277] Kritisch zur Verwendung des Begriffs der nachteiligen Nebenwirkungen äußern sich Gasser, Economic Sanctions, 874 und Somavia, der ehemalige Vorsitzende des Sanktionsausschusses für die BR Jugoslawien, in Crisis Diplomacy, 63: "It is disingenuous to talk of "unintended side effects" when everybody knows that the sector most affected by sanctions, as presently applied, are precisely civilian populations. There is nothing surprising or unintended about it. That's the way economic sanctions actually operate in practice. We are all perfectly aware of that."

[278] S/1995/300: "The five permanent members emphasize the importance of the peaceful settlement of international disputes in accordance with the Charter of the United Nations. While recognizing the need to maintain the effectiveness of sanctions imposed in accordance with the Charter, further collective actions in the Security Council within the context of any future sanctions regime should be directed to minimize unintended adverse side-effects of sanctions on the most vulnerable segments of targeted countries."

Sanktionen hinreichend berücksichtigt werden[279]. Im gleichen Zeitraum erklärte der Präsident des Sicherheitsrats, daß Sanktionen nicht den Zweck der Bestrafung hätten und daß angemessene Maßnahmen getroffen werden müßten, damit Hilfslieferungen die Bevölkerung des Sanktionsadressaten erreichten[280]. In der Folgezeit bekundete der Sicherheitsrat wiederholt, daß die negativen Auswirkungen von Wirtschaftssanktionen auf die Bevölkerung des Sanktionsadressaten so weit wie möglich vermieden werden sollen[281]. Darüber hinaus haben eine Reihe von Delegierten wiederholt darauf hingewiesen, daß der Sicherheitsrat durch das Einfügen humanitärer Ausnahmebestimmungen im konkreten Fall seiner Pflicht zur Minimierung der nachteiligen Auswirkungen von Sanktionen nachzukommen habe bzw. nachgekommen ist[282]. Der Sicherheitsrat hat ferner Maßnahmen zur Verbesserung der Arbeit der Sanktionsausschüsse ergriffen, damit der Zweck der humanitären Ausnahmeregelungen durch eine verbesserte Aufgabenwahrnehmung durch die Ausschüsse erreicht werden kann[283].
Bei den Beratungen im Sicherheitsrat anläßlich der Schaffung einer Arbeitsgruppe im April 2000, deren Aufgabe in der Ausarbeitung von Vorschlägen zur Verbesserung der Wirksamkeit von Sanktionen besteht, waren sich die Mitglieder des Sicherheitsrats und der Gastdelegationen weitgehend darüber einig, daß der Sicherheitsrat verpflichtet sei, die nachteiligen Auswirkungen von Sanktionen so weit wie dies unter Wahrung der Effektivität der Maßnahmen möglich ist zu lindern[284].

d) Fazit

Der Überblick über die Sanktionspraxis hat gezeigt, daß der Sicherheitsrat im Rahmen seiner Entscheidungen, Erklärungen und Stellungnahmen nicht ausdrücklich auf die Menschenrechte oder die Normen des humanitären

---

279 Ebd.
280 S/PRST/1995/9, 4.
281 Statement by the President of the Security Council, UN Dok. S/PRST/1999/34, 30. November 1999: "In imposing such measures (sanctions) the Council will pay special attention to their likely effectiveness in achieving clearly defined objectives, while avoiding negative humanitarian consequences as much as possible." Eine Bekräftigung findet dieser Grundsatz in S/RES 1333 (2000): "Reaffirming the necessity for sanctions to contain adequate and effective exemptions to avoid adverse humanitarian consequences on the people of Afghanistan ..."
282 Siehe die Stellungnahmen der Delegierten der Vereinigten Staaten zu S/RES 986 (1995), S.PV. 3519, 11 und zu S/RES 917 (1994) S/PV.3376, 7 (2. Kap., Anm. 164, 567); Frankreichs zu S/RES 917 (1994), S/PV.3376, 8 (2. Kap., Anm. 568); Chinas zu S/RES 917, S/PV.3376, 10 (2. Kap., Anm. 571) sowie der Russischen Föderation zu S/RES 1132 (1997), S/PV.3822, 10 (2. Kap., Anm. 685).
283 Siehe 1.Kap., 4.2. sowie jüngst S/1999/92.
284 Siehe S/PV.4128. Siehe hierzu im einzelnen 6. Kap., 2. und 3.

Völkerrechts Bezug genommen hat[285]. Vielmehr wird eine mögliche Beeinträchtigung dieser Rechte und Normen im Sprachgebrauch des Sicherheitsrats unter dem Begriff der humanitären Auswirkungen der Wirtschaftssanktionen behandelt. Diese Praxis scheint zwar auf den ersten Blick allein auf die Normen des humanitären Völkerrechts ausgerichtet zu sein. Ungeachtet des Sprachgebrauchs des Sicherheitsrats läßt sich aber nicht verkennen, daß die Praxis auch für die sich aus Artikel 1 Ziff. 3 der Charta ergebende Pflicht zur Achtung der Menschenrechte von Bedeutung ist. Selbst wenn aus politischen Gründen eine Bezugnahme auf die Menschenrechte vermieden wird, so hat der Sicherheitsrat durch seine Praxis der Einfügung von Ausnahmeregelungen seine Pflicht zum Schutz der Menschenrechte aus Artikel 1 Ziff. 3 der Charta konkludent konkretisiert und eine dahingehende Verpflichtung zumindest in diesem Umfang implizit anerkannt[286].

Die dargestellte Praxis läßt allerdings nicht erkennen, daß der Sicherheitsrat bei der Verhängung bzw. Beibehaltung von Wirtschaftssanktionen eine ausdrückliche Abwägung zwischen dem Ziel der Friedenssicherung und dem Ziel der Achtung der Menschenrechte vornimmt[287]. Eine Entscheidungspraxis, in der eine solche ausdrückliche Abwägung vorgenommen wird, ist nicht zuletzt aufgrund der weitgehend politischen Natur der im Sicherheitsrat getroffenen

---

[285] Zur Kritik an dieser Praxis Bossuyt, Economic Sanctions, Ziff. 7 und Normand, 26. Einzelne Mitglieder des Sicherheitsrats haben hingegen ausdrücklich eine Pflicht des Sicherheitsrats zur Beachtung der Menschenrechte bzw. des humanitären Völkerrechts postuliert oder diese erkennbar vorausgesetzt. Siehe die Stellungnahmen der Delegierten Jemens, S/PV.2939, 11 (2. Kap., Anm. 103); Kubas, S/PV. 2939, 18-20 (2. Kap., Anm. 104); Honduras, S/PV.3519, 4 (2. Kap., Anm. 163), Malaysias, S/PV. 4084, 7 (2. Kap., Anm. 184) sowie in diesem Zusammenhang auch die diesbezüglichen Stellungnahmen der Sanktionsadressaten Irak, S/PV.2981, 33 (2. Kap., Anm. 136) und BR Jugoslawien, S/PV. 3428, 14 (2. Kap., Anm. 455).

[286] Ebenso Akande, 324. In diese Richtung auch Gowlland-Debbas, Security Council Enforcement, 91, 92.

[287] Der Delegierte der Niederlande hat allerdings in seiner Stellungnahme zur Resolution 1333 (2000), S/PV.4251, 5, 6 impliziert, daß der Sicherheitsrat eine Abwägung zwischen den humanitären Auswirkungen von Sanktionen und den mit diesen verfolgten politischen Zielen vornimmt bzw. vorzunehmen hat (siehe 2. Kap. Anm. 754). Verhältnismäßigkeitserwägungen finden sich auch in den Stellungnahmen des Delegierten Frankreichs in der Sondersitzung des Sicherheitsrats zur Sanktionsthematik am 17. April 2000, S/PV.4128, 9: "... we must take care that the measures decided upon are in proportion to the situation and that sanctions are adjusted with regard to developments in the political situation they are supposed to correct"; des Vertreters Namibias, ebd., 11: "... deciding whether to continue to enforce sanctions becomes a moral dilemma when the unintended adverse humanitarian impact and the damage and losses caused to third parties begin to outweigh the political goals to be achieved" und Bulgariens, ebd., 35: "The Government of Bulgaria believes that in every case the Security Council should apply criteria of proportionality when defining the scope of sanctions, which has to be compatible with their objectives."

Entscheidungen sowie der Art und Weise, in der eine Resolution zustandekommt, kaum zu erwarten. Hierbei sind vielmehr politische Opportunität und Zweckmäßigkeit von maßgeblicher Bedeutung[288].

Die untersuchten Sanktionsfälle haben jedoch verdeutlicht, daß im Sicherheitsrat zumindest in Ansätzen eine Abwägung zwischen den nachteiligen Auswirkungen der Wirtschaftssanktionen auf die Bevölkerung und den mit diesen Maßnahmen verfolgten Zielen stattfindet. Diese Abwägung hat dazu geführt, daß bestimmte Sanktionsmaßnahmen nicht in Kraft gesetzt worden sind, daß von der Verhängung umfassender Wirtschaftssanktionen abgesehen worden ist und, soweit diese verhängt worden sind, Gegenmaßnahmen zur Linderung ihrer Auswirkungen getroffen worden sind. Das Maß, in der diese Auswirkungen im Rahmen der jeweiligen Entscheidungen Berücksichtigung gefunden haben, ist dabei in erheblichem Maße von politischen Erwägungen abhängig gewesen. Dies kommt auch in dem Umstand zum Ausdruck, daß der Sicherheitsrat in seiner bisherigen Praxis kein einheitliches Verfahren befolgt hat, die Auswirkungen von Wirtschaftssanktionen auf die Bevölkerung einschätzen zu lassen und die Sanktionen inhaltlich an den Ergebnissen einer solchen Einschätzung auszurichten, sondern entsprechende Berichte lediglich in einzelnen Sanktionsfällen angefordert hat[289]. Seit 1995 hat der Sicherheitsrat keine umfassenden Wirtschaftssanktionen mehr verhängt. Dieser Umstand läßt zwar nicht den Schluß zu, daß aufgrund der nachteiligen Folgen umfassender Wirtschaftssanktionen nur noch partielle oder gezielte Wirtschaftssanktionen im Sicherheitsrat als mit der Pflicht zur Achtung der Menschenrechte vereinbar angesehen werden. In Verbindung mit den angeführten Erklärungen des Sicherheitsrats bzw. seiner ständigen Mitglieder zeugen die Stellungnahmen von Regierungsvertretern anläßlich der Verhängung oder Beibehaltung von Wirtschaftssanktionen jedoch davon, daß die Praxis des Sicherheitsrats in weitaus stärkerem Maße, als dies vor 1995 der Fall gewesen ist, von Bedenken über die möglichen Auswirkungen

---

[288] Siehe zur politischen Natur des Sicherheitsrats, 5. Kap., Anm. 41.

[289] So vor dem Inkrafttreten des Flugverkehrsverbots gegenüber dem Sudan (s.o. Anm. 248) und während der gegenüber Sierra Leone verhängten Wirtschaftssanktionen (siehe 2. Kap., Anm. 709). Ein Sonderfall stellen die gegenüber dem Irak verhängten Wirtschaftssanktionen dar. Hier hatte der Sicherheitsrat ein Sachverständigengremium beauftragt, eine umfassende Studie über die gegenwärtige humanitäre Lage im Irak zu erstellen, die auch Aussagen über die Auswirkungen der Sanktionen enthielt, S/1999/356, Annex II. Mit der Resolution 1302 (2000), Ziff. 18 wurde ferner die Einberufung einer Gruppe von unabhängigen Experten beschlossen, die eine umfassende Analyse über die humanitäre Lage im Irak erstellen sollten. Bei den gegenüber den Taliban verhängten Sanktionen hat der Sicherheitsrat zwar mit der Resolution 1267 (1999) seine Absicht bekundet, eine entsprechende Studie einzuholen, ist dieser Vorgabe aber erst nach Verabschiedung der Resolution 1333 (2000) mit den regelmäßigen Berichten des Generalsekretärs nachgekommen (siehe 2. Kap., 2.8.2.2. und 2. Kap., Anm. 2).

der zu beschließenden bzw. bereits beschlossenen Maßnahmen und einer entsprechenden Pflicht des Sicherheitsrats zur Beachtung und Begrenzung dieser nachteiligen Folgen geprägt ist. Dieser Befund wird auch durch die schrittweise, parallel zu dieser Entwicklung erfolgte Ausweitung des Umfangs der humanitären Ausnahmebestimmungen bestätigt.

3.4.2.2.2. Der Grundsatz der Verhältnismäßigkeit als Abwägungskriterium

Die Praxis des Sicherheitsrats legt im Rahmen der Abwägung in Anbetracht der Natur des Zielkonflikts den Rückgriff auf das Kriterium der Verhältnismäßigkeit unter Berücksichtigung der in Artikel 1 der Charta zum Ausdruck kommenden Hierarchie der Ziele nahe[290]. Der Grundsatz der Verhältnismäßigkeit stellt eine Ausprägung des Prinzips der Abwägung zwischen zwei kollidierenden Interessen dar. Seinem Inhalt nach besagt der Grundsatz, daß eine Maßnahme, die in ein Recht eingreift, nur dann verhältnismäßig ist, wenn sie einen legitimen Zweck verfolgt, zu dessen Erreichen erforderlich ist und in Anbetracht der Bedeutung des betroffenen Rechts nicht außer Verhältnis zu dem Zweck, der durch ihren Einsatz verwirklicht werden soll, steht[291]. Hierbei wird zwischen der engen und der weiten Verhältnismäßigkeit unterschieden[292]. Der Grundsatz der Verhältnismäßigkeit ist nicht nur im Menschenrechtsschutz[293], sondern auch im humanitären Völkerrecht[294] und dem Recht der Gegenmaßnahmen[295] fest

[290] Für eine an Verhältnismäßigkeitsgesichtspunkten orientierte Abwägung sprechen sich aus Bossuyt, Economic Sanctions, Ziff. 44; Conlon, Rechtliche Problematik, 11, 28; Damrosch, Civilian Impact, 291; Gardam, 304; Gasser, Economic Sanctions, 882; Herbst, 381; Kulessa, Märchen, 95; Reisman/Stevick, 129; Rodley, 39. Aus moralphilosophischer Sicht Patterson, 91; Winkler, 141.

[291] Siehe Delbrück, Proportionality, 1140 ff. und Gardam, Judith: Proportionality and Force in International Law, in: AJIL 87 (1993), 391-413.

[292] Dem weiten Maßstab der Verhältnismäßigkeit zufolge sind nur diejenigen Maßnahmen unverhältnismäßig, die außer jeglichem Verhältnis (manifestly disproportionate) zum verfolgten Ziel stehen, während bei der engen Verhältnismäßigkeit ein strikter Maßstab zwischen dem verfolgten Ziel und den hierzu eingesetzten Maßnahmen sowie den dadurch hervorgerufenen Folgen zur Anwendung kommt. Eine ausführliche Diskussion zu diesem Aspekt der Verhältnismäßigkeit findet sich im 3. Bericht zur Staatenverantwortlichkeit von Arangio-Ruiz A/CN.440, Ziff. 63 ff. sowie in ILC-Report 1995, A/50/10, Ziff. 365 ff.

[293] Hierzu Delbrück, Proportionality, 1143. Siehe dazu im einzelnen nachfolgend unter 3.4.2.2.4.

[294] Insbesondere in Artikel 51 Absatz 5 b) des 1. ZP. Zum Grundsatz der Verhältnismäßigkeit im humanitären Völkerrecht Delbrück, Proportionality, 1142; Greenwood, 109 sowie Gardam, Judith, Necessity and Proportionality in jus ad bellum und jus in bello, in: Chazournes, Boisson de/Sands Philippe (Hrsg.), International Law, The International Court of Justice and Nuclear Weapons, Cambridge, 1999, 275-292, 281 ff.

verankert[296]. Gemeinhin wird ihm der Status eines allgemeinen Rechtsgrundsatzes im Sinne des Artikel 38 Absatz 1 Buchstabe c des IGH-Statuts zuerkannt[297].

Es ist zwar umstritten, ob der Grundsatz der Verhältnismäßigkeit unmittelbar auf die vom Sicherheitsrat gemäß Artikel 41 der Charta verhängten Wirtschaftssanktionen anwendbar ist[298]. Zweifel an dessen Geltung scheinen auch angesichts des Wortlauts des Artikel 41 und des Artikel 24 Absatz 2 in Verbindung mit Artikel 1 und 2 der Charta, die keinen Hinweis auf Erwägungen der Verhältnismäßigkeit enthalten, durchaus berechtigt[299]. Der Blick auf die Praxis des Sicherheitsrats hat aber gezeigt, daß dieser bei der Verhängung und Beibehaltung von Wirtschaftssanktionen Erwägungen der Verhältnismäßigkeit in Bezug auf den Grad der Friedensbedrohung sowie den Grad der humanitären Auswirkungen von Sanktionen und den Umfang der getroffenen Maßnahmen berücksichtigt. Der Grundsatz der Verhältnismäßigkeit findet somit im Rahmen der vom Sicherheitsrat nach Kapitel VII der Charta getroffenen Maßnahmen zumindest in seiner weiten Fassung Anwendung. Soweit der Einsatz von Zwangsmaßnahmen durch den Sicherheitsrat zu einem Konflikt der in Artikel 1 der Charta genannten Ziele führt, ist der Grundsatz der Verhältnismäßigkeit dabei als konkrete Ausformung der Abwägung anwendbar.

---

295 Die ILC hat den beim Einsatz von Gegenmaßnahmen geltenden Maßstab der Verhältnismäßigkeit wie folgt definiert: Article 49 (Proportionality): "Countermeasures taken by an injured State shall not be out of proportion to the degree of gravity of the internationally wrongful act and the effects thereof on the injured State", in: 37 I.L.M. (1998) 440, 457. In den jüngsten provisorischen Entwürfen heißt es in Artikel 52: "Countermeasures must be commensurate with the injury suffered, taking into account the gravity of the internationally wrongful act and the rights in question", in: A/55/10, Chapter IV, 140.

296 Zur Geltung des Grundsatzes beim Einsatz von Gewalt im Sinne von Artikel 2 Absatz 4 der Charter, Military and Paramilitary Activities in and against Nicaragua (Nicaragua v. United States of America), Merits, Judgement, ICJ Reports 1986, 14, 94, Ziff. 176 und im Nuclear Weapons Fall, ICJ Reports 1996, 226, 245, Ziff. 41.

297 Siehe zur Auseinandersetzung um die rechtliche Natur des Gebots der Verhältnismäßigkeit, Delbrück, Proportionality, 1144 und Gardam, 306 m.w.N.

298 Gegen eine unmittelbare Anwendung des Grundsatzes sprechen sich aus Gowlland-Debbas, Security Council Enforcement, 62; Herbst, 384, 385; Oosthuizen, 555. Die Anwendung befürworten dagegen Bothe, 76 ff.; Blanke, 282; Bruha/Krajewski, 17; Fausey, 210; Fraas, 246; Gasser, Economic Sanctions, 882; Herdegen, 137; Kulessa, Märchen, 95; Rodley, 37, 38; Stein, 333.

299 Gowlland-Debbas, Security Council Enforcement, 62. Ein Anhaltspunkt für die Geltung des Grundsatzes der Verhältnismäßigkeit im Rahmen des Kapitel VII der Charta ließe sich allenfalls aus der in Artikel 42 der Charta enthaltenen Formulierung "as may be necessary" entnehmen, die sich auf die zu ergreifenden militärischen Maßnahmen bezieht.

3.4.2.2.3. Exkurs: Leitlinien für die vom Sicherheitsrat vorzunehmende Abwägung

Die vom Sicherheitsrat vorzunehmende Abwägung erfolgt zwar wie aufgezeigt nicht im rechtsfreien Raum, es finden sich allerdings auch in der Praxis des Sicherheitsrats nur rudimentäre Anhaltspunkte dafür, wie diese Abwägung konkret auszuüben ist. Gleichwohl lassen sich, ungeachtet der Frage der Grenzen des Abwägungsspielraums, aus dem Verhältnis von Artikel 1 Ziff. 1 zu Artikel 1 Ziff. 3 der Charta gewisse Konturen für den Abwägungsvorgang ergründen. Die nachfolgenden Ausführungen betreffen nicht unmittelbar die Rechtmäßigkeitsanforderungen, denen der Sicherheitsrat unterliegt, sondern sind als Leitlinien für die Abwägung des Sicherheitsrats, sei es durch die Verfasser des Resolutionsentwurfs oder die einzelnen Mitgliedstaaten im Rahmen der Abstimmung im Sicherheitsrat, zu verstehen. Hierzu sollen im Anschluß an einen Überblick über einen idealtypischen Abwägungsvorgang die maßgeblichen Faktoren, die bei der Gewichtung der kollidierenden Ziele der Friedenssicherung und des Menschenrechtsschutzes zu berücksichtigen sind, identifiziert und die in Hinblick auf die Gewichtung tragenden Erwägungen ermittelt werden.

a) Der Abwägungsvorgang

Die Wirtschaftssanktionen dienen dem Zweck der Friedenssicherung. Soweit durch die Wirtschaftssanktionen eine Beeinträchtigung der Menschenrechte der Bevölkerung des Sanktionsadressaten zu erwarten oder bereits eingetreten ist, gilt es anhand der Schwere der Friedensbedrohung zu entscheiden, ob und inwieweit eine derartige Beeinträchtigung zum Erreichen des Ziels der Friedenssicherung notwendig ist. Bei der Entscheidung über die Verhängung und inhaltliche Ausgestaltung von Wirtschaftssanktionen hat der Sicherheitsrat daher im Lichte der zu erwartenden oder tatsächlichen Beeinträchtigung von Menschenrechten zu erwägen, ob die Sanktionsmaßnahmen ein taugliches Mittel sind und ob gleichermaßen erfolgversprechende mildere Mittel der Friedenssicherung zur Verfügung stehen. Der Sicherheitsrat hat sich nach der Verhängung von Sanktionen in regelmäßigen Abständen zu vergewissern, ob eine Änderung bzw. Aufhebung der beschlossenen Maßnahmen aufgrund ihrer fehlenden Tauglichkeit oder dem Vorhandensein milderer Mittel angesichts der Schwere ihrer Auswirkungen geboten ist. Darüber hinaus folgt aus dem Gebot der harmonischen Auslegung, daß die Schwere der durch die Wirtschaftssanktionen herbeigeführten Beeinträchtigung der Menschenrechte gegen die Bedeutung des Ziels der Friedenssicherung abzuwägen ist. Die Bestimmung der Verhältnismäßigkeit verlangt dabei die Berücksichtigung sämtlicher Abwägungsfaktoren, die in Hinblick auf eines der beiden Ziele von Belang sind[300].

b) Einzelne Abwägungsfaktoren

ba) Dauer und Langzeitfolgen

Neben den potentiellen und den tatsächlichen Auswirkungen von Wirtschaftssanktionen kommt im Rahmen der Abwägung insbesondere bei langfristigen, umfassenden Sanktionen den Langzeitfolgen eine besondere Bedeutung zu. Der Sicherheitsrat hat die Folgen, die Wirtschaftssanktionen nach langjähriger Dauer und auch darüber hinaus nach ihrer Aussetzung bzw. Aufhebung haben oder haben werden, als Abwägungsfaktor zu berücksichtigen. Dies gilt vor allem für die Schwere der dadurch herbeigeführten Beeinträchtigung von Menschenrechten. Mit zunehmender Dauer stellt sich nicht nur eindringlich die Frage der Tauglichkeit, wenn sich aus dem fehlenden Erfolg der Wirtschaftssanktionen über einen längeren Zeitraum hinweg der Schluß aufdrängt, daß diese als Mittel zum Erreichen des Ziels ungeeignet sind, sondern auch der Verhältnismäßigkeit, wenn die Wirtschaftssanktionen zugleich schwerwiegende Auswirkungen auf die Volkswirtschaft und die Infrastruktur des Landes haben und dadurch vor allem die schwächeren Bevölkerungsgruppen des Sanktionsadressaten besonders hart treffen[301].

Bei der Abwägung gilt es des weiteren die aufgrund der bisherigen Erfahrungen zu erwartenden Nebeneffekte von Sanktionen zu berücksichtigen. So führen umfassende, langfristige Wirtschaftssanktionen im Regelfall zu einem Zusammenbruch des Wirtschaftslebens, der nicht nur eine kriminelle, dem Sanktionsadressaten nahestehende Schicht, die von Korruption und Schmuggel profitiert, hervorbringt, sondern auch eine weitgehende Verarmung der Bevölkerung mit all ihren Folgeproblemen, insbesondere dem Auseinanderbrechen gesellschaftlicher Strukturen, bewirkt[302]. Hinzu kommt die Isolation der Bevölkerung vom Ausland und die unzureichende Ausbildung der jüngeren Generationen, die einer radikalen und gewalttätigen Haltung von Individuen und gesellschaftlichen Gruppen Vorschub leisten können bzw. von dem

---

[300] Genugten/de Groot/Lavrijssen, 144.

[301] Doxey, International Sanctions, 109. Bossuyt, Economic Sanctions, Ziff. 45; Conlon, Rechtliche Problematik, 11; Hazelzet, 87; Lopez/Cortright, Economic Sanctions, 21, äußern aus diesem Grund Zweifel an der Verhältnismäßigkeit umfassender, langfristiger Wirtschaftssanktionen.

[302] Dies hat sich insbesondere im Irak, aber auch in der BR Jugoslawien und Haiti gezeigt (siehe 2. Kap., 2.2.3.; 2.4.3. und 2.5.3.). Dazu auch CESCR, General Comment 8, Ziff. 3.

Sanktionsadressaten zu diesem Zweck manipuliert werden kann[303]. Außerdem ist bei den gegenüber diktatorischen Regimen verhängten Wirtschaftssanktionen eine Verschärfung der politischen Repression und eine Verschlechterung der Menschenrechtslage zu beobachten gewesen[304].

Langfristige Wirtschaftssanktionen führen daher in vielen Fällen zu einer Entwicklung, bei der aufgrund des Zusammenwirkens von Verarmung, Isolation und politischer Repression ein diktatorisches Regime gestärkt und die Verwirklichung der Menschenrechte auf längere Sicht gehemmt wird[305]. Dabei ist Armut, wie in jüngster Zeit wiederholt zurecht in Erinnerung gerufen worden ist, ein wesentlicher Faktor für die fehlende Verwirklichung von Menschenrechten[306]. Die durch die langfristigen umfassenden Wirtschaftssanktionen erfolgte Unterbrechung der Handelsbeziehungen und die daraus resultierende „rückwärtige Entwicklung" eines Landes steht überdies zu den Zielen der Vereinten Nationen, Wohlstand und Fortschritt durch internationale Zusammenarbeit zu fördern, in Widerspruch[307]. Die soeben aufgezeigte Entwicklung kann auch zu einer Situation führen, in welcher der Frieden im Land des Sanktionsadressaten oder der Region gefährdet ist, weil aufgrund der wirtschaftlichen Krise und der politischen Repression innen- und außenpolitische Spannungen entstehen, die in bewaffneten Auseinandersetzungen und einer Destabilisierung des regionalen Friedens durch Flüchtlingsströme bzw. dem Auseinanderbrechen

---

303 Eine solche Entwicklung ist im Irak zu beobachten gewesen (siehe 2. Kap., 2.2.3.2.).

304 Dies gilt wiederum vor allem für den Irak und die BR Jugoslawien, aber auch für Haiti, wobei sich allerdings der kausale Zusammenhang zwischen der Verhängung von Wirtschaftssanktionen und der Verschlechterung der Menschenrechtslage nur schwer feststellen läßt.

305 Siehe zum Fall des Irak Shehabaldin/Laughlin, 8 ff. und zur BR Jugoslawien Dimitrijevic/Pejic, 124 ff.

306 A/RES/54/175, The Right to Development, 15. Februar 2000 (Abstimmungsergebnis: 119-10-38), Ziff. 3 a): "The existence of widespread poverty inhibits the full and effective enjoyment of all human rights and renders democracy and popular participation fragile." Siehe hierzu auch Müllerson, Rein, Human Rights Diplomacy, London, New York, 1997, 95.

307 Dieses Ziel ist in Artikel 55 a und b sowie 56 der Charta verankert und nachfolgend in A/RES 2625 (XXV) (1970) als grundsätzliche Pflicht der Staaten zur internationalen Zusammenarbeit formuliert worden. Die Generalversammlung hat in der jüngsten Resolution zum Recht auf Entwicklung (siehe zur Bindung des Sicherheitsrats an das Recht auf Entwicklung unten 4.2.2.7.) ausdrücklich auf die Folgen von Wirtschaftssanktionen für die Entwicklung eines Landes bezug genommen, A/RES/54/175 (s.o. Anm. 306), Präambel: "Noting that sanctions often have a serious negative impact on the development capacity and activity of target countries, as well as third States, undermining their full realization of the right to development" (Gesonderte Abstimmung, Ergebnis: 113-44-1); Operativer Teil, Ziff. 13: "Recommends proper consideration of the humanitarian effects of sanctions, in particular on women and children, which undermine and affect the right to development, with a view to minimizing those effects" (Gesonderte Abstimmung, Ergebnis: 114-43-1).

staatlicher Strukturen münden[308]. Die Wirtschaftssanktionen können deshalb zu einer Entwicklung beitragen, die ihrerseits zu einer Gefährdung des Friedens führt und somit nicht zur Verwirklichung des in Artikel 1 Ziff. 1 der Charta festgelegten Ziels der Friedenswahrung durch Konfliktprävention beiträgt.

bb) Die Haltung der Bevölkerung des Sanktionsadressaten zu den Wirtschaftssanktionen

bba) Die Zustimmung der Bevölkerungsmehrheit

Die Haltung der Bevölkerung, die in Gestalt der jeweils betroffenen Individuen Träger der durch die Wirtschaftssanktionen beeinträchtigten Menschenrechte ist, kann vom Sicherheitsrat als zusätzlicher Abwägungsfaktor herangezogen werden[309]. In denjenigen Fällen, in denen aufgrund der Schwere der Beeinträchtigung der Menschenrechte Zweifel an der Vereinbarkeit der Verhängung bzw. Beibehaltung von Wirtschaftssanktionen mit Artikel 1 Ziff. 3 der Charta bestehen, kann der Sicherheitsrat die Zustimmung der Bevölkerungsmehrheit zu den Sanktionen als ausschlaggebenden, die Verhängung bzw. Beibehaltung rechtfertigenden Faktor berücksichtigen. Falls festgestellt werden kann, daß der überwiegende Teil der betroffenen Bevölkerung die Verhängung bzw. Beibehaltung der Wirtschaftssanktionen befürwortet, kann von einer allgemeinen Einwilligung in die dadurch erfolgte Beeinträchtigung der Menschenrechte, soweit diese nicht zwingender Natur sind, ausgegangen werden[310].

---

[308] Siehe die Stellungnahme des Delegierten Jemens S/PV.3004, 57 (2. Kap., Anm. 147). Auch der Sicherheitsrat, PRST 1999/6, 12. Februar 1999, hat anerkannt, daß das schwere Leiden der Bevölkerung nicht nur die Folge eines Konflikts, sondern ein eigenständiger Faktor sein kann, der zur Instabilität und weiteren Konflikten beiträgt.

[309] Damrosch, Civilian Impact, 302; Hazelzet, 82; Patterson, 92; Rudolf, 321; Segall, 776. Köchler, 12, zufolge soll die Beurteilung der Zulässigkeit der Sanktionsmaßnahmen von denjenigen vorgenommen werden, die in erster Linie die Kosten der Maßnahmen zu tragen haben. Lopez/Cortright, Economic Sanctions, 10, 11, zufolge steigert die Zustimmung der Bevölkerung die moralische Legitimität und zumindest potentiell die politische Wirksamkeit von Sanktionen.

[310] Ebenso Damrosch, Civilian Impact, 303; Hazelzet, 89. Hierbei kann es sich allerdings nicht um eine individuelle, sondern lediglich um eine entsprechende kollektive Einwilligung handeln. Dies gilt vor allem angesichts des Umstands, daß nicht auszuschließen sein wird, daß eine unbestimmte Zahl von Individuen gleichwohl die Verhängung von Wirtschaftssanktionen und die damit verbundene Beeinträchtigung der Menschenrechte ablehnt. Der Sicherheitsrat ist zwar gegenüber allen Individuen zur Beachtung der Menschenrechte verpflichtet. Im Rahmen seines bei der Abwägung bestehenden Spielraums kann er jedoch auch Faktoren berücksichtigen, welche die Gesamtsituation betreffen. Das tatsächliche Vorliegen einer Einwilligung sämtlicher Betroffenen ist somit nicht erforderlich und könnte auch vom Sicherheitsrat rein faktisch nicht festgestellt werden, wäre mithin als Kriterium nicht praktikabel.

Problematisch ist die tatsächliche Seite einer derartigen Zustimmung, d.h. die Feststellung eines entsprechenden Willens der Bevölkerungsmehrheit[311]. Eine Zustimmung wird in denjenigen Fällen angenommen werden können, in denen sich legitimierte Sprecher für die Verhängung bzw. Beibehaltung der fraglichen Wirtschaftssanktionen im Namen des Volkes aussprechen[312] oder in denen anhand sonstiger Anhaltspunkte mit hinreichender Wahrscheinlichkeit auf einen solchen Willen geschlossen werden kann[313]. Insofern ist ein hoher Grad an Eindeutigkeit zu fordern, da eine Zustimmung, die in ihrer Wirkung einer Einwilligung in die Beeinträchtigung von Rechten nahekommt, nicht vermutet werden kann.

bbb) Die Unterstützung einer friedensgefährdenden Politik durch die Bevölkerungsmehrheit

Die Mehrheit der Bevölkerung kann andererseits den Wirtschaftssanktionen ablehnend gegenüberstehen und ihrerseits durch die Unterstützung der Politik des Sanktionsadressaten für die Friedensbedrohung mitverantwortlich sein. In diesem Fall stellt sich die Frage, ob diese Haltung von großen Teilen der Bevölkerung als Faktor zu berücksichtigen ist, der eine schwerwiegendere Beeinträchtigung der Menschenrechte erlaubt[314]. Problematisch erscheint eine solche Berücksichtigung aber schon deswegen, weil sich eine Unterstützung der friedensgefährdenden Politik des Sanktionsadressaten durch die Mehrheit der

---

[311] Siehe hierzu Gordon, 129 ff., die zwischen der tatsächlichen, der repräsentativen und der mutmaßlichen Einwilligung unterscheidet.

[312] Als derartige Sprecher der Bevölkerung sind vor allem die Vertreter einer demokratisch legitimierten Regierung anzusehen. Als Beispiele sind Präsident Aristide in Haiti und die Regierung Kabbah in Sierra Leone, als Gegenbeispiel die nicht demokratisch legitimierte Regierung Rabbanis in Afghanistan zu nennen (siehe 2. Kap., 2.5.1.; 2.7.1.; 2.8.1.).

[313] Damrosch, Civilian Impact, 302-304, weist auf das Problem hin, wenn kein legitimierter Sprecher vorhanden ist. In solchen Fällen kann eine entsprechende Haltung der Bevölkerung nur aus Indizien gefolgert werden. Hierbei können diejenigen als legitimiert angesehen werden, die durch ihre Stellung in der Gesellschaft einen besonderen Rückhalt bei der Bevölkerung genießen und als authentische Sprecher gelten, z.B. die Anführer einer Befreiungsbewegung oder Menschenrechtsaktivisten. Hierzu Rudolf, 322. Ablehnend Gordon, 130, der zufolge die tatsächliche Einwilligung erforderlich sei. Dagegen Lopez, George A., More Ethical than Not: Sanctions as Surgical Tools, Response to "A Peaceful, Silent, Deadly Remedy", in: Ethics & International Affairs 13 (1999), 143-148, 146, 147, dessen Auffassung nach grundsätzlich von einer mutmaßlichen Einwilligung einer unterdrückten Bevölkerung ausgegangen werden könne, die überdies zumeist faktisch nicht in der Lage sei, ihren tatsächlichen Willen zu äußern.

[314] Eine solche Möglichkeit ziehen Damrosch, Civilian Impact, 306 und Reisman/Stevick, 117, letztere unter Hinweis auf die BR Jugoslawien, in Betracht.

Bevölkerung nur schwer feststellen lassen wird[315]. Darüber hinaus werden erfahrungsgemäß eine Vielzahl von Personen der Politik des Sanktionsadressaten gleichgültig oder ablehnend gegenüberstehen, auch wenn sie diese Haltung nicht offen zum Ausdruck bringen bzw. bringen können[316]. Außerdem sind es gerade Kinder, die nicht aktiv am politischen Willensbildungsprozeß teilnehmen, welche von den Wirtschaftssanktionen für gewöhnlich am stärksten in ihren Rechten beeinträchtigt werden[317]. Die Berücksichtigung der Haltung der Bevölkerungsmehrheit zur Politik des Sanktionsadressaten könnte daher leicht in eine unzulässige Kollektivhaftung einmünden[318]. Die Unterstützung der friedensbedrohenden Politik des Sanktionsadressaten durch die Bevölkerung erscheint aus diesen Gründen nicht als Abwägungskriterium geeignet, das vom Sicherheitsrat in Zweifelsfällen heranzuziehen ist.

3.4.2.2.4. Die Grenzen des Abwägungsspielraums des Sicherheitsrats

Außer dem Verbot der Verletzung zwingender Rechte konnte keine absolute Grenze der Abwägung festgestellt werden[319]. Aus dem weiten Abwägungsspielraum, der dem Sicherheitsrat bei der Entscheidung nach Artikel 41 der Charta zusteht, und dem in Artikel 1 Ziff. 1 der Charta zum Ausdruck kommenden Vorrang des Ziels der Friedenssicherung ist gefolgert worden, daß der Sicherheitsrat den Konflikt zugunsten der Friedenssicherung auflösen könne und die vom Sicherheitsrat verhängten Sanktionsmaßnahmen für gewöhnlich nicht die Schwelle der fehlenden Verhältnismäßigkeit überschreiten[320]. Zutreffend ist, daß diejenigen Elemente der Abwägung, die Zweckmäßigkeitserwägungen betreffen, aufgrund der politischen Natur der Entscheidung des Sicherheitsrats in den ausschließlichen Beurteilungsspielraum des Sicherheitsrats fallen[321]. Darüber hinaus sind die Grenzen, denen der Sicherheitsrat im Rahmen der Abwägung bei

---

[315] Dies gilt insbesondere für Diktaturen, in denen die Opposition durch systematische Verfolgung ihrer Meinungsfreiheit beraubt wird und zugleich durch Massenveranstaltungen und manipulierte bzw. unfreie Wahlen der Schein erzeugt wird, daß die Masse der Bevölkerung die Politik der Regierung unterstützt. Zutreffend Fausey, 215.

[316] Ebd., 215, 216.

[317] Dies räumen auch diejenigen ein, die eine Berücksichtigung des Verhaltens der Bevölkerung in Erwägung ziehen. Reisman/Stevick, 117.

[318] Siehe hierzu auch Winkler, 148, dem zufolge ein solches Argument gegen das aus der Anwendung der Doktrin des gerechten Krieges folgende Gebot der Unterscheidung zwischen Zivilisten und Kombattanten verstoße. Zur Geltung des Verbots der kollektiven Bestrafung im humanitären Völkerrecht Jeschek, Hans Heinrich, Collective Punishment, in: Bernhardt, R. (Hrsg.), EPIL, Vol.1 (1992), 645 ff.

[319] S.o. 3.3.2.

[320] Oosthuizen, 562; Starck, 174, 183.

[321] Lorinser, 53; Martenczuk, 277 ff. m.w.N.

der Verhängung von Wirtschaftssanktionen unterliegt, weitgehend unbestimmt. Die Grenze des Abwägungsspielraums läßt sich insoweit auch nicht ohne weiteres aus den zum Schutz der Menschenrechte anerkannten Grundsätzen ziehen, wonach die Einschränkung der in den internationalen und regionalen Menschenrechtskonventionen geschützten Menschenrechte nur aus Gründen der öffentlichen Sicherheit oder gemäß der in diesen enthaltenen Notstandsklauseln[322] zulässig ist[323]. Aufgrund der vorrangig zu berücksichtigenden Wertung der Charta kann der in anderen Rechtsgebieten des Völkerrechts geltende Verhältnismäßigkeitsmaßstab nicht einfach auf die Maßnahmen des Sicherheitsrats übertragen werden[324]. Zwar kann die Feststellung einer Bedrohung bzw. eines Bruchs des Friedens zumindest in den Fällen, in denen die Bedrohung einen gewissen Schweregrad erreicht, mit einer Notstandssituation verglichen werden[325]. Hiernach würde dem Sicherheitsrat in gleicher Weise wie den an die Menschenrechte gebundenen Staaten die Befugnis zukommen, zumindest von den nicht derogierbaren Menschenrechten abweichen zu dürfen[326]. Eine entsprechende Anwendung des diesbezüglich geltenden engen Verhältnismäßigkeitsmaßstabs auf die vom Sicherheitsrat verhängten Sanktionsmaßnahmen würde jedoch den Vorrang, der dem Ziel der Friedenssicherung nach der Wertung der Charta zukommt, verkennen. Aus diesem Vorrang läßt sich vielmehr der Schluß ziehen, daß ein eigenständiger Maßstab anzulegen ist, der gegebenenfalls auch eine erhebliche Beeinträchtigung von Menschenrechten durch die vom Sicherheitsrat verhängten Sanktionsmaßnahmen zu rechtfertigen vermag.

Die Priorität des Ziels der Friedenssicherung räumt dem Sicherheitsrat jedoch keine unbeschränkte Befugnis ein, das Ziel der Menschenrechte im Rahmen der Abwägung hintanzustellen. Der Sicherheitsrat überschreitet vielmehr die Grenzen der Abwägung in denjenigen Fällen, in denen er eine grobe Fehlgewichtung zwischen den beiden Zielen trifft und das in Artikel 1 Ziff. 3 der

[322] Die Notstandsklauseln (siehe zum Status dieser Klauseln im Völkerrecht Oraá, Jaime, The Protection of Human Rights in Emergency Situations under Customary International Law, in: Goodwin, Guy S. (Hrsg.): The reality of International Law: essays in honour of Ian Brownlie, Oxford, 1999, 414-437), räumen den Vertragsparteien im Falle eines öffentlichen Notstands die Befugnis ein, die nicht-derogierbaren Rechte außer Kraft zu setzen, wobei ein strenger Verhältnismäßigkeitsmaßstab gilt. Siehe Artikel 27 AEMR, Artikel 4 IPBPR sowie Artikel 15 EMRK.

[323] Auf diese greifen Fraas, 83 und Herbst, 381, zur Bestimmung der Grenzen, denen der Sicherheitsrat bei der Verhängung von Wirtschaftssanktionen aus den Menschenrechten unterliegt, zurück.

[324] Allerdings schließt dies einen Rückgriff auf die in anderen Bereichen, insbesondere im Recht der Staatenverantwortlichkeit, entwickelten Maßstäbe der Verhältnismäßigkeit zur Konkretisierung der Abwägung nicht aus, soweit dieser unter Berücksichtigung der sich aus Kapitel VII der Charta ergebenden Besonderheiten erfolgt.

[325] Fraas, 83, 84.

[326] De Hoogh, 263.

Charta vorgegebene Ziel in einem Maße mißachtet, das selbst unter Berücksichtigung des in Artikel 1 Ziff. 1 der Charta genannten Ziels der Friedenssicherung nicht mehr gerechtfertigt erscheint.

Die Bestimmung einer derartigen äußeren Grenze läßt sich nicht abstrakt vornehmen. Es kommt daher maßgeblich auf die Umstände des jeweiligen Einzelfalls an[327]. Grundsätzlich gilt dabei: Je schwerer die Friedensbedrohung, desto eher ist eine Beeinträchtigung der Menschenrechte gerechtfertigt; je schwerer die Beeinträchtigung der Menschenrechte, desto stärker muß die Friedensbedrohung sein, um eine solche Beeinträchtigung angemessen erscheinen zu lassen[328]. Die durch die Wirtschaftssanktionen bewirkte Beeinträchtigung von Menschenrechten darf des weiteren nicht offensichtlich außer jeglichem Verhältnis zu dem Beitrag sein, den die Sanktionsmaßnahmen an der Wahrung bzw. Wiederherstellung des Friedens haben[329]. Die Grenze der Abwägungsbefugnis wird hierbei nur in denjenigen Fällen als vom Sicherheitsrat überschritten angesehen werden können, in denen der Grad der Friedensbedrohung und der Beitrag der Wirtschaftssanktionen an der Beendigung dieser Friedensbedrohung in einem krassen Mißverhältnis zu der durch die Sanktionsmaßnahmen hervorgerufenen Beeinträchtigung von Menschenrechten steht. Eine fehlende Verhältnismäßigkeit liegt vor allem in denjenigen Fällen nahe, in denen die Wirtschaftssanktionen dazu beitragen, daß in den Kernbereich der betroffenen Rechte eingegriffen wird, z.B. in einem Fall, in dem die vom Sicherheitsrat beschlossenen Maßnahmen Hungersnöte, Krankheitsepidemien, einen Bildungsnotstand sowie Massenarbeitslosigkeit herbeiführen[330], ohne daß der Grad der Friedensbedrohung und der Beitrag der Sanktionen an der Beendigung der Friedensbedrohung diesen

---

[327] Bruha/Krajewski, 17; Genugten/de Groot/Lavrijssen, 152.

[328] Reisman/Stevick, 129. In diese Richtung auch Gasser, Economic Sanctions, 882, dem zufolge die von der internationalen Gemeinschaft mit den Sanktionen verfolgten Ziele gegenüber dem Ziel der Vermeidung nicht vertretbarer Leiden der Bevölkerung abgewogen werden müssen.

[329] Siehe zur Parallele im Recht der Staatenverantwortlichkeit A/55/10, Chapter IV, Ziff. 324.

[330] Gasser, Economic Sanctions, 900, 901; Kulessa, Friedensinstrument, 34; Patterson, 91. Ähnlich auch die Haltung der Russischen Föderation, A/AC.182/L.100, II, Ziff. 3: "The creation of a situation in which sanctions would cause excessive suffering to the civilian population, especially its most vulnerable sectors, is not permissible." Zu eng Martenczuk, 282, der es ohne nähere Begründung für zweifelhaft hält, Zwangsmaßnahmen an Individualrechten messen zu wollen. Ein Verstoß gegen humanitäre Grundsätze kommt ihm zufolge lediglich in äußersten Fällen in Betracht, in denen Zwangsmaßnahmen zur flächenhaften und allgemeinen Verletzung essentieller Menschenrechte führen. Damrosch, Civilian Impact, 306, zufolge ist die Grenze von Wirtschaftssanktionen in denjenigen Fällen erreicht, in denen für einen beträchtlichen Teil der Bevölkerung das Existenzminimum nicht mehr gewahrt ist. Allerdings räumt sie dem Ziel der Friedenssicherung Priorität ein, so daß selbst die Überschreitung der von ihr gesetzten absoluten Grenze zulässig sein kann.

Eingriff auch nur annähernd gerechtfertigt erscheinen lassen. Überdies kann in den Fällen, in denen der Grad der Friedensbedrohung auch eine erhebliche Beeinträchtigung der Menschenrechte rechtfertigt, die Verhängung bzw. Beibehaltung von Wirtschaftssanktionen abwägungsfehlerhaft sein, wenn die Sanktionsmaßnahmen nicht den zum Schutz der Menschenrechte gebotenen Mindestbestand an humanitären Ausnahmeregelungen beinhalten.

Im Ergebnis dürfte der Grenzbereich der fehlenden Verhältnismäßigkeit nur dann erreicht sein, wenn die Verhängung oder Beibehaltung der vom Sicherheitsrat ergriffenen Maßnahmen auch unter Berücksichtigung des dem Sicherheitsrat im Rahmen von Kapitel VII der Charta bei der Anwendung der Zwangsmittel zustehenden Ermessensspielraums als unter keinem Gesichtspunkt vertretbar erscheint. Diese Überschreitung der aus den Menschenrechten abzuleitenden Grenze kann dabei sowohl durch eine Sanktionsresolution, die den Anforderungen an die Menschenrechte in keiner Weise gerecht wird, als auch durch die Umsetzung der Wirtschaftssanktionen und die dadurch hervorgerufenen Auswirkungen erfolgen[331].

3.4.2.2.5. Die Berücksichtigung der Verantwortlichkeit des Sanktionsadressaten im Rahmen der Abwägung

a) Die Verantwortlichkeit des Sicherheitsrats im Lichte des Verhaltens des Sanktionsadressaten

Eine Überschreitung der durch die Abwägung gesetzten Grenzen durch den Sicherheitsrat könnte, selbst wenn die Wirtschaftssanktionen kausal zu einer Beeinträchtigung von Menschenrechten geführt haben, von vornherein ausgeschlossen sein, wenn der Sanktionsadressat die ausschließliche oder vorrangige Verantwortlichkeit für die durch die Sanktionsmaßnahmen hervorgerufenen Auswirkungen trägt. Nachfolgend gilt es deshalb zu bestimmen, inwiefern sich das Verhalten und eine daraus etwaig resultierende Verantwortlichkeit des Sanktionsadressaten auf die Verantwortlichkeit des Sicherheitsrats auswirkt und welche Folgen sich hieraus für die Abwägungspflicht ergeben.

---

[331] Siehe zum Umstand, daß eine Resolution nachträglich rechtswidrig werden kann, Richter Lauterpacht, S.O., im Bosnien Fall, ICJ Reports 1993, 407, 441, Ziff. 103, 104 und Martenczuk, 286, demzufolge der Zeitpunkt des Beschlusses zur Beurteilung der Rechtswidrigkeit maßgeblich ist.

b) Die Verantwortlichkeit des Sanktionsadressaten

ba) Das Verhalten, das die Friedensbedrohung begründet

Aus dem Umstand, daß der Sanktionsadressat die Verhängung von Wirtschaftssanktionen durch die von ihm verursachte Friedensbedrohung erst ausgelöst habe und jederzeit durch die Erfüllung der an ihn gestellten Bedingungen die Aufhebung der Wirtschaftssanktionen herbeiführen könne, ist der Schluß gezogen worden, daß im wesentlichen der Sanktionsadressat für die durch die Wirtschaftssanktionen herbeigeführte Beeinträchtigung der Menschenrechte verantwortlich sei[332]. Hierin liegt eine unzulässige Vorverlagerung der Verantwortlichkeit. Richtig ist zwar, daß das die Wirtschaftssanktionen auslösende Handeln oder Unterlassen des Sanktionsadressaten die Ursache für deren Verhängung bzw. Beibehaltung ist. Die Pflicht des Sicherheitsrats zur Achtung der Menschenrechte sowie die daraus folgende Abwägungspflicht wird aber gerade dadurch ausgelöst, daß eine Friedensbedrohung festgestellt wird bzw. in der Folgezeit weiterhin besteht und der Sicherheitsrat daraufhin beschließt, Wirtschaftssanktionen einzusetzen bzw. beizubehalten. Anderenfalls stünde in jedem Fall von Wirtschaftssanktionen die Verantwortlichkeit von vornherein fest, so daß der Sicherheitsrat sich unter Hinweis auf das Verhalten des Sanktionsadressaten von jeglicher Verantwortung für die durch die Wirtschaftssanktionen herbeigeführte Beeinträchtigung von Menschenrechten lossprechen könnte und somit keinerlei eigenständigen Pflichten unterliegen würde[333]. Daß dies nicht richtig sein kann, liegt auf der Hand. Der Sicherheitsrat hat vielmehr eine eigenständige Pflicht zur Beachtung der Menschenrechte der Bevölkerung

[332] Lopez/Cortright, Economic Sanctions, 18. So auch der Delegierte der Vereinigten Staaten, S/PV.4048, 21 (siehe 2. Kap., Anm. 187) zu den gegenüber dem Irak verhängten Wirtschaftssanktionen, dem zufolge die irakische Regierung die Verantwortung für die Lage im Irak trage, da sie für die Friedensbedrohung verantwortlich sei und die Aufhebung der Sanktionen jederzeit durch Erfüllung der an sie gestellten Bedingungen herbeiführen könne. Siehe auch die Note des Präsidenten des Sicherheitsrats S/26747 (s.o. Anm. 276) zur alleinigen Verantwortlichkeit der Militärregierung Haitis sowie die Stellungnahme des Delegierten Australiens in S/PV.4128, 34: "It is a sad but inescapable reality that innocent civilian populations will be affected to some degree by the imposition of sanctions. But it is also important to remember that much of the hardship suffered by such populations can be attributed to the policies of the target regimes. The Secretary-General reminded us of this in a recent Council debate when he noted that vulnerable groups are often victims of their own Governments, as well as of the measures taken against them by the international community."

[333] Ebenso Fausey, 215. Siehe hierzu auch die Darstellung der Debatte während der ODI Konferenz zu diesem Punkt bei Brabandt, 31, in der die Mehrzahl der Konferenzteilnehmer eine ausschließliche Verantwortlichkeit des Sanktionsadressaten mit befreiender Wirkung für den Sicherheitsrat ablehnten.

des Sanktionsadressaten, die gegenüber den jeweiligen Individuen besteht und von dem Verhalten des Sanktionsadressaten unabhängig ist[334].

bb) Die Verletzung von Menschenrechten durch den Sanktionsadressaten während der Dauer der Wirtschaftssanktionen

Der Sanktionsadressat kann während der Dauer von Wirtschaftssanktionen durch sein Handeln bzw. Unterlassen zu einer Verschlechterung der Menschenrechtslage der Bevölkerung beitragen.
So kann der Sanktionsadressat unabhängig von der Existenz der Wirtschaftssanktionen für Menschenrechtsverletzungen verantwortlich sein[335]. Soweit diese Verletzung Rechte betrifft, die auch durch die Wirtschaftssanktionen beeinträchtigt werden, können Zurechnungsprobleme entstehen, da in solchen Fällen die Ursächlichkeit für die Verletzung bestimmter Menschenrechte unter Umständen nur schwer festgestellt werden kann. Der Sanktionsadressat, auf dessen Zusammenarbeit die humanitären Hilfsorganisationen angewiesen sind, kann überdies verhindern oder zumindest erschweren, daß für die Bevölkerung bestimmte Hilfslieferungen ihren Empfänger erreichen und dadurch eine erhebliche Verschlechterung der Versorgungslage bewirken, die im Falle der ordnungsgemäßen Leistung der Hilfe nicht eingetreten wäre[336]. Der Sanktionsadressat verletzt durch ein solches Verhalten seine Pflicht, die Grundversorgung der Bevölkerung zu gewährleisten bzw. nicht zu gefährden. Eine solche Pflicht ergibt sich für die Mitgliedstaaten der Vereinten Nationen gegebenenfalls aus

---

[334] Lopez/Cortright, Economic Sanctions, 20; Normand, 27. Ähnlich aus einer ethischen Perspektive Gordon, 131 ff. So auch der Delegierte Malaysias, in: S/PV.4128, 14: "The widespread humanitarian suffering that comprehensive economic embargoes in particular can cause raises the moral question as to whether the Security Council can violate social and economic rights and/or civil and political rights in the pursuit of international peace and security. It is of course recognized that targeted regimes retain the primary responsibility for the continuation or lifting of the sanctions that have been imposed on them and for the well-being of their people. However, this does not absolve the Council of its own responsibility to ensure that the fundamental rights of the population in the target country are respected or preserved." S/1999/356, Annex II, Ziff. 45, zufolge besteht sowohl eine kollektive Verantwortlichkeit der Mitgliedstaaten als auch der irakischen Regierung, die humanitäre Lage im Irak zu verbessern.

[335] So insbesondere im Fall der gegenüber der kurdischen und schiitischen Bevölkerung im Nord- und Südirak verübten Verletzung der Menschenrechte durch die irakische Regierung. Siehe 2. Kap., 2.2.3.2.b).

[336] Dies ist insbesondere bei den gegenüber Haiti und Sierra Leone, aber auch, wenngleich in geringerem Ausmaß, bei den gegenüber dem Irak und der BR Jugoslawien verhängten Sanktionsmaßnahmen der Fall gewesen (siehe 2. Kap., 2.5.3.2.; 2.7.3.2.; 2.2.3.2. und 2.4.3.2.). Siehe zur Kooperation des Sanktionsadressaten bei der Lieferung und Verteilung humanitärer Hilfe Report of the Secretary-General, Protection of civilians in armed conflict, UN Dok. S/1999/957, 8. September 1999, Ziff. 19 ff. und aus Sicht des IKRK Schotten, 219 ff.

Artikel 25[337], auf jeden Fall aber aus Artikel 1 Ziff. 3, Artikel 55, 56 der Charta[338], den Menschenrechtskonventionen[339], sofern der Sanktionsadressat Vertragspartei ist und aus dem Völkergewohnheitsrecht[340]. Soweit die Sanktionsadressaten keine Staaten sind, besteht eine entsprechende Pflicht aus dem allgemeinen Völkerrecht zumindest insoweit, als die Sanktionsadressaten über partielle Völkerrechtssubjektivität verfügen[341].

Im Falle der fehlenden Kooperation des Sanktionsadressaten bei der Lieferung humanitärer Hilfe stellt sich die Frage, ob der Sicherheitsrat seiner Pflicht zum Schutz der Menschenrechte und der daraus folgenden Abwägungspflicht genügt hat, wenn die von ihm beschlossenen Maßnahmen grundsätzlich geeignet sind, einen hinreichenden Schutz der Menschenrechte zu gewährleisten, dieses Ziel aber aufgrund der Pflichtverletzung durch den Sanktionsadressaten nicht erreicht werden kann und aus diesem Grund die nicht durch Gegenmaßnahmen in ihren Auswirkungen gemilderten Wirtschaftssanktionen zu einer Verschlechterung der Menschenrechtslage führen[342]. Diese Konstellation offenbart das Dilemma von umfassenden Wirtschaftssanktionen, bei denen die Einhaltung der Menschenrechte durch den Sicherheitsrat im Regelfall nur im Zusammenwirken mit dem Sanktionsadressaten erreicht werden kann. Würde die Verantwortlichkeit des Sicherheitsrats ungeachtet des Verhaltens des Sanktionsadressaten nur von den tatsächlich eintretenden Auswirkungen der Wirtschaftssanktionen abhängig gemacht, so bestünde für den Adressaten ein Anreiz, nicht mit dem Sicherheitsrat bei den Maßnahmen zur Verbesserung der Versorgungslage der Bevölkerung zu kooperieren. Da der Sicherheitsrat aufgrund der fehlenden Kooperation des Sanktionsadressaten in einem derartigen Fall keine Möglichkeit hätte, den negativen Auswirkungen der Wirtschaftssanktionen auf die Bevölkerung durch geeignete Gegenmaßnahmen zu begegnen, verbliebe ihm in letzter Konsequenz nur die Anpassung des Sanktionsregimes durch eine teilweise bzw. vollständige Aussetzung bzw. Aufhebung der wirtschaftlichen Maßnahmen.

---

337 Sofern der Sicherheitsrat in den einschlägigen Resolutionen den Sanktionsadressaten zur Zusammenarbeit aufruft.

338 Artikel 56 der Charta begründet für die Mitgliedstaaten eine Pflicht zur konstruktiven Zusammenarbeit mit den Vereinten Nationen. Sohn, 131; Wolfrum, in: Simma, Chartakommentar, Artikel 56, Rn.2.

339 Siehe hierzu CESCR, General Comment 8, Ziff. 10.

340 So läßt sich aus dem Recht auf Leben eine Pflicht des Sanktionsadressaten folgern, das Leben der seiner Hoheitsgewalt unterliegenden Personen nicht dadurch zu gefährden, daß er willkürlich die zur Gewährleistung der Grundversorgung erforderliche Zusammenarbeit unterläßt. Siehe hierzu im einzelnen unten 4.2.2.2.2.b).

341 Siehe zur partiellen Völkerrechtssubjektivität Epping, in: Ipsen, Völkerrecht, § 8, Rn.9 ff. und Frowein, J.A., De Facto Régime, in: Bernhardt, R. (Hrsg.), EPIL, Vol.1 (1992), 966 ff.

342 Als bekanntestes Beispiel ist hierbei die fehlende Annahme des Öl für Lebensmittel Programms durch den Irak im Jahr 1991 zu nennen (siehe 2. Kap., 2.2.2.2.).

Der Sanktionsadressat würde in einem solchen Fall sein Ziel der Anpassung der Wirtschaftssanktionen mittels der fehlenden Kooperation erreichen, mithin also für seine Pflichtverletzung belohnt werden, ohne die an ihn gestellten Bedingungen erfüllt haben zu müssen.

Trotz dieser offenkundigen Gefahr erscheint zweifelhaft, ob der Sicherheitsrat gerade in den Fällen, in denen die Wirtschaftssanktionen aufgrund der fehlenden Kooperation des Sanktionsadressaten mit nicht durch Gegenmaßnahmen geminderter Wucht die Zivilbevölkerung treffen, als Urheber der Wirtschaftssanktionen von jeglicher eigenständiger Pflicht zum Schutz der Menschenrechte befreit ist[343]. Der Sicherheitsrat kann und darf sich nicht auf die Zusammenarbeit des Sanktionsadressaten verlassen[344]. Mit dem Hinweis auf dessen fehlende Kooperation hat der Sicherheitsrat seiner Pflicht aus Artikel 1 Ziff. 3 der Charta nicht bereits dann genügt, wenn er Gegenmaßnahmen vorschlägt, die grundsätzlich geeignet sind, den Schutz der Menschenrechte der Zivilbevölkerung zu gewährleisten. Die Pflicht zum Schutz der Menschenrechte obliegt dem Sicherheitsrat nicht zuletzt gegenüber den Rechtssubjekten, die von den Wirtschaftssanktionen betroffen sind, die ihrer Rechte nicht aufgrund des Verhaltens des Sanktionsadressaten verlustig gehen dürfen und überdies in einer derartigen Fallkonstellation schutzlos gestellt würden[345]. Der Sicherheitsrat hat somit grundsätzlich die Pflicht, Wirtschaftssanktionen so auszugestalten, daß sie unabhängig vom Verhalten des Sanktionsadressaten zu keiner übermäßigen Beeinträchtigung der Menschenrechte führen. Verweigert der Sanktionsadressat die gebotene Mitwirkung bei der Umsetzung der zum Schutz der Zivilbevölkerung erforderlichen Maßnahmen, so trifft den Sicherheitsrat eine gesteigerte Abwägungspflicht. In einem solchen Fall hat er zur Verwirklichung des Ziels der Friedenssicherung den Einsatz alternativer Mittel in Erwägung zu ziehen, bei denen der Schutz der Menschenrechte der Zivilbevölkerung gewährleistet ist, ohne daß der Sanktionsadressat aus seiner Verweigerungshaltung Vorteile zieht. Der Inhalt dieser Pflicht bestimmt sich dabei nach den Umständen des Einzelfalls, insbesondere dem Grad der Friedensbedrohung und den alternativen Mitteln, die dem Sicherheitsrat zur Abwehr der Friedensbedrohung zur Verfügung stehen.

---

343 Lopez/Cortright, Economic Sanctions, 20, vertreten bezüglich der gegenüber dem Irak verhängten Sanktionen die Auffassung, daß der Sicherheitsrat gerade deswegen eine eigenständige Verantwortung für das Wohlergehen der Bevölkerung treffe, weil bekannt sei, daß die Regierung diese zum Opfer ihrer Politik mache.

344 Ebd.

345 Normand, 27.

3.4.2.2.6. Die aus der Abwägung folgenden Pflichten des Sicherheitsrats

Aus der Abwägungspflicht läßt sich im Lichte der Praxis des Sicherheitsrats eine Pflicht zur Berücksichtigung der Auswirkungen von Wirtschaftssanktionen auf die Bevölkerung und eine Minimierungspflicht ableiten, die unabhängig vom Grad der Friedensbedrohung zur Anwendung kommen. Darüber hinaus ergibt sich aus den oben festgestellten Grenzen des Abwägungsspielraums eine Anpassungspflicht des Sicherheitsrats.

a) Verfahrensrechtliche Pflicht zur Einschätzung und Berücksichtigung der Auswirkungen von Wirtschaftssanktionen auf die Bevölkerung

Der Sicherheitsrat hat in seiner Praxis anerkannt, daß vor der Verhängung und während der Dauer von Wirtschaftssanktionen grundsätzlich eine Einschätzung über die Auswirkungen der von ihm zu beschließenden bzw. beschlossenen Sanktionsmaßnahmen einzuholen ist[346], hat sich jedoch erst in drei Fällen tatsächlich zu einem solchen Schritt entschlossen[347]. In den übrigen Fällen hat der Sicherheitsrat Informationen über die Auswirkungen der von ihm beschlossenen Sanktionsmaßnahmen aus einer Vielzahl von Quellen bezogen, ohne spezifische Studien in Auftrag gegeben zu haben[348]. Diese inkonsistente Praxis des Sicherheitsrats läßt trotz dessen Bekenntnis zur Berücksichtigungspflicht nicht den gesicherten Schluß zu, daß dieser sich auch rechtlich über eine allgemeine und unbestimmte, einzig seinem Ermessen im konkreten Fall unterliegende Berücksichtigungspflicht hinaus zum Ergreifen der genannten Maßnahmen verpflichtet hält.

Aus dem Gebot der Abwägung läßt sich eine grundsätzliche Pflicht des Sicherheitsrats ableiten, zur Vorbereitung seiner Entscheidungen die möglichen bzw. tatsächlichen Auswirkungen der von ihm beschlossenen Wirtschaftssanktionen auf die Bevölkerung vor deren Verhängung und während deren Dauer in

---

[346] S/1995/300; S/1999/92; S/RES 1265 (1999), Ziff. 16. Siehe auch die Stellungnahmen der Delegierten Malaysias S/PV.4084, 7 und S/PV 4051, 3, 4 (2. Kap., Anm. 184, 745); Frankreichs, S/PV.3376, 8 (2. Kap., Anm. 568); Brasiliens, S/PV.3376, 9 (2. Kap., Anm. 569); Chinas, S/PV.3376, 10 (2. Kap., Anm. 571) und die Stellungnahmen in der Grundsatzdebatte im Sicherheitsrat über die zukünftige Ausgestaltung von Sanktionen, S/PV.4128 (siehe hierzu 6. Kap., 3.2.4.).

[347] S.o. Anm. 289.

[348] So beauftragt der Sicherheitsrat in der Regel den Generalsekretär, Berichte über die Entwicklung in einem bestimmten Land vorzulegen, die für gewöhnlich auch Abschnitte über die Entwicklung der Versorgungslage der Bevölkerung sowie die Menschenrechtslage enthalten (siehe beispielhaft die Berichte des Generalsekretärs zur Lage in Haiti aus den Jahren 1993 und 1994).

regelmäßigen Abständen durch Einholung von Berichten informierter Beobachter einzuschätzen und bei seinen Entscheidungen zu berücksichtigen[349]. Die Abwägung setzt voraus, daß der Sicherheitsrat verläßliche Kenntnis von der Schwere der auf die Wirtschaftssanktionen zurückzuführenden Beeinträchtigung von Menschenrechten hat. Hierzu bedarf es gezielter Studien über die Auswirkungen der jeweils getroffenen Sanktionsmaßnahmen. Anderenfalls wäre eine angemessene Gewichtung der beiden Ziele im konkreten Fall nicht möglich, weil diese nicht auf einer zuverlässigen Tatsachengrundlage beruhen würde. Die Pflicht zur Einschätzung und Berücksichtigung der Auswirkungen der Wirtschaftssanktionen auf die Bevölkerung ist dabei verfahrensrechtlicher Natur. In der Charta finden sich zwar keine unmittelbaren Anhaltspunkte für eine derartige Pflicht. Eine Pflicht zur Abwägung ohne eine korrespondierende Pflicht zur Einschätzung und Berücksichtigung der maßgeblichen Abwägungsfaktoren würde jedoch den minimalen Anforderungen, die jedem Abwägungsvorgang zugrundeliegen, nicht gerecht werden.

Aus dem nach Artikel 1 Ziff. 1 der Charta bestehenden Vorrang des Ziels der Friedenssicherung folgt, daß die Berücksichtigungspflicht unter dem Vorbehalt der Zumutbarkeit steht. Dies gilt insbesondere für die Berücksichtigung der potentiellen Auswirkungen von geplanten Sanktionsmaßnahmen. Diese darf nicht dazu führen, daß das Ziel der Friedenssicherung durch die infolge der Einholung einer Studie eintretende Verzögerung gefährdet wird. Dem Sicherheitsrat steht hierbei ein Einschätzungsspielraum zu[350]. Hierbei dürfte es den Verfassern einer Resolution bzw. dem Sicherheitsrat als Gremium in jedem Fall zumutbar sein, zumindest eine kurz gefaßte allgemeine Einschätzung der potentiellen Auswirkungen der zu beschließenden Sanktionsmaßnahmen zur Berücksichtigung vorzulegen[351]. Die fehlende Beachtung der Berücksichtigungspflicht kann zwar dazu führen, daß die vom Sicherheitsrat zu treffende Abwägung auf der Grundlage unzureichender Informationen vorgenommen und dadurch fehlerhaft wird. Soweit der Sicherheitsrat die materiellen Grenzen der Abwägung nicht überschreitet, ist die Verletzung der Berücksichtigungspflicht jedoch für die Beurteilung der Rechtmäßigkeit der Sanktionsmaßnahmen unbeachtlich.

---

[349] Ebenso Bossuyt, Economic Sanctions, Ziff. 24; Normand, 26; Reisman/Stevick, 132, 133; CESCR, General Comment 8, Ziff. 13, 14. Somavia, 62, 64, empfiehlt die Berücksichtigung der Ergebnisse von gezielten Studien als Maßnahme zur Vermeidung von unverhältnismäßigen Auswirkungen der Wirtschaftssanktionen auf die Bevölkerung des Sanktionsadressaten.

[350] Fehlerhaft dürfte es hierbei allerdings sein, wenn die Befürworter einer Resolution die Einschätzung und Berücksichtigung der humanitären Auswirkungen deswegen für unzumutbar halten, weil sie befürchten, daß andere Sicherheitsmitglieder aufgrund der zu erwartenden humanitären Auswirkungen den geplanten Sanktionsmaßnahmen nicht zustimmen werden. Letzteres würde nämlich gerade eine konkrete Form der Abwägung darstellen.

[351] Siehe hierzu im einzelnen 6. Kap., 3.2.4.2.a).

Darüber hinaus ist geltend gemacht worden, daß der Sicherheitsrat verpflichtet sei, die Auswirkungen der von ihm zu beschließenden bzw. beschlossenen Maßnahmen auf die Menschenrechte anzuerkennen, zu berücksichtigen und eine entsprechende Verantwortung zu übernehmen. Diese Pflicht sei als Mittel der Selbstkontrolle geboten, um die Verletzung von Menschenrechten durch Wirtschaftssanktionen zu verhindern[352]. Auch wenn es wünschenswert erscheinen mag, daß der Sicherheitsrat seine aus Artikel 1 Ziff. 3 der Charta folgende Pflicht zum Schutz der Menschenrechte auch im Rahmen der Verhängung von Wirtschaftssanktionen ausdrücklich anerkennt, so erscheint doch zweifelhaft, ob der Sicherheitsrat als verpflichtet angesehen werden kann, sich ausdrücklich zum Schutz der Menschenrechte zu bekennen. Soweit der Sicherheitsrat seiner Berücksichtigungspflicht substantiell nachkommt, indem er die für die Verwirklichung der Menschenrechte relevanten Auswirkungen der Sanktionen im Rahmen seiner Entscheidungspraxis angemessen berücksichtigt, erfüllt er seine aus Artikel 1 Ziff. 3 der Charta fließende Pflicht selbst dann, wenn er es dabei aus politischen oder sonstigen Gründen vermeidet, die Terminologie der Menschenrechte zu gebrauchen und stattdessen den Begriff der humanitären Auswirkungen verwendet.

b) Minimierungspflicht aus Selbstbindung

Aus der Praxis des Sicherheitsrats könnte sich eine Selbstbindung ergeben, die den Sicherheitsrat zur Minimierung der Auswirkungen der Sanktionsmaßnahmen auf die Bevölkerung durch die Beachtung eines humanitären Mindeststandards verpflichtet, der keiner weiteren Abwägung zugänglich ist. Als relevante Praxis kommt die Einfügung von humanitären Ausnahmebestimmungen in den einschlägigen Resolutionen in Betracht. Ein Blick auf die Entwicklung der bereits an anderer Stelle dargestellten ständigen Praxis des Sicherheitsrats[353] läßt eine grundsätzliche Übereinstimmung der Mitglieder des Sicherheitsrats erkennen, daß bei der Verhängung von Wirtschaftssanktionen ein humanitärer Mindeststandard beachtet werden soll, um die nachteiligen Auswirkungen der Sanktionen auf die Zivilbevölkerung zu minimieren. Fraglich ist, ob aus dieser grundsätzlichen Übereinstimmung auf eine rechtliche Selbstbindung des Sicherheitsrats geschlossen werden kann.

Eine solche Selbstbindung könnte sich aus dem Grundsatz des Estoppel ergeben. Die Möglichkeit einer sich aus diesem Grundsatz für Organe internationaler

---

[352] Normand, 26.
[353] S.o. 3.4.2.2.1. b).

Organisationen ergebenden Bindung wird grundsätzlich anerkannt[354]. Die Doktrin des Estoppel, die überwiegend als allgemeiner Rechtsgrundsatz qualifiziert wird, ist Ausdruck des Grundsatzes von Treu und Glauben im Völkerrecht[355]. Danach ist eine Partei an ihre klaren und unzweideutigen Erklärungen oder Verhaltensweisen in Bezug auf eine konkrete Sachlage gebunden, soweit sie durch diese bei einer anderen Partei eine Erwartungshaltung weckt. Diese andere Partei muß in gutem Glauben hierauf ein rechtlich relevantes Handeln oder Unterlassen vornehmen, das für die die Erwartungshaltung setzende Partei die Unzulässigkeit einer Verhaltensänderung begründet, wenn diese zu ihrem Vorteil oder zum Nachteil der vertrauenden Partei führen würde[356].

Das Einfügen humanitärer Ausnahmeregelungen in die Sanktionsresolutionen ist nicht geeignet, bei den Mitgliedstaaten eine geschützte Erwartungshaltung zu begründen, weil diese grundsätzlich nach Artikel 25 der Charta ungeachtet der inhaltlichen Ausgestaltung der Sanktionen zur Befolgung der vom Sicherheitsrat beschlossenen Maßnahmen verpflichtet sind[357]. Ein schützenswertes Vertrauen der potentiell von Sanktionen betroffenen Personen läßt sich schon deswegen nicht ausmachen, weil nicht ersichtlich ist, daß diese in gutem Glauben an die Praxis des Sicherheitsrats ein bestimmtes Handeln oder Unterlassen vornehmen. Eine Bindung des Sicherheitsrats ergibt sich aus den genannten Gründen auch nicht aus dem allgemeinen Grundsatz des Verbots widersprüchlichen Verhaltens, dessen Geltung im Völkerrecht ohnehin fragwürdig ist[358].

Eine Selbstbindung könnte sich jedoch aus dem Willen der Sicherheitsratsmitglieder ergeben, sich selbst für zukünftige Sanktionsfälle binden zu wollen. Zweifel an einem derartigen Willen der Sicherheitsratsmitglieder bestehen insofern, als der Sicherheitsrat eine Selbstbindung an den festgestellten Mindeststandard nicht ausdrücklich anerkannt hat und die dahingehenden Beschlüsse

---

[354] Siehe Bruha, Thomas, Die Definition der Aggression. Faktizität und Normativität des UN-Konsensbildungsprozesses der Jahre 1968 bis 1974; zugleich ein Beitrag zur Strukturanalyse des Völkerrechts, Schriften zum Völkerrecht, Bd. 66, Berlin, 1980, 284, in bezug auf eine Selbstbindung der Generalversammlung sowie Reinisch, 201 ff., zur Selbstbindung des Sicherheitsrats an menschenrechtliche Verfahrensgarantien in bezug auf die Errichtung des Jugoslawien-Tribunals, jeweils m.w.N.

[355] Brownlie, PIL, 645; Kolb, 703 ff.; Müller/Cottier, Estoppel, 118, jeweils m.w.N. zur Rechtsprechung des IGH.

[356] Siehe die Definition von Richter Alfaro, S.O., Case Concerning the Temple of Preah Vihear, ICJ Reports 1962, 39, 40 und von Judge Spender, D.O., ebd., 101, 143, 144.

[357] Eine andere Frage wäre jedoch, ob zumindest solche Sanktionsresolutionen des Sicherheitsrats, die keinerlei Ausnahmebestimmungen enthalten, wegen eines Verstoßes gegen das materielle Recht rechtswidrig sind, wodurch ihre Bindungswirkung nach Artikel 25 der Charta entfallen könnte (siehe hierzu 5. Kap., 3.3.).

[358] Siehe dazu Müller/Cottier, 117.

und Erklärungen des Sicherheitsrats zumeist in der Terminologie des Sollens, nicht aber des Müssens gefaßt sind[359]. Es ist auch nicht zu erkennen, daß die Praxis des Sicherheitsrats vorrangig an rechtlichen Kriterien ausgerichtet ist[360]. So werden in vielen Fällen die rechtlichen Grenzen der Befugnisse des Sicherheitsrats nicht ausdrücklich erwähnt. Der in den Stellungnahmen der Mitglieder bzw. des Sicherheitsrats verwendeten Terminologie läßt sich überdies oftmals nicht entnehmen, ob die darin zum Ausdruck kommenden Grenzen der Befugnisse des Sicherheitsrats rechtlicher, politischer oder moralischer Natur sein sollen. Allerdings erfolgte die Einführung und Beibehaltung der humanitären Ausnahmeregelungen gerade vor dem Hintergrund rechtlicher Bedenken, die gegenüber Sanktionen ohne entsprechende Ausnahmebestimmungen vorgebracht worden sind[361]. Darüber hinaus reagierte der Sicherheitsrat mit den in der Resolution 687 (1991) eingeführten und in den Sanktionsmaßnahmen gegenüber der BR Jugoslawien und Haiti beibehaltenen Ausweitung der humanitären Ausnahmeregelungen auf Berichte, denen zufolge die Sanktionsmaßnahmen unverhältnismäßige Auswirkungen auf die Bevölkerung haben[362]. Ungeachtet der mitunter fehlenden eindeutigen Bezugnahme auf rechtliche Kriterien sind als weitere Indizien für einen Selbstbindungswillen die dargestellte Praxis, die ein hohes Maß an Dichte, Gleichförmigkeit und Dauer aufweist, sowie die verschiedenen Stellungnahmen des Sicherheitsrats bzw. seiner Mitglieder, denen zufolge die Auswirkungen der Wirtschaftssanktionen minimiert werden sollen, anzuführen.

Eine rechtlich verpflichtende Selbstbindung des Sicherheitsrats läßt sich vor diesem Hintergrund aus der durch die Praxis des Sicherheitsrats konkludent erfolgten Einengung seines Abwägungsspielraums ableiten[363]. Der Sicherheitsrat hat in seiner ständigen Praxis Artikel 41 der Charta einschränkend dahin ausgelegt, daß Wirtschaftssanktionen nur soweit zulässig sind, als ein humanitärer Mindeststandard gewährleistet wird[364]. Die gleichförmige Praxis läßt somit mit Blick auf die Auslegung des Artikel 1 Ziff. 3 in Verhältnis zu Artikel 1 Ziff. 1

---

[359] Siehe aber jüngst S/RES 1333 (2000), (2. Kap., 2.8.2.2.), deren Wortlaut ("necessity") darauf hindeutet, daß die Mitglieder des Sicherheitsrats von einer entsprechenden Verpflichtung ausgehen.

[360] Insoweit zutreffend Starck, 135 ff.

[361] S.o. 3.4.2.2.1. b).

[362] Siehe 2. Kap., 2.2.2.2.; 2.4.2.1.; 2.5.2.4.

[363] Im Ergebnis wird aus der Praxis des Sicherheitsrats und der sich damit selbst auferlegten Einschränkung seiner Befugnisse eine Selbstbindung in Erwägung gezogen von Akande, 324; Angelet, 75; Conlon, Rechtliche Problematik, 20; Gowlland-Debbas, Relationship, 667; Herbst, 382. In diese Richtung auch Damrosch, Civilian Impact, 296; Kulessa, Märchen, 92. Ablehenend Starck, 138.

[364] Siehe dazu Gowlland-Debbas, Security Council Enforcement, 91, 92.

der Charta den Schluß zu, daß nach Auffassung des Sicherheitsrats bzw. seiner Mitglieder Sanktionen wirksam ihr Ziel der Wahrung bzw. Wiederherstellung des Weltfriedens auch dann erreichen können, wenn von den in ihnen enthaltenen Verboten aus humanitären Gründen Ausnahmen vorgesehen sind. Die ständige und einheitliche, auf einer durchgängigen Praxis beruhende Auslegung der Charta durch den Sicherheitsrat, die implizit bei der Einfügung von humanitären Ausnahmebestimmungen im Rahmen von Wirtschaftssanktionen vorgenommen wird, bewirkt zwar als solche keine rechtliche Bindung. Der Sicherheitsrat ist insoweit auch nicht an seine eigene Praxis im Wege des Präzedenzfalls gebunden[365]. Dem ersten Anschein nach würde aber eine fehlerhafte Abwägung des Sicherheitsrats naheliegen, wenn in einem zukünftigen Sanktionsfall bei vergleichbarer Sachlage die von ihm anerkannten humanitären Mindeststandards nicht Bestandteil der Sanktionsbestimmungen sein würden. Soweit kein sachlicher Grund für ein Abweichen von seiner bisherigen Praxis erkennbar ist, wird überdies ein Verstoß gegen das Willkürverbot in Erwägung zu ziehen sein[366].

Darüber hinaus folgt aus der bisherigen Praxis, daß der Sicherheitsrat eine Pflicht zur Einfügung weiterer Ausnahmeregelungen hat, wenn die vorhandenen Regelungen erkennbar nicht ausreichen, um die negativen Auswirkungen der Wirtschaftssanktionen auf ein vertretbares Mindestmaß zu reduzieren. Dies wird trotz der entsprechenden Ausnahmeregelungen vor allem dann der Fall sein, wenn die Wirtschaftssanktionen zum Zusammenbruch der zur Versorgung der Bevölkerung mit elementaren Gütern erforderlichen Infrastruktur eines Landes führen bzw. deren Wiederaufbau verhindern. Diese Pflicht des Sicherheitsrats steht allerdings unter dem Vorbehalt, daß eine Ausdehnung der Ausnahmeregelungen nicht die Wirksamkeit der Wirtschaftssanktionen und damit die Verwirklichung des Ziels der Friedenssicherung gefährdet. Insofern handelt es sich der Natur nach um eine gesteigerte Abwägungspflicht[367].

Aus der Minimierungspflicht folgt des weiteren die Pflicht der Mitglieder der Sanktionsausschüsse, die Genehmigungspraxis so zu handhaben, daß der Zweck der humanitären Ausnahmeregelungen in größtmöglichen Umfang erreicht wird. Diese Pflicht ergibt sich bereits aus dem Umstand, daß die Sanktionsausschüsse die Resolutionsbestimmungen im Sinne des intendierten Zwecks auszulegen

---

[365] Bernhardt, 48: „Diejenigen Entscheidungen, die bestimmte Auslegungsfragen generell und für die Zukunft klären, nähern sich sogar der authentischen Interpretation, jedoch fehlt es an einer dem Vertrag gleichgeordneten, auch die Organe selbst auf Dauer bindenden Rechtssetzung."

[366] Siehe dazu unten 3.6.

[367] Ein instruktives Beispiel hierfür bietet die kontinuierliche Ausweitung der Ausnahmebestimmungen bei den gegenüber dem Irak verhängten Wirtschaftssanktionen, insbesondere mit den Resolutionen 986 (1995), 1284 (1999), 1302 (2000) und 1330 (2000).

haben[368]. Der Sicherheitsrat bzw. die jeweiligen Sanktionsausschüsse haben hierzu durch geeignete Maßnahmen sicherzustellen, daß die Genehmigungspraxis und Arbeitsweise der Sanktionsausschüsse so ausgestaltet wird, daß das Ziel der Minimierung so weit wie möglich verwirklicht werden kann. Die Praxis des Sicherheitsrats und der Sanktionsausschüsse liefert insofern reichhaltige Belege für das Erfordernis, durch geeignete Maßnahmen eine Verbesserung der Praxis der Sanktionsausschüsse zu erzielen[369].

c) Anpassungspflicht

Den Sicherheitsrat trifft die Pflicht, Wirtschaftssanktionen inhaltlich anzupassen, falls diese zwingende Rechte verletzten oder sich in ihren Auswirkungen auf die Menschenrechte der Bevölkerung als unverhältnismäßig darstellen. Eine derartige inhaltliche Anpassung erfolgt, indem die Wirtschaftssanktionen ganz oder teilweise aufgehoben bzw. modifiziert werden[370]. In seiner Praxis hat der Sicherheitsrat zwar eine dahingehende Pflicht weder ausdrücklich anerkannt noch aufgrund der fehlenden Verhältnismäßigkeit von Sanktionsmaßnahmen, mit Ausnahme des Sonderfalles Sudan[371], Sanktionsmaßnahmen aufgehoben. Eine dahingehende Pflicht des Sicherheitsrats läßt sich aber als zwingende Folge aus der Auslegung ableiten, wonach der Sicherheitsrat bei der Verhängung und Durchführung von Wirtschaftssanktionen Grenzen unterliegt. Eine Anpassungspflicht kann hierbei auch in denjenigen Fällen bestehen, in denen der Sicherheitsrat seiner Minimierungspflicht nachgekommen ist. Trotz der Einfügung von Ausnahmeregelungen kann in bestimmten Fällen die Verhältnismäßigkeit insbesondere von umfassenden, langfristigen Wirtschaftssanktionen nicht mehr gewahrt sein, wenn sich die Ausnahmebestimmungen als unzureichend erweisen, die durch die Sanktionen herbeigeführte schwerwiegende Beeinträchtigung der Menschenrechte zu vermeiden[372].

---

[368] Siehe 1. Kap., 4.1.

[369] Siehe 1. Kap., 4.2., S/1999/92, die mit der Resolution 1330 (2000) beschlossenen Maßnahmen sowie die Praxis der jeweiligen Sanktionsausschüsse (siehe hierzu die jeweilige Sachverhaltsdarstellung im 2. Kap.).

[370] Diesbezüglich stellt sich das Problem des sogenannten umgekehrten Vetos, durch welches die ständigen Mitglieder eine Anpassung der Sanktionen verhindern können (siehe hierzu ausführlich 6. Kap., 3.2.3.1.).

[371] Hierbei handelte es sich allerdings um keine echte Anpassung, da die beschlossenen Sanktionsmaßnahmen gar nicht in Kraft gesetzt worden sind. S.o. Anm. 247, 248.

[372] Bossuyt, Economic Sanctions, Ziff. 52; Brabandt, 6, 27; Damrosch, Civilian Impact, 296; Somavia, 62; Winkler, 152. Fausey, 213, 214, hält Ausnahmeregelungen sogar für grundsätzlich ungeeignet, weil Sanktionen darauf abzielen, der Bevölkerung Entbehrungen aufzuerlegen. Siehe hierzu auch CESCR, General Comment 8, Ziff. 4 ff.

3.5. Die Bindung des Sicherheitsrats an das humanitäre Völkerrecht

3.5.1. Die grundsätzliche Bindung an das humanitäre Völkerrecht

3.5.1.1. Bindung an zwingende Normen des humanitären Völkerrechts und an das Völkergewohnheitsrecht

Der Sicherheitsrat ist an die zwingenden Normen des humanitären Völkerrechts gebunden[373]. Eine grundsätzliche Bindung besteht ferner an diejenigen Normen des humanitären Völkerrechts, denen der Status von Völkergewohnheitsrecht zukommt[374].

3.5.1.2. Bindung an das humanitäre Völkerrecht aus Artikel 1 Ziffer 3 der Charta

Eine Bindung des Sicherheitsrats an das humanitäre Völkerrecht folgt auch aus Artikel 1 Ziff. 3 der Charta. Das humanitäre Völkerrecht ist zwar in Artikel 1 Ziff. 3 der Charta nicht erwähnt[375]. Eine auf den Wortlaut beschränkte Auslegung, wonach die Förderung des humanitären Völkerrechts nicht zu den Zielen der Vereinten Nationen gehört, würde jedoch der Entwicklung in der Praxis der Vereinten Nationen, in der ein weites Verständnis des Begriffs der Menschenrechte zugrundegelegt worden ist, nicht gerecht werden[376]. Der Brückenschlag zu den Menschenrechten erfolgt dabei vermittels der Auslegung, daß das humanitäre Völkerrecht zugleich die Frage der Menschenrechte während eines bewaffneten Konflikts regelt[377]. Die Praxis verschiedener Organe der Vereinten Nationen, einschließlich des Sicherheitsrats, zeigt, daß auch der Schutz und die

---

[373] Insofern gelten die obigen Ausführungen entsprechend (s.o. 3.3.).

[374] S.o. 3.2.

[375] Diese Auslassung erklärt sich aus dem Umstand, daß die Entwicklung der Regeln des humanitären Völkerrechts im wesentlichen außerhalb der Vereinten Nationen stattgefunden hat. Zur Entwicklung des humanitären Völkerrechts Bothe/Partsch/Solf, 1 ff.; Risse, Horst, Humanitäres Völkerrecht in bewaffneten Konflikten, in: Wolfrum, Handbuch VN, 277 ff., Rn.6 ff.

[376] Gasser, Anwendbarkeit, 462, 463.

[377] Siehe A/RES 2444 (XXIII) (1968) "Respect for human rights in armed conflict"; A/RES 2675 (XXV) (1970) "Basic principles for the protection of civilian populations in armed conflicts"; A/RES 3318 (XXIX) (1974) "Declaration on the Protection of Women and Children in Emergency and Armed Conflict". Zum Verhältnis der Menschenrechte zum humanitären Völkerrecht Gowland-Debbas, Right to Life, 322 m.w.N. und Partsch, Karl-Josef, Human Rights and Humanitarian Law, in: Bernhardt, R. (Hrsg.), EPIL, Vol.2 (1995), 910 ff.

Förderung des humanitären Völkerrechts als eine aus Artikel 1 Ziff. 3 der Charta folgende Pflicht der Organisation verstanden wird[378].

Vor allem im Zusammenhang mit dem Einsatz von Friedenstruppen, die durch den Sicherheitsrat autorisiert worden sind, ist die Frage aufgeworfen worden, inwieweit die Vereinten Nationen selbst an die Genfer Konventionen sowie die Zusatzprotokolle gebunden sind[379]. Während das IKRK eine diesbezügliche Bindung der Vereinten Nationen annahm, wurde eine solche von den Vereinten Nationen mit der Begründung abgelehnt, daß sie den Genfer Konventionen und Zusatzprotokollen nicht als Partei beitreten könnten und die in den Verträgen enthaltenen Bestimmungen ihrem Inhalt nach Verpflichtungen für Staaten konstituieren, von denen viele schon ihrer Natur nach von den Vereinten Nationen als internationaler Organisation nicht erfüllt werden könnten[380]. Gleichwohl haben die Vereinten Nationen wiederholt ihre Bereitschaft betont, die Prinzipien und Regeln des humanitären Völkerrechts beim Einsatz von Friedenstruppen zu beachten[381]. Ungeachtet des rechtspolitischen Für und Wider eines Beitritts der Vereinten Nationen zu den Genfer Konventionen und den Zusatzprotokollen bleibt festzuhalten, daß aufgrund der aufgezeigten Praxis, auch wenn einzelnen Bestimmungen der Konventionen wegen der Natur der Vereinten Nationen nicht auf diese anwendbar sein sollten, eine grundsätzliche Bindung der Vereinten Nationen, einschließlich des Sicherheitsrats, an die Prinzipien und Regeln des humanitären Völkerrechts besteht[382]. Diese von den Mitgliedstaaten getragene Praxis hat damit zumindest nachträglich zu einer Einbeziehung des humanitären

---

[378] Siehe zur Praxis des Sicherheitsrats Schwebel, 747 ff.

[379] Siehe hierzu Gasser, Anwendbarkeit, 452, Fn.29 m.w.N.; Emanuelli, 345 ff.; Shraga, 322 ff. und Schindler, UN Forces, 521 ff. Zur Frage, inwieweit die militärischen Handlungen der im Rahmen von Kapitel VII der Charta handelnden Streitkräften der UN zuzurechnen sind Terwiesche, 82 ff.

[380] Siehe zu dieser Diskussion Schindler, UN Forces, 524; Shraga, 322 sowie zur Position der UN Legal Opinions of the Secretariat of the United Nations, 1. Question of the possible accession of intergovernmental organizations to the Geneva Conventions for the Protection of War Victims, Memorandum to the Under-Secretary-General for Special Political Affairs, in: United Nations Juridical Yearbook 1972, 153, 154, Ziff. 3.

[381] Ebd. Ziff. 4. UN Dok. ST/SGB/1999/13, 6. August 1999, Secretary-General's Bulletin: Observance by United Nations forces of international humanitarian law, Section 1, 1.1.: "The fundamental principles and rules of international humanitarian law set out in the present bulletin are applicable to United Nations forces when in situations of armed conflict they are actively engaged therein as combatants, to the extent and for the duration of their engagement ..." und Article 20 of the Convention on the Safety of United Nations and Associated Personnel, UN Dok. A/49/59, 9. Dezember 1994.

[382] Dominice, 186; Emanuelli, 350; Gasser, Anwendbarkeit, 462; Schachter, 400, 401; Schermers/Blokker, § 1577; Schindler, UN Forces, 526. Siehe zur Anwendbarkeit der einzelnen Normen des humanitären Völkerrechts unten 4.4.2.

Völkerrechts in den Regelungsbereich des Artikel 1 Ziff. 3 der Charta geführt. Der Sicherheitsrat ist daher grundsätzlich aus Artikel 1 Ziff. 3 der Charta gehalten, das humanitäre Völkerrecht zu beachten[383].

3.5.2. Die Anwendbarkeit des humanitären Völkerrechts auf Wirtschaftssanktionen

3.5.2.1. Anwendbarkeit auf die im Rahmen von bewaffneten Konflikten verhängten Wirtschaftssanktionen

Wirtschaftssanktionen sind nicht unmittelbar Regelungsgegenstand des humanitären Völkerrechts. Das humanitäre Völkerrecht könnte aber gleichwohl zur Anwendung kommen, wenn Wirtschaftssanktionen als Waffe, deren Einsatz das Vorliegen eines bewaffneten Konflikts begründet, zu qualifizieren sind, oder wenn eine entsprechende Anwendung auf die während eines bewaffneten Konflikts eingesetzten Wirtschaftssanktionen geboten ist.

Die Anwendbarkeit des humanitären Völkerrechts setzt das Vorliegen eines bewaffneten Konflikts voraus[384]. Ein Konflikt gilt dann als „bewaffnet", wenn eine Konfliktpartei gegen eine andere das Instrument der Waffe einsetzt[385]. Der Begriff des bewaffneten Konflikt beschränkt sich somit auf eine bestimmte Form der Gewaltanwendung. Wirtschaftssanktionen sind ihrer Natur nach keine

---

[383] Pape, 140.

[384] So in den jeweiligen Artikeln 2 der GK für internationale bewaffnete Konflikte und in Artikel 1 Absatz 1 des 2. ZP für nicht-internationale bewaffnete Konflikte.

[385] Der Begriff des bewaffneten Konflikts hat in keinem der völkerrechtlichen Verträge zur Regelung des humanitären Völkerrechts eine autoritative Definition erfahren. Siehe hierzu Ipsen, in: Ipsen, Völkerrecht, § 65, Rn.6 ff. Das Jugoslawien-Tribunal hat im Tadic Fall eine weithin als gelungen erachtete Definition des bewaffneten Konflikts vorgenommen. ICTY, Prosecutor v. Tadic (1. Kap., Anm. 34), Ziff. 70: "... we find that an armed conflict exists whenever there is a resort to armed force between States or protracted armed violence between governmental authorities and organized armed groups or between such groups within a State. International humanitarian law applies from the initiation of such armed conflicts and extends beyond the cessation of hostilities until a general conclusion of peace is reached; or, in the case of internal conflicts, a peaceful settlement is reached. Until that moment, international humanitarian law continues to apply in the whole territory of the warring States or, in the case of internal conflicts, the whole territory under the control of a party, whether or not actual combat takes place there." Zur Entwicklung des Begriffs des bewaffneten Konflikts im Lichte der Tadic Entscheidung Greenwood, Christopher, The Development of International Humanitarian Law by the International Criminal Tribunal for Yugoslavia, in: Max Planck Yearbook of United Nations Law, Vol.2 (1998), 97-140, 114, 115.

Waffe im Sinne der Definition des bewaffneten Konflikts[386]. Die Verhängung und Durchführung von Wirtschaftssanktionen erfolgt auch nicht unter Einsatz von Waffengewalt. Dies gilt selbst dann, wenn zur Durchsetzung der Sanktionsmaßnahmen Waffengewalt eingesetzt wird, da die Durchsetzungsmaßnahmen keinen Einfluß auf die Natur der Wirtschaftssanktionen haben und von diesen zu unterscheiden sind. Der Einsatz von Wirtschaftssanktionen begründet mithin nicht das Vorliegen eines bewaffneten Konflikts.

Das humanitäre Völkerrecht könnte aber dann auf Wirtschaftssanktionen anwendbar sein, wenn diese im Rahmen eines bewaffneten Konflikts eingesetzt werden[387]. Da das humanitäre Völkerrecht keine unmittelbar auf Wirtschaftssanktionen anwendbaren Regelungen enthält, kommt einzig eine entsprechende Anwendung in Betracht. Hierbei ist die Frage, ob die Analogie als Methode der Lückenfüllung im Völkerrecht zulässig ist, kontrovers[388]. So wäre eine Analogie von vornherein unzulässig, wenn es im Völkerrecht überhaupt keine Lücken geben könnte. Eine derartige Lückenlosigkeit der Völkerrechtsordnung würde vorliegen, wenn im Völkerrecht ein allgemeiner negativer Freiheitssatz existiert, wonach den Völkerrechtssubjekten alles erlaubt ist, was nicht verboten ist[389]. Die uneingeschränkte Geltung eines derartigen Rechtssatzes läßt sich jedoch angesichts der Vielfalt der Regelungsmaterien, in denen die Handlungsfreiheit der Staaten eingegrenzt ist, nicht nachweisen[390]. Die Analogie als Methode zur Lückenfüllung wird daher weitgehend als allgemeiner Rechtsgrundsatz für zulässig erachtet[391].

Die Analogie setzt eine Regelungslücke und einen vergleichbaren Sachverhalt voraus, der eine entsprechende Anwendung der jeweiligen Regeln gebietet. Im Völkerrecht obliegt die Lückenfüllung dabei in erster Linie den

---

386 Zu diesem Ergebnis kommt auch Köchler, 31, unter Verweis auf das geltende Völkerrecht, der aber Wirtschaftssanktionen zumindest de facto für Kriegsakte hält. In diese Richtung auch Gordon, 127. Bossuyt, Economic Sanctions, 28, Fn.19, zufolge können Sanktionen in extremen Fällen als Kriegswaffe anzusehen sein.

387 Eine Reihe von Autoren halten das humanitäre Völkerrecht ohne weiteres auf die im Rahmen bewaffneter Konflikte verhängten Wirtschaftssanktionen anwendbar, so Bossuyt, Economic Sanctions, Ziff. 32; Brabandt, 32; Gasser, Economic Sanctions, 880; Segall, 766. Siehe auch 26th International Conference of the Red Cross and Red Crescent, Resolution 4, "Humanitarian Consequences of Economic Sanctions", in: HuV-I 8 (1995), 224 (228): "Any sanction regime established in the context of armed conflict is governed by international humanitarian law, which requires that the survival and the essential needs of the civilian population be ensured."

388 Siehe Fastenrath, 138, 139 m.w.N.

389 The Case of the S.S. Lotus, Judgement, No.9 (1925), P.C.I.J., Série A., No.10, 18-19.

390 Bleckmann, Analogie, 169 ff.; Meng, 295.

391 Siehe Bleckmann, Analogie, 168 ff.; Fastenrath, Lücken, 138 m.w.N.

Völkerrechtssubjekten selbst, sei es in Form der Vereinbarung völkerrechtlicher Verträge oder der Entwicklung von Völkergewohnheitsrecht, und nicht einer gerichtlichen Instanz[392]. Trotz des Fehlens von auf Sanktionen zugeschnittenen Regelungen im humanitären Völkerrecht könnte deswegen keine Regelungslükke vorhanden sein, weil Wirtschaftssanktionen nicht in einem rechtsfreien Raum verhängt werden. So hat der Sicherheitsrat bei der Verhängung von kollektiven Zwangsmaßnahmen die menschenrechtlichen Grenzen, die sich aus der Charta, insbesondere Artikel 1 Ziff. 3, und dem Völkergewohnheitsrecht ergeben, zu beachten[393]. Vor diesem Hintergrund könnte es an einer Regelungslücke schon deshalb fehlen, weil das humanitäre Völkerrecht lediglich den Schutz eines Mindeststandards gewährt und somit nicht unbedingt einen weiterreichenden Schutz als den durch die Pflicht zur Achtung der Menschenrechte vorgegebenen vermittelt. Der durch die Menschenrechte vermittelte Schutz der Bevölkerung unterscheidet sich aber von dem durch das humanitäre Völkerrecht gewährten Schutz, der sich durch seinen detaillierten Regelungsgehalt auszeichnet. Das in einer anderen Regelungsmaterie gewährte vergleichbare Schutzniveau schließt dabei grundsätzlich nicht das Bestehen einer Regelungslücke aus, soweit das nicht geregelte Rechtsgebiet einen eigenständigen Schutz vermittelt[394].

Wirtschaftssanktionen und bewaffneten Konflikten ist gemeinsam, daß beide das Wohlergehen der Zivilbevölkerung beeinträchtigen können. Sie unterscheiden sich hierbei dadurch voneinander, daß das von dem Einsatz von Waffengewalt ausgehende Schadenspotential unmittelbar ist, also ohne weitere Zwischenschritte zu einer Beeinträchtigung von Leib und Leben der Zivilbevölkerung führen kann, während das den Wirtschaftssanktionen innewohnende Schadenspotential mittelbarer Natur ist, da sich erst die Folgen der getroffenen Maßnahmen nachteilig auf die Zivilbevölkerung auswirken. Diese Unterschiede können zwar dazu führen, daß bestimmte, auf Waffengewalt zugeschnittene Regelungen auf Wirtschaftssanktionen ihrer Natur nach nicht anwendbar sind[395]. Soweit die Regelungen des humanitären Völkerrechts aber ihrer Natur nach entsprechend auf Wirtschaftssanktionen anwendbar sind, fallen die aufgezeigten Unterschiede nicht derart ins Gewicht, daß sie die zur Anwendung einer Analogie erforderliche Vergleichbarkeit der Sachverhalte ausschließen würden. Auch der Schutzzweck des humanitären Völkerrechts gebietet eine entsprechende Anwendung, um den Schutz der Zivilbevölkerung vor den nachteiligen Auswirkungen von Wirtschaftssanktionen, die denen eines bewaffneten Konflikts gleichkommen können, zu gewährleisten. Die vom Sicherheitsrat verhängten

[392] Meng, 295.
[393] S.o. 3.2., 3.3., 3.4.
[394] Zutreffend Starck, 240, 241.
[395] Siehe dazu im einzelnen unten 4.4.2.1.

Sanktionsmaßnahmen sind schon aus sich heraus geeignet, der Bevölkerung schwerwiegende Nachteile zuzufügen, eine Wirkung, die sich im Regelfall beim Zusammenwirken der Sanktionsmaßnahmen mit den Folgen eines bewaffneten Konflikts noch verstärkt. Dieser Grundgedanke eines erweiterten Schutzes der Zivilbevölkerung läßt sich hierbei auch aus der Martens-Klausel entnehmen[396]. Dieser Befund wird durch die Praxis des Sicherheitsrats bestätigt. Der Sicherheitsrat hat im Rahmen der von ihm verhängten Wirtschaftssanktionen Ausnahmeregelungen eingefügt, die erkennbar dem Schutz eines Mindeststandards, der sich aus den Normen des humanitären Völkerrechts erschließen läßt, dienten und dadurch zumindest implizit die Anwendbarkeit des humanitären Völkerrechts anerkannt[397]. Der Umstand, daß Wirtschaftssanktionen im Kontext eines bewaffneten Konflikts angewandt werden, begründet somit die entsprechende Anwendbarkeit der Bestimmungen des humanitären Völkerrechts[398].

3.5.2.2. Anwendbarkeit auf Wirtschaftssanktionen, die außerhalb des Kontexts eines bewaffneten Konflikts verhängt werden

Das humanitäre Völkerrecht könnte auch in denjenigen Fällen, in denen Wirtschaftssanktionen nicht im Rahmen eines bewaffneten Konflikts verhängt werden, entsprechend auf diese anzuwenden sein.
Hierbei gilt es vorab festzustellen, daß die in Friedenszeiten getroffenen Maßnahmen der jeweiligen Seestreitkräfte der Mitgliedstaaten, die vom Sicherheitsrat ermächtigt worden sind, die Einhaltung der Sanktionsbestimmungen notfalls mit Waffengewalt durchzusetzen[399], nicht ohne weiteres das Vorliegen eines bewaffneten Konflikts begründen. Vielmehr ist anhand des Einzelfalls zu entscheiden, ob bei der Durchführung der getroffenen Maßnahmen das Merkmal eines bewaffneten Konflikts erfüllt wird. Hierbei kommt es maßgeblich darauf an, ob tatsächlich Waffengewalt eingesetzt wird[400]. Der Einsatz von Waffengewalt ist gemäß den entsprechenden Resolutionen dem Ermessen der an den Kontrollmaßnahmen partizipierenden Staaten überlassen[401]. Bei der

---

[396] Die Martensklausel (siehe beispielhaft Artikel 1 Absatz 2 1. ZP), welcher der Status von Völkergewohnheitsrecht zukommt, ist eine Auffassungsklausel für diejenigen Fälle, die nicht explizit vom humanitären Völkerrecht geregelt sind. Zu Inhalt und normativer Verankerung der Klausel Meron, T., The Martens Clause, Principles of Humanity, and Dictates of Public Conscience, in: AJIL 94 (2000), 78-89.
[397] S.o. 3.4.2.2.1.b).
[398] Ebenso Köchler, 31; Starck, 241; Brabandt, 32; Gasser, Economic Sanctions, 873; Segall, 766.
[399] So etwa im Fall des Irak auf der Grundlage von S/RES 665 (1990).
[400] Segall, 771.
[401] Fielding, 92. Siehe exemplarisch S/RES 665 (1990).

Durchführung der Kontrollmaßnahmen haben in den bisherigen Sanktionsfällen keinerlei bewaffnete Auseinandersetzungen größeren Ausmaßes stattgefunden[402]. In der Regel begründen die von den Seepatrouillen vorgenommenen Kontrollmaßnahmen damit nicht das Vorliegen eines bewaffneten Konflikts.

Die Geltung des humanitären Völkerrechts für die in Friedenszeiten verhängten Wirtschaftssanktionen im Wege einer entsprechenden Anwendung ist mit dem Argument des Erst-Recht Schlusses befürwortet worden[403]. Zur Begründung ist angeführt worden, daß Wirtschaftssanktionen ein Ersatz für den Einsatz von Waffengewalt seien, so daß auf sie als das weniger gewaltsame Mittel die Bestimmungen des humanitären Völkerrechts Anwendung finden sollen, welches zum Schutz der Zivilbevölkerung geboten sei[404]. Die Begründung überzeugt nur bedingt, da Wirtschaftssanktionen weder notwendigerweise ein Ersatz für den Einsatz von Waffengewalt noch ihren Auswirkungen nach das weniger gewaltsame Mittel darstellen. Vielmehr kann es, sofern grundsätzlich anerkannt wird, daß der Schutz der Zivilbevölkerung vor den spezifischen Auswirkungen von Wirtschaftssanktionen die Anwendung des humanitären Völkerrechts gebietet, keinen Unterschied machen, ob diese während eines bewaffneten Konflikts oder zu Friedenszeiten verhängt werden.

Auch der Sicherheitsrat hat in seiner Sanktionspraxis die dem Schutz der Zivilbevölkerung dienenden Normen des humanitären Völkerrechts bei den zu Friedenszeiten verhängten Wirtschaftssanktionen entsprechend angewandt. So hat der Sicherheitsrat bei der Einfügung von Regelungen, die der Einhaltung eines humanitären Mindeststandards dienen und zumindest mittelbar an den Bestimmungen des humanitären Völkerrechts ausgerichtet sind, keine Unterscheidung getroffen, ob die Wirtschaftssanktionen während eines bewaffneten Konflikts oder zu Friedenszeiten in Kraft gewesen sind. In den Resolutionen des Sicherheitsrats zur Stärkung des Schutzes von Zivilisten und Kindern vor den Auswirkungen bewaffneter Konflikte finden sich auch Ausführungen zur

---

402 Siehe zum Irak S/1996/700, Ziff. 82 und zur BR Jugoslawien S/1996/776, Ziff. 49.

403 Bruderlein, 5. Ebenso wohl auch Köchler, 31. In diese Richtung auch das Arbeitspapier der Russischen Föderation, A/AC.182/L.100, II, Ziff. 1: "When the Security Council considers issues relating to sanctions, account must be taken of humanitarian considerations, which are even more pressing in time of peace than in time of war." Der Schluß a maiore ad minus ist eine spezielle Ausformung der Analogie. Bei einer Analogie werden die für einen Tatbestand geltenden Regelungen auf einen von den Rechtsnormen nicht geregelten, aber ähnlichen Tatbestand übertragen. Bei dem Schluß a maiore ad minus wird gefolgert, daß die für den geregelten Tatbestand geltende Rechtsfolge erst recht für den ähnlichen Tatbestand zu gelten hat, da die ratio legis der gesetzlichen Regel auf diesen Tatbestand in einem noch höheren Maß zutrifft. Hierzu Fastenrath, 136.

404 Bruderlein, 5; Normand, 28.

Vermeidung der nachteiligen Auswirkungen von Wirtschaftssanktionen, ohne daß diese Erklärungen auf die im Rahmen von bewaffneten Konflikten verhängten Wirtschaftssanktionen beschränkt worden sind[405]. Der Sicherheitsrat und seine Mitglieder legen daher erkennbar einen einheitlichen Maßstab des aus dem humanitären Völkerrecht vermittelten Schutzes zugrunde, der auf sämtliche Wirtschaftssanktionen Anwendung findet. In Anbetracht des Schutzzwecks der Normen des humanitären Völkerrechts sowie der Praxis des Sicherheitsrats ist daher davon auszugehen, daß das humanitäre Völkerrecht auch in Friedenszeiten entsprechend zur Anwendung kommt.

3.5.3. Die Reichweite der Bindung an die Normen des humanitären Völkerrechts

Nachdem festgestellt worden ist, daß der Sicherheitsrat sowohl in Kriegs- als auch Friedenszeiten zur Beachtung derjenigen Normen des humanitären Völkerrechts, die ihrer Natur nach im Rahmen von Wirtschaftssanktionen anwendbar sind, verpflichtet ist, stellt sich die Frage, ob auch bezüglich der Verpflichtung zum Schutz der Normen des humanitären Völkerrechts ein Zielkonflikt mit dem Ziel der Friedenssicherung vorliegt, der vom Sicherheitsrat im Wege einer Abwägung zu lösen ist.
Eine Befugnis des Sicherheitsrats zum Abweichen von den Normen des humanitären Völkerrechts könnte von vornherein aufgrund der besonderen Natur des humanitären Völkerrechts, das ein Mindestmaß an Schutz der Zivilbevölkerung garantiert, von dem unter keinen Umständen abgewichen werden darf, ausgeschlossen sein[406]. Diesem Schutz liegt der Gedanke zugrunde, daß jede

---

[405] S/RES 1265 (1999): "Protection of civilians in armed conflict", Ziff. 16; S/RES 1261 (1999): "Impact of armed conflict on children", Ziff. 16, 17 c). Siehe auch die Stellungnahmen anläßlich der Debatten, die der Verabschiedung der Resolutionen vorangingen, S/PV 4046, 16. und 17. September 1999 zu S/RES 1265 und S/PV.4037, 23. August 1999 zu S/RES 1261.

[406] Dies folgt vor allem aus dem gemeinsamen Artikel 1, aus Artikel 6/6/6/7 und Artikel 7/7/7/8 der vier Genfer Konventionen. Siehe hierzu das Urteil des IGH im Nicaragua Fall, ICJ Reports 1986, 14, 114, Ziff. 220: "The Court considers that there is an obligation on the United States Government, in the terms of Article 1 of the Geneva Conventions, to "respect" the Conventions and even "to ensure respect" for them "in all circumstances", since such an obligation does not derive only from the Conventions themselves, but from the general principles of humanitarian law to which the Conventions merely give specific expression" und des weiteren Schindler, Erga Omnes, 200, sowie die Ausführungen des ILC in bezug auf die Anwendung von Gewalt, in: 2 ILCYB (1979) II, 116, Ziff. 5: "Even where the internationally wrongful act in question would justify a reaction involving the use of force, whatever the subject responsible for applying it, action taken in this guise certainly cannot include, for instance, a breach of obligations of international humanitarian law. Such a step could never be "legitimate" and such conduct would remain wrongful."

Konfliktpartei, ungeachtet des Rechts zum Einsatz von Waffengewalt (jus ad bello) in der Wahl der von ihr eingesetzten Mittel unabdingbaren Schranken (jus in bello) unterliegt. Selbst das in Kapitel VII der Charta festgelegte Ziel der Friedenssicherung erlaubt hiernach kein Abweichen von diesem Mindeststandard. Diese Grenze ist in Hinblick auf den Einsatz der unter dem Kommando der Vereinten Nationen stehenden Streitkräfte im Rahmen von Kapitel VII der Charta anerkannt[407]. Dies betrifft zumindest diejenigen Normen des humanitären Völkerrechts, denen der Status von Völkergewohnheitsrecht zukommt.

Ein Blick auf die Praxis des Sicherheitsrats bei der Verhängung und Durchführung von Wirtschaftssanktionen zeigt, daß der Sicherheitsrat zumindest grundsätzlich, wenn auch nicht ausdrücklich, die sich aus dem humanitären Völkerrecht ergebenden Grenzen anerkannt hat. Die Praxis der Einfügung humanitärer Ausnahmebestimmungen im Rahmen von Wirtschaftssanktionen orientiert sich erkennbar an den im humanitären Völkerrecht geltenden Regelungen über die Versorgung der Zivilbevölkerung mit elementaren Gütern. So hat der Sicherheitsrat spätestens mit der Resolution 687 (1991) und danach in allen nachfolgenden Resolutionen, mit denen wirtschaftliche Maßnahmen nach Artikel 41 der Charta verhängt worden sind, die Lieferung von bestimmten Gütern humanitärer Natur, insbesondere von Nahrungs- und Arzneimitteln, von den jeweiligen Ausfuhrverboten ausgenommen und die Lieferung humanitärer Hilfe an die Bevölkerung des Sanktionsadressaten genehmigt. Diese Praxis verdeutlicht, daß der Sicherheitsrat ein Abweichen von den dem Schutz der Zivilbevölkerung dienenden Normen des humanitären Völkerrechts zum Zweck der Friedenssicherung nicht für erforderlich hält. Diese Auslegung entspricht der auf Einhaltung eines unter allen Umständen geltenden unabdingbaren Mindeststandards gerichteten Natur des humanitären Völkerrechts. Ihrer Wirkung nach führt die Praxis zu einer Selbstbindung des Sicherheitsrats[408]. Der Sicherheitsrat hat überdies die beteiligten Konfliktparteien wiederholt zur Einhaltung des humanitären Völkerrechts, insbesondere zur Gewährleistung humanitärer Hilfe aufgerufen[409]. Es wäre vor diesem Hintergrund widersprüchlich, wenn der

---

[407] S.o. Anm. 381.

[408] Insoweit bestehen Parallelen zur Selbstbindung an einen menschenrechtlichen Mindeststandard (s.o. 3.4.2.2.6. b).

[409] Siehe hierzu den Überblick bei Schwebel, 751 ff. sowie beispielhaft die zahlreichen Aufforderungen an die Konfliktparteien in der BR Jugoslawien, Hilfslieferungen für die Zivilbevölkerung Durchlaß zu gewähren und die Arbeit der humanitären Hilfsorganisationen nicht zu behindern, in S/RES 752 (1992), Ziff. 8, S/RES 757 (1992), Ziff. 17, S/RES 787 (1992), Ziff. 18. Der ausdrücklichste Hinweis auf die Pflicht der Parteien zur Versorgung der Bevölkerung mit essentiellen Gütern findet sich in S/RES 794 (1992), in bezug auf Somalia. Ziff. 4: "... demands that all parties, movements and factions in Somalia immediately cease and desist from all breaches of international humanitarian law ...", Ziff. 5: "Strongly condemns all

Sicherheitsrat nicht seinerseits einer uneingeschränkten Bindung an die Normen des humanitären Völkerrechts unterliegen würde, zu deren Beachtung er die Mitgliedstaaten aufruft[410]. Eine uneingeschränkte Bindung des Sicherheitsrats an das humanitäre Völkerrecht wird nicht nur von einer Vielzahl von Autoren in der völkerrechtlichen Literatur postuliert[411]. Sie entspricht auch der von der ILC entwickelten Grenze zulässiger Gegenmaßnahmen[412].

3.6. Der Grundsatz von Treu und Glauben als sonstige Ermessensgrenze

Die Ermessensausübung des Sicherheitsrats darf des weiteren nicht gegen das Willkürverbot verstoßen. Gemäß Artikel 2 Ziff. 2 der Charta erfüllen die Mitglieder der Vereinten Nationen die Verpflichtungen, die sie mit der Charta übernehmen, nach Treu und Glauben[413]. Der Sicherheitsrat unterliegt zwar dem Wortlaut nach keiner Bindung aus Artikel 2 Ziff. 2 der Charta. Aus dem Umstand, daß sich Artikel 2 der Charta auch an die Organisation richtet, läßt sich jedoch der Schluß ziehen, daß nicht nur die einzelnen Mitglieder, sondern auch der Sicherheitsrat als UN-Organ an den Grundsatz von Treu und Glauben gebunden ist. So ist auch in der Rechtsprechung des IGH[414] und in der völkerrechtlichen Literatur[415] weitgehend anerkannt, daß der Grundsatz von Treu und Glauben die Grenze der zulässigen Ermessensausübung der Entscheidungen des Sicherheitsrats über das Ergreifen kollektiver Zwangsmaßnahmen bildet.

---

violations of international humanitarian law in Somalia, including in particular the deliberate impeding of the delivery of food and medical supplies essential for the survival of the civilian population ..."

[410] S.o. Anm. 151.

[411] Bossuyt, Economic Sanctions, Ziff. 32; Gasser, Economic Sanctions, 885; Köchler, 31; Pape, 140; Segall, 765 ff.; Szasz, 474. AA. Starck, 251 ff., der zufolge der Sicherheitsrat nur an diejenigen Normen des humanitären Völkerrechts gebunden ist, die den Status von Jus Cogens haben.

[412] Insbesondere in den jüngsten Vertragsentwürfen der ILC zum Recht der Staatenverantwortlichkeit: A/55/100, Chapter IV, Appendix, Article 51c) (s.o. Anm. 222).

[413] Müller, in: Simma, Chartakommentar, Art.2, Rn.2. Der Grundsatz von Treu und Glauben ist ein allgemeiner Grundsatz des Völkerrechts. Zu seinen vielfältigen Erscheinungsformen d'Amato, Good Faith, in: Bernhardt, R. (Hrsg.), EPIL, Vol.2 (1995), 599 ff.; Kolb, 661 ff.

[414] Siehe die gemeinsame abweichende Meinung der Richter Basderant, Winiarski, Sir Arnold McNair und Read im Admission Fall, ICJ Reports 1948, 82, 91, 92 und Richter Fitmaurice, D.O., im Namibia Fall, ICJ Reports 1971, 294, Ziff. 116.

[415] Bowett, Derek, The Law of International Institutions, 4. Auflage, London 1982, 33; Delbrück, in: Simma, Chartakommentar, Art.24, Rn.11; Fraas, 243; Gowland-Debbas, Security Council Enforcement, 94; Kolb, 723; Lamb, 385. AA. Oosthuizen, 560, dem zufolge Artikel 2 Ziff. 2 aufgrund des Wortlauts allein auf die Mitglieder der Vereinten Nationen und nicht auf den Sicherheitsrat Anwendung finde.

Die Praxis des Sicherheitsrats bestätigt diesen Befund. Dort wurde ein möglicher Rechtsmißbrauch des Sicherheitsrats bzw. von dessen Mitgliedern in Form der Verfolgung sachfremder Zwecke vor allem im Zusammenhang der gegenüber Libyen[416] und gegenüber dem Irak[417] verhängten Wirtschaftssanktionen thematisiert. Im Zusammenhang mit den gegen den Irak verhängten Sanktionen ist überdies darauf hingewiesen worden, daß diese ihrem Inhalt nach strafende Elemente aufwiesen[418]. Sowohl der Sicherheitsrat als Organ[419] als auch einzelne Mitglieder des Sicherheitsrats[420] sind diesen Vorwürfen ausdrücklich entgegengetreten. Diese Stellungnahmen sind ein Indiz dafür, daß der Sicherheitsrat und seine Mitglieder das Willkürverbot als Grenze der Handlungsbefugnis des Sicherheitsrats ansehen.

Aus dem Grundsatz von Treu und Glauben folgt, daß ein Mitgliedstaat im Sicherheitsrat sein Abstimmungsverhalten nicht von Bedingungen abhängig machen darf, die in keinem inneren Zusammenhang mit dem Sinn und Zweck der anzuwendenden Bestimmung der Charta stehen[421]. Daraus ergibt sich, daß die Kompetenzen nicht zu einem sachfremden Zweck oder aus sachfremden Motiven eingesetzt werden dürfen[422]. Bei der Verhängung bzw. Beibehaltung von Wirtschaftssanktionen würden der Sicherheitsrat bzw. einzelne Mitglieder

---

[416] Im Falle Libyens wurde in Frage gestellt, ob die tatsächlichen und rechtlichen Voraussetzungen für das Vorliegen einer Friedensbedrohung gemäß Artikel 39 der Charta gegeben waren. Überdies wurde insbesondere gegenüber den Vereinigten Staaten der Vorwurf erhoben, diese würden den Sicherheitsrat als Organ mißbrauchen, um unilaterale Ziele gegenüber Libyen zu verfolgen. Siehe die Stellungnahme des Delegierten Libyens, S/PV.3063 (31. März 1992), 18 ff. sowie Pasha, 135, 136 und Weller, 323.

[417] Im Fall des Irak hat sich die Willkürdebatte vor allem an der Frage der Bedingungen für die Aufhebung der Wirtschaftssanktionen entzündet. Den Vereinigten Staaten ist hierbei vorgeworfen worden, daß sie selbst dann nicht zur Aufhebung der Sanktionen bereit seien, wenn der Irak alle an ihn gestellten Forderungen erfüllt habe. So insbesondere die Stellungnahme der Russischen Föderation S/PV.4084, 4 ff. (2. Kap., Anm. 183). Dazu auch Graefrath, 35, 36; Rajan, 624 ff.

[418] Gowlland-Debbas, Security Council Enforcement, 83.

[419] S/PRST/1995/9.

[420] So haben die Delegierten in den einschlägigen Debatten mehrfach betont, daß die Sanktionen einzig die erklärten Ziele verfolgten und nicht gegen die Bevölkerung gerichtet seien bzw. deren Bestrafung zum Ziel hätten. Siehe die Stellungnahmen der Delegierten der Vereinigten Staaten S/PV.2943, 31 (2. Kap., Anm.114); des Vereinigten Königreichs, S/PV.3063, 70 (2. Kap., Anm. 334); Frankreichs, S/PV.3063, 74 (2. Kap., Anm. 335); des Kap Verdes, S/PV.3082, 7 (2. Kap., Anm. 421); Österreichs, S/PV.3137, 124 (2. Kap., Anm. 434); Spaniens, S/PV.3376, 6 (2. Kap., Anm. 565) und Portugals, S/PV.3822, 13 (2. Kap., Anm. 687).

[421] Müller, in: Simma, Chartakommentar, Artikel 2, Rn. 28.

[422] Siehe Kolb, 719 ff., zum Verbot des Rechtsmißbrauchs, das eine Konkretisierung des Grundsatzes von Treu und Glauben darstellt.

daher in denjenigen Fällen gegen den Grundsatz von Treu und Glauben verstoßen und damit die Abwägung fehlerhaft werden lassen, in denen die betreffenden wirtschaftlichen Maßnahmen nicht zum Zweck der Friedenssicherung, sondern zu anderen, nicht von Artikel 1 Ziff. 1 der Charta gedeckten Zielen beschlossen werden würden. In diesem Fall wäre eine etwaig herbeigeführte Beeinträchtigung der Menschenrechte, die nur zur Friedenssicherung erfolgen darf, nicht gerechtfertigt. Ein Verstoß gegen das Willkürverbot läge darüber hinaus in den Fällen vor, in denen der Sicherheitsrat Wirtschaftssanktionen ausschließlich oder überwiegend zu Strafzwecken verhängt, die Maßnahmen sich also in der Zufügung von Nachteilen gegenüber dem Sanktionsadressaten bzw. dessen Bevölkerung erschöpfen würde, ohne auf die Wahrung bzw. Wiederherstellung des Weltfriedens und der internationalen Sicherheit gerichtet zu sein.

Auch wenn die Geltung des Willkürverbots grundsätzlich anerkannt ist, so wird sich in der Praxis nur schwer der Nachweis erbringen lassen, daß die Verhängung von Wirtschaftssanktionen tatsächlich willkürlich erfolgt ist[423]. Das gilt insbesondere für den subjektiven Ermessensmißbrauch[424]. Dieser würde dann vorliegen, wenn eines oder mehrere Mitglieder des Sicherheitsrats die Sanktionen mißbräuchlich einsetzen und der Einsatz gerade zu diesem Zweck von den übrigen Mitgliedern des Sicherheitsrats konkludent durch ihre Zustimmung gebilligt wird. Ein derartiger mißbräuchlicher Einsatz von Sanktionen dürfte im Regelfall kaum nachzuweisen sein. Anders zu beurteilen wären jedoch die Fälle, in denen entweder die betreffenden Resolutionen selbst oder eine ständige Praxis des Sicherheitsrats dem Inhalt nach erkennbar nicht mit dem Zweck der Charta, also dem Ziel der Friedenssicherung, vereinbar sind. Anzeichen für eine solche Praxis sind aber nicht ersichtlich. Die eigentliche Bedeutung des gegen den Sicherheitsrat oder einzelne Mitglieder erhobenen Vorwurfs eines Verstoßes gegen das Willkürverbot wird daher aller Voraussicht nach weiterhin in seiner Funktion als politisches Mittel liegen, mit dem die Staaten, die der Verhängung von Sanktionen generell oder im konkreten Fall ablehnend gegenüberstehen, die Legitimität der Sanktionspolitik einzelner Mitglieder des Sicherheitsrats, insbesondere der Vereinigten Staaten, oder des Sicherheitsrats selbst in Frage stellen.

---

[423] Lamb, 386; Martenczuk, 192 ff. in Hinblick auf eine mögliche Ermessensüberschreitung.

[424] Siehe hierzu ebd. 193, 194, der zurecht darauf hinweist, daß sich die Motive sämtlicher zustimmender Mitglieder kaum jemals völlig decken würden und daß der Ermessensmißbrauch durch ein einziges Mitglied nicht zwangsläufig die Wirksamkeit der kollektiven Entscheidung berührt.

4. Die sich aus den einzelnen Menschenrechten und Normen des humanitären Völkerrechts ergebenden Verpflichtungen des Sicherheitsrats bei der Verhängung und Durchführung von Wirtschaftssanktionen

Nachdem im vorhergehenden Abschnitt eine grundsätzliche Bindung des Sicherheitsrats an die zwingenden Rechte, die Normen des humanitären Völkerrechts, denen der Status von Völkergewohnheitsrecht zukommt, und eine Pflicht zur Abwägung in Hinblick auf die sonstigen von Artikel 1 Ziff. 3 der Charta umfaßten Menschenrechte festgestellt worden ist, gilt es nachfolgend zu klären, an welche Rechte der Sicherheitsrat in den jeweiligen Kategorien konkret gebunden ist. Hierzu ist vorab festzustellen, ob der Sicherheitsrat überhaupt an die einzelnen Menschenrechte und die Normen des humanitären Völkerrechts gebunden sein kann, inwieweit diese also auf ihn anwendbar sind.

4.1. Die Anwendbarkeit der völkerrechtlichen Verpflichtungen, insbesondere aus den Menschenrechten, auf den Sicherheitsrat

Der Sicherheitsrat ist als Organ einer internationalen Organisation grundsätzlich an das Völkerrecht gebunden[425]. Eine Bindung an die von der Organisation geschlossenen völkerrechtlichen Verträge ergibt sich ohne weiteres aus ihrer Völkerrechtssubjektivität[426]. Aus ihrer Rechtsnatur als Völkerrechtssubjekte wird ferner überwiegend auf die Bindung internationaler Organisationen an das Völkergewohnheitsrecht geschlossen[427]. Der Schluß von der Völkerrechtssubjektivität auf die Bindung an das Völkergewohnheitsrecht ist einer abweichenden Auffassung zufolge unzulässig[428]. Die Bindung der internationalen Organisationen sei vielmehr aus dem Gleichheitssatz abzuleiten, wonach eine einheitliche Regelung für alle Völkerrechtssubjekte geboten ist[429]. Die Ableitung

---

425 S.o. 3.2.1.

426 Schermers/Blokker, §1577.

427 Morgenstern, 32; Schermers/Blokker, §1335, 1572 ff.; Seidl-Hohenveldern/Loibl, Rn. 0303 ff. Siehe auch den WHO-Egypt Fall, ICJ Reports 1980, 73, 89-90, Ziff. 37.

428 Bleckmann, Verbindlichkeit d.Völkerrechts, 109 ff. Bleckmann zufolge nehmen die Rechtssätze des Völkergewohnheitsrechts stets auch die Adressaten auf der Aktiv- und Passivseite in sich auf. Daher gebe es keine „adressatlosen" materiellen Rechtssätze des Völkergewohnheitsrechts. Überdies könne Völkergewohnheitsrecht nur zwischen den Subjekten entstehen, welche die Praxis gesetzt haben. Die Lehre von den Völkerrechtssubjekten regele hingegen nur die Rechtsfähigkeit, nicht die Adressaten der materiellen Völkerrechtssätze.

429 Ebd., 113 ff. Eine Ausdehnung des Völkergewohnheitsrechts auf die internationalen Organisationen ist danach im Wege des Analogieschlusses möglich. Eine solche Analogie sei zur Vermeidung von Wertungswidersprüchen und Lücken in der internationalen Rechtsordnung

der Bindung internationaler Organisationen aus ihrer Völkerrechtssubjektivität erscheint unter dem Gesichtspunkt der Einheitlichkeit des Völkerrechts überzeugender, wonach nicht nur die einzelnen Staaten, sondern auch die von ihnen geschaffenen Organisationen in gleicher Weise qua ihrem Status als Subjekte des Völkerrechts einer Bindung an das Völkergewohnheitsrecht unterliegen. Allerdings kann aufgrund der Unterschiede, die zwischen internationalen Organisationen und Staaten bestehen, eine vorbehaltlose unmittelbare Bindung nicht angenommen werden. Eine konkrete Bindung kann vielmehr nur bestehen, soweit die betreffende rechtliche Regelung ihrer Natur nach auf internationale Organisationen anwendbar ist. Insofern stimmen beide Auffassungen vom Ergebnis her überein, daß internationale Organisationen nur insoweit an das Völkerrecht gebunden sind, als dessen Regeln inhaltlich auf diese anwendbar sind[430].

Der Sicherheitsrat ist nicht in gleicher Weise wie die Mitgliedstaaten an die in den genannten Menschenrechtskonventionen geschützten Menschenrechte gebunden, weil die Vereinten Nationen selbst nicht Vertragspartei sind. Es kommt somit allenfalls eine entsprechende Bindung an diejenigen Rechte in Betracht, zu deren Beachtung der Sicherheitsrat nach Artikel 1 Ziff. 3 der Charta verpflichtet ist. Die sich hieraus ergebende Pflicht zur Beachtung der jeweiligen Rechte kann aber nur soweit reichen, als die Anwendung der zum Schutz der Menschenrechte im entsprechend anwendbaren Völkervertragsrecht bzw. im Völkergewohnheitsrecht anerkannten Verpflichtungen der Aufgabenstellung und der Natur des Sicherheitsrats als Organ einer internationalen Organisation nach auf diesen möglich ist. Inwieweit dies der Fall ist und eine entsprechende Bindung des Sicherheitsrats besteht, ist dabei zuvorderst aus dem Schutzbereich des jeweiligen Menschenrechts zu bestimmen[431].

---

sowie zur Verhinderung einer Flucht in die internationale Organisation zur Umgehung des Völkerrechts geboten.

[430] Dies gilt insbesondere für diejenigen Regeln, die sich auf Staatsgebiet, Staatsvolk und Jurisdiktionshoheit beziehen, Attribute, die einer internationalen Organisation nicht zukommen. Hierzu Morgenstern, 4 und Seidl-Hohenveldern/Loibl, Rn.0307, denen zufolge die Anwendbarkeit funktional zu bestimmen ist.

[431] Siehe hierzu im einzelnen unten 4.2.; 4.3.

4.2. Die sich aus der Bindung an zwingende Normen ergebenden Verpflichtungen des Sicherheitsrats zum Schutz der Menschenrechte

4.2.1. Die Feststellung des Status einer Norm als zwingendes Völkerrecht

Die zuweilen vorschnelle Berufung auf Normen des zwingenden Völkerrechts, um bestimmten Rechten, insbesondere den Menschenrechten, einen bevorzugten Status zukommen zu lassen, ist Gegenstand pointierter Kritik gewesen[432]. Aufgrund der nicht zu verkennenden Gefahr, die ein solches Vorgehen für die Glaubwürdigkeit der Menschenrechte als rechtlicher Kategorie beinhaltet, sind die Regeln der Normen des Jus Cogens anhand von faßbaren Kriterien zu bestimmen[433]. Die Kriterien zur Bestimmung einer Norm des Jus Cogens lassen sich aus dem Wortlaut des Artikel 53 S. 2 des WÜV erschließen[434].

4.2.1.1. Anerkennung als Norm des Völkerrechts

Die betreffende Norm muß im Völkerrecht Anerkennung gefunden haben. Sie kann nach jeder der anerkannten Quellen des Völkerrechts entstehen[435]. Im Regelfall wird es sich hierbei um Völkergewohnheitsrecht handeln[436]. Voraussetzung für das Entstehen von Völkergewohnheitsrecht ist eine Staatenpraxis, die auf einer opinio juris (Rechtsüberzeugung) beruht[437]. Zur Feststellung der

---

432 Vor allem von D'amato, Anthony, It's a bird, it's a plane, it's Jus Cogens!, in: Connecticut Journal of International Law 6 (1990), 1-6. Siehe auch die grundsätzlichen Bedenken von Weil, Prosper, Towards Relative Normativity in International Law, in: AJIL 77 (1983), 413-442, 423 ff. Zu Zweifeln am praktischen Nutzen der Kategorie des Jus Cogens Weisburd, Mark, The Emptiness of the Concept of Jus Cogens, As Illustrated by the War in Bosnia-Herzegovina, in: Michigan Journal of International Law 17 (1995), 1-51.

433 Meron, Hierarchy, 22: "Too liberal an invocation of superior rights such as "fundamental rights" and "basic rights" as well as jus cogens, may adversely affect the credibility of human rights as a legal discipline."

434 Die in Artikel 53 S. 2 WÜV enthaltene Definition des Jus Cogens (s.o.3.3.1.) wird weitgehend als autoritativ herangezogen. Siehe Ragazzi, 46 m.w.N.

435 Hannikainen, 207 ff.; Kadelbach, Zwingendes Völkerrecht, 182 ff.; Ragazzi, 53 ff. Dies ist insbesondere in Hinblick auf Verträge nicht unumstritten. Zum Meinungsstand Byers, 220 ff. und Hannikainen, 207 ff., jeweils m.w.N.

436 De Hoogh, 45; Kadelbach, Zwingendes Völkerrecht, 209.

437 Artikel 38, 1 b) IGH Statut: „Das internationale Gewohnheitsrecht als Ausdruck einer allgemeinen, als Recht anerkannten Übung". Die Staatenpraxis muß einheitlich, allgemein und von Dauer sein, wobei ein kurzer Zeitraum genügen kann, wenn ein entsprechend hoher Grad an allgemeiner und einheitlicher Übung vorliegt. Siehe Columbian-Peruvian Asylum Case, Judgement of November 20th 1950, ICJ Reports, 1950, 266, 276, 277; North Sea

Geltung von Menschenrechten und Normen des humanitären Völkerrechts als Völkergewohnheitsrecht kann im Unterschied zu reziproken Normen nicht auf die im gegenseitigen Verhältnis geltend gemachten Ansprüche und Gegenansprüche als Staatenpraxis zurückgegriffen werden[438]. Die Ermittlung der Staatenpraxis erweist sich überdies als schwierig, weil viele der Normen, die dem Schutz der Menschenrechte dienen, als Verbote ausgestaltet sind, von den Staaten also ein Unterlassen verlangt wird[439]. Zur Feststellung der Staatenpraxis im Bereich der Menschenrechte erscheinen daher im besonderen Maße die folgenden Anhaltspunkte geeignet: Die Beteiligung von Staaten bei der Ausarbeitung und Annahme von Menschenrechtskonventionen, eine Bestätigung der fraglichen Menschenrechte durch Zustimmung zu entsprechenden Resolutionen im Rahmen der Vereinten Nationen, die Geltendmachung der Menschenrechte in der Staatenpraxis, insbesondere der diplomatischen Praxis, und deren Schutz im nationalen Recht[440]. Dies gilt entsprechend für die Ermittlung der Staatenpraxis in Hinblick auf die Normen des humanitären Völkerrechts, bei der darüber hinaus der Berufung auf die jeweiligen Normen im Rahmen eines bewaffneten Konflikts sowie in militärischen Handbüchern ein besonderes Gewicht zukommt[441].

Ein völkerrechtlicher Vertrag begründet zwar in erster Linie Rechte und Pflichten zwischen den Vertragsparteien. Ein Vertrag kann aber bereits bestehendes Völkergewohnheitsrecht kodifizieren oder zur Entstehung neuen Völkergewohnheitsrechts beitragen[442]. Der Inhalt der jeweiligen Norm, die vorherige

---

Continental-Shelf, Judgement, ICJ Reports 1969, 3, 42, 43, Ziff. 73, 74, Nuclear Weapons Fall, ICJ Reports 1996, 226, 253, Ziff. 64. Zur Staatenpraxis Brownlie, PIL, 4 ff. m.w.N.; Mendelson, 197 ff. sowie Zemanek, Karl, What is "State Practice" and who Makes it?, in: Beyerlin, Ulrich, Recht zwischen Umbruch und Bewahrung, Berlin, Heidelberg, 1995, 289-306. Als subjektives Element wird von der überwiegenden Auffassung in der Literatur das Vorliegen einer Rechtsüberzeugung gefordert, um zwischen dem rechtlich relevanten und unverbindlichem Verhalten staatlicher Organe unterscheiden zu können. Siehe Continental-Shelf Fall, ICJ Reports 1969, 3, 44, Ziff. 77. Zum subjektiven Element Mendelson, 245 ff. m.w.N.

[438] Meron, Human Rights, 100; Schachter, 336.

[439] De Hoogh, 45. Ein Unterlassen wird in denjenigen Fällen als Staatenpraxis angesehen werden können, in denen es einen unzweideutigen Rückschluß auf eine darin zum Ausdruck kommende Rechtsüberzeugung des betreffenden Rechtssubjekts zuläßt, siehe Mendelson, 207 ff.

[440] Siehe Restatement of the Law, §701, Reporters' Notes, 2; Meron, Human Rights, 94 ff.; Schachter, 336.

[441] Hierzu Greenwood, 100 ff. Siehe auch Meron, Human Rights, 41 ff. und Provost, 623 ff.

[442] So kann der Vertrag selbst als Form der Staatenpraxis Völkergewohnheitsrecht kristallisieren oder ein Element der Staatenpraxis darstellen, das durch die Bestätigung in der nachfolgenden Staatenpraxis zur Anerkennung der betreffenden Norm als Völkergewohnheitsrecht führt. Siehe zum Verhältnis von Verträgen und Völkergewohnheitsrecht den

bzw. nachfolgende Staatenpraxis, die Auffassungen der am Kodifikationsprozeß beteiligten Staaten oder Organe in bezug auf den völkerrechtlichen Status der Norm sowie die Umstände der Adoption der Norm, vor allem der Grad der Zustimmung, sind die maßgeblichen Faktoren bei der Beurteilung, ob der vertraglich vereinbarten Norm der Status von Völkergewohnheitsrecht zukommt[443]. In Hinblick auf die vertraglich geschützten Menschenrechte läßt sich ferner aus dem Vorliegen einer Klausel, wonach ein Vorbehalt zu einem bestimmten Recht verboten ist, eine Vermutung ableiten, daß die dermaßen geschützten Rechte den Status von Völkergewohnheitsrecht haben[444]. Darüber hinaus kommt als Indiz für die Geltung einer Norm als Völkergewohnheitsrecht der Umstand in Betracht, daß von ihr kein Abweichen erlaubt und ihre Verletzung als Völkerrechtsverbrechen anerkannt ist[445].

Den Erklärungen allgemeiner Natur im Rahmen der Vereinten Nationen, insbesondere den Resolutionen der Generalversammlung, kann nur dann der Status von Völkergewohnheitsrecht zuerkannt werden, wenn sie durch eine tatsächliche Staatenpraxis bestätigt werden, wobei vor allem die Berufung auf das betreffende Menschenrecht in der diplomatischen Praxis sowie die Verurteilung von Menschenrechtsverletzungen in Betracht kommen[446]. Anderenfalls würde nichtbindenden Resolutionen der Generalversammlung aus sich heraus, entweder aufgrund der Mehrheitsverhältnisse oder ihrer Wiederholung, bindende Wirkung zukommen, ohne daß eine Staatenpraxis, die über die gemeinsame Bekundung des Rechts durch die Staaten hinausginge, den Rückschluß erlauben würde, daß die Staaten das betreffende Recht auch in der Praxis anerkennen[447].

Continental-Shelf Fall, ICJ Reports 1969, 3, 38, 39, Ziff. 63 sowie Cassese, 58 ff.; Mendelson, 294 ff.; Meron, Human Rights, 90 ff., jeweils m.w.N.

443 Hierzu Cassese, 60 ff.; Mendelson, 305 ff.

444 HRC, General Comment 24, Ziff. 8: "Reservations that offend peremptory norms would not be compatible with the object and purpose of the Covenant. Although treaties that are mere exchanges of obligations between States allow them to reserve *inter se* applications of rules of general international law, it is otherwise in human rights treaties, which are for the benefits of persons within their jurisdiction. Accordingly, provisions in the Covenant that represent customary international law (and *a fortiori* when they have the character of peremptory norms) may not be the subject of reservations." Siehe auch Meron, Human Rights, 10 ff., 24, dem zufolge der Umkehrschluß vom Fehlen einer Vorbehaltsverbotsklausel auf den fehlenden Status einer Norm als Völkergewohnheitsrecht unzulässig sei, es vielmehr einer Untersuchung der konkreten Rechtslage unter Berücksichtigung sämtlicher relevanter Faktoren bedürfe.

445 Diese Umstände sind auch Indizien für den zwingenden Charakter einer Norm (s.u. 2.1.b).

446 Zutreffend Schachter, 336. Zur Rechtsnatur von Resolutionen der Organe internationaler Organisationen, insbesondere der Generalversammlung (s.o. Anm. 233.).

447 Siehe zum Beitrag dieser Resolutionen am Entstehen einer Norm des Völkergewohnheitsrechts Mendelson, 360 ff. m.w.N. zum Meinungsstand, der zurecht darauf hinweist, daß auch

Ein weiteres Indiz für den gewohnheitsrechtlichen Status eines Rechts ist seine Wirkung erga omnes[448]. Die Verpflichtung erga omnes bedeutet, daß die Pflicht zur Beachtung einer Norm gegenüber der gesamten internationalen Gemeinschaft besteht. Jedem Staat kommt somit im Falle der Verletzung der Verpflichtung unabhängig davon, ob er selbst in seinen Rechten verletzt ist, die Befugnis zu, die Beachtung der Verpflichtung einzufordern[449]. Aus der Natur der Verpflichtung erga omnes ergibt sich, trotz des insoweit mißverständlichen Dictums des IGH im Barcelona Traction Fall[450], daß es sich bei den zu beachtenden Normen nur um solche des Völkergewohnheitsrechts handeln kann.

4.2.1.2. Anerkennung als fundamentale Norm durch die internationale Gemeinschaft

Die Norm muß von der internationalen Gemeinschaft in ihrer Gesamtheit als fundamentale Norm anerkannt werden. Hierzu hat die weitaus überwiegende Zahl der Staaten durch ein entsprechendes Verhalten oder Erklärungen erkennen zu geben, daß sie die Norm als fundamental anerkennen. Die Staatenpraxis muß also von einer opinio juris congentis, d.h. der rechtlichen Anerkennung des zwingenden Charakters der betreffenden Norm, getragen sein[451]. In der Norm müssen grundlegende Werte zum Ausdruck kommen, die nach dem Willen der Rechtssubjekte die Rechtsordnung des Völkerrechts derart kennzeichnen, daß sie der Disposition der einzelnen Rechtssubjekte entzogen sind[452]. Menschenrechte und Normen des humanitären Völkerrechts, deren Beachtung als unabdingbarer Mindestbestand einer internationalen Rechtsgemeinschaft angesehen wird, sind in besonderem Maße geeignet, als zwingende Normen des

---

einstimmig angenommene Resolutionen fundamentalen Inhalts nicht unter Verzicht auf jeglichen Bezug zur Staatenpraxis aus sich heraus Völkergewohnheitsrecht erzeugen können.

448 Hoffmeister, 215; Meron, Human Rights, 31, 81 ff.

449 Siehe zur Verpflichtung Erga Omnes Annacker, Claudia, The Legal Regime of Erga Omnes Obligations in International Law, in: AJPIL 46 (1994), 131-166; Byers, 230 ff.; Frowein, Erga Omnes, 241 ff.; De Hoogh, 53 ff.

450 Wegen der darin getroffenen Unterscheidung zwischen Völkergewohnheitsrecht und Verträgen als Geltungsgrund der Erga Omnes Wirkung. Barcelona Traction, Light and Power Company Limited, Judgement, ICJ Reports 1970, 3, 32, Ziff. 33, 34. Siehe hierzu Hoffmeister, 216.

451 Byers, 226 ff.; Hannikainen, 237; De Hoogh, 45; Kadelbach, Zwingendes Völkerrecht, 200.

452 Grundlegend Mosler, 19, 20. Siehe auch die Definition des Jus Cogens durch das Bundesverfassungsgericht in BVerfGE 18, 441, 449: „Rechtssätze, die, für den Bestand des Völkerrechts unerläßlich, in der Rechtsüberzeugung der Staatengemeinschaft fest verwurzelt sind und deren Beachtung alle Mitglieder der Staatengemeinschaft verlangen können."

Völkerrechts anerkannt zu werden[453]. Als Beleg für die Anerkennung der Norm als zwingendes Völkerrecht kann ihre qualifizierte Nennung in einer Vielzahl von Quellen, vor allem im Völkervertragsrecht, herangezogen werden[454]. Dies gilt insbesondere für solche Normen, deren hervorgehobene Stellung in der Präambel oder den Bestimmungen mehrerer Konventionen betont wird, soweit diese Konventionen darüber hinaus von einer großen Mehrheit der Staaten ratifiziert worden sind[455].

Die fundamentale Natur der Norm kommt vor allem dadurch zum Ausdruck, daß es sich um eine Norm handelt, von der kein Abweichen erlaubt ist[456]. Das Verbot des Abweichens findet sich als ausdrückliches Verbot der Derogation in den verschiedenen Menschenrechtskonventionen[457]. Besteht ein Derogationsverbot, so ist auch ein Vorbehalt zu der betreffenden Norm unzulässig[458]. Ein Verbot des Abweichens liegt auch dann vor, wenn die Verletzung des fraglichen Menschenrechts als Verbrechen klassifiziert wird[459]. Das Verhältnis des vom ILC im Rahmen der Kodifikationsarbeiten zum Recht der Staatenverantwortlichkeit entwickelten, nicht unumstrittenen Konzepts des internationalen Verbrechens[460] zu den Normen des Jus Cogens ist zwar noch nicht abschließend

---

453 Blanke, 259 ff.; van Boven, 43; De Hoogh, 45 ff.; Hannikainen, 282. Kadelbach, Zwingendes Völkerrecht, 128, weist darauf hin, daß es sich bei den Rechtssätzen, die am häufigsten mit Jus Cogens in Verbindung gebracht werden, wie dem Grundsatz der Souveränität, dem Gewaltverbot, dem Selbstbestimmungsrecht, dem humanitären Völkerrecht und den Menschenrechten um Rechtssätze handelt, die den Bestand von Subjekten garantieren sollen, die im Völkerrecht Träger von Rechten sein können, nämlich von Staaten, Völkern oder ethnischen Gruppen und Individuen.

454 Kadelbach, Zwingendes Völkerrecht, 209.

455 Bassiouni, 70.

456 Das Fehlen eines Derogationsverbots berechtigt jedoch nicht zu dem Umkehrschluß, daß das fragliche Recht nicht zwingend ist. Siehe Meron, Hierarchy, 14 sowie zur Unterscheidung zwischen fundamentalen Menschenrechten ("basic rights") und Jus Cogens Rechten ebd., 6 ff. (siehe hierzu auch oben 3.4.2.1. bb).

457 Derogationsverbote finden sich in Artikel 4 Absatz 2 IPBPR; Artikel 2 Absatz 2 der Folterkonvention; Artikel 15 Artikel 2 EMRK und in Artikel 27 Absatz 2 AfrCHPR. Das Bestehen eines Derogationsverbots ist aber lediglich ein Indiz für die zwingende Natur eines Rechts. So kommt einigen Rechten trotz eines in der betreffenden Konvention für diese Rechte bestehenden Verbots der Abweichung (z.B. Artikel 11 IPBPR, Artikel 23 AMRK) nach allgemeiner Auffassung nicht der Status von Normen des zwingenden Völkerrechts zu. Siehe hierzu Meron, Hierarchy, 16.

458 Siehe HRC, General Comment 24, Ziff. 8 (s.o. Anm. 444).

459 van Boven, 47.

460 Artikel 19 Absatz 2: "An internationally wrongful act which results from the breach by a State of an international obligation so essential for the protection of fundamental interests of the international community that its breach is recognized as a crime by the community as a whole constitutes an international crime", in: 37 I.L.M. 440 (1998), 447, 448. Siehe hierzu

geklärt[461]. Es spricht aber vieles dafür, daß die Normen, deren Verletzung ein internationales Verbrechen im Sinne des ILC Entwurfs darstellt, solche des zwingenden Völkerrechts sind[462]. Ferner wird einer Reihe internationaler Verbrechen, die eine individuelle völkerstrafrechtliche Verantwortlichkeit begründen, gemeinhin der Status von Jus Cogens zuerkannt[463]. Zur Feststellung der zwingenden Natur dieser Verbrechen bzw. der durch diese sanktionierten Verbotstatbestände lassen sich die folgenden Indizien heranziehen: die Verpflichtung der Staaten, die der Tat verdächtigen Personen auszuliefern oder anzuklagen; die fehlende Geltung der Verjährung; die Nichtanwendbarkeit der Grundsätze der Immunität für Staatsoberhäupter; die Nichtanwendbarkeit des Rechtfertigungsgrunds des Handelns auf Befehl; die universellen Anwendbarkeit der Verpflichtung in Kriegs- und Friedenszeiten; die fehlende Derogationsmöglichkeit, vor allem unter Berufung auf einen Notstand; das Vorliegen der universellen Zuständigkeit zur strafrechtlichen Verfolgung der Täter und der korrespondierenden Pflicht, den Tätern keine Freiheit vor der Strafverfolgung zu gewähren[464].

Das Vorliegen einer Verpflichtung erga omnes bedeutet hingegen nicht zugleich, daß die Norm zwingender Natur ist[465]. Vielmehr kann nur dann auf ihre zwingende Natur geschlossen werden, wenn eine Mehrheit von Staaten durch ihre Praxis, von anderen Staaten die Einhaltung der betreffenden Norm zu verlangen, zum Ausdruck bringt, daß eine Abweichung von der Norm als unter keinen Umständen zulässig erachtet wird. Wird das Interesse, das die internationale Gemeinschaft an der Beachtung einer Norm hat, durch ein Befassen mit der Normverletzung in den maßgeblichen internationalen Foren, insbesondere durch die Vereinten Nationen, bekräftigt, so wird danach die erga omnes Wirkung

---

den 6., 7. und 8. Bericht des Sonderberichterstatters Gaetano Arangio-Ruiz zur Staatenverantwortlichkeit, in denen dieser sich ausführlich mit dem Konzept des internationalen Verbrechens im Sinne des Artikel 19 des Entwurfs auseinandergesetzt hat, A/CN.4/461, 19. April 1994; A/CN.4/469, 9. Mai 1995 und A/CN.4/476, 14. Mai 1996.

461 Siehe dazu die abschließende Bemerkungen des Sonderberichterstatters zur Staatenverantwortlichkeit James Crawford, in: Report of the ILC on the Work of its fiftieth session, 20. April-12. Juni, 27. Juli-14. August 1998, UN Dok. A/53/10, Ziff. 327. Zu Artikel 19 auch De Hoogh, 56 ff.

462 Frowein, Jus Cogens, 67.

463 Bassiouni, 68, führt in diesem Zusammenhang die Tatbestände der Aggression, des Völkermords, der Verbrechen gegen die Menschlichkeit, der Kriegsverbrechen, der Piraterie, der Sklaverei und der Folter auf.

464 Ebd., 63, 65 ff.

465 Byers, 237; Meron, Hierarchy, 11. Zum Verhältnis der Verpflichtung Erga Omnes zu den Jus Cogens Normen Bassiouni, 72 ff.; Ragazzi, 189 ff. De Hoogh, 53, weist zurecht darauf hin, daß die erga omnes Wirkung eine Folge und nicht der Grund dafür ist, daß einem Recht zwingender Charakter zukommt.

einer Norm zumindest in denjenigen Fällen als Indiz für ihren zwingenden Charakter herangezogen werden können, in denen sich aus den Reaktionen der Schluß ziehen läßt, daß ihr von der Mehrheit der Staaten ein fundamentaler Status zuerkannt wird. In Hinblick auf internationale Verbrechen gilt dies vor allem dann, wenn sich eine größere Zahl von strafrechtlichen Ermittlungen und Verfolgungen auf nationaler und internationaler Ebene, die in der fundamentalen Natur des Verbrechens begründet sind, nachweisen lassen[466].

Die zwingende Natur einer Norm des Völkerrechts kann mithin nur dann angenommen werden, wenn die Norm ihrem Inhalt nach von der internationalen Gemeinschaft als derart fundamental angesehen wird, daß ein Abweichen von dieser Norm verboten ist. Zu dieser Feststellung ist neben der Geltung der Norm im Völkerrecht, insbesondere im Völkergewohnheitsrecht, der Nachweis einer entsprechenden Rechtsüberzeugung der Staaten erforderlich, daß die Norm ihrer Natur nach zwingend sein soll, wozu die aufgeführten Indizien heranzuziehen sind[467].

4.2.2. Die einzelnen zwingenden Rechte

4.2.2.1. Das Verbot des Völkermords

4.2.2.1.1. Das Verbot des Völkermords als zwingendes Völkerrecht

Das Verbot des Völkermords ist in der Konvention über die Verhütung und Bestrafung des Völkermords kodifiziert worden, die auf die einstimmig verabschiedete Resolution 96 (1) der Generalversammlung vom 11. Dezember 1946 zurückgeht[468]. Der gewohnheitsrechtliche Charakter des Verbots des Völkermords ist in der Rechtsprechung des IGH[469] und anderer Gerichte[470]

---

466 Bassiouni, 68, 70. Siehe zur Verantwortlichkeit für Menschenrechtsverletzungen Ratzner, Steven R./Abrams, Jason S., Accountability for Human Rights Atrocities in International Law, 2. Auflage, Oxford, 2001.

467 Siehe auch Kadelbach, Zwingendes Völkerrecht, 208.

468 Konvention über die Verhütung und Bestrafung des Völkermordes vom 9. Dezember 1948; BGBl. 1954 II, 730. Zur geschichtlichen Entwicklung des Verbots des Völkermords Schabas, 3 ff.

469 Reservations to the Convention on the Prevention and Punishment of the Crime of Genocide, Advisory Opinion, ICJ Reports 1951, 15, 23. Siehe auch den Barcelona Traction Fall, ICJ Reports 1970,4, 32.

anerkannt und in der völkerrechtlichen Literatur unbestritten[471]. Die fundamentale Natur des Verbots des Völkermords ist von einer Vielzahl von Staatenvertretern wiederholt betont worden[472]. Im Völkerstrafrecht finden sich Anklänge an das Verbot des Völkermordes bereits in Artikel 6 c der Charta des Nürnberger Militärgerichtshofs, in dem es unter dem Tatbestand des Verbrechens gegen die Menschlichkeit aufgeführt wird[473]. Der Völkermord ist nach Artikel 4 des Jugoslawien-Statuts[474], Artikel 2 des Ruanda-Statuts[475] und Artikel 5 Absatz 1 a) des Rom-Statuts zur Errichtung eines Internationalen Strafgerichtshofs (IStGH-Statut)[476] strafbar. Gemäß Artikel 19 III, 3 c des ILC Entwurfs zur Staatenverantwortlichkeit ist das Begehen eines Völkermords ein internationales Verbrechen[477]. Die Regelungen der Völkermordkonvention, die zwar ihren Geltungsgrund im Völkervertragsrecht haben, aber gleichwohl vom Inhalt her auch für das gewohnheitsrechtliche Verbot des Völkermords indikativ sind, können ebenfalls zur Begründung der zwingenden Natur des Verbots herangezogen werden. Als Besonderheiten sind insofern die in Artikel 4 der Konvention vorgesehene Möglichkeit der Strafbarkeit von noch im Amt befindlichen Verantwortlichen, die in Artikel 8 der Konvention vorgesehene Zuständigkeit der Organe der Vereinten Nationen zur Verhütung und Unterdrückung des Völkermords sowie die eingeschränkte Zulässigkeit von Vorbehalten[478] zu nennen. Zwar haben die Vereinten Nationen auf viele Fälle von Völkermord nur unzureichend reagiert, so zum Beispiel 1994 auf den Völkermord in Ruanda, die besondere Verantwortung der Vereinten Nationen zur Verhütung des Völkermords hat aber auch in der Praxis der Vereinten Nationen Anerkennung

---

470 Prosecutor v. Akayesu (Case No. ICTR-96-4-T), Judgement, 2. September 1998, Ziff. 495; Prosecutor v. Jelisic (IT-95-10), Judgement, 14. Dezember 1999, Ziff. 60.

471 Hoffmeister, 217; Kadelbach, Zwingendes Völkerrecht, 275; Meron, Human Rights, 95 ff. Ebenso der Generalsekretär, in: S/25704 (s.o. Anm. 205), Ziff. 45.

472 Siehe die Nachweise bei Kadelbach, Zwingendes Völkerrecht, 276.

473 Agreement for the Prosecution and Punishment of the Major War Criminals of the European Axis, Annex: Charter of the International Military Tribunal, 8. August 1945, London Charter, 82 UNTS 279, 284, Article 6 (c).

474 S.o. Anm. 205.

475 S.o. ebd.

476 United Nations Diplomatic Conference of Plenipotentiaries on the Establishment of an International Criminal Court, Rome Statute of the International Criminal Court, UN Dok. A/CONF.183/9, 17. Juli 1998.

477 Artikel 19 Absatz 3: " ... an international crime may result, *inter alia,* from c) a serious breach on a widespread scale of an international obligation of essential importance for safeguarding the human being, such as those prohibiting slavery, genocide and apartheid", in: 37 I.L.M. 440, 447, 448.

478 Siehe die Entscheidung des IGH im Völkermordfall ICJ Reports 1951, 15, 23.

gefunden[479]. Eine Vielzahl von Stellungnahmen des IGH bzw. seiner Richter lassen den Schluß zu, daß der IGH dem Verbot des Völkermords zwingenden Charakter zuerkennt[480]. Das Verbot des Völkermords kann als eine der wenigen Normen gelten, deren Geltung als zwingendes Völkerrechts außer Frage steht[481].

4.2.2.1.2. Der Tatbestand des Verbots des Völkermords

Der auf Raphael Lemkin[482] zurückgehende Begriff des Genozids hat in Artikel 2 der Völkermordkonvention seine autoritative Ausprägung erfahren, auf die auch bei der Definition des Völkermords in den Statuten des Jugoslawien- und Ruanda-Tribunals sowie des Internationalen Strafgerichtshofs zurückgegriffen worden ist[483]. Danach begeht einen Völkermord, wer, in der Absicht, eine nationale, ethnische, rassische oder religiöse Gruppe als solche ganz oder teilweise zu zerstören, a) Mitglieder der Gruppe tötet oder b) schweren körperlichen oder seelischen Schaden an Mitgliedern der Gruppe verursacht, c) der Gruppe vorsätzlich Lebensbedingungen auferlegt, die geeignet sind, ihre körperliche Zerstörung ganz oder teilweise herbeizuführen[484], d) Maßnahmen verhängt, die auf die Geburtenverhinderung innerhalb der Gruppe gerichtet sind, oder e) gewaltsam Kinder dieser Gruppe in eine andere Gruppe überführt.

---

[479] Zur Reaktion der Vereinten Nationen auf Fälle von Völkermorden Kadelbach, Zwingendes Völkerrecht, 276; Kuper, Leo, International Action Against Genocide, Minority Rights Group, Report No.53, London, 1984 und Schabas, 453 ff.

[480] Die fundamentale Natur des Völkermordverbots wurde bereits im Völkermordfall des IGH betont, ICJ Reports 1951, 15, 23. Siehe auch Richter Lauterpacht, S.O., im Bosnien Fall, ICJ Reports 1993, 325, 440, Ziff. 100; Richter Weeramanty, S.O, Application of the Convention on the Prevention and Punishment of the Crime of Genocide, Preliminary Objections, Judgement, ICJ Reports 1996, 640, 652, Ziff. 10; Richter ad hoc Kréca, D.O., ebd., 658, 783, Ziff. 112. Auch das Ruanda Tribunal hat dem Völkermordverbot zwingenden Charakter zuerkannt, Prosecutor v. Kayishema and Ruzindana (Case No. ICTR-95-1-T), Judgement, 21. Mai 1999, Ziff. 88.

[481] Bassiouni, 68; Brownlie, PIL, 515; Hannikainen, 462 ff.; Kadelbach, Zwingendes Völkerrecht, 276, m.w.N; Meron, Hierarchy, 15; Ragazzi, 94; Schabas, 444, 445 und Restatement, § 702, (n).

[482] Lemkin, Raphael, Axis Rule in Occupied Europe, Laws of Occupation, Analysis of Government, Proposals for Redress, Washington Carnegie Endowment for World Peace, 1944.

[483] Siehe Artikel 4 des Statuts des Jugoslawien-Tribunals, Artikel 2 des Ruanda-Statuts, sowie Artikel 6 des IstGH-Statuts.

[484] In der englischsprachigen Fassung kommt das Merkmal des Vorsatzes besser zum Ausdruck: Article 2 c) "Deliberately inflicting on the group conditions of life calculated to bring about its physical destruction in whole or in part."

Ihrer Natur nach könnten Wirtschaftssanktionen den Tatbestand des Artikel 2 a), b) und c) erfüllen. Den objektiven Tatbestand des Artikel 2 a) und b) verwirklicht, wer durch ein Handeln oder Unterlassen den darin beschriebenen Erfolg bewirkt, wozu bereits die Tötung bzw. schwere körperliche oder seelische Verletzung eines Mitglieds der geschützten Gruppe[485] bei Vorliegen des entsprechenden Vorsatzes ausreichen kann[486]. Der subjektive Tatbestand setzt das Wissen um die tatsächlichen Umstände sowie Vorsatz voraus[487]. Der Vorsatz erfordert dabei Absicht in Form des dolus specialis[488]. Das Vorliegen eines solchen Vorsatzes läßt sich in vielen Fällen nur schwer nachweisen. Der dahingehende Beweis kann der Rechtsprechung des Ruanda-Tribunals zufolge auch aus Indizien gefolgert werden, wozu die Größenordnung der begangenen Tathandlungen und Hinweise, die den Schluß auf den Haß auf eine von Artikel 2 geschützte Gruppe und den Wunsch nach deren Zerstörung zulassen, herangezogen werden können[489]. Artikel 2 c) der Völkermordkonvention setzt keinen Erfolg voraus. Vielmehr verwirklicht bereits das Auferlegen von Lebensbedingungen, die geeignet sind, zur Zerstörung der geschützten Gruppe zu führen, den objektiven Tatbestand. Als Tathandlung kommt insbesondere das systematische Vorenthalten von elementaren Gütern gegenüber der geschützten Gruppe in Betracht[490]. Das Auferlegen solcher Lebensbedingungen muß als Mittel zum Zweck erfolgen, also gezielt als Methode eingesetzt werden, um die beabsichtigte Zerstörung der geschützten Gruppe zu erreichen. Der subjektive Tatbestand des Artikel 2 c) verlangt daher das Vorliegen eines spezifischen Vorsatzes[491].

---

[485] Siehe Schabas, 102 ff. zu den durch Artikel 2 geschützten Gruppen.

[486] Ebd., 154 ff., m.w.N.

[487] Siehe Artikel 30 des IStGH-Statuts. Hierzu Schabas, 206 ff., dessen Auffassung nach Völkermord als systematisch begangenes Verbrechen das Vorliegen eines Plans erfordert. Auch wenn ein solcher Plan zur Begehung eines systematischen Völkermords in der Regel vorhanden sein wird, so ist nicht ersichtlich, warum Handlungen, die nicht auf der Grundlage eines Plans vorgenommen werden, nicht den Tatbestand des Völkermords verwirklichen können, soweit eine entsprechende Absicht nachzuweisen ist.

[488] Prosecutor v. Akayesu (s.o. Anm. 470), Ziff. 498, 517; Prosecutor v. Jelisic (s.o. Anm. 470), Ziff. 79. Siehe hierzu E/CN.4/Sub.2/1985/6, 2. Juli 1985, Revised and updated report on the question of the prevention and punishment of the crime of genocide prepared by Mr. B. Whitaker, Ziff. 38 ff. Hierzu auch Schabas, 214 ff.

[489] Prosecutor v.Akayesu (s.o. Anm. 470), Ziff. 478, 523. Der Nachweis aufgrund von Indizien wird auch von Whitaker in Erwägung gezogen, E/CN.4/Sub.2/1985/6, Ziff. 39.

[490] Prosecutor v. Kayishema and Ruzindana (s.o. Anm. 480), Ziff. 116: "...conditions of life envisaged include ... starving a group of people, reducing required medical services below a minimum, and withholding sufficient living accommodation for a reasonable period, provided the above would lead to the destruction of the group in whole or in part." Siehe auch eine ähnliche Umschreibung in Prosecutor v. Akayesu (s.o. Anm. 470), Ziff. 506. Zum objektiven Tatbestand des Artikel 2 c) Schabas, 165 ff. m.w.N.

[491] Hierzu ebd., 167 ff., 243 m.w.N.

4.2.2.1.3. Die Pflichten des Sicherheitsrats aus dem Verbot des Völkermords

Der Sicherheitsrat hat aus dem Verbot des Völkermords die Pflicht, Wirtschaftssanktionen nicht als Mittel zur Begehung eines Völkermords einzusetzen. Er darf Sanktionsmaßnahmen nicht in der Absicht einsetzen, den Tod oder schwere körperliche oder seelische Verletzungen von Mitgliedern einer geschützten Gruppe herbeizuführen. Ferner darf der Sicherheitsrat Wirtschaftssanktionen nicht als Mittel verwenden, um durch ihren Einsatz Lebensbedingungen zu schaffen, die auf die Zerstörung der geschützten Gruppe abzielen. Der Sicherheitsrat darf daher Sanktionen nicht vorsätzlich derart ausgestalten und durchführen, daß der im Tatbestand des Völkermords beschriebene Erfolg eintritt.

4.2.2.2. Das Recht auf Leben

4.2.2.2.1. Das Recht auf Leben als zwingendes Völkerrecht

Der Schutz des Rechts auf Leben findet sich als Verbot der willkürlichen Tötung bereits im Fremdenrecht und als unentbehrlicher Bestandteil des Minderheitenschutzes im Rahmen des Völkerbundes[492]. Das Recht auf Leben ist in Artikel 3 der Allgemeinen Erklärung der Menschenrechte[493] sowie in Artikel 6 des IPBPR geschützt. Auch die regionalen Menschenrechtskonventionen enthalten Bestimmungen, die das Recht auf Leben normieren[494]. Eine Vielzahl von Verfassungen garantieren das Recht auf Leben[495]. Das Recht auf Leben als Verbot der willkürlichen Tötung wird überwiegend als Norm des Völkergewohnheitsrechts anerkannt[496]. Das Recht auf Leben gehört nicht nur nach Artikel 4 des IPBPR, sondern auch gemäß Artikel 15 Absatz 2 der EMRK, Artikel 27 Absatz 2 der AMRK und dem gemeinsamen Artikel 3 der Genfer Konventionen[497] zu den nicht-derogierbaren Rechten. Das Verbot der willkürlichen Tötung ist außerdem

---

492 van Boven, 44.

493 Zur Frage, inwieweit die AEMR den Status von Völkergewohnheitsrecht hat Hannum, 287 ff.

494 Artikel 2 EMRK; Artikel 4 AMRK; Artikel 4 AfrCHPR.

495 Siehe die Studie zum Schutz des Rechts auf Leben in nationalen Verfassungen von Desch, 79 ff.

496 van Boven, 44; Hannikainen, 517; Hannum, 343, Fn. 229 m.w.N.; Hoffmeister, 217. Restatement, 702 c, Comment f), zufolge ist lediglich das Verbot der widerrechtlichen Tötung Völkergewohnheitsrecht.

497 Siehe hierzu die Ausführungen des IGH im Nicaragua Fall, ICJ Reports, 1986, 114, Ziff. 20.

im Völkerstrafrecht normiert[498]. Zwar sind zurecht Zweifel daran geäußert worden, ob angesichts des Fehlens einer entsprechenden vertraglichen Anerkennung seitens einer Vielzahl von afrikanischen und asiatischen Staaten die fundamentale Natur des Rechts auf Leben als allgemein anerkannt gelten kann[499]. Aus dem Fehlen eines vertraglichen Derogationsverbots[500] den Umkehrschluß auf die fehlende Anerkennung des zwingenden Charakters des Rechts auf Leben zu schließen, scheint angesichts zahlreicher Deklarationen, die dieses Recht ausdrücklich anerkennen[501] und dessen gerade auch in den Verfassungen afrikanischer und asiatischer Länder verbürgten Schutzes[502] nicht angebracht. Das Recht auf Leben als Verbot der willkürlichen Tötung ist daher als zwingende Norm des Völkerrechts anzusehen[503].

4.2.2.2.2. Der Tatbestand des Rechts auf Leben

a) Das Verbot der willkürlichen Tötung

Das Recht auf Leben schützt das Individuum als Rechtsträger vor willkürlicher Tötung. Der Begriff „willkürlich", der weder in der AEMR noch in dem IPBPR

---

[498] Bassiouni, 68. Mord und Vernichtung werden dabei als Verbrechen gegen die Menschlichkeit qualifiziert. Siehe Artikel 6 b und c des Statuts des Nürnberger Kriegsverbrechertribunals; Artikel 5 a) und b) des Jugoslawien-Statuts; Artikel 3 a) und b) des Ruanda-Statuts sowie Artikel 7, 1 a) des IstGH-Statuts.

[499] Kadelbach, Zwingendes Völkerrecht, 290.

[500] Die AfrCHPR enthält keine Derogationsklausel, in den asiatischen Ländern besteht kein regionaler vertraglicher Schutz des Rechts auf Leben.

[501] Siehe etwa Artikel 2 der Cairo Declaration on Human Rights in Islam, Resolution No.49/19- P, The Nineteenth Islamic Conference of Foreign Ministers (Session of Peace, Interdependence and Development), held in Cairo, Arab Republic of Egypt, from 9-14 Muharram 1411 H (31 July to 5 August 1990) und Artikel 7 Kuala-Lumpur Declaration on Human Rights by AIPO, (ASEAN), abgedruckt in: GJICL 25 (1995/96), 142 ff.

[502] Siehe Desch, 80 ff.

[503] Ebenso HRC, General Comment 24, Ziff. 10; Blanke, 261; van Boven, 44; Breining-Kaufmann, 94; Crawshaw, Ralph, International Standards on the Right to Life and the Use of Force by Police, in: The International Journal of Human Rights 3 (1999) 4, 67-91, 67; Hannikainen, 517; Ramcharan, 327; Reckelbach, 186. Siehe auch Richter Weeramantry, D.O., in den Bosnien Fällen ICJ Reports 1993, 429, 506; ICJ Reports 640, 652, Ziff. 10. Einschränkend Kadelbach, Zwingendes Völkerrecht, 290, dem zufolge die Jus Cogens Qualität des individuellen Rechts auf Leben außerhalb bewaffneter Konflikte nur auf europäischer und amerikanischer Ebene als sicher angenommen werden kann und Restatement, §702, Comment n, wonach lediglich das Verbot des staatlichen Mordes und des Verschwindenlassens zwingender Natur ist.

definiert worden ist[504], wurde schon während der Vorarbeiten zum IPBPR ausführlich debattiert, blieb aber letztendlich unbestimmt[505]. Der restriktiven Auslegung zufolge gewährt das Recht auf Leben lediglich Schutz vor gezielter staatlicher Tötung. Das Verbot der willkürlichen Tötung bezieht sich danach nur auf solche Fälle, in denen die Tötung eines Menschen nicht in Übereinstimmung mit dem geltenden Recht erfolgt, also rechtswidrig ist[506]. Nach der weiten Auslegung des Begriffs ist eine staatliche Tötung dann willkürlich, wenn sie entweder rechtswidrig ist oder nicht dem Gebot der Gerechtigkeit entspricht[507].

Der Ausschuß für Menschenrechte hat den Begriff der willkürlichen Tötung wiederholt weit ausgelegt und eine Verletzung des Rechts auf Leben auch in denjenigen Fällen angenommen, in denen eine Tötung zwar nach dem Recht des betreffenden Staates rechtmäßig war, dieses Recht aber nicht mit elementaren Geboten der Gerechtigkeit vereinbar war[508]. Für eine weite Auslegung ist zum einen der Wortlaut des Artikel 6 IPBPR anzuführen. Dieser enthält keine ausdrückliche Beschränkung auf diejenigen Fälle, in denen die Tötung nicht in Übereinstimmung mit dem nationalen Recht erfolgt. Das Merkmal der willkürlichen Tötung reicht demzufolge über das Verbot der rechtswidrigen Tötung hinaus[509]. Zum anderen gebietet das Recht auf Leben ein Höchstmaß an Schutz[510]. Eine restriktive Auslegung des Begriffs der willkürlichen Tötung würde einen derartigen Schutz nicht gewähren, da die in Frage stehende Tötung allein nach dem jeweiligen positiven Recht zu beurteilen wäre, ungeachtet dessen, ob dieses zumindest elementaren Geboten der Gerechtigkeit entspricht[511]. Das Merkmal

---

504 In den regionalen Menschenrechtskonventionen hat der Begriff „willkürlich" entweder keine Verwendung gefunden (Artikel 2 EMRK) oder ist darin gleichfalls nicht definiert worden (Artikel 4 AMRK, Artikel 4 AfrCHPR).

505 Siehe Bossuyt, Guide, 122, 123. Dazu ausführlich auch Boyle, 225 ff. und Ramcharan, 316.

506 Siehe Dinstein, 115, der die Auffassung vertritt, daß sich die staatliche Schutzpflicht auf den Erlaß strafrechtlicher Verbotsnormen zum Schutz des Lebens beschränkt.

507 Zur Auslegung des Begriffs der willkürlichen Tötung Boyle, 234 ff.; Desch, 104 ff.; Hassan, 228; Nowak, Artikel 6, Rn.12 ff.; Ramcharan, 316. Zu den Vorarbeiten Bossuyt, Guide, 122 ff.

508 Hierzu Boyle, 236 ff.

509 Zur Unterschied der Begriffe "illegally" und "arbitrarily" Desch, 106, Fn. 109 m.w.N.

510 Zur Auslegung des Begriffs der Willkür im Lichte des Ziel und Zwecks des Vertrags Gowlland-Debbas, Right to Life, 326.

511 Boyle, 239; Hassan, 254, 255; Lillich, Richard B., Civil Rights, in: Meron, Theodor (Hrsg.), Human Rights in International Law: Legal and Policy Issues, Vol.1, Oxford, 1984, 122; Ramcharan, 316. Nowak, Artikel 6, Rn.15, weist auf den Fall Suárez de Guerro hin, der von kolumbianischen Streitkräften getötet worden war und in dem der Ausschuß für Menschenrechte das Gesetz, auf das sich Kolumbien zur Rechtfertigung berief, als mit dem Recht auf Leben unvereinbar befand.

der willkürlichen Tötung wurde überdies von den Verfassern der AEMR und des IPBPR mit dem erkennbaren Willen eingefügt, das Ermessen der Staaten zu begrenzen[512]. Im Ergebnis ist eine Tötung daher dann willkürlich, wenn sie dem Verpflichteten zuzurechnen ist und entweder nicht vom Recht gedeckt ist oder gegen elementare Gebote der Gerechtigkeit verstößt. Der Tatbestand der willkürlichen Tötung umfaßt dabei nicht nur vorsätzliche Tötungshandlungen. Eine derartige Beschränkung des Schutzbereichs würde dem weiten Schutz, der das Recht auf Leben gebietet, nicht gerecht werden. Auch eine fahrlässige, in Verletzung der Sorgfaltspflicht durch ein Handeln oder Unterlassen erfolgte Tötung kann demnach das Merkmal der Willkür erfüllen[513].

b) Die Schutzpflicht zum Ergreifen von positiven Maßnahmen

Aus dem Recht auf Leben kann sich auch eine Verpflichtung ergeben, positive Maßnahmen zum Schutz des Lebens zu ergreifen. Der restriktiven Lesart zufolge vermittelt das Recht auf Leben lediglich einen Schutz gegen aktive, willkürliche Tötungshandlungen, nicht jedoch ein Recht auf einen angemessenen Lebensstandard. Daher falle zwar das Aushungern oder das Vorenthalten von Nahrung in den Schutzbereich, das bloße Unterlassen von Maßnahmen zur Beendigung von Unterernährung und lebensgefährlichen Krankheiten stelle dagegen keine Verletzung des Rechts auf Leben dar[514]. Die Gegenauffassung legt dem Recht auf Leben ein weites Verständnis zugrunde. Aufgrund seiner fundamentalen Natur statuiere dieses Recht positive Schutzpflichten. Der Verpflichtete habe danach aktive Maßnahmen zu ergreifen, um bestehende Unterernährung, lebensgefährliche Krankheiten oder andere lebensgefährliche Situationen zu beseitigen[515]. Eine solche Auslegung scheint nicht nur der Ausschuß für Menschenrechte, wie sich aus seinem General Comment No.6 ergibt[516], sondern,

---

[512] Hasssan, 258.

[513] Gowlland-Debbas, Right to Life, 320; Nowak, Artikel 6, Rn.12. Dies gilt auch für Artikel 2 Absatz 2 EMRK, der erkennbar davon ausgeht, daß die Tötung in den aufgeführten Fällen, welches insbesondere für Absatz 2 b) gilt, auch unbeabsichtigt erfolgen kann. Hierzu Frowein, in: Frowein/Peukert, Artikel 2 Rn.1, 5, unter Hinweis auf das Urteil des Europäischen Gerichtshofs Mc Cann v.UK, GH 324, Ziff. 148. AA. Dinstein 115, dem zufolge nur Fälle der vorsätzlichen Tötung vom Verbot erfaßt sind.

[514] Ebd., 115, 116, m.w.N. Zustimmend Kadelbach, Zwingendes Völkerrecht, 290.

[515] Menghistu, H., The Satisfaction of Survival Requirements und Ramcharan, B.G., The Concept and Dimensions of the Right to Life, in: Ramcharan, B.G. (Hrsg.), The Right to Life in International Law, Dordrecht, 1985, 63-83, 64 bzw. 1-32, 6; Reckelbach, 185.

[516] HRC, General Comment 6, Ziff. 5: "Moreover, the Committee has noted that the right to life has been too often narrowly interpreted. The expression "inherent right to life" cannot properly be understood in a restrictive manner, and the protection of this right requires that States adopt positive measures. In this connection, the Committee considers that it would be desirable for States parties to take all possible measures to reduce infant mortality and to

zumindest in Ansätzen, auch die Europäische Menschenrechtskommission[517] und die Inter-Amerikanische Menschenrechtskommission[518] in ihrer Praxis zu favorisieren.

Der Wortlaut des Artikel 6 des Paktes, auf den hier zurückgegriffen wird, ist für die Auslegung unergiebig. Zwar heißt es in Artikel 6, Absatz 1, S.2, daß das Recht auf Leben gesetzlich zu schützen ist. Der Umfang der gesetzlichen Schutzpflicht ist dadurch jedoch nicht bestimmt. Eine systematische Auslegung scheint eine restriktive Lesart des Rechts auf Leben nahezulegen. Das Recht auf einen angemessenen Lebensstandard ist in Artikel 11 und 12 des IPWSKR geschützt. Das Recht auf Leben ist dagegen als politisches und bürgerliches Recht in erster Linie ein Abwehrrecht[519]. Allerdings besteht zwischen bürgerlichen und politischen Rechten auf der einen sowie wirtschaftlichen, sozialen und kulturellen Rechten auf der anderen Seite keine derartige Dichotomie in Form des Gegensatzes zwischen Abwehrrechten und Gewährleistungsrechten, daß nicht auch bürgerliche und politische Rechte Schutzpflichten des Staates auslösen können[520]. Auch Artikel 11 und 12 des IPWSKR begründen nicht zwingend den Umkehrschluß, daß die darin geschützten Rechte nicht zumindest in ihrem Kerngehalt auch durch das Recht auf Leben geschützt werden können. So soll insbesondere die in Artikel 11 des IPWSKR festgelegte Freiheit vor Hunger einen absoluten, zum Überleben notwendigen Mindeststandard gewährleisten, der für alle Staaten verbindlich ist[521].

Ein weites Verständnis des Rechts auf Leben läßt sich aber vor allem auf eine teleologische Auslegung stützen. Das Recht auf Leben soll als fundamentales

---

increase life expectancy, especially in adopting measures to eliminate malnutrition and epidemics." Allerdings ist von Nowak, Artikel 6, Fn. 18, zurecht darauf hingewiesen worden, daß der Ausschuß durch die Verwendung des Wortes "desirable" zu erkennen gegeben hat, daß das fehlende Ergreifen der erforderlichen Maßnahmen nicht zwangsläufig eine Verletzung des Rechts auf Leben bedeuten würde.

517 Zur Praxis der Kommission, vor allem in Hinblick auf die Versorgung von Gefangenen mit Lebensmitteln und Medikamenten Frowein, in: Frowein/Peukert, Artikel 2, Rn. 7. Harris/Boyle/Warbrick, 40, 41, weisen darauf hin, daß eine weite Auslegung des Rechts auf Leben einer dynamischen, an Sinn und Zweck der EMRK orientierten Auslegung gerecht werden würde und die Entwicklung unter dem IPBPR reflektiere.

518 Hierzu Ramcharan, 302 m.w.N.

519 Insoweit zutreffend Dinstein, 115.

520 Siehe in bezug auf das Recht auf Leben Harris/Boyle/Warbrick, 41. Als Beispiel, das Zweifel an der aufgezeigten Dichotomie aufkommen läßt, werden üblicherweise die Justizgewährleistungspflichten angeführt. So hat der Staat zur Verwirklichung des Rechts auf ein faires Verfahren positive Maßnahmen zu ergreifen. Hierauf weist zutreffend hin van Hoof, 103 ff.

521 Alston, 21; Breining-Kaufmann, 62 ff.; Craven, 307.

Recht ein elementares Rechtsgut des Menschen schützen[522]. Es beinhaltet zwar kein umfassendes Recht auf einen angemessenen Lebensstandard, sondern schützt seinem Zweck nach in erster Linie den Einzelnen vor gezielter, willkürlicher Tötung durch den Staat und nicht vor den bloßen Auswirkungen einer staatlichen Politik, die eine bestehende Unterernährung duldet oder nicht zur Senkung der Kindersterblichkeit führt. Das Unterlassen von Gegenmaßnahmen durch einen Staat würde sich aber in einer derartigen Situation zumindest dann als willkürlich darstellen, wenn diese Situation erst durch ein rechtswidriges bzw. nicht den Geboten der Gerechtigkeit entsprechendes Handeln staatlicher Organe herbeigeführt worden ist[523]. Darüber hinaus würde die völlige Untätigkeit eines Staates bzw. der Staatengemeinschaft in einer Notstandssituation, die zu dem Tod einer großen Zahl von Menschen führt oder führen könnte, trotz vorhandener Eingriffsmöglichkeiten willkürlich erscheinen. So besteht zumindest bei Hungersnöten und Epidemien eine Schutzpflicht des Staates bzw. der internationalen Gemeinschaft, im Rahmen der vorhandenen Kapazitäten die Überlebensbedingungen der Bevölkerung zu sichern[524]. Aus dem Recht auf Leben ergibt sich insoweit zumindest eine Pflicht zur Gewährung der zum Überleben notwendigen Ressourcen, d.h. Nahrungsmittel und Arzneimittel[525]. Eine gesteigerte Schutzpflicht besteht gegenüber Kindern gemäß Artikel 6 Absatz 2 der Kinderkonvention. Danach haben die Vertragsstaaten in größtmöglichen Umfang das Überleben und die Entwicklung des Kindes zu gewährleisten, womit eine positive Pflicht zum Ergreifen von Schutzmaßnahmen ungeachtet einer akuten Notlage statuiert wird[526].

4.2.2.2.3. Die Pflichten des Sicherheitsrats aus dem Recht auf Leben

Wirtschaftssanktionen führen nicht unmittelbar zum Tod der Betroffenen. Dieser ist vielmehr eine Folge der mitursächlich durch die Sanktionsmaßnahmen bedingten Verschlechterung der Lebensverhältnisse. Auch wenn diese Tötung vom Sicherheitsrat bzw. dessen Mitgliedern nicht beabsichtigt ist, so stellt sie doch eine vorhersehbare Folge dar, die kausal auf die Wirtschaftssanktionen

---

[522] Dem Menschenrechtsausschuß des IPBPR zufolge ist das Recht auf Leben "the supreme right from which no derogation is permitted ...", in: HRC, General Comment 6, Ziff. 5.

[523] Desch, 101.

[524] Ramcharan, 305 ff., 317. Ähnlich Herbst, 382.

[525] Breining-Kaufmann, 94. In Hinblick auf die in der EMRK statuierte Schutzpflicht kommt Frowein, in: Frowein/Peukert, Artikel 2, Rn.7, zu dem Schluß, daß die Rechtsordnung eine generelle Pflicht zur Hilfe in lebensgefährlichen Notlagen festlegen müsse.

[526] Siehe hierzu Hodgson, Douglas, The child's rights to life, survival and development, in: The International Journal of Children's Rights 2 (1994), 369-394; Detrick, 130 ff.; Dorsch, 127 ff.

zurückzuführen ist[527]. Hierbei knüpft die Verantwortlichkeit des Sicherheitsrats sowohl an ein Tun als auch an ein Unterlassen an. Das Ergreifen von Sanktionsmaßnahmen, insbesondere die Unterbrechung der Handelsbeziehungen, stellt ein aktives, gefahrbegründendes Tun dar. Dieses begründet die Pflicht, Gegenmaßnahmen zu ergreifen. Soweit diese nicht ergriffen werden, ist deshalb auf das Unterlassen abzustellen.
Da hier unterstellt wird, daß die Wirtschaftssanktionen gemäß Artikel 39 i.V.m. Artikel 41 der Charta auf einer gültigen Rechtsgrundlage beschlossen werden, der Eingriff selbst also nicht rechtswidrig ist, stellt sich die Frage, unter welchen Umständen die durch die Sanktionsmaßnahmen herbeigeführte Tötung als willkürlich zu qualifizieren ist. Hierzu bietet sich ein Rückgriff auf die elementaren Grundsätze, die im Bereich des internationalen Menschenrechtsschutzes zur Bestimmung des Begriffs der willkürlichen Tötung entwickelt worden sind, an[528]. Eine durch staatliches Handeln oder Unterlassen verursachte Tötung kann danach unter bestimmten Umständen gerechtfertigt sein und begründet in einem solchen Fall keine Verletzung des Rechts auf Leben. Hierbei gelten angesichts der Bedeutung des Schutzgutes strenge Kriterien der Verhältnismäßigkeit[529]. Diese Fallkonstellationen sind allerdings auf den Einsatz von Waffengewalt zugeschnitten. Es kommt daher allenfalls eine entsprechende Übertragung dieses Maßstabs auf Wirtschaftssanktionen in Betracht. Ein gleichermaßen strenger Verhältnismäßigkeitsmaßstab wird sich aber aufgrund der gegenüber dem Einsatz von Waffengewalt grundlegend verschiedenen Wirkungsweise von Wirtschaftssanktionen nicht anlegen lassen, da das Merkmal der Notwendigkeit nicht mit entsprechender Eindeutigkeit festgestellt werden kann. Zudem ist bei der Anwendung des Verhältnismäßigkeitsmaßstabs der dem Sicherheitsrat bei Maßnahmen nach Kapitel VII zustehende Ermessensspielraum zu berücksichtigen[530]. Allerdings läßt sich aus der Bedeutung des geschützten Rechtsguts des Lebens folgern, daß ein Eingriff in das Recht auf Leben nur

---

[527] Siehe 2. Kap., 3.2.1.

[528] Siehe Desch, 107 und Ramcharan, 316 ff., der eine umfangreiche Liste von Fallkonstellationen erstellt hat, in denen seiner Auffassung nach eine staatliche Tötung als willkürlich anzusehen ist. Hierzu auch Nowak, Artikel 6, Rn. 14, der bezüglich der Qualifikation einer Tötung als willkürlich zutreffend darauf hinweist, daß es vornehmlich auf die konkreten Umstände des Einzelfalls und die Angemessenheit der betreffenden Handlung ankomme.

[529] Desch, 107; Ramcharan, 319. Zur umstrittenen Frage, ob eine Tötung, die gemäß Artikel 2 Absatz 2 EMRK gerechtfertigt ist, trotzdem das Merkmal der Willkür erfüllen kann Nowak, Artikel 2, Rn. 14, m. w. N. Siehe auch den Maßstab, den die Europäische Menschenrechtskommission in ihrer Praxis angelegt hat: "In assessing whether the use of force is strictly proportionate, regard must be had to the nature of the aim pursued, the dangers to life and limb inherent in the situation and the degree of risk that the force employed might result in the loss of life." (Stewart v. UK, No. 10044/82, 39 Decisions and Reports of the European Commission of Human Rights, (1984), 162, 171, Ziff. 19).

[530] S.o. 3.4.2.2.4.

insoweit zulässig sein kann, als dieser geboten ist, um größeren Schaden für andere Menschenleben zu vermeiden[531]. Soweit diese Voraussetzung gegeben ist, der Sicherheitsrat also zur Rettung von Menschenleben tätig wird, kann die durch die zu diesem Zweck ergriffenen Wirtschaftssanktionen erfolgte Tötung nur in den Fällen der erkennbar fehlenden Verhältnismäßigkeit als willkürlich bezeichnet werden.

Darüber hinaus hat der Sicherheitsrat als Urheber der für das Leben der betroffenen Bevölkerung geschaffenen Gefahrenquelle der Wirtschaftssanktionen aus dem Recht auf Leben, insbesondere gegenüber Kindern, die Pflicht, Gegenmaßnahmen zu ergreifen, um einen wirksamen Schutz des Lebens vor den vorhersehbaren Auswirkungen der Sanktionsmaßnahmen zu gewährleisten. Diese Schutzpflicht beschränkt sich nicht auf die Genehmigung der Lieferung von Nahrungsmitteln und Medikamenten, die unmittelbar zum Erhalt des Lebens erforderlich sind. Vielmehr ist der Umfang der Schutzpflicht an den Gefahrenquellen auszurichten, die durch die Wirtschaftssanktionen für das Recht auf Leben geschaffen werden. Sie umfaßt daher die Verpflichtung, die Ausfuhr von Gütern, die der Instandhaltung von elementaren Versorgungseinrichtungen dienen, zu genehmigen. Überdies sind, soweit erforderlich, Finanzierungsmechanismen zu schaffen, durch welche die Einfuhr der benötigten Güter durch den Sanktionsadressaten ermöglicht wird. Diese Pflicht besteht zwar grundsätzlich unabhängig vom Verhalten des Sanktionsadressaten[532]. Sofern der Sicherheitsrat seiner Schutzpflicht nachkommt, der Sanktionsadressat aber seinerseits mutwillig die gebotene Zusammenarbeit verweigert oder Hilfsprogramme manipuliert, wird die kausal durch die Wirtschaftssanktionen erfolgte Beeinträchtigung des Rechts auf Leben nicht mehr als willkürlich bezeichnet werden können[533].

---

[531] Boyle, 240, 241. Dieser Grundsatz spiegelt sich auch in den in Artikel 2 Absatz 2 Ziff. a) und c) EMRK anerkannten Rechtfertigungsgründen wider, während in bezug auf die Auslegung der Ziff. b) Unklarheiten bestehen, ob der Rechtfertigungsgrund nur dann anzuerkennen ist, wenn durch die Festnahme oder die Verhinderung der Flucht der betreffenden Person bzw. Personen größerer Schaden vermieden wird bzw. werden soll. Siehe hierzu Harris/Boyle/Warbrick, 46 ff.

[532] S.o. 3.4.2.2.5.

[533] Das Merkmal der Willkür gehört insoweit, anders als bezüglich der Abwägungspflicht im Falle einer Beeinträchtigung dispositiver Rechte, bereits zum Tatbestand eines unzulässigen Eingriffs in das Recht auf Leben.

4.2.2.3. Das Verbot der Folter und der grausamen, unmenschlichen und erniedrigenden Behandlung

4.2.2.3.1. Das Folterverbot als zwingendes Völkerrecht

Das Verbot der Folter, der grausamen, unmenschlichen oder erniedrigenden Behandlung oder Strafe (nachfolgend Folterverbot) ist in Artikel 5 der AEMR und Artikel 7 des IPBPR enthalten. Es findet sich zudem in Artikel 3 der EMRK, Artikel 5 der AMRK, Artikel 5 S. 2 der AfrCHPR sowie in den gemeinsamen Artikeln 3, I a) der Genfer Konventionen sowie in Artikel 75 II a) ii) des 1. ZP[534]. Das Folterverbot wird darüber hinaus durch das Abkommen gegen Folter und andere grausame, unmenschliche oder erniedrigende Behandlung oder Bestrafung, das auf eine im Konsensverfahren verabschiedete Deklaration der Generalversammlung zurückgeht[535], in dessen Artikel 2 bekräftigt[536]. Das Verbot der Folter ist zudem nicht nur in einer Vielzahl von Resolutionen der Generalversammlung, sondern auch im Rahmen der Praxis anderer Organe der Vereinten Nationen anerkannt worden[537]. Die Ächtung der Folter kommt auch in den Entscheidungen internationaler[538] und nationaler Gerichte[539] zum Ausdruck.

---

[534] Zur Überwachung des Folterverbots sind überdies das Europäische Übereinkommen zur Verhütung von Folter und unmenschlicher oder erniedrigender Behandlung oder Strafe vom 26.November 1987 (BGBl. 1989 II, 946) und die Inter-Amerikanische Konvention zur Verhütung und Bestrafung der Folter vom 9. Dezember 1985, OAS Treaty Series, No.67, vereinbart worden.

[535] A/RES 3452 (XXX), 9. Dezember 1975.

[536] Übereinkommen gegen Folter und andere grausame, unmenschliche oder erniedrigende Behandlung oder Strafe, vom 10. Dezember 1984, BGBl. 1990 II, 246.

[537] Siehe den Überblick in Oldrich, Amdrysck, Torture, Addendum, in: Bernhardt, R. (Hrsg.), EPIL, Vol.4 (2000), 871 ff.

[538] Siehe hierzu den Überblick zur Praxis und Rechtsprechung der mit dem Schutz der Menschenrechte befaßten Organe und Gericht auf internationaler und regionaler Ebene bei Bank, Roland, Die internationale Bekämpfung von Folter und unmenschlicher Behandlung auf den Ebenen der Vereinten Nationen und des Europarates: eine vergleichende Analyse von Implementation und Effektivität der neueren Kontrollmechanismen, Freiburg, 1996; Nowak, Artikel 7, Rn.11 ff.; Frowein, in: Frowein/Peukert, Artikel 3 Rn. 1 ff.; Harris/Boyle/Warbrick, 55 ff.; Davidson, Scott, The Civil and Political Rigths Protected in the Inter-American Human Rights System, in: Harris, David J./Livingstone, Stephen (Hrsg.), The Inter-American System of Human Rights, 213-288, 226 ff. sowie zur Rechtsprechung des Jugoslawien-Tribunals, Klip, André/Sluiter, Göran (Hrsg.): Annotated Leading Cases of International Criminal Tribunals. The International Criminal Tribunal for the former Yugoslavia 1993-1998, Antwerpen (u.a.), 1999, 287 ff.

[539] Bahnbrechend Filartiga v. Pena-Irala, 630 F. 2d 876 (2d Circuit 1980). Siehe hierzu die Übersicht bei Meron, Human Rights, 122 ff. In jüngster Zeit insbesondere in Regina v. Bow Street Metropolitan Stipendary Magistrate, ex p Pinochet Ugarte, (1998) 4 All ER, 897 ff. und

Auch die islamischen Staaten haben das Verbot der Folter als solches anerkannt[540], wenn auch an der Vereinbarkeit des in mehreren Staaten unter Berufung auf die Gebote des Islam ausgeübten Strafvollzugs mit dem Verbot der Folter Zweifel bestehen[541]. Das Verbot der Folter ist somit als Norm des Völkergewohnheitsrechts anzusehen[542].
Die aufgeführten Dokumente und zahlreiche Erklärungen von Staatenvertretern[543] zeigen, daß der Schutz vor Folter von der überwiegenden Mehrheit der Staaten als fundamentales Recht aufgefaßt wird. Gemäß den Konventionen, in denen ein Verbot der Folter festgelegt wird, gehört das Folterverbot zu den Normen, von denen keine Derogation zulässig ist[544]. Ferner sind Vorbehalte zu den Bestimmungen der drei Konventionen zum Verbot der Folter unzulässig[545]. Die Folter ist im IStGH-Statut[546] sowie den Statuten des Jugoslawien-Tribunals[547], des Ruanda-Tribunals[548] und des für Sierra Leone vorgesehenen Gerichtshofs[549] als Tatbestandsmerkmal internationaler Verbrechen aufgeführt. Das Jugoslawien-Tribunal hat den zwingenden Charakter des Folterverbots

---

Regina v Bow Street Metropolitan Stipendary Magistrate, ex parte Pinochet Ugarte, (1999) 1 All ER, 577. Hierzu Bank, Roland, Der Fall *Pinochet*: Aufbruch zu neuen Ufern bei der Verfolgung von Menschenrechtsverletzungen?, in: ZaöRV 59 (1999) 3, 677-708.

540 Artikel 20 der Kairo-Deklaration (s.o. Anm. 501). Zum Verbot der Folter im islamischen internationalen Strafrecht Malekian, Farhad, The Concept of Islamic International Criminal Law, London, Dordrecht, Boston, 1994, 103.

541 Siehe Report of the Special Rapporteur on Torture, UN Dok. E/CN.4/1997/7, Add.1, 89, in dem der Sonderberichterstatter Nigel Rodley die Auffassung vertrat, daß die von einigen islamischen Staaten ausgeübte Praxis der Hinrichtungen und körperlichen Strafen nicht mit dem Folterverbot vereinbar ist. Kadelbach, Zwingendes Völkerrecht, 293, zufolge stellt das Folterverbot nur insoweit Gewohnheitsrecht dar, als es die „islamische" Strafvollstreckung nicht erfaßt.

542 Siehe die Ausführungen des Jugoslawien-Tribunals zum gewohnheitsrechtlichen Status des Folterverbots im humanitären Völkerrecht und als Menschenrecht, in Prosecutor v. Anton Furundzija, (IT 95-17/1), Judgement of 10 December 1998, Ziff. 137 ff.

543 So beispielsweise in, Vienna Declaration and Programme of Action, World Conference on Human Rights, UN Dok. A/CONF.157/24, (Part I), 13. Oktober 1993, Ziff. 56: "reaffirm(ed) that under human rights law and international human rights law, freedom from torture is a right which must be protected under all circumstances."

544 Artikel 2 Absatz 2 der Folterkonvention; Artikel 4 Absatz 2 des IPBPR; Artikel 15 Absatz 2 der EMRK; Artikel 27 Absatz 2 AMRK.

545 Hierzu Kadelbach, Zwingendes Völkerrecht, 293.

546 Artikel 5 1 b) i. V. m. Artikel 7 1 f).

547 Artikel 2 b) und Artikel 5 f).

548 Artikel 3 f).

549 Siehe Artikel 2 f). Report of the Secretary-General on the establishment of a Special Court for Sierra Leone, Enclosure: Statute of the Special Court for Sierra Leone, UN Dok. S/2000/915, 4. Oktober 2000. Siehe zur Rolle des Sicherheitsrats bei der Errichtung des Gerichtshofs, S/RES 1315 vom 14. August 2000.

ausdrücklich bekräftigt[550]. Das Folterverbot ist auch in Entscheidungen nationaler Gerichte als Jus Cogens qualifiziert worden[551]. Das Folterverbot ist in Übereinstimmung mit weiten Teilen der völkerrechtlichen Literatur als zwingender Natur zu qualifizieren[552].

4.2.2.3.2. Der Tatbestand des Folterverbots

Gemäß Artikel 1 der Folterkonvention gilt jede Handlung eines staatlichen Organs als Folter, die vorsätzlich zur Erreichung eines bestimmten Zweckes einer Person große körperliche oder seelische Schmerzen oder Leiden zufügt. Der Tatbestand der grausamen, unmenschlichen und erniedrigenden Behandlung bzw. Strafe hat hingegen keine allgemeinverbindliche Definition erfahren. Sein Inhalt ist vielmehr durch die Rechtsprechung internationaler Gerichte und Gremien konkretisiert worden[553]. Danach ist eine Behandlung seitens eines staatlichen Organs je nach Art, Zweck und Intensität grausam, unmenschlich oder erniedrigend, durch die einer Person Leiden von einem gewissen Ausmaß zugefügt werden, die jedoch keine Folter darstellt, weil die Behandlung entweder nicht vorsätzlich bzw. nicht zu einem bestimmten Zweck erfolgt oder nicht den für die Folter erforderlichen Intensitätsgrad erreicht[554]. Die grausame oder unmenschliche Behandlung umfaßt somit sämtliche Formen der Zufügung von Leiden, die nicht den Tatbestand der Folter erfüllen[555]. Die erniedrigende Behandlung unterscheidet sich von den anderen Formen der Behandlung dadurch, daß bei ihr nicht in erster Linie die Zufügung von Schmerzen, sondern die Demütigung des Opfers, sei es in den Augen anderer oder des Opfers selbst,

---

[550] Prosecutor v. Anton Furundzija, (s.o. Anm. 542), Ziff. 151, 153.

[551] In Filartiga v. Pena (s.o. Anm. 539) und in Bufano (Schweiz), BGE 108 Ib, 408. Hierzu Kadelbach, Zwingendes Völkerrecht, 294 m.w.N.

[552] Bassiouni, 68; Blanke, 261; Dinstein, 122; Hannikainen, 509, 510; Hannum, 344; Kadelbach, Zwingendes Völkerrecht, 293 m. w. N.; Restatement § 702, d). Ebenso HRC, General Comment 24, Ziff. 10.

[553] Als grundlegend kann hierbei der Griechenland Fall gelten, in dem die Europäische Kommission eine eigene Definition von Folter sowie unmenschlicher und erniedrigender Behandlung vorlegte, in: Yearbook of the European Convention on Human Rights (1969), XII, The Greek Case, 186, sowie der Fall Irland gegen das Vereinigte Königreich (Ireland v. UK A 25 (1978)), in dem sich der Gerichtshof eingehend zum Unterschied zwischen Folter und unmenschlicher sowie erniedrigender Behandlung äußerte.

[554] Nowak, Artikel 7, Rn.4. Der Unterschied zwischen der Folter und der grausamen, unmenschlichen oder erniedrigenden Behandlung liegt dabei vor allem im Grad des Leidens. Siehe aus der Rechtsprechung des EGHMR die Fälle Ireland v.UK (Ireland v.UK A 25 (1978), Ziff. 167) und den Tyrer Fall (Tyrer v.UK A 26 (1978), Ziff. 29).

[555] Nowak, Artikel 7, Rn.6.

im Vordergrund steht[556]. Die Strafe stellt eine besondere Form der Behandlung dar[557].

Soweit eine bestimmte Handlung die Tatbestandsmerkmale der Folter bzw. der grausamen, unmenschlichen oder erniedrigenden Behandlung erfüllt, verwirklicht sie den Tatbestand der Folter in denjenigen Fällen, in denen sie auf das Handeln staatlicher Organe zurückzuführen ist[558]. Während das Vorliegen der Folter im subjektiven Tatbestand Vorsatz voraussetzt, kann eine Behandlung ihrer Natur nach, ohne daß es eines dahingehenden Vorsatzes bedarf, unmenschlich oder grausam sein[559]. Die Qualifizierung einer Behandlung als unmenschlich oder erniedrigend richtet sich dabei nach den Umständen des Einzelfalls unter Berücksichtigung der zum Zeitpunkt der Behandlung herrschenden Anschauungen[560]. Die tatbestandsmäßige Behandlung kann dabei sowohl durch ein aktives Tun als auch durch ein Unterlassen erfolgen[561]. Die bloße Untätigkeit eines Staates im Falle schweren Leidens der Bevölkerung, das durch die in dem jeweiligen Land herrschenden wirtschaftlichen und sozialen Lebensverhältnisse hervorgerufen wird, erfüllt nicht den Tatbestand der unmenschlichen Behandlung, es sei denn, daß der Staat ausnahmsweise eine Rechtspflicht zum Handeln hat[562]. So ist in der Rechtsprechung zur EMRK anerkannt, daß die fehlende bzw.

---

[556] Tyrer v.UK A 26 (1978), Ziff. 33. Siehe auch Nowak, Artikel 7, Rn.12. Zur Rechtsprechung der Europäischen Menschenrechtskommission und des EGHMR Fabbricotti, Alberta, The Concept of Inhuman or Degrading Treatment in International Law and its Application in Asylum Cases, in: International Journal of Refugee Law 10 (1998), 637-661, 647, 648; Harris/Boyle/Warbrick, 80 ff.

[557] Siehe hierzu Nowak, Artikel 7, Rn. 14, 15. Diese Form der Behandlung ist im vorliegenden Zusammenhang irrelevant, da Wirtschaftssanktionen erkennbar keine Strafe in diesem Sinne darstellen.

[558] Boulesbaa, 23 ff.; Burgers/Danelius, 119. Nowak, Artikel 7, Rn.3, zufolge ergibt sich aus dem subjektiv-rechtlichen Charakter des Folterverbots, daß ein Handeln oder Unterlassen nur dann eine „Behandlung" darstellt, wenn sie von oder auf Veranlassung durch einen Menschen begangen wird bzw. diesem zumindest zurechenbar ist. Der Begriff der „Behandlung" umfasse daher nicht entwürdigende Situationen als Folge sozio-ökonomischer Bedingungen.

[559] Zur Rechtsprechung der europäischen Menschenrechtsorgane Frowein, in: Frowein/Peukert, Artikel 3, Rn.2. Siehe auch den vom Obersten Gerichtshof Österreichs entschiedenen, von Nowak, Artikel 7, Rn.6, als Beispiel einer unmenschlichen Behandlung angeführten Fall, in dem ein Strafgefangener von den Gefängniswärtern schlichtweg vergessen worden war und erst nach zwanzig Tagen, die er ohne Essen und Trinken überlebt hatte, entdeckt worden war. van Dijk/van Hoof, 229 merken an, daß es im wesentlichen auf die Art und Weise der Behandlung sowie ihre Auswirkungen auf die betroffene Person ankomme. Dinstein, 124, vertritt hingegen die Auffassung, daß die Behandlung Vorsatz voraussetze.

[560] van Dijk/van Hoof, 230; Frowein, in: Frowein/Peukert, Artikel 3, Rn.1.

[561] Burgers/Danelius, 118.

[562] Boulesbaa, 14. Siehe auch die Besprechung eines von der Europäischen Kommission entschiedenen Falls (Francine van Volsem v. Belgium, Entscheidung vom 9. Mai 1990,

unzureichende Versorgung von Gefangenen mit elementaren Gütern eine unmenschliche Behandlung darstellt, weil jedem Staat eine Pflicht zur Bereitstellung dieser Güter gegenüber den seiner unmittelbaren Gewalt unterliegenden Personen obliegt[563].

4.2.2.3.3. Die Pflichten des Sicherheitsrats aus dem Folterverbot

Die Anwendbarkeit des Folterverbots auf die vom Sicherheitsrat verhängten Sanktionsmaßnahmen ist mit der Begründung abgelehnt worden, daß es am Merkmal der Behandlung fehle, da diese Einzelpersonen zurechenbar sein müsse. Zudem sollten erniedrigende und unmenschliche Situationen, die durch allgemeine sozio-ökonomische Bedingungen hervorgerufen werden, nach dem Willen der Staaten ausdrücklich nicht vom Verbot erfaßt sein[564]. Der Sicherheitsrat handelt bei der Entscheidung über die Verhängung und Aufrechterhaltung von Wirtschaftssanktionen als ein mit Vertretern einer Gruppe von Mitgliedstaaten besetztes Organ der Vereinten Nationen. Hierbei ist kein wesentlicher Unterschied zwischen dem vom Sicherheitsrat als Staatengremium gefaßten Beschluß und einem hypothetischen Beschluß einer Regierung zu erkennen, mit dem diese die Exekutive anweist, gegenüber einem bestimmten Gebiet oder einer bestimmten Bevölkerungsgruppe die Versorgung mit Gütern zu unterbrechen[565]. Insofern reicht es nach Artikel 1 Absatz 1 der Folterkonvention aus, daß Schmerzen oder Leiden auf Veranlassung einer in amtlicher

---

Application No. 14641/89), in dem eine belgische Sozialhilfeempfängerin erfolglos geltend machte, daß die Unterbindung der Stromzufuhr durch die örtlichen Behörden und ihre dadurch entstandene Lage eine unmenschliche und erniedrigende Behandlung darstellten, von Cassese, Antonio, Can the Notion of Inhuman and Degrading Treatment be Applied to Socio-Economic Conditions, in: EJIL 5 (1994), 141-145, in der Cassese die Auffassung vertritt, daß Artikel 3 ein geeignetes Mittel für die Kommission und den Gerichtshof sei, in extremen Fällen einen entschiedeneren Schutz von wirtschaftlichen und sozialen Rechten zu gewährleisten.

[563] So insbesondere in dem von der Kommission entschiedenen Griechenlandfall (s.o. Anm. 553), 468 ff., 480, 487 ff., 505, sowie in Cyprus v. Turkey, Applications Nr.6780/74 und 6950/75, 10. Juli 1976, in: 4 European Human Rights Report (1982), 482 ff., 541, Ziff. 405. Siehe auch die Übersicht zur Rechtsprechung des EGHMR und der Europäischen Menschenrechtskommission zu der Frage, unter welchen Umständen Haftbedingungen eine unmenschliche oder erniedrigende Behandlung darstellen und welche Pflichten sich hieraus für die Vertragsstaaten ergeben, in Harris/Boyle/Warbrick, 66 ff.

[564] So Starck, 365. Siehe hierzu Nowak (s.o. Anm. 558).

[565] So beispielsweise in jüngster Zeit das durch die irakische Regierung gegenüber den autonomen kurdischen Gebieten im Nordirak verhängte interne Embargo (siehe 2. Kap., 2.2.3.2. b)) und das durch die Regierung Sri Lankas gegenüber den Gebieten mit tamilischer Bevölkerungsmehrheit im Norden Sri Lankas verhängte interne Embargo. Zu letzterem Paust, 622 ff. Siehe zu weiteren Fällen die Übersicht zur Staatenpraxis bis 1990 von Provost, 632 ff.

Eigenschaft handelnden Person verursacht werden. Auch wenn das weisungsgemäße Handeln nicht unmittelbar durch die Regierungsmitglieder erfolgt, so kann doch nicht bezweifelt werden, daß die darin liegende Behandlung dem Staat zuzurechnen ist. Nicht anders verhält es sich in Hinblick auf die entsprechenden Beschlüsse des Sicherheitsrats. Der Sicherheitsrat kann daher, einem Staat vergleichbar, in Ausübung seiner satzungsgemäßen Funktion gegen das Folterverbot verstoßen. Eine durch Sanktionen mitverursachte erniedrigende bzw. unmenschliche Situation wird auch nicht durch allgemeine sozioökonomische Bedingungen hervorgerufen. Vielmehr stellen Wirtschaftssanktionen einen gezielten Eingriff in die Wirtschaftstätigkeit dar, der zu vorhersehbaren wirtschaftlichen und humanitären Auswirkungen führt, die aus diesem Grund nicht mehr als allgemeine sozio-ökonomische Bedingungen bezeichnet werden können. Die im Rahmen der Sanktionspraxis beschlossenen Maßnahmen bzw. das Unterlassen von Maßnahmen sind dem Sicherheitsrat deshalb als Behandlung zuzurechnen.

Den Sicherheitsrat trifft somit die Pflicht, keine Maßnahmen zu beschließen, die den Tatbestand der Folter bzw. der unmenschlichen oder erniedrigenden Behandlung verwirklichen. Das durch Wirtschaftssanktionen hervorgerufene Leiden der Bevölkerung des Sanktionsadressaten beruht zuvorderst auf einem aktiven Tun, der Verhängung von Wirtschaftssanktionen. Unterläßt der Sicherheitsrat die zur Milderung des Leidens erforderlichen Gegenmaßnahmen, so ist dieses Unterlassen tatbestandsmäßig, da er als Urheber der Gefahrenquelle und als Völkerrechtssubjekt, das die Kontrolle über die Verfügbarkeit von elementaren Güter ausübt, aus dem Folterverbot eine Pflicht zum Ergreifen von Gegenmaßnahmen hat[566]. Soweit der Sicherheitsrat Wirtschaftssanktionen vorsätzlich als Mittel einsetzt, um der Bevölkerung zur Erreichung eines bestimmten Zwecks schweres Leiden zuzufügen, erfüllen sie den Tatbestand der Folter. Fehlt es an einem der den Tatbestand der Folter ausmachenden Merkmale, insbesondere am Element des Vorsatzes, so erfüllen Wirtschaftssanktionen den Tatbestand der grausamen, erniedrigenden oder unmenschlichen Behandlung dann, wenn sie objektiv grausam, erniedrigend oder unmenschlich sind. Unter Berücksichtigung der oben aufgezeigten Rechtsprechung werden Wirtschaftssanktionen in denjenigen Fällen als objektiv grausam oder unmenschlich zu

---

[566] Hier bietet es sich an, eine Parallele zu den Verpflichtungen, die Staaten gegenüber in ihrem Gewahrsam befindlichen Häftlingen haben, zu ziehen. Die Verpflichtung zur Bereitstellung elementarer Güter folgt aus dem Umstand, daß das Wohl und Wehe der Häftlinge in der Hand des Staates liegt. Wenn auch der Sicherheitsrat gegenüber der Bevölkerung des Sanktionsadressaten keine vergleichbare umfassende Kontrolle ausübt, so hat er es doch durch die Fassung und Handhabung der Sanktionsbestimmung in der Hand, den Zugang zu elementaren Gütern, sofern diese im Land des Sanktionsadressaten nicht vorhanden sind, zu steuern bzw. im Extremfall vollkommen zu unterbinden.

qualifizieren sein, in denen das Sanktionssystem die Versorgung der Bevölkerung mit elementaren Gütern, insbesondere Lebensmitteln und Arzneimitteln, nicht ermöglicht und dadurch der Bevölkerung in Form von Hungersnöten, Unter- bzw. Mangelernährung sowie Krankheiten, die nur unzureichend medizinisch behandelt werden können, Leiden von einer gewissen Schwere zufügt.
Der Sicherheitsrat darf daher Wirtschaftssanktionen nicht so ausgestalten und durchführen, daß die Versorgung der Bevölkerung mit elementaren Gütern nicht gewährleistet ist und durch diesen Mangel erhebliches Leiden in der Bevölkerung hervorgerufen wird. Kann die Versorgung der Bevölkerung hingegen nur deswegen nicht gewährleistet werden, weil der Sanktionsadressat die zur Umsetzung der vorgesehenen, dem Inhalt und Umfang nach ausreichenden Gegenmaßnahmen erforderliche Kooperation verweigert, so lassen sich die Wirtschaftssanktionen nicht als grausam oder unmenschlich qualifizieren.

4.2.2.4. Das Diskriminierungsverbot

4.2.2.4.1. Das Diskriminierungsverbot als zwingendes Völkerrecht

Das Diskriminierungsverbot ist in Artikel 1 Ziff. 3, Artikel 55 c) sowie Artikel 76 der Charta normiert. Die dort genannten Unterscheidungsmerkmale der Rasse, des Geschlechts, der Sprache oder der Religion sind in der AEMR in Artikel 2, im IPBPR in Artikel 2 Absatz 1, Artikel 26 sowie im IPWSKR in Artikel 2 Absatz 1 um die Unterscheidungsmerkmale der Hautfarbe, der politischen oder sonstigen Anschauung, der nationalen oder sozialen Herkunft, des Vermögens, der Geburt oder des sonstigen Status erweitert worden. Mit geringfügigen Abweichungen knüpfen die in der EMRK[567], der AMRK[568] und der AfrCHPR[569] enthaltenen

[567] Artikel 14 EMRK: "The enjoyment of the rights and freedoms set forth in this Convention shall be secured without discrimination on any ground such as sex, race, colour, language, religion, political or other opinion, national or social origin, association with a national minority, property, birth or other status." Siehe auch Artikel 4 des Rahmenübereinkommen zum Schutz nationaler Minderheiten vom 1. Februar 1995 (BGBl. 1997 II, 1408), wonach jede Diskriminierung aus Gründen der Zugehörigkeit zu einer nationalen Minderheit verboten ist.

[568] Article 1, 1: "The States Parties to this Convention undertake to respect the rights and freedoms recognized herein and ensure to all persons subject to their jurisdiction the free and full exercise of those rights and freedoms, without any discrimination for reasons of race, color, sex, language, religion, political or other opinion, national or social origin, economic status, birth, or any other social condition."

[569] Article 2: "Every individual shall be entitled to the enjoyment of the rights and freedoms recognized and guaranteed in the present Charter without distinction of any kind such as race, ethnic group, colour, sex, language, religion, political or any other opinion, national and social origin, fortune, birth or other status."

Diskriminierungsverbote an diese Unterscheidungsmerkmale an. Das Diskriminierungsverbot ist ferner in fast alle Konventionen, die dem Schutz einzelner Menschenrechte dienen, aufgenommen worden[570]. Darüber hinaus sind eine Reihe von Übereinkommen abgeschlossen worden, die sich ihrem Inhalt nach gegen bestimmte Formen der Diskriminierung richten, insbesondere das Übereinkommen zur Beseitigung jeglicher Form rassischer Benachteiligung[571] und das Übereinkommen zur Beseitigung jeder Form von Diskriminierung der Frau[572]. Die Beseitigung jeder Form von Intoleranz und religiöser Diskriminierung ist zudem Gegenstand einer grundlegenden Erklärung der Generalversammlung gewesen[573]. Im humanitären Völkerrecht ist das Diskriminierungsverbot ebenfalls in den Genfer Abkommen normiert, wobei an die Unterscheidungsmerkmale von Rasse, Farbe, Religion oder Glauben, Geschlecht, Geburt oder Vermögen oder unbestimmte Unterscheidungsmerkmale angeknüpft wird[574]. Das Diskriminierungsverbot ist überdies in zahlreichen Rechtsordnungen als grundlegendes, aus dem Gleichheitsgebot abgeleitetes Verbot verankert[575]. Die vielfältigen Belege legen es nahe, das Diskriminierungsverbot in seiner weiten Fassung als Völkergewohnheitsrecht aufzufassen.

Allerdings ist das Diskriminierungsverbot, wie ein Blick auf die erwähnten Quellen zeigt, nicht einheitlich definiert, so daß für jedes Merkmal der Ungleichbehandlung gesondert zu ermitteln ist, welcher Status dem jeweiligen Diskriminierungsverbot zukommt. Der eindeutigste Befund ergibt sich für das Verbot der Rassendiskriminierung. Dieses Verbot ist nicht nur in allen oben aufgeführten wesentlichen Bestimmungen enthalten, sondern ist im Gefolge des Kampfes gegen die Apartheid in Südafrika Gegenstand zahlreicher Resolutionen der Generalversammlung sowie daraus hervorgegangener Konventionen gewesen[576]. Das Verbot der Verfolgung bzw. Diskriminierung aus rassischen Gründen ist als Verbrechen gegen die Menschlichkeit anerkannt[577]. Abweichungen

[570] Artikel 3 des Abkommens über die Rechtsstellung der Flüchtlinge, BGBl. 1953 II, 560; ILO Konvention gegen Diskriminierung in Beschäftigung und Beruf vom 25. Juni 1958, insbesondere Artikel 1 und 2, UNTS 362, 31; UNESCO Konvention gegen Diskriminierungen im Unterrichtswesen vom 14. Dezember 1960, insbesondere Artikel 1, UNTS 429, 93 und Artikel 2 des Übereinkommens über die Rechte des Kindes, BGBl. 1992 II, 122.

[571] BGBl. 1969 II, 961.

[572] BGBl. 1985 II, 648.

[573] A/RES 36/55, 25. November 1981. Hierzu Lerner, 918.

[574] Siehe gemeinsame Artikel 3 der GK und Artikel 71 I, 1. ZP.

[575] Kadelbach, Zwingendes Völkerrecht, 279 m.w.N.

[576] Siehe zum Kampf gegen die Rassendiskriminierung The United Nations and Apartheid, 1984-1994, The United Nations Blue Book Series, Vol.1, New York, 1994.

[577] Siehe International Convention on the Suppression and Punishment of the Crime of Apartheid vom 30. November 1973, UNTS 1015, 243 sowie auch Artikel 7 Absatz 1 j) des IStGH-Statuts.

von dem Verbot, das erga omnes gilt, sind nicht erlaubt. Der IGH hat das Verbot der Diskriminierung aus rassischen Gründen als grundlegendes Menschenrecht bezeichnet[578]. Das Verbot der Rassendiskriminierung ist daher, auch wenn diese nicht systematisch stattfindet, zwingender Natur[579].

Das Verbot der Diskriminierung aus Gründen des Geschlechts findet sich ebenfalls in einer beträchtlichen Zahl von völkerrechtlichen Quellen[580]. Zweifel an der Geltung als Völkergewohnheitsrecht bestehen aber insoweit, als in vielen islamischen Ländern die fehlende Gleichbehandlung von Frauen nicht als verbotene Diskriminierung angesehen wird[581]. Aufgrund der fehlenden uniformen Praxis und angesichts der Tatsache, daß sich in der Staatenpraxis oder Rechtsprechung keine eindeutigen Hinweise auf den zwingenden Charakter des Diskriminierungsverbots aus Gründen des Geschlechts ergeben, kann zum gegenwärtigen Zeitpunkt nicht davon ausgegangen werden, daß dieses Verbot

---

[578] Im Barcelona-Traction Fall, ICJ Reports 1970, 4, 32, und im Namibia Fall, ICJ Reports, 1971, 16, 57, Ziff. 131: "To establish ... distinctions... exclusively based on grounds of race, colour, descent or national or ethnic origin which constitute a denial of fundamental human rights is a flagrant violation of the purposes and principles of the United Nations." Zum Diskriminierungsverbot als zwingendes Recht Richter Tanaka, S.O., im Südwestafrika Fall, ICJ Reports, 248, 298, 314 und Richter Ammoun, S.O., im Namibia Fall, ICJ Reports 1971, 67, 71, 78, 79.

[579] Ebenso Blanke, 261; van Boven, 44; Lerner, Natan, Group Rights and Discrimination in International Law, Dordrecht, Boston, London, 1991, 24; McKean, Warwick, Equality and Discrimination under International Law, Oxford, 1983, 283; Ragazzi, 120 m.w.N. Hoffmeister, 217, weist in bezug auf den gewohnheitsrechtlichen Status des Diskriminierungsverbots zutreffend auf die IGH Rechtsprechung im Barcelona-Traction Fall hin, wonach die Rassendiskriminierung auch das Verbot der Rassendiskriminierung im Einzelfall erfaßt. In diese Richtung auch Report of the Secretary General, Prepared in accordance with General Assembly resolution 41/94 and Economic and Social Council resolution 1987/2, Ziff. 28, UN Dok. A/42/493, 16. September 1987, wonach die Konvention gegen Rassendiskriminierung den Status von Jus Cogens habe, woraus folge, daß Rassendiskriminierung überall eliminiert werden müsse. Kadelbach, Zwingendes Völkerrecht, 281, 282, vertritt hingegen die Auffassung, der zwingende Charakter des Verbots beschränke sich auf Fälle systematischer Rassendiskriminierung.

[580] Artikel 2 Absatz 1, AEMR; Artikel 2 Absatz 1 IPBPR; Artikel 2 Absatz 2 IPWSKR; Artikel 2 des Übereinkommens zur Beseitigung der Diskriminierung der Frau; Artikel 2 Absatz 1 Kinderkonvention; Artikel 14 EMRK; Artikel 1 Absatz 1 AMRK; Artikel 2 AfrCHPR.

[581] Siehe hierzu Weisburd, 126 ff. Restatement, § 702, Comment l, zufolge könne das Verbot einer staatlichen Politik der Diskriminierung aufgrund des Geschlechts schon als Völkergewohnheitsrecht angesehen werden, es bestünden aber Zweifel an der generellen Geltung des Verbots aufgrund der weitverbreitenden Praxis der Diskriminierung aus Gründen des Geschlechts.

zwingender Natur ist[582]. Aus den in Hinblick auf das Diskriminierungsverbot aus Gründen des Geschlechts genannten Gründen läßt sich auch in bezug auf das Verbot der Diskriminierung aus religiösen Gründen oder aus den sonstigen aufgeführten Unterscheidungsmerkmalen nicht mit der erforderlichen Eindeutigkeit feststellen, daß es sich bei diesen um Verbote zwingender Natur handelt[583].

4.2.2.4.2. Der Tatbestand des Rassendiskriminierungsverbots

Das Verbot der Rassendiskriminierung ist in der Konvention gegen Rassendiskriminierung umfassend definiert worden[584]. Im Völkerrecht ist das Diskriminierungsverbot negativ ausgestaltet. Es gebietet somit nicht, daß jede Person vorbehaltlich einer Rechtfertigung, die ein Abweichen von diesem Grundsatz erlaubt, absolut gleich zu behandeln ist, sondern gestattet grundsätzlich eine Ungleichbehandlung[585]. Eine Ungleichbehandlung ist in denjenigen Fällen gerechtfertigt, in denen objektive Gründe für eine unterschiedliche Behandlung vorliegen, und die Behandlung ihrem Inhalt nach im Lichte des Rechtfertigungsgrunds angemessen ist[586]. Sie ist nur dann verboten, wenn sie auf der Grundlage eines anerkannten Unterscheidungsmerkmals erfolgt, ohne daß objektive Gründe eine derartige Behandlung rechtfertigen würden[587].

---

582 Kadelbach, Zwingendes Völkerrecht, 282. Ebenso, zugleich aber den "Gender bias" bei der Bestimmung der zwingenden Rechte kritisierend Charlesworth/Chinkin, 69 ff.

583 Kadelbach, Zwingendes Völkerrecht, 282. AA. Hannikainen, 482, dem zufolge sämtliche Formen schwerwiegender Diskriminierung unter das zwingende Diskriminierungsverbot fallen. Lerner, 926, zufolge sei aber gegenwärtig eine Entwicklung auszumachen, das Verbot der religiösen Diskriminierung als zwingendes Recht anzuerkennen.

584 Artikel 1 Absatz 1: "In this Convention, the term "racial discrimination" shall mean any distinction, exclusion, restriction or preference based on race, colour, descent, or national or ethnic origin which has the purpose or effect of nullifying or impairing the recognition, enjoyment or exercise, on an equal footing, of human rights and fundamental freedoms in the political, economic, social, cultural or any other field of public life."

585 Siehe hierzu Craven, 155 ff. und Nowak, Artikel 2, Rn.32, in Hinblick auf das im IPWSKR enthaltene Diskriminierungsverbot sowie Tomuschat, Non-Discrimination, 712 ff.

586 Richter Tanaka, S.O., im Südwestafrika Fall, ICJ Reports 1966, 248, 306 ff.; Nowak, Artikel 2, Rn.34; Tomuschat, Non-Discrimination, 714, 715.

587 Richter Tanaka, S.O., im Südwestafrika Fall, ICJ Reports 1966, 248, 306; Nowak, Artikel 2, Rn.32; Tomuschat, Non-Discrimination, 715. Zum Inhalt des Diskriminierungsverbots in der EMRK Peukert, in: Frowein/Peukert, Artikel 14, Rn.17.

4.2.2.4.3. Die Pflichten des Sicherheitsrats aus dem Rassendiskriminierungsverbot

Der Sicherheitsrat kann grundsätzlich einem Staat vergleichbar bei der Verhängung sowie im Rahmen der Ausgestaltung und Durchführung von Wirtschaftssanktionen Maßnahmen treffen, die eine unzulässige Rassendiskriminierung darstellen. Der Sicherheitsrat darf bei vergleichbarem Sachverhalt nicht gegenüber einer durch rassische Merkmale geprägten Gruppe Wirtschaftssanktionen verhängen und gegenüber einer anderen Gruppe vom Ergreifen von Sanktionsmaßnahmen absehen, soweit keine objektiven Gründe hierfür vorliegen. Dem Sicherheitsrat kommt hierbei allerdings ein in seinen Ermessensspielraum fallendes Auswahlermessen zu, das nur im Falle der Willkür überschritten wäre. Darüber hinaus hat der Sicherheitsrat die Sanktionsbestimmungen so zu fassen, daß sie ihrem Inhalt oder ihren Auswirkungen nach keine auf dem Merkmal der Rasse beruhende, objektiv nicht gerechtfertigte Ungleichbehandlung konstituieren oder bewirken. Der Sicherheitsrat darf daher im Regelfall weder in der Ausgestaltung der Sanktionsbestimmungen noch in deren anschließender Auslegung im Sicherheitsrat, und dies gilt auch für die Sanktionsausschüsse, eine auf das Merkmal der Rasse gestützte Unterscheidung treffen.

4.2.2.5. Das Selbstbestimmungsrecht der Völker

4.2.2.5.1. Das Selbstbestimmungsrecht der Völker als zwingendes Völkerrecht

Das Selbstbestimmungsrecht der Völker ist in Artikel 1 Ziff. 2 und 55, 56, 73, 76 der Charta, im jeweiligen Artikel 1 der Internationalen Pakte sowie in Artikel 20 AfrCHPR normiert. In zwei grundsätzlichen Resolutionen der Generalversammlung ist das Selbstbestimmungsrecht als fundamentales Prinzip anerkannt worden[588]. Seit der Gründung der Vereinten Nationen läßt sich eine dauerhafte und uniforme Praxis im Rahmen ihrer Organe, insbesondere in der Generalversammlung, nachweisen, welche die Anerkennung des Rechts auf Selbstbestimmung zum Ausdruck bringt[589]. Eine Vielzahl von bilateralen Verträgen enthalten ein Bekenntnis zum Selbstbestimmungsrecht als Grundlage der jeweiligen vertraglichen Regelung[590]. Auch der IGH hat dem Recht auf Selbstbestimmung den

---

[588] Declaration on the Granting of Independence to Colonial Countries and Peoples, A/RES 1514 (XV), 14. Dezember 1960; Declaration on Principles of International Law concerning Friendly Relations and Co-operation among States in Accordance with the Charter of the United Nations, A/RES 2625 (XXV), 24. Oktober 1970.

[589] Siehe hierzu Ofuatey-Kodjoe, 368 ff.

[590] Siehe Kadelbach, Zwingendes Völkerrecht, 259 m.w.N.

Status von Völkergewohnheitsrecht zuerkannt[591]. Zwar besteht weiterhin Uneinigkeit über den genauen Inhalt des Selbstbestimmungsrechts, an seiner völkergewohnheitsrechtlichen Geltung kann aber aufgrund der aufgezeigten Praxis und der entsprechenden Rechtsüberzeugung kein Zweifel bestehen[592].
Das Selbstbestimmungsrecht ist sowohl in der völkerrechtlichen Literatur[593] als auch in Sondervoten von Richtern des IGH[594] als zwingendes Recht aufgeführt worden. Zurecht ist jedoch darauf hingewiesen worden, daß bei Zugrundelegung der für die Feststellung der zwingenden Natur einer Norm heranzuziehenden Kriterien Zweifel an diesem Befund aufkommen[595]. So enthalten die jeweiligen Verträge keine Klauseln, die ein Abweichen vom Selbstbestimmungsrecht verbieten würden[596]. Auf die Ausübung des Rechts kann zudem verzichtet werden[597]. Darüber hinaus ist die Verhinderung der Ausübung des Selbstbestimmungsrechts nur in Ansätzen als Tatbestand des Völkerstrafrechts anerkannt[598]. In der Staatenpraxis ist keine einheitliche Praxis erkennbar, wonach das Recht auf Selbstbestimmung in all seinen Erscheinungsformen als zwingend angesehen wird[599]. Aufgrund dieser Einschränkungen und der Unbestimmtheit des Inhalts des Selbstbestimmungsrechts gilt es in Hinblick auf die einzelnen Aspekte des Rechts zu ermitteln, inwieweit diese vom zwingenden Gehalt der Norm umfaßt sind.

---

[591] So im Namibia Fall, ICJ Reports 1971, 16, 31, Ziff. 52, 53; in Western Sahara, Advisory Opinion, ICJ Reports 1975, 12, 31-33, Ziff. 54-59 und im Osttimor Fall, ICJ Reports 1995, 90, 102, Ziff. 29.

[592] Ofuatey-Kodjoe, 349 m.w.N.

[593] Brownlie, PIL, 515; Cassese, Antonio in: Henkin, Bill of Rights, 111; Doehring, in: Simma, Chartakommentar, nach Art.1, Rdn.57; Espiell, Héctor Gros: Self-Determination and Jus Cogens, in: Cassese (Hrsg.), UN Law, Fundamental Rights, Aalphen aan den Rijn, 1979, 167-173, 168, 171.

[594] Richter Ammoun, S.O. im Namibia Fall, ICJ Reports 1971, 89, 90.

[595] Kadelbach, Zwingendes Völkerrecht, 265.

[596] So fehlt etwa ein entsprechendes Derogationsverbot in Artikel 4 IPBPR. Allerdings läßt sich aus dem Fehlen einer Derogationsklausel nicht zwingend der Umkehrschluß auf den fehlenden Jus Cogens Charakter eines Rechts ziehen (s.o. Anm. 456).

[597] Doehring, in: Simma, Chartakommentar, nach Art.1, Rn.59, weist darauf hin, daß das Recht auf Selbstbestimmung ein Schutzrecht für seinen Inhaber ist und daher auch als Jus Cogens nicht weiter reicht, als der Schutzzweck es erfordert.

[598] Artikel 19 Absatz 3 des ILC Entwurfs zum Recht der Staatenverantwortlichkeit: b) "a serious breach of an international obligation of essential importance for safeguarding the right of self-determination of peoples, such as that prohibiting the establishment or maintenance by force of colonial domination", in: 37 I.L.M. 440 (1998), 447.

[599] Hierzu im einzelnen Kadelbach, Zwingendes Völkerrecht, 266 ff.

4.2.2.5.2. Das Recht der Völker auf wirtschaftliche Selbstbestimmung als zwingendes Völkerrecht

Das Selbstbestimmungsrecht berechtigt ein Volk als Träger des Rechts [600], sein politisches System frei zu wählen und über seine soziale, kulturelle und wirtschaftliche Entwicklung zu bestimmen[601]. Das bei Wirtschaftssanktionen im Vordergrund stehende wirtschaftliche Selbstbestimmungsrecht umfaßt seinem zwingenden Gehalt nach zumindest das Recht von Kolonialvölkern auf ihre natürlichen Ressourcen. Diese Ressourcen dürfen nicht von der Kolonialmacht ausgebeutet werden[602]. Dieser Grundsatz ist in mehreren Resolutionen der Generalversammlung bekräftigt worden[603] . Darüber hinaus könnte auch die Pflicht, ein Volk nicht seiner eigenen Existenzmittel zu berauben, vom zwingenden Gehalt des Rechts auf wirtschaftliche Selbstbestimmung umfaßt sein. Dieses Verbot ist in Artikel 1 Absatz 2, S. 2 IPBPR als absolutes Verbot statuiert. Mehrere Versuche, die aus dieser Bestimmung fließenden Rechte und Pflichten inhaltlich zu konkretisieren und durch Resolutionen im Rahmen der Generalversammlung den Status grundlegender Prinzipien des Völkerrechts zukommen zu lassen, sind am Widerstand westlicher Staaten gescheitert[604]. In der nachfolgenden Staatenpraxis lassen sich trotz der hohen Zahl der Vertragsstaaten des IPBPR und IPWSKR keine eindeutigen Belege dafür finden, daß die überwiegende Mehrheit der Staaten dieses Verbot in der Weise als fundamental anerkannt hat, daß daraus im Umkehrschluß jedem Volk ein Recht auf Teilnahme am internationalen Handelsverkehr zusteht. Dies dürfte nicht zuletzt darin begründet sein, daß das wirtschaftliche Selbstbestimmungsrecht einem Volk gleichermaßen die wirtschaftliche Handlungsfreiheit einräumt, also auch die Freiheit, keinen Handel zu treiben, so daß im gegenseitigen Handelsverkehr von einem Berauben der Existenzmittel ohne die Ausübung von verbotenem Zwang ohnehin nur schwerlich ausgegangen werden kann[605]. Das Recht auf

[600] Zum Träger des Rechts Kadelbach, Zwingendes Völkerrecht, 260 ff.; Ofuatey-Kodjoe, 352 ff.

[601] Thürer, 126.

[602] Kadelbach, Zwingendes Völkerrecht, 271; Hannikainen,367. Siehe Artikel 19, 3 b) des ILC Entwurfs zur Staatenverantwortlichkeit (s.o. Anm. 599).

[603] Siehe vor allem Permanent Sovereignty over Natural Resources, A/RES 1803 (XVII), 14. Dezember 1962 (87-2-12); Charter of Economic Rights and Duties, A/RES 3281 (XXIX), 12. Dezember 1974 (120-6-10).

[604] So insbesondere mit der Charter of Economic Rights and Duties (s.o. Anm. 603). Zum Recht auf Entwicklung, das teilweise aus dem Selbstbestimmungsrecht abgeleitet wird, s.u. 4.2.2.7.

[605] Siehe hierzu die Literatur zur Rechtmäßigkeit der einseitigen Unterbrechung des Handelsverkehrs. Soweit durch derartige Maßnahmen nicht in sonstiger Weise gegen völkerrechtliche Pflichten verstoßen wird, sind sie der überwiegenden Auffassung zufolge zulässig. Dieser Schluß wird aus der grundsätzlichen Handelsfreiheit der Staaten gefolgert. Dazu ausführlich

wirtschaftliche Selbstbestimmung hat somit über den Tatbestand der Ausbeutung von Kolonialvölkern durch Kolonialmächte hinaus in der Staatenpraxis keine Anerkennung als fundamentaler Verbotstatbestand zwingenden Charakters gefunden[606].

4.2.2.5.3. Die Pflichten des Sicherheitsrats aus dem wirtschaftlichen Selbstbestimmungsrecht

Aus dem als zwingend anerkannten Recht auf wirtschaftliche Selbstbestimmung ergeben sich für den Sicherheitsrat bei der Verhängung und Durchführung von Wirtschaftssanktionen keine Verpflichtungen, da der Sicherheitsrat gegenüber dem Sanktionsadressaten nicht die Stellung einer Kolonialmacht hat und auch von seiner Natur und Aufgabenstellung her nicht mit einer solchen vergleichbar ist.

4.2.2.6. Wirtschaftliche, soziale und kulturelle Rechte als zwingendes Völkerrecht

Die wirtschaftlichen, sozialen und kulturellen Rechte, die in Artikel 55 der Charta skizziert und vornehmlich in der AEMR, dem IPWSKR sowie den regionalen Menschenrechtskonventionen normiert worden sind, haben zwar trotz ihrer unzureichend ausgebildeten Justiziabilität Rechtsnormqualität[607]. Anhaltspunkte für die Geltung einzelner dieser Rechte als Völkergewohnheitsrecht sind jedoch nur in Ansätzen auszumachen[608]. Als geeigneter Kandidat ist vor allem das Recht auf Nahrung zu nennen[609]. Anzeichen dafür, daß eines der

---

Epping, Volker, Die Zulässigkeit von Embargomaßnahmen, in: Heintze, Hans-Joachim (Hrsg.), Von der Koexistenz zur Kooperation, Bochum, 1992, 89-115 sowie in der Rechtsprechung des IGH den Nicaragua Fall, ICJ Reports 1986, 138, Ziff. 276. Siehe auch den in der ILC äußerst kontroversen Artikel 50 b) des Entwurfs zur Staatenverantwortlichkeit zu verbotenen Gegenmaßnahmen: "extreme economic or political coercion designed to endanger the territorial integrity or political independence of the State which has committed the internationally wrongful act", in: 37 I.L.M. 440, 457, 458. In der Neufassung ist auf diese Grenze von Gegenmaßnahmen verzichtet worden (siehe ILC-Report, A/55/10, Chapter IV, State Responsibility, Appendix, Artikel 51).

[606] Kadelbach, Zwingendes Völkerrecht, 271; Hannikainen, 420 ff.; Nowak, Artikel 1, Rn. 15. Thürer, 133, zufolge ist das Selbstbestimmungsrecht schon kein Völkergewohnheitsrecht.

[607] Siehe zur Diskussion um die Rechtsnormqualität dieser Rechte die überzeugenden Ausführungen von van Hoof, 97 ff. Hierzu auch Craven, 10 ff. und CESCR, General Comment 3, Ziff. 1, 9.

[608] Hannum, 348, 349; Meron, Human Rights, 97, 98.

[609] Alston, 14, 49 ff.; Paust, 625; Schachter, 340; Sucharitkul, 394, erkennen dem Recht auf Nahrung den Status von Völkergewohnheitsrecht zu. Das American Law Institute führt das

wirtschaftlichen, sozialen und kulturellen Rechte den Status einer zwingenden Norm des Völkerrechts erlangt hätte, lassen sich mit Ausnahme des Rechts auf Freiheit vor Hunger nicht erkennen[610]. Die Gruppe von Rechten ist schon ihrer Natur nach kaum geeignet, fundamentale Normen des Völkerrechts hervorzubringen. So sind die Rechte nicht absolut ausgestaltet, da sie von den Staaten progressiv im Rahmen der jeweils vorhandenen Kapazitäten zu verwirklichen sind[611]. In Hinblick auf wirtschaftliche, soziale und kulturelle Rechte finden sich weder Derogationsverbote[612] noch völkerrechtliche Straftatbestände[613]. In der Staatenpraxis und der Rechtsprechung des IGH lassen sich keine Anzeichen dafür ausmachen, daß die genannten Rechte oder einzelne dieser Rechte von der Staatengemeinschaft universell als zwingende Norm des Völkerrechts anerkannt worden sind. Die wirtschaftlichen, sozialen und kulturellen Rechte haben daher nicht den Status von zwingenden Normen des Völkerrechts[614].

4.2.2.7. Die Menschenrechte der dritten Generation, insbesondere das Recht auf Entwicklung, als zwingendes Völkerrecht

Die sogenannten Menschenrechte der dritten Generation kommen aufgrund der von ihren Befürwortern geltend gemachten Natur als fundamentale Grundrechte der internationalen Gemeinschaft in besonderem Maße als zwingende Normen des Völkerrechts in Betracht[615]. Das Recht auf Entwicklung, das bereits 1966 vom damaligen Außenminister Senegals Thiam in der Generalversammlung

---

Recht auf Nahrung nicht unter den Rechten auf, deren Bestand als Völkergewohnheitsrecht allgemein anerkannt ist, Restatement, § 702, Comment a.

[610] Das Recht auf Freiheit vor Hunger ist zumindest insofern zwingender Natur, als die sich hieraus ergebenden Pflichten sich mit den im Rahmen des Rechts auf Leben bestehenden Pflichten zur Bereitstellung der zum Überleben notwendigen Ressourcen decken. Siehe Breining-Kaufmann, 62 ff., 94.

[611] Artikel 2 IPWSKR. Zur Natur dieser Verpflichtung CESCR, General Comment 3.

[612] Siehe Artikel 29 Absatz 2 AEMR und Artikel 4 IPWSKR sowie zu den Gründen, warum sich im IPWSKR kein Derogationsverbot findet, die Stellungnahme des Vorsitzenden des Ausschusses für wirtschaftliche, soziale und kulturelle Rechte, abgedruckt in: Report of the Meeting of Experts, 36, Ziff. 20.

[613] Dies schließt allerdings nicht aus, daß einige der Handlungen, die den Tatbestand eines völkerrechtlichen Verbrechens gegen die Menschlichkeit erfüllen, z. B. das Aushungern, nicht zugleich auch ein Verstoß gegen ein wirtschaftliches und soziales Recht, hier das Recht auf Nahrung, darstellen.

[614] Kadelbach, Zwingendes Völkerrecht, 305. Verdross/Simma, § 75 schreiben hingegen aus Artikel 55 der Charta den wirtschaftlichen, sozialen und kulturellen Rechten den Status von Jus Cogens zu.

[615] Die Einteilung der Menschenrechte in Generationen geht zurück auf Vasak, Karel, Le droit international des droits de l' homme, in : Recueil des Cours 4 (1974), 333-415, 343 ff.

proklamiert wurde[616], ist seit 1977 in einer Vielzahl von Resolutionen der Generalversammlung und der Menschenrechtskommission sowie in mehreren, auf verschiedenen UN-Konferenzen verabschiedeten Erklärungen anerkannt worden[617]. Es ist dabei als umfassendes individuelles und kollektives Teilnahmerecht an der wirtschaftlichen, sozialen, kulturellen und politischen Entwicklung definiert worden[618].

Schon aufgrund der inhaltlichen Abstraktheit des Rechts auf Entwicklung ist derzeit unklar, ob dies lediglich eine allgemeine Zielbestimmung der Völkerrechtsordnung verkörpert oder ob ihm der Charakter eines Rechts zukommt[619].

---

616 United Nations, General Assembly, Official Records, Twenty-First Session, 1414th Meeting, 23. September 1966, Ziff. 228. Zur konzeptionellen Entwicklung des Rechts auf Entwicklung M'Baye, Kéba, Le Droit au développement comme un Droit de l'homme, in: Revue des Droits de l'Homme 5 (1972) 2-3, 503-534.

617 Insbesondere in Declaration on the Right to Development, Adopted by the General Assembly resolution 41/128 of 4 December 1986. Ein Überblick über die Resolutionen und Erklärungen zum Recht auf Entwicklung findet sich bei Odendahl, 297 ff.

618 Article 1, Declaration on the Right to Development: "1.The right to development is an inalienable human right by virtue of which every human person and all persons are entitled to participate in, contribute to, and enjoy economic, social, cultural and political development, in which all human rights and fundamental freedoms can be fully realized. 2.The human right to development also implies the full realization of the right of peoples to self-determination, which includes, subject to the relevant provisions of both International Covenants on Human Rights, the exercise of their inalienable right to full sovereignty over all their natural wealth and resources." Die Qualität des Rechts als Menschenrecht wird dabei aus unterschiedlichen Rechtsquellen abgeleitet. Nuscheler, 91, nennt diesbezüglich Artikel 1, 3, 55 und 56 der Charta, Artikel 28 der AEMR, die beiden Menschenrechtspakte, insbesondere Artikel 2 Absatz 1 IPWSKR, das Völkergewohnheitsrecht sowie die von den Vereinten Nationen verabschiedeten Deklarationen.

619 Bei der Ausarbeitung der Konturen des Rechts auf Entwicklung haben sich dabei der Kreis der Träger des Rechts, der Kreis der Verpflichteten, der Inhalt einer etwaigen Verpflichtung und deren konkrete Umsetzung als problematisch erwiesen. Des weiteren besteht Uneinigkeit darüber, ob es sich lediglich um ein Syntheserecht der bereits anerkannten Menschenrechte handelt oder ob dem Recht auf Entwicklung ein darüber hinausgehender, eigenständiger Rechtsgehalt zukommt. Hierzu Nuscheler, 85 ff. m.w.N.; Odendahl, 194 ff. und Scharpenack, 52. In bezug auf die kollektive Verpflichtung hat Odendahl, 263, die Auffassung vertreten, daß aus dem Recht auf Entwicklung zwar keine Ansprüche auf Durchführung konkreter Einzelmaßnahmen geltend gemacht werden könnten, es aber ein Abwehrrecht gegen entwicklungshemmende Eingriffe gewähre. Hierbei können insbesondere Maßnahmen, die zur Armut beitragen statt diese zu beseitigen, eine Verletzung des Rechts auf Entwicklung darstellen (siehe A/RES/54/175, Ziff. 3 a) und b)). Die inhaltliche Bestimmung der aus dem Recht auf Entwicklung fließenden Verpflichtungen und dessen praktische Umsetzung sind zur Zeit Gegenstand intensiver Bemühungen in der Generalversammlung und den Menschenrechtsorganen der Vereinten Nationen, siehe The Right to Development, Report of the High Commis-

Zudem ist keine der zur Begründung des Rechts auf Entwicklung im Rahmen der Vereinten Nationen verabschiedeten Erklärungen als solche rechtlich verbindlich. Zwar können Resolutionen der Generalversammlung zum Entstehen von Völkergewohnheitsrecht beitragen. Voraussetzung hierfür ist aber, daß die Resolutionen eine gemeinsame Rechtsüberzeugung zum Ausdruck bringen, die durch eine entsprechende Staatenpraxis bestätigt wird[620]. Hiervon kann in Hinblick auf das Recht auf Entwicklung nicht ausgegangen werden. Zwar hatten diejenigen Staaten, die ein Recht auf Entwicklung ablehnen, vor allem die Vereinigten Staaten und mehrere europäische Staaten, ihre Vorbehalte gegenüber einer grundsätzlichen Anerkennung des Rechts auf Entwicklung zu Anfang der 1990er Jahre aufgegeben, nachfolgende Versuche, das Recht inhaltlich zu konkretisieren, führten jedoch dazu, daß eine erhebliche Zahl dieser Staaten gegen die einschlägigen Resolutionen gestimmt haben[621]. Darüber hinaus ist außerhalb der Vereinten Nationen keine hinreichende Staatenpraxis zu erkennen, in der das Recht auf Entwicklung tatsächlich eingefordert oder umgesetzt worden ist[622]. Im Rahmen völkerrechtlicher Verträge hat das Recht auf Entwicklung lediglich auf regionaler Ebene in der AfrCHPR Anerkennung gefunden[623].

Diese Bestandsaufnahme zeigt, daß das Recht auf Entwicklung selbst noch in der Entwicklung begriffen ist. Lediglich dem Grundsatz nach anerkannt, keinen Konsens über den Inhalt in der Generalversammlung erreichend und mit Ausnahme von Grundsatzerklärungen in der Staatenpraxis kaum zur Geltung kommend, kann dem Recht auf Entwicklung zum gegenwärtigen Zeitpunkt schwerlich der Status von Völkergewohnheitsrecht und somit erst recht nicht

---

sioner for Human Rights submitted in accordance with GA resolution 54/175, E/CN.4/2000/WG.18/CRP.2, 12. September 2000.

[620] S.o. Anm. 233, 446, 447.

[621] So in A/RES/53/155, 9. Dezember 1998 (Abstimmungsergebnis 125-1-42) sowie A/RES/54/175, 15. Februar 2000 (Abstimmungsergebnis: 119-10-38). Gegen die Resolution stimmten Dänemark, Deutschland, Island, Japan, Kanada, Lichtenstein, Niederlande, Schweden, Ungarn und die Vereinigten Staaten. Zum theoretischen und politischen Hintergrund der Debatte um das Recht auf Entwicklung im Verhältnis zwischen den Entwicklungsländern und westlichen Staaten Carty, Anthony, The Third World Claim to economic self-determination: economic rights of peoples: theoretical aspects, in: Chowdhury/Denters/Waart, Right to Development, 43-60.

[622] Kunig, Philip, Human rights approach to the right to development: merits and shortcomings, in: Chowdhury/Denters/Waart, Right to Development, 83-86, 85; Nuscheler, 92 m.w.N.

[623] Artikel 22: "1. All peoples shall have the right to their economic, social and cultural development with due regard to their freedom and identity and in the equal enjoyment of the common heritage of mankind. 2. States shall have the duty, individually or collectively, to ensure the exercise of the right to development."

einer Norm des zwingenden Völkerrechts zugeschrieben werden[624]. Das Recht auf Entwicklung nimmt, sofern sich eine eigenständige Anerkennung nicht nachweisen läßt, auch nicht automatisch an dem Status der Rechte, aus denen es abgeleitet wird, allen voran dem Recht auf Selbstbestimmung, teil. Allerdings haben die Vereinten Nationen sich schon jetzt zum Ziel der Entwicklung bekannt, zu dessen Verwirklichung sie als Forum der politischen Konsensbildung, als Vehikel der internationalen Kooperation sowie als Quelle der Analyse und des Informationsaustauschs beitragen sollen[625]. Aus diesem grundsätzlichen Bekenntnis läßt sich eine Pflicht sämtlicher Organe der Vereinten Nationen, einschließlich des Sicherheitsrats, ableiten, im Rahmen der von ihnen getroffenen Maßnahmen die sich hieraus ergebenden Zielvorgaben zu berücksichtigen[626].

4.2.2.8. Die Rechte der Frau und des Kindes als zwingendes Völkerrecht

Die Rechte, die den Schutz bestimmter Personengruppen bezwecken, haben gleichfalls nicht den Status zwingender Rechte. Dies wurde in Hinblick auf das Verbot der Diskriminierung aus Gründen des Geschlechts bereits aufgezeigt[627]. Die aus dem Diskriminierungsverbot abgeleiteten Rechte der Frau, die entweder das Recht auf eine gleichberechtigte Beteiligung an gesellschaftlichen Prozessen oder das Recht auf Schutz vor Eingriffen durch Private vermitteln, sind überdies schon ihrer Natur nach im Rahmen von Wirtschaftssanktionen nicht einschlägig[628].

---

[624] Kadelbach, Zwingendes Völkerrecht, 283; Nuscheler, 94; Scharpenack, 52. Einige Autoren erkennen hingegen dem Recht auf Entwicklung den Status von Völkergewohnheitsrecht zu, so etwa Odendahl, 195 ff. m.w.N. Chowdhury, Subrata Roy/de Waart, Paul J.I.M., Significance of the right to development: an introductory view in: Chowdhury/Denters/Waart, Right to Development, 7-23, 21, zufolge kommt dem Recht auf Entwicklung als Bestandteil des Rechts auf Selbstbestimmung der Status von Jus Cogens zu. Bedjaoui, in: Bedjaoui, International Law, 1183, erkennt dem Recht auf Entwicklung ebenfalls zwingende Wirkung zu.

[625] Siehe die Agenda for Development des Generalsekretärs vom 6. Mai 1994, A/48/935, insbesondere Ziff. 193 ff.

[626] Dies gilt für die im Rahmen von Wirtschaftssanktionen vorzunehmende Abwägung insbesondere bezüglich der Beeinträchtigung von wirtschaftlichen und sozialen Rechten sowie den Langzeitfolgen der Sanktionsmaßnahmen (s.o. 3.4.2.2.3. b).

[627] S.o. 4.2.2.4.1.

[628] Siehe zu den Formen von Gewalt gegenüber Frauen und der Debatte über die geschlechtsdiskriminierende Wirkung der Trennung des privaten vom öffentlichen Bereich CEDAW, General Recommendation No.19: Violence against Women, A/47/38, 30. Januar 1992; CEDAW, General Recommendation No.23: Political and Public Life, 13. Januar 1997 sowie Hernández-Truyol, Berta Esperanza, Human Rights through a gendered lens: Emergence, Evolution, Revolution, in: Askin, Kelly P./Koenig, Dorean M., Women and International Human Rights Law, Vol.1, New York, 1999, 3-39, 29 ff. und Charlsworth/Chinkin, 69 ff.

Für die fundamentale Natur der Rechte des Kindes spricht, daß die Kinderkonvention von der überwiegenden Zahl der Staaten ratifiziert worden ist[629]. Die Konvention enthält aber weitgehend bereits anerkannte Rechte, deren Inhalt unter Berücksichtigung des Kindeswohls neu definiert worden ist[630]. In der Konvention sind keine Derogationsverbote normiert. Die Verletzung der Rechte ist nicht mit Strafe bedroht. In der Staatenpraxis und der Rechtsprechung des IGH finden sich überdies nicht in ausreichendem Maße Hinweise darauf, daß es sich bei den Rechten der Kinder um eine eigenständige Kategorie handelt, die in ihrer Gesamtheit zwingender Natur ist[631]. Allerdings kann der Inhalt zwingender Rechte anders zu bestimmen sein, soweit Kinder als Träger dieser Rechte betroffen sind[632].

4.2.2.9. Ergebnis in bezug auf die Verpflichtung zur Beachtung des zwingenden Völkerrechts

Der Sicherheitsrat ist bei der Verhängung und Durchführung von Wirtschaftssanktionen an die zwingenden Rechte des Verbots des Völkermords, des Rechts auf Leben, des Folterverbots sowie des Rassendiskriminierungsverbots gebunden. Darüber hinaus kommt keinem der potentiell durch Wirtschaftssanktionen berührten Rechte der Status zwingenden Völkerrechts zu.

---

[629] Die Kinderkonvention hatte am 15. März 2001 192 Vertragsstaaten.

[630] Siehe Detrick,1 ff. zum Gehalt der in der Kinderkonvention verbürgten Rechte im Vergleich zu den in den allgemeinen Menschenrechtskonventionen verbürgten parallelen Rechten.

[631] Im Report of the Meeting of Experts, 44, Ziff. 37, 38, werden lediglich das Verbot der Todesstrafe gegenüber Kindern und schwangeren Frauen sowie das Recht des Kindes und der Familie auf besonderen Schutz als nicht-derogable Rechte des Kindes genannt. Lücker-Babel, Marie-Françoise, The Non-Derogable Rights of the Child in the Light of the United Nations Convention on the Rights of the Child, in: Premont, Daniel (Hrsg.), Droits intangibles et états d'exception, Non-Derogable Rights and States of Emergency, Brüssel, 1996, 389-401, 391 ff., zufolge könne die Kinderkonvention nicht in ihrer Gesamtheit als zwingendes Recht angesehen werden. Als eigenständige, speziell auf Kinder anwendbare Regelung, welcher der Status von Jus Cogens zukomme, macht die Autorin Artikel 3 der Kinderkonvention aus, wonach bei allen Maßnahmen, die Kinder betreffen, das Wohl des Kindes vorrangig zu berücksichtigen ist.

[632] Dies gilt wegen Artikel 6 Absatz 2 der Kinderkonvention insbesondere für das Recht auf Leben (s.o. Anm. 526).

4.3. Die sich aus Artikel 1 Ziffer 3 der Charta ergebenden Verpflichtungen zum Schutz derjenigen Rechte, die nicht den Status von Jus Cogens haben

Der Sicherheitsrat ist, wie bereits festgestellt, aus Artikel 1 Ziff. 3 der Charta an die Menschenrechte, die in den mit großer Mehrheit im Rahmen der Vereinten Nationen verabschiedeten Menschenrechtskonventionen enthalten sind, gebunden[633]. Daraus folgt, daß der Sicherheitsrat die in der "Bill of Rights" sowie in der Frauen- und Kinderkonvention anerkannten Rechte zu beachten hat. Darunter fallen diejenigen Rechte, die sowohl in einem der beiden Menschenrechtspakte als auch in der AEMR geschützt sind. Keine Bindung besteht dagegen an die lediglich in der AEMR genannten Rechte, die in keinem der beiden Pakte Erwähnung gefunden haben und denen auch nicht der Status von Völkergewohnheitsrecht zukommt. Dies gilt insbesondere für das Recht auf Eigentum[634].

Der Sicherheitsrat unterliegt über den dargestellten Rahmen hinaus keiner weitergehenden Bindung aus dem Völkergewohnheitsrecht. Die Menschenrechte, deren Geltung als Völkergewohnheitsrecht in Betracht kommt, sind bereits in der "Bill of Rights" sowie in den genannten Konventionen geschützt. Eine gesonderte Prüfung, inwieweit die einzelnen Rechte nicht nur in den jeweiligen Konventionen geschützt sind, sondern gleichfalls Völkergewohnheitsrecht darstellen, erübrigt sich dabei deshalb, weil die Bedingungen, unter denen der Sicherheitsrat von den jeweiligen Rechten abweichen darf, in beiden Fällen identisch sind[635].

---

[633] S.o. 3.4.1.

[634] Das Recht auf Eigentum findet sich in Artikel 17 AEMR sowie in Artikel 1 des Zusatzprotokolls zur EMRK, BGBl. 1956 II, 1880; Artikel 21 AMRK; Artikel 14 AfrCHPR, nicht jedoch im IPBPR. Dolzer, Rudolf, Eigentum, Enteignung und Entschädigung im geltenden Völkerrecht, Beiträge zum ausländischen öffentlichen Recht und Völkerrecht, Bd. 88, Berlin, 1985, 125 ff. gelangte zu dem Ergebnis, daß das Recht auf Eigentum international noch keine allgemeine Anerkennung gefunden hat. Zweifel an der Geltung als Völkergewohnheitsrecht finden sich auch in Restatement, § 702, Comment k. Auch wenn nach dem im Gefolge des Untergangs der Sowjetunion erfolgten Zusammenbruch kommunistischer Regierungen der Widerstand gegen die Anerkennung des Rechts auf Eigentum weitgehend entfallen ist und einiges dafür spricht, daß diesem zumindest als Verbot der willkürlichen Enteignung der Status von Völkergewohnheitsrecht zukommt, ist dieser Befund nicht hinreichend eindeutig, um eine Bindung des Sicherheitsrats an das Recht auf Eigentum zu begründen. Ungeachtet dessen greifen Wirtschaftssanktionen in vielfältiger Weise in den anerkannten Schutzbereich des Rechts auf Eigentum ein. Siehe hierzu Ress, 392, der den Eingriff aufgrund des weiten Ermessensspielraums des Sicherheitsrats grundsätzlich für zulässig hält.

[635] S.o. 3.2.2. und 3.4.2.2.

Nachfolgend soll der Inhalt derjenigen Rechte, deren Beeinträchtigung durch die Sanktionsmaßnahmen des Sicherheitsrats in Betracht kommen, in Hinblick auf die für den Sicherheitsrat bestehende Verpflichtung zur Achtung dieser Rechte im einzelnen bestimmt werden. Hierbei ist zu beachten, daß die Zulässigkeit einer Einschränkung dieser Rechte nicht nach den jeweiligen Menschenrechtskonventionen zu bestimmen ist, sondern sich nach den im Rahmen der Abwägung entwickelten Kriterien richtet.

4.3.1. Wirtschaftliche, soziale und kulturelle Rechte

Die vom Sicherheitsrat beschlossenen Maßnahmen können zur Beeinträchtigung einer Vielzahl von wirtschaftlichen und sozialen Rechten führen. So haben sich umfassende bzw. partielle Wirtschaftssanktionen nachteilig auf die Lebensverhältnisse, die Nahrungsmittelversorgung, die Gesundheit und die Bildung der betroffenen Bevölkerung ausgewirkt, wodurch potentiell das Recht auf einen angemessenen Lebensstandard, das Recht auf Nahrung, das Recht auf Gesundheit, das Recht auf Bildung und das Recht auf Arbeit betroffen sind.

Der Sicherheitsrat kann seiner Natur als Organ einer internationalen Organisation und seiner Aufgabenstellung nach nicht in gleicher Weise wie Staaten verpflichtet sein, durch geeignete Schritte die progressive Verwirklichung der wirtschaftlichen und sozialen Rechte zu erreichen[636]. Er ist aber grundsätzlich aus Artikel 1 Ziff. 3 der Charta verpflichtet, zumindest den Kerngehalt der wirtschaftlichen und sozialen Rechte zu beachten[637]. Diese Verpflichtung läßt sich aus den zum Schutz der wirtschaftlichen und sozialen Rechte entwickelten Verpflichtungen ableiten, die Rechte zu achten, zu schützen und zu verwirklichen[638]. Der Sicherheitsrat ist insoweit, einem Staat vergleichbar, im Rahmen

---

[636] Siehe Artikel 2 Absatz 1 IPWSKR. Dem Sicherheitsrat ist auch in der Charta nicht die Aufgabe zugewiesen, die Menschenrechte durch progressive Maßnahmen zu fördern, da diese Aufgabe dem Wirtschafts- und Sozialrat zukommt (s.o. Anm. 189).

[637] CESCR, General Comment 8, Ziff. 7: "The Committee considers that the provisions of the Covenant, virtually all of which are also reflected in a range of other human rights treaties as well as the Universal Declaration of Human Rights, cannot be considered to be inoperative, or in any way inapplicable, solely because a decision has been taken that considerations of international peace and security warrant the imposition of sanctions. Just as the international community insists that any targeted State must respect the civil and political rights of its citizens, so too must that State and the international community itself do everything possible to protect at least the core content of the economic, social and cultural rights of the affected peoples of that State (see also General Comment 3 (1990), paragraph 10)."

[638] Siehe hierzu Craven, 109 ff. Die Achtung der Rechte verpflichtet zum Unterlassen von Eingriffen, die das betreffende Recht beeinträchtigen können. Der Schutz der Rechte verpflichtet zum Ergreifen von Maßnahmen, die eine Beeinträchtigung des betreffenden Rechts

seiner Aufgabenwahrnehmung zumindest in der Lage, den aus dem Schutzbereich der Rechte abzuleitenden Mindeststandard zu achten. Eine solche Pflicht läßt sich auch entsprechend aus der für alle Vertragsstaaten des IPWSKR bestehenden Pflicht zur internationalen Zusammenarbeit zur Verwirklichung der in dem Pakt geschützten Rechte ableiten[639]. Aus der Pflicht zur Förderung der Menschenrechte kann des weiteren eine Pflicht des Sicherheitsrats gefolgert werden, grundsätzlich keine Maßnahmen zu verhängen, die zu einer signifikanten Verschlechterung des im Land des Sanktionsadressaten bereits erreichten Niveaus der wirtschaftlichen und sozialen Rechte führen. Hält er den Einsatz derartiger Maßnahmen angesichts des Grads der Friedensbedrohung gleichwohl für erforderlich, so hat er durch das Ergreifen von wirksamen Gegenmaßnahmen sicherzustellen, daß das bestehende Niveau der wirtschaftlichen und sozialen Rechte so weit wie möglich gewahrt bleibt[640].

Der Kernbestand an Verpflichtungen bestimmt sich für die einzelnen Rechte wie folgt:
- Das in Artikel 25 Absatz 1 der AEMR und in Artikel 11 Absatz 1 des IPWSKR geschützte Recht auf einen angemessenen Lebensstandard umfaßt das Recht auf angemessene Nahrung, Kleidung und Unterkunft. Seinem Kerngehalt nach schützt das Recht auf einen angemessenen Lebensstandard das Recht eines jeden auf das absolute Existenzminimum[641]. Das Recht auf Nahrung schützt in Absatz 1 des Artikel 11 IPWSKR das Recht auf ausreichende Ernährung[642] und in Absatz 2 das Recht auf Freiheit vor Hunger. Zumindest das Recht auf Freiheit vor Hunger, welches das Recht auf eine minimale, zum Überleben notwendige Kalorienzufuhr umfaßt, ist als Kernbestand des Rechts auf Nahrung anerkannt[643]. Das Recht auf Nahrung ist dabei durch geeignete Maßnahmen der

---

durch Dritte verhindern. Die Verwirklichung des Rechts verpflichtet zum Ergreifen von geeigneten Maßnahmen, welche die Erfüllung der jeweiligen Rechte gewährleisten.

639 Wie sie in Artikel 2 Absatz 1 IPWSKR normiert ist. Hierzu CESCR, General Comment 3, Ziff. 13.

640 CESCR, General Comment 8, Ziff. 11 ff. CESCR, General Comment 3, Ziff. 9: "Moreover, any deliberate retrogressive measures in that regard would require the most careful consideration and would need to be fully justified by reference to the totality of the rights provided for in the Covenant and in the context of the full use of the maximum available resources."

641 CESCR, General Comment 3, Ziff. 10.

642 Das Recht auf ausreichende Ernährung umfaßt die Verfügbarkeit von Nahrung in einer Menge und von einer Qualität, die den Bedarf eines Individuums deckt. Die Nahrung muß des weiteren frei von schädlichen Substanzen sowie in der jeweiligen Gesellschaft akzeptabel sein. CESCR, General Comment 12, Ziff. 8. Siehe hierzu auch Alston, 32 ff.; Breining-Kaufmann, 62; Craven, 308 ff.; Sucharitkul, 368 ff.

643 CESCR, General Comment 3, Ziff. 10 und 11, Ziff. 17. Alston, 32 ff.; Breining-Kaufmann, 62; Craven, 307; Sucharitkul, 367, 370. Paust, 625, weist darauf hin, daß das

internationalen Zusammenarbeit zu verwirklichen[644]. Das Recht auf Unterkunft beinhaltet seinem Kernbestand nach das Recht, nicht der Obdachlosigkeit ausgesetzt zu sein[645].

- Das Recht auf Gesundheit[646], garantiert in Artikel 25 Absatz 1 der AEMR und in Artikel 12 Absatz 1 des IPWSKR, wird zunehmend in einem weiten Sinne verstanden[647]. Danach umfaßt das Recht auf Gesundheit zugleich das Recht auf Verfügbarkeit eines Mindestmaßes desjenigen, was zur Ermöglichung eines gesunden Lebens als grundlegend anzusehen ist, worunter Nahrung, Unterkunft, Zugang zu Trinkwasser und zur Abwasserentsorgung, sichere und gesunde Arbeitsbedingungen und eine gesunde Umwelt fallen[648]. Seinem Kernbestand nach schützt es das Recht auf eine elementare Gesundheitsversorgung[649]. Im Rahmen der internationalen Zusammenarbeit verpflichtet das Recht auf Gesundheit die Staaten, in anderen Ländern den Zugang zu elementaren

---

Vorenthalten von Nahrung bzw. eine Hungersnot oder Unterernährung, die von der Regierung absichtlich herbeigeführt wird oder vorhersehbare Folge von Maßnahmen der Regierung sind, nicht mit dem Recht auf Nahrung vereinbar ist.

644 CESCR, General Comment 11, Ziff. 36, 37, dem zufolge die Vertragsparteien überdies keine Nahrungsmittelembargos oder ähnliche Maßnahmen einsetzen sollen, welche die Nahrungsmittelproduktion und den Zugang zu Nahrungsmitteln in anderen Ländern gefährden.

645 CESCR, General Comment 3, Ziff. 10. Siehe hierzu auch Craven, 329 ff.; Jacquart, Michèle, Economic, Social and Cultural Rights in: Bedjaoui, International Law, 1089.

646 In der Präambel des WHO-Statuts wird Gesundheit definiert als: "a state of complete physical, mental and social well-being and not merely the absence of disease or infirmity." Diese Definition ist jedoch nicht vom 3. Komitee der Generalversammlung bei den Vorarbeiten zum Pakt über wirtschaftliche, soziale und kulturelle Rechte übernommen worden. Dazu CESCR, General Comment 14, Ziff. 4.

647 CESCR, General Comment 14, Ziff. 1 ff.

648 Ebd., Ziff. 5, 11.

649 CESCR, General Comment 3, Ziff. 10. Dem Ausschuß für wirtschaftliche, soziale und kulturelle Rechte, CESCR, General Comment 14, Ziff. 43, 44, zufolge beinhaltet der Kernbestand die folgenden Pflichten: a) Sicherstellung des Rechts auf gleichberechtigten Zugang zu Gesundheitseinrichtungen, b) Gewährleistung des Zugangs auf ein Minimum an grundlegenden Nahrungsmitteln, c) Sicherstellung des Zugangs auf grundlegende Unterkunft, sanitäre Einrichtungen und ausreichendes sauberes Wasser, d) Versorgung mit essentiellen Arzneimitteln, e) Gewährleistung der gleichmäßigen Verteilung aller Gesundheitseinrichtungen, Güter und -dienstleistungen, f) Aufstellen und Umsetzen eines nationalen Gesundheitsplans. Außerdem a) Gewährleistung der ärztlichen Betreuung von Müttern und Kindern, b) Immunisierung gegen wesentliche Ansteckungskrankheiten, c) Ergreifen von Maßnahmen zur Verhinderung und Kontrolle von Epidemien und endemischen Krankheiten, d) Gesundheitserziehung, e) Ausbildung des Gesundheitspersonals. Eine ähnliche Liste der Kernverpflichtungen findet sich bei Toebes, Birgit C.A., The Right to Health as a Human Right in International Law, School of Human Rights Research Series 1, Antwerpen, 1999, 289, 314.

Gesundheitseinrichtungen, Gütern und Dienstleistungen zu erleichtern und im Bedarfsfall Hilfe im Gesundheitsbereich zu leisten[650].

- Das in Artikel 26 der AEMR und in Artikel 13 IPWSKR geschützte Recht auf Bildung beinhaltet den Bestand von entsprechenden Institutionen, die Zugangsmöglichkeit für jedermann ohne Diskriminierung, die sowohl den räumlichen als auch den wirtschaftlichen Zugang erfaßt, und ein annehmbares und flexibles Bildungssystem[651]. Die Vertragsstaaten haben als Kernbestand eine grundlegende Ausbildung zu gewährleisten[652].

- Das in Artikel 23 der AEMR und in Artikel 6 des IPWSKR geschützte Recht auf Arbeit vermittelt keinen Anspruch auf einen Arbeitsplatz, sondern lediglich auf den gleichberechtigten Zugang zum Arbeitsmarkt und auf freie Berufsausübung[653]. Dem Staat obliegt dabei gemäß Artikel 6 Absatz 2 des IPWSKR die Pflicht, Maßnahmen zu treffen, die auf die Verwirklichung der Vollbeschäftigung abzielen. Maßnahmen, die in erkennbarer Weise zur Massenarbeitslosigkeit führen, laufen daher dem Kern der Verpflichtung zum Schutz des Rechts auf Arbeit zuwider[654].

Der Sicherheitsrat ist aus dem aufgezeigten Kernbereich der wirtschaftlichen, sozialen und kulturellen Rechte verpflichtet, Wirtschaftssanktionen so auszugestalten und durchzuführen, daß diese nicht zu Unter- bzw. Mangelernährung, Obdachlosigkeit, einem Absinken des Lebensstandards unter das Existenzminimum, der Verschlechterung der für die Gesundheit maßgeblichen Faktoren, insbesondere der Trinkwasserversorgung und Abwasserentsorgung, des Gesundheitssystems, der Beeinträchtigung des Bestands und der Funktion grundlegender Bildungseinrichtungen sowie zu Massenarbeitslosigkeit führen.

---

[650] CESCR, General Comment 14, Ziff. 39 und Ziff. 41, wonach Staaten keine Embargos oder ähnliche Maßnahmen einsetzen sollen, die gegenüber einem anderen Staat die Lieferung von Arzneimitteln und medizinischem Gerät einschränken.

[651] CESCR, General Comment 13, Ziff. 6, 50.

[652] CESCR, General Comment 3, Ziff. 10; CESCR, General Comment 13, Ziff. 57. Als Mindestverpflichtung wird die Gewährleistung des gleichberechtigten Zugangs zu öffentlichen Bildungseinrichtungen, die Gewährleistung, daß die Bildung mit den in Artikel 13 Absatz 1 genannten Zielen übereinstimmt, die Durchführung von Grundschulunterricht in Übereinstimmung mit Artikel 13 Absatz 2 a), die Entwicklung und Umsetzung einer Bildungsstrategie sowie die Gewährleistung der freien Wahl der Bildungsform genannt. Siehe auch die umfangreiche Liste des Kernbestands des Rechts auf Erziehung in Hodgson, Douglas, The Human Right to Education, Aldershot, Vermont, 1998, 219, 220. Zur Pflicht, in den internationalen Beziehungen das Recht auf Bildung angemessen zu berücksichtigen CESCR, General Comment 13, Ziff. 56.

[653] Craven, 203 ff.; Jacquart, Michèle, Economic, Social and Cultural Rights, in: Bedjaoui, International Law, 1086.

[654] Siehe zu der sich aus Artikel 6 Absatz 2 IPWSKR ergebenden Pflicht der Vertragsparteien Craven, 206 ff.

Hierzu hat er die Sanktionsmaßnahmen von vornherein so zu fassen, daß die aufgezeigten Folgen vermieden werden, oder Ausnahmeregelungen einzufügen, die den sich aus den wirtschaftlichen und sozialen Rechten ergebenden Mindeststandard gewährleisten.

4.3.2. Bürgerliche und politische Rechte

Die vom Sicherheitsrat beschlossenen Maßnahmen berühren den Schutzbereich einer Reihe von bürgerlichen und politischen Rechten. So werfen Einreiseverbote die Frage nach der Vereinbarkeit mit dem Recht auf Freizügigkeit und Flugverkehrsverbote die Frage nach der Vereinbarkeit mit dem Recht auf Religionsfreiheit auf. Das Verbot der Ein- bzw. Ausfuhr von Informationsmaterialien betrifft den Schutzbereich des Rechts auf Informationsfreiheit.

Der Sicherheitsrat ist insoweit an die bürgerlichen und politischen Rechte gebunden, als diese ihrer Natur nach auf die von ihm beschlossenen Maßnahmen Anwendung finden können. Dies ist der Fall, wenn der Sicherheitsrat durch die in den Sanktionsbestimmungen enthaltenen Ge- bzw. Verbote Hoheitsgewalt ausübt, die derjenigen eines Staates vergleichbar ist und die Rechte ihrem Inhalt nach nicht derart auf das Verhältnis zwischen einem Staat zu den seiner Hoheitsgewalt unterworfenen Personen zugeschnitten sind, daß ihre Anwendbarkeit auf die vom Sicherheitsrat beschlossenen kollektiven Zwangsmaßnahmen ausscheidet. Bei der Verhängung eines Handelsverbots oder von Flugverkehrs- und Einreiseverboten übt der Sicherheitsrat einem Staat vergleichbar hoheitliche Gewalt gegenüber den Adressaten der Maßnahmen aus. Der Sicherheitsrat verpflichtet mit den einschlägigen Resolutionen die Mitgliedstaaten zu einem bestimmten Handeln oder Unterlassen. Soweit dies einen Eingriff in geschützte Menschenrechte darstellt bzw. darstellen kann, ist es dem Sicherheitsrat so zuzurechnen, als habe er selbst gehandelt, da er sich zur Umsetzung der Zwangsmaßnahmen der Mitgliedstaaten bedient, die hierbei über keinen nennenswerten eigenständigen Handlungsspielraum verfügen[655].

Ihrem Inhalt nach vermitteln die einzelnen Rechte den folgenden Schutz:

- Das in Artikel 13 der AEMR und Artikel 12 Absatz 2 des IPBPR geschützte Recht auf Freizügigkeit umfaßt das Recht auf Ausreise und das Recht auf

[655] Die Mitgliedstaaten können allenfalls Maßnahmen treffen, die über die Sanktionsmaßnahmen hinausgehen. Insofern diese einen Eingriff in bestimmte Menschenrechte darstellen, obliegt die Verantwortlichkeit dafür den einzelnen Staaten.

Rückkehr in das Heimatland[656]. Nicht geschützt wird hingegen das Recht auf Einreise in einen Staat, der nicht das Heimatland ist[657].
- Das in den jeweiligen Artikeln 18 der AEMR und des IPBPR geschützte Recht auf Religionsfreiheit ist weit auszulegen und schützt unter anderem das Recht, die Religion allein oder in Gemeinschaft mit anderen zu bekunden[658]. Das Recht auf Religionsfreiheit schützt vor Eingriffen, die gegen die Ausübung der Religionsfreiheit gerichtet sind, nicht jedoch vor die Allgemeinheit treffenden Beschränkungen, welche die Ausübung der Religionsfreiheit lediglich faktisch erschweren[659].
- Das in den jeweiligen Artikeln 19 der AEMR und des IPBPR garantierte Recht auf Informationsfreiheit beinhaltet das Recht, ohne Rücksicht auf Staatsgrenzen Informationen zu verbreiten und zu empfangen. Das Recht auf Informationsfreiheit ist umfassender Natur. Es schützt sowohl den Austausch von Ideen als auch die hierzu dienenden Informationsmaterialien jeglicher Art sowie den Gebrauch von Kommunikationsmitteln[660].

4.3.3. Kollektive Rechte

Die vom Sicherheitsrat verhängten Wirtschaftssanktionen schränken die wirtschaftliche Entschließungsfreiheit des Sanktionsadressaten ein und berühren daher potentiell das Recht auf Selbstbestimmung. Das in den jeweiligen Artikeln

---

656 Das Recht auf Rückreise steht nicht nur Staatsangehörigen, sondern auch denjenigen Personen zu, die in dem jeweiligen Land ihren dauerhaften Wohnsitz begründet haben. Jagerskiold, Stig, The Freedom of Movement, in: Henkin, Bill of Rights, 166-184, 180; Nowak, Artikel 12, Rn.48.

657 Hannum, Hurst, The Right to Leave and Return in International Law and Practice, Dordrecht, Boston, Lancaster, 1987, 20; Hofman, Rainer, Die Ausreisefreiheit nach Völkerrecht und staatlichem Recht, Beiträge zum ausländischen öffentlichen Recht und Völkerrecht, Bd. 97, Berlin, Heidelberg, New York, London, Paris, Tokyo, 1988, 8. Siehe zu Artikel 2 und 3 des 4. Zusatzprotokolls zur EMRK (BGBl. 1968 II, 423; BGBl. 1995 II, 579), van Dijk/van Hoof, 490.

658 Siehe HRC: The right to freedom of thought, conscience and religion (Art.18), General Comment 22, 30. Juli 1993, Ziff. 2, 4.

659 Ebd., Ziff. 8. Siehe zu Artikel 9 EMRK Harris/Boyle/Warbrick, 364.

660 Gornig, Hanno-Gilbert, Äußerungsfreiheit und Informationsfreiheit als Menschenrechte. Die Verankerung der Äußerungs-, Informations-, Presse- und Rundfunkfreiheit sowie des Zensurverbots in völkerrechtlichen Übereinkommen und in den Rechtsordnungen der KSZE Staaten unter besonderer Berücksichtigung rechtsphilosophischer und rechtsgeschichtlicher Hintergründe, Schriften zum Völkerrecht, Bd. 88, Berlin, 1988, 153 ff.; Nowak, Artikel 19, Rn.11; Partsch, Karl Josef, Freedom of Conscience and Expression, and Political Freedoms, in: Henkin, Bill of Rights, 209-245, 218. Siehe zu Artikel 10 EMRK Frowein, in: Frowein/ Peukert, Artikel 10, Rn.5, 11.

1 der beiden Pakte geschützte Recht auf Selbstbestimmung beinhaltet das Recht eines Volkes, vorbehaltlich entgegenstehender völkerrechtlicher Verpflichtungen, frei über seine natürlichen Reichtümer und Mittel zu verfügen. Als Kerngehalt bestimmen die beiden Artikel 1 Absatz 2, S. 2, daß ein Volk nicht seiner eigenen Existenzmittel beraubt werden darf [661]. Diese aus dem Recht auf Selbstbestimmung fließende Grenze hat auch der Sicherheitsrat bei der Ausgestaltung und Durchführung von Wirtschaftssanktionen zu beachten.

4.3.4. Die Rechte des Kindes

Wirtschaftssanktionen können insbesondere für Kinder erhebliche nachteilige Auswirkungen haben[662]. Die gegenüber Kindern nach der Kinderkonvention für die Vertragsstaaten bestehende besondere Verpflichtung, bei allen Maßnahmen das Kindeswohl zu berücksichtigen[663], gilt gemäß Artikel 1 Ziff. 3 der Charta entsprechend für den Sicherheitsrat[664]. Im Rahmen von Wirtschaftssanktionen ist der Sicherheitsrat daher verpflichtet, den erweiterten Schutzbereich bestimmter Rechte zu beachten, sofern Kinder als Rechtsträger betroffen sind. Dies gilt für das bereits erwähnte Recht des Kindes auf Leben[665] und die Rechte auf Gesundheitsschutz[666], auf Entwicklung[667], auf Bildung[668] sowie auf Arbeitsschutz[669]. Hinsichtlich der Reichweite der für den Sicherheitsrat bestehenden Verpflichtung kommen dabei die bereits in bezug auf die wirtschaftlichen, sozialen und kulturellen Rechte entwickelten Grundsätze zur Anwendung.

---

[661] Siehe zum Inhalt des Selbstbestimmungsrechts Nowak, Artikel 1, Rn.35 ff.

[662] Siehe 2. Kap., 3.2.1.

[663] Artikel 3 und 4 der Kinderkonvention. Siehe dazu Detrick, 85 ff.

[664] S.o. 3.4. und 4.1.

[665] Artikel 6 der Kinderkonvention (s.o. Anm. 526.)

[666] Artikel 24 Absatz 1 und 2 der Kinderkonvention. Hierbei ist besonders Absatz 4 zu beachten, wonach sich die Vertragsstaaten verpflichten, die internationale Zusammenarbeit zu unterstützen und zu fördern, um fortschreitend die volle Verwirklichung des in diesem Artikel anerkannten Rechts zu erreichen, wobei die Bedürfnisse der Entwicklungsländer besonders zu berücksichtigen sind. Siehe zu Artikel 24 Detrick, 396 ff. und Dorsch, 169 ff.

[667] Artikel 27 der Kinderkonvention. Dazu Qvortrup, Jens, The Meaning of a Child's Standard of Living und Rushton, Francis E./Greenberg, Robert E., The Relationship between Standard of Living and Physical Development, jeweils in: Bowers Andrews, Arlene/Hevener Kaufman, Natalie (Hrsg.), Implementing the U.N.Convention on the Rights of the Child, Westport, Connecticut, 1999, 46-55 bzw. 59-68.

[668] Artikel 28 der Kinderkonvention. Siehe dazu Detrick, 471 ff.; Dorsch, 179.

[669] Artikel 32 der Kinderkonvention. Siehe dazu Detrick, 558.

4.3.5. Die Rechte der Frau

Wirtschaftssanktionen können für Frauen im Vergleich zu Männern zu gravierenderen Nachteilen bzw. zu einer schwerwiegenderen Beeinträchtigung der Ausübung von Rechten führen[670]. Den Sicherheitsrat trifft aus Artikel 1 Ziff. 3 der Charta die Pflicht, bei der Ausgestaltung und Durchführung von Wirtschaftssanktionen jegliche Diskriminierung der Frau, also gemäß Artikel 1 des Übereinkommens zur Beseitigung der Diskriminierung der Frau eine mit dem Geschlecht begründete Unterscheidung, Ausschließung oder Beschränkung, die in einer Beeinträchtigung oder Vereitelung von Menschenrechten oder Grundfreiheiten resultiert, zu unterlassen.

4.3.6. Ergebnis

Der Sicherheitsrat hat bei der Verhängung und Beibehaltung von Wirtschaftssanktionen neben den bereits aufgeführten zwingenden Rechten grundsätzlich die in dem Pakt über bürgerliche und politische Rechte geschützten Rechte, den Mindestbestand der in dem Pakt über wirtschaftliche, soziale und kulturelle Rechte normierten Rechte sowie die Rechte der Frauen und Kinder zu beachten. Der Sicherheitsrat darf allerdings im Rahmen der Abwägung von den dispositiven Rechten abweichen, soweit dies zur Friedenssicherung notwendig ist.

4.4. Die sich aus den Normen des humanitären Völkerrechts ergebenden Pflichten des Sicherheitsrats

4.4.1. Die Gesamtheit der Normen des humanitären Völkerrechts als Normen des Völkergewohnheitsrechts bzw. des zwingenden Völkerrechts

Die Bestimmungen des humanitären Völkerrechts sind oftmals in ihrer Gesamtheit als Normen des Völkergewohnheitsrechts bzw. des zwingenden Völkerrechts bezeichnet worden[671]. In Hinblick auf die vier Genfer Konventionen liegt

---

[670] Siehe 2. Kap., 3.2.1.

[671] Die Auffassung, das gesamte humanitäre Völkerrecht sei zwingendes Recht, vertreten Abi-Saab, Georges, The specifities of humanitarian law und Condorelli, Luigi/Boisson de Chazournes, Laurence, Quelques Remarques à propos de l'obligation des Etats de « respecter et faire respecter » le droit international humanitaire « en toutes circonstances », jeweils in: Swinarski, Christophe (Hrsg.): Etudes sur le droit international humanitaire et sur les principes de la Croix-Rouge en l'honneur de Jean Pictet/Studies and essays on international humanitarian law and Red Cross principles in honour of Jean Pictet, Genf, Den Haag, 1984,

eine hinreichende, von einer Rechtsüberzeugung getragene Staatenpraxis vor, um eine Vielzahl der darin verbürgten Normen als Gewohnheitsrecht bezeichnen zu können. Eine große Zahl von Staaten hat entweder anläßlich kriegerischer Auseinandersetzungen oder in allgemeiner Form in ihren Militärhandbüchern die völkergewohnheitsrechtliche Geltung der Genfer Konventionen anerkannt[672]. In zwei einstimmig verabschiedeten Resolutionen der Generalversammlung sind außerdem die Grundsätze des Schutzes der Zivilbevölkerung während bewaffneter Auseinandersetzungen bekräftigt worden[673]. Darüber hinaus enthalten eine Reihe von Resolutionen der Generalversammlung[674] und des Sicherheitsrats[675] die Aufforderung an die an einem Konflikt beteiligten Parteien, die Bestimmungen der Genfer Konventionen einzuhalten. Der IGH hat in seiner Rechtsprechung festgehalten, daß die unter allen Umständen bestehende Verpflichtung zur Einhaltung und Durchsetzung der Bestimmungen der Genfer Konventionen aus den allgemein anwendbaren Grundsätzen des humanitären

---

265-280, 271, 280 bzw. 17-35, 33; Bossuyt, Economic Sanctions, 28, Fn. 18; Pictet, Jean, Development and Principles of International Humanitarian Law, Dordrecht, Boston, Lancaster, Genf, 1985, 87; Suy, International Humanitarian Law, 521; Schermers, Henry G., The obligation to intervene in the domestic affairs of States, in: Delissen, Astrid J.M./Tanja, Gerard M.(Hrsg.), Humanitarian Law of Armed Conflict-Challenges Ahead, Essays in Honour of Frits Karlshoven, Dordrecht, Boston, London, 1991, 585-593, 592. In der Rechtsprechung des IGH Richter Weeramantry, S.O., im Nuclear Weapons Fall, ICJ Reports 1996, 429, 496. Siehe auch den Standpunkt der ILC, Report of the International Law Commission on the Work of its Thirty-Second Session, 5. Mai-25. Juli 1980, U.N.Doc. A/35/10 (1980), 35 U.N. GAOR Supp. (No.10), 98: "... some of these rules (des humanitären Völkerrechts) are, in the opinion of the Commission, rules which impose obligations of *jus cogens* ..."

[672] Das Jugoslawien-Tribunal hat im Tadic Fall eine ausführliche Untersuchung der entsprechenden Staatenpraxis vorgenommen, siehe ICTY, Prosecutor v. Tadic (1.Kap., Anm. 34), Ziff. 96 ff.

[673] A/RES 2444 (1968) und A/RES 2675 (1970).

[674] Zur UN Praxis van Boven, Theodor, Reliance on Norms of Humanitarian Law by United Nations' Organs, in: Delissen/Tanja, Humanitarian Law of Armed Conflict (s.o. Anm. 671), 495-513.

[675] Es ist inzwischen fast zur ständigen Praxis des Sicherheitsrats geworden, die Parteien eines bewaffneten Konflikts zur Einhaltung des humanitären Völkerrechts aufzufordern. Siehe beispielhaft für das Jahr 2000 S/RES 1315 (14. August 2000), Sierra Leone; S/RES 1304 (16 Juni 2000) Ziff. 15, Demokratische Republik Kongo; S/RES 1297 (12. Mai 2000) Ziff. 8, Äthiopien/Eritrea sowie aus der früheren Praxis insbesondere S/RES 794 (1992), Ziff. 4 und 5, Somalia. Zur Praxis des Sicherheitsrats Bourloyannis, Christiane, The Security Council of the United Nations and the implementation of international humanitarian law in: Denver Journal of International Law and Policy 20 (1992), 335-355; Schwebel, 747 ff.; Suy, International Humanitarian Law, 515 ff.

Völkerrechts, mithin also aus Völkergewohnheitsrecht, folgt[676]. Dabei komme der großen Mehrheit der Regeln des humanitären Völkerrechts der Status von Völkergewohnheitsrecht zu[677]. Zu diesem Schluß gelangte auch der Generalsekretär[678] sowie das Jugoslawien-Tribunal in seiner Rechtsprechung[679].

Während die Geltung der Genfer Konventionen oder zumindest einer Vielzahl ihrer Normen als Völkergewohnheitsrecht inzwischen weitgehend anerkannt ist[680], kann eine entsprechende Übereinstimmung in Hinblick auf die Zusatzprotokolle nicht festgestellt werden[681]. Zwar erheben auch die beiden Zusatzprotokolle ihrem Inhalt nach den Anspruch universeller Geltung[682]. Gegen ihre uneingeschränkte Geltung als Völkergewohnheitsrecht und damit auch als zwingendes Völkerrecht spricht allerdings die vergleichsweise geringe Zahl der Vertragsstaaten und der Umstand, daß die fehlende Ratifizierung der Protokolle in einer Reihe von Fällen damit begründet wurde, daß bestimmte Vorschriften Innovationen darstellen würden, die für den betreffenden Staat nicht akzeptabel seien[683]. Es fehlt zudem eine beständige Praxis der Berufung auf die Bestimmungen der Zusatzprotokolle in ihrer Gesamtheit, um von ihrer Geltung als Völkergewohnheitsrecht ausgehen zu können[684]. Allerdings sind eine Vielzahl

---

676 Im Nicaragua Fall, ICJ Reports 1986, 14, 114 (s.o. Anm. 406). Siehe zur Kritik an der methodischen Vorgehensweise des IGH im Nicaragua Fall Meron, Human Rights, 36, 37; Schwebel, 742.

677 Nuclear Weapons, ICJ Reports 1996, 226, 256 ff., insbesondere 257, Ziff. 79: (Die in den Haager und Genfer Konventionen enthaltenen Grundsätze sind): "fundamental rules to be observed by all States whether or not they have ratified the conventions that contain them, because they constitute intransgressible principles of international customary law."

678 S/25704 (s.o. Anm. 205), Ziff. 35 und 37.

679 Im Tadic Fall, ICTY, Prosecutor v. Tadic (1. Kap., Anm. 34), Ziff. 117, vertrat das Tribunal die Auffassung, daß die meisten der im 2. ZP zu den Genfer Konventionen enthaltenen Regeln deklaratorisch sind oder entstehende Regeln des Völkergewohnheitsrechts kristallisiert haben. Dazu Meron, Theodor, The Continuing Role of Custom in the Formation of International Humanitarian Law, in: AJIL 90 (1996), 238-249.

680 Meron, Human Rights, 46 ff.

681 Siehe zum völkergewohnheitsrechtlichen Status der in den Zusatzprotokollen enthaltenen Normen Bothe/Partsch/Solf, 277 ff.; Cassese, Geneva Protocols, 68 ff.; Greenwood, 100 ff., Kadelbach, Zwingende Normen HuV, 123; Meron, Human Rights, 62 ff.

682 So etwa in Artikel 1, 1. ZP.

683 So vor allem die Vereinigten Staaten, die das 1. ZP nicht ratifiziert haben. Zur Position der Vereinigten Staaten Remarks by W. Hays Parks und Lt.-Col. B. Carnahan, in: Panel on Customary Law and Additional Protocol I to the Geneva Conventions for Protection of War Victims: Future Directions in Light of the U.S. Decision not to Ratify, PASIL 81 (1989), 27 ff. und 37 ff. sowie Matheson, 419 ff.

684 Siehe Greenwood, 100 ff.

von Normen der Zusatzprotokolle deklaratorischer Natur oder inzwischen zu Völkergewohnheitsrecht erstarkt[685].

Für die zwingende Natur der Normen des humanitären Völkerrechts läßt sich deren besonderer Schutzgehalt anführen, der in den Genfer Konventionen durch eine Vielzahl von Regelungen zum Ausdruck kommt[686]. Die Bestimmungen in den einzelnen Verträgen sind jedoch zu unterschiedlich ausgestaltet, als daß ihnen in ihrer Gesamtheit ein zwingender Charakter zugesprochen werden könnte. Dies ist schon hinsichtlich einiger in den vier Genfer Konventionen enthaltenen Bestimmungen anerkannt[687]. Es muß daher um so mehr für die Vorschriften der Zusatzprotokolle gelten, bei denen bereits die Geltung als Völkergewohnheitsrecht umstritten ist. Als zwingende Normen des humanitären Völkerrechts können daher nur solche Normen gelten, deren fundamentaler Charakter in den Konventionen selbst zum Ausdruck kommt und durch eine entsprechende Staatenpraxis als universell geltend anerkannt worden ist.

4.4.2. Die konkreten Pflichten des Sicherheitsrats aus dem humanitären Völkerrecht

4.4.2.1. Die Anwendbarkeit des für internationale bewaffnete Konflikte geltenden humanitären Völkerrechts

Vor der Bestimmung des Status der einzelnen Normen des humanitären Völkerrechts gilt es zu klären, welches Regelwerk auf die vom Sicherheitsrat verhängten Wirtschaftssanktionen anwendbar ist. Dies könnte sich, der im humanitären Völkerrecht für bewaffnete Konflikte geltenden Unterscheidung entsprechend nach der Natur des betreffenden Konflikts richten, wonach entweder die Regeln des für internationale bewaffnete Konflikte oder des für nicht-internationale

---

685 Dies gilt besonders für die dem Schutz der Zivilbevölkerung dienenden Vorschriften. Siehe Cassese, Geneva Protocols, 82 ff.; Greenwood, 108 ff.; Hannikainen, 607.

686 Siehe Kadelbach, Zwingendes Völkerrecht, 70, 71; Hannikainen, 605; Schindler, Erga Omnes, 199 ff. Zu nennen sind hier die Artikel 1, das Verbot der Sondervereinbarungen nach Artikel 7/7/7/8 der GK, die eingeschränkte Kündigungsmöglichkeit nach Artikel 63/62/142/158 der GK sowie Artikel 99/25 der ZP, die fehlende Verzichtsmöglichkeit der geschützten Personen nach Artikel 7/7/7/8 der GK, die Pflicht zur Bestrafung schwerer Verletzungen der Normen als Verbrechen nach Artikel 50/51/130/147 der GK sowie Artikel 85, 86 des 1. ZP.

687 Hannikainen, 606; Kadelbach, Zwingende Normen HuV, 121, der gegen die zwingende Natur anführt, daß die in den Konventionen normierten Regeln nur zwischen den Parteien gelten und die Konvention überdies durch die Parteien gekündigt werden könnten.

bewaffnete Konflikte geltenden humanitären Völkerrechts Anwendung finden. Hierbei würde jedoch verkannt, daß durch das Eingreifen des Sicherheitsrats und damit sämtlicher Mitgliedstaaten der Vereinten Nationen, selbst wenn dieser nicht als Konfliktpartei anzusehen ist, eine Konfliktlage geschaffen wird, die notwendigerweise internationale Züge aufweist. Dieser Umstand gebietet, daß die für internationale bewaffnete Konflikte geltenden Regeln, die überdies gegenüber den für nicht-internationale bewaffnete Konflikte geltenden Regeln einen größeren Schutzumfang vermitteln, Anwendung finden[688].

4.4.2.2. Die Anwendbarkeit der einzelnen Normen des humanitären Völkerrechts im Rahmen von Wirtschaftssanktionen

Der Sicherheitsrat unterliegt bei der Verhängung von Wirtschaftssanktionen keiner uneingeschränkten Bindung an das humanitäre Völkerrecht. Vielmehr kann seine Bindung nur soweit reichen, als das humanitäre Völkerrecht im Rahmen von Wirtschaftssanktionen entsprechend anwendbar ist[689]. Eine derartige Anwendung kommt für die Bestimmungen über den freien Durchlaß von Gütersendungen[690], die Durchführung humanitärer Hilfsmaßnahmen[691] und den Schutz der Zivilbevölkerung[692] in Betracht.
Der Sicherheitsrat wird zwar durch die Verhängung von Wirtschaftssanktionen nicht zur Konfliktpartei. Gleichwohl gebietet sich eine entsprechende Anwendung, da die Verhängung von Wirtschaftssanktionen eine Konfliktlage zwischen dem Sicherheitsrat und dem Sanktionsadressaten begründet, in welcher der Sicherheitsrat die Kontrolle über das Gebiet des Sanktionsadressaten insoweit ausübt, als er durch die von ihm beschlossenen Sanktionsmaßnahmen bestimmt, welche Handelsbeziehungen mit dem betreffenden Gebiet bestehen dürfen. Die Stellung des Sicherheitsrats unterscheidet sich demnach bei der Verhängung und Durchführung der Sanktionsmaßnahmen nicht wesentlich von der eines Staats, der in einem bewaffneten Konflikt den Durchlaß von Gütern gegenüber einer Konfliktpartei kontrolliert. Wirtschaftssanktionen können darüber hinaus ebenso wie bewaffnete Angriffe Bestandteil einer Methode des Aushungerns der Zivilbevölkerung sein, soweit der Bevölkerung durch die verhängten Maßnahmen die zum Überleben erforderlichen Nahrungsmittel vorenthalten werden.

Eine andere Beurteilung ist in Hinblick auf das Gebot der Unterscheidung und das Verbot des gezielten Angriffs auf die Zivilbevölkerung geboten. Diese sind

---

[688] Siehe Starck, 247 ff.
[689] S.o. 3.5.2.
[690] Artikel 23 IV. GK.
[691] Artikel 59 IV. GK, Artikel 70 1. ZP.
[692] Artikel 48 ff., 1. ZP.

auf die Eigenheiten, die dem Einsatz von Waffengewalt anhaften, zugeschnitten[693]. Es läßt sich auch keine strukturelle Ähnlichkeit von Wirtschaftssanktionen feststellen, die eine entsprechende Anwendung zuließe. Dem Gebot der Unterscheidung und dem Verbot des gezielten Angriffs liegt die Prämisse zugrunde, daß Waffengewalt so eingesetzt werden kann, daß eine Unterscheidung zwischen dem militärischen Ziel des Angriffs und der Zivilbevölkerung möglich ist. Wirtschaftssanktionen, zumindest sofern sie nicht gezielt sind, zielen hingegen ihrer Natur nach auf eine flächendeckende Wirkung, welche die gesamte Volkswirtschaft und dadurch die Lebensverhältnisse der Bevölkerung betrifft. Aufgrund dieses Umstands kann beim Einsatz von umfassenden, aber auch partiellen, ungezielten Wirtschaftssanktionen von vornherein keine Unterscheidung zwischen dem Adressaten der Maßnahmen und der Zivilbevölkerung in einer mit dem Einsatz von Waffengewalt vergleichbaren Weise getroffen werden. Der Sicherheitsrat unterliegt im Ergebnis daher keiner Bindung an die detaillierten Regelungen in Artikel 51 des 1. ZP, da eine entsprechende Anwendung auf Wirtschaftssanktionen aufgrund des auf die Besonderheiten des Einsatzes von Waffengewalt zugeschnittenen Regelungsinhalts der Norm ausscheidet[694]. Der Sicherheitsrat hat aber aus seiner Bindung an das humanitäre Völkerrecht das in den Grundsätzen der Unterscheidung und des Verbots des gezielten Angriffs auf die Zivilbevölkerung zum Ausdruck kommende humanitäre Prinzip bei der Verhängung und Durchführung von Wirtschaftssanktionen angemessen zu berücksichtigen. Er hat demnach Wirtschaftssanktionen so zu fassen, daß die Zivilbevölkerung so weit wie möglich von den negativen Auswirkungen der Maßnahmen verschont bleibt[695]. Darüber hinausgehende konkrete Pflichten lassen sich hieraus aber aufgrund der aufgezeigten Verschiedenartigkeit von bewaffneten Angriffen und Wirtschaftssanktionen nicht herleiten[696].

---

[693] Die Grundregel der Unterscheidung, der der Status von Völkergewohnheitsrecht zukommt, gilt gemäß Artikel 48 des 1. ZP für Kriegshandlungen. Der Wortlaut des Artikel 51 Absatz 1-5 und des Artikel 49 Absatz 1 des 1. ZP zeigt, daß unter einem Angriff militärische Kriegshandlungen unter Einsatz körperlicher Gewalt, womit Wirtschaftssanktionen als Angriff ausscheiden, zu verstehen sind. Siehe Bothe/Partsch/Solf, Artikel 49, Ziff. 2.2., 2.2.2.

[694] Ebenso ausführlich Starck, 262 ff.

[695] Insofern kann auch aus dem humanitären Völkerrecht eine Minimierungspflicht hergeleitet werden (siehe zu dieser Pflicht oben 3.4.2.2.6.b).

[696] In der Literatur wird oftmals ohne nähere Differenzierung von der Anwendbarkeit des Grundsatzes der Unterscheidung und des Verbots des gezielten Angriffs auf die Sanktionsmaßnahmen des Sicherheitsrats ausgegangen bzw. diese Grundsätze zur Beurteilung der Zulässigkeit der vom Sicherheitsrat verhängten Maßnahmen herangezogen. Siehe Köchler, 32; Normand, 30; Reisman/Stevick, 131 ff. und aus ethischer Perspektive Gordon, 124 ff., der zufolge umfassende Wirtschaftssanktionen mit einer militärischen Belagerung, die auf das Vorenthalten der wirtschaftlichen Ressourcen des Belagerten gerichtet sind, verglichen werden können, die als Form des totalen Krieges nicht mit dem Gebot der Unterscheidung vereinbar sei.

Auch der im humanitären Völkerrecht geltende Grundsatz der Verhältnismäßigkeit findet keine Anwendung auf Wirtschaftssanktionen. Zum einen hat der Grundsatz der Verhältnismäßigkeit im humanitären Völkerrecht eine Ausprägung erfahren, die in erster Linie auf bewaffnete Kriegshandlungen zugeschnitten ist. Zum anderen bestimmt sich die Verhältnismäßigkeit der vom Sicherheitsrat beschlossenen Sanktionsmaßnahmen nach den im Rahmen der Abwägung entwickelten Grundsätzen[697].

4.4.2.2.1. Das Verbot des Aushungerns von Zivilpersonen als Mittel der Kriegführung gemäß Artikel 54 Absatz 1, 1. ZP

a) Völkerrechtlicher Status

Das Verbot des Aushungerns von Zivilpersonen als Mittel der Kriegführung stellt seiner Formulierung in Artikel 54, 1. ZP und seinem Inhalt nach eine fundamentale Norm zum Schutz der Zivilbevölkerung dar[698]. Das in Artikel 54, 1. ZP geregelte Verbot kann inzwischen als Völkergewohnheitsrecht gelten. Unter Hinweis auf Artikel 17 des Lieber Code aus dem Jahr 1863[699] sowie Artikel 23 g) des (Haager) Abkommens betreffend die Gesetze und Gebräuche des Landkriegs vom 18. Oktober 1907[700], die das Aushungern der Zivilbevölkerung als Mittel der Kriegführung zumindest im Falle militärischer Notwendigkeit erlaubten, ist Artikel 54 des 1. ZP als neuartiger Grundsatz des humanitären Völkerrechts qualifiziert worden, der von dem bis dahin geltenden Völkergewohnheitsrecht abweiche[701]. Es erscheint jedoch zweifelhaft, ob das gezielte Aushungern der Zivilbevölkerung als Mittel der Kriegführung nicht bereits vor Verabschiedung des 1. ZP verboten war, da es gegen das im Völkergewohnheitsrecht anerkannte Verbot des Angriffs auf die Zivilbevölkerung und den Grundsatz der Unterscheidung zwischen Kombattanten und Zivilbevölkerung verstößt[702]. Das Verbot des Aushungerns konkretisiert somit nicht nur diese allgemein geltenden Grundsätze des humanitären Völkerrechts. Es ist auch im

---

697 S.o. 3.4.2.2.

698 In Artikel 54 Absatz 1 des 1. ZP heißt es kategorisch: „Das Aushungern von Zivilpersonen als Mittel der Kriegführung ist verboten."

699 Instructions for the Government of Armies of the United States in the Field (Lieber Code), 24. April 1863: "It is lawful to starve the hostile belligerent, armed or unarmed, so that it leads to the speedier subjection of the enemy."

700 "In addition to the prohibitions provided by special Conventions, it is especially forbidden...to destroy or seize the enemy's property, unless such destruction or seizure be imperatively demanded by the necessities of war."

701 Bothe/Partsch/Solf, Artikel 54, Ziff. 2.1.

702 Allen, 39, 40; Greenwood, 110; Provost, 629.

Lichte der parallelen Entwicklung im Bereich der Menschenrechte zu sehen, wonach das gezielte Aushungern eine Verletzung des Rechts auf Leben bzw. des Rechts auf Nahrung darstellt[703]. Vor diesem Hintergrund läßt die auf Übereinstimmung beruhende, ohne Vorbehalte erklärte Annahme der Vorschrift in das 1. ZP den Schluß zu, daß die Mehrzahl der Staaten das Verbot als Völkergewohnheitsrecht anerkannt haben[704]. Diese Anerkennung wird durch die Staatenpraxis bekräftigt, in der das Aushungern der Zivilbevölkerung durch eine der beteiligten Kriegsparteien wiederholt von anderen Staaten aufs schärfste als Verstoß gegen das humanitäre Völkerrecht kritisiert worden ist[705].
Das Verbot des Aushungerns der Zivilbevölkerung hat in der Staatenpraxis jedoch noch nicht in eindeutiger Weise Anerkennung als zwingende Norm des humanitären Völkerrechts gefunden. Das Verbot ist nicht in den Strafenkatalog des Artikel 85, 1. ZP aufgenommen worden. In den Statuten des Jugoslawien- und des Ruanda-Tribunals ist das Verbot nicht durchgehend als völkerrechtliches Verbrechen qualifiziert worden[706]. Der bisherigen Staatenpraxis fehlt es an der gebotenen Eindeutigkeit, um die zwingende Natur des Verbots zu begründen. In der Rechtsprechung finden sich gleichfalls keine Belege für den Status des Verbots als Norm des Jus Cogens. Auch wenn aufgrund des fundamentalen Inhalts des Verbots einiges dafür spricht, daß es zukünftig als Verbot zwingender Natur anerkannt werden wird, kann eine derartige Feststellung zum gegenwärtigen Zeitpunkt nicht mit der erforderlichen Eindeutigkeit getroffen werden[707]. Das Verbot des Aushungerns ist aber schon jetzt insoweit zwingender Natur, als das Aushungern einen nach den gemeinsamen Artikeln 3 verbotenen Angriff auf das Leben und die Personen darstellt[708].

b) Der Tatbestand des Verbots des Aushungerns

Unter Aushungern ist das Herbeiführen des Hungertodes, Nahrungsentzug oder die gänzlich unzureichende Versorgung der Zivilbevölkerung mit Nahrungs-

---

[703] Allen, 52 ff.; Provost, 631.
[704] Allen, 85; Cassese, 92, 93; Gasser, Hans-Peter, Kommentar anläßlich einer Sitzung zum Thema: Customary Law and Additional Protocol I to the Geneva Conventions for the Protection of War Victims: Future Direction in Light of the U.S. Decision not to ratify, in: PASIL, 81st Annual meeting, 1987, 34; Greenwood, 110; Provost, 634. Ebenso Matheson, 426.
[705] Siehe Nachweise bei Provost, 632 ff.
[706] Das Aushungern wird lediglich in Artikel 8 xxv) des IStGH-Statuts ausdrücklich als Kriegsverbrechen bezeichnet, wobei der Tatbestand wie folgt umschrieben ist: "Intentionally using starvation of civilians as a method of warfare by depriving them of objects indispensable to their survival, including wilfully impeding relief supplies as provided for under the Geneva Conventions."
[707] Hannikainen, 685.
[708] Zur zwingenden Natur des Artikel 3 Meron, Human Rights, 31 ff.

mitteln zu verstehen[709]. Es ist verboten, Aushungern als Methode der Kriegführung einzusetzen[710]. Aushungern darf nicht vorsätzlich eingesetzt werden, um eine Hungersnot bei der Bevölkerung zu verursachen, insbesondere durch das Entziehen ihrer Nahrungsmittelquellen oder das Vorenthalten von Nahrungsmittellieferungen[711]. Maßnahmen, die zu diesem Zweck getroffen werden würden, sind mit dem Grundsatz des Schutzes der Zivilbevölkerung unvereinbar[712].

4.4.2.2.2. Das Verbot des Aushungerns gemäß Artikel 54 Absatz 2, 1. ZP

a) Völkerrechtlicher Status

Das in Artikel 54 Absatz 2 enthaltene Verbot der Zerstörung von für die Zivilbevölkerung lebensnotwendigen Objekten[713] wird gemeinhin als deklaratorische Regelung angesehen, die bestehendes Völkergewohnheitsrecht widerspiegelt[714]. Eine neuartige Regelung stellt jedoch die Bestimmung des Absatz 3 b) dar, wonach die anerkannte Ausnahme, daß das Verbot keine Anwendung findet, wenn die Objekte zur unmittelbaren Unterstützung einer militärischen Handlung benutzt werden, dahingehend eingeschränkt ist, daß gegen die Objekte nicht so vorgegangen werden darf, daß eine unzureichende Versorgung der Bevölkerung mit Lebensmitteln oder Wasser zu erwarten wäre, durch die sie einer

[709] Breining-Kaufmann, 197; Sandoz/Swinarski/Zimmermann, IKRK Kommentar 1. ZP, Artikel 54, Rn. 2089.

[710] Ebd., Rn. 2088-2090.

[711] Provost, 604, 605, zufolge reicht ein Eventualvorsatz aus, wenn die getroffenen Maßnahmen in vorhersehbarer Weise zum Aushungern führen. Dagegen hält Solf, Waldemar, Protection of Civilians against the Effects of Hostilities under Customary International Law and under Protocol 1, 1, in: American University Journal Int'l law & Policy 1 (1986), 117-135, 133, Absicht im Sinne eines gezielten Vorenthaltens für erforderlich. Das dem Einsatz des Aushungerns zugrundeliegende methodische Vorgehen legt den Schluß nahe, daß die betreffende Partei das Mittel des Aushungerns gezielt einzusetzen hat. So auch Sandoz/Swinarski/Zimmermann, IKRK Kommentar 1. ZP, Artikel 54, Rn. 2089.

[712] Ebd.

[713] Im Wortlaut: „Es ist verboten, für die Zivilbevölkerung lebensnotwendige Objekte wie Nahrungsmittel, zur Erzeugung von Nahrungsmitteln genutzte landwirtschaftliche Gebiete, Ernte- und Viehbestände, Trinkwasserversorgungsanlagen und -vorräte sowie Bewässerungsanlagen anzugreifen, zu zerstören, zu entfernen oder unbrauchbar zu machen, um sie wegen ihrer Bedeutung für den Lebensunterhalt der Zivilbevölkerung oder der gegnerischen Partei vorzuenthalten, gleichviel ob Zivilpersonen ausgehungert oder zum Fortziehen veranlaßt werden sollen oder ob andere Gründe maßgebend sind."

[714] Cassese, 92; Greenwood, 110, unter Hinweis auf das US Naval Commander's Handbook, das als Indikator für die Position der Vereinigten Staaten herangezogen werden kann; Provost, 634.

Hungersnot ausgesetzt oder zum Weggang gezwungen würde[715]. Diese Regelung schränkt in Ausprägung des Verbots unterschiedsloser Angriffe auf die Zivilbevölkerung den Rückgriff auf militärische Notwendigkeit als Rechtfertigungsgrund für ein Vorgehen gegen die geschützten Objekte ein[716]. Sie stellt darüber hinaus eine konkrete Ausformung und Erweiterung des in Absatz 1 enthaltenen Verbots des Aushungerns dar. Aufgrund der einstimmigen, vorbehaltlosen Annahme dieser ein grundsätzliches humanitäres Gebot kodifizierenden Bestimmung und fehlender Anzeichen dafür, daß in der Staatenpraxis militärische Notwendigkeit als Rechtfertigungsgrund für einen derartigen Angriff vorgebracht worden wäre, ist diese Bestimmung als geltendes Völkergewohnheitsrecht anzusehen[717]. In Hinblick auf die zwingende Natur des Absatz 2 gelten die Ausführungen zu Artikel 54 Absatz 1 entsprechend.

b) Der Tatbestand des Verbots des Aushungerns nach Absatz 2

Artikel 54 Absatz 2 verbietet vorbehaltlich der in Absatz 3 geregelten Ausnahmen die gezielte Vornahme der im einzelnen aufgeführten Handlungen zu dem Zweck, diese wegen ihrer Bedeutung für den Lebensunterhalt der Zivilbevölkerung oder der gegnerischen Partei vorzuenthalten[718].

4.4.2.2.3. Die Regeln über die Lieferung von Hilfssendungen

a) Völkerrechtlicher Status der Artikel 23 IV.GK, 59 IV.GK und 70 1. ZP

Eine Pflicht der Vertragsparteien, humanitären Hilfssendungen freien Durchlaß zu gewähren, findet sich in Artikel 23 IV. GK, eine Pflicht, humanitäre Hilfsaktionen zu gestatten, in Artikel 59 IV.GK[719] und in Artikel 70 des 1. ZP. In diesen Vorschriften sind diese Pflichten unterschiedlich ausgestaltet und stehen jeweils unter dem Vorbehalt, daß eine Kontrolle der humanitären Hilfssendungen zulässig ist[720]. In der einstimmig verabschiedeten Resolution 2675 der Generalversammlung wird die Bereitstellung und die Gewährung humanitärer Hilfe an die Zivilbevölkerung durch alle Vertragsparteien als elementarer Grundsatz des

[715] Bothe/Partsch/Solf, Artikel 54, Ziff. 2.4.2.; Cassese, 92.
[716] Provost, 605.
[717] Hierzu Cassese, 92, 93; Provost, 631 ff.
[718] Siehe Wortlaut in Anm. 713.
[719] Artikel 55 IV.GK findet im Rahmen von Wirtschaftssanktionen keine Anwendung, weil der Sicherheitsrat keine Besatzungsmacht im Sinne dieser Vorschrift ist. Zum Begriff der Besatzung Glahn, Gerhard von, The Occupation of Enemy Territory. A Commentary on the Law and Practice of Belligerent Occupation, Minneapolis, 1957, 27.
[720] Siehe hierzu im einzelnen den nachfolgenden Abschnitt.

Schutzes der Zivilbevölkerung während eines bewaffneten Konflikts anerkannt[721]. In der Staatenpraxis ist das Recht auf Durchführung und Erhalt humanitärer Hilfssendungen wiederholt geltend gemacht sowie eine Pflicht aller Beteiligten, humanitäre Hilfssendungen zu gestatten, angenommen worden[722]. Da Artikel 23, Artikel 59 IV.GK und Artikel 70 des 1.ZP elementare humanitäre Prinzipien normieren, die in engem Zusammenhang mit dem Verbot des Aushungerns und dem Gebot der Unterscheidung zwischen Kombattanten und Zivilbevölkerung stehen, gelten diese aufgrund der uniformen Staatenpraxis und der entsprechenden Rechtsüberzeugung der überwiegenden Mehrheit der Staaten als Völkergewohnheitsrecht[723]. Ein Verstoß gegen die Pflicht, humanitären Hilfssendungen freien Durchlaß zu gewähren bzw. diese zu gestatten, stellt jedoch keine nach Artikel 85 des 1.ZP zu ahndende Verletzung des humanitären Völkerrechts dar. Aufgrund der Natur der Pflicht als bedingtem Gebot sowie angesichts der bisherigen Staatenpraxis lassen sich auch keine Anhaltspunkte dafür erkennen, daß die entsprechende Pflicht als derart fundamental anerkannt worden ist, daß ihr der Status einer Norm des zwingenden Völkerrechts zugesprochen werden kann[724].

b) Der Tatbestand der Artikel 23 IV. GK, 59 IV. GK und 70 1. ZP

Artikel 23 IV. GK begründet eine Pflicht, den dort aufgeführten Gütern freien Durchlaß zu gewähren[725]. Diese Pflicht gilt jedoch nicht vorbehaltlos. Vielmehr

---

[721] A/RES 2675 (1970), "Bearing in mind the need for measures to ensure the better protection of human rights in armed conflicts of all types, (... the General Assembly) Affirms the following basic principles for the protection of civilian populations in armed conflicts, without prejudice to their future elaboration within the framework of progressive development of the international law of armed conflict: (Ziff. 8). The provision of international relief to civilian populations is in conformity with the humanitarian principles of the Charter of the United Nations, the Universal Declaration of Human Rights and other international instruments in the field of human rights. The Declaration of Principles for International Humanitarian Relief to the Civilian Population in Disaster Situations, as laid down in resolution XXVI adopted by the twenty-first International Conference of the Red Cross, shall apply in situations of armed conflict, and all parties to a conflict should make every effort to facilitate this application." Siehe zu einem Recht auf humanitäre Hilfeleistung Segall, 767; Starck, 368 ff.

[722] Siehe Provost, 634 ff. zu Artikel 70 des 1. ZP.

[723] Allen, 77 ff.; Provost, 638.

[724] Hannikainen, 670 ff., dem zufolge lediglich das generelle Gebot, besonders verwundbare Personengruppen menschlich zu behandeln, zwingender Natur ist.

[725] Artikel 23, IV. GK, S. 1 und 2: „Jede Vertragspartei gewährt allen Sendungen von Arzneimitteln und Sanitätsmaterial sowie allen für den Gottesdienst notwendigen Gegenständen, die ausschließlich für die Zivilbevölkerung einer anderen Vertragspartei, selbst einer feindlichen, bestimmt sind, freien Durchlaß. Auch allen Sendungen von unentbehrlichen

besteht die Verpflichtung für die betreffende Partei nur dann, wenn sie keinen triftigen Grund zur Befürchtung haben muß, daß die Sendungen einen Vorteil für den Gegner haben könnten, wie in Buchstaben a bis c im einzelnen aufgeführt[726]. Diesbezüglich verfügt die Partei, die Wirtschaftssanktionen im Rahmen eines bewaffneten Konflikts verhängt, über ein weitreichendes Ermessen[727]. Auch wenn angesichts des Wortlauts zweifelhaft ist, inwieweit Artikel 23 IV.GK überhaupt faßbare rechtliche Verpflichtungen enthält, so würde eine Verletzung dieser Vorschrift zumindest dann vorliegen, wenn trotz offensichtlicher Bedürftigkeit der Bevölkerung die jeweilige Partei willkürlich die Lieferung von Lebensmitteln verweigern würde[728].

Artikel 59, S. 3, IV. GK verpflichtet die Konfliktparteien, den von unparteiischen humanitären Organisationen unternommenen Hilfsaktionen freien Durchlaß zu gewähren, sofern diese für die Bevölkerung eines besetzten Gebiets bestimmt ist, die ungenügend versorgt ist[729]. Diese Vorschrift kommt somit in denjenigen Fällen zum Tragen, in denen Wirtschaftssanktionen gegenüber einem Staat verhängt werden, der zugleich Besatzungsmacht in einem besetzten

---

Lebensmitteln, von Kleidung und von Stärkungsmitteln, die Kindern unter 15 Jahren, schwangeren Frauen und Wöchnerinnen vorbehalten sind, wird freier Durchlaß gewährt."

[726] Artikel 23, IV. GK, S. 3, 4, 5: „Eine Vertragspartei ist nur dann verpflichtet, die im vorstehenden Absatz erwähnten Sendungen ungehindert durchzulassen, wenn sie die Gewißheit besitzt, keinen triftigen Grund zur Befürchtung haben zu müssen, a) die Sendungen könnten ihrer Bestimmung entfremdet werden, b) die Kontrolle könnte nicht wirksam sein, oder c) der Feind könnte daraus einen offensichtlichen Vorteil für seine militärischen Anstrengungen und seine Wirtschaft ziehen, indem er diese Sendungen an die Stelle von Gütern treten läßt, die er sonst selbst hätte beschaffen oder herstellen müssen, oder indem er Material, Erzeugnisse und Dienste freimacht, die er sonst selbst zur Herstellung solcher Güter benötigt hätte. Die Macht, die den Durchlaß der in Absatz 1 dieses Artikels erwähnten Sendungen genehmigt, kann ihre Genehmigung von der Bedingung abhängig machen, daß die Verteilung an die Nutznießer an Ort und Stelle von den Schutzmächten überwacht werde. Diese Sendungen müssen so schnell wie möglich befördert werden, und der Staat, der ihren ungehinderten Durchlaß genehmigt, besitzt das Recht, die technischen Bedingungen festzusetzen, unter denen diese Genehmigung gewährt wird."

[727] Pictet, IKRK Kommentar IV. GK, Artikel 23, Rn. 182, 183. Fielding, 91; Provost, 592.

[728] Ebd., 593.

[729] Artikel 59, IV. GK, S. 1-3: „Ist die Bevölkerung eines besetzten Gebietes oder ein Teil derselben ungenügend versorgt, so gestattet die Besatzungsmacht Hilfsaktionen zu Gunsten dieser Bevölkerung und erleichtert sie im vollen Umfange der ihr zur Verfügung stehenden Mittel. Solche Hilfsaktionen, die entweder durch Staaten oder durch eine unparteiische humanitäre Organisation, wie das Internationale Komitee vom Roten Kreuz, unternommen werden können, bestehen insbesondere aus Lebensmittel-, Arznei- und Kleidungssendungen. Alle Vertragsstaaten gewähren diesen Sendungen freien Durchlaß und gewährleisten diesen Schutz."

Gebiet ist[730]. Gemäß Artikel 59 S. 4, IV. GK besteht für die jeweilige Partei, die den freien Durchlaß der Sendungen gewährt, das Recht, die Sendungen zu prüfen und ausreichende Zusicherungen zu verlangen, daß diese Sendungen zur Hilfeleistung an die Bevölkerung bestimmt sind und nicht zu Gunsten der Besatzungsmacht verwendet werden[731].

Artikel 70 1. ZP begründet eine Pflicht für sämtliche die Kontrolle ausübenden Staaten, den schnellen und ungehinderten Durchlaß von unparteiischen humanitären Hilfssendungen, die mit der Zustimmung der beteiligten Parteien erfolgen, zu genehmigen und zu erleichtern[732]. Diese Verpflichtung besteht dann, wenn die Zivilbevölkerung eines der Kontrolle einer am Konflikt beteiligten Partei unterliegenden Gebiets mit den in Artikel 69 1. ZP genannten Versorgungsgütern[733] unzureichend versorgt ist[734]. Der Durchlaß dieser Hilfssendungen kann von den am Konflikt beteiligten Parteien von einer Kontrolle, die den in

---

730 Pictet, IKRK Kommentar IV.GK, Artikel 59, Rn. 320.

731 „Die Macht, die den freien Durchlaß gewährt, die für ein von einer feindlichen Partei besetztes Gebiet bestimmt sind, hat jedoch das Recht, die Sendungen zu prüfen, ihren Durchlaß nach vorgeschriebenen Fahrplänen und Wegen zu regeln und von der Schutzmacht ausreichende Zusicherungen zu verlangen, daß diese Sendungen zur Hilfeleistung an die notleidende Bevölkerung bestimmt sind und nicht zu Gunsten der Besatzungsmacht verwendet werden."

732 „Die am Konflikt beteiligten Parteien und jede Hohe Vertragspartei genehmigen und erleichtern den schnellen und ungehinderten Durchlaß von Hilfssendungen,- ausrüstungen und -personal, die nach diesem Abschnitt bereitgestellt werden, auch wenn die Hilfe für die Zivilbevölkerung der gegnerischen Partei bestimmt ist." Siehe hierzu Bothe/Partsch/Solf, Artikel 70, Ziff. 2.2.; Sandoz/Swinarski/Zimmermann, IKRK Kommentar 1. ZP, Artikel 70, Rn. 2792 ff.

733 „Über die in Artikel 55 des IV. Abkommens bezeichneten Verpflichtungen betreffend die Versorgung mit Lebens- und Arzneimitteln hinaus sorgt die Besatzungsmacht im Rahmen aller ihr zur Verfügung stehenden Mittel und ohne jede nachteilige Unterscheidung auch für die Bereitstellung von Kleidung, Material für die Übernachtung, Notunterkünften, anderen für das Überleben der Zivilbevölkerung des besetzten Gebiets wesentlichen Versorgungsgütern und Kultgegenständen."

734 Artikel 70, 1. ZP, Absatz 1: „Ist die Zivilbevölkerung eines der Kontrolle einer am Konflikt beteiligten Partei unterliegenden Gebiets, das kein besetztes Gebiet ist, nicht ausreichend mit den in Artikel 69 genannten Versorgungsgütern versehen, so sind ohne jede nachteilige Unterscheidung unparteiische humanitäre Hilfsaktionen durchzuführen, sofern die davon betroffenen Parteien zustimmen. Hilfsangebote, welche die genannten Bedingungen erfüllen, gelten weder als Einmischung noch als unfreundlicher Akt. Bei der Verteilung der Hilfssendungen werden zuerst Personen berücksichtigt, denen nach dem IV. Abkommen oder nach diesem Protokoll Vorzugsbehandlung oder besonderer Schutz zu gewähren ist, wie beispielsweise Kinder, schwangere Frauen, Wöchnerinnen und stillende Mütter." Hierzu Bothe/Partsch/Solf, Artikel 70, Ziff. 2.4.

Absatz 3 des Artikel 70 1. ZP genannten Zwecken dient, abhängig gemacht werden[735].

4.4.2.3. Die Pflichten des Sicherheitsrats aus den einzelnen Normen des humanitären Völkerrechts

Aus der entsprechenden Anwendung der dargestellten Normen des humanitären Völkerrechts lassen sich die folgenden Pflichten des Sicherheitsrats bei der Ausgestaltung und Durchführung von Wirtschaftssanktionen erschließen:
Der Sicherheitsrat darf keine Wirtschaftssanktionen verhängen, durch welche die Bevölkerung des Sanktionsadressaten ausgehungert wird. Hieraus folgt ein Verbot des gezielten Aushungerns der Bevölkerung. Der Sicherheitsrat hat die Wirtschaftssanktionen daher so auszugestalten, daß die Versorgung der Bevölkerung mit Nahrungsmitteln ermöglicht wird. Aus Artikel 54 Absatz 2 des 1. ZP folgt des weiteren, daß der Sicherheitsrat der Bevölkerung des Sanktionsadressaten nicht gezielt lebensnotwendige Objekte vorenthalten darf. Wirtschaftssanktionen dürfen somit nicht dazu führen, daß Nahrungsmittel, landwirtschaftliche Gebiete, Ernte- und Viehbestände, Trinkwasseranlagen sowie Bewässerungsanlagen unbrauchbar werden. In Anbetracht der Wirkungsweise von Wirtschaftssanktionen läßt sich zumindest diese Variante des Tatbestands entsprechend auf die vom Sicherheitsrat beschlossenen Maßnahmen anwenden. Der Sicherheitsrat hat die Sanktionsbestimmungen daher so zu fassen, daß die Lieferung von Gütern, die zur Instandhaltung der genannten Güter oder landwirtschaftlicher Produktionsflächen, Güter oder Bestände erforderlich sind, ermöglicht wird. Aus Artikel 54 Absatz 3 des 1. ZP folgt dabei, daß der Sicherheitsrat die Lieferung dieser Güter davon abhängig machen darf, daß diese nicht zu militärischen Zwecken verwendet werden. Allerdings hat er diesbezüglich zu beachten, daß die Auslegung der Sanktionsbestimmungen durch die hierzu berufenen Sanktionsausschüsse nicht dermaßen restriktiv erfolgt, daß eine unzureichende Versorgung der Bevölkerung mit Lebensmitteln oder Trinkwasser zu erwarten wäre. Da dies in bezug auf Lebensmittel aufgrund der jüngsten Praxis des Sicherheitsrats eher unwahrscheinlich ist, gilt dies vor allem für die Versorgung der Bevölkerung mit Wasser, die nicht dermaßen verschlechtert werden darf, daß sie im Vergleich zu den ohne die Sanktionen herrschenden Bedingungen im Land des Sanktionsadressaten die Wasserversorgung in einer Weise gefährdet, daß ein Überleben in der betreffenden Region nicht mehr möglich erscheint. Der Sicherheitsrat hat darüber hinaus den Lieferungen von Arzneimitteln, für den Gottesdienst bestimmten Gegenständen sowie allen Sendungen von unentbehrlichen Lebensmitteln, von Kleidung und von Stärkungsmitteln für

---

[735] Siehe hierzu im einzelnen ebd., Ziff. 2.9.

Kinder unter 15 Jahren, schwangeren Frauen und Wöchnerinnen freien Durchlaß zu gewähren. Die Lieferungen bzw. Sendungen können dabei von einer vorherigen Genehmigung und Kontrolle abhängig gemacht werden, um die zweckbestimmte Verwendung der Güter zu gewährleisten. Der Sicherheitsrat hat des weiteren die Pflicht, unparteiische humanitäre Hilfsaktionen, die der Versorgung mit Lebens- und Arzneimitteln, Kleidung sowie anderen für das Überleben der Bevölkerung wesentlichen Versorgungsgütern und Kultgegenständen zu gestatten. Diese Pflicht folgt in Fällen, in denen die Bevölkerung eines besetzten Gebiets ungenügend versorgt ist, aus Artikel 59, S. 3, IV. GK, und in sämtlichen Sanktionsfällen aus Artikel 70 1. ZP. Der Durchlaß von Hilfssendungen und -ausrüstungen kann vom Sicherheitsrat von einer Genehmigungspflicht abhängig gemacht werden, die den Anforderungen des Artikel 70 Absatz 3 des 1. ZP zu entsprechen hat.

5. Ergebnis: Die sich aus der Bindung an die Menschenrechte und das humanitäre Völkerrecht für den Sicherheitsrat im Rahmen von Wirtschaftssanktionen ergebenden Pflichten

Aus der Auslegung der maßgeblichen Normen der Charta im Lichte der Praxis des Sicherheitsrats ergeben sich für den Sicherheitsrat bei der Ausgestaltung und Durchführung von Wirtschaftssanktionen in Hinblick auf die Beachtung der Menschenrechte und der Normen des humanitären Völkerrechts die folgenden Pflichten:

1. Wirtschaftssanktionen dürfen nicht den Zweck haben, den Sanktionsadressaten oder die Zivilbevölkerung zu bestrafen. Mit den Wirtschaftssanktionen dürfen nicht vornehmlich Zwecke verfolgt werden, die nicht von Artikel 1 Ziff. 1 der Charta oder den Resolutionsbestimmungen des Sicherheitsrats gedeckt sind.
2. Wirtschaftssanktionen sind so auszugestalten, daß sie nicht zur Verletzung zwingender Rechte führen. Der Sicherheitsrat darf durch die von ihm beschlossenen Sanktionsmaßnahmen nicht gegen das Verbot des Völkermords, das Recht auf Leben, das Folterverbot oder das Rassendiskriminierungsverbot verstoßen.
3. Bei der Ausgestaltung des Inhalts der Wirtschaftssanktionen hat der Sicherheitsrat vor und während der Dauer der Wirtschaftssanktionen eine Abwägung zwischen Artikel 1 Ziff. 1 und Artikel 1 Ziff. 3 der Charta vorzunehmen. Aus Artikel 1 Ziff. 3 ist er gehalten, die in der "Bill of Rights", dem Übereinkommen über die Rechte des Kindes, dem Übereinkommen zur Beseitigung jeder Form von Diskriminierung der Frau und die im Völkergewohnheitsrecht geschützten

Menschenrechte zu beachten, soweit deren entsprechende Anwendung im Rahmen von Wirtschaftssanktionen in Betracht kommt. Wirtschaftssanktionen sind so auszugestalten und durchzuführen, daß nachteilige Folgen für die Bevölkerung, insbesondere für besonders gefährdete Bevölkerungsgruppen, so weit wie möglich vermieden werden. Hierzu hat der Sicherheitsrat vor der Verhängung und während der Dauer von Wirtschaftssanktionen die Versorgungslage der Bevölkerung im Zielstaat sowie die durch die Wirtschaftssanktionen zu erwartenden oder bereits hervorgerufenen humanitären Auswirkungen durch geeignete Maßnahmen einzuschätzen und bei den über die Verhängung, Ausgestaltung und Durchführung von Wirtschaftssanktionen zu treffenden Entscheidungen angemessen zu berücksichtigen. Von den Sanktionen, insbesondere vom Ausfuhrverbot, sind Ausnahmen zuzulassen, damit die Grundversorgung der Bevölkerung mit elementaren Gütern gewährleistet ist. Der Sicherheitsrat hat zu diesem Zweck geeignete Maßnahmen zu ergreifen, damit humanitäre Hilfsorganisationen vorbehaltlich der Zustimmung des Sanktionsadressaten der Bevölkerung ungehindert humanitäre Hilfe leisten können. Weitere Ausnahmen von den Sanktionsverboten sind zu erwägen, wenn die anfänglich beschlossenen Maßnahmen erkennbar nicht ausreichen, um die Grundversorgung der Bevölkerung sicherzustellen. Die Ausnahmen sind so auszugestalten, daß die Beeinträchtigung von Rechten durch die Sanktionsmaßnahmen so weit wie möglich vermieden wird. Soweit die vorhersehbare oder tatsächliche Beeinträchtigung von Rechten der Zivilbevölkerung nicht zur Verwirklichung des Ziels der Friedenssicherung erforderlich ist oder erkennbar außer Verhältnis zum Grad der Friedensbedrohung steht, sind die Sanktionen entsprechend anzupassen.

4. Bei den Entscheidungen über die Genehmigung von Anträgen auf humanitäre Ausnahmen von den Sanktionsbestimmungen sind die Mitglieder des zuständigen Sanktionsausschusses in gleicher Weise wie der Sicherheitsrat an die sich aus dem Verhältnis zwischen Artikel 1 Ziff. 1 und Ziff. 3 der Charta ergebenden Abwägungsgrundsätze gebunden. Das Verfahren der Sanktionsausschüsse ist so auszugestalten, daß diese ihre Aufgabe schnell und effektiv durchführen können, damit die Ausnahmebestimmungen ihren Zweck erreichen können. Die Lieferung humanitärer Hilfe durch humanitäre Hilfsorganisationen ist bevorzugt zu behandeln.

5. Bei der Ausgestaltung und Durchführung der Wirtschaftssanktionen hat der Sicherheitsrat die Normen des humanitären Völkerrechts zu beachten, die den Status von Völkergewohnheitsrecht haben oder deren Geltung grundsätzlich durch die Vereinten Nationen oder den Sicherheitsrat in seiner Praxis anerkannt worden ist. Darunter fällt das Verbot des Aushungerns und die Normen über die Versorgung der Zivilbevölkerung mit humanitären Hilfsgütern.

6. Die Wirtschaftssanktionen sind aufzuheben, wenn der Sanktionsadressat den an ihn gestellten Forderungen nachgekommen ist und keine Friedensbedrohung mehr vorliegt.

4. Kapitel: Die Vereinbarkeit der bisherigen Sanktionspraxis des Sicherheitsrats mit den sich aus den Menschenrechten und dem humanitären Völkerrecht ergebenden Anforderungen

1. Südrhodesien

1.1. Das Diskriminierungsverbot

Ein Verstoß gegen das Diskriminierungsverbot kommt bei den gegenüber Südrhodesien verhängten Wirtschaftssanktionen insofern in Betracht, als die schwarzafrikanische Bevölkerung durch deren Auswirkungen weitaus stärker als die weiße Bevölkerung getroffen wurde. Die vom Sicherheitsrat verhängten Wirtschaftssanktionen trafen ihrem Inhalt nach keine auf rassischen Merkmalen basierende Unterscheidung zwischen den Bevölkerungsgruppen Südrhodesiens. Die vergleichsweise schwerwiegenderen Auswirkungen der Wirtschaftssanktionen auf die schwarzafrikanische Bevölkerung waren daher rein faktischer Natur und nicht das Ergebnis einer gezielten Ungleichbehandlung durch den Sicherheitsrat. Der Sicherheitsrat hat bei der Ausgestaltung der Sanktionsmaßnahmen kein verbotenes Unterscheidungsmerkmal herangezogen. Der Umstand, daß die schwarzafrikanische Bevölkerung tatsächlich schwerwiegender getroffen wurde als die weiße Bevölkerung war zwar vorhersehbar, aufgrund der Struktur der südrhodesischen Wirtschaft jedoch unvermeidbar und dem Sicherheitsrat nicht als verbotene rassische Diskriminierung zuzurechnen. Ein Verstoß gegen das Diskriminierungsverbot liegt damit nicht vor.

1.2. Die Abwägung zwischen dem Ziel der Friedenssicherung und dem Menschenrechtsschutz

1.2.1. Die Beeinträchtigung von Menschenrechten durch die Wirtschaftssanktionen

a) Wirtschaftliche, soziale und kulturelle Rechte

Die durch die Umsetzung der mit der Resolution 232 (1968) verhängten Sanktionsmaßnahmen bewirkte Erhöhung der Arbeitslosigkeit hat das Recht auf Arbeit nicht beeinträchtigt. Dies schützt zwar vor Maßnahmen, die dem Ziel der Vollbeschäftigung zuwiderlaufen und in vorhersehbarer Weise eine Massenarbeitslosigkeit bewirken[1]. Diese Eingriffsschwelle wurde jedoch mit der vorübergehenden Erhöhung der auch strukturell bedingten Arbeitslosigkeit der schwarzafrikanischen Landarbeiter nicht überschritten. Durch die Sanktionsmaßnahmen ist auch nicht in das Recht auf Bildung eingegriffen worden, da in der Resolution 253 (1968), Ziff. 3 d) die Lieferung von Unterrichtsmaterialien vom Ausfuhrverbot ausgenommen war.

b) Bürgerliche und politische Rechte

Der Sicherheitsrat hat durch die Sanktionsmaßnahmen insoweit in das Recht auf Informationsfreiheit eingegriffen, als in der Resolution 253 (1968) keine Ausnahmeregelung für die Einfuhr von aus Südrhodesien stammenden Informationsmaterialien enthalten war, worin eine Beeinträchtigung des Rechts der südrhodesischen Bevölkerung, Informationen weiterzugeben sowie eine Beeinträchtigung des Rechts von Personen, Informationsmaterial aus Südrhodesien zu empfangen, zu sehen ist. Kein Eingriff lag hingegen in bezug auf die Ausfuhr von Informationsmaterialien vor, da diese gemäß Ziff. 3 d) der Resolution vom Ausfuhrverbot ausgenommen waren.

Die in der Resolution 253 (1968), Ziff. 5 b) enthaltene Regelung des Einreiseverbots für Personen, die ihren Wohnsitz in Südrhodesien haben und die der Unterstützung der rechtswidrigen Aktivitäten des Regimes verdächtig sind, verstieß dem Wortlaut nach gegen das Recht auf Freizügigkeit, da es sich grundsätzlich auch auf Personen mit einer anderen als der ohnehin nicht anerkannten südrhodesischen Staatsbürgerschaft bezog, denen danach das Recht auf Einreise in ihr Heimatland zu verweigern war. In Anbetracht des im Jahr 1975 abgelehnten Vorschlags, das Einreiseverbot auch auf eigene Staatsangehörige auszudehnen[2], erscheint allerdings eine mit dem Recht auf Freizügigkeit konforme Auslegung der Bestimmung der Ziff. 5 b) dahingehend geboten, daß diese das Recht auf Einreise, das eigenen Staatsangehörigen zusteht, nicht berühren sollte. Die Regelung begründete somit keinen Eingriff in das Recht auf Freizügigkeit.

---

[1] Siehe 3. Kap., 4.3.1.

[2] Siehe 2. Kap., 2.1.2.4. Das Recht auf Freizügigkeit steht auch denjenigen Personen zu, die eine enge Verbindung zu dem Einreiseland haben, insbesondere durch die Begründung eines ständigen Wohnsitzes. Dieser Personenkreis ist aber von der Regelung in S/RES 253 (1969), Ziff. 5 b) offensichtlich nicht betroffen gewesen, da sich diese ausdrücklich auf Personen bezog, die ihren Wohnsitz in Südrhodesien hatten.

1.2.2. Die Wahrung der Menschenrechte im Rahmen der Abwägung

Der durch die Sanktionsmaßnahmen erfolgte Eingriff in das Recht auf Informationsfreiheit war im Lichte der Schwere der Friedensbedrohung nicht abwägungsfehlerhaft. Die Erklärung der Unabhängigkeit durch das rassistische Minderheitenregime stellte nicht nur eine Rebellion gegen das Vereinigte Königreich als Verwaltungsmacht dar, sondern verhinderte die Ausübung des Selbstbestimmungsrechts durch das südrhodesische Volk[3]. Darin lag eine nicht unerhebliche Bedrohung des Weltfriedens, auf die der Sicherheitsrat mit dem gestuften Ergreifen von Maßnahmen, von der Empfehlung über die Verhängung partieller bis schließlich zur Verhängung umfassender Wirtschaftssanktionen, reagierte. Der Sicherheitsrat konnte hierbei berücksichtigen, daß legitimierte Vertreter der schwarzafrikanischen Bevölkerung die gegen das Minderheitenregime verhängten Wirtschaftssanktionen befürworteten[4]. Die Erforderlichkeit der beschlossenen Maßnahmen lag dabei im ausschließlichen Einschätzungsspielraum des Sicherheitsrats. Die ergriffenen Maßnahmen standen aufgrund ihrer vergleichsweise geringfügigen Beeinträchtigung der Rechte der Bevölkerung Südrhodesiens sowie anderer betroffenen Personen auch nicht erkennbar außer Verhältnis zur Schwere der Friedensbedrohung und zu dem vom Sicherheitsrat angestrebten Ziel der Beendigung der Minderheitsregierung.

Der Sicherheitsrat ist ferner seiner Pflicht gerecht geworden, die Wirtschaftssanktionen so auszugestalten, daß eine Beeinträchtigung der Menschenrechte so weit wie möglich vermieden wird[5]. Dieser Pflicht ist der Sicherheitsrat in Hinblick auf das Recht auf Gesundheit, das Recht auf Nahrung[6] und das Recht auf

[3] Zur Friedensbedrohung im Falle Südrhodesiens Fink, Friedenssicherung, 338 ff.; Herbst, 341, jeweils m.w.N. sowie Gowlland-Debbas, Collective Responses, 444 ff. Zur Debatte um die Rechtmäßigkeit der Verhängung von Zwangsmaßnahmen nach Artikel 39 der Charta gegenüber Südrhodesien Schramm, Erhard, Die völkerrechtlichen Aspekte des Rhodesien-Konflikts, Bonn, 1970, 132 ff. und McDougal, Myres S./Reisman, Michael W., Rhodesia and the United Nations: The Lawfulness of International Concern, in: AJIL 62 (1968), 1-19.

[4] Siehe 2. Kap., Anm. 84.

[5] Die Beachtung der sowohl aus den Menschenrechten als auch aus dem humanitären Völkerrecht folgenden Minimierungspflicht (siehe 3. Kap., 3.4.2.2.6.b) und 4.4.2.1.) wird nachfolgend in der Fallprüfung jeweils im Rahmen der Ausführungen zur Abwägung behandelt.

[6] Die in Ziff. 3 d) der Resolution 253 (1968) enthaltene Regelung sah vor, daß Nahrungsmittel nur bei Vorliegen besonderer humanitärer Umstände vom Ausfuhrverbot nach Südrhodesien ausgenommen sind. Diese Regelung ist aufgrund ihres restriktiven Wortlauts in Hinblick auf das Recht auf Nahrung bedenklich. Die landwirtschaftliche Eigenproduktion und die Umgehung der Sanktionsbestimmungen durch die Nachbarstaaten führte jedoch dazu, daß es in Südrhodesien während der Dauer der Wirtschaftssanktionen nicht zu Engpässen bei der Versorgung mit Nahrungsmitteln gekommen ist. Überdies blieb es aufgrund des Fehlens eines Genehmigungsverfahrens vor dem Sanktionsausschuß weitgehend der Auslegung der

Bildung nachgekommen. Das Recht auf Informationsfreiheit konnte vom Sicherheitsrat zwar im Rahmen der Abwägung zulässigerweise eingeschränkt werden, um die Isolation Südrhodesiens zu erreichen. Allerdings ist das generelle Einfuhrverbot ohne jegliche Ausnahmemöglichkeit insofern bedenklich gewesen, als damit keine Unterscheidung nach dem Inhalt der Informationsmaterialien getroffen wurde. Mit der in den Ziff.n 3 d) und 4 der Resolution 253 (1968) in bezug auf die Ausfuhr von Informationsmaterialien nach Südrhodesien eingefügten Ausnahmeregelungen ist der Sicherheitsrat hingegen seiner Minimierungspflicht umfassend nachgekommen.

1.3. Die Beachtung der Berücksichtigungspflicht

Der Sicherheitsrat hat weder vor der Verhängung noch während der Dauer der verschiedenen Sanktionsmaßnahmen eine Studie über deren Auswirkungen auf die Bevölkerung Südrhodesiens in Auftrag gegeben. Ab 1968 waren zwar angesichts der Berichte über die massive Umgehung der Sanktionen und den Aufschwung der südrhodesischen Wirtschaft keine erheblichen Auswirkungen der Sanktionen auf die Bevölkerung zu erwarten. Gleichwohl ist der Sicherheitsrat seiner Berücksichtigungspflicht nur unzureichend nachgekommen.

1.4. Die Erfüllung der Verpflichtungen aus dem humanitären Völkerrecht

In der Resolution 253 (1968), Ziff. 3 d) waren nur in eingeschränktem Maße Ausnahmen von dem grundsätzlich für sämtliche Waren geltenden Ausfuhrverbot vorgesehen. Diese Regelung stimmte insoweit nicht mit den aus Artikel 23 IV. GK folgenden Anforderungen überein, als von den Ausnahmeregelungen nicht die zum Gottesdienst notwendigen Gegenstände und Kleidung für den in Artikel 23 der IV. GK genannten Personenkreis erfaßt waren. Die lediglich im Falle des Vorliegens besonderer humanitärer Umstände erlaubte Ausfuhr von Nahrungsmitteln ist hingegen in Anbetracht des weiten Ermessens, das einer Vertragspartei in Hinblick auf die Kontrolle derartiger Lieferungen gemäß Artikel 23 S. 3, a-c) IV. GK zukommt, nicht zu beanstanden. Dies gilt vor allem vor dem Hintergrund, daß der Sicherheitsrat bzw. der Sanktionsausschuß es in der Praxis den Mitgliedstaaten überließ, diese Vorschrift in eigener Verantwortung auszulegen[7]. Ungeachtet der Frage der Anwendbarkeit des Verbots des

---

Mitgliedstaaten überlassen, unter welchen Umständen das Vorliegen besonderer humanitärer Umstände angenommen werden konnte. Hierzu Gowlland-Debbas, Collective Responses, 591 ff.

[7] S.o. Anm. 6.

Aushungerns und der in Artikel 70 1. ZP enthaltenen Regelung[8] hat der Sicherheitsrat die Wirtschaftssanktionen erkennbar nicht dazu eingesetzt, die Bevölkerung Südrhodesiens auszuhungern oder dieser lebensnotwendige Objekte vorzuenthalten. Darüber hinaus lagen die Voraussetzungen des Artikel 70 Absatz 1, 1. ZP nicht vor, da die Bevölkerung Südrhodesiens ausreichend mit den in Artikel 69 1. ZP genannten Versorgungsgütern versehen war.

1.5. Ergebnis

Die gegenüber Südrhodesien verhängten Wirtschaftssanktionen sind mit den Menschenrechten und dem humanitären Völkerrecht weitgehend vereinbar gewesen, wobei lediglich das uneingeschränkte Einfuhrverbot für Informationsmaterialien sowie die fehlenden Ausnahmeregelungen für die zum Gottesdienst notwendigen Gegenstände und Kleidung den Anforderungen nicht in vollem Umfang gerecht geworden sind.

[8] Das Verbot des Aushungerns und die in Artikel 70, 1. ZP enthaltene Regelung wurden erstmals im 1. ZP von 1977 kodifiziert. Es ist zweifelhaft, ob diesen Normen schon vor ihrer Kodifizierung als Völkergewohnheitsrecht Geltung zukam (siehe 3. Kap., 4.4.2.2.1.a).

2. Irak

2.1. Zwingende Rechte

2.1.1 Das Verbot des Völkermords

Die irakische Regierung hat die vom Sicherheitsrat verhängten Wirtschaftssanktionen wiederholt als Völkermord bezeichnet[9]. Die Verhängung bzw. Beibehaltung der Wirtschaftssanktionen würde den Tatbestand des Völkermords verwirklichen, wenn der Sicherheitsrat dadurch eine oder mehrere der im Artikel II der Völkermordkonvention aufgeführten Handlungen in der Absicht begangen hat, die Iraker als nationale oder ethnische Gruppe ganz oder teilweise zu zerstören. Die Wirtschaftssanktionen haben dazu beigetragen, daß Iraker getötet worden sind und Irakern schwerer körperlicher und seelischer Schaden zugefügt worden ist. Dies erfüllt den objektiven Tatbestand des Artikel II a) und b) der Konvention. Im subjektiven Tatbestand ist allerdings keine Absicht des Sicherheitsrats zu erkennen, die Iraker als Angehörige einer nationalen, ethnischen, rassischen oder religiösen Gruppe ganz oder teilweise durch den Einsatz von Wirtschaftssanktionen als Mittel der zielgerichteten Tötung zu zerstören.

Umfassende Wirtschaftssanktionen bezwecken eine Verschlechterung der wirtschaftlichen Lage, um dadurch den Sanktionsadressaten zu einer Verhaltensänderung zu bewegen. Damit sind zwangsläufig Nachteile für die Bevölkerung verbunden. Im Irak führten diese zumindest nach dem Golfkrieg im Januar 1991 in vorhersehbarer Weise zu einer erhöhten Sterblichkeit, insbesondere bei Kleinkindern. Aus diesem Umstand allein läßt sich jedoch nicht darauf schließen, daß der Sicherheitsrat durch den Einsatz der Wirtschaftssanktionen den Tod von Teilen der irakischen Bevölkerung gerade aufgrund ihrer Nationalität oder

---

[9] So zum Beispiel in Fourth periodic report of States parties due in 1993: Iraq, CCPR/C/103/Add.2 (State Party Report), 28. November 1996, Ziff. 24): "Iraqi people, who are being subjected to virtual genocide by the weapon of the unjust comprehensive economic embargo which has been imposed on them for five years", Ziff. 27): "The widespread food shortages affecting the majority of the people have assumed genocidal proportions and constitute one of the most serious violations of the right to life of an entire people." Siehe auch die folgenden Autoren, die eine Verletzung des Verbots des Völkermords in Erwägung ziehen, Bossuyt, Economic Sanctions, Ziff. 71, 72; Köchler, 42, 43; Simons, 240 ff. und Criminal Complaint against the United States by Ramsey Clark (14. November 1996), former Attorney General of the United States und Verdict of the International Court for Crimes Against Humanity Committed by the United Nations Security Council on Iraq (October 1996), beide in Simons, Appendix 10 und 12, 310 ff.

ethnischen Zugehörigkeit herbeiführen wollte. Ein diesbezüglicher direkter Vorsatz des Sicherheitsrats läßt sich nicht erkennen[10]. Vielmehr haben die Mitglieder des Sicherheitsrats bzw. der Sicherheitsrat als Organ wiederholt betont, daß die Auswirkungen der Wirtschaftssanktionen für die Zivilbevölkerung unbeabsichtigt seien und so weit wie möglich vermieden werden sollen[11]. Der Sicherheitsrat hat außerdem mit dem Öl für Lebensmittel Programm eine Maßnahme ergriffen, die dazu führen sollte, daß die erhöhte Sterblichkeit im Irak, insbesondere aufgrund von Hungerkatastrophen und Krankheitsepidemien, vermieden wird[12]. Aus diesem Grund ist auch Artikel II c) der Konvention nicht verwirklicht, da keine hinreichenden Anhaltspunkte dafür vorliegen, daß der Sicherheitsrat die Wirtschaftssanktionen vorsätzlich als Mittel eingesetzt hat, durch welches der irakischen Bevölkerung Lebensbedingungen auferlegt werden sollten, die zu ihrer Zerstörung geeignet sind. Die Verhängung und Aufrechterhaltung der Wirtschaftssanktionen verwirklicht somit nicht den Tatbestand des Völkermords.

2.1.2. Das Recht auf Leben

Der Sicherheitsrat hatte anfänglich in der Resolution 661 (1990) Nahrungsmittel nicht vollständig von dem Ausfuhrverbot in den Irak ausgenommen. Diese Regelung wurde erst mit der Entscheidung des Sanktionsausschusses vom

---

[10] Es müßte sich insofern um einen von der erforderlichen Mehrheit im Sicherheitsrat getragenen Willen handeln, einen bestimmten Erfolg herbeizuführen. Die Äußerung eines Vertreters eines ständigen Mitglieds des Sicherheitsrats kann insofern nicht ohne weiteres mit dem Willen des Sicherheitsrats als Gremium gleichgesetzt werden (siehe 3. Kap., 3.6.). Schon aus diesem Grund ist der Schluß Bossuyts, Ziff. 72, von der Äußerung der damaligen US-amerikanischen Außenministerin Madelaine Albright auf einen entsprechenden Vorsatz unzulässig (Es handelt sich hierbei um ein Interview aus dem Jahr 1996 in einer Sendung mit dem Titel "Punishing Saddam", siehe Bossuyt, Economic Sanctions, 31, Fn. 59. Das Interview hatte folgenden Wortlaut: Lesley Stahl (Interviewerin, zu den gegenüber dem Irak verhängten Wirtschaftssanktionen): "We have heard that a half million children have died. I mean, that's more children than died in Hiroshima. And, and you know, is the price worth it?" Madeleine Albright: "I think it's a very hard choice, but the price, we think the price is worth it"). Überdies erscheint es zu weitgehend, aus dieser Äußerung die Schlußfolgerung zu ziehen, die Vereinigten Staaten hätten die Wirtschaftssanktionen beibehalten, um den Tod der irakischen Bevölkerung herbeizuführen. Eine dahingehende Absicht läßt sich aus der Äußerung Albrights nicht zwingend folgern.

[11] Siehe S/1995/300.

[12] S/RES 986 (1995): "Concerned by the serious nutritional and health situation of the Iraqi population, and by the risk of a further deterioration in this situation, Convinced of the need as a temporary measure to provide for the humanitarian needs of the Iraqi people until the fulfilment by Iraq of the relevant Security Council resolutions ...".

22. März 1991 und kurz darauf mit der Resolution 687 (1991) grundlegend geändert, als der Sicherheitsrat Nahrungsmittel vom Ausfuhrverbot vorbehaltlich einer Notifikation befreite und Ausnahmen vom Ausfuhrverbot für Güter des grundlegenden zivilen Bedarfs zuließ. Eine weitere wichtige Änderung des Sanktionssystems stellte die 1996 erfolgte Einführung des Öl für Lebensmittel Programms dar, mit dem die bestehende humanitäre Notlage im Irak verbessert werden sollte. Insofern bietet sich zur Prüfung, ob die Maßnahmen des Sicherheitsrats das Recht auf Leben verletzt haben, eine Aufteilung in die drei aufgezeigten Phasen an, die der jeweils geänderten Praxis des Sicherheitsrats entsprechen.

a) S/RES 661 (1990) - S/RES 687 (1991)

Es läßt sich nicht mit hinreichender Eindeutigkeit feststellen, daß die mit der Resolution 661 (1990) und den nachfolgenden, in der Zeit von August 1990 bis April 1991 beschlossenen Resolutionen verhängten Sanktionsmaßnahmen zu einer erhöhten Sterblichkeit unter den Irakern beigetragen haben[13].

Zwar kam es bereits im August 1990 unter den in Kuwait und Irak befindlichen Angehörigen von Drittstaaten zu einer ernsthaften Versorgungskrise. Diese Krise war jedoch Berichten zufolge auf das Vorenthalten von Nahrungsmitteln durch die irakische Regierung zurückzuführen, die ausländische Staatsangehörige von den Lebensmittelrationen ausschloß, obwohl zu diesem Zeitpunkt aller Wahrscheinlichkeit nach noch in ausreichendem Maße Nahrungsmittel vorhanden waren[14]. Selbst wenn die Versorgungskrise zu einzelnen Todesfällen geführt haben sollte, waren diese daher nicht durch die Wirtschaftssanktionen, sondern die Politik der irakischen Regierung bedingt. Im Januar und Februar 1991 lösten die Angriffe der alliierten Streitkräfte im Zusammenwirken mit den Wirtschaftssanktionen einen Versorgungsnotstand im Irak aus, so daß eine Hungersnot drohte[15]. Es liegen jedoch keine Berichte vor, die den Schluß zulassen würden, daß es zu diesem Zeitpunkt zu Todesfällen gekommen ist, die im wesentlichen auf den durch die Wirtschaftssanktionen herbeigeführten Mangel an Nahrungsmitteln zurückzuführen waren.

---

[13] So aber Garfield (siehe 2. Kap., Anm. 212). Es ist jedoch fraglich, ob der von Garfield vermerkte leichte Anstieg der Kindersterblichkeit in den ersten Monaten nach der Verhängung der Sanktionen, als im Irak allem Anschein nach noch keine Nahrungsmittel- bzw. Arzneimittelknappheit herrschte, tatsächlich auf die Wirtschaftssanktionen zurückgeführt werden kann.

[14] Siehe 2. Kap., 2.2.3.2.a).

[15] Siehe ebd.

Allerdings ist der Sicherheitsrat mit der in der Resolution 661 (1990) enthaltenen und mit der Resolution 666 (1990) modifizierten Regelung des Ausfuhrverbots von Nahrungsmitteln mit Genehmigungsvorbehalt und der restriktiven Genehmigungspraxis des Sanktionsausschusses der Schutzpflicht, der Bevölkerung Iraks elementare Güter, insbesondere Nahrungsmittel bereitzustellen, die ab dem Zeitpunkt der alliierten Luftangriffe bestand, nicht hinreichend nachgekommen. Es spricht vieles dafür, daß das Ausfuhrverbot für Nahrungsmittel spätestens zum Zeitpunkt der Angriffe der alliierten Streitkräfte hätte aufgehoben werden müssen, als aufgrund der Zerstörung der Infrastruktur eine Versorgungskrise zu erwarten war und Zweifel bestehen mußten, ob der Irak nach fast einem halben Jahr ohne Nahrungsmitteleinfuhren noch über ausreichende Nahrungsmittelvorräte verfügte[16]. Allerdings erlangte der Sicherheitsrat aufgrund der Weigerung der irakischen Regierung, UN-Beobachtern den Zutritt in den Irak und nach Kuwait zu gestatten, erst durch die Ende Februar 1991 von dem WHO/UNICEF Team sowie durch den von M. Ahtisaari Ende März 1991 vorgelegten Bericht verläßliche Kenntnis von der Lage im Irak[17]. Das Beharren auf einer objektiven Bestätigung der Versorgungskrise, auf die bereits im Januar 1991 von Journalisten in Berichten aus dem Irak hingewiesen worden war, und die dadurch bewirkte Verzögerung der Aufhebung des Verbots für Nahrungsmittellieferungen ist in Anbetracht der Bedeutung des Rechts auf Leben bedenklich[18]. So wirft die Verzögerung der Befreiung von Lebensmitteln vom Genehmigungsvorbehalt Fragen in Hinblick auf den Entscheidungsprozeß im Sicherheitsrat und dessen Fähigkeit, flexibel auf Krisensituationen zu reagieren, auf[19]. Diese Unzulänglichkeiten sind allerdings im Lichte der besonderen Umstände, die im Irak vorlagen, zu sehen. So verweigerte die irakische Regierung die Kooperation und es bestanden berechtigte Zweifel, ob Nahrungsmittellieferungen zweckentsprechend verwendet werden würden. Gleichwohl erscheint die Sanktionspraxis des Sicherheitsrats aus Sicht des Rechts auf Leben übermäßig restriktiv. In seiner nachfolgenden Praxis hat der Sicherheitsrat, nicht zuletzt aufgrund der Bedenken, die gegenüber den in den Resolutionen 661 (1990) und 666 (1990) getroffenen Regelungen wiederholt vorgebracht worden sind,

---

[16] Provost, 608.

[17] Siehe 2. Kap., 2.2.3.2.a).

[18] Bedenken gegenüber der Praxis des Sicherheitsrats äußern Hoskins, Eric, The Truth Behind Economic Sanctions: Report on the Embargo on Food and Medicines, in: Clark, Ramsey u.a., War Crimes, A Report on United States War Crimes against Iraq, Washington D.C., 1992, 164-169, 167 und Provost, 615.

[19] So traf der Sanktionsausschuß erst am 22. März 1991 die Feststellung, die Nahrungsmittellieferungen in den gesamten Irak vorbehaltlich einer Notifikation ermöglichten (siehe 2. Kap., Anm. 102).

zumindest implizit anerkannt, daß Nahrungsmittellieferungen nicht Bestandteil der in einem Sanktionssystem enthaltenen Ausfuhrverbote sein dürfen[20].

b) S/RES 687 (1991) - S/RES 986 (1995)

Der Sicherheitsrat hat die Wirtschaftssanktionen mit der Resolution 687 (1991) aufrechterhalten. Die Rechtmäßigkeit der Feststellung der Friedensbedrohung nach Artikel 39 der Charta wird hier unterstellt, auch wenn diesbezüglich Bedenken geäußert worden sind[21]. Die Friedensbedrohung wurde im wesentlichen im irakischen Aggressionspotential sowie den noch nicht durch den Irak rückgängig gemachten Folgen der Besetzung Kuwaits gesehen. Ziel der Resolution 687 (1991) war die Sicherung des Waffenstillstands sowie die Entmilitarisierung des Iraks zur Wahrung des regionalen Friedens[22]. Die Wirtschaftssanktionen waren 1991 der Einschätzung des Sicherheitsrats zufolge notwendig, da kein anderes, gleichermaßen geeignetes Mittel zur Verfügung stand, um der von ihm festgestellten Friedensbedrohung zu begegnen. Die Beibehaltung der umfassenden Wirtschaftssanktionen unter Einfügung von Ausnahmeregelungen erscheint vor dem Hintergrund der aufgrund der vorhergegangenen militärischen Aggression des Iraks gegen Kuwait als schwerwiegend einzustufenden Friedensbedrohung nicht offensichtlich unverhältnismäßig.
Der nachfolgende, im wesentlichen auf die Folgen der Sanktionen zurückzuführende Anstieg der Sterblichkeit im Irak begründete aber insofern Zweifel an der Verhältnismäßigkeit der Beibehaltung der Sanktionen, als zur Abwehr einer

---

20 Siehe Sucharitkul, 392, demzufolge das Recht auf Nahrung durch S/RES 687 (1991) gewahrt worden ist.

21 Diese betreffen den Umstand, daß der Sicherheitsrat nach dem Ende der Kampfhandlungen die Sanktionsmaßnahmen unter Änderung ihrer Zweckrichtung aufrechterhielt. Hierzu Conforti, 58, 59; Gowlland-Debbas, Security Council Enforcement, 80; Graefrath, 23, 24; Marauhn, Tilo, The Implementation of Disarmament and Arms Control Obligations Imposed upon Iraq by the Security Council,in: ZaöRV 52 (1992), 781-803, 782; Schachter, Oscar, United Nations Law in the Gulf Crisis, in: AJIL 85 (1991), 452-473, 468. Darüber hinaus ist zweifelhaft, ob die Beibehaltung der Wirtschaftssanktionen nicht deswegen rechtsmißbräuchlich war, weil die Vereinigten Staaten und das Vereinigte Königreich die Aufhebung der Sanktionen von dem Verlust der Regierungsgewalt Saddam Husseins abhängig gemacht haben. Eine derartige Haltung erscheint nur insofern gerechtfertigt, als die Politik der betreffenden Regierung tatsächlich eine Friedensbedrohung darstellt, nicht aber, wenn die Beseitigung der Regierung zum Ziel der Sanktionen wird, unabhängig davon, inwieweit diese die an sie gestellten Bedingungen erfüllt hat. Siehe zu diesbezüglichen Bedenken Al-Samarrai, Bashir, Economic Sanctions Against Iraq: Do They Contribute to a Just Settlement, in: Cortright/Lopez, Panacea or Peacebuilding, 133-139, 135; Cortright/Lopez, Sanctions Decade, 56; Graefrath, 35, 36; Hoskins, 140, 141; Rajan, 625; Rouleau, Eric, America's Unyielding Policy toward Iraq, in: Foreign Affairs 74 (1995) 1, 59-72, 66.

22 Siehe hierzu Baroni, 190 ff.; Geusau, 11, 12.

mittelbaren Gefahr für Menschenleben, die in dem möglichen zukünftigen Gebrauch der in der Resolution verbotenen Waffen durch den Irak bestand, der Tod einer Vielzahl von Irakern, also unbeteiligten Dritten, in Kauf genommen wurde[23]. Auch wenn von den Mitgliedern des Sicherheitsrats nicht beabsichtigt, so stellte diese Entwicklung doch angesichts der verheerenden Verhältnisse im Irak eine unvermeidliche Nebenfolge der Wirtschaftssanktionen dar, welche die Schutzpflicht des Sicherheitsrats auslöste. Der Sicherheitsrat müßte somit durch die von ihm ergriffenen Gegenmaßnahmen seiner Schutzpflicht gerecht geworden sein. Bereits im April 1991 und danach im August und September 1991 hatte der Sicherheitsrat, als die von der internationalen Gemeinschaft geleistete humanitäre Hilfe ersichtlich nicht ausreichte, um die Lage im Irak nachhaltig zu verbessern, ein Öl für Lebensmittel Programm vorgeschlagen, um den Schutz des Lebens in Anbetracht der schwerwiegenden Auswirkungen der umfassenden Sanktionsmaßnahmen zu gewährleisten. Die irakische Regierung verweigerte jedoch die Annahme des Programms. Die Auffassung des Sicherheitsrats, wonach die irakische Regierung die alleinige Verantwortung für die durch die Wirtschaftssanktionen herbeigeführten Todesfälle trage, die im Falle der Annahme des Programms hätten vermieden werden können[24], wäre zutreffend, wenn der Irak zur Annahme des Programms verpflichtet gewesen ist und das Programm seiner Natur nach geeignet war, die Lage im Irak derart nachhaltig zu verbessern, daß ein Anstieg der Sterblichkeit hätte vermieden werden können.

Aus Artikel 1 Ziff. 3, Artikel 55 und 56 der Charta sowie aus Artikel 2 Absatz 1 des IPWSKR läßt sich eine grundsätzliche Pflicht des Irak zur Annahme eines Programms, das der Verbesserung der Versorgung der eigenen Bevölkerung dient, ableiten[25]. Daraus folgt jedoch keine uneingeschränkte Pflicht zur Annahme eines Programms, das neben den ausschließlich humanitären Zwecken dienenden Regelungen auch bedenkliche Züge aufweist. Dies gilt vor allem für die unter dem Gesichtspunkt des wirtschaftlichen Selbstbestimmungsrechts problematische Regelung, der zufolge ein erheblicher Anteil (30 %) des aus dem Export von irakischem Erdöl erzielten Erlöses in den Wiedergutmachungsfond

---

[23] Zweifel aufgrund der schwerwiegenden Auswirkungen der Wirtschaftssanktionen äußern Hoskins, 141; Lopez/Cortright, Economic Sanctions, 21 und Mueller/Mueller, 48.

[24] Siehe 2. Kap., 2.2.2.2. Die Auffassung des Sicherheitsrats ist von einigen Autoren geteilt worden, die der irakischen Regierung aufgrund der fehlenden Annahme des Programms die überwiegende Verantwortung für die Verschlechterung der humanitären Lage zuschreiben. So Baram, 206; Lopez/Cortright, Economic Sanctions, 19. Hoskins, 137, zufolge tragen sowohl der Sicherheitsrat als auch die irakische Regierung gleichermaßen die Verantwortung.

[25] Max van der Stoel zufolge stellte die fehlende Annahme der Resolutionen 706 (1991) und 712 (1991) durch die irakische Regierung eine Verletzung ihrer Verpflichtung aus Artikel 2 des IPWSKR, insbesondere in Hinblick auf die Versorgung besonders verwundbarer Bevölkerungsschichten mit Nahrungsmitteln und Gesundheitsleistungen, dar. A/48/600, Ziff. 67, 68.

fließen sollte[26]. Ferner hätte die geplante Durchführung des Programms den Irak einer weitreichenden Fremdverwaltung unterworfen, welches eine erhebliche Einschränkung der irakischen Souveränität bedeutet hätte[27]. Angesichts der inhaltlichen Ausgestaltung des Programms bestehen deshalb Zweifel, ob dem Irak die Annahme des Programms zumutbar war. Darüber hinaus waren die im Programm vorgesehenen Finanzmittel unzureichend, um dem Anstieg der Sterblichkeit wirksam zu begegnen. Dem Irak hätte bei der geplanten Durchführung des Programms eine Summe von $ 933.7 Millionen für einen Zeitraum von 6 Monaten zum Kauf und Transport der humanitären Güter zur Verfügung gestanden. Dem Bericht des Generalsekretärs zufolge lag diese Summe etwa $ 800 Millionen unter dem vom Exekutivdelegierten geschätzten Bedarf von $ 1.73 Milliarden[28]. Selbst bei der Annahme des Programms seitens des Irak wären daher allenfalls in ausreichendem Maße Nahrungsmittel in das Land gelangt, um einer akuten Hungersnot zu begegnen, nicht jedoch um die weitverbreitete Unter- bzw. Mangelernährung nachhaltig zu beseitigen. Die erhöhte Sterblichkeit war überdies nicht nur durch den unmittelbaren Mangel an Nahrungsmitteln und Medikamenten, sondern vor allem durch den Zusammenbruch und fehlenden Wiederaufbau der Infrastruktur sowie elementarer Versorgungseinrichtungen bedingt. Für den erforderlichen Wiederaufbau hätten daher in noch größerem Umfang Gelder zur Verfügung gestellt werden müssen. Die ursprünglich vorgesehene Summe hätte zwar nach Bedarf aufgestockt werden können, die in Kenntnis der Umstände vorgenommene ungenügende Ausgestaltung des ursprünglichen Programms lassen aber Zweifel an einer dahingehenden Bereitschaft des Sicherheitsrats aufkommen, seiner Schutzpflicht in angemessenen Umfang nachzukommen.

Der Sicherheitsrat ist daher im Ergebnis mit dem Vorschlag des ersten Öl für Lebensmittel Programms seiner Pflicht zum Ergreifen von Gegenmaßnahmen zum Schutz des Rechts auf Leben nur unvollständig nachgekommen. Angesichts der schwerwiegenden Auswirkungen der Wirtschaftssanktionen im Gefolge des zweiten Golfkriegs hätte der Sicherheitsrat das Programm nachbessern müssen, um den zumindest teilweise berechtigten Einwänden des Irak gerecht zu werden. Es reichte insofern nicht aus, den Irak pauschal für die fehlende Annahme des Programms verantwortlich zu machen. Die Verhandlungen über ein neues Öl für

[26] Siehe hierzu im einzelnen unten 2.2.1. c).

[27] Doxey, International Sanctions, 37; Rajan, 624, 628. Siehe auch die Kritik von Simons, 98 ff., dem zufolge das Programm mit angeblich humanitären Intentionen als öffentlichkeitswirksames Mittel mit dem Ziel vorgeschlagen wurde, den Irak dauerhaft zu kontrollieren und die irakische Regierung im Falle der vorhersehbaren Ablehnung für die Auswirkungen der Sanktionen verantwortlich zu machen, sowie die Stellungnahmen im Sicherheitsrat (2. Kap., Anm. 145 ff.).

[28] Siehe UN Dok. S/23006, 14 (2. Kap., Anm. 144).

Lebensmittel Programm fanden zwar in der Folgezeit zwischen dem Irak und dem Generalsekretär mit dem Ergebnis statt, daß eine geänderte Fassung mit erheblicher Verzögerung vom Irak angenommen wurde[29]. Die Haltung des Sicherheitsrats erscheint aber unter den Umständen übermäßig restriktiv gewesen zu sein und läßt sich auch unter dem Hinweis auf das erforderliche Maß an Kontrolle bei der Durchführung eines Hilfsprogramms schwerlich rechtfertigen. Der Sicherheitsrat ist daher seiner aus dem Recht auf Leben fließenden Pflicht zum Schutz des Lebens nicht in vollem Umfang gerecht geworden.

c) S/RES 986 (1995) - S/RES 1330 (2000)

In dem Zeitraum von 1996 bis 2000 sind die Sterblichkeitsraten von Säuglingen und Kleinkindern im Vergleich zu der Zeit vor den Wirtschaftssanktionen im Zentral- und Südirak weiterhin übermäßig hoch gewesen, während in den kurdischen Gebieten ein Rückgang der Sterblichkeitsraten zu verzeichnen war. Die letztgenannte Entwicklung ist im wesentlichen auf die Einführung des Öl für Lebensmittel Programms zurückzuführen. Mit diesem konnte die Versorgung der Bevölkerung mit Nahrungsmitteln und Medikamenten im gesamten Irak teilweise spürbar verbessert, der Verfall der Infrastruktur und des Gesundheitswesens im Zentral- und Südirak jedoch allenfalls gebremst, nicht aber aufgehalten werden[30].

Seit der Beendigung der Waffeninspektionen im Jahr 1998 bestehen erhebliche Bedenken, ob die durch die Wirtschaftssanktionen bewirkte Beeinträchtigung des Rechts auf Leben zur Friedenssicherung weiterhin notwendig gewesen ist. Der seitens der irakischen Regierung wiederholt geäußerte Standpunkt, der Irak habe seine Verpflichtungen aus der Resolution 687 (1991) erfüllt und würde daher keine neuen Waffeninspektionen zulassen, läßt den Schluß zu, daß die Wirtschaftssanktionen den Irak nicht zu dem vom Sicherheitsrat zur Friedenssicherung eingeforderten Verhalten bewegen werden[31]. Unter diesen Umständen stellen die Wirtschaftssanktionen prima facie kein taugliches Mittel dar, durch welches das in der Resolution 687 (1991) festgelegte Ziel der Vernichtung der irakischen Massenvernichtungswaffen unter internationaler Aufsicht in absehbarer Zeit erreicht werden kann[32]. Die Frage der Eignung und Erforderlichkeit des Mittels fällt jedoch in den ausschließlichen Einschätzungsspielraum des Sicherheitsrats[33]. In diesen Spielraum fällt auch der Versuch des Sicherheitsrats, den

[29] Siehe 2. Kap., 2.2.2.3.
[30] Siehe 2. Kap., 2.2.3.2.d).
[31] Siehe 2. Kap., 2.2.2.4.
[32] Cortright/Lopez, Sanctions Decade, 56 ff.; Shehabaldin/Laughlin, 16.
[33] Siehe 3. Kap., 3.4.2.2.4.

seit 1998 bestehenden Stillstand in der Frage der Inspektion der irakischen Waffenbestände durch die Resolution 1284 (1999) zu überwinden.

Die Aufrechterhaltung der umfassenden Wirtschaftssanktionen könnte aber aufgrund der geringeren Schwere der Friedensbedrohung in Anbetracht der weiterhin schwerwiegenden Folgewirkungen der Sanktionsmaßnahmen offensichtlich unverhältnismäßig geworden sein. Das vom Sicherheitsrat im Januar 1999 eingesetzte Sachverständigengremium gelangte zu dem Schluß, daß der Großteil der verbotenen Waffenprogramme des Irak zerstört werden konnte[34]. Lediglich im Bereich der chemischen Waffen war der Verbleib einer größeren Zahl von Waffen ungeklärt. Die Erklärungen des Irak über sein biologisches Waffenprogramm stufte UNSCOM als nicht vollständig ein, stellte dabei aber fest, daß biologische Waffen mit Leichtigkeit binnen kurzer Zeit produziert werden könnten, ohne daß eine wirksame Kontrolle möglich sei[35]. Der Bericht des Sachverständigengremiums zeigt, daß zum Zeitpunkt des Abzugs der Waffeninspektoren aus dem Irak im Dezember 1998 die in der Resolution 687 Ziff. C vorgesehenen Kontrollen weitgehend, wenn auch nicht umfassend durchgeführt worden waren. Der Grad der von dem irakischen Waffenbesitz ausgehenden Friedensbedrohung war demnach deutlich geringer geworden, auch wenn der Irak aller Wahrscheinlichkeit nach noch über eine nicht unerhebliche Zahl von chemischen und biologischen Waffen verfügte[36]. Hierbei kann die Möglichkeit, daß die irakische Regierung, sollten ihr nach einer etwaigen Aufhebung der Sanktionen in erheblich größerem Umfang Finanzmittel aus legaler Wirtschaftstätigkeit zur Verfügung stehen, ein Programm der Wiederaufrüstung betreibt, nicht zur Begründung einer unbegrenzten Fortdauer der umfassenden Sanktionen herangezogen werden[37]. Selbst im Falle einer nachgewiesenen vollständigen Erfüllung der in der Resolution 687 (1991) gestellten Bedingungen durch den

---

[34] S/1999/356, Annex I, Report of the first panel established pursuant to the Note by the President of the Security Council on 30 January 1999 (S/1999/100), concerning disarmament and current and future ongoing monitoring and verification issues, Ziff. 25. Dies gilt insbesondere für die Entwicklung von Atomwaffen sowie Mittelstreckenraketen, ebd. Ziff. 14 ff.

[35] Ebd., Ziff. 19 ff.

[36] Siehe die Stellungnahme des Delegierten der Russischen Föderation in S/PV.4084, 4 ff. (2. Kap., Anm. 183): "Judging from objective assessments, Iraq is already no threat to international and regional peace and security." Die Einschätzung der allenfalls geringfügigen Friedensbedrohung wird geteilt von Cordesman, 173 ff., 462 ff. und Cortright/Lopez, Sanctions Decade, 32 ff.

[37] So aber U.S. Department of State, Saddam Hussein's Iraq, September 1999 (siehe auch die Stellungnahme des Delegierten der Vereinigten Staaten, S/PV.4241, 4, 2. Kap., Anm. 198); Baram, 220; Byman, Daniel, A Farewell to Arms Inspections, in: Foreign Affairs, 79 (2000) 1, 119-132, 127 ff. und Leitenberg/Mallmann, 494, welche die Beibehaltung der Wirtschaftssanktionen für gerechtfertigt halten, weil der irakischen Regierung dadurch die Finanzmittel für eine geplante Wiederaufrüstung vorenthalten werden.

Irak könnte nämlich nach der Aufhebung der Wirtschaftssanktionen ohne wirksame Kontrollen nicht verhindert werden, daß der Irak erneut mit den daraufhin zur Verfügung stehenden Finanzmitteln ein Aufrüstungsprogramm betreibt[38]. In Hinblick auf die übrigen, die Friedensbedrohung konstituierenden Merkmale bestand zu Anfang 2000 gleichfalls lediglich ein vergleichsweise geringer Grad der Friedensbedrohung, da der Irak den an ihn gestellten Forderungen weitgehend, wenn auch keineswegs umfassend nachgekommen ist[39]. Vor diesem Hintergrund bestehen angesichts der weiterhin schwerwiegenden Folgen der Sanktionsmaßnahmen erhebliche Zweifel an der Verhältnismäßigkeit der Wirtschaftssanktionen.

Der Sicherheitsrat könnte allerdings mit der Einführung des Öl für Lebensmittel Programms seiner Schutzpflicht gerecht geworden sein. Dies wäre der Fall, wenn die ordnungsgemäße Umsetzung dieser Maßnahmen einen wirksamen Schutz des Rechts auf Leben gewährleistet hätte, die irakische Regierung durch ihr Verhalten einen derartigen Erfolg aber verhindert hat. Die Vereinigten Staaten haben, unter Hinweis auf die im Vergleich zum Zentral- und Südirak günstigere Entwicklung in den drei kurdischen Provinzen, in denen das Öl für Lebensmittel Programm von den Vereinten Nationen umgesetzt wird, die irakische Regierung für die anhaltend hohe Säuglings- und Kindersterblichkeit verantwortlich gemacht. Außerdem warfen sie der irakischen Regierung vor, daß sie das Öl für Lebensmittel Programm manipuliere und dieses nur mangelhaft umsetze[40]. Dieser Vorwurf konnte in der Praxis der Vereinten Nationen, die im Irak ein detailliertes Überwachungssystem installiert haben, mit dem die Lieferung der unter dem Programm eintreffenden Güter von dem Grenzübertritt bis zum Endverbraucher lückenlos kontrolliert wird, nicht bestätigt werden, wenn auch gewisse Unregelmäßigkeiten zu verzeichnen gewesen sind[41]. Die objektiv bessere Lage in den drei kurdischen Provinzen ist vielmehr vorrangig

[38] Der Verweis auf die Möglichkeit der Wiederaufrüstung würde in diesem Fall dazu führen, daß die Wirtschaftssanktionen über einen unbegrenzten Zeitraum aufrechterhalten werden könnten, ungeachtet der Erfüllung der Verpflichtungen aus der Resolution 687, die rechtlich die einzige Bedingung für die Aufhebung der Sanktionsmaßnahmen darstellt.

[39] Siehe 2. Kap., 2.2.2.2.

[40] U.S. State Department (s.o. Anm. 37).

[41] So hat der Irak in mehreren Fällen das Programm verspätet bzw. unzureichend umgesetzt oder die Erdöllieferungen aus politischen Gründen unterbrochen, siehe S/1999/481, Ziff. 50 und S/2001/919 (2. Kap., Anm. 292), Ziff. 95 ff. So führte etwa die Entscheidung der irakischen Regierung vom Dezember 2000, die Erdölausfuhren zu drosseln, um hierdurch eine Erhöhung der Preise zu erreichen und Druck auf den Sicherheitsrat auszuüben dazu, daß es in der Zeit von Dezember 2000 bis Februar 2001 zu einem Ausfall von Einnahmen in Höhe von $ 2.2. Milliarden kam, United Nations Office of the Iraq Programme, Update for the period 17-23 February, 27. Februar 2001, auf der Homepage des Programms: www.un.org/depts/oip, aufgerufen am 15. März 2001.

auf deren bevorzugte Behandlung zurückzuführen[42]. Die Gebiete erhalten unter dem Programm für die dort ansässige Bevölkerungszahl einen proportional höheren Finanzanteil als der Zentral- und Südirak[43]. Es sind wesentlich mehr humanitäre Hilfsorganisationen in den kurdischen Gebieten tätig als im Zentral- und Südirak[44]. Des weiteren sind die Grenzen der kurdischen Gebiete weniger stark überwacht als die übrigen Landesgrenzen, so daß in erheblichem Umfang Schmuggel stattfindet[45]. Die unterschiedliche Entwicklung der Lage in den kurdischen Gebieten gegenüber dem Zentral- und Südirak läßt daher keinen zwingenden Rückschluß auf die mangelhafte Umsetzung des Programms durch die irakische Regierung zu. Die irakische Regierung hat allerdings ihre Pflicht zur Verwirklichung der Menschenrechte ihrer Bevölkerung durch den Einsatz der hierzu erforderlichen Finanzmittel dadurch verletzt, daß sie die ihr zur Verfügung stehenden Gelder nicht entsprechend der offensichtlichen Prioritäten, sondern zum Bau von Luxuspalästen oder übermäßig für den Militärhaushalt verwendet hat[46].

Trotz der zweifelsohne bestehenden Mitverantwortlichkeit der irakischen Regierung für die schlechte humanitäre Lage steht außer Frage, daß die negativen Auswirkungen der Wirtschaftssanktionen selbst bei vollständiger Umsetzung der bestehenden Pflichten und Kooperation seitens der irakischen Regierung beträchtlich gewesen wären. Vor diesem Hintergrund muß grundsätzlich bezweifelt werden, ob ein temporäres Hilfsprogramm, das weder von der grundlegenden Struktur noch vom Verwaltungsapparat her darauf angelegt ist, die erforderliche Aufbauhilfe zu leisten, überhaupt geeignet sein kann, den Erfordernissen zum Schutz des Lebens gerecht zu werden, die im Irak nach langjährigen Wirtschaftssanktionen bestehen[47]. Dies gilt insbesondere für die

---

[42] Siehe dazu S/1999/356, Annex II, Ziff. 44.

[43] So standen bis zum Ende des Jahres 2000 für den Zentral- und Südirak bei einer Einwohnerzahl von 20.9 Millionen (1999, Statistik aus UNICEF, Annual Report, 1999, 10) 53 % des Gesamterlöses aus dem Programm zu, während die kurdischen Gebiete bei einer Einwohnerzahl von 3.4 Millionen 13 % des Gesamterlöses erhalten.

[44] In den kurdischen Gebieten waren bis 1995 über 100 Hilfsorganisationen und seit 1996 über 25 Hilfsorganisationen gegenüber etwa einem Dutzend im Zentral- und Südirak tätig. Siehe Hoskins, 132.

[45] Hierzu von Sponeck, 934.

[46] Siehe 2. Kap., 2.2.3.1.

[47] Normand, 20 ff. In diese Richtung auch die Schlußfolgerung des Sachverständigengremiums in seinem Bericht an den Sicherheitsrat S/1999/356, Annex II: "In presenting the above recommendations to the Security Council, the panel reiterates its understanding that the humanitarian situation in Iraq will continue to be a dire one in the absence of a sustained revival of the Iraqi economy, which in turn cannot be achieved solely through remedial humanitarian efforts" und Mahdi, 67: "Increased oil exports will offer immediate relief, and that can never be a substitute for regenerating the economy. Iraq needs an economic strategy based on the

gegenüber Kindern bestehende gesteigerte Schutzpflicht, ihr Überleben und ihre Entwicklung in größtmöglichen Umfang zu gewährleisten[48]. Die vom Sicherheitsrat mit den Resolutionen 1284 (1999), 1302 (2000) und 1330 (2000) zur Verbesserung des Programms beschlossenen Maßnahmen haben zwar eine Reihe von den bei der Umsetzung zu Tage getretenen Schwachpunkte des Programms zum Gegenstand gehabt, insbesondere das unzureichende Finanzvolumen, das Fehlen von Geldern zum Kauf der erforderlichen Güter und zur Bezahlung von Arbeitskräften vor Ort sowie das Volumen der im Sanktionsausschuß blockierten Anträge[49]. Die Erfolgsaussichten der vom Sicherheitsrat getroffenen Maßnahmen erscheinen jedoch aufgrund der Einteilung des Programms in Phasen von jeweils sechs Monaten, die lediglich einen kurzfristigen Planungsraum zulassen, der Schwerfälligkeit des Programms, die zu erheblichen Verzögerungen führt, und der Praxis insbesondere der Vereinigten Staaten, "dual-use" Güter im Sanktionsausschuß anzuhalten, beschränkt[50]. Mehrere sachverständige Beobachter im Irak sind zu dem Schluß gekommen, daß es zur nachhaltigen Verbesserung der schwer geschädigten Infrastruktur, einschließlich des in einer schweren Krise befindlichen Gesundheitswesens, die im wesentlichen für die weiterhin hohen Sterblichkeitsraten verantwortlich sind, eines umfassenden Wiederaufbaus der irakischen Volkswirtschaft bedarf, der im Rahmen des Programms nicht möglich erscheint[51].

---

restoration of essential utilities, the rebuilding of public education and health services, the selective rehabilitation of industrial plants, as well as encouraging investment in raising agricultural productivity and developing the potential of the oil sector."

[48] Hierzu Normand, 29.

[49] Siehe Shehabaldin/Laughlin, 12.

[50] Siehe den Bericht des Generalsekretärs UN Dok. S/2000/132, Ziff. 5. Dies gilt selbst angesichts der mit den Resolutionen 1284 (1999), 1302 (2000) und 1330 (2000) getroffenen Maßnahmen, welche die als übermäßig hoch empfundene Zahl der im Sanktionsausschuß blokkierten Anträge verringern sollten, da trotz dieser Schritte gegen Ende des Jahres 2000 im Sanktionsausschuß weiterhin Anträge in Milliardenhöhe blockiert waren (siehe 2. Kap., 2.2.3.2.d)). Hierbei ist zwar zu berücksichtigen, daß das Anhalten von Anträgen eine Vielzahl von Gründen haben kann und in vielen Fällen auch eine berechtigte Maßnahme zur Verhinderung der Umgehung der Sanktionsbestimmungen darstellt. Gleichwohl erscheinen die vorliegenden Zahlen unverhältnismäßig hoch und deuten angesichts des Umstands, daß die Vereinigten Staaten maßgeblich für die Zahl der angehaltenen Anträge verantwortlich sind, auf eine übermäßig restriktive Genehmigungspraxis hin. Zur Kritik an der Praxis der Vereinigten Staaten im Sanktionsausschuß Simons, 113 ff.

[51] S/1999/356, Annex II, Ziff. 46: "... But even if all humanitarian supplies were provided in a timely manner, the humanitarian programme implemented pursuant to resolution 986 (1995) can admittedly only meet but a small fraction of the priority needs of the Iraqi people. Regardless of the improvements that might be brought about in the implementation of the current humanitarian programme ... the magnitude of the humanitarian needs is such that they cannot be met within the context of the parameters set forth in resolution 986 (1995) and succeeding resolutions, in particular resolution 1153 (1998). Nor was the programme intended to

Die Sanktionspraxis des Sicherheitsrats ist deshalb nach Mitte 1999, als aufgrund einer Vielzahl von Berichten die inhärenten Grenzen des Hilfsprogramms, das als Gegenmaßnahme keinen wirksamen Schutz des Lebens gewährleisten konnte, deutlich wurden[52], den Anforderungen aus dem Recht auf Leben nicht in vollem Umfang gerecht geworden[53]. Der Sicherheitsrat hatte daher ab diesem Zeitpunkt die Pflicht, die Sanktionsmaßnahmen so zu ändern, daß deren unverhältnismäßige Auswirkungen auf die irakische Bevölkerung und die damit verbundene Beeinträchtigung des Rechts auf Leben zukünftig vermieden wird[54]. Dieser Pflicht ist er mit den nachfolgenden Maßnahmen zur Verbesserung der humanitären Lage nur unzureichend nachgekommen, da sich diese in Anbetracht des Ausmaßes der humanitären Krise als ungenügend erwiesen, um zu einer nachhaltigen Verbesserung der Lage und damit auch zur Senkung der Kindersterblichkeit beizutragen.

2.1.3. Das Folterverbot

Die Wirtschaftssanktionen würden gegen das Folterverbot verstoßen, wenn der Sicherheitsrat in zurechenbarer Weise den irakischen Menschen vorsätzlich Schmerzen oder Leiden zugefügt hat. Durch die Folgewirkungen der Sanktionsmaßnahmen, insbesondere Hunger und Krankheiten, sind einer Vielzahl von Irakern starke körperliche und seelische Schmerzen zugefügt worden. Das Vorliegen des zur Verwirklichung des Tatbestands der Folter erforderlichen Vorsatzes der Mitglieder des Sicherheitsrats läßt sich jedoch nicht feststellen[55]. Die Verhängung und Beibehaltung der Wirtschaftssanktionen stellt auch keine grausame bzw. unmenschliche Behandlung dar. Die Verhängung von

---

meet all the needs of the Iraqi people." In diese Richtung auch S/1999/481, Ziff. 116. Siehe außerdem Forteau, Mathias: La Formule "Pétrole contre Nourriture" mise en place par les Nations Unies en Irak : Beaucoup de Bruit pour rien?, in: AFDI 43 (1997), 132-150, 150 ; Mahdi, 67; Shehabaldin/Laughlin, 12 sowie die Stellungnahmen der Delegierten Malaysias, Chinas und der Russischen Föderation zu S/RES 1330 (2000) (2.Kap., Anm. 200).

52 So insbesondere aus S/1999/356 und S/1999/481 sowie den UNICEF Berichten. Vom Zeitpunkt der Einführung des Öl für Lebensmittel Programms Anfang 1997 bis Anfang 1999 bestand zumindest die Möglichkeit, daß das Programm, auch aufgrund der im Laufe seiner Durchführung unternommenen Verbesserungsmaßnahmen, zu einem spürbaren Rückgang der erhöhten Sterblichkeit führen könnte. Nach zweijähriger Dauer des Programms wurde jedoch zunehmend deutlicher, daß grundsätzliche Zweifel bestehen, ob sich dieses Ziel in dem durch ein Hilfsprogramm gesteckten Rahmen erreichen läßt.

53 Eine Verletzung des Rechts auf Leben durch die gegenüber dem Irak verhängten Wirtschaftssanktionen wird angenommen von Normand, 29; Shehabaldin/Laughlin, 16 und Starck, 363.

54 Siehe zu möglichen Alternativen zu den derzeitigen Sanktionen von Sponeck, 940 ff.

55 Insoweit gelten die zum Verbot des Völkermords gemachten Ausführungen entsprechend (s.o. 2.1.1.).

Wirtschaftssanktionen erfüllt zwar das Merkmal der Behandlung. Die vom Sicherheitsrat beschlossenen Sanktionsmaßnahmen waren jedoch nicht grausam oder unmenschlich. Zur Beurteilung dieses Merkmals ist, soweit diese nicht vorsätzlich eingesetzt werden, maßgeblich auf den Inhalt und die Natur der Maßnahmen im Lichte der herrschenden Anschauungen abzustellen[56]. Unter diesen Vorzeichen können Wirtschaftssanktionen nur dann als grausam bzw. unmenschlich qualifiziert werden, wenn sie keine Ausnahmen für die Lieferung elementarer Güter beinhalten, deren fehlende Verfügbarkeit für das Leiden der Bevölkerung verantwortlich ist. Der Sicherheitsrat hat in den gegenüber dem Irak verhängten Sanktionen entsprechende Ausnahmen vorgesehen. Hierbei erscheint die in der Resolution 661 (1990) getroffene Regelung zwar überaus restriktiv, aufgrund der darin vorgesehenen Ausnahmemöglichkeiten und den Unklarheiten über die damalige Versorgungslage im Irak ist durch diese Regelung allein jedoch noch nicht die Schwelle zur grausamen bzw. unmenschlichen Behandlung überschritten worden. In den nachfolgenden Resolutionen hat der Sicherheitsrat nicht nur Ausnahmen vom Ausfuhrverbot zugelassen, sondern im Rahmen des Öl für Lebensmittel Programms Maßnahmen zur Linderung der nachteiligen Auswirkungen der Sanktionen getroffen. Trotz der verheerenden Auswirkungen der vom Sicherheitsrat getroffenen Sanktionsmaßnahmen können diese ihrer inhaltlichen Ausgestaltung nach nicht als objektiv grausam bzw. unmenschlich bezeichnet werden.

2.1.4. Das Diskriminierungsverbot

Ein Verstoß gegen das Diskriminierungsverbot kommt in Hinblick auf die Ausgestaltung und Durchführung des Öl für Lebensmittel Programms als integralem Bestandteil der Sanktionsbestimmungen in Betracht. Der Sicherheitsrat hat nicht nur bei der Ausgestaltung der Wirtschaftssanktionen selbst, sondern auch hinsichtlich der Maßnahmen, die aus humanitären Gründen als Ausnahme zu den in den entsprechenden Resolutionen verhängten Verboten getroffen werden, das Diskriminierungsverbot zu beachten[57].

Ein Verstoß gegen das Diskriminierungsverbot könnte in der Ungleichbehandlung der arabischstämmigen gegenüber der kurdischen Bevölkerung im Irak liegen. Unter dem Programm steht der in den kurdischen Gebieten lebenden Bevölkerung anteilig ein größerer Finanzanteil als der im Zentral- und Südirak lebenden arabischen Bevölkerung zu[58]. In dieser Ungleichbehandlung läge ein

[56] Siehe 3. Kap., 4.2.2.3.3.
[57] Siehe 3. Kap., 4.2.2.4.3.
[58] S.o. Anm. 43.

Verstoß gegen das Diskriminierungsverbot, wenn sie auf der ethnischen Zugehörigkeit beruhte und nicht durch objektive Gründe gerechtfertigt gewesen ist. Es gibt mehrere objektive Faktoren, die eine bevorzugte Behandlung der Kurden zu rechtfertigen vermögen. Die Kurden zeichnen sich durch ihre historische Verwundbarkeit aus[59]. So haben irakische Streitkräfte nicht nur wiederholt, auch noch nach der Verhängung der Wirtschaftssanktionen, die kurdische Bevölkerung angegriffen, sondern die irakische Regierung hat auch die internen Wirtschaftsbeziehungen abgebrochen, so daß ein erhöhter Bedarf an Unterstützung der kurdischen Bevölkerung bestand. In den kurdischen Gebieten gab es zudem im Vergleich zum übrigen Irak eine weit höhere Zahl an Binnenflüchtlingen, wodurch zusätzliche Kosten für die Wiederansiedlung entstanden sind[60]. Ein weiterer, in den kurdischen Provinzen besonders hoher Kostenfaktor stellte die Beseitigung der Landminen dar[61]. Aufgrund dieser Besonderheiten erscheint die bevorzugte Behandlung der Kurden gerechtfertigt. Die Ungleichbehandlung der arabischen gegenüber der kurdischen Bevölkerung unter dem Öl für Lebensmittel Programm begründet somit keinen Verstoß gegen das Diskriminierungsverbot[62].

2.2. Die Abwägung zwischen dem Ziel der Friedenssicherung und dem Menschenrechtsschutz

2.2.1. Die Beeinträchtigung von Menschenrechten durch die Wirtschaftssanktionen

a) Wirtschaftliche, soziale und kulturelle Rechte

Die Wirtschaftssanktionen haben zu einer Verarmung weiter Teile der Bevölkerung, Unter- bzw. Mangelernährung, einem erheblichen Anstieg der Kindersterblichkeit, der epidemischen Ausbreitung von Krankheiten, zu gravierenden Einschränkungen in der medizinischen Versorgung, zu einem Rückgang der Zahl der Schulabsolventen und zur Massenarbeitslosigkeit geführt. Hierdurch haben die Wirtschaftssanktionen das Recht auf einen angemessenen

---

[59] Siehe S/1999/356, Annex II, Ziff. 44.

[60] Die Zahlen werden auf 500.000 gegenüber 80.000 im Zentral- und Südirak beziffert. Siehe S/1999/356, Annex II, Ziff. 44.

[61] Siehe zur Ansiedlung der Flüchtlinge und der Minenbeseitigung als Teil des Öl für Lebensmittel Programms S/1999/481, Ziff. 109 ff.

[62] Es läßt sich aber nicht verkennen, daß die auch politisch bedingte Bevorzugung der Kurden zu einem Nord-Süd Gefälle im Irak geführt hat, das geeignet ist, Zweifel an der Unparteilichkeit der Vereinten Nationen hervorzurufen und damit der Glaubwürdigkeit des Programms insgesamt abträglich sein kann, so auch S/1999/356, Annex II, Ziff. 44.

Lebensstandard, das Recht auf Nahrung, das Recht auf Gesundheit, das Recht auf Bildung und das Recht auf Arbeit beeinträchtigt.

b) Bürgerliche und politische Rechte

ba) Das Recht auf Religionsfreiheit

Das Recht auf Religionsfreiheit ist durch das in der Resolution 670 (1990) verfügte Flugverkehrsverbot faktisch für diejenigen Pilger eingeschränkt worden, denen die Reise zur Haddsch nach Mekka auf dem Landweg zu beschwerlich war. Eine Beeinträchtigung des Rechts auf Religionsfreiheit durch das Flugverkehrsverbot liegt jedoch nicht vor. Das Recht auf die Freiheit der Religionsausübung gewährt einen Schutz nur gegenüber gezielten, auf die Religionsausübung bezogenen Eingriffen, nicht jedoch das Recht, den Ort der Religionsausübung durch den Gebrauch eines bestimmten Verkehrsmittels zu erreichen, sofern die Benutzung des Verkehrsmittels nicht allein deswegen verboten wird, um die Religionsausübung zu verhindern[63]. Ein Eingriff in das Recht auf Religionsfreiheit liegt somit nicht vor.

bb) Das Recht auf Informationsfreiheit

Informationsmaterialien unterlagen gemäß der Resolution 661 (1990) dem Ein- und Ausfuhrverbot, ohne daß die Möglichkeit einer ausnahmsweisen Genehmigung bestand. Die Resolution 687 (1991) räumte eine Genehmigungsmöglichkeit in bezug auf die Ausfuhr für diejenigen Fälle ein, in denen die Informationsmaterialien vom Sanktionsausschuß als Güter des elementaren zivilen Bedarfs qualifiziert werden. Die Einfuhr von Informationsmaterialien aus dem Irak ist jedoch, ohne daß die Möglichkeit einer ausnahmsweisen Genehmigung besteht, unzulässig. Der Sicherheitsrat hat insoweit durch die Sanktionsmaßnahmen in das Recht auf Informationsfreiheit eingegriffen.

[63] Der Sicherheitsrat hat gleichwohl auf die Kritik an dieser faktischen Beschränkung der Religionsausübung die Genehmigung der entsprechenden Flüge durch den Sanktionsausschuß in der Praxis zugelassen. Mit der Resolution 1284 (1999) wurde ausdrücklich klargestellt, daß das Flugverkehrsverbot nicht auf Flüge Anwendung findet, die zu religiösen Zwecken durchgeführt werden und dem Sanktionsausschuß notifiziert worden sind.

bc) Das Recht auf Freizügigkeit

Die in Ziff. 4 der Resolution 1137 (1997) enthaltene Regelung beinhaltet ein Einreise- und Durchreiseverbot für irakische Amtsträger und Angehörige der irakischen Streitkräfte vorbehaltlich einer Genehmigung durch den Sanktionsausschuß. Die Regelung wird dem Recht auf Einreise in das Heimatland insofern gerecht, als sie keinen Mitgliedstaat verpflichtet, seinen eigenen Staatsangehörigen die Einreise zu verbieten. Allerdings steht das Recht auf Einreise in das Heimatland nicht nur Staatsangehörigen, sondern auch denjenigen Personen zu, die in dem Land ihre Heimat begründet haben. Diese Gruppe fällt aber dem Wortlaut der Regelung nach unter das Verbot, so daß Mitgliedstaaten verpflichtet sind, ihnen die Einreise zu verweigern. Die Regelung greift somit in das Recht auf Freizügigkeit dieser Personengruppe ein. Die fehlende Einbeziehung dieser Gruppe von Personen in der Resolution 1137 (1997) ist mit Blick auf den Schutzbereich des Rechts auf Freizügigkeit bedenklich. Zwar könnte die Regelung mit dem Recht auf Freizügigkeit konform ausgelegt werden, wonach auch solche Personen von der Ausnahme umfaßt sind, die ein Recht auf Einreise in ihr Heimatland haben. Allerdings kommt dem Sicherheitsrat auch gegenüber diesem Personenkreis entsprechend Artikel 11 Absatz 3 des IPWSKR die Befugnis zu, ein Einreiseverbot zu verhängen, falls dies der Friedenssicherung dient. Überdies dürfte den von der Resolution 1137 (1997) designierten irakischen Amtsträgern und Angehörigen der irakischen Streitkräfte ein solches Recht ohnehin nicht zustehen, so daß die aufgeworfene Konstellation eher theoretischer Natur erscheint. Die Adressaten des Einreiseverbots werden ferner zumindest faktisch in ihrem Recht auf Ausreise beeinträchtigt, weil bei der Befolgung des Verbots durch sämtliche Mitgliedstaaten die Möglichkeit entfällt, in irgendein Land einzureisen. Das Recht auf Ausreise verbietet aber lediglich dem jeweiligen Staat, den Trägern des Rechts die Ausreise zu verbieten. Da es kein Recht auf Einreise in ein anderes Land als das Heimatland gewährt, muß es den Staaten auch in ihrer Gesamtheit unbenommen sein, dem Träger des Rechts die Einreise in ihr jeweiliges Land zu verbieten.

c) Das Selbstbestimmungsrecht

Der Irak hat geltend gemacht, daß er Opfer einer schwerwiegenden und fortdauernden Verletzung seines Selbstbestimmungsrechts sei[64]. Die Wirtschaftssanktionen würden das Recht des irakischen Volkes aus den beiden Artikeln 1 der Internationalen Pakte verletzen, frei über seine natürlichen Ressourcen verfügen zu können. Das Verbot der Ausfuhr irakischen Erdöls, welches das wichtigste

[64] Fourth periodic report of States parties due in 1993: Iraq – 28/November/1996 – CCPR/C/103/Add.2 (State Party Report), Ziff. 7.

Existenzmittel darstelle, beraube das irakische Volk unter Verletzung von Artikel 1 Absatz 2 des Pakts seiner Existenzmittel[65]. Außerdem verstoße die Regelung, wonach der Irak 30 % seiner Exporterlöse in einen Wiedergutmachungsfond zu zahlen hat, gegen das Selbstbestimmungsrecht[66]. Durch die in der Resolution 687 (1991) festgelegte und in der Resolution 705 (1991) konkretisierte Pflicht, 30 % des Exporterlöses in einen Wiedergutmachungsfond zu zahlen, ist die Verfügungsgewalt des Irak über sein Erdöl eingeschränkt worden. Darin liegt ein Eingriff in den Recht des irakischen Volkes, frei über seine natürlichen Ressourcen verfügen zu können.

d) Die Rechte des Kindes

Die Wirtschaftssanktionen haben dazu beigetragen, daß die Kindersterblichkeit erheblich angestiegen ist und die Zahl der unterernährten und kranken Kinder übermäßig hoch ist. Außerdem sind viele Kinder aufgrund der wirtschaftlichen Verhältnisse zu Bettelei und Kinderarbeit gezwungen worden und mußten ihre Schulbildung vernachlässigen[67]. Die Wirtschaftssanktionen haben dadurch zu einer Beeinträchtigung der Rechte der Kinder auf Gesundheitsschutz, auf Entwicklung, auf Bildung und auf Arbeitsschutz geführt.

e) Die Rechte der Frau

Die gegenüber dem Irak verhängten Sanktionsmaßnahmen haben für Frauen vor allem bei der Verwirklichung des Rechts auf Nahrung und des Rechts auf Gesundheit im Vergleich zu Männern schwerwiegendere Folgen gehabt[68]. Die Sanktionsbestimmungen selbst enthalten keine Regelungen, die eine auf das Geschlecht begründete Unterscheidung, Ausschließung oder Beschränkung treffen. Die für Frauen im Vergleich zu Männern entstandenen Nachteile sind vielmehr als Folge der im Irak bestehenden Gesellschaftsordnung faktischer Natur. Auch wenn eine Schutzpflicht des Sicherheitsrats zur Vermeidung geschlechtsspezifischer Benachteiligung durch die Wirtschaftssanktionen angenommen werden würde, so ist kaum ersichtlich, welche konkreten Maßnahmen der Sicherheitsrat zur Umsetzung einer derartigen Pflicht treffen könnte[69], da es

---

[65] Ebd. Ziff. 7 d).

[66] Ebd. Siehe hierzu auch Graefrath, 36.

[67] Siehe 2. Kap., 2.2.3.2.

[68] Siehe ebd.

[69] Als geschlechtsspezifische Maßnahmen käme etwa ein erleichtertes Genehmigungsverfahren für NROs, die sich vornehmlich für die Belange von Frauen einsetzen und das Schaffen von Verteilungsmechanismen, welche die Belange von Frauen in besonderem Maße berücksichtigen, im Rahmen eines sanktionsspezifischen Hilfsprogramms in Betracht. Voraussetzung hierfür wäre die Verfügbarkeit zuverlässiger Informationen, z.B. durch Erstellen von

sich um den Zuständigkeitsbereich des Sanktionsadressaten handelt, welcher der Einflußnahme des Sicherheitsrats weitgehend entzogen ist. Ein Verstoß gegen das Verbot der Diskriminierung von Frauen kann somit nicht festgestellt werden.

2.2.2. Die Wahrung der Menschenrechte im Rahmen der Abwägung

a) S/RES 661 (1990) - S/RES 687 (1991)

Die Verhängung umfassender Wirtschaftssanktionen mit der Resolution 661 (1990) war, als Reaktion auf einen schwerwiegenden Bruch des Weltfriedens und der internationalen Sicherheit, den die Invasion des Iraks aufgrund der Mißachtung des Gewaltverbots und der Verletzung der kuwaitischen Souveränität darstellte[70], eine Maßnahme, die nicht offensichtlich außer jeglichem Verhältnis zum Grad der Friedensbedrohung stand.
Es bestehen aber Bedenken, ob der Sicherheitsrat durch die inhaltliche Ausgestaltung der Resolution 661 (1990) dem Schutz der einzelnen Menschenrechte hinreichend gerecht geworden ist. Der Sicherheitsrat hat bei der inhaltlichen Fassung der Verbotstatbestände nur in geringfügigem Maße Ausnahmen aus humanitären Gründen zugelassen. Es läßt sich nicht erkennen, warum die dadurch hervorgerufene Beeinträchtigung der Rechte der Bevölkerung erforderlich war, um das Ziel der Resolution 661 (1990), den Rückzug der irakischen Streitkräfte aus Kuwait, zu erreichen. Das Fehlen von Ausnahmeregelungen für Informationsmaterialien und grundlegender Unterrichtsmaterialien erscheint als eine übermäßige Beeinträchtigung des Rechts auf Informationsfreiheit und des Rechts auf Bildung. Der Sicherheitsrat hatte zwar ein berechtigtes Interesse, durch entsprechende Kontrollmechanismen die Ausfuhr der in diese Kategorie fallenden Güter in den Irak zu überwachen. Ein absolutes Verbot ohne Genehmigungsmöglichkeit erscheint aber weder im Lichte der Natur der Güter noch des Ziels einer Steigerung der Wirksamkeit der Wirtschaftssanktionen als Reaktion auf eine schwerwiegende Friedensbedrohung angemessen. Insofern ist nicht erkennbar, daß der Sicherheitsrat seiner Pflicht zur Abwägung in ausreichendem Maße nachgekommen ist.

Analysen, die eine Feststellung der geschlechtsspezifischen Auswirkungen von Sanktionen und den sich daraus ergebenden spezifischen Bedarf zulassen. Eine dahingehende Praxis des Sicherheitsrats läßt sich aber nicht erkennen.

[70] Siehe hierzu Fink, Konflikt, 456 ff.; Greenwood, Christopher, Iraks Invasion in Kuwait: Einige Rechtsfragen, in: Neue Zeitschrift für Wehrrecht (1991), Heft 2, 42-56, 46; Klein, Eckart, Völkerrechtliche Aspekte des Golfkonflikts 1990/1991, in: AdV 29-30 (1991-1992), 421-435, 424.

Darüber hinaus führte das Ausfuhrverbot von Nahrungsmitteln mit Genehmigungsvorbehalt in humanitären Fällen faktisch, mit Ausnahme der für die Angehörigen von Drittstaaten bestimmten Nahrungsmittellieferungen, zu einer Unterbrechung der Nahrungsmittelausfuhr in den Irak. Zumindest ab Februar 1991 war für die besonders gefährdeten Bevölkerungsgruppen die ausreichende Ernährung nicht mehr gesichert. Diese Entwicklung war vorhersehbar, da der Irak in starkem Maße von Nahrungsmitteleinfuhren abhängig war. Die Einbeziehung von Nahrungsmitteln in das Ausfuhrverbot hat zwar auch den Druck auf die irakische Regierung verstärkt und dadurch die potentielle Effektivität der Sanktionen erhöht. Allerdings sind Nahrungsmittel, zumindest soweit eine Knappheit zu befürchten ist, von Ausfuhrverboten auszunehmen, da nicht zugleich mit der Steigerung der Zwangswirkung eine Hungersnot herbeigeführt werden darf. Ein absolutes Nahrungsmittelembargo würde einen unzulässigen Eingriff in den Kernbereich des Rechts auf Nahrung darstellen[71], der auch nicht durch eine schwerwiegende Friedensbedrohung gerechtfertigt wäre. Die Kontrolle über die Nahrungsmittellieferungen und die Vermeidung der mißbräuchlichen Verwendung durch die irakische Regierung durfte jedenfalls nicht dazu führen, daß überhaupt keine für die irakische Bevölkerung bestimmten Nahrungsmittellieferungen in den Irak gelangten. Vor diesem Hintergrund ist das Recht auf Nahrung nicht nur durch die in der Resolution 661 (1990) enthaltene Regelung, sondern auch durch die nachfolgende restriktive Genehmigungspraxis des Sanktionsausschusses in bedenklicher Weise eingeschränkt worden[72].

b) S/RES 687 (1991) - S/RES 986 (1995)

Die mit der Resolution 687 (1991) beschlossene Beibehaltung der umfassenden Wirtschaftssanktionen war im Lichte der Schwere der durch das Verhalten der irakischen Regierung begründeten Friedensbedrohung nicht offensichtlich unverhältnismäßig[73]. Die nachfolgende Aufrechterhaltung der Wirtschaftssanktionen war zwar aufgrund der dadurch bewirkten erheblichen Beeinträchtigung einer Reihe von Menschenrechten bedenklich. Allerdings war die kontrollierte Vernichtung des irakischen Waffenarsenals erst teilweise erfolgt, so daß der Irak immer noch über ein beträchtliches Potential an Massenvernichtungswaffen verfügte. In Anbetracht der andauernden schweren Friedensbedrohung und des nach Artikel 1 Ziff. 1 der Charta weiten Ermessensspielraums des

---

[71] Siehe CESCR, General Comment 12, Ziff. 37 und Alston, 44, die aus dem Recht auf Nahrung die Pflicht ableiten, Nahrungsmittel nicht als internationales Sanktionsmittel einzusetzen.

[72] S.o. 2.1.2.a). Die Ausführungen zum Recht auf Leben gelten entsprechend auch für das Recht auf Nahrung.

[73] S.o. 2.1.2.b).

Sicherheitsrats erscheint die Aufrechterhaltung der Sanktionen ebenfalls nicht offensichtlich unverhältnismäßig.

Der Sicherheitsrat hat bei der inhaltlichen Ausgestaltung der Resolution 687 (1991) dem Schutz der Menschenrechte und der daraus resultierenden Minimierungspflicht insofern genügt, als durch die eingefügten Ausnahmebestimmungen grundsätzlich die Lieferung von sämtlichen Gütern zur Deckung des Grundbedarfs der Bevölkerung in den Irak ermöglicht wurde[74]. Dies gilt insbesondere für die Ausfuhr von Informations- und Unterrichtsmaterialien, wobei das hierzu eingeführte Genehmigungsverfahren als Mittel zur Überwachung der wirksamen Durchsetzung der Wirtschaftssanktionen den Anforderungen aus dem Recht auf Informationsfreiheit gerecht geworden ist. Den in Hinblick auf grundlegende Unterrichtsmaterialien bezüglich der Verwirklichung des Rechts auf Bildung bestehenden Bedenken ist der Sicherheitsrat hierbei erst zu einem späteren Zeitpunkt mit der Resolution 1302 (2000) nachgekommen. Allerdings hat der Sicherheitsrat keinen Mechanismus zur Einfuhr von Informationsmaterialien aus dem Irak geschaffen, ein Totalverbot, welches auch in Anbetracht der Schwere der Friedensbedrohung als unverhältnismäßig erscheint, da dem Sicherheitsrat die Möglichkeit der Einführung eines Genehmigungsverfahrens offenstand.

Es bestehen Zweifel, ob die in der Resolution 687 (1991) getroffene und nachfolgend konkretisierte Regelung, wonach der Irak 30 % seiner Erdölexporterlöse in den Wiedergutmachungsfond zu zahlen hat, mit dem Recht auf wirtschaftliche Selbstbestimmung vereinbar ist[75]. Diese beziehen sich auf den überaus hohen Anteil, den der Irak aus seinen Erdölexporterlösen zu zahlen hat und die bei der Festsetzung der Wiedergutmachung in der Kommission bestehenden Verfahrensdefizite. Die irakische Regierung hat jedoch die Resolution 687 (1991), wenn auch als Bedingung für den Waffenstillstand, angenommen[76]. Die genannte Regelung dürfte überdies noch in den weiten Ermessensspielraum des Sicherheitsrats fallen, wenn auch erhebliche Zweifel an der Verhältnismäßigkeit

[74] In der Genehmigungspraxis durch den Sanktionsausschuß, insbesondere bei der von den Vereinigten Staaten und dem Vereinigten Königreich ausgeübten Praxis des Anhaltens von "dual use" Gütern, wurde jedoch allem Anschein nach in vielen Fällen dem Sicherheitsinteresse in einseitiger Weise der Vorzug gegenüber den Menschenrechten, deren Ausübung von der Verfügbarkeit einer Reihe von Gütern abhängt, gegeben (siehe 2. Kap., 2.2.3.2. d).

[75] Graefrath, 36 m.w.N. Zur Zulässigkeit der Entschädigungsregelung umfassend Ress, 435 ff.

[76] Die Konstruktion der Zustimmung ist aber mit Blick auf den Zwangscharakter der Resolution bedenklich, worauf Ress, 447 ff. m.w.N. zurecht hinweist. Graefrath, 30 ff., zufolge stand diese Zustimmung überdies unter dem impliziten Vorbehalt des Irak, auch verfahrensrechtlich am Wiedergutmachungsverfahren beteiligt zu werden, was aber in der Praxis der Kommission nicht gewährleistet worden sei.

dieser Maßnahme verbleiben[77]. Allerdings erscheint es grundsätzlich bedenklich, ein Sanktionsprogramm, das vornehmlich humanitären Zwecken dienen soll, zu Reparationszwecken zu verwenden und den Sanktionsadressaten, und damit auch seine Bevölkerung, über einen längeren Zeitraum in eine Art internationale Schuldhaft zu nehmen.

Die in der Resolution 687 (1991) geschaffenen Ausnahmeregelungen haben sich nachfolgend als unzureichend erwiesen, da die humanitären Hilfslieferungen seitens der internationalen Gemeinschaft nicht ausreichten, um die Grundversorgung der Bevölkerung zu gewährleisten und der Irak nicht über die zum Einkauf der Güter erforderlichen Gelder verfügte. Der Sicherheitsrat trug diesem Umstand durch den Vorschlag des Öl für Lebensmittel Programms Rechnung. Das Programm war jedoch seinem Umfang und seinem Inhalt nach mangelhaft, da es der Größenordnung der humanitären Krise nicht gerecht wurde und in zweifelhafter Weise humanitäre und sonstige Ziele miteinander verband[78]. Der Sicherheitsrat hätte daher in den Jahren 1991 bis 1995 weitere geeignete Schritte zur Linderung der Auswirkungen der Wirtschaftssanktionen unternehmen müssen, um seiner Minimierungspflicht in vollem Umfang gerecht zu werden.

c) S/RES 986 (1995) - S/RES 1330 (2000)

In Anbetracht des relativ geringen Grades der Friedensbedrohung und des begrenzten Erfolgs der vom Sicherheitsrat getroffenen Maßnahmen zur Minimierung der negativen Auswirkungen der Wirtschaftssanktionen ist zweifelhaft, ob die schwerwiegende Beeinträchtigung einer Vielzahl von Rechten der irakischen Bevölkerung noch durch das in Artikel 1 Ziff. 1 der Charta normierte Ziel der Friedenssicherung gerechtfertigt war.

Der Sicherheitsrat hat zwar mit dem gemäß der Resolution 986 (1995) umgesetzten Öl für Lebensmittel Programm und mit den diesbezüglichen nachfolgenden Resolutionen Maßnahmen getroffen, durch die ein verbesserter Schutz der durch die Wirtschaftssanktionen beeinträchtigten Menschenrechte erzielt wurde. Diese Schritte konnten jedoch nicht verhindern, daß die Beibehaltung der Wirtschaftssanktionen weiterhin zu einer Situation beitrug, die durch massive Verarmung der Bevölkerung, Schäden an der Infrastruktur und einer Krise im

---

[77] Hierzu Ress, 435 ff. Der Anteil, der vom Erdölexporterlös für die Wiedergutmachung verwendet wird, erscheint jedoch angesichts der dringenden Bedürfnisse der irakischen Bevölkerung, der dieses Geld nicht zugute kommt, als übermäßig hoch, wobei der Sicherheitsrat auch hierbei eine Abwägung zwischen dem Entschädigungsinteresse und dem Schutz der Menschenrechte der irakischen Bevölkerung zu treffen hatte. Der Sicherheitsrat hat insoweit erst mit S/RES 1330 (2000), Ziff. 12, die Abzugsquote um 5 % auf 25 % gekürzt.
[78] S.o. 2.1.2. b).

Gesundheits- und Bildungswesen gekennzeichnet war. Zwar läßt sich zum gegenwärtigen Zeitpunkt nicht einschätzen, inwieweit die mit den Resolutionen 1284 (1999), 1302 (2000) und 1330 (2000) getroffenen Maßnahmen eine spürbare Besserung der Lage herbeiführen werden. Die bisherige Entwicklung und der begrenzte Umfang der Maßnahmen berechtigt aber zu der Annahme, daß ihr Erfolg gering sein wird. Die irakische Regierung hat zwar erheblich dazu beigetragen, daß sich das Ausmaß der nachteiligen Auswirkungen der Wirtschaftssanktionen verstärkte. Diese Auswirkungen wären aber selbst im Falle der vollständigen Achtung der Menschenrechte durch die irakische Regierung und der umfassenden Kooperation mit den Vereinten Nationen bei der Durchführung des Öl für Lebensmittel Programms beträchtlich gewesen[79]. Die Sanktionen haben ferner anteilig zu einer Beeinträchtigung der individuellen und kollektiven Entwicklung im Irak geführt. Langfristige nachteilige Folgen der Wirtschaftssanktionen sind nicht nur für die Infrastruktur und Versorgungseinrichtungen, sondern vor allem für gesellschaftliche und soziale Institutionen zu befürchten. Dies gilt insbesondere für die Entwicklung der Kinder und Jugendlichen, deren Ausbildung nachhaltig gefährdet ist[80]. Die Wirtschaftssanktionen haben daher in erheblichem Maße dazu beigetragen, daß es im Irak zu langfristigen Schäden gekommen ist, die geeignet sind, sich auch nach der Aufhebung der Wirtschaftssanktionen nachteilig auf die zukünftige Verwirklichung von wirtschaftlichen und sozialen Menschenrechten auszuwirken.

Selbst unter Berücksichtigung des weiten Ermessens des Sicherheitsrats und des Vorrangs des Ziels der Friedenssicherung erscheint daher in Anbetracht der aufgezeigten Entwicklung die Grenze der Abwägung erreicht, da in Hinblick auf den bei Zielkonflikten geltenden Grundsatz der harmonischen Abwägung ein offensichtliches Mißverhältnis zu Lasten der Menschenrechte besteht[81].

2.3. Die Beachtung der Berücksichtigungspflicht

Der Sicherheitsrat hat weder vor der Verhängung der Resolution 661 (1990) noch in der unmittelbaren Folgezeit eine Einschätzung der möglichen

---

[79] In diese Richtung auch Normand, 30: "A human rights analysis of the Council's conduct must take into account the shared responsibility of the Iraqi government, but the Council remains responsible to the extent that it contributes to the denial rather than the promotion of human rights."

[80] UNICEF, Annual Report 1999, 9. Siehe hierzu auch von Sponeck, 936; Shehabaldin/Laughlin, 13 ff.

[81] Eine Verletzung von Menschenrechten durch die gegenüber dem Irak verhängten Wirtschaftssanktionen nehmen an Bossuyt, Economic Sanctions, Ziff. 71; Garfield, 37; Normand, 29; Shehabaldin/Laughlin, 16.

Auswirkungen der Wirtschaftssanktionen auf die irakische Bevölkerung vornehmen lassen[82]. Allerdings hat er dem Sanktionsausschuß mit der Resolution 666 (1990) die Aufgabe übertragen, die Entwicklung der humanitären Lage bei der Entscheidung über mögliche Ausnahmen vom Ausfuhrverbot für Nahrungsmittel zu berücksichtigen. Darüber hinaus hat der Sicherheitsrat den im März 1991 vorgelegten Bericht von M. Ahtissari über die Versorgungslage im Irak zum Anlaß genommen, die Wirtschaftssanktionen anzupassen, wiederum jedoch ohne die möglichen Folgen, welche die von ihm getroffenen Maßnahmen für die Verwirklichung der Menschenrechte der irakischen Bevölkerung haben könnten, einschätzen zu lassen.

Der Sicherheitsrat hat in der Folgezeit von 1991 bis 1998 keine Studie über die negativen Auswirkungen der Wirtschaftssanktionen auf die Bevölkerung in Auftrag gegeben. Dem Sicherheitsrat standen jedoch die gemäß den Resolutionen 687 (1991) und 986 (1995) in regelmäßigen Abständen vorgelegten Berichte des Generalsekretärs über die Umsetzung der Resolution 687 (1991) sowie des Öl für Lebensmittel Programms zur Verfügung. Darüber hinaus haben die UN-Sonderorganisationen eine Reihe von Berichten über die Lage im Irak vorgelegt, die Rückschlüsse auf die Auswirkungen der Wirtschaftssanktionen zuließen. Diese wurden aber zumindest offiziell nicht zur Grundlage der Entscheidungen des Sicherheitsrats herangezogen.

Im Januar 1999 hat der Sicherheitsrat ein Sachverständigengremium beauftragt, einen umfassenden Bericht sowie eine Analyse der humanitären Lage im Irak anzufertigen und dem Sicherheitsrat Empfehlungen zur Verbesserung dieser Lage im Rahmen der geltenden Resolution vorzulegen[83]. Die Empfehlungen dieses Sachverständigengremiums haben daraufhin vor allem in der Resolution 1284 (1999) Berücksichtigung gefunden. In Anbetracht der anhaltend schlechten humanitären Lage im Irak lud der Sicherheitsrat mit der Resolution 1302 (2000) den Generalsekretär ein, unabhängige Experten zu ernennen, deren Mandat darin bestehen sollte, einen umfassenden Bericht und eine Analyse der Lage im Irak anzufertigen, in der vor allem der gegenwärtige humanitäre Bedarf festzustellen ist, sowie entsprechende Verbesserungsvorschläge zu unterbreiten. Vorschläge, das Mandat der Experten dahin zu fassen, daß diese eine Analyse der spezifischen Auswirkungen der Wirtschaftssanktionen vorlegen, scheiterten im Sicherheitsrat am Widerstand der Vereinigten Staaten[84].

---

[82] Normand, 26, zufolge ist der Sicherheitsrat dadurch seiner Pflicht, die rechtliche Verantwortlichkeit für die Wahrung der Rechte der irakischen Bevölkerung anzuerkennen, nicht nachgekommen.

[83] S/1999/356, Annex II. Siehe zur Errichtung des Sachverständigengremiums UN Dok. S/1999/100, Note by the President of the Security Council, 30. Januar 1999.

[84] Siehe die entsprechenden Stellungnahmen im Sicherheitsrat (2. Kap., Anm. 190).

Im Ergebnis ist festzustellen, daß der Sicherheitsrat von 1990 bis 1998 die potentiellen oder tatsächlichen Auswirkungen der Wirtschaftssanktionen auf die Bevölkerung weder regelmäßig noch gezielt hat einschätzen lassen. Vielmehr hat der Sicherheitsrat lediglich punktuell auf alarmierende Berichte über eine Verschlechterung der humanitären Lage im Irak reagiert. Erst 1999 und 2000 hat der Sicherheitsrat, auch als Ergebnis internen Drucks seitens der drei ständigen Mitglieder China, Frankreich und der Russischen Föderation, umfassende Studien über die humanitäre Lage im Irak in Auftrag gegeben, um die Ergebnisse gegebenenfalls im Rahmen von zukünftigen Entscheidungen zu berücksichtigen. Auch wenn sich aus diesen Studien implizite Schlußfolgerungen über die Auswirkungen der Wirtschaftssanktionen ableiten lassen, fehlt es bis zum heutigen Tage an einer eigenständigen Evaluierung dieser Auswirkungen. Der Sicherheitsrat ist mit dieser Praxis seiner aus Artikel 1 Ziff. 3 der Charta folgenden Berücksichtigungspflicht nur unzureichend nachgekommen.

2.4. Die Erfüllung der Verpflichtungen aus dem humanitären Völkerrecht

2.4.1. Das Verbot des Aushungerns

a) S/RES 661 (1990)- S/RES 687 (1991)

Unter Hinweis darauf, daß Nahrungsmittel aufgrund ihrer Bedeutung für den Lebensunterhalt der Zivilbevölkerung vom Ausfuhrverbot umfaßt waren und den Umstand, daß die beschränkte Ausfuhr von Nahrungsmitteln in den Irak und nach Kuwait in vorhersehbarer Weise zu einer Nahrungsmittelknappheit führte, ist der Schluß gezogen worden, daß der Sicherheitsrat das Aushungern der Zivilbevölkerung unter Verstoß gegen Artikel 54 Absatz 1 des 1. ZP als Mittel der Kriegführung eingesetzt hat[85].

Ein Verstoß gegen das Verbot des Aushungerns setzt voraus, daß das Aushungern als Methode der Kriegführung eingesetzt wird. Obwohl die vom Sicherheitsrat beschlossenen Resolutionen 661 (1990) und 666 (1990) kein absolutes Verbot der Ausfuhr von Nahrungsmitteln in den Irak und nach Kuwait enthielten, wurden bis zum Februar lediglich einzelne Nahrungsmittellieferungen für ausländische Staatsangehörige, die sich in Kuwait befanden, genehmigt. Dies führte trotz des von der irakischen Regierung eingeführten Systems der

[85] Provost, 608, 609. Eine Verletzung des Verbots des Aushungern ist auch von dem Delegierten Jemens bei den Beratungen zum Erlaß der Resolution 666 (1990) geltend gemacht worden in S/PV.2939, 11, 16-17 (siehe 2. Kap., Anm. 103).

Lebensmittelrationen spätestens im Januar 1991 zur Nahrungsmittelknappheit im Irak und in Kuwait[86]. Eine Absicht des Sicherheitsrats, zur Steigerung der Wirksamkeit der Sanktionen eine Hungersnot bzw. Unterversorgung der Bevölkerung mit Nahrungsmitteln herbeizuführen, läßt sich jedoch nicht erkennen. Die Erklärungen der Mitglieder des Sicherheitsrats lassen nicht den Schluß zu, daß der Sicherheitsrat das Aushungern der Zivilbevölkerung durch eine Beschränkung der Nahrungsmittelausfuhr als Mittel benutzt hat, um das von der irakischen Regierung geforderte Einlenken zu erreichen. Die in der Resolution 661 (1990) enthaltene Regelung zur Ausfuhr von Nahrungsmitteln war der gegen Südrhodesien verhängten Resolution 253 (1968) nachgebildet[87] und sollte vornehmlich dazu dienen, die Wirksamkeit der Sanktionsbestimmungen zu erhöhen, um den Handel mit Nahrungsmitteln als Ware zu unterbinden. Nicht hingegen sollten Nahrungsmittel der irakischen bzw. kuwaitischen Zivilbevölkerung wegen ihrer Bedeutung für den Lebensunterhalt vorenthalten werden[88]. Dies gilt auch für andere lebensnotwendige Objekte, die unter die Sanktionsverbote fielen.

Zumindest zum Zeitpunkt des Erlasses der Resolution 661 (1990) war ferner nicht mit Sicherheit vorhersagbar, daß es zu einer Nahrungsmittelknappheit im Irak kommen würde. So sollte das Ausfuhrverbot für Nahrungsmittel den im September 1990 abgegebenen Erklärungen mehrerer Delegierter zufolge deswegen nicht aufgehoben werden, weil der Irak Berichten zufolge in ausreichendem Maß über Nahrungsmittel verfügte[89]. Diese Annahme war trotz der hohen Abhängigkeit des Irak und Kuwaits von Nahrungsmitteleinfuhren zumindest im September 1990 angesichts entsprechender Erklärungen der irakischen Regierung und deren Weigerung, Nahrungsmittellieferungen anzunehmen, nicht

[86] Provost, 583 ff.

[87] Im ursprünglichen Entwurf der Resolution 661 war der Wortlaut der Resolution 253 (1968) übernommen worden, wonach Ausnahmen vom Verbot der Nahrungsmittelausfuhr nur "in special humanitarian circumstances" erlaubt sind. Auf Proteste einiger Delegierten gegen die Einbeziehung von Nahrungsmitteln in das Embargo hin wurde die Bestimmung dahingehend abgeändert, daß die Ausfuhr von Nahrungsmitteln "in humanitarian circumstances" zu erlauben sei. Hierzu Provost, 579 m.w.N.

[88] So aber Provost, 608, unter Hinweis auf die Sanktionspolitik der Vereinigten Staaten.

[89] Siehe die Stellungnahme des Vertreters der Vereinigten Staaten im Sanktionsausschuß S/AC.25, SR.5, 31. August 1990: "(Mr. Wilkinson (United States of America) said the wording of paragraph 3 c) of resolution 661 made it clear that medical supplies and foodstuffs were exempted. He found it difficult to comprehend the references by other speakers to the need for an urgent decision, since his delegation had received no firsthand information that food supplies were growing scarce in Iraq. In a public statement delivered in Baghdad earlier in the month, the Iraqi Minister of Trade had stated that Iraq had large reserves of foodstuffs, including record quantities of wheat. That information should be taken into account."

völlig unbegründet[90]. Der Sicherheitsrat konnte zudem jederzeit auf eine Nahrungsmittelknappheit reagieren, indem er bzw. der Sanktionsausschuß feststellte, daß humanitäre Umstände vorliegen, die eine Ausnahme vom Verbot rechtfertigen. Die Erklärungen der Sanktionsbefürworter während der Beratungen zum Erlaß der Resolution 666 (1990) sowie im Sanktionsausschuß zeigen, daß die Aufrechterhaltung der Beschränkungen der Nahrungsmittelausfuhr in den Irak und Kuwait nicht dazu dienen sollten, die Bevölkerung auszuhungern[91]. Vielmehr sollte die in der Resolution 666 (1990) getroffene Regelung vorrangig gewährleisten, daß die Nahrungsmittel die Bedürftigen, zu diesem Zeitpunkt somit die im Irak und in Kuwait befindlichen ausländischen Staatsangehörigen, erreichen und nicht für die irakischen Streitkräfte verwendet werden[92]. Es bestand aufgrund des begründeten Verdachts, daß Güter, die auch der Versorgung der Bevölkerung dienen, zur Versorgung der Angehörigen der Streitkräfte verwendet werden[93], die Notwendigkeit, lediglich diejenigen Nahrungsmittellieferungen zu genehmigen, die unter internationaler Kontrolle erfolgten, um zu gewährleisten, daß diese den designierten Empfängern tatsächlich zukommen und nicht von der irakischen Regierung behindert bzw. zweckentfremdet werden. Das Nahrungsmittelausfuhrverbot wurde deshalb nur insoweit gelockert, als es angesichts der damaligen Lage, hier zur Nahrungsmittelversorgung ausländischer Staatsangehöriger vor allem in Kuwait, erforderlich erschien. Der Sicherheitsrat hat durch diese Maßnahmen gezeigt, daß er bereit war, Nahrungsmittellieferungen zu genehmigen, soweit ein entsprechender Bedarf festgestellt wird. Insofern ist angesichts der Bestimmungen der Resolution 666 (1990) nicht ersichtlich, daß der Sicherheitsrat das Aushungern der Zivilbevölkerung als Mittel benutzt hat, um ein Einlenken des Irak zu erreichen.

Auch wenn die nachfolgende Praxis der Genehmigung von Nahrungsmittellieferungen seitens des Sicherheitsrats und des Sanktionsausschusses zumindest ab Januar 1991 als äußerst restriktiv erscheint, wobei zu berücksichtigen ist, daß

---

[90] Siehe UN Dok. S/21790, Letter dated 19 September 1990 from the Permanent Representative of Iraq to the United Nations addressed to the Secretary-General, Annex, in dem die irakische Regierung die Resolution 666 (1990) ablehnte, weil diese einen unzumutbaren Kontrollmechanismus für die Lieferung von Nahrungsmitteln schaffe.

[91] Siehe die Stellungnahmen der Delegierten Äthiopiens, Finnlands, der Elfenbeinküste und der UDSSR (2. Kap., Anm. 107, 108) sowie ferner die Stellungnahme des Vertreters des Vereinigten Königreichs im Sanktionsausschuß S/AC.25, SR.5, 31. August 1990: "Mr. Richardson (United Kingdom) said that no one favoured allowing the inhabitants of Kuwait and Iraq to starve."

[92] Siehe 2. Kap., 2.2.2.1. und 2.2.3.2. a).

[93] Auch wenn Artikel 54 Absatz 3 a) und b) des 1. ZP sich nicht auf Absatz 1 bezieht, ist ein berechtigtes Interesse des Sicherheitsrats, die zweckgemäße Verwendung der Nahrungsmittellieferungen zu gewährleisten, anzuerkennen, da die Kontrolle gerade darauf abzielen sollte, daß der Zivilbevölkerung die Nahrungsmittel auch tatsächlich zukommen.

die irakische Regierung ausländischen Beobachtern den Zutritt verweigerte, so begründet sie keinen Verstoß gegen das Verbot des Aushungerns, da darin kein absichtliches Aushungern der Bevölkerung durch den Sicherheitsrat zu erkennen ist.

b) S/RES 687 (1991)- S/RES 1330 (2000)

Der Sicherheitsrat ist nicht nur durch die Resolution 687 (1991), sondern auch durch das Öl für Lebensmittel Programm seinen aus dem Verbot des Aushungerns fließenden Pflichten nachgekommen, da er nicht nur die Ausfuhr von Nahrungsmitteln vom Ausfuhrverbot ausgenommen, sondern auch einen Mechanismus geschaffen hat, der dem Irak die Einfuhr von Nahrungsmitteln ermöglichte. Außerdem hat er für die Ausfuhr von Gütern in den Irak, die zur Instandhaltung der Trinkwasserversorgungsanlagen erforderlich waren, ein Genehmigungsverfahren geschaffen, dessen Handhabung jedoch angesichts der überaus hohen Zahl der im Sanktionsausschuß angehaltenen Anträge in diesem Sektor selbst unter Berücksichtigung des berechtigten Interesses, eine zweckwidrige militärische Verwendung zu verhindern, als übermäßig restriktiv erscheint[94].

2.4.2. Die Gestattung humanitärer Hilfslieferungen für die Zivilbevölkerung

a) Artikel 23 IV.GK

Der Sicherheitsrat ist den Anforderungen des Artikel 23 IV. GK insoweit gerecht geworden, als er mit der in der Resolution 661 (1990) enthaltenen Regelung die Lieferung von Gütern für medizinische Zwecke vom Ausfuhrverbot ausgenommen hat. Allerdings hat der Sicherheitsrat weder in der Resolution 661 (1990) noch in der Resolution 666 (1990) eine Regelung getroffen, wonach allen Sendungen von unentbehrlichen Lebensmitteln für besonders verwundbare Bevölkerungsgruppen uneingeschränkter Durchlaß gewährt wurde, da diese nur unter humanitären Umständen nach vorheriger Genehmigung durch den Sanktionsausschuß geliefert werden durften[95]. Die Feststellung, unter welchen

---

[94] Dies gilt insbesondere angesichts des Umstands, daß eine Kontrolle der Endverbraucher und der Endnutzung am Bestimmungsort durch die im Irak in Umsetzung des Öl für Lebensmittel Programms tätigen Beobachter möglich erscheint. So besteht etwa für das zur Wasserreinigung bestimmte Chlor ein Kontrollsystem, mit dem der Weg jedes einzelnen Chlorbehälters vom Grenzübertritt bis zur Endbestimmung zurückverfolgt werden kann und durch die Beobachter vor Ort überprüft wird.

[95] Fielding, 91 und Gasser, Economic Sanctions, 891, weisen darauf hin, daß die Bestimmungen der Resolution 666 über die in Artikel 23 statuierten Mindestanforderungen hinausgehen, da im Falle eines festgestellten Bedarfs die Lieferung von Nahrungsmitteln nicht auf eine bestimmte Personengruppe beschränkt war.

Umständen die Lebensmittel unentbehrlich sind, war somit dem Sanktionsausschuß überlassen, dessen restriktive Praxis im Frühjahr 1991 dazu führte, daß unentbehrliche Lebensmittel nicht bzw. nicht rechtzeitig in den Irak und nach Kuwait gelangten. Artikel 23 IV. GK bestimmt jedoch keine vorbehaltlose Pflicht zur Lieferung von unentbehrlichen Lebensmitteln. Der Sicherheitsrat konnte sich im Hinblick auf seine Genehmigungspraxis auf die Buchstaben a und b des Artikel 23 IV. GK berufen, da die Gefahr bestand, daß die Sendungen ihrer Bestimmung entfremdet und statt der bedürftigen Bevölkerung den irakischen Streitkräften zugute kamen. Insoweit liegen keinerlei Anhaltspunkte dafür vor, daß der Sicherheitsrat willkürlich die Genehmigung von unentbehrlichen Lebensmitteln verweigert hat. Der Sicherheitsrat ist somit seiner Verpflichtung in bezug auf den freien Durchlaß unentbehrlicher Lebensmittel nachgekommen[96]. Er hat jedoch seine Pflicht, allen für den Gottesdienst notwendigen Gegenständen, die ausschließlich für die Zivilbevölkerung bestimmt sind, und seiner Pflicht, allen Sendungen von Kleidung für die in Artikel 23 S. 2 IV. GK genannten Personen freien Durchlaß zu gewähren, nicht erfüllt[97]. Mit dem Erlaß der Resolution 687 (1991), Ziff. 20 ist der Sicherheitsrat seinen aus Artikel 23 IV.GK folgenden Pflichten umfassend nachgekommen, da aufgrund dieser Bestimmung sämtlichen der in Artikel 23 IV. GK aufgeführten Gütern vorbehaltlich der entsprechenden Genehmigung freier Durchlaß gewährt wurde.

b) Artikel 59 IV. GK

Der Irak[98] hatte als Besatzungsmacht in Kuwait gemäß Artikel 55 IV. GK die Pflicht, die Versorgung der Bevölkerung mit Lebens- und Arzneimitteln sicherzustellen. Die Behandlung der ausländischen Arbeitnehmer in Kuwait läßt den Schluß zu, daß der Irak seine Pflicht aus Artikel 55 IV. GK nicht erfüllt hat, obwohl anhand der vorliegenden Berichte davon auszugehen ist, daß er zumindest in den ersten Monaten zur Versorgung der gesamten Bevölkerung imstande

---

[96] Ebenso Gasser, Economic Sanctions, 890; Provost, 593. Meron, Gulf Crisis, 108, zufolge ist der Sicherheitsrat mit der Resolution 661 (1990) den Anforderungen des humanitären Völkerrechts nicht in vollem Umfang gerecht geworden. Erst die Resolution 666 (1990) habe dazu geführt, daß die Embargopolitik des Sicherheitsrats weitgehend mit der 4. GK übereingestimmt habe. Es scheint, als habe sich Meron hierbei vor allem auf Artikel 23 bezogen. Seine Schlußfolgerung bezüglich der Resolution 661 (1990) scheint vor allem auf das Fehlen einer ausdrücklichen Bestimmung für besonders gefährdete Personengruppen gestützt gewesen zu sein, eine Auslegung, die in Hinblick auf das nach Artikel 23 bestehende Ermessen als zu restriktiv erscheint.

[97] Gasser, Economic Sanctions, 891, merkt an, das es sich dabei ohne Zweifel um ein Versehen gehandelt habe, das jedoch in der Praxis zu keinerlei Schwierigkeiten geführt habe.

[98] Der Irak ist dem IV. GK beigetreten.

war[99]. Allerdings kann aus der Anfang 1991 im Irak herrschenden Nahrungsmittelknappheit geschlossen werden, daß der Irak spätestens zu diesem Zeitpunkt nicht in der Lage war, die ausreichende Versorgung der Bevölkerung in Kuwait sicherzustellen. Unter diesen Umständen bestand für den Sicherheitsrat entsprechend Artikel 59 S. 3 der IV. GK die Pflicht, den für die Bevölkerung in Kuwait bestimmten Hilfssendungen freien Durchlaß zu gewähren, wobei er allerdings Zusicherungen vom Irak verlangen konnte, daß die Hilfsleistungen nicht dem Bestimmungszweck zuwider verwendet werden. Der damalige irakische Außenminister Aziz verlangte bereits am 2. September Nahrungsmittelhilfe von denjenigen Staaten, deren Bürger im Irak und Kuwait festgehalten wurden[100] und zeigte somit seine grundsätzliche Bereitschaft, die Nahrungsmittellieferungen der bedürftigen Bevölkerung zukommen zu lassen. Der Sicherheitsrat vertraute allerdings den Erklärungen der irakischen Regierung nicht, vor allem aufgrund von Berichten, wonach die irakischen Streitkräfte bei der Nahrungsmittelzuteilung bevorzugt wurden, und schaffte mit der Resolution 666 (1990) ein eigenes Überwachungssystem für humanitäre Hilfslieferungen.

Das vorgesehene System stimmte insofern mit Artikel 59 S. 2 IV. GK nicht überein, als die Hilfslieferungen nur von den Vereinten Nationen in Zusammenarbeit mit dem Roten Kreuz bereitgestellt werden durften, während gemäß Artikel 59 S. 2 IV. GK diese Hilfe von Staaten oder unparteiischen humanitären Organisationen unternommen werden kann. Die fehlende Genehmigung der von einigen Staaten geplanten Nahrungsmittellieferungen durch den Sanktionsausschuß ist daher in Hinblick auf Artikel 59 S. 2, IV. GK bedenklich[101]. Dies gilt auch für die Regelung, wonach Hilfslieferungen durch andere Organisationen als das IKRK und die Vereinten Nationen, wobei letztere schwerlich als unparteiische humanitäre Organisation gelten kann, von vornherein ausgeschlossen wurden[102]. Über diese Maßnahmen des Sicherheitsrats hinaus, die den Anforderungen des Artikel 59 S.2, IV. GK auch unter Berücksichtigung der nach Artikel 59 S.4, IV. GK bestehenden Kontrollbefugnis nicht in vollem Umfang gerecht geworden sind, kann aber nicht von einer Verletzung des Artikel 59 IV. GK ausgegangen werden[103], weil aufgrund der fehlenden Kooperation seitens der irakischen Regierung die Versorgungslage unklar war und berechtigte Zweifel seitens des Sicherheitsrats bestanden, ob die Nahrungsmittellieferungen ohne eine Überwachung der Endverteilung durch eine unabhängige Organisation tatsächlich ihre designierten Empfänger und nicht die irakischen Streitkräfte

---

[99] Siehe 2. Kap., 2.2.2.1. und 2.2.3.2. a).
[100] AdG 1990, 34950.
[101] Ebd.
[102] Siehe zur Kritik hieran Provost, 597.
[103] So aber ebd., 597, 598.

erreichen würden. Es bestand deshalb ein Kontrollbedarf im Sinne des Artikel 59 S. 4, IV. GK.

c) Artikel 70 1. ZP

Der Sicherheitsrat hatte entsprechend Artikel 70 Absatz 1 des 1. ZP die Pflicht, humanitäre Hilfssendungen, die mit der Zustimmung der beteiligten Parteien erfolgen, zu gestatten und zu erleichtern. Diese Pflicht bestand in Hinblick auf Nahrungsmittel zumindest Anfang September 1990, als glaubhaften Berichten zufolge ausländische Staatsangehörige im Irak und in Kuwait nicht mehr ausreichend mit diesen versorgt waren. Während in der Resolution 661 (1990) kein Mechanismus vorgesehen war, anhand dessen das Vorliegen eines entsprechenden Bedarfs der Zivilbevölkerung hätte festgestellt werden können, holte der Sicherheitsrat dieses Versäumnis mit der Resolution 666 (1990) nach[104]. Die Resolution 666 (1990) entsprach den in Artikel 70 des 1. ZP gestellten Anforderungen insofern, als der Sanktionsausschuß im Falle des festgestellten Bedarfs Nahrungsmittellieferungen an die gesamte Bevölkerung genehmigen konnte, wobei die gefährdeten Bevölkerungsgruppen besonders zu berücksichtigen waren[105]. Die Resolutionen 661 (1990) und 666 (1990) ließen jedoch ihrem Inhalt nach nicht die Lieferung von Kleidung, für das Überleben der Bevölkerung wesentlichen Versorgungsgütern und Kultgegenständen zu. Es ist allerdings nicht ersichtlich, daß die Bevölkerung des Irak und Kuwaits nicht ausreichend mit diesen Gütern versorgt war. Eine fehlende Beachtung der aus Artikel 70, 1. ZP folgenden Pflichten durch den Sicherheitsrat läßt sich insoweit nicht feststellen.

Allerdings hat der Sanktionsausschuß in der Folgezeit nicht den schnellen und ungehinderten Durchlaß sämtlicher Hilfssendungen genehmigt. Hierzu war er aus zwei Gründen berechtigt. Zum einen lagen dem Sicherheitsrat bzw. dem Sanktionsausschuß aufgrund der Weigerung des Irak, internationale Beobachter zwecks Einschätzung der Versorgungslage in den Irak einreisen zu lassen, bis Februar 1991 keine offiziellen Berichte über die Versorgungslage im Irak vor. Zudem lehnte der Irak die Durchführung humanitärer Hilfsaktionen für seine Zivilbevölkerung ab[106]. Es verstieß unter diesen Umständen auch nicht gegen Artikel 70 1. ZP, daß der Sanktionsausschuß lediglich humanitäre Hilfslieferungen an ausländische Staatsangehörige genehmigte, über deren prekäre Versorgungslage keine Zweifel bestanden[107]. Der Sicherheitsrat bzw. der Sanktionsausschuß hat aber, nachdem spätestens Anfang Februar die ersten offiziellen

[104] Ebd. 614.

[105] Gasser, Economic Sanctions, 891; Fielding, 91.

[106] S.o. Anm. 90.

[107] Zweifelnd Provost, 615, dem zufolge der Sanktionsausschuß grundsätzlich nicht gewillt gewesen sei, Hilfslieferungen für die irakische Bevölkerung zu genehmigen.

Berichte über die Versorgungslage im Irak vorlagen, über einen Monat benötigt, um die entsprechenden Hilfslieferungen zu genehmigen, was in Hinblick auf das Merkmal des schnellen und ungehinderten Durchlasses von Hilfssendungen bedenklich erscheint[108]. Zum anderen hatte der Sicherheitsrat nach Artikel 70 Absatz 3 Ziff. b) 1. ZP das Recht, die Genehmigung davon abhängig zu machen, daß die Verteilung der Hilfsgüter unter der örtlichen Aufsicht einer Schutzmacht erfolgt. Die Weigerung der irakischen Regierung, internationalen humanitären Organisationen die Aufsicht über die Verteilung der Hilfsgüter einzuräumen, berechtigte den Sicherheitsrat bzw. den Sanktionsausschuß daher seinerseits, die Genehmigung von Hilfslieferungen, die nicht ausreichend beaufsichtigt werden konnten, zu verweigern. Die Frage der Überwachung der Hilfslieferungen konnte schließlich dadurch beigelegt werden, daß der Sanktionsausschuß Hilfslieferungen genehmigte, deren Verteilung von der indischen Rotkreuz Gesellschaft, die als einzige Hilfsorganisation vom Irak akzeptiert wurde, beaufsichtigt wurde[109].

Die mit der Resolution 687 (1991) Ziff. 20 eingeführte Bestimmung ist den Anforderungen des Artikel 70, 1. ZP in vollem Umfang gerecht geworden. Mit dieser Bestimmung hat der Sicherheitsrat einen Mechanismus geschaffen, der die Durchführung unparteiischer humanitärer Hilfsaktionen, mit denen die in Artikel 69, 1. ZP aufgeführten Güter bereitgestellt werden, gestattet. Es bestehen jedoch Bedenken, ob der Sanktionsausschuß in der Folgezeit mit seiner zögernden Genehmigungspraxis seiner Verpflichtung nach Artikel 70 Absatz 2, 1. ZP, die aufgrund der unzureichenden Versorgung der irakischen Bevölkerung mit zum Überleben benötigten Versorgungsgütern bestand, durchweg gerecht geworden ist. Unter diesem Vorbehalt ist der Sicherheitsrat seinen Pflichten aus Artikel 70 Absatz 2 1. ZP in dem aufgezeigten Rahmen nachgekommen.

2.5. Ergebnis

Die vom Sicherheitsrat gegenüber dem Irak verhängten Wirtschaftssanktionen sind nicht ausnahmslos mit den Menschenrechten vereinbar gewesen.
In der Anfangszeit haben sich insbesondere die in der Resolution 661 (1990) in bezug auf die Ausfuhr von Nahrungsmitteln enthaltene Regelung und die spätere Genehmigungspraxis des Sanktionsausschusses gemäß der Resolution 666 (1990) in Hinblick auf das Recht auf Nahrung als problematisch erwiesen. Die in der Resolution 661 (1990) nicht vorgesehene Genehmigungsmöglichkeit für Informations- und Unterrichtsmaterialien ist darüber hinaus dem aus dem Recht

---
[108] Ebd., 615, 616.
[109] Siehe 2. Kap., 2.2.3.2.a).

auf Informationsfreiheit und dem Recht auf Bildung abzuleitenden Mindeststandard nicht gerecht geworden.

Der Sicherheitsrat hat zwar mit der Resolution 687 (1991) und der Einführung des Öl für Lebensmittel Programms eine Reihe von Maßnahmen ergriffen, welche die Ausfuhr der zur Verwirklichung der von Sanktionen betroffenen Menschenrechte benötigten Güter in den Irak ermöglichten. Gleichwohl haben sich diese Maßnahmen nach mehrjähriger Dauer der Wirtschaftssanktionen sowohl ihrer Natur als auch der Umsetzung durch den Sanktionsausschuß nach als unzureichend erwiesen, um das Recht auf Leben, das Recht auf einen angemessenen Lebensstandard, auf Nahrung, auf Gesundheit und auf Bildung zu gewährleisten. Die irakische Regierung trägt zwar eine erhebliche Mitverantwortung für die Beeinträchtigung einer Vielzahl der von den Wirtschaftssanktionen betroffenen Menschenrechte. Der Sicherheitsrat hat aber eine eigenständige Pflicht zur Beachtung und Wahrung dieser Rechte. An der Beachtung dieser Pflicht und somit an der Vereinbarkeit der umfassenden Wirtschaftssanktionen mit dem Recht auf Leben und einer Reihe von Menschenrechten bestehen mit zunehmender Dauer trotz der vom Sicherheitsrat ergriffenen Maßnahmen zur Linderung der negativen Auswirkungen erhebliche Bedenken. Denn die Wirtschaftssanktionen tragen einerseits zu Langzeitschäden mit im einzelnen noch nicht abzusehenden, aber bereits zum jetzigen Zeitpunkt schwerwiegenden Folgen bei, andererseits erscheint aber ihr Umfang in Anbetracht des gesunkenen Grades der Friedensbedrohung als unverhältnismäßig.

Die Sanktionsmaßnahmen sind hingegen den Anforderungen des humanitären Völkerrechts im wesentlichen gerecht geworden. Die in den Resolutionen 661 (1990) und 666 (1990) enthaltenen Regelungen und ihre Handhabung durch den Sanktionsausschuß wiesen jedoch Züge auf, die in Hinblick auf das Verbot des Aushungerns und die Pflicht der Gestattung humanitärer Hilfslieferungen bedenklich waren.

3. Libyen

3.1. Das Recht auf Leben

Das gegenüber Libyen verhängte Flugverkehrsverbot hat nach libyschen Angaben den Tod von mehreren Patienten, die nicht oder nicht rechtzeitig behandelt werden konnten, zur Folge gehabt. Diese Behauptung ist nicht durch unabhängige Beobachter bestätigt worden. Selbst wenn es zu einzelnen Todesfällen gekommen sein sollte, ist die Kausalität der Genehmigungspraxis für diese Fälle ungeklärt, da nicht festgestellt werden kann, ob die betroffenen Patienten bei rechtzeitiger Genehmigung hätten gerettet werden können. Eine absichtliche Verzögerung der Genehmigung von Rettungsflügen, wie seitens Libyens geltend gemacht wurde, ist in der Genehmigungspraxis des Sanktionsausschusses, der im Zeitraum von 1994 bis 1999 insgesamt 312 Rettungsflüge genehmigte[110], nicht zu erkennen. Es kann jedoch nicht ausgeschlossen werden, daß es in einzelnen Fällen zu Verzögerungen gekommen ist, die auf die Schwerfälligkeit des Genehmigungsverfahrens zurückzuführen sind. Das Genehmigungsverfahren und seine praktische Umsetzung wies zwar einige im Hinblick auf die Schutzpflicht des Sicherheitsrats bedenkliche Züge auf, die von Libyen zurecht bemängelt worden sind[111]. So ist das Verfahren der Genehmigung von Flügen zu humanitären Zwecken so auszugestalten, daß im Notfall Rettungsflüge zügig durchgeführt werden können. Eine Verletzung der Schutzpflicht des Sicherheitsrats läßt sich jedoch mangels hinreichender Anhaltspunkte nicht feststellen.
Libyschen Angaben zufolge hat das Flugverkehrsverbot zudem zu einem Anstieg des Straßenverkehrs sowie der Zahl der Verkehrstoten geführt. Eine derartige Entwicklung ist zwar als Folge des Flugverkehrsverbots nicht unwahrscheinlich und wäre auch kausal auf das Flugverkehrsverbot zurückzuführen. Dieses Verbot umfaßte zwar nicht Inlandflüge, beeinträchtigte jedoch die Kapazität Libyens, den innerstaatlichen Flugverkehr aufrechtzuerhalten. Es fehlt in diesem Fall aber bereits an verifizierbaren libyschen Angaben. So hat Libyen keinerlei Vergleichszahlen vorgelegt und auch nicht dargelegt, inwieweit der Anstieg des Straßenverkehrs auf dem Flugverkehrsverbot oder auf anderen Faktoren beruht[112]. Soweit derartige Todesfälle tatsächlich auf ein Flugverkehrsverbot zurückzuführen sind, ist überdies nicht ersichtlich, durch welche Maßnahmen der Sicherheitsrat diesbezüglich seiner Schutzpflicht nachkommen könnte. Die Verhängung, Beibehaltung und Umsetzung des Flugverkehrsverbots gegen Libyen hat somit nicht das Recht auf Leben verletzt.

[110] Siehe 2. Kap., Anm. 388.
[111] Siehe 2. Kap., 2.3.3.2.
[112] Siehe ebd.

3.2. Die Abwägung zwischen dem Ziel der Friedenssicherung und dem Menschenrechtsschutz

3.2.1. Die Beeinträchtigung von Menschenrechten durch die Wirtschaftssanktionen

a) Wirtschaftliche, soziale und kulturelle Rechte

Das Flugverkehrsverbot hat sich nachteilig auf die medizinische Versorgung und Betreuung der Bevölkerung ausgewirkt. Ferner ist es zwar zu einem starken Anstieg der Arbeitslosigkeit, nicht jedoch zu einer massiven Verarmung der Bevölkerung gekommen. Die vom Sicherheitsrat verhängten Maßnahmen haben somit das Recht auf Gesundheit und das Recht auf Arbeit beeinträchtigt, nicht aber das Recht auf einen angemessenen Lebensstandard.

b) Bürgerliche und politische Rechte

Ein Eingriff in das Recht der Freiheit der Religionsausübung liegt nicht vor, da dieses Recht nicht die Möglichkeit schützt, eine Pilgerfahrt zu einem religiösen Wallfahrtsort mittels des Gebrauchs eines bestimmten Verkehrsmittels durchzuführen[113]. Das Flugverkehrsverbot hat auch nicht in das Recht auf Freizügigkeit eingegriffen, da dieses kein Recht vermittelt, sein eigenes Land mittels eines bestimmten Verkehrsmittels zu verlassen.

3.2.2. Die Wahrung der Menschenrechte im Rahmen der Abwägung

Die Verhängung und schrittweise Verschärfung partieller Sanktionsmaßnahmen war in Anbetracht der Friedensbedrohung, die in den terroristischen Aktivitäten der libyschen Regierung und ihrer Weigerung, bei der Strafverfolgung der mutmaßlichen Täter des Lockerbie Attentats im Wege der verlangten Auslieferung zu kooperieren, gesehen wurde, nicht offensichtlich unverhältnismäßig[114].

---

[113] Siehe 3. Kap., 4.3.2. Überdies wurden die Pilgerflüge im Regelfall vom Sanktionsausschuß genehmigt.

[114] Auch wenn wiederholt Zweifel an der Rechtmäßigkeit der Feststellung der Friedensbedrohung geäußert worden sind, wird diese nach dem vorliegend gewählten Ansatz unterstellt. Diese Zweifel beziehen sich darauf, ob die Feststellung der Friedensbedrohung auf einer ausreichenden tatsächlichen Grundlage beruhte, ob die Libyen auferlegte Verpflichtung der Auslieferung eigener Staatsangehöriger mit dem Völkerrecht vereinbar war und ob die Motive und Ziele der Vereinigten Staaten, die neben dem Vereinigten Königreich maßgeblich für das Zustandekommen der Resolutionen verantwortlich waren, gegen Treu und Glauben

Die durch die partiellen Maßnahmen herbeigeführte, vergleichsweise geringfügige Beeinträchtigung des Rechts auf Gesundheit und des Rechts auf Arbeit stand nicht außer jedem Verhältnis zu der Gefahr, die nach der Einschätzung des Sicherheitsrats von der Verwicklung Libyens in den internationalen Terrorismus ausging sowie zu dem mit den Sanktionen verfolgten Ziel der Bekämpfung des internationalen Terrorismus[115]. Allerdings bestehen Bedenken, ob der Sicherheitsrat sich auf die mehrfach wiederholten Angebote Libyens, einem Prozeß gegen die beiden des Lockerbie Attentats Angeklagten in einem neutralen Land zuzustimmen, in gebotenem Maße eingelassen hat[116]. Ein offensichtlicher Abwägungsfehler des Sicherheitsrats läßt sich aber nicht erkennen.
Der Sicherheitsrat ist überdies seiner Pflicht zur Minimierung der negativen Auswirkungen von Sanktionsmaßnahmen auf die Menschenrechte dadurch nachgekommen, daß er Ausnahmeregelungen vom Flugverkehrsverbot in die Sanktionsbestimmungen eingefügt hat. Die Umsetzung dieser Ausnahmeregelungen ist zwar von Libyen als unzureichend kritisiert worden. Es läßt sich jedoch, selbst wenn die Genehmigungspraxis in einzelnen Fällen unzulänglich gewesen sein sollte, nicht feststellen, daß in der Genehmigungspraxis des Sanktionsausschusses dem Ziel der Durchsetzung der Sanktionsmaßnahmen einseitig gegenüber dem Schutz der Menschenrechte Vorrang eingeräumt worden ist, die Praxis also dem Zweck der Ausnahmeregelungen zuwidergelaufen ist.

---

verstoßen. Zur Feststellung der Friedensbedrohung Herbst, 337, 355 ff.; Ipsen, Libyen, 41-45 (siehe zu den Motiven 3. Kap., 3.6, Anm. 416).

115 Hierzu ebd., 42. Siehe allgemein zur Bekämpfung des internationalen Terrorismus Reisman, Michael W., International Legal Responses to Terrorism, in: Houston Journal of International Law 22 (1999) 1, 3-61, der die jüngsten Entwicklungen im Völkerrecht zur Verwirklichung dieses Ziels skizziert.

116 Kritisch hierzu auch Cortright/Lopez, Sanctions Decade, 119 ff. Diese Angebote stellten zwar keine vollständige Erfüllung der in der Resolution 748 (1992) enthaltenen Bedingungen dar, boten aber dem ersten Anschein nach eine tragfähige Grundlage, um das Ziel der Sanktionsmaßnahmen zu erreichen. Eine frühzeitige Lösung des Konflikts und eine damit verbundene Aussetzung der Sanktionsmaßnahmen hätte deren Dauer erheblich verkürzen und dadurch zugleich die nachteiligen Folgen verringern können. Die Feststellung, ob der Sanktionsadressat den an ihn erfüllten Bedingungen in angemessenen Umfang nachgekommen ist, fällt allerdings in den ausschließlichen Ermessensbereich des Sicherheitsrats, der insoweit nur dem Willkürverbot unterliegt, für dessen Verletzung aber im Falle Libyens keine hinreichenden Anhaltspunkte gegeben sind. Insofern war es auch nicht abwägungsfehlerhaft, daß der Sicherheitsrat die Sanktionsmaßnahmen mit der Resolution 883 (1993) weiter verschärfte, um den Druck auf die libysche Regierung, die den an sie gestellten Forderungen nicht in vollem Umfang nachgekommen war, zu erhöhen.

3.3. Die Beachtung der Berücksichtigungspflicht

Der Sicherheitsrat ist seiner Berücksichtigungspflicht nur unzureichend nachgekommen. Vor der Verhängung der jeweiligen Sanktionsmaßnahmen hat der Sicherheitsrat die potentiellen Auswirkungen der Wirtschaftssanktionen überhaupt nicht einschätzen lassen, während ihm im Laufe der Wirtschaftssanktionen lediglich 1998 vom Generalsekretär eine auf dem Aufenthalt von unabhängigen Beobachtern in Libyen beruhende Einschätzung der dortigen humanitären Lage vorgelegt wurde[117]. Der Sicherheitsrat hat während der gesamten Dauer der Wirtschaftssanktionen keine spezifische Studie über deren Auswirkungen anfertigen lassen. Nicht zuletzt aufgrund der wiederholten Vorwürfe seitens der libyschen Regierung, daß die Wirtschaftssanktionen gravierende Auswirkungen auf die libysche Bevölkerung hatten, bestand für den Sicherheitsrat die Pflicht, die tatsächliche Lage durch die Entsendung geeigneter Beobachter feststellen zu lassen[118].

3.4. Die Erfüllung der Verpflichtungen aus dem humanitären Völkerrecht

Die lediglich partiellen Wirtschaftssanktionen haben ihrer inhaltlichen Ausgestaltung nach keine Normen des humanitären Völkerrechts beeinträchtigt, da die Ausfuhr von Nahrungs- und Arzneimitteln sowie sonstiger für die Versorgung der Bevölkerung elementarer Güter nicht von den Sanktionsverboten erfaßt war.

3.5. Ergebnis

Die gegen Libyen verhängten partiellen Sanktionen haben weder das Recht auf Leben verletzt noch ist in Hinblick auf die durch die Sanktionen beeinträchtigten Rechte eine offensichtlich fehlerhafte Abwägung des Sicherheitsrats zu erkennen. Allerdings ist der Sicherheitsrat seiner Berücksichtigungspflicht nicht nachgekommen. Eine Verletzung von Normen des humanitären Völkerrechts kommt von vornherein aufgrund des lediglich partiellen Umfangs der getroffenen Maßnahmen nicht in Betracht.

---

[117] Siehe UN Dok. S/1998/201.

[118] Darüber hinaus hat der Mangel an objektiven Informationen über die Auswirkungen der Sanktionsmaßnahmen nicht nur deren nachträgliche Beurteilung erschwert, sondern der libyschen Regierung ermöglicht, die Auswirkungen der Sanktionen aller Wahrscheinlichkeit nach übertrieben darzustellen, um so eine Aufhebung der Sanktionsmaßnahmen zu erreichen. Die fehlende Berücksichtigung der Auswirkungen der Sanktionsmaßnahmen gefährdete somit deren Effektivität, weil die arabischen und afrikanischen Staaten die Befolgung der Sanktionen auch aufgrund der von der libyschen Regierung behaupteten schwerwiegenden humanitären Folgen in Frage stellten (siehe zu diesen Reaktionen 2. Kap., 2.3.2.3.).

4. BR Jugoslawien/Bosnische Serben

4.1. Zwingende Rechte

4.1.1. Das Verbot des Völkermords

Die BR Jugoslawien hat geltend gemacht, daß die vom Sicherheitsrat verhängten Wirtschaftssanktionen den Tatbestand des Völkermords erfüllen[119]. Die Wirtschaftssanktionen haben als einer unter mehreren Faktoren dazu beigetragen, daß sich die Zahl der Todesfälle in der BR Jugoslawien nach 1992 erhöht hat. Eine Absicht des Sicherheitsrats bzw. seiner Mitglieder, durch die Wirtschaftssanktionen eine unbestimmte Zahl von Personen allein aufgrund ihrer ethnischen Zugehörigkeit zum serbischen Volk zu töten, ist jedoch nicht erkennbar. Die Wirtschaftssanktionen sind auch nicht so ausgestaltet gewesen, daß mit ihnen der jugoslawischen Bevölkerung vorsätzlich Lebensbedingungen auferlegt werden sollten, die zu deren Zerstörung geeignet waren, da der Sicherheitsrat eine Reihe von Ausnahmen zu humanitären Zwecken zugelassen hat. Die vom Sicherheitsrat beschlossenen Maßnahmen haben somit nicht den Tatbestand des Völkermords verwirklicht.

4.1.2. Das Recht auf Leben

Die Wirtschaftssanktionen haben in den ersten beiden Jahren dazu beigetragen, daß es zu einem geringfügigen Anstieg der Säuglings-, Kinder- und Müttersterblichkeit gekommen ist. Der Sicherheitsrat hat mit der Resolution 757 (1992) die Verhängung umfassender Wirtschaftssanktionen als Reaktion auf eine schwerwiegende Bedrohung des Friedens beschlossen, der in der Aggression gegenüber Bosnien-Herzegowina, an der sich die BR Jugoslawien militärisch und finanziell beteiligte, sowie den in deren Gefolge begangenen schweren Verletzungen der Menschenrechte und des humanitären Völkerrechts bestand[120].

Weder die Verhängung noch die Aufrechterhaltung und Verschärfung der Maßnahmen war in Anbetracht der Schwere der Friedensbedrohung offensichtlich unverhältnismäßig. Die Wirtschaftssanktionen waren nicht der maßgebliche Faktor für den geringfügigen Anstieg der Sterblichkeitsrate. Sie verstärkten lediglich eine bestehende Krisensituation, die ab 1994 durch erfolgreiche

[119] UN Dok. S/1994/506, 3, 4 (siehe 2. Kap., Anm. 502).
[120] Zur Friedensbedrohung Fink, Friedenssicherung, 668 ff.

wirtschaftspolitische Maßnahmen der jugoslawischen Regierung entschärft werden konnte, welche zugleich einen spürbaren Rückgang der Sterblichkeitsraten bewirkten. Andererseits war die BR Jugoslawien für schwere Verletzungen der Menschenrechte und des humanitären Völkerrechts verantwortlich, durch welche das Leben einer großen Zahl von Menschen unmittelbar gefährdet war. Vor diesem Hintergrund rief die Verhängung, Verschärfung und Beibehaltung von Wirtschaftssanktionen in den Jahren 1992 und 1993 keine Folgen hervor, die zum Ziel der Friedenssicherung außer Verhältnis standen. Der Sicherheitsrat hat darüber hinaus bei der Verhängung der umfassenden Wirtschaftssanktionen Nahrungsmittel und Medikamente von dem Ausfuhrverbot ausgenommen sowie weitere Ausnahmen für Güter des elementaren Bedarfs vorgesehen, wodurch er seiner Schutzpflicht für das Recht auf Leben nachgekommen ist[121]. Eine Verletzung des Rechts auf Leben durch die vom Sicherheitsrat beschlossenen Sanktionsmaßnahmen ist aus diesen Gründen nicht zu erkennen.

4.2. Die Abwägung zwischen dem Ziel der Friedenssicherung und dem Menschenrechtsschutz

4.2.1. Die Beeinträchtigung von Menschenrechten durch die Wirtschaftssanktionen

a) Wirtschaftliche, soziale und kulturelle Rechte

Die Wirtschaftssanktionen haben zu einer Verarmung weiter Teile der Bevölkerung, Unter- bzw. Mangelernährung, einer Erhöhung der Kindersterblichkeit, einem Anstieg von Krankheiten, zu Einschränkungen in der medizinischen Versorgung, zu einem Rückgang der Zahl der Schulabsolventen und zur Massenarbeitslosigkeit geführt. Die Sanktionsmaßnahmen haben dadurch zu einer Beeinträchtigung des Rechts auf einen angemessenen Lebensstandard, auf Nahrung, auf Gesundheit, auf Bildung und auf Arbeit beigetragen.

---

[121] Die Genehmigungspraxis des Sanktionsausschusses ist aber insofern bedenklich gewesen, als die Lieferung von Rohstoffen zur Herstellung von Arzneimitteln und zur Wasserreinigung verwendbaren Chemikalien sowie von Ersatzteilen für den Betrieb der Anlagen im Wasser- und Abwassersektor aufgrund ihrer möglichen militärischen Verwendung in mehreren Fällen nicht genehmigt wurde. Siehe Devin/Dashti-Gibson, 166, 176; Scharf/Dorosin, 784 ff. Hierzu auch unten Anm. 133.

b) Bürgerliche und politische Rechte

Die Wirtschaftssanktionen haben in das Recht auf Informationsfreiheit eingegriffen. Informationsmaterialien unterlagen dem in Ziff. 4 c) der Resolution 757 (1992) verhängten Ausfuhrverbot in die BR Jugoslawien. In dem Genehmigungsvorbehalt lag eine Beeinträchtigung der Freiheit, Informationen und Gedankengut ohne Rücksicht auf Staatsgrenzen zu empfangen und weiterzugeben. Überdies bestand bezüglich des Verbots der Einfuhr von aus der BR Jugoslawien stammendem Informationsmaterial keine Genehmigungsmöglichkeit, worin ebenfalls ein Eingriff in das Recht auf Informationsfreiheit zu sehen ist.

c) Die Rechte des Kindes

Die Wirtschaftssanktionen haben dazu beigetragen, daß die Zahl der unterernährten Kinder und die Kindersterblichkeit angestiegen und die Schulausbildung vieler Kinder aufgrund der wirtschaftlichen Verhältnisse eingeschränkt worden ist[122]. Durch die Wirtschaftssanktionen ist daher in die Rechte der Kinder auf Gesundheitsschutz, auf Entwicklung sowie auf Bildung eingegriffen worden.

4.2.2. Die Wahrung der Menschenrechte im Rahmen der Abwägung

Der Sicherheitsrat hat mit der Resolution 757 (1992) die Verhängung umfassender Wirtschaftssanktionen als Reaktion auf eine schwerwiegende Bedrohung des Friedens beschlossen. Der Beschluß dieser Maßnahmen war angesichts der durch die Friedensbedrohung hervorgerufenen unmittelbaren Lebensgefahr für eine Vielzahl von Menschen nicht offensichtlich außer jeglichem Verhältnis zum Ziel der Friedenssicherung.

Die Wirtschaftssanktionen, die von der jugoslawischen Bevölkerung mehrheitlich abgelehnt wurden[123], haben insbesondere im Jahr 1993 im Zusammenwirken mit anderen Faktoren dazu geführt, daß eine Vielzahl von wirtschaftlichen und sozialen Rechten nicht mehr ausreichend gewährleistet werden konnte. Allerdings stellte die von der BR Jugoslawien unternommene bzw. unterstützte Praxis der sogenannten ethnischen Säuberungen, die den Tatbestand des Völkermords erfüllten[124], eine schwerwiegende Bedrohung des Friedens dar, durch

---

[122] Siehe 2. Kap., 2.4.3.2.

[123] Nachdem die Oppositionsparteien anfänglich geltend gemacht hatten, daß die Wirtschaftssanktionen eine angemessene Reaktion auf das Verhalten der Regierung darstellen, nahmen bei den serbischen Parlamentswahlen im Dezember 1993 alle großen Parteien eine ablehnende Haltung gegenüber den Wirtschaftssanktionen ein. Siehe hierzu Dimitrijevic/Pelic, 140.

[124] Siehe hierzu de Zayas, Alfred, Das Recht auf Heimat, ethnische Säuberungen und das Internationale Kriegsverbrechertribunal für das ehemalige Jugoslawien, in:

die unmittelbar mehrere Tausend Menschenleben gefährdet wurden. Ferner ist zu berücksichtigen, daß die Wirtschaftssanktionen einen eher geringen Beitrag an der Beeinträchtigung der Menschenrechte hatten, da eine Vielzahl von anderen Faktoren deren Verwirklichung einschränkte. Zwar trägt der Sicherheitsrat auch in solchen Fällen eine Verantwortung, in denen die von ihm verhängten Wirtschaftssanktionen dazu führen, daß sich eine schlechte wirtschaftliche und humanitäre Lage verschärft und dadurch eine entsprechende Krisensituation auslöst. Dies gilt im Sinne einer Mitverantwortung selbst dann, wenn die Regierung des Sanktionsadressaten angesichts des durch die Wirtschaftssanktionen anteilig herbeigeführten Einbruchs der Volkswirtschaft als Gegenmaßnahme versucht, zur Deckung der staatlichen Ausgaben das entstandene Haushaltsdefizit durch eine Politik der Inflation zu kompensieren. Angesichts der Schwere der Friedensbedrohung kann aber im Falle der BR Jugoslawien die Schwelle noch nicht als überschritten gelten, ab welcher durch die Wirtschaftssanktionen die Menschenrechte übermäßig beeinträchtigt werden[125].

Der Sicherheitsrat ist im übrigen mit der Einfügung von Ausnahmeregelungen in die Resolutionsbestimmungen, die Ausnahmen vom Ausfuhr- und Investitionsverbot zu humanitären Zwecken vorsahen, seiner Pflicht zur Minimierung der Auswirkungen der Wirtschaftssanktionen nachgekommen[126]. Allerdings wurde die Ausfuhr von Informations- und Unterrichtszwecken dienenden Materialien in die BR Jugoslawien nicht ausdrücklich von dem verfügten Verbot ausgenommen und konnte somit lediglich erfolgen, soweit der Sanktionsausschuß

AdV 35 (1997), 29-72, 56 ff. m.w.N. sowie Decision of Trial Chamber I- Review of Indictment Pursuant to Rule 61, rendered on 11 July 1996 in the Karadzić and Mladić case (IT-95-R-61 and IT-95-18- R-61), Ziff. 94.

[125] Ebenso Damrosch, Civilian Impact, 305, allerdings mit der zweifelhaften Begründung, daß die Bevölkerung Serbien-Montenegros aufgrund ihrer Unterstützung der Regierung nicht unschuldig sei, die Maßnahmen daher sogar noch verschärft werden müßten. Devin/ Dashti-Gibson, 182, 183 kommen zu dem Ergebnis, daß die Wirtschaftssanktionen auf der einen Seite negative, aber keine desaströsen Folgen für die Bevölkerung gehabt hätten, und auf der anderen Seite dazu beigetragen hätten, daß die jugoslawische Regierung sich zur Annahme des Friedensplans bereit erklärte. Ebenso S/1996/776, Ziff. 1. Die wesentliche Kritik an den Wirtschaftssanktionen richtete sich nicht gegen deren Vereinbarkeit mit den Menschenrechten, sondern gegen die bei ihrer Verhängung zugrundegelegte Annahme, diese würden die innenpolitische Opposition stärken, welches sich im Falle der BR Jugoslawien nicht bewahrheitete. Die Wirtschaftssanktionen führten im Gegenteil zu einem Solidarisierungseffekt und einer erhöhten innenpolitischen Repression. Hierzu Cortright/Lopez, Sanctions Decade, 76, 77 m.w.N.; Dimitrjievic/Pejic, 131 ff.; MacKay, 227 ff.; Kulessa, Manfred, Sanktionen gegen Jugoslawien. „Sanftes Ruhekissen" oder wirksames Instrument, in: IP, 7/1999, 43-48 und Stark, Hans, Embargo mit begrenzter Wirkung, Die Sanktionen gegen Serbien und Montenegro, in: IP, 7/1997, 43-48.

[126] S/RES 757 (1992), Ziff. 4 c), 5 und S/RES 760 (1992).

diese als Güter zur Deckung unabweisbarer humanitärer Bedürfnisse genehmigte[127]. Der Sicherheitsrat hat grundsätzlich ein berechtigtes Interesse daran, daß nur solche Publikationen und Materialien in das Land des Sanktionsadressaten gelangen, die mit den Zielen und Grundsätzen der Vereinten Nationen vereinbar sind[128]. Die Regelung des grundsätzlichen Ausfuhrverbots bei Bestehen einer Genehmigungsmöglichkeit durch den Sanktionsausschuß stellt somit eine Regelung dar, bei der das Recht auf Informationsfreiheit gegenüber dem bestehenden Sicherheitsinteresse im Einzelfall gegeneinander abgewogen werden kann[129]. Allerdings erscheint das uneingeschränkte Verbot der Einfuhr von aus der BR Jugoslawien stammenden Informationsmaterialien auch im Falle einer schwerwiegenden Friedensbedrohung als zu weitgehend[130].

Auf Bedenken stößt auch die in bezug auf Unterrichtsmaterialien getroffene Regelung, da die Genehmigungspflicht deren Lieferung übermäßig einschränkte, ohne daß ein entsprechendes Sicherheitsinteresse ersichtlich wäre. Dem Sicherheitsrat stand diesbezüglich das mildere Verfahren der Notifikation der Ausfuhr zumindest grundlegender Unterrichtsmaterialien zur Verfügung, das weder den Erfolg der Wirtschaftssanktionen noch die bezüglich der Natur der betreffenden Güter bestehenden Sicherheitsinteressen beeinträchtigt hätte[131].

---

[127] Der Sonderberichterstatter der Menschenrechtskommission zur Situation der Menschenrechte im ehemaligen Jugoslawien sowie der Internationale Bund der Zeitungsherausgeber und der Internationale Journalistenbund ersuchten den Sanktionsausschuß, Bücher und Publikationen von dem Ausfuhrverbot in die BR Jugoslawien zu befreien. Der Sanktionsausschuß erklärte dazu, daß eine solche Entscheidung in die alleinige Zuständigkeit des Sicherheitsrats falle, seine Mitglieder aber im Einzelfall bereit seien, eine Genehmigung von Publikationen, Zeitschriften und zum Mediengebrauch bestimmten Materials wohlwollend in Betracht zu ziehen. Siehe S/1996/946, Ziff. 55. und zur Genehmigungspraxis des Sanktionsausschusses Scharf/Dorosin, 791 ff.

[128] Die Mitglieder des Sanktionsausschusses haben dabei ihre Bereitschaft erklärt, die Ausfuhr von Büchern, Veröffentlichungen, Zeitschriften und von spezifisch zur Nutzung durch Medienorganisationen bestimmtes Material anhand einer Einzelfallentscheidung zu genehmigen, sollte die jeweilige Veröffentlichung ihrem Inhalt nach mit den Zielen und Grundsätzen der Vereinten Nationen vereinbar sein, UN Dok. S/1996/946, Ziff. 55. Darüber hinaus stellte der Sanktionsausschuß klar, daß Postsendungen, die mit den einschlägigen nationalen und internationalen postalischen Bestimmungen übereinstimmten und durch internationale Postdienste ausgeliefert wurden, nicht unter die Sanktionsverbote fielen. Ebd., Ziff. 61.

[129] Insofern konkretisiert der Sanktionsausschuß die in Artikel 19 Absatz 3 IPBPR vorgesehenen Einschränkungsmöglichkeiten des Rechts auf Informationsfreiheit in bezug auf Wirtschaftssanktionen. Die Vereinigten Staaten bezogen sich im Sanktionsausschuß bei den Entscheidungen über die Lieferung von Informationsmaterialien für die unabhängigen, demokratischen Medien ausdrücklich auf Artikel 19 AEMR, Artikel 19 IPBPR und Artikel 10 EMRK. Hierzu Scharf/Dorosin, 792.

[130] Siehe die entsprechenden Ausführungen im Fall des Irak oben 2.2.2. a).

[131] Dies hat der Sicherheitsrat in der Folgezeit selbst in S/1999/92 anerkannt und im Fall des Irak in der Resolution 1284 (1999) umgesetzt.

Der Sicherheitsrat ist daher mit den von ihm getroffenen Regelungen in Hinblick auf die Bedeutung der Verfügbarkeit von Unterrichtsmaterialien für die Verwirklichung des Rechts auf Bildung seiner Abwägungspflicht nicht in ausreichendem Umfang nachgekommen. Es bestehen auch Zweifel, ob der Sanktionsausschuß in seiner Genehmigungspraxis durchgängig seiner Pflicht zum Schutz des Rechts auf Gesundheit gerecht geworden ist[132]. Diese Praxis dürfte aber als vertretbar angesehen werden, weil die Überwachung des Endverbrauchs mangels entsprechender Mechanismen in vielen Fällen nicht gewährleistet werden konnte und der Sanktionsausschuß im Regelfall Anträge von humanitären Organisationen auf Lieferung der betreffenden Güter genehmigte[133]. Darüber hinaus ist nicht erkennbar, daß die Genehmigung von Anträgen auf Erteilung einer Ausnahme aus humanitären Gründen übermäßig restriktiv gehandhabt worden wäre[134]. Somit läßt sich auch diesbezüglich kein Abwägungsfehler feststellen.

In Anbetracht der leichten Verbesserung der wirtschaftlichen und humanitären Lage sowie der anhaltenden schweren Friedensbedrohung war auch die Aufrechterhaltung der Wirtschaftssanktionen in den Jahren 1994 und 1995 durch den Sicherheitsrat nicht offensichtlich unverhältnismäßig. Der Sicherheitsrat hat

---

[132] S.o. Anm. 121.

[133] In S/1996/946, Ziff. 78, wies der Sanktionsausschuß darauf hin, daß er in einigen Fällen, so bei einem Antrag der WHO auf Lieferung von Geräten und Materialien zur Desinfektion und Reinigung von Trinkwasser, aufgrund der komplexen und technischen Natur der Fälle nicht immer schnell genug hätte reagieren können. Diese Fälle seien aber eine Ausnahme von der etablierten Praxis des Ausschusses gewesen, die Anträge humanitärer Hilfsorganisationen im Regelfall zu genehmigen.

[134] Siehe zur Genehmigungspraxis des Sanktionsausschusses, S/1996/946. Der Sanktionsausschuß legte die in der Resolution 760 (1992) bestimmte Ausnahmeregelung für Ausfuhren in die BR Jugoslawien in seiner Praxis weit aus, obwohl in einigen Fällen die Genehmigung verweigert wurde, weil die Überwachung der Endnutzung nicht sichergestellt werden konnte. Die Vereinigten Staaten vertraten anfänglich die Auffassung, daß Rohstoffe und Chemikalien, die zur Herstellung von pharmazeutischen Produkten benutzt werden, nicht unter die in der Resolution 757 (1992) bestimmte Ausnahme der Lieferung von Gütern für rein medizinische Zwecke fielen. Diese Haltung wurde mit der Gefahr begründet, daß diese Chemikalien zur Aufrechterhaltung der pharmazeutischen Industrie der BR Jugoslawien und zur Unterstützung der jugoslawischen Volkswirtschaft anstatt zum nationalen Eigenverbrauch bestimmt seien. Das Vereinigte Königreich, Frankreich, Belgien und die Russische Föderation machten geltend, daß die Verhinderung der Einfuhr der betreffenden Güter die BR Jugoslawien davon abhalten würde, die benötigten Arzneimittel selbst herzustellen und dadurch zusätzliche humanitäre Hilfslieferungen erforderlich machen könnte. Die Vereinigten Staaten zogen darauf hin zwar ihre Einwände zurück. Als jedoch aus Berichten bekannt wurde, daß jugoslawische Firmen pharmazeutische Produkte unter Umgehung der Sanktionsbestimmungen exportierten, schränkte der Sanktionsausschuß die Einfuhr der pharmazeutischen Grundstoffe an die betreffenden Firmen ein. Siehe hierzu Scharf/Dorosin, 784 ff.

überdies auf die Bereitschaft der BR Jugoslawien zum Ergreifen von Schritten, die zur Beendigung der Friedensbedrohung beitragen, im September 1994 mit einer Lockerung und im November 1995 mit der Aussetzung der Wirtschaftssanktionen reagiert[135].

4.3. Die Beachtung der Berücksichtigungspflicht

Der Sicherheitsrat hat in keinem Stadium der gegen die BR Jugoslawien verhängten Wirtschaftssanktionen eine Einschätzung der potentiellen bzw. tatsächlichen Auswirkungen der von ihm beschlossenen Maßnahmen auf die Menschenrechte bzw. die humanitäre Lage der Bevölkerung vornehmen lassen und entsprechend bei der Ausgestaltung und Handhabung der Wirtschaftssanktionen berücksichtigt, obwohl eine derartige Maßnahme angesichts der Berichte über die in den Jahren 1992 und 1993 bestehende humanitäre Krisensituation geboten gewesen wäre[136]. Mit dieser Praxis ist der Sicherheitsrat seiner Berücksichtigungspflicht nicht nachgekommen.

4.4. Die Erfüllung der Verpflichtungen aus dem humanitären Völkerrecht

4.4.1. Das Verbot des Aushungerns

Der Sicherheitsrat hat nicht gegen das in Artikel 54 1. ZP normierte Verbot des Aushungerns verstoßen. Nahrungsmittel waren weder in der Resolution 757 (1992) noch in den Folgeresolutionen vom Ausfuhrverbot umfaßt. Vielmehr unterlagen Nahrungsmittellieferungen lediglich einer Notifikationspflicht, so daß sie im Regelfall ungehindert in die BR Jugoslawien eingeführt werden konnten[137]. Der Bevölkerung der BR Jugoslawien bzw. den bosnischen Serben sind somit keine Nahrungsmittel vorenthalten worden. Zwar ist es, auch bedingt durch die Wirtschaftssanktionen, vorübergehend zu einer Nahrungsmittelknappheit in der BR Jugoslawien gekommen. Diese war jedoch nicht auf eine zielgerichtete Maßnahme des Sicherheitsrats zurückzuführen, da dieser durch die in den Resolutionen enthaltenen Ausnahmeregelungen eine durch die Sanktionen herbeigeführte Nahrungsmittelknappheit gerade verhindern wollte, somit also

---

[135] S/RES 943 (1994).

[136] Es erfolgte allerdings außerhalb und unabhängig vom Sicherheitsrat eine nachträgliche Bewertung der Wirtschaftssanktionen durch den sogenannten Kopenhagener Runden Tisch (S/1999/776), dessen Zusammenkunft auf eine EU/OSZE Initiative zurückging.

[137] In der Genehmigungspraxis wurde der Begriff der Nahrungsmittel überdies durch den Sanktionsausschuß weit ausgelegt. Hierzu Scharf/Dorosin, 784.

keinerlei Anzeichen für einen Einsatz des Aushungerns als Sanktionsstrategie vorliegen. Aufgrund der fehlenden Einbeziehung von Nahrungsmitteln in die Verbotsbestimmungen ist daher schon der objektive Tatbestand des Artikel 54 1. ZP nicht erfüllt gewesen. Der Sicherheitsrat ist überdies durch die Ausnahmeregelungen seiner Verpflichtung, dem Sanktionsadressaten die Einfuhr von Materialien, die zur Instandhaltung elementarer Versorgungsanlagen erforderlich sind, nachgekommen[138].

4.4.2. Die Gestattung humanitärer Hilfslieferungen für die Zivilbevölkerung

a) Artikel 23 IV. GK

Die Ausfuhr von Arznei- und Nahrungsmitteln in die BR Jugoslawien unterlag in der Resolution 757 (1992) lediglich der Notifikationspflicht. Die Notifikationspflicht ist als mildeste Form der Kontrolle zur Feststellung, ob die beantragten Lieferungen tatsächlich aus Arznei- und Nahrungsmitteln bestehen, zweifelsohne mit Artikel 23 IV. GK vereinbar. Die in Artikel 23 IV. GK genannten notwendigen Gegenstände für den Gottesdienst sind in den Resolutionen des Sicherheitsrats nicht gesondert aufgeführt worden. Ihre Ausfuhr ist jedoch grundsätzlich als Güter zur Deckung unabweisbarer humanitärer Bedürfnisse nach dem Kein-Einwand Verfahren möglich gewesen. Ein solches Genehmigungserfordernis ist in Hinblick auf Artikel 23 S. 3 Buchstabe a und b) IV. GK nicht zu beanstanden. Darüber hinaus genehmigte der Sanktionsausschuß, allerdings bezogen auf die Einfuhr von religiösen Objekten aus der BR Jugoslawien, die Lieferung von religiösen Objekten mit der Begründung, daß diese als religiöses Objekt keine Ware seien und somit nicht unter die Verbotsbestimmung fielen[139]. Diese Begründung traf in gleichem Maße auf die Ausfuhr von für den Gottesdienst notwendigen Gegenständen in die BR Jugoslawien zu, so daß es der Auslegung des Sanktionsausschusses zufolge keiner Genehmigung bedurft hätte. Die Ausfuhr von Kleidung für die in Artikel 23 S. 2 IV. GK genannte Personengruppe ist ebenfalls durch das in der Resolution 760 (1992) vorgesehene Verfahren in einer den Anforderungen des Artikel 23 IV. GK gerecht werdenden Weise ermöglicht worden. Der Sicherheitsrat ist somit seinen Verpflichtungen aus Artikel 23 IV.GK in vollem Umfang nachgekommen[140].

---

[138] Dies gilt allerdings nur bedingt in bezug auf die Ausfuhr der zur Wasserreinigung erforderlichen Chemikalien (s.o. Anm. 121, 133).

[139] Siehe hierzu Scharf/Dorosin, 797.

[140] Ebenso Gasser, Economic Sanctions, 894.

b) Artikel 70 1. ZP

Die Durchführung unparteiischer humanitärer Hilfsaktionen durch humanitäre Hilfsorganisationen wurde vom Sanktionsausschuß auf der Grundlage der Resolution 760 (1992) im Kein-Einwand Verfahren genehmigt. Diese Regelung und ihre Handhabung durch den Sanktionsausschuß entsprach den Anforderungen des Artikel 70 Absatz 2 1. ZP, da sie die Lieferung der in Artikel 69 1. ZP genannten Versorgungsgüter, mit denen zumindest Teile der jugoslawischen Bevölkerung unzureichend versorgt waren, ermöglichte. Allerdings führte das in der Resolution 820 (1993) beschlossene Transitverbot dazu, daß die Genehmigungsverfahren langwieriger wurden, so daß es wiederholt zu Verzögerungen der Genehmigung von entsprechenden Anträgen kam[141]. Dies ist in Hinblick auf die Verpflichtung zum schnellen und ungehinderten Durchlaß von Hilfslieferungen bedenklich. Der Sanktionsausschuß reagierte auf die von verschiedenen humanitären Hilfsorganisationen über diese Entwicklung geäußerte Besorgnis, indem er 1995 entschied, daß Anträge internationaler humanitärer Hilfsorganisationen auf Genehmigung des Transports von humanitären Gütern durch die BR Jugoslawien auf dem Landweg zukünftig nach dem Kein-Einwand Verfahren zu behandeln sind[142]. Außerdem betonte der Sanktionsausschuß die besondere Bedeutung, die der erleichterten und beschleunigten Durchführung von humanitären Hilfslieferungen an die Bedürftigen in der BR Jugoslawien als Maßnahmen zur Linderung der Auswirkungen der Sanktionen zukomme. Der Sanktionsausschuß habe daher Anträge internationaler Hilfsorganisationen bevorzugt zu behandeln[143]. Die Stellungnahme des Sanktionsausschusses zeigt, daß dieser seine Genehmigungspraxis, wenn auch nicht ausdrücklich, inhaltlich an den Anforderungen des Artikel 70 Absatz 2 des 1. ZP ausgerichtet hat.

[141] Siehe ebd.

[142] S/1996/946, Ziff. 68. Diese Regelung bezog sich vor allem auf die Lieferung humanitärer Hilfsgüter nach Bosnien-Herzegowina.

[143] Im Februar 1995 entschied der Sanktionsausschuß dementsprechend auch förmlich, daß Anträge von internationalen Hilfsorganisationen sowie von Staaten im Namen von humanitären NROs zukünftig vorrangig behandelt werden. S/1996/946, Ziff. 68.

4.5. Die gegenüber den bosnischen Serben verhängten Wirtschaftssanktionen

4.5.1. Die Abwägung zwischen dem Ziel der Friedenssicherung und dem Menschenrechtsschutz

4.5.1.1. Die Beeinträchtigung von Menschenrechten durch die Wirtschaftssanktionen

a) Wirtschaftliche, soziale und kulturelle Rechte

Es liegen keine gesonderten Informationen über die Auswirkungen der vom Sicherheitsrat beschlossenen Maßnahmen auf die wirtschaftlichen und sozialen Verhältnisse in den von den bosnischen Serben besetzten Gebieten vor.

b) Bürgerliche und politische Rechte

Das in Ziff. 7 der Resolution 942 (1994) enthaltene Verbot der Wirtschaftstätigkeit hat die Informationsfreiheit eingeschränkt. Das in Ziff. 14, Resolution 942 (1994) verhängte Einreiseverbot für bestimmte Personen, die sich in Bosnien-Herzegowina aufhalten, verstößt nicht gegen das Recht auf Freizügigkeit, da in Ziff. 14 ausdrücklich klargestellt wird, daß die darin getroffenen Regelungen einen Staat nicht dazu verpflichten, den eigenen Staatsangehörigen die Einreise in sein Hoheitsgebiet zu verweigern[144].

4.5.1.2. Die Wahrung der Menschenrechte im Rahmen der Abwägung

Die gegen die bosnischen Serben gerichtete Verhängung umfassender Wirtschaftssanktionen stellte eine Maßnahme dar, die angesichts der Verantwortlichkeit der bosnischen Serben für die schwerwiegende Friedensbedrohung sowie deren hartnäckiger Weigerung, zu einer friedlichen Lösung beizutragen, gerechtfertigt war. In Anbetracht der fehlenden Informationen über die

[144] S.o. 2.2.1. bc) zur Auslegung der entsprechenden Regelung im Fall des Irak in bezug auf Personen, die keine Staatsangehörige sind, aber gleichwohl aufgrund ihrer Verbundenheit mit dem Land als Träger des Rechts auf Einreise in das Heimatland anzusehen sind. Eine tatsächliche Beeinträchtigung des Rechts auf Freizügigkeit einer betroffenen Person konnte darüber hinaus schon deswegen nicht eintreten, weil die Regelung nicht zur Anwendung gekommen ist, da der Sanktionsausschuß die in Ziff. 14 vorgesehene Liste von Personen, die unter das Einreiseverbot fallen, nicht erstellt hat. Siehe S/1996/946, Ziff. 63.

spezifischen Auswirkungen der Wirtschaftssanktionen sind angesichts der Schwere der Friedensbedrohung keine Anhaltspunkte dafür ersichtlich, daß die vom Sicherheitsrat beschlossenen Sanktionsmaßnahmen zu einer übermäßigen Beeinträchtigung der Menschenrechte der bosnischen Serben geführt haben. Der Sicherheitsrat ist überdies durch die Einfügung von Ausnahmeregelungen in der Resolution 942 (1994) seiner Minimierungspflicht nachgekommen. Es ist auch keine Verletzung des Rechts auf Informationsfreiheit in bezug auf das Ausfuhrverbot festzustellen, da der Sanktionsausschuß im Rahmen der Abwägung gerechtfertigte Ausnahmeersuchen genehmigen konnte[145]. Der Sicherheitsrat hat ferner die Sanktionsbestimmungen unmittelbar nach der Erfüllung der Bedingungen durch die bosnischen Serben im Februar 1996 ausgesetzt und nach den im September 1996 durchgeführten Wahlen endgültig aufgehoben. Die Verhängung und Beibehaltung der Wirtschaftssanktionen gegenüber den bosnischen Serben läßt aus diesen Gründen keine offensichtlichen Abwägungsfehler erkennen.

4.5.2. Die Beachtung der Berücksichtigungspflicht

Der Sicherheitsrat hat keine unabhängige Einschätzung über die Auswirkungen der gegenüber den bosnischen Serben verhängten Wirtschaftssanktionen einholen lassen. Aufgrund der fehlenden Studien ist eine Beurteilung der Auswirkungen der Wirtschaftssanktionen auch nachträglich nahezu unmöglich geworden. Die Praxis des Sicherheitsrats hat insofern nicht den sich aus der Berücksichtigungspflicht ergebenden Anforderungen genügt.

4.5.3. Die Erfüllung der Verpflichtungen aus dem humanitären Völkerrecht

Der Sicherheitsrat hat auch bei den gegenüber den bosnischen Serben verhängten Wirtschaftssanktionen die sich aus Artikel 23 IV. GK sowie Artikel 54 und 70 des 1. ZP ergebenden Verpflichtungen erfüllt. Gemäß Ziff. 7 b) der Resolution 942 (1994) galt das Verbot der Wirtschaftstätigkeit in bezug auf die von den bosnischen Serben besetzten Gebiete nicht für die Lieferung von Hilfsgütern für rein medizinische Zwecke und von Nahrungsmitteln, die dem Sanktionsausschuß gemeldet wurden, oder der vom Ausschuß genehmigten Lieferung von Rohstoffen und Erzeugnissen zur Deckung unabweisbarer humanitärer Bedürfnisse. Diese Regelung geht ihrem Inhalt nach sogar über die in den Artikeln 70

---

[145] Siehe aber in bezug auf das Verbot der Einfuhr von Informationsmaterialien aus dem mit Sanktionen belegten Gebiet die entsprechend geltenden Ausführungen zum Fall des Irak oben 2.2.2. a).

1. ZP enthaltenen Anforderungen hinaus. Der Sicherheitsrat ist somit seiner Verpflichtung, humanitäre Hilfsaktionen zu gestatten und die Zivilbevölkerung nicht auszuhungern, umfassend gerecht geworden[146].

4.6. Ergebnis

Die vom Sicherheitsrat verhängten Wirtschaftssanktionen haben weder zwingende Menschenrechte verletzt noch ist durch ihre Verhängung und Beibehaltung die Grenze der Abwägungsbefugnis überschritten worden. Allerdings ist der Sicherheitsrat seiner Berücksichtigungspflicht nicht nachgekommen. Überdies erscheint die in der Resolution 757 (1992) getroffene Ausgestaltung des Ausfuhrverbots für grundlegende Unterrichtsmaterialien in Hinblick auf das Recht auf Bildung und das totale Einfuhrverbot von Informationsmaterialien in Hinblick auf das Recht auf Informationsfreiheit als übermäßig restriktiv. Bei der Ausgestaltung und Durchführung der Wirtschaftssanktionen hat der Sicherheitsrat die sich aus dem humanitären Völkerrecht ergebenden Verpflichtungen erfüllt.

---

[146] Ebenso Conlon, Rechtliche Problematik, 23; Gasser, Economic Sanctions, 894.

5. Haiti

5.1. Das Recht auf Leben

Die vom Sicherheitsrat verhängten Wirtschaftssanktionen haben dazu beigetragen, daß es in der Zeit von 1993 bis 1994 zu einer geringfügigen Erhöhung der Sterblichkeit von unter fünf Jahre alten Kindern gekommen ist. Die Verhängung partieller und die nachfolgend aufgrund der Verweigerungshaltung der Putschregierung beschlossenen umfassenden Wirtschaftssanktionen standen in Anbetracht der Schwere der Friedensbedrohung[147] nicht offensichtlich außer Verhältnis zum Ziel der Friedenssicherung. Dies gilt auch für die Schwere des durch diese Maßnahmen herbeigeführten Eingriffs in das Recht auf Leben. Die Wirtschaftssanktionen haben lediglich einen als gering einzuschätzenden Anteil an der leichten Erhöhung der Sterblichkeitsraten von unter fünf Jahre alten Kindern. Andererseits hatte der Sturz der rechtmäßigen Regierung durch das Putsch-Regime zu schwerwiegenden Menschenrechtsverletzungen geführt, die das Leben einer Vielzahl von auf Haiti lebenden Menschen unmittelbar gefährdete. Der Sicherheitsrat hat auch seiner Schutzpflicht genügt, da in der Resolution 917 (1994) die zum Überleben notwendigen Nahrungsmittel und Medikamente von dem Ausfuhrverbot nach Haiti ausgenommen waren und die Ausfuhr von Gütern des elementaren Bedarfs nach dem Kein-Einwand Verfahren möglich war. In Anbetracht dieser Umstände hat der Sicherheitsrat durch die gegenüber Haiti verhängten Wirtschaftssanktionen das Recht auf Leben nicht verletzt.

[147] Der Wortlaut der Resolution 841 (1993) läßt nicht eindeutig erkennen, worin nach Auffassung des Sicherheitsrats die Friedensbedrohung bestand. Die Verweise des Sicherheitsrats in der Resolution lassen jedoch den Schluß zu, daß sowohl die Mißachtung des demokratischen Willens der Bevölkerung Haitis als auch die Folgen des Putsches, d.h. die humanitäre Krise, politische Verfolgung und die wirtschaftliche Zerrüttung sowie die dadurch bewirkte Flüchtlingswelle aus Haiti als Friedensbedrohung bewertet worden sind. Hierzu Fink, Friedenssicherung, 832 ff. und zum Ziel der Wiederherstellung der Demokratie Pierce, 485 ff.

5.2. Die Abwägung zwischen dem Ziel der Friedenssicherung und dem Menschenrechtsschutz

5.2.1. Die Beeinträchtigung von Menschenrechten durch die Wirtschaftssanktionen

a) Wirtschaftliche, soziale und kulturelle Rechte

Die Wirtschaftssanktionen haben zum Absinken des Lebensstandards weiter Teile der Bevölkerung an den Rande des Existenzminimums, einem Anstieg der Unterernährung, einer Erhöhung der Kindersterblichkeit, einer Zunahme von epidemischen Krankheiten, einer Verschlechterung des Gesundheitswesen, einem Rückgang der Zahl der Schulabsolventen und der Unterrichtsqualität sowie zur Massenarbeitslosigkeit beigetragen. Die Sanktionsmaßnahmen haben hierdurch die Rechte auf einen angemessenen Lebensstandard, auf Nahrung, auf Gesundheit, auf Bildung und auf Arbeit beeinträchtigt.

b) Bürgerliche und politische Rechte

Das Recht auf Informationsfreiheit ist nicht beeinträchtigt worden, da die Ein- und Ausfuhr von Informationsmaterialien gemäß der Resolution 917 (1994), Ziff. 8, nicht unter das vom Sicherheitsrat verhängte Ein- und Ausfuhrverbot fielen. Das in der Resolution 917, Ziff. 3 verfügte Einreiseverbot enthält keine Ausnahmeregelung, wonach das Einreiseverbot einen Staat nicht dazu zwingt, seinen eigenen Staatsangehörigen die Einreise zu verweigern. Die Regelung verstößt dem Wortlaut nach gegen das Recht auf Einreise in das Heimatland, da sie im Gegensatz zu den in anderen Resolutionen geregelten Einreiseverboten den Mitgliedstaaten verbietet, eigenen Staatsangehörigen die Einreise zu gestatten.

c) Die Rechte des Kindes

Die Wirtschaftssanktionen haben dazu beigetragen, daß es zu einem leichten Anstieg der Kindersterblichkeit sowie die Zahl der unterernährten Kinder gekommen ist. Ferner ist die Kinderarbeit angestiegen und die Schulausbildung vieler Kinder infolge der wirtschaftlichen Verhältnisse eingeschränkt worden[148]. Die Wirtschaftssanktionen haben somit zu einer Beeinträchtigung der Rechte der Kinder auf Gesundheitsschutz, auf Entwicklung, auf Bildung und auf Arbeitsschutz geführt.

---

[148] Siehe 2. Kap., 2.5.3.2.

5.2.2. Die Wahrung der Menschenrechte im Rahmen der Abwägung

Der Sicherheitsrat hat mit der Resolution 841 (1993) partielle Wirtschaftssanktionen verhängt, um die Wiedereinsetzung der demokratisch legitimierten Regierung des Präsidenten Aristide zu erreichen. Die Verhängung partieller Wirtschaftssanktionen war der unanfechtbaren Einschätzung des Sicherheitsrats zufolge geeignet und erforderlich, um die Machthaber zu einem Einlenken zu bewegen und stellte gegenüber umfassenden Wirtschaftssanktionen das mildere Mittel dar[149]. Die vom Sicherheitsrat beschlossenen partiellen Maßnahmen waren selbst unter Berücksichtigung ihrer nicht unerheblichen Auswirkungen auf die Bevölkerung nicht offensichtlich unverhältnismäßig. Der Sicherheitsrat ist hierbei durch das Einfügen von Ausnahmeregelungen vom Erdölembargo in der Resolution 841 (1993) seiner Pflicht zur Minimierung gerecht geworden. Auch wenn die vorgesehenen Ausnahmen ihrem Umfang nach erkennbar unzureichend waren, um den bestehenden Transporterfordernissen gerecht zu werden, genügte der Sicherheitsrat insofern den Anforderungen, als weitergehende Ausnahmen vom Erdölembargo dessen Aufhebung gleichgekommen wären[150]. Darüber hinaus ist zu berücksichtigen, daß sich der Sicherheitsrat auf die ausdrückliche Unterstützung des demokratisch legitimierten Vertreters Haitis berufen konnte, da Präsident Aristide den Sicherheitsrat um das Ergreifen dieser Maßnahmen ersucht hatte[151]. Die Verhängung und Beibehaltung der Wirtschaftssanktionen wurde zudem von der Mehrheit der Bevölkerung Haitis befürwortet[152]. Diese Zustimmung konnte der Sicherheitsrat als gewichtigen Faktor in seiner Abwägung berücksichtigen[153].

---

[149] Der Sicherheitsrat hätte sich aufgrund der ungewissen Erfolgsaussichten nicht auf das Ergreifen von gezielten Maßnahmen beschränken müssen, wenn auch angesichts der schwerwiegenden Auswirkungen des bereits von der OAS empfohlenen Erdölembargos eine derartige Beschränkung hätte in Erwägung gezogen werden können. Für das Ergreifen gezielter Maßnahmen plädierten Gibbons, Colin Granderson und Heidi Swindells in einem vertraulichen Dokument, das im April 1994 verfaßt wurde. Hierzu Gibbons, 101 ff. In diese Richtung auch Swindells, 1953 und Werleigh, 170.

[150] Der Sicherheitsrat hat außerdem als weitergehende Ausnahme das humanitäre Treibstoffprogramm autorisiert (siehe 2. Kap., 2.5.3.2.). Darüber hinausgehende, die nachteiligen Wirkungen des Erdölembargos eingrenzende Ausnahmeregelungen erscheinen kaum möglich, ohne das Erdölembargo selbst seiner Wirkung zu berauben.

[151] Siehe 2. Kap., 2.5.2.

[152] Zaidi, 190, 194, 210. Gibbons, 91, weist darauf hin, daß die meisten demokratischen Aktivisten in Haiti die Verhängung und Beibehaltung der Wirtschaftssanktionen während deren Dauer unterstützten, im nachhinein aber angesichts der Folgen der Wirtschaftssanktionen schwere Zweifel gehabt hätten, ob diese das geeignete Mittel gewesen sind.

[153] Pierce, 504, 505. Gibbons, 92, stellt dies unter Hinweis auf die Unkenntnis der Befürworter über die Auswirkungen der Wirtschaftssanktionen in Frage.

Bezüglich der Beendigung der Aussetzung der Wirtschaftssanktionen durch die Resolution 873 (1993) ist kein Abwägungsfehler zu erkennen, da angesichts der weiterhin nahezu unveränderten Lage und dem Verhalten der de facto Regierung eine Beibehaltung der Aussetzung der Wirtschaftssanktionen nicht zur Beendigung der anhaltenden Friedensbedrohung hätte führen können. Insoweit gelten die in Hinblick auf die Resolution 841 (1993) gemachten Ausführungen entsprechend.

Die Verschärfung der Wirtschaftssanktionen mit der Resolution 917 (1994) erfolgte als Reaktion auf die durch die verstärkte politische Repression ausgelöste humanitäre Krise sowie die hartnäckige Weigerung der de facto Regierung, den an sie gestellten Forderungen nachzukommen. Insofern hat der Sicherheitsrat zweifelsohne im Rahmen seines Ermessens gehandelt, als er das Ergreifen weiterer Maßnahmen für notwendig erachtete, um auf die zunehmende Schwere der Friedensbedrohung zu reagieren und den Druck auf die Machthaber zu erhöhen. Als mildere Maßnahme wäre zwar neben gezielten Wirtschaftssanktionen[154] ein sofortiges militärisches Eingreifen in Betracht gekommen[155]. Die Entscheidung über die Zweckmäßigkeit des Vorgehens fiel aber in den ausschließlichen Ermessensspielraum des Sicherheitsrats. Allerdings bestehen aufgrund der potentiellen bzw. tatsächlichen Auswirkungen der umfassenden Sanktionen Zweifel an deren Verhältnismäßigkeit. Das Zusammenwirken von Militärdiktatur und Wirtschaftssanktionen hatte dazu geführt, daß die Wirtschaft, die Infrastruktur und die staatlichen Institutionen in Haiti Anfang 1994 zweieinhalb Jahre nach dem Putsch schwer geschädigt waren, während in dem gleichen Zeitraum die dringend benötigten Entwicklungsprogramme nicht durchgeführt werden konnten. Diese Entwicklung führte nicht nur zu einer unmittelbaren Beeinträchtigung einer Vielzahl von wirtschaftlichen und sozialen Menschenrechten,

---

[154] Die sogenannten Freunde des Generalsekretärs haben zwar in einer Stellungnahme zu den mit der Resolution 917 (1994) beabsichtigten Sanktionsmaßnahmen erklärt, daß diese gegen die Militärmachthaber und deren Anhänger gerichtet seien. Letter dated 2 February 1994 from the Representatives of Canada, France, the United States of America and Venezuela addressed to the President of the Security Council, Annex: Statement dated 2 February 1994 by the Friends of the Secretary-General for Haiti, UN Dok. S/1994/116, 3. Februar 1994. Die in der Resolution 917 (1994) enthaltenen zielgerichteten Maßnahmen, d.h. das Einfrieren der Vermögenswerte der Machthaber, ist jedoch nicht nach Kapitel VII der Charta bindend gewesen, wie sich aus dem Wortlaut der Ziff. 4 ergibt.

[155] Swindells, 1955 und Zaidi, 210 sprechen sich im Falle Haitis für frühes militärisches Eingreifen als Alternative zu den Wirtschaftssanktionen aus. In Anbetracht der militärischen Schwäche der de facto Regierung auf der einen und der fehlenden Schwächung ihrer Position durch die Wirtschaftssanktionen auf der anderen Seite war damit zu rechnen, daß die Machthaber einzig durch ein militärisches Eingreifen bzw. dessen Androhung zu einer Erfüllung der an sie gestellten Forderungen bereit sein würden.

sondern verursachte langfristige Schäden für Haiti[156]. Andererseits gilt es zu berücksichtigen, daß der Sicherheitsrat seiner Minimierungspflicht dadurch nachgekommen ist, daß er in die Resolution 917 (1994) weitreichende Ausnahmeregelungen vom Verbot der Ausfuhr nach Haiti zu humanitären Zwecken sowie Ausnahmen in bezug auf Informationsmaterialien und das Einreiseverbot eingefügt hat[157]. Dies gilt jedoch nicht in Bezug auf das Einreiseverbot, da der Sicherheitsrat entgegen seiner sonstigen Praxis keine Ausnahmeregelungen vorgesehen hatte[158]. Außerdem unterstützte der demokratisch legitimierte Vertreter Haitis ausdrücklich die Verschärfung der Sanktionen[159]. Angesichts der kurzen Dauer der umfassenden Wirtschaftssanktionen, der anhaltenden Schwere der Friedensbedrohung und der nachteiligen Folgen des Putschregimes auf die Bevölkerung sowie der Zustimmung durch Präsident Aristide standen die mit der Resolution 917 (1994) verhängten Maßnahmen auch in Anbetracht ihrer Folgewirkungen nicht außer jedem Verhältnis zur Schwere der Friedensbedrohung.

5.3. Die Beachtung der Berücksichtigungspflicht

Der Sicherheitsrat hat zu keinem Zeitpunkt in dem Zeitraum vor der erstmaligen Verhängung der Sanktionsmaßnahmen bis zu deren Aufhebung eine spezifische Studie über die tatsächlichen bzw. zu erwartenden Auswirkungen der Wirtschaftssanktionen auf die Bevölkerung Haitis in Auftrag gegeben. Auch die regelmäßig vom Generalsekretär vorgelegten Berichte über die Entwicklung der Lage in Haiti stellen keinen Ersatz für eine eigenständige Evaluierung durch den Sicherheitsrat dar. Der Sicherheitsrat hat somit seiner Berücksichtigungspflicht nicht genügt.

---

[156] Siehe zur Entwicklung in Haiti nach der Aufhebung der Wirtschaftssanktionen bis 1997 Gibbons, 88 ff., 95, die folgende Bilanz zieht: "The UN/OAS sanctions undermined Haiti's slender development achievements, to which the international community had itself devoted millions of dollars in foreign aid. Decades of investment in physical, economic and social infrastructure were destroyed; despite a colossal emergency economic recovery program following the return of President Aristide to office, that infrastructure has proved hard to rebuild. Assets for Haiti's development were mortgaged for at least a generation, perhaps forever, with tons of topsoil lost to accelerated erosion, mental growth lost to malnutrition, years of education lost to violence and poverty, childhoods lost to slavery, prostitution, and traumatic separation."

[157] Siehe Ziff. 7 a), b), c), 8 und 9 der Resolution 917.

[158] Ein Grund für das Abweichen von der bisherigen Praxis ist nicht ersichtlich. Auch wenn von den in der Resolution 917 (1994), Ziff. 3 genannten Personen die Mehrzahl haitianische Staatsangehörige gewesen sein dürften, so war zumindest nicht auszuschließen, daß sich unter ihnen ausländische Staatsangehörige befanden.

[159] Präsident Aristide ersuchte den Sicherheitsrat mehrmals um die Verschärfung der Sanktionsmaßnahmen (siehe 2. Kap., Anm. 546, 566).

5.4. Die Erfüllung der Verpflichtungen aus dem humanitären Völkerrecht

Die Sanktionsbestimmungen des Sicherheitsrats haben den Anforderungen des humanitären Völkerrechts genügt, da die Fassung der Sanktionsbestimmungen inhaltlich den Ausfuhrverboten, die gegenüber der BR Jugoslawien und den bosnischen Serben verhängt worden waren, entsprachen, so daß die dort gemachten Ausführungen auch für den Fall Haiti Geltung haben. Anhaltspunkte dafür, daß die Genehmigungspraxis des Sanktionsausschusses nicht den sich aus den einzelnen Normen des humanitären Völkerrechts für den Sicherheitsrat ergebenden Verpflichtungen gerecht geworden ist, liegen nicht vor.

5.5. Ergebnis

Die vom Sicherheitsrat gegenüber Haiti verhängten Wirtschaftssanktionen sind mit den Menschenrechten und dem humanitären Völkerrecht vereinbar gewesen.

6. Angola/UNITA

6.1. Die Abwägung zwischen dem Ziel der Friedenssicherung und dem Menschenrechtsschutz

6.1.1. Die Beeinträchtigung von Menschenrechten durch die Wirtschaftssanktionen

a) Wirtschaftliche, soziale und kulturelle Rechte

Es läßt sich nicht feststellen, daß die gegen die UNITA verhängten Sanktionsmaßnahmen zu einer Beeinträchtigung dieser Rechte geführt haben.

b) Bürgerliche und politische Rechte

Das in Ziff. 4 a) der Resolution 1127 enthaltene Einreiseverbot begründet keinen Eingriff in das Recht auf Freizügigkeit, sofern die Ausnahmen von diesem Verbot im Einklang mit dem Schutzbereich ausgelegt werden. Die von mehreren Delegierten in der Sicherheitssitzung gerügte Einbeziehung von Familienangehörigen in den Kreis der vom Einreiseverbot umfaßten Personen[160] begründet ebenfalls keinen Eingriff in das Recht auf Freizügigkeit, da das Recht auf Einreise auch für diesen Personenkreis durch die Ausnahmebestimmungen gewährleistet wurde.

6.1.2. Die Wahrung der Menschenrechte im Rahmen der Abwägung

Der Sicherheitsrat ist seiner Abwägungspflicht, die zumindest bezüglich der potentiellen Auswirkungen der von ihm beschlossenen Sanktionsmaßnahmen auf die in den von der UNITA besetzten Gebieten lebende Bevölkerung bestand, durch die Verhängung und schrittweise Verschärfung von partiellen, zuvorderst gegen die Finanzierungsquellen der UNITA gerichteten Maßnahmen nachgekommen. Diese standen ihrem Umfang und ihren Auswirkungen nach nicht außer Verhältnis zu dem Grad der Friedensbedrohung, die durch die militärischen Aktivitäten der UNITA begründet wurde. Der Sicherheitsrat ist überdies seiner Pflicht zur Minimierung der nachteiligen Auswirkungen der Sanktionsmaßnahmen durch die Einführung von Ausnahmeregelungen in der Resolution 1127 (1997), Ziff. 5, und der Resolution 1137 (1998), Ziff. 13 gerecht geworden. Die Resolution 864 (1993) enthielt jedoch keine Ausnahmeregelung, die dem

[160] Siehe 2. Kap., Anm. 655, 656.

Sanktionsausschuß die Möglichkeit zur Genehmigung von Erdöllieferungen zu humanitären Zwecken einräumte. Dies war insofern vertretbar, als eine wirksame Überwachung der ordnungsgemäßen Anwendung dieser Ausnahmebestimmungen und das Vermeiden einer den Zwecken zuwiderlaufenden militärischen Verwendung der Erdöllieferungen durch die UNITA kaum möglich erscheint.

6.2. Die Beachtung der Berücksichtigungspflicht

Der Sicherheitsrat hat weder vor der Verhängung von Sanktionsmaßnahmen noch während ihrer Dauer Berichte über deren potentielle bzw. tatsächliche Auswirkungen auf die Bevölkerung in den von der UNITA besetzten Gebieten eingeholt. Zwar waren keine schwerwiegenden Auswirkungen zu befürchten, weil die Sanktionsmaßnahmen vorrangig gegen die UNITA gerichtet waren. Überdies sind die Sanktionen vor allem in den Anfangsjahren nicht wirksam durchgesetzt worden. Es konnte aber nicht ausgeschlossen werden, daß bestimmte Maßnahmen, so z.B. das Erdölembargo und das Flugverkehrsverbot, auch für die vom Bürgerkrieg betroffene Bevölkerung nachteilige Auswirkungen haben würde bzw. hatte. Der Sicherheitsrat ist somit seiner Berücksichtigungspflicht nicht nachgekommen.

6.3. Die Erfüllung der Verpflichtungen aus dem humanitären Völkerrecht

Die Sanktionsmaßnahmen sind mit dem humanitären Völkerrecht vereinbar, da durch die lediglich partiellen Maßnahmen die Versorgung der Bevölkerung mit Nahrungsmitteln, Arzneimitteln und sonstigen Gütern des elementaren Bedarfs nicht eingeschränkt worden ist.

6.4. Ergebnis

Die gegen die UNITA verhängten Sanktionsmaßnahmen sind mit den Menschenrechten und dem humanitären Völkerrecht vereinbar gewesen. Der Sicherheitsrat hat jedoch die potentiellen bzw. tatsächlichen Auswirkungen der Sanktionsmaßnahmen unzureichend berücksichtigt.

7. Sierra Leone

7.1 Die Abwägung zwischen dem Ziel der Friedenssicherung und dem Menschenrechtsschutz

7.1.1. Die Beeinträchtigung von Menschenrechten durch die Wirtschaftssanktionen

a) Wirtschaftliche, soziale und kulturelle Rechte

Das Erdölembargo hat zu einer Verschlechterung des Lebensstandards der Bevölkerung beigetragen und die Nahrungsmittelversorgung sowie den Zugang zu Gesundheitseinrichtungen erschwert. Auch wenn diese Verschlechterung weitgehend auf andere Faktoren zurückzuführen war, hat das Erdölembargo doch das Recht auf einen angemessenen Lebensstandard, das Recht auf Nahrung und das Recht auf Gesundheit beeinträchtigt. Das Erdölembargo hat hingegen nicht zu einer Beeinträchtigung des Rechts auf Bildung geführt, da das Schulwesen bereits durch den Putsch zum Erliegen gekommen war, es soweit schon an der Ursächlichkeit der vom Sicherheitsrat beschlossenen Maßnahmen für die Verschlechterung im Bildungssektor fehlt.

b) Bürgerliche und politische Rechte

Das in Ziff. 5 der Resolution 1132 (1997) verhängte Einreiseverbot hat nicht das Recht auf Freizügigkeit beeinträchtigt, da es die gebotenen Ausnahmeregelungen enthielt[161].

c) Die Rechte des Kindes

Das Erdölembargo hat durch die oben aufgezeigten Auswirkungen zu einer Beeinträchtigung der Rechte der Kinder auf Entwicklung und Gesundheitsschutz beigetragen.

7.1.2. Die Wahrung der Menschenrechte im Rahmen der Abwägung

Die lediglich partiellen Maßnahmen waren angesichts der Schwere der Friedensbedrohung, die der Sicherheitsrat in der fortdauernden Gewalt, dem Verlust an

---

[161] S.o. 2.2.1. bc).

Menschenleben, der humanitären Krise in Sierra Leone und deren Auswirkungen auf die Nachbarländer, vor allem in Form der großen Zahl von Flüchtlingen, sah[162], nicht offensichtlich unverhältnismäßig. Die vom Sicherheitsrat verhängten wirtschaftlichen Maßnahmen haben lediglich zu einer geringfügigen Beeinträchtigung der Menschenrechte geführt[163]. Der Sicherheitsrat ist überdies seiner Pflicht zur Minimierung der Folgen der Wirtschaftssanktionen nachgekommen, da er in der Ziff. 7 der Resolution 1132 (1997) eine weitreichende Ausnahmeregelung eingefügt hat, der zufolge Ausnahmen vom Erdölausfuhrverbot nach Sierra Leone zu humanitären Zwecken nach vorheriger Genehmigung durch den Sanktionsausschuß zulässig waren. Ferner unterstützte der demokratisch legitimierte Vertreter der exilierten Regierung von Sierra Leone die Verhängung der vom Sicherheitsrat beschlossenen Maßnahmen[164]. Es sind somit keine offensichtlichen Abwägungsfehler des Sicherheitsrats in Hinblick auf die Verhängung und Beibehaltung des Erdölembargos ersichtlich. Die mit der Resolution 1306 (2000) gegenüber der RUF verhängten partiellen Maßnahmen waren angesichts der anhaltend schwerwiegenden Friedensbedrohung und den als gering einzuschätzenden Auswirkungen auf die Menschenrechte erkennbar nicht abwägungsfehlerhaft.

7.2. Die Beachtung der Berücksichtigungspflicht

Der Sicherheitsrat hat vor der Verhängung der Wirtschaftssanktionen keine Studie über deren möglichen Auswirkungen in Auftrag gegeben[165]. Ein Novum in der Geschichte der bisherigen Sanktionsfälle stellte die Beauftragung des Generalsekretärs durch den Sicherheitsrat am 22. Dezember 1997 dar, eine gezielte Untersuchung der humanitären Situation in Sierra Leone seit dem Putsch, einschließlich der Auswirkungen der Wirtschaftssanktionen, zu erstellen[166]. Der Sicherheitsrat ist insoweit erstmals seiner Berücksichtigungspflicht während der Dauer der Wirtschaftssanktionen in vollem Umfang gerecht geworden.

---

[162] Siehe S/RES 1132 (1997).

[163] Diese sind nicht nur durch den Militärputsch und dessen Folgen, sondern auch durch die von der ECOWAS verhängten Sanktionen erheblich stärker als durch die Sanktionsmaßnahmen beeinträchtigt worden, wobei die letztgenannten Maßnahmen dem Sicherheitsrat nicht zuzurechnen sind, da sie über die mit der Resolution 1132 (1997) getroffenen Maßnahmen hinausgingen.

[164] Siehe die Stellungnahme des Delegierten Sierra Leones in der Sicherheitsratsdebatte zu S/RES 1132 (1997), S/PV.3822 (8. Oktober 1997), 3.

[165] Allerdings haben während der Sicherheitssitzung anläßlich der Verabschiedung der Resolution 1132 (1997) mehrere Delegierte darauf hingewiesen, daß bei der Ausgestaltung der Wirtschaftssanktionen deren mögliche Auswirkungen auf die Bevölkerung in Sierra Leone berücksichtigt worden seien (siehe 2. Kap., Anm. 684 ff.).

[166] UN Dok. S/1998/155. Siehe hierzu im einzelnen 2. Kap., 2.7.3.2.

7.3. Die Erfüllung der Verpflichtungen aus dem humanitären Völkerrecht

Der Sicherheitsrat hat im Fall Sierra Leones mit der Verhängung der Resolution 1132 (1997) nicht seine sich aus dem Verbot des Aushungerns und der Gestattung humanitärer Hilfslieferungen ergebenden Verpflichtungen aus dem humanitären Völkerrechts verletzt, weil die Wirtschaftssanktionen ihrem Umfang nach beschränkt waren. Die Lieferung von Nahrungsmitteln, Arzneimitteln und humanitären Gütern war uneingeschränkt möglich und wurde vor allem in Form von Hilfslieferungen der internationalen humanitären Hilfsorganisationen erbracht. Auch die Verhängung des gegen die RUF gerichteten Einfuhrverbots von Diamanten ist aufgrund seiner partiellen Natur offensichtlich mit den Bestimmungen des humanitären Völkerrechts vereinbar. Der Sicherheitsrat hat somit im Fall der Wirtschaftssanktionen gegen Sierra Leone die Normen des humanitären Völkerrechts beachtet.

7.4. Ergebnis

Die gegen Sierra Leone verhängten Sanktionsmaßnahmen sind mit den Menschenrechten und dem humanitären Völkerrecht vereinbar gewesen.

8. Afghanistan/Taliban

8.1. Die Abwägung zwischen dem Ziel der Friedenssicherung und dem Menschenrechtsschutz

8.1.1. Die Beeinträchtigung von Menschenrechten durch die Wirtschaftssanktionen

a) Wirtschaftliche, soziale und kulturelle Rechte

Das Flugverkehrsverbot hat das Recht auf einen angemessenen Lebensstandard und das Recht auf Gesundheit beeinträchtigt, da es zu einer weiteren Verschlechterung der Lebensverhältnisse der Bevölkerung beigetragen und den Zugang zu Arzneimitteln erschwert hat.

b) Bürgerliche und politische Rechte

Das Einreiseverbot für hohe Amtsträger der Taliban stellte schon deswegen keinen Eingriff in das Recht auf Freizügigkeit dar, weil es gemäß dem Wortlaut von Ziff. 14 der Resolution 1333 (2000) als nicht bindend anzusehen ist[167].

8.1.2. Die Wahrung der Menschenrechte im Rahmen der Abwägung

Die partiellen Maßnahmen, deren Auswirkungen auf die Bevölkerung zwar spürbar, aber letztlich eher geringfügig gewesen sind, standen zur Schwere der in der Unterstützung des internationalen Terrorismus begründeten Friedensbedrohung und dem Ziel der Bekämpfung terroristischer Aktivitäten nicht erkennbar außer Verhältnis. Der Sicherheitsrat hat auch seiner Pflicht zur Minimierung der nachteiligen Folgen der Sanktionsmaßnahmen genügt, da er in Ziff. 4 a) und b) der Resolution 1267 (1999) Ausnahmen von den getroffenen Verboten aus humanitären Erwägungen zugelassen hat. Die Verschärfung der Sanktionen mit der Resolution 1333 (2000) kann angesichts der Verweigerungshaltung der Taliban ebenfalls nicht als offensichtlich unverhältnismäßig eingestuft werden. Der Sicherheitsrat hat überdies in Ziff. 11 und 12 der Resolution 1333 (2000) Ausnahmen vom Flugverkehrsverbot, insbesondere für designierte humanitäre Hilfsorganisationen vorgesehen, die geeignet erscheinen, die nachteiligen

167 Der Sicherheitsrat hat in dieser Bestimmung die Worte "urges States to take steps" anstelle der in den übrigen Fällen gebrauchten Wendung "decides that all States shall" verwendet.

Folgen, die sich aus der Umsetzung der Resolution 1267 (1999) ergeben haben, weitestgehend zu vermeiden.

8.2. Die Beachtung der Berücksichtigungspflicht

Der Sicherheitsrat ist bis zur Verabschiedung der Resolution 1333 (2000) seiner Berücksichtigungspflicht nicht nachgekommen, da er weder vor dem Ergreifen der Sanktionsmaßnahmen mit der Resolution 1267 (1999) noch während deren Dauer eine Studie über deren Auswirkungen in Auftrag gegeben hat, um diese im Rahmen seiner Abwägungspflicht angemessen zu berücksichtigen[168]. Der Generalsekretär hat aber gemäß der in der Resolution 1333 (2000), Ziff. 15 d) enthaltenen Regelung seit März 2001 in regelmäßigen Abständen die humanitären „Implikationen" der Sanktionsmaßnahmen überprüft und dem Sicherheitsrat Bericht erstattet[169]. Der Sicherheitsrat ist somit zumindest in der Anfangszeit der gegen die Taliban verhängten Sanktionen seiner Berücksichtigungspflicht nur unzureichend nachgekommen.

8.3. Die Erfüllung der Verpflichtungen aus dem humanitären Völkerrecht

Das gegenüber den Taliban verhängte Flugverkehrsverbot sowie das Einfrieren von Geldern wirft seinem Inhalt nach nicht die Frage der Vereinbarkeit dieser Maßnahmen mit dem humanitären Völkerrecht auf.

8.4. Ergebnis

Die vom Sicherheitsrat verhängten Sanktionsmaßnahmen sind mit den Menschenrechten und dem humanitären Völkerrecht vereinbar gewesen. Der Sicherheitsrat ist allerdings seiner Berücksichtigungspflicht nicht umfassend gerecht geworden.

---

[168] Siehe die Stellungnahme des Delegierten Malaysias, S/PV.4251, 2 (2. Kap., Anm. 752).
[169] Siehe 2. Kap., Anm. 2.

9. Zusammenfassung: Die Vereinbarkeit der Sanktionspraxis des Sicherheitsrats mit den Menschenrechten und dem humanitären Völkerrecht

9.1. Die Vereinbarkeit von umfassenden Wirtschaftssanktionen mit den Menschenrechten

Umfassende Wirtschaftssanktionen können, wie der Fall Irak gezeigt hat, zu einer Beeinträchtigung und Verletzung des Rechts auf Leben führen. Dies ist vor allem dann der Fall, wenn die Wirtschaftssanktionen einen gewichtigen Anteil an einem Anstieg der Sterblichkeit haben und diese Auswirkungen in Relation zu dem Grad der Friedensbedrohung unverhältnismäßig sind. Je länger Wirtschaftssanktionen dauern und je geringer der Grad der Friedensbedrohung ist, desto weniger wird ein schwerwiegender Eingriff in das Recht auf Leben gerechtfertigt sein. Dies gilt jedoch dann nicht, wenn der Sicherheitsrat seiner Schutzpflicht nachkommt und Gegenmaßnahmen ergreift, die ihrem Inhalt und Umfang nach geeignet sind, das Recht auf Leben zu schützen und vom Sanktionsausschuß in seiner Praxis in einer mit dem Schutzzweck vereinbaren Weise ausgelegt werden. Ist eine gleichwohl eintretende Verletzung des Rechts auf Leben vorrangig auf das Verhalten des Sanktionsadressaten zurückzuführen, insbesondere die unberechtigte Verweigerung der Zusammenarbeit bei der Umsetzung der Gegenmaßnahmen, so ist der Sicherheitsrat hierfür nicht verantwortlich.

Die Sanktionsmaßnahmen haben in keinem der behandelten Fälle zur Verletzung sonstiger zwingender Menschenrechte geführt. Die zur Begehung eines Völkermords oder einer Verletzung des Folterverbots erforderliche Absicht ließ sich bei den Mitgliedern des Sicherheitsrats in keinem Fall nachweisen[170]. Ferner stellen Wirtschaftssanktionen, die über umfassende, die Grundversorgung der Bevölkerung bezweckende Ausnahmeregelungen verfügen, keine objektiv grausame und unmenschliche Behandlung dar. Ein Verstoß gegen das Diskrimierungsverbot aufgrund der Ausgestaltung bzw. Durchführung der Sanktionsmaßnahmen konnte ebenfalls nicht festgestellt werden.

Umfassende Sanktionsmaßnahmen haben in das Recht auf Informationsfreiheit und das Recht auf Freizügigkeit, nicht jedoch in das Recht auf Religionsausübungsfreiheit eingegriffen. Die in den Sanktionsbestimmungen üblicherweise enthaltene Genehmigungsmöglichkeit der ausnahmsweisen Ausfuhr von Informationsmaterialien wird grundsätzlich dem Recht auf Informationsfreiheit gerecht, sofern der Sanktionsausschuß die einzelnen Anträge im Lichte der

---

[170] Die im Fall des Irak getroffenen Feststellungen gelten insoweit auch für die übrigen Fälle.

Bedeutung des Rechts auf Informationsfreiheit auslegt. Die fehlende Genehmigungsmöglichkeit und das somit bestehende Totalverbot der Einfuhr von Informationsmaterialien aus dem Land des Sanktionsadressaten erscheint aber in Hinblick auf das Recht, Informationen über Grenzen hinweg zu senden und zu empfangen, als übermäßig restriktiv, da nicht ersichtlich ist, warum das Ziel, ein Höchstmaß an Wirksamkeit der Sanktionsmaßnahmen zu erreichen, durch die ausnahmsweise Genehmigung der Einfuhr von Informationsmaterialien gefährdet werden kann. Dies hat der Sicherheitsrat implizit im Falle Haitis selbst anerkannt, in dem er Informationsmaterialien vom Ein- und Ausfuhrverbot ausnahm. Die in mehreren Sanktionsresolutionen enthaltenen Einreiseverbote greifen zwar, auch wenn sie dieses faktisch vereiteln können, nicht in das Recht auf Ausreise, gegebenenfalls aber in das Recht auf Einreise in das Heimatland ein. Zwar hat in den meisten Fällen die Ausnahmeklausel, wonach Einreiseverbote die Mitgliedstaaten nicht dazu zwingen, ihren Staatsangehörigen die Einreise zu verweigern, dem Gros der betroffenen Rechtsträger die Ausübung des Rechts auf Freizügigkeit ermöglicht. Die Ausnahmeklauseln werden ihrem Wortlaut nach aber dem Recht auf Freizügigkeit insofern nicht gerecht, als sie dieses Recht nicht auf diejenigen Personen erstrecken, die eine derart enge Bindung zu dem jeweiligen Staat haben, daß ihr Recht auf Einreise im Recht auf Freizügigkeit anerkannt ist. In Anbetracht des Schutzbereichs des Rechts auf Freizügigkeit ist deshalb eine mit dem Recht auf Freizügigkeit vereinbare konforme Auslegung dieser Bestimmungendahingehend vorzunehmen, daß auch dieser Personenkreis vom Ausnahmetatbestand erfaßt ist. Faktisch wird dieser Personenkreis aber gering sein, da die betroffenen Personen im Regelfall eine enge Verbundenheit mit dem Sanktionsadressaten und nicht mit einem Drittstaat aufweisen werden. Auch diesen Personen darf jedoch die Einreise verweigert werden, falls dies zur Friedenssicherung unerläßlich ist.

Umfassende Wirtschaftssanktionen haben in unterschiedlichem Maße zur Beeinträchtigung einer Vielzahl von wirtschaftlichen und sozialen Rechten beigetragen. Als solche sind das Recht auf einen angemessenen Lebensstandard, das Recht auf Nahrung, das Recht auf Gesundheit sowie das Recht auf Bildung zu nennen. Darüber hinaus haben die Sanktionsmaßnahmen eine Reihe von Rechten der Kinder beeinträchtigt

In Hinblick auf die Abwägung zwischen Artikel 1 Ziff. 1 und Artikel 1 Ziff. 3 der Charta haben lediglich die gegenüber dem Irak verhängten Wirtschaftssanktionen Zweifel an der Vereinbarkeit mit den Menschenrechten aufgeworfen. Diese Zweifel gründeten sich in der Anfangsphase auf das in der Resolution 661 (1990) enthaltene Ausfuhrverbot von Nahrungsmitteln, eine Regelung, die im Lichte der nachfolgenden Sanktionspraxis des Sicherheitsrats, würde sie zum gegenwärtigen Zeitpunkt beschlossen, sicherlich kaum mehr als zulässig erachtet werden würde. In der Folgezeit waren es die schwerwiegenden Auswirkungen der Sanktionsmaßnahmen, die angesichts der Anzeichen, daß der Grad der Friedensbedrohung erheblich schwächer geworden war, Zweifel an der Vereinbarkeit der Beibehaltung der Sanktionsmaßnahmen mit der aus Artikel 1 Ziff. 3 der Charta fließenden Pflicht des Sicherheitsrats aufkommen ließen. Im Falle der BR Jugoslawiens und Haitis war der Grad der festgestellten Beeinträchtigung von Menschenrechten aufgrund der Schwere der Friedensbedrohung und im Falle Haitis zudem in Anbetracht der Zustimmung des gewählten Repräsentanten sowie weiter Kreise der Bevölkerung nicht offensichtlich unverhältnismäßig.

Aus den behandelten Fällen läßt sich der Schluß ziehen, daß die Verhältnismäßigkeit von Wirtschaftssanktionen dann zweifelhaft ist, wenn diese bei einer relativ geringfügigen Friedensbedrohung gegenüber einem für Wirtschaftssanktionen anfälligen Land, das zur Aufrechterhaltung der Versorgung der Bevölkerung mit elementaren Gütern in starkem Maße vom Außenhandel abhängig ist, beschlossen werden. Ferner können Sanktionsmaßnahmen dann unverhältnismäßig sein, wenn sie über einen längeren Zeitraum in Kraft sind und dadurch die Verwirklichung der beeinträchtigten Rechte in schwerwiegender Weise beeinträchtigen bzw. vereiteln, zugleich aber lediglich ein schwacher Grad der Friedensbedrohung verbleibt, vor allem soweit dieser aufgrund der zumindest teilweisen Erfüllung der Bedingungen durch den Sanktionsadressaten oder eine sonstige Änderung der Sachlage deutlich geringer als zum Zeitpunkt der Verhängung der Sanktionsmaßnahmen geworden ist. Ein wesentlicher Faktor bei der Bestimmung der Verhältnismäßigkeit ist dabei die Wirksamkeit der seitens des Sicherheitsrats zur Vermeidung von unverhältnismäßigen Folgen ergriffenen Gegenmaßnahmen. Verweigert sich der Sanktionsadressat der Umsetzung dieser Gegenmaßnahmen, so ist dies im Rahmen der Abwägung zwar als Umstand, der gegen eine offensichtlich fehlende Verhältnismäßigkeit der Wirtschaftssanktionen spricht, zu berücksichtigen, entbindet den Sicherheitsrat aber nicht von der eigenen Verantwortung, die Verhältnismäßigkeit der von ihm getroffenen Maßnahmen zu wahren.

Der Sicherheitsrat ist in den untersuchten Fällen seiner Pflicht zur Minimierung der nachteiligen Folgen von Wirtschaftssanktionen für die Menschenrechte durch eine Vielzahl von teils identischen, teils auf den jeweiligen Sanktionsfall zugeschnittenen Regelungen nachgekommen. Diese Ausnahmen von den Sanktionsverboten haben wesentlich dazu beigetragen, daß die Verhältnismäßigkeit der Wirtschaftssanktionen im Regelfall gewahrt wurde. Als problematisch hat sich jedoch die Praxis der Sanktionsausschüsse erwiesen. Als Schwachpunkte dieser Praxis sind Verzögerungen bei der Bearbeitung von Anträgen und eine mitunter überaus restriktive Handhabung der Genehmigung von Ausnahmen identifiziert worden. Die Praxis des Anhaltens von Anträgen wegen ihrer möglichen militärischen Verwendung hat vor allem im Fall des Irak dazu beigetragen, daß die mit dem Öl für Lebensmittel Programm getroffenen Gegenmaßnahmen in ihrer Wirksamkeit eingeschränkt worden sind und ist daher ihrerseits dem Abwägungserfordernis nicht durchweg gerecht geworden.

9.2. Die Vereinbarkeit von partiellen Wirtschaftssanktionen mit den Menschenrechten

Partielle Wirtschaftssanktionen haben nicht zu einer Beeinträchtigung des Rechts auf Leben geführt, wenn auch eine solche Beeinträchtigung, wie der Fall Libyens aufgezeigt hat, im Falle eines Flugverkehrsverbots nicht von vornherein auszuschließen ist. Als partielle Sanktionsmaßnahmen haben Flugverkehrsverbote zu einer Beeinträchtigung des Rechts auf Gesundheit und des Rechts auf Arbeit beigetragen. Erdölembargos haben in einer Beeinträchtigung des Rechts auf einen angemessenen Lebensstandard, des Rechts auf Nahrung und des Rechts auf Gesundheit resultiert. Gezielte Sanktionsmaßnahmen haben hingegen keine Auswirkungen gehabt, die den Schluß auf eine Beeinträchtigung bestimmter Menschenrechte zulassen würde[171]. In den Fällen, in denen der Sicherheitsrat partielle Sanktionsmaßnahmen beschlossen hat, konnten keine offensichtlichen Abwägungsfehler festgestellt werden. Hieraus läßt sich der Schluß ziehen, daß bei lediglich partiellen Maßnahmen die Verhältnismäßigkeit in der Regel gewahrt sein wird, wenn auch Flugverkehrsverbote und Erdölembargos, je nach dem Grad der Anfälligkeit des Sanktionsadressaten im konkreten Fall, zu einer erheblichen Beeinträchtigung bestimmter Menschenrechte führen können, die im Ausnahmefall Zweifel an der Verhältnismäßigkeit der getroffenen Maßnahmen aufkommen lassen können. Dies hat nicht zuletzt der Fall des Sudan bestätigt, in dem der Sicherheitsrat auch aufgrund der zu erwartenden Auswirkungen des Flugverkehrsverbots auf die Bevölkerung von dessen Inkraftsetzung abgesehen hat[172].

9.3. Die Beachtung der Berücksichtigungspflicht

Die Praxis des Sicherheitsrats hat den Mindestanforderungen an die Berücksichtigungspflicht nicht genügt. Lediglich in den Fällen der gegen den Sudan

---

[171] Dies gilt für das Einfrieren von Guthaben, Einreiseverbote und die sonstigen gezielten Maßnahmen, die vor allem gegen die UNITA in Angola, die RUF in Sierra Leone und die Taliban in Afghanistan verhängt worden sind.

[172] Siehe 3. Kap., Anm. 248.

und Sierra Leone sowie in eingeschränktem Maße bei den gegenüber dem Irak und gegen die Taliban in Afghanistan beschlossenen Sanktionsmaßnahmen hat der Sicherheitsrat vor bzw. während deren Dauer eine Einschätzung der spezifischen Auswirkungen vornehmen lassen und diese im Rahmen seiner Entscheidungsfindung berücksichtigt. Es läßt sich somit nicht ersehen, daß der Sicherheitsrat eine einheitliche Praxis der Berücksichtigung der Auswirkungen der von ihm getroffenen Maßnahmen auf die Menschenrechte verfolgt hat. Zwar stellt die fehlende Berücksichtigung der potentiellen oder tatsächlichen Auswirkungen keine Verletzung des Artikel 1 Ziff. 3 der Charta dar, soweit die getroffenen Maßnahmen sich im übrigen als verhältnismäßig erweisen.Der angemessenen Berücksichtigung kommt jedoch eine erhebliche Bedeutung im Rahmen einer Sanktionspraxis zu, in der eine Beeinträchtigung von Menschenrechten von vornherein weitestgehend vermieden werden kann[173].

9.4. Die Vereinbarkeit der vom Sicherheitsrat getroffenen Sanktionsmaßnahmen mit dem humanitären Völkerrecht

Die vom Sicherheitsrat beschlossenen Wirtschaftssanktionen sind den sich aus dem humanitären Völkerrecht ergebenden Anforderungen weitestgehend gerecht geworden. Einzig das in der Resolutionen 661 (1990) verhängte Ausfuhrverbot für Nahrungsmittel sowie das Fehlen von Ausnahmeregelungen für sonstige Güter haben Zweifel an der Vereinbarkeit dieser Bestimmungen mit den aus den Normen des humanitären Völkerrechts folgenden Verpflichtungen, insbesondere aus Artikel 54 1. ZP, Artikel 23, 59 IV. GK sowie Artikel 70 1. ZP, aufgeworfen. Die in den Resolutionen 661 (1990) und 666 (1990) getroffenen Regelungen und ihre Handhabung durch den Sicherheitsrat bzw. den Sanktionsausschuß waren dabei zwar mit den genannten Normen des humanitären Völkerrechts nicht in vollem Umfang, aber doch ihrem wesentlichen Inhalt nach vereinbar. Im Anschluß an die mit der Resolution 687 (1991) erfolgte Änderung der Sanktionspraxis sind die in den vom Sicherheitsrat beschlossenen Wirtschaftssanktionen enthaltenen Bestimmungen in vollem Umfang den aus dem humanitären Völkerrecht folgenden Verpflichtungen gerecht geworden, da neben den vom Ausfuhrverbot ausgenommenen Arznei- und Nahrungsmitteln auch sonstige Güter für den elementaren humanitären Bedarf vorbehaltlich einer Genehmigung von den jeweiligen Ausfuhrverboten ausgenommen waren. Auch die Genehmigungspraxis der Sanktionsausschüsse ist trotz einiger Verzögerungen den Anforderungen aus dem humanitären Völkerrecht im großen und ganzen gerecht geworden, wobei allerdings Zweifel in Hinblick auf die übermäßig restriktive Auslegung der Ausnahmebestimmungen im Irak-Sanktionsausschuß verbleiben.

[173] Siehe hierzu im einzelnen 6. Kap., 3.2.4.

9.5. Fazit

Die zusammenfassende Rückschau auf das erste Jahrzehnt, in dem die Verhängung von Wirtschaftssanktionen zu einem gängigen Instrument des Sicherheitsrats bei der Erfüllung seiner Aufgabe der kollektiven Friedenssicherung geworden ist, zeigt, daß lediglich im Fall des Irak schwerwiegende Zweifel an der Rechtmäßigkeit der beschlossenen Maßnahmen bestehen. Für zukünftige Sanktionsfälle läßt sich hieraus der Schluß ziehen, daß keine umfassenden Wirtschaftssanktionen zu verhängen bzw. über einen längeren Zeitraum hinweg beizubehalten sind, wenn aufgrund der Anfälligkeit des Sanktionsadressaten für die Sanktionsmaßnahmen zu erwarten ist oder offensichtlich wird, daß diese aufgrund der durch sie hervorgerufenen schwerwiegenden Beeinträchtigung von Menschenrechten unverhältnismäßig sein werden oder geworden sind. Es sind hierbei insbesondere der Umfang und die Dauer der Maßnahmen, vorausgesetzt, daß diese wirksam durchgesetzt werden, die für die Bestimmung ihrer Vereinbarkeit mit den Menschenrechten von maßgeblicher Bedeutung sind. Eine Überschreitung der als zulässig zu erachtenden Auswirkungen von Wirtschaftssanktionen wird hierbei vor allem in denjenigen Fällen naheliegen, in denen die Sanktionsmaßnahmen wesentlich dazu beitragen, daß für weite Kreise der Bevölkerung das absolute Existenzminimum nicht mehr gesichert ist, die Wirtschaftssanktionen also eine Massenarmut mit all ihren Folgeerscheinungen hervorrufen und dadurch das Recht auf Leben berühren und in den Kernbestand der wirtschaftlichen und sozialen Rechte der Bevölkerungsmehrheit eingreifen.

In den übrigen Fällen hat der Sicherheitsrat hingegen die sich aus dem Schutz der Menschenrechte und dem humanitären Völkerrecht ergebenden Verpflichtungen weitgehend beachtet. Dies gilt jedoch nicht für die unzureichende Berücksichtigung der Auswirkungen der beabsichtigten oder bereits beschlossenen Maßnahmen auf die Menschenrechte der Bevölkerung des Sanktionsadressaten, die einen wesentlichen Schwachpunkt der gesamten bisherigen Sanktionspraxis darstellt. Trotz dieser insgesamt positiv anmutenden Bilanz darf nicht übersehen werden, daß vor allem umfassende Wirtschaftssanktionen in der Mehrzahl der Fälle zu einer erheblichen Beeinträchtigung einer Vielzahl von Menschen-rechten beigetragen und zugleich oftmals im Land des jeweiligen Sanktionsadressaten eine Entwicklung in Form des gesellschaftlichen Zerfalls in Verbindung mit zunehmender politischer Repression ausgelöst bzw. gefördert haben, die dem Schutz der Menschenrechte abträglich gewesen ist. Dies gilt insbesondere für diejenigen Fälle, in denen die Wirtschaftssanktionen gegenüber einem Land verhängt worden sind, in dem durch Diktatur, Krieg, staatlichen Zerfall und wirtschaftliche Not, als einzelne oder zusammenwirkende Faktoren, bereits eine politische und bzw. oder wirtschaftliche und humanitäre Krisensituation herrschte. Auch wenn die vom Sicherheitsrat beschlossenen

Sanktionsmaßnahmen in diesen Situationen nur in Ausnahmefällen die weit gesteckte Grenze aus Artikel 1 Ziff. 3 der Charta überschreiten, so ist nicht zu verkennen, daß entsprechende Wirtschaftssanktionen aus Sicht eines umfassenden Schutzes der Menschenrechte gleichwohl bedenklich sind und diese Bedenken im Regelfall nur unzureichend durch die vom Sicherheitsrat beschlossenen Ausnahmeregelungen und Gegenmaßnahmen ausgeräumt werden können. Dies kann selbst für partielle Sanktionsmaßnahmen gelten[174]. Es verbleiben somit einzig gezielte Sanktionen, die aus Sicht des Menschenrechtsschutzes keinerlei Bedenken aufwerfen.

Wenn auch bei dieser Rückschau auf das erste Jahrzehnt einer umfangreichen Sanktionspraxis des Sicherheitsrats eine Reihe von aus Sicht der Menschenrechte bedenklichen Aspekte zu Tage getreten sind, so ist insbesondere seit 1995 ein deutlich gesteigertes Bewußtsein der Mitglieder des Sicherheitsrats zu verzeichnen, dem Schutz der Bevölkerung des Sanktionsadressaten vor den Auswirkungen von Sanktionen stärkeres Gewicht zukommen zu lassen. Dies ist sowohl im Umfang der getroffenen Sanktionsmaßnahmen als auch in der Berücksichtigung ihrer humanitären Folgen bei der Ausgestaltung und Durchführung von Sanktionen zum Ausdruck gekommen, auch wenn eine ausdrückliche Bezugnahme auf die durch Sanktionen betroffenen Menschenrechte nur in Einzelfällen erfolgt ist[175].

---

[174] So wie im Fall der gegen Haiti, Sierra Leone und die Taliban in Afghanistan verhängten Sanktionsmaßnahmen.

[175] Die Resolution 1333 (2000), die letzte Sanktionsmaßnahme, die in dieser Arbeit noch Berücksichtigung finden konnte, belegt eindrucksvoll den Wandel, den die Sanktionspraxis des Sicherheitsrats in Hinblick auf die Berücksichtigung der Belange der Bevölkerung des Sanktionsadressaten erfahren hat.

5. Kapitel: Der rechtliche Schutz gegenüber Wirtschaftssanktionen

1. Problemstellung

Die Frage der Rechtskontrolle des Sicherheitsrats ist seit dessen erstarkter Handlungsfähigkeit insbesondere im Anschluß an das Lockerbie Urteil des IGH[1] Gegenstand zahlreicher Abhandlungen in der völkerrechtlichen Literatur gewesen[2]. An dieser Stelle soll und kann nicht der Versuch unternommen werden, diese Thematik umfassend aufzuarbeiten. Vielmehr soll ermittelt werden, ob die Vereinbarkeit von Wirtschaftssanktionen mit den Menschenrechten und den Normen des humanitären Völkerrechts einer Kontrolle durch Dritte unterliegt und, sollte dies der Fall sein, welcher Prüfungsmaßstab einer derartigen Kontrolle zugrundezulegen ist. Dabei wird die Rechtskontrolle des Sicherheitsrats unter dem Blickwinkel der Reaktionsmöglichkeiten beleuchtet, die den betroffenen und verpflichteten Rechtssubjekten gegenüber den vom Sicherheitsrat verhängten Sanktionsmaßnahmen zustehen. Als Rechtssubjekte, denen eine Befugnis zustehen könnte, die Verletzung von Menschenrechten durch die vom Sicherheitsrat beschlossenen Wirtschaftssanktionen geltend zu machen, kommen Individuen als Träger von Menschenrechten, sowohl einzeln als auch kollektiv, der Sanktionsadressat sowie Drittstaaten in Betracht.

Ein Rechtsschutz im engeren Sinne kann nur insoweit bestehen, als den betroffenen Rechtssubjekten der Zugang zu den Gerichten oder zu Verfahren zum Schutz der Menschenrechte offensteht. Keinen Rechtsschutz im eigentlichen Sinne, sondern eine Form der eigenmächtigen Wahrung des Chartarechts stellt hingegen die Berufung auf die Rechtswidrigkeit der Maßnahmen des Sicherheitsrats durch die Mitgliedstaaten der Vereinten Nationen dar, die, soweit sie

---

[1] ICJ Reports 1992, 3; 1992, 114.

[2] In Deutschland sind eine Vielzahl von Dissertationen zu dieser Thematik erschienen, so von Fraas; Herbst; Lorinser; Martenczuk; Meyer-Ohlendorf, Nils, Gerichtliche Kontrolle des Sicherheitsrates der Vereinten Nationen durch den Internationalen Gerichtshof : kann der IGH die Rechtmäßigkeit von Zwangsmaßnahmen nach Kap. VII UNO-Charta kontrollieren? Berlin, 2000. Siehe hierzu Faßbender, Quis judicabit?, 219 ff. Auch die Dissertation von Stein behandelt die Thematik ausführlich. Hinzu kommen eine Vielzahl von Veröffentlichungen in englischer und französischer Sprache. Zu nennen sind hier insbesondere die Arbeiten von Akande; Alvarez; Bedjaoui, New World Order; Bothe; Caflisch; Franck; Gowlland-Debbas, Relationship; Herdegen; Pellet und Skubiszewski, ICJ and SC.

für zulässig erachtet wird, einen Wegfall der Bindungswirkung der Sanktionsmaßnahmen zur Folge haben könnte. Die Befugnis zu einer Überprüfung von Rechtsakten des Sicherheitsrats könnte daher einerseits Gerichten, insbesondere dem IGH, und andererseits den Mitgliedstaaten selbst im Wege der Auto-Interpretation zukommen. Darüber hinaus kann die Generalversammlung eine politische Kontrolle des Sicherheitsrats ausüben[3].

Im Zentrum der Debatte um die Rechtskontrolle des Sicherheitsrats steht das Spannungsverhältnis zwischen Effektivität und Legalität[4]. Grundsätzlich folgt aus der rechtlichen Bindung des Sicherheitsrats nicht, daß dessen Rechtsakte auch einer Rechtskontrolle unterworfen sind[5]. Aufgrund der besonderen Natur und Aufgabenstellung des Sicherheitsrats könnte dieser einzig einer Selbstkontrolle unterliegen und somit eine Rechtskontrolle durch Dritte von vornherein ausgeschlossen sein. In einem solchen Fall könnte der Sicherheitsrat seine Aufgabe der Friedenssicherung optimal wahrnehmen. Andererseits würde der Ausschluß einer Rechtskontrolle dazu führen, daß der IGH oder andere Gerichte ihre Rechtsprechungsfunktion in bezug auf Rechtsakte des Sicherheitsrats nicht wahrnehmen könnten und den von Sanktionen betroffenen Personen kein Rechtsschutz offenstünde. Eine fehlende Kontrollbefugnis durch Dritte würde außerdem bewirken, daß die Mitgliedstaaten, auf deren Übertragung die Befugnisse des Sicherheitsrats beruhen, nicht die Möglichkeit hätten, gegenüber dem Sicherheitsrat eine Überschreitung der dermaßen eingeräumten Befugnisse geltend zu machen.

Die Frage der Rechtskontrolle des Sicherheitsrats birgt einen nicht zu verkennenden Konfliktstoff für die Funktionsfähigkeit des Systems der Friedenssicherung. Dies hat nicht nur die Auseinandersetzung um die Kontrollbefugnis des IGH im Gefolge des Lockerbie Falls, sondern auch die Reaktionen der arabischen und afrikanischen Staaten im Falle der gegen Libyen verhängten

---

[3] Siehe hierzu Bedjaoui, New World Order, 119 ff.; Delon, Francis, L'Assemblée Générale peut-elle controler le Conseil de Sécurité?, in: Société Francaise pour le Droit International, Le Chapitre VII de la Charte des Nations Unies: colloque de Rennes, 50e anniversaire des Nations Unies, Paris, 1995, 239-242; Reisman, 98, 99; Stein, 343 ff. m.w.N. Die Frage der Kontrolle des Sicherheitsrats durch die Generalversammlung bleibt vorliegend außer Betracht, da es sich vor allem um eine politische Kontrolle handelt, die als solche nicht zur Beseitigung der Bindungswirkungen der Rechtsakte des Sicherheitsrats beitragen kann. Die Generalversammlung hat aber ungeachtet dieses Umstands eine wichtige institutionelle Kontrollfunktion, der sie im Rahmen ihrer Befugnisse nach Artikel 10 ff. der Charta nachkommen kann, und die sie, wie noch aufzuzeigen wird, auch in ihrer bisherigen Praxis durch eine Reihe von Initiativen ausgeübt hat (siehe hierzu im einzelnen 6. Kap., 2.).

[4] Siehe zur Auseinandersetzung zwischen „Realisten" und „Legalisten" in dieser Frage Alvarez, 2.

[5] Bedjaoui, New World Order, 25; Lauterpacht, Judicial review, 94.

Wirtschaftssanktionen eindringlich aufgezeigt. Dort drohte die OAU dem Sicherheitsrat, nachdem der Versuch Libyens um eine inzidente gerichtliche Klärung der Rechtmäßigkeit der verhängten Wirtschaftssanktionen im einstweiligen Verfahren vor dem IGH gescheitert war, die Befolgung der Sanktionsmaßnahmen zu verweigern, sollte dieser die Vorschläge zu einer Lösung des Konflikts nicht annehmen und die Wirtschaftssanktionen weiter aufrechterhalten[6]. Angesichts dieses Präzedenzfalles ist die Prognose nicht unbegründet, daß in besonders umstrittenen Fällen, und dies gilt insbesondere soweit kein Verfahren der gerichtlichen Kontrolle zur Verfügung steht, die Mitgliedstaaten offen die Umsetzung der vom Sicherheitsrat beschlossenen Sanktionsmaßnahmen verweigern werden. Dieser Befund ist durch jüngste Entwicklungen im Fall des Irak bestätigt worden, in denen eine Reihe von Staaten Flüge in den Irak unternommen haben, deren Vereinbarkeit mit dem Flugverkehrsverbot zweifelhaft war[7].

Die gegenüber dem Sicherheitsrat erhobenen Vorwürfe, er habe durch die von ihm verhängten Wirtschaftssanktionen die Menschenrechte verletzt[8], verdeutlichen vor diesem Hintergrund, daß das Konfliktpotential zwischen effektiver Friedenssicherung und Rechtskontrolle in besonderem Maße bei der Frage der Vereinbarkeit von Wirtschaftssanktionen mit den Menschenrechten und dem humanitären Völkerrecht zum Tragen kommt.

---

[6] Siehe 2. Kap., Anm. 349.

[7] Im August 2000 nahm die russische Föderation als erster Staat wieder Flugverbindungen mit dem Irak auf. Der Flug einer russischen Chartermaschine war dabei ordnungsgemäß vom Sanktionsausschuß genehmigt worden. Ein französischer Flug, mit dem Ärzte, Schwestern, Künstler und Sportler nach Bagdad gekommen sowie Hilfsgüter transportiert worden sind, wurde dem Sanktionsausschuß von Frankreich lediglich notifiziert. Auf Proteste seitens der Vereinigten Staaten und des Vereinigten Königreichs hin erklärte Frankreich, daß die Genehmigungserfordernis gemäß der Resolution 670 (1990) nur für den kommerziellen Luftverkehr, nicht jedoch für Passagierflüge und den Transport humanitärer Hilfe gelte. Siehe hierzu Chimelli, Rudolph, In Paris wird wieder für Bagdad gebucht: Frankreich macht kein Geheimnis daraus, dass es die Sanktionen gegen den Irak für überlebt hält, in: Süddeutsche Zeitung, 25. September 2000. In der Folgezeit nahm die Zahl der internationalen Flüge nach Bagdad erheblich zu, so daß Anfang November 2000 an einem Tag allein sieben Flugzeuge, besetzt mit Offiziellen und Wirtschaftsdelegationen aus der Türkei, dem Libanon, Rußland und den Vereinigten Arabischen Emiraten im Irak landeten. Dazu Whitaker, Brian, Iraq resumes domestic flights: Decision increases pressure on sanctions, in: The Guardian, Europe, 6. November 2000.

[8] Bossuyt, Economic Sanctions, Ziff. 71. Siehe auch die Stellungnahme Kubas zu S/RES 666 (1990), S/PV.2939, 18-20 (siehe 2. Kap., Anm. 104).

2. Der den von Wirtschaftssanktionen betroffenen Individuen offenstehende Rechtsschutz

Ein unmittelbar gegen den Sicherheitsrat bzw. gegen die Vereinten Nationen gerichteter gerichtlicher Rechtsschutz besteht nicht. Einem Individuum kann daher einzig gegenüber Staaten, die für die Umsetzung der Sanktionen verantwortlich sind, ein Rechtsschutz offenstehen. Ein Individuum könnte diesen gegenüber geltend machen, daß die Umsetzung der Sanktionen zu einer Verletzung seiner Rechte führt. Rechtsfolge davon wäre ein Recht auf Wiedergutmachung, das unter anderem ein Recht auf Unterlassen derjenigen Handlungen, die zur Rechtsverletzung beitragen, beinhaltet[9].

2.1. Im Rahmen von internationalen Menschenrechtskonventionen

Weder der IPBPR noch der IPWSKR sehen ein gerichtliches Verfahren vor, in dem die Verletzung eines der in den Pakten geschützten Menschenrechte geltend gemacht werden könnte. Einzig das Fakultativprotokoll zum IPBPR räumt in Artikel 1 einer Einzelperson in einem Individualbeschwerdeverfahren die Möglichkeit ein, die Verletzung eines der in dem IPBPR garantierten Menschenrechte durch einen Vertragsstaat zum Gegenstand eines Verfahrens vor dem Menschenrechtsausschuß zu machen[10]. Mit der Individualbeschwerde kann eine Einzelperson jedoch nur gegenüber dem Vertragsstaat, dessen Herrschaftsgewalt sie unterliegt, eine Verletzung der in dem Pakt niedergelegten Rechte geltend machen. Im Falle von Wirtschaftssanktionen verfügen die einzelnen Mitgliedstaaten gegenüber den ihrer Herrschaftsgewalt unterworfenen Personen Ver- bzw. Gebote, die Sanktionsmaßnahmen umzusetzen. Erst durch die in Umsetzung dieser Verfügung getroffenen Maßnahmen und deren Folgewirkungen werden die Menschenrechte der der Bevölkerung des Sanktionsadressaten angehörenden Personen beeinträchtigt. Diese Einzelpersonen werden daher nicht durch denjenigen Staat, dessen Herrschaftsgewalt sie unterstehen, sondern durch andere Staaten in ihren Rechten beeinträchtigt. Ihre Beschwerde wäre daher unzulässig[11]. Die Beeinträchtigung ihrer Rechte können sie demnach von vornherein nicht im Wege der Individualbeschwerde vor dem Menschenrechtsausschuß

---

[9] Siehe die vom Sonderberichterstatter zum Recht auf Wiedergutmachung verfaßten Grundsätze und Richtlinien “Basic Principles and Guidelines on the Right to Reparation for Victims of Gross Violations of Human Rights and International Humanitarian Law”, UN Dok. E/CN.4/Sub.2/1996/17, 24. Mai 1996, Annex, 15 a).

[10] Hierzu Wense, Wolf von der, Der UN Menschenrechtsausschuß und sein Beitrag zum universellen Schutz der Menschenrechte, Berlin, Heidelberg, 1999.

[11] Siehe Nowak, Artikel 3 Fakultativprotokoll, Rn.21.

geltend machen. Für sie besteht somit unter keinem der beiden Pakte ein Rechtsschutz gegen eine etwaig durch die Wirtschaftssanktionen bewirkte Beeinträchtigungen von Menschenrechten. Eine Beschwerdemöglichkeit steht hingegen denjenigen Personen zu, die der Hoheitsgewalt des Vertragsstaates unterstehen und durch dessen in Umsetzung der Sanktionsmaßnahmen getroffene Rechtsakte in ihren Rechten verletzt sein könnten. Als solche Personen kommen vor allem die Adressaten der Maßnahmen in Betracht, die eine Verletzung des Rechts auf Informationsfreiheit und des Rechts auf Freizügigkeit geltend machen könnten.

2.2. Im Rahmen von regionalen Menschenrechtskonventionen

Ein Rechtsschutz nach den regionalen Menschenrechtskonventionen kann in denjenigen Fällen gegeben sein, in denen die Wirtschaftssanktionen gegenüber einem Staat, der Vertragspartei der jeweiligen Konvention ist, verhängt werden. Die EMRK und die AMRK enthalten Verfahren, die in den Fällen, in denen ein Individuum geltend macht, ein Vertragsstaat habe eines der in der jeweiligen Konvention garantierten Rechte verletzt, die gerichtliche Überprüfung der staatlichen Maßnahmen ermöglicht[12]. Die Verpflichtung der Vertragsstaaten zur Achtung der in der jeweiligen Konvention geschützten Menschenrechte besteht jedoch nur gegenüber den Personen, die ihrer Hoheitsgewalt unterstehen[13]. Insoweit steht auch bei diesen Verfahren den von den Auswirkungen von Wirtschaftssanktionen in ihren Rechten beeinträchtigten Einzelpersonen gegenüber Vertragsstaaten, die keine Hoheitsgewalt über sie ausüben, kein wirksamer Rechtsschutz offen. Ein Rechtsschutz nach den regionalen Menschenrechtskonventionen ist daher nur insofern gegeben, als die Umsetzungsmaßnahmen gegenüber Personen erfolgen, die der Hoheitsgewalt des jeweiligen Staates unterliegen. Diese Umsetzungsmaßnahmen müßten dabei einen Eingriff in eines oder mehrere der durch die jeweilige Konvention geschützten Rechte darstellen. Als potentiell betroffene Rechte sind das Recht auf Informationsfreiheit und das Recht auf Freizügigkeit zu nennen.

---

[12] Artikel 34 ff. EMRK und Artikel 44 ff. AMRK nach vorheriger Anrufung der Inter-Amerikanischen Menschenrechtskommission. In der afrikanischen Menschenrechtskonvention kann eine Einzelperson zum gegenwärtigen Zeitpunkt ihre Rechte nicht gerichtlich, sondern lediglich vor dem afrikanischen Menschenrechtsausschuß geltend machen. Siehe hierzu und zu jüngsten Entwicklungen im afrikanischen Menschenrechtssystem Krisch, Nico, The establishment of an African Court on Human and Peoples' Rights, in: ZaöRV 58 (1998) 3, 713-732.

[13] Gemäß Artikel 1 EMRK und AMRK. Die AfrCHPR enthält keine entsprechende Regelung. Siehe zur EMRK Frowein in: Frowein/Peukert, Artikel 1, Rn.3, 4.

2.3. Im Rahmen der Vereinten Nationen

Im System der Vereinten Nationen, das zum Schutz der Menschenrechte außerhalb von bestehenden vertraglichen Mechanismen entwickelt worden ist, steht Einzelpersonen einzig die Einleitung des sogenannten 1503 Verfahren zur Verfügung[14]. Die sonstigen im Rahmen der Vereinten Nationen zum Schutz der Menschenrechte entwickelten Mechanismen sehen keinerlei Initiativrecht von Einzelpersonen vor[15]. Das 1503 Verfahren ist ein vertrauliches Verfahren für Fälle schwerwiegender und systematischer Menschenrechtsverletzungen, das sowohl von Einzelpersonen als auch von NROs eingeleitet werden kann[16]. Das Verfahren ist jedoch nicht als Individualbeschwerdeverfahren, das der Einzelperson unmittelbaren Rechtsschutz gewährt, ausgestaltet. Sein Zweck besteht vielmehr darin, der Menschenrechtskommission bzw. ihrer Unterkommission durch das Einholen von Informationen über schwerwiegende Menschenrechtsverletzungen die Möglichkeit einzuräumen, auf die verantwortlichen Staaten politischen Druck auszuüben[17]. Ein Antragsberechtigter könnte zwar das Verfahren mit der Behauptung einleiten, die vom Sicherheitsrat verhängten Wirtschaftssanktionen bzw. deren Umsetzung durch die Mitgliedstaaten führten zu schwerwiegenden Menschenrechtsverletzungen. Das 1503 Verfahren ist jedoch zur Überprüfung von Menschenrechtsverletzungen, die von Staaten begangen werden, geschaffen worden. Der Wortlaut der Resolution 1503 schließt zwar nicht aus, daß auch die Rechtsakte des Sicherheitsrats unmittelbar zum Gegenstand des Verfahrens werden. Aus dem Mandat und der Praxis des Ausschusses ergibt sich jedoch, daß das Verfahren auf die Kontrolle der Menschenrechtspraxis einzelner Mitgliedstaaten beschränkt ist[18]. Ein gegen den Sicherheitsrat selbst gerichtetes 1503 Verfahren scheidet daher aus[19].

---

[14] So benannt nach ECOSOC Resolution 1503 (XLVIII) (1970).

[15] Dies sind das sogenannte 1235 Verfahren, die Einsetzung von thematischen Sonderberichterstattern zu bestimmten Formen der Verletzung von Menschenrechten und der Tätigkeit des Hochkommissars für Menschenrechte. Siehe hierzu Steiner, Henry, J./Alston, Philip, International Human Rights in Context, Law, Politics, Morals, Text and Materials, 2. Auflage, Oxford, 2000, 597 ff.

[16] ECOSOC/RES 1503, Ziff. 1; Sub-Commission/RES 1 (XXIV) (1971), Ziff. 2. Es handelt sich hierbei um Beschwerden, sogenannte Communications, die beim Generalsekretär entsprechend der Resolution 728 F (XXVIII) vom 30. Juli 1959 eingehen.

[17] Tomuschat, Christian, Menschenrechte, Individualbeschwerde, in: Wolfrum, Handbuch VN, 553, 554, Rn.7.

[18] Siehe zu dieser Praxis Alston, Philip, The Commission on Human Rights, in: Alston, P. (Hrsg.), The United Nations and Human Rights: A Critical Appraisal, Oxford, New York, 1992, 126-210.

[19] Die Kommission für Menschenrechte ist jedoch nicht daran gehindert, auf Bedenken in Hinblick auf die Vereinbarkeit der von einem Organ der Vereinten Nationen getroffenen

Das 1503 Verfahren könnte daher allenfalls gegenüber einem bzw. allen Mitgliedstaaten eingeleitet werden. Gegenüber einem einzelnen Mitgliedstaat, der durch die Umsetzung der vom Sicherheitsrat beschlossenen Sanktionsmaßnahmen zu einer Beeinträchtigung von Menschenrechten beiträgt, wird jedoch kaum der Vorwurf erhoben werden können, er habe durch diese Maßnahmen, deren Wirkung gerade auf dem kumulativen Zusammenwirken der von sämtlichen Staaten getroffenen Maßnahmen beruht, eine schwerwiegende und systematische Menschenrechtsverletzung begangen.

2.4. Vor nationalen Gerichten

Ein durch Sanktionen in seinen Rechten betroffenes Individuum kann gegenüber einem Staat, der die Sanktionsmaßnahmen umsetzt, entweder vor dessen Gerichten oder den Gerichten seines Heimatlandes, in der Regel also das Land des Sanktionsadressaten, seine Rechte geltend machen. Das Bestehen eines wirksamen Rechtsschutzes vor den Gerichten des die Sanktionen umsetzenden Staates setzt voraus, daß den betroffenen Personen eine Klagebefugnis zusteht und diese gegenüber dem die Sanktionen umsetzenden Staat eine Verletzung ihrer Rechte geltend machen können. Eine solche Möglichkeit erscheint für die von den Sanktionen betroffenen, der Bevölkerung des Sanktionsadressaten angehörenden Personen fernliegend. Die staatlichen Umsetzungsmaßnahmen sind nicht als Ge- oder Verbote an sie gerichtet, sondern beeinträchtigen ihre Rechte durch die mittelbaren Folgen, die sich aus dem kumulativen Zusammenwirken der einzelstaatlichen Umsetzungsmaßnahmen ergeben. Selbst wenn eine derartige mittelbare Beeinträchtigung von Rechten nach dem jeweiligen nationalen Recht geltend gemacht werden kann, erscheint zweifelhaft, ob die festgestellte Beeinträchtigung dem einzelnen Staat zugerechnet werden kann[20]. Ist dies der Fall, so wäre aber die Beeinträchtigung dem ersten Anschein nach

---

Maßnahmen mit den Menschenrechten hinzuweisen. Siehe etwa Sub-Commission decision 1999/110: Humanitarian Situation in Iraq.

[20] Siehe zur Grundrechtsbindung der Bundesrepublik Deutschland bei grenzüberschreitender Staatsgewalt Stern, Klaus, Das Staatsrecht der Bundesrepublik Deutschland, Band III, 1, Allgemeine Lehren der Grundrechte, München, 1988, § 72 V. Soweit es sich um Mitgliedstaaten der EU handelt, kommt in bezug auf die Handelsverbote lediglich ein unmittelbar gegen das Handeln der EU, also die zur Umsetzung der UN-Sanktionen erlassene Verordnung gerichtete Klage, in Betracht. Eine Klagemöglichkeit besteht jedoch diesbezüglich nur für die Adressaten der Maßnahme bzw. diejenigen natürlichen oder juristischen Personen, die durch die Entscheidungen unmittelbar und individuell betroffen sind. Siehe Artikel 230 des Vertrages zur Gründung der Europäischen Gemeinschaft (BGBl. 1958 II, 1) in seiner durch den Amsterdamer Vertrag geänderten Fassung (BGBl. 1998 II, 387, berichtigt BGBl. 1999 II, 416).

gerechtfertigt, da sie auf einem entsprechenden Beschluß des Sicherheitsrats beruht. Eine erfolgversprechende Geltendmachung einer Rechtsverletzung kommt deshalb eher in denjenigen Fällen in Betracht, in denen die betroffenen Personen Adressaten der staatlichen Umsetzungsmaßnahmen sind, diese also gezielt in deren Rechte eingreifen, wie dies bezüglich des Verbots des Handels mit Informationsmaterialien und Einreiseverboten der Fall ist. Auch in diesen Fällen würde eine erfolgversprechende Klage jedoch voraussetzen, daß das zur Entscheidung berufene Gericht die zugrundeliegenden Rechtsakte des Sicherheitsrats für unwirksam erklärt, wovor aber ein Gericht nicht zuletzt aufgrund der damit verbundenen politischen Rückwirkungen und den Folgen für das System der kollektiven Sicherheit im Regelfall aller Wahrscheinlichkeit nach zurückschrecken wird. Dieser kursorische Überblick zeigt bereits, ohne daß eine eingehende Untersuchung der jeweiligen nationalen Rechtslage an dieser Stelle erfolgen kann, daß die Erfolgsaussichten einer derartigen Klage, abgesehen von den überdies zu berücksichtigenden praktischen Schwierigkeiten, die mit einer Prozeßführung im Ausland verbunden sind, überaus gering sein dürften. Die Geltendmachung der Rechtsverletzung im Heimatland ist nur möglich, falls die zuständigen Zivilgerichte dem verklagten Staat keine Immunität zugestehen. Dies stünde jedoch im Widerspruch zum geltenden Völkerrecht, wonach Staaten für hoheitliche Akte im Regelfall Immunität genießen[21]. Ein unter Mißachtung dieses Grundsatzes von den Gerichten des Sanktionsadressaten verurteilter Staat würde aller Wahrscheinlichkeit nach ein solches Urteil als politisch motiviert ablehnen und dessen Befolgung verweigern. Auch dieses Vorgehen hat deshalb für ein Individuum wenig Aussicht auf Erfolg.

2.5. Ergebnis

Einzelpersonen, die von den Wirtschaftssanktionen in ihren Rechten betroffen werden, steht gegenüber den vom Sicherheitsrat beschlossenen Maßnahmen kein effektiver Rechtsschutz zur Verfügung. Im Rahmen der internationalen

---

[21] Dies entspricht der gegenwärtig vorherrschenden Auffassung, siehe Tomuschat, Christian, Individual Reparation Claims in Instances of Grave Human Rights Violations: The Position under General International Law, in: Randelzhofer, A. und Tomuschat, C. (Hrsg.), State Responsibility and the Individual: reparation in instances of grave violation of human rights, Den Haag (u.a.), 1999, 1 25, 14, 15. Zwar ist wiederholt geltend gemacht worden, daß einem Staat keine Immunität zukomme, wenn das streitgegenständliche Handeln oder Unterlassen zwingendes Rechte verletzt. Eine entsprechende Rechtsauffassung hat sich in der völkerrechtlichen Praxis aber noch nicht durchsetzen können. Siehe hierzu Garnett, Richard, The Defence of State Immunity for Acts of Torture, in: Australian Yearbook of International Law 18 (1997), 97-126, 104 ff. und Bröhmer, Jürgen, State Immunity and the Violation of Human Rights, International Studies in Human Rights, Vol. 47, Den Haag (u.a.), 1997, 189 ff.

bzw. regionalen Menschenrechtskonventionen existieren entweder keine Verfahren, die eine Überprüfung von Menschenrechtsverletzungen auf die Beschwerde einer Einzelperson hin ermöglichen oder die bestehenden Verfahren beschränken sich auf die Untersuchung von Menschenrechtsverletzungen im Verhältnis eines Staates zu den seiner Hoheitsgewalt unterworfenen Personen. Allein diese können daher eine Verletzung ihrer Rechte geltend machen. Den zuvorderst von den Auswirkungen betroffenen, der Bevölkerung des Sanktionsadressaten angehörenden Personen steht hingegen kein gerichtliches Forum zur Verfügung, in dem sie die Verletzung ihrer Rechte geltend machen können. Jedoch dürften für diejenigen Personen, denen eine Klagemöglichkeit offensteht, die Erfolgsaussichten in Hinblick auf die Geltendmachung der Verletzung des Rechts auf Informationsfreiheit und auf Freizügigkeit gering sein, da die Resolutionen des Sicherheitsrats und die daraus für die Mitgliedstaaten aus Artikel 25 der Charta folgende Pflicht zur Umsetzung den Eingriff dem ersten Anschein nach rechtfertigt. Diese Erwägungen gelten auch für die Verfahren vor den nationalen Gerichten. In dem außerhalb der vertraglich geschaffenen Institutionen und Verfahren in den Vereinten Nationen bestehenden System des Menschenrechtsschutzes kann eine Einzelperson lediglich das 1503 Verfahren anstrengen, das aber nicht zur Kontrolle der Sanktionsmaßnahmen des Sicherheitsrats geeignet ist.

3. Der dem Sanktionsadressaten offenstehende Rechtsschutz

Wie bereits im Hinblick auf die Individualbeschwerde aufgezeigt, kann der Sanktionsadressat, soweit es sich um einen Staat handelt, die Verletzung der Menschenrechte seiner Staatsbürger aufgrund der fehlenden Zulässigkeit nicht im Wege der Staatenbeschwerde im Rahmen einer der internationalen oder regionalen Menschenrechtskonventionen geltend machen. Eine Überprüfung der Rechtmäßigkeit kommt daher allein durch den IGH in Betracht, da eine sachliche Zuständigkeit anderer internationaler Gerichte nicht gegeben ist.

3.1. Die inzidente Rechtskontrolle der Rechtsakte des Sicherheitsrats durch den IGH im streitigen Verfahren

3.1.1. Problemstellung

Aufgrund des Fehlens eines unmittelbar gegen den Sicherheitsrat gerichteten gerichtlichen Rechtsschutzes kann ein Rechtsschutz nur in Form der inzidenten Überprüfung der Rechtmäßigkeit der Rechtsakte des Sicherheitsrats in einem gegen einen Staat gerichteten Verfahren erfolgen. Eine solche Überprüfung kommt in denjenigen Fällen in Betracht, in denen der Sanktionsadressat geltend macht, der verklagte Staat trage durch die Umsetzung der vom Sicherheitsrat beschlossenen Maßnahmen zur Verletzung der Menschenrechte bzw. des humanitären Völkerrechts bei und der verklagte Staat sich seinerseits auf die Pflicht zur Befolgung der Resolutionen des Sicherheitsrats beruft, um das streitige Handeln oder Unterlassen zu rechtfertigen[22].

In der völkerrechtlichen Literatur ist die Frage, ob dem IGH die Befugnis zukommt, über die Rechtmäßigkeit der Rechtsakte des Sicherheitsrats in einem zwischen zwei oder mehreren Staaten anhängigen Verfahren im Wege der inzidenten Kontrolle zu entscheiden, Gegenstand heftiger Kontroversen[23]. Eine Entscheidung des IGH ist zwar nach Artikel 59 des IGH-Statuts nur für die am Rechtsstreit beteiligten Parteien bindend[24]. Der Sicherheitsrat ist somit nach dem eindeutigen Wortlaut des IGH-Statuts nicht an eine Entscheidung des IGH im

[22] Akande, 333. Siehe auch Martenczuk, 86, 87.

[23] Siehe hierzu oben Anm. 1 sowie den Überblick bei Alvarez, 1 ff.

[24] Siehe Stein, 385, 386 m.w.N. Einzige Ausnahme hiervon ist die gemäß Artikel 63 II des IGH-Statuts erfolgende rechtliche Bindung eines Staates, der gemäß Artikel 62 des IGH-Statuts (Nebenintervention) berechtigt ist, dem Verfahren beizutreten und von diesem Recht Gebrauch macht.

inzidenten Verfahren gebunden[25]. Eine solche Bindung läßt sich auch nicht über die Brücke der Organtreue konstruieren, da dieser allgemeine Grundsatz nicht dazu führen kann, daß eindeutige Regelungen des IGH-Statuts fundamental umgestaltet werden[26]. Ungeachtet der fehlenden Bindungswirkung für den Sicherheitsrat hätte eine inzidente Kontrolle seiner Rechtsakte eine nicht zu verkennende Brisanz[27]. Sollte der IGH einen Rechtsakt des Sicherheitsrats für ungültig erklären, so käme dieser Feststellung wegen der mangelnden Bindungswirkung für den Sicherheitsrat zwar nur eine deklaratorische Wirkung zu, die nachfolgende Praxis des Sicherheitsrats wäre aber, sollte dieser an der Gültigkeit des Rechtsakts festhalten, mit dem Makel der Rechtswidrigkeit behaftet. Dies würde aller Voraussicht nach zu einem erheblichen Legitimitätsverlust des Sicherheitsrats führen, wodurch zugleich die begründete Gefahr bestünde, daß die Mitgliedstaaten unter Berufung auf das Urteil des IGH die zukünftige Befolgung des Rechtsakts verweigern[28]. Die rechtliche Wirksamkeit des inzident geprüften Rechtsakts des Sicherheitsrats würde damit zwar durch die Entscheidung des IGH nicht entfallen, faktisch würde eine solche Entscheidung aber dieser Wirkung nahekommen, da kraft deren autoritativer Aussage der Rechtsakt politisch kaum aufrechtzuerhalten sein wird[29].

3.1.2. Verfahrensvoraussetzung

Eine inzidente Kontrolle durch den IGH setzt voraus, daß die beteiligten Staaten die Zuständigkeit des IGH nach Artikel 36 oder 37 des IGH-Statuts anerkannt haben[30]. Soweit die Zuständigkeit des IGH zur Entscheidung über die

---

[25] Gowlland-Debbas, Relationship, 671, 672; Martenczuk, 113 m.w.N. Zur IGH Rechtsprechung Case concerning the Northern Cameroons (Cameroon v. United Kingdom), Preliminary Objections, Judgement of 2 December 1962, ICJ Reports 1963, 15, 33: "In accordance with Article 59 of the Statute, the judgement would not be binding on Nigeria, or on any other state, or on any organ of the United Nations." Ebenso im Bosnien Fall, ICJ Reports 1993, 325, 344, Ziff. 40.

[26] Martenczuk, 113 m.w.N.

[27] Ebd., 114 m.w.N.

[28] Dazu wäre der unterliegende Staat schon nach dem Inhalt des Urteils verpflichtet. In diesem Fall käme es zu einem Konflikt mit der weiterhin nach Artikel 25 der Charta bestehenden Verpflichtung. Siehe hierzu Akande, 335: "Nevertheless, it will be contrary to principle for the Council or a State to continue to maintain that a decision found to be illegal and beyond the competence of the Council is still opposable to the subject of that decision. A finding that a decision was taken ultra vires confirms that the decision is not binding on States."

[29] Alvarez, 8; Watson, 42.

[30] Siehe zur Begründung der Zuständigkeit des IGH Frowein, Jurisdictional Organs (Organization and Procedure), in: Dupuy, Rene-Jean (Hrsg.), Manuel sur les organisations

Rechtsfrage begründet ist, könnte der Sanktionsadressat die Verletzung der Menschenrechte seiner Staatsangehörigen im Wege des diplomatischen Schutzes[31] oder für die gesamte betroffene Bevölkerung nach dem erga omnes Grundsatz, der den einzelnen Staaten eine Klagebefugnis unabhängig von der Betroffenheit in eigenen Rechten einräumt[32], geltend machen[33]. Der IGH könnte daraufhin in der Begründetheit die Vereinbarkeit der von dem verklagten Staat getroffenen Maßnahmen mit den Menschenrechten der Bevölkerung des Sanktionsadressaten prüfen.

3.1.3. Zulässigkeit

a) Die Regelung in der Charta

Die Charta und das IGH-Statut sehen kein Verfahren vor, nach welchem dem IGH die Befugnis zukommt, die Vereinbarkeit der Rechtsakte des Sicherheitsrats mit der Charta oder dem Völkerrecht zu überprüfen[34]. Eine Befugnis des IGH zur

---

internationales- A Handbook on International Organizations, 2. Auflage, Dordrecht, Boston, London, 1998, 153-206, 157 ff. und Mosler, in: Simma, Chartakommentar, Artikel 92, Rn.65 ff.

[31] Zur Rechtsnatur des diplomatischen Schutzes, insbesondere dazu, ob dies ein eigenes oder abgeleitetes Recht des Staates ist und ob es sich auf die Geltendmachung der Verletzung der Rechte eigener Staatsangehöriger beschränkt Doehring, Karl, Handelt es sich bei einem Recht, das durch diplomatischen Schutz eingefordert wird, um ein solches, das dem die Protektion ausübenden Staat zusteht, oder geht es um die Erzwingung von Rechten des betroffenen Individuums, in: Ress, Georg/Stein, Thorsten (Hrsg.), Der diplomatische Schutz im Völker- und Europarecht, Aktuelle Probleme und Entwicklungstendenzen, 1. Auflage, Baden-Baden, 1996, 13-20 und Krokott, Juliane, Zum Spannungsverhältnis zwischen nationality rule und Menschenrechtsschutz bei der Ausübung diplomatischer Protektion, ebd., 45-61.

[32] Siehe hierzu insbesondere das Urteil des IGH East Timor (Portugal v. Australia), ICJ Reports 1995, 90, 102, Ziff. 29 und die Ausführungen von Richter Weeramanty, D.O., zu den Voraussetzungen der Geltendmachung eines Rechts erga omnes, ICJ Reports 1995, 139, 172, 173, 215.

[33] Diese Zulässigkeitsvoraussetzung folgt aus der Rechtsprechung des IGH, wonach die Parteien ein rechtliches Interesse geltend machen müssen. Siehe Frowein, Erga Omnes, 259; Martenczuk, 86 m.w.N.

[34] Hierzu der IGH im Certain Expenses Fall, ICJ Reports 1962, 151, 168: "In the legal systems of States, there is often some procedure for determining the validity of even a legislative or governmental act, but no analogous procedure is to be found in the structure of the United Nations. Proposals made during the drafting of the Charter to place the ultimate authority to interpret the Charter in the International Court were not accepted..." und den Namibia Fall, ICJ Reports, 1971, 6, 45: "Undoubtedly, the Court does not possess powers of judicial review or appeal in respect of the decisions taken by the United Nations organs concerned." Zur Überprüfung von Rechtsakten gemäß den Satzungen internationaler Organisationen Frowein, Resolutions, 781 ff.; Lauterpacht, Legal Effects, 106 ff. und Osieke, 240 ff.

Überprüfung der Rechtsakte des Sicherheitsrats ist weder ausdrücklich vorgesehen noch explizit ausgeschlossen[35]. Der IGH hat grundsätzlich jede entscheidungserhebliche Frage zu prüfen[36]. Aufgrund der besonderen Natur und Funktion des Sicherheitsrats könnte dieser Grundsatz jedoch bezüglich der inzidenten Kontrolle von dessen Rechtsakten keine Anwendung finden. Das Bestehen und der Umfang einer Prüfungskompetenz des IGH läßt sich letztendlich nur aus dem Verhältnis des Sicherheitsrats und des IGH im Gefüge der Charta bestimmen. Beide Organe verfolgen zwar denselben Zweck, die friedliche Beilegung von Streitigkeiten[37], es besteht aber eine klare Funktionstrennung bei der Wahrnehmung dieser Aufgabe[38]. Diese kommt in der unterschiedlichen Aufgabenstellung[39], Zusammensetzung[40] sowie Funktionsweise[41] des IGH und

---

[35] Siehe Lorinser, 30 und Stein, 348 m.w.N.

[36] Teheran Fall, ICJ Reports 1980, 3, 21, 22, Ziff. 40: "It is for the Court, the principal judicial organ of the United Nations, to resolve any legal questions that may be in issue between parties of a dispute ..."

[37] Der Sicherheitsrat gemäß Artikel 24 Absatz 1 der Charta, der IGH gemäß Artikel 7 Absatz 1 i.V.m. Artikel 1 Ziff. 1 der Charta.

[38] Hierzu der IGH, in: Military and Paramilitary Activities in and around Nicaragua (Nicaragua v. United States of America), Jurisdiction and Admissibility, Judgement, ICJ Reports 1984, 392, 434, 435, Ziff. 95: "The Council has functions of a political nature assigned to it, whereas the Court exercises purely judicial functions. Both organs can therefore perform their separate but complementary functions with respect to the same events." Zum Verhältnis IGH und Sicherheitsrat Gowlland-Debbas, Relationship, 653; Skubiszewski, ICJ and SC, 606 ff.

[39] Der IGH ist gemäß Artikel 92 S. 1 der Charta das Hauptrechtsprechungsorgan der Vereinten Nationen. Der Sicherheitsrat trägt hingegen gemäß Artikel 24 Absatz 1 der Charta die Hauptverantwortung für die Wahrung des Weltfriedens und der internationalen Sicherheit.

[40] Der Gerichtshof besteht nach Artikel 2 des IGH-Statuts aus unabhängigen Richtern, der Sicherheitsrat gemäß Artikel 23 Absatz 1, S. 1 der Charta aus fünfzehn Mitgliedern der Vereinten Nationen, also Staaten, die in der Praxis des Sicherheitsrats durch die hierzu berufenen Delegierten vertreten werden.

[41] Der IGH wendet ein justizförmiges Verfahren an, das unter Anwendung des Völkerrechts der Klärung rechtlicher Streitigkeiten dient, welche ihm von den Parteien, die sich seiner Zuständigkeit unterworfen haben, unterbreitet werden. Siehe hierzu Mosler, in: Simma, Chartakommentar, Artikel 92, Rn.27 ff. und Richter Weeramanty, D.O., im Lockerbie Fall zur Rolle des IGH, ICJ Reports 1992, 50, 56; 160, 166: "The concepts it uses are juridical concepts, its criteria are standards of legality, its method is that of legal proof. Its test of validity and the bases of its decisions are naturally not the same as they would be before a political or executive organ of the United Nations." Der Sicherheitsrat wird hingegen aus eigener Initiative tätig, wendet kein justizförmiges Verfahren an und entscheidet nach politischem Ermessen, ohne hierbei in vollem Umfang zur Anwendung des Völkerrechts verpflichtet zu sein. Zur Aufgabe eines politischen Organs Richter Basdevat, Winiarski, Sir Arnold Mc Nair und Read, Joint D.O., im Admission Fall, ICJ Records, 1948, 82, 85, Ziff. 9: "The main function of a political organ is to examine questions in their political aspects ... It follows that the members

des Sicherheitsrats zum Ausdruck. Im folgenden sollen die hieraus gegen die Zulässigkeit einer Rechtskontrolle vorgebrachten Einwände im einzelnen erörtert werden.

b) Gründe für eine etwaige Unzulässigkeit der Rechtskontrolle

ba) Unzulässigkeit wegen mangelnder Justiziabilität

Der IGH ist nicht schon deswegen an der Beurteilung von Entscheidungen des Sicherheitsrats gehindert, weil diese politischer Natur sind[42]. Der IGH hat in seiner ständigen Rechtsprechung eine solche Zuständigkeitsschranke mit der Begründung abgelehnt, daß Streitigkeiten im Völkerrecht der Natur der Sache nach oftmals in hohem Maß politisch seien und eine derartige Schranke die Rolle des IGH bei der friedlichen Lösung von internationalen Streitigkeiten übermäßig einschränken würde[43]. Die schon ihrem Inhalt nach schwer zu bestimmende Unterscheidung zwischen Streitigkeiten politischer und rechtlicher Natur ist vom IGH zu Recht abgelehnt worden. Daher bleibt es bei der grundsätzlichen Befugnis des IGH zur umfassenden rechtlichen Entscheidung aller Fälle, in denen seine Zuständigkeit begründet ist und der dem IGH vorliegende Rechtsstreit einer rechtlichen Beurteilung zugänglich ist[44]. Die politische Natur der Entscheidungen des Sicherheitsrats ist aber nicht gänzlich unbeachtlich, sondern findet bei der Prüfung der Begründetheit Berücksichtigung. Der IGH hat den Beurteilungs- bzw. Ermessensspielraum, der dem Sicherheitsrat als Organ bei dem Beschluß kollektiver Zwangsmaßnahmen eingeräumt ist, bei der

---

of such an organ ... are legally entitled to base their arguments and their vote upon political considerations."

[42] Zur Frage der Justiziabilität von Streitigkeiten vor dem IGH und zur entsprechenden Heranziehung der US-amerikanischen Political-Questions Doktrin Herbst, 393, 394; Martenczuk, 87 ff. und Stein, 350 ff., jeweils m.w.N.

[43] Grundlegend der IGH im Teheran Fall, ICJ Reports 1980, 3, 20, Ziff. 37: "Legal disputes between sovereign States by their very nature are likely to occur in political contexts, and often form only one element in a wider and long standing political dispute between the States concerned. Yet never has the view been put forward that, because a legal dispute submitted to the Court is only one aspect of a political dispute, the Court should decline to resolve for the parties the legal questions at issue between them. Nor can any basis for such a view of the Court's functions or jurisdiction be found in the Charter or the Statute of the Court; if the Court were, contrary to its settled jurisprudence, to adopt such a view, it would impose a far-reaching and unwarranted restriction upon the role of the Court in the peaceful solution of international disputes." Siehe jüngst das Gutachten des IGH im Nuclear Weapons Fall, ICJ Reports 1996, 66, Ziff. 16; 226, 234, Ziff. 13.

[44] Im Ergebnis ebenso Gowlland-Debbas, Relationship, 651, 652; Martenczuk, 87 ff., 95; Skubiszewski, ICJ and SC, 620.

Prüfung von deren Rechtmäßigkeit zu beachten, welches zu einer Einschränkung des Prüfungsumfangs führen kann[45].

bb) Unzulässigkeit wegen Litispendenz[46]

Die Überprüfung von Rechtsakten des Sicherheitsrats durch den IGH ist im Falle der gleichzeitigen Behandlung der streitigen Sache durch den Sicherheitsrat nicht wegen Litispendenz unzulässig, da der Einwand der Litispendenz im Verhältnis zwischen dem Sicherheitsrat und dem IGH keine Anwendung findet[47]. Die Charta enthält keine ausdrückliche Bestimmung, der zufolge der IGH aufgrund der gleichzeitigen Befassung des Sicherheitsrats mit dem Streitgegenstand daran gehindert wäre, seine Rechtsprechungsaufgabe wahrzunehmen. Eine dem Artikel 12 Absatz 1 der Charta[48] entsprechende Norm fehlt in bezug auf den IGH[49]. Der Einwand der Litispendenz kann dem StIGH zufolge dann erfolgreich geltend gemacht werden, wenn der Streitgegenstand und die Parteien identisch sind und das Verfahren vor einem Organ mit identischer oder ähnlicher Zuständigkeit anhängig ist[50]. Während eine Identität der beteiligten Parteien zumindest möglich erscheint, sind die beiden anderen Voraussetzungen aufgrund der unterschiedlichen Funktionen der beiden Organe und der von diesen angewandten Verfahren beim parallelen Tätigwerden von Sicherheitsrat und IGH nicht erfüllt[51]. Die parallele Anhängigkeit einer Streitigkeit vor beiden Organen kann zwar dazu führen, daß deren jeweilige Tätigkeit auch den Kompetenzbereich des jeweils anderen Organs berührt. Die Gefahr voneinander abweichender Entscheidungen, welcher durch den Einwand der Litispendenz im

---

[45] Hierzu Stein, 353 m.w.N.

[46] Unter Litispendenz wird der Einwand der parallelen Rechtshängigkeit verstanden.

[47] Klein, 478; Stein, 357, jeweils m.w.N. Siehe auch Richter Weeramanty, D.O., im Lockerbie Fall, ICJ Reports, 50, 56, 57; 160, 166, 167.

[48] Artikel 12 Absatz 1 der Charta: „Solange der Sicherheitsrat in einer Streitigkeit oder einer Situation die ihm in dieser Charta zugewiesenen Aufgaben wahrnimmt, darf die Generalversammlung zu dieser Streitigkeit oder Situation keine Empfehlung abgeben, es sei denn auf Ersuchen des Sicherheitsrats."

[49] IGH Teheran Fall, ICJ Reports 1980, 3, 22, Ziff. 40 (s.u. Anm. 69) sowie im Nicaragua Fall, ICJ Reports 1984, 392, 432, Ziff. 90.

[50] Case Concerning Certain German Interests in Polish Upper Silesia, PCIJ (ser.A) No.6 (25. August 1925), 20.

[51] Hierzu ausführlich Klein, 476, 477, dem zufolge der Sicherheitsrat im Gegensatz zum IGH keine Befugnis zur inhaltlichen Streiterledigung hat. Auch wenn einem Rechtsakt des Sicherheitsrats faktische Verbindlichkeit aufgrund der mangelnden Überprüfung durch Dritte zukommen kann, so kann er als Beschluß eines politischen Organs keine Rechtskraft entfalten. Aus diesem Grund gilt auch der mögliche Einwand der res iudicata, also einer entgegenstehenden rechtskräftigen Entscheidung, in bezug auf Rechtsakte des Sicherheitsrats nicht. Siehe hierzu auch Martenczuk, 107 und Stein, 356 ff. jeweils m.w.N.

Interesse der Rechtssicherheit begegnet werden soll, besteht jedoch aufgrund der verschiedenartigen Natur der vom Sicherheitsrat bzw. dem IGH getroffenen Entscheidungen nicht[52].

bc) Unzulässigkeit wegen der vorrangigen Zuständigkeit des Sicherheitsrats aufgrund von systematischen und teleologischen Erwägungen

Im Zentrum der Auseinandersetzung um die Zulässigkeit der Rechtskontrolle steht die Frage, ob sich aus dem Umstand, daß dem Sicherheitsrat in der Charta die Hauptverantwortung für die Friedenssicherung übertragen worden ist, die Unzulässigkeit einer wie auch immer gearteten Rechtskontrolle durch den IGH ableiten läßt. Die Gegner einer Kontrollbefugnis machen geltend, daß die Zulässigkeit einer Rechtskontrolle durch den IGH, die im Rahmen internationaler Organisationen eine Ausnahme darstelle, nicht impliziert werden könne[53]. Vielmehr könne aus der fehlenden ausdrücklichen Anordnung einer Rechtskontrolle der Umkehrschluß gezogen werden, daß diese unzulässig sei[54]. Die Charta stelle ein hierarchisches System der kollektiven Friedenssicherung dar, an dessen Spitze der Sicherheitsrat stehe. Diesem politischen Organ sei zur Erfüllung seiner Aufgabe ein weitreichendes Ermessen eingeräumt worden, das keiner äußeren Beurteilung zugänglich sei[55]. Der Sicherheitsrat unterliege allein der Selbstkontrolle, die im Erfordernis der Abstimmungsmehrheit und im Vetorecht ihren Ausdruck finde[56]. Eine Rechtskontrolle durch den IGH stelle hingegen einen unzulässigen Eingriff in den Aufgabenbereich des Sicherheitsrats dar, weil diesem die primäre Verantwortung zur Wahrung des Friedens übertragen worden sei[57]. Den Staaten würde im streitigen Verfahren ansonsten die Möglichkeit eröffnet, die Tätigkeit des Sicherheitsrats im Falle einer ultra vires Entscheidung lahmzulegen[58]. Eine solche Entscheidung würde zu einer gefährlichen Konfrontation zwischen beiden Organen führen, welche die Funktionsfähigkeit des Sicherheitsrats gefährde und seiner Legitimität abträglich sei[59].

---

[52] Gowlland-Debbas, Relationship, 658; Klein, 478.
[53] Caflisch, 655.
[54] Ebd.; Richter Schwebel D.O., im Lockerbie Fall, Preliminary Objections, 37 I.L.M. (1998), 587, 626, 627.
[55] Reisman, 407, 414 ff.
[56] Ebd., 416; Schwebel, D.O. (s.o. Anm. 54), 627.
[57] Caflisch, 656. Schwebel, D.O. (s.o. Anm. 54), 626, zufolge würde die Zulassung einer Rechtskontrolle zu einer dem Ziel der Friedenssicherung zuwiderlaufenden Hierarchieverschiebung zugunsten des IGH führen. Aus diesem Grund hält auch Pellet, 226, Zurückhaltung bei der Rechtskontrolle für geboten.
[58] Caflisch, 657; Reisman, 407.
[59] Schwebel, D.O. (s.o. Anm. 54), 630.

Die von den Gegnern einer Rechtskontrolle vorgebrachten Argumente sind letztlich nicht überzeugend. Beim Schluß vom Fehlen einer ausdrücklich angeordneten bzw. obligatorischen Rechtskontrolle des Sicherheitsrats auf die Unzulässigkeit der inzidenten Rechtskontrolle wird verkannt, daß eine inzidente Rechtskontrolle durch die Charta weder ausgeschlossen ist noch ausgeschlossen werden sollte[60]. Auf der Konferenz in San Francisco brachte Belgien erfolglos zwei Vorschläge ein. Dem ersten Vorschlag zufolge sollte jeder Staat, der an einer vom Sicherheitsrat behandelten Streitigkeit als Partei beteiligt war, berechtigt sein, den IGH um eine Stellungnahme zu ersuchen, ob die getroffene bzw. vorgesehene Empfehlung bzw. Entscheidung des Sicherheitsrats nach Kapitel VI der Charta seine wesentlichen Rechte verletzt. Soweit der IGH solche Rechte für mißachtet oder gefährdet ansah, sollte der Sicherheitsrat sich erneut mit der Frage befassen oder diese der Generalversammlung zur Entscheidung vorlegen[61]. Die Frage der Überprüfung von bindenden Entscheidungen des Sicherheitsrats durch den IGH war hierbei nicht Gegenstand der Konferenzdebatten[62]. Vielmehr betraf der Vorschlag ein spezifisches Verfahren, dessen Ablehnung keine weiteren Schlüsse auf die Zulässigkeit der Rechtskontrolle des Sicherheitsrats durch den IGH zuläßt[63]. Dem zweiten belgischen Vorschlag zufolge sollte ein für zuständig erklärtes Organ in einem institutionalisierten Verfahren in denjenigen Fällen entscheiden, in denen zwischen verschiedenen Organen Unstimmigkeiten über die Auslegung der Charta bestehen[64]. Der zuständige Ausschuß wies den Vorschlag mit der Begründung zurück, daß die Natur der Vereinten Nationen und ihre Wirkungsweise dagegen sprächen, dem IGH die Befugnis zu verbindlichen Entscheidungen über Auslegungsfragen, die zuvorderst von den Organen im Rahmen ihrer Zuständigkeit vorzunehmen sind, zukommen zu lassen[65]. Andererseits enthält der Ausschußbericht Passagen, die

---

[60] So aber ebd., 627.

[61] Doc. 2, G/7 (k) (1), 4. Mai 1945, 3 UNCIO, 335, 336.

[62] Siehe Doc. 433, II/2/15, 19. Mai 1945, 12 UNCIO, 47 ff.; Doc. 498, III/2/19, 22. Mai 1945, 12 UNCIO, 65.

[63] Zutreffend Watson, 11, dem zufolge der Ausschluß einer Rechtskontrolle des Sicherheitsrats durch den IGH schwerlich auf die Ablehnung des ersten belgischen Vorschlags gestützt werden kann.

[64] Doc. 664, IV/2/33, 29. Mai 1945, 13 UNCIO, 633, 633. Belgien zufolge sollte das "Committee on Legal Problems", ein Unterausschuß der "Commission on Judicial Organization", diese Rolle übernehmen. Andere Delegierte schlugen vor, diese Aufgabe der Generalversammlung, dem IGH oder einem Expertenausschuß zu übertragen.

[65] "Under unitary forms of national government the final determination of such a question may be vested in the highest court or in some other national authority. However, the nature of the Organization and of its operation would not seem to be such as to invite the inclusion in the Charter of any provision of this nature. If two member states are at variance concerning the correct interpretation of the Charter, they are of course free to submit the dispute to the

zumindest auf eine inzidente Kontrollbefugnis des IGH hindeuten. So wurden die Mitgliedstaaten und die Organe ermutigt, Streitigkeiten über die Auslegung der Charta vor den IGH gemäß den Artikeln 92 ff. der Charta oder vor einen ad hoc Rechtsausschuß zu bringen[66]. Die Ausführungen des Ausschusses lassen daher den Schluß zu, daß zwar die Schaffung eines institutionalisierten Verfahrens, in welchem der IGH als maßgebliche Entscheidungsinstanz verbindlich über die Auslegung von Chartanormen durch andere Organe befindet, abgelehnt wurde, der IGH aber durchaus zur inzidenten Überprüfung einer dermaßen getroffenen Auslegung in den nach Artikel 92 ff. der Charta zur Verfügung stehenden Verfahren berechtigt sein sollte[67].

Der Sicherheitsrat hat ferner zwar die primäre, nicht aber die exklusive Verantwortung für die Wahrung des Friedens[68]. Die Charta und das IGH-Statut enthalten keine Regelungen, die eine Einschränkung der Rechtsprechungsbefugnis des IGH vorsehen[69]. Es bleibt daher festzuhalten, daß in der Charta zwischen beiden Organen in Hinblick auf die funktionale Parallelität zur Verwirklichung eines identischen Ziels keine Hierarchie festgelegt worden ist, die eines der beiden Organe von vornherein daran hindern würde, seine selbständige Aufgabe wahrzunehmen[70]. Zwar hat der Sicherheitsrat bei der Wahrnehmung seiner Aufgabe einen weiten Beurteilungs- und Ermessensspielraum. Dieser schränkt jedoch allein das Maß der Kontrolle seiner Rechtsakte ein, schließt eine solche aber nicht notwendigerweise gänzlich aus, da der Sicherheitsrat rechtlichen Grenzen formaler und materieller Natur unterliegt, die der Überprüfung

International Court of Justice as in the case of any other treaty." Doc. 933, IV/2/42 (2), 12. Juni 1945, 13 UNCIO, 703, 709.

[66] Ebd.,703, 710. Darüber hinaus sollte dem Bericht gemäß die Auslegung eines Organs, die nicht "generally acceptable" sei, ohne bindende Wirkung sein.

[67] Watson, 12.

[68] Siehe aus der Rechtsprechung des IGH den Certain Expenses Fall, ICJ Reports, 1962, 151, 163 und den Nicaragua Fall, ICJ Reports 1984, 392, 432, Ziff. 90.

[69] Hierzu der IGH im Teheran Fall, ICJ Reports, 1980, 3, 22, Ziff. 40: "... it does not seem to have occurred to any member of the Council that there was or could be anything irregular in the simultaneous exercise of their respective functions by the Court and the Security Council. Nor is there any cause for surprise. Whereas Article 12 of the Charter expressly forbids the General Assembly to make any recommendation with regard to a dispute or situation while the Security Council is exercising its functions in respect of that dispute or situation, no such restriction is placed on the functioning of the Court by any provision of either the Charter or the Statute of the Court. The reasons are clear. It is for the Court, the principal judicial organ of the United Nations, to resolve any legal questions that may be in issue between parties of a dispute."

[70] Gowlland-Debbas, Relationship, 655; Martenczuk, 97 ff. Zur selbständigen Aufgabenwahrnehmung Mosler, in: Simma, Chartakommentar, Artikel 92, Rn.87.

zugänglich sind[71]. Darüber hinaus erscheint zweifelhaft, ob der Zweck des Vetorechts darin bestehen sollte, eine gerichtliche Kontrolle des Sicherheitsrats durch den IGH zu ersetzen oder ob dieses vielmehr die Ausübung der politischen Kontrolle des Sicherheitsrats durch die fünf ständigen Mitglieder sichern sollte[72]. Zwar dient das Vetorecht auch dazu, im Wege der Selbstkontrolle einen Machtmißbrauch zu verhindern. Es erscheint aber zu weitgehend, daraus den Rückschluß auf die Unzulässigkeit einer inzidenten gerichtlichen Kontrolle der Rechtsakte des Sicherheitsrats zu ziehen[73].

Gewichtiger sind hingegen die teleologischen Argumente, mit denen auf die Gefahren hingewiesen wird, die einer ultra vires Entscheidung des IGH für die effektive Wahrnehmung der Aufgabe des Sicherheitsrats innewohnen würde. Die Unzulässigkeit der Rechtskontrolle vermag dieser Hinweis jedoch nicht überzeugend zu begründen. Den Gefahren kann nämlich dadurch begegnet werden, daß der IGH bei der Überprüfung der Rechtsakte des Sicherheitsrats einen Prüfungsmaßstab anlegt, der das Ziel der effektiven Aufgabenerfüllung durch den Sicherheitsrat hinreichend berücksichtigt[74]. Es sind somit keine durchgreifenden Gründe ersichtlich, warum der IGH in seiner Funktion als Hauptrechtsprechungsorgan der Vereinten Nationen, die ihn zur umfassenden rechtlichen Prüfung der in seine Zuständigkeit fallenden Streitigkeiten befugt, eingeschränkt sein sollte. Ist ein Rechtsakt des Sicherheitsrats im inzidenten Verfahren entscheidungserheblich, so gebietet es der effektive Rechtsschutz, daß der IGH über dessen Gültigkeit entscheidet[75]. Die Rechtskontrolle des Sicherheitsrats erfolgt dabei nicht, weil dieser einer rechtlichen Bindung unterliegt, sondern soweit er einer rechtlichen Bindung unterliegt. Es bedarf insofern nicht des Rückgriffs auf rechtspolitische Argumente, die eine Prüfungskompetenz des IGH auf die Notwendigkeit stützen, daß die rechtliche Bindung des Sicherheitsrats auch tatsächlich durch eine rechtliche Kontrolle durch den IGH zu gewährleisten ist[76]. Diese konstitutionellen Argumente sind angesichts des im System

---

[71] Akande, 331 ff.; Fraas, 247; Gowlland-Debbas, Relationship, 663 ff.; Pellet, 228; Stein, 377.

[72] Zur Funktion des Vetorechts Faßbender, Veto, 163 ff.

[73] Ebd., 307 ff., 312.

[74] Watson, 38, 39. Siehe zum Prüfungsmaßstab unten 3.3.1.

[75] Tomuschat, Lockerbie-Case, 48. Schilling, 99, leitet dies aus dem Rechtsverweigerungsverbot ab. Hier kann auch der Gedanke der Implied Powers fruchtbar gemacht werden, wonach der IGH in einem solchen Fall zur Ausübung seiner Rechtsprechungsfunktion als ermächtigt angesehen werden kann, siehe Lauterpacht, Judicial Review, 95.

[76] In diese Richtung deuten die Stellungnahmen von Bedjaoui, New World Order, 129,130 und Graefrath, B., Leave to the Court What Belongs to the Court, The Libya Case, in: EJIL 4 (1993), 184-205, 203 ff. Deutlich Franck, T.M., The "Powers of Appreciation": Who Is The Ultimate Guardian Of UN Legality?, in: AJIL 86 (1992), 519-523, 523: "The legality of actions by any UN organ must be judged by reference to the Charter as a "constitution"

der Vereinten Nationen nur rudimentär ausgeprägten Grundsatzes der Gewaltenteilung zumindest de lege lata kaum geeignet, eine zwingende Begründung für eine Rechtskontrolle zu liefern, so wünschenswert eine stärkere rechtliche Kontrolle des Sicherheitsrats auch erachtet werden mag[77].

bd) Die Rechtsprechung des IGH sowie des Jugoslawien- und des Ruanda-Tribunals zur Rechtskontrolle des Sicherheitsrats im streitigen Verfahren

In seiner bisherigen Rechtsprechung hat der IGH nicht ausdrücklich zu seiner Befugnis, Rechtsakte des Sicherheitsrats auf ihre Rechtmäßigkeit zu überprüfen, Stellung genommen. Bis zum Lockerbie Fall war der IGH lediglich in zwei Fällen dazu berufen, sich mit seinem Verhältnis zum Sicherheitsrat auseinanderzusetzen[78]. Hierbei bejahte er seine Befugnis, über einen Rechtsstreit zu entscheiden, dessen Inhalt bereits Gegenstand der Aufgabenwahrnehmung des Sicherheitsrats war. Die beiden Fälle bezogen sich allerdings auf die komplementäre Ausübung der Funktionen von Sicherheitsrat und IGH[79]. Die Frage der Rechtskontrolle von Rechtsakten des Sicherheitsrats stellte sich somit nicht. Der IGH hat aber schon hierbei eine Reihe von Einwänden, die grundsätzlich gegen eine Rechtskontrolle vorgebracht werden können, zurückgewiesen[80]. Darüber hinaus lassen sich aus den beiden Fällen keine Rückschlüsse ziehen, inwieweit der IGH eine Befugnis annimmt, auch über die Gültigkeit einer bindenden Resolution des Sicherheitsrats zu urteilen.

Das mögliche Konfliktpotential zwischen der Aufgabenwahrnehmung durch den Sicherheitsrat und den IGH trat erstmals im Lockerbie Fall in aller Schärfe zu Tage. Dort hatte Libyen als Kläger geltend gemacht, daß das in der nichtbindenden Resolution 731 (1992) enthaltene Auslieferungsbegehren der Vereinigten Staaten und des Vereinigten Königreichs gegen das Montrealer Abkommen verstoße. Libyen verlangte vom IGH den Erlaß einstweiliger Maßnahmen, um seine Rechte aus dem Montrealer Abkommen zu schützen[81]. Nachdem der Sicherheitsrat noch während des anhängigen Verfahrens das Auslieferungsbegehren mit der Resolution 748 (1992) auf Kapitel VII der Charta gestützt

of *delegated* powers. In extreme cases, the Court may have to be the last-resort defender of the system's legitimacy if the United Nations is to continue to enjoy the adherence of its members."

[77] Bedenken gegenüber dem konstitutionellen Ansatz finden sich auch bei Herdegen, 150 ff.

[78] Im Teheran Fall, ICJ Reports, 1980, 3 ff. und im Nicaragua Fall, ICJ Reports 1984, 392 ff.

[79] Hierauf weist Skubiszewski, ICJ and SC, 16, hin. Siehe auch die Erklärung von Richter Ni im Lockerbie Fall, ICJ Reports, 1992, 20, 22; 132, 134.

[80] Dies gilt für den Einwand der Litispendenz, der Res Judicata und der fehlenden Zuständigkeit aufgrund der ausschließlichen Zuständigkeit des Sicherheitsrats (s.o. 3.1.3. b und c).

[81] ICJ Reports 1992, 3, 4 ff., Ziff. 7; 114, 115 ff., Ziff. 7.

hatte, lehnte der IGH den Erlaß der begehrten Entscheidung ab. Begründet wurde diese Ablehnung mit der Verpflichtung Libyens aus Artikel 25 der Charta, die dem ersten Anschein nach auch auf die Resolution 748 mit der Folge anwendbar sei, daß die darin enthaltene Verpflichtung Vorrang vor den Verpflichtungen aus dem Montrealer Abkommen habe. Das Gericht hielt sich daher nicht dazu berufen, über die rechtlichen Wirkungen der Resolution 748 zu befinden, da die von Libyen geltend gemachten Rechte zumindest nicht durch einstweilige Maßnahmen geschützt werden könnten[82]. Auch im Zulässigkeitsverfahren über prozeßhindernde Einreden im Hauptsacheverfahren sah sich der IGH nicht veranlaßt, über die Rechtmäßigkeit der Resolution des Sicherheitsrats zu entscheiden[83]. Aus der Lockerbie Entscheidung des IGH läßt sich schwerlich der Schluß auf die Zulässigkeit bzw. Unzulässigkeit einer Rechtskontrolle des Sicherheitsrats ziehen, da sich die Entscheidung des IGH auf den Vorrang von Artikel 103 der Charta stützte, was zur Folge hatte, daß die von Libyen geltend gemachten Rechte zumindest im Verfahren des einstweiligen Rechtsschutzes nicht mehr geschützt werden konnten[84]. Über die merkliche Zurückhaltung des IGH gegenüber einer Rechtskontrolle im Verfahren des einstweiligen Rechtsschutzes hinaus läßt das Urteil keinerlei Rückschlüsse auf die Frage der Rechtskontrolle zu. Die Sondervoten der mit den beiden Fällen befaßten Richter haben aber das in der Frage der Rechtskontrolle des Sicherheitsrats liegende Konfliktpotential sowie die tiefe Kluft offenbart, die zwischen den Befürwortern und den Gegnern einer Kontrollbefugnis des IGH besteht[85].

Die Frage der Rechtskontrolle war dem Antrag des Klägers zufolge auch in den Bosnien-Entscheidungen relevant[86]. In diesen ersuchte Bosnien-Herzegowina

---

[82] ICJ Reports 1992, 3, 15, Ziff. 40; 114, 126-127, Ziff. 43.

[83] Case Concerning Questions of Interpretation and Application of the 1971 Montreal Convention Arising from the Aerial Incident at Lockerbie (Libya v.UK; Libya v. U.S.), Preliminary Objections, 37 I.L.M. (1998), 587 ff.

[84] Siehe hierzu Richter Shahabuddeen, S.O., 1992, 28, 29; 140, 141: "This (the juridical ground for the order) results not from any collision between the competence of the Security Council and that of the Court, but from a collision between the obligations of Libya under the decision of the Security Council and any obligations which it may have under the Montreal Convention. The Charter says the former prevails."

[85] Einer Rechtskontrolle zugeneigt sind Richter Lachs, S.O., ICJ Reports 1992, 26, 27; 138, 189; Richter Bedjaoui, D.O., ebd., 33, 47; 143, 157; Richter Weeramanty, D.O., ebd., 50, 70, 71; 160, 180, 181; Richter ad hoc Kosheri, ebd., 94, 105; 99, 210. Ablehnend Richter Schwebel, D.O. (s.o. Anm. 54), 625 ff. und Richter Oda in seiner Erklärung in ICJ Reports 1992, 17; 129.

[86] ICJ Reports 1993, 3 ff. und ICJ Reports 1993, 325 ff. Siehe hierzu Maljean-Dubois, Sandrine, L`Affaire Relative à l' application de la Convention pour la Prévention et la Répression du Crime de Génocide (Bosnie-Herzégovine C. Yougoslavie) Arrêt du 11 Juillet 1996, Exceptions Préliminaires, in: AFDI 42 (1996), 375-386.

den IGH, die Resolution 713 (1991) so auszulegen, daß durch das ursprünglich gegen Jugoslawien verhängte und für die Nachfolgerstaaten geltende Waffenembargo das Selbstverteidigungsrecht Bosnien-Herzegowinas nicht unzulässig eingeschränkt werden dürfe[87]. Das Begehren richtete sich somit nicht darauf, daß der IGH die Resolution für ultra vires erklärt, sondern eine chartakonforme Auslegung der Resolution im Sinne des Antragstellers vornimmt[88]. Der IGH nahm zu dieser Rechtsfrage jedoch keine Stellung, da er seine Zuständigkeit zur Behandlung von Rechtsfragen, die über die nach Artikel IX der Völkermordkonvention vermittelte Zuständigkeit hinausgingen, verneinte[89]. Der IGH lehnte die von Bosnien-Herzegowina begehrte Auslegung außerdem mit der Begründung ab, daß die einstweiligen Maßnahmen nach Artikel 41 des IGH-Statuts gegen eine Partei des Verfahrens gerichtet sein müssen und nicht gegen Dritte, die gemäß Artikel 59 des IGH-Statuts nicht an die Entscheidung gebunden sind[90]. Da beide Streitparteien Adressat derselben Resolution waren, wies der IGH daher folgerichtig das seinem Inhalt nach auf eine Feststellung gerichtete Begehren des Klägers ab. Die Frage der Rechtskontrolle des Sicherheitsrats war demnach nicht Gegenstand der beiden Entscheidungen.

Der bisher eindeutigste Fall, in dem ein Tribunal eine Entscheidung des Sicherheitsrats einer umfassenden Rechtskontrolle unterzogen hat, ist das Berufungsurteil des Jugoslawien-Tribunals im Tadic Fall[91]. In diesem hatte der Berufungskläger unter anderem geltend gemacht, daß die Errichtung des Tribunals durch den Sicherheitsrat unrechtmäßig gewesen sei[92]. Das Tribunal hielt sich zu einer Rechtskontrolle, die eine justiziable Rechtsfrage betreffe, für zuständig und überprüfte die Rechtmäßigkeit seiner Errichtung[93]. Dabei stellte es fest, daß die Rechtskontrolle der Maßnahmen des Sicherheitsrats um so geringer ausfalle, je größer dessen Ermessensspielraum sei, wobei die Ziele und

---

[87] ICJ Reports 1993, 3, 6, Buchstabe m), n), o); 325, 328, Buchstabe m), n): (Resolution 713 (1991) und nachfolgende Resolutionen) "must be construed in a manner that shall not impair the inherent right of individual and collective self-defence of Bosnia and Herzegovina under the terms of United Nations Charter Article 51 and the rules of customary international law", und "must not be construed to impose an arms embargo upon Bosnia and Herzegovina, as required by Article 24 (1) and 51 of the United Nations Charter and in accordance with customary doctrine of ultra vires."

[88] Siehe dazu Caflisch, 650; Herdegen, 148.

[89] ICJ Reports 1993, 325, 346, Ziff. 43.

[90] ICJ Reports 1993, 3, 18, Ziff. 32, 33; 325, 344, Ziff. 40, 41.

[91] ICTY, Prosecutor v. Tadic (1. Kap., Anm. 34).

[92] Ebd., Ziff. 7, 8.

[93] Ebd. Ziff. 9 ff. Siehe auch das abweichende erstinstanzliche Urteil des Jugoslawien-Tribunals Prosecutor v. Tadic, Decision on the Defence Motion on Jurisdiction in the Trial Chamber of the International Tribunal, Case No. IT-94-1-T, 10. August 1995.

Grundsätze der Charta äußere Ermessensgrenzen darstellten[94]. Nach einer umfassenden Überprüfung der Maßnahmen des Sicherheitsrats kam das Tribunal zum Ergebnis, daß seine Errichtung rechtmäßig war[95]. Das Ruanda-Tribunal hat sich in seiner Entscheidung im ähnlich gelagerten Kanyabashi Fall der Entscheidung des Jugoslawien-Tribunals im Tadic Fall angeschlossen[96].

Die Rechtsprechung des IGH ist für die Beantwortung der Frage der Zulässigkeit einer inzidenten Rechtskontrolle des Sicherheitsrats nur bedingt ergiebig. Soweit die Überprüfung der Rechtmäßigkeit einer Entscheidung des Sicherheitsrats in einem Hauptsacheverfahren unausweichlich ist, dürfte es nicht zuletzt von der Zusammensetzung des Gerichts abhängen, wie die Frage der Zulässigkeit der Inzidentkontrolle beantwortet wird. Anhand der aufgezeigten Fälle und der Aussagen in den Stellungnahmen der einzelnen Richter zum Lockerbie Fall erscheint die Prognose nicht übermäßig gewagt, daß sich zwar im konkreten Fall der Umstand, daß der IGH als Hauptrechtsprechungsorgan der Vereinten Nationen über einen Rechtsstreit umfassend zu entscheiden hat, durchsetzen wird, dabei aber die Bereitschaft, die fragliche Entscheidung für ultra vires zu erklären, vor allem aus rechtspolitischen Gründen nur in extremen Ausnahmefällen gegeben sein dürfte. Dies könnte vor allem dann der Fall sein, wenn eine chartakonforme Auslegung des inzident zu prüfenden Rechtsaktes nicht möglich erscheint. In der Rechtsprechungspraxis des IGH ist zwar die Frage der zulässigen Reichweite einer chartakonformen Auslegung von Entscheidungen des Sicherheitsrats durch den IGH noch nicht hinreichend geklärt. Diese Befugnis steht dem IGH jedoch zumindest insoweit zu, als die betreffende Entscheidung auslegungsfähig ist und nicht gegen den erkennbaren Willen des Sicherheitsrats verstößt[97].

---

[94] ICTY, Prosecutor v. Tadic (1.Kap., Anm. 34), Ziff. 21: "Obviously, the wider the discretion of the Security Council under the Charter of the United Nations, the narrower the scope for the International Tribunal to review its actions, even as a matter of incidental jurisdiction. Nevertheless, this does not mean that the power disappears altogether, particularly in cases where there might be a manifest contradiction with the Principles and Purposes of the Charter."

[95] Ebd. Ziff. 26 ff. In Hinblick auf die Rechtmäßigkeit der Errichtung des Tribunals prüfte das Tribunal die Befugnis des Sicherheitsrats, sich auf Kapitel VII der Charta als Rechtsgrundlage zu berufen, die Reichweite des Ermessens des Sicherheitsrats in Hinblick auf die nach Kapitel VII der Charta zu ergreifenden Maßnahmen, hier die Errichtung des Tribunals, sowie die Frage, ob das Tribunal entgegen dem Grundsatz errichtet worden sei, daß ein Gericht auf dem Gesetz beruhen müsse. Das Tribunal hat sich auch in seiner nachfolgenden Rechtsprechung wiederholt mit der Reichweite der Befugnisse des Sicherheitsrats auseinandergesetzt. Siehe hierzu die Übersicht bei Lamb, 364, Fn. 15.

[96] Prosecutor v. Kanyabashi, Decision on Jurisdiction, Case No. ICTR-96-15-T, International Criminal Tribunal for Rwanda, 18. Juni 1997, 10.

[97] Caflisch, 650.

Die Entscheidungen des Jugoslawien- und des Ruanda-Tribunals haben gezeigt, daß eine Rechtskontrolle der Rechtsakte des Sicherheitsrats möglich ist. Hierbei besteht allerdings die Besonderheit, daß die Existenz dieser Rechtsprechungsorgane auf Resolutionen des Sicherheitsrats beruht, zu deren Auslegung sie zwangsläufig berufen sind, um ihre Funktion wahrnehmen zu können. Die Rechtsprechungskompetenz der Tribunale und der Umfang der von ihnen vorzunehmenden Rechtskontrolle ist daher von vornherein der Sache nach begrenzt. Die Mehrzahl der potentiellen Streitfälle, einschließlich der Vereinbarkeit von Wirtschaftssanktionen mit den Menschenrechten, würde deshalb nicht in ihren Zuständigkeitsbereich fallen. Aus diesen Gründen läßt die Rechtsprechung der Tribunale keine verallgemeinernden Rückschlüsse auf die Frage der Rechtskontrolle des Sicherheitsrats zu.

3.2. Die Rechtskontrolle des Sicherheitsrats im Gutachtenverfahren

3.2.1. Zulässigkeit

Im Gutachtenverfahren nach Artikel 96 der Charta, Artikel 65 ff. IGH-Statut können sowohl der Sicherheitsrat als auch die Generalversammlung den IGH um die Beantwortung jeder Rechtsfrage ersuchen. Eine Entscheidung des IGH im Gutachtenverfahren ist zwar ihrer Natur nach nicht bindend[98]. Gleichwohl käme ihr eine erhebliche politische Bedeutung zu, die der Sicherheitsrat nur auf Kosten seiner Glaubwürdigkeit ignorieren könnte[99]. Dies gilt insbesondere dann, wenn er selbst den IGH anruft. In einem solchen Fall spricht vieles dafür, daß der Sicherheitsrat sich implizit zur Befolgung der Entscheidung verpflichtet. Außerdem könnten sich die Mitgliedstaaten unter Verweis auf das Gutachten auf den Wegfall der Bindungswirkung nach Artikel 25 der Charta berufen, da in einem solchen Fall gerichtlich festgestellt worden wäre, daß ein Rechtsakt des Sicherheitsrats nicht im Einklang mit der Charta steht, also ultra vires ist[100].

Im Gegensatz zur Frage der Zulässigkeit einer Rechtskontrolle des Sicherheitsrats durch den IGH im streitigen Verfahren besteht weitgehend Einigkeit, daß eine Überprüfung der Rechtmäßigkeit von Rechtsakten des Sicherheitsrats auf

[98] Hierzu Interpretation of Peace Treaties, Advisory Opinion, ICJ Reports 1950, 65, 71; Mosler, in: Simma, Chartakommentar, Artikel 96, Rn.2.
[99] Alvarez, 8; Martenczuk, 75 m.w.N.
[100] Siehe hierzu im einzelnen unten unter 4.

ausdrücklichen Antrag hin im Gutachtenverfahren zulässig ist[101]. Dem Sicherheitsrat muß es unbenommen sein, die Rechtmäßigkeit seines eigenen Handelns durch den IGH überprüfen zu lassen. Auch die Generalversammlung kann ein Gutachten über die Rechtmäßigkeit der vom Sicherheitsrat verhängten Wirtschaftssanktionen anfordern. Eine einschränkende Auslegung des Artikel 96 der Charta, wonach die Generalversammlung keine Gutachten anfordern darf, die in den Zuständigkeitsbereich des Sicherheitsrats fallen, ist aufgrund des eindeutigen Wortlauts sowie des Fehlens einer dem Artikel 12 der Charta vergleichbaren Einschränkung des Antragsrechts nicht zulässig[102]. Voraussetzung ist aber nach den Verfahrensregeln beider Organe, daß ein Mehrheitsbeschluß zugunsten der Anforderung eines Rechtsgutachtens zustandekommt[103]. Der Sanktionsadressat ist als einzelner Staat nicht zur Anforderung eines Gutachtens durch den IGH berechtigt. Er könnte daher allenfalls politisch darauf hinwirken, daß in einem der beiden zu einem Antrag berechtigten Organe die erforderliche Mehrheit zur Anforderung eines Gutachtens zustande kommt.

3.2.2. Die Rechtsprechung des IGH zur Rechtskontrolle des Sicherheitsrats im Gutachtenverfahren

Der IGH hat bisher in zwei Gutachten inzident über die Gültigkeit der Entscheidungen von Organen der Vereinten Nationen entschieden und diese für intra vires erklärt. Im Certain Expenses Fall hatte der IGH auf Anforderung der Generalversammlung zu begutachten, ob die von der Generalversammlung genehmigten Ausgaben für die UN-Friedenstruppen in Ägypten und Kongo Ausgaben der Vereinten Nationen nach Artikel 17 der Charta darstellten[104]. Im Rahmen der Auslegung des Artikel 17 der Charta überprüfte der IGH die Entscheidungen

[101] Dies erkennen auch die Gegner einer inzidenten Kontrolle der Rechtmäßigkeit der Rechtsakte des Sicherheitsrats an. Siehe Caflisch, 658; Reisman, 412; Schwebel, D.O. (s.o. Anm. 54), 626.

[102] Akande, 328; Bowett, 98; Caflisch, 658; Martenczuk, 76; Mosler, in Simma: Chartakommentar, Artikel 96 Rn.11; Stein, 383. Die Gegenmeinung verneint unzutreffend eine Antragsbefugnis der Generalversammlung wegen der vermeintlich fehlenden Zuständigkeit. Hierzu Gowlland-Debbas, Relationship, 670, Fn. 149 m.w.N.

[103] Die erforderliche Mehrheit ergibt sich für den Sicherheitsrat aus Artikel 27 Absatz 3 der Charta und für die Generalversammlung aus Artikel 18 Absatz 2. Die Frage der für einen Antrag der Generalversammlung erforderlichen Mehrheit ist nicht abschließend geklärt, überwiegend wird die Anforderung eines Rechtsgutachtens aber als wichtige Frage im Sinne des Artikel 18 Absatz 2 der Charta qualifiziert. In der Praxis der Generalversammlung haben sich diesbezüglich keine Probleme ergeben, da in den bisherigen Fällen jeweils eine zwei Drittel Mehrheit gegeben war. Hierzu Martenczuk, 76; Mosler, in: Simma, Chartakommentar, Artikel 96, Rn.12.

[104] ICJ Reports 1962, 151 ff.

der Generalversammlung auf ihre Rechtmäßigkeit, da seiner Auffassung nach nur Beschlüsse, die den Zielen der Organisation dienen, als Ausgaben der Organisation im Sinne des Artikel 17 Absatz 2 der Charta gelten können[105]. Obwohl der IGH in dem Antrag nicht ausdrücklich um eine Prüfung der Rechtmäßigkeit der Resolutionen der Generalversammlung ersucht wurde, nahm der IGH diese vor, um eine zur Beantwortung der Gutachtenfrage entscheidungserhebliche Vorfrage zu klären[106].
Im Namibia Gutachten hatte der IGH auf Anforderung des Sicherheitsrats zu begutachten, welche Konsequenzen sich für die Mitgliedstaaten aus der fortdauernden, gemäß der Sicherheitsratsresolution 276 (1970) für illegal erklärten Anwesenheit Südafrikas in Namibia ergeben[107]. Sowohl Südafrika als auch Frankreich machten geltend, daß die Generalversammlung mit der Resolution 2145 (XXI), in der sie einseitig das Mandatsverhältnis Südafrikas zu Namibia wegen dessen Apartheidpolitik für beendet erklärt hatte, und der Sicherheitsrat in den nachfolgenden, auf die Resolution der Generalversammlung gestützten Resolutionen, ihre Befugnisse überschritten hätten[108]. Obwohl der IGH nicht um die Überprüfung der Rechtmäßigkeit dieser Resolutionen ersucht worden war, setzte er sich mit den vorgebrachten Einwänden auseinander[109], da eine Entscheidung über die Rechtsfrage voraussetzte, daß die genannten Resolutionen rechtmäßig waren und die Unrechtmäßigkeit der Anwesenheit Südafrikas in Namibia begründeten[110]. Der IGH nahm somit in diesem Fall wiederum eine Kontrolle der Rechtmäßigkeit der Entscheidungen der Generalversammlung und des Sicherheitsrats als entscheidungserhebliche Vorfragen vor.

Zwar handelte es sich in keinem der beiden Fälle um Gutachten, die eine bindende Resolution des Sicherheitsrats zum Streitgegenstand hatten. Die Gutachten zeigen jedoch, daß der IGH im Gutachtenverfahren aufgrund seiner Rechtsprechungsfunktion ein grundsätzliches Prüfungsrecht annimmt, soweit

[105] Ebd., 157 ff.
[106] Ebd., 170 ff.
[107] ICJ Reports 1971, 16 ff.
[108] Ebd. 21, Ziff. 20; 45, Ziff. 87.
[109] Ebd. 45, Ziff. 89: "Undoubtedly, the Court does not possess powers of judicial review or appeal in respect of the decisions taken by the United Nations organs concerned. The question of the validity or conformity with the Charter of the General Assembly resolution 2145 (XXI) or of related Security Council resolutions does not form the subject of the request for advisory opinion. However, in the exercise of its judicial function and since objections have been advanced the Court, in the course of its reasoning, will consider the objections before determining any legal consequences arising from those resolutions."
[110] So ausdrücklich Richter Petrén, S.O., ICJ Reports 1971, 127, 131.

die Frage entscheidungserheblich ist[111]. Dabei lassen die beiden Gutachten den Schluß zu, daß der IGH um so eher gewillt ist, über die Rechtmäßigkeit eines Organaktes im Gutachtenverfahren auch inzident zu entscheiden, je eher dessen Rechtmäßigkeit angenommen werden kann[112]. Der Umstand, daß der IGH zu einer inzidenten Rechtskontrolle bereit gewesen ist, läßt überdies den a fortiori Schluß zu, daß er erst recht im Falle eines Antrags, in dem er ausdrücklich um die Überprüfung der Rechtmäßigkeit einer Entscheidung des Sicherheitsrats ersucht wird, eine dem Inhalt des Antrags entsprechende Rechtskontrolle vornehmen wird.

3.3. Die Rechtskontrolle von Wirtschaftssanktionen durch den IGH

3.3.1. Der Prüfungsmaßstab des IGH unter Berücksichtigung der Rechtsfolgen rechtswidriger Organakte

Als Organ der Vereinten Nationen handelt der Sicherheitsrat dann rechtswidrig, wenn er durch seine Entscheidung die formellen oder materiellen Grenzen seiner Befugnisse überschreitet (ultra vires)[113]. Weder im Recht der Vereinten Nationen noch im Völkerrecht existiert eine allgemeine Theorie über die Rechtsfolgen eines rechtswidrigen Organaktes[114]. Grundsätzlich sind in Hinblick auf die Folge, welche die Rechtswidrigkeit auf die Bindungswirkung einer Entscheidung des betreffenden Organs hat, drei Möglichkeiten denkbar: Die Entscheidung ist gültig, von Anfang an nichtig[115] oder anfechtbar[116]. Die Anfechtbarkeit unterscheidet sich von der absoluten Nichtigkeit dadurch, daß der rechtswidrige Akt trotz seiner Rechtswidrigkeit bis zu dem Zeitpunkt rechtlich wirksam ist, in dem er vom dazu berufenen Organ mit Wirkung ex nunc oder ex tunc aufgehoben wird[117]. Im Völkerrecht stellt die Anfechtbarkeit eine

[111] Siehe Stein, 361 ff. Mit Blick auf das Namibia Gutachten erscheinen die Auffassungen, wonach eine Überprüfung von Resolutionen des Sicherheitsrats ausgeschlossen sind, kaum vertretbar. Zutreffend Herbst, 396.

[112] Gowlland-Debbas, Relationship, 670; Pellet, 225.

[113] Zutreffend Lorinser, 122. Grundsätzlich hierzu Lauterpacht, Legal Effects, 115.

[114] Ebd., 88; Osieke, 239.

[115] Jennings, 66, unterscheidet den nichtigen Akt von einem Nicht-Akt. Ein Nicht-Akt liegt dann vor, wenn ein Subjekt eine Handlung vornimmt, zu dem ihm im Völkerrecht keinerlei Befugnis zukommt. Als weiteres Beispiel nennt Jennings eine unwirksame Blockade, die keine Blockade im rechtlichen Sinne darstellen würde, da diese die Wirksamkeit als Tatbestandsmerkmal voraussetzt.

[116] Lauterpacht, Legal Effects, 113; Jennings, 67.

[117] Ebd. Siehe diesbezüglich auch Arangio-Ruiz, Security Council, 690, zur Heilung der Rechtswidrigkeit von ultra vires Rechtsakten.

Ausnahme dar, da es im Regelfall an einem Organ fehlt, das zur Entscheidung über die Rechtmäßigkeit von Organakten berufen ist[118]. Aus der bisherigen Rechtsprechung des IGH läßt sich nicht mit hinreichender Eindeutigkeit entnehmen, ob die Rechtswidrigkeit eines Organakts dessen Nichtigkeit oder lediglich dessen Anfechtbarkeit zur Folge hat. In einem Rechtsgutachten hatte der IGH über die Vereinbarkeit der Wahl der Mitglieder des Ausschusses für maritime Sicherheit mit der Satzung der "Inter-Governmental Maritime Consultative Organization" (IMCO) zu entscheiden, wobei er feststellte, daß die Wahl der Mitglieder fehlerhaft erfolgt war[119]. Seine Entscheidung erschöpfte sich jedoch in dieser Feststellung und enthielt keine Aussagen zu den Rechtsfolgen, die der fehlerhafte Organakt für die Gültigkeit der Wahl hatte[120].

Im Rahmen der Vereinten Nationen ist kein Verfahren vorgesehen, in dem ein dazu berufenes Organ über die Gültigkeit der von anderen Organen getroffenen Rechtsakte verbindlich entscheidet[121]. Aus diesem Umstand ist der Schluß gezogen worden, daß Rechtsakte von Organen der Vereinten Nationen stets entweder von Anfang an gültig oder nichtig sein müssen[122]. Zurecht ist jedoch darauf hingewiesen worden, daß die Annahme einer derartigen Fehlerfolge weder mit dem System noch mit der Praxis der Vereinten Nationen in Einklang steht[123]. So würde im Falle der ungeachtet ihrer Rechtswidrigkeit uneingeschränkten Gültigkeit von Organakten einseitig die Rechtssicherheit und die Wirksamkeit des Organaktes favorisiert werden. Im Falle der automatischen Nichtigkeit würde dagegen die Funktionsfähigkeit des Systems, das auf der Gültigkeit der Organakte beruht, gefährdet werden[124]. Für die Rechtsfolgen rechtswidriger

[118] Eine Ausnahme stellt insofern die Europäische Union dar, in der die Rechtsakte der Organe vom EuGH gemäß Artikel 230 des Vertrages zur Gründung der EG in seiner durch den Amsterdamer Vertrag geänderten Fassung auf ihre Rechtmäßigkeit hin überprüft werden können.

[119] Constitution of the Maritime Safety Committee of the Inter-Governmental Maritime Consultative Organization, ICJ Reports 1960, 150, 171.

[120] Die Versammlung der IMCO reagierte auf das Gutachten, indem sie den nicht ordnungsgemäß gewählten Ausschuß auflöste, einen neuen Ausschuß wählte und darüber hinaus die Handlungen des aufgelösten Ausschusses bestätigte. Osieke, 244, wertete dieses Vorgehen als Beleg dafür, daß die Rechtswidrigkeit einer Maßnahme nicht zwangsläufig zu deren anfänglicher Nichtigkeit führe. Zweifel daran, ob eine derartige Schlußfolgerung aus dem Vorgehen des Ausschusses gezogen werden kann, äußern hingegen Fraas, 89 und Lauterpacht, Legal Effects, 105.

[121] S.o. Anm. 34.

[122] Richter Morelli, S.O., im Certain Expenses Fall, ICJ Reports 1962, 216, 222, Ziff. 8.

[123] Jennigs, 68 ff.; Lauterpacht, Legal Effects, 113 ff. Ebenso Gowlland-Debbas, Relationship, 672, 673.

[124] Ebd., 673; Osieke, 245. Richter Morelli, S.O., im Certain Expenses Fall, ICJ Reports 1962, 216, 222, Ziff. 8.

Rechtsakte des Sicherheitsrats ist daher eine differenzierte Bewertung geboten[125].

Als zusätzliches Element hat der IGH in seiner bisherigen Rechtsprechung zur Beurteilung der Rechtsfolgen fehlerhafter Rechtsakte internationaler Organisationen vor allem den Maßstab der Vermutung der Rechtmäßigkeit herangezogen[126]. Dabei gilt ein eingeschränkter Prüfungsmaßstab. So legt der IGH die Vermutung der Gültigkeit der Rechtsakte des betreffenden Organs zugrunde, sofern diese zur Erfüllung der dem Organ obliegenden Aufgaben erfolgen[127]. Als Gründe, die für einen eingeschränkten Prüfungsmaßstab der Rechtsakte des Sicherheitsrats sprechen, lassen sich vor dem Hintergrund der fehlenden institutionalisierten Rechtskontrolle des Sicherheitsrats durch den IGH die vorrangige Auslegung der einschlägigen Normen durch das zuständige Organ selbst[128] und die aus der Organtreue folgende Pflicht, die Zuständigkeit der anderen Organe zu beachten und diese nicht bei der Wahrnehmung ihrer Aufgaben zu behindern[129], anführen. Die Rechtmäßigkeitsvermutung, die vor allem der Rechtssicherheit dient, führt insofern dazu, daß nicht der Sicherheitsrat, sondern die Mitgliedstaaten das Risiko der fehlenden Gewißheit der Rechtmäßigkeit der Rechtsakte des Sicherheitsrats zu tragen haben[130]. Handelt es sich um einen Rechtsakt, der vom zuständigen Organ im vorgesehenen Verfahren erlassen

---

[125] Lauterpacht, Legal Effects, 113, 115 ff.

[126] Siehe zur Rechtsnatur der Vermutung der Rechtmäßigkeit ebd., 117, der insbesondere die Widerlegbarkeit der Vermutung betont.

[127] So im Certain Expenses Fall, ICJ Reports 1962, 151, 168: "When the Organization takes action which warrants the assertion that it was appropriate for the fulfilment of one of the stated purposes of the United Nations, the presumption is that such action is not *ultra vires* the Organization." Im Namibia Fall, ICJ Reports 1971, 6, 22, Ziff. 20: "A resolution of a properly constituted organ of the United Nations which is passed in accordance with that organ's rules of procedure, and is declared by its President to have been so passed, must be presumed to have been validly adopted." Siehe zur IGH Rechtsprechung auch Akande, 341; Lorinser, 140 ff. m.w.N. und Stein, 362, 363, dem zufolge die dogmatische Begründung für das Vorgehen des IGH unklar bleibt.

[128] Richter de Castro, S.O., im Namibia Fall, ICJ Reports 1971, 170, 185: "In view of the nature of the Charter and the provisions of the principal organs of the United Nations, the presumption in favour of the validity of the resolutions of those organs must be taken to be based upon their power to interpret the Charter, and do so ex factis, that is to say by the very fact that they have adopted a resolution."

[129] Richter de Castro, S.O., ebd. 180: "Each of these (organs) has the power to interpret the provisions of the Charter *verbis et factis*. Such interpretation must be respected by the other organs providing it does not encroach upon their own jurisdiction. Any other solution would be inconsistent with the independence or sovereignty of each organ." Siehe auch den Certain Expenses Fall, ICJ Reports 1962, 151, 168.

[130] Akande, 342; Lorinser, 143.

worden ist[131], so entfaltet er aufgrund seiner Existenz Rechtswirkungen und muß solange befolgt werden, bis die Rechtmäßigkeitsvermutung widerlegt ist[132]. Aus der Rechtmäßigkeitsvermutung läßt sich jedoch kaum ein verläßlicher Maßstab zum Umfang der Kontrolle von Rechtsakten des Sicherheitsrats gewinnen[133]. So bleibt die Reichweite der Vermutung weitgehend unbestimmt. Der Umfang der Befugnis des IGH, einen Rechtsakt des Sicherheitsrats zu überprüfen und der dabei anzulegende Maßstab der Rechtmäßigkeitsvermutung ist anhand der Rechtsbindung des Sicherheitsrats und der Reichweite seines Ermessens zu bestimmen. Soweit eine Entscheidung des Sicherheitsrats danach rechtswidrig ist, bedarf es an sich nicht des zusätzlichen, vom IGH verwandten Kriteriums der Schwere bzw. der Offensichtlichkeit des Rechtsverstoßes[134]. Allerdings bringt dieses Kriterium zum Ausdruck, daß der IGH bei der Prüfung aus den aufgezeigten Gründen im Zweifelsfalle der Gültigkeit des Rechtsaktes Vorrang einzuräumen hat.

Eine ultra vires Entscheidung durch den IGH käme, auch wenn es ihr gegenüber dem Sicherheitsrat an der bindenden Wirkung fehlt, dem Inhalt nach einer Aufhebung gleich, da mit einer solchen Entscheidung die Vermutung der Rechtmäßigkeit entfallen würde. Zumindest faktisch wäre in einem solchen Fall zu erwarten, daß der Sicherheitsrat wegen der nunmehr fehlenden Legitimität des Aktes diesen mit Wirkung für die Zukunft abändert oder aufhebt. Dieser Form der Aufhebung pro futuro ist gerade bei länger andauernden Wirtschaftssanktionen ohne zeitliche Befristung, die nachträglich rechtswidrig werden können, von erheblicher Bedeutung[135]. Allerdings kommt ein solches Vorgehen nur in Betracht, sofern der IGH berufen ist, über die Rechtmäßigkeit eines Rechtsakts des Sicherheitsrats im konkreten Fall zu entscheiden. In den übrigen, die Regel darstellenden Fällen bliebe es mangels vorhandener Feststellungsmechanismen bei der aufgezeigten Dichotomie.

---

[131] Siehe den Namibia Fall, ICJ Reports, 1971, 6, 22, Ziff. 22.

[132] Hierzu Fraas, 98. Siehe zur Reichweite der sich für die Mitgliedstaaten aus Artikel 25 der Charta ergebenden Verpflichtung unten unter 4.

[133] Akande, 342; Stein, 363. Siehe auch die Ausführungen des IGH im Nuclear Weapons Fall, ICJ Reports 1996, 66, Ziff. 29.

[134] Zutreffend Akande, 342; Lorinser, 134; Martenczuk, 158 ff. m.w. N.; Skubiszewski, ICJ und SC, 628. Zum Kriterium der offenkundigen Rechtswidrigkeit Lauterpacht, Legal Effects, 106 ff.

[135] Gowlland-Debbas, Relationship, 673.

3.3.2. Die Anwendung des Prüfungsmaßstabs auf Wirtschaftssanktionen

Bezogen auf die Überprüfung der Rechtmäßigkeit von Wirtschaftssanktionen läßt sich aus der soeben aufgezeigten Rechtsprechung des IGH der folgende Prüfungsmaßstab entwickeln: Erläßt der Sicherheitsrat im Rahmen seiner Zuständigkeit eine formell ordnungsgemäße Resolution, so gilt in Hinblick auf die Verletzung des materiellen Rechts durch den Sicherheitsrat bei der Verhängung von Wirtschaftssanktionen in Zweifelsfällen die Vermutung, daß dieser rechtmäßig handeln will. Diese Vermutung entfällt erst dann, wenn eine Auslegung, wonach der Sicherheitsrat im Einklang mit der Charta und dem Völkerrecht handelt, nicht mehr möglich erscheint[136]. Dies gilt vor allem in den Fällen, in denen der Sicherheitsrat erkennbar nicht mehr im Rahmen dieser Zielsetzung handelt[137]. Bestehen Zweifel, ob ein Rechtsakt des Sicherheitsrats tatsächlich rechtswidrig ist, so greift zugunsten des Sicherheitsrats die Vermutung der Gültigkeit seiner Rechtsakte ein. Soweit der Sicherheitsrat durch seine Rechtsakte zwingende Rechte oder die Normen des humanitären Völkerrechts, zu deren Beachtung er verpflichtet ist, verletzt, sind seine Rechtsakte ungültig. Soweit der Sicherheitsrat eine Pflicht zur Abwägung hat, sind seine Rechtsakte in den Fällen ungültig, in denen er die Grenzen der Abwägungsbefugnis erkennbar überschreitet oder willkürlich handelt. Die fehlende Berücksichtigung der Auswirkungen der Wirtschaftssanktionen auf die Menschenrechte der Bevölkerung sowie sonstige Fehler im Abwägungsvorgang führen nicht zur Ungültigkeit der Rechtsakte des Sicherheitsrats, soweit die Abwägung im übrigen im Ergebnis rechtmäßig ist.

3.4. Die Bewertung der Rechtskontrolle des Sicherheitsrats durch den IGH aus Rechtsschutzgesichtspunkten

Der Rechtsschutz, der dem Sanktionsadressaten gegen die vom Sicherheitsrat beschlossenen Wirtschaftssanktionen vor dem IGH zusteht, ist unzureichend. Ein unmittelbar gegen den Sicherheitsrat gerichteter Rechtsschutz besteht nicht. Aus der bisherigen Rechtsprechung des IGH läßt sich ferner nicht mit Sicherheit

---

[136] Dies folgt aus dem Vorrang der chartakonformen Auslegung. Siehe hierzu oben Anm. 88.

[137] Siehe den vom IGH im Certain Expenses und Namibia Fall entwickelten Prüfungsmaßstab (s.o. Anm. 127). Hierzu auch Richter Morelli, S.O., im Certain Expenses Fall, ICJ Reports, 1962, 216, 223: "It is only in especially serious cases that an act of the Organization could be regarded as invalid, and hence an absolute nullity. Examples might be a resolution which had not obtained the required majority, or a resolution vitiated by a manifest *excés de pouvoir* (such as, in particular, a resolution the subject of which had nothing to do with the purposes of the Organization)"; Fitzmaurice, D.O., im Namibia Fall, ICJ Reports 1971, 208, 294, Ziff. 116 und ICTY, Prosecutor v. Tadic (1. Kap., Anm. 34).

schließen, ob dieser eine inzidente Überprüfung von Rechtsakten des Sicherheitsrats im streitigen Verfahren vornehmen wird. Dies gilt vor allem für das Verfahren des einstweiligen Rechtsschutzes, das aus dem Blickpunkt des effektiven Schutzes der Menschenrechte im Vordergrund des Interesses steht, in dem anhand der Haltung des IGH im Lockerbie Fall davon auszugehen ist, daß der IGH in der Regel keine eingehende Rechtskontrolle der Rechtsakte des Sicherheitsrats vornehmen wird. Das langwierige Hauptsacheverfahren kann dagegen lediglich in den Fällen langfristiger Wirtschaftssanktionen einen, allerdings erheblich verzögerten, Rechtsschutz bieten. Aus Rechtsschutzgesichtspunkten erscheint zudem das hohe Maß an Zufälligkeit, das vor allem in dem Bestehen und Umfang der Zuständigkeit des IGH gründet, mit dem eine inzidente Kontrolle der Rechtsakte des Sicherheitsrats verbunden ist, problematisch. Die Zurückhaltung der Staaten, sich der umfassenden, obligatorischen Zuständigkeit des IGH zu unterwerfen, verdeutlicht die praktische Dimension dieser bedingten Form des Rechtsschutzes[138]. Zwar könnte eine etwaige Entscheidung des IGH, in der dieser inzident die vom Sicherheitsrat gegenüber dem Sanktionsadressaten verhängten Wirtschaftssanktionen wegen deren fehlender Vereinbarkeit mit den Menschenrechten für ultra vires erklärt, dazu führen, daß der Sicherheitsrat sich zu einer Anpassung der Wirtschaftssanktionen entschließt. In Anbetracht der aufgezeigten Hindernisse erscheint eine derartige Entscheidung jedoch eher fernliegend. Eine gegen einen Mitgliedstaat mit dem Ziel eingereichte Klage, die Rechtmäßigkeit der Rechtsakte des Sicherheitsrats inzident überprüfen zu lassen, ist im Ergebnis mit einem so hohen Maß an Unwägbarkeiten verbunden, daß diese nicht das gebotene Mindestmaß an Rechtsschutz bieten würde.

Das Gutachtenverfahren ist potentiell besser zur Überprüfung der Vereinbarkeit von Wirtschaftssanktionen mit den Menschenrechten und dem humanitären Völkerrecht geeignet, weil die dahingehende Beurteilung als Rechtsfrage unmittelbar Gegenstand des Verfahrens sein könnte. Aufgrund der für einen entsprechenden Antrag erforderlichen Mehrheiten dürfte es dem Sanktionsadressaten, sofern er nicht über eine beträchtliche politische Unterstützung verfügt, im Regelfall aber kaum gelingen, die erforderliche Mehrheit an Stimmen zum Anfordern eines Gutachtens, das zumindest indirekt auch den konkreten Fall betrifft, zu mobilisieren.

Zum gegenwärtigen Zeitpunkt ist überdies weder im Sicherheitsrat noch in der Generalversammlung eine Bereitschaft zu erkennen, ein Gutachten über die Rechtmäßigkeitsanforderungen, die für Wirtschaftssanktionen in Hinblick

---

[138] So haben zu Anfang des Jahres 2001 lediglich 36 Staaten die Zuständigkeit des IGH auf der Grundlage einer Erklärung nach Artikel 36 Absatz 2 des IGH-Statuts anerkannt.

auf die Menschenrechte und das humanitäre Völkerrecht gelten, beim IGH anzufordern. Es ist kaum damit zu rechnen, daß die Mehrheit des Sicherheitsrats, die eine Resolution verabschiedet, auch bereit sein wird, diese dem IGH zur rechtlichen Kontrolle vorzulegen[139]. Die Erwägungen, die 1947 dazu führten, daß der Vorschlag, vom IGH ein Rechtsgutachten in der zum damaligen Zeitpunkt vom Sicherheitsrat behandelten Frage zwischen Indonesien und den Niederlanden anzufordern, nicht die erforderliche Mehrheit fand, bieten immer noch ein instruktives Beispiel für eine dahingehende grundsätzliche Abneigung unter den Mitgliedern des Sicherheitsrats[140]. Andererseits wäre ein vom IGH vorgelegtes Gutachten, das die Gültigkeit einer Resolution des Sicherheitsrats bestätigt, der Legitimität des Sicherheitsrats grundsätzlich förderlich. Ein Antrag des Sicherheitsrats an den IGH zur Erstattung eines Gutachtens wäre daher um so wahrscheinlicher, je eher in bezug auf eine umstrittene Praxis mit einer bestätigenden Entscheidung des IGH zu rechnen wäre. Davon kann gegenwärtig in Hinblick auf die Vereinbarkeit von umfassenden Wirtschaftssanktionen mit den Menschenrechten und dem humanitären Völkerrecht nicht ausgegangen werden. Ein Antrag auf Überprüfung von Rechtsakten des Sicherheitsrats durch die Generalversammlung ist ebenfalls eher unwahrscheinlich. Ein solcher Antrag würde, soweit er gegen den Willen der ständigen Mitglieder des Sicherheitsrats erfolgt, eine offene Kampferklärung an den Sicherheitsrat bedeuten. Es wäre in einem solchen Fall zu erwarten, daß die ständigen Mitglieder des Sicherheitsrats bereits im Vorfeld alle diplomatischen Mittel anwenden würden, um das Zustandekommen einer solchen Resolution der Generalversammlung zu verhindern. Sollte sie gleichwohl angenommen werden, so hätte dieser Umstand erhebliche politische Rückwirkungen auf das Verhältnis der Organe zueinander, die auch den IGH zur Zurückhaltung bei seiner Entscheidung bewegen könnte. Aufgrund der politischen Brisanz, die einem derartigen Gutachten innewohnt, läßt sich, nicht zuletzt aufgrund des Umstands, daß die beiden Organe jeweils eigene Arbeitsgruppen zur Ausarbeitung von Kriterien, die im Rahmen von Wirtschaftssanktionen Anwendung finden sollen, eingesetzt haben[141], nicht erwarten, daß sich in absehbarer Zukunft in einem der beiden Organe die erforderliche Mehrheit zur Anforderung eines derartigen Gutachtens finden lassen wird[142].

---

[139] Stein, 383.

[140] Ausführlich dazu Akande, 329.

[141] Siehe zu diesen Arbeitsgruppen im einzelnen 6. Kap., 2.

[142] Siehe zu Vorschlägen, das Antragserfordernis zu ändern, um so dem Gutachtenverfahren eine stärkere Rolle in der Rechtsprechung des IGH einzuräumen Bedjaoui, New World Order, 108, 115 ff.

4. Die Befugnis von Mitgliedstaaten, sich mit befreiender Wirkung auf die Rechtswidrigkeit von Rechtsakten des Sicherheitsrats zu berufen

Ein Drittstaat könnte zwar aus dem Grundsatz des erga omnes andere Staaten vor dem IGH wegen der durch die Umsetzung der Sanktionsmaßnahmen herbeigeführten Verletzung von Menschenrechten verklagen, würden sich dann aber in der ironischen Lage befinden, implizit sich selbst verklagen zu müssen, da er nach Artikel 25 der Charta ebenso wie die übrigen Mitgliedstaaten prima facie zur Befolgung der vom Sicherheitsrat beschlossenen Maßnahmen verpflichtet ist. Dieses Szenario ist somit höchst unwahrscheinlich. In bezug auf Drittstaaten steht deshalb die Frage im Vordergrund, ob diese aus Artikel 25 der Charta auch zur Umsetzung von rechtswidrigen Resolutionen des Sicherheitsrats verpflichtet sind oder ob, und gegebenenfalls unter welchen Umständen, sie sich auf die Rechtswidrigkeit der Rechtsakte des Sicherheitsrats mit der Folge berufen können, daß deren Bindungswirkung entfällt. Dieser Frage kommt vor allem rechtspolitisch eine erhebliche Bedeutung zu, weil der Sanktionsadressat in Anbetracht der de facto fehlenden Rechtsschutzmöglichkeiten versucht sein wird, Drittstaaten zur Nichtbefolgung der gegen ihn verhängten Sanktionsmaßnahmen zu bewegen[143].

4.1. Die Reichweite der Pflicht zur Befolgung von Beschlüssen des Sicherheitsrats aus Artikel 25 der Charta

Der wenig geglückte Wortlaut des Artikel 25 der Charta ist in Hinblick auf die Reichweite der Bindungswirkung, die den Rechtsakten des Sicherheitsrats für die Mitgliedstaaten zukommt, zweideutig[144]. Er erlaubt sowohl die Lesart, daß die Mitgliedstaaten sämtliche Beschlüsse des Sicherheitsrats, also auch solche, die ultra vires sind, in Übereinstimmung mit der Charta ausführen müssen, als auch die Auslegung, daß die Mitgliedstaaten nur diejenigen Beschlüsse des Sicherheitsrats auszuführen haben, die im Einklang mit der Charta getroffen werden[145]. Aus der systematischen und teleologischen Auslegung des Artikel 25 der Charta folgt, daß die Mitgliedstaaten sich nur insoweit zur Ausführung der

---

[143] Eine dahingehende Entwicklung ist insbesondere in den Fällen der gegenüber Libyen und dem Irak verhängten Wirtschaftssanktionen in bezug auf die Flugverkehrsverbote zu beobachten gewesen (s.o. Anm. 6, 7).

[144] Richter Bedjaoui, D.O., im Lockerbie Fall, ICJ Reports 1992, 33, 47; 143, 157: "ambiguous form of words."

[145] Siehe zum Wortlaut des Artikel 25 der Charta Delbrück, in: Simma, Chartakommentar, Artikel 25, Rn.17; Herbst, 295 ff.; Herdegen, 157 ff.; Lorinser, 124 ff.; Martenczuk, 128 ff.

Beschlüsse des Sicherheitsrats verpflichtet haben, als diese in Übereinstimmung mit der Charta getroffen werden[146]. Zu diesem Schluß ist auch der IGH in seiner Rechtsprechung gekommen[147]. Ein Blick auf die Vorarbeiten bestätigt dieses Ergebnis. Aus den Debatten während der Beratungen zur Verabschiedung der Charta läßt sich erkennen, daß Artikel 25 der Charta von der Mehrheit der Delegierten so aufgefaßt worden ist, daß die Beschlüsse des Sicherheitsrats selbst in Übereinstimmung mit der Charta zu erfolgen haben[148]. Dies bedeutet jedoch nicht zugleich, daß sich ein Mitgliedstaat einseitig auf die fehlende Bindungswirkung von Beschlüssen, die seiner Auffassung nach rechtswidrig sind, berufen kann. Artikel 25 der Charta enthält diesbezüglich keine eigenständige Aussage[149]. Im Falle eines rechtswidrigen Beschlusses des Sicherheitsrats ist daher die Frage maßgeblich, ob dessen Bindungswirkung automatisch entfällt oder ob bzw. unter welchen Umständen die Mitgliedstaaten trotz dessen Rechtswidrigkeit zur Durchführung des Beschlusses verpflichtet bleiben.

4.2. Das Bestehen und die Bedingungen einer Befugnis der Mitgliedstaaten, sich auf die Rechtswidrigkeit von Sicherheitsratsbeschlüssen zu berufen

4.2.1. Ausschluß einer Berufungsbefugnis

Eine Befugnis der Mitgliedstaaten, sich auf die fehlende Bindungswirkung der auf der Grundlage von Kapitel VII der Charta getroffenen rechtswidrigen Beschlüsse des Sicherheitsrats zu berufen, hätte weitreichende Konsequenzen für das System der kollektiven Sicherheit. Die Bindung der Mitgliedstaaten an Beschlüsse des Sicherheitsrats bestünde insoweit nur vorbehaltlich einer entgegenstehenden Rechtsauffassung. Den Mitgliedstaaten würde damit die Möglichkeit eingeräumt, eigenmächtig über die Rechtmäßigkeit der Beschlüsse des Sicherheitsrats zu entscheiden[150]. Diese Befugnis würde zu einer erheblichen

[146] Dies entspricht der überwiegenden Auffassung in der Literatur, so Bowett, 92, 93; Gowlland-Debbas, Relationship, 662; Kelsen, 95; Schachter, 399; Schilling, 94; Stein, 21; Tomuschat, Lockerbie-Case, 44. Siehe auch die überzeugende Auslegung des Artikel 25 der Charta durch Herbst, 295 ff., mit Nachweis der gegenteiligen Auffassungen.

[147] Im Namibia Fall, ICJ Reports 1971, 16, 52, 53, Ziff. 113 ff. Siehe auch Richter Fitzmaurice, D.O., ebd., 220, 293, Ziff. 113 und Richter Bustamante, D.O., im Certain Expenses Fall, ICJ Reports 1962, 288, 304.

[148] Siehe hierzu Goodrich, Leland M./Hambro, Edvard, Charter of the United Nations, Commentary and Documents, 2. Auflage, London, 1949, 208.

[149] Lorinser, 126.

[150] Eindringlich Osieke, 255, wonach dies einer Kompetenzkompetenz der einzelnen Staaten gleichkäme.

Gefährdung des Sanktionssystems der Charta führen[151]. Insofern sind zurecht Bedenken gegen eine derartige Befugnis der Mitgliedstaaten geltend gemacht worden[152]. Diese Bedenken sind auch in der Praxis der Vereinten Nationen zum Vorschein gekommen, als die einseitige Aufhebung der gegenüber Südrhodesien verhängten Wirtschaftssanktionen durch das Vereinigte Königreich auf nahezu einhellige Ablehnung der Mitgliedstaaten stieß[153]. Das Sanktionssystem der Charta dient dazu, das vorrangige Ziel der Vereinten Nationen, die Wahrung und Wiederherstellung des Weltfriedens und der internationalen Sicherheit, zu verwirklichen. Zu diesem Zweck haben die Mitgliedstaaten dem Sicherheitsrat weitreichende Befugnisse übertragen. Er verfügt über ein weites Ermessen, bei dessen Ausübung neben rechtlichen Erwägungen auch solche der politischen Zweckmäßigkeit relevant sind. Als Korrektiv gegenüber einem Machtmißbrauch dient dabei nicht nur das Prinzip der Mehrheitsentscheidung, sondern insbesondere das Vetorecht der ständigen Mitglieder des Sicherheitsrats. Die in der Charta getroffenen Regelungen der Artikel 25, 48, 103 legen eine grundsätzliche Verpflichtung der Mitgliedstaaten zur Durchführung der vom Sicherheitsrat getroffenen Beschlüsse nahe. Deren Verbindlichkeit soll die wirksame kollektive Umsetzung der beschlossenen Sanktionsmaßnahmen gewährleisten. Die uneingeschränkte Wirksamkeit von Beschlüssen des Sicherheitsrats, ungeachtet ihrer Übereinstimmung mit der Charta im konkreten Fall, würde daher die

---

[151] Aus diesem Grund lehnen eine Reihe von Autoren die Befugnis der Mitgliedstaaten zur einseitigen Berufung auf die Rechtswidrigkeit der Beschlüsse des Sicherheitsrats ab, so Akande, 336; Bruha/Krajewski, 18; Kelsen, 294; Osieke, 255. Differenzierend Graefrath, 66, 67, dem zufolge eine derartige Befugnis den Mitgliedstaaten nur dann zusteht, wenn souveräne Rechte betroffen sind, nicht jedoch wenn es um die Verhinderung von militärischen Aktivitäten, Friedensbrüchen, Akten des Völkermords oder schwerwiegende Menschenrechtsverletzungen geht.

[152] Dahm, 212.

[153] Das Vereinigte Königreich hatte am 12. Dezember 1979 den Präsidenten des Sicherheitsrats über die einseitige Aussetzung der Sanktionsmaßnahmen informiert. Zur Begründung führte es an, daß die Friedensbedrohung entfallen sei und die Sanktionsmaßnahmen ihren Zweck erfüllt hätten. Dieser Schritt wurde sowohl von der Generalversammlung als auch einer Reihe von Mitgliedstaaten im Sicherheitsrat, unter ihnen die UDSSR, Frankreich und China sowie einer Gruppe von afrikanischen Staaten in einer separaten Erklärung mißbilligt. Diese wiesen darauf hin, daß die einseitige Aufhebung der Sanktionsmaßnahmen einen Verstoß gegen die Verpflichtung aus Artikel 25 der Charta darstelle, der das Sanktionssystem der Vereinten Nationen gefährde. Hierzu ausführlich Suy, Legal Questions, 684 ff. m.w.N. Das Vereinigte Königreich machte zwar in diesem Fall nicht geltend, daß die Beibehaltung der Sanktionen gegenüber Südrhodesien rechtswidrig sei. Die Fallkonstellation läßt sich aber auf Fälle übertragen, in denen ein Staat unter Hinweis auf die Rechtswidrigkeit der Sanktionsmaßnahmen deren Befolgung verweigert und die entsprechenden Beschlüsse des Sicherheitsrats nicht mehr als verbindlich anerkennt.

Verwirklichung der Aufgabe der Friedenswahrung durch kollektive Zwangsmaßnahmen im höchstmöglichen Maße gewährleisten[154].

4.2.2. Bestehen einer uneingeschränkten Berufungsbefugnis

Die uneingeschränkte Wirksamkeit von Beschlüssen des Sicherheitsrats läßt sich allerdings kaum mit der begrenzten Übertragung der Befugnisse durch die Mitgliedstaaten vereinbaren. Zudem würde sie die Mitgliedstaaten schutzlos stellen. Die Mitgliedstaaten haben ihre Souveränität nur insoweit aufgegeben, als die Beschlüsse des Sicherheitsrats im Einklang mit der Charta stehen[155]. Die insoweit bedingte Bindungswirkung der Beschlüsse des Sicherheitsrats kommt in Artikel 25 der Charta zum Ausdruck, aus dem folgt, daß die Mitgliedstaaten keine Verpflichtung eingegangen sind, auch rechtswidrige Beschlüsse auszuführen[156]. Ist ein Beschluß des Sicherheitsrats rechtswidrig, so können die Mitgliedstaaten die Wahrung der Chartakonformität aufgrund der de facto fehlenden gerichtlichen Kontrolle nur dann erreichen, wenn ihnen die Befugnis zusteht, sich auf die fehlende Bindungswirkung des Beschlusses zu berufen[157]. Diese Umstände sprechen dafür, daß einem rechtswidrigen Beschluß des Sicherheitsrats keine Bindungswirkung zukommt und es der Auto-Interpretation des einzelnen Mitgliedsstaates überlassen bleibt, diese Rechtswidrigkeit festzustellen.

4.2.3. Der Mittelweg: Anerkennung einer eingeschränkten Berufungsbefugnis

An diesem Punkt setzen aber die eingangs angeführten Bedenken hinsichtlich einer unannehmbaren Schwächung des Systems der kollektiven Sicherheit im Falle der Auto-Interpretation durch die Mitgliedstaaten ein. Die Konfliktlage ist offensichtlich. Aufgrund des Fehlens einer neutralen Instanz, die über die Rechtmäßigkeit der streitigen Beschlüsse des Sicherheitsrats verbindlich entscheiden könnte, sind es entweder der Sicherheitsrat im Wege der Kompetenzkompetenz oder die Mitgliedstaaten im Wege der Auto-Interpretation, die zu Richtern in eigener Sache würden[158]. Keiner dieser beiden Lösungswege ist

---

[154] Siehe zu diesem Abschnitt Lorinser, 129 ff.
[155] Graefrath, 66. Siehe hierzu auch die Ausführungen von Richter Gros, S.O, im WHO-Egypt Fall, ICJ Reports 1980, 99, 104, die sich allerdings auf die Satzung der WHO bezogen.
[156] Bowett, 95. Doehring, Unlawful Resolutions, 98, 104 ff. und Domincie, 187, zufolge gilt dies zumindest dann, wenn Rechtsakte des Sicherheitsrats gegen zwingendes Völkerrecht verstoßen.
[157] Lorinser, 128; Schilling, 101.
[158] Osieke, 255.

geeignet, das Spannungsverhältnis zwischen Effektivität und Legalität zu einem angemessenen Ausgleich zu bringen, da jeder der beiden Wege nur auf Kosten eines elementaren Grundsatzes des Systems der Charta, der in dem jeweiligen anderen Lösungsweg seinen Ausdruck findet, beschritten werden kann[159]. Es überrascht daher nicht, daß eine Vielzahl von vermittelnden Vorschlägen zur Auflösung des Konflikts unterbreitet worden sind. Diese Vorschläge unterscheiden sich voneinander im wesentlichen durch das Maß, in welchem sie die Berufungsmöglichkeit der Mitgliedstaaten auf die Rechtswidrigkeit der Beschlüsse des Sicherheitsrats einschränken wollen. Dabei geht es letztlich darum, wer das Risiko der Rechtswidrigkeit von Beschlüssen des Sicherheitsrats zu tragen hat.

Den folgenden Überlegungen liegt die Prämisse zugrunde, daß den Mitgliedstaaten grundsätzlich ein Berufungsrecht zusteht. Trotz der Bedenken, die diesbezüglich in Hinblick auf die mit der Auto-Interpretation durch die Mitgliedstaaten verbundenen Gefahren für die Wirksamkeit des Systems der kollektiven Sicherheit bestehen, erscheint es zu weitgehend, die Mitgliedstaaten de facto zur Ausführung von rechtswidrigen Beschlüssen zu verpflichten. Dies gilt insbesondere, sofern diese gegen zwingendes Völkerrecht verstoßen. Insofern kann der Zweck der Friedenswahrung nicht das Mittel, den Verstoß gegen die Bestimmungen der Charta, rechtfertigen, da ansonsten die rechtlichen Beschränkungen, denen der Sicherheitsrat unterliegt, gegenstandslos wären. Den Mitgliedstaaten muß daher als ultima ratio die Berufung auf die Rechtswidrigkeit von Beschlüssen des Sicherheitsrats und auf die daraus folgende fehlende Bindungswirkung möglich sein[160]. Die Reaktionen auf die Sanktionspraxis des Sicherheitsrats bei den gegenüber dem Irak und Libyen verhängten Wirtschaftssanktionen haben aufgezeigt, daß sich die Mitgliedstaaten zumindest grundsätzlich, wenn auch nicht ausdrücklich, das Recht vorbehalten, die Befolgung der Sanktionen im Falle ihrer Rechtswidrigkeit zu verweigern[161].

---

[159] Lorinser, 131.

[160] Herdegen, 158; Koskenniemi, Order, 342. Richter Bustamante, D.O., im Certain Expenses Fall, ICJ Reports 1962, 288, 304: "There is ... a legal presumption that each of the organs of the Organization is careful in its actions to comply with the prescriptions of the Charter; but when, in the opinion of one of the Member States, a mistake of interpretation has been made or there has even been an infringement of the Charter, there is a right to challenge the resolution in which the error has been noted for the purpose of determining whether or not it departed from the Charter."

[161] S.o. Anm. 6, 7. In der Praxis der Mitgliedstaaten liegen der Verweigerung der Befolgung zumeist politische Motive zugrunde, zu deren Durchsetzung mitunter auch rechtliche Argumente herangezogen werden. Eine ausdrückliche Berufung auf die Rechtswidrigkeit der Beschlüsse des Sicherheitsrats und ein daraus abgeleitetes Recht zur Verweigerung deren Befolgung dürfte aber aufgrund der weitreichenden rechtlichen und politischen Rückwirkungen, die mit einem solchen Schritt verbunden sind, auch in Zukunft die Ausnahme bleiben.

a) Berufung lediglich auf die formelle Rechtswidrigkeit

Die Beschränkung der Berufungsmöglichkeit auf formell rechtswidrige Entscheidungen des Sicherheitsrats[162] bietet, auch in Anbetracht des Wortlauts Artikel 25 der Charta, der keine dahingehende Unterscheidung trifft, keinen im Einklang mit der Charta stehenden Lösungsweg, der zu einer angemessenen Auflösung der Konfliktlage führt. Diese Lösung würde gerade in den umstrittenen Fällen, die sich in der Regel auf die Vereinbarkeit der Beschlüsse des Sicherheitsrats mit dem materiellen Völkerrecht beziehen, dazu führen, daß den Mitgliedstaaten keine Berufungsmöglichkeit zusteht[163].

b) Berufung lediglich nach vorheriger Entscheidung des IGH

Als alternativer Lösungsweg ist die vorläufige Pflicht der Mitgliedstaaten zur Befolgung von Beschlüssen des Sicherheitsrats vorbehaltlich einer Entscheidung des IGH vorgeschlagen worden[164]. Zwar ist eine Entscheidung des IGH grundsätzlich geeignet, den durch die Vermutung der Rechtmäßigkeit erzeugten Rechtsschein zu beseitigen. Die Anrufung des IGH bietet jedoch nur bedingt die Möglichkeit, die Rechtswidrigkeit eines Beschlusses des Sicherheitsrats geltend zu machen[165]. Das Fehlen einer obligatorischen Gerichtsbarkeit des IGH bedeutet, daß es letztendlich von den zufälligen Umständen des jeweiligen Falls abhängt, ob der betroffene Staat eine Rechtsschutzmöglichkeit hat oder nicht[166]. Der Umstand, daß jedem Staat der Weg zum IGH prinzipiell offensteht, kann dieses Manko in der Praxis kaum wettmachen. Es muß auch bezweifelt werden, ob die Verweisung der Mitgliedstaaten, die Rechtmäßigkeit von Beschlüssen des Sicherheitsrats vor dem IGH überprüfen zu lassen, dazu führen würde, daß die Staaten vermehrt die obligatorische Gerichtsbarkeit des IGH akzeptieren[167]. Gerade die ständigen Mitglieder des Sicherheitsrats hätten bei einem solchen Szenario ein zusätzliches Interesse, sich nicht der obligatorischen Gerichtsbarkeit des IGH zu unterwerfen, da mit einem solchen Schritt eine Gefährdung der Bindungswirkung der im Sicherheitsrat getroffenen Entscheidungen verbunden wäre. Im Ergebnis kann daher von den Mitgliedstaaten nicht verlangt werden, ihr Berufungsrecht einem derartigen Vorbehalt zu unterstellen. Dies gilt zumindest solange, als kein eigenständiges Verfahren zur Überprüfung der Rechtmäßigkeit dieser Beschlüsse besteht. Faktisch wird nämlich die vorläufige Pflicht zur Befolgung der Beschlüsse des Sicherheitsrats aufgrund des unzureichenden

[162] Delbrück, in: Simma, Chartakommentar, Artikel 25, Rn.18.
[163] Siehe hierzu Graefrath, 65, 66; Lorinser, 131, 132.
[164] Ebd., 144 ff.
[165] S.o. 3.4.
[166] Ebenso Bothe, 80; Stein, 385.
[167] So aber Lorinser, 148, 149.

Rechtsschutzes im Regelfall eine endgültige Pflicht sein, so daß diese Lösung einseitig zu Lasten der Mitgliedstaaten geht.

c) Berufung lediglich im Fall der offenkundigen Rechtswidrigkeit

Als Voraussetzung einer Befugnis der Mitgliedstaaten, sich auf die fehlende Bindungswirkung der Resolutionen des Sicherheitsrats zu berufen, ist die Offenkundigkeit der Rechtswidrigkeit angeführt worden[168]. Das Kriterium der Evidenz stellt angesichts des Grundsatzes, daß jede Entscheidung des Sicherheitsrats, mit dem dieser seine Kompetenzen überschreitet, rechtswidrig ist, eine zusätzliche Hürde dar, welche die vorschnelle Berufung auf die Rechtswidrigkeit einschränken soll und somit der Rechtssicherheit und Effektivität des Systems der kollektiven Sicherheit dient. Insofern greift auch hier die bereits im Zusammenhang mit der Prüfungsbefugnis des IGH erörterte Vermutung der Rechtmäßigkeit[169]. Weitgehend unklar ist aber, wie die Offenkundigkeit der Kompetenzübertretung bestimmt werden soll, wenn der Sicherheitsrat eine Maßnahme ergreift, die zur Verwirklichung eines Ziels der Charta dient, da der Begriff der Offenkundigkeit so unbestimmt ist[170], daß er selbst der Konkretisierung bedarf. Diese Konkretisierung kann aber letztendlich nur von dem vorgenommen werden, der die Befugnis zur Beurteilung der Rechtmäßigkeit der Beschlüsse des Sicherheitsrats hat[171]. Dies ist in erster Linie die Aufgabe des Organs, dessen Beschluß in Frage steht. Allerdings kann diese Befugnis nicht unbegrenzt sein, da der Sicherheitsrat ansonsten, soweit keine Rechtsschutzmöglichkeit vor dem IGH besteht, wiederum zum Richter in eigener Sache würde[172]. Als Indiz, das zur Feststellung der Offenkundigkeit geeignet erscheint, wird insoweit eine entsprechend große Zahl von Mitgliedstaaten herangezogen werden können, die die Rechtswidrigkeit eines Sicherheitsratsbeschlusses geltend machen[173]. Läßt sich eine Offenkundigkeit nicht feststellen, so hat in entsprechender Anwendung der bereits in Hinblick auf die Rechtsprechung des IGH entwickelten Grundsätze zu gelten, daß Zweifel an der Rechtmäßigkeit eines Sicherheitsratsbeschlusses zu Lasten der Mitgliedstaaten gehen, die zu

---

[168] Herdegen, 158.
[169] S.o. 3.3.1.
[170] Frowein, Resolutions, 782; Osieke, 249.
[171] Hierzu bereits Jennings, 95. Siehe auch Osieke, 249, 255.
[172] Dem Sicherheitsrat kommt keine Befugnis zur autoritativen Interpretation der Charta zu. Überzeugend Martenczuk, 143 ff., 151 m.w.N.
[173] Herdegen, 159. In diesem Punkt käme der politischen Kontrolle des Sicherheitsrats durch die Generalversammlung in denjenigen Fällen auch eine rechtliche Komponente zu, in denen die Generalversammlung in einer Resolution erklären würde, daß die vom Sicherheitsrat verhängten Sanktionen rechtswidrig bzw. mit den Menschenrechten bzw. den Normen des humanitären Völkerrechts unvereinbar sind.

dessen Befolgung verpflichtet bleiben[174]. Diese Risikoverteilung ist angesichts der in den Artikeln 25, 48 der Charta zum Ausdruck kommenden grundsätzlichen Pflicht der Mitgliedstaaten zur Befolgung der Beschlüsse des Sicherheitsrats aus Effektivitätsgesichtspunkten gerechtfertigt.

d) Einschränkung der Berufungsbefugnis und Bedingungen ihrer Geltendmachung gegenüber dem Sicherheitsrat

Die Befugnis, sich auf die Rechtswidrigkeit der Beschlüsse des Sicherheitsrats zu berufen, steht des weiteren unter dem Vorbehalt der Verwirkung und des Willkürverbots[175]. Hat ein Mitgliedstaat nicht innerhalb eines längeren Zeitraums die Rechtswidrigkeit eines Sicherheitsratsbeschlusses geltend gemacht, so ist ihm eine spätere Berufung auf die Rechtswidrigkeit verwehrt[176]. Davon ausgenommen sind Beschlüsse, z.B. bei langfristigen Wirtschaftssanktionen, die gerade aufgrund des Zeitmoments nachträglich rechtswidrig werden. Die Berufung auf die Rechtswidrigkeit ist ferner dann ausgeschlossen, wenn sie willkürlich erfolgt, ihr also sachfremde Motive zugrundeliegen. Dies folgt schon aus Artikel 2 Ziff. 2 der Charta.

Darüber hinaus trifft den Mitgliedstaat, der sich auf die Rechtswidrigkeit beruft, eine Darlegungs- und Konsultationspflicht. Eine solche Pflicht läßt sich aus der in der Charta verankerten Loyalitätspflicht folgern[177]. Der Mitgliedstaat muß dem Sicherheitsrat gegenüber substantiiert darlegen, warum die Rechtmäßigkeitsvermutung zugunsten des Sicherheitsrats nicht eingreift. Der Sicherheitsrat ist dann im Gegenzug verpflichtet, seine Rechtsauffassung darzulegen und gegebenenfalls seine Beschlüsse zu modifizieren, um den berechtigten Bedenken des Mitgliedsstaates gerecht zu werden[178]. Der Mitgliedstaat hat ferner eine

[174] Akande, 342. Siehe hierzu auch die grundsätzlichen Ausführungen von Jennings, 94.

[175] Siehe zu diesem Vorbehalt Lauterpacht, Legal Effects, 117 ff.

[176] Beachte die Parallele zum Recht der Staatenverantwortlichkeit. Gemäß den jüngsten Entwürfen, Artikel 46 quater, in: ILC-Report, A/55/10, Chapter IV, Ziff. 247 ff., soll ein Staat des Rechts, sich auf die Rechtswidrigkeit des Verhaltens eines anderen Staats zu berufen, verlustig gehen, sofern er sich auf dieses nicht innerhalb eines angemessenen Zeitraums beruft.

[177] Doehring, Unlawful Resolutions, 105, 106. Zum Loyalitätsgebot auch Müller, in: Simma, Chartakommentar, Artikel 2 Ziff. 2, Rn. 15.

[178] Siehe in diesem Zusammenhang auch die Erwägungen von Richter Lauterpacht in seinem Sondervotum im Bosnien Fall zu dem weiteren Vorgehen im Falle der möglichen Verletzung einer Norm des Jus Cogens durch eine Maßnahme des Sicherheitsrats, hier der in Betracht gezogene Verstoß des gegen Bosnien-Herzegowina aufrechterhaltenen Waffenembargos gegen das Verbot des Völkermords, ICJ Reports, 1993, 407, 441, Ziff. 104: "Instead, it would seem sufficient that the relevance here of *jus cogens* should be drawn to the attention of the Security Council, as it will be by the required communication to it of the Court's order, so

Wartepflicht bis zum Erlaß eines Gutachtens durch den IGH, sollte der Sicherheitsrat den IGH um ein solches zur Klärung der streitigen Rechtsfrage ersuchen[179]. Überdies hat der Mitgliedstaat grundsätzlich die Rechtsauffassung des Sicherheitsrats zu berücksichtigen und kann sich nur dann, wenn er an seiner Rechtsauffassung festhält, worüber er im Wege der Auto-Interpretation entscheidet, einseitig von der Bindungswirkung der Entscheidung des Sicherheitsrats befreien. Er trägt dabei das Risiko, daß der IGH die Entscheidung des Sicherheitsrats in einem nachfolgenden Verfahren für rechtmäßig erklärt[180].

4.3. Ergebnis

Das Spannungsverhältnis zwischen Effektivität und Legalität ist letztlich im Rahmen der geltenden Rechtslage nicht aufzulösen. Während die Notwendigkeit einer weitreichenden Bindung der Mitgliedstaaten zur Wahrung der wirksamen Umsetzung der Entscheidungen des Sicherheitsrats unbestritten ist, kann diese Bindung aufgrund der begrenzten Souveränitätsübertragung und der Chartabindung des Sicherheitsrats gegenüber den Mitgliedstaaten, denen kein wirksamer rechtlicher Mechanismus zur Verfügung steht, um die Rechtmäßigkeit solcher Entscheidungen anzugreifen, nicht absolut sein. Diese, nicht zuletzt aufgrund des de facto fehlenden gerichtlichen Rechtsschutzes, unbestimmte Rechtslage ist zwar unbefriedigend, aber nicht so gefährlich für das System der kollektiven Sicherheit, wie es auf den ersten Blick den Anschein haben mag. Eine Berufung der Mitgliedstaaten auf die fehlende Rechtmäßigkeit von Entscheidungen des Sicherheitsrats ist bisher die Ausnahme geblieben. Eine verstärkte Berufung ist nur dann zu erwarten, wenn die Legitimität von Entscheidungen des Sicherheitsrats in Frage gestellt wird. In einer solchen Situation würde die Effektivität des Systems der kollektiven Sicherheit aber auch nicht dadurch gewahrt, daß von den Mitgliedstaaten eine uneingeschränkte Bindung an die Beschlüsse des Sicherheitsrats eingefordert wird. Eine solche würde nur den in einem solchen Fall bestehenden Antagonismus vertiefen und das System der kollektiven Sicherheit noch weiter untergraben. Im umgekehrten Fall ist davon auszugehen, daß auf Mitgliedstaaten, die sich ohne hinreichenden Grund auf die Rechtswidrigkeit eines Beschlusses berufen, von der restlichen Staatengemeinschaft erheblicher Druck zur Befolgung dieses Beschlusses ausgeübt werden würde.

---

that the Security Council may give due weight to it in further reconsideration of the embargo."

179 Doehring, Unlawful Resolutions, 100, zieht de lege ferenda eine Verpflichtung des Sicherheitsrats zur Anforderung eines Gutachten bzw. einer Stellungnahme des IGH zur Rechtmäßigkeit seiner Rechtsakte in Erwägung, sollten diese von einem Mitgliedstaat angegriffen werden.

180 Doehring, Unlawful Resolutions, 107; Herdegen, 159; Schilling, 100, 101.

Ein bewußter Mißbrauch des Berufungsrechts wäre dabei eine politische Kampferklärung an das System der kollektiven Sicherheit, die mit rechtlichen Mitteln nicht zu verhindern ist. Eine Befugnis der Mitgliedstaaten, die auf die Berufung auf Fälle der offensichtlichen Rechtswidrigkeit beschränkt ist, hat dagegen den Vorteil, daß die primäre Entscheidungskompetenz beim Sicherheitsrat verbleibt, dieser sich aber der Rechtmäßigkeit seiner Entscheidungen, sollten diese angezweifelt werden, vergewissern muß. Insofern stellt die Berufungsbefugnis der Mitgliedstaaten ein notwendiges Korrektiv dar, um eine Sanktionspraxis, die schwerwiegende Zweifel an der Vereinbarkeit mit den Menschenrechten und den Normen des humanitären Völkerrechts aufwirft, zu vermeiden.

Es ist daher letztendlich der Sicherheitsrat selbst, der durch eine Praxis, welche erkennbar die von der Charta vorgegebenen rechtlichen Grenzen beachtet, der geeignetste Wahrer seiner eigenen Legitimität ist[181]. Hierbei sind es insbesondere die ständigen Mitglieder des Sicherheitsrats, die mittels ihres Vetorechts die Beachtung eines rechtlichen Mindeststandards bei der Anwendung von Wirtschaftssanktionen einfordern können. Die Auseinandersetzungen im Sicherheitsrat über die Frage der Beibehaltung der Wirtschaftssanktionen gegenüber dem Irak haben hierbei gezeigt, daß vor allem Frankreich und die Russische Föderation, aber auch China aufgrund von Bedenken gegenüber der bisherigen Sanktionspraxis eine grundsätzliche Änderung der Sanktionspraxis anstreben[182]. Gerade vor dem Hintergrund der gegen die bisherige Sanktionspraxis vorgebrachten Bedenken werden auch die jüngsten Schritte des Sicherheitsrats, eine Arbeitsgruppe zur Ausarbeitung von Vorschlägen zur Reform der Sanktionspraxis einzusetzen[183], verständlich. In dem Maße, in dem die Mitglieder des Sicherheitsrats in allen künftigen Fällen ein Sanktionssystem umsetzen, das an verbindlichen Kriterien orientiert ist, die dem Gebot des Schutzes der Menschenrechte und des humanitären Völkerrechts gerecht werden, wird sich auch das im Spannungsverhältnis von Effektivität und Legitimität liegende Konfliktpotential vermindern. Die gegenwärtige Entwicklung im Sicherheitsrat läßt die Hoffnung berechtigt erscheinen, daß der Sicherheitsrat einer Selbstkontrolle fähig ist, die eine Kontrolle durch Dritte weitestgehend erübrigt.

---

[181] Herdegen, 158.
[182] Siehe 2. Kap., 2.2.2.5 und 6. Kap., 3.2.3.1.
[183] UN Dok. S/2000/319.

6. Kapitel: Der Rahmen einer zukünftigen, den Schutz der Menschenrechte gewährleistenden Sanktionspraxis des Sicherheitsrats

1. Einleitung

Der zunehmende Einsatz des Mittels der Wirtschaftssanktionen durch den Sicherheitsrat und die dabei zu Tage getretenen Schwachstellen der Sanktionspraxis haben in den Vereinten Nationen und darüber hinaus eine lebhafte Debatte über die zukünftige Ausgestaltung von Wirtschaftssanktionen ausgelöst. Ein wesentlicher Aspekt dieser Debatte ist die Entwicklung eines Sanktionssystems, das den Schutz der Bevölkerung des Sanktionsadressaten vor den nachteiligen Auswirkungen von Wirtschaftssanktionen und somit zugleich den Schutz der durch diese potentiell beeinträchtigten Menschenrechte gewährleisten soll. Im folgenden werden unter Berücksichtigung des rechtlichen Rahmens, der in bezug auf die Vereinbarkeit von Wirtschaftssanktionen mit den Menschenrechten und dem humanitären Völkerrecht entwickelt worden ist, die wesentlichen Elemente eines solchen Sanktionssystems und die Aussichten für deren Umsetzung erörtert. Auf dieser Grundlage werden die Rahmenbedingungen eines zukünftigen Sanktionssystems in Form des idealtypischen Ablaufs eines Sanktionsfalls entworfen, der am optimalen Schutz der Menschenrechte und des humanitären Völkerrechts im Rahmen des gegenwärtigen Systems der Friedenssicherung ausgerichtet ist. Diesem Ansatz liegt die Prämisse zugrunde, daß sich das angestrebte Ziel eines verbesserten Schutzes der Menschenrechte im Rahmen von Wirtschaftssanktionen aufgrund des de facto fehlenden Rechtsschutzes einzig im Wege der Änderung der Sanktionspraxis des Sicherheitsrats verwirklichen läßt. Im Anschluß an einen Überblick über die Sanktionsdebatte in der zurückliegenden Sanktionsdekade ist ferner, gewissermaßen als Vorfrage, zu klären, ob nicht allein ein Verzicht auf Wirtschaftssanktionen einen wirksamen Schutz der Menschenrechte gewährleisten kann.

2. Die Sanktionsdebatte

Die Sanktionsdebatte läßt sich in vier Phasen aufteilen. Die erste Phase von 1990 bis 1995 war maßgeblich geprägt von den Aussichten, welche die erstarkte Handlungsfähigkeit des Sicherheitsrats für das bis dahin weitgehend inoperative System der kollektiven Sicherheit begründete. Im Jahr 1995, der zweiten Phase, rückten die nachteiligen Auswirkungen von umfassenden Wirtschaftssanktionen in den Mittelpunkt der Aufmerksamkeit. In der dritten Phase, von Ende 1995 bis 1999, ist es zu einer deutlichen Intensivierung der Debatte unter Beteiligung einer Vielzahl von Organen und Sonderorganisationen der Vereinten Nationen, einzelner Staaten, NROs und Autoren in der völkerrechtlichen und politikwissenschaftlichen Literatur gekommen. Diese Debatte hält zum Zeitpunkt der Fertigstellung der Arbeit noch an. Der Umstand, daß zu Anfang des Jahres 2000 zum ersten Mal im Verlauf der Debatte die zukünftige Sanktionspolitik ausführlich im Sicherheitsrat selbst erörtert worden ist, der eigentliche Adressat der Debatte sich somit ausdrücklich und aktiv an ihr beteiligt, verleiht der Auseinandersetzung eine neue Qualität, so daß die gegenwärtigen Entwicklungen als vierte Phase bezeichnet werden können.

Die Debatte über die negativen Auswirkungen der Wirtschaftssanktionen für die Bevölkerung des Sanktionsadressaten nahm im Januar 1995 ihren eigentlichen Anfang, als der Generalsekretär diese in seinem Positionspapier "Supplement to an Agenda for Peace" als stumpfes Werkzeug bezeichnete[1]. In diesem Positionspapier empfahl der Generalsekretär die Errichtung eines Mechanismus innerhalb der Vereinten Nationen, dessen Aufgabe unter anderem sein sollte, eine Einschätzung der potentiellen Auswirkungen von Sanktionen vorzunehmen und die tatsächlichen Auswirkungen von Wirtschaftssanktionen im Zielstaat zu beobachten, um den Sicherheitsrat bei einer Sanktionspolitik zu unterstützen, die bei maximaler politischer Wirksamkeit Kollateralschäden weitestgehend vermeidet[2]. Der Auslöser für die Stellungnahme des Generalsekretärs war die

[1] A/50/60- S/1995/1, III. E. Ziff. 66-76, 70: "Sanctions, as is generally recognized, are a blunt instrument. They raise the ethical question of whether suffering inflicted on vulnerable groups in the target country is a legitimate means of exerting pressure on political leaders whose behaviour is unlikely to be affected by the plight of their subjects. Sanctions always have unintended or unwanted effects. They can complicate the work of humanitarian agencies by denying them certain categories of supplies and by obliging them to go through arduous procedures to obtain necessary exemptions. They can conflict with the development objectives of the Organization and do long-term damage to the productive capacity of the target country ..."

[2] Ebd., Ziff. 75. Die ursprüngliche Agenda for Peace des Generalsekretärs A/47/277- S/24111 aus dem Jahr 1992 enthielt in bezug auf Wirtschaftssanktionen einzig einen kurzen Hinweis

zunehmende, von verschiedenen Seiten geäußerte Besorgnis über die Auswirkungen der gegenüber dem Irak, der BR Jugoslawien und Haiti verhängten Wirtschaftssanktionen. Im Gefolge dieses Positionspapiers des Generalsekretärs gaben nicht nur der Sicherheitsrat[3] bzw. seine fünf ständigen Mitglieder[4], sondern auch einzelne Staaten[5] sowie das IKRK[6] Stellungnahmen zur

---

auf die Frage der Entschädigung von Drittstaaten in Ziff. 41. In der Zeit vor 1995 finden sich lediglich vereinzelte Hinweise auf die nachteiligen Auswirkungen von Sanktionen auf die Bevölkerung des Sanktionsadressaten, so etwa von der Menschenrechtskommission, von Claire Palley in ihrem Bericht, von dem UN High Commissioner for Refugees im Jahr 1992 und 1993, von dem Under-Secretary General for Humanitarian Affairs sowie dem Inter-Agency Standing Committee. Siehe dazu Minear/Cortright/Wagler/Lopez/Weiss, xii.

[3] S/PRST/1995/9, 4: "It (the Security Council) agrees that the object of sanctions is not to punish but to modify the behaviour of the country or party which represents a threat to international peace and security. The steps demanded of that country or party should be clearly defined in Council resolutions, and the sanctions regime in question should be subject to periodic review and it should be lifted when the objectives of the appropriate provisions of the relevant Security Council resolutions are achieved. The Council remains concerned that, within this framework, appropriate measures are taken to ensure that humanitarian supplies reach affected populations."

[4] S/1995/300.

[5] Siehe insbesondere das von Australien und den Niederlanden zu Sanktionen vorgelegte "Non-Paper" A/50/322. Das Dokument enthält, ausgehend von einer Untersuchung bisheriger Sanktionsfälle, den Entwurf von Rahmenbedingungen für die zukünftigen Sanktionspraxis des Sicherheitsrats. In Hinblick auf die Auswirkungen von Wirtschaftssanktionen auf die Bevölkerung des Sanktionsadressaten wird eine gezielte Analyse der wirtschaftlichen Anfälligkeit des Sanktionsadressaten vorgeschlagen. Diese könne zur Auswahl geeigneter Sanktionsmaßnahmen beitragen, die geringere nachteilige Auswirkungen auf die Bevölkerung haben und zugleich die Wirksamkeit gegenüber der verantwortlichen Partei maximieren würden.

[6] 26 th International Conference of the Red Cross and Red Crescent, Resolution 4: "Principles and action in international humanitarian assistance and protection" (abgedruckt in HuV-I 8 (1995), 224, 228): "F. With regard to the humanitarian consequences of economic sanctions (the 26th Conference of the Red Cross and Red Crescent); 1. Encourages States to consider: a) when designing, imposing and reviewing economic sanctions, the possible negative impact of such sanctions on the humanitarian situation of the population of a targeted State and also of third States which may be adversely affected by such measures, b) assessing the short- and long-term consequences of United Nations-approved economic sanctions on the most vulnerable, and monitoring these consequences when sanctions have been applied, c) providing, including when subject to economic sanctions, and to the extent of their available resources, relief for the most vulnerable groups and the victims of humanitarian emergencies in their territories; 2. Calls upon States to permit relief operations of a strictly humanitarian character for the benefit of the most vulnerable groups within the civilian population, when required by international humanitarian law; 3. Calls upon the ICRC, the International Federation and National Societies to contribute to the reduction of the undesirable side-effects of sanctions on the humanitarian situation of civilian populations, through assessing the

Sanktionsthematik ab. Diese Stellungnahmen lassen als gemeinsamen Tenor den Grundsatz erkennen, daß die nachteiligen Folgen von Wirtschaftssanktionen auf die Bevölkerung des Zielstaates durch geeignete Maßnahmen zu minimieren sind.

In der Folgezeit war eine bemerkenswerte Verdichtung der Debatte zu verzeichnen, an der sich nahezu sämtliche Organe der Vereinten Nationen beteiligten. Hierbei übernahm insbesondere das Inter-Agency Standing Committee[7] und das United Nations Department for Humanitarian Affairs (DHA) bzw. dessen Nachfolger, das Office for the Coordination of Humanitarian Affairs (OCHA)[8], eine führende Rolle bei der Auseinandersetzung mit den Folgen von Wirtschaftssanktionen. Diese manifestierte sich in der Beauftragung von unabhängigen Experten, bisherige Sanktionsfälle zu untersuchen und Kriterien auszuarbeiten, mittels derer die Minimierung der nachteiligen Folgen von Wirtschaftssanktionen für die Bevölkerung erreicht werden kann[9]. Außerdem wurde von dem DHA bzw. dem OCHA auf Ersuchen des Sicherheitsrats eine Einschätzung der möglichen bzw. tatsächlichen Auswirkungen von geplanten bzw. bereits in Kraft getretenen Wirtschaftssanktionen vorgenommen[10].

---

impact thereof and providing relief to the most vulnerable persons, in accordance with their respective mandate."

[7] Das Inter-Agency Standing Committee (IASC) wurde mit A/RES 46/182, 19. Dezember 1991, Ziff. 38, als ein Bestandteil des Mechanismus zur Stärkung der Koordination der humanitären Hilfe in Notsituationen geschaffen. Es besteht aus Organisationen der Vereinten Nationen mit humanitärer Aufgabenstellung, der Rot Kreuz Bewegung und einem Zusammenschluß mehrerer NROs. 1997 gab das IASC gegenüber dem Sicherheitsrat eine grundsätzliche Stellungnahme zu den Auswirkungen von Wirtschaftssanktionen ab, S/1998/147, die eine Reihe von Verbesserungsvorschlägen enthielt.

[8] Das OCHA wurde im Januar 1998 von der Generalversammlung geschaffen. Diese Maßnahme zielte darauf ab, die Kapazität der UN zu stärken, um besser auf humanitäre Krisensituationen reagieren zu können. Das OCHA löste das DHA ab, das 1991 auf der Grundlage der A/RES 46/182 ins Leben gerufen worden war. Das OCHA nimmt in bezug auf Sanktionen eine Doppelrolle ein. Es hat zur Aufgabe, für das IASC Handlungsrichtlinien zu verschiedenen humanitären Fragestellungen zu entwickeln und, auf Ersuchen von UN-Organen, wie z.B. der Generalversammlung, dem Sicherheitsrat oder dem Generalsekretär, Analysen zu humanitären Fragestellungen zu erstellen. Siehe hierzu Bruderlein, 3 sowie zur Struktur und Aufgabenstellung des OCHA den Bericht des Generalsekretärs zur UN-Reform vom 16. Juli 1997, A/51/950, Ziff. 185 ff. und Mountain, Ross, OCHA in 1999, Structures, Activities and Funding, Humanitarian Liaison Working Group, Genf, 9. März 1999.

[9] Siehe die Berichte von Braunmühl/Kulessa; Minear/Cortright/Wagler/Lopez/Weiss und Bruderlein.

[10] Zum Sudan Note from the Department of Humanitarian Affairs concerning the possible humanitarian impact of the international flight ban decided in Security Council Resolution 1070 (1996), 20. Februar 1997. Zu Sierra Leone S/1998/155.

Die Generalversammlung hat sich zu einem wichtigen Forum in der Sanktionsdebatte entwickelt. Hierbei steht die Frage der Entschädigung der von den negativen Auswirkungen der Wirtschaftssanktionen betroffenen Drittstaaten im Vordergrund[11]. Anläßlich dieser Debatte hat sich die Generalversammlung aber auch ausführlich mit der zukünftigen Ausgestaltung von Wirtschaftssanktionen auseinandergesetzt[12]. Hierbei hat sich insbesondere die Russische Föderation hervorgetan[13]. Im September 1997 verabschiedete die Generalversammlung eine richtungsweisende Resolution, in deren Anhang Leitlinien für eine zukünftige Sanktionspraxis enthalten sind und auf die in der nachfolgenden Sanktionsdebatte wiederholt bezug genommen worden ist[14].

Der Generalsekretär hat ebenfalls eine wichtige Rolle in der Sanktionsdebatte eingenommen. So hat er wiederholt auf die Problematik der negativen Folgen der Wirtschaftssanktionen für die Bevölkerung und der sich daraus ergebenden Gefahr einer Unterminierung des gesamten UN Sanktionssystems hingewiesen[15] und in seinen Berichten spezifische Empfehlungen zu einer Verbesserung des

---

[11] Hierzu wurde eine Arbeitsgruppe eingesetzt, die "Subgroup on the Question of United Nations Imposed Sanctions of the Informal Open Ended Working Group of the General Assembly on An Agenda for Peace". Zur Frage der Drittstaatenentschädigung A/RES 49/58, 9. Dezember 1994; A/RES 50/51, 11. Dezember 1995; A/RES 51/208, 17. Dezember 1996; A/RES 52/162, 15. Dezember 1997; A/RES 53/107, 8. Dezember 1998; A/RES 54/107, 25. Januar 2000; A/RES 55/157, 15. Dezember 2000 sowie die auf Anforderung der Generalversammlung erstellten Berichte des Generalsekretärs mit dem Titel "Implementation of the provisions of the United Nations related to assistance to third States affected by the application of sanctions (under Chapter VII of the Charter)", UN Dok. A/50/361, 22. August 1995; A/51/317, 30. August 1996; A/52/308, 28. August 1997; A/53/312, 27. August 1998; A/54/383, 23. September 1999.

[12] Siehe hierzu jüngst den Report of the Special Committee of the Charter of the United Nations and on the Strengthening of the Role of the Organization, General Assembly, Official Records, Fifty-fifth session, Supp. No.33 (A/55/33), United Nations, New York, 2000, Ziff. 16 ff. und 50 ff. sowie außerdem beispielhaft die ausführlichen Debatten zum Bericht des Generalsekretärs A/54/383 (1999), im 6. Komitee der Generalversammlung vom 13.-15. Oktober 1999, Press Release GA/L/3108, 5th Meeting, 13. Oktober 1999, GA/L/3109, 6th Meeting, 14. Oktober 1999, GA/L/3110, 7th Meeting, 15. Oktober 1999.

[13] UN Dok. A/AC.182/L.94, 27. Januar 1997, Working paper submitted by the Russian Federation, "Some ideas on the basic conditions and criteria for imposing and implementing sanctions and other enforcement measures" und A/AC.182/L.100, 30. Januar 1998, "Basic conditions and standard criteria for the introduction of sanctions and other coercive measures and their implementation" sowie A/AC.182/L.100/Rev.1, 17. April 2000. Siehe zu diesen Vorschläge die Debatte im Ausschuß, in: A/55/33 (s.o. Anm. 12), Ziff. 50 ff.

[14] A/RES 51/242, Annex II.

[15] Siehe hierzu beispielhaft die Presseerklärung des Generalsekretärs anläßlich der Sondersitzung des Sicherheitsrats zur Überarbeitung seiner Sanktionspolitik Ress Release SG/SM/7360, 17. April 2000.

Sanktionssystems vorgelegt[16]. Überdies nahm er zu den negativen Auswirkungen von Wirtschaftssanktionen in seinen Berichten zum Schutz der Zivilbevölkerung[17] und von Kindern im bewaffneten Konflikt[18] Stellung.

Die mit dem Schutz der Menschenrechte befaßten Organe der Vereinten Nationen haben wiederholt auf die Notwendigkeit der Achtung der Menschenrechte und des humanitären Völkerrechts bei der Anwendung von Wirtschaftssanktionen hingewiesen, vor allem die Menschenrechtskommission[19] und der Ausschuß für wirtschaftliche, soziale und kulturelle Rechte[20]. Darüber hinaus haben auch die Sonderorganisationen der Vereinten Nationen eine wichtige Rolle in der Debatte wahrgenommen, da sie nicht nur detaillierte Fallstudien über die Lage in den Ländern, die von Wirtschaftssanktionen betroffen waren, vorgelegt, sondern auch auf grundsätzliche, dem Instrument der Wirtschaftssanktionen eigene Probleme hingewiesen haben[21].

---

[16] Kofi Annan, The Causes of Conflict and the Promotion of Durable Peace and Sustainable Development in Africa, Report of the Secretary-General, UN Dok. A/52/874-S/1998/318, 13. April 1998, Ziff. 25, 26; United Nations General Assembly, Annual Report of the Secretary General on the Work of the Organization, A/53/1, 16. April 1998, Ziff. 62-64; United Nations General Assembly, Annual Report of the Secretary General on the Work of the Organization, A/54/1, 31. August 1999, Ziff. 124-126; Millenium Report of the Secretary-General of the United Nations, "We the Peoples": The Role of the United Nations in the 21th Century, United Nations Department of Public Information, New York, A/54/2000, 3. April 2000, Ziff. 49, 50; United Nations General Assembly, Annual Report of the Secretary General on the Work of the Organization, A/55/1, 30. August 2000, Ziff. 99-101.

[17] Report of the Secretary-General, Protection of civilians in armed conflict, UN Dok. S/1999/957, 8. September 1999, Ziff. 25 ff.

[18] Report of the Secretary-General, Children and armed conflict, UN Dok. A/55/163-S/2000/712, 19. Juli 2000, Ziff. 25-27.

[19] Siehe insbesondere Sub-Commission on Prevention of Discrimination and Protection of Minorities, Resolution 1997/35, 37th meeting, 28. August 1997, "Adverse Consequences of economic sanctions on the enjoyment of human rights". Der Unterausschuß hat überdies wiederholt seine Besorgnis über die Vereinbarkeit der gegenüber dem Irak verhängten Wirtschaftssanktionen mit den Menschenrechten zum Ausdruck gebracht, so in Decision 1994/111, 25. August 1994; Decision 1995/107, 18. August 1995; Decision 1996/107, 20. August 1996; Decision 1997/119, 28. August 1997; Decision 1998/114, 26. August 1998; Decision 1999/110, 26. August 1999.

[20] General Comment No.8 of the Committee on Economic, Social and Cultural Rights, 1997 (E/C.12/1997/8), 5. Dezember 1997, "The Relationship between economic sanctions and respect for economic, social and cultural rights."

[21] Siehe vor allem die Berichte der Sonderorganisation zur humanitären Lage im Irak und Hoskins, Erik, A Study of UNICEF's Perspective on Sanctions, consultant's report, Januar 1997.

Außerhalb der Vereinten Nationen hat vor allem das IKRK die Debatte um die Beachtung des humanitären Völkerrechts im Rahmen von Wirtschaftssanktionen maßgeblich beeinflußt[22]. Ferner haben eine Reihe von einzelnen Staaten wichtige Beiträge zur Sanktionsdebatte geliefert. Dies gilt in besonderem Maße für die Bemühungen um eine Stärkung des Instruments der gezielten Wirtschaftssanktionen, die ab 1998 vor allem von der Schweiz[23], der Bundesrepublik Deutschland[24], dem Vereinigten Königreich[25] und Kanada[26] unternommen worden sind. Überdies sind von akademischen Institutionen und NROs eine Vielzahl von Konferenzen zur Weiterentwicklung des Sanktionsrechts veranstaltet worden[27].

Der Sicherheitsrat zeigte als eigentlicher Adressat dieser Debatte eine merkliche Zurückhaltung, sich grundsätzlich mit den nachteiligen Auswirkungen von Wirtschaftssanktionen auf die Bevölkerung des Sanktionsadressaten

---

[22] Siehe 26 th International Conference of the Red Cross and the Red Crescent, Resolution 4 (s.o. Anm. 6). Siehe als Beispiel einer vom IKRK zu Wirtschaftssanktionen vorgelegten Fallstudie Iraq: A decade of sanction und zur Rolle des IKRK im Rahmen von Wirtschaftssanktionen die Beiträge von Gasser, Economic Sanctions sowie Schotten, 219 ff.

[23] In dem sogenannten Interlaken Prozeß hat die Schweiz ein Forum geschaffen, in dem von Sanktionsexperten Maßnahmen zur Verbesserung gezielter Sanktionen, insbesondere finanzieller Sanktionen, erarbeitet werden. Dieses Forum diente als Vorbild für nachfolgende Sanktionskonferenzen. Siehe Final Report, Expert Seminar on Targeting UN Financial Sanctions, 17-19. März 1998, Interlaken, Schweiz; Final Report, 2 nd Interlaken Seminar on Targeting UN Financial Sanctions, 29-31. März, 1999, Schweiz.

[24] Das Auswärtige Amt beteiligte sich an der Durchführung von zwei Expertenseminaren durch das Bonn International Center for Conversion (BICC) in der Zeit vom 21. bis 23. November 1999 und vom 3. bis 5. Dezember 2000 mit dem Titel: „Smart Sanctions, The Next Step: Arms Embargoes and Travel Sanctions." Siehe hierzu die Homepage des BICC, www.bicc.de, aufgerufen am 15. März 2001.

[25] Siehe insbesondere IDSC, The Future of Sanctions.

[26] So hat Kanada einen maßgeblichen Beitrag zur Debatte über Sanktionen im Sicherheitsrat geleistet, wobei es in der Sondersitzung den Vorsitz innehatte. Siehe S/PV.4128, 24 ff.

[27] Einen Überblick gibt Bossuyt, Economic Sanctions, 30, Fn.36, der zusätzlich zu den in Interlaken und vom BICC durchgeführten Tagungen (s.o. Anm. 23, 24) die Konferenz am Kopenhagener Runden Tisch (S/1996/776), das vom Joan B. Kroc Institute for International Peace Studies, University of Notre Dame am 7. Dezember 1998 durchgeführte Symposium zu gezielten Sanktionen, die vom ODI in London veranstalte Konferenz zu gezielten Sanktionen (16, 17. Dezember 1998, dazu Brabandt), ein vom Genfer Graduate Institute of International Law mit dem Titel "United Nations Sanctions and International Law" im Jahr 1999 ausgerichtetes Kolloquium und das Seminar der Internationalen Friedensakademie zu Sanktionen am 17. April 2000 in New York, welches im Vorfeld der Sanktionsdebatte des Sicherheitsrats am selben Tag stattfand, aufführt. Siehe zu den Beiträgen in der völkerrechtlichen Literatur die Nachweise in der Einleitung.

auseinanderzusetzen[28]. Erst der wachsende Unmut einer Vielzahl von Staaten sowohl innerhalb als auch außerhalb des Sicherheitsrats über den mitunter als willkürlich erscheinenden Einsatz des Mittels der Wirtschaftssanktionen, die als unverhältnismäßig empfundenen humanitären Auswirkungen der gegenüber dem Irak verhängten Wirtschaftssanktionen und die ungeklärten Aspekte der Entschädigung von Drittstaaten für die durch die Wirtschaftssanktionen erlittenen Verluste bewegte die Mitglieder des Sicherheitsrats dazu, nicht zuletzt angesichts der drohenden Schwächung des Instruments der Wirtschaftssanktionen aufgrund des zu befürchtenden Legitimitätsverlusts, sich am 17. April 2000 in einer Sonderdebatte eingehend mit der zukünftige Ausgestaltung von Wirtschaftssanktionen zu befassen[29]. An der ausführlichen Debatte nahmen der Unter-Generalsekretär für politische Angelegenheiten Kieran Prendergast sowie ein repräsentativer Querschnitt von Delegierten aus 29 Staaten teil, worunter sich auch mehrere Sanktionsadressaten und Nachbarstaaten von Sanktionsadressaten befanden[30]. Das Zusammentreffen fand anläßlich der Entscheidung des Sicherheitsrats statt, eine Arbeitsgruppe einzusetzen, die mit der Ausarbeitung von Richtlinien für eine verbesserte und effektivere Sanktionspolitik beauftragt wurde[31]. Hierbei waren sich die anwesenden Delegierten weitgehend einig, daß die Vermeidung der durch Sanktionen bewirkten nachteiligen Auswirkungen auf die Bevölkerung des Sanktionsadressaten ein wesentliches Element einer zukünftigen, als legitim zu erachtenden Sanktionspolitik darstellt[32].

---

[28] Mit Ausnahme der grundsätzlichen Erklärungen im Jahr 1995 (s.o. Anm. 3, 4) und Stellungnahmen in Hinblick auf konkrete Fälle finden sich bis zum Jahr 2000 lediglich ein unveröffentlichtes Themenpapier der Vorsitzenden der Sanktionsausschüsse: United Nations Security Council, Chairs of the Sanctions Committees, Issue Paper Concerning the Sanctions Imposed by the Security Council, 30. Oktober 1998 sowie die Noten des Präsidenten des Sicherheitsrats zur Arbeit der Sanktionsausschüsse (siehe 1. Kap., 4.2. und S/1999/92), in denen sich der Sicherheitsrat in allgemeiner Form mit dem Sanktionssystem, insbesondere der Rolle der Sanktionsausschüsse, befaßte. Eine vom konkreten Fall losgelöste Auseinandersetzung mit der Thematik der Wirtschaftssanktionen erfolgte nicht. Der Sicherheitsrat hat sich überdies im Rahmen der Behandlung des verbesserten Schutzes der Zivilbevölkerung, von Kindern und von Frauen vor den Auswirkungen bewaffneter Konflikte zu den Auswirkungen von Wirtschaftssanktionen geäußert (siehe S/RES 1265 (1999), Ziff. 16; S/RES 1261 (1999), Ziff. 17 c); S/RES 1325 (2000), Ziff. 14).

[29] S/PV.4128, 17. April 2000.

[30] Neben den fünf ständigen Mitgliedern nahmen vier Staaten aus Afrika (Libyen, Mali, Namibia und Tunesien), vier Staaten aus Amerika (Argentinien, Kanada, Kuba und Jamaika), vier Staaten aus Asien (Bangladesch, Irak, Malaysia und Pakistan), zehn Staaten aus Europa (Bulgarien, Deutschland, Italien, Mazedonien, die Niederlande, Portugal (im Namen der EU), Schweden, Schweiz und die Ukraine) sowie Australien und Neuseeland teil.

[31] Siehe hierzu und zum Mandat der informellen Arbeitsgruppe, Note by the President of the Security Council, UN Dok. S/2000/319, 17. April 2000.

[32] Siehe insbesondere Stellungnahmen der Delegierten Bangladeschs, S/PV.4128, 5; Chinas, ebd., 12; Malaysias, ebd., 13; Tunesiens, ebd., 18; Portugals, ebd., 27; Schwedens, ebd., 32;

Diese Sondersitzung des Sicherheitsrats ist insofern bemerkenswert, als sie den vorläufigen Höhepunkt der Sanktionsdebatte markierte. Der Sicherheitsrat hat sich damit als Organ erstmals grundsätzlich seiner Verantwortung für die Auswirkungen von Wirtschaftssanktionen gestellt. Die Debatte im Sicherheitsrat soll nachfolgend als Ausgangspunkt genommen werden, um die bisherige Sanktionspraxis des Sicherheitsrats unter Berücksichtigung der Standpunkte der beteiligten Staaten sowie der Stellungnahmen der verschiedenen Organe der Vereinten Nationen in Hinblick auf zukünftige Sanktionsfälle einer kritischen Bewertung zu unterziehen und nicht nur eine Prognose für zukünftige Sanktionsfälle zu wagen, sondern auch um Leitlinien für eine verbesserte Sanktionspraxis des Sicherheitsrats zu entwickeln.

Zuvor ist jedoch kurz auf eine Eigenheit der gesamten Debatte im Rahmen der Vereinten Nationen hinzuweisen, daß nämlich die Frage der Vereinbarkeit der Wirtschaftssanktionen mit den Menschenrechten und dem humanitären Völkerrecht lediglich von den mit dem Schutz der Menschenrechte befaßten Organen[33], vom Generalsekretär[34] sowie von einzelnen Staaten im Sicherheitsrat[35]

Australiens, ebd., 34 und Kanadas, ebd., 24: "Our meeting today is a recognition that Security Council members, indeed the majority of member States, understand the need to address this fundamental challenge: maximizing the effectiveness of sanctions while minimizing the harm to civilians."

[33] S.o. Anm. 19, 20.

[34] "Humanitarian and human rights policy goals cannot easily be reconciled with those of a sanctions regime", in: Annual Report (1998), A/53/1, Ziff. 64.

[35] Siehe Nachweise im 2. Kap., Anm. 286 und das Arbeitspapier der Russischen Föderation, A/AC.182/L.100, II, Ziff. 2. In der Debatte im Sicherheitsrat am 17. April 2000 haben allerdings eine Reihe von Staaten darauf hingewiesen, daß die Wirtschaftssanktionen mit den Menschenrechten und dem humanitären Völkerrecht vereinbar sein müssen. So der Delegierte Malaysias, S/PV.4128, 14: "If sanctions are meant to be an alternative to military action, then surely their implementation must take cognizance of and respect the basic principles of international humanitarian law, such as the concept of "proportionality" in the damage inflicted, and the necessary distinction between civilian and military targets. (...) In its implementation of sanctions regimes, the Council must demonstrate that every possible effort is being made to avoid violating the basic rights of the general population"; Jamaikas, ebd., 21: "Provisions must be made for promptly revising sanctions to remove or reduce their impact on civilians, and they must always take into account universal human rights standards and international human rights instruments"; Pakistans, ebd., 29: "Sanctions must be viewed with reference to the purposes and principles of the United Nations Charter. Sanctions often tend to violate the fundamental human rights of the common people in the targeted countries, such as the right to live, the right to freedom from hunger, the right to medical care, the right to education and the right to development. (...) In brief, sanctions hurt the very individual whose rights and fundamental freedoms we espouse at every international forum today" und des Irak, ebd., 42: "When the Security Council imposes coercive measures against States, it must keep in mind the interconnectedness of international obligations and responsibilities according to interna-

ausdrücklich aufgeworfen worden ist. In den übrigen Organen, einschließlich des Sicherheitsrats, ist hingegen zumeist der Begriff der unbeabsichtigten, nachteiligen humanitären Auswirkungen der Wirtschaftssanktionen auf die Bevölkerung des Sanktionsadressaten verwendet worden[36]. Dieser Sprachgebrauch wird dem Ziel des Schutzes der Menschenrechte und des humanitären Völkerrechts, dem die Vereinten Nationen verpflichtet sind, nicht gerecht. Die Terminologie erweckt den Eindruck, daß die Individuen der Bevölkerung des Sanktionsadressaten lediglich Objekte sind, die auf der einen Seite „unbeabsichtigt" von den Folgen der Wirtschaftssanktionen getroffen werden und denen deswegen auf der anderen Seite die besondere Sorge der Vereinten Nationen in Form von humanitärer Hilfestellung gilt. Es ist daher überfällig, daß die Revision der Sanktionspolitik mit einer Änderung des Sprachgebrauchs einhergeht, der die von Sanktionen betroffenen Personen als Träger von Rechten anerkennt.

3. Die Ausgestaltung der zukünftigen Sanktionspraxis

3.1. Verzicht auf Sanktionen

3.1.1. Problemstellung

Ein Verzicht auf Wirtschaftssanktionen als kollektives Zwangsmittel würde den bestmöglichen Schutz der Menschenrechte und der Normen des humanitären Völkerrechts gewährleisten, weil dadurch gleichermaßen die Quelle möglicher Beeinträchtigungen, d.h. die Wirtschaftssanktionen selbst, beseitigt werden würde. Zwar steht eine beträchtliche Zahl von Staaten, unter ihnen vor allem die beiden ständigen Mitglieder des Sicherheitsrats China und die Russische Föderation, dem Einsatz von Wirtschaftssanktionen mit Zurückhaltung gegenüber und befürwortet diesen nur als ultima ratio[37]. Ein vollständiger Verzicht auf

---

tional treaties and conventions which as a whole are an integral source of international law as well as international humanitarian law."

[36] So vor allem vom Sicherheitsrat selbst (s.o. Anm. 3, 4, 28, 31).

[37] Siehe die Stellungnahmen der Delegierten Bangladeschs, S/PV.4128, 5; Frankreichs, ebd., 8; der Ukraine, ebd., 9; Chinas, ebd., 12; Malaysias, ebd., 13; Tunesiens, ebd., 19; der Russischen Föderation, ebd., 23 (siehe auch A/RES 51/242, Annex II, Ziff. 1 und die Arbeitspapiere der Russischen Föderation, A/AC.182/L.94, Ziff. 8 a); A/AC.182/L.100, I, Ziff. 1); Pakistans, ebd., 29 und Kubas, ebd., 38. Wirtschaftssanktionen sollen diesen

Wirtschaftssanktionen ist aber bisher von keinem Mitgliedstaat der Vereinten Nationen angeregt worden[38]. Lediglich in der Literatur findet sich der Vorschlag, eine internationale Konvention zum Verbot von Wirtschaftsblockaden zu vereinbaren[39]. Die Umsetzung eines derartigen Verbots würde eine grundlegende Neugestaltung des gegenwärtigen Systems der kollektiven Sicherheit bedeuten, da sich der in Artikel 41 der Charta enthaltene Maßnahmenkatalog in einem solchen Fall auf Maßnahmen nichtwirtschaftlicher Natur beschränken würde. Nachfolgend gilt es daher zu klären, ob ein solcher Schritt unter Berücksichtigung der Ziele des Menschenrechtsschutzes und der Friedenssicherung angezeigt erscheint.

3.1.2. Stellungnahme

3.1.2.1. Erfolglosigkeit von Wirtschaftssanktionen als Grund für einen Verzicht

Ein Verzicht auf Wirtschaftssanktionen wäre in Erwägung zu ziehen, wenn diese aufgrund ihres geringen Erfolgs von vornherein als untaugliches kollektives Zwangsmittel anzusehen wären. Empirische Studien haben eine vergleichsweise geringe Erfolgsquote von Wirtschaftssanktionen festgestellt[40]. Eine Vielzahl der

---

Stellungnahmen zufolge nur in denjenigen Fällen verhängt werden, in denen zuvor alle friedlichen Mittel erschöpft worden sind. Ebenso A/RES 51/242, Annex II, Ziff. 1.

[38] Siehe Stellungnahmen in S/PV.4128. Beachte aber die Stellungnahme des Delegierten Pakistans, S/PV.4128, 29: "As a matter of principle, Pakistan is opposed to sanctions and has consistently supported all efforts by the international community towards peaceful resolution of conflicts."

[39] Clark, Ramsey, Appeal for action to prohibit all embargoes against a whole nation, in: Contra los embargoes y sanciones económicas, Dossier I, OSPAAAC, Madrid, 1994, 3, zitiert in Köchler, 47, Fn. 114.

[40] Siehe die umfassende Studie von Hufbauer/Schott/Elliot. Die Autoren gelangten bei der Prüfung von 170 untersuchten Sanktionsfällen im Zeitraum von 1914 bis 1990 zu einer Erfolgsquote von 34 %. Ebd., 93, Table 5.1. Den Erfolg von Wirtschaftssanktionen messen sie daran, inwieweit durch ihren Einsatz die offiziell proklamierten Ziele verwirklicht worden sind. Die Methodik der im Jahr 1990 angefertigten Fallstudie ist in Frage gestellt worden von Pape, Robert A., Why Economic Sanctions Do Not Work, in: International Security 22 (1997) 2, 90-136, der eine Erfolgsquote von lediglich 5 % annimmt. Cortright/Lopez, Sanctions Decade, 15, 16, erheben gegenüber diesen Untersuchungen berechtigte Einwände. Zum einen sind sie insofern für die Bewertung von UN-Wirtschaftssanktionen von begrenztem Wert, als sie nicht zwischen den verschiedenen Formen von Wirtschaftssanktionen, also unilateralen, regionalen und multilateralen UN-Sanktionen unterscheiden. Zum anderen wird der Erfolg der Sanktionen nur anhand der ausdrücklich genannten Ziele beurteilt, ohne die symbolischen Zwecke der Sanktionen zu berücksichtigen. Ihrer Ansicht nach sollte der Erfolg von Wirtschaftssanktionen danach bewertet werden, inwieweit diese auf seiten des

vom Sicherheitsrat verhängten Wirtschaftssanktionen gelten als Fehlschläge[41]. Es gibt nur wenige Fälle, in denen Wirtschaftssanktionen der überwiegenden Einschätzung zufolge einen wichtigen Beitrag zur Beendigung der Friedensbedrohung geleistet haben[42]. Die anhaltende Auseinandersetzung um die angemessenen Kriterien, anhand derer der Erfolg von Wirtschaftssanktionen zu beurteilen ist, verdeutlicht, daß deren Einschätzung in hohem Maße darauf beruht, welche der mit den Sanktionen verfolgten Ziele als Erfolgskriterien herangezogen werden[43]. Der Rückblick auf die Sanktionspraxis des Sicherheitsrats hat gezeigt, daß das Mittel der Wirtschaftssanktionen als solches nicht zwangsläufig untauglich ist. Vielmehr kommt es in entscheidendem Maße darauf an, daß Wirtschaftssanktionen so ausgestaltet und eingesetzt werden, daß sie ihr Ziel bzw. ihre Ziele tatsächlich erreichen können. In dieser Hinsicht sind in der völkerrechtlichen Literatur eine Reihe von Kriterien identifiziert worden, deren Beachtung durch die sanktionierende Partei die Erfolgsaussichten von Wirtschaftssanktionen zu erhöhen geeignet sind[44]. Der Erfolg von Wirtschaftssanktionen kann daher nicht isoliert betrachtet werden, sondern ist anhand der vom Sicherheitsrat in dem jeweiligen Fall verfolgten Ziele sowie der angewandten Strategie der Konfliktlösung, in der Wirtschaftssanktionen eines unter mehreren Mitteln darstellen, zu beurteilen[45]. Wirtschaftssanktionen können somit weder

---

Sanktionsadressaten eine Bereitschaft zu Verhandlungen und zur Erfüllung der an diesen gestellten Forderungen bewegen können. Zu den unterschiedlichen Zielen von Wirtschaftssanktionen auch Doxey, International Sanctions, 54 ff. und UN Sanctions: How Effective? How Necessary?, 101, 109, wo neben den symbolischen Zielen auch auf die Funktion von Sanktionen als Mittel der Eindämmung, Abschreckung, Prävention und als Vorstufe zum Ergreifen von militärischen Maßnahmen hingewiesen wird.

[41] Insbesondere die gegenüber Südrhodesien, dem Irak (siehe hierzu aber auch die nachfolgende Anm.) und Haiti verhängten Wirtschaftssanktionen. Siehe Kulessa, Friedensinstrument, 32; Szasz, 471.

[42] Von den seitens des Sicherheitsrats verhängten Wirtschaftssanktionen werden einzig die gegenüber der BR Jugoslawien verhängten Wirtschaftssanktionen als weitgehend erfolgreich bewertet. Auch den gegenüber Libyen verhängten Wirtschaftssanktionen wird ein wesentlicher Anteil an der Auslieferung der des Lockerbie-Attentats verdächtigen Personen nicht abzusprechen sein. Einigen Autoren zufolge sind auch die gegenüber dem Irak verhängten Wirtschaftssanktionen zumindest teilweise als Erfolg zu bewerten, eine These, die bis zur Beendigung der Waffeninspektionen im Jahr 1998 durchaus zutreffend erscheint. Zum Meinungsstand Cortright/Lopez, Sanctions Decade, 37, 51 ff., 76 ff., 120.

[43] Siehe in Hinblick auf die Vereinten Nationen Burci, 577 und Grünfeld, 120 ff. Für Wirtschaftssanktionen generell Cortright/Lopez, Sanctions Decade, 16 m.w.N.

[44] Siehe hierzu Hufbauer/Schott/Elliot, 94 ff.; Cortright/Lopez, Sanctions Decade, 203 ff. Rosenzweig, 185 ff., weist in diesem Zusammenhang zurecht darauf hin, daß das übermäßige, sanktionsbedingte Leiden der Bevölkerung des Sanktionsadressaten dem Erfolg von Sanktionen abträglich ist.

[45] Dies verdeutlichen die Stellungnahmen anläßlich der Grundsatzdebatte im Sicherheitsrat, die mehrheitlich zu dem Schluß kamen, daß die bisherige Sanktionspraxis zwar eine

anhand der Erfahrungen der Sanktionspraxis des Sicherheitsrats noch aufgrund von theoretischen Erwägungen als von vornherein untaugliches Mittel qualifiziert werden.

3.1.2.2. Alternativen zu Wirtschaftssanktionen

Ein auf Bedenken gegenüber der von Sanktionen ausgehenden Beeinträchtigung von Menschenrechten gegründeter Verzicht würde voraussetzen, daß alternative Mittel zur Verfügung stehen, mit denen in gleichem Maße wirksam der Weltfrieden und die internationale Sicherheit gesichert werden kann. Anderenfalls würde ein solcher Verzicht die Preisgabe der Durchsetzung der kollektiven Sicherheit bedeuten.

Im Sanktionsgefüge der Charta verfügt der Sicherheitsrat über drei Mittel, um den Weltfrieden und die internationale Sicherheit zu wahren: Als friedliches Mittel diplomatische Bemühungen, unter welche im weitesten Sinne Streitschlichtungsversuche nach Kapitel VI der Charta und vorläufige Maßnahmen nach Artikel 40 der Charta fallen sowie als Zwangsmittel nichtmilitärische Sanktionen nach Artikel 41 der Charta und militärische Maßnahmen gemäß Artikel 42 der Charta. Der Wegfall des Mittels der Wirtschaftssanktionen hätte zur Folge, daß neben diplomatischen Druckmitteln, Waffenembargos und Maßnahmen nichtwirtschaftlicher Natur lediglich der Einsatz militärischer Gewalt möglich wäre.

Streitschlichtungsversuche auf der Grundlage von Kapitel VI der Charta und das Ergreifen von vorläufigen Maßnahmen nach Artikel 40 der Charta sind die schwächsten Druckmittel in dem Instrumentarium, das dem Sicherheitsrat zur Friedenswahrung zur Verfügung steht. Allerdings ist die friedliche Streitbeilegung als Mittel der Konfliktprävention in einigen Fällen erfolgreich vom Sicherheitsrat eingesetzt worden, so daß es durchaus als Alternative zu Wirtschaftssanktionen in Betracht kommt[46]. Verhandlungen und diplomatischer

---

gemischte Erfolgsbilanz aufweise, in einigen Fällen aber überaus erfolgreich gewesen sei. Siehe die Stellungnahmen des Delegierten Kanadas, S/PV.4128, 24; Namibias, ebd., 11 und Jamaikas, ebd., 21. Überwiegend positiv fällt die Einschätzung durch den Delegierten Frankreichs aus, ebd., 8. Eine eher negative Einschätzung findet sich in den Stellungnahmen der Delegierten der Ukraine, ebd., 9; Chinas, ebd., 12 und Neuseelands, ebd., 36.

[46] Siehe zur präventiven Diplomatie die Agenda for Peace des Generalsekretärs A/47/277-S/24111 und A/50/60-S/1995/1 und Note by the Secretariat, Mechanisms established by the General Assembly in the context of dispute prevention and settlement, UN Dok. A/AC.182/2000/INF/2, 14. April 2000, insbesondere Ziff. 3 ff.: Existing mechanisms at the disposal of the Security Council, the General-Assembly and the Secretary-General sowie

Druck können, gerade wenn sie frühzeitig ergriffen werden, die Eskalation eines Konflikts und somit auch die Notwendigkeit des Einsatzes von Wirtschaftssanktionen verhindern[47]. Dieses Potential ist in der bisherigen Sanktionspraxis des Sicherheitsrats nicht immer hinreichend ausgeschöpft worden, auch wenn in vielen Fällen bezweifelt werden muß, ob allein der Einsatz von diplomatischen Druckmitteln ausgereicht hätte, um die gewünschte Verhaltensänderung herbeizuführen[48]. Der Einsatz diplomatischer Druckmittel kann daher im Verhältnis zu Wirtschaftssanktionen im jeweiligen Einzelfall ein wichtiges ergänzendes Mittel zur Konfliktlösung sein, kann Wirtschaftssanktionen aber in ihrer Wirkung nicht ersetzen[49].

S/PRST/2000/25, 20. Juli 2000, "Role of the Security Council in prevention of armed conflicts." Für den verstärkten Einsatz von vorläufigen Maßnahmen spricht sich insbesondere die Russische Föderation aus, A/AC.182/L.94, Ziff. 4.

[47] Dieser Auffassung neigen offensichtlich auch diejenigen Mitgliedstaaten zu, die den Einsatz von Wirtschaftssanktionen nur nach Ausschöpfung aller diplomatischen Mittel für zulässig halten. Hierfür sprechen sich vor allem China (siehe beispielhaft S/PV.3312, 53, 2. Kap., Anm. 343; S/PV.3082, 9-10, 2. Kap., Anm. 422) und die Russische Föderation (siehe A/AC.182/L.100, I, Ziff. 1) aus. Ebenso Australien und die Niederlande in ihrem "Non-Paper" zu Sanktionen, A/50/322, 15.

[48] Dies gilt besonders für die Fälle schwerwiegender Friedensbedrohungen im Irak, der BR Jugoslawien und Haiti, in denen die Sanktionsadressaten nicht bzw. nur unzureichend auf diplomatischen Druck reagiert haben. Soweit als Druckmittel diplomatische Sanktionen eingesetzt werden, ist allerdings zu berücksichtigen, daß diese den Nachteil der Isolation des Sanktionsadressaten haben, der vor allem einer friedlichen Streitbeilegung im Wege stehen kann. Die Bestimmungen, mit denen diplomatische Sanktionen beschlossen werden, enthalten daher im Regelfall Klauseln, wonach Ausnahmen von den jeweiligen Verboten zugelassen werden können, soweit dies der Wahrung bzw. Wiederherstellung des Friedens dient. Siehe S/RES 917 (1993), Ziff. 3; S/RES 942 (1994), Ziff. 13; S/RES 1137 (1997), Ziff. 4; S/RES 1132 (1997), Ziff. 5; S/RES 1333 (2000), Ziff. 11.

[49] Ebenso Doxey, International Sanctions, 125. Auch wenn es geboten erscheint, daß der Sicherheitsrat grundsätzlich dem Gebot des milderen Mittels folgt und eine Lösung des Konflikts im Verhandlungswege oder durch das Ergreifen vorläufiger Maßnahmen versucht, so kann ein solches Vorgehen nicht obligatorisch sein, da in bestimmten Fällen nur das sofortige Ergreifen von Wirtschaftssanktionen als angemessene Reaktion auf eine Friedensbedrohung erscheint und der Erfolg von wirtschaftlichen Maßnahmen, z.B. das Einfrieren von Konten, durch die eintretende Verzögerung vom Sanktionsadressaten vereitelt werden könnte. Vor der Verhängung bzw. der Verschärfung bestehender Wirtschaftssanktionen kann der Sicherheitsrat dem Gebot des milderen Mittels aber dadurch gerecht werden, daß er dem Sanktionsadressaten, wie dies in der Mehrzahl der Fälle bereits der Sanktionspraxis entspricht, eine Frist einräumt, innerhalb der der Sanktionsadressat durch die Erfüllung der an ihn gestellten Bedingungen die bereits beschlossene Verhängung der Wirtschaftssanktionen abwenden kann, wobei die Drohung mit Wirtschaftssanktionen unter Umständen zum Erreichen des Ziels ausreichend ist und somit deren geplanten Einsatz überflüssig macht.

Darüber hinaus kämen bei einem Verzicht auf Wirtschaftssanktionen gemäß Artikel 41 der Charta lediglich Waffenembargos oder sonstige, nichtwirtschaftliche Maßnahmen in Betracht. Waffenembargos haben sich in der bisherigen Praxis, nicht zuletzt aufgrund ihrer ungenügenden Durchsetzung, als wenig wirksame Mittel erwiesen, mit denen eine Änderung des den Frieden bedrohenden Verhaltens erreicht werden konnte[50]. Darüber hinaus beschränkt sich ihre Wirkung im Regelfall auf den Entzug der Mittel zur Begehung der Friedensbedrohung, ohne eine darüber hinausgehende Druckwirkung auf den Sanktionsadressaten zu entfalten. Waffenembargos sind daher ein wichtiges Instrument der Wahrung oder Wiederherstellung des Friedens, stellen aber als solche keine wirksame Alternative zu Wirtschaftssanktionen dar.

Die sonstigen, nichtwirtschaftlichen Maßnahmen, d.h. Einreiseverbote, diplomatische Sanktionen und Sanktionen im Bereich des Kultur- und Sportaustauschs können ebensowenig als wirksame Alternative zu Wirtschaftssanktionen angesehen werden. Einreiseverbote sind als alleiniges Druckmittel kaum geeignet, den Sanktionsadressaten zum Einlenken zu bewegen[51]. Die psychologische Wirkung der Unterbrechung des Kultur- und Sportaustauschs mit dem Sanktionsadressaten ist zwar nicht zu unterschätzen[52]. Die Unterbrechung des Kultur- und Sportaustauschs ist jedoch eher eine flankierende, weitgehend symbolische Maßnahme, um den psychologischen Druck gegenüber dem Sanktionsadressaten zu erhöhen. Diese Maßnahmen haben darüber hinaus den Nachteil, daß sie zur Isolierung der Bevölkerung gegenüber dem Ausland beitragen und somit den Solidarisierungseffekt mit der herrschenden Regierung fördern können[53]. Einen

[50] Cortright/Lopez, Sanctions Decade, 181 ff.; Kulessa, Friedensinstrument, 36. Gegenwärtig werden allerdings erhebliche Anstrengungen unternommen, um die effektive Durchsetzung von Waffenembargos zu steigern, so vor allem bei den gegenüber der UNITA verhängten Sanktionen und im Rahmen der Konferenzen zu Waffenembargos und Reisesanktionen (s.o. Anm. 24). Zu den Vor- und Nachteilen des Einsatzes von Waffenembargos Damrosch, Civilian Impact, 284 ff.; Reisman/Stevick, 124 ff.

[51] Siehe hierzu unten 3.2.1.2. c).

[52] Doxey, UN Sanctions, 217; Gibbons, 110; Szasz, 471. Darauf ist in Hinblick auf die gegenüber Südafrika und der BR Jugoslawien verhängten Maßnahmen wiederholt hingewiesen worden. Siehe Black, David R., "Not Cricket" und Managliso, Nowazengele A., Cultural Boycotts and Political Change, in: Crawford, Neta C./Klotz, Audi, How Sanctions Work, Lessons from South Africa, New York, 1999, 226 ff. bzw. 241. Auf die kontraproduktiven Wirkungen im Fall der BR Jugoslawien machen dagegen Devin/Dashti-Gibson, 180, 181, aufmerksam.

[53] Siehe zu den potentiell kontraproduktiven Folgen von Maßnahmen, die die Mißbilligung der internationalen Gemeinschaft zum Ausdruck bringen Kulessa, Friedensinstrument, 37. Auch diese Maßnahmen sollten aus den genannten Gründen gezielt eingesetzt werden, um nicht jeglichen Austausch zu unterbinden.

Ersatz für die Verhängung von Wirtschaftssanktionen vermögen diese Maßnahmen aufgrund ihrer begrenzten Wirkung jedenfalls nicht zu bieten.

Als Zwangsmittel stünden dem Sicherheitsrat im Falle des Verzichts auf das Mittel der Wirtschaftssanktionen lediglich militärische Maßnahmen zur Verfügung. Der Einsatz militärischer Gewalt ist mit Unwägbarkeiten verbunden und kann schwerwiegende Folgen haben[54]. Er ist in der Praxis schwierig durchzusetzen und ist sowohl gemäß der Konzeption der Charta als auch in der Praxis der Vereinten Nationen ultima ratio, wenn andere Druckmittel keine Wirkung zeigen[55]. Da die Verhängung von Wirtschaftssanktionen durch den Sicherheitsrat in vielen Fällen auch die Funktion einer impliziten Warnung an den Sanktionsadressaten hat, daß im Falle des Scheiterns dieser Maßnahme militärische Mittel eingesetzt werden[56], würde durch den Verzicht auf Wirtschaftssanktionen für den Sicherheitsrat eine wichtige Eskalationsstufe entfallen. Der Sicherheitsrat wäre dann gezwungen, als Zwangsmittel unmittelbar militärische Maßnahmen zu ergreifen. In denjenigen Fällen, in denen ein militärisches Eingreifen ersichtlich ausscheidet, hätte der Sanktionsadressat nach diesem Szenario lediglich ein Waffenembargo oder sonstige nichtwirtschaftliche Sanktionsmaßnahmen zu befürchten. In einem solchen Fall würde durch den Verzicht auf das Mittel der Wirtschaftssanktionen die Funktionsfähigkeit des Systems der kollektiven Sicherheit ernsthaft gefährdet. Der Sicherheitsrat wäre danach vor die Alternative gestellt, sich auf erkennbar unzureichende Druckmittel beschränken zu müssen und somit die Friedensbedrohung tatenlos zuzulassen oder mit dem Ergreifen militärischer Maßnahmen ein Zwangsmittel einzusetzen, das im Einzelfall offensichtlich unverhältnismäßig ist.

---

[54] Zum Verhältnis von Wirtschaftssanktionen und militärischen Maßnahmen Damrosch, Civilian Impact, 300; Doxey, UN Sanctions, 217.

[55] Die geringe Zahl der Fälle, in denen der Sicherheitsrat militärische Maßnahmen autorisiert hat, sowie die Fälle, in denen der Einsatz militärischer Maßnahmen an einem Veto bzw. der Drohung des Vetogebrauchs scheiterte, zeigen überdies, daß im Sicherheitsrat die erforderliche Mehrheit für das Ergreifen militärischer Maßnahmen erheblich schwieriger als für die Verhängung von Wirtschaftssanktionen zu erreichen ist. Hierzu Bauer, 68 ff. und Münch, Fritz, Veto, in: Bernhardt, R. (Hrsg.), EPIL, Vol.4 (2000), 1285.

[56] Damrosch, Civilian Impact, 300. Dies bestätigt auch die Praxis des Sicherheitsrats, in der in den Fällen der gegenüber dem Irak und Haiti verhängten Wirtschaftssanktionen, nachdem diese nicht den beabsichtigten Erfolg zeitigten, militärische Maßnahmen ergriffen wurden. Als Gegenbeispiele, in denen aus politischen Gründen seitens des Sicherheitsrats keine militärischen Maßnahmen beschlossen wurden, sind Südrhodesien und die BR Jugoslawien zu nennen.

3.1.3. Ergebnis

Wirtschaftssanktionen stellen im Sanktionsgefüge eine wichtiges Druckmittel dar, das allein oder als Eskalationsstufe vor dem Einsatz militärischer Gewalt vom Sicherheitsrat zur Beendigung einer Friedensbedrohung eingesetzt werden kann[57]. Der eingeschränkte Erfolg des bisherigen Einsatzes von Wirtschaftssanktionen gibt insbesondere in Anbetracht der mangelnden Alternativen, die im Sanktionssystem zur Verfügung stehen, keinen Anlaß, auf Wirtschaftssanktionen zu verzichten. Ein Verzicht auf Wirtschaftssanktionen erscheint auch deswegen nicht angezeigt, weil Wirtschaftssanktionen so ausgestaltet werden können, daß sie ein hohes Maß an Vereinbarkeit mit den Menschenrechten und dem humanitären Völkerrecht bei gleichzeitiger Steigerung ihrer Effektivität erreichen[58]. Insofern kann zwar eine inhaltliche Einschränkung des Umfangs und der Dauer von Wirtschaftssanktionen geboten sein, ein völliger Verzicht auf Wirtschaftssanktionen würde aber das Sanktionssystem der Charta übermäßig schwächen.

3.2. Der Entwurf eines idealtypischen Sanktionsfalls

Es kommen grundsätzlich zwei Ansätze der inhaltlichen Ausgestaltung von Wirtschaftssanktionen in Betracht, mit denen deren nachteilige Folgen für die Bevölkerung vermieden bzw. gering gehalten werden können. Zum einen können Wirtschaftssanktionen von vornherein ihrem Inhalt und ihrer Zielrichtung nach als gezielte Sanktionen so gefaßt werden, daß sie sich ausschließlich oder vorrangig gegen die für die Bedrohung des Friedens Verantwortlichen richten. Zum anderen können in die Sanktionsbestimmungen Ausnahmeregelungen eingefügt werden, die der Gewährleistung eines Mindeststandards für die Bevölkerung dienen. Diese alternativen Vorgehensweisen stehen im Mittelpunkt der

[57] Dies haben nicht nur die ständigen Mitglieder, deren Position als Befürworter von Sanktionen bekannt ist (siehe die Stellungnahmen der Delegierten des Vereinigten Königreichs, S/PV.4128, 5 und der Vereinigten Staaten, ebd., 6), sondern die Mehrzahl der anwesenden Delegierten betont. Siehe die Stellungnahmen der Delegierten Namibias, ebd., 11; Argentiniens, ebd., 16; der Niederlande, ebd., 17; Malis, ebd., 20; Jamaikas, ebd., 21; Kanadas, ebd., 24; Portugals, ebd., 27; Schwedens, ebd., 32; Australiens, ebd., 34; Neuseelands, ebd., 36 und der Türkei, ebd., 45. Ebenso, allerdings mit Vorbehalten, der Delegierte Frankreichs ebd., 8 und der Russischen Föderation, ebd., 23. Des weiteren der Generalsekretär in seinem Millenium Report, A/54/2000, Ziff. 49 und in der Literatur, Doxey, International Sanctions, 48; Kulessa, Friedensinstrument, 38; Ngobi, James C., The United Nations Experience with Sanctions, in: Cortright/Lopez, Panacea or Peacebuilding, 18, 19; Rosenzweig, 163, 183.

[58] Siehe etwa S/RES 1333 (2000).

Überlegungen zur Schaffung eines Sanktionssystems, das dem Schutz der Menschenrechte und dem humanitären Völkerrecht gerecht wird[59].

Sofern an einer Sanktionspolitik der Verhängung umfassender oder partieller Wirtschaftssanktionen festgehalten wird, stellt sich ferner geradezu zwangsläufig die Frage der zeitlichen Begrenzung. Diese ist eng mit der Fassung der Resolutionsbestimmungen und den Bedingungen für die Aussetzung bzw. Aufhebung der Sanktionsmaßnahmen verbunden und somit aus dem Gesichtspunkt der Verhältnismäßigkeit auch für den Schutz der Menschenrechte relevant. Des weiteren stellt die angemessene Berücksichtigung der Auswirkungen von Wirtschaftssanktionen durch den Sicherheitsrat eine wesentliche Voraussetzung dar, um die Sanktionsbestimmungen dem Gebot des Menschenrechtsschutzes entsprechend inhaltlich auszugestalten und umzusetzen. Auch die wirksame Durchsetzung der Sanktionsmaßnahmen ist entgegen dem ersten Anschein eine Voraussetzung für eine menschenrechtskonforme Sanktionspolitik. Diese verschiedenen Aspekte, die jedem Sanktionsfall eigen sind und sich auf die inhaltliche Ausgestaltung der Sanktionsmaßnahmen und deren Durchführung beziehen, werden nachfolgend gemäß ihrer Bedeutung für ein Sanktionssystem, das den Anspruch erhebt, den Anforderungen des Menschenrechtsschutzes und des humanitären Völkerrechts weitestgehend gerecht zu werden, einer näheren Betrachtung unterzogen.

3.2.1. Gezielte Sanktionen

3.2.1.1. Problemstellung

Die drei Fälle, in denen umfassende Wirtschaftssanktionen nach 1990 verhängt worden sind, haben gezeigt, daß diese schwerwiegende Folgen für die Bevölkerung des Sanktionsadressaten haben können, ohne zugleich den Sanktionsadressaten dermaßen zu treffen, daß dieser zu einem Einlenken bereit ist[60]. Eine

---

[59] So etwa der Generalsekretär, in: Secretary-General, Annual Report 1999, A/54/1, Ziff. 124.

[60] Dies gilt vor allem für die anfänglich gegenüber dem Irak und die gegenüber Haiti verhängten Wirtschaftssanktionen. Die mit der Resolution 687 (1991) beibehaltenen Wirtschaftssanktionen haben den Irak zumindest zu einem teilweisen Einlenken bewegt, während in der BR Jugoslawien die Wirtschaftssanktionen einen unter mehreren Faktoren darstellten, der die BR Jugoslawien zur Erfüllung der an sie gerichteten Forderung brachte. Siehe Cortright/Lopez, Sanctions Decade, 204 ff. Diese Erfahrungen bestätigen die Analyse Galtungs, 388, der bereits 1967 die Theorie als naiv bezeichnete, der zufolge die Erfolgsaussichten von Wirtschaftssanktionen um so höher seien, je stärker der wirtschaftliche Druck auf den Sanktionsadressaten sei.

Vielzahl von Staaten[61], der Generalsekretär[62] und eine große Zahl von Autoren in der völkerrechtlichen Literatur[63] haben sich vor diesem Hintergrund dafür ausgesprochen, gezielte Wirtschaftssanktionen grundsätzlich umfassenden Wirtschaftssanktionen vorzuziehen. Der Einsatz von gezielten Sanktionen gilt dabei als die wichtigste Maßnahme, um das stumpfe Instrument der Wirtschaftssanktionen zu schärfen und dem beim Einsatz umfassender Sanktionen zu Tage getretenen Dilemma der „unbeabsichtigten Nebenwirkungen" zu entgehen.

Der Sicherheitsrat hat bisher keine grundsätzliche Position zum Verhältnis von gezielten, partiellen und umfassenden Wirtschaftssanktionen bezogen. In seiner Praxis hat der Sicherheit alle drei Formen von Wirtschaftssanktionen verhängt[64]. Die Verhängung lediglich partieller Sanktionen gegen Libyen, Sierra Leone und Afghanistan sowie die schrittweise Verschärfung der Sanktionen gegenüber der BR Jugoslawien und Haiti lassen zwar den vorsichtigen Schluß zu, daß der Sicherheitsrat grundsätzlich partielle bzw. gezielte Sanktionen gegenüber umfassenden Sanktionen vorzieht und diese nur als ultima ratio einsetzt[65]. Der Fall des Irak verdeutlicht aber, daß der Sicherheitsrat auch ohne vorhergehende mildere Maßnahmen gewillt ist, unmittelbar das Mittel der umfassenden Wirtschaftssanktionen einzusetzen. Der Sanktionspraxis kann daher lediglich entnommen werden, daß der Sicherheitsrat bereit ist, alle Formen von Wirtschaftssanktionen als Mittel der Friedenswahrung einzusetzen, wobei seine Entscheidung maßgeblich von der Art und Schwere der Friedensbedrohung sowie von Effektivitätsgesichtspunkten bestimmt ist[66]. Zwar hat keines der fünf ständigen Mitglieder erklärt, daß umfassende Wirtschaftssanktionen grundsätzlich abzulehnen sind, die jüngsten Stellungnahmen zeigen aber, daß unter den Mitgliedern des Sicherheitsrats im Normalfall eine Präferenz für gezielte Wirtschaftssanktionen besteht[67]. Der Sicherheitsrat hat aber keine eigenständige und

[61] Siehe die Stellungnahmen der Delegierten Bangladeschs, S/PV.4128, 5; Malaysias, ebd., 13; Argentiniens, ebd., 16; Tunesiens, ebd., 19; Malis, ebd., 20; Jamaikas, ebd., 21; Kanadas, ebd., 25; Portugals, ebd., 26, 27; Deutschlands, ebd., 28; Italiens, ebd., 32; Bulgariens, ebd., 35; Neuseelands, ebd., 37 und der Schweiz, ebd., 40.

[62] Annan, Peace in Africa, S/1998/318, Ziff. 25; Secretary-General, Annual Report 1999, A/54/1, Ziff. 124. Siehe auch UN Sanctions: How Effective?, How Necessary?, 111 ff.

[63] Bossuyt, Economic Sanctions, Ziff. 43; Brabandt, 2; Cortright/Lopez, Sanctions Decade, 223 ff.; Doxey, UN Sanctions, 219; Jeker, 5; Reisman/Stevick, 132; Shehabaldin/Laughlin, 16; Somavia, 64; Winkler, 147 ff.

[64] Siehe 2. Kap., 3.1.

[65] Ebenso Cortright/Lopez, Sanctions Decade, 5.

[66] Siehe 3. Kap., 3.4.2.2.1.a).

[67] Dies läßt sich auch den Stellungnahmen der ständigen Mitglieder entnehmen, wenngleich diese lediglich in allgemeiner Form darauf hinweisen, daß Sanktionen gezielt eingesetzt werden sollen. Siehe die Stellungnahmen der Delegierten des Vereinigten Königreichs, S/PV.4128, 6 sowie der Vereinigten Staaten, ebd., 7. Frankreich, ebd., 8 und die Russische

einheitliche Praxis des Einsatzes gezielter Sanktionen entwickelt, auch wenn in den letzten Jahren Ansätze in diese Richtung auszumachen sind. So hat der Sicherheitsrat in keinem Fall ausschließlich gezielte Sanktionen verhängt[68]. Die im Zentrum gezielter Sanktionen stehenden finanziellen Sanktionen hat der Sicherheitsrat überdies in seiner bisherigen Praxis weder durchgängig noch einheitlich eingesetzt[69]. Eine konsistente Sanktionspraxis ist lediglich in Hinblick auf die Verhängung von Einreiseverboten auszumachen[70].

3.2.1.2. Stellungnahme

a) Bestand gezielter Sanktionsmaßnahmen

Der Begriff der gezielten Sanktionen und der Kernbestand an Maßnahmen, die als gezielte Sanktionen gelten, ist bereits erörtert worden[71]. Es sind jedoch darüber hinausgehend auch Maßnahmen als gezielt qualifiziert worden, die gleichwohl nachteilige, unterschiedslos wirkende Folgen für die Bevölkerung haben können, so daß eine Klarstellung geboten erscheint.

Föderation, ebd., 23, weisen dabei nachdrücklich darauf hin, daß Wirtschaftssanktionen keine unverhältnismäßigen Folgen für die Bevölkerung des Sanktionsadressaten haben dürfen. In diese Richtung auch die Stellungnahme des Delegierten Chinas, ebd., 12.

[68] Soweit Flugverkehrsverbote nicht als gezielte Maßnahmen aufgefaßt werden. Siehe hierzu unter 3.2.1.2. a). Die gegen die UNITA in Angola, die RUF in Sierra Leone und die Taliban in Afghanistan verhängten Sanktionen sind allerdings überwiegend gezielt ausgestaltet worden.

[69] Der Sicherheitsrat hat zwar bei den gegenüber dem Irak, der BR Jugoslawien, den bosnischen Serben, Libyen, Haiti und Afghanistan verhängten Wirtschaftssanktionen die Konten der Regierung bzw. der von diesen kontrollierten Unternehmen einfrieren lassen. Die Guthaben der für die Friedensbedrohung verantwortlichen Personen wurden hingegen im Falle Iraks und der BR Jugoslawien nicht eingefroren. Im Falle Haitis wurde zwar eine Vielzahl von Personen, die zum verantwortlichen Staatsapparat gehören, identifiziert, deren Guthaben die Mitgliedstaaten einfrieren sollten, die entsprechende Bestimmung in der Resolution 917 (1994), Ziff. 4 war jedoch, wie sich aus dem Wortlaut ergibt, nicht bindend. Der Sicherheitsrat hat somit lediglich in zwei Fällen, gegenüber hochrangigen Amtsträgern der UNITA und ihren Familienangehörigen mit S/RES 1173 (1998), Ziff. 11 und gegenüber Osama bin Laden und assoziierten Personen mit S/RES 1333 (2000), Ziff. 8, auf Personen zielende finanzielle Sanktionen eingesetzt.

[70] Südrhodesien S/RES 253 (1968); Irak, S/RES 1137 (1997); Haiti, S/RES 917 (1994); Sudan, S/RES 1054 (1996) (Eingeschränktes Einreiseverbot); Angola/UNITA, S/RES 1127 (1997); Sierra Leone, S/RES 1132 (1997) und 1171 (1998) sowie Afghanistan/Taliban, S/RES1333 (2000).

[71] Siehe 1. Kap., 2.

Finanzielle Sanktionen beinhalten einer weiten Begriffsfassung zufolge nicht nur das Einfrieren von Auslandsguthaben, sondern auch die Einschränkung des Zugangs zu ausländischen Kapitalmärkten, die Einstellung der Entschuldung, das Verbot von Investitionen sowie das Zurückhalten von Krediten und Regierungshilfen[72]. Als gezielte Sanktionen können hiervon nur diejenigen finanziellen Maßnahmen qualifiziert werden, die keine oder allenfalls geringfügige nachteilige Auswirkungen auf die Bevölkerung haben. Als eine solche Maßnahme ist vor allem das Einfrieren der Auslandsguthaben der Regierungselite zu nennen[73]. Die sonstigen finanziellen Maßnahmen, worunter auch das Einfrieren von staatlichen oder den staatlichen Unternehmen gehörenden Vermögenswerten fällt, haben zumindest mittelbar nachteilige Auswirkungen auf die Bevölkerung, da sie dem Sanktionsadressaten Finanzmittel vorenthalten, mit denen wirtschaftspolitische, soziale oder humanitäre Staatsaufgaben finanziert werden können[74]. Sie können deshalb nur in denjenigen Fällen als gezielte Maßnahmen gelten, in denen der Sanktionsadressat die entsprechenden Finanzmittel vorrangig zu Zwecken benutzt oder voraussichtlich benutzen wird, die nicht zu einer Verbesserung der Lebensverhältnisse der Bevölkerung beitragen[75]. Aus dieser Differenzierung folgt, daß die Streichung bzw. Aussetzung der Entwicklungshilfe nicht unter den Begriff der gezielten Sanktionen fällt, es sei denn, daß ihre bestimmungsgemäße Verwendung durch den Sanktionsadressaten nicht zu erwarten ist[76].

---

[72] Lopez/Cortright, Financial Sanctions, 328; UN Sanctions: How Effective?, How Necessary?, 112; Minear/Cortright/Wagler/Lopez/Weiss, xxvii.

[73] Ebenso Brabandt, 18; Doxey, UN Sanctions, 214; Jeker, 10. So auch Annan, Peace in Afrika, Ziff. 25. Hierzu auch IDSC, Future of Sanctions, Ziff. 64.

[74] Jeker, 10 und Rudolf, 321, weisen diesbezüglich zurecht darauf hin, daß auch derartige Finanzsanktionen "spillover"- Effekte haben und am Ende die Bevölkerung in Mitleidenschaft ziehen können.

[75] Dies wäre vor allem dann der Fall, wenn mit hinreichender Wahrscheinlichkeit zu erwarten ist oder festgestellt werden kann, daß der Sanktionsadressat die Finanzmittel aus Staatskonten entweder zu eigennützigen Zwecken oder zur Finanzierung von zu mißbilligenden Aktivitäten, insbesondere zu militärischen Zwecken, verwendet. Siehe Jeker, 10.

[76] Siehe hierzu in bezug auf Haiti Gibbons, 106 ff. Dazu außerdem IDSC, Future of Sanctions, Ziff. 104 ff. und die darin wiedergegebenen Ausführungen aus dem "White Paper on International Development" der für internationale Entwicklungsfragen zuständigen Verwaltungseinheit der Regierung des Vereinigten Königreichs: "there will be some circumstances under which a government-to-government partnership is impossible, because the government concerned is not committed to the elimination of poverty, is not pursuing sound economic policies or is embroiled in conflict. ... where poor countries are ruled by governments with no commitment to helping the poor realise their human rights, we will help- where we can do so- through alternative channels. These will include the institutions of civil society, voluntary agencies and local government. In such cases our assistance will be tightly focussed on the victims of neglect and oppression."

Der weite Begriff der gezielten Reisebeschränkungen umfaßt neben Einreiseverboten, die vornehmlich gegen Regierungsmitglieder und ranghohe Militärs verhängt werden, auch Flugverkehrsverbote[77]. Flugverkehrsverbote können jedoch nur schwerlich als gezielte Sanktionen qualifiziert werden. Sie treffen unterschiedslos alle Flugreisenden und haben im Regelfall nachteilige wirtschaftliche und humanitäre Auswirkungen, insbesondere auf die Durchführung von Rettungsflügen und humanitären Hilfsmaßnahmen[78]. Als gezielte Sanktionen sind daher nur die gegen die verantwortliche Elite gerichteten Einreiseverbote zu bezeichnen[79].

Die Unterbrechung des Sport- und Kulturaustauschs kann nicht zu den gezielten Sanktionen gezählt werden, sofern sie nicht allein gegen die verantwortliche Elite gerichtet ist[80]. Diese Maßnahme soll die Repräsentation der sanktionierten Partei im Ausland verhindern. Sie ist daher vornehmlich symbolischer Natur, indem sie die Mißbilligung der internationalen Gemeinschaft gegenüber jeder Form von offiziellem internationalen Austausch mit dem Sanktionsadressaten zum Ausdruck bringt[81]. Sie ist zwar insofern eine gezielte Maßnahme, als sie keine Nachteile für die gesamte Bevölkerung hervorruft. Sie führt auch lediglich für einen begrenzten Personenkreis zu unmittelbaren Nachteilen. Die von der Unterbrechung des Sport- und Kulturaustauschs betroffenen Personen sind allerdings nicht mit den für die Friedensbedrohung Verantwortlichen identisch. Aufgrund dieses Umstands und der symbolischen Zielrichtung dieser Maßnahme ist sie als eine eigenständige Kategorie zu klassifizieren, die als nicht mehr

---

[77] BICC, Smart Sanctions, Executive Summary, 2; Kulessa, Travel Sanctions, 3; Lopez/Cortright, Financial Sanctions, 328; UN Sanctions: How Effective, How Necessary?, 112. Auch der Sicherheitsrat scheint Flugverkehrsverbote als gezielte Sanktionen anzusehen, so in S/PRST/2000/12, 7. April 2000 zu Afghanistan.

[78] Dies haben die gegenüber Libyen und Afghanistan verhängten Flugverkehrsverbote gezeigt. Siehe 2. Kap., 2.3.3. und 2.8.3. sowie außerdem die Studie über die möglichen Auswirkungen des gegenüber Sudan geplanten Flugverbots (3. Kap., Anm. 248). Kulessa, Travel Sanctions, 6, 7, empfiehlt Flugverkehrsverbote wegen der im Regelfall zu vermeidenden nachteiligen Folgen für die Bevölkerung als Beispiel gezielter Sanktionen, räumt aber zugleich ein, daß sie in einigen Fällen doch nachteilige Auswirkungen auf die Bevölkerung haben können. Daher seien entsprechende Ausnahmegenehmigungen in die Sanktionsbestimmungen einzufügen. Aus den bereits genannten Gründen handelt es sich daher nicht mehr um gezielte Sanktionen im eigentlichen Sinne, kommen diesen aber nahe, soweit weitreichende Ausnahmeregelungen getroffen werden, wie etwa in S/RES 1333 (2000).

[79] Ebenso Bossuyt, Economic Sanctions, Ziff. 56; Doxey, UN Sanctions, 214 sowie die Liste gezielter Sanktionen der United Nations Association of Great Britain and Northern Ireland in: IDSC, Future of Sanctions, Ziff. 62.

[80] So aber Lopez/Cortright, Financial Sanctions, 328.

[81] Siehe beispielhaft S/RES 757 (1992), Ziff. 8 b), c).

von dem engen Begriff der gezielten Sanktionen umfaßt angesehen werden kann.

b) Vorteile gezielter Sanktionen

Gezielte Sanktionen sind grundsätzlich besser als umfassende bzw. partielle Sanktionen geeignet, den Schutz der Menschenrechte und des humanitären Völkerrechts zu gewährleisten. Die unbeabsichtigten, aber zwangsläufig eintretenden negativen humanitären Auswirkungen von umfassenden, aber auch partiellen Wirtschaftssanktionen und die damit verbundene Beeinträchtigung von Menschenrechten können bei der Verhängung gezielter Sanktionen, welche die Wirtschaft des Landes und damit die Versorgung der Bevölkerung allenfalls unwesentlich beeinträchtigen, weitgehend vermieden werden[82]. Außerdem werden die durch umfassende Wirtschaftssanktionen hervorgerufenen langfristigen Schäden vermieden, die mit dem Grundsatz der Förderung der Menschenrechte und den in Artikel 55 der Charta genannten Zielen nur schwer vereinbar sind[83]. Gezielte Wirtschaftssanktionen ermöglichen somit die Unterscheidung zwischen der Bevölkerung und dem Sanktionsadressaten und haben keine unverhältnismäßigen Folgen für die Bevölkerung, wodurch sie zugleich den im humanitären Völkerrecht geltenden Grundsätzen der Unterscheidung und Verhältnismäßigkeit umfassend gerecht werden[84].

Gezielte Sanktionen treffen ferner diejenigen, die für die Friedensgefährdung verantwortlich sind und erhöhen dadurch zumindest potentiell die Wirksamkeit der Sanktionen. Maßnahmen wie das Einfrieren von Auslandsguthaben sowie Einreiseverbote für die Machthaber und deren Familienangehörige sind grundsätzlich besser als umfassende Ein- und Ausfuhrverbote geeignet, den Verantwortlichen auch persönlich mitunter empfindliche Nachteile zuzufügen[85]. Umfassende Wirtschaftssanktionen haben sich dagegen in einigen Fällen als kontraproduktiv erwiesen, da sie eher zu einer Stärkung der Machtposition des Sanktionsadressaten, der oftmals politisch und materiell von den Wirtschaftssanktionen profitiert hat, als zur Beendigung der Friedensbedrohung geführt haben[86]. Gezielte Sanktionen isolieren zudem nicht ein ganzes Volk, sondern lediglich deren Machthaber, so daß der bei umfassenden Wirtschaftssanktionen zu beobachtende Solidarisierungseffekt der Bevölkerung mit der Regierung

[82] Brabandt, 18.
[83] Ebd.; Bruderlein, 6; Swindells, 1955 ff.
[84] Reisman/Stevick, 132. Siehe auch 3. Kap., 4.4.2.2.
[85] Gasser, Economic Sanctions, 902; Kulessa, Friedensinstrument, 37.
[86] Somavia, 63, unter Hinweis auf die gegenüber dem Irak und der BR Jugoslawien verhängten Wirtschaftssanktionen.

weitgehend vermieden werden kann[87]. Als weiterer Vorteil gezielter Sanktionen sind die gegenüber umfassenden Sanktionen geringeren Kosten für die an der Umsetzung der Wirtschaftssanktionen beteiligten Staaten[88] und die geringeren Schäden für Drittstaaten zu nennen. Aus diesem Grund ist bei gezielten Sanktionen mit einer besseren Umsetzung der beschlossenen Maßnahmen zu rechnen[89]. Im Gegensatz zu den mit erheblichen Kosten und Nachteilen für alle Beteiligten, insbesondere die Bevölkerung, verbundenen umfassenden Wirtschaftssanktionen wird sich der Sicherheitsrat bei der Verhängung gezielter Maßnahmen von vornherein in weitaus geringerem Maße Angriffen auf die Legitimität seines Vorgehens ausgesetzt sehen[90]. Überdies wird die mißliche Lage vermieden, daß die Vereinten Nationen im Land des Sanktionsadressaten in einer kaum miteinander zu vereinbarenden Doppelrolle als Urheber von Wirtschaftssanktionen und als Linderer der durch diese hervorgerufenen Auswirkungen auftreten[91].

c) Einwände gegen die Beschränkung der Sanktionspraxis auf gezielte Sanktionen

Eine Beschränkung auf gezielte Sanktionen hätte zur Folge, daß dem Sicherheitsrat die Möglichkeit genommen wird, schrittweise den Druck auf den

---

[87] Siehe hierzu Galtung, 389 ff.; Doxey, International Sanctions, 104 ff. und Kulessa, Friedensinstrument, 32, in bezug auf Südrhodesien sowie Weiss/Cortright/Lopez/Minear, Political Gain, 234, unter Hinweis auf den Irak und Cortright/Lopez, Sanctions Decade, 76, 214, unter Hinweis auf die BR Jugoslawien. Inwieweit dieser Solidarisierungseffekt (im Englischen als "rally around the flag effect" bezeichnet) tatsächlich eintritt (so wohl in Südrhodesien und auch in der BR Jugoslawien) oder aber vom Sanktionsadressaten durch den Einsatz von Propaganda und Massenaufmärschen suggeriert wird (wofür im Irak einiges spricht) läßt sich dabei oftmals nur schwer feststellen.

[88] Siehe hierzu McGee, Robert W., Trade Embargoes, Sanctions and Blockades. Some Overlooked Human Rights Issues, in: Journal of World Trade Law 32 (1998) 4, 139-144, 142 ff., der Wirtschaftssanktionen grundsätzlich wegen der mit ihnen verbundenen Nachteile für die nationale Wirtschaft und Eingriffen in individuelle Rechte in Frage stellt.

[89] Siehe UN Sanctions: How Effective?, How Necessary?, 112 sowie die Stellungnahme des Delegierten Malaysias, S/PV.4128, 14.

[90] Hierauf hat in der Grundsatzdebatte im Sicherheitsrat vor allem der Vertreter Deutschlands hingewiesen, S/PV.4128, 28. Ebenso Brabandt, 18; UN Sanctions: How Effective?, How Necessary?, 112.

[91] Dies wurde insbesondere bei den gegenüber Haiti verhängten Wirtschaftssanktionen deutlich. Hierzu Gibbons, 52 ff.; Swindells, 1957 und Weiss/Cortright/Lopez/Minear, Political Gain, 230, 231. Siehe auch die Stellungnahme des Generalsekretärs, Statement to the Security Council on the Humanitarian Situation in Iraq, 24. März 2000: "Let me conclude by saying that the humanitarian situation in Iraq poses a serious moral dilemma for this Organisation. The United Nations has always been on the side of the vulnerable and the weak, and has always sought to relieve suffering, yet here we are accused of *causing* suffering to an entire population."

Sanktionsadressaten zu erhöhen. Zudem könnte der Sicherheitsrat das Zwangspotential, das ihm mit der sofortigen Verhängung umfassender Wirtschaftssanktionen zur Verfügung steht, nicht mehr ausschöpfen. Die Beschränkung auf gezielte Sanktionen würde somit den Handlungsspielraum des Sicherheitsrates erheblich einschränken und diesem als nächste Eskalationsstufe lediglich das militärische Eingreifen belassen. Der Grundsatz, einzig gezielte Sanktionen einzusetzen, würde deshalb die Gefahr einer Schwächung des Systems der kollektiven Sicherheit in sich bergen. Darüber hinaus bestehen Zweifel an der Effektivität und am Erfolgspotential von gezielten Sanktionen. Das Einfrieren von Auslandsguthaben ist von den Mitgliedstaaten, mit Ausnahme der Vereinigten Staaten, nur unzureichend umgesetzt worden und hat sich aus einer Reihe von Gründen als schwierig durchführbar erwiesen[92]. Die betroffenen Eliten werden daher in der Regel, sofern keine grundlegende Änderung der Sanktionspraxis erfolgt, in der Lage sein, sich vor schwerwiegenden persönlichen Nachteilen zu schützen. Die sonstigen, im Rahmen von gezielten Sanktionen verhängten Maßnahmen, z.B. Einreiseverbote, sind für die Betroffenen zwar unangenehm, aber kaum geeignet, den Sanktionsadressaten zum Einlenken zu bewegen[93].

d) Kriterien für die Entscheidung über den Umfang der zu ergreifenden Maßnahmen

Gezielte Sanktionen sind partiellen und umfassenden Sanktionen grundsätzlich vorzuziehen. Allerdings kann es Fälle geben, in denen das Mittel der gezielten Wirtschaftssanktionen als nicht ausreichend erscheint, um der Friedensbedrohung angemessen und wirksam zu begegnen. Dem Sicherheitsrat muß somit als Eskalationsstufe zumindest das Mittel partieller Sanktionen zur Verfügung stehen. Auch umfassende Sanktionen können aus diesem Grund als ultima ratio gerechtfertigt sein. Die Wahl der Form der zu verhängenden Sanktionen ist im Falle einer schwerwiegenden Friedensbedrohung von den zu erwartenden bzw.

---

[92] Doxey, UN Sanctions, 215. So auch plastisch der Delegierte des Vereinigten Königreichs, in S/PV.4128, 6: "There has been much discussion of "smarter" sanctions. I hope that modern technology will be able to help us in the financial arena. I rather suspect that the fox will be able to stay ahead of the hounds in this particular hunt, but it is a vital area." Hufbauer/Schott/Elliot kamen allerdings in ihrer Studie, 63 ff., zu dem Ergebnis, daß Sanktionen, bei denen vorrangig finanzielle Maßnahmen eingesetzt worden sind, mit 41 % eine höhere Erfolgsquote als umfassende Wirtschaftssanktionen mit 25 % gehabt haben.

[93] Damrosch, Civilian Impact, 298; Doxey, UN Sanctions, 215. Kulessa, Travel Sanctions, 4, 5, zufolge haben Reisebeschränkungen eine nützliche Funktion als zusätzliche Maßnahmen zu Wirtschaftssanktionen. Dabei differenziert er zwischen Sanktionsadressaten, die nach internationaler Anerkennung suchen und solchen, die international bereits geächtet sind. Die Druckwirkung gegenüber den letztgenannten Sanktionsadressaten schätzt er als gering ein.

tatsächlichen Auswirkungen auf die Menschenrechte der Bevölkerung des Sanktionsadressaten abhängig zu machen.

Umfassende Sanktionen sind aus diesem Grund dann nicht zu verhängen, wenn sie voraussichtlich zu einer erheblichen Beeinträchtigung der Menschenrechte der Bevölkerung und damit zu potentiell unverhältnismäßigen Folgen führen werden. Dies wäre vor allem dann der Fall, wenn die Wirtschaftssanktionen dazu beitragen bzw. aller Wahrscheinlichkeit beitragen werden, daß ein Großteil der Bevölkerung unter dem absoluten Existenzminimum lebt, sich die gesundheitliche Lage der Bevölkerung drastisch verschlechtert und die Versorgung der Bevölkerung mit elementaren Gütern und Dienstleistungen sowie die grundlegende Bildung nicht mehr gewährleistet ist[94].

Die Entscheidung, ob umfassende Sanktionen verhängt werden sollen, ist vor diesem Hintergrund im wesentlichen von der Lage, insbesondere der Wirtschaftsstruktur des Sanktionsadressaten abhängig. Je schwächer dessen wirtschaftliche Lage und je größer dessen Abhängigkeit vom Weltmarkt zur Zeit der Verhängung der Wirtschaftssanktionen ist, desto schneller und schwerwiegender sind erfahrungsgemäß die Folgen. Ein Land mit landwirtschaftlicher Selbstversorgung und einer starken Binnenwirtschaft, insbesondere im Bereich der Stromversorgung, kann hingegen bei entsprechenden Reserven die nachteiligen Auswirkungen von umfassenden Wirtschaftssanktionen zumindest über einen gewissen Zeitraum gering halten[95]. Darüber hinaus ist zu berücksichtigen, inwieweit die Versorgungslage der Bevölkerung bereits durch andere Faktoren, vor allem einen andauernden Krieg, beeinträchtigt wird. Der Sicherheitsrat sollte insofern eine Analyse der wirtschaftlichen und humanitären Lage im Land des Sanktionsadressaten vornehmen[96] und auf deren Grundlage entscheiden, ob die Verhängung partieller bzw. umfassender Wirtschaftssanktionen unter Berücksichtigung der zu erwartenden Folgen der geplanten Maßnahmen in Betracht kommt[97]. Als zusätzliches Kriterium kann zwar in Zweifelsfällen die

[94] Siehe 3. Kap., 3.4.2.2.4.

[95] Dies traf beispielsweise auf die BR Jugoslawien im Gegensatz zum Irak zu (siehe 2. Kap., 2.4.3.1.; 2.2.3.1.). Die vorgeschlagene Differenzierung bedeutet jedoch, daß die umfassenden Wirtschaftssanktionen, die gegenüber einem weniger anfälligen Sanktionsadressaten verhängt werden, eine vergleichsweise geringere Druckwirkung erzeugen. Im Ergebnis heißt dies, daß umfassende Wirtschaftssanktionen, die zu erheblichen wirtschaftlichen Schäden führen, nur soweit zulässig sind, als durch diese Schäden nicht zugleich auch die Versorgungslage der Bevölkerung übermäßig beeinträchtigt wird.

[96] Siehe dazu im einzelnen unten unter 3.2.4.

[97] In einigen Fällen kommt die Verhängung umfassender Wirtschaftssanktionen von vornherein nicht in Betracht. Dies gilt insbesondere für die sogenannten "Failed States" (hierzu Gros, Jean-Germain, Towards a taxonomy of failed states in the New World Order: decaying

Unterstützung der Bevölkerung des Sanktionsadressaten für die Verhängung der beabsichtigten Maßnahmen herangezogen werden. Insofern ist aber Vorsicht geboten, ob die Bevölkerung bzw. die für diese auftretenden Personen sich des Ausmaßes der Folgen von umfassenden Wirtschaftssanktionen hinreichend bewußt sind[98].

Nicht geeignet erscheint hingegen das politische Kriterium, inwieweit die Sanktionen zu einer innenpolitischen Stärkung der Opposition gegen den Sanktionsadressaten beitragen[99]. Die Annahme, daß die gegenüber der Regierung des Sanktionsadressaten bestehende Opposition aufgrund der durch die Sanktionen bedingten Unzufriedenheit in der Bevölkerung gestärkt wird und so die Regierung zu einer Änderung ihrer Politik bewegen kann, die allem Anschein nach einer Reihe von Wirtschaftssanktionen zugrundelag, hat sich in der Praxis nicht bestätigen können[100]. Die möglichen politischen Reaktionen auf Sanktionen sind

---

Somalia, Liberia, Rwanda and Haiti, in: Third World Quarterly 17 (1996) 3, 455-471 und Thürer, Daniel/Herdegen, Matthias/Hohloch,Gerhard, Der Wegfall effektiver Staatsgewalt im Völkerrecht, "The Failed State". Referate und Thesen mit Diskussion, in: BDGVR, Bd. 34, Heidelberg, 1996), z.B. gegenüber Somalia im Jahr 1992 und 1993, in denen einerseits aufgrund des Bürgerkriegs und Staatszerfalls die Wirtschaft zusammengebrochen ist und humanitäre Notlagen, insbesondere Hungersnöte, bestehen. Siehe dazu das "Non-Paper" A/50/322, 15. Als weitere Beispiele aus der Sanktionspraxis des Sicherheitsrats sind die gegenüber Sierra Leone und Afghanistan verhängten Sanktionsmaßnahmen zu nennen, bei denen der Sicherheitsrat ebenfalls aufgrund der vorgefundenen Umstände von der Verhängung umfassender Maßnahmen Abstand nahm. Ein anderes Szenario, in dem die Verhängung von umfassenden Wirtschaftssanktionen aufgrund des mit ihnen verbundenen Zeitmoments augenscheinlich nicht das angemessene Mittel zur Begegnung einer Friedensbedrohung ist, sind Situationen, die ein schnelles Eingreifen gebieten, so zum Beispiel der Völkermord in Ruanda. Hierzu Cortright/Lopez, Sanctions Decade, 199.

[98] Siehe den Hinweis darauf, daß in Haiti die umfassenden Wirtschaftssanktionen weit weniger Unterstützung gefunden hätten, wenn sich die Beteiligten über deren negative Auswirkungen bewußt gewesen wären. Gibbons, 92.

[99] Es besteht inzwischen weitgehende Einigkeit über den Umstand, daß partielle bzw. umfassende Wirtschaftssanktionen um so eher einen erfolgreichen innenpolitischen Prozeß gegen die friedensbedrohende Politik der Regierung auslösen können, je demokratischer der Zielstaat verfaßt ist. Siehe hierzu Cortright/Lopez, Sanctions Decade, 22 m.w.N; Eland, Ivan, Economic Sanctions as Tools of Foreign Policy, in: Cortright/Lopez, Panacea or Peacebuilding, 31 ff.; Reisman/Stevick, 136 ff.

[100] Dies gilt sowohl für den Irak (siehe die Erklärung des Vorsitzenden des Iraqi National Congress, Ahmed Chalabi, in: Gause III, F.G., Getting it Backward on Iraq, in: Foreign Affairs 78 (1999) 3, 54 ff., 63), die BR Jugoslawien (hierzu Dimitrijevic/Pejic, 124 ff.) als auch für Haiti (siehe Gibbons, 28 ff., 42 ff.). Als Gegenbeispiel lassen sich die Wirtschaftssanktionen gegenüber Südafrika, die allerdings nicht vom Sicherheitsrat verhängt worden waren, anführen (hierzu Maloka, T., "Sanctions Hurt but Apartheid Kills": The Sanctions Campaign and Black Workers, in: Crawford, N.C./Klotz A. (Hrsg.), How Sanctions Work:

zudem von schwer faßbaren Variablen abhängig, so daß sie kaum als zuverlässiges Kriterium für die Bestimmung des Umfangs der Sanktionen herangezogen werden können[101].

e) Verbesserung der Effektivität von gezielten Sanktionen

Es herrscht in der internationalen Gemeinschaft zum gegenwärtigen Zeitpunkt Einigkeit darüber, daß die vorrangige Aufgabe in der Steigerung der Effektivität gezielter Sanktionen besteht, um ein wirksames System von gezielten Sanktionen zu schaffen, das einen weitgehenden Verzicht auf das Mittel der partiellen bzw. umfassenden Wirtschaftssanktionen ermöglicht. Dies gilt insbesondere für finanzielle Sanktionen. Diese haben in der bisherigen Sanktionspraxis des Sicherheitsrats nicht die von vielen in ihren Einsatz gesetzten Hoffnungen erfüllen können[102]. Ein wesentlicher Grund hierfür ist sicherlich die wenig kohärente Praxis des Sicherheitsrats[103].

In dem Zeitraum von 1998 bis 2000 sind auf mehreren Tagungen Experten und Praktiker zusammengekommen, um unter Berücksichtigung der bisherigen Sanktionspraxis Strategien für eine Verbesserung des Instruments der gezielten finanziellen Sanktionen zu erarbeiten[104]. Hierbei sind maßgebliche Impulse vom sogenannten Interlaken Prozeß ausgegangen, in welchem auf zwei Tagungen

---

Lessons from South Africa, New York, 1999, 178 ff.). Dieser Befund bestätigt die Analyse Galtungs, 389 ff., der bereits 1967 darauf hinwies, daß umfassende Sanktionen entgegen der erwarteten politischen Schwächung des Sanktionsadressaten zu dessen politischer Stärkung führen können.

[101] Diesbezüglich haben die Reaktionen auf die vom Sicherheitsrat verhängten Sanktionen gezeigt, daß die Annahme, durch die Verhängung von umfassenden Wirtschaftssanktionen würde ein innenpolitischer Prozeß ausgelöst, der den Sanktionsadressaten zum Einlenken bewegt, zumindest bei gegenüber diktatorischen Regierungen verhängten Sanktionen unzutreffend ist. Siehe hierzu Cortright/Lopez, Sanctions Decade, 22 m.w.N. Dazu auch Grünfeld, 120 ff., der zu dem Schluß kommt, daß umfassende Wirtschaftssanktionen, die der Bevölkerung lebensnotwendige Güter entziehen, im Regelfall nicht den gewünschten Erfolg erzielen. Als Alternative schlägt er daher den Verzicht auf Embargos, d.h. Ausfuhrverbote in den Zielstaat, vor, da diese zu einer Verletzung von Menschenrechten und einem Solidarisierungseffekt der Bevölkerung führen. Stattdessen solle ein Boykott verhängt werden, unter dem er ein Einfuhrverbot von Waren aus dem Zielstaat versteht. Diese Unterscheidung ist aber angesichts der Erfahrungen im Irak, in dem lebensnotwendige Güter vom Ausfuhrverbot ausgenommen waren, dem Irak aber aufgrund der fehlenden Exporteinnahmen keine Devisen zum Einkauf dieser Güter zur Verfügung standen, fragwürdig, wie Grünfeld, 130, selbst einräumt. Zurecht ablehnend daher Conlon, Humanitarian Mitigation, 281, 282.

[102] Jeker, 6; IDSC, Future of Sanctions, Executive Summary.

[103] S.o. Anm. 69.

[104] S.o. Anm. 23, 24, 27.

von einem Kreis von Fachleuten mit Unterstützung der Vereinten Nationen umfassend Maßnahmen zur Steigerung der Effektivität von finanziellen Sanktionen erörtert worden sind[105]. Auf der Grundlage der dabei erzielten Ergebnisse soll im folgenden der gegenwärtige Erkenntnisstand nachgezeichnet werden.

In Hinblick auf den Einsatz gezielter finanzieller Sanktionen sind eine Reihe von Schwachpunkten identifiziert worden, die in Anbetracht der bisherigen Praxis Zweifel an deren Effektivität aufkommen lassen. Dies betrifft sämtliche Aspekte eines erfolgversprechenden Einsatzes dieses Mittels. Ein solcher setzt den Zugriff auf Expertise und Informationen voraus, die zur Einschätzung der strukturellen Anfälligkeit des Sanktionsadressaten benötigt werden, um die Sanktionsbestimmungen entsprechend zielgerichtet fassen zu können[106]. Ferner ist die Umsetzung der Sanktionsbestimmungen zu gewährleisten. Dazu bedarf es eines eindeutigen Wortlauts der Sanktionsbestimmungen, um Auslegungsschwierigkeiten zu vermeiden[107] und gesetzlicher Vorschriften in den einzelnen Mitgliedstaaten, welche die Umsetzung der Sanktionsbestimmungen ermöglichen[108]. Des weiteren sind die einzufrierenden Vermögenswerte zu lokalisieren[109] und die zu erwartende Umgehung der Sanktionen durch den Adressaten zu verhindern[110]. Die Durchsetzung der Sanktionsbestimmungen ist überdies

---

[105] S.o. Anm. 23.

[106] Siehe Brabandt, 19; Jeker, 8; Lopez/Cortright, Financial Sanctions, 333; Non-Paper, A/50/322, 17 ff.

[107] Jeker, 13, weist darauf hin, daß zur Vermeidung von Auslegungsproblemen in der Praxis die in den Resolutionen verwendeten Begriffe den in der Finanzwelt gebräuchlichen Begriffen entsprechen sollten.

[108] Außer den Vereinigten Staaten verfügen die meisten Staaten entweder über überhaupt keine gesetzliche Grundlage oder die geltenden Gesetze haben sich als zu restriktiv erwiesen, um gezielte finanzielle Sanktionen wirksam umzusetzen. Hierzu Lopez/Cortright, Financial Sanctions, 328, 331, 334; IDSC, Future of Sanctions, Ziff. 87 ff.

[109] Brabandt, 18; Jeker, 8. Siehe als instruktives Beispiel die Praxis des Vereinigten Königreichs, IDSC, Future of Sanctions, Ziff. 68 ff., 74. Diesbezüglich ist von sämtlichen Beobachtern auf das bei den zuständigen Behörden bestehende Informationsdefizit über die einzufrierenden Vermögenswerte hingewiesen worden, das eine leichte Umgehung finanzieller Sanktionen durch die Adressaten ermöglicht.

[110] Die Möglichkeit der Umgehung, d.h. der Entzug der Vermögenswerte vor dem beabsichtigten Zugriff, ist durch ein zeitliches und ein räumliches Element bedingt. Das zeitliche Element betrifft die Geschwindigkeit, mit der finanzielle Sanktionen verhängt werden. Als problematisch hat sich hierbei die Vorlaufzeit im Sicherheitsrat erwiesen, die im Falle Libyens dazu führte, daß die libysche Regierung zum Zeitpunkt der Durchsetzung die meisten Vermögenswerte bereits dem Zugriff entzogen hatte. Siehe Brabandt, 18, 19; UN Sanctions: How Effective?, How Necessary?, 113. Das räumliche Element betrifft die Rolle der sogenannten Offshore Centres, also derjenigen Staaten, die dem Sanktionsadressaten ein Schlupfloch zum Verstecken von Vermögenswerten bieten. Während der Auffassung einiger Beobachter zufolge dadurch die wirksame Durchsetzung von finanziellen Sanktionen erheblich erschwert wird,

durch geeignete Überwachungsmechanismen, die eine internationale Zusammenarbeit beim Informationsaustausch voraussetzen, sicherzustellen[111]. Als zur Steigerung der Effektivität gezielter Sanktionen geeignete Maßnahmen sind die Verbesserung der finanziellen und personellen Ausstattung des UN Sekretariats angeregt worden, damit dieses sowohl Informationen über die Anfälligkeit des Sanktionsadressaten sammeln und auswerten als auch die getroffenen Sanktionsmaßnahmen evaluieren und überwachen kann. Darüber hinaus ist die einheitliche Verwendung bestimmter technischer, im einzelnen definierter Begriffe in den Sanktionsresolutionen des Sicherheitsrats vorgeschlagen und ein Mustergesetz, das den Mitgliedstaaten eine bessere Umsetzung finanzieller Sanktionen ermöglichen soll, vorgelegt worden. Des weiteren wurde die Schaffung eines Mechanismus zur Verbesserung des Informationsaustauschs unter Beteiligung der Mitgliedstaaten, des Finanzsektors und von Experten angeregt[112].

In Anknüpfung an die Bemühungen zur Verbesserung finanzieller Sanktionen fand im November 1999 eine Expertentagung in Bonn statt, deren Ziel in der Ausarbeitung von praktikablen Vorschlägen bestand, um die Rolle von Waffenembargos und Reisesanktionen, worunter Einreiseverbote und Flugverkehrsverbote verstanden werden, zu stärken[113]. Auf der Tagung wurden die in den bisherigen Sanktionsfällen vom Sicherheitsrat verhängten Maßnahmen, in zwölf Fällen Waffenembargos[114] und in sieben Fällen Reisesanktionen[115],

---

Lopez/Cortright, Financial Sanctions, 332, haben andere darauf hingewiesen, daß in diesen Zentren das Vermögen nur technisch verwaltet wird, wohingegen sich das Vermögen selbst, also die jeweilige Währung etc., in den internationalen Finanzzentren befinde und somit dem Zugriff offenstehe, Jeker, 9.

[111] Newcomb, Richard R, Targeting Financial Sanctions, Paper presented at the Expert Seminar on Targeting United Nations Financial Sanctions, Interlaken, Schweiz, 17-19. März 1998. Zur Rolle des UN Sekretariats IDSC, Future of Sanctions, Ziff. 76 ff.

[112] Hierzu Brabandt, 19, 20; Jeker, 11 ff.

[113] S.o. Anm. 24.

[114] Im einzelnen handelt es sich hierbei um die Waffenembargos gegen Südrhodesien, S/RES 232 (1966); Südafrika, SRES 418 (1977), 473 (1980), 558 (1984), 591 (1986); Irak, S/RES 661 (1990), 687 (1991); BR Jugoslawien, S/RES 713 (1991); Somalia, S/RES 733 (1992), 751 (1992); Libyen, S/RES 748 (1992); Liberia, S/RES 788 (1992); Haiti, S/RES 841 (1993); Angola/UNITA, S/RES 864 (1993), 976 (1995); Ruanda, S/RES 918 (1994), 1005 (1995), 1013 (1995); Sierra Leone, S/RES 1132 (1997), 1171 (1998); BR Jugoslawien/Kosovo, S/RES 1160 (1998). Nach der Konferenz wurde im Jahr 2000 im Fall Äthiopien/Eritrea mit S/RES 1298 (2000) ein weiteres Waffenembargo verhängt.

[115] Im einzelnen Irak, S/RES 670 (1990) (Flugverkehrsverbot), 1137 (1997) (Einreiseverbot); Libyen, S/RES 748 (1992), 883 (1993) (Flugverkehrsverbot); BR Jugoslawien, S/RES 757 (1992) (Flugverkehrsverbot), S/RES 942 (Einreiseverbot); Haiti, S/RES 917 (1994) (Eingeschränktes Flugverkehrsverbot und Einreiseverbot); Sudan, S/RES 1054 (1996) (Eingeschränktes Einreiseverbot), 1070 (1996) (Flugverkehrsverbot, nicht in Kraft getreten); Angola/UNITA, S/RES 1127 (1997) (Flugverkehrsverbot und Einreiseverbot); Sierra Leone,

einer umfassenden Rückschau in Hinblick auf die bisherige Erfolgsbilanz sowie die in der Sanktionspraxis zu Tage getretenen Schwachpunkte unterzogen, wobei methodisch auf die im Interlaken-Prozeß entwickelte Vorgehensweise zurückgegriffen wurde. Die Teilnehmer gelangten zu dem Schluß, daß die Sanktionsbestimmungen des Sicherheitsrats zu Reisesanktionen spezifischer gefaßt werden sollen. Außerdem solle der Sicherheitsrat das Verfahren der Benennung von Individuen und Luftfahrtgesellschaften so ausgestalten, daß die Rechte der Betroffenen gewahrt werden. Ferner wurde darauf hingewiesen, daß die mit der Einreise befaßten Behörden zur wirksamen Umsetzung von Einreisebeschränkungen die erforderlichen Informationen benötigten, d.h. eine Liste der vom Einreiseverbot betroffenen Personen, und daß es eines einheitlichen Verfahrens der Einreiseverweigerung bedürfte[116].

Der Rückblick auf die Tagungen zeigt, daß ein effektiver Einsatz von gezielten Sanktionen, sei es allein oder im Rahmen umfassender Wirtschaftssanktionen, für möglich erachtet wird, wobei allerdings ein erheblicher Verbesserungsbedarf ausgemacht worden ist. Dabei haben sich die Fassung der Sanktionsbestimmungen in den Resolutionen des Sicherheitsrats, das unzureichende gesetzliche Instrumentarium der Mitgliedstaaten zur Umsetzung der Maßnahmen sowie die wenig wirksame Überwachung und Durchsetzung der Sanktionen als Schwachpunkte der bisherigen Sanktionspraxis herauskristallisiert, die durch geeignete Maßnahmen behoben werden müssen, um die Grundlagen für eine erfolgreiche Sanktionspraxis des Sicherheitsrats, die vornehmlich auf dem Einsatz gezielter Sanktionen beruht, zu schaffen.

3.2.1.3. Aussicht

Eine grundsätzliche Bereitschaft des Sicherheitsrats zum Einsatz gezielter Sanktionen ist bereits zum gegenwärtigen Zeitpunkt vorhanden, auch wenn diese in der Sanktionspraxis, und dies gilt vor allem für das Einfrieren von

---

S/RES 1132 (1997), 1171 (1998) (Einreiseverbote). Kurz vor bzw. nach der Tagung sind zudem die gegen Afghanistan/Taliban, S/RES (1999) (Flugverkehrsverbot), 1333 (Spezifizierung Flugverkehrsverbot und Einreiseverbot) sowie gegen Liberia, S/RES 1343 (2001) (Einreiseverbot) verhängten Sanktionen in Kraft getreten.

[116] Siehe zu diesem Abschnitt Smart Sanctions, the Next Step: Arms Embargoes and Travel Sanctions, Executive Summary, First Expert Seminar, Bonn, 21.-23. November 1999. In Hinblick auf Waffenembargos wurde eine Reihe von Vorschlägen unterbreitet, unter anderem der Entwurf eines Standardwortlauts für Sicherheitsratsresolutionen, mit denen Waffenembargos verhängt werden, der Entwurf eines Mustergesetzes zur Verbesserung der Umsetzung von Waffenembargos durch die Mitgliedstaaten sowie Maßnahmen zur verbesserten Durchsetzung und Überwachung.

Vermögenswerten der verantwortlichen Eliten, nur unzureichend in die Tat umgesetzt worden ist. Gezielte Sanktionen werden aber erst dann eine echte Alternative zu partiellen bzw. umfassenden Sanktionsmaßnahmen darstellen, wenn sie einen hohen Grad an Effektivität erreichen, der sich durch eine schnelle sowie wirksame Um- und Durchsetzung der Maßnahmen gegenüber dem jeweiligen Sanktionsadressaten auszeichnet. Die Schwachstellen, die sich bei der Durchsetzung gezielter Maßnahmen in der Sanktionspraxis offenbart haben, sind auf den dargestellten Expertentagungen identifiziert worden. Es darf somit in Anbetracht der jüngsten Initiativen im Sicherheitsrat erwartet werden, daß eine Reihe von Maßnahmen zur Verbesserung der Effektivität gezielter Sanktionen getroffen werden, wenn auch nicht zu verkennen ist, daß es im Falle finanzieller Sanktionen beachtlicher finanzieller und technischer Anstrengungen zur Schaffung eines wirksamen Kontrollsystems bedarf. Diesbezüglich sind insbesondere diejenigen Staaten, in denen sich finanzielle Zentren befinden, sowie diejenigen Staaten, die über die entsprechenden Ressourcen und Expertise verfügen, dazu aufgerufen, anderen Staaten die erforderliche Unterstützung zukommen zu lassen. Dies gilt vor allem für die Vereinigten Staaten und das Vereinigte Königreich. Diese haben hierbei eine führende Rolle einzunehmen, die aber auch im eigenen Interesse dieser beiden Staaten als ausgemachte Befürworter des Instruments der Sanktionen liegen dürfte. Es ist zu erwarten, daß der dadurch ermöglichte Einsatz gezielter Sanktionen, die gemeinhin als legitim anerkannt werden, auch zu einer Stärkung der Glaubwürdigkeit der generellen Sanktionspolitik des Sicherheitsrats führen wird.

3.2.2. Ausgestaltung und Handhabung der humanitären Ausnahmeregelungen

3.2.2.1. Problemstellung

Humanitäre Ausnahmeregelungen sind in der bisherigen Sanktionspraxis vom Sicherheitsrat als das vorrangige Mittel eingesetzt worden, mit dem die nachteiligen Auswirkungen von Sanktionsmaßnahmen auf die Bevölkerung vermieden werden sollen[117]. Hierbei ist anerkannt, daß Wirtschaftssanktionen einen Mindestbestand an humanitären Ausnahmeregelungen enthalten sollen[118]. Die Ausnahmeregelungen sind zwar kontinuierlich ausgeweitet worden. Gleichwohl besteht im System der humanitären Ausnahmeregelungen, wie auch vom Sicherheitsrat selbst konstatiert[119], in Anbetracht der in der Praxis aufgetretenen

[117] Siehe 3. Kap., 3.4.2.2.1.b).

[118] Siehe ebd.

[119] Siehe S/1999/92.

Schwachstellen weiterhin Verbesserungsbedarf. Diese Schwachstellen beziehen sich auf die inhaltliche Bestimmung der Kategorie der Güter des elementaren Bedarfs, die dabei zur Anwendung kommenden Verfahren, die Genehmgungspraxis und Arbeitsweise der Sanktionsausschüsse sowie die Befreiung humanitärer Hilfsorganisationen von der Genehmigungspflicht.

Das Ziel der humanitären Ausnahmeregelungen, die Grundversorgung der Bevölkerung zu gewährleisten, gilt es vorweg aus Sicht eines wirksamen Menschenrechtsschutzes zu konkretisieren. Die Ausnahmeregelungen sind danach so zu fassen, daß die durch die Sanktionsbestimmungen potentiell beeinträchtigten Menschenrechte in höchstmöglichem Maße gewahrt bzw. verwirklicht werden können[120]. Dies bedeutet nicht zugleich, daß diese Ausnahmeregelungen kontinuierlich zugunsten der Zivilbevölkerung auszuweiten sind[121]. Ein derartiger Ansatzpunkt wäre zu einseitig und würde die begründeten Einwände, die gegen eine übermäßige Erweiterung der humanitären Ausnahmeregelungen vorgebracht worden sind, vor allem die Gefahr einer möglichen Schwächung der Effektivität von Wirtschaftssanktionen und des Mißbrauchs der Ausnahmeregelungen, vernachlässigen[122]. Vielmehr sind die humanitären Ausnahmeregelungen so zu fassen, daß sie den Umständen des Einzelfalls und den beiden kollidierenden Zielen der Friedenssicherung und des Menschenrechtsschutzes gerecht werden. Eine solche Regelung hat sowohl dem berechtigten Interesse des Sicherheitsrats, einen Mißbrauch der Ausnahmebestimmungen, und dies gilt insbesondere für "dual use" Güter, zu verhindern, als auch dem Ziel der Verwirklichung humanitärer Zwecke, insbesondere der zügigen Lieferung von elementaren Gütern, Rechnung zu tragen.

Die Bestimmung, welche Güter dem Grundbedarf der Bevölkerung dienen, richtet sich nach dem im einzelnen Sanktionsfall festgestellten Bedarf. Diesbezüglich ist in der Praxis des Sicherheitsrats ein deutlicher Wandel zu erkennen, bestimmte Kategorien von Gütern im Wege der Listentechnik vollständig vom Genehmigungsverfahren auszunehmen und diese lediglich einer Notifikationspflicht zu unterwerfen[123]. Gleichwohl fällt ein Großteil der Güter weiterhin unter das Kein-Einwand Verfahren. Hierbei hat sich die wenig einheitliche,

---

[120] In diese Richtung Brabandt, 25 ff.; Grünfeld, 125; Conlon, Humanitarian Mitigation, 283; CESCR, General Comment 8, Ziff. 12 sowie die Stellungnahme des Delegierten Jamaikas, S/PV.4128, 21.

[121] Eine kontinuierliche Ausweitung der Ausnahmebestimmungen scheint etwa der Delegierte Chinas in seiner Stellungnahme in S/PV.4128, 12, in Erwägung zu ziehen.

[122] Hierauf weist vor allem Conlon in Humanitarian Mitigation, 282 und Rechtliche Problematik, 24, hin.

[123] Dies gilt insbesondere für die Entwicklung im Fall des Irak, Siehe S/RES 1284 (1999), Ziff. 17; S/RES 1302 (2000), Ziff. 8; S/RES 1330 (2000), Ziff. 10, 11.

wiederholt als willkürlich bezeichnete Entscheidungspraxis und das dadurch bedingte Anhalten einer großen Zahl von Anträgen vor allem im Irak Sanktionsausschuß als problematisch erwiesen. Die Entscheidungen in den Sanktionsausschüssen sind in vielen Fällen entweder übermäßig restriktiv oder von politischen, aber auch wirtschaftlichen Motiven bestimmt gewesen[124]. Eine derartige Praxis ist mit dem Zweck der humanitären Ausnahmeregelungen, die Versorgung der Bevölkerung mit elementaren Gütern zu gewährleisten, kaum vereinbar. Die gegenwärtige Entscheidungspraxis der Sanktionsausschüsse ist außerdem durch eine erhebliche Divergenz zwischen den verschiedenen Sanktionsausschüssen gekennzeichnet[125]. Es wird zunehmend als überfällig angesehen, daß der Sicherheitsrat die Ausnahmeregelungen sowie die Genehmigungsverfahren auf der Grundlage eindeutiger Prinzipien regelt und damit in seiner Praxis dem Gebot der Rechtssicherheit gerecht wird[126].

Neben der Entscheidungspraxis ist auch die Arbeitsweise der Sanktionsausschüsse, die eine Schlüsselrolle bei der Um- und Durchsetzung der Sanktionsmaßnahmen wahrnehmen, von internen Beobachtern der Ausschußarbeit wiederholt mitunter heftig kritisiert worden[127]. Staatendelegierte sowie verschiedene UN-Organe haben die Ausschußarbeit ebenfalls gerügt[128]. So fehle es den

---

[124] Burci, 582; Conlon, Humanitarian Mitigation, 270 ff.

[125] Diese legen die schon ihrem Wortlaut nach zwar ähnlichen, aber nicht unbedingt identischen Bestimmungen der Resolutionen im jeweiligen Sanktionsfall eigenständig aus, ohne daß ein für alle Sanktionsausschüsse verbindlicher Maßstab der Auslegung vorgegeben wäre. Sie sind dabei nicht an die Entscheidungspraxis anderer Sanktionsausschüsse gebunden. Dies hat dazu geführt, daß sie diese häufig nicht kennen oder nicht im Rahmen ihrer eigenen Entscheidungspraxis berücksichtigen, wenn auch in der Praxis der Sanktionsausschüsse das Bemühen der Mitglieder zu erkennen ist, eine kohärente Entscheidungspraxis zu verfolgen. Siehe Kaul, Sanktionsausschüsse, 99. Kritisch Conlon, Fragwürdige Sanktionspraxis, 334. Zur fehlenden Einheitlichkeit im System der Ausnahmeregelungen auch Minar/Cortright/Wagler/Lopez/Weiss, 55, 56.

[126] Conlon, Fragwürdige Sanktionspraxis, 334. Siehe auch die Stellungnahmen des Delegierten Jamaikas, S/PV.4128, 21 und der Russischen Föderation, ebd., 23.

[127] Insbesondere von Paul Conlon, der von 1989 bis 1995 als "Political Affairs Officer" in der Abteilung des UN-Sekretariats tätig war, unter anderem in der Funktion des Stellvertretenden Sekretärs des Irak-Sanktionsausschusses, in Fragwürdige Sanktionspraxis, 328 ff. Siehe auch die kritischen Anmerkungen von Gian Luca Burci, der 1996 als "Legal Officer" in dem "Office of the Legal Counsel, Office of Legal Affairs" der Vereinten Nationen tätig war, in Do Economic Sanctions Work, 581 ff. Ein kritisches, die sich aus den politischen Realitäten ergebenden Grenzen einer wirksamen Ausschußarbeit in Erinnerung rufendes Fazit zieht Hans-Peter Kaul, Mitglied der deutschen Delegation in den Sanktionsausschüssen in der Amtszeit im Sicherheitsrat 1995/96, in Sanktionsausschüsse, 103.

[128] So etwa Australien und die Niederlande in ihrem "Non-Paper", A/50/322, 26 und CESCR, General Comment 8, Ziff. 5. Siehe hierzu auch die unten in Anm. 131 aufgeführten Stellungnahmen.

Mitgliedern der Ausschüsse an der fachlichen Kompetenz. Außerdem seien die Ausschüsse und die ihnen zuarbeitende Sekretariatseinheit nicht ausreichend mit Finanzmitteln ausgestattet, um ihre Aufgabe effektiv wahrzunehmen, was in Verbindung mit der überlangen Verfahrensdauer zur Verzögerung bei der Bearbeitung und Genehmigung von Anträgen auf humanitäre Ausnahmen geführt habe. Überdies sei die Koordination zwischen den Ausschüssen unzureichend[129]. Die Sanktionsausschüsse, insbesondere die für die BR Jugoslawien und den Irak zuständigen Ausschüsse, haben auf diese Kritik mit einer Reihe von Maßnahmen zur Verbesserung ihrer Entscheidungspraxis und Arbeitsweise reagiert[130]. Diese Bemühungen haben dazu geführt, daß vor allem die anfangs überlange Dauer der Verfahren verringert sowie der Mangel an Transparenz teilweise behoben werden konnte. Gleichwohl besteht auch insoweit Einvernehmen, daß weiterhin Verbesserungsbedarf besteht[131]. Hierzu sind neben einer Reihe von Vorschlägen, die sich auf die Verfahren und die Arbeitsweise der Sanktionsausschüsse beziehen, auch einschneidende institutionelle Änderungen angeregt worden.

Als weitere Schwachstelle wird weithin die fehlende Befreiung der humanitären Hilfsorganisationen von der Genehmigungspflicht angesehen. In den bisherigen Sanktionsfällen unterlagen eine Reihe von Organisationen bzw. Missionen nicht den jeweiligen Sanktionsverboten[132]. Nicht ausgenommen waren hingegen die Anträge der Sonderorganisationen der Vereinten Nationen sowie anderer Hilfsorganisationen auf Lieferung humanitärer Hilfe, die dem Verfahren der jeweiligen Sanktionsausschüsse unterliegen[133]. Als einzige Ausnahme hiervon ist

---

[129] Siehe Conlon, Fragwürdige Sanktionspraxis, 328 ff. und Burci, 581 ff.

[130] Siehe zu den gegenüber der BR Jugoslawien verhängten Sanktionen UN Dok. S/1996/946 und zum Irak UN Dok. S/1996/700.

[131] Dies indiziert der umfangreiche Maßnahmenkatalog, den der Präsident des Sicherheitsrats im Januar 1999 in S/1999/92 vorgelegt hat, dessen Empfehlungen im Jahr 2000 aber erst teilweise umgesetzt waren. Siehe auch die Stellungnahmen des "Under-Secretary-General for Political Affairs", Kieran Prendergast, S/PV.4128, 3, 4 und der Delegierten Bangladeschs, ebd., 5; Frankreichs, ebd., 8; der Ukraine, ebd., 10; Chinas, ebd., 12, 13; Malaysias, ebd., 14; der Niederlande, ebd., 18; Tunesiens, ebd., 19; Malis, ebd., 21; Jamaikas, ebd., 22; Portugals, ebd., 27; Schwedens, ebd., 33; Neuseelands, ebd., 37 sowie des Irak, ebd., 42. Siehe des weiteren A/RES 51/242, Annex II, Ziff. 29 ff.

[132] So etwa UNIIMOG von dem mit S/RES 670 (1990) verhängten Flugverkehrsverbot und UNPROFOR sowie andere Organisationen von den in S/RES 757 (1992) genannten Verboten.

[133] Hierzu Schotten, 220. Eine Ausnahme stellte insofern lediglich der Fall der BR Jugoslawien dar, in dem die Anträge des IKRK und des UNHCR auf Lieferung humanitärer Hilfe von der Genehmigungspflicht befreit wurden (siehe 2. Kap., 2.4.3.2.). Das IKRK nimmt eine Sonderrolle ein. So vertritt es die Auffassung, daß Hilfslieferungen von seinem Mandat

die Resolution 1333 (2000) zu nennen, in der anerkannte humanitäre Hilfsorganisationen vom Flugverkehrsverbot ausgenommen wurden, nachdem in Berichten auf dessen nachteilige Auswirkungen auf die Aufgabenerfüllung der Hilfsorganisationen hingewiesen worden war[134]. Das Genehmigungserfordernis wird vielfach als eine unnötige Behinderung der Arbeit der humanitären Hilfsorganisationen angesehen[135]. Es ist deshalb gefordert worden, die Sonderorganisationen der Vereinten Nationen sowie das IKRK von der Verpflichtung, das Antragsverfahren vor dem Sanktionsausschuß zu durchlaufen, freizustellen[136]. Der Sicherheitsrat ist diesen Forderungen nicht nachgekommen, wohl aber jenen, das Verfahren für die Sonderorganisationen zu vereinfachen sowie den NROs, die sich zuvor nur über ihren Heimatstaat an den jeweiligen Sanktionsausschuß wenden konnten, die Möglichkeit der unmittelbaren Antragstellung bei den Sanktionsausschüssen einzuräumen[137].

3.2.2.2. Stellungnahme

a) Erweiterung der humanitären Ausnahmeregelungen auf der Grundlage der Listentechnik

Der vom Sicherheitsrat in den bisherigen Sanktionsfällen entwickelte Standard an humanitären Ausnahmeregelungen ist in zukünftigen Fällen umfassender Wirtschaftssanktionen als verbindlicher Mindeststandard zugrundezulegen. Die im Jahr 1999 vorgelegte Liste von Gütern, die vom Ausfuhrverbot auszunehmen sind, gilt es um grundlegende Güter für den Wiederaufbau der Infrastruktur zu ergänzen[138]. Der Sicherheitsrat hat mit den Resolutionen 1302 (2000) und 1330 (2000) im Rahmen der gegenüber dem Irak verhängten Wirtschaftssanktionen bereits erste Schritte in diese Richtung unternommen. Außerdem sind Informationsmaterialien grundsätzlich vom Ein- und Ausfuhrverbot auszunehmen, es sei

---

aus den Genfer Konventionen gedeckt sind. In der Praxis notifiziert es daher lediglich die Sanktionsausschüsse. Hierzu Minear/Cortright/Wagler/ Lopez/ Weiss, 57.

[134] Siehe 2. Kap., 2.8.3.2.

[135] Gasser, Economic Sanctions, 896; Schotten, 220.

[136] Bruderlein, 7; Cortright/Lopez, Sanctions Decade, 228; Gasser, Economic Sanctions, 897; Somavia, 64. Ebenso im Arbeitspapier der Russischen Föderation, A/AC.182/L.94, Ziff. 9, i).

[137] Siehe zur Praxis des Sicherheitsrats 1. Kap., 4.2. und S/1999/92, Ziff. 14: "United Nations agencies as well as humanitarian organizations and other relevant organizations should benefit from special, simplified procedures in requesting humanitarian exemptions, in order to facilitate the implementation of their humanitarian programmes." Ziff. 15: "Consideration should be given to how humanitarian organizations could have the possibility to apply for humanitarian exemptions directly to the sanctions committees."

[138] Auf diese Möglichkeit wird in S/1999/92, Ziff. 16, ausdrücklich hingewiesen (siehe 3. Kap., Anm. 260).

denn, daß diese Materialien ihrem Inhalt nach dem Ziel der Konfliktlösung entgegenstehen[139]. Eine Prüfung des Inhalts der Informationsmaterialien könnte dabei im Meldeverfahren erfolgen, wobei im vorhinein eine Kategorie von Informationsmaterialien festzulegen ist, deren Ein- bzw. Ausfuhr nicht mit dem Ziel der Konfliktlösung vereinbar ist.

Die Befreiung der Güter kann durch die Festlegung von Kategorien in den einschlägigen Resolutionen, die durch die vom Generalsekretär auszuarbeitenden Listen konkretisiert werden, erfolgen[140]. In diesen Listen sind die benötigten Güter nach dem im jeweiligen Fall konkret festgestellten Bedarf landesspezifisch festzulegen, wobei diese Technik ein großes Maß an Flexibilität ermöglicht. Der Bedarf ist gezielt festzustellen und nicht ungeprüft der Entscheidung zugrundezulegen, wie dies mitunter der Fall gewesen zu sein scheint. Als warnendes Beispiel gilt hier die Ausfuhr erheblicher Mengen von Mehl in den Nord-Irak, die zum Preisverfall der vor Ort produzierten Güter führte und sich nachteilig auf die kurdische Landwirtschaft ausgewirkt hat[141]. Dieser Fall zeigt ein grundsätzliches Problem der Lieferung humanitärer Güter auf, welche die örtliche Produktion beeinträchtigt und dadurch einerseits neue Abhängigkeiten hervorruft sowie andererseits einer eigenständigen Entwicklung hemmend im Wege stehen kann[142]. Dementsprechend verfaßte Listen würden die Ausfuhr von elementaren Gütern vom Kein-Einwand Verfahren befreien und dadurch das Anhalten von Anträgen im Sanktionsausschuß verhindern. Die Listen würden außerdem für alle Beteiligten ein größeres Maß an Klarheit und damit auch Rechtssicherheit in Hinblick darauf bieten, welche Güter grundsätzlich in das Land des Sanktionsadressaten ausgeführt werden dürfen[143].

---

[139] Siehe 4. Kap., 9.1.

[140] Dies wird auch in S/1999/92, Ziff. 16, angeregt. Zur Listentechnik Minear/Cortright/Wagler/Lopez/Weiss, 66 ff.

[141] Majid, 15 ff. Als Alternative wird zusehends der Kauf der Güter vor Ort angesehen, wofür es aber der Bereitstellung von Finanzmitteln ("Cash-Component") bedarf. Der Sicherheitsrat hat erstmals in der Resolution 1330 (2000), Ziff. 15, eine dahingehende Regelung getroffen: „(Der Sicherheitsrat) ersucht den Generalsekretär, vorbehaltlich der Genehmigung durch den Rat die erforderlichen Regelungen zu treffen, die es ermöglichen, die auf das Treuhandkonto nach Resolution 986 (1995) eingezahlten Mittel für den Kauf von örtlichen Erzeugnissen und zur Deckung der örtlichen Kosten des Grundbedarfs der Zivilbevölkerung zu verwenden, die im Einklang mit Resolution 986 (1995) und damit zusammenhängenden Resolutionen finanziert wurden, gegebenenfalls einschließlich der Installations- und Schulungskosten ..."

[142] Dazu Winter, Matthias, Vor- und Nachteile der Nahrungsmittelhilfe für die Entwicklungsländer: eine ökonomische Analyse unter besonderer Berücksichtigung der disincentive, Europäisch Hochschulschriften, Reihe 5, 1301, Frankfurt am Main, 1992, 106 ff.

[143] Siehe zu den Vor- und Nachteilen der Listentechnik den Überblick bei Minear/Cortright/Wagler/ Lopez/Weiss, 67 ff.

b) Reform der Genehmigungspraxis im Kein-Einwand Verfahren mit dem Ziel der Vermeidung des Anhaltens von Anträgen in den Sanktionsausschüssen

Die Befreiung der oben genannten Güter vom Ausfuhrverbot, entweder vollständig oder im Wege des Notifikationsverfahrens, würde bedeuten, daß zumindest elementare Güter nicht mehr wegen ihrer möglichen militärischen Verwendung im Sanktionsausschuß abgelehnt bzw. angehalten werden können. Somit würde das Problem der angehaltenen Anträge in den Sanktionsausschüssen zwar entschärft, nicht jedoch vollständig gelöst, da gleichwohl ein beträchtlicher Anteil der zur Ausfuhr in das Land des Sanktionsadressaten bestimmten humanitären Güter unter das Kein-Einwand Verfahren fallen würde und somit im Sanktionsausschuß angehalten werden könnte.

Zur gebotenen Reform der Genehmigungspraxis der Sanktionsausschüsse bieten sich verschiedene Lösungswege an. Einem Vorschlag zufolge soll zur Vermeidung von Willkürentscheidungen das Ablehnen oder Anhalten eines Antrags nur auf der Grundlage von anerkannten Kriterien erfolgen dürfen. Als Kriterien werden dabei die Abgrenzung in funktionale Bereiche, z. B. nach Wirtschaftssektor, Endnutzung und Endverbraucher vorgeschlagen[144]. Die Verwendung funktionaler Kriterien als Entscheidungsmaßstab wäre einer einheitlicheren, an objektiven Maßstäben ausgerichteten Entscheidungspraxis der Sanktionsausschüsse förderlich. Hierdurch könnte eine gleichförmige, auf Präzedenzfällen beruhende Entscheidungspraxis erreicht werden, in deren Rahmen eine unterschiedliche Auslegung der Begriffe nur insoweit angezeigt ist, als es die besonderen Umstände des jeweiligen Sanktionsfalls gebieten[145]. Darüber hinaus könnte ein Verzeichnis von "dual use" Gütern erstellt werden. Dadurch kann der Kreis der Güter, bei denen aufgrund ihrer Natur Zweifel bestehen, ob sie tatsächlich zu humanitären Zwecken eingesetzt werden, eingegrenzt werden[146].

---

[144] Conlon, Humanitarian Mitigation, 283, 258. Zur Verwendung dieser Kriterien in der Praxis der Ausschüsse durch die ständigen Mitglieder Kaul, Sanktionsausschüsse, 101.

[145] Allerdings bliebe das grundsätzliche Problem, daß ein auf Präzedenzfällen beruhendes System mit dem Konsensverfahren unvereinbar ist.

[146] Als Vorbild kann der mit S/RES 715, 11. Oktober 1991 und S/RES 1051, 27. März 1996, für die gegen den Irak verhängten Sanktionen beschlossene Mechanismus zur Kontrolle der Ausfuhr von Gütern gelten, die dem in S/RES 687 (1991), Buchstabe C festgelegten Ziel der Demilitarisierung des Irak zuwiderlaufen könnten. Diese sollen von denjenigen Gütern unterschieden werden, die zur Förderung der wirtschaftlichen und sozialen Entwicklung im Irak genehmigt werden können. (Der Mechanismus ist im einzelnen in UN Dok. S/1995/1017, 7. Dezember 1995, insbesondere Ziff. 16 ff., beschrieben). Siehe hierzu auch den Vorschlag von Kieran Prendergast, S/PV.4128, 3, in bezug auf die Durchsetzung von Waffenembargos, der aber auch grundsätzlich für die Abgrenzung von "dual use" Gütern zu humanitären Gütern herangezogen werden kann: "A registry of dual use technical products and services could be published for each arms embargo case. The registry could be derived from existing databases

Allerdings bestünde selbst bei der Festlegung der genannten Kriterien die Gefahr, daß einzelne Mitglieder des Sanktionsausschusses diese unterschiedlich auslegen. Auch deren Einführung kann deshalb die aufgezeigte Problematik der Genehmigungspraxis in den Sanktionsausschüssen nicht gänzlich lösen.

Das Anhalten von Anträgen wegen der möglichen militärischen Verwendung der betreffenden Güter für den Grundbedarf der Bevölkerung durch den Sanktionsausschuß ist in denjenigen Fällen als nicht gerechtfertigt anzusehen, in denen bereits ein wirksames Überwachungssystem der Vereinten Nationen vor Ort existiert oder ein solches eingerichtet werden kann, um die zweckbestimmte Verwendung der Güter am Bestimmungsort zu kontrollieren[147]. Die Überwachung der Güterlieferungen im Irak hat gezeigt, daß eine solche Kontrolle im Rahmen der bestehenden Sanktionssysteme möglich ist[148]. Im Sanktionsausschuß dürften unter diesem System Anträge nur abgelehnt werden, wenn die betreffenden Güter offensichtlich militärischen Zwecken dienen, die Anträge erkennbar mißbräuchlich sind oder die Verwendung der betreffenden Güter nicht vor Ort kontrolliert werden kann. Besteht lediglich die Möglichkeit, daß die Güter auch militärisch verwendet werden, so ist ihre Lieferung und deren Verwendung durch den Endbenutzer am Bestimmungsort durch ein geeignetes Kontrollsystem zu überwachen. Sollten Schwierigkeiten bei der Überwachung auftreten, so könnte der Sicherheitsrat seine Praxis entsprechend ändern bzw. zu einer Kontrolle durch die Sanktionsausschüsse selbst zurückkehren.

Ein anderer Vorschlag zielt auf die Änderung der Abstimmungsmehrheit in den Sanktionsausschüssen[149]. Die Abkehr vom Konsensverfahren würde verhindern,

---

that have been developed as part of the Wassenaar Arrangement controlling proliferation of conventional arms."

[147] Siehe Center for Economic and Social Rights, UNSanctioned Suffering, A Human Rights Assessment of United Nations Sanctions on Iraq, New York, May 1996, 43.

[148] Siehe 2. Kap., 2.2.2.3. und 4. Kap., 2.1.2. c). Siehe auch den Bericht des Generalsekretärs vom 2. März 2001, S/2001/186, Ziff. 53, in dem dieser darauf hinwies, daß im Irak Anträge im Gesamtwert von $ 937 Millionen unter der Bedingung genehmigt worden sind, daß ihre Verwendung gezielt überwacht wird. Darüber hinaus hielt der Generalsekretär den Sanktionsausschuß wie folgt an: "I strongly urge the Committee to place a greater confidence in the UN observation and monitoring system in order to approve or release from hold those applications which contain items that are on the list provided for under resolution 1051 (1996)."

[149] So der Delegierte Frankreichs, S/PV.4128, 8: "The rule of consensus is paralysing. Nothing in the Charter or in resolutions of the Council requires committees to take their decisions by consensus. The adoption of decisions by simple majority, at least for non-essential questions, could suffice" und des Irak, ebd., 42: "However, those recommendations (S/1999/92) did not tackle the foremost problem, which is that the activities of these committees are based on the rule of unanimity. In practice, such a rule allows any member of a committee to exercise a veto, to prevent a decision agreed upon by the other fourteen members. This happens in

daß einzelne Mitglieder des Sanktionsausschusses eine Genehmigungspraxis verfolgen könnten, die im erkennbaren Widerspruch zur Auslegung der Bestimmungen durch die Mehrheit der Mitglieder steht. Die Einführung einer Mehrheitsentscheidung würde darüber hinaus eher dem Abstimmungsverfahren im Sicherheitsrat entsprechen. Der Sicherheitsrat könnte die Änderung des Abstimmungsverfahrens auch ohne weiteres durch eine Anweisung an die von ihm als Nebenorgane eingerichteten Sanktionsausschüsse umsetzen[150]. Allerdings erscheint es unwahrscheinlich, daß die Vereinigten Staaten, die im wesentlichen für die restriktive Genehmigungspolitik in den Sanktionsausschüssen, insbesondere im Irak-Ausschuß, verantwortlich sind, einer Änderung der Verfahrensordnung zustimmen, durch welche sie ihr Vetorecht einbüßen. Trotz der offenkundigen Vorteile, welche die Umsetzung des Vorschlags einer einfachen Mehrheitsentscheidung ohne Vetorecht hätte, besteht diesbezüglich zum gegenwärtigen Zeitpunkt kaum Aussicht auf Erfolg. Es käme daher allenfalls eine Änderung der Verfahrensordnung in Betracht, wonach eine Mehrheitsentscheidung eingeführt wird, die ständigen Mitglieder aber zugleich ihr Vetorecht behalten.

Ein weiterer Vorschlag betrifft nicht das Verfahren selbst, sondern die personelle Besetzung der Sanktionsausschüsse. Hiernach sollen anstelle von instruierten Vertretern der Mitglieder des Sicherheitsrats unabhängige Experten als Mitglieder der Sanktionsausschüsse ernannt werden[151]. Eine solche Maßnahme wäre aufgrund der Sachkunde und Unabhängigkeit der in Frage kommenden Experten sicherlich geeignet, die Qualität der Entscheidungen zu erhöhen und übermäßig politisch motivierte Entscheidungen weitestgehend zu vermeiden. Es mutet aber auch in Hinblick auf diesen Vorschlag wenig wahrscheinlich an, daß die Mitglieder des Sicherheitsrats einem solchen Schritt zustimmen, da dieser

---

contravention of the most fundamental rules of democracy, not to mention the principle of collective responsibility. Such a practice has allowed the United States of America to place a hold on $ 1.8 billion worth of humanitarian contracts under the oil for food programme, for political reasons to boot. Furthermore, that practice prevented the Committee from reaching agreement on many ways to improve its working methods." Siehe hierzu auch Caron, 585.

[150] Die Nebenorgane legen zwar in der Praxis ihre eigene Verfahrensordnung fest. Der Sicherheitsrat ist jedoch nicht daran gehindert, einem von ihm geschaffenen Organ verbindliche Vorgaben für die Ausgestaltung dieser Verfahrensordnung vorzugeben (siehe 1. Kap., 4.1.). Das Einstimmigkeitserfordernis ist insofern auch nicht der Regelfall, wie das in den Richtlinien der UN-Entschädigungskommission für den Irak festgelegte Verfahren zeigt, in dem für die Entscheidung des zuständigen Verwaltungsrats eine qualifizierte Mehrheit von neun der fünfzehn Stimmen erforderlich ist, wobei das Vetorecht ausdrücklich nicht zur Anwendung kommt. Siehe S/RES 692 (1991). Dazu auch die Website der Entschädigungskommission, www.unog.ch/uncc, aufgerufen am 20. Dezember 2000.

[151] Conlon, Humanitarian Mitigation, 281. Ebenso Rosenzweig, 188, in bezug auf das von ihr vorgeschlagene "Sanctions Command Committee."

nach dem jetzigen Verfahren der Aufgabe des mit dem Sitz im Sanktionsausschuß verbundenen verlängerten Vetorechts gleichkäme und im übrigen einen Verlust der unmittelbaren Kontrolle bedeuten würde.

Die Umsetzung einer oder sämtlicher der dargestellten Maßnahmen würde nicht nur eine Signalwirkung für die Entwicklung eines Sanktionsregimes des Sicherheitsrats haben, sondern könnte in erheblichem Maße zu einem effektiveren Sanktionssystem beitragen, in dessen Rahmen zugleich die potentiell betroffenen Menschenrechte hinreichend bei der Durchführung von Wirtschaftssanktionen berücksichtigt werden. Allerdings erscheint eine solche Umsetzung aus den aufgezeigten Gründen gegenwärtig vor allem in Hinblick auf die Änderung des Abstimmungsverfahrens und die Benennung unabhängiger Experten eher unwahrscheinlich. Unter diesen Vorzeichen verbleibt daher als einziger Weg eine Verbesserung des bestehenden Verfahrens entlang der aufgezeigten Vorgaben, die wiederum im eigenen Interesse sämtlicher Mitglieder des Sicherheitsrats steht, um dadurch die Legitimität der Sanktionspraxis des Sicherheitsrats zu stärken.

c) Befreiung der humanitären Hilfsorganisationen von der Genehmigungspflicht

Humanitäre Hilfsorganisationen sind bei der Antragstellung nicht nur bevorzugt zu behandeln, sondern vollständig von der Genehmigungspflicht zu befreien. Für eine solche Befreiung spricht, daß die Sonderorganisationen der Vereinten Nationen und humanitäre Hilfsorganisationen, soweit diese als Partner der Sonderorganisationen oder, wie das IKRK, als eigenständige Akteure anerkannt sind, ihrem Mandat nach humanitäre Aufgaben wahrnehmen und gerade in dieser Eigenschaft von Staaten geschaffen bzw. anerkannt worden sind. Die für diese Organisationen bestehende Verpflichtung, das Genehmigungsverfahren zu durchlaufen, läuft dieser Anerkennung insoweit zuwider, als sie die Wahrnehmung des Mandats der jeweiligen Organisation erschwert. Die zugleich erfolgte Befreiung von internationalen Friedensmissionen und anderen politischen Institutionen schafft außerdem einen kaum zu rechtfertigenden Doppelstandard[152]. Die Befreiung der humanitären Hilfsorganisationen von der Genehmigungspflicht würde die Bereitstellung humanitärer Hilfe durch die Hilfsorganisationen erheblich vereinfachen[153]. Die humanitären Hilfsorganisationen könnten unmittelbar in Eigenverantwortung die für notwendig befundenen Güter in den Zielstaat einführen, ohne ihre Ressourcen für die Stellung von Anträgen bei den Sanktionsausschüssen zu verwenden und ohne eine Zurückstellung bzw. Ablehnung ihrer Anträge befürchten zu müssen. Gerade in Fällen dringender

[152] Minear/Cortright/Wagler/Lopez/Weiss, 65.
[153] Cortright/Lopez, Sanctions Decade, 228; Gasser, Economic Sanctions, 896, 897.

Lieferungen würden daher die humanitären Hilfsorganisationen nicht mehr politisch motivierten Entscheidungen ausgesetzt sein und könnten ohne bürokratische Hindernisse schnelle und zielgerichtete Hilfe leisten, sofern der Zielstaat zur Kooperation bereit ist[154]. Damit könnten auch die frei gewordenen Ressourcen anderweitig zur besseren Einschätzung der humanitären Auswirkungen der Sanktionen und der zu deren Linderung erforderlichen Hilfe eingesetzt werden[155].

Diese Vorteile überwiegen den Verlust an Kontrolle, den eine Befreiung der humanitären Hilfsorganisationen mit sich bringen würde. Die Anträge der Hilfsorganisationen machen nur einen geringen Teil der gesamten Anträge aus. Die Mehrzahl der Fälle des Mißbrauchs der humanitären Ausnahmebestimmungen ist überdies bei kommerziellen Anträgen aufgetreten[156]. Die Befreiung von der Genehmigungspflicht würde somit Kapazitäten der Sanktionsausschüsse zur Bearbeitung und Überwachung der kommerziellen Anträge freisetzen. Der in der Befreiung von der Genehmigungspflicht liegende Vertrauensbeweis erscheint zumindest für einige der humanitären Hilfsorganisationen, vor allem die Sonderorganisationen der Vereinten Nationen und das IKRK, aufgrund ihres Mandats und ihrer international anerkannten Stellung gerechtfertigt. Diesen Organisationen kann im Rahmen der Sanktionen die selbständige Entscheidung über die zu liefernden humanitären Güter zugebilligt werden. Im Rahmen dieser Entscheidungsfreiheit müßten dann strittige Fragen, wie z.B. in bezug auf "dual use" Güter, von den Hilfsorganisationen in eigener Verantwortung entschieden werden.

Der Sicherheitsrat könnte die gebotene Kontrolle hierbei dadurch sicherzustellen, daß für die jeweiligen Organisationen entsprechende Richtlinien, insbesondere in Hinblick auf eine Informationspflicht gegenüber dem Sicherheitsrat bzw. dem jeweiligen Sanktionsausschuß, ausgearbeitet werden, wobei strittige Fragen durch einen Konsultationsmechanismus mit dem jeweiligen Sanktionsausschuß zu klären wären. Die in der Befreiung von der Genehmigungspflicht übertragene Eigenverantwortung der jeweiligen Organisation würde diese verpflichten, die bestimmungsgemäße Verwendung der unter ihrer Aufsicht gelieferten Güter vor Ort zu kontrollieren[157]. Ein derartiges Verfahren würde eine zielgerichtete, bedarfsorientierte Nutzung der Güter im Land des

---

[154] Die schnelle und zügige Lieferung entspräche dabei auch einer optimalen Umsetzung der Vorgaben des humanitären Völkerrechts, insbesondere nach Artikel 23 IV. GK und Artikel 70 1. ZP.
[155] Minear/Cortright/Wagler/Lopez/Weiss, 65.
[156] Siehe Conlon, Humanitarian Mitigation, 262 ff., in bezug auf die gegenüber dem Irak und der BR Jugoslawien verhängten Wirtschaftssanktionen.
[157] Bruderlein, 8.

Sanktionsadressaten ermöglichen, wäre allerdings von der Kooperation des Sanktionsadressaten abhängig und mit erhöhten Kosten für die Hilfsorganisationen verbunden[158]. Soweit der Sicherheitsrat bzw. der jeweilige Sanktionsausschuß anhand der von der Organisation anzufertigenden Berichte über ihre Tätigkeit zu dem Ergebnis kommt, daß deren Praxis nicht im Einklang mit dem Buchstaben oder dem Sinn und Zweck der Ausnahmeregelungen steht, verbliebe als ultima ratio die Rückgängigmachung der Befreiung[159].

d) Bewilligung von Ausnahmen vom Einfuhrverbot zur Finanzierung humanitärer Güter

Der Sicherheitsrat hat Ausnahmen vom Einfuhrverbot zuzulassen, wenn dem Sanktionsadressaten nicht die notwendigen finanziellen Mittel zur Verfügung stehen, um die vom Ausfuhrverbot befreiten Güter einführen zu können. Die inhaltliche Ausgestaltung eines derartigen Ausnahmemechanismus hängt von den Besonderheiten des Einzelfalls ab. Der Fall des Irak, dessen Exporte sich im wesentlichen auf einen Rohstoff konzentrierten, ist gewiß nicht auf sämtliche Fälle übertragbar. Je diversifizierter die Exportwirtschaft des Sanktionsadressaten und je mehr diese ihrerseits von der Einfuhr von Rohstoffen oder Ersatzteilen abhängig ist, desto schwieriger wird es aus Gründen der Kontrolle sowie des Importbedarfs zur Aufrechterhaltung der Exportindustrie sein, im Rahmen von umfassenden Wirtschaftssanktionen einen tauglichen Mechanismus zu entwerfen[160]. Soweit sich die Einführung eines für erforderlich gehaltenen Finanzierungsmechanismus aus diesen Gründen als nicht durchführbar erweist, hat der Sicherheitsrat die Wirtschaftssanktionen entsprechend anzupassen. Kann hingegen ein Mechanismus mit hinreichender Aussicht auf Erfolg eingeführt werden, ist dieser so auszugestalten, daß er einen wirksamen Schutz der Menschenrechte gewährleistet. Die in Hinblick auf das Öl für Lebensmittel Programm identifizierten Schwachpunkte eines temporären Hilfsprogramms sind dabei von Anfang an zu vermeiden. Insofern böte es sich an, daß der Sicherheitsrat auf der Grundlage einer kritischen Überprüfung der mit dem Öl für Lebensmittel Programm gemachten Erfahrungen ein Modell für zukünftige Programme zur Finanzierung der erforderlichen Importgüter entwickelt.

---

[158] Brabandt, 26.

[159] So sind beispielsweise gemäß der in S/RES 1333 (2000), Ziff. 12) getroffenen Regelung humanitäre Hilfsorganisationen von der vom Sanktionsausschuß erstellten und verwalteten Liste der vom Flugverkehrsverbot ausgenommenen Organisationen zu streichen, wenn festgestellt wird, daß die Flüge für andere als humanitäre Zwecke durchgeführt werden.

[160] Cortright/Lopez, Sanctions Decade, 218.

e) Maßnahmen zur Verbesserung der Sanktionsverwaltung

Die Verbesserung der Arbeitsweise der Sanktionsausschüsse erfordert im wesentlichen die politische Bereitschaft der Mitgliedstaaten, die finanzielle und personelle Ausstattung der Sanktionsausschüsse sowie der diesen zuarbeitenden Sekretariatseinheit zu stärken[161]. Eine bessere finanzielle Ausstattung würde es den Sanktionsausschüssen ermöglichen, sowohl die Qualität ihrer Arbeit als auch die Geschwindigkeit der Bearbeitung von Anträgen zu steigern. Obwohl eine größere Mittelzuwendung an die Sanktionsausschüsse und das Sekretariat wiederholt gefordert worden ist[162], ist gegenwärtig der politische Wille zu einer derartigen Maßnahme, nicht zuletzt aufgrund der allgemeinen Finanzierungskrise der Vereinten Nationen, kaum zu erkennen[163]. Im Rahmen der gegenwärtigen Debatte im Sicherheitsrat über eine Steigerung der Effektivität von Wirtschaftssanktionen wird gerade eine dahingehende finanzielle Opferbereitschaft insbesondere derjenigen Staaten, die den Einsatz von Wirtschaftssanktionen als wesentliches Mittel der Friedenssicherung befürworten, ein Gradmesser dafür sein, welche Bedeutung der effektiven Verwaltung von Sanktionen tatsächlich zugemessen wird. Sofern die Kapazität der Ausschüsse und der Sekretariatseinheit nicht verbessert wird, läßt sich jetzt schon prognostizieren, daß sich deren mangelhafte Ausstattung weiterhin als größter Hemmfaktor einer professionellen und zügigen Ausschußarbeit erweisen wird.

---

[161] So insbesondere Kieran Prendergast, Under-Secretary-General for Political Affairs, S/PV.4128, 3: "May I also say that whenever the Security Council imposes sanctions and establishes new sanctions committees, it would be helpful if the necessary resources should be made available. Forgive me for stressing this point, but without the necessary resources it will not be possible to implement and administer such regimes effectively. Budgetary allocations should include provision for securing the technical expertise necessary to conduct investigations or assessment missions and to support the monitoring and enforcement efforts of regional and sub-regional organizations."

[162] Siehe die Forderungen bzw. Vorschläge von Kieran Prendergast, S/PV.4128, 3 sowie der Delegierten Bangladeschs, ebd., 5; des Vereinigten Königreichs, ebd., 6; Frankreichs, ebd., 8; der Ukraine, ebd., 10; Namibias, ebd., 11; Malaysias ebd., 15; Argentiniens, ebd., 17; Portugals, ebd., 27; Neuseelands, ebd., 37: "Finally, for its part the General Assembly might consider adopting a separate budget with adequate resources for implementing sanctions mandates and supporting the sanctions committees, along the same lines as the budgets established for peacekeeping operations and the International Tribunals."

[163] Zur Finanzierungskrise Hufner, Klaus, Die Finanzierung der Vereinten Nationen, in: Hufner, Klaus (Hrsg.), Die Reform der Vereinten Nationen, Die Weltorganisation zwischen Krise und Erneuerung, Opladen, 1994, 205-223.

Als grundlegende institutionelle Änderung sind die Schaffung eines zentralen Sanktionsausschusses als Nebenorgan des Sicherheitsrats[164] und die Einrichtung eines Sanktionsmechanismus im Sekretariat[165] vorgeschlagen worden. Die Schaffung eines zentralen Sanktionsausschusses, der für sämtliche Sanktionsfälle zuständig wäre, würde die Entscheidungspraxis einheitlicher und übersichtlicher gestalten und die Rolle des Ausschusses als zentralem Nebenorgan für Wirtschaftssanktionen, in dem sich das gesammelte Fachwissen bündelt, stärken[166]. Ein zentraler Sanktionsausschuß könnte überdies in stärkerem Maße als die einzelnen Ausschüsse dazu beitragen, daß die Sanktionspolitik des Sicherheitsrats ein klareres Profil gewinnt. Die Beibehaltung der gegenwärtigen Praxis hat hingegen den Vorteil, daß die für die einzelnen Sanktionsfälle zuständigen Ausschüsse eher in der Lage sind, die dem jeweiligen Fall spezifischen Besonderheiten im Rahmen ihrer Entscheidungspraxis zu berücksichtigen[167]. Soweit ein zentraler Sanktionsausschuß geschaffen wird, müßte dieser daher entweder den bestehenden Sanktionsausschüssen übergeordnet sein oder, sollten diese abgeschafft werden, Unterausschüsse einrichten, die für den konkreten Sanktionsfall zuständig sind. Die Einrichtung eines Sanktionsbüros im Sekretariat hätte eine Reihe von Vorteilen. Ein derartiges Büro könnte ohne übermäßig großen bürokratischen Aufwand eine wichtige Leitfunktion bei der Koordination der Arbeit der Sanktionsausschüsse, bei der Einschätzung der Auswirkungen der Sanktionen sowie in Fragen der Um- und Durchsetzung von Sanktionen wahrnehmen und würde dadurch zugleich die Rolle, die der Sanktionsverwaltung zukommt, aufwerten[168].

Zum gegenwärtigen Zeitpunkt läßt sich unter den ständigen Mitgliedern des Sicherheitsrats keine Bereitschaft erkennen, eine der genannten institutionellen Änderungen vorzunehmen. Während dies in Hinblick auf die Schaffung eines zentralen Sanktionsausschusses wohl eher auf pragmatischen Erwägungen

---

[164] So der Vorschlag des Delegierten der Ukraine in S/PV.4128, 10: "... to create a standing Security Council sanctions committee entrusted with the task of outlining the general policy in this field." Aus dem Vorschlag geht jedoch nicht hervor, ob dieser ständige Sanktionsausschuß die bisherigen, für den jeweiligen Sanktionsfall zuständigen Sanktionsausschüsse ersetzen oder als Ausschuß fungieren soll, der gegenüber diesen Sanktionsausschüssen eine Art koordinierende Leitfunktion in bezug auf die Wahrnehmung ihrer Aufgaben einnimmt. Siehe auch die Vorschläge von Rosenzweig, 187 ff., zur Einrichtung eines den einzelnen Sanktionsausschüssen übergeordneten "Sanctions Command Committees", von Conlon, Lessons from Iraq, 666, 667 und von Scharf/Dorosin, 826, die auf die Einrichtung eines zentralen, für alle Sanktionsfälle zuständigen Ausschusses abzielen.

[165] So der Vorschlag des Generalsekretärs in seinem Positionspapier zur Agenda for Peace, S/1995/1, Ziff. 75.

[166] Conlon, Lessons from Iraq, 666.

[167] Conlon, Humanitarian Mitigation, 280.

[168] Cortright/Lopez, Sanctions Decade, 238.

beruht, stehen vor allem die ständigen Mitglieder einer Übertragung von Zuständigkeiten auf das Sekretariat im Bereich der Sanktionsverwaltung aufgrund des damit verbundenen Verlusts an Kontrolle ablehnend gegenüber[169]. Aus diesem Grund dürfte der Vorschlag, in der Generalversammlung einen Ausschuß für kollektive Maßnahmen ins Leben zu rufen, noch weniger Aussicht auf Erfolg haben[170]. Auf lange Sicht liegt es aber auch in diesem Punkt im Interesse der Mitglieder des Sicherheitsrats, daß ein Organ geschaffen wird, das der Praxis der Um- und Durchsetzung von Sanktionen auf der Ebene der Vereinten Nationen mehr Gewicht verleiht und bestehenden Defiziten in der Sanktionspraxis abhilft. Dabei dürfte der ohnehin geringfügig erscheinende Verlust an Kontrolle durch die Vorteile, die insbesondere die Schaffung eines Sanktionsbüros im Sekretariat mit sich bringen würde, mehr als ausgeglichen werden.

3.2.2.3. Aussicht

Die Aussicht scheint nicht unbegründet, daß der Sicherheitsrat bzw. die Sanktionsausschüsse in ihrer künftigen Praxis die humanitären Ausnahmeregelungen und die Genehmigungspraxis durch eine konsequente Fortführung der bereits zu erkennenden Praxis bzw. der Umsetzung zumindest einiger der dargestellten Vorschläge so fassen und handhaben werden, daß diese zu einem verbesserten Schutz der Menschenrechte im Rahmen von Wirtschaftssanktionen beitragen. Anlaß zu dieser Einschätzung geben nicht zuletzt die Vorbehalte einer Vielzahl von Mitgliedstaaten gegenüber umfassenden Wirtschaftssanktionen[171]. Die Befürworter von umfassenden Sanktionsmaßnahmen sind daher, wie der Fall Irak gezeigt hat, gezwungen, weitgehende Zugeständnisse in Hinblick auf den Inhalt der Ausnahmebestimmungen und die Genehmigungspraxis in dem jeweiligen Sanktionsausschuß zu machen, da sie anderenfalls einen Legitimitätsverlust zu befürchten haben. Dieser könnte auf längere Sicht dazu führen, daß sich keine Mehrheiten mehr für entsprechende Sanktionsmaßnahmen im Sicherheitsrat finden und stellt für die Sanktionsbefürworter eine ernsthafte Gefährdung ihrer Sanktionspolitik dar. Es ist die in dieser Konstellation liegende Dynamik, die nicht nur für die Entwicklung des Inhalts und der Handhabung der humanitären Ausnahmeregelungen im Rahmen umfassender bzw. partieller Wirtschaftssanktionen, sondern auch für die institutionelle Weiterentwicklung der Sanktionsverwaltung ausschlaggebend sein wird.

---

[169] Doxey, United Nations Sanctions, 215.

[170] Siehe hierzu Stremlau, John, Sharpening International Sanctions: Toward a Stronger Role for the United Nations. A Report to the Carnegie Commission on Preventing Deadly Conflict. Carnegie Corporation, New York, November 1996.

[171] S.o. Anm. 61.

3.2.3. Befristung von Wirtschaftssanktionen

3.2.3.1. Problemstellung

Die Funktion, die der Befristung von Wirtschaftssanktionen zukommt, wird erst im Lichte der Auseinandersetzung um die Kriterien für die Aussetzung bzw. Aufhebung von Sanktionsmaßnahmen deutlich. Sowohl die Befristung als auch die Aussetzung bzw. Aufhebung betreffen die Dauer und zeitliche Grenze von Wirtschaftssanktionen. Als Grundsatz ist unbestritten, daß Wirtschaftssanktionen aufzuheben sind, sobald sie ihren Zweck erfüllt haben, der Sanktionsadressat also den an ihn gestellten Bedingungen nachgekommen ist oder die Friedensbedrohung aus einem anderen Grund entfallen ist[172]. Da die Aussetzung bzw. Aufhebung von Wirtschaftssanktionen in der Praxis des Sicherheitsrats einer entsprechenden Resolution bedarf, kann ein ständiges Mitglied des Sicherheitsrats jedoch unabhängig vom Verhalten des Sanktionsadressaten auf Dauer die Aufhebung von Wirtschaftssanktionen verhindern, indem es ein sogenanntes umgekehrtes Veto einlegt[173]. Die fehlende Bestimmtheit von Resolutionen und unterschiedliche Auffassungen über die Bedingungen, unter denen Wirtschaftssanktionen aufzuheben sind, haben dabei als wesentliche Gründe für die seit 1999 im Sicherheitsrat zu erkennende Spaltung über die Sanktionspolitik zu gelten[174].

Das Fehlen eindeutiger Kriterien für die Aufhebung von Wirtschaftssanktionen bzw. eine Politik, welche diese Kriterien nicht offenlegt oder wiederholt abändert, ist überaus bedenklich[175]. Sie läßt für den Sanktionsadressaten den Anreiz entfallen, den an ihn gestellten Bedingungen nachzukommen, da er selbst im Falle deren vollständiger Erfüllung nicht davon ausgehen kann, daß die gegen ihn verhängten Wirtschaftssanktionen tatsächlich aufgehoben werden. In einem

---

[172] Dies hat der Sicherheitsrat selbst in S/PRST/1995/9, 4 ausdrücklich bekräftigt. Siehe zum Konzept der Aussetzung und Aufhebung 1. Kap., 2.

[173] Der Begriff stammt von Caron, 577. Siehe auch die Bedenken bezüglich des umgekehrten Vetos von Gowlland-Debbas, Security Council Enforcement, 80.

[174] Siehe hierzu 2. Kap., 2.2.2.2.4. und 2.2.2.5. Anlaß für diese Spaltung ist der vor allem von der Russischen Föderation geäußerte Vorwurf, die Vereinigten Staaten und das Vereinigte Königreich würden Wirtschaftssanktionen aus unilateralen Interessen unabhängig vom Verhalten des Sanktionsadressaten auf unbestimmte Dauer beibehalten. Außerdem ist geltend gemacht worden, daß der Irak den gestellten Bedingungen weitgehend nachgekommen sei bzw. keine Bedrohung des Friedens mehr vorliege, trotzdem aber an den Wirtschaftssanktionen festgehalten werde. Siehe die Stellungnahme des Delegierten der Russischen Föderation zu S/RES 1284 (1999), S/PV. 4084, 4 (2. Kap., Anm. 183).

[175] Siehe die Stellungnahme der Delegierten Frankreichs, S/PV.4128, 9 und der Russischen Föderation, ebd., 23.

solchen Fall würden die Wirtschaftssanktionen ihren eigentlichen Zweck der Verhaltensänderung nicht mehr erfüllen können[176]. Die Praxis ist außerdem geeignet, den Verdacht zu wecken, daß Wirtschaftssanktionen für andere als die vorgegebenen Zwecke, sei es zu Strafzwecken oder zur Verfolgung unilateraler Ziele, eingesetzt werden. Die fehlende Rechtssicherheit und der damit verbundene Anschein der Willkür sind geeignet, Zweifel an der Legitimität des Vorgehens des Sicherheitsrats, die eine wichtige Voraussetzung für die Unterstützung von Wirtschaftssanktionen durch die Mitgliedstaaten darstellt, zu begründen[177]. Darüber hinaus besteht die Gefahr, daß umfassende Wirtschaftssanktionen aufgrund ihrer Dauer unverhältnismäßige Auswirkungen auf die Bevölkerung haben, ohne daß eine begründete Aussicht besteht, daß die mit den Sanktionen verfolgten Ziele erreicht werden. Gerade angesichts der schwerwiegenden Beeinträchtigung von Menschenrechten, die langfristige Wirtschaftssanktionen verursachen können, ist die derzeitige Praxis des Sicherheitsrats auch aus Sicht des Menschenrechtsschutzes von erheblicher Bedeutung.

In der gegenwärtigen Debatte besteht weitgehend Einigkeit über den Grundsatz, daß die Ziele von Wirtschaftssanktionen und die Bedingungen für deren Aussetzung bzw. Aufhebung eindeutig zu definieren sind[178]. Über die Bekräftigung dieses allgemeinen Grundsatzes hinaus haben sich die Mitglieder des Sicherheitsrats bisher aber noch nicht auf einen Mechanismus einigen können, anhand dessen eine übermäßig lange oder willkürliche Beibehaltung von Wirtschaftssanktionen verhindert werden könnte. Einem beachtenswerten Vorschlag zufolge sollen Wirtschaftssanktionen, deren Aufhebung von der Erfüllung mehrerer Bedingungen abhängt, stufenweise aufgehoben werden, sofern der Sanktionsadressat einen Teil der an ihn gestellten Bedingungen erfüllt hat[179]. Hierbei bestünde jedoch in gleichem Maße wie im Falle der endgültigen Aufhebung von Sanktionen die Schwierigkeit, anhand welcher Kriterien über die teilweise Aufhebung zu entscheiden ist.

---

[176] Caron, 587; Kulessa, Friedensinstrument, 31.

[177] Auf die sich hieraus ergebenden Gefahren für den künftigen Einsatz des Instruments der Wirtschaftssanktionen hat der italienische Delegierte hingewiesen, in S/PV.4128, 32. Siehe hierzu auch Szasz, 466.

[178] Siehe die Stellungnahmen der Delegierten des Vereinigten Königreichs, S/PV.4128, 6; der Vereinigten Staaten, ebd., 7; Frankreichs, ebd., 9; Namibias, ebd., 11; Argentiniens, ebd., 16; Tunesiens, ebd., 19; Jamaikas, ebd., 22; Pakistans, ebd., 30; Australiens, ebd., 34; Bulgariens, ebd., 35; Neuseelands, ebd., 37; Kubas, ebd., 39 und des Irak, ebd., 41 sowie das Arbeitspapier der Russischen Föderation, A/AC.182/L.100, I, Ziff. 3. und des weiteren A/RES 51/242, Annex II, Ziff. 2.

[179] Der Vorschlag findet sich im "Non-Paper" Australiens und der Niederlande, A/50/322, 33 und in A/RES 51/242, Annex II, Ziff. 8. Zustimmend, Tunesien, S/PV.4128, 19; Jamaika, ebd., 22.

Als alternativer Mechanismus ist daher von einer Vielzahl von Staaten und verschiedenen Organen der Vereinten Nationen die grundsätzliche Befristung von Wirtschaftssanktionen vorgeschlagen worden[180]. Hiernach werden Sanktionsmaßnahmen für einen bestimmten Zeitraum verhängt, nach dessen Ablauf die entsprechenden Resolutionsbestimmungen automatisch ihre Gültigkeit verlieren, falls der Sicherheitsrat nicht mit der erforderlichen Mehrheit deren erneute Verhängung beschließt[181]. In der Sanktionspraxis hat der Sicherheitsrat die von 1990 bis 1999 verhängten Wirtschaftssanktionen nicht befristet. Erst in der Resolution 1298 (2000), mit der gegen Äthiopien und Eritrea ein Waffenembargo verhängt wurde und nachfolgend in den Resolutionen 1306 (2000), 1333 (2000) und 1343 (2001) sind die Sanktionsmaßnahmen befristet worden. Insbesondere aufgrund der Erfahrungen im Fall des Irak, als die Russische Föderation, Frankreich und China eine Lockerung der Wirtschaftssanktionen anstrebten, sich hieran aber an dem zu erwartenden Veto der Vereinigten Staaten und des Vereinigten Königreichs gehindert sahen, scheinen die drei genannten ständigen Mitglieder des Sicherheitsrats grundsätzlich nicht mehr gewillt zu sein, die Verhängung von unbefristeten Wirtschaftssanktionen zuzulassen[182]. Dieser Umstand markiert eine wichtige Änderung der Sanktionspraxis des Sicherheitsrats.

3.2.3.2. Stellungnahme

Die Befristung ist ein probates Mittel, um die mit dem umgekehrten Veto verbundenen Nachteile zu vermeiden. Die unzweideutige Festlegung der vom Sanktionsadressaten geforderten Handlungen sowie der Bedingungen für die Aufhebung der Sanktionen ist zwar aus Gründen der Rechtssicherheit und der Effektivität von Sanktionen unerläßlich. Hierzu ist eine einheitlichere Fassung der Sanktionsbestimmungen erforderlich, an der es gegenwärtig nicht zuletzt

---

[180] Siehe die Stellungnahmen der Delegierten Frankreichs, S/PV.4128, 9 und S/PV.4251, 6 (2. Kap., Anm. 759); Malaysias, S/PV.4128, 14; Malis, ebd., 20; Jamaikas, ebd., 22; des Irak, ebd., 41 sowie die Stellungnahmen zu S/RES 1306 (2000) der Delegierten der Russischen Föderation S/PV.4168, 6 (zur Position der Russischen Föderation auch A/AC.182/L.94 Ziff. 8, g); Chinas, S/PV.4168, 7 und Argentiniens S/PV.4186, 7. (2. Kap., Anm. 704-706). In den Debatten der Generalversammlung über die Ausgestaltung von Sanktionen haben sich ebenfalls eine Reihe von Staaten für eine grundsätzliche Befristung ausgesprochen, so die Delegierten Syriens, Nigerias, Kenias, der Elfenbeinküste, Vietnams, Tunesiens, Ugandas, der Demokratischen Republik Kongo, Chiles, Costa Ricas, Haitis, Ghanas, Kubas, Jordaniens und Malaysias, UN Press Release GA/L, 3108, 13. Oktober 1999; GA/L 3109, 14. Oktober 1999; GA/L 3110, 15. Oktober 1999. Siehe des weiteren Res. 1997/35 der Subcomission.

[181] Siehe 1. Kap., 2.

[182] Siehe die entsprechenden Stellungnahmen im Sicherheitsrat (s.o. Anm. 180).

aufgrund der Art und Weise, in der Resolutionsentwürfe oftmals unter Zeitdruck und ohne hinreichende Berücksichtigung von anderen Resolutionen des Sicherheitsrats verfaßt werden, in vielen Fällen mangelt[183]. Letztendlich kann sich ein ständiges Mitglied des Sicherheitsrats aber auch, sei es durch eine übermäßig enge Auslegung der Sanktionsbestimmungen oder mißbräuchlich, auf die fehlende Befolgung der Verpflichtungen durch den Sanktionsadressaten berufen, ohne daß den anderen Mitgliedern des Sicherheitsrats hiergegen eine Handhabe zur Verfügung steht. Eine Gewähr gegen ein derartiges Verhalten bietet einzig die Befristung der Sanktionen, weil diese in bestimmten zeitlichen Abständen dem Sicherheitsrat als Gremium die Möglichkeit zu der Entscheidung darüber einräumt, ob der Sanktionsadressat seine Verpflichtungen tatsächlich nach Auffassung der erforderlichen Mehrheit der Mitglieder erfüllt hat. Sie stellt somit ein Mittel dar, das im Sicherheitsrat das fortwährende Bestehen der Mehrheit garantiert, die auch für den Beschluß von Wirtschaftssanktionen erforderlich wäre. Eine Befristung führt dadurch zu einer Akzentverschiebung zu Lasten derjenigen ständigen Mitglieder des Sicherheitsrats, welche die jeweiligen Sanktionsmaßnahmen beibehalten wollen, da diese nicht mehr auf ihr Vetorecht zurückgreifen können, sondern die erforderliche Mehrheit für eine Beibehaltung der Wirtschaftssanktionen gewinnen müssen. Durch die Befristung wird außerdem gewährleistet, daß die Sanktionsmaßnahmen zu jeder Zeit von der Mehrheit der Sicherheitsmitglieder getragen werden, wodurch die Glaubwürdigkeit des Sicherheitsrats gestärkt und zugleich potentiell zu einer besseren Umsetzung der getroffenen Maßnahmen durch die Mitgliedstaaten beigetragen wird[184].

Durch die Befristung kann vermieden werden, daß der Sicherheitsrat als Organ aufgrund der Weigerung eines der ständigen Mitglieder gezwungen ist, erkennbar unverhältnismäßige, die Menschenrechte der Bevölkerung beeinträchtigende Wirtschaftssanktionen aufrechtzuerhalten. So kann es, wie der Fall des Irak gezeigt hat, zu einer Situation kommen, in der aufgrund der langen Dauer umfassender Sanktionen ein Land zunehmend isoliert wird und der Verelendung mit zum Teil schwerwiegenden humanitären Folgen anheimfällt, eine Beendigung dieser Lage aber aufgrund der fehlenden Befristung und der gegenseitigen Blockadehaltung zweier ständiger Mitglieder auf der einen sowie des Sanktionsadressaten auf der anderen Seite nicht absehbar ist. Eine Befristung ermöglicht hingegen, daß der Sicherheitsrat die von ihm einzuholenden Informationen über die Auswirkungen der Wirtschaftssanktionen auswertet und auf dieser

---

183 Siehe zum Zustandekommen von Resolutionen Aust, Anthony, The Procedure and Practice of the Security Council Today, in: Dupuy, René-Jean (Hrsg.), Académie de droit international de La Haye, Le Développement du Rôle du Conseil de Sécurité, Colloque, La Haye, 21-23. Juli 1992, Dordrecht (u.a.), 1993, 365-374, 371 ff.; Burci, 578 und Kaul, Arbeitsweise, 11.

184 Caron, 583, 584.

Grundlage entscheidet, ob zum Schutz der Menschenrechte eine Anpassung der Wirtschaftssanktionen erforderlich erscheint. Je länger insbesondere umfassende Wirtschaftssanktionen andauern, desto größer wird im Regelfall die Notwendigkeit sein, das bestehende Sanktionssystem nicht zuletzt in Hinblick auf dessen langfristige Folgewirkungen grundlegend zu ändern. Aus diesem Grund ist eine Befristung als Mittel zum Schutz der Menschenrechte lediglich bei umfassenden bzw. partiellen Wirtschaftssanktionen geeignet, während sie sich im Rahmen von gezielten Sanktionen kontraproduktiv auswirken kann[185].

Als Argument gegen eine Befristung von Wirtschaftssanktionen ist vor allem von den Vereinigten Staaten geltend gemacht worden, daß die Effektivität von Wirtschaftssanktionen gefährdet würde, wenn deren Geltungsdauer von dem willkürlichen Kriterium des Zeitablaufs abhängig gemacht werde. Dieser Zeitfaktor ermögliche es dem Sanktionsadressaten trotz fehlender Erfüllung der an ihn gestellten Forderungen, den ursprünglich bestehenden Konsens im Sicherheitsrat aufzuweichen, um eine nochmalige Verhängung von Sanktionen zu verhindern. Außerdem würde die effektive Durchsetzung von Sanktionsmaßnahmen behindert, wenn diese zuerst aufgehoben und dann wieder verhängt würden. Diese Umstände führten dazu, daß eine wirksame Sanktionspolitik des Sicherheitsrats durch eine Befristung unterminiert werde[186].

Diese Gefahr ist nicht von der Hand zu weisen. So ist zu erwarten, daß ein unbeugsamer Sanktionsadressat alle Mittel daran setzen wird, eines oder mehrere der ständigen Mitglieder des Sicherheitsrats zu einer Änderung ihrer Position zu bewegen, anstatt den an ihn gestellten Forderungen nachzukommen, um somit allein durch den Zeitablauf den Sanktionsmaßnahmen entgehen zu können. Es kann auch nicht ausgeschlossen werden, daß der Sanktionsadressat die Auswirkungen der Sanktionen übertrieben darstellt bzw. die auch sanktionsbedingte Verschlechterung der Lebensverhältnisse der Bevölkerung durch Unterlassen der erforderlichen Gegenmaßnahmen billigend in Kauf nimmt, um diesen Umstand als Argument für die fehlende Erneuerung der Sanktionen nach Fristablauf zu benutzen. Allerdings erscheint die aufgezeigte Gefahr gegenüber der Alternative, im Falle einer Friedensbedrohung aufgrund eines drohenden Vetos eines ständigen Mitglieds überhaupt keine Sanktionen zu verhängen, als das geringere Übel. Auch der Hinweis auf die mögliche Unterminierung des Konsens vermag nur bedingt zu überzeugen. So ist kein grundsätzlicher Unterschied zu Fallkonstellationen zu erkennen, bei denen aufgrund von bestehenden Allianzen oder

---

185 Siehe hierzu auch die Diskussion in A/55/33 (s.o. Anm. 12) Ziff. 71.

186 Siehe die Stellungnahme der Delegierten der Vereinigten Staaten, S/PV.4168, 5 (2. Kap., Anm. 701, 702) und der Niederlande, ebd., 8 (2. Kap., Anm. 703) sowie die anläßlich der Beratungen des Arbeitspapiers der Russischen Föderation in Hinblick auf die Befristung von Sanktionen geäußerten Bedenken, A/55/33 (s.o. Anm. 12), Ziff. 71.

der Beeinflussung durch den potentiellen Sanktionsadressaten von vornherein die zur Verhängung von Sanktionsmaßnahmen erforderliche Stimmenmehrheit nicht zustandekommt. Zudem kann der Sanktionsadressat nicht davon ausgehen, daß der Sicherheitsrat tatsächlich keine Verlängerung der Wirtschaftssanktionen beschließen wird. Im Falle einer absichtlichen Manipulationspolitik des Sanktionsadressaten wird im Zweifelsfall die Bereitschaft der Mitglieder des Sicherheitsrats gering sein, auf das Mittel der Wirtschaftssanktionen zu verzichten. Vielmehr sind auch Fälle denkbar, bei denen aufgrund der Haltung des Sanktionsadressaten entweder militärische Maßnahmen ergriffen oder die Wirtschaftssanktionen nach Ablauf der Frist noch verschärft[187] bzw. gezielter gefaßt werden. Eine absichtliche Manipulationspolitik des Sanktionsadressaten wäre daher für diesen mit einem Risiko verbunden. Ein durchgreifendes Argument gegen die Befristung von Wirtschaftssanktionen stellt eine solche Möglichkeit aus den aufgezeigten Gründen jedenfalls nicht dar.

3.2.3.3. Aussicht

Die Befristung von partiellen bzw. umfassenden Wirtschaftssanktionen ist ein geeignetes Mittel, um die unverhältnismäßig lange Dauer von Wirtschaftssanktionen zu verhindern und den fortbestehenden Konsens über deren Beibehaltung im Sicherheitsrat zu gewährleisten. Aufgrund der jüngsten Änderung der Sanktionspraxis seitens der Russischen Föderation, Chinas und Frankreichs, der eine grundsätzliche Haltung zugrundeliegt, läßt sich der Schluß ziehen, daß die Befristung von sämtlichen Sanktionsmaßnahmen zu einem festen Bestandteil der Sanktionspraxis werden wird, eine Entwicklung, der sich die Vereinigten Staaten als ausgesprochene Gegner der Befristung, wenn auch widerwillig, werden fügen müssen, um im Sicherheitsrat die erforderliche Mehrheit für die Verhängung oder Aufrechterhaltung von Sanktionsmaßnahmen zu erlangen. Die Befristung wird zwar von den genannten ständigen Mitgliedern in erster Linie als Mittel gesehen, um ihr Vetorecht wirksam ausüben zu können, sollte sich ihre Haltung im Laufe eines Sanktionsfalles ändern. Es ist aber zu erwarten, daß bei den Debatten um eine Verlängerung von Sanktionsmaßnahmen in zunehmendem Maße auch deren nachteilige Auswirkungen auf die Bevölkerung des Sanktionsadressaten einen wichtigen Faktor darstellen werden, der bei der Frage der Beibehaltung und inhaltlichen Ausgestaltung der zur Entscheidung stehenden Maßnahmen von erheblichem Belang ist. Diese prognostizierte Entwicklung der Befristung von partiellen bzw. umfassenden Wirtschaftssanktionen dürfte

[187] Dies wird vor allem in denjenigen Fällen in Betracht kommen, in denen Wirtschaftssanktionen entweder nicht wirksam durchgesetzt worden sind oder keine bzw. lediglich geringfügige nachteilige Folgen für die Bevölkerung gehabt haben.

sich somit insgesamt positiv auf den Schutz der Menschenrechte im Rahmen von Wirtschaftssanktionen auswirken, wenn auch die ihr innewohnende Gefahr der Schwächung des Instruments der Wirtschaftssanktionen nicht übersehen werden darf.

3.2.4. Einschätzung und Berücksichtigung der Auswirkungen der Wirtschaftssanktionen auf die humanitäre Lage

3.2.4.1. Problemstellung

Die Berücksichtigung der Auswirkungen von Wirtschaftssanktionen durch den Sicherheitsrat ist für den Schutz der Menschenrechte von elementarer Bedeutung. Das Wissen um die humanitäre Lage im Zielstaat ermöglicht es dem Sicherheitsrat, geplante oder bereits verhängte Wirtschaftssanktionen ihrem Inhalt nach, d.h. in bezug auf die Ge- und Verbote sowie die humanitären Ausnahmeregelungen, so auszugestalten bzw. anzupassen, daß der größtmögliche Schutz der Menschenrechte gewährleistet werden kann. Die fehlende bzw. unzureichende Berücksichtigung kann hingegen nicht nur dazu führen, daß der Sicherheitsrat Maßnahmen beschließt, die sich unverhältnismäßig auf die Bevölkerung des Sanktionsadressaten auswirken. Sie ist auch geeignet, zu einem Glaubwürdigkeitsverlust des Sicherheitsrats zu führen, weil der Sicherheitsrat durch eine derartige Praxis den Anschein erweckt, daß er der Lage der Bevölkerung des Sanktionsadressaten bzw. den Rechten der betroffenen Individuen nicht die gebotene Aufmerksamkeit widmet.

Zwar haben sowohl der Sicherheitsrat[188] als auch seine fünf ständigen Mitglieder[189] grundsätzlich anerkannt, daß bei künftigen Wirtschaftssanktionen deren kurz- und langfristigen humanitären Auswirkungen während jeder Stufe des Sanktionsprozesses, also auch schon vor ihrer Verhängung, bei der Entscheidung über die inhaltliche Ausgestaltung berücksichtigt werden sollen. Der Sicherheitsrat hat diese Vorgabe jedoch in der bisherigen Sanktionspraxis nur unzureichend umgesetzt[190]. Der Sicherheitsrat ist daher von einer Vielzahl von Mitgliedstaaten und Organen der Vereinten Nationen wiederholt dazu aufgefordert worden, vor der Verhängung von Sanktionen deren potentielle und während der Dauer deren tatsächliche Auswirkungen auf die Bevölkerung des

---

[188] S/1999/92; S/RES 1265 (1999), Ziff. 16.
[189] S/1995/300. Siehe auch die Stellungnahmen der Vereinigten Staaten, S/PV.4128, 7; Frankreichs, ebd., 8; Chinas, ebd., 12 und das Arbeitspapier der Russischen Föderation, A/AC.182/L.100, I, Ziff. 10.
[190] Siehe 4. Kap., 9.3.

Sanktionsadressaten zwingend zu evaluieren und bei der Ausgestaltung der Sanktionen zu berücksichtigen[191]. Das Bestehen einer dahingehenden grundsätzlichen Verpflichtung des Sicherheitsrats ist bereits an anderer Stelle festgestellt worden[192]. Während somit dieser Aspekt einer zukünftigen Sanktionspraxis des Sicherheitsrats dem Grundsatz nach unstreitig ist, sollen nachfolgend Verfahren erörtert werden, die geeignet erscheinen, eine rechtzeitige Bereitstellung von zuverlässigen und aufschlußreichen Einschätzungen der jeweiligen humanitären Lage im Zielstaat sowie der Auswirkungen der Sanktionsmaßnahmen an den Sicherheitsrat zu gewährleisten.

3.2.4.2. Stellungnahme

a) Einschätzung und Berücksichtigung der voraussichtlichen Auswirkungen von Wirtschaftssanktionen

Eine Änderung der bisherigen Praxis, die der Berücksichtigungspflicht gerecht wird, setzt voraus, daß sich die Mitglieder des Sicherheitsrats auf ein grundsätzliches Vorgehen einigen, das in jedem Fall der Verhängung von Wirtschaftssanktionen zu beachten ist. Danach wäre die Verhängung von Wirtschaftssanktionen nur nach vorhergehender Berücksichtigung der zu erwartenden Auswirkungen der geplanten Maßnahmen zulässig. In Fällen besonderer Dringlichkeit könnte die Studie in einer entsprechenden Kurzfassung vorgelegt oder durch die mündliche Unterrichtung des Sicherheitsrats ersetzt werden[193]. Als Grundlage seiner Entscheidung wäre vom Sicherheitsrat eine Studie über die zu erwartenden humanitären Auswirkungen der geplanten Maßnahmen heranzuziehen, deren Ergebnisse vor der Abstimmung über den Resolutionsentwurf

---

[191] Siehe die Stellungnahmen der Delegierten Malaysias, S/PV.4128, 13; Tunesiens, ebd., 19; Malis, ebd., 20; Jamaikas, ebd., 21; Kanadas, ebd., 25; Portugals, ebd., 27; Pakistans, ebd., 29; Schwedens, ebd., 32; Australiens, ebd., 34; Bulgariens, ebd., 35; Neuseelands, ebd., 37 und Kubas, ebd., 38. Siehe auch Agenda for Peace, A/50/60-S/1995/1- Ziff. 75 a-c); A/RES 51/242, Annex II, Ziff. 1, 16; CESCR, General Comment 8, Ziff. 12, 13; Resolution 4 der 26. Konferenz des IKRK (s.o. Anm. 6).

[192] Siehe 3. Kap., 3.4.2.2.6. a).

[193] Einen angemessenen Lösungsvorschlag zwischen der Berücksichtigung der Auswirkungen und der Effektivität der Wirtschaftssanktionen bietet der niederländische Delegierte in seiner Stellungnahme in S/PV.4128, 17: "Given the need for swift action when it comes to imposing sanctions, the Netherlands believes it would not be wise to adopt a policy of protracted pre-assessment or impact reporting. (...) ... a better course of action would be to make available, within the United Nations Secretariat, further high quality and varied expertise in order for the Security Council to be offered well-considered and swift advice on possible options for action. Once sanctions are in place, the humanitarian and economic impact could and should be monitored continuously and closely ..."

vorliegen müssen. Diese Studie sollte den folgenden Inhalt haben: Eine Einschätzung der Anfälligkeit des Zielstaates für Wirtschaftssanktionen; einen Überblick zur wirtschaftlichen Lage sowie zur Versorgungslage im Zielstaat unter besonderer Berücksichtigung der für die Verwirklichung des Rechts auf Leben sowie der wirtschaftlichen und sozialen Rechte maßgeblichen Indikatoren; eine Verlaufsprognose über die zu erwartenden Auswirkungen der Wirtschaftssanktionen, vor allem auf besonders verwundbare Bevölkerungsgruppen, anhand der typischen Auswirkungen von Wirtschaftssanktionen unter Berücksichtigung der Besonderheiten des Zielstaats und der zu erwartenden Reaktionen des Sanktionsadressaten auf die Wirtschaftssanktionen[194].

Mit der Verfassung einer derartigen Studie könnte eine eigens für diesen Zweck im Generalsekretariat geschaffene Stelle beauftragt werden[195]. Die Errichtung einer koordinierenden Leitstelle, die insbesondere die Aufgabe der Überwachung der zu erwartenden und tatsächlichen Auswirkungen von Wirtschaftssanktionen wahrnehmen würde, wäre empfehlenswert, um das vorhandene Fachwissen zu bündeln und um diesem Aspekt der Wirtschaftssanktionen stärkeres Gewicht zu verleihen[196]. Soweit keine eigenständige Stelle zu diesem Zweck eingerichtet wird, kann das OCHA mit der Wahrnehmung dieser Aufgabe beauftragt werden[197]. Das OCHA verfügt bereits zum gegenwärtigen Zeitpunkt über die institutionellen Voraussetzungen, um dem Sicherheitsrat die benötigten Informationen rechtzeitig zur Verfügung stellen zu können. Das OCHA bzw. dessen Vorgänger, das DHA, haben bereits durch die beiden im Falle Sudans bzw. Sierra Leones verfaßten Berichte[198] zu den möglichen bzw. tatsächlichen Auswirkungen von Wirtschaftssanktionen gezeigt, daß sie grundsätzlich in der Lage sind, dem Sicherheitsrat eine zuverlässige Einschätzung der Lage zur Verfügung zu stellen[199]. Das OCHA kann dabei zur Erfüllung seiner

---

[194] Siehe in diesem Zusammenhang 2. Kap., 1.1.

[195] Die Schaffung einer solchen Stelle ist 1995 vom Generalsekretär vorgeschlagen, bislang aber noch nicht umgesetzt worden. Agenda for Peace, A/50/60-S/1995/1, Ziff. 75.

[196] Kulessa, Märchen, 96.

[197] Siehe die entsprechende Empfehlung in S/1995/300.

[198] Das OCHA hat außerdem im Falle der nicht vom Sicherheitsrat (siehe S/RES 1072 (1996) gegen Burundi verhängten regionalen Sanktionen einen Bericht zu den Auswirkungen der Sanktionen vorgelegt, siehe Bruderlein, C./Erhardy, P., DHA Report on Regional Sanctions against Burundi, UN Department of Humanitarian Affairs, New York, November 1997.

[199] Diese Feststellung hat das OCHA in den beiden bisherigen Fällen dadurch vorgenommen, daß es die humanitäre Lage einschätzte, den Zusammenhang zwischen der Entwicklung der humanitären Lage und den potentiellen bzw. tatsächlichen Sanktionsmaßnahmen herstellte und diesen verifizierte. Auf die Schwierigkeit der Sammlung zuverlässiger Daten ist bereits an anderer Stelle hingewiesen worden (siehe 2. Kap., 1.1.). Für die von der OCHA zu treffende Feststellung kommt es dabei maßgeblich darauf an, daß glaubwürdige und gezielte

Aufgabe auf das Fachwissen und die Kooperation der humanitären Organisationen, Staaten sowie der sonstigen an Sanktionen beteiligten Akteure zurückgreifen. Insbesondere die Sonderorganisationen der Vereinten Nationen verfügen über reichhaltiges, ständig aktualisiertes Datenmaterial über die humanitäre Lage in den Mitgliedstaaten. Die verschiedenen Sonderorganisationen haben auch jeweils eigene Frühwarnsysteme entwickelt, um humanitäre Krisensituationen frühzeitig antizipieren und mit den notwendigen Mitteln begegnen zu können[200]. Das OCHA verfügt überdies über ein eigenes humanitäres Frühwarnsystem (HEWS)[201]. Die wichtigste gegenwärtige Aufgabe besteht unter diesen Vorzeichen darin, die vorhandenen Daten sanktionsspezifisch auszuwerten[202]. Der Sicherheitsrat könnte des weiteren eine Stellungnahme zur Vereinbarkeit der geplanten Wirtschaftssanktionen mit den Menschenrechten einholen. Diese Stellungnahme wäre entweder von der eingangs erwähnten, eigens für Wirtschaftssanktionen eingerichteten Leitstelle, einem hierfür berufenen Sonderberichterstatter oder von den für den Schutz der Menschenrechte zuständigen Organen der Vereinten Nationen, also der Menschenrechtskommission oder dem Hochkommissar für Menschenrechte, anzufordern und im Rahmen der Abwägung zu berücksichtigen[203].

Informationen verfügbar sind, die zugleich die Einschätzung der Anfälligkeit spezifischer Bevölkerungsgruppen für die negativen Auswirkungen von Sanktionsmaßnahmen zulassen.

[200] Siehe Überblick bei Minear/Cortright/Wagler/Lopez/Weiss, 10 ff. Dies gilt insbesondere für die WHO, die FAO und das WFP.

[201] Dieses System beruht auf einer Datensammlung, in die die in den Frühwarnsystemen der verschiedenen Sonderorganisationen gesammelten und von NROs bereitgestellten Information einbezogen werden. Siehe dazu ebd., 13, 14.

[202] Eine wichtige Rolle kommt dabei der von der IASC eingesetzten Expertengruppe zu. Diese setzt sich aus Vertretern mehrerer humanitärer Organisationen zusammen. Sie hat die Aufgabe, den Emergency Relief Coordinator des OCHA bei seiner Beraterrolle gegenüber dem Sicherheitsrat über humanitäre Erfordernisse bei Sanktionsfällen zu beraten und zu unterstützen, Missionen zur Einschätzung der humanitären Auswirkungen von Sanktionen durchzuführen, praktische Vorgehensweisen für die Überwachung der humanitären Auswirkungen vor Ort zu empfehlen sowie auf der Grundlage ihrer Erfahrungen weitere Verbesserungen in bezug auf Methodik, Überwachungsmechanismen und Ausnahmeverfahren anzuregen. Siehe hierzu Bruderlein, 4.

[203] Ein interessanter Vorschlag findet sich in der Stellungnahme des Delegierten Kanadas zum weiteren Vorgehen im Fall der gegenüber dem Irak verhängten Sanktionen, S/PV.4128, 25: "The Council must continue to make all further efforts to address the humanitarian impact. To do so, the Council should consider establishing a mechanism, such as a humanitarian college of commissioners in parallel to the college that now works on disarmament matters, with a limited time mandate, to lend profile and transparency to humanitarian issues, to regularly review the humanitarian provisions of resolution 1284 (1999) and to make concrete recommendations on ways to improve or adjust the humanitarian programmes as so required" und im Arbeitspapier der Russischen Föderation in bezug auf die humanitären Grenzen von Wirtschaftssanktionen in A/AC.182/L.100, II, Ziff. 8: "Consideration of the views of

b) Einschätzung und Berücksichtigung der tatsächlichen Auswirkungen von Wirtschaftssanktionen

Zur regelmäßigen Überprüfung der Auswirkungen von umfassenden bzw. partiellen Wirtschaftssanktionen könnte wiederum die bereits erwähnte koordinierende Leitstelle eingesetzt werden, die zur Erfüllung dieser Aufgabe eng mit den Sanktionsausschüssen zusammenzuarbeiten hätte. Zum gegenwärtigen Zeitpunkt sind es die Sanktionsausschüsse, denen die Aufgabe übertragen ist, geeignete Mechanismen auszuarbeiten, um eine zuverlässige Einschätzung der humanitären Auswirkungen von Wirtschaftssanktionen vornehmen zu können[204]. Inhaltlich ist diese Prüfung an den Auswirkungen der Wirtschaftssanktionen auf die Verwirklichung der Menschenrechte der Bevölkerung mit besonderem Augenmerk auf besonders verwundbare Gruppen auszurichten. Die Einschätzung der humanitären Auswirkungen hat daher zumindest die Entwicklung der Lage in den Bereichen Volkswirtschaft, Nahrungsmittelversorgung, Gesundheit sowie Bildung zu enthalten[205].

Zur Schaffung eines solchen Mechanismus sind vorrangig die Vorschläge zur Verbesserung der Arbeit der Sanktionsausschüsse umzusetzen. Danach haben die Sanktionsausschüsse ein einheitliches Verfahren des Informationsaustauschs mit dem Generalsekretariat bzw. dem OCHA zu schaffen, um jederzeit über die humanitären Auswirkungen der Wirtschaftssanktionen im Bilde zu sein[206]. Hierzu kommen mehrere Maßnahmen in Betracht: Die Beauftragung von OCHA, einen Bericht zu erstellen; eine Reise des Vorsitzenden des Sanktionsausschusses in den Zielstaat, um sich einen Eindruck über die Auswirkungen der Wirtschaftssanktionen zu verschaffen[207]; die Berufung eines Sonderberichterstatters, der über die Auswirkungen der Wirtschaftssanktionen auf die Lage der Bevölkerung sowie die damit verbundene Beeinträchtigung der Menschenrechte Bericht zu erstatten hat.

---

international humanitarian organizations of generally recognized authority in drawing up and implementing sanctions regimes." Siehe auch die Anregungen von Kulessa, Märchen, 96.

204 Siehe S/1999/92.

205 Siehe 2. Kap., 1.1.

206 S/1999/92. Ein im Namen der EU eingebrachter Vorschlag des Delegierten Portugals, S/PV.4128, 27, sieht vor, daß in den Sanktionsausschüssen Unterausschüsse eingesetzt werden, die für die Einschätzung der Auswirkungen und der effizienten Umsetzung der Sanktionen zuständig sein sollen.

207 Diese Anregung findet sich in S/1999/92 und in der Stellungnahme Prendergasts, S/PV.4182, 4. Entsprechende Besuche, die 1998 vom Vorsitzenden des Sanktionsausschusses für Sierra Leone, Dahlgren und 1999 vom Vorsitzenden des Sanktionsausschusses für Angola, Fowler, unternommen wurden, sind bei den Mitgliedstaaten auf positive Resonanz gestoßen. Siehe die Stellungnahme des Delegierten Portugals, S/PV.4182, 27, 28.

Der jeweilige Sanktionsausschuß sollte den Sicherheitsrat im Abstand von jeweils sechs Monaten, der im Fall einer drastischen Verschlechterung der humanitären Lage kürzer sein kann, über die Entwicklung der Lage informieren. Sind die Wirtschaftssanktionen länger als ein Jahr in Kraft bzw. läuft eine Befristung aus, so sollte das OCHA vom Sicherheitsrat bzw. dem jeweiligen Sanktionsausschuß mit dem Erstellen einer umfassenden Studie über die gegenwärtigen und zu erwartenden Auswirkungen von Wirtschaftssanktionen beauftragt werden. Soweit Zweifel über die Vereinbarkeit der Maßnahmen mit den Menschenrechten bestehen, könnte der Sicherheitsrat wiederum die zuständigen Organe zu einer Stellungnahme auffordern, die auch konkrete Vorschläge zu einer Anpassung der Wirtschaftssanktionen enthalten sollte.

c) Nachträgliche Bewertung von Sanktionsfällen

Wirtschaftssanktionen sollten nach ihrer Beendigung einer kritischen Bewertung durch das OCHA oder den Generalsekretär unterzogen werden[208]. Diese Nachbewertung müßte die nachteiligen Auswirkungen der Sanktionsmaßnahmen auf die Wirtschaft und die Bevölkerung des Sanktionsadressaten, die darin liegende Beeinträchtigung der Ausübung bzw. Verwirklichung von Menschenrechten sowie die Eignung und Wirksamkeit der vom Sicherheitsrat zur Linderung dieser Auswirkungen ergriffenen Gegenmaßnahmen zum Gegenstand haben. Eine derartige Praxis würde den institutionellen Wissensstand über Wirtschaftssanktionen verbessern, indem deren typischer Verlauf und typische Auswirkungen anhand einer vergleichenden Betrachtung der Sanktionsfälle analysiert wird. Die Identifizierung von Schwachstellen bei der Ausgestaltung und Durchführung des jeweiligen Sanktionsfalles würde ferner dazu beitragen, daß der Sicherheitsrat die im Sanktionssystem ausgemachten Defizite in künftigen Sanktionsfällen von vornherein vermeiden könnte.

3.2.4.3. Aussicht

Das hier entworfene Verfahren der detaillierten Einschätzung der zu erwartenden bzw. tatsächlichen Auswirkungen von Wirtschaftssanktionen, die auf einer institutionalisierten Grundlage unter Einbeziehung der mit humanitären Aufgaben bzw. dem Schutz der Menschenrechte befaßten Organen der Vereinten Nationen vorzunehmen ist, würde bei einer entsprechenden Bereitschaft des Sicherheitsrats zur Berücksichtigung der bereitgestellten Informationen in erheblichem Maß zu einer Stärkung des Menschenrechtsschutzes im Rahmen von Wirtschaftssanktionen beitragen. Eine Inhaltskontrolle der Wirtschaftssank-

---

[208] Minear/Cortright/Wagler/Lopez/Weiss, 21.

tionen durch ein Verfahren der Zusammenarbeit verschiedener UN-Organe würde die beste Gewähr für eine Sanktionspraxis des Sicherheitsrats bieten, die ein Höchstmaß an Vereinbarkeit mit den Menschenrechten und dem humanitären Völkerrecht gewährleistet.

Zum gegenwärtigen Zeitpunkt ist es vor allem die fehlende politische Bereitschaft einiger Mitglieder des Sicherheitsrats, die der wirksamen Umsetzung der aufgezeigten Maßnahmen entgegensteht[209]. Dieser Haltung scheint die Befürchtung zugrundezuliegen, daß eine derartige Praxis die Effektivität von Sanktionsmaßnahmen gefährden würde. Während diesen Bedenken bei kurzfristig zu beschließenden Sanktionsmaßnahmen dadurch Rechnung getragen werden kann, daß lediglich eine Studie, die ein Mindestmaß an Informationen erhält, eingeholt wird, erscheinen die grundsätzlichen Vorbehalte ungerechtfertigt. Sie beruhen auf der als fragwürdig anzusehenden Dichotomie zwischen dem effektiven Einsatz eines Zwangsmittels und dem Schutz der Menschenrechte der Bevölkerung. Langfristig können nur solche Sanktionsmaßnahmen als effektiv angesehen werden, die zugleich die Menschenrechte der betroffenen Bevölkerung gebührend berücksichtigen. Ein Festhalten an der Praxis einer unzureichenden Berücksichtigung der Auswirkungen der Sanktionsmaßnahmen ist daher gerade für die Befürworter von Sanktionen der falsche Weg, um auf Dauer die Legitimität des Sicherheitsrats zu wahren und sich damit auch der Bereitschaft der Mitglieder des Sicherheitsrats zur Zustimmung sowie der Mitgliedstaaten zur Befolgung von Sanktionsmaßnahmen zu vergewissern.

3.2.5. Effektivere Durchsetzung von Wirtschaftssanktionen

3.2.5.1. Problemstellung

Die Vielzahl an Initiativen, die in jüngster Zeit mit dem Ziel der verbesserten Durchsetzung von Sanktionsmaßnahmen in der Praxis des Sicherheitsrats und in anderen Foren ergriffen worden sind, belegen in eindrucksvoller Weise die Übereinstimmung sämtlicher Beteiligter, daß Maßnahmen zu einer effektiveren Durchsetzung von Sanktionen geboten sind[210]. Dies gilt sowohl für die

---

[209] Siehe die Debatten im Sicherheitsrat zur Einschätzung der humanitären Lage in den Fällen Irak und Afghanistan im 2. Kap., 2.2.2.5. und 2.8.2.2.

[210] So vor allem die Initiativen im Falle Angolas (siehe 2. Kap., 2.6.2.). Siehe auch S/1999/92, Ziff. 2-5 sowie des weiteren die Stellungnahmen von Kieran Prendergast, S/PV.4128, 4, 5 und den Delegierten Bangladeschs, ebd., 5; des Vereinigten Königreichs, ebd., 6; der Vereinigten Staaten, ebd., 7; Frankreichs, ebd., 8; Namibias, ebd., 11, 12; Chinas, ebd., 12; Malaysias, ebd., 14; Argentiniens, ebd., 16, 17; der Niederlande, ebd., 18; Tunesiens, ebd., 19; Jamaikas,

Umsetzung und Überwachung der Sanktionsbestimmungen durch die Mitgliedstaaten als auch die Überwachung durch die Sanktionsausschüsse[211].

Die Forderung nach einer strikten Durchsetzung von Wirtschaftssanktionen scheint auf den ersten Blick dem Ziel des wirksamen Schutzes der Menschenrechte und des humanitären Völkerrechts zumindest im Rahmen von umfassenden Wirtschaftssanktionen zuwiderzulaufen. Die Umgehung der Sanktionsbestimmungen, die in allen Sanktionsfällen, wenn auch in unterschiedlichem Ausmaß, beträchtlich gewesen ist[212], hat jedoch, mit Ausnahme der gegenüber Südrhodesien verhängten Wirtschaftssanktionen und in den kurdischen Gebieten im Irak, nur unwesentlich zu einer Verbesserung der humanitäre Lage der Bevölkerung beigetragen[213]. Der unter Verletzung der Sanktionsbestimmungen erfolgte Schmuggel ist in der Mehrzahl der Fälle dem jeweiligen Regime sowie diesem angehörenden oder nahestehenden Schmugglern und Schwarzmarkthändlern zugute gekommen. Den Sanktionsadressaten ist es dadurch möglich gewesen, den negativen Auswirkungen von Wirtschaftssanktionen fast vollständig zu entgehen, wodurch sich deren Zwangswirkung verringert hat, und sich überdies mit den geschmuggelten Gütern der Loyalität ihrer Gefolgsleute zu versichern. Die unzureichende Durchsetzung von Sanktionen führt daher potentiell zu einer längeren Dauer der Sanktionen. Zudem verkaufen Schmuggler und Schwarzmarkthändler Versorgungsgüter zu solch hohen Preisen, daß sie für die bedürftige Bevölkerung im Regelfall unerschwinglich sind, diese also wieder einzig der Elite im Zielstaat zugute kommen[214].

Durch eine strikte Durchsetzung von Wirtschaftssanktionen könnte somit deren Effektivität gesteigert werden, ohne daß sich dies nachteilig auf die humanitäre Lage auswirken würde. Die gesteigerte Effektivität führt vielmehr zumindest potentiell zu einer kürzeren Dauer von Wirtschaftssanktionen. Darüber hinaus ist die strikte Durchsetzung von Sanktionsbestimmungen gerade für eine

---

ebd., 22; Portugals, ebd., 27; Deutschlands, ebd., 28; Italiens, ebd., 32; Schwedens, ebd., 33; Australiens, ebd., 34; Neuseelands, ebd., 37; der Schweiz, ebd., 40 und der Türkei, ebd., 45 sowie ferner die Initiativen unter Beteiligung der Regierung der Schweiz und Deutschlands zur verbesserten Durchsetzung gezielter Sanktionen (s.o. Anm. 23, 24).

[211] Siehe hierzu Conlon, Rechtliche Problematik, 16 ff.; IDSC, Future of Sanctions, Ziff. 98 ff.; Rosenzweig, 164 ff.

[212] So insbesondere bei den gegenüber Haiti, Südrhodesien, Angola sowie anfänglich bei den gegenüber der BR Jugoslawien verhängten Sanktionen. Vergleichsweise strikt ist dagegen die Durchsetzung der gegenüber dem Irak und ab 1993 gegenüber der BR Jugoslawien sowie bei den gegenüber Libyen und Sierra Leone verhängten Sanktionen gewesen. Siehe hierzu auch Cortright/Lopez, Sanctions Decade, 209.

[213] Siehe die jeweilige Sachverhaltsdarstellung im 2. Kap.

[214] So im Falle der gegenüber dem Irak, der BR Jugoslawien und Haiti verhängten Wirtschaftssanktionen. Siehe 2. Kap., 2.2.3.1.; 2.4.3.1. und 2.5.3.1.

geänderte Sanktionspraxis des Sicherheitsrats zum Schutz der Menschenrechte von Bedeutung. So wird sich der Einsatz gezielter Wirtschaftssanktionen kaum als Alternative zur Verhängung umfassender bzw. partieller Wirtschaftssanktionen durchsetzen können, soweit nicht die wirksame Um- sowie die effektive Durchsetzung der jeweiligen Ge- und Verbote gewährleistet ist[215].

3.2.5.2. Stellungnahme

Zur verbesserten Durchsetzung von Wirtschaftssanktionen sind Maßnahmen auf zwei Ebenen erforderlich. Zum einen haben die Mitgliedstaaten für eine wirksame Umsetzung der Wirtschaftssanktionen in ihrem jeweiligen Rechtssystem zu sorgen[216]. Als ein Beispiel für dahingehende Bemühungen ist der Entwurf von Mustergesetzen zu gezielten Sanktionen zu nennen. Zur Gewährleistung der wirksamen Umsetzung von Wirtschaftssanktionen im nationalen Rechtssystem ist des weiteren erforderlich, daß sich die Mitgliedstaaten der Vereinten Nationen gegenseitig ihre Unterstützung bei der Schaffung der rechtlichen und technischen Voraussetzungen anbieten. Hier sind vor allem diejenigen Staaten, die über die rechtlichen Voraussetzungen und ausreichende Ressourcen verfügen, aufgerufen, den in dieser Hinsicht weniger entwickelten Staaten die erforderliche Hilfestellung zu leisten[217]. Der Sicherheitsrat könnte seinerseits das Sekretariat bzw. die Sanktionsausschüsse oder eine zu diesem Zweck einzurichtende Stelle mit der Beratung und Unterstützung der Mitgliedstaaten beauftragen.

Zum anderen sind geeignete Maßnahmen zu ergreifen, um Wirtschaftssanktionen effektiver durchzusetzen, d.h. eine Verletzung der Sanktionsbestimmungen zu verhindern[218]. Die effektive Durchsetzung von Wirtschaftssanktionen hängt sowohl vom Vorhandensein der technischen Voraussetzungen als auch von der grundsätzlichen Bereitschaft der zur Durchsetzung verpflichteten Staaten ab. Auf der technischen Seite ist es den Mitgliedstaaten insbesondere im Falle der

---

[215] Siehe oben 3.2.1.2. e).

[216] Siehe hierzu Conlon, Humanitarian Mitigation, 274 ff.; ders., Rechtliche Problematik, 10; Doxey, International Sanctions, 82 ff., 122 ff. Dazu auch das Non-Paper Australiens und der Niederlande, A/50/322, 24, 25. Hierauf weist insbesondere der Delegierte der Vereinigten Staaten hin, S/PV.4128, 7.

[217] Dies ist den insoweit in der Pflicht stehenden Staaten durchaus bewußt, wie die Stellungnahmen der Delegierten Kanadas, S/PV.4128, 25, Portugals, ebd., 27 und Australiens, ebd., 34, zeigen, wobei den Aussagen allerdings nicht unmittelbar zu entnehmen ist, ob es sich hierbei um zwischenstaatliche Hilfe handeln soll oder ob diese Unterstützung durch ein zu diesem Zweck verstärkt mit Finanzmitteln ausgestattetes Sekretariat erfolgen soll.

[218] Hierzu Burci, 583 ff.

gegen die BR Jugoslawien verhängten Wirtschaftssanktionen gelungen, einen wirksamen Mechanismus zur Überwachung der Sanktionsbestimmungen durch die Anrainerstaaten und die EU als Regionalorganisation zu schaffen[219]. In anderen Fällen, in denen keine regionale Kooperation erfolgte, hat sich die Überwachung der Sanktionsbestimmungen hingegen als wesentlich schwieriger erwiesen[220]. Die Hinzuziehung regionaler Organisationen, wie in der BR Jugoslawien und in Sierra Leone erfolgt, gilt es daher zur Überwachung von Wirtschaftssanktionen auszubauen. Allerdings hat der Fall Sierra Leone gezeigt, daß eine übermäßig strikte Durchsetzung von Sanktionsmaßnahmen durch Regionalorganisationen, hier die unzureichende Genehmigung von Ausnahmeanträgen durch den ECOWAS Sanktionsausschuß, dem gebotenen Schutz der Menschenrechte zuwiderlaufen kann[221]. Es ist deshalb erforderlich, aufbauend auf dem bei der Überwachung der gegenüber der BR Jugoslawien entwickelten Verfahren der Zusammenarbeit, im Rahmen der Vereinten Nationen ein auf alle Sanktionsfälle anwendbares Modell zur Überwachung von Wirtschaftssanktionen zu entwickeln, das flexibel genug ist, um an die Besonderheiten des Einzelfalls angepaßt werden zu können. Die jüngst erfolgte Einsetzung einer aus fünf Experten bestehenden Gruppe zur Überwachung der gegenüber den Taliban in Afghanistan verhängten Sanktionen[222] deutet in diesem Zusammenhang darauf hin, daß der Sicherheitsrat zunehmend gewillt ist, eine aktivere Haltung bei der Überwachung von Sanktionen einzunehmen.

Des weiteren sind die Kapazität der Ausschüsse und des Sekretariats sowie die Zusammenarbeit mit den Mitgliedstaaten zu verbessern, um eine wirksamere Durchsetzung von Wirtschaftssanktionen zu ermöglichen. Den Sanktionsausschüssen kommt als Überwachungszentralen eine wichtige Leitfunktion bei der Durchsetzung von Sanktionen zu. Diese Funktion haben die jeweiligen Sanktionsausschüsse aufgrund mangelnder Kapazität in ihrer bisherigen Praxis nur unzureichend wahrnehmen können. Auch die Zusammenarbeit der Mitgliedstaaten mit den Sanktionsausschüssen, insbesondere bezüglich der Erstattung von Berichten, ist mangelhaft gewesen[223]. Die fehlende Bereitschaft der Mitgliedstaaten, die Sanktionsbestimmungen zu befolgen bzw. an deren wirksamer

---

[219] Siehe im einzelnen 2. Kap., Anm. 428.

[220] So insbesondere in Haiti und Angola.

[221] Cortright/Lopez, Sanctions Decade, 219.

[222] Siehe S/RES 1363, 30. Juli 2001.

[223] Siehe Burci, 583; Cortright/Lopez, Sanctions Decade, 233; Rosenzweig, 171 ff. Conlon, Fragwürdige Sanktionspraxis, 332, identifiziert als eine der wesentlichen Lücken im Sanktionskonzept des Sicherheitsrats den Umstand, daß Wirtschaftssanktionsregime nicht als Handeleinschränkungsregime verstanden würden und die Sanktionsausschüsse, welche die Rolle einer Handelskontrollinstanz ablehnen, sich scheuen würden, den Mitgliedern allgemeine Informationen über ihre Handelsbeziehungen mit den Mitgliedstaaten abzuverlangen.

Überwachung mitzuwirken, hat sich als wesentliche Schwachstelle einer effektiveren Durchsetzung von Wirtschaftssanktionen erwiesen. Da der Sicherheitsrat bei der Durchsetzung der Sanktionen von den Mitgliedstaaten abhängig ist, verblieb ihm bisher lediglich die Möglichkeit, auf diese Druck auszuüben[224]. Diese Praxis wird sich solange als wirkungslos erweisen, als die fehlende Bereitschaft der Mitgliedstaaten auf Zweifeln an der Legitimität des Vorgehens des Sicherheitsrats beruht[225] oder in den übermäßigen Kosten, welche die Wirtschaftssanktionen für den jeweiligen Staat verursachen, begründet ist[226]. Soweit Wirtschaftssanktionen mit Legitimitätsproblemen behaftet sind, wird aufgrund des fehlenden Willens einer beträchtlichen Zahl von Mitgliedstaaten eine wirksame Um- und Durchsetzung der beschlossenen Maßnahmen nicht zu erwarten sein[227].

---

[224] Der Sicherheitsrat hat sich in seiner bisherigen Praxis darauf beschränkt, die Staaten zur strengen Einhaltung der Sanktionsbestimmungen aufzufordern, so etwa jüngst in S/RES 1333 (2000), Ziff. 17. Der Sicherheitsrat hat in seiner ständigen Sanktionspraxis trotz dahingehender Forderungen, die bereits bei den gegenüber Südrhodesien und jüngst im Rahmen der gegenüber der RUF in Sierra Leone und der UNITA in Angola verhängten Sanktionen vorgebracht wurden, bislang keine Zwangsmaßnahmen gegen Mitgliedstaaten, welche die Sanktionsbestimmungen verletzen, ergriffen. Siehe hierzu den Vorschlag des Delegierten Schwedens in S/PV.4128, 33: "Regrettably, the United Nations currently has few means at its disposal for raising that price (for sanctions violations), but we do have the option of publicly identifying violations against sanctions, whether committed by States or private parties. Naming and shaming as a way to counteract violations can be a forceful tool." In diese Richtung auch Rosenzweig, 193 ff.

[225] Dies gilt insbesondere soweit der Verdacht besteht, daß Sanktionen zur Verfolgung unilateraler Ziele eingesetzt werden. Dazu auch Rosenzweig, 177 ff., wonach sich das mit mehreren Wirtschaftssanktionen verfolgte Ziel, die Regierung zu stürzen, als kontraproduktiv erwiesen hat.

[226] Die Verbindung zwischen Befolgung und Entschädigung nach Artikel 50 der Charta wird explizit vom Delegierten der ehemaligen jugoslawischen Republik Mazedonien hergestellt, S/PV.4128, 44: "... from the point of view of Member States negatively affected by the sanctions, it is much more important that they be compensated, particularly if the Security Council expects Member States fully to comply with the relevant resolutions on sanctions." Siehe hierzu auch Doxey, UN Sanctions, 211, 212; Elliot, Kimberly Ann, Factors affecting the Success of Sanctions, in: Cortright/Lopez, Panacea or Peacebuilding, 59; Joyner, Christoph C., Sanctions and International Law, in: ebd., 81; Rosenzweig, 165 ff.

[227] Anzeichen für eine solche Entwicklung sind bei den gegenüber Libyen und Irak verhängten Sanktionen zu beobachten gewesen (siehe 5. Kap., Anm. 6, 7). Dazu auch Doxey, UN Sanctions, 212: "All this (Nachteile für Drittstaaten) raises questions about the legitimacy of Security Council action- especially in the light of its own inconsistencies- and could impact on the future implementation of sanctions. ... dissatisfaction with the prolongation of sanctions against Iraq has become manifest and enforcement of air travel restrictions in effect against Libya since 1992 has sprung obvious leaks, with African leaders ceasing to observe them. These are warning signs." Illustrativ sind in diesem Zusammenhang auch die Ausführungen des Delegierten Argentiniens, S/PV.4128, 17: "We believe that there will be greater

Anhand der bisherigen Erfahrung mit Wirtschaftssanktionen gilt es zur Verbesserung der Kooperationsbereitschaft der Mitgliedstaaten grundsätzlich den Anschein der Willkür und der fehlenden Verhältnismäßigkeit der Maßnahmen, nicht nur gegenüber dem Sanktionsadressaten bzw. dessen Bevölkerung, sondern auch gegenüber Drittstaaten zu vermeiden. Hierzu bedarf es der Schaffung eines angemessenen Entschädigungssystems für Drittstaaten. Gemäß Artikel 50 der Charta haben Drittstaaten zwar das Recht, den Sicherheitsrat zu konsultieren, soweit sie die Durchführung von Wirtschaftssanktionen vor besondere wirtschaftliche Probleme stellt. Trotz einer Vielzahl von Initiativen, insbesondere im Rahmen der Generalversammlung, ist es aber bisher nicht gelungen, ein zufriedenstellendes System zu schaffen, das den berechtigten Interessen der Drittstaaten gerecht wird[228].

3.2.5.3. Aussicht

Die effektivere Durchsetzung von Wirtschaftssanktionen wird nur zu erreichen sein, wenn eine Sanktionsstrategie entwickelt wird, welche die für die mangelhafte Durchsetzung von Sanktionsmaßnahmen verantwortlichen Defizite technischer, finanzieller und grundsätzlicher Natur überwindet. Während die konzeptuellen Grundzüge einer solchen Sanktionsstrategie in den letzten Jahren entworfen worden sind, wird es künftig im wesentlichen von der Bereitschaft der Mitgliedstaaten, die über die technischen und finanziellen Mittel verfügen, abhängen, ob die erforderlichen Maßnahmen umgesetzt werden. Es sind also wiederum die Sanktionsbefürworter, vor allem die westlichen Staaten, die hierzu in die Pflicht genommen sind. Aus Sicht eines verbesserten Menschenrechtsschutzes ist die Vielzahl von Anstrengungen zur effektiveren Durchsetzung von gezielten Sanktionen zwar ermutigend, es gilt aber zum gegenwärtigen Zeitpunkt die Vorschläge auch tatsächlich umzusetzen. Die strikte Durchsetzung ist hierbei als Maßnahme zur Stärkung der Sanktionen als kollektives Zwangsmittel eines der zentralen Elemente eines künftigen Sanktionsregimes, in dem Sanktionen mit Aussicht auf Erfolg so zielgerichtet wie möglich eingesetzt werden können.

---

observance of sanctions if the measures adopted are endorsed by the international community; if the measures can be implemented; if compliance is ensured through a monitoring mechanism; if there is an attempt to diminish unintended impact, including through an appropriate mechanism for humanitarian exemptions: and if the active cooperation of the countries of the region is secured. On the other hand, sanctions will be violated or ineffective if the measures are viewed as excessive, unjust or punitive, or if non-compliance does not entail consequences."

[228] Ein Überblick über die gegenwärtigen Entwicklungen findet sich in UN Dok. A/55/33 (s.o. Anm. 12), Chapter III A. Implementation of Charter provisions related to assistance to third States affected by sanctions, Ziff. 16 ff. Zu Artikel 50 der Charta und der Entschädigung der durch Sanktionsmaßnahmen betroffenen Drittstaaten Ress, 393 ff.

3.3. Zusammenfassung: Die idealtypische zukünftige Sanktionspraxis

Im Lichte der vorangehenden Erörterungen stellt sich der idealtypische Ablauf eines Sanktionsfalls wie folgt dar:

Vor der Entscheidung über die Verhängung von Wirtschaftssanktionen nimmt der Sicherheitsrat eine Situationsanalyse vor, womit er das OCHA oder andere geeignete Stellen beauftragt. Die Analyse umfaßt die Anfälligkeit des Sanktionsadressaten für spezifische Sanktionsmaßnahmen und die humanitäre Lage im Zielstaat sowie die möglichen Auswirkungen der geplanten Maßnahmen auf die Verwirklichung der Menschenrechte der Bevölkerung. Die Ergebnisse dieser Analyse werden vom Sicherheitsrat bei der inhaltlichen Ausgestaltung der Sanktionsbestimmungen berücksichtigt. Im Regelfall ergreift der Sicherheitsrat gezielte Maßnahmen, um die Beeinträchtigung von Menschenrechten von vornherein zu vermeiden. Erachtet der Sicherheitsrat die Verhängung partieller bzw. umfassender Wirtschaftssanktionen zur Friedenssicherung als notwendig, so sind diese nach vorheriger Abwägung nur dann zu beschließen, wenn anhand der Lage im Zielstaat keine unverhältnismäßige Beeinträchtigung der Menschenrechte zu erwarten ist. Solche unverhältnismäßigen Auswirkungen werden dann zu erwarten sein, wenn bereits eine humanitäre Notlage besteht oder der Zielstaat zur Versorgung der Bevölkerung in erheblichem Maße vom Außenhandel abhängig ist, so daß humanitäre Ausnahmen und Gegenmaßnahmen aller Voraussicht nach nicht ausreichen werden, um das Eintreten einer Versorgungsnotlage zu verhindern. Sind umfassende Wirtschaftssanktionen nach diesen Maßstäben zulässig, so werden die Rechte der Bevölkerung nur insoweit eingeschränkt, als dies zur Verwirklichung des Ziels der Friedenssicherung erforderlich ist. Die Resolutionsbestimmungen enthalten Ausnahmeregelungen, welche die Versorgung der Bevölkerung mit elementaren Gütern und die Aufrechterhaltung der Infrastruktur sowie des Gesundheits- und Bildungswesens ermöglichen. Die inhaltliche Ausgestaltung der Ausnahmeregelungen wird an den Gegebenheiten des Zielstaats ausgerichtet. Die Genehmigungsverfahren der Ausnahmeregelungen werden so gefaßt, daß die zügige und ungehinderte Lieferung der erforderlichen Güter ermöglicht wird, wozu insbesondere auf die Listentechnik zurückgegriffen wird. Anerkannte humanitäre Hilfsorganisationen werden vom Genehmigungsverfahren ausgenommen. Die Genehmigungspraxis im Sanktionsausschuß wird so ausgestaltet, daß das Ziel der zügigen und ungehinderten Lieferung der erforderlichen Güter bzw. der Genehmigung humanitärer Hilfsflüge gewährleistet wird (wozu es der Verbesserung der personellen und finanziellen Ausstattung der Sanktionsausschüsse und der diesen zuarbeitenden Sekretariatseinheit bedarf). Gegebenenfalls wird darüber hinaus, falls weder die von der internationalen Gemeinschaft bereitgestellte humanitäre Hilfe noch die dem Sanktionsadressaten zur Verfügung stehenden Mittel ausreichen, um die

Grundversorgung der Bevölkerung zu gewährleisten, ein Mechanismus geschaffen, der dem Sanktionsadressaten die Ausfuhr von Gütern erlaubt, um mit den daraus erzielten Erlösen die benötigten Güter einzukaufen. Des weiteren werden die Bedingungen für die Aussetzung und Aufhebung der Sanktionen so eindeutig wie möglich festgelegt. Ferner werden die beschlossenen Maßnahmen zeitlich befristet, um eine erneute Entscheidung über die Beibehaltung der Wirtschaftssanktionen, bei der auch die Verhältnismäßigkeit der Maßnahmen in bezug auf die Menschenrechte der betroffenen Bevölkerung einzubeziehen ist, zu ermöglichen. Während der Dauer der Wirtschaftssanktionen werden die Auswirkungen der getroffenen Maßnahmen auf die Verwirklichung der Menschenrechte der Bevölkerung des Sanktionsadressaten in regelmäßigen Abständen untersucht und berücksichtigt. Erweisen sich die Wirtschaftssanktionen trotz vorhandener Ausnahmeregelungen als unverhältnismäßig, so werden diese inhaltlich angepaßt. Schließlich wird der Sicherheitsrat zur Durchsetzung der Sanktionen die Kooperation der Staaten bei der Um- und Durchsetzung der Sanktionsbestimmungen sowie Bemühungen um eine Entschädigung von durch die Wirtschaftssanktionen nachteilig betroffenen Drittstaaten fördern.

4. Die Weiterentwicklung des Sanktionsrechts

4.1. Gegenwärtiger Stand der Kodifikationsbemühungen

Die Vorschläge zu einer Kodifikation des Sanktionsrechts reichen von einer Änderung der Charta[229] über die Verabschiedung einer internationalen Konvention bis zur Annahme von Richtlinien und Grundsätzen durch die Generalversammlung[230] bzw. den Sicherheitsrat[231]. Bis zum gegenwärtigen Zeitpunkt sind jedoch keine konkreten Schritte unternommen worden, um das Sanktionsrecht zu kodifizieren. Der Sicherheitsrat hat zwar eine Arbeitsgruppe zur Verbesserung der Effektivität von Wirtschaftssanktionen eingesetzt, deren Aufgabe in der Ausarbeitung von Richtlinien und operativen Prinzipien für den Einsatz von Wirtschaftssanktionen besteht[232]. Eine Entscheidung über die rechtliche Form,

[229] Köchler, 46, 47.

[230] In Form eines "memorandum of understanding", so der Vorschlag in A/AC.182/L.94, Ziff. 10.

[231] Siehe den Überblick in Kulessa, Märchen, 92.

[232] S/2000/319. Siehe auch die Ankündigung des Delegierten Kanadas, S/PV.4128, 26: "Many of the dilemmas associated with the use of sanctions could be addressed through the codification of legal standards. Perhaps the time has come to consider the development of an

welche diese Richtlinien und Prinzipien annehmen sollen, steht aber gegenwärtig noch aus.

4.2. Aussichten für eine Kodifikation des Sanktionsrechts

Eine Kodifikation des Sanktionsrechts könnte entweder das gesamte Sanktionsrecht zum Regelungsgegenstand haben oder sich lediglich auf die vom Sicherheitsrat verhängten Wirtschaftssanktionen beschränken. Das gesamte Sanktionsrecht kann jedoch nicht durch die Staatengemeinschaft mit Wirkung für den Sicherheitsrat kodifiziert werden, ohne daß zugleich die Charta geändert werden würde, da die den Einsatz von Wirtschaftssanktionen als kollektive Zwangsmittel regelnden Normen der Charta Vorrang vor entgegenstehenden Verträgen genießen[233]. Der geeignetste Ort einer Kodifikation wäre daher der Sicherheitsrat selbst. Dieser könnte für die von ihm verhängten Sanktionsmaßnahmen einen rechtlichen Rahmen entwerfen, an den er sich selbst gebunden erklärt[234]. Hierzu käme die Verabschiedung einer Grundsatzresolution in Betracht, in welcher der Sicherheitsrat die Richtlinien für seine künftige Sanktionspraxis einschließlich der sich aus der Pflicht zur Beachtung der Menschenrechte und des humanitären Völkerrechts ergebenden Grenzen seiner Handlungsbefugnis festlegt. Die gegenwärtige umfassende Auseinandersetzung mit den wesentlichen Aspekten von Wirtschaftssanktionen läßt erwarten, daß der Sicherheitsrat als Ergebnis dieser thematischen Aufarbeitung eine grundsätzliche Stellungnahme zu seiner künftigen Sanktionspraxis abgeben wird. Hierzu kann der Sicherheitsrat inhaltlich vor allem auf die Vorarbeiten, die in der Generalversammlung geleistet worden sind, zurückgreifen[235]. Allerdings ist es wahrscheinlich, daß die vom Sicherheitsrat hierzu gewählte Form aufgrund der politischen Natur des Sicherheitsrats und dem Interesse insbesondere der ständigen Mitglieder, ein hohes Maß an Flexibilität zu wahren, nicht denselben Grad rechtlicher Bestimmtheit aufweisen wird, der von einem völkerrechtlichen Vertrag zu erwarten wäre.

---

explicit legal regime for the purpose. (...) To that end, Canada will convene a conference of experts to develop such a regime to govern the use of sanctions, including standardized policy guidelines and operational principles."

233 Dies schließt allerdings nicht aus, daß die Mitgliedstaaten durch eine entsprechende Praxis einer bestimmten Auslegung der Chartabestimmungen rechtliche Verbindlichkeit zukommen lassen könnten. Hierzu wäre aber wiederum die Zustimmung der Mitglieder des Sicherheitsrats bzw. eine entsprechende Praxis des Sicherheitsrats erforderlich, welche eine Übereinstimmungen der Mitglieder des Sicherheitsrats mit dieser Auslegung erkennen läßt (siehe 3. Kap., 2.2.4.).

234 Siehe zur Selbstbindung des Sicherheitsrats 3. Kap., 3.4.2.2.6.b).

235 So insbesondere A/RES 51/242, Annex II. Siehe auch die Debatten über die zukünftige Ausgestaltung von Sanktionen in A/55/33 (s.o. Anm. 12).

Das Sanktionsrecht könnte überdies durch einen völkerrechtlichen Vertrag kodifiziert werden. Obwohl eine derartige Kodifikation für die vom Sicherheitsrat verhängten Wirtschaftssanktionen keine unmittelbare Bindungswirkung entfalten würde, könnte sie doch wertvolle Maßstäbe liefern, die geeignet sind, zumindest langfristig den Rahmen für sämtliche Formen von Wirtschaftssanktionen zu bilden. Dies gilt insbesondere für die gegenwärtige Arbeit des ILC zur Kodifikation des Rechts der Staatenverantwortlichkeit. Eine im Rahmen dieser Arbeiten getroffene, von der Mehrheit der Staaten befürwortete Regelung, mit der für das Recht zum Ergreifen von Gegenmaßnahmen eindeutige Grenzen aus den Menschenrechten und dem humanitären Völkerrecht gesetzt werden, die als unabdingbarer Mindeststandard gelten sollen, würde langfristig auch für die vom Sicherheitsrat verhängten Wirtschaftssanktionen nicht ohne Wirkung bleiben.

Als eigenständige Kodifikation kommt ferner eine Ergänzung des humanitären Völkerrechts in Betracht. So könnte in einem weiteren Zusatzprotokoll zu den Genfer Konventionen ausdrücklich klargestellt werden, daß das humanitäre Völkerrecht grundsätzlich auf Wirtschaftssanktionen Anwendung findet und detaillierte Regelungen getroffen werden, welche Mindeststandards bei der Verhängung von Wirtschaftssanktionen zu beachten sind. Eine derartige, spezifisch auf Wirtschaftssanktionen zugeschnittene Kodifikation läßt sich hierbei besser im humanitären Völkerrecht, das vom Regelungsgegenstand her auf die Festlegung von allgemeinen Mindeststandards für die Zivilbevölkerung abzielt, als durch die auf den Schutz von Individuen bzw. Personengruppen gerichteten Menschenrechtskonventionen erreichen. Dabei wäre allerdings das aus den Menschenrechten fließende Schutzniveau bei der Ausgestaltung der Mindeststandards zu beachten. Anzeichen für eine dahingehende Ergänzung des humanitären Völkerrechts sind jedoch gegenwärtig nicht zu erkennen.

Fazit und Ausblick

Die Entwicklung des Rechts der kollektiven Wirtschaftssanktionen stellt, wie der Rückblick auf das erste Jahrzehnt zeigt, in dem dieses Zwangsmittel vom Sicherheitsrat in größerem Umfang zur Friedenssicherung eingesetzt worden ist, ein eindrucksvolles Beispiel einer maßgeblich von der Praxis eines Organs geprägten Konkretisierung des Rechts der Vereinten Nationen dar. Die Frage der Vereinbarkeit von Wirtschaftssanktionen mit den Menschenrechten und dem humanitären Völkerrecht ist nur eine der vielen Rechtsfragen, die diese Entwicklung aufgeworfen hat. Sie ist aber vielleicht die zentrale Frage des Rechts der kollektiven Wirtschaftssanktionen, weil sie an deren Grundfesten rührt. So ist in neuem Gewand wieder eines der grundlegenden Probleme des Rechts deutlich geworden: Seine zwangsweise Durchsetzung, und dies gilt auch für Maßnahmen der Friedenssicherung, birgt in sich immer die Gefahr der Rechtsverletzung.

Entgegen den Erwartungen, die von vielen mit der Belebung des Instruments der Wirtschaftssanktionen nach dem Ende des kalten Krieges verbunden wurden, haben sich diese in der Mehrzahl der Fälle nicht als wirksames Mittel der Friedenssicherung erwiesen, sondern im Gegenteil vor allem in den Fällen umfassender Sanktionen das ihnen innewohnende Schadenspotential offenbart. Gerade die gegenüber dem Irak verhängten Wirtschaftssanktionen haben letzteres wie kein anderer Fall vor Augen geführt. Der Fall des Irak stellt zwar im Lichte der gesamten Sanktionspraxis des Sicherheitsrats in vielerlei Hinsicht eine Ausnahme dar. Die verheerenden Auswirkungen, welche die Sanktionen im Zusammenwirken mit den Folgen des Golfkriegs im Irak gehabt haben, waren aber geradezu zwangsläufig der Auslöser für eine grundsätzliche Sanktionsdebatte in der internationalen Gemeinschaft, in der in zunehmendem Maße die Frage nach den politischen, moralischen und rechtlichen Grenzen der Befugnisse des Sicherheitsrats aufgeworfen worden ist. Hierbei wurde die den Sanktionen eigene Problematik immer deutlicher, daß nämlich das Mittel der umfassenden Sanktionen seiner unterschiedslosen Wirkung nach darauf abzielt, auch der Bevölkerung Schaden zuzufügen, worin zugleich immer auch, zumindest potentiell, eine Beeinträchtigung der Menschenrechte der betroffenen Individuen und Gruppen liegt.

Aus Sicht eines weltweiten effektiven Menschenrechtsschutzes haben kollektive Wirtschaftssanktionen dabei eindringlich aufgezeigt, daß Menschenrechte nicht nur durch einen Staat gegenüber den seiner Hoheitsgewalt unterworfenen

Personen, sondern auch durch die kollektive Staatengemeinschaft massiv beeinträchtigt werden können. Bezüglich der Verantwortung des Sicherheitsrats kann, auch in Fällen, in denen durch Wirtschaftssanktionen keine zwingenden Rechte verletzt werden, nicht einfach auf den Vorrang des Ziels der Friedenssicherung gegenüber dem Ziel des Menschenrechtsschutzes im Recht der Charta verwiesen werden. Der Sicherheitsrat darf weder rechtlich aufgrund seiner Verpflichtung aus Artikel 1 Ziff. 3 der Charta noch politisch die Frage des wirksamen Schutzes der Menschenrechte im Rahmen von Sanktionen ignorieren bzw. hintanstellen, da er sich in einem solchen Fall im Lichte der geänderten rechtlichen Erwartungen der Mitgliedstaaten einem Legitimitätsdefizit ausgesetzt sehen würde. Dies hat der Sicherheitsrat in seiner Praxis selbst erkannt, in der er eine Reihe von Maßnahmen ergriffen hat, die, wenn auch nicht ausdrücklich, dem Schutz der Rechte der betroffenen Bevölkerung dienten. Die Entwicklung des Sanktionsrechts ist diesbezüglich gewiß noch nicht abgeschlossen. Es lassen sich aber bereits zum gegenwärtigen Zeitpunkt klare Konturen erkennen, wie der Schutz der betroffenen Bevölkerung vor den Auswirkungen von Sanktionsmaßnahmen in der Praxis nach Auffassung der Mitglieder des Sicherheitsrats gewährleistet werden kann. So hat der Sicherheitsrat die groben Leitlinien einer zukünftigen Sanktionspraxis vorgegeben, die es jetzt im Sinne eines wirksamen Schutzes der Menschenrechte zu konkretisieren gilt. Die Vorgabe, wie eine solche Praxis auszusehen hat, liegt auf der Hand: Je gezielter, desto besser. Eine solche Praxis würde auch dem der Schaffung und Ausgestaltung anderer Sanktionierungsmechanismen, so zum Beispiel im internationalen Strafrecht, zugrundeliegenden und zunehmend anerkannten Prinzip entsprechen, die für eine Verletzung des Friedens oder des Rechts verantwortlichen Individuen persönlich haftbar zu machen. Hier deutet sich ein gegenüber der überkommenen Vorstellung vom kollektiven Haftungsverband gewandeltes Verständnis von staatlicher Verantwortlichkeit an, das sich auch in der im Rahmen der Entwicklung des Sanktionsrechts zu erkennenden Präferenz für gezielte Sanktionen reflektiert.

Aufgrund der politischen Natur des Sicherheitsrats und der de facto fehlenden rechtlichen Kontrolle wird es wohl unvermeidbar bleiben, daß die tatsächliche Praxis nicht immer dem Sollen entsprechen wird. Das Maß des Schutzes der Menschenrechte im Rahmen von Wirtschaftssanktionen wird sich zukünftig im Spannungsfeld der verschiedenen Akteure, die an der Ausgestaltung und insbesondere der Durchführung von Wirtschaftssanktionen beteiligt sind, entwickeln. So ist schon die bisherige Entwicklung des Sanktionsrechts ein faszinierendes Beispiel eines interaktiven Lernprozesses in der internationalen Gemeinschaft, an dem die Organe der Vereinten Nationen, Staaten, NROs und Individuen beteiligt sind, und der die Praxis des Sicherheitsrats maßgeblich beeinflußt hat. In diesem Prozeß kommt insbesondere der Politik der Vereinigten Staaten, die nicht nur die treibende Kraft hinter der Mehrzahl der bisherigen Sanktionsfälle gewesen sind, sondern auch die vehementesten Verfechter einer aktiven Sanktionspolitik des Sicherheitsrats sind, eine Schlüsselrolle zu. Bisher haben sich die Vereinigten Staaten einer grundlegenden Reform der Sanktionspraxis vor allem aufgrund ihrer Sanktionspolitik gegenüber dem Irak verweigert, eine Haltung, die mit zunehmender Dauer dazu geführt hat, daß die gesamte Sanktionspolitik des Sicherheitsrats in Frage gestellt und eine grundlegende Neuorientierung für sämtliche Beteiligten unausweichlich geworden ist. Angesichts der gegenwärtigen Entwicklung der Sanktionspraxis des Sicherheitsrats scheint die Aussicht nicht unbegründet, daß sich im Sanktionsrecht des Sicherheitsrats nicht zuletzt aufgrund des gegenüber und von den Mitgliedern des Sicherheitsrats selbst ausgeübten Legitimitätsdrucks mittelfristig Grenzen der Befugnisse des Sicherheitsrats herausbilden werden, die denjenigen, die im Recht der Staatenverantwortlichkeit und im Recht des Menschenrechtsschutzes anerkannt sind, nahekommen.

Es erscheint fast überflüssig zu betonen, daß die Vermeidung und die friedliche Lösung von Konflikten zugleich den wirksamsten Schutz der Menschenrechte vor den negativen Auswirkungen von Wirtschaftssanktionen bieten, da sie deren Einsatz erübrigen. Hier sind gerade die ständigen Mitglieder des Sicherheitsrats aufgerufen, die Ursachen internationaler Konflikte wirksamer anzugehen und eine internationale Friedensordnung zu schaffen, in der Zwangsmittel weitgehend entbehrlich sind. Auch wenn eine derartige Friedensordnung zur Zeit noch in weiter Ferne scheint, ist als eines der wesentlichen Ergebnisse dieser Arbeit festzuhalten, daß ein Frieden, der diesen Namen verdient, langfristig nicht durch die Beeinträchtigung elementarer Menschenrechte und die dauerhafte Isolation eines Sanktionsadressaten und seiner Bevölkerung mit all ihren Folgewirkungen gesichert werden kann.

Der Sicherheitsrat ist daher weiterhin aufgerufen, in dem Spannungsverhältnis zwischen Ordnung und Gerechtigkeit ein Gleichgewicht herzustellen, in dem die Menschenrechte als Bestandteil der Gerechtigkeit nicht auf Kosten der Ordnung geopfert werden. Es bleibt abschließend nur die angesichts des Wandels der Sanktionspraxis des Sicherheitsrats nicht unberechtigt erscheinende Hoffnung, daß das Opfer, das viele Iraker und die irakische Bevölkerung als Kollektiv in dem ersten Fall wirksam durchgesetzter, umfassender und langfristiger Wirtschaftssanktionen unfreiwillig erbracht haben, nicht umsonst gewesen ist.

Summary

The subject of the thesis is the compatibility of economic sanctions imposed by the Security Council under Chapter VII of the Charter with international human rights and international humanitarian law. This question of compatibility concerns the limits of the Security Council's discretion in imposing and maintaining sanctions. These legal limits are examined by way of a construction of the relevant provisions of the Charter in the light of the sanctions practice of the Security Council as the main means of interpretation. The thesis aims at delineating the legal framework that applies to Security Council sanctions. In doing so, the current developments in international human rights law and the law on state responsibility are taken into account. The main objective of the thesis is not so much to determine the legality of the sanctions practice of the Security Council but to pinpoint deficits in the past and current sanctions practice from a human rights and humanitarian law perspective in order to develop a framework for a future sanctions practice which is in line with human rights and humanitarian law requirements.

Chapter I provides an overview of the legal framework that applies to sanctions. Economic sanctions are measures of an economic nature aimed at coercing the sanctioned party into complying with the demands of the Security Council. The Security Council has, after having determined a breach or a threat to peace and international security, a wide discretion in selecting the measures envisaged under Chapter VII of the Charter. Article 41 of the Charter stipulates an exemplary, non-exhaustive list of the measures that the Security Council may employ in any order. Not all of these measures are economic in nature, for example diplomatic sanctions, the interruption of cultural and sport exchange, travel restrictions and arms embargoes. The latter are not genuine sanctions as they are aimed at depriving the sanctioned party of the means to threaten peace rather than coercing it into compliance.

There are three types of economic sanctions: comprehensive sanctions entail the severance of all trade and other economic relations with the sanctioned party; partial sanctions are limited in scope, the two most important examples being air and oil embargoes; targeted or so-called smart sanctions are aimed specifically at the sanctioned party and have the objective of applying a high degree of pressure on the responsible individuals while at the same time avoiding as much as possible the adverse impact of economic sanctions on the population of the sanctioned party. Targeted sanctions include financial sanctions, partial trade embargoes against luxury goods or economic sectors that are used to finance peace-threatening activities, such as the diamond industry in Angola and Sierra Leone, travel restrictions, diplomatic sanctions and arms embargoes. Thus, targeted sanctions are necessarily partial in nature but partial sanctions are not necessarily targeted.

The imposition of sanctions establishes a legal relationship between the Security Council and the member States of the United Nations. The latter are under Article 25, 48 of the Charter obliged to implement the sanctions measures in their national laws. The member States are also charged with enforcing the sanctions, whereby they co-operate with the sanctions committees. The sanctions committees, whose membership is identical to that of the Security Council, are subsidiary organs of the Security Council established under Article 29 of the Charter for each individual sanctions case. The sanctions committees employ three rules of procedure: the unanimity rule (each member State has a veto), the single case decision rule (no precedence) and the confidentiality rule (proceedings are held in *camera* and no full records are published). They have two main functions: to decide on humanitarian exemptions as well as to administer and supervise the implementation of sanctions. Humanitarian exemptions denote exceptions from the sanctions measures included in the relevant resolutions in order to achieve humanitarian purposes, especially the provision of elementary goods for the population. The sanctions committees employ three procedures in deciding about humanitarian exemptions. The mildest form of control is the notification procedure that normally applies to medicines and foodstuff or any other goods designated by the sanctions committees pursuant to a Security Council resolution. The bulk of goods are subject to the "no-objection" procedure. Goods belonging to this category are considered to have been approved if none of the Committee members objects within a set time limit. All other humanitarian exemptions need the positive approval of all members of the sanctions committee.

Finally, sanctions are to be lifted when there is no more threat to or breach of the peace, in particular when the sanctioned party has complied with the conditions imposed by the Security Council. In cases of partial compliance, sanctions can be suspended. In the latter case, sanctions formally remain in force and can be reinstated if the sanctioned party fails to comply with its obligations.

3. Chapter II describes the sanctions practice of the Security Council, covering eight sanctions episodes: Southern Rhodesia (1966-1979); Iraq (1990-); Libya (1992-1999 (suspended)); Federal Republic of Yugoslavia (1992-1996); Haiti (1993-1994); Angola/UNITA (1993-); Sierra Leone (1997-); Afghanistan/ Taliban (1999-). For each case, the history of the sanctions is traced back,

including the reasons underlying the decision of the Security Council to impose sanctions as well as the practice concerning the imposition, alteration and, if applicable, the suspension or lifting of sanctions. Thereafter, the impact of the respective sanctions measures on the economic and humanitarian situation in the sanctioned country is examined. To this end, the development of the economic and humanitarian situation prior to and during the sanctions is examined by employing data from various sources, in particular from the special organisations of the United Nations, fact-finding missions, international humanitarian organisations, individual observers and the sanctioned party itself. Finally, the causality of the sanctions in question for the development of the economic and humanitarian situation is determined, taking into account other relevant factors, of which the actions taken by the sanctioned party or crises caused by war or economic developments are the most important.

The main findings of the review of the sanctions practice are as follows: the impact of comprehensive economic sanctions has varied considerably, from being severe in the case of Iraq and, albeit to a lesser degree, in the case of Haiti, to being significant in the case of the Federal Republic of Yugoslavia to almost non-existent in the case of Southern Rhodesia. Comprehensive sanctions deprive the population of the sanctioned party of elementary goods, save for those provided under humanitarian exemptions, and the target country of means of production by preventing the import of raw materials and other equipment. They also cut off access to financial means. As a consequence, comprehensive sanctions usually cause a serious deterioration of the economic situation in the targeted country that can be lessened, but not entirely offset by humanitarian aid or through humanitarian exemptions. The ensuing high rate of inflation leads to a rise in the price of elementary goods, in particular foodstuff, in the open market. The high levels of unemployment and the lack of income mean that the majority of the population lives below subsistence level and cannot afford to purchase elementary goods. The vulnerable strata of society, in particular children, elderly persons and to a varying degree women as well as refugees are the hardest hit by this development. On the other hand, a small section of the population, usually individuals close to the government, benefits from sanctions through smuggling and black-marketeering. Moreover, the decline in the economy has detrimental effects on the infrastructure and essential services. Thus, either because of a lack of finances, equipment, spare parts or qualified personnel, water treatment plants can only operate at a very low capacity. The same applies to sewage and garbage disposal. In combination, this leads to a serious deterioration in hygienic conditions and a rise in waterborne diseases. Simultaneously, the health services disintegrate. This is due to the lack of maintenance of the buildings and a lack of medicines and essential equipment. There is also a shortage of adequate medical personnel, who either leave the country or move into more lucrative jobs mainly because of low pay. This overall development leads to a rise in infectious diseases, infant and child undernourishment and mortality. Children are also deprived of education as the education sector deteriorates and many children are compelled to work in order to survive or supplement the family income. Furthermore, comprehensive sanctions maintained over a long period result in a growing sense of frustration and social tension in a society which is in dictatorial regimes often accompanied by growing state repression. Partial sanctions can also have a considerable impact on the economic and humanitarian situation. Oil embargoes obstruct transport and prompt a rise in the price of elementary goods, thereby adversely affecting access to and maintenance of health and education services. Travel sanctions affect the air as well as the import-export industry, the import of elementary goods, complicate or obstruct the evacuation of patients for treatment abroad and the travel for religious purposes, in particular the Hadj. The impact of sanctions on a particular target depends on the degree of their enforcement, the vulnerability of the sanctioned country and their duration. The higher its dependency on international trade, the more vulnerable is a sanctioned country to the adverse effects of sanctions. In this respect, the degree of self-sufficiency in food and energy production is a crucial factor in determining vulnerability. Another important factor is the existence of an economic or humanitarian crisis, in particular one caused by a long-term war, at the time of the imposition of sanctions.

4. The first part of Chapter III examines the legal limits of the Security Council's powers in imposing and maintaining economic sanctions that derive from human rights and humanitarian law. Principally, it is the Security Council, and not the individual States, which is legally responsible for the impact of sanctions. This means that the Security Council incurs responsibility if it oversteps the limits to its discretion. Legal limits of the powers of the Security Council can derive from two sources, Charter law and international law. The Security Council is undoubtedly bound to respect the Charter law. According to the general principle applicable to all subjects of international law, the United Nations and its organs are also bound to respect international law. However, because of the wording of Article 1, 1 of the Charter to which Article 24, 2 of the Charter refers, the Security Council is free to deviate from international law if required for the fulfilment of its task to maintain international peace and security. However, this does not include norms that have the status of *jus cogens* (peremptory norms), which impose strict limits for all subjects of international law. Even the task of maintaining international peace and security, which in itself may be exercised in order to protect a norm of jus cogens, cannot justify the violation of a norm of *jus cogens*.

Under the Charter, the Security Council is bound to respect international human rights pursuant to Article 1, 3 of the Charter which include the rights protected in the Bill of Rights and other major international covenants, in particular the Convention on the Rights of the Child and the Convention on the Elimination of All Forms of Discrimination against Women. When employing economic sanctions, there is a conflict of the purposes laid down in the Charter, namely between the maintenance of international peace and the protection of human rights. There is no absolute priority of either of the two purposes, the only exception being human rights having the status of jus cogens that need to be respected under all circumstances. Beyond this, neither the limits developed in the law of state responsibility nor the ones stipulated by various organs of the United Nations constitute strict limits of the Council's powers. Rather, the Security Council is called upon to balance the two purposes when imposing and carrying out sanctions. A review of its practice showed that the Security Council, if not expressly, employs a weighing process. Thus, the scope of the measures taken usually depended on the gravity of the breach or threat to the peace. Moreover, the Security Council introduced humanitarian exemptions designed to respond to concerns about the disproportionate humanitarian impact of sanctions. Such practice is also reflected in statements of the Security Council and its individual Member States. The two conflicting purposes are to be weighed by employing the principle of proportionality. In doing so, the Security Council may take the following factors into account: the degree of the threat to the peace; the actual or expected impact of the sanctions on the population, in particular the long-term impact; and the attitude of the population of the sanctioned party towards the sanctions. Because of the wide latitude given to the Security Council by Article 1, 1 of the Charter in employing measures to maintain peace and security, the imposition or maintenance of economic sanctions can only be said to overstep the limits in those cases where they are manifestly disproportional or seemingly cannot be justified by reference to the Council's task of maintaining the peace. In determining proportionality, the actions of the sanctioned party have to be taken into account. However, this does not relieve the Security Council of its own duty to respect human rights. Moreover, the duty to respect human rights in the course of sanctions obliges the Security Council to take the impact of sanctions on the humanitarian situation and human rights into consideration, to minimise the adverse impact of sanctions and to modify sanctions if they turn out to be disproportionate.

The Security Council is also bound to observe international humanitarian law as part of international law and under Article 1, 3 of the Charter. Economic sanctions are not the subject of international humanitarian law. Sanctions are neither a weapon nor does their enforcement normally constitute the existence of an armed conflict. As international humanitarian law is tailored to the use of armed force, its applicability to economic sanctions is thus only possible by way of analogy. Such an analogy appears to be justified and has been confirmed by the sanctions practice of the Security Council. It not only extends to economic sanctions employed in times of an armed conflict but also to economic sanctions imposed or maintained in the absence of an armed conflict. The Security Council has a duty to observe generally accepted norms of international humanitarian law, i.e. those having the status of customary international law. In contrast to international human rights, the nature of humanitarian norms is such that no deviation is allowed. This has been confirmed by the practice of the Security Council.

Finally, the discretion of the Security Council in imposing and maintaining economic sanctions is limited by the principle of good faith which, *inter alia*, prohibits the Security Council from using economic sanctions as a means of punishing the population of the sanctioned party.

5. The second part of Chapter III sets out to determine the concrete obligations of the Security Council which can be derived from international human rights and humanitarian law. In principle, the Security Council, not being party to any of the relevant treaties, is as a matter of treaty law not bound to observe the human rights stipulated in the various treaties. Moreover, even though the Security Council has to respect the generally recognised human rights, it is not bound to observe them in the same way as States do but only in so far as the duties and obligations imposed by human rights law are applicable to the Security Council, taking into account its nature and functions. With regard to those human rights that have the status of *jus cogens*, the Security Council is bound to observe the prohibition of genocide, the right to life, the prohibition of torture and the prohibition of racial discrimination in the course of economic sanctions. The right to life obliges the Security Council not to impose disproportionate sanctions and to provide the population of the sanctioned party with the means essential for survival. The prohibition of cruel and inhuman treatment requires the Security Council to design economic sanctions in such a way that essential goods and services are made available. The prohibition of racial discrimination obliges the Security Council not to discriminate between different groups in the imposition and administration of sanctions on account of their race. The right to economic self-determination does not set any strict limits for the Security Council as it's *jus cogens* character is confined to cases of colonial deprivation. Neither do the economic, social and cultural rights nor the right to development as they cannot be regarded to have been accepted as norms of *jus cogens*. The same reasoning applies to the rights of the child and the rights of women.

Concerning the rights that have no *jus cogens* status, the Security Council has the duty to respect the generally recognised political and civil as well as economic, social and cultural rights, subject to overriding concerns of international peace and security. In imposing and maintaining economic sanctions, the Security Council has to respect the right to freedom of movement, the right to freedom of religion and to freedom of information. It also has to respect the core content of the economic and social rights of the population, namely the right to an adequate standard of living, to food, to health, to education and to work. Moreover, the Security Council has to respect the right to self-determination and the rights of the child and the rights of women in so far as they are applicable in the context of economic sanctions.

As to humanitarian law, the Security Council is only bound to observe those norms that are by their nature applicable to economic sanctions. These include the norms for the protection of the civilian population, in particular the prohibition of starvation (Article 54 of the 1. Additional Protocol) and the duty to allow the delivery of humanitarian goods (Article 23, 59 of the IV. Geneva Convention, Article 70 of the 1. Additional Protocol). Consequently, the Security Council has to design sanctions in such a way that they are not aimed at starving the population and that the delivery of humanitarian goods is made possible.

6. Chapter IV examines the compatibility of the sanctions practice of the Security Council with its obligation to respect human rights and humanitarian law as established in the previous chapters. The review shows that the Security Council has, in the majority of cases, complied with its duty to respect human rights and humanitarian law. It is only the sanctions imposed against Iraq that cast serious doubts on their compatibility with human rights, in particular the right to life. In the light of the stark rise in infant and child mortality, the upholding of comprehensive sanctions in the year 2000 appears to be disproportionate, given the reduced threat to the peace and the lack of improvement of the situation through remedial efforts. Even though the actions of the Iraqi government have contributed to the rise in mortality, the sanctions have to be considered to be the main factor for this development. The measures taken by the Security Council to address the disproportionate impact of sanctions on the life of the Iraqi population, especially the introduction of the oil for food programme and various measures in the latter part of 1999 and throughout 2000, have proved inadequate to halt the deterioration in the humanitarian situation and to fully protect the right to life. Moreover, the comprehensive sanctions have had a grave impact on a number of economic and social rights, in particular the right to an adequate standard of living, the right to food, the right to health

and the right to education as well as the rights of the child which appear to be manifestly disproportionate to the aim of maintaining international peace.

In the other cases of comprehensive sanctions, economic and social rights have also been affected, albeit not disproportionately. Concerning political and civil rights, the travel restrictions imposed by the Security Council are generally compatible with the freedom of movement as they guarantee the right of nationals to return to their home country. The provisions are unclear as to whether that right extends to persons who have a permanent residence in a country who also enjoy the right of return under international law. However, this right can be curtailed by the Security Council if the latter views such a step necessary for the maintenance or restoration of peace. The freedom to part and receive information has been respected through humanitarian exemptions except in those cases where there has been an absolute ban on the import of items of information from the sanctioned country.

Partial sanctions have generally been compatible with human rights obligations. However, the air embargo against Libya showed that a ban on flights might endanger life and can have adverse consequences for the enjoyment of the right to health and work. As the case of Haiti demonstrated, an oil embargo can impact adversely on the enjoyment of the right to an adequate standard of living, the right to food and the right to health.

There is, however, a serious weakness in the practice of the Security Council, namely its failure to assess and to take into account the impact of sanctions on the population and their rights. The Security Council has fully complied with this procedural obligation only in the case of Sierra Leone and Sudan where an envisaged air embargo was not enforced out of humanitarian concerns.

As far as humanitarian law is concerned, the inclusion of foodstuff in the sanctions imposed against Iraq after the invasion of Kuwait attracted a lot of criticism with regard to the alleged violation of the prohibition of starvation and its compatibility with the duty to facilitate humanitarian aid supplies. Although such a violation could not be determined, the Security Council has subsequently abandoned this practice which also raises concern regarding the right of food. The provision of humanitarian goods has been allowed under the sanctions provisions in all cases since 1991, although the sanctions committees have in some incidents been overly rigid in interpreting the relevant provision which has led to delays in the delivery of goods.

7. Chapter V examines the legal protection against unlawful economic sanctions. The legal avenues for individuals to seek redress against sanctions are weak and almost non-existent. An individual might sue an individual State, claiming that the implementation of sanctions violated their human rights. However, international human rights treaties generally provide legal protection only against the actions of one's own government. The legal mechanisms provided for under the United Nations system appear by their nature not suited to challenge the legality of the actions of the Security Council. This same applies to the legal protection before national courts.

The sanctioned party may challenge the legality of the Security Council action by suing a State before the ICJ, claiming that the implementation of the sanctions measures violates the latter State's human rights obligations. In the course of such a case, the Security Council resolutions would have to be examined as they provide the justification for the defendant State's actions. Even though a control of the validity of the acts of the Security Council in contentious cases before the ICJ is held to be legally permissible, the prospect of a decision of the ICJ holding a resolution of the Security Council to be *ultra vires* appears to be slim in the light of the past jurisprudence of the ICJ. The acts of the Security Council could also be reviewed by means of an advisory opinion. However, this avenue is not open to an individual State and it appears unlikely that either the General Assembly or the Security Council request such an opinion from the ICJ.

The prospect that Member States challenge the validity of the Security Council's actions appears to be more realistic. Member States must be held to have the right not to comply with Security Council's resolution as a last resort. Such a right can be derived from Article 25 of the Charter and the relationship between the Security Council and the Member States. It can only be exercised in cases where the decisions of the Security Council are manifestly *ultra vires*, a finding that might be deduced from the fact that a large majority of States opposes the decision as being *ultra vires*. Moreover, the right not to comply is subject to prior consultations with the Security Council and is taken by the State concerned at its own risk. In the past, Member States have in particular in the Libya sanctions case, threatened the Security Council with non-compliance. However, in general there is a visible reluctance to defy the Security Council openly. Against this background, the right of States to challenge the validity of the decisions of the Security Council's decision has to be seen as forcing the Council to take the legitimate expectations of the Member States into account and encouraging it to strengthen its legitimacy through imposing and maintaining sanctions that meet the approval of the majority of States.

8. Chapter VI attempts to map out the framework for a future Security Council's sanctions practice that ensures the maximum protection of human rights and humanitarian law without compromising the effectiveness of sanctions as a means of collective enforcement. The outline of such a future sanctions practice has been developed in the course of the sanctions debate throughout the 1990s by UN Organs, Member States and NGOs. This development culminated in a general debate on sanctions held in the Security Council in April 2000. This debate serves as the basis for assessing the prospects of a successful reform of the Council's sanctions policy. In a preliminary step, the question is addressed whether an effective protection of human rights is only possible if the Security Council refrains from employing sanctions altogether. Although sanctions have had a limited amount of success, such a move appears not to be warranted as economic sanctions are an important means in the arsenal of collective measures provided for in Chapter VII. Moreover, an adequate protection of human rights appears to be possible within the context of economic sanctions. In order to develop a framework for a future sanctions practice, various forms of sanctions are examined, i.e. targeted sanctions, humanitarian exemptions, time limits, the assessment and taking into consideration of the humanitarian impact of sanctions and the enforcement of sanctions.

According to the findings, an ideal future sanctions practice should be as follows: Before imposing sanctions, the Security Council has to assess their potential impact on the sanctioned party and its population by requesting an appropriate agency, e.g. the OCHA, to provide such an assessment. The Security Council then takes such an assessment into account when designing or fine-tuning sanctions measures. As a general rule, the Security Council imposes targeted sanctions. Partial or comprehensive sanctions may only be imposed in cases of a serious threat to the peace and if they are not likely to have a disproportionate impact on the population. The rights of the individuals and people comprising the population are to be restricted only to the extent necessary for the maintenance of peace. Thus, sanctions resolutions include humanitarian exemptions that safeguard the concerned rights and provide for the provision of the population with essential goods and services. The sanctions committees' procedure and their methods of work need to be improved with a view to streamline the system of humanitarian exemptions and facilitate the implementation of sanctions. Moreover, sanctions resolutions lay out as precisely as possible the criteria for lifting sanctions. Sanctions are to be limited in time so as to ensure the continuous approval of the majority of the Council's members. In the course of sanctions, the Security Council monitors the impact of sanctions on the humanitarian situation. If they appear to have a disproportionate impact on the population, sanctions are to be adjusted accordingly. Furthermore, measures are to be taken to improve the implementation and enforcement of sanctions, in particular concerning targeted sanctions. In order to enhance the willingness of States to co-operate in enforcing sanctions, a system for compensating Member States adversely affected by sanctions needs to be developed. There are a number of proposals to codify the sanctions practice of the Security Council. However, such a codification is not possible without amending the Charter itself. The major forum for the development of the sanctions law will therefore remain the Security Council itself, either through its practice or the adoption of guidelines. Nevertheless, it is not unrealistic to expect that the practice of the Security Council will be influenced by the codification of the law of State responsibility. Furthermore, an additional protocol could be adopted in international humanitarian law which addresses the specifics of protecting the civilian population against the adverse impacts of sanctions although there are currently no major initiatives pointing in that direction.

9. The last sanctions decade provides a fascinating example of the development of sanctions law through the practice of the Security Council. However, it highlighted an inherent problem of the law: that its enforcement itself always carries with it the danger of infringing the law. This has been the most obvious in the case of Iraq which sparked the sanctions debate. The Security Council is now called upon to recognise the rights of the population of the sanctioned party and to put a sanctions regime into practice in which human rights are protected effectively. The route is clear: the more targeted sanctions are, the better. However, the development of the sanctions practice will more than anything else depend on the interaction of the major players. Thus, it is in particular the permanent members of the Security Council that have to ensure that economic sanctions comply with the legitimate expectations derived from human rights and humanitarian law. In this regard, it is the sanctions practice of the United States of America which will be crucial. The other permanent members, in particular France, China and the Russian Federation have already showed their reluctance to support sanctions of an unlimited duration that have a disproportionate impact. It remains to be hoped that the Security Council will not sacrifice justice for order in its future sanctions practice. The case of Iraq should be a warning sign for the international community to change direction and devise a sanctions regime that takes human rights seriously.

Literaturverzeichnis

Akande, Dapo: The International Court Of Justice and The Security Council: Is There Room for Judicial Control of Decisions of the Political Organs of the United Nations, in: International and Comparative Law Quarterly 46 (1997), 309-343.

Allen, Charles A.: Civilian Starvation and Relief During Armed Conflict: The Modern Humanitarian Law, in: GJICL 19 (1989), 1-85.

Alnasrawi, Abbas: The economy of Iraq: Oil, Wars, Destruction of Development and Prospects, 1950-2010, Westport, Connecticut, 1994.

Alston, Philip: International Law and the Human Right to Food, in: Alston, Philip/Tomasevski, Katarina (Hrsg.), The Right to Food, Utrecht, 1984, 9-68.

Alvarez, Jose E.: Judging the Security Council, in: AJIL 90 (1996), 1-39.

American Law Institute: Restatement of the Law Third. The Foreign Relations Law of the United States, Vol. 2, §§501- End, Tables and Index. As adopted and promulgated by The American Law Institute at Washington, D.C., 14. Mai 1986, St. Paul, Minnesota, 1987 (zitiert Restatement of the Law).

Angelet, Nicolas: L'Embargo et le ONU, in: L'Embargo- Het Embargo, Actes de la journée d'études du 1 er décembre 1995 organisée par l'Association Européenne pour le Droit Bancaire et Financier-Belgium, Brüssel, 1996, 45-85.

Arangio-Ruiz, Gaetano: The "Federal Analogy" and UN Charter Interpretation: A Crucial Issue, in: EJIL 8 (1997), 1-28 (zitiert Arangio-Ruiz, Charter Interpretation).
- On the Security Council's <Law-Making>, in: Rivista Di Dirittio Internazionale 83 (2000) 3, 609-725 (zitiert Arangio-Ruiz, Security Council).

Baram, Amatzia: The Effect of Iraqi Sanctions: Statistical Pitfalls and Responsibility, in: The Middle East Journal 54 (2000) 2, 194-223.

Baroni, Franca: Völkerrechtliche Auswirkungen der Friedenssicherungspraxis der Vereinten Nationen nach Ende des kalten Krieges, Schriftenreihe des Instituts für Internationales Recht und Internationale Beziehungen, Bd. 70, Basel, 1995.

Bassiouni, Cherif M.: International Crimes: Jus Cogens and Obligatio Erga Omnes, in: Law and Contemporary Problems 59 (1996), 63-74.

Bauer, Andreas F.: Effektivität und Legitimität. Die Entwicklung der Friedenssicherung durch Zwang nach Kapitel VII der Charta unter besonderer Berücksichtigung der neueren Praxis des Sicherheitsrats, Schriften zum Völkerrecht, Bd. 127, Berlin, 1996.

Bedjaoui, Mohammed: The New World Order and the Security Council. Testing the Legality of its Acts, Dordrecht, Boston, London, 1994 (zitiert Bedjaoui, New World Order).
- (Hrsg.), International Law: achievements and prospects, Paris, 1991 (zitiert Bearbeiter-Bedjaoui, International Law).

Bennouna, Mohamed: L' Embargo Dans La Pratique Des Nations Unies: Radioscopie d' un Moyen De Pression, in: Yakpo, Emile/Boumedra, Tahar (Hrsg.), Liber Amicorum Judge Mohammed Bedjaoui, Den Haag, London, Boston, 1999, 555-583.

Bernhardt, Rudolf: Die Auslegung völkerrechtlicher Verträge, insbesondere in der neueren Rechtsprechung internationaler Gerichte, Beiträge zum ausländischen öffentlichen Recht und Völkerrecht, Bd. 40, Köln, Berlin, 1963.

Blanke, Hermann-Josef: Menschenrechte als völkerrechtliche Interventionstitel, in: AdV 36 (1998) 3, 257-284.

Bleckmann, Albert: Analogie im Völkerrecht, in: AdV 17 (1977/78), 161-180 (zitiert Bleckmann, Analogie).
- Zur Verbindlichkeit des allgemeinen Völkerrechts für internationale Organisationen, in: ZaöRV 37 (1977), 107-121 (zitiert Bleckmann, Verbindlichkeit d. Völkerrechts).

Bossuyt, Marc: The adverse consequences of economic sanctions on the enjoyment of human rights, Working paper, UN Dok. E/CN.4/Sub.2/2000/33, 21. Juni 2000 (zitiert Bossuyt, Economic Sanctions).
- Guide to the "Travaux Préparatoires" of the International Covenant on Civil and Political Rights, Dordrecht, Boston, Lancaster, 1987 (zitiert Bossuyt, Guide).

Bothe, Michael: Les Limits de Pouvoirs du Conseil de Sécurité, in: Dupuy, René-Jean (Hrsg.), Académie de droit international de La Haye, Le Développement du Rôle du Conseil de Sécurité, Colloque, La Haye – The

Development of the Role of the Security Council, Workshop, The Hague, 21-23. Juli 1992, Dordrecht, Boston, London, 1993, 67-81.

Bothe, Michael/Partsch, Karl-Josef/Solf, Waldemar A.: New Rules for Victims of Armed Conflict, Commentary on the Two 1977 Protocols Additional to the Geneva Conventions of 1949, Den Haag, Boston, London, 1982.

Boulesbaa, Ahcene: The U.N. Convention on Torture and the Prospects for Enforcement, International Studies on Human Rights, Vol. 51, Den Haag, Boston, London, 1999.

Boven, Theodor C. van: Distinguishing Criteria of Human Rights, in: Vasak, Karl/Alston, Philip (Hrsg.), The International Dimensions of Human Rights, Vol. 1, Westport, Connecticut, Paris, 1982, 43-59.

Bowett, Derek: The Impact of Security Council Decisions on Dispute Settlement Procedures, in: EJIL 5 (1994), 89-101.

Boyle, C.K.: The Concept of Arbitrary Deprivation of Life, in: Ramcharan, Bertrand G. (Hrsg.), The Right to Life in International Law, Dordrecht, 1985, 221-224.

Brabandt, Koenraad van: Can Sanctions be Smarter? The Current Debate. Report of a conference held in London, 16-17 December 1998. The Humanitarian Policy Group and Relief and Rehabilitation Network at the Overseas Development Institute, London, Mai 1999.

Braunmühl, Claudia von/Kulessa, Manfred: The Impact of UN Sanctions on Humanitarian Assistance Activities. Report on a Study Commissioned by the United Nations Department of Humanitarian Affairs, Berlin, 1995.

Breining-Kaufmann, Christine: Hunger als Rechtsproblem – Völkerrechtliche Aspekte eines Rechts auf Nahrung, Schweizer Studien zum internationalen Recht, Bd. 70, Zürich, 1991.

Brownlie, Ian: Principles of Public International Law, 5. Auflage, Oxford, 1998 (zitiert Brownlie, PIL).
- The Decisions of Political Organs of the United Nations and the Rule of Law, in: Macdonald, R.ST.J. (Hrsg.), Essays in Honour of Wang Tieya, Dordrecht, Boston, London, 1993, 91-102 (zitiert Brownlie, Rule of Law).

Bruderlein, Claude: Coping with the Humanitarian Impact of Sanctions: An OCHA Perspective, New York, 1998.

Bruha, Thomas/Krajewski, Markus: Funktionswandel des Sicherheitsrats als Verfassungsproblem, in: VN 1/1998, 13-18.

Burci, Gian Luca: Do Economic Sanctions Work? A View from the United Nations, in: International Law Students Association Journal of International & Comparative Law 2 (1996), 577-586.

Burgers, Hermann/Danelius, Hans: The United Nations Convention against Torture: A Handbook on the Convention against Torture and other Cruel, Inhuman and Degrading Treatment or Punishment, Dordrecht, 1988.

Byers, Michael: Conceptualising the Relationship between *Jus Cogens* and *Erga Omnes* Rules, in: Nordic Journal of International Law 66 (1997), 211-239.

Caflisch, Lucius: Is the International Court Entitled to Review Security Council Resolutions Adopted Under Chapter VII of the United Nations Charter, in: Al-Nauimi, Najeeb/Meese, R.(Hrsg.), International Legal Issues Arising under the United Nations Decade of International Law, Den Haag, London, 1995, 633-662.

Caron, David: The Legitimacy of the Collective Authority of the Security Council, in: AJIL 87 (1993), 552-588.

Cassese, Antonio: The Geneva Protocols of 1977 on the Humanitarian Law of Armed Conflict and Customary International Law, in: University of California Pacific Basin Law Journal 2 (1984), 55-118.

Charlesworth, Hilary/Chinkin, Christine: The Gender of Jus Cogens, in: Human Rights Quarterly 15 (1993), 63-76.

Chowdhury, Subrata Roy/Denters, Erik M./Waart, Paul J.I.M. de (Hrsg.): The Right to Development in International Law, Dordrecht, Boston, London, 1992, 7-23 (zitiert Bearbeiter-Chowdhury, Denters, Waart, Right to Development).

Combacau, Jean: Le pouvoir de sanction de l'O.N.U. Etude théorique de la coercition non militaire, Publications de la Revue Générale de droit international public, Nouvelle série No.23, Paris, 1974 (zitiert Combacau, Pouvoir de sanction).

- Sanctions, in: Bernhardt, R. (Hrsg.), Encyclopedia of Public International Law, Vol. 4, Amsterdam (u.a.), 2000, 311-316 (zitiert Combacau, Sanctions).

Conforti, Benedetto: Le Pouvoir Discrétionnaire du Conseil de Sécurité en Matière de constatation d'une menace contre la paix, d'une rupture de la paix ou d'un acte d'agression, in: Société Française pour le Droit International, Le Chapitre VII de la Charte des Nations Unies: colloque de Rennes, 50e anniversaire des Nations Unies, Paris, 1995, 51-60.

Conlon, Paul: Lessons from Iraq: The Functions of the Iraq Sanctions Committee as a Source of Sanctions Implementation Authority and Practice, in: Virginia Journal of International Law 35 (1995), 633-668 (zitiert Conlon, Lessons from Iraq).
- Die fragwürdige Sanktionspraxis der UNO in: Außenpolitik IV (1995), 327-338 (zitiert Conlon, Fragwürdige Sanktionspraxis).
- Die rechtliche Problematik von UN-Sanktionen als Mittel zur Durchsetzung des Völkerrechts, Vortrag gehalten im Rahmen des Walther-Schücking-Kollegs, 1. Februar 1996, Schriftenreihe des Walther-Schücking-Kollegs, Bd. 19, Bonn, 1996 (zitiert Conlon, Rechtliche Problematik).
- The Humanitarian Mitigation of UN Sanctions, in: German Yearbook of International Law 39 (1996), 249-284 (zitiert Conlon, Humanitarian Mitigation).
- Legal Problems at the Centre of United Nations Sanctions, in: Nordic Journal of International Law 65 (1996), 3-90 (zitiert Conlon, Legal Problems).

Cordesman, Anthony H.: Iraq and the War of sanctions: conventional threats and weapons of mass destruction, Westport, Connecticut, 1999.

Cortright, David/Lopez, George A.: The Sanctions Decade: assessing UN strategies in the 1990s, Boulder, London, 2000 (zitiert Cortright/Lopez, Sanctions Decade).
- (Hrsg.), Economic Sanctions. Panacea or Peacebuilding in a Post-Cold War? San Franscisco, Oxford, 1995 (zitiert Bearbeiter-Cortright/Lopez, Panacea or Peacebuilding).

Cot, Jean-Pierre/Pellet, Alain: La Charte des Nations Unies, 2. Auflage, Paris, Brüssel, 1991 (zitiert Bearbeiter-Cot/Pellet).

Craven, Matthew: The Covenant on Social, Economic and Cultural Rights: A Perspective on Development, Oxford, 1995.

Dahm, Georg: Völkerrecht, Bd.2, Stuttgart,1961.

Damrosch, Lori Fisler: The Civilian Impact of Sanctions in: Damrosch, L.F. (Hrsg.), Enforcing Restraint: Collective Intervention in Internal Conflicts, New York, 1993, 274-315 (zitiert Damrosch, Civilian Impact).
- Sanctions against Perpetrators of Terrorism, in: Houston Journal of International Law 22 (1999) 1, 63-76 (zitiert Damrosch, Sanctions).

Delbrück, Jost: International Economic Sanctions and Third States, in: AdV 30 (1992), 86-100 (zitiert Delbrück, Sanctions).
- Proportionality, in: Bernhardt, R. (Hrsg.), Encyclopedia of Public International Law, Vol. 3, Amsterdam (u.a.), 1997, 1140-1144 (zitiert Delbrück, Proportionality).

Delević Djilas, Milica: Economic Sanctions as a Foreign Policy Tool – The Case of Yugoslavia, in: Medunarodni problemi 48 (1996), 183-209.

Desch, Thomas: The Concept and Dimensions of the Right to Life (as defined in International Standards and in International and Comparative Jurisprudence), in: Österreichische Zeitschrift für öffentliches Recht und Völkerrecht 36 (1985), 77-118.

Detrick, Sharon: A Commentary on the United Nations Convention on the Rights of the Child, Den Haag, Boston, London, 1999.

Devin, Julia/Dashti-Gibson, Jaleh: Sanctions in the Former Yugoslavia: Convoluted Goals and Complicated Consequences, in: Weiss, Thomas G./Cortright, David/Lopez, George A./Minear, Larry (Hrsg.), Political Gain and Civilian Pain: Humanitarian Impacts of Economic Sanctions, New York, Oxford, 1997, 149-187.

Dijk, P. van/Hoof. G.J.H. van: Theory and Practice of the European Convention on Human Rights, 2. Auflage, Deventer, Boston, 1990.

Dimitrijevic, Vojin/Pejic, Jelena: UN Sanctions against Yugoslavia: Two Years Later, in: Bourantonis, Dimitris/Wiener, Jarrod (Hrsg.), The United Nations in the New World Order, The World Organization at Fifty, London, 1995, 124-153.

Dinstein, Yoram: The Right to Life, Physical Integrity, and Liberty, in: Henkin, Louis (Hrsg.), The International Bill of Rights, The Covenant on Civil and Political Rights, New York, 1981, 114-137.

Doehring, Karl: Unlawful resolutions of the Security Council and their Legal Consequences, in: Max-Planck Yearbook of United Nations Law, Vol. 1, London (u.a.), 1997, 91-109 (zitiert Doehring, Unlawful resolutions).
- Völkerrecht: Ein Lehrbuch, Heidelberg, 1999 (zitiert Doehring, Völkerrecht).

Dominicé, Christian: L' article 103 de la Charte des Nations Unies et le droit international humanitaire, in: Condorelli, Luigi (Hrsg.), Les Nations Unies et le droit international humanitaire: actes du colloque international à l'occasion du cinquantième anniversaire de l'ONU (Genève, 19, 20 et 21 Octobre 1995) – United Nations and International Humanitarian Law, Paris, 1996, 177-192.

Dorsch, Gabriele: Die Konvention der Vereinten Nationen über die Rechte des Kindes, Schriften zum Völkerrecht, Bd. 115, Berlin, 1994.

Dowty, Alan: Zwiespältige Erfahrungen mit Sanktionen – das Beispiel Irak, in: Europa-Archiv, Folge 11 (1994), 315-324.

Doxey, Margaret Pamela: Economic Sanctions and international enforcement, 2. Auflage, Basingstoke, London, 1980 (zitiert Doxey, Economic Sanctions).
- International Sanctions: contemporary perspective, 2. Auflage, Basingstoke, London, 1996 (zitiert Doxey, International Sanctions).
- United Nations Sanctions: Lessons of Experience, Distributed at the 2nd Interlaken Seminar on Targeting UN Financial Sanctions, Schweiz, 29-31. März 1999, 209-217 (zitiert Doxey, UN Sanctions).

Dupuy, Pierre-Marie: The Constitutional Dimension of the Charter of the United Nations Revisited, in: Max Planck Yearbook of International Law, Vol. 1, London (u.a.), 1997, 1-33.

Emanuelli, Claude: Les forces de Nations Unies et le droit international humanitaire, in: Condorelli, Luigi (Hrsg.), Les Nations Unies et le droit international humanitaire: actes du colloque international à l' occasion du cinquantième anniversaire de l'ONU (Genève, 19, 20 et 21 Octobre 1995) – United Nations and International Humanitarian Law, Paris, 1996, 345-370.

Faßbender, Bardo: UN Security Council reform and the right of veto: a constitutional perspective, Legal aspects of international organizations, Bd. 32, Den Haag, 1998 (zitiert Faßbender, Veto).
- Review Essay. Quis judicabit? The Security Council, Its Powers and Its Legal Control, in: EJIL 11 (2000), 219-232 (zitiert Faßbender, Quis judicabit?).

Fastenrath, Ulrich: Lücken im Völkerrecht, Schriften zum Völkerrecht, Bd. 93, Berlin, 1991.

Fausey, Joy K.: Does the United Nations Use of Collective Sanctions to Protect Human Rights Violate its own Human Rights Standards?, in: Connecticut Journal of International Law 10 (1994), 193-218.

Fawcett, J.E.S.: Security Council Resolutions on Rhodesia, in: British Yearbook of International Law 41 (1965-1966), 103-121.

Fielding, L.E.: Maritime Interception and U.N. Sanctions: Revolving Issues in The Persian Gulf War, The Conflict in the Former Yugoslavia, and the Haiti Crisis, San Francisco, London, 1997.

Fink, Udo: Kollektive Friedenssicherung. Kapitel VII UN-Charta in der Praxis des Sicherheitsrats der Vereinten Nationen, Bd.1 und 2, Kölner Schriften zu Recht und Staat, Bd. 3, Frankfurt am Main, Berlin, Bern, New York, Paris, Wien, 1999 (zitiert Fink, Friedenssicherung).
- Der Konflikt zwischen dem Irak und Kuwait und die internationale Friedensordnung, in: AdV 29-30 (1991-1992), 452-476 (zitiert Fink, Konflikt).

Fraas, Michael: Sicherheitsrat der Vereinten Nationen und internationaler Gerichtshof. Die Rechtmäßigkeitsprüfung von Beschlüssen des Sicherheitsrats der Vereinten Nationen im Rahmen des VII. Kapitels der Charta durch den Internationalen Gerichtshof, Frankfurt am Main, Berlin, Bern, New York, Paris, Wien, 1998.

Franck, T.M.: The "Powers of Appreciation": Who is the Ultimate Guardian of UN Legality?, in: AJIL 86 (1992), 519-523.

Frowein, Jochen Abr.: The Internal and External Effects of Resolutions by International Organizations, in: ZaöRV 49 (1989), 778-790 (zitiert Frowein, Resolutions).
- Die Verpflichtungen Erga Omnes und ihre Durchsetzung, in: Münch, Ingo von (Hrsg.): Staatsrecht-Völkerrecht-Europarecht, Festschrift für Hans-Jürgen Schlochauer, Berlin, New York, 1981, 241-262 (zitiert Frowein, Erga Omnes).
- Jus Cogens, in: Bernhardt, R. (Hrsg.), Encyclopedia of Public International Law, Vol. 3, Amsterdam (u.a.), 1997, 65-69 (zitiert Frowein, Jus Cogens).

Frowein, Jochen Abr./Peukert, Wolfgang:
Europäische MenschenRechtsKonvention: EMRK-Kommentar, 2. Auflage, Kehl, 1996. (zitiert Bearbeiter-Frowein/Peukert, EMRK)

Fukatsu, Eiichi: Coercion and the Theory of Sanctions In International Law, in: Macdonald, R.St.J./Johnston, Douglas M.(Hrsg.), The Structure and Process of International Law: Essays in Legal Philosophy, Doctrine and Theory, Den Haag, Boston, Lancaster, 1983, 1187-1205.

Galtung, Johan: On the Effects of International Economic Sanctions with Examples from the Case of Rhodesia, in: World Politics 19 (1967) 3, 378-416.

Gardam, Judith G.: Legal Restraints on Security Council Military Enforcement Action, in: Michigan Journal of International Law 17 (1996), 285-322.

Garfield, Richard: Morbidity and Mortality Among Iraqi Children from 1990 to 1998: Assessing the Impact of Economic Sanctions. Occasional Paper Series 16:OP: 3. Paper Commissioned by the Joan B. Kroc Institute for International Peace Studies at the University of Notre Dame and the Fourth Freedom Forum, März 1999.

Gasser, Hans-Peter: Collective Economic Sanctions and International Humanitarian Law: An Enforcement Measure under the United Nations Charter and the Right of Civilians to Immunity: an Unavoidable Clash of Policy Goals?, in: ZaöRV 56 (1996), 871-904 (zitiert Gasser, Economic Sanctions).
- Die Anwendbarkeit des humanitären Völkerrechts auf militärische Operationen der Vereinten Nationen, Schweizerische Zeischrift für internationales und europäisches Recht, 4 (1994), 443-474 (zitiert Gasser, Anwendbarkeit humanitäres Völkerrecht).

Genugten, Willem van/de Groot, Gerard/Lavrijssen, Saskia: Guidelines on the Future Use of Sanctions: An Evaluation, in: Genugten, Willem J.M.van/Groot, Gerard A.de (Hrsg.), United Nations Sanctions: Effectiveness and Effects, Especially in the Field of Human Rights, A Multi-Disciplinary Approach, Antwerpen, Groningen, Oxford, 1999, 135-152.

Geusau, Frans A.M. Alting von: Recent and Problematic: The Imposition of Sanctions by the UN Security Council, in: Genugten, Willem J.M.van/Groot, Gerard A.de (Hrsg.), United Nations Sanctions: Effectiveness and Effects, Especially in the Field of Human Rights, A Multi-Disciplinary Approach, Antwerpen, Groningen, Oxford, 1999, 1-18.

Gibbons, Elizabeth: Sanctions in Haiti: Human Rights and democracy under assault, Center for Strategic and International Studies, Washington Papers 177, Westport, Connecticut, 1999.

Gill, T.D: Legal And Some Political Limitations on the Power of the UN Security Council to Exercise Its Enforcement Powers Under Chapter VII of the Charter, in: Netherlands Yearbook of International Law 26 (1995), 33-138.

Gordon, Joy: A Peaceful, Silent, Deadly Remedy: The Ethics of Economic Sanctions, in: Ethics & International Affairs 13 (1999), 123-142.

Gowlland-Debbas, Vera: Collective Responses to Illegal Acts in International Law, United Nations Action in the Question of Rhodesia, Dordrecht, Boston, London, 1990 (zitiert Gowlland-Debbas, Collective Responses).
- Security Council Enforcement Action and Issues of State Responsibility, in: International and Comparative Law Quarterly (1994), 55-98 (zitiert Gowlland-Debbas, Security Council Enforcement).
- The Relationship between the International Court of Justice and the Security Council in the Light of the Lockerbie Case, in: AJIL 88 (1994), 643-677 (zitiert Gowlland-Debbas, Relationship).
- The Right to Life and Genocide: The Court and International Public Policy, in: Boisson de Chazournes, Laurence/Sands, Phillipe (Hrsg.), International Law, The International Court of Justice and Nuclear Weapons, Cambridge, 1999, 315-337 (zitiert Gowlland-Debbas, Right to Life).

Graefrath, Bernhard: Iraqi Reparations and the Security Council, in: ZaöRV, 55 (1995), 1-68.

Greenwood, Christopher: Customary Law Status of the 1977 Geneva Protocols, in: Delissen, Astrid J.M./Tanja, Gerard M. (Hrsg.), Humanitarian Law of Armed Conflict-Challenges Ahead. Essays in Honour of Frits Karlshoven, Dordrecht, Boston, London, 1991, 93-114.

Grünfeld, Fred: The Effectiveness of United Nations Economic Sanctions, in: Genugten, Willem J.M.van/Groot, Gerard A.de (Hrsg.), United Nations Sanctions: Effectiveness and Effects, Especially in the Field of Human Rights, A Multi-Disciplinary Approach, Antwerpen, Groningen, Oxford, 1999, 113-134.

Hannikainen, Lauri: Peremptory Norms (Jus Cogens) in international law, Historical Development, Criteria, Present Status, Helsinki, 1988.

Hannum, Hurst: The Status of the Universal Declaration of Human Rights in National and International Law, in: GJICL 25 (1995/96), 287-354.

Harris, David J./O'Boyle, Michael/Warbrick, Chris: Law of the European Convention on Human Rights, London, Dublin, Edinburgh, 1995.

Hartwig, Matthias: Die Haftung der Mitgliedstaaten für internationale Organisationen, Beiträge zum ausländischen öffentlichen Recht und Völkerrecht, Bd. 111, Berlin (u.a.), 1991.

Hassan, Parvez: The Word "Arbitrary" as Used in the Universal Declaration of Human Rights: "Illegal" or "Unjust"?, in: Harvard International Law Journal 10 (1969), 225-262.

Hasse, Rolf: Wirtschaftliche Sanktionen als Mittel der Außenpolitik, Das Rhodesien Embargo, Volkswirtschaftliche Schriften, Heft 265, Berlin, 1977.

Hazelzet, Hadewych: Assessing the Suffering from "Successful" Sanctions: An Ethical Approach, in: Genugten, Willem J.M.van/Groot, Gerard A. de (Hrsg.), United Nations Sanctions: Effectiveness and Effects, Especially in the Field of Human Rights, A Multi-Disciplinary Approach, Antwerpen, Groningen, Oxford, 1999, 71-96.

Henkin, Louis (Hrsg.): The International Bill of Rights, The Covenant on Civil and Political Rights, New York, 1981(zitiert Bearbeiter, Henkin, Bill of Rights).

Herbst; Jochen: Rechtskontrolle des UN-Sicherheitsrates, Kölner Schriften zu Recht und Staat; Bd.8, Frankfurt am Main, Berlin, Bern, New York, Paris, Wien, 1999.

Herdegen, Matthias: The "Constitutionalization" of the UN Security System, in: Vanderbildt Journal of Transnational Law 27 (1994), 135-159.

Hobe, Stephan: Wir, die Völker der Vereinten Nationen – fest entschlossen ..., in: Hobe, Stephan (Hrsg.), Die Präambel der UN-Charta im Lichte der aktuellen Völkerrechtsentwicklung, Veröffentlichungen des Walther-Schücking Instituts für Internationales Recht an der Universität Kiel, Bd. 120, Berlin, 1997, 59-76.

Hoffmeister, Frank: Menschenrechts- und Demokratieklauseln in den vertraglichen Außenbeziehungen der Europäischen Gemeinschaft, Beiträge zum ausländischen öffentlichen Recht und Völkerrecht, Bd. 132, Berlin (u.a.), 1998.

Hoof, G.J.H. van: The Legal Nature of Economic, Social and Cultural Rights: A Rebuttal of some traditional views, in: Alston, Phillip/Tomasevski, Katarina (Hrsg.), The Right to Food, Utrecht, 1984, 97-118.

de Hoogh, André: Obligations Erga Omnes and International Crimes: A Theoretical Inquiry into the Implementation and Enforcement of the International Responsibility of States, Den Haag, London, Boston, 1996.

Hoskins, Eric: The Humanitarian Impact of Economic Sanctions and War in Iraq, in: Weiss, Thomas G./Cortright, David/Lopez George A./Minear Larry (Hrsg.), Political Gain and Civilian Pain: Humanitarian Impacts of Economic Sanctions, New York, Oxford, 1997, 91-147.

Hufbauer, Gary Clyde/Schott, Jeffrey J./Elliot, Kimberly Ann: Economic Sanctions Reconsidered, History and Current Policy, Institute for International Economics, 2. Auflage, Washington D.C., 1990.

International Committee of the Red Cross: Iraq: A decade of sanctions, Special Report, Dezember 1999 (zitiert ICRC, A decade of sanctions).

International Development Select Committee, House of Commons: Reports of the International Development Committee, Second Report, HC 67: The Future of Sanctions, London, 10. Februar 2000 (zitiert IDSC, Future of Sanctions).

Ipsen, Knut (Hrsg.): Völkerrecht, 4. Auflage, München 1999 (zitiert Bearbeiter-Ipsen, Völkerrecht).
- Auf dem Weg zur Relativierung der inneren Souveränität bei Friedensbedrohung – Zu den Libyen Resolutionen des Sicherheitsrats, in: VN 2/1992, 41-45 (zitiert Ipsen-Libyen).

Jeker, Rolf: Chairman's Report: 2nd Interlaken Seminar on Targeting United Nations Financial Sanctions, Swiss Federal Office for Foreign Economic Affairs in Cooperation with the United Nations Secretariat, 29.-31. März 1999, Interlaken, Schweiz.

Jennings, Robert Y.: Nullity and Effectiveness in International Law, in: Jennings, R.Y. (Hrsg.), Cambridge Essays in International Law, Essays in honour of Lord McNair, London, New York, 1965, 64-87.

Jhabvala, Farrokh: The Drafting of the Human Rights Provisions of the UN Charter, in: Netherlands International Law Review 44 (1997), 1-31.

Joyner, Christoper C.: Sanctions and International Law, in: Cortright, David/Lopez, George A.(Hrsg.), Economic Sanctions. Panacea or Peacebuilding in a Post-Cold War?, San Franscisco, Oxford, 1995, 73-87.

Jugoslawisches Bundesministerium für Arbeit, Gesundheit und Sozialpolitik sowie andere jugoslawischen Gesundheitsbehörden: The Impact of the International Community's Sanctions on the Health of the Population of FR Yugoslavia, in: Yugoslav Survey 35 (1994), 97-110 (zitiert FRY, Impact).

Jugoslawisches Bundesministerium für Entwicklung, Wissenschaft und Umwelt- Bundesbüro für Entwicklung und Wirtschaftspolitik: The Effect of Sanctions on the Economy and Society of the FR of Yugoslavia, in: Yugoslav Survey 39 (1998), 3-30 (zitiert FRY, Effect of Sanctions).

Kadelbach, Stefan: Zwingendes Völkerrecht, Schriften zum Völkerrecht, Bd.101, Berlin 1992 (zitiert Kadelbach, Zwingendes Völkerrecht).
- Zwingende Normen des humanitären Völkerrechts, in: HuV-I 3/1992, 118-124 (zitiert Kadelbach, Zwingende Normen HuV).

Kapungu, Leonard T.: The United Nations and Economic Sanctions against Rhodesia, Lexington, Massachusetts, 1973.

Karl, Wolfram: Vertrag und spätere Praxis im Völkerrecht, Beiträge zum ausländischen öffentlichen Recht und Völkerrecht, Bd. 84, Berlin, Heidelberg, New York, Tokyo, 1983.

Kaul, Hans-Peter: Die Sanktionsausschüsse des Sicherheitsrats: Ein Einblick in Arbeitsweise und Verfahren, in: VN 3/1996, 96-103 (zitiert Kaul, Sanktionsausschüsse).
- Arbeitsweise und informelle Verfahren des Sicherheitsrats: Beobachtungen eines Unterhändlers, in: VN 1/1998, 6-13 (zitiert Kaul, Arbeitsweise).

Kelsen, Hans: The Law of the United Nations, A Critical Analysis of Its Fundamental Problems, London, 1950.

Kindhäuser, Urs: Sanktion, in: Staatslexikon der Görres-Gesellschaft, Vierter Bd., 7. Auflage, Freiburg, Basel, Wien, 1988, 998-1001.

Klein, Eckart: Paralleles Tätigwerden von Sicherheitsrat und IGH bei friedensbedrohenden Streitigkeiten – Zu Fragen der Zuständigkeit und Organtreue, in: Bernhardt, Rudolf/Geck, Wilhelm Karl/Jaenicke, Günther/ Steinberger, Helmut (Hrsg.), Völkerrecht als Rechtsordnung, Internationale Gerichtsbarkeit, Menschenrechte. Festschrift für Hermann Mosler, Beiträge zum ausländischen öffentlichen Recht und Völkerrecht, Bd. 81, Berlin, Heidelberg, New York, 1983, 467-491.

Köchler, Hans: Ethische Aspekte der Sanktionen im Völkerrecht: Die Praxis der Sanktionspolitik und die Menschenrechte, International Progress Organization, Studies in International Relations XX, Wien, 1994.

Köck, Heribert Franz: UN Satzung und allgemeines Völkerrecht- Zum exemplarischen Charakter von Art.103 SVN, in: Ginther, Konrad/Hafner, Gerhard/Lang, Winfried/Neuhold, Hanspeter/Sucharipa-Behrmann, Lilly (Hrsg.), Völkerrecht zwischen normativem Anspruch und politischer Realität, Festschrift für Karl Zemanek zum 65. Geburtstag, Berlin, 1994, 69-93 (zitiert Köck, UN-Satzung).
- Zur Interpretation völkerrechtlicher Verträge, in: Zeitschrift für öffentliches Recht 53 (1998), 217-237 (zitiert Köck, Interpretation).

Kolb, Robert: La Bonne Foi en Droit International Public (1), in: Revue Belge de Droit International 31 (1998) 2, 661-732.

Koskenniemi, Martti: Le Comité des Sanctions (créé par la résolution 661 (1990) du Conseil de sécurité), in: AFDI 37 (1991), 119-137 (zitiert Koskenniemi, Comité des Sanctions).
- The Police in the Temple. Order, Justice and the UN: A Dialectical View, in: EJIL 6 (1995), 325-348 (zitiert Koskenniemi, Order).

Krisch, Nico: Unilateral enforcement of the collective will: Kosovo, Iraq and the Security Council, in: Max Planck Yearbook of UN Law, Vol. 3, London (u.a), 1999, 59-103.

Kühnberger, Peter: Die Wirtschaftssanktionen der Vereinten Nationen gegen die Bundesrepublik Jugoslawien, in: Österreichische Osthefte 39 (1997) 2, 255-262.

Kulessa, Manfred: Von Märchen und Mechanismen: Gefahren und Chancen der Sanktionen des Sicherheitsrats, in: VN 3/1996, 89-96 (zitiert Kulessa, Märchen).
- Stumpfes Friedensinstrument: Zur Problematik der UN-Sanktionen, in: Aus Politik und Zeitgeschichte, Beiträge zur Wochenzeitung das Parlament, B 16-17/98, April 1998, 31-38 (zitiert Kulessa, Friedensinstrument).
- Potentials, Problems and Prospects of Various Types of Travel Sanctions, Final Draft, Januar 2000, vorgelegt im Rahmen des vom Bonn International Center for Conversion durchgeführten First Expert Seminar, Smart Sanctions, The Next Step, Bonn, 21.-23. November 1999 (zitiert Kulessa, Travel Sanctions).

Kunz, Joseph L.: Sanctions in International Law, in: AJIL 54 (1960), 324-347.

Kuyper, P. J.: The Limits of Supervision: The Security Council Watchdog Committee on Rhodesian Sanctions, in: Netherlands International Law Review 25 (1978), 159-194.

Lailach, Martin: Die Wahrung des Weltfriedens und der internationalen Sicherheit als Aufgabe des Sicherheitsrats der Vereinten Nationen, Schriften zum Völkerrecht Bd. 130, Berlin, 1998.

Lamb, Susan: Legal Limits to United Nations Security Council Powers, in: Goodwin, Guy S. (Hrsg.), The reality of International Law: essays in honour of Ian Brownlie, Oxford, 1999, 361-368.

Lauterpacht, Elihu: The Development of the Law of International Organization by the Decisions of International Tribunals, in: Recueil des Cours, 1976, IV, Tome 152 de la collection, Alphen aan den Rijn, 1980, 377-478 (zitiert Lauterpacht, Law International Organization).
- The Legal Effects of Illegal Acts of International Organisations, in: Jennings, R.Y. (Hrsg.), Cambridge Essays in International Law – Essays in honour of Lord McNair, London, New York, 1965, 88-121 (zitiert Lauterpacht, Legal Effects).
- Judicial Review of the acts of International Organizations, in: Chazournes, Boisson de/Sands, Phillipe (Hrsg.), International Law, The International Court of Justice and Nuclear Weapons, Cambridge, 1999, 92-102 (zitiert Lauterpacht, Judicial Review).

Leben, Charles: Les Contre-Mesures Inter-Étatiques et les Réactions à l' illicite dans la Société Internationale, in: AFDI 28 (1982), 9-77.

Leitenberg, Milton/Mallmann, Wolfgang: Wieder den Mythos von den „tödlichen Sanktionen" der Vereinten Nationen gegen Irak, in: Orient 39 (1998) 3, 475-496.

Lerner, Natan: The Nature and Minimum Standards of Freedom of Religion or Belief, in: Brigham Young University Law Review (2000) 3, 905-932.

Licht, Sonja: The Use of Sanctions in Former Yugoslavia: Can they assist in Conflict Resolution, in: Cortright, David/Lopez, George A.(Hrsg.), Economic Sanctions. Panacea or Peacebuilding in a Post-Cold War?, San Francisco, Oxford, 1995, 153-160.

Lindemeyer, Bernd: Schiffsembargo und Handelsembargo: Völkerrechtliche Praxis und Zulässigkeit, Köln, 1975.

Lopez, George A./Cortright, David: Economic Sanctions and Human Rights: Part of the Problem or Part of the Solution?, in: The International Journal of Human Rights 1 (1997) 2, 1-25 (zitiert Lopez/Cortright, Economic Sanctions).
- Financial Sanctions: The Key to a "Smart Sanctions" Strategy, in: Die Friedenswarte 72 (1997) 4, 327-336 (zitiert Lopez/Cortright, Financial Sanctions).

Lorinser, Barbara: Bindende Resolutionen des Sicherheitsrats, Völkerrecht und Außenpolitik Bd. 50, Baden-Baden, 1996.

Losman, Donald L.: International Economic Sanctions, The Cases of Cuba, Israel, and Rhodesia, Albuquerque, 1979.

MacKay, Jennifer M.: Economic Sanctions: Are they actually enforcing international law in Serbia-Montenegro?, in: Tulane Journal of International and Comparative Law 3 (1994), 203-236.

Mahdi, Kamil: Rehabilitation Prospects for the Iraqi Economy, in: International Spectator 33 (1998) 3, 41-67.

Majid, Nisar: Northern Iraq: Sanctions and UNSCR 986, Study prepared for Save the Children Fund, London, Dezember 1998.

Malone, David: Decision-Making in the United Nations Security Council, The Case of Haiti, 1990-1997, Oxford, 1998.

Martenczuk, Bernd: Rechtsbindung und Rechtskontrolle des Weltsicherheitsrats: Die Überprüfung nichtmilitärischer Zwangsmaßnahmen durch den Internationalen Gerichtshof, Schriften zum Völkerrecht, Bd. 125, Berlin, 1996.

Matheson, M.: Remarks, The Sixth Annual American Red Cross-Washington College of Law Conference on International Humanitarian Law: A Workshop on Customary International Law and the 1977 Protocols Additional to the 1949 Geneva Conventions, in: American University Journal of International Law & Politics 2 (1987), 415-438.

Matthews, Douglas E.: Economic Sanctions and Economic Strategies: Toward Haiti's Integration into the World Economy, in: St. Thomas Law Review 6 (1994), 281-300.

Mendelson, Maurice H.: The Formation of Customary International Law, in: Académie de Droit International, Recueil des Cours, Collected Courses of the Hague Academy of International Law, Tome 272 de la collection, 1998, Den Haag, Boston, London, 1999, 158-410.

Meng, Werner: Wirtschaftssanktionen und staatliche Jurisdiktion: Grauzonen im Völkerrecht, in: ZaöRV 57 (1997) 2/3, 269-327.

Menon, P.K.: International Organizations as Subjects of International Law, in: Revue de Droit International De Sciences Diplomatiques et Politiques 70 (1992), 61-81.

Meron, Theodor: Human Rights and Humanitarian Norms as Customary Law, Oxford, 1989 (zitiert Meron, Human Rights).
- On a Hierarchy of International Human Rights, in: AJIL 80 (1986), 1-23 (zitiert Meron, Hierarchy).
- Prisoners of War, Civilians and Diplomats in the Gulf Crisis, in: AJIL 85 (1991), 104-109 (zitiert Meron, Prisoners of War).

Minear, Larry/Cortright, David/Wagler, Julia/Lopez, George A./Weiss, Thomas G.: Toward More Humane and Effective Sanctions Management: Enhancing the Capacity of the United Nations System, Occasional Paper No. 31, Thomas J. Watson Jr. Institute for International Studies, Providence, Rhode Island, 1998.

Morgenstern, Felice: Legal Problems of International Organizations, Cambridge, 1986.

Mosler, Hermann: The International Society as a Legal Community, Alphen aan den Rijn; Germantown, Maryland, 1980.

Müller, Jörg Paul/Cottier,Thomas: Estoppel, in: Bernhardt, R. (Hrsg.), Encyclopedia of Public International Law, Vol. 2, Amsterdam (u.a.), 1995, 116-119.

Mueller, John/Mueller, Karl: Sanctions of Mass Destruction, in: Foreign Affairs 78 (1999) 3, 43-53.

Nguyen Quoc Dinh/Daillier, Patrick/Pellet, Allain: Droit international public, 5. Auflage, Paris, 1994.

Normand Roger: A Human Rights Assessment of Sanctions: The Case of Iraq, 1990-1997, in: Genugten, Willem J.M. van/Groot, Gerard A. de (Hrsg.), United Nations Sanctions: Effectiveness and Effects, Especially in the Field of Human Rights, A Multi-Disciplinary Approach, Antwerpen, Groningen, Oxford, 1999, 19-33.

Nowak, Manfred: CCPR-Kommentar: UNO Pakt über bürgerliche und politische Rechte und zum Fakultativprotokoll, Kehl am Rhein, 1989.

Nowrot, Karten/Schabacker, Emily W.: The Use of Force to Restore Democracy: International Legal Implications of the ECOWAS Intervention in Sierra Leone, in: American University International Law Review 14 (1998), 321-412.

Nuscheler, Franz: Recht auf Entwicklung – Involution zum "Recht auf alles"?, in: Dicke, Klaus (Hrsg.), Menschenrechte und Entwicklung, Berlin, 1997, 77-95.

Odendahl, Guido: Das Recht auf Entwicklung – The Right to Development. Entstehungsgeschichte, systematische Stellung und Inhalt eines individuellen und kollektiven Menschenrechts und Grundprinzips der Völkerrechtsordnung, Aachen, 1997.

Ofuatey-Kodjoe, W.: Self-Determination, in: Schachter, Oscar/Joyner, Christopher C. (Hrsg.), United Nations Legal Order, Vol. 1, Cambridge, 1995, 349-389.

Oosthuizen, Gabriel H.: Playing the Devil's Advocate: the United Nations Security Council is Unbound by Law, in: Leiden Journal of International Law 12 (1999), 549-563.

Osieke, Ebere: The Legal Validity of Ultra Vires Decisions of International Organizations, in: AJIL 77 (1993), 239-256.

Palley, Claire: Implications of Humanitarian Activities for the Enjoyment of Human Rights. Further preparatory document on the question of the role of the United Nations in international humanitarian activities and assistance and human rights enforcement, bearing in mind the principle of non-interference, UN Dok. E/CN.4/Sub.2/1994/39, 15. Juni 1994.

Pape, Matthias: Humanitäre Intervention. Zur Bedeutung der Menschenrechte in den Vereinten Nationen, Reihe Demokratie, Sicherheit, Frieden, Bd. 108, 1. Auflage, Baden-Baden, 1997.

Pasha, Aftab Kamal: Libya and UN Sanctions, in: Varma, Lalima (Hrsg.), United Nations in the changing world, London, 1997, 120-139.

Patterson, Jack: The Political and Moral Appropriateness of Sanctions, in: Cortright, David/Lopez, George A. (Hrsg.), Economic Sanctions – Panacea or Peacebuilding in a Post-Cold War World?, San Francisco, Oxford, 1995, 89-96.

Paust, Jordan J.: The Human Rights to Food, Medicine and Medical Supplies, and Freedom from Arbitrary and Inhuman Detention and Controls in Sri Lanka, in: Vanderbilt Journal of Transnational Law 31 (1998), 617-642.

Pellet, Allain: Peut-on et doit-on contrôler les actions du Conseil de Sécurité, in: Société Française pour le Droit International, Le Chapitre VII de la Charte des Nations Unies: colloque de Rennes, 50e anniversaire des Nations Unies, Paris, 1995, 221-238.

Petersmann, Ernst Ulrich: Internationale Wirtschaftssanktionen als Problem des Völkerrechts und des Europarechts, in: Zeitschrift für vergleichende Rechtswissenschaften 80 (1981), 1-28.

Pictet, Jean (Hrsg.): Commentary on the Geneva Convention of 12 August 1949, Volume IV: Geneva Convention relative to the Protection of Civilian Persons in time of war: commentary, International Committee of the Red Cross, Genf, 1958 (zitiert Pictet, IKRK-Kommentar, IV. GK).

Pierce, John C.: The Haitian Crisis and the Future of Collective Enforcement of Democratic Governance, in: Law & Policy in International Business 27 (1996), 477-512.

Provost, René: Starvation as a Weapon: Legal Implications of the United Nations Food Blockade Against Iraq and Kuwait, in: Columbia Journal of Transnational Law 30 (1992), 577-639.

Ragazzi, Maurizio: The concept of international obligations erga omnes, Oxford, New York, 1997.

Rajan, Mannaraswamighala Sreeranga: The United Nations Security Council and the Iraq-Kuwait conflict (1990): an exercise in hypocrisy by members (Part II), in: Indian Journal of International Law 37 (1997) 4, 595-632.

Ramcharan, Bertrand G.: The Right to Life, in: Netherlands International Law Review 30 (1983), 297-329.

Reckelbach, A.: Protection on the Right to Life by law and by other means, in: Ramcharan, B.G. (Hrsg.), Right to Life, Dordrecht, 1985, 182-220.

Reinisch, August: Das Jugoslawien-Tribunal der Vereinten Nationen und die Verfahrensgarantien des II. Menschenrechtspaktes. Ein Beitrag zur Frage der Bindung der Vereinten Nationen an nicht-ratifiziertes Vertragsrecht, in: AJPIL 47 (1995), 173-213.

Reisman, Michael W.: The Constitutional Crisis in the United Nations, in: Dupuy, René-Jean (Hrsg.), Académie de droit international de La Haye, Le Développement du Rôle du Conseil de Sécurité, Colloque, La Haye – The Development of the Role of the Security Council, Workshop, The Hague, 21.-23. Juli 1992, Dordrecht, Boston, London, 1993, 399-423.

Reisman, Michael W./Stevick, Douglas L.: The Applicability of International Law Standards to UN Economic Sanctions Programmes, in: EJIL 9 (1998), 86-141.

Renwick, Robin: Economic Sanctions, Harvard Studies in International Affairs, 45, Cambridge, Massachusetts, 1981.

Report of the Meeting of Experts on Rights not Subject to Derogation during States of Emergency and exceptional circumstances, Genf, 17-19. Mai 1995, in: Premont, Daniel (Hrsg.), Droits intangibles et états d'exception, Non-Derogable Rights and States of Emergency, Brüssel, 1996, 27-49 (zitiert Report of the Meetings of Experts).

Ress, Hans Konrad: Das Handelsembargo: Völker-, europa- und außenwirtschaftsrechtliche Rahmenbedingungen, Praxis und Entschädigung, Beiträge zum ausländischen und öffentlichen Recht, Bd. 137, Berlin, Heidelberg, 2000.

Rodley, Nigel S.: Collective Intervention to protect human rights and civilian populations: the legal framework, in: Rodley, Nigel S. (Hrsg.), To Loose the Bands of Wickedness: International Intervention in Defence of Human Rights, London,1992, 14-42.

Rosenzweig, Laurie: United Nations Sanctions: Creating a More Effective Tool for the Enforcement of International Law, in: AJPIL 48 (1995), 161-195.

Rudolf, Peter: Macht ohne Moral? Zur ethischen Problematik internationaler Wirtschaftssanktionen, in: Die Friedenswarte 72 (1997) 4, 313-326.

Sandoz, Yves/Swinarski, Christophe/Zimmermann, Bruno: Commentary on the additional protocol of 8 June 1977 to the Geneva Conventions of 12 August 1949, International Committee of the Red Cross, Genf, 1987 (zitiert Sandoz/Swinarski/Zimmermann, IKRK-Kommentar, 1. ZP).

Schabas, William A.: Genocide in International Law, The Crime of Crimes, Cambridge, 2000.

Schachter, Oscar: International Law in Theory and Practice, Developments in International Law, Vol. 13, Dordrecht, Boston, London, 1991.

Scharf, Michael. P/Dorosin, Joshua L.: Interpreting UN Sanctions: The Rulings and Role of the Yugoslavia Sanctions Committee, in: Brooklyn Journal of International Law 19 (1993), 771-827.

Scharpenack, Holger: Das "Recht auf Entwicklung", Frankfurt am Main, 1996.

Schermers, Henry G./Blokker, Niels M.: International Institutional Law, Unity within Diversity, 3. Auflage, Den Haag, Boston, London, 1995.

Schilling, Theodor: Die „neue Weltordnung" und die Souveränität der Mitglieder der Vereinten Nationen, in: AdV 33 (1995), 67-106.

Schindler, Dietrich: Die erga omnes Wirkung des humanitären Völkerrechts, in: Beyerlin, Ulrich/Bothe, Michael/Hofmann, Rainer/Petersmann, Ernst-Ulrich (Hrsg.), Recht zwischen Umbruch und Bewahrung, Festschrift für Rudolf Bernhardt, Beiträge zum ausländischen öffentlichen Recht und Völkerrecht, Bd. 120, Berlin (u.a.), 1995, 199-211 (zitiert als Schindler, Erga Omnes).
- United Nations forces and international humanitarian law, in: Swinarski, Christophe (Hrsg.), Etudes sur le droit international humanitaire et sur les principes de la Croix-Rouge en l'honneur de Jean Pictet/Studies and essays on international humanitarian law and Red Cross principles in honour of Jean Pictet, Genf, Den Haag, 1984, 521-530 (zitiert Schindler, UN Forces).

Schneider, Henning C.: Wirtschaftssanktionen. Die Vereinten Nationen, die Europäische Gemeinschaft und die Bundesrepublik Deutschland als konkurrierende Normgeber beim Erlaß paralleler Sanktionsmaßnahmen, Berlin, 1999.

Schotten, Gregor: Die Rolle des Roten Kreuzes in Ländern unter Wirtschaftssanktionen der Vereinten Nationen, in: HuV-I 4/1998, 216-222.

Schrijver, Nico: The Use of Economic Sanctions by the UN Security Council: An International Law Perspective, in: Post, Harry G. (Hrsg.), International Economic Law and Armed Conflict, Dordrecht, Boston, London, 1994, 123-161.

Schröder, Meinhard: Verantwortlichkeit, Völkerstrafrecht, Streitbeilegung und Sanktionen, in: Vitzthum, Wolfgang Graf (Hrsg.), Völkerrecht, Berlin, New York, 1997, 525-580.

Schwebel, Stephen M.: The Roles of the Security Council and the International Court of Justice in the application of International Humanitarian Law, in: International Law and Politics 27 (1995), 731-759.

Scobbie, Ian (revising † Abdullah El-Erian): International Organizations and International Relations, in: Dupuy, Rene-Jean (Hrsg.), Manuel sur les organisations internationales – A Handbook on International Organizations, 2. Auflage, Dordrecht, Boston, London, 1998, 831-896.

Scott, Craig/Chang, Francis/Qureshi, Abid/Michell, Paul/Kaljdzic, Jasminka/Copeland, Paul: A Memorial for Bosnia: Framework of legal arguments concerning the lawfulness of the maintenance of the United Nations Security Council's arms embargo on Bosnia and Herzegovina, in: Michigan Journal of International Law 16 (1994) 1, 1-140.

Segall, Anna: Economic Sanctions: legal and policy constraints, in: International Review of the Red Cross 81 (1999) 836, 763-784.

Seidl-Hohenveldern, Ignaz/Loibl, Gerhard: Das Recht der internationalen Organisationen einschließlich der Supranationalen Gemeinschaften, 7. Auflage, Köln, Berlin, Bonn, München, 2000.

Shehabaldin, Ahmed/Laughlin, William M.Jr.: Economic Sanctions against Iraq: Human and Economic Costs, in: The International Journal of Human Rights, Vol. 3 (1999) Nr. 4, 1-18.

Shraga, Daphna: The United Nations as an actor bound by international humanitarian law, in: Condorelli, Luigi (Hrsg.), Les Nations Unies et le droit international humanitaire: actes du colloque international à l'occasion du cinquantième anniversaire de l'ONU (Genève, 19, 20 et 21 Octobre 1995) – United Nations and International Humanitarian Law, Paris, 1996, 317-338.

Simma, Bruno (Hrsg.): Die Charta der Vereinten Nationen, Kommentar, München, 1991 (zitiert Bearbeiter-Simma, Chartakommentar).

Simons, Geoffrey L.: The Scourging of Iraq, Sanctions, Law and Natural Justice, Basingstoke, London, 1996.

Skubiszewski, Krzysztof: Remarks on the Interpretation of the United Nations Charter, in: Bernhardt, Rudolf/Geck, Wilhelm Karl/ Jaenicke, Günther/ Steinberger, Helmut (Hrsg.), Völkerrecht als Rechtsordnung, Internationale Gerichtsordnung, Menschenrechte, Festschrift für Hermann Mosler Beiträge zum ausländischen öffentlichen Recht und Völkerrecht, Bd. 81, Berlin, Heidelberg, New York, 1983, 891-902 (zitiert Skubiszewski, Interpretation).
- Implied Powers of International Organizations, in: Dinstein, Yoram (Hrsg.)/Tabory, Mala (Ass. Hrsg.), International Law at a Time of Perplexity: Essays in Honour of Shabtai Rosenne, Dordrecht, Boston, London, 1989, 855-868 (zitiert Skubiszewski, Implied Powers).
- The International Court of Justice and the Security Council, in: Lowe, Vaughan/ Fitzmaurice, Malgosia (Hrsg.), Fifty years of the International Court of Justice: Essays in honour of Sir Robert Jennings, Cambridge, 1996, 606-629 (zitiert Skubiszewski, ICJ and SC).

Sohn, Louis B.: The Human Rights Law of the Charter, in: Texas International Law Journal 12 (1977), 129-140.

Somavia, Juan: The humanitarian responsibilities of the UNSC: ensuring the security of people, in: Muldoon, James P.(Hrsg.), Multilateral diplomacy and the UN today, Boulder, Colorado, 1999, 54-67.

Sponeck, Hans von: „Man muß das Regime entdämonisieren", Zur Problematik der Irak-Sanktionen, „Blätter" Gespräch mit Hans von Sponeck, in: Blätter für deutsche und internationale Politik 8 (2000), 930-942.

Starck, Dorothee: Die Rechtmäßigkeit von UNO Wirtschaftssanktionen in Anbetracht ihrer Auswirkungen auf die Zivilbevölkerung: Grenzen der Kompetenzen des Sicherheitsrats am Beispiel der Maßnahmen gegen den Irak und die Bundesrepublik Jugoslawien, Schriften zum Völkerrecht, Bd. 139, Berlin, 2000.

Stein, Andreas: Der Sicherheitsrat der Vereinten Nationen und die Rule of Law: Auslegung und Rechtsfortbildung des Begriffs der Friedensbedrohung bei humanitären Interventionen auf der Grundlage des Kapitel VII der Charta der Vereinten Nationen, Veröffentlichungen aus dem Institut für Internationale Angelegenheiten der Universität Hamburg, Bd. 23, Baden-Baden, 1999.

Strack, Harry R.: Sanctions, The Case of Rhodesia, Syracuse, New York, 1978.

Sucharitkul, Sompong: The Right to Food and Freedom from Hunger in the Past Sixth of a Century, in: Rama-Montaldo, Manuel (Hrsg.), International Law in an Evolving World, Liber Amicorum Eduardo Jiménez de Aréchaga, Montevideo, 1995, 365-396.

Suy, Erik: International Humanitarian Law and the Security Council resolutions on the 1990-1991 Gulf Conflict, in: Delissen, Astrid J.M./Tanja, Gerard J. (Hrsg.), Humanitarian Law of Armed Conflict- Challenges Ahead, Essays in Honour of Frits Kalshoven, Dordrecht, Boston, London, 1991, 515-526 (zitiert Suy, International Humanitarian Law).
- Some Legal Questions Concerning the Security Council, in: Münch, Ingo von (Hrsg.), Staatsrecht-Völkerrecht-Europarecht, Festschrift für Hans-Jürgen Schlochauer, Berlin, New York, 1981, 677-689 (zitiert Suy, Legal Questions).

Swindells, Felicia: U.N. Sanctions in Haiti: A contradiction under articles 41 and 55 of the UN Charter, in: Fordham International Law Journal 20 (1997) 5, 1878-1960.

Szasz, Paul C.: The Law of Economic Sanctions, in: Schmitt, Michael N./Green, Leslie C. (Hrsg.), The Law of Armed Conflict: Into the Next Millennium, International Law Studies, Vol. 71, Naval War College, Newport, Rhode Island, 1998, 455-481.

Terwiesche, Michael: International Responsibility arising from the Implementation of a Security Council Resolution: The 2nd Gulf War and the Rule of Proportionality, in: Polish Yearbook of International Law 22 (1995-1996), 81-93.

Thürer, Daniel: Das Selbstbestimmungsrecht der Völker, in: AdV 22 (1984), 113-137.

Tomuschat, Christian: The Lockerbie Case before the International Court of Justice, in: International Commission of Jurists, The Review, No.48 (Juni 1992), 38-48 (zitiert Tomuschat, Lockerbie-Case).
- Equality and Non-Discrimination under the International Covenant on Civil and Political Rights in: Münch, Ingo von (Hrsg.), Staatsrecht-Völkerrecht-Europarecht, Festschrift für Hans-Jürgen Schlochauer, Berlin, New York, 1981, 691-716 (zitiert Tomuschat, Non-Discrimination).

Torres Bernádez, Santiago: Subsidiary Organs, in: Dupuy, Rene-Jean (Hrsg.), Manuel sur les organisations internationales-A Handbook on International Organizations, 2. Auflage, Dordrecht, Boston, London, 1998, 109-153.

United Nations, Strategic Planning Unit, Executive Office of the Secretary General: UN Sanctions: How Effective? How Necessary?, United Nations, New York, March 1999, Paper prepared for the 2nd Interlaken Seminar on Targeting UN Financial Sanctions, Schweiz, 29-31. März 1999, 101-115 (zitiert UN Sanctions: How Effective? How Necessary?).

Verdross, Alfred/Simma, Bruno: Universelles Völkerrecht, Theorie und Praxis, 3. Auflage, Berlin, 1984.

Vradenburgh, Anna M.: The Chapter VII Powers of the United Nations Charter: Do they Trump Human Rights Law, in: Loyola of Los Angeles International & Comparative Law Journal 14 (1991), 175-205.

Watson, Geoffrey R.: Constitutionalism, Judicial Review, and the World Court, in: Harvard International Law Journal 34 (1993), 1-45.

Weiss, Thomas G./Cortright, David/Lopez, George A./Minear, Larry: Political Gain and Civilian Pain, in: Dieselben (Hrsg.), Political Gain and Civilian Pain: Humanitarian Impacts of Economic Sanctions, New York, Oxford, 1997, 215-245 (zitiert Weiss/Cortright/Lopez/Minear, Political Gain).

Weller, Marc: The Lockerbie Case: A Premature End to the "New World Order"?, in: Revue Africaine de Droit International Comparé 4 (1992), 302-324.

Werleigh, Claudette Antoine: The Use of Sanctions in Haiti: Assessing the Economic Realities, in: Cortright, David/Lopez, George A.(Hrsg.), Economic Sanctions. Panacea or Peacebuilding in a Post-Cold War?, San Francisco, Oxford, 1995, 161-171.

Willaert, Philippe: Les Sanctions Économiques contre la Rhodésie (1965-1979), in: Revue Belge de Droit International 18 (1984-1985), 216-238.

Winkler, Adam: Just sanctions in: Human rights quarterly 21 (1999) 1, 133-155.

Wolfrum, Rüdiger: Handbuch Vereinte Nationen, 2. Auflage, München, 1991 (zitiert Bearbeiter- Wolfrum, Handbuch VN).

Wood, Michael C.: Security Council Working Methods and Procedure: Recent Developments, in: International and Comparative Law Quarterly 45 (1996), 150-161.

Zaidi, Sarah: Humanitarian Effects of the Coup and Sanctions in Haiti, in: Weiss, Thomas G./Cortright, David/Lopez, George A./Minear, Larry (Hrsg.), Political Gain and Civilian Pain: Humanitarian Impacts of Economic Sanctions, New York, Oxford, 1997, 189-212.

Zedalis, Rex J.: An Analysis of Some of the Principal Legal Questions Relating to U.N. Weapons Inspections in Iraq, in: Nordic Journal of International Law 67 (1998), 249-273.

Zoller, Elisabeth: Peacetime Unilateral Remedies, An Analysis of Countermeasures, New York, 1984.

Verzeichnis ausgewählter Dokumente

1. Zu Wirtschaftssanktionen

1.1 Sicherheitsratsdokumente

- "Humanitarian Impact of Sanctions", Letter dated 13 April 1995 from the Permanent Representatives of China, France, The Russian Federation, The United Kingdom of Great Britain and Northern Ireland and The United States of America to The United Nations Addressed to the President of The Security Council, UN Dok. S/1995/300, Annex , 13. April 1995.
- Statement by the President of the Security Council (zur Agenda for Peace), S/PRST/1995/9, 22. Februar 1995.
- Note by the President of the Security Council: Work of The Sanctions Committees, UN Dok. S/1995/234, 29. März 1995.
- Note by the President of the Security Council: Work of The Sanctions Committees, UN Dok. S/1999/92, 29. Januar 1999.
- Note by the President of the Security Council (zur Einsetzung einer Arbeitsgruppe zu Sanktionen), UN Dok. S/2000/319, 17. April 2000.
- S/PV.4128, 17. April 2000, Agenda: General issues relating to sanctions.

1.2. Dokumente des Generalsekretärs

- "An Agenda for Peace – Preventive diplomacy, peacemaking and peace-keeping", Report of the Secretary-General pursuant to the statement adopted by the Summit Meeting of the Security Council on 31 January 1992, UN Dok. A/47/277-S/24111, 17. Juni 1992.
- Report of the Secretary-General on the Work of the Organization: Supplement to an Agenda for Peace: Position Paper of the Secretary-General on the occasion of the fiftieth anniversary of the United Nations, UN Dok. A/50/60- S/1995/1, 3. Januar 1995.
- Kofi Annan, "The Causes of Conflict and the Promotion of Durable Peace and Sustainable Development in Africa", Report of the Secretary-General, UN Dok. A/52/874-S/1998/318, 13. April 1998.
- United Nations General Assembly, Annual Report of the Secretary General on the Work of the Organization, UN Dok. A/53/1, 16. April 1998.

- United Nations General Assembly, Annual Report of the Secretary-General on the Work of the Organization, UN Dok. A/54/1, 31. August 1999.
- Millennium Report of the Secretary-General of the United Nations, "We the Peoples": The Role of the United Nations in the 21st Century, UN Dok. A/54/2000, 3. April 2000.
- United Nations General Assembly, Annual Report of the Secretary-General on the Work of the Organization, UN Dok. A/55/1, 30. August 2000.

1.3. Dokumente der Generalversammlung

- "Questions of sanctions imposed by the United Nations", "Supplement to an Agenda for Peace", A/RES 51/242, Annex II, 15. September 1997.

1.4. Dokumente der Menschenrechtsorgane

- "Adverse Consequences of economic sanctions on the enjoyment of human rights", Sub-Commission on Prevention of Discrimination and Protection of Minorities, Resolution 1997/35, 37th meeting, 28. August 1997.
- "The Relationship between economic sanctions and respect for economic, social and cultural rights", General Comment No.8 of the Committee on Economic, Social and Cultural Rights, 1997 (E/C.12/1997/8), 5. Dezember 1997.
- Statement dated 29 December 1997 by the Inter-Agency Standing Committee to the Security Council on the humanitarian impact of sanctions, UN Dok. S/1998/147, Annex, 23. Februar 1998.

1.5. Beiträge einzelner Länder

- "United Nations sanctions as a tool of peaceful settlement of disputes", Non Paper submitted by Australia and the Netherlands, Note verbale dated 13 July 1995 from the Permanent Representative of the Netherlands to the United Nations addressed to the Secretary-General, UN Dok. A/50/322, Annex, 3. August 1995.
- "Some ideas on the basic conditions and criteria for imposing and implementing sanctions and other enforcement measures", Working paper submitted by the Russian Federation, UN Dok. A/AC.182/L. 94, 27. Januar 1997.
- "Basic conditions and standard criteria for the introduction of sanctions and other coercive measures and their implementation", Working paper submitted by the Russian Federation, UN Dok. A/AC.182/L.100, 30. Januar 1998.

- "Basic conditions and standard criteria for the introduction of sanctions and other coercive measures and their implementation", Revised working paper submitted by the Russian Federation, UN Dok. A/AC.182/L.100/Rev.1, 17. April 2000.

Zu einzelnen Sanktionsfällen

2.1. Irak

a) UN Dokumente

- Joint WHO/UNICEF Team Report: A Visit to Iraq, 16-21. Februar 1991, Note by the Secretary-General, UN Dok. S/22328, 4. März 1991.
- Report to the Secretary-General on humanitarian needs in Kuwait and Iraq in the immediate post-crisis environment by a mission to the area led by Mr. Martti Ahtisaari, Under-Secretary-General for Administration and Management, dated 20 March 1991, Letter dated 20 March 1991 from the Secretary-General Addressed to the President of the Security Council, Annex, UN Dok. S/22366, 20. März 1991.
- Report to the Secretary-General dated 15 July 1991 on humanitarian needs in Iraq prepared by a mission led by Sadruddin Aga Khan, Executive Delegate of the Secretary-General, Letter dated 15 July from the Secretary-General addressed to the President of the Security Council, Annex, UN Dok. S/22799, 17. Juli 1991.
- Report on the situation of human rights in Iraq, prepared by Mr. Max van der Stoel, Special Rapporteur of the Commission on Human Rights, in accordance with Commission resolution 1992/71, UN Dok. E/CN.4/1993/45, 19. Februar 1993. Situation of Human Rights in Iraq, Interim Report on the Situation of Human Rights in Iraq prepared by Mr. Max van der Stoel, Special Rapporteur, Note by the Secretary-General, Annex, UN Dok. A/48/600, 18. November 1993.
- Report of the Security Council Committee established by Resolution 661 (1991) concerning the situation between Iraq and Kuwait, Letter dated 26 August 1996 from the Chairman of the Security Council Committee established by resolution 661 (1990) concerning the situation between Iraq and Kuwait addressed to the President of the Security Council, UN Dok. S/1996/700, 26. August 1996.

- Report of the second panel established pursuant to the Note by the President of the Security Council (S/1999/100) of 30 January 1999, concerning the current humanitarian situation in Iraq, UN Dok. S/1999/356, Annex II, 30. März 1999.
- Review and Assessment of the Implementation of the Humanitarian Programme Established Pursuant to Security Council Resolution 986 (1995) (December 1996-November 1998), Report of the Secretary-General to the Security Council, UN Dok. S/1999/481, 24. April 1999.

b) Berichte der Sonderorganisationen zur humanitären Lage im Irak

- Children & Women in Iraq, A Situation Analysis, UNICEF Iraq, Bagdad, Dezember 1992.
- Situation Analysis of Children and Women in Iraq, UNICEF Iraq, Bagdad, 30. April 1998.
- Child and Maternal Mortality Survey 1999, Preliminary Report, UNICEF, Ministry of Health, Iraq, Juli 1999.
- Child and Maternal Mortality Survey, In Dohouk, Erbil and Al-Suleimaniyah Governorates, 1999, Preliminary Report, UNICEF, August 1999.
- Annual Report 1999, UNICEF Iraq, Bagdad, Januar 2000.
- Evaluation of Food and Nutrition Situation in Iraq, FAO, TCP/IRQ/4552, Technical Cooperation Programme, Terminal Statement prepared for the Government of Iraq by the Food and Agriculture Organization of the United Nations, Rom, 1995.
- Evaluation of Food and Nutrition Situation in Iraq, FAO, TCP/IRQ/6713, Technical Cooperation Programme, Terminal Statement prepared for the Government of Iraq by the Food and Agriculture Organization of the United Nations, Rom, 1997.
- The Health Conditions of the Population in Iraq since the Gulf Crisis, WHO/EHA/96.1, World Health Organization, March 1996.
- 1998 Annual Report, UNDP, Iraq Country Office, Bagdad,1999.

2.2. Libyen

- Damage caused by the implementation of Security Council resolutions 748 (1992) and 883 (1993) during the period from 15 April 1992 to 15 April 1994, Letter dated 2 August 1994 from the Permanent Representative of the Libyan Arab Jamahiriya to the United Nations Addressed to the Secretary-General, Annex, UN Dok. S/1994/921, 3. August 1994.
- Damage caused by the implementation of Security Council resolutions 748 (1992) and 883 (1993) during the period from 15 April 1992 to 31 December 1996, Letter dated 27 May 1997 from the Permanent Representative of the

Libyan Arab Jamahiriya to the United Nations Addressed to the Secretary-General, Annex, UN Dok. S/1997/404, 27. Mai 1997.
- Damage caused by the implementation of Security Council resolutions 748 (1992) and 883 (1993) during the period from 15 April 1992 to 5 April 1999, Letter dated 8 March 2000 from the Permanent Representative of the Libyan Arab Jamahiriya to the United Nations Addressed to the Secretary-General, Annex, UN Dok. S/2000/243, 23. März 2000.
- Report of the fact-finding mission to the Libyan Arab Jamahiriya to the Secretary-General, Letter dated 15 January 1998 from the Secretary-General addressed to the President of the Security Council, Annex, UN Dok. S/1998/201, 6. März 1998.

2.3. BR Jugoslawien

- Report of the Copenhagen Round Table on United Nations Sanctions in the Case of the Former Yugoslavia, held at Copenhagen on 24 and 25 June 1996, Letter dated 24 September 1996 from the Chairman of the Security Council Committee established pursuant to Resolution 724 (1991) concerning Yugoslavia addressed to the Security Council, Annex, UN Dok. S/1996/776, 24. September 1996.
- Final Report of the Security Council Committee established pursuant to Resolution 724 (1991) concerning Yugoslavia, Letter dated 15 November1996 from the Chairman of the Security Council Committee established pursuant to Resolution 724 (1991) concerning Yugoslavia addressed to the President of the Security Council, Annex, UN Dok. S/1996/946, 15. November 1996.
- Situation Analysis of Women and Children, UNICEF Belgrad, Federal Republic of Yugoslavia, Belgrad, 1995.
- Situation Analysis of Women and Children in the Federal Republic of Yugoslavia, UNICEF Belgrad, Federal Republic of Yugoslavia Government, Belgrad, 1998.

2.4. Haiti

- The Situation of Democracy and Human Rights in Haiti, Report of the Secretary-General, UN Dok. A/47/599, 3. November 1992.
- The Situation of Democracy and Human Rights in Haiti, Report of the Secretary-General, UN Dok. A/48/931, 29. April 1994.
- Report of the Secretary-General on the Question Concerning Haiti, UN Dok. S/1994/742, 20. Juni 1994.

- Report of the Secretary-General on the Question of Haiti, UN Dok. S/1994/871, 26. Juli 1994.
- Report of the Secretary-General on the Question Concerning Haiti, UN Dok. S/1994/1012, 26. August 1994.
- Report of the Secretary-General on the Question Concerning Haiti, UN Dok. S/1994/1143, 28. September 1994.

2.5. Angola

- Letter dated 28 February 2000 from the Chairman of the Panel of Experts established by the Security Council pursuant to Resolution 1237 (1999) addressed to the Chairman of the Security Council Committee established pursuant to Resolution 864 (1993) concerning the situation in Angola, Letter dated 10 March from the Chairman of the Security Council Committee established pursuant to Resolution 864 (1993) concerning the situation in Angola addressed to the President of the Security Council, Annex I, UN Dok. S/2000/203, 10. März 2000.

2.6. Sierra Leone

- Interim report of the inter-agency mission to Sierra Leone, Letter dated 20 February 1998 from the Secretary-General addressed to the President of the Security Council, Annex, UN Dok. S/1998/155, 25. Februar 1998.
- Report of the Secretary-General on Sierra Leone, UN Dok. S/1997/80, 26. Januar 1997.
- Report of the Secretary-General on the Situation in Sierra Leone, UN Dok. S/1997/811, 21. Oktober 1997.
- Second Report of the Secretary-General on the Situation in Sierra Leone, UN Dok. S/1997/958, 5. Dezember 1997.
- Third Report of the Secretary-General on the Situation in Sierra Leone, UN Dok. S/1998/103, 5. Februar 1998.
- Fourth Report of the Secretary-General on the Situation in Sierra Leone, UN Dok. S/1998/249, 18. März 1998.

2.7. Afghanistan

- Vulnerability and humanitarian impact of UN Security Council sanctions in Afghanistan, UN Office for the Coordination of Humanitarian Affairs (OCHA), 17. August 2000.

2.8. Sudan

- Note from the Department of Humanitarian Affairs concerning the possible humanitarian impact of the international flight ban decided in Security Council Resolution 1070 (1996), 20. Februar 1997.

3. ILC- Zur Staatenverantwortlichkeit

- Third Report on State Responsibility by Mr. Gaetano Arangio-Ruiz, Special Rapporteur, UN Dok. A/CN.4/440, 10. Juni 1991.
- Fourth Report on State Responsibility by Mr. Gaetano Arangio-Ruiz, Special Rapporteur, UN Dok. A/CN.4/444, 12. Mai 1992.
- Fifth Report on State Responsibility by Mr. Gaetano Arangio-Ruiz, Special Rapporteur, UN Dok. A/CN.4/453, 12. Mai 1993.
- Sixth Report on State Responsibility by Mr. Gaetano Arangio-Ruiz, Special Rapporteur, UN Dok. A/CN.4/461, 19. April 1994.
- Seventh Report on State Responsibility by Mr. Gaetano Arangio-Ruiz, Special Rapporteur, UN Dok. A/CN.4/469, 9. Mai 1995.
- Report of the International Law Commission on the work of its forty-seventh session, 2 May-21 July 1995, General Assembly Official Records, Fiftieth Session, Supp. No.10 (A/50/10).
- Report of the International Law Commission on the work of its fifty-second session, 1 May to 9 June and 10 July to 18 August 2000, General Assembly Official Records, Fifty-fifth Session, Supp. No.10 (A/55/10).

4. General Comments

a) Committee on Economic, Social and Cultural Rights

- General Comment No.3, The nature of State parties obligations (Art.2, par.1), 14. Dezember 1990.
- General Comment No. 8 (s.o. unter 1.4., Dokumente Menschenrechtsorgane).
- General Comment No.12, The right to adequate food (Art.11), E/C.12/ 1999/5., 12. Mai 1999.
- General Comment No.13, The right to education (Art.13), E/C.12/1999/10., 8. Dezember 1999

- General Comment No.14, The right to the highest attainable standard of health, E/C.12/2000/4., 4. Juli 2000.

b) Human Rights Committee

- General Comment No.6 (16) d/(article 6), Report of the Human Rights Committee, General Assembly, Official Records, 37 Session, Supp. No. 40 (A 37/40), United Nations, New York, 1982.
- General Comment No.24 of Human Rights Committee,CCPR/C/21/ Rev.1/Add.6, 2. November 1994.

Christian Pippan

Die Förderung der Menschenrechte und der Demokratie als Aufgabe der Entwicklungszusammenarbeit der Europäischen Gemeinschaft

Frankfurt/M., Berlin, Bern, Bruxelles, New York, Oxford, Wien, 2002. 402 S.
Europäische Hochschulschriften: Reihe 2, Rechtswissenschaft. Bd. 3460
ISBN 3-631-39055-6 · br. € 60.30*

Die Förderung der Menschenrechte und der Demokratie, ursprünglich nicht mehr als eine Fußnote in der Südpolitik der EG, ist heute wie kaum ein anderes Thema in den Mittelpunkt der EG-Entwicklungszusammenarbeit gerückt. Die Arbeit zeichnet diese Entwicklung nach und setzt sich aus völker- wie auch gemeinschaftsrechtlicher Perspektive mit den konzeptiven und rechtlichen Grundlagen der einschlägigen EG-Politik auseinander. Untersucht werden u.a. die völkerrechtlichen Vorgaben der jeweils zur Anwendung gebrachten Maßnahmen, ihre Rechtsgrundlagen im Primär- und Sekundärrecht der Gemeinschaft sowie ihre Verankerung in den vertraglichen Außenbeziehungen der EG. Eine Würdigung der bisherigen Praxis läßt den Bedarf an verstärkter Konsistenz und Kohärenz der Menschenrechts- und Demokratiepolitik der EG erkennen, ebenso wie die Notwendigkeit einer verbesserten Koordinierung mit den entsprechenden Politiken der Mitgliedstaaten.

Aus dem Inhalt: Herkunft und konzeptive Grundlagen der Menschenrechts- und Demokratiepolitik der EG · Negative und positive Maßnahmen in der EG-Entwicklungszusammenarbeit · Die Menschenrechts- und Demokratiepolitik der EG in der Praxis · Die Bedeutung der gemeinschaftlichen Menschenrechts- und Demokratiepolitik für das Völker- und das Europarecht

FSC
www.fsc.org
MIX
Papier | Fördert
gute Waldnutzung
FSC® C083411

Kolibri 360 GmbH
Ferdinand-Jühlke-Straße 7
99095 Erfurt, Deutschland
produktsicherheit@kolibri360.de

Druck:
CPI Druckdienstleistungen GmbH
im Auftrag der
Kolibri 360 GmbH
Ferdinand-Jühlke-Str. 7
99095 Erfurt